이채문 전공체육 연간 강좌 계획

해커스임용 **이채문 전공체육** **2024대비 연간 계획**		2024대비 이론 강의		이김(WIN) 콜라보 모의고사	
		수요일	금요일	일요일	
		이채문 전공체육 강의		범위	이채문 전공체육 시험범위
				00분 계정	2교시 10시 30분 – 11시 40분 3교시 12시 10분 – 13시 20분 해설 13시 40분 – 15시 10분
1월 체육측정평가 3주 12만원 1/4 개강, 1/20 종강	1주	1/4		–	–
	2주	1/11		–	–
	3주	1/18	1/20 종강	–	–
1~2월 운동역학 6주 24만원 1/25 개강, 3/3 종강	1주	1/25 개강	1/27	1/29(일) 교육평가, 통계, 연구 20점	1/29(일) 1월호 체육측정평가 80점
	2주	2/1	2/3	–	–
	3주	2/8	2/10	–	–
	4주	2/15	2/17	–	–
	5주	2/22	2/24	–	–
	6주	3/1	3/3 종강	–	–
3월 스포츠교육학2 3주 12만원 3/15 개강, 3/31 종강	이론 강의 없는 주			3/12(일) 교육과정 20점	3/12(일) 3월호 운동역학 80점
	1주	3/15 개강	3/17	–	–
	2주	3/22	3/24	–	–
	3주	3/29	3/31 종강	–	–
4월 운동생리학 5주 20만원 4/5 개강, 5/7 종강	1주	4/5 개강	4/7	4/9(일) 교육방법 및 교육공학 20점	4/9(일) 4월호 스포츠교육학2 80점
	2주	4/12	4/14	–	–
	3주	4/19	4/21	–	–
	4주	4/26	4/28	–	–
	5주	5/3	5/7 종강	–	–
5월 운동학습 및 심리 3주 12만원 5/17 개강, 6/2 종강	이론 강의 없는 주			5/14(일) 교육행정학 20점	5/14(일) 5월호 운동생리학 80점
	1주	5/17 개강	5/19	–	–
	2주	5/24	5/26	–	–
	3주	5/31	6/2 종강	–	–
5~6월 스포츠사회학 3주 12만원 6/7 개강, 6/23 종강	1주	6/7 개강	6/9	6/11(일) 교육심리학 20점	6/11(일) 6월호 운동학습 및 심리 80점
	2주	6/14	6/16	–	–
	3주	6/21	6/23 종강	–	–
7월 체육사/철학/윤리 3주 12만원 7/5 개강, 7/21 종강	이론 강의 없는 주			7/2(일) 교육사회학 20점	7/2(일) 7월호 스포츠사회학 80점
	1주	7/5 개강	7/7	–	–
	2주	7/12	7/14	–	–
	3주	7/19	7/21 종강	–	–
7~8월 스포츠교육학 1 *2022총론 반영 예정 3주 12만원 7/26 개강, 8/11 종강	1주	7/26 개강	7/28	–	–
	2주	8/2	8/4	–	–
	3주	8/9	8/11 종강	–	–
	이론 강의 없는 주			8/20(일) 교육의 이해, 교육철학 20점	8/20(일) 8월호 스포츠교육학 1, 체육사/철학/윤리 80점
9~11월 실전모의고사 8주 32만원		9/3 개강 ~11/19 종강 (*일요일 진행)		–	

※ 강의계획은 상황에 따라 달라질 수 있으며 세부계획은 강좌 별 수업계획서를 참조

해커스임용

이채문

전공체육
스포츠교육학 ②

해커스임용

차례

PART 1 체육 교수 이론

제 3 장 | 교수활동과 그 결과의 사정

차례

제 6 장 | 체육수업의 생태

제 7 장 | 능동적 수업 운영

차례

제 10 장 | 학습 공동체의 개발

제 11 장 | 통합 체육수업 전략

차례

PART 2 체육교수론

제1장 | 학습경험 및 과제설계

제 2 장 | 학습과제의 제시

차례

제 5 장 | 교수학습 전략

제 6 장 | 교수학습의 실제

차례

제 7 장 | 장학

PART 3 체육교수 스타일

제1장 | 체육교수 스타일 개관

차례

PART 4 체육 수업 모형

제1장 | 현대 체육 프로그램과 수업

1 **체육 지도 방법의 변화 과정: 방법에서 모형까지** `16 기출` ····························· **362**

제2장 | 체육 수업 의미와 구성

1 **수업 모형: 체육 수업의 설계도** ·· **365**

2 **모형 중심 체육 수업의 장점** ·· **365**

제 3 장 | 모형 중심의 체육 수업에 필요한 교사 지식

차례

제 5 장 | 모형 중심 체육 수업에 필요한 효과적인 교수 기술

차례

제 6 장 | 효과적인 체육 수업의 계획

차례

PART 5 8가지 체육 수업 모형

차례

제 3 장 | 개별화 지도 모형

제 4 장 | 동료교수 모형

차례

제 6 장 | 탐구수업 모형

차례

제 7 장 | 전술게임 모형

제 8 장 | 스포츠교육 모형

차례

제 9 장 | 개인적·사회적 책임감 지도(TPSR) 모형

01 다양한 학습요소를 통한 체계적인 이론 학습

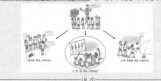

과목별 이론 학습

과목별로 학습해야 할 이론을 체계적으로 정리하였습니다. 쉽고 상세한 설명을 통해 방대한 이론을 효과적으로 학습할 수 있습니다.

기출연도 표시

이론별로 기출된 연도를 표시하여 출제 빈도 및 최신 기출 이론을 쉽게 알 수 있도록 하였습니다.

핵심어

이론의 주요 단어에는 네모 박스로 강조하여 이론 학습 시 중요한 키워드를 쉽게 파악하고 눈에 익힐 수 있습니다.

02 이론 학습 후 바로 풀어보는 기출문제 + 참고문제

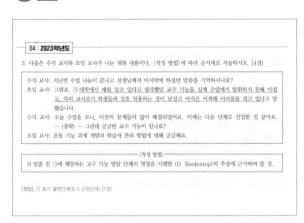

임용 기출문제

임용 기출문제를 개념별로 분류하여 수록하였습니다. 이론 학습 후 바로 풀어보는 기출문제를 통해 배운 내용을 적용하고 이론을 복습할 수 있습니다.

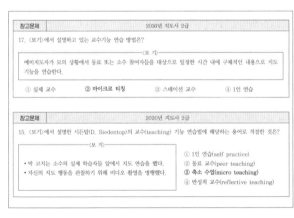

참고문제

임용 기출문제 외에도 스포츠지도사와 같은 체육 관련 자격증 시험 기출문제도 함께 수록하였습니다. 다양한 기출문제를 풀어보며 관련 이론을 폭 넓은 관점에서 파악할 수 있습니다.

중등임용 시험 Timeline

* 아래 일정은 평균적인 일정이며, 각 시점은 변경될 수 있습니다.

사전예고

6~8월

사전예고

- **대략적 선발 규모(=가 T.O.)** : 선발예정 과목 및 인원
- **전반적 일정** : 본 시행계획 공고일, 원서접수 기간, 제1차 시험일 등
- 사전예고 내용은 변동 가능성 높음

시행계획 공고

9~10월

원서접수

10월

원서접수

- 전국 17개 시·도 교육청 중 1개의 교육청에만 지원 가능
- 시·도 교육청별 온라인 채용시스템으로만 접수 가능
- **준비물** : 한국사능력검정시험 (심화) 3급 이상, 증명사진

참고 한국사능력검정시험 관련 유의사항

- 제1차 시험 예정일로부터 역산하여 5년이 되는 해의 1월 1일 이후에 실시된 시험에 한함
- 1차 시험 예정일 이전까지 취득한 인증등급 이상인 인증서에 한하여 인정함

시행계획 공고

- **확정된 선발 규모(=본 T.O.)** : 선발예정 과목 및 인원
- **상세 내용** : 시험 시간표, 제1~2차 시험 출제 범위 및 배점, 가산점 등
- 추후 시행되는 시험의 변경사항 공지

☑ **아래 내용은 놓치지 말고 '꼭' 확인하세요!**

- ☐ 응시하고자 하는 과목의 선발예정 인원
- ☐ 원서접수 일정 및 방법
- ☐ 제1차 ~ 제2차 시험 일정
- ☐ 스캔 파일 제출 대상자 여부, 제출 필요 서류
- ☐ 가산점 및 가점 대상자 여부, 세부사항

제1차 시험   제1차 합격자 발표   제2차 시험   최종 합격자 발표

11월   **12월**   **1월**   **2월**

제1차 합격자 발표

- 제1차 시험 합격 여부
- 과목별 점수 및 제1차 시험 합격선
- 제출 필요 서류
- 제2차 시험 일정 및 유의사항

제2차 시험

- 교직적성 심층면접
- **수업능력 평가**: 교수·학습 지도안 작성, 수업실연 등(일부 과목 실기·실험 포함)
- 제1차 합격자를 대상으로 시행됨
- 시·도별/과목별로 과목, 배점 등이 상이

최종 합격자 발표

- 최종 합격 여부
- 제출 필요 서류 및 추후 일정

제1차 시험

- **준비물**: 수험표, 신분증, 검은색 펜, 수정테이프, 아날로그 시계
- 간단한 간식 또는 개인 도시락 및 음용수(별도 중식시간 없음)
- **시험과목 및 배점**

구분	1교시: 교육학	2교시: 전공 A		3교시: 전공 B	
출제분야	교육학	교과교육학(25~35%) + 교과내용학(75~65%)			
시험 시간	60분 (09:00~10:00)	90분 (10:40~12:10)		90분 (12:50~14:20)	
문항 유형	논술형	기입형	서술형	기입형	서술형
문항 수	1문항	4문항	8문항	2문항	9문항
문항 당 배점	20점	2점	4점	2점	4점
교시별 배점	20점	40점		40점	

| 스포츠교육학 2 평가 영역 및 내용 요소

구분	기본이수 과목 및 분야	평가 영역	평가 내용 요소	중등학교 교육과정 관련성
교과 교육학	체육 교육론	체육교과교육	체육교과교육의 개념과 가치	중 – 체육(성격, 목표) 고등 – 체육탐구(체육의 본질)
			20세기 체육교육의 발전	
			21세기 체육교육의 동향	
		체육교육과정	체육교육과정의 역사와 변천	중, 고등 – 체육(내용체계 및 성취기준)
			체육교육과정의 사조와 모형	
			체육교육과정 개발과 개선	중, 고등 – 체육(성격, 목표)
			체육교육과정의 통합적 접근	
		체육교수학습 및 평가	체육교수학습의 의미	중, 고등 – 체육(교수학습 및 평가의 방향)
			체육수업의 이해 및 개선	
			체육교수학습 방법	
			체육수업 및 (장애)학생 관리	
			체육수업 평가	
		체육과 교재	체육과 교재의 의미와 유형	중, 고등 – 체육(내용체계 및 성취기준)
			체육교수학습 자료의 개발 및 활용	
			체육교수학습 지도안의 작성	
			체육 교구 및 교재의 활용	
		체육교사	체육교사의 자질 및 역할	중 – 체육(성격, 목표) 고등 – 체육탐구(체육과 진로)
			체육교사 전문성 개발과 학습 공동체	중 – 체육(성격, 목표) 고등 – 체육탐구(체육과 진로)
			체육수업 장학 및 컨설팅	중 – 체육(성격, 목표) 고등 – 체육탐구(체육과 진로)

PART 1
체육 교수 이론
[시덴탑(D. Siedentop)]

제1장 효율적인 교수학습의 이해
(체육과 교육론, 정주혁, 윤명희)

1. 교수활동

- 체육교사는 수업시간에 수업을 운영하고, 학습자들을 지시하고 가르치며, 학습자를 관찰하는 3대 주요 기능에 관심을 집중시킨다.(siedentop)

(1) 수업 운영(managing)

① 수업 운영이란 **수업활동을 조직**하고, 변경하며, 용구의 배치를 지시하고, 상규적 수업활동을 수행하고 학습자들의 학습과 관련이 없는 과제에 사용한 언어적, 비언어적 교사행동을 말한다.

② 교사는 수업의 시작과 종료, 수업 장면의 전환, 용구의 이동 등을 운영, 관리하는데 이러한 수업 운영 장면들은 대개 학습자의 실제 학습참여 시간과 무관하다.

(2) 학습 지도(교수, instructing)

① 학습 지도는 강의, 설명, 시범, **교과에 관한 정보의 전달**과 같은 학습내용과 관련된 언어적, 비언어적 행동을 말한다.

(3) 학습자의 관찰(monitoring)

① 관찰이란 학습자와 상호작용 없이 학습자 행동을 지켜보는 교수행동으로 수업 중 교사행동 시간의 20~45%를 차지하고 있다고 한다.
- 상호작용(interacting): 수업 중 학생 행동의 칭찬, 부정적 행동에 대한 질책, 피드백의 제공, 학생들의 아이디어 수용 등의 교사 행동을 의미한다. 교사가 학생과 상호작용에 사용하는 시간은 3~16% 정도를 차지한다.

2. 학습활동 22 기출

(1) 체육수업 시 많은 시간이 운동활동에 사용되기를 기대하는 것은 당연하다. 그러나 체육시간에 학습자들이 실제 운동활동에 소비하는 시간은 매우 적다.

① 대기시간: 교수 활동과 연습 활동을 하기 전후 또는 그 사이의 시간을 말한다.

② 수업운영시간: 학습자들의 출석 확인, 연습을 위한 조직화, 팀의 결정, 위치 이동, 수업장면의 전환 등과 수업 운영 과제에 많은 시간을 소비하고 있다.

③ 정보수용시간: 학습자들은 수업조직에 관한 정보, 규칙과 안전에 대한 설명을 듣는 데 많은 시간을 소비한다.

④ 운동참여시간: 기술연습, 반복연습, 스크럼 짜기, 게임, 체력훈련, 댄스, 준비운동, 정리운동 등에 소비한 시간을 말한다.

(2) 학습시간

블룸(bloom)과 캐롤(carroll)은 학습의 정도는 학습자의 적성과 관련된 학습 기회, 교수의 질, 학습자가 교수를 이해할 수 있는 능력에 의해 결정된다고 보고, 시간을 모든 학습자의 행동적 학습의 의미로 정의하고 교육 연구에 주요 변인으로 제기하였다. 학습시간은 학습을 위한 시간 또는 학습시간은 학습자의 참여시간, 즉 학습자가 과제에 소비한 시간을 관찰하여 개념화한 것이다. 이와 같이 개념화된 학습시간은 <u>체육에 할당된 시간, 실제 사용된 시간, 연습에 할당된 시간, 운동참여시간, 과제참여시간, 실제학습시간으로 구별된다.</u>

① 체육에 할당된 시간(AT)
　　㉠ 체육에 할당된 시간은 학교 당국이 체육 활동에 할애한 시간이다.
　　㉡ 실제사용시간: 학교의 시간표상에 나타난 것으로 주당 3시간 체육을 해야 한다고 명시된 시간이며, 학습자들은 수업이 시작되면서 수업 시간의 일부를 소비하고, 교사는 할당된 시간의 전부를 사용하지 못하게 된다. 이를 실제사용시간이라고 한다.
　　㉢ 연습에 할당된 시간: 실제 수업이 시작되면, 과제를 제시하게 된다. 이때 학습자들은 학습 자료나 기구를 준비해야 한다. 이처럼 학습자들이 연습하기 이전에 소비되는 시간이 발생하며, 이러한 시간을 뺀 나머지 시간이 연습에 할당된 시간이다.

② 운동참여시간(MET)
　　㉠ 운동참여시간은 매우 중요한 시간이다. 이 시간은 체육 활동에 학습자들이 소비한 시간이다. 이 시간에 대한 개념은 연습에 할당된 시간 동안 학습자들은 시간의 전부를 활용할 수 없다는 것을 고려한다면 쉽게 이해되어질 수 있다.
　　㉡ 즉, <u>운동참여시간이란 기술연습, 반복연습, 스크럼 짜기(럭비에서 서로 몸을 끌어 안는 대형), 게임, 체력훈련, 댄스, 준비운동, 그리고 정리운동 등에 사용된 시간을 말한다.</u>

③ 과제참여시간(TOT)
　　㉠ 학습자가 학습 과제에 실제로 투입한 시간량에 영향을 미치는 변인으로, 학습자의 학습 과제에 대한 내재적 동기 수준을 제시하고 이 동기 수준에서 교사의 교수 행동이 영향을 미친다는 것이다.
　　㉡ 또한 학습 과제의 성취도는 학습자가 학습 과제를 추구하는 전체 시간에 학습 과제에 투입한 실제 학습 행위시간에 의하여 영향을 받는 것으로 설명하고 있다.

④ 실제학습시간(ALT) **22 기출**
　　㉠ 실제학습시간이란 <u>"학습자가 성공적으로 경험하면서 학습 과제에 집중하는 시간의 양으로 정의할 수 있다."</u>라고 하였으며 ALT는 학습자의 과제에 대한 성공적인 수행을 중요시하기 때문에 과제 집중, 과제 난이도, 과제 관련성의 개념을 포함한다.
　　　　ⓐ 과제 집중: 학습자 자신이 학습에 집중하는 것을 의미
　　　　ⓑ 과제 난이도: 학습 과제가 학습자의 수준에 알맞아 학습이 성공적으로 이루어질 수 있는 난이도를 말한다.
　　　　ⓒ 과제 관련성: 학습시간이 과제의 내용과 관련되어야 함을 의미한다.
　　㉡ 메슬러와 시덴탑은 교실에서 사용되고 있는 학습시간 개념을 사용하여 체육수업에서 사용할 수 있는 관찰 도구를 개발하였다.(ALT-PE).
　　㉢ <u>체육의 실제학습시간</u>(ALT-PE)은 학습자가 적절한 난이도로 높은 성공률을 포함하는 수준으로 정의한다. 이것은 적절성을 결정하는 중요한 요인이 높은 성공률이라는 주지 교과 연구에서의 발견에 기초를 두고 있다.
　　㉣ ALT는 학습 성취도에 있어서 가장 높은 예언력을 가지며 질적으로 가장 응축된 개념이다. 따라서 ALT는 학습 성취도를 측정하는 기준 변인이 될 수 있다.

19. 체육 프로그램을 지도할 때 실제학습시간(Academic Learning Time)을 바르게 설명한 것은?

① 체육활동에 할당된 시간

② 학습자가 운동에 참여한 시간

③ 학습자가 다른 학습자에게 피드백을 제공하는 시간

④ 학습자가 학습 목표와 부합한 과제의 성공을 경험하며 참여한 시간

01 | 2022학년도

5. 다음은 김 교사의 수업일지이다. 〈작성 방법〉에 따라 순서대로 서술하시오. [4점]

[2020년 5월 ○○일 수업일지]

5월에는 동작 도전 활동 중 구르기 수업을 실시하였다. 먼저 학생들에게 앞구르기와 뒤구르기 시범을 보여 준 다음 학생들에게 각자 연습하고 피드백을 받으며 독자적인 연습을 통해 구르기의 완성도를 높여 가게 하였다. 그런데 학급별로 편차가 있었다. 내가 가르치는 6개 반 중 2개 반은 구르기를 잘해서 조금 더 어려운 과제를 제시하기도 했다. 하지만 4개 반은 뒤구르기 수업이 원활하게 이루어지지 않았다. 그러다 보니 학생들이 ㉠난이도가 적절한 과제에 높은 성공률을 보이며 과제에 참여하는 시간이 현저하게 줄어들었다. 나는 최대한 개별적으로 더 많은 피드백을 제공하려고 노력했지만 학생 수가 많다 보니 모든 학생들에게 피드백을 바로 줄 수 없었다.

───────〈작성 방법〉───────

○ 밑줄 친 ㉠에 해당하는 명칭을 시덴탑(D. Siedentop)의 학습시간 개념 분류에 근거하여 쓸 것.

[정답] ㉠ 체육의 실제학습시간(ALT-PE) [1점]

3. 학생활동에 관한 기술적 분석

(1) 체육에서 학습자의 실제학습시간(ALT-PE)이 낮은 두 가지 이유

① 교사들의 수업 운영 및 수업조직 측면에 문제가 있다.

② 수업계획 자체가 부적절하다.

(2) Costello와 Laubach(1979)도 교사의 수업조직 능력은 학생들의 대기시간에 따라 행동분석해 본 결과 일부 교사들은 수업활동을 조직하고, 학습 용구를 배치하고, 수업 중 학생들을 이동시키는 데 많은 문제점을 안고 있었다.

4. McLeish(1981)의 학습시간 모델에 따른 효율적인 체육교수

(1) 좋은 수업은 실제학습시간이 높고 대기시간이 낮았으며, 반대로 좋지 않은 수업은 실제학습시간이 낮고 대기시간이 높았다.

(2) McLeish(1981)는 (ALT-PE체계)학습시간 모델에 관해서 다음과 같은 결론을 내리고 있다.

    ① 첫째, 학습 효과는 학습할 기회의 수와 양에 직접 비례하여 증대된다.

    ② 둘째, 실제연습을 통해 운동적, 인지적, 심동적 기능을 숙달시킴으로써 학습 효과를 극대화할 수 있다.

    ③ 셋째, 다른 사람의 기술수행을 관찰함으로써 학습 효과를 극대화할 수 있다.

    ④ 넷째, 10% 이상의 실패를 가져올 수 있는 난이도의 기술연습을 통해서는 별다른 학습 효과를 기대할 수 없다.

(3) 결국 효율적인 교수란 학생들이 실패의 횟수를 최소화하면서 계속적으로 기능을 발달시켜 나갈 수 있는 수준에서 연습시간의 양을 극대화할 수 있도록 수업을 구조화하는 것이다.

02 | 2011학년도

다음은 정 교사의 축구 수업을 개선하기 위해 실시한 동료 장학 결과이다. 이 자료를 해석한 것으로 옳지 않은 것은?

〈동료 장학 전〉

관찰 내용		시간(분)
드리블연습	적절한 드리블	10
	부적절한 드리블	10
전략 이해		5
과제 이탈		10
대기		10
이동		5
총 50분		

⇨

〈동료 장학 후〉

관찰 내용		시간(분)
드리블연습	적절한 드리블	15
	부적절한 드리블	5
전략 이해		12
과제 이탈		8
대기		6
이동		4
총 50분		

① 실제 학습시간이 증가되었다.
② 수업 운영시간이 감소되었다.
③ 운동 참여시간이 증가되었다.
④ 과제 참여시간이 증가되었다.
⑤ 동료 장학의 효과가 나타났다.

[정답] ③
[해설] 운동 참여시간은 동일하다. 드리블 연습시간이 20(= 15 + 5)분으로 동일

4. 다음은 2019학년도 ○○중학교 최 교사의 학교스포츠클럽 활동 반성 일지이다. 〈작성 방법〉에 따라 순서대로 서술하시오. [4점]

학교스포츠클럽 활동 반성 일지

일시: 2019년 ○월 ○일 화요일

나의 학교스포츠클럽 활동 수업을 동료 교사인 박 교사가 아래와 같이 체계적 관찰법 중 (㉢) 기록법을 활용하여 분석해 주었다.

수업 관찰체계

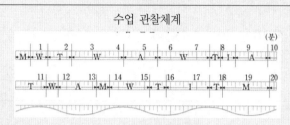

표 1. 전체 수업 시간(45분) 분석 결과

행동	비율(%)
학생 과제 참여(A)	23
교사 설명 및 시범(I)	10
<u>대기(W)</u>	<u>30</u>
<u>이동(T)</u>	<u>25</u>
<u>교구 설치 및 정리(M)</u>	<u>12</u>
계	100

분석 결과, ㉣<u>전체 수업 시간 중 67%가 수업 운영시간으로 소요되었음</u>을 알 수 있었다.

〈작성 방법〉

○ 괄호 안의 ㉢에 해당하는 명칭을 쓰고, 밑줄 친 ㉣을 바탕으로 교수 효율성 측면에서 최 교사가 개선해야 할 점을 서술할 것(단, 증가 및 감소시켜야 할 시간과 관련지을 것).

[정답] • ㉢은 지속시간이다. [1점]
• ㉣은 대기·이동·교구 설치 및 정리의 수업 운영시간을 감소시키고, 과제 참여시간(TOT)을 증가시킴으로써 체육의 실제학습시간을 증가시킨다. [1점]

제2장

교수능력의 체계적 개발
[시덴탑(D. Siedentop)]

---

1 교수기능 연습방법 19 기출

- 하위 개념: 1. 혼자 연습(1인 연습), 2. 동료교수, 3. 마이크로티칭(축소수업), 4. 반성적 교수, 5. 현장 소집단교수, 6. 현장 대집단 단시간교수, 7. 현장 대집단 교수(실제 교수)

- 체육교사교육 전문가들이 직전 체육교사들을 교육하고 있다. 교수기능은 다음과 같이 다양한 방법으로 개발할 수 있다.

1. 혼자 연습(1인 연습, self practice)

(1) 가끔 어떤 기술을 혼자 연습하는 것이 매우 효과적이고 유용할 때가 있다.

(2) 특히, 어떤 기술을 처음 배울 때에는 더더욱 그러하다. 학생들의 바람직한 행동이나 반응을 칭찬하는 교수행동과 같은 것들이다. 학생들을 칭찬하는 것이 얼핏 보면 쉬워 보이지만 막상 시도해 보면 그렇게 쉬운 일이 아니라는 것을 금방 깨닫게 된다.

(3) 상황에 적합한 단어를 사용하거나 구사할 수 있어야 하고, 지도 대상에 적합한 비언어적 의사소통 방법도 알고 있어야 한다.

(4) 칭찬과 같은 교수기능은 혼자서도 얼마든지 연습할 수 있다. 녹음기를 사용하여 자신의 언어행동을 녹음한 다음 '다시 듣기'를 하면서 칭찬하는 법을 익힐 수 있으며, 엄지를 치켜세우거나 인정의 시선을 보내는 등의 비언어적 행동은 거울 앞에서 혼자 연습할 수 있는 교수기능이다.

(5) 최정상급 선수들도 슛이나 드리블과 같은 기초기능을 혼자 연습하여 경기력을 향상시키고 있다. 교수기능의 연습에도 똑같은 논리를 적용할 수 있다.

2. 동료교수(peer teaching)

(1) 대학에서 교사교육을 받고 있는 직전 체육교사들끼리 서로 가르치면서 교수기능을 연습하는 것도 매우 유익하다.

(2) 동료교수(peer teaching)는 동료 직전 체육교사를 중·고등학교 학생들로 간주하고 수업을 하면서 자신의 교수능력을 향상시키는 교수기능 연습방법이다.

(3) 이 교수연습방법은 수업의 전 과정을 통해서 다양한 교수기능을 연습할 수도 있지만, 대개 몇 가지 교수기능을 짧은 수업시간 동안 연습한다.

(4) 가능하면 수업과정을 비디오로 촬영하여 교사 역할을 한 직전 체육교사와 중·고등학교 학생의 역할을 한 직전 체육교사들이 함께 비디오 촬영한 내용을 분석하며 평가적 피드백을 서로 주고 받는 것이 좋다.

3. 마이크로티칭(축소수업, micro teaching)

(1) 마이크로 티칭(micro teaching)은 동료교수와 달리 중·고등학생들을 대학으로 초청하여 교수기능을 연습한다.

　① 각 직전 교사당 소수 몇 명씩의 학생들을 배정하고,

　② 단기간 제한된 내용으로 그들을 가르치면서 몇 가지 교수기능을 연습한다.

(2) 동료교수와 마찬가지로 마이크로티칭 수업을 비디오 촬영하여 동료 직전 체육교사나 체육교사교육자와 함께 분석 평가하면 매우 유익하다.

4. 반성적 교수(reflective teaching)

(1) 반성적 교수(reflective teaching)는 크루쌩크(Cruikshank)와 애플게이트(applegate)에 의해 개발되었다(1981). 직전 체육교사들을 6~8명의 소집단으로 구성하여 한 명의 직전 체육교사가 나머지 직전 교사들을 가르친 다음 수업을 반성적으로 평가하면서 교수에 대한 통찰력을 키우는 교수기능 연습방법이다.

　① 6~8명의 소집단으로 구성, 하루 전에 가르칠 교사를 선정하고 사전에 경험하지 않은 주제로 수업을 준비해 오도록 한다.

　② 지정한 10~15분 수업이 종료되면,

　③ 학생의 역할을 맡은 직전 교사들이 생소한 주제로 수업을 한 직전 교사의 수업을 사전에 개발된 질문지에 답하며 평가한다. 각 소집단별로 수업한 직전교사의 교수방법에 대해서 의견을 교환하며 평가한다.

　④ 그다음 전체 직전 교사들이 한 자리에 모여 각 소집단에서 논의된 중요한 평가 내용을 서로 교환하며 교수에 관한 이해력과 통찰력을 키운다.

5. 현장 소집단교수

(1) 통제된 상황에서 교수기능을 연습하지만 결국에는 학교 현장에서 직접 학생들을 가르쳐야 하는 상황을 맞이하게 된다. 그 직전에 현장의 실제 수업상황보다 약간 부담이 적은 상황에서 가르치는 연습을 할 수 있으면 교수기능을 향상시키는 데 상당한 도움이 될 것이다.

(2) 현장 소집단교수 연습은 학생 수와 수업 시간을 크게 줄여서 단위 수업을 하는 것을 말한다. 직전 체육교사가 학교 현장에 나가 5~6명의 학생들에게 단위 수업을 10~20분 동안 하면서 교수기능을 개발하는 교수 연습방법이다.

　① 효과적: 학습지도 기능 연습

　② 비효과적: 수업 운영이나 학습자 관리 기능 향상

6. 현장 대집단 단시간교수

(1) 학급의 전체 학생들을 단시간 가르치면서 수업을 조직하거나 운영하는 방법 또는 전체 학생들을 이동시키는 방법 등을 연습하는 교수기능 연습방법이다.

(2) 수업을 조직, 운영, 학습자 관리하는 교수기능은 전체 학생들을 대상으로 연습하면 훨씬 더 효과적이다.

(3) 보통 한 학급의 전체 학생들을 5~10분 동안 가르치면서 수업의 시작, 학습용구의 준비 및 배정, 전체 학생들의 위치 이동, 그 밖의 수업 운영에 관련된 기능을 연습하는 데 효과적이다.

7. 현장 대집단 교수(실제 교수)

(1) 현장 대집단 교수는 직전 체육교사들이 교생실습을 나가기 전에 마지막으로 교수기능을 총체적으로 연습하는 과정을 말한다.

(2) 직전 체육교사가 일정 기간 여러 학급을 전적으로 책임지고 수업을 하면서 그동안 개발한 교수기능들을 총체적으로 연습하는 것을 말한다.

2 교수기능의 발달단계 `23 기출` `19 기출` `19 지도사`

• 대부분의 교사들이 아래와 같은 발달단계를 거치면서 교수기능을 향상시키고 있으며, 특히 피드백 제공, 칭찬, 발문 등과 같은 상호작용 기술에 대해서는 아래와 같은 교수기능에는 더 잘 적용될 수 있다.

• 하위 개념: 1단계: 초기 불편단계, 2단계: 다양한 교수기능의 학습, 3단계: 동시 처리방법의 학습, 4단계: 교수기능의 적합한 사용, 5단계: 자신감 획득 및 예측

1. 1단계: 초기 불편단계

(1) 새로운 방법으로 상호작용하는 것을 배우는 것은 쉬운 일이 아니다. 체육교사로서 자기 의사를 전달하는 데 필요한 어휘가 부족하거나 전과 다른 방식으로 의사소통을 하면 어색하게 느껴질 수 있다.

> 예 하나의 교수기능으로서 학생들을 칭찬하는 행동이 좋은 예가 될 수 있다. 야단 일변도로 가르치던 체육교사가 어느 날 갑자기 학생들을 칭찬하려고 하면 매우 어색할 수 있다.

(2) 교수기능연습법: '혼자 연습'이나 '동료교수' 등을 통해 이 단계를 극복할 수 있다.

(3) 다른 방법으로 행동하는 법을 배우는 것 자체가 어색하고 때로는 당혹감을 줄 수 있다.

2. 2단계: 다양한 교수기능의 학습

(1) 처음으로 칭찬하거나 구체적인 피드백을 제공하거나 열정적으로 가르치려고 하면 필요한 어휘가 부족하여 같은 말을 반복해서 사용하게 된다.

> 예 학생들에게 긍정적인 피드백을 제공하거나 칭찬을 하려고 하면 '좋아', '잘했어' 등과 같은 말 밖에 생각나지 않을 수 있다.

(2) 동료 직전 체육교사와 체육교사교육자가 제공하는 체계적인 피드백의 도움을 받으면 곧 다양한 피드백 제공 방법, 열정적으로 가르치는 방법, 칭찬하는 방법, 비언어적 소통 방법 등에 익숙해진다.

3. 3단계: 동시 처리방법의 학습

(1) 한 가지 교수활동을 하면서 동시에 다른 새로운 교수기능이나 전략을 향상시키는 단계이다. 즉, 한 가지 교수 기능에 숙달되어 교수의 또 다른 중요한 측면에 주의를 기울일 수 있는 단계이다.

> 예 수업 운영을 하면서 동시에 학습에 필요한 피드백을 제공하는 것을 말한다.

갑자기 체육관을 방문한 장학사에게 손으로 잠깐만 기다리라는 사인을 보내며 진행하던 배구의 오버핸드 패스에 관한 설명을 마치고 학생들이 오버핸드 패스를 연습하는 동안 장학사를 맞이하는 경우도 좋은 예가 될 수 있다.

(2) 이 단계에 도달하면 숙련교사의 궤도에 올라오고 있다는 뜻이다.

4. 4단계: 교수기능의 적합한 사용

(1) 다양한 피드백을 제공하는 것과 적절한 순간에 적합한 피드백을 제공하는 것은 전혀 다르다. 이와 같은 교수기능의 학습은 티 위에 있는 야구공을 치는 연습을 한 다음 날아오는 야구공을 치는 것과 같다. 처음에는 티 위에 놓인 야구공을 치면서 부드럽게 타격하는 법, 체중을 이동하는 방법, 멋지게 팔로우 하는 방법 등을 배우지만 결국에는 투수가 던지는 야구공을 쳐야 한다.

(2) 체육교사들도 마찬가지로 처음에는 학생들을 언어 또는 비언어적으로 칭찬하는 다양한 기술을 배우게 되지만, 결국 <u>정확한 순간에 정확한 학생의 정확한 행동을 칭찬</u>할 수 있어야 한다.

(3) 다시 말하면 학습한 교수기능을 정확하고 적합하게 사용할 수 있어야 한다.

(4) 이 단계의 교수기능 개발: 목표를 구체적으로 설정하고 구체적인 피드백을 규칙적으로 제공하면 상당한 도움이 된다.

5. 5단계: 자신감 획득 및 예측

(1) 교수기능 발달의 마지막 단계는 교수기능을 연습하고, 실제 상황에서 사용하면서 그것이 학생들에게 어떤 영향을 미치고 있는지 확인할 수 있는 단계이다.

(2) 학습한 교수 기능이 결국 매우 좋은 습관으로 정착되는 단계이다.

(3) 교사로서 노련미를 갖추고 자신감을 얻게 되면서 수업시간에 어떤 일이 일어날 것인지 예측할 수 있게 된다. 예측력이 생기면 어떤 일이 발생하였을 때 정확한 순간에 필요한 교수기능을 활용하여 적절히 처리할 수 있게 된다. 이 단계는 결국 도달할 단계이지만, 그 이전 단계들을 거쳐야 비로소 이 단계에 도달할 수 있다.

(4) 제이콥 쿠닌(<u>Jacob Kounin</u>)은 '사태 파악(with-it-ness)'의 능력을 획득하는 단계라고 하였다.

---

04 | 2023학년도

3. 다음은 수석 교사와 초임 교사가 나눈 대화 내용이다. 〈작성 방법〉에 따라 순서대로 서술하시오. [4점]

> 수석 교사: 지난번 수업 나눔이 끝나고 선생님께서 마지막에 하셨던 말씀을 기억하시나요?
>
> 초임 교사: 그럼요. ㉠<u>대학에서 배워 알고 있다고 생각했던 교수 기능을 실제 수업에서 발휘하지 못해 아쉽고, 특히 교사로서 학생들과 상호 작용하는 것이 낯설고 아직은 어색해 어려움을 겪고 있다</u>고 말했습니다.
>
> 수석 교사: 오늘 수업을 보니, 이전의 문제들이 많이 해결되었어요. 이제는 다음 단계로 진입한 것 같아요. … (중략) … 그런데 궁금한 교수 기능이 있나요?
>
> 초임 교사: 운동 기능 과제 개발과 학습자 관리 방법에 대해 궁금해요.

> ─────〈작성 방법〉─────
>
> ○ 밑줄 친 ㉠에 해당하는 교수 기능 발달 단계의 명칭을 시덴탑 (D. Siedentop)의 주장에 근거하여 쓸 것.

[정답] ㉠ 초기 불편단계(초기 곤란단계) [1점]

1. 다음은 2015 개정 체육과 교육과정 표현 영역 '현대 표현의 역사와 특성' 단원의 수업에 대한 교육 실습생의 교육 실습 일지이다. 시덴탑(D. Siedentop)의 주장에 근거해서 밑줄 친 ⊙에 해당하는 교수기능 발달 단계의 명칭과 ⓛ에 해당하는 교수기능 연습법을 순서대로 제시하시오. [2점]

교육 실습 일지

2018년 ○○월 ○○일(금) 2교시 ○학년 ○반

〈교육 실습생 성찰〉

　오늘은 아이들과 현대 표현의 역사와 특성에 관해 '라인 댄스와의 만남'이라는 주제로 수업을 했다. 단원 계획에 맞는 교수·학습 지도안도 작성하고, 수업에 필요한 지도 자료와 학습 자료를 꼼꼼히 준비했다. 하지만, 수업은 내 계획대로 진행 되지 않았다.

　나름 수업 준비를 철저히 했다고 생각했지만, ⊙학생들과 상호작용하는 것이 쉽지 않았다. 의사를 전달하는 데 필요한 어휘가 부족했고, 전과 다른 방식으로 의사소통을 하는 것이 어색했다. 특히 수업 중에 학생들을 칭찬하는 것이 어려웠다.

　수업 내내 어색하고 혼란스러웠으며, 어떻게 내가 수업을 하고 나왔는지조차 모를 정도였다. 뭔가 대책을 세워서 다음 수업에서는 보완을 해야겠다.

〈지도 교사 의견〉

　많이 당황하고 힘들었겠지만 지금 상황은 모든 교사가 겪는 과정이니 너무 자책하진 마세요. 조금만 노력하면 그 단계는 단기간에 극복할 수 있습니다. 다양한 교수기능 연습법을 활용 하면 좋습니다. ⓛ거울 앞에 서서 비언어적 행동을 연습하고, 수업 중 사용한 언어를 다시 들어볼 수 있도록 녹음기를 활용할 수도 있습니다. 또한 자신이 가르치는 장면을 분석하기 위해 비디오 시스템을 활용하는 것도 좋은 방법입니다.

[정답] ⊙ 초기 불편단계 [1점]　ⓛ 혼자 연습(1인 연습) [1점]

좋은 체육교사가 되기 위해서는 끊임없는 자기개발이 요구된다. 교수기능의 향상을 위한 교수 연습법 중 '1인 연습', '동료 교수(peer teaching)', '마이크로티칭(micro teaching)', '현장에서의 소집단 교수'를 각각 설명하시오.

　① 1인 연습(1점): _____

　② 동료 교수(1점): _____

　③ 마이크로티칭(1점): _____

　④ 현장에서의 소집단 교수(1점): _____

[정답]　① 1인 연습(1점): 혼자서 자신의 언어적, 비언어적 행동을 연습하기 위함이다.
　　　② 동료 교수(1점): 소집단의 동료들로 모의적인 수업장면을 만들어 교수기능을 연습하는 것이다.
　　　③ 마이크로티칭(1점): 축소수업이라하며 제한된 범주에서 한 가지 구체적인 내용으로 소수의 학생들을 활용하여 교수기능을 연습하는 것이다.
　　　④ 현장에서의 소집단 교수(1점): 수업 내용지도와 관련된 교수기능을 연습하기 위해 소집단의 실제 학생을 대상으로 교수기능을 연습하는 것이다.

다음은 예비 체육 교사들이 체육관에서 교수 기능 또는 교수 전략을 연습하는 장면이다.

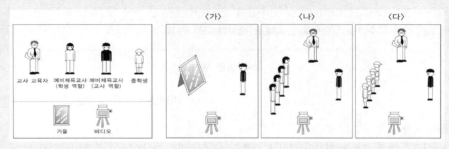

위의 〈가〉, 〈나〉, 〈다〉에서 이루어지고 있는 연습법의 명칭을 쓰고, 그 연습법의 특징을 각각 1줄로 설명하시오.

[정답] • 〈가〉의 명칭: 1인 연습, 특징: 예비체육교사 혼자서 비디오와 거울을 통해 자신의 언어적, 비언어적 행동을 연습한다.
  • 〈나〉의 명칭: 동료 교수, 특징: 예비체육교사들이 교사 역할과 학생 역할을 교대하며 서로 피드백을 주며 교수기능을 연습한다.
  • 〈다〉의 명칭: 마이크로티칭, 특징: 소수의 실제학생을 대상으로 제한된 범주의 내용으로 교수기능을 연습한다.

참고문제	2016년 지도사 2급

17. 〈보기〉에서 설명하고 있는 교수기능 연습 방법은?

― 〈보 기〉 ―
예비지도자가 모의 상황에서 동료 또는 소수 참여자들을 대상으로 일정한 시간 내에 구체적인 내용으로 지도 기능을 연습한다.

① 실제 교수　　② **마이크로 티칭**　　③ 스테이션 교수　　④ 1인 연습

참고문제	2020년 지도사 2급

15. 〈보기〉에서 설명한 시든탑(D. Siedentop)의 교수(teaching) 기능 연습법에 해당하는 용어로 적절한 것은?

― 〈보 기〉 ―
• 박 코치는 소수의 실제 학습자들 앞에서 지도 연습을 했다.
• 자신의 지도 행동을 관찰하기 위해 비디오 촬영을 병행했다.

① 1인 연습(self practice)
② 동료 교수(peer teaching)
③ **축소 수업(micro teaching)**
④ 반성적 교수(reflective teaching)

제3장 교수활동과 그 결과의 사정

[시덴탑(D. Siedentop)]

1 사정의 이해

(1) 우리는 대개 사정을 '성적을 낼 목적으로 다른 대상과 비교하는 것'으로 생각하기 쉽다.

  ① 사정과 평가는 개념적으로 비슷한 의미로 사용되기도 하지만 때로는 명확하게 구분하여 사용해야 할 때도 있다.

   ㉠ 측정(measurement)이란 사물을 구분하기 위하여 이름을 부여하거나 사물의 속성을 구체화하기 위하여 수를 부여하는 절차를 말한다.

   ㉡ 검사란 개인이나 집단에 대한 정보를 수집하기 위해 사용되는 도구(tool or instrument) 혹은 체계적인 측정 절차라 할 수 있다.

   ㉢ <u>사정(assessment)은 수행능력을 향상시킬 목적으로 검사나 조사를 통해 정보를 수집하고 이를 수치화, 지표화하는 것을 의미하며,</u> 다양한 측정결과를 바탕으로 대상의 전체적인 모습을 조명하는 것이다.

   ㉣ <u>평가(evaluation)는 타당하고 신뢰로운 근거를 기준으로 수행가치에 대해서 판단을 내리는 것을 의미한다.</u> 수집된 자료 또는 검사 점수에 대해 해석하는 즉, 가치판단(value judgement)의 과정이라 한다.

  ② 사정으로 얻은 정보는 결국 평가의 일부분이 된다.

  ③ 그러나 두 개념을 구분 짓는 중요한 차이는 사정의 일차적 목적은 누군가의 수행 능력을 측정하여 그것을 향상시키는 것을 중요하게 생각한다는 것이다.

 (2) 자신의 교수능력을 제대로 사정하기 위해서는 실제로 가르치는 행동을 측정해야 한다.

참고문제	2019년 지도사 2급

5. 〈보기〉의 대화에서 평가의 개념과 목적을 <u>잘못</u> 이해하고 있는 지도자는?

〈보 기〉	
박 코치: **평가**의 유사개념에는 **측정, 사정, 검사** 등이 있는 것으로 알고 있습니다. 정 코치: 네, **측정이나 검사**는 가치 지향적이고 평가는 가치 중립적인 활동입니다. 김 코치: **평가**는 학습자의 학습 상태와 지도에 관한 정보를 제공할 수 있습니다. 유 코치: 그래서 **평가**는 지도 활동에 대한 피드백이 될 수 있습니다.	① 박 코치 ② **정 코치** ③ 김 코치 ④ 유 코치

2 시덴탑(D. Siedentop)의 완전 교수사정 모형(basic assessment model) 21 기출

- 교사과정변인은 교사행동이고 학생과정변인은 학생행동이며, 결과변인은 단원이 종료되었을 때 학생들이 얻은 학업성취와 학습경험으로 나타난 행동의 변화이다.
- 완전 교수사정 모형에 따르면 교사와 학생은 학생들의 행동에 영향을 미치는 방식으로 서로에게 영향을 미치며, 결국 학생들의 장단기적인 학업성취에 영향을 미친다.

1. 교수사정을 위한 3가지 변인

- 하위 개념: (1) 교사의 교수과정에 관한 변인, (2) 학생의 학습과정에 관한 변인, (3) 학생의 학습결과에 관한 변인

  (1) 교사의 교수과정에 관한 변인
    ① 교사의 교수 수행력과 직접 관련되는 것으로서 수업 중인 교사를 직접 관찰하여 측정할 수 있다.
      ㉠ 학습 지도, 질문, 피드백 제공, 잘못된 행동의 중단, 적절한 행동에 대한 칭찬과 같은 교수기능이 이에 해당한다.
      ㉡ 또한 교사의 교수과정 변인은 수업조직, 행동관리, 학생의 장소이동, 수업 활동의 흐름을 방해하는 행동처리 등의 전략을 포함한다.

  (2) 학생의 학습과정에 관한 변인
    ① 초점이 교사가 아닌 학생이다. 학생의 학습에 직접 관련된 것으로서 수업 중인 학생들을 직접 관찰하여 측정할 수 있다.
    ② 이 범주는 학습 기여 행동이나 학습 방해 행동과 직접 관련된 것으로 학습장소 이동시간의 양, 수업 중 잘못된 행동의 정도, 수업 중 각 학생의 유효 학습시간량, 기능 연습의 횟수, 수업 중 과제에 집중한 시간의 비율(%), 정보 수집에 소비된 시간량 등이 포함된다.

  (3) 학생의 학습결과에 관한 변인
    ① 학생의 학습 성취, 즉 학습 및 성장의 증거로 간주되는 학습자의 변화를 포괄한다. 단원이 끝난 후에 테스트나 여러 가지 평가 도구에 의해 쉽게 평가할 수 있게 된다.
    ② 일반적으로 이 범주는 앞의 범주들 보다는 체육교사들에게 익숙한 편이다.
      ㉠ 주로 기능 습득, 게임 운영능력의 향상, 높은 수준의 체력 향상, 과제에 대한 지식 습득, 체육에 대한 태도 변화 등의 변인이 포함된다.

  (4) 교수활동과 그 결과를 사정할 때는 단기간의 학습결과와 장기간의 학습결과를 구별하여 측정을 실시하는 것이 효과적이다.

  (5) 사정모델(basic assessment model)은 교수의 교수과정 변인이 학생의 학습과정 변인에 영향을 미칠 뿐만 아니라 학생의 장·단기적 학습결과 변인에도 영향을 미치게 되는 모델이다.

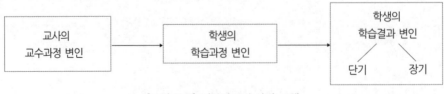

[그림 3-1] 기본적 교수사정 모델

2. 완전 교수사정 모델을 위한 두 가지 보조 장치

(1) 기본적 교수사정 모델이 효과적인 교수기능을 체계적으로 개발하는 데 활용될 수 있으려면 두 가지 보조 장치가 필요하다.

① 사정된 정보를 이용하여 교수전략을 수정하는 일련의 <u>피드백</u>

　㉠ 이러한 피드백에는 두 가지 형태가 존재한다.

　　ⓐ 학생의 <u>학습 과정 변인</u>에 관한 정보를 이용하여 교수전략을 수정하는 피드백

　　　㉖ 체조수업 시 과제집중 시간의 비율(%)이 낮게 나타난 사정결과를 토대로 과제집중 시간을 늘릴 수 있는 새로운 학습 지도 형태를 개발하는 교수 전략이 가능하다.

　　ⓑ 학생의 <u>학습 결과에 대한 정보를 이용하여 교수전략을 수정하는 것</u>

　　　㉖ 학생들의 상체 체력점수가 낮은 것을 발견하고 상체를 발달시킬 수 있는 활동에 보다 많은 시간을 투여하도록 교수전략을 수정하는 것이다.

　㉡ 이러한 두 가지 형태의 피드백은 학생의 학습 과정과 학습 결과로부터 얻은 정보를 활용하여 교수전략을 수정 개선하는 데 기여한다.

② 교사의 교수과정 변인과 학생의 학습 과정 변인 간의 <u>상호작용</u>

　㉠ 지금까지 교사는 일방적으로 학생들에게 영향을 주는 것으로만 생각되어져 왔지만 실상은 교사도 학생으로부터 직접적인 영향을 받는다.

　㉡ 교사의 교수과정과 학생의 학습과정 변인 사이에 쌍방향으로 표시된 화살표는 교수환경의 복잡성을 강조해 준다.

　㉢ 따라서, 완전 교수사정 모델은 다음 그림과 같이 나타낼 수 있다.

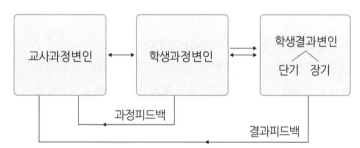

[그림 3-2] 완전 교수사정 모형

(참고, 강신복, 손천택 공역 시덴탑 체육교수이론은 학생과정변인과 학생결과변인 사이에 ◄──►)

(2) 여기 소개된 사정모형은 일종의 매개과정(mediating process) 모형이라고 할 수 있다.

① 교사와 학생들이 서로 상호작용하는 가운데 학생행동에 영향을 미친다는 가정이다. 수업의 장단기 결과에 가장 중요하게 영향을 미치는 것은 학생들이 수업에서 실제로 무엇을 하느냐 하는 것이다.

② 다시 말하면 교사는 학생들의 체력이나 운동 능력에 직접적으로 영향을 미치지 않는다. 교사는 오로지 학생들이 수업이라는 맥락에서 무엇을 하는지에 영향을 미칠 수 있으며, 학생들이 수업에서 무엇을 하는지에 따라 그들의 체력향상, 기능향상, 자아존중 등과 같은 학업성취가 다르게 나타난다.

③ 따라서 이 사정모형은 결국 학생들의 활동을 설명하는 데 적합한 모형이라고 할 수 있다.

④ 학생들은 교사의 설명을 경청하는가? 연습에 적극적으로 참여하는가? 동기는 어떤 학습 조건에서 유발되는가? 학생들은 수업에 즐겁게 참여하는가? 학생들은 서로 협력하며 연습하는가? 이러한 질문에 대한 답을 찾으면 학습결과에 대한 의미 있는 정보를 얻을 수 있게 된다.

7. 다음의 (가)는 수업 개선을 위해 교사들이 나눈 대화 내용이고, (나)는 최 교사의 수업 개선안이다. 〈작성 방법〉에 따라 순서대로 서술하시오. [4점]

(가) 교사들의 대화

> 최 교사: 김 선생님! 학생들의 학습 과정과 결과를 반영해 교수기술을 개선해 나가는 방법은 없을까요?
> 김 교사: (㉠) 사정 모델을 활용해 보세요. 이 모델은 교수 과정, 학습 과정, 학습 결과를 사정의 범주로 삼고, 교수 환경의 복합성(교수 과정↔학습 과정↔학습 결과)을 강조하는 모델이에요. 또한, 학습 과정과 단기적·장기적 학습 결과를 각각 과정과 결과 피드백으로 활용하며, 수업을 지속적으로 개선하는 데 적합한 모델이에요.
> … (하략) …

─── 〈작성 방법〉 ───
○ 괄호 안의 ㉠에 해당하는 사정 모델의 명칭을 시덴탑(D. Siedentop)의 주장에 근거하여 쓸 것.

[정답] ㉠ 완전 교수 [1점]

3 목표 관련 교수사정

• **사정은 교수 목표나 학습 목표와 관련하여 이루어져야 한다.**
  (1) 중학교 1학년 배구 단원에서 경기 전략을 가르치는 것을 목표로 설정했다고 가정해 보자.
   ① 학생들은 학습 목표를 달성하기 위해 배구 코트 위를 바삐 움직이며 공격 및 방어 전략을 구사할 것이다. 이와 같은 수업에서는 서비스, 언더핸드 패스, 오버핸드 패스, 세트업, 스파이크, 블로킹 등과 같은 개인 기능의 향상에 집중하는 수업만큼 스포츠 기능이 빠르게 향상되지는 않을 것이다.
   ② 경기 전략을 가르치는 수업을 장학사가 관찰하였다면 기능연습에 더 많은 학습시간을 배정하라는 주문을 할지 모른다. 즉, 장학사는 기능 학습에 배정한 시간이 부족하다고 사정(assessment)한 다음 개별기능의 연습에 더 많은 시간을 배정하라는 평가(evaluation)를 할지 모른다. 그러나 경기 전략 수업을 이런 방식으로 사정하고 평가하는 것은 타당한 평가 방법이라고 할 수 없다.
   ③ 만약 장학사가 교사가 수업을 통해서 무엇을 중요하게 추구하는지, 즉 수업의 목표가 무엇인지 정확하게 알았다면 그 수업을 그렇게 평가하지는 않았을 것이다.
  (2) 교수행동을 사정할 때는 교사의 수업 목표를 반드시 고려해야 한다. 즉, 교수에 대한 사정은 반드시 수업 목표와 관련하여 이루어져야 한다.

4 실제 상황에서의 교수사정

- 모든 체육교사들에게 해당되는 체육교육의 일반적 목표는 신체활동에 대한 접근 경향성(approach tendencies)을 길러주는 방식으로 학생들을 가르치는 것이다.
- 교수능력을 향상시키는 데 도움이 되는 사정은 수준 I '개별적 교수행동의 사정', 수준 II '분석적 교수단위의 사정', 수준 III '준거과정 변인의 사정'과 같은 세 가지 차원에서 이루어질 수 있다. 각 차원 또는 수준에 대한 사정은 교수 기능의 향상에 필요한 각기 다른 정보를 제공한다. 각 교수·학습 수준을 사정하는 데 필요한 정보는 교사와 학생을 직접 관찰하여 얻게 된다.

1. 수준 I : 개별적 교수행동(discrete teaching behavior)의 사정

- 피드백, 강화, 질문, 격려
- 개별 교수/학습 행동은 분명한 시작과 끝이 있으며, 횟수를 세거나 시간으로 측정할 수 있다.
  - (1) 개별 행동(discrete behavior)은 시작과 끝이 분명하고 단기적으로 발생하는 단일 행동이다.
    - 예 체육수업에서 일어날 수 있는 개별 행동으로서는 교사나 학생이 제공하는 피드백, 학생의 반응, 교사의 발문, 학생의 수업방해 행동 등이 있다.

    개별 행동에 대한 사정은 기능 학습의 초기 단계에서 사용하면 유익한 정보를 얻을 수 있다.
  - (2) 어떤 개별 행동은 횟수를 세기보다 소비한 시간을 측정하는 것이 더 의미가 있을 때가 있다.
    - 예 학생들이 주어진 25분 동안 연습하지 않고 태만한 시간이 얼마인지 파악하는 것은 매우 의미가 있을 수 있다.
  - (3) 질적 사정을 하는 것이 양적 사정보다 유용하거나 양적 사정에 더해서 질적 사정이 필요할 수 있다.
    - 예 피드백의 빈도 대신 피드백의 적절성이나 정확성에 관한 정보가 더 중요할 때가 있다. 피드백의 적절성이나 정확성에 관한 정보를 수집하기 위해서는 교사가 피드백을 얼마나 정확하게 제공하는지를 귀 기울여 듣고 판단해야 한다.

2. 수준 II : 분석적 교수단위의 사정

- 수업 운영 장면, 교사 피드백 제공과 관련된 일련의 과정
- 교수단위는 교수·학습에 필요한 중요한 요인에 관한 정보를 제공하는 교사행동과 학생행동의 결합이다.

  개별 행동을 사정하여 얻은 자료만으로는 다양한 교수기능을 향상시키는 데에 한계가 있을 수밖에 없다.
  - ① 30분 동안 몇 번의 수업 운영 행동이 발생하였는지 아는 것만으로는 교사의 수업 운영 능력을 제대로 평가하기 어렵기 때문이다. 수업 운영, 수업조직, 학습지도 등과 같은 교수단위에 대한 정보를 얻기 위해서는 다른 관찰 방법이나 사정 방법이 필요하다.
  - ② 교수단위(teaching unit)는 두 가지 이상의 개별 행동들로 구성되며, 이를 분석 단위(analytic unit)로 사정을 하게 된다. 교수단위는 수업의 중요한 과정을 파악하는 데 필요한 정보를 제공하는 교사행동과 학생행동의 조합이라고 할 수 있다.
  - ③ 체육수업에서 일어날 수 있는 중요한 교수단위는 운영에피소드, 이동에피소드, 학습지도에피소드 등이다.

(1) 운영에피소드(managerial episode)는 체육교사가 수업을 시작하여 다음 교수활동을 시작하기 전까지 소비한 전체 시간을 말한다.

　　㉮ 전체 학습을 4개의 모둠으로 나누어 A조-B조, C조-D조가 게임을 하고 있을 때, 교사가 호각을 불어 게임을 중단시키고, 조를 바꿔 경기를 재개하라고 지시하였다면

　　① 교사가 경기를 멈추기 위해 호각을 부는 시점부터 학생들이 조를 바꿔 경기를 시작하는 순간까지 소비한 시간을 운영에피소드라고 할 수 있다.

　　② 어떤 수업에 소비한 총 운영시간은 각 운영에피소드에 소비한 시간 전체를 합한 시간이다. 이 시간을 보면 수업이 얼마나 효율적으로 운영되었는지 알 수 있다.

(2) 이동에피소드(transitional episode)는 한 장소에서 다른 장소로 이동하거나 이탈한 공이나 용구 등을 회수하는 데 소비한 전체 시간을 말한다.

　　㉮ 이동에피소드는 두 팀이 코트를 서로 바꿀 때, 학생들이 한 장소에서 다른 장소로 이동할 때, 한 가지 연습을 마치고 다른 연습으로 전환할 때 발생한다.

　　① 체육수업시간에 한 가지 신체활동을 하든지, 여러 가지 신체활동을 하든지 흔히 여러 번의 이동에피소드가 발생하게 된다. 각 이동에피소드를 합치면 전체 수업시간의 상당 부분을 차지한다.

　　② 따라서 가능하면 이동에피소드를 줄이고 각 이동에피소드에 소비한 시간을 최대한 감소시키면 수업 운영의 효율성을 크게 향상시킬 수 있다.

(3) 학습지도에피소드(instructional episode)는 체육목표와 관련된 내용을 가르치고 학습하는 데 소비한 전체 시간을 말한다. 학습지도에 중요한 교수단위 2가지가 있다.

　　① '교사 촉진(teacher pormpt) - 학생 반응(student response) - 교사 피드백(teacher feedback)' 사이클: 운동기능의 향상이나 경기전략의 향상을 목표로 하는 수업에서 자주 발견되는 학습지도 사이클이다.

　　　　㉮ 교사가 "스윙할 때 어깨를 낮게 유지해."라고 간단하게 학생들을 자극하거나 반응을 촉진시킨다. 학생들은 교사의 촉진 내용을 생각하며 과제를 수행한다.
　　　　교사는 학생들의 반응을 관찰한 다음 "훨씬 낫군, 어깨를 낮게 잘 유지 하는구나." 등과 같은 피드백을 제공한다.

　　② '교사의 과제 설명 - 학생 반응 - 교사의 감독' 사이클: 체육 수업에서 자주 발생하는 교수 단위이다. 교사가 학습과제를 학급 전체나 소모둠에게 설명하면, 학생들은 그것을 연습한다. 교사는 학생들의 연습을 감독한다. 교사는 학생들의 연습을 감독하면서 과제를 분명하게 설명하였는지, 학생들의 최초 반응이 교사의 설명과 일치하는지, 학생들이 교사가 지시한대로 과제를 수행하지 않을 때 어떻게 반응하는지 등을 자문한다.

3. 수준 Ⅲ: 준거과정 변인의 사정(criterion process variables)

• 실제학습시간과 반응기회는 중요한 두 가지 준거과정 변인이다. 실제학습시간은 시간에 근거 하고, 반응기회는 횟수에 기반한다.

가끔은 학생들이 얼마나 열심히 학습하고 있는지 확인할 필요가 있다. 그러나 학업 성취에 관한 자료는 단원이나 학기가 끝나야 수집할 수 있다. 학업성취와 관련이 있거나 그것을 예측할 수 있는 자료를 수업을 하면서 언제든지 수집할 수 있으면 교수기능을 향상시키는 데 편리하게 활용할 수 있다.

① 학업성취를 예측할 수 있는 측정 가능한 변인을 준거과정 변인이라고 한다. 준거과정 변인(criterion process variable)은 학생들의 학습활동에 대한 직접적인 증거를 제공하는 일종의 학생과정 변인이라고 할 수 있다.

② 준거과정 변인을 사정하면 단원이나 학기말까지 기다리지 않고 학습에 관한 정보를 수업 중에도 언제든지 수집할 수 있다.

③ 학업성취와 직접적으로 관련된 두 가지 중요한 준거과정 변인은 실제학습시간과 반응기회이다.

(1) 실제학습시간(ALT: Academic Learning Time)은 학생들이 학습목표와 관련된 과제에 성공을 경험하며 소비한 시간이다.

(2) 반응기회(OTR: Opportunity to Response)는 학생들이 과제를 적절히 성공적으로 반응한 횟수이다.

① '적절한' 반응: 주어진 과제의 핵심요소를 잘 수행하였다는 의미
'성공적' 반응: 교사의 기대에 합치되는 반응을 하였다는 의미

② 반응기회의 경우 반응기회를 세는 것도 중요하지만 적절하고 성공적인 반응과 그렇지 않은 반응의 비율을 계산하는 것도 매우 중요하다.

✔ 필수체크   3-1. 학습시간의 깔때기 효과

- ALT-PE가 높으면 학생의 학업성취가 향상되므로, 우수한 교사는 학생의 ALT-PE를 향상시키는 수업 전략을 사용한다.
- 오른쪽 그림은 교사가 할당하고 기대하는 학습시간과 학생들이 사용하는 목표 관련 시간과의 관계를 깔때기 효과funneling effect로 나타낸 것이다.
① 할당시간: 학생들이 신체활동에 참여하도록 계획된 시간
② 운동참여시간: 학생들이 실제로 신체활동에 참가한 시간
③ 체육 실제학습시간(Academic Learning Time-Physical Education: ALT-PE): 목표 관련 신체활동에 성공을 경험하며 소비한 시간. 체육 수업에서 학생이 적절한 학습과제에 성공적으로 (또는 성취감을 느끼면서) 참여한 시간을 의미한다.
첫째, 적절한 과제 수준, 둘째, 학습 과제에 대한 성공 지향성, 셋째, 학습 과제에 참여한 시간의 세 가지 요소가 포함된다.

할당 시간
학생들이 운동 활동에 참가하도록 교사가 배정한 시간

운동참여 시간
학생들이 신체 활동에 실제로 참여한 시간

실제학습 시간

〈표〉메츨러(Metzler. 1980)

상황	의미
① 할당시간보다 ② 운동참여시간 너무 적다.	수업 운영이나 조직상의 문제가 있다.
② 운동참여시간보다 ③ 체육 실제학습시간 너무 적다.	학생들이 성공을 경험할 수 있는 신체 활동을 효과적으로 계획하고 있지 못하다.

---

③ 실제학습시간과 반응기회를 사정하면 학습이 어느 정도로 일어나고 있는지 확인할 수 있다.
  ㉠ 그래서 실제학습시간과 반응기회를 '준거'과정 변인이라고 한다. 왜냐하면 이들 두 변인이 교수의 효율성을 이해하는 '준거'가 되기 때문이다.
  ㉡ 사실, 개별교수행동과 교수단위를 사정하여 얻은 자료만으로도 교수기능을 향상시키는 노력을 할 수 있지만 그것이 얼마나 효과가 있는지는 실제학습시간이나 반응시간을 보고 판단해야 한다.

④ 실제학습시간과 반응기회를 사정하면 학습이 얼마나 효과적으로 이루어지고 있는지 판단할 수 있을 뿐만 아니라 단원이나 학기가 종료되어 학습결과를 측정하지 않고도 학업성취도를 상당 부분 예측할 수 있다.

⑤ 실제학습시간과 반응기회를 사정하면 개별 교수행동과 교수단위를 진단하고 평가할 수도 있다.

 ⓔ운영에피소드에 소비한 시간을 줄이면 실제학습시간을 늘릴 수 있다. 마찬가지로 교사가 학생들을 적극적으로 감독하면 학생들이 성공적으로 반응하는 횟수가 증가할 수 있다.

5 학습 환경의 이해

1. 교수 학습 환경의 3가지 차원

(1) "관대한 교사는 정이 있고 고무적이다.", "부정적인 환경은 엄격히 통제된다.", "지시적인 교사는 부정적인 분위기를 만든다.", "학생행동에 대한 강한 통제는 과제 참여 시간을 높인다." 연구결과 교수-학습 과정의 세 가지 영역은 각각 독립된 별개의 영역임이 판명되었으나 교사들은 이들 영역을 서로 혼동하는 경향이 강하다.

(2) 위의 진술들은 교수-학습 과정의 다양한 측면을 혼란된 결과로 나타낸 것이다. 교수-학습 환경을 이해, 분석하고 평가하는 데는 반드시 분리시켜야 하는 세 가지 영역이 존재한다.(Soar & Soar, 1979)

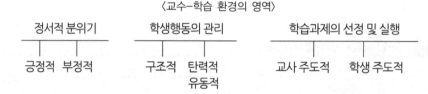

〈교수-학습 환경의 영역〉

정서적 분위기	학생행동의 관리	학습과제의 선정 및 실행
긍정적 부정적	구조적 탄력적 유동적	교사 주도적 학생 주도적

(3) 그 세 가지 영역이란

 ① 학습 구조의 정서적 분위기, ② 학생행동의 관리 방법, ③ 학습 과제의 선정 및 실행 방법이다.

(4) 수업의 효율성이 높은 교사의 유형은 학습 과제의 선정 및 실행이 교사 주도적이고 학생 행동 관리가 구조화되어 있으며, 정서적 분위기는 긍정적인 수업 분위기이다.

〈표 3-1〉 교수 – 학습 환경의 3가지 차원과 교사 유형의 관계

교사 유형	정서적 분위기	학생행동의 관리	학습과제의 선정 및 실행
1	긍정적	구조적	교사 주도적
2	긍정적	유동적	교사 주도적
3	긍정적	구조적	학생 주도적
4	긍정적	유동적	학생 주도적
5	부정적	구조적	교사 주도적
6	부정적	유동적	교사 주도적
7	부정적	구조적	학생 주도적
8	부정적	유동적	학생 주도적

2. 학습 환경의 유형(Judith E. rink, 박명기 외)

	학습 환경의 유형(rink)		
	교사 지향 학습 환경	학생 지향 학습 환경	교사 – 학생 지향 학습 환경
개념	① 수업 조직에 관한 모든 결정은 교사가 함 ② 교사의 지시에 따라 학습자는 행동, 교사가 모든 학습 활동의 중심	① 교사의 관여가 최소 ② 학생들은 교사와 독립적으로 수업에서 대부분 역할을 수행	① 효과적인 학습 환경은 교사 지향과 학생 지향을 결합한 형태의 학습 환경 ② 이 학습 환경은 다양한 시기에 두 가지 학습 환경이 함께 나타나는 것이 그 특징
장점	① 교사와 학생의 역할이 분명. 교사는 지휘자, 학습자는 수행자 ② 교사 지향 학습 환경은 질서정연하고, 학생들이 교사의 지시에 따라 움직이기 때문에 단기적 수업 목표를 달성하는 데 효과적	① 학생들이 자기 행동에 대해서 책임지는 법 배움 ② 학생 스스로 수업 운영 절차를 결정, 실행을 학습 ③ 학생들은 책임을 수용하고, 지도자와 추종자의 역할을 경험, 자신의 운명을 통제하면서 학습하는 법을 배움	① 수업 중 다양한 형태의 조직적 수업 절차 ② 학습 환경은 사전에 결정한 형태가 아닌 성취되어야 할 절차의 특성에 근거하여 결정. 교사 지향과 학생 지향을 결합한 학습 환경이 가장 효과적
단점	① 학생들이 수업 운영 못함 ② 수업의 조직적 절차를 수행하는 데 효과적이지만, 수업 절차를 계속해서 교사 지시에만 의존하는 것은 비능률적	① 통제 불가능한 상황에 직면할 수도 있음 ② 학생들이 자신에게 부여된 책임을 처리할 능력이 부족할 수 있음	① 환경적인 형태는 어느 하나를 선택하는 상황이 아니라는 것 ② 어떤 절차들은 교사 지향적인 반면 다른 절차들은 학생 지향적이 되어 지시자가 변하기 때문에 학생들이 혼동
교사 역할	① 교사는 수업 조직과 행동 관리에 필요한 절차를 확립 ② 수업 절차를 학생들에게 분명하게 전달 ③ 학생들이 자신의 행동에 대해 책임	① 사전 계획은 교사에 의해서 또는 교사와 학생의 협동으로 이루어질 수 있으나 반드시 계획적 ② 학생에 대한 교사의 기대가 분명 ③ 교사는 학생들이 자신의 책임을 효과적으로 수행하는 데 필요한 자기 지도 능력이었는지 확인	어떤 형태의 학습 환경이 수업 절차에 가장 적합한지를 결정

3. 교수 학습 환경 조성

• 하위 개념: (1) 학습 환경의 준비, (2) 용구의 취급, (3) 규칙과 절차, (4) 결과

(1) 학습 환경의 준비

① 교수의 준비는 총체적인 연간 계획이나 학습 단위의 관점, 또는 구체적인 일일 계획의 관점에서 고찰할 수 있다.

② 학습 환경의 준비는 교사로서 수업 조직적 기능과 수업 분위기를 결정한다.

③ 교사가 연간 또는 구체적인 학습 단위에 대한 계획을 세울 때 고려해야 할 학습 환경의 준비 요소로는 수업에 사용할 공간, 용구의 보관 장소, 사용 가능한 하드웨어와 소프트웨어 등이 있다.

(2) 용구의 취급

① 용구의 설치 및 해체, 정리, 배치에 대한 교사의 지시는 간단·명료해야 한다.

② 학생들이 체육 수업에서 기대하는 것은 움직임과 기능의 학습이다. 따라서 교사는 이들에 대한 학생들의 참여를 높이기 위해 학습 환경을 계획하고 정리해야 할 책임이 있다.

(3) 규칙과 절차

① 학생들은 교사로부터 수업 규칙과 절차에 관한 지시와 안내를 기다린다. 학생들은 대개 규칙과 절차가 필요하다는 생각을 수용하며, 그렇게 함으로써 수업 내에서 과제를 성공적으로 수행할 수 있다.

② 수업은 실행 가능한 규칙과 능률적인 절차를 통해서 보다 유연하게 전개될 수 있다.

(4) 결과

① 교사는 수업 규칙과 절차의 수행에 따르는 결과를 개발하여야 한다. 결과는 합리적이어야 하며 학생들에게 정확하게 전달되어야 한다.

② 결과 체계(the system of consequence)는 실제적이고 간단해야 한다.

③ 상과 벌은 행동에 적합해야 한다.

4. 학습 환경의 유지

• 하위 개념: (1) 감독, (2) 부적절한 행동의 제지, (3) 학습자의 책무성과 학습 지도의 명료성

(1) 감독

① 교사는 학생들의 행동을 세심하게 감독함으로써 어떤 문제가 심각한 상황에 이르기 전에 그것을 미연에 방지할 수 있다.

② 감독 기능은 계획적인 연습을 통해서 숙달될 수 있다.

③ 교사는 학생들이 주어진 과제에 열심히 참여하고 있는지와 정해진 규칙과 절차를 잘 준수하는지 감독해야 한다.

(2) 부적절한 행동의 제지

① 부적절한 행동을 즉각적으로 제지시킬 때 학생들은 규칙과 절차에 따라 행동하길 바라는 교사의 의도를 이해하며, 그 결과 교사와 학생과의 신뢰성이 회복된다.

② 주의, 파워, 복수, 부적응이 가장 흔한 4가지 학습 방해 행동의 원인이다.

  ㉠ 주의를 끌기 위해 부적절한 행동을 하는 학생들은 시끄럽고, 들떠 있으며, 이야기하기 좋아하며, 사소한 부적합 행동을 일으킨다.

  ㉡ 학교나 가정에서 싸우기 좋아하는 학생들은 공격적이다. 그러한 학생들은 권위에 반항하고 과제를 거부하고, 쉽게 토라지고, 순종하지 않으며, 쉽게 화를 낸다.

  ㉢ 복수에 애쓰는 학생들은 공격적인 학생들보다 감정이 더 격렬하다. 그들은 폭언이나 폭력에 호소한다.

  ㉣ 부적응 학생들은 모든 것을 포기하고 아무것도 하지 않는다.

③ 교사는 학습 방해 행동의 목적을 이해하고, 책임 있고 협조적인 행동의 개발을 위한 프로그램을 확립함과 동시에 방해 행동의 제지를 위한 아래 단계를 밟아야 한다.

  ㉠ 교사는 학습 환경을 계속적으로 탐지해야 한다.

  ㉡ 교사는 방해 행동이 멈출 때까지 학생의 시선을 주시하면서 정확한 규칙과 절차를 그에게 상기시켜 주어야 한다.

  ㉢ 학생에게 정확한 규칙과 절차를 반복해서 연습하도록 해야 한다.

  ㉣ 위반 행위에 대해 적절한 조치를 취해야 한다.

(3) 학습자의 책무성과 학습 지도의 명료성

　① 교실은 학생들이 무엇인가 학습하는 편안하고 즐거운 장소이어야 한다.

　② 효과적인 학습자 책무성 절차들은 교사에게 달려 있다.

　③ 상규적 행동과 절차의 규칙성이 학생들의 관심을 집중하는 데 도움이 되지만 지나치게 획일적인 절차는 권태를 가져올 수 있다는 점을 알아야 한다.

　④ 교사는 학생들의 학습 진행 과정을 계속해서 감독해야 한다.

6 교수기능의 개선을 위한 일반계획

• 하위 개념: 1. 관련 교수행동의 측정, 2. 행동적 용어로의 재정의, 3. 구체적인 목표설정, 4. 진단과 처방을 위한 기초선 자료의 활용, 5. 목표의 성취와 유지, 6. 독자적 교수 수행의 유지

1. 관련 교수행동의 측정

(1) 만약 누가 수업 중인 교사나 학생의 수행의 질과 요소를 측정하는 것이 불가능하다고 한다면 그것은 정의가 제대로 내려지지 않았다는 것을 의미한다.

(2) 일단 수업의 요소와 질이 정의되면 그 측정은 가능하다. 측정체계의 상대적 조합성과 세련성은 수업요소와 질을 얼마나 잘 정의하는가 여부에 의해 좌우된다.

2. 행동적 용어로의 재정의

(1) 교사와 학생의 수업참여의 중요한 특징, 질, 요소 등이 유용한 교육목표가 되려면 이들은 행동적 용어로 재정의 되어야만 한다.

(2) '행동적'이란 용어는 관찰 가능한 인간의 행동을 의미한다. 감정은 관찰할 수 없기 때문에 행동적인 것이 아니다. 그러나 감정에 대한 언어적 기록은 관찰할 수 있다.

3. 구체적인 목표설정

(1) 교수경험을 쌓기 위해 설정하는 목표는 교수경험의 성격에 따라 많을 수도 있고 적을 수도 있다. 교수목표의 숫자 여하를 불문하고 각 목표는 구체적이어야 한다.

(2) 구체성은 두 가지 방법에 의해 설정된다.

　① 교수기능의 정확한 정의와 의미가 모든 교사들에 의해 공유되고 이해될 수 있도록 한다. 이들 목표는 신뢰성 있는 측정이 가능하도록 구체적으로 잘 정의되어야 한다.

　② 준거(기준)적 목표를 설정하는 것이다. 이것은 시간 기준이나 퍼센트(%) 기준 등을 사용하여 설정할 수 있는 것으로 목표가 현실적이고 과제 지향적으로 되도록 하는 것이 중요하다.

4. 진단과 처방을 위한 기초선 자료의 활용

(1) 최초 목표설정 방법으로는 세 가지가 있다.

① 체육 분야의 연구결과를 활용하여 목표를 설정한다.

② 학생과 교사의 경험을 토대로 목표를 설정한다.

③ 자신이 직접 시행한 결과 또는 자신의 교수와 관련하여 수집한 자료, 즉 기초선 자료를 토대로 하여 목표를 설정한다.

(2) 물론, 이러한 세 가지 방법을 결합하여 활용하는 것이 더 좋은 방법이다.

(3) 기초선 자료(baseline data)는 자신의 교수경험을 기술한 결과들로서 다음 단계의 목표들을 설정하고 비교하는 데 활용할 수 있다.

5. 목표의 성취와 유지

(1) 목표 유지란 일단 하나의 목표를 달성한 후 새로운 목표를 설정하되 동시에 이전 목표로부터 습득한 기능을 유지하려는 노력을 계속하는 것을 의미한다.

6. 독자적 교수 수행의 유지

(1) 교수기능을 개선하고 유지하는 데는 특별한 노력이 필요하며 정기적으로 자신의 교수수행을 점검해 보아야 한다.

제4장 효율적인 교수

1 효율적인 교수 특징과 직접적 지도

1. 효율적인 교수의 특징 19 지도사

(1) 우수 교사는 강제적·부정적·징계적 학습자 관리 기술에 의존하지 않고 학생들이 높은 비율로 학습 활동에 적절히 참여토록 하는 교사이다.

① 학습 내용에 배당된 시간의 비율이 높다.

② 학습자의 과제 참여 비율이 높다.

③ 학습 내용이 학습자의 학습 능력에 적합하다(성공 지향적 학습).

④ 따뜻하고 긍정적인 학습 분위기를 조성한다.

⑤ 따뜻하고 긍정적인 학습 분위기 속에서 학습자의 과제 참여 비율을 높게 유지하는 학습 구조를 개발한다.

2. 비효율적인 교수의 특징

메들리(Medley) (1977)	학업 성취도를 저하시키는 교수전략과 관련된 요인으로 다음을 지적하였다. ① 학생에 대한 비판의 과다, ② 수업방해 학생행동에 대한 지나친 질책, ③ 수업관리시간의 과다, ④ 수업 운영 구조화의 미숙, ⑤ 학생행동의 관리를 위한 빈번한 상호작용, ⑥ 실제학습시간의 과소, ⑦ 수업내용의 빈약함 등
에버스튼 (Everston)과 브루피(Brophy) (1978)	• 중학교를 대상으로 한 연구를 통해 다음과 같이 학업 성취 및 태도 함양에 대한 부정적인 영향을 미치는 교수 행동을 제시하였다. ① 수업의 중단, ② 학생 스스로의 학습 과제 선택, ③ 자율학습의 채택, ④ 학생의 인내력 결여, ⑤ 높은 비율의 일탈 행동 • 그들은 비우수 교사들이 개별지도를 실시하거나 모든 학생들을 과제에 몰두토록 하는 데 필요한 충분한 교수기능을 갖추고 있지 못할 뿐만 아니라 수업통제의 미숙으로 인해 학생들이 지루함과 무관심을 초래하게 된다고 주장하고 있다.
Soar(1979), Stallings(1976), Everston과 Brophy(1978), Berliner(1979)	정서적으로 부정적인 학습 분위기가 학생 성취도의 저하와 학교에 대한 혐오감을 유발하게 된다고 주장한다.

참고문제	2019년 지도사 2급

10. 효율적인 지도의 특징으로 적절하지 않은 것은?

① 운영시간에 배당된 시간의 비율이 낮다.　　② 학습자가 과제에 참여하는 시간의 비율이 높다.

③ 학습 과제의 난이도가 적절하다.　　**④ 학습자가 대기하는 시간의 비율이 높다.**

3. 로젠샤인(Rosenshine)의 직접적 지도(direct instruction)에 대한 견해

(1) 직접 지도법은 계열화, 구조화된 학습 제재를 사용하는 학문 중심적·교사 중심적 수업 형태를 말한다.

(2) 직접 지도란 학습자에게 학습 목표가 명확히 제시되고 학습 지도에 할애된 시간이 충분하고도 지속적이며, 학습 내용이 광범위하고, 학습자의 수행이 탐지되며, 학습자가 많은 정답을 낼 수 있도록 낮은 인지 수준의 질문들이 제기되고, 학생에 대한 직접적이고도 학업 관련적인 교수 활동을 말한다.

(3) 직접 지도에서는, 교사가 학습 지도 목표를 설정하고 학습자의 능력에 맞는 적절한 학습 제재를 선택하며, 지도 에피소드(instructional episode)를 진행시켜 나간다.

(4) 직접 지도에 있어서 상호작용은 구조화되기는 하지만 결코 권위주의적인 성향을 띠지 않으며, 학습은 즐거운 학습 분위기에서 이루어진다. 직접 지도의 중요한 목표는 일련의 계열화된 학습 제재나 과제를 통하여 학습자를 이끌어 가는 것이라 할 수 있다.(Rosenshine, 1979)

2 효율적인 교수 전략 `98 기출` `99 기출` `03 기출` `07+ 기출` `20 기출`

1. 학업 성취도와 관련된 다섯 가지 변인

(1) 로젠샤인(Rosenshine)과 프러스트(Frust)의 학업 성취도와 관련된 다섯 가지 변인

① 명확한 과제 제시: 학습 지도, 시범, 토론 등이 학생들에게 명확히 전달되는 것뿐만 아니라 명확한 과제 전달에 의한 시간의 절약까지를 의미한다.

② 교사의 열의: 의심할 여지없이 긍정적 학습 분위기를 조성하는 데 기여할 뿐만 아니라 활발한 학습을 진행하는 원동력으로 작용한다.

③ 수업 활동의 다양화: 학생들의 지루함을 막아주며 학생들이 학습 내용에 몰두할 수 있게 만든다.

④ 과제 지향적/능률적 교수 행동: 수업 내용이 줄넘기든 축구든 간에 교육의 가장 중요한 목적이 교과학습을 중시하는 것임을 의미한다. 교과 학습은 우수 교사가 가장 중시하는 변인이다.

⑤ 수업 내용의 적절성: 수업 내용 또한 교과를 강조하는 변인이다. 교과에 투자한 시간이 많으면 많을수록 전체 시간 가운데 학생이 학습에 투자한 시간이 증가하게 된다.

2. 우수교사와 비우수교사의 특징(Medley, 1977)

영역	우수교사	비우수교사
수업 분위기	• 비난을 거의 하지 않는다. • 비판을 적게 한다. • 칭찬을 많이 한다. • 긍정적 동기유발을 한다.	• 비난을 많이 한다. • 비판을 많이 한다. • 칭찬을 적게 한다. • 부정적 동기유발을 한다.
학생행동 관리	• 수업중단 행동을 적게 한다. • 수업관리시간이 적다. • 학생행동을 구조화한다.	• 수업중단 행동을 많이 한다. • 수업관리시간이 많다. • 학생행동을 구조화하지 않는다.
학습과제의 운영	• 학습활동 시간이 많다. • 전체 학생을 대상으로 일제수업을 한다. • 교사의 감독을 받지 않는 학생 개인 활동이 거의 없다.	• 비학습활동 시간이 많다. • 소집단 및 개별수업을 실시한다. • 교사의 감독을 받지 않는 학생 개인 활동이 많다.

3. 쿠닌(kounin)의 학습파괴행동을 예방하고 과제 지향적인 수업을 유지하는 데 유용한 교수 기능

20 기출 22 기출

(1) 쿠닌(kounin)이 주장한 학습파괴행동을 예방하고 과제 지향적인 수업을 유지하는 데 유용한 교수 기능

① 상황 파악(with-it-ness): 교사가 학생들이 무엇을 하고 있는지 항상 알고 있다는 사실을 학생들에게 전달하는 것이다. 즉 교사가 자신의 머리 뒤에도 눈이 있다는 것을 학생들에게 알리는 것이다.

② 동시 처리(overlapping): 교사가 동시에 2가지 일을 처리하는 것이다.

③ 유연한 수업 전개(smoothness): 교사가 수업활동의 흐름을 중단하지 않고 부드럽게 이끌어 가는 것이다.

④ 여세 유지(momentum): 교사가 수업진행을 늦추거나 학생의 학습 활동을 중단시키지 않고, 계속해서 활력 있는 수업을 전개해 나가는 것이다.

⑤ 집단 경각(group alerting): 교사가 모든 학생들을 과제에 몰두(沒頭, 온 정신이나 관심을 기울여 열중하다)하도록 지도하는 것이다.

⑥ 학생의 책무성(accountability): 교사가 학생에게 수업 중 과제수행에 대한 책임감을 부여하는 것이다.

(2) 이와 같이 교수기능들은 실제 학습시간을 증가시킨다.

① 유연한 전개의 개념은 활동의 흐름을 중단하거나 정체하지 않는 것을 의미한다.

② 여세 유지의 개념은 활동 간 또는 활동 내의 움직임의 비율과 깊은 관계가 있으며 그러한 움직임은 수업과제의 수준보다 지나치게 높거나 낮은 움직임을 도입하지 않는 것을 의미한다.

  ㉠ 여세 유지는 교사의 동시적 처리기능(동시에 두 가지 이상의 기능을 수행하는 기능)의 개발을 의미한다.

  ㉡ 또한 교사가 수업 진행 중인 활동을 방해하지 않도록 활동(thrust)을 제어하는 것이라고 할 수 있다. 교사가 부적절한 행동을 하게 될 때 학습의 여세 유지는 이루어지지 않는다.

  ㉢ 즉, 교사가 적절하지 않은 활동에 집착하거나 이에 많은 시간과 관심을 투여할 때 여세 유지는 이루어지지 않는다. 교사의 태만(dangles)과 중도포기(flip-flops) 또한 여세 유지를 손상시키는 부적절한 행동이다.

4. 다음은 김 교사의 수업 연구 노트의 일부이다. 〈작성 방법〉에 따라 순서대로 서술하시오. [4점]

○ 문제 의식: 수업이 자주 중단되어, 체계적 관찰 기법을 활용해 문제의 원인을 파악하고 문제를 개선하기 위한 계획을 세울 필요가 있음.
○ 관찰 결과: 일부 학생들의 수업 방해 행동으로 인해 수업이 중단되는 것으로 확인됨.
○ 학생 관리 계획
  • 교사 행동
    – ⓒ과제를 설명하면서 수업 방해 행동을 하는 학생에게 시선이나 손짓 등을 이용해 제지함.
    – 학생의 학습 활동을 중단시키지 않고 계속해서 수업을 활발 하게 전개함.
    – 계획된 수업의 흐름에 따라 수업을 최대한 부드럽게 진행함.

───── 〈작성 방법〉 ─────
○ 밑줄 친 ⓒ에 해당하는 교수 기능의 명칭을 쿠닌(J. Kounin)의 예방적 수업 운영 전략에 근거하여 쓸 것.

[정답] ⓒ 동시 처리 [1점]

---

4. 다음은 2019학년도 ○○중학교 최 교사의 학교스포츠클럽 활동 반성 일지이다. 〈작성 방법〉에 따라 순서대로 서술하시오. [4점]

학교스포츠클럽 활동 반성 일지

일시: 2019년 ○월 ○일 화요일

오늘 수업에서 과제에 참여하지 않고 그늘에서 잡담을 하고 있는 철수에게 "딴 짓하고 있구나!"라고 말하곤 하였다. ⓒ딴 짓하는 학생에게 선생님이 안 보고 있는 것 같아도 다 보고 있다는 사실을 수시로 알렸다. 마치 머리 뒤에도 눈이 있는 것처럼 학생들이 느낄 수 있도록 하였다.

───── 〈작성 방법〉 ─────
○ 밑줄 친 ⓒ에 해당하는 쿠닌(J. Kounin)의 예방적 수업 운영 전략의 명칭을 쓸 것.

[정답] ⓒ은 상황 이해(상황 파악, 사태 통찰)이다. (1점)

수업 지도의 성과는 수업의 효율성으로 판단한다. 체육을 잘 가르치는 교사(우수 교사)와 그렇지 못한 교사 간에는
① 수업 분위기 ② 학생 행동 관리 ③ 학습 과제 운영 요인의 효율성에서 차이가 나타난다. 체육 지도 시 위의 세
가지 요인의 효율성에서 우수 교사가 지니고 있는 특성을 제시하시오(각 요인별 2가지씩).

• 우수 교사의 특성

(1) 수업 분위기 요인 _____

(2) 학생 행동 관리 요인 _____

(3) 학습 과제 운영 요인 _____

[정답] (1) 수업 분위기 요인: 비난을 거의 하지 않는다. 칭찬을 많이 한다.
　　　(2) 학생 행동 관리 요인: 수업 중단 행동을 적게 한다. 수업 관리 시간이 적다.
　　　(3) 학습 과제 운영 요인: 학습 활동 시간이 많다. 전체 학생을 대상으로 일제수업을 한다.

교사의 효율성에 관한 연구결과에 따르면, 우수한 교사들은 수업이탈 행동을 예방하는 수업 운영체계를 개발하고
유지함으로써 학생들의 주의를 교과의 학습에만 집중하도록 한다는 공통된 특징을 갖고 있다. 쿠닌(Kounin)이 제
시한 예방적 수업 운영 방법을 6가지 열거하시오.

_____

[정답] • 상황 파악, 동시 처리, 유연한 수업 전개, 여세 유지, 집단 경각, 학생의 책무성

Kounin(1970)은 학습자의 수업 방해 행동을 예방하고 과제 지향적인 수업을 유지하는 데 유용한 교수 기술을 제
시하였다. 다음 두 교사가 체육수업에서 사용한 교수 기술을 Kounin의 분류에 따라 쓰시오.

1-1. 최 교사는 배드민턴 수업에서 짝과 함께 하이클리어 랠리 10회 수행을 과제목표로 제시하였다.

1-2. 김 교사는 개별적으로 배구 토스를 지도하면서 나머지 학생들에게도 시선을 유지하였다.

[정답] 1-1. 학생의 책무성　　　1-2. 동시 처리

체육 수업의 효율적인 교수 전략 중에 로젠샤인(Rosenshine)과 프러스트(Frust)는 학업 성취도와 관련 있는 5가지 교사 변인을 제시했다. 아래 빈칸에 들어갈 변인의 명칭(①)과 내용(②, ③)을 쓰시오.

교사 변인	내용
명확한 과제 제시	과제를 학습자에게 명확하게 전달하는 것
①	활발하게 학습을 진행하여 긍정적인 학습 분위기를 조성하는 것
수업 활동의 다양화	②
과제 지향적/능률적 교수 행동	③
수업 내용의 적절성	수업 내용이 학습자의 능력에 적합하여 참여 시간이 증가하는 것

• ①의 명칭: _____

• ②의 내용: _____

• ②의 내용: _____

[정답] • ①의 명칭: 교사의 열의
　　　• ②의 내용: 학생들의 지루함을 막아주며 학생들이 학습 내용에 몰두할 수 있게 만든다.
　　　• ③의 내용: 수업 내용이 줄넘기든 축구든 간에 교육의 가장 중요한 목적이 교과 학습을 중시하는 것임을 의미한다. 교과 학습은 우수 교사가 가장 중시하는 변인이다.

김 교사의 체육 수업에 대한 수업 컨설팅 보고서이다. 효율적인 체육 수업을 위한 개선 방안의 내용으로 옳은 것만을 〈보기〉에서 있는 대로 고른 것은?

수업 컨설팅 보고서

• 컨설팅 대상자: 김○○ • 컨설팅 일시/장소: 2011년 3월 ○○일 5교시 / 대한고등학교 운동장
• 수업 관찰

관찰 요소	소요시간(분)	관찰 내용
수업 준비 점검(출결, 복장, 환자)	2	
준비 운동	3	
과제 설명 및 시범	3	
수업 교구 준비	5	
과제 활동 참여 시간	12	– 학기 초라 학습 분위기가 전반적으로 산만함.
과제 활동 이동 시간	6	– 과제 활동 대기시간이 김.
과제 활동 대기시간	7	– 학생들이 비과제 행동을 많이 함.
정리 운동	3	– 교구를 준비하고 정리하는 시간이 많이 소요 됨.
학습 내용 정리 및 평가	3	
차시 예고	1	
수업 교구 정리	5	
총 수업 시간	50	

〈보 기〉

ㄱ. 행동 규칙의 설정 및 지속적인 상기, 규칙 준수 여부에 따른 보상이나 처벌 방안 등을 통한 지도가 필요하다.
ㄴ. 학년 또는 학기 초부터 과제 참여 형태를 효율적으로 조직한다.
ㄷ. 학습 과제에 몰두하고 과제지향적인 태도를 갖도록 하는 교수 전략을 활용한다.
ㄹ. 수업 내용의 특성에 따라 수업 시간을 통합적으로 운영한다.

① ㄷ, ㄹ   ② ㄱ, ㄴ, ㄷ   ③ ㄱ, ㄷ, ㄹ   ④ ㄴ, ㄷ, ㄹ   ⑤ ㄱ, ㄴ, ㄷ, ㄹ

[정답] ⑤

제 5 장

예방적 수업 운영/학습자 관리

- 예방적 수업 운영 전략은 예측되는 문제 상황을 사전에 예측하고 규칙을 개발하여 수업 운영시간을 최대한 줄이기 위한 노력이다. 특히 사전에 공시되기 때문에 지도사와 학습자 간의 불필요한 감정 소모를 줄이고, 긍정적 관리 행동을 일으킨다는 강점이 있다.

1 예방적 수업 운영

1. 수업 운영을 관찰하기 위한 몇 가지 유익한 관점들

- 하위 개념: (1) 수업 운영시간 – 관리시간, (2) 수업 운영 장면 – 관리 에피소드의 길이, (3) 이동 시간, (4) 상규적인 수업 활동 의 구조, (5) 수업 진행의 방해

  (1) 수업 운영시간-관리시간

  ① 수업 운영시간이란 학생들이 수업의 조직, 이동, 그 밖의 학습과 관련이 없는 과제에 사용한 시간의 총계로서 '관리 에피소드의 총합에 대기시간의 총합을 더한 값'과 같다.

  ② 출석 점검, 학습 용구의 배치, 대기, 팀의 조직, 다른 장소로의 이동, 예정된 학교행사에 관한 토론 등은 모두 수업 운영시간에 속한다.

  (2) 수업 운영 장면 -관리 에피소드의 길이

  ① 수업 운영 장면 은 교사에 의한 하나의 수업 운영 행동으로 시작하여 다음 지식 전달이나 활동이 시작될 때까지의 시간이다.

   ㉠ 교사가 호각을 불어서 학생들을 운동장의 한 장소에 모이게 하는 것(호각을 부는 시각으로부터 학생들이 모여서 최초의 학습 지도나 시범이 이루어질 때까지의 시간)

   ㉡ 설명을 끝낸 교사가 학생들에게 각자의 위치로 가서 수업 활동을 시작하도록 지시하는 것(교사가 학생들을 분산시키기 위해서 신호를 보내는 시각부터 학생들이 실제로 활동을 시작할 때까지의 시간)

   ㉢ 교사가 활동 중인 학생들을 멈추게 하여 피드백을 제공하거나 추가 지도를 하는 것(학생들을 멈추게 하는 신호를 하는 시각부터 피드백이나 추가 지도를 제공할 때까지의 시간)

   ㉣ 출석 점검(출석 점검을 시작하는 시각부터 다음 활동을 시작할 때까지의 시간)

  (3) 이동 시간

  ① 학생들이 수업 환경에서 한 장소에서 다른 장소로 이동하는 데 소비한 시간

   ㉠ 팀이 코트를 바꾸어야 할 때

   ㉡ 하나의 운동 연습에서 다른 운동 연습으로 전환할 때

(4) 상규적인 수업 활동의 구조 **16 기출** **19 지도사**

① 상규적인 활동이란 수업 중 빈번히 일어나는 학생 행동으로써 그것이 제대로 확립되어 있지 않을 때는 수업의 흐름을 깰 수도 있다.

  예 수업 시작, 출석 점검, 화장실에 가거나 물을 마시는 행동 등이 있다. 또한 경기를 시작하는 행동도 이러한 행동에 포함할 수 있다. 이러한 활동의 특성은 매번 빈번하게 일어나고 그 상황도 유사하다는 점이다.

② 그렇기 때문에 기대되는 행동을 매번 새롭게 가르칠 필요가 없으며, 상규적 활동이 일어나는 사건을 루틴으로 확립하여 학습자에게 적용하면 학습 과제 시간을 증가시키는 데 도움이 된다.

③ 우수한 교사는 학년 초에 중요한 상규적인 활동들에 대처하는 방법을 가르친다. 그뿐만 아니라 우수한 교사는 그에 대한 연습 기회 및 관련 피드백을 부여하여 학생들이 상규적 활동들을 자동적으로 처리할 수 있게 한다.

  ㉠ 장소를 이탈한 공을 어떻게 회수하는가?

  ㉡ 언제 물을 마실 수 있고, 화장실에 갈 수 있는가?

(5) 수업 진행의 방해

① 수업 진행의 방해 요인은 수업의 여세를 파괴하는 모든 학생 행동을 말한다.

  ㉠ 교사의 수업 활동을 침해하는 학생

  ㉡ 예기치 않은 사건이 발생했을 때의 교사의 대응

  ㉢ 수업 활동을 시작하게끔 하고 그것의 계획된 목표가 달성되기 전에 그 활동을 중단시키는 것 등

1-1. 수업 운영의 효율성을 관찰하기 위한 준거

① 수업 운영에 소비된 시간이 최소화되어야 한다.

② 수업 운영 장면의 길이를 최소화시켜야 한다.

③ 이동 시간을 최소화시켜야 한다.

④ 상규적인 수업 활동을 구조화시켜야 한다.

⑤ 수업 진행의 방해 요인을 처치해야 한다.

1. 다음은 유 교사의 배구 수업에 대한 일화 기록지이다. 밑줄 친 ㉠에 해당하는 예방적 수업 운영 활동을 쓰고, ㉡과 같이 운동기능이나 과제의 중요한 특징을 전달하기 위하여 사용하는 단어나 구를 일컫는 용어를 제시하시오. [2점]

> ### 체육 수업 일화 기록지
>
> 일시 : 2015년 ○월 ○일(월) 3교시
> 관찰 : 박○○교사
>
> 2학년 1반 3교시 수업이 시작됐다. 유 교사는 배구 3차시 오버핸드 패스 수업임을 알렸다. ㉠학생들은 학기 초에 연습한 대로 정해진 집합 장소와 위치에 모였다. 교사는 빈자리를 확인하며 신속히 출석을 확인하였고, 체육복 미착용 학생은 복장 점검표에 표시하였다. 유 교사는 '네트를 사이에 두고 파트너와 오버핸드 패스하기'라는 학습 과제를 제시하고 설명했다. 특히, 손을 이마 위로 올리는 동작은 '이마', 손을 삼각형으로 만드는 동작은 '삼각', 공을 받는 동작은 '당겨', 공을 내보낼 때 스냅을 사용하는 동작은 '튕겨'로 설명하였다. 그리고 학생들이 빈손으로 오버핸드 패스 동작을 ㉡'이마', '삼각', '당겨', '튕겨'의 순으로 쉽게 익힐 수 있도록 구령을 붙여 재인식시켰다.

[정답] ㉠ 상규적 활동(루틴, 최초활동 통제)(출석 점검 오답)
　　　 ㉡ 학습단서/상기어(요약단서 인정) → 학습단서, 단서포함 인정

참고문제	2019년 지도사 2급

15. 〈보기〉에서 설명하는 스포츠 지도 활동에 해당하는 용어로 적절한 것은?

> ─〈보 기〉─
> 이 활동은 스포츠 지도시간에 반복적으로 일어나는 활동이다. 예를 들어 출석점검, 수업준비 상태 확인, 화장실 출입 등이다. 이러한 과정을 효율적으로 관리하면 학습자들의 과제참여 시간을 증가시키는 데 도움이 된다.

① 상규적 활동
② 개인적 활동
③ 사회적 활동
④ 전략적 활동

---

2. 수업 운영의 효율성을 높이기 위한 기술 `99 기출` `10 기출` `20 지도사` `21 기출`

• 수업 운영의 효율성을 높이는 기술은 다양하며, 다음과 같은 요건을 갖추어야 한다(학생들의 실제 학습활동 시간을 확보해 줄 수 있는 방안). (1) 최초 활동의 통제, (2) 수업시간의 엄수, (3) 출석점검 시간의 절약, (4) 주의집중에 중요한 신호의 교수, (5) 높은 비율의 피드백과 긍정적인 상호작용의 활용, (6) 학생 수업 운영시간의 기록 게시, (7) 열정, 격려, 주의환기의 활용, (8) 즉각적인 성과를 위한 수업 운영 게임의 이용

(1) 최초 활동의 통제

① 수업의 방향은 수업이 시작되기 전에 이미 확립되어 있어야 한다.

② 수업을 시작할 때 소비하는 수업 운영시간이 지나치게 많아지게 되는데, 수업을 유연하게 시작하되 최초 수업 운영시간을 감소시키는 방법은 학생들이 체육 시간에 임할 때, '알아두어야 할 기대 행동을 게시 하는 방안'을 생각해 볼 수 있다.

③ 그 날의 최초 활동내용을 게시판에 게시하거나 체육관 입구의 벽에 부착시킨다. 게시 내용으로는 학생들의 집합장소, 수업시작 시간, 활동내용 등이 포함되어야 한다.

   예 기계체조 시간에 분단별 학습을 할 경우 게시된 내용에는 각 분단이 어디에서 첫 번째 활동을 해야 하는지가 명시되어 있어야 한다.

④ 최초 활동내용과 장소를 미리 게시함으로써 학생들의 주의를 모아 그날의 첫 번째 활동을 조직하는 등의 번잡스러움을 피할 수 있다.

⑤ 미숙한 어린 학생들을 위해서는 최초 활동종목과 장소에 관한 큰 도해를 그려 게시하는 것이 효과적이다.

(2) 수업시간의 엄수

① 수업 시작과 종료시간을 명확히 엄수해야 한다.

(3) 출석점검 시간의 절약

① 출석점검은 시간이 걸리는 일이기 때문에, 출석점검에 사용되는 시간을 절약하여 수업 지도나 연습, 경기 등에 사용한다면 수업은 보다 효과적으로 이루어질 수 있다.

② 대안의 하나로 학생들이 체육관에 도착하자마자 자동적으로 출석서명을 하게 하는 방법이 있다. 이것은 일종의 자기행동기록법(behavioral self-recording)으로서 교사는 가끔 서명 명부 확인을 통해 출석 및 지각 유무를 쉽게 점검할 수 있다. 또한 이러한 공개적인 서명 방식은 지각을 줄이는 효과를 올리기도 한다[맥켄지와 러셀(McKenzie and Rushall)].

③ 또 다른 방법으로 최초 수업활동이 시작될 때 수업 보조학생으로 하여금 출석유무를 점검케 하는 방법이 있다.

(4) 주의집중에 중요한 신호의 교수

① 대부분의 체육 교사들은 학생들의 주의를 집중시키기 위해서 호각을 사용한다. 또, 손뼉을 치는 경우도 있다.

② 학생들이 신호에 잘 따르도록 하기 위해서는 먼저 신호 방법과 의미를 분명하게 설명해 주어야 한다.

③ 또 신호를 사용할 때는 학생들이 얼마나 충실하게 그 신호에 반응하는가, 즉 학생들이 얼마나 신속하게 그 신호에 반응하는지에 관한 피드백을 주어야 한다.

④ 자칫 신호에 반응하도록 가르치는 것이 학생을 괴롭히는 일이 될 수 있으니 신호에 느린 반응을 보이는 학생들을 꾸짖지 말고 오히려 신속하게 반응하는 학생들에게 관심을 보이면서 칭찬하는 것이 좋다.

[참고 내용] 교사는 수업 시간을 효과적으로 운영하기 위해서 신호 체계를 만들어야 한다. 대부분의 신호 체계들은 시작과 멈추기, 말하기와 듣기, 장비 나눠 주고 걷기 같은 것들과 관련이 있다. 신호 체계도 절차, 규칙과 마찬가지로 학기 초에 가르치고 연습해야 한다.

〈신호 체계의 예〉

구분	언어	휘슬	음악
연습시작	연습시작	휘슬 짧게 1회	음악시작
연습정지	연습정지	휘슬 짧게 2회	음악정지
집합	집합!	휘슬 길게 1회	–
주목	주목!	휘슬 짧게 3회	–
수업정리	수업정리 하겠습니다.	휘슬 길게 2회	–

(5) 높은 비율의 피드백과 긍정적인 상호작용 의 활용

① 교사는 학생들이 신속히 수업 조직을 갖추거나 활동내용을 변화시킬 수 있도록 가르친다.

② 저학년 학생들에 대해서는 양적인 내용의 피드백과 칭찬을 동시에 사용하는 것이 보다 효과적이다.

③ 고학년 학생에 대해서는 효과적인 수업 운영 구조를 확립함으로써 보다 많은 시간을 연습과 경기에 활용할 수 있다는 점을 설명하고, 필요할 때에만 주의를 모으고 칭찬하는 것이 보다 효과적이다.

(6) 학생 수업 운영시간의 기록 게시

① 각 학급이 소비한 수업 운영시간을 기록하여 후에 체육관 벽에 게시하는 방법이다.

② 수업 운영에 소비하는 시간은 손목시계를 사용하여 정확하게 측정하고 회람판이나 기록부에 기록한다.

(7) 열정 , 격려, 주의환기 의 활용

① 열정 은 수업의 여세를 유지하고 수업의 침해를 예방하는 교사의 언어적, 비언어적 행동을 통해 확인하게 된다.

② 격려는 학생의 행동에 활기를 불어넣기 위해서 사용되는 언어적, 비언어적 행동으로, 학생들에게 학습 과제에 대한 노력을 부가하도록 북돋아 주는 의사전달 형태의 하나이다. 그러나 격려는 반드시 학생의 자발성 결여에 대한 교사의 반응이라고 간주해서는 안 된다.

③ 주의환기 는 수업시간에 요구되는 올바른 행동방법을 상기시켜 주는 교사의 언어적 행동이며, 새로운 행동이 요구되는 초기 학습 상황에 특히 유용하며, 기술·전략·활동·적절한 행동 방법 등과도 밀접한 관련을 가지고 있기 때문에, 긍정이고 열성적으로 사용하면 수업방해 행동과 수업이탈 행동을 예방할 수 있다. 특히 부적절한 학생 행동이 발생하기 이전에 일관성을 가지고 자주 실시하는 것이 효과적이다.

(8) 즉각적인 성과를 위한 수업 운영 게임 의 이용

① 수업 운영 게임은 학생들이 하나의 게임형태 내에서 수업 운영 목표를 성취하면 그에 대한 보상을 받도록 하는 행동 수정 기법의 일종이다.

② 수업 운영 게임은 어떤 수업 운영 목표를 성취하도록 하는 외적 동기를 제공한다. 외적 동기란 보통 보상으로 주어지는 자유 시간이다.

③ 수업 운영 게임을 실행하는 데 필요한 단계는 다음과 같다.

ㄱ 수업 운영 게임의 규칙을 분명하게 진술하여 게시하거나 규칙적으로 학생들에게 상기시킨다.

ㄴ 학생들에게 주어지는 보상에 대해 분명히 밝힌다.

ㄷ 각 개인이나 팀이 수업 운영 게임을 통해 가치 있는 보상을 받을 수 있다는 것을 강조한다.

ㄹ 수업 운영 게임의 규칙을 일관성 있게 적용한다.

④ 수업 운영 게임은 집단책임제를 사용함으로써 가장 잘 실행될 수 있다.

⑤ 수업 운영 게임에 관한 설명(Siedentop, Rife, and Boehm, 1974)

수업 운영 게임 적용	
문제 상황	학생들의 수업 방해도 많고 수업 운영에 어려움을 겪고 있다.
게임규칙	ㄱ 이 수업 운영 게임은 집단 책임제로서, 전체 학급이 자유시간을 획득하기 위해서 기준을 지켜야만 한다. ㄴ 규칙과 보상으로 주어지는 자유시간 ⓐ 체육관에 들어서면 게시판 최초 활동을 읽고 수업시간 8분 후까지 지정된 장소에서 교사의 설명에 주목함(이것을 성공적으로 준수하면 2분씩의 자유시간을 부여함). ⓑ 활동에 참가하고 있는 동안 교사가 주의집중을 위한 호각을 불면 5초 내에 전원이 교사를 주목할 것(이것을 성공적으로 준수하면 1분씩의 자유시간을 부여함).
결과	ㄷ 교사들은 각 학급이 획득한 자유시간을 기록하여 누적하였다가 각 주의 금요일에 사용토록 한다. 자유 시간에 학생들은 미니 도약 기구에서 점프를 하거나, 농구 게임을 하거나, 또는 관람석에 앉아서 대화를 나눌 수 있다. 이외에도 각 수업의 끝 무렵에 획득한 자유시간을 사용토록 할 수 있다.

참고문제 | 2020년 지도사 2급

17. 〈보기〉에서 예방적(proactive) 수업 운영 행동에 해당하는 것을 바르게 고른 것은?

─〈보 기〉─

ㄱ 이번 주에 배울 내용을 게시판에 공지한다.

ㄴ 수업 시작과 종료를 명확하게 지킨다.

ㄷ 학습자에게 농구의 체스트 패스에 대한 시범을 보인다.

ㄹ 2인 1조로 체스트 패스 연습을 한다.

ㅁ 호루라기를 사용하여 학습자의 주의를 집중시킨다.

① ㄱ, ㄴ, ㄷ　　　　② ㄱ, ㄴ, ㅁ　　　　③ ㄴ, ㄷ, ㄹ　　　　④ ㄷ, ㄹ, ㅁ

아래 지문을 읽고 다음 물음에 답하시오.

> 중학교 김 선생님의 45분간의 뜀틀수업을 체계적인 관찰방법을 이용하여 분석한 결과 학생들이 실제로 뜀틀을 넘는 데 소요한 시간은 5분으로 나타났다. 동료 교사는 김 선생님에게 "효율적인 교수를 위해서는 과제참여 시간을 최대한 확보해야만 한다."는 조언을 하였다. 이에 김 선생님은 자신의 수업을 반성하고 수업방법을 개선하기로 결심하였다.

예상되는 김 선생님의 개선방안을 수업·관리(수업 운영)시간 측면에서 5가지 이상 예를 들어 설명하시오.

[정답] 최초 활동의 통제, 수업시간의 엄수, 출석점검 시간의 절약, 주의집중에 중요한 신호의 교수, 높은 비율의 피드백과 긍정적인 상호작용의 활용

1. 다음은 ○○중학교 건강 영역의 교수·학습 지도안의 일부이다. 밑줄 친 ⓛ에 해당하는 수업 운영 활동을 시덴탑(D. Siedentop)의 '수업 운영 효율성 증진을 위한 교수 기술'에 근거 하여 쓰시오. [2점]

> **[교수·학습 지도안]**
> • 학습 목표: 정확한 자세로 다양한 스쿼트 동작을 실시할 수 있다.
> • 수업 형태: 실시간 쌍방향 원격수업
> • 수업 준비물: 카메라, 마이크, 스피커, 관찰용 모니터, 쌍방향 원격수업이 가능한 컴퓨터 또는 스마트 기기
> • 수업 전 공지 사항: ⓛ원격수업 플랫폼 게시판에 수업 시간, 활동 내용, 쌍방향 원격수업 준비 사항, 활동 공간에 대한 내용, 원격수업 예절에 대한 내용을 공지한다.

[정답] ⓛ 최초 활동의 통제

3. 수업 시 활동 흐름의 관리 `99 기출` `18 기출` `21 기출` `22 기출`

(1) 수업 시 활동 흐름 관리란 수업 방해 행동이나 과제 이탈 행동을 예방하고, 수업 장면을 전환하거나 예기치 않은 수업 침해 사건을 부드럽고 유연하게 처리하는 교수 기술을 말한다.

(2) 수업의 유연성 의 개념은 수업활동의 진행에 있어 중단이 없는 것을 말한다.

(3) 수업의 여세성 은 수업 활동 내 또는 수업 활동과 수업 활동 사이의 움직임 진행 비율이 유지되고 그러한 움직임의 진행 비율이 둔화되지 않는 것을 말한다.

(4) 쿠닌(Kounin)이 제시한 교사가 수업의 흐름을 관리하기 위한 예방적 수업 운영과 관련된 개념
(① 동시처리 , ② 학습 활동의 침해, ③ 탈선, ④ 중도포기 와 전환·회귀, ⑤ 과잉 설명 , ⑥ 세분화)

① 동시처리: 동시에 한 사건 이상을 처리하는 것이다. 22 기출
  ㉠ 동시에 한 사건 이상을 처리하는 것으로, 최초의 수업활동의 여세를 유지하면서 수업에 방해가 되는 사건을 성공적으로 처리할 수 있는 교사의 능력이다.
  ㉡ 교사가 두 사건을 동시에 성공적으로 처리할 수 없을 때 수업의 진행이 중단되고 수업의 여세는 상실되고 만다.
  ㉢ 주된 활동에 주의를 기울이면서 수업에 방해가 되는 사건을 손짓·말·눈짓 등으로 간단히 처리하는 교사는 수업전개의 유연함과 수업의 여세를 유지할 수 있다.

② 학습 활동의 침해 21 기출
  ㉠ 교사가 학생들이 어떤 활동에 학습하고 있는 것을 고려하지 않고 부적절한 시기에 자기 멋대로 학생들의 **현재 활동을 멈추는 것**을 의미한다.
  ㉡ 유연한 교사는 학생들의 학습 활동에 개입하는 시기를 잘 포착하기 때문에 잦은 학습 활동의 침해는 활동의 흐름을 중단시키고, 수업의 여세를 파괴한다. 따라서 **학습 활동이 자연적으로 중단될 때를 기다렸다가 개입**하는 것이 **장기적으로는 보다 효과적**이다.

③ 탈선: 수업과 무관한 일에 정신을 쏟는 것이다. [脫線(벗을 탈, 줄 선)]: 목적에서 벗어나 딴 길로 빠짐.
  ㉠ 수업과 무관한 일에 정신을 쏟는 것으로, **교사가 수립한 계획**에서 벗어나 **계획했던 목표**와 무관한 일에 빠져버리게 되는 경우를 의미한다.
  ㉡ 우수한 교사는 수업 시간의 많은 부분을 교과 학습에 투자함으로써 좀처럼 **수업 목표에서 탈선**하지 않는 강한 전문적 집중력을 갖는다.

④ 중도포기와 전환·회귀: 계획된 활동을 완성하지 못하는 것이다.
  ㉠ 중도포기: 예정했던 결과를 획득하기 전에 활동이 중단되는 것을 의미한다.
    예 학생들이 어떤 수준에 이르기까지 연습에 열중하고 있는데, 이때 교사가 학생들의 연습을 중단시키고 **다른 활동을 부여**하게 되었을 때
  ㉡ 전환·회귀: 어떤 활동을 하다가 중단하고 **다른 활동**으로 전환하였다가 **다시 최초의 활동**으로 돌아오는 것을 의미한다.

⑤ 과잉 설명
  ㉠ 학생들이 이해하는 데 필요한 것 이상으로 행동하거나 설명하는 것이다.
  ㉡ 간단한 규칙을 설명하는 데 필요 이상의 시간을 길게 설명하는 것이다.
  ㉢ 과잉 설명은 수업의 여세를 파괴하고 학생들은 많은 시간을 대기에 소비하게 된다.
    예 학생들의 수업 분단 조직에 관해서 30초 이상 지루하게 설명하는 것이나, 간단한 규칙을 설명하는 데 필요 이상의 시간을 길게 설명하는 것, 학생들이 자기 활동 공간을 찾도록 하는 데 3분 이상을 소모하거나, 학생들이 교사가 전하는 메시지를 이미 이해했음에도 불구하고 그 이상의 설명을 하는 것.

⑥ 세분화: 활동 단위 선택의 착오이다. 18 기출
  ㉠ 집단 세분화
    ⓐ 전체 집단이 동시에 할 수 있는 활동을 **개별화하여 지도**하게 되는 것으로 활동을 하지 않는 나머지 학생들을 오랫동안 대기하게 함으로써 효과적인 교수를 방해한다.
    ⓑ 교사들은 흔히 학생 통제 문제를 고려하여 전체 학급을 동시에 어떤 활동을 참가시키는 대신 한 번에 **한두 명씩만 활동**토록 하고 나머지 학생들을 대열에서 기다리게 한다.
    ⓒ 이러한 전략은 집단 세분화를 초래하여 학생들을 오랫동안 기다리게 함으로써 부적절한 학생행동을 유발하기가 쉽다.

ⓛ 활동 세분화

ⓐ 그 **자체로서 별다른 의미가 없는 활동**에 교수의 초점을 맞추는 것을 의미한다.

ⓑ 종종 스포츠 기능을 지나치게 상세히 분석하면서 이것이 결국 게임 상황에서 의미 있는 전체적 기량으로 통합될 수 있을 것이라고 생각하지만, 학생들은 그것을 제대로 이해하지 못하는 경우가 많다.

---

19 | 1999학년도

교사의 효율성에 관한 연구결과에 따르면, 우수한 교사들은 수업이탈 행동을 예방하는 수업 운영체계를 개발하고 유지함으로써 학생들의 주의를 교과의 학습에만 집중하도록 한다는 공통된 특징을 갖고 있다. 쿠닌(Kounin)이 제시한 예방적 수업 운영 방법을 6가지 열거하시오.

[정답] ① 상황파악 ② 동시처리 ③ 유연한 수업전개 ④ 여세유지 ⑤ 집단 경각 ⑥ 학생의 책무성

---

20 | 2021학년도

1. 다음의 (가)는 전술 게임 모형을 적용한 김 교사의 축구 수업 계획서이고, (나)는 동료 교사의 수업 평가서이다. 밑줄 친 ⓛ에 해당하는 교사 행동을 쿠닌(J. Kounin)의 '수업 흐름을 방해하는 교사 행동'에 근거하여 쓰시오. [2점]

(나) 동료 교사의 수업 평가서

- 학생의 학습 활동 참여 측면
  - 학생들은 학습 활동에 흥미를 가지고 적극적으로 참여함.
- 교사의 수업 지도 측면
  - 전반적으로 내용을 압축해 설명하면서 집중하지 않는 학생들을 동시에 관리하는 모습이 돋보임. 그러나 ⓛ게임 중에 교사가 학생들의 경기를 임의로 중단하고 지도함으로써, 수업 흐름을 끊는 행동을 자주 함.

[정답] ⓛ 학습 활동의 침해

---

4. 온스틴(Ornstein)과 레빈(Levin)이 제시한 부주의하고 파괴적인 행동을 감소시키는 데 효과적인 교수행동 10 기출 11 기출 19 기출

(1) 신호 간섭(signal interference): 시선의 마주침, 손 움직임, 그리고 부주의한 행동을 감소시키는 그 밖의 교사행동을 이용하는 것이다.

(2) 접근 통제(proximity control): 교사가 그 행동에 관심을 보이고 있다는 것을 전달하기 위하여 방해행동을 하는 학생에게 가까이 접근하거나 그를 접촉하는 것이다.

(3) 긴장완화(tension release): 긴장을 완화시키는 유머를 이용하는 것이다.

(4) 상규적 행동의 지원(support from **routine**): 스케줄, 과제, 그리고 수업의 일상적 행동을 제공하는 일반적 수업습관을 이용하는 것이다.

(5) 유혹적인 대상의 <u>제거</u>(removal of seductive materials): <u>운동용구 또는 부주의나 파괴적 행동을 조장</u>
<u>하는 다른 것들의 제거이다.</u>

(6) 비정한 <u>제거</u>(antiseptic removal): <u>파괴적인 학생에게 물을 떠오게 하거나 심부름을 보내는 것이다.</u>

다음은 윤 교사가 작성한 수업 반성 일지이다. ㉠, ㉡에 해당하는 윤 교사의 수업 관리 행동과 상범이의 행동(㉢)
에 해당하는 헬리슨(Hellison)의 책임감 발달 단계로 적절한 것은?

○월 ○일

　대부분의 아이들은 줄을 서서 자유투 연습을 했지만 상범이는 나의 눈을 피해 새치기를 하거나 다른 친구들
을 방해하였다. ㉠<u>나는 상범이와 시선을 마주치며 손짓으로 주의를 주었다.</u> 하지만 상범이의 행동은 개선되지
않았고 ㉡<u>나는 상범이에게 다른 친구에게 피해가 가지 않도록 줄 서는 행동을 5회 반복시켰다.</u>

○월 ○일

　그동안 나는 상범이에게 벌을 주기도 하고 점수나 체육 기구 이용권 같은 상을 주기도 했지만, 특별하게 달
라지지는 않았다. 결국 나는 상이나 벌 보다는 상범이 스스로 자기를 돌아보게 하는 것이 중요하다는 것을 깨
달았고 상범이와 지속적으로 대화를 나누면서 농구할 때의 자기 행동을 돌아보고 반성할 수 있도록 하였다.
물론 쉽지는 않았지만 상범이는 ㉢<u>내가 일일이 시키지 않아도 스스로 알아서 줄을 서면서 농구 연습을 열심</u>
<u>히 하는 모습을 보여주었다.</u>

	㉠	㉡	㉢
①	긴장 완화(tension release)	삭제 훈련(omission training)	1 단계
②	신호 간섭(signal interference)	적극적 연습(positive practice)	1 단계
③	신호 간섭	적극적 연습	2 단계
④	신호 간섭	삭제 훈련	2 단계
⑤	접근 통제(proximity control)	적극적 연습	2 단계

[정답] ③

10. 다음은 유 교사의 높이뛰기 수업에 대한 관찰 기록지의 일부이다. ㉠~㉢에 대한 설명으로 옳은 것은?

높이뛰기 수업 관찰 기록지

수업 교사: 유○○   관찰 교사: 김○○   날   짜: 10월 20일   시   간: 3교시

[관찰 내용]

- 높이뛰기 과제를 제시하기 위해 ㉠높이뛰기 동작에 대하여 시범을 보인 후 관련된 운동역학적 지식을 활용하여 설명함.
- ㉡"동렬아, 높이뛰기를 잘하는 사람과 못하는 사람은 어떠한 차이가 있을까?"라고 학생에게 질문함
- 운동기능 수준에 따라 A, B, C 모둠을 편성한 후 학생들에게 연습하도록 지시함.
- 순회하면서 ㉢"정우야, 공중동작 시 배를 내밀고 목을 당겨 활처럼 만들어야지."라는 말로 개별 피드백을 제공함.
- ㉣"병찬아, 연습을 해야 늘지, 쉬고 있으면 어떡하니! 빨리 너희 조로 가서 연습해, 알았지?"라고 하면서 그늘에서 쉬고 있는 학생을 조치함.
- ㉤병찬이가 그늘에서 나오고, 문태가 다시 그늘로 이동하려고 하자 멀리서 손을 흔들어 제지함.

---

① ㉠의 통합 전략은 포가티(R. Fogarty)의 '교과 간 통합'에 해당된다.
② ㉡의 질문은 '회상 질문(recall question)'에 해당한다.
③ ㉢의 피드백은 '가치적-일반적 피드백'에 해당된다.
④ ㉣의 교수 행동은 '운영 행동'에 해당한다.
⑤ ㉤의 교수 행동은 '접근 통제(proximity control)'에 해당한다.

[정답] ④
[해설] ③은 교정적 피드백이다.

---

1. 다음은 박 교사의 체육 수업 상황을 기술한 것이다. 〈작성 방법〉에 따라 순서대로 서술하시오. [4점]

〈상황 3〉
과제 제시 시간에 몇몇 학생들이 ㉠장난을 치며 일탈행동을 보이자, 박 교사는 ○○학생을 손가락으로 가리키며 수업을 진행한다. 이후 수업 분위기를 긍정적으로 유도하고자, ㉡가벼운 유머를 곁들이며 수업을 진행한다.

─────── 〈작성 방법〉 ───────
○ 온스틴과 레빈(A. Ornstein & D. Levine)이 제시한 수업 예방 행동에 근거하여, 밑줄 친 ㉠, ㉡에 해당하는 교수 기능을 쓸 것.

[정답] ㉠ 신호 간섭 ㉡ 긴장 완화

9. 다음 (가)와 (나)는 수석교사가 신규교사의 체육 수업을 관찰한 기록의 일부이다. 〈작성 방법〉에 따라 순서대로 서술하시오. [4점]

체육 수업 관찰 기록지

○수업 활동: 축구 패스
○대   상: ○○학교 1학년 3반 24명
○일   시: 2017년 ○○월 ○○일 수요일 5교시
○관 찰 자: 박○○

준비 운동 후 모둠 편성을 바로 시작한다. 교사 주도로 3명을 한 모둠으로 하여 8개 모둠이 구성되고, 모둠별 활동 장소와 패스 과제가 주어졌다. 교사는 모둠별로 돌아가며 패스 과제를 설명하고 시범 보인다. 다양한 종류의 패스를 8개 모둠에서 동시에 진행하는 방식으로 수업이 조직·운영된다. 아웃사이드 패스와 같이 난이도가 높은 연습 과제를 수행해야 하는 모둠에서는 어려움을 겪고 있고, 모둠 간 활동 공간이 겹치는 현상이 자주 발생하기도 한다. ㉠너무 많은 모둠과 과제로 나누어져 수업이 운영되므로 대기시간이 많아지는 등 비효율으로 전개된다.

10분이 경과하자, 일부 모둠에서 과제 수행을 게을리 하고 과제를 이탈하는 학생이 늘어난다.

… (하략) …

— 〈작성 방법〉 —

○ 쿠닌(J. Kounin)의 주장에 근거하여 밑줄 친 ㉠과 같은 상황을 설명하는 용어를 쓰고, 수업 운영 측면에서 ㉠의 문제점을 기술할 것.

[정답] ㉠은 세분화이다. 문제점은 대기시간이 증가하여 수업의 효율성이 감소하고 수업의 유연성 및 여세성 측면에서 방해가 된다.

참고문제	2018년 지도사 2급

7. 학습자의 부적절한 행동을 감소시키는 전략의 명칭과 사례가 바르게 연결된 것은?

① 신호간섭(signal interference) – 지도자가 옆 사람과 잡담하는 학습자에게 가까이 다가간다.

② 접근통제(proximity control) – 동료의 연습을 방해하는 학습자를 일정 시간 동안 연습에 참여시키지 않는다.

③ 삭제훈련(omission training) – 운동 기구 정리를 잘 하지않는 학습자에게 기구 정리를 반복하여 연습시킨다.

④ 보상손실(reward cost) – 연습 시간에 계속 지각하는 학습자의 경기 출전권을 제한한다.

참고문제	2020년 지도사 2급

11. 학습자의 이탈 행동을 예방하고 과제참여 유지를 위한 교수 기능 중 올스테인(A. Ornstein)과 레빈(D. Levine)이 제시한 '신호 간섭'에 해당하는 것은?

① 긴장 완화를 위해 유머를 활용하는 것이다.

② 시선, 손짓 등 지도자의 행동으로 학습자의 운동 참여 방해 행동을 제지하는 것이다.

③ 프로그램 진행을 방해하는 학습자에게 가까이 접근하거나 접촉하여 제지하는 것이다.

④ 프로그램에 참여하는 학습자에게 일상적 수업, 루틴 등과 같은 활동을 활용하는 것이다.

2 학습자 관리 기술

1. Williams & Anandam 의 4가지 학생 행동 사정(평가)을 위한 4개의 행동 유형

(1) 과제 관련 행동: 수업 내용과 활동에 참여하는 학생의 모든 행동

    예 시범이나 학습 지도를 하는 동안 교사를 주목하는 것, 적절한 태도로 활동에 참여하는 것, 참여해야 할 시간에 참여하는 것, 적절한 태도로 학습 지도에 응하는 것

(2) 적절한 사회적 상호작용: 학습 활동을 저해하지 않는 학생 간 상호작용 또는 학생 교사 간 상호작용

    예 웃음, 격려, 다른 학생과의 대화

(3) 과제에 무관심한 행동: 어떤 행동을 해야 될 때 참여하지 않지만 다른 학생을 혼란시키거나 방해하지 않는 것

    예 서서 돌아다니는 것, 멍하니 응시하는 것

(4) 방해 행동: 학습 활동을 방해하는 행동

    예 대열의 학생을 미는 행위, 적절하게 학습에 참여하는 학생들을 방해하는 행위, 교사가 시범을 보이거나 학습 지도하는 동안 잡담하는 행위

김 교사의 체육 수업에 대한 수업 컨설팅 보고서이다. 효율적인 체육 수업을 위한 개선 방안의 내용으로 옳은 것만을 〈보기〉에서 있는 대로 고른 것은?

수업 컨설팅 보고서

• 컨설팅 대상자: 김○○   • 컨설팅 일시/장소: 2011년 3월 ○○일 5교시 / 대한고등학교 운동장
• 수업 관찰

관찰 요소	소요시간(분)	관찰 내용
수업 준비 점검(출결, 복장, 환자)	2	
준비 운동	3	
과제 설명 및 시범	3	
수업 교구 준비	5	
과제 활동 참여 시간	12	– 학기 초라 학습 분위기가 전반적으로 산만함.
과제 활동 이동 시간	6	– 과제 활동 대기시간이 김.
과제 활동 대기시간	7	– 학생들이 비과제 행동을 많이 함.
정리 운동	3	– 교구를 준비하고 정리하는 시간이 많이 소요 됨.
학습 내용 정리 및 평가	3	
차시 예고	1	
수업 교구 정리	5	
총 수업 시간	50	

〈보 기〉

ㄱ. 행동 규칙의 설정 및 지속적인 상기, 규칙 준수 여부에 따른 보상이나 처벌 방안 등을 통한 지도가 필요하다.
ㄴ. 학년 또는 학기 초부터 과제 참여 형태를 효율적으로 조직한다.
ㄷ. 학습 과제에 몰두하고 과제지향적인 태도를 갖도록 하는 교수 전략을 활용한다.
ㄹ. 수업 내용의 특성에 따라 수업 시간을 통합적으로 운영한다.

① ㄷ, ㄹ   ② ㄱ, ㄴ, ㄷ   ③ ㄱ, ㄷ, ㄹ   ④ ㄴ, ㄷ, ㄹ   ⑤ ㄱ, ㄴ, ㄷ, ㄹ

[정답] ⑤

2. 행동 수정을 위한 기본 전략 17 지도사 22 기출

(1) 구체적으로 진술하라. : 수정하고자 하는 행동이 무엇인지 교사와 학생이 이해할 수 있도록 구체적으로 진술해야 한다.

(2) 행동수정의 수반성 을 신중하게 처리하라. : 수반성이란 행동과 결과와의 관계를 의미하며, 그것을 신중하게 판단해야 한다. 22 기출 수반성[隨伴性(따를 수, 짝 반, 성품 성)]: 어떤 일과 더불어 생기는 성질.

예 • "만약 X라는 행동을 하면 Y가 일어날 것이다."
   • "다시 한 번 수업시간에 늦으면 교무실로 부르겠다."
   • "25분 동안 과제에 충실하면 마지막 5분은 너희들이 원하는 활동을 즐길 수 있다."

(3) 조금씩 변화시켜라. : 작지만 중요한 문제 행동부터 시작하여 구체적으로 정의하고, 그것에 대한 결과를 제공한 다음 변화를 관찰해야 한다. 그런 다음, 다음 단계로 이동한다.

(4) 단계적 변화를 추구하라. : 작고 지속적인 향상에 만족해야 한다. 작은 보상과 벌로써 행동을 수정하려 할 때, 큰 결과를 가져올 수 있다면, 보다 신속하게 전진할 수 있을 것이다. 하지만, 조그만 결과에 대해서 큰 변화를 기대하지 말아야 한다.

(5) 일관성을 유지하라.

① 결정한 수반성을 숙지하고 항상 똑같은 방법으로 적용해야 한다.

② 매일 변하는 수반성은 학생들을 혼란시킬 뿐만 아니라 수반성을 불신하는 결과도 초래할 수 있다.

(6) 현재 수준에서 출발하라.

① 수년 동안 계속해서 문제를 일으켜온 학생이 하루 아침에 훌륭한 학생이 되는 기적을 기대하지 말아야 한다.

② 시급한 문제를 정의하고 그것을 수정해야 한다. 그런 다음, 점차적으로 그 폭을 넓혀 가야 한다.

3. 적절한 행동 향상(올바른 행동의 증가)에 필요한 기술 04 기출

• 하위 개념: (1) 수업규칙 을 분명히 하라, (2) 긍정적인 상호작용 을 통한 적절한 행동의 유도, (3) 다양한 방법을 사용하라, (4) 부적합한 행동의 단서를 무시하고 긍정적인 상호작용을 하라

(1) 수업규칙 을 분명히 하라. 04 기출

① 학생들의 수업 중 기대되는 행동에 대해 미리 수업 규칙을 마련해 학기 초에 시행함으로써 올바른 행동을 유도할 수 있다.

② 행동에 필요한 수업 규칙은 효과적인 수업 운영의 기초가 되며, 이러한 규칙은 모든 학생들이 읽고 그것을 상기할 수 있도록 잘 보이는 곳에 게시하여야 한다. 또한 사용 가능한 규칙을 사전에 학생들과 의논한 다음, 그것을 수렴하여 최종적인 규칙을 결정할 수 있다.

③ 수업규칙 을 정하는 데 필요한 지침

㉠ 규칙은 짧고 직접적으로 딱 들어맞게 만들어라.

㉡ 학생들의 망각을 고려하여 7가지 이상의 규칙을 정하지 말라.

㉢ 가능하면 긍정적 형태의 규칙을 정하라.

㉣ 규칙을 처음 시행할 때 몇 번 검토했는지 기록하라.

㉤ 규칙을 위반할 때를 제외하고 가끔 학생들에게 규칙을 상기시켜라.

㉥ 학생들의 연령 수준에 적합한 언어로 규칙을 기술하고 논의하라.

(2) 긍정적인 상호작용 을 통한 적절한 행동의 유도

① 일반적인 긍정적 상호작용: 그렇지, 고마워, 좋아, 바로 그렇게 하는 거야, 잘했어, 잘 따라 줘서 고마워, 멋진데, 훨씬 나은데, 바로 그거야, 아름다워 등

② 비언어적 인 긍정적 상호작용: 미소짓는다, 머리를 끄덕인다, 박수를 친다, 윙크한다, 어깨를 두드린다, 머리를 쓰다듬는다 등

③ 구체적 인 내용의 긍정적 상호작용: 그때 수업 조직할 때 2분단 정말 잘했어, 영수야 주목해 줘서 고마워, 영희가 미애를 도와주는 것 모두들 보았지?, 그건 정말 훌륭한 대답이었어 등

④ 가치를 갖는 긍정적 상호작용

      ⊙ 그렇게 조용해야 하는 거야. 이제 팀에 들어가서 뛰어도 돼.

      ⊙ 대답이 훌륭해. 자세히 경청한 것이 분명해.

      ⊙ 오늘 잘했어, 계속 그렇게 하면 여기에서 많이 배울거야.

(3) 다양한 방법을 사용하라.

    ① 언어적 상호작용의 종류를 다양화한다.

    ② 비언어적 상호작용의 비율을 높인다.

    ③ 가끔 집단 지향적 상호작용을 활용한다.

    ④ 상호작용 형태(일반적, 비언어적, 구체적, 가치를 갖는 긍정적 상호작용)를 다양화한다.

(4) 부적합한 행동의 단서를 무시하고 긍정적인 상호작용을 하라.

    ① 교사가 처음 긍정적인 상호작용 방법을 사용할 때 어떤 학생들이 부적절한 행동을 하는 동안에도 다른 학생과 긍정적인 상호작용을 계속해서 해야 한다.

      예 교사가 수업지도를 하거나 시범을 보이고 있을 때 교사는 A학생과 B학생이 교사를 주목하지 않고 애기하면서 빈둥거리는 모습을 보았다. 교사는 자신을 주목하고 있는 C학생을 주시하며 "C학생은 내 말에 집중했으므로 이것을 할 수 있을 것이다."라고 했을 때 이러한 상호작용은 아주 적절한 방법이며 이것은 A학생과 B학생의 부적절한 행동을 감소시키는 합리적인 방법이다.

4. 부적절한 행동의 감소에 필요한 기술 `10 기출` `15 기출` `18 기출` `22 기출`

(1) 부적절한 행동을 무시하라.

    ① 부적절한 행동을 무시하면서 적절한 행동에 대해 긍정적인 상호작용의 비율을 높이는 것은 수업의 유연한 진행에 반드시 필요하며, 좋은 학습 분위기를 만들어 주게 된다.

    ② 목표는 학생들을 벌하는 것이 아니라 적절한 학생행동을 개발하고 유지하는 것이라고 볼 때 문제는 부정적 상호작용을 없애야만 이러한 목표가 달성될 수 있다.

참고문제	2017년 지도사 2급

20. 체육 활동의 학습자 관리 기술로 적절하지 <u>않은</u> 것은?

    ① 학습자 행동을 단계적으로 변화시킨다.

    ② 수반되는 행동 수정의 결과를 명시한다.

    ③ 다른 학습자에게 방해되지 않아도 부적절한 행동을 즉시 제지한다.

    ④ 학습자의 적절한 행동을 위한 대용보상체계를 마련한다.

(2) 언어적 제지 를 효과적으로 이용하라.

    ① 잘못된 행동을 그만두게 하는 방법(Kounin, 1970)

      ⊙ 분명한 제지: 학생들이 무엇을 잘못했는지를 알리는 구체적인 내용을 포함해야 한다.

      ⊙ 적절한 시기에 제지: 잘못된 행동에 대해서 즉시 이를 제지하여 확산되지 않도록 해야 한다.

ⓒ 단호한 제지: 교사의 제지가 진심이라는 것을 학생들에게 알리기 위하여 제지 후에 교사가 취하는 행동을 말한다. 잠시 동안 위반자의 눈을 주시하거나 위반자에게 한 발짝 접근하는 것도 좋은 방법이다.

ⓔ 제지가 효과적이기 위해서는 반드시 벌을 가할 필요는 없다. 쿠닌(Kounin)은 제지는 분명하고, 명백해야 하며, 적절한 시기에 이루어져야 하고, 정확한 목표에 대하여 실행해야 하지만, 무자비해서는 안 된다고 하였다.

(3) 구체적으로 효과적인 벌의 전략을 사용하라. `10 기출` `15 기출` `18 기출` `22 기출`

① 부적합한 행동을 감소시키는 데 효과적인 행동수정 전략

• 하위 개념: ㉠ **삭제훈련**, ㉡ **적극적 연습**, ㉢ **퇴장**, ㉣ **보상손실**

㉠ **삭제훈련(omission training)**: 교사는 학생이 어떤 특정한 행동에 관여하지 않은 데 대해서 보상을 주는 것이다.

　예 설명 중 떠들지 않았거나 동료와 다투지 않은 것에 대하여 → 칭찬하거나 점수를 주고 그 점수가 5점이 되면 어떤 특혜를 주는 것이다.

㉡ **적극적 연습**: 어떤 학생이 부적절한 행동에 참가할 때마다 적절한 행동을 일정 횟수로 계속 하도록 하는 것을 말한다.

　예 기구를 바르게 치워 놓지 않으면 다시 가져다 올바르게 치우기를 5번 계속 시킨다.

㉢ **퇴장(time-out)**: 위반행동에 대한 벌로서 일정한 시간 동안 체육활동에 참가할 수 없도록 하는 것이다. 이 전략이 효과적이기 위해서는 체육수업이 학생들에게 즐거워야 한다. 퇴장은 보통 2분 내로 하며, 벌을 받기 위한 공간은 동료 학생들과 사회적인 접촉이 단절된 곳이어야 한다.

㉣ **보상손실(reward cost)**: 학생이 부적합한 행동을 함으로 인해서 **어떤 것을 상실**하는 것을 말한다.

　예 학생이 퇴장 전략에서 시간을 잃는다든가 점수를 잃게 되어 → 그에 따른 특권, 즉 교내 스포츠와 같은 다른 활동에 참가할 수 있는 기회(출전권)를 상실하는 것을 일컫는다.

	학생 부적절 행동	교사 전략
㉠삭제훈련	−	보상특혜(+)
㉡적극적 연습	+	적절한 행동(+)
㉢퇴장	+	활동시간(−)
㉣보상손실	+	활동기회(−)

참고문제	2018년 지도사 2급

7. 학습자의 부적절한 행동을 감소시키는 전략의 명칭과 사례가 바르게 연결된 것은?

① 신호간섭(signal interference) − 지도자가 옆 사람과 잡담하는 학습자에게 가까이 다가간다.
② 접근통제(proximity control) − 동료의 연습을 방해하는 학습자를 일정 시간 동안 연습에 참여시키지 않는다.
③ 삭제훈련(omission training) − 운동 기구 정리를 잘 하지 않는 학습자에게 기구 정리를 반복하여 연습시킨다.
④ **보상손실(reward cost) − 연습 시간에 계속 지각하는 학습자의 경기 출전권을 제한한다.**

15. 〈보기〉에서 김 강사가 활용한 학습자 관리 기술은?

---〈보 기〉---

김 강사는 야구를 지도하면서, 정민이가 야구 장비를 치우지 않는 일이 반복되자, 지도 후 장비를 치우는 행동을 여러 번 반복하게 했다.
이후 정민이가 장비를 함부로 다루거나 정리하지 않는 행동이 감소되었다.

① 삭제 훈련
② **적극적 연습**
③ 보상 손실
④ 퇴장

---

26 | 2018학년도

1. 다음은 김 교사의 축구 수업에 한 관찰 일지이다. 밑줄 친 ㉠에 해당하는 학습자 관리 전략을 쓰고, 링크(J. Rink)의 학습 내용 발달 과정에 근거하여 밑줄 친 ㉡에 해당하는 과제 유형을 제시하시오. [2점]

○○학교 1학년 7반 축구 수업 관찰 일지

일시: 2017년 ○○월 ○○일(금) 5교시
관찰자: 이○○

학생들이 A, B 2개의 모둠으로 나뉘어 축구 인스텝 킥 연습을 한다. A 모둠 학생들이 골대와 15m 떨어진 지점에서 킥을 하면 B 모둠 학생들은 축구 골대 뒤에 서서 A 모둠 학생들에게 다시 공을 굴려 준다. 대부분의 학생들이 과제에 열심히 참여한다. 그러나 B 모둠 일부 학생들이 A 모둠으로 공을 정확히 굴리지 않고 일부러 엉뚱한 곳으로 굴린다. 김 교사가 학생들에게 여러번 주의를 준다. 그럼에도 ㉠학생들이 장난을 멈추지 않자 김 교사는 학생들에게 공을 정확히 굴리는 행동을 반복적으로 실시하게 한다. 학생들이 더 이상 장난을 치지 않고 공을 정확하게 굴리자 김 교사는 학생들을 칭찬한다.

[정답] ㉠ 적극적 연습

4. 다음은 김 교사의 수업 연구 노트의 일부이다. 〈작성 방법〉에 따라 순서대로 서술하시오. [4점]

ㅇ 문제 의식: 수업이 자주 중단되어, 체계적 관찰 기법을 활용해 문제의 원인을 파악하고 문제를 개선하기 위한 계획을 세울 필요가 있음.

ㅇ 수업 관찰 계획 및 실행

　• 관찰 기법 선정: 규칙적인 시간 간격에 따라 전체 학생을 짧은 시간 동안 관찰하여 특정 행동 범주에 참여한 학생의 수를 기록하는 (㉠)을/를 활용해, 3분마다 10초씩 전체 학생 중 수업 방해 행동을 한 학생의 수를 기록하고자 함.

　　　　　　　　　　　… (중략) …

ㅇ 관찰 결과: 일부 학생들의 수업 방해 행동으로 인해 수업이 중단되는 것으로 확인됨.

ㅇ 학생 관리 계획

　• 교사 행동

　　– ㉡과제를 설명하면서 수업 방해 행동을 하는 학생에게 시선이나 손짓 등을 이용해 제지함.

　　– 학생의 학습 활동을 중단시키지 않고 계속해서 수업을 활발하게 전개함.

　　– 계획된 수업의 흐름에 따라 수업을 최대한 부드럽게 진행함.

　• 수업 방해 학생의 행동 수정 계획

　　– 학생의 행동 특성

학생	(가) 행동 특성
정○○	• 교사가 시범을 보이거나 설명을 할 때 떠드는 행동을 하며 수업을 방해함. • 벌점 받는 것을 싫어함. • 수업 활동 중 게임 활동을 좋아함. • 주의를 몇 번 주었으나 행동이 개선되지 않음.
김○○	• 모둠 활동 중 동료 학생들에게 욕을 하며 학습을 방해함. • 수업 용·기구 정리를 싫어함. • 농구 학교스포츠클럽의 학교 대표로, 2주 후에 있을 지역 예선 대회에 참가하고자 하는 열망이 매우 강함. • 방해 행동을 계속하여 벌점이 쌓여 있음.

　　– 행동 수정 계획: ㉢정○○은 타임아웃(time-out) 전략에 따라, ㉣김○○은 보상 손실 전략에 따라 행동을 수정하고자 함.

──────────〈작성 방법〉──────────

ㅇ 괄호 안의 ㉠에 해당하는 체계적 관찰 기법의 명칭을 시덴탑(D. Siedentop)의 주장에 근거하여 쓸 것.

ㅇ 밑줄 친 ㉡에 해당하는 교수 기능의 명칭을 쿠닌(J. Kounin)의 예방적 수업 운영 전략에 근거하여 쓸 것.

ㅇ 밑줄 친 ㉢, ㉣에 해당하는 행동 수정 계획의 수반성(contingency)을 시덴탑(D. Siedentop)의 주장에 근거하여 순서대로 서술할 것. (단, 수반성 내용은 (가)에 근거하여 작성할 것.)

[정답] • ㉠ 순간표집법(또는 플라첵) [1점]
　　　• ㉡ 동시처리 [1점]
　　　• ㉢ 수반성은 교사의 시범이나 설명 중 떠드는 행동을 하면 게임활동 참여를 일정 시간 동안 제한하는 것이다. [1점]
　　　• ㉣ 욕을 하면 지역 예선 대회의 참가 기회를 박탈 [1점]

다음은 윤 교사가 작성한 수업 반성 일지이다. ㉠, ㉡에 해당하는 윤 교사의 수업 관리 행동과 상범이의 행동(㉢)에 해당하는 헬리슨(Hellison)의 책임감 발달 단계로 적절한 것은?

> ○월 ○일
>
> 대부분의 아이들은 줄을 서서 자유투 연습을 했지만 상범이는 나의 눈을 피해 새치기를 하거나 다른 친구들을 방해하였다. ㉠나는 상범이와 시선을 마주치며 손짓으로 주의를 주었다. 하지만 상범이의 행동은 개선되지 않았고 ㉡나는 상범이에게 다른 친구에게 피해가 가지 않도록 줄 서는 행동을 5회 반복시켰다.
>
> ○월 ○일
>
> 그동안 나는 상범이에게 벌을 주기도 하고 점수나 체육 기구 이용권 같은 상을 주기도 했지만, 특별하게 달라지지는 않았다. 결국 나는 상이나 벌 보다는 상범이 스스로 자기를 돌아보게 하는 것이 중요하다는 것을 깨달았고 상범이와 지속적으로 대화를 나누면서 농구할 때의 자기 행동을 돌아보고 반성할 수 있도록 하였다. 물론 쉽지는 않았지만 상범이는 ㉢내가 일일이 시키지 않아도 스스로 알아서 줄을 서면서 농구 연습을 열심히 하는 모습을 보여주었다.

	㉠	㉡	㉢
①	긴장 완화(tension release)	삭제 훈련(omission training)	1 단계
②	신호 간섭(signal interference)	적극적 연습(positive practice)	1 단계
③	신호 간섭	적극적 연습	2 단계
④	신호 간섭	삭제 훈련	2 단계
⑤	접근 통제(proximity control)	적극적 연습	2 단계

[정답] ③

초임인 정 교사는 학습 분위기가 산만한 2학년 5반 체육수업에서 학생들의 행동을 관리하기 어려워 계획한 대로 수업을 하지 못하는 때가 많았다. 이러한 경우 효과적인 수업을 위한 학생 행동의 관리방안으로 수업규칙을 이용할 수 있다. 수업규칙을 개발할 때 고려해야 할 중요한 사항을 5가지만 쓰시오.

[정답] • 규칙은 짧고 명확해야 한다.
• 규칙은 학생의 연령수준에 적합한 언어나 기호로 전달되어야 한다.
• 내용 범주가 5~8개 사이여야만 전달하기 쉽고 학생들이 기억하기 쉽다.
• 가능하다면 긍정적인 어법으로 진술해야 한다. 그러나 긍정적 실례와 부정적 실례가 모두 제공되어야 한다.
• 수업의 규칙은 학교의 규칙과 일관성을 띠고 있어야 하다.
• 규칙을 따를 때의 결과와 그렇지 않을 때의 결과가 일관성이 있어야 한다.
• 강제적으로 부과할 수 없는 또는 그럴 의사가 없는 규칙은 만들지 말아야 한다.

2. 다음은 ○○중학교 1학년 3반 체육 수업의 일화 기록지이다. 시덴탑(D. Siedentop)의 학습자 관리 전략에 근거하여 밑줄 친 ㉠, ㉡에 해당하는 전략의 명칭을 순서대로 쓰시오. [2점]

> ### ○○ 중학교 1학년 3반 체육 수업 일화 기록지
>
> 일시: 2014년 ○월 ○일 수요일 5교시
> 관찰자: 수석 교사
>
> 수업 초반에는 학생들이 모둠별로 즐겁게 탈춤 동작을 연습하였다. 한창 수업이 진행되는 중에 갑자기 3명의 학생들이 과제에 참여하지 않고 장난을 치기 시작했다. 김 교사는 눈짓으로 주의를 주었지만 학생들은 개의치 않았고, 심지어 다른 모둠의 연습까지 방해했다. 이에 김 교사는 학생들을 불러 한 번 더 주의를 주었다. 하지만 학생들은 잠시 수업에 참여하는 듯하다가 다시 방해 행동을 계속했다.
>
> 한참을 고민한 김 교사는 원활한 수업을 진행하기 위해 학습자 관리 전략을 적용했다. 우선 ㉠김 교사는 수업 방해 행동을 한 3명의 학생들을 연습에 참여시키지 않고 10분간 수업 장소로부터 떨어진 곳에서 수업 참관을 하게 했다. 그리고 앞으로 ㉡수업 방해 행동을 할 때마다 기록하고, 누적 기록이 3회가 되면 이들이 좋아하는 농구 스포츠클럽 대회 출전을 금지하기로 했다. 10분 후 학생들이 연습 장소로 돌아와 과제에 열심히 참여하자 김 교사는 학생들을 칭찬하고 격려해 주었다.

[정답] ㉠ 퇴장 ㉡ 보상손실

5. 행동 수정 전략의 공식화 `16 기출` `19 기출` `21 기출` `23 기출`

• 하위 개념: (1) 행동공표, (2) 행동계약, (3) 바람직한 행동 게임, (4) 대용보상 체계

(1) 행동공표(behavior proclamation)

① 개인이나 집단 또는 전체 학급에서 적용될 수 있는 수반성에 관한 공식적인 성명 또는 발표를 말한다.

② 공표는 완수되어야 할 행동이나 회피해야 할 행동과 그러한 수반성을 만족시켰을 때 제공되는 보상을 말한다. (교사가 학생에게 일방적으로 알림)

③ 학생들의 행동을 주기적으로 관찰하여 소정의 기대 행동이 성취될 때 보상을 주게 된다.

④ 학생들이 해야 하는 것과 해서는 안 되는 것을 명확하게 진술해야 하며, 주어질 보상은 바람직한 행동을 유발시킬 수 있을 정도로 충족해야 한다.

바람직한 행동

학생 김○○은 (1) 모든 게임에 참가한다. (2) 체육시간에 4주 동안 동료들과 논쟁을 하지 않는다.
이러한 바람직한 행동에 대해서 김 ○○ 학생은 모범학생 그룹의 일원이 되기 위한 추천을 받을 수 있는 자격을 얻게 된다.

체육교사 박○○

---

(2) 행동계약(behavior contracts) 16 기출 19 기출 23 기출

① 교사와 학생이 어떤 행동의 실행이나 불실행에 대해 상호 계약을 맺는 것이다. <u>학생이 행동을 정의하고, 보상을 결정하고, 수반성을 확립하는 데 직접 참여한다는 측면에서 행동공표와 다르다.</u>

② 행동계약은 학생들을 그것에 참여하게 함여하게 함으로써 <u>자기-관리 기술</u>을 학습할 기회를 제공한다.

③ 행동계약에서는 참가하는 모든 사람이 서명하는 것이 중요하다. 행동계약을 성공적으로 사용하는 교사들은 대개 그것에 참가하는 교사와 학생이 자신의 역할을 충실히 이행하도록 하기 위해서 제3의 사람으로 하여금 서명하도록 한다.

학생 ○○군과 ○○○ 교사는 다음 계획이 앞으로 4주 동안 효력을 발생한다는 것에 동의한다.
○○○군:
　① 체육시간에 체육복을 착용한다.
　② 급우들과 잡담하거나 장난치는 등의 수업방해를 하지 않는다.
　③ 모든 활동에 참가하여 기술을 향상시키기 위해 열심히 노력한다.
○○○교사:
　① 평균대에서 ○○군을 개인적으로 보조한다.
　② 성은은 위에서 언급한 3가지를 할 때마다 1점씩 가산한다.
　③ 이 계약 기간 동안 ○○군이 7점을 획득하면 2주 동안 4학년 학생들을 보조한다.

계약자 ○○○(학생)　○○○(교사)　○○○(교장)

---

(3) 바람직한 행동 게임(Good Behavior Game)

① 자주 부적절한 행동을 하는 <u>집단</u>에 대해 적절한 행동을 하도록 하는 효과적인 방법이다.

② 같은 양의 보상으로 학생들의 행동을 계속해서 개선하기 위해서 게임을 이기는 기준을 차츰 엄격하게 할 수 있다. 또한 게임 운영시간을 절약하기 위해서 행동 확인을 위한 빈도를 감소시킬 수 있다.

③ 행동 게임은 수업 운영과 수업조직을 위해서도 사용할 수 있다.

(4) 대용보상 체계(토큰시스템, Token System) 21 기출

　■ 대용(代用): 무엇을 대신하여 다른 것을 씀. 　■ 토큰(Token): 교환권

① 학문적, 수업 운영적 조직적인 결과에 대해 사용될 수 있는 공식적인 프로그램으로서 다양한 보상과 바꿀 수 있는 토큰에 관심을 갖는다.

② 사람들은 토큰을 얻어서 그것을 자기들이 필요로 하는 상품이나 서비스와 교환한다.

6. 행동 수정의 기본 원리(박명기 저 외)

	자극 제시	자극 제거
행동 증가↑	정적 **강화**	부적 **강화**
행동 감소↓	정적 **처벌**(형태 1벌)	부적 **처벌**(형태 2벌)

(1) 정적 강화: 좋아하는 자극(쾌자극)을 제공하여 행동의 빈도를 높이는 것이다.

① 행동 공표

② 행동 계약

③ 바람직한 행동 게임

④ 대용보상 체계(토큰 시스템)

⑤ 상반되는 행동(부조화 행동)의 차별 강화: 바람직하지 못한 행동을 직접 수정 하려고 하는 대신에 그와 상반되는 좋은 행동을 강화시켜서 바람직하지 않은 행동은 점차 사라지게 하고 바람직한 행동은 증가하도록 하는 강화전략이다.

⟮예⟯ 공부하는 행동과 떠드는 행동은 동시에 양립할 수 없다. 떠드는 행동에 어떤 벌을 제공하는 것이 아니라 공부하는 행동에 정적 강화를 함으로써 떠드는 행동을 약화시키거나 제거시키는 것이다. 이때 떠드는 행동을 증상 행동, 공부하는 행동을 상반 행동이라 한다.

⑥ 다른 행동(무반응 행동)의 차별 강화: 어떤 구체적인 행동이 일정 기간 동안 발생되지 않을 때 그것을 강화하는 행동 수정 기법이다.

⟮예⟯ 떠드는 학생의 경우 그 학생이 일정 시간 떠들지 않았을 때 강화를 주고 그 간격을 점점 늘려 나가는 것이다.

○ **프리맥의 원리**: 선호하는(좋아하는 혹은 높은 빈도의) 반응(행동)은 바람직하지만 덜 선호하는 바람직한 반응(행동)을 강화하여 그 행동의 발생 빈도를 증가시킬 수 있다는 긍정적 강화원리이다. 학생이 좋아하는 활동을 이용하여 학생이 좋아하지 않지만 바람직한 활동에 대한 학습동기를 부여하는 데 이용.

⟮예⟯ 운동을 싫어하는 아이에게 운동하는 습관을 키워주기 위하여 운동을 20분 하면 아이가 좋아하는 게임 20분 허용.

(2) 부적 강화: 혐오 자극의 제거로 학습자 행동을 강화시키는 것이다.

⟮예⟯ 화장실 청소 당번인 학생에게 '오늘 체육시간에 열심히 참여하면 청소를 면제시켜 주어 수 업 참여 행동을 증가.

(3) 정적 처벌(형태 1벌)

① 회복적 과수정: 파괴 행위를 한 사람으로 하여금 파괴된 상황을 최초의 상태 이상으로 회복시키도록 하는 것을 말한다. (이채문 사견: 운동장에 휴지를 버린 학생에게 운동장을 처음보다 깨끗하게 청소시킴)

② 적극적 연습 과수정: 부적절한 행동을 한 학습자에게 올바른 행동을 수차례 반복시키는 것을 말한다. (이채문 사견: 용기구를 정리하지 않는 학생에게 용기구를 정리하는 연습을 5회 반복시킴)

(4) 부적 처벌(형태 2벌)

① 퇴장(time-out)

② 반응 대가(보상 손실, reward cost)

3. 다음은 수석 교사와 초임 교사가 나눈 대화 내용이다. 〈작성 방법〉에 따라 순서대로 서술하시오. [4점]

> 수석 교사: 학습자 관리 방법은 다양하지만, 학생이나 집단, 또는 학급 전체의 관리에 대한 권위를 부여하기 위해 행동 수정 전략을 공식화할 필요가 있어요. 시덴탑(D. Siedentop)은 4가지 행동 수정 전략의 공식화 방법을 제안하였는데, 그 중 (ㄹ)은/는 행동을 정의하고, 보상을 결정하며, 수반성을 확립하는 데 학생이 직접 참여한다는 면에서 행동 공표라는 공식화 방법과 차이를 보여요. 그리고 (ㄹ)은/는 학생들에게 자기 관리 기술에 이르는 방법을 가르쳐 준다는 점에서 행동 공표에 비해 한 차원 향상된 단계예요. 특히, 이 방법을 적용할 때는 참가하는 모든 사람이 서명해야 한다는 것을 기억해야 해요.

> ───── 〈작성 방법〉 ─────
> ○ 괄호 안의 ㄹ에 해당하는 명칭을 쓸 것.

[정답] ㄹ 행동계약 [1점]

8. 다음은 ○○중학교 학교 스포츠클럽운영과 관련한 교사 성찰일지의 일부이다. 〈작성 방법〉에 따라 순서대로 서술하시오. [4점]

> 2020. 09. □ □.
>
> 일부 학생들의 부적절한 행동에 대해 심각성을 느껴 체육 교과 협의회를 개최하였다. 회의 결과 학부모와 상담을 통해 가정에서 칭찬 카드를 발급할 수 있도록 하였고, 일정 수 이상의 칭찬 카드를 제출 (나) 한 학생에게 포지션 배정의 우선권을 주기로 했다. 이를 통해 학생들의 행동에 변화가 있었으면 한다.

> ───── 〈작성 방법〉 ─────
> ○ (나)에서 사용하고 있는 행동 수정 전략의 명칭을 쓸 것.

[정답] 대용보상 체계이다.(또는 토큰 시스템)

1. 다음은 박 교사의 체육 수업 상황을 기술한 것이다. 〈작성 방법〉에 따라 순서대로 서술하시오. [4점]

○ 학년-반: 2학년 5반　　　○ 내 용: 이어달리기
○ 장 소: 운동장　　　　　○ 일 시: 2018년 6월 ○○일 2교시

〈상황 1〉

날씨가 더워 학생들의 육상 수업 참여 태도가 나빠지자, 박 교사는 1차시에 학생들과 함께 작성한 문서를 보여 주며, "6월부터는 날씨가 더워 35분 동안 육상 연습을 하고, 10분 동안 자율 활동을 하기로 약속했지요. 대신 약속한 대로 더워도 열심히 연습해야 합니다. 그늘에서 쉬지 말고요. 알겠지요?"라고 말한다. 그 후 200m 구간에서 이어달리기 배턴 터치 방법을 지도한다.

──────── 〈작성 방법〉 ────────

○ 시덴탑(D. Siedentop)의 행동수정 전략에 근거하여, 〈상황 1〉에 적용한 행동수정 방법을 쓸 것.

[정답] 행동계약

다음은 김 교사가 작성한 체육 수업에 대한 반성 일지와 행동계약서이다. 괄호 안의 ㉠에 해당하는 행동계약서의 구성 요소와 ㉡에 누락된 내용을 순서대로 쓰시오.

체육 수업 반성 일지

요즘 3반 학생들의 수업 방해 행동이 부쩍 늘었다. 학기 초에 체육복을 잘 착용하고 과제 활동 중에 잡담 및 장난을 금지하기로 정했으나 잘 지켜지지 않았다.

수업 중 과제 활동 장소로 이동할 때에는 잡담하느라 이동시간이 늘었다. 학생들의 수업 방해 행동을 바로 잡으려고 노력했으나 뜻대로 되지 않았다. … (중략) … 수업 방해 행동을 해결하기 위하여 박 교사에게 조언을 구했다. 박 교사는 **수반성(cotingency)을 활용하여 '행동계약서'**를 작성해 보라고 하였다. 김 교사는 박 교사의 조언에 따라 3반 수업에서 사용할 행동계약서를 작성하였다.

〈행동계약서〉

○ 3반 학생들과 김○○ 교사는 다음 계획을 4주 동안 진행하는 것에 동의합니다.
○ 3반 학생들은 다음과 같이 행동합니다.
- 모든 과제 활동에 열심히 참가합니다.
- 수업에 참여할 때 체육복을 항상 착용합니다.
- 과제 활동을 위해 이동할 때 잡담하지 않고 빠르게 이동합니다.

── (㉠)체계 ──

○ 김○○ 교사는 다음과 같이 수행합니다.
- 3반 학생들이 위의 3가지를 잘 수행할 경우 스티커를 줍니다.
- 4주간 모은 스티커가 10장이 넘은 학생은 게시판에 우수 학생으로 게시합니다.
- 우수학생이 속한 모둠에게는 점심시간에 체육관 및 교구 수선 사용권을 줍니다.

(㉡)

교사: 김○○(서명)
교감: 황○○(서명)

[정답] ㉠ (대용)보상　㉡ 3반 학생 서명

참고문제	2020년 지도사 2급

7. 〈보기〉에서 설명하는 알버노(P. Alberno)와 트라웃맨(A. Troutman)의 행동수정기법에 해당하는 것은?

──〈보 기〉──

학습자가 적절한 행동을 할 때마다 지도자가 점수, 스티커, 쿠폰 등을 제공하는 기법이다.

① 타임아웃(time out)
② **토큰 수집(token economies)**
③ 좋은 행동 게임(good behavior game)
④ 지도자-학습자 사이의 계약(behavior contracting)

7. 자기주도성(self-direction) 개발을 위한 집단 전략(쥬디스 링크 학습자 중심 체육학습법)

교사는 대부분의 수업에서 학생의 행동에 대한 더 높은 기대수준을 갖고 이에 따른 책임을 지는데 집단으로 활동하는 것이 효율적인 방법이라는 것을 안다. 집단 전략은 구성원이 속한 집단과 학교가 처한 환경의 사회적 맥락을 강조한다. 자기주도성 개발을 위한 집단 전략의 예는 다음과 같다.

(1) 의사 결정 과정에 학생을 포함하기

① 자기주도성 개발을 위한 집단 전략을 활용한다는 것은 많은 규칙과 절차분만 아니라 수업내용에 대한 의사 결정에서도 학생의 참여를 토대로 만들어진다는 것을 의미한다.

② 교사는 규칙 또는 절차 수립에 필요한 문제를 제기하고, 학생은 규칙 또는 절차를 만드는 데 기여해야 한다. 이러한 집단 전략을 잘 사용한다는 것은 교사가 학생과 문제를 해결하기 위해 기꺼이 권한을 내려놓고 시간을 투자하며 함께 노력해야 함을 전제로 한다.

③ 만약 학생이 규칙과 절차, 목표를 만드는 데 적극적으로 참여를 했다면, 자신들이 만든 규칙을 지키려고 더 노력할 가능성이 크다. 그러나 교사는 학생이 규칙을 준수하지 못하면 다시 문제로 돌아와 의사 결정을 위한 충분한 시간을 제공해야 한다.

(2) 토론을 통한 갈등 해결(conflict resolution)하기

① 교사는 학생 간 갈등이 일어났을 때, 수업 활동을 멈추고 갈등의 원인과 구조에 대한 문제를 학생이 인식하게 한다. 이어서 갈등을 어떻게 해결할 것인지에 대해 학생과 토론을 진행한다.

② 토론의 목표는 학생이 자신의 행동에 대한 책임감을 갖도록 돕고, 자신과 타인에 대한 책임을 인식하도록 하는 것이다.

(3) 개념을 소통하기 위해 역할극 활용하기

① 역할극(role playing)은 행동 수정을 위한 하나의 전략으로 이전에 다루어졌다. 역할극은 자기주도성 개발을 위한 전략에서도 학생이 바람직한 행동을 이해하는 데 도움을 주기 위해 사용될 수 있다.

② 역할극은 학생이 자신을 타인의 상황에 대입해보고 그 상황에 맞는 행동을 하도록 허용하는 특징이 있다. 역할극의 목표는 학생이 겪고 있는 문제에 대해 다른 사람의 관점으로 생각해보고 그들의 상황을 이해하도록 돕는 것이다.

③ 일반적으로 교사는 문제나 갈등 상황을 구조화하거나 사람들이 느끼는 문제의식이 이해 당사자의 느낌을 어떻게 대표하는지 기술하면서 역할극 상황을 만든다. 교사가 역할극 상황에서 무슨 일이 일어나고 있는지를 학생에게 명시적으로 보여주고, 학생이 배워야 할 교훈을 잘 정리할 수 있다면 역할극은 자기주도성 개발을 위한 전략의 하나로 효과적으로 사용될 수 있다.

(4) 이해하기와 수용하기

① 학생이 왜 부적절하게 행동했는가를 이해하는 것은 중요하다. 그러나 수용하는 것과 이해하는 것을 혼동해서는 안 된다.

② 교사는 왜 학생이 부적절한 방식으로 행동했는가를 이해할 수는 있지만 부적절한 행동 자체를 수용하기보다는 부적절한 방식으로 행동할 수밖에 없었던 이유를 해결하기 위한 환경을 만들어 주어야 한다.

3 상호작용 기능

1. 상호작용 기능의 수행 (유의점)

- 하위 개념: (1) 일관성 있는 상호작용, (2) 주요 학생행동에 관한 직접적 상호작용, (3) 과제와 상호작용의 일치, (4) 학교(수업) 외 문제에 관한 학생과의 상호작용, (5) 학습 지도와 인간관계의 개선을 위한 열정의 유지, (6) 학생의 감정과 정서에 기초한 교사-학생 간의 상호작용

(1) 일관성 있는 상호작용

① 교사의 성공적인 상호작용이 학생들에게 진지하고 사려 깊게 지각되어야 한다.

② 일관성 있는 행동을 보여주기 위해서는 학생들에 대해 인정할 행동, 무시할 행동, 제지할 행동을 충분히 생각한 후 결정해야 한다.

③ 교사가 학생들을 동등하게 대하느냐의 문제로 이것은 교사가 어떤 학생을 다른 학생들보다 더 좋아해서는 안 된다는 얘기가 아니라 학생들이 똑같은 행동범주에 속하는 행동을 했을 때 특별한 이유가 없는 한 모두에 대해 같은 대우를 해야 한다는 것을 의미한다.

(2) 주요 학생행동에 관한 직접적 상호작용

① 학생의 사소한 행동에 대해서 지나치게 따뜻하고 성실한 반응을 보이는 것은 진실성이 결여된 행동으로 인식될 수 있다.

② 인간관계의 발전이라는 관점에서는 학생행동의 주요 측면에 관해서 상호작용하는 것이 더욱 효과적이다.

③ 교사가 학생들의 관심사에 관해서 그들과 직접 상호작용할 때 바람직한 교사-학생 간의 인간관계가 발전되어 나간다.

④ 따라서 교사는 중요한 학생행동에 대해서는 직접적으로 상호작용해야 한다.

(3) 과제와 상호작용의 일치

① 과제와 상호작용의 일치여부는 상호작용이 진실한 것으로 지각되는 정도에 영향을 미치는 또 다른 요인이다.

② 교사가 비교적 중요하지 않은 학생행동이나 과제에 대해서 지나친 미사여구를 사용하여 학생, 특히 여러 명의 학생들과 상호작용하면 그것은 학생들에 의해 진실성이 없는 것으로 간주되기 쉽다. 반대로 학생행동의 중요성에 비해 교사의 반응이 시큰둥할 때에도 학생은 교사의 진실성을 의심하게 된다.

③ 왜냐하면 교사에게 하찮은 과제라도 학생들에게는 엄청나게 중요한 과제로 인식될 수 있으며 반대로 교사가 중요하다고 생각하는 것들이 학생들에게는 하찮은 문제로 간주될 수 있다.

④ 상호작용은 과제와 밀접한 관련성을 가지고 있어야 한다. 상호작용 시 구체적 피드백을 포함할 필요가 있는데 예를 들어, 학습자가 물구나무서기를 할 때 "너는 머리와 양팔의 위치가 좋고 다리가 곧게 뻗어 있어서 제대로 된 물구나무서기를 하고 있다."와 같이 구체적인 내용을 포함해 상호작용을 하게 되면 학습자는 스스로 관심을 받는다고 느끼게 된다.

(4) 학교(수업) 외 문제에 관한 학생과의 상호작용

① 학생은 교사가 교육적으로나 개인적으로 자신에게 관심을 쏟는다고 느낄 때 보다 발전된 인간관계를 하려고 한다.

② 학교 외 문제에 대한 상호작용은 그 학생과 상호작용을 해 나가는 데 필요한 정보를 제공해 줄 뿐만 아니라 교사가 수업 외의 학생행동까지 관심을 가지고 있다는 것을 학생들에게 인식시켜주게 된다.

③ 그러나 이러한 개인적 상호작용은 대부분 수업시간 이외 상황에서 이루어져야 한다.

(5) 학습 지도와 인간관계의 개선을 위한 열의 유지

① 로젠샤인(Rosenshine)에 의하면 교수에 있어서 열정은 매우 중요한 요소이다. 열정을 독립변인으로 하여 학업수행과의 상관관계를 규명한 많은 연구들에서 교사의 열정과 학생의 학업수행 간에는 높은 상관관계가 있다는 것이 밝혀졌다.

② 교사가 열정을 쏟아야 할 3가지 영역이 있다.
첫째, 교사는 교과내용(농구, 체조, 움직임 교육 등)에 관해서 열정적이어야 한다.
둘째, 교사는 운동기능을 학습하거나 개선하는 데 열정적이어야 한다.
셋째, 교사는 가르치는 학생들의 기능수준에 상관없이 학생들에 대해 열정적이어야 한다.

③ 이러한 교사의 열정은 학습자에 대한 긍정적인 기대를 갖되 그들과의 상호작용 과정에서 그러한 기대가 전해질 때 그 효과가 극대화된다.

(6) 학생의 감정과 정서에 기초한 교사 – 학생간의 상호작용

① 교사는 학생의 전체적 삶에 영향을 끼쳐야만 한다. 그러나 만약 교사가 학생과 개인적 인간관계를 지속적으로 형성하지 않는다면 그것은 불가능하다.

② 개인적 인간관계란 학생의 감정에 기초한 상호작용을 통해 형성된다.

③ 학생이 자신의 감정을 자유롭게 표현하고 교사가 자신의 감정에 관심을 가져줄 때 교사와 학생 간의 진정한 상호작용이 일어날 수 있다. 따라서 교사는 학생이 자신의 감정을 표현하도록 격려해야 한다.

④ 한편 때때로 교사는 학생의 부정적 감정표현을 무시해야 할 때가 있는데, 필요 이상의 행동을 하는 학습자에게 꾸지람보다는 무시하는 것이 좋다고 판단될 때 그렇게 하는 것이 좋다.

2. 의사 전달 기능

(1) 발언하는 사람의 주체를 분명히 해야 한다.

의사 전달의 주체를 밝히는 것은 매우 중요하다. 나, 나에게, 나의, 나의 것 등과 같은 대명사를 사용하는 것은 발언하는 사람의 주체를 분명히 하는 데 도움이 되며, 메시지를 전달받는 사람에게 신뢰감을 심어줄 수 있다.

(2) 판단하기보다는 기술해야 한다.

① 학생들에게 전달한 메시지는 그 내용이 분명히 기술되어야 하며, 가치 판단이 추가되어서는 안 된다. 메시지를 전달함에 있어서 가치 판단은 의사소통에 방해가 된다.

② 교사가 학생들에 대한 가치판단을 계속하다보면 그들의 개인적 성장에 전혀 도움을 주지 못하게 된다.

(3) 학생들의 관점을 이해해야 한다.

① 우리는 세상을 자신이라는 제한된 관점에서 보는 경향이 있다. 학생들의 개인적인 성장에 도움을 주고 싶다면 메시지를 전달할 때 그들의 관점을 고려하는 것이 중요하다.

② 메시지를 전달하는 사람이 이러한 요소들을 고려하면 할수록 메시지는 보다 잘 전달될 수 있다.

(4) 감정에 민감해야 한다.

    ① 메시지 전달자 자신과 수신자의 감정에 민감할 필요가 있다.

    ② 이러한 감정들은 비록 의사소통과 직접적인 관련성을 맺고 있는 것은 아니지만 종종 전달하는 메시지에 포함된다.

    ③ 한편, 학생들로부터 메시지를 수용할 때에도 메시지를 전달할 때와 똑같은 민감성이 요구된다. 그것은 학생들 역시 감정이 수반된 메시지를 전달하기 때문이다.

(5) 비언어적 단서에 유의해야 한다.

    ① 메시지를 전달할 때 비언어적 행동을 하지 않는다는 것은 거의 불가능하다. 메시지 수용자들은 종종 언어적인 메시지보다 비언어적인 메시지에 더욱 민감한 반응을 보인다.

    ② 효과적으로 의사소통을 하는 사람들은 상대방의 얼굴을 보면서 얘기한다. 그것은 얼굴 표정을 통해 언어적 표현과 유사한 메시지를 읽을 수 있기 때문이다.

    ③ 신체 움직임과 자세 역시 메시지를 전달한다.

3. 의사 수용 기능

(1) 수용한 메시지를 정확히 이해하기 위해 그것을 의역해야 한다.

    ① 여기서 의역이란 전달자가 보낸 메시지를 자신의 단어로 재진술하는 것을 말한다.

    ② 의역은 여러 가지 이점을 갖고 있다.

        ⓐ 메시지를 정확하게 이해할 수 있게 한다.

        ⓑ 전달자가 얼마나 분명하게 메시지를 전달하는가에 관한 피드백을 제공해준다.

        ⓒ 청취자가 전달자의 메시지에 귀를 기울이고 있다는 사실을 분명하게 알려준다.

        ⓓ 메시지를 전달하는 사람의 관점을 통찰하여 그의 견해를 이해할 수 있게 해준다.

(2) 효과적인 주의집중 기술을 이용해야 한다.

    ① 다른 사람의 얘기를 들을 때 우리는 여러 가지 행동, 특히 비언어적인 행동을 한다.

    ② 눈동자의 마주침, 자세, 표정 등은 모두 주의집중 행동에 기여하게 된다. 이러한 주의 집중 행동은 메시지를 수용하는 사람이 그것을 전달하는 사람에게 자신이 얼마나 열심히 주의를 기울이고 있느냐 하는 것을 알려준다.

(3) 메시지 전달자의 비언어적인 단서에 유의하라.

    ① 종종 말로 전달되는 메시지는 그에 수반되는 비언어적 단서를 통해 이해할 필요가 있다.

    ② 비언어적 단서는 전달자의 감정, 기분상태, 그리고 그 밖의 다른 가능성을 암시해 준다. 말이나 어조에만 의존해서는 전달되는 메시지의 의미를 완전히 파악하기가 힘들 때가 있다. 이럴 경우 비언어적 단서는 메시지를 정확히 이해하는 데 도움이 된다.

(4) 자신의 감정과 그것이 메시지에 미치는 영향을 고려해야 한다.

    ① 흥분하거나 어떤 문제에 집착하게 되면 전달되는 메시지를 제대로 알아듣지 못하는 수가 있다.

    ② 메시지 전달자에 대해서 불만이 있는 경우 그가 전하는 메시지의 의미를 부정확하게 추론할 가능성이 높아진다.

4. 의사소통의 방해(장애) 요인(Johnson, 1981)

(1) 명령이나 지시	불평하지 말고 주의나 집중해!
(2) 협박	계속 그렇게 말을 안 들으면, 그냥두지 않겠어!
(3) 설교나 훈계	좀 더 올바른 행동을 할 수 없니?, 그렇게 밖에 행동할 수 없어?
(4) 시기상조의 충고나 해결책의 제시	체육복은 어머니한테 부탁해서 준비해 두는 것이 좋을 거야.
(5) 판단, 비판, 비난	게으름뱅이 같은 녀석, 너희들은 항상 말썽을 부리는군!
(6) 낙인	너는 날마다 초등학생처럼 행동하는구나!, 너는 항상 어린애처럼 행동하는구나!
(7) 심문이나 추궁	도대체 무엇 때문에 그런 짓을 했어?, 왜 나한테 먼저 물어보지 않았니?
(8) 화제의 전환	우리 그것에 관해서는 다음에 얘기하는 것이 어때?, 지금은 그것을 논의할 때가 아니야.

5. 지원적 관계

(1) 감정 이입(empathy)	감정 이입은 어떤 문제를 가지고 있는 사람의 입장에서 그것을 지각하는 기술이다. 감정 이입은 동정이 아니다. 교사가 학생의 입장에서 어떤 문제를 이해하는 것과 그 학생에 대해 동정심을 갖는 것은 전혀 다르다.
(2) 존중(respect)	지원적 관계에서 존중이란 교사가 학생 스스로 문제를 충분히 해결할 수 있다고 믿고 행동하는 것을 말한다.
(3) 진실성(genuineness)	교사가 학생을 솔직하게 대하는 것을 말한다. 수업 지도 과정에서 교사의 언행은 진실해야 할 뿐만 아니라 교사가 정말로 믿고 있는 것과 일치해야 한다.
(4) 따스함(warmth)	지원적 관계에서 따스함의 특성은 수업 분위기를 설명할 때 따스함의 개념과 유사하다. 교육적인 환경에서 따스함은 일관성 있고 긍정적인 상호작용을 함으로써 형성될 수 있다. 미소, 눈의 마주침, 열정 등과 같은 개인적·비언어적 행동들 역시 교사와 학생 간에 따뜻한 인간관계를 확립하는 데 도움이 된다.

제 6 장

체육수업의 생태

[시덴탑(D. Siedentop)]

1 수업의 생태학적 이해

- 교수는 교사와 학생이 쌍방으로 영향을 미치는 '일'로 이해해야 한다.
- 생태는 한 시스템의 변화가 다른 시스템에 영향을 미치는 서로 유관한 시스템들의 집합이다.

(1) 교수기능은 독립적으로 또는 다른 교수 기능과 결합하여 최대한의 교육적 효과를 가져오는 방향으로 사용해야 한다. 그렇다고 각 교수기능을 수업의 효율성만을 생각하며 기계적으로 사용하라는 의미는 아니다.

① 각 교수기능은 역동적으로 변화하는 수업 상황에 맞게 사용할 때 최대의 효과를 거둘 수 있다. 즉, 학생과 교과 내용이 날씨, 장비, 시간, 차시 등과 같은 요인들과 어떻게 서로 영향을 주고받는지를 생각하며 교수기능을 사용하면 더 큰 효과를 기대할 수 있다.

② 수업을 학생과 교과내용 및 그 밖의 각종 영향 요인들 간의 역동적 관계로 이해하는 것을 生態學的 理解 (ecological understanding)라고 한다.

(2) 수업을 생태학적으로 이해하기 위해서는 우선 수업이 장기간의 집단 활동이라는 점과 교수·학습은 상호작용의 관계로 이루어진다는 점을 이해해야 한다. 수업을 생태학적으로 바라본다는 것은 수업을 장기간의 집단 활동으로 인식한다는 것이다.

(3) 수업에 대해서 잘 모르는 사람들은 교수·학습이란 교사가 학생들에게 일방적으로 영향을 미치는 관계로 생각하기 쉽다.

① 학생들이 무언가 새로운 것을 배우고 사회적으로 성장하는 데 교사의 역할이 중요한 것은 사실이다. 그러나 장기간 역동적인 관계 속에서 이루어지는 수업에서 학생들도 교사에게 영향을 미치지 않을 수 없다.

② 추구하는 학습 목표나 학습해야 할 과제에 따라 학생들이 교사에게 더 큰 영향을 미칠 수도 있다. 생태학적 모형은 교사와 학생, 학생과 학생이 서로 영향을 미치는 兩方向的 影響(dual-directional influence)의 관점에서 수업을 이해하는 수업모형이라고 할 수 있다.

(4) 수업의 생태학적 접근은 교사가 발휘하는 교수 기능과 전략을 수업의 전체적인 관점에서 이해하고 설명하는 하나의 큰 틀이라고 할 수 있다. 사람들이 숲을 보지 못하는 것은 나무 하나 하나에만 시선을 집중하기 때문이다.

① 생태학적 모형은 숲을 보는 시각으로 수업을 이해하기 위해 노력한다. 일반적으로 생태학(ecology)이라고 하면 생명체의 서식지, 즉 유기체와 환경 간의 관계를 연구하는 학문분야이다.

② 대개 생태계는 한 시스템에서 변화가 일어나면 그것이 다른 시스템에 바로 영향을 미치는, 수많은 시스템으로 이루어져 있다.

③ 생태계는 어떤 시스템이 방해를 받거나 변화하면 혼란이 야기되지만 곧 안정을 되찾아 미묘하게 균형(delicate balance)을 유지하는 특성을 갖고 있다. 우리가 살고 있는 자연환경을 생태학적 시스템으로 이해하듯이 체육 교수·학습 또한 생태학적으로 이해할 수 있다.

(5) 생태학적 모형은 현장 교사의 실제 수업을 분석하여 개발한 모형으로 도일(Doyle, 1979)이 처음 개발하였으며, 그 모형을 체육수업에 처음 적용한 사람은 오하이오주립대학교의 시덴탑(Siedentop) 교수이다.

2 체육수업의 과제 체계

• 체육수업의 생태는 운영과제 체계, 학습지도과제 체계, 사회적 행동과제 체계들로 이루어진다.

(1) 체육 교수학습은 생태적 관점에서 이해할 수 있으며, 운영과제 체계(managerial task system), 학습지도과제 체계(instructional task system), 사회적 행동과제 체계(student-social task system)로 구성된다. 이들 세 가지 과제체계들이 서로 영향을 미치며 체육수업의 생태계를 형성한다고 할 수 있다.

(2) 과제task는 목표와 그것을 달성하기 위한 일련의 활동으로 정의할 수 있다. 즉, 과제는 어떤 상황에 성공적으로 대처하기 위해 해야 할 행동을 암시적 또는 명시적으로 전달하는 것이라고 할 수 있다.

① 운영과제managerial task는 수업을 조직하거나 학생들이 서로 사회적 관계 맺기를 하는 것과 관련이 있는 과제이다. 즉, 학습과 무관하지만 교사와 학생이 서로 협력하며 활동하기 위해 수행해야 하는 과제이다.

예 교사가 "다섯을 셀 때까지 배구 연습에 필요한 네 팀으로 나누세요."라고 지시하였다면 그것은 학생들에게 운영과제를 전달한 것이다.

② 학습지도 과제instructional task는 교과관련 활동을 말한다.

예 교사가 "두 명씩 짝을 지어 서로 5m 떨어진 거리에서 언더핸드패스 연습을 하세요."라고 하였다면 그것은 학습지도 과제를 전달한 것이다.

③ 사회적 행동과제는 학생이 과제를 수행하는 과정에서 보여주는 학생-유발 행동 체계student-social system라고 할 수 있다.

(3) 과제 체계task system는 어떤 과제를 성취하기 위한 일반적 패턴이라고 할 수 있다. 과제 체계는 체육수업에서 자주 일어나는 과제들로 구성된다.

① 운영과제 체계: 체육관 출입, 출석 점검, 장소 이동, 수업 조직, 집단 재편성, 장비 반납, 규칙 준수, 수업 종료 등 체육수업에서 자주 일어나고 있는 모든 종류의 운영과제를 포함한다.

② 학습지도과제 체계: 반복연습하기, 게임하기, 체력운동하기, 지필 테스트 등 교사가 학생들에게 요구하는 모든 종류의 학습과제를 포함한다.

③ 사회적 행동과제 체계: 학생들이 다른 학생들과 사회적 관계를 맺기 위해 자기들끼리 은밀하게 시도하는 모든 사회적 행동을 포함한다.

3 과제의 발달

• 과제는 교사가 그것을 진술함으로써 시작되지만 학생들이 실제로 수행하는 실제과제는 조건적으로 발달한다.

(1) 알렉산더(Alexander, 1982) – 과제의 조건적 발달체계(contingency developed task system)
: 체육수업의 생태를 이해하기 위해서는 과제가 어떻게 발달하는지 알아야 한다.

① 즉, 체육수업을 보다 철저히 이해하기 위해서는 실제 과제 체계(actual task systems)가 시간이 흐르면서 어떻게 서로 영향을 주고받으며 발달하는지 파악할 필요가 있다.

② 운영과제와 학습지도과제는 보통 교사의 언어적 설명인 진술과제(stated task) 또는 요구과제로 시작된다. 그러나 학생들이 발달시키는 실질적인 운영과제와 학습지도과제는 교사가 학생들의 과제수행에 어떻게 반응하느냐에 따라 크게 달라질 수 있다.

③ 실제 운영과제나 학습지도과제는 대개 다음과 같은 순서로 발달한다.

   ㉠ 교사가 과제를 진술 또는 요구한다.

   ㉡ 학생들은 교사가 진술 또는 요구한 과제에 반응한다. 이때 학생들의 반응은 교사의 진술과제와 일치하거나 일치하지 않을 수 있다. 즉, 학생들은 교사가 진술한 과제를 그대로 수행하거나 그것을 자신의 운동능력에 맞게 수정하여 수행한다.

   ㉢ 교사는 학생들의 그러한 과제수행을 관찰하고 적절히 반응한다.

   ㉣ 결국 실제과제(actual task)는 "요구 과제 – 학생 반응 – 교사 관찰 – 교사 반응"의 사이클에 의해 결정된다고 할 수 있다. 알렉산더(Alexander, 1982)는 이러한 사이클을 '과제의 조건적 발달체계(contingency developed task system)라고 설명하고 있다.

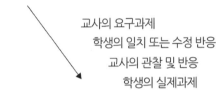

교사의 요구과제
학생의 일치 또는 수정 반응
교사의 관찰 및 반응
학생의 실제과제

[그림 6-1] 과제의 조건적 발달체계(Alexander, 1982)

(2) 과제가 어떻게 발달하는지는 교사가 학생들의 과제수행에 어떻게 반응하느냐에 따라 크게 달라질 수 있다. 교사가 운영과제나 학습지도과제를 정확하게 전달하고 사회적 행동과제를 어느 정도 반영해주면 교사의 반응에 따라 사회적 행동과제 체계가 결정될 가능성이 그만큼 낮아지게 된다. 이는 과제체계를 잘 정의하고 사회적 행동과제 체계를 학습지도과제 체계와 운영과제 체계에 적절히 잘 포함시키면 학생들의 행동에 대한 교사의 반응 때문에 과제체계가 바뀔 가능성이 그만큼 줄어든다는 의미이다.

(3) 실제 과제의 발달 사이클을 이해하고 나면 다음과 같은 궁금증이 생길 것이다. 교사는 과제를 얼마나 분명하게 진술해야 하는가? 실제과제는 당초의 진술과제와 얼마나 다를 수 있는가? 학생들은 과제를 얼마나 자주 어떤 방법으로 수정하는가? 학생들은 수용되는 과제체계와 수용되지 않는 과제체계를 어떻게 구분하는가? 이 장에서는 이러한 궁금증에 대한 해답을 어느 정도 찾을 수 있을 것이다.

4 생태모형의 주요 개념

- 책무성은 학생들에게 바람직한 행동, 과제참여, 학업성취에 대한 책임을 부여하기 위한 교사의 행동이다.
- 명료성, 위험성, 모호성은 학생들이 과제를 타협하거나 피하는 정도에 영향을 미친다.
- 과제의 경계는 과제의 명료성과 책무성에 따라 엄격하거나 느슨할 수 있다.
- 과제의 발달과정을 이해하기 위해서는 그와 관련된 책무성, 명료성/모호성, 위험성, 과제 경계와 같은 개념들을 이해할 필요가 있다.

   (1) 책무성accountability은 교사가 학생들에게 적절한 학습행동, 적극적인 과제참여, 학업 성취에 대한 책임을 부여하는 것을 말한다.

① 학업에 대한 책무성을 부여하지 않고 어떤 행동이나 반응을 수용하면 수업은 목표를 상실하고 학습지도는 정상궤도를 벗어나게 된다(Doyle, 1980).

(2) 명료성과 모호성$^{clarity \cdot ambiguity}$은 과제를 얼마나 분명하고 일관성 있게 정의하느냐의 문제이다.

① 이른바 완전 명시과제$^{fully\ explicit\ task}$는 수행 조건, 기대 수행, 수행 기준을 명확하게 진술하는 과제이다.

例 운영과제를 다음과 같이 명확하게 진술할 수 있다. '가'팀과 '나'팀은 A코트, '다'팀과 '라'팀은 B코트에서 연습한다. 6명이 마주 보고 연습을 한다. 홀수 번호부터 15개씩 서비스 연습을 한다. 내가 휘슬을 불면 15초 내에 실시한다. 과제를 위와 같이 명확하게 진술하지 않으면 어디에서 무엇을 어떤 기준으로 수행하는지 파악하기 어려운 모호한 과제가 된다. 과제가 이처럼 모호해지면 교사의 기대와 학생의 수행 간에 간극이 생길 수밖에 없다.

② 명료성/모호성은 과제의 발달 사이클에도 영향을 미친다.

(3) 위험성^{risk}은 과제의 모호성, 과제의 난이도, 책무성의 강도와의 상호작용으로 정의할 수 있다.

(4) 과제 경계$^{task\ boundary}$는 과제 수행에 대한 책무성을 얼마나 강하게 부여할 것인지 그리고 과제의 수행에 대한 기대를 얼마나 분명하게 전달할 것인지를 결정하는 일이다.

5 과제 체계 내 타협 [17 서술형]

〈출처: 박명기 체육교수론〉

○ 과제 체계 내 타협: 교사가 요구한 학습과제의 본질은 변화시키지 않은 채 과제 수행 방식을 다소 바꿔서 수행하는 방식의 타협이다. 타협이 주로 언어적으로 이루어진다.

○ 과제 체계 간 타협: 운영과제, 학습과제, 사회적 행동과제 중 교사가 중요시하는 과제 수행에 대한 학생들의 협조를 얻기 위해 다른 과제의 수행을 경감하거나 중단하도록 허용하는 방식의 타협이다.

• 학생들은 과제를 수정하고 교사가 그것에 어떻게 반응하는지를 보고 수정 여부를 결정한다.

(1) 학생들은 과제 체계의 생태적 균형$^{ecological\ balance}$을 유지하기 위해 자기가 좋아하는 수준에서 과제를 타협한다.

① 교사가 학습지도과제를 제시하면 학생들은 교사가 제시한 과제를 수행한다. 학생들이 과제를 보다 쉽거나 어렵게 수정하여 수행할 때, 교사가 그것을 수용하면 그것이 실제 과제가 된다.

② 학생들은 교사가 자신들의 과제 수정을 어느 정도 수용하는지 살피면서 진술과제를 어느 정도 수정할 수 있는지 파악한다. 대개 학생들은 교사가 결정한 학습지도과제 체계의 경계를 넘지 않는 범위에서 과제를 수정한다.

例 학생들에게 두 사람이 짝을 지어 20m 떨어진 거리에서 머리 위 20cm 이상 벗어나지 않도록 언더핸드 패스$^{forearm\ pass}$연습을 하라는 과제를 제시하였다고 가정하자.
기능수준이 높은 학생들은 교사가 제시한 진술과제가 너무 쉬우므로 간격을 더 벌려 큰 포물선을 그리는 패스를 주고받는다.
그에 반해 기능 수준이 낮은 학생들은 과제가 너무 어렵게 느껴져 거리를 좁힌 다음 공의 높이에 신경 쓰지 않고 패스를 주고받는다. 어떤 학생들은 공이 자기 어깨 수준이나 그보다 높게 날아오면 언더핸드 패스 대신 오버핸드 패스를 한다.

(2) 학생들은 가끔 사회적 행동 체계에 대해서도 타협을 한다. 학생들은 친한 친구를 찾아 짝을 짓고, 자기가 좋아하거나 자기 팀에 도움이 되는 학생을 합류시키려고 노력한다. 이와 같은 행동은 대개 학습지도과제에 가려져 있으며, 사회적 관계를 맺기 위해 은밀하게 이루어진다.

6 과제 체계 간 타협 [17 서술형]

- 일부 체육교사들은 학습지도과제의 부담을 줄여주는 대신 학생들의 협조를 얻는다. 많은 체육교사들이 체육수업에서 가장 중요하게 생각하는 것은 학생들의 협조와 지지를 얻는 일이다.

(1) 과제 타협은 한 가지 과제체계 내에서 뿐만 아니라 체육수업의 생태계를 구성하는 세 가지 과제 체계들 간에도 일어난다.

① 대부분의 교사들은 학생들의 협조나 지지를 받으며 수업을 하고 싶어 한다. 어쨌든 교사는 수업을 방해하는 학생들이 없는, 협조가 잘되는 질서정연한 수업을 원한다.

② 학년 초 첫 며칠 동안 운영과제 체계를 잘 확립하는 것이 바로 이러한 이유 때문이다. 학기나 학년 초 며칠 동안이 수업의 승패를 결정한다는 사실은 각종 생태학적 연구를 통해서도 입증이 되고 있다. (Brophy & Good 1986)

(2) 어떤 경우에는 **학습지도과제 체계를 중단하고 운영과제 체계에만 협조하면 학생들이 원하는 사회적 행동과제 체계를 허용하기도 한다.**

(3) 체육수업의 생태는 운영과제 체계, 학습지도과제 체계, 사회적 행동과제 체계들이 서로 어떻게 영향을 미치는지에 따라 다르게 나타난다.

(4) 학급 친구들과의 좋은 사회적 관계를 맺는 데 도움이 되는 사회적 행동과제 체계는 학습지도과제 체계와 대립하기보다는 적절히 타협하여 양립하는 관계가 되어야 한다.

7 장학과 책무성

- **과제 체계를 추진하는 데 가장 크게 영향을 미치는 요인은 장학과 책무성이다.**

(1) 책무성은 교실 수업은 물론 체육 수업에서도 수업 생태를 결정하는 중요한 요인으로 작용하고 있다. 하지만 일반 교실수업과 체육수업의 생태는 상당히 다르게 작용한다. 교실 수업에서는 이른바 과제수행-성적 교환 체계^{performance-grade exchange mechanism}가 중요한 책무성 메커니즘이다. 교실 수업에서는 학생들이 성적을 받기 위해 퀴즈, 숙제, 주제해결 등과 같은 과제를 수행해야 한다.

(2) 장학^{supervision}은 학생들에게 적절한 행동, 과제 참여, 학업성취에 대한 책임을 부여하는 교수행위이다. 교사는 학생들에게 교사의 지시에 대한 순종, 학습 행동의 기록, 새로운 과제의 도전, 수행 능력과 성적의 교환 등과 같은 다양한 책무성을 부여한다.

(3) 교사는 그러한 책무성 기제가 작용하도록 학생들을 적극적으로 장학한다. 장학에서 가장 중요한 것은 학생들의 과제 수행을 탐지하는 일이다. 탐지^{monitoring}는 "특별한 목적을 가지고 지켜보고, 관찰하고, 확인하는 것"을 의미한다. 여기서 특별한 목적이란 학생들이 교사가 진술한 운영과제와 학습지도과제를 제대로 수행하는지 철저히 살피는 것을 말한다.

(4) 다음은 중요한 교수기능인 장학과 책무성이 빠져 있다.

① 학생들이 연습을 하고 있는 동안 '김' 교사는 클립보드에 무언가를 적는다. 그런 다음 체육관 한쪽 구석에서 연습하고 있는 학생들을 지켜보지만 아무런 코멘트를 하지 않는다.

② 그는 아파서 체육복을 가져오지 않은 학생과 잠시 잡담을 한다. 학생들이 흩어져 연습을 시작한지 벌써 10분이 지났다. '김' 교사의 눈에 들어오는 한 모둠은 2:2 게임을 하고 있지만 교사가 설명한 데로 '픽 앤 롤' 전략을 연습하지 않고 있다. 다른 모둠도 연습을 제대로 하지 않고 있다. 또 다른 모둠

은 연습을 열심히 하긴 하지만 결정적인 실수를 반복하고 있다.

(5) 장학과 책무성 문제는 주로 교수기능과 관련성이 있는 것처럼 보이지만 교육과정과도 밀접한 관계가 있다.

① 학습과제 내 책무성^{content-embeded accountability} 개념을 도입하면 장학에 대한 부담을 줄이면서 학업중심 수업생태를 유지하는 데 도움이 될 수 있다.

　예 농구경기에서 라운드-로빈 리그를 도입하면 모든 팀이 상위권에 들기 위해 계속적으로 노력하게 되므로 이는 학습과제 내 책무성이라고 할 수 있다.

　예 비슷한 예로, 자전거 동호회가 반나절 자전거 여행을 계획하고, 목적지에 도착하기 위한 실질적인 자전거 여행 계획을 세우면 반나절 자전거 여행이라는 내용 속에 자전거 운동에 대한 책무성이 포함되게 된다.

　예 또 다른 예로, 체력운동 수업에서 모든 학생들이 학기 말까지 도달해야 할 집단 목표를 설정하고, 매주 도달해야 할 하위 목표를 설정한 다음 어떤 학생이든 그 목표에 도달하면 보상을 하거나 축하해 주는 계획을 세우면 체력운동 프로그램 속에 운동을 열심히 해야 할 책무성을 자연스럽게 부여하게 된다.

② 이처럼 학습내용에 과제수행 책무를 포함시키면 학생들의 협조를 얻기 위한 감독이나 탐지 시간을 그만큼 줄일 수 있다. 즉, 목표의 성취를 위한 과정 속에 과제 수행에 대한 책무를 포함시키면 학생들이 주어진 과제를 자발적으로 수행하게 되므로 장학에 대한 부담을 그만큼 줄일 수 있다.

35 | 2017학년도

7. 다음의 (가)는 박 교사의 기록 도전 단원 계획서이고, (나)는 박 교사가 3차시 수업 과정에서 학생과 나눈 대화 내용이다. 〈작성 방법〉에 따라 서술하시오. [5점]

(나) 박 교사가 3차시 수업 과정에서 학생과 나눈 대화

> 박 교사: 오늘은 A, B, C 모둠별로 400m 이어달리기 5회, 개인별로 출발법 10회, 20m 중간질주 10회 실시하는 것을 목표로 연습해 보자.
> 학생들: (학생들은 연습을 시작한다. 연습 과정에서 A 모둠 학생들은 이어달리기를 200m 구간에서 하고 있고, 개인 연습도 목표 횟수를 줄여 연습한다.)
> 박 교사: (A모둠의 연습 장면을 관찰한 후) ⓛ너희 모둠은 개인 기록과 체력 수준이 가장 낮으니, 이어달리기는 200m 구간에서 연습하고, 출발법은 3회, 10m 중간 질주는 5회를 목표로 연습해 보자.
> … (중략) …
> 박 교사: (연습을 하지 않고 돌아다니면서 장난을 치는 등 수업 규칙을 지키지 않는 B모둠의 학생들을 보며) 얘들아, 다른 모둠은 열심히 하는데, 너희는 제대로 하지 않는구나. 너희들 때문에 다른 모둠이 방해가 되고 있는 것 같다.
> 학　생: 선생님, 날씨가 너무 더워서 힘이 들어요. 그늘에 가서 쉬게 해 주시면 안 될까요?
> 박 교사: (웃으며) 그래, 좋다. ⓒ만약 너희 모둠이 수업 규칙을 잘 지키면 그렇게 하도록 해 주마.

─────── 〈작성 방법〉 ───────

○ 시덴탑(D. Siedentop)의 '체육수업 생태의 과제 체계'를 근거로, 밑줄 친 ⓛ, ⓒ의 타협 방식의 명칭을 각각 쓰고, 밑줄 친 ⓒ의 타협 방식에서 박 교사가 사용한 전략을 서술할 것.

[정답] • ⓛ 과제 체계 내 타협 [1점]
　　　 • ⓒ 과제 체계 간 타협 [1점]
　　　 • 학습지도과제 체계를 중단하고 운영과제 체계에만 협조하면 학생들이 원하는 사회적 행동과제 체계를 허용하기도 한다. [1점]

제**7**장 능동적 수업 운영
[시덴탑(D. Siedentop)]

1 능동적 수업 운영

• 수업 운영은 교사가 운영과제에 소비하는 시간을 최소화하고 학습지도과제에 소비하는 시간을 극대화하는 생산적인 학습 분위기를 조성할 목적으로 사용하는 사전 전략이다.

• 훈육은 교사와 학생, 학생과 학생들 간의 바람직한 기대 행동을 개발하여 유지하는 것이고, 벌은 부적절한 행동을 불유쾌한 자극을 제공하여 제지하는 것이다.

   (1) 바람직한 수업에서는 방해 행동을 하는 학생들이 거의 없고, 대부분의 학생들은 과제에 즐겁게 참여하며, 교사는 생산적인 학습 환경을 조성하기 위해 열심히 노력한다.

   (2) 체육교사들이 훈육 문제에 부딪혀 힘들어 하는 것은 대개 수업 운영능력이 부족하기 때문이다.

     ① 수업 운영에 미숙하면 훈육문제뿐만 아니라 연습 시간을 감소시키는 결과까지 초래할 수 있다.

     ② 수업 운영(class management)은 운영과제에 소비하는 시간을 최소화하고 학습지도과제에 소비하는 시간을 최대한 늘려 생산적인 학습 분위기를 조성하기 위한 수업 전략이라고 할 수 있다.

     ③ 교사는 학생들과 긴장 관계를 유지하거나 서로 불편한 관계를 유지하고 싶어하지 않는다.

   (3) 능동적인 교사는 학습목표에 관련된 활동에 많은 시간을 소비할 수 있는 수업환경을 조성하는 교사라고 할 수 있다.

   (4) 훈육(discipline)은 교사와 학생, 학생과 학생 간의 바람직한 기대행동을 개발하여 유지하는 행동수정 전략이다.

   (5) 훈육은 가끔 처벌과 비슷한 의미로 사용되기도 한다. 하지만, 처벌(punishment)은 훈육과 달리 부적절한 행동을 한 사람에게 불유쾌한 자극을 제공하여 그와 같은 행동이 반복되지 않도록 하는 데 있다.

     ① 처벌은 훈육과 같은 의미라기보다는 수업 운영 기능과 훈육 기능의 한 종류라고 할 수 있다. 이와 같은 수업 운영 기능을 사용하는 궁극적인 목적은 부적절한 행동을 통제하고, 친사회적 행동을 개발하는 데 있다.

     ② 훈육은 부적절한 행동을 감소시키고, 친사회적 행동을 촉진하여 학업 성취는 물론 개인적 성장을 도모하는 데 도움이 되는 방향으로 활용되어야 한다.

2 루틴과 규칙의 개발

• 루틴: 체육수업에서 반복적으로 일어나는 구체적인 행동을 수행하기 위한 절차이다.

• 규칙: 교사가 학생들에게 기대하는 적절한 행동이나 부적절한 행동을 정의하여 선언하는 것이다.

• 규칙은 루틴과 달리 범위와 위반행동을 명확히 하고 규칙을 위반하거나 준수하면 어떤 '보상'이나 '처벌'을 할 것인지 상벌의 위계를 고려하여 신중하게 결정해야 한다. 규칙을 정할 때는 어떤 규칙을 왜 정했는지 그 이유를 명확하게 설명해야 한다.

1. 루틴(routine)

(1) 수업을 효율적으로 운영하기 위해서는 수업 상황에 적합한 루틴과 규칙을 잘 개발하여 적용할 필요가 있다.

  ① 루틴(routine)은 어떤 상황에서 반복적으로 일어나는 행동이나 과제를 말한다. 체육수업에서 자주 반복되는 행동이나 과제는 루틴으로 개발할 수 있다.

  ② 루틴을 잘 개발하여 적용하면 수업이 구조화되어 지연되거나 방해받지 않고 유연하게 진행되도록 할 수 있다.

  ③ 루틴을 잘 개발하여 적절히 적용하면 학생들은 루틴에 따라 자율적으로 행동하게 되므로 교사는 불필요한 교통순경의 역할에서 벗어날 수 있다.

(2) 루틴은 체육수업에서 반복적으로 일어나는 구체적인 행동을 수행하는 절차이며, 드리블이나 패스와 같은 기능을 가르치듯이 분명한 의도를 가지고 구체적으로 가르쳐야 기대하는 효과를 얻을 수 있다.

  예 학습 활동을 자주 중단하고 지시를 해야 하거나 집단 피드백을 자주 제공하는 수업에서는 주의집중 루틴을 가르칠 필요가 있다. 교사의 휘슬이나 박수 등과 같은 신호에 집중하는 루틴을 가르치면 수업을 효율적으로 진행할 수 있다.

  많은 체육교사들은 수업시작과 같은 루틴을 이미 학생들에게 가르치고 있다.

〈표 7-1〉체육수업에서 자주 사용하는 루틴

	루틴의 목적
수업시작	• 수업 공간에 들어갈 때 무엇을 해야 하는지 알려준다. • 가끔 최초 활동이나 준비운동을 실시하는 구체적인 공간을 알려준다.
주의집중	주의집중 신호와 기대되는 학생반응을 알려준다.
집합	학생들이 어디에 어떻게 모여야 하는지 알려준다.
분산	어떤 신호에 따라 어떻게 흩어지는지 알려준다.
볼 회수	연습 공간을 벗어난 볼을 어떻게 회수하는지 알려준다.
조 편성	연습 파트너를 어떻게 찾는지 알려준다.
수업종료	수업종료나 정리체조를 어떻게 하는지 알려준다.
해산	수업을 마치고 탈의실이나 교실로 어떻게 이동하는지 알려준다.
공간 지정	지정한 연습 장소에서 어떻게 연습하는지 알려준다.
기타	체육복 착용, 신발 교체, 탈의실 사용, 물 마시기, 화장실 다녀오기 등을 어떻게 하는지 알려준다.

2. 규칙(rule)

(1) 규칙(rule)은 교사가 체육수업에서 학생들에게 기대하는 적절한 행동이나 부적절한 행동을 정의하여 선언하는 것을 말한다.

  예 "교사가 설명할 때에는 조용히 주의를 집중해."와 같은 규칙은 학생들에게 기대되는 '적절한 행동'을 정의한 것이고, "교사가 얘기할 때에는 잡담하지 마."와 같은 규칙은 학생들에게 원하지 않는 '부적절한 행동'을 정의한 것이다.

(2) 규칙은 행동에 따른 결과를 명시하고, 그것을 학생들에게 설명해야 한다. 규칙은 분명하고, 공정하며, 일관성이 유지될 때 큰 효과를 발휘한다. 다음과 같은 행동 범주에 대해서는 규칙을 정할 필요가 있다.

  ① 안전사고 예방: 장비나 급우들을 보호하기 위한 규칙을 다음과 같이 정할 수 있다. "체조 장비는 허락을 받고 사용한다.", "스윙하는 학생들과는 충분한 거리를 두고 지나간다.", "하키를 할 때에는 보호 안경을 반드시 착용한다."

② <u>타인의 존중</u>: 교사나 급우를 존중하는 마음을 갖도록 규칙을 정할 수 있다. "잘하는 친구를 격려한다.", "다른 학생을 모욕하지 않는다.", "교사에게 말대꾸를 하지 않는다."

③ <u>학습 환경이나 교구의 보호</u>: 학습교구나 학습 환경을 보호하기 위해 규칙을 정할 수 있다. "공을 깔고 앉지 않는다.", "체육관을 깨끗하게 청소한다.", "사용한 장비는 제 위치에 갖다 놓는다."

④ <u>다른 학생의 지원</u>: 다른 학생을 지원하며 연습하도록 규칙을 정할 수 있다. "학습 교구나 공간을 다른 학생과 공유한다.", "다른 학생들과 서로 협력하며 연습한다.", "다른 학생을 격려한다."

⑤ <u>적극적인 노력의 유도</u>: 바람직하게 행동하며 수업에 열중할 수 있도록 규칙을 정할 수 있다. "지각하지 않는다.", "과제에 열중한다.", "항상 최선을 다한다."

(3) <u>규칙은 여러 상황에 적용되는 일반적인 기대 행동에 대한 선언이라고 할 수 있다.</u> 다음은 수업규칙을 개발할 때 고려해야 할 중요한 지침들이다.

① <u>규칙은 짧고 명확해야 한다.</u>

② <u>규칙은 학생들의 연령에 적합한 언어와 상징을 사용해야 한다.</u>

③ <u>규칙은 쉽게 기억할 수 있도록 5~8가지 이내로 결정한다.</u>

④ <u>규칙은 긍정적인 언어를 사용하여 정하고, 긍정적인 예와 부정적인 예를 비교 제시한다.</u>

⑤ <u>규칙은 학교의 규칙과 일치되어야 한다.</u>

⑥ <u>규칙을 준수하거나 위반하였을 때 주어지는 결과를 제시한다.</u>
　　예 <u>규칙을 위반하였을 때, '가장 가혹한'에서부터 가장 '가혹하지 않은' 벌을 정해 선언한다.</u>

⑦ <u>실행할 수 없거나 실행할 의지가 없는 규칙은 정하지 않는다.</u>

⑧ <u>학기 또는 학년 초에 규칙을 환기시키고 구체적인 피드백을 제공하며, 규칙에 잘 따르는 학생은 적극적으로 칭찬한다.</u>

3 수업 운영시간

(1) 체육수업에서 운영시간은 학생들이 학습조직, 이동, 학업과제와 관련 없는 활동 등에 소비한 전체 시간을 말한다.

① 즉, 운영시간은 교수·학습이 이루어지지 않는 시간, 시범이 이루어지지 않는 시간, 연습을 하지 않는 시간, 학습에 대한 관찰이 이루어지지 않는 시간 등을 전부 합친 시간이라고 할 수 있다.
　　예 출석 점검, 학습장비 준비, 활동이나 차례의 대기, 팀 구성, 장소 이동, 학교행사 협의 등에 소비한 전체 시간을 보통 운영시간으로 간주하고 있다.

② 수업 운영에 소비한 시간은 전체 체육수업 시간의 상당 부분을 차지하고 있다.

③ 또한, 대부분의 학습 방해 행동은 수업 운영시간에 발생하고 있다. 따라서 운영시간을 줄이는 것은 곧 학습시간을 확보하고 학습방해 행동을 감소시키는 방안이 될 수 있다.

(2) 운영시간을 감소시키기 위해서는 우선 운영 에피소드 개념을 정확하게 파악할 필요가 있다.

① 운영 에피소드^{managerial episode}는 운영시간이 소비되는 하나의 단위라고 할 수 있다.

② 운영 에피소드는 교사가 운영 행동을 시작하여 다음 학습활동을 시작할 때까지의 전체 시간을 말한다.

③ 각 운영 에피소드에 소비한 전체 시간과 활동이나 차례를 기다리며 소비한 전체 시간을 합치면 대개 전체 운영시간이 된다.

④ 운영시간을 각 운영 에피소드별로 구체적으로 분석하면 수업의 어떤 시점에 얼마나 많은 운영시간을 소비하였는지 쉽게 파악할 수 있다.

(3) 다음은 체육수업에서 일어날 수 있는 운영 에피소드의 예들이다.

- 학생들이 교실에서 나와 수업 시작을 알리는 지시나 신호를 기다리고 있다.(수업이 시작되는 시간부터 교사의 첫 지시가 이루어지는 순간까지의 시간).
- 교사가 휘슬을 불고 학생들에게 농구 코트 앞에 모이라는 지시를 한다.(교사가 휘슬을 부는 순간부터 학생들이 농구 코트 앞에 모여 연습을 시작하는 순간까지의 시간).

(4) 운영시간을 분석해 보면, 한 운영 에피소드가 전체 운영시간의 대부분을 차지하는 경우는 드물다. 대부분의 경우 각 운영 에피소드에 소비한 시간이 너무 많기 때문에 전체 운영시간이 늘어난다.

〈표 7-2〉 운영시간 감소에 관한 연구결과(Sidentop 등, 1974)

예비 체육교사	운영시간	처치 전	처치 후
가 예비 체육교사	시간당 전체 운영시간	10:37	1:46
	각 운영 에피소드당 평균시간	1:49	0:23
나 예비 체육교사	시간당 전체 운영시간	11:36	2:03
	각 운영 에피소드당 평균시간	1:37	0:25
다 예비 체육교사	시간당 전체 운영시간	13:33	1:23
	각 운영 에피소드당 평균시간	1:38	0:13

*35분간 진행된 수업

(5) 대부분의 체육수업에서는 한두 가지 학습지도 과제로 수업을 진행하는 것이 아니라 많은 학습지도 과제를 전달하며 수업을 진행한다.

① 많은 학습지도 과제를 제시하며 수업을 운영하게 되면 한 가지 과제에서 다른 과제로 이동이 불가피하다.

② 이동시간(transitional time)은 교사가 과제의 초점을 변경하거나, 한 과제에서 다른 과제로 전환하거나, 연습 위치를 변경하거나, 파트너나 선수를 교체하는 등의 에피소드에 소비한 시간을 말한다.

③ 과제 집중력이 높지 않은 저학년 학생들의 경우 한 시간에 15~20가지 과제를 전달하는 경우도 있다. 이는 과제를 전환하면서 적지 않은 시간을 소비하고 있다는 의미이다.

④ 각 이동 에피소드에 소비한 시간이 그렇게 많지 않을 것으로 생각하지만 각 이동 에피소드에 소비한 시간을 모두 합치면 전체 운영시간의 상당부분을 차지하고 있다는 것을 알 수 있다.

⑤ 대개 능동적인 체육교사는 수업 운영이나 이동 등에 소비하는 시간을 최대한으로 줄이기 위해 루틴이나 규칙을 신중하게 개발하여 적용한다.

(6) 운영과제 체계를 잘 확립하면 운영시간과 학습 방해 행동을 크게 감소시킬 수 있을 뿐만 아니라 수업을 유연하게 전개하거나 여세를 유지하는 데에도 도움이 된다.

① 유연한 수업 진행은 학생들로 하여금 수업에 열심히 참여하려는 의지를 갖게 함으로써 학업 열정 효과를 가져 올 수 있다.

② 쿠닌(Kounin, 1970)은 수업의 여세가 유지되면 학생들은 무언가 배우며 성장한다는 느낌을 갖게 되지만, 수업이 너무 느리게 진행되거나 여세가 유지되지 않으면 학습 방해 행동이 증가하면서 학습시간이 감소할 수 있다고 주장하고 있다.

(7) 운영 행동managerial behavior 은 운영과제 체계를 개발하고 유지하기 위해 교사가 취하는 언어적, 비언어적 행동을 말한다.

① 주의를 집중하기 위해 손뼉을 치는 행동, 휘슬을 부는 행동, 수업을 조직하는 행동, 부적절한 행동을 제지하는 행동을 운영행동이라고 한다.

② 수업을 효과적으로 운영하기 위해서는 체계적인 접근이 필요하다. 운영과제 체계를 효과적으로 확립하면 운영 행동의 발생 횟수를 크게 줄일 수 있다.

36 | 2012학년도

김 교사의 체육 수업에 대한 수업 컨설팅 보고서이다. 효율적인 체육 수업을 위한 개선 방안의 내용으로 옳은 것만을 〈보기〉에서 있는 대로 고른 것은?

수업 컨설팅 보고서

- 컨설팅 대상자: 김○○
- 컨설팅 일시/장소: 2011년 3월 ○○일 5교시 / 대한고등학교 운동장
- 수업 관찰

관찰 요소	소요시간(분)	관찰 내용
수업 준비 점검(출결, 복장, 환자)	2	
준비 운동	3	
과제 설명 및 시범	3	
수업 교구 준비	5	
과제 활동 참여 시간	12	– 학기 초라 학습 분위기가 전반적으로 산만함.
과제 활동 이동 시간	6	– 과제 활동 대기시간이 김.
과제 활동 대기시간	7	– 학생들이 비과제 행동을 많이 함.
정리 운동	3	– 교구를 준비하고 정리하는 시간이 많이 소요됨.
학습 내용 정리 및 평가	3	
차시 예고	1	
수업 교구 정리	5	
총 수업 시간	50	

- 개선 방안

_____

〈보 기〉

ㄱ. 행동 규칙의 설정 및 지속적인 상기, 규칙 준수 여부에 따른 보상이나 처벌 방안 등을 통한 지도가 필요하다.

ㄴ. 학년 또는 학기 초부터 과제 참여 형태를 효율적으로 조직한다.

ㄷ. 학습 과제에 몰두하고 과제지향적인 태도를 갖도록 하는 교수 전략을 활용한다.

ㄹ. 수업 내용의 특성에 따라 수업 시간을 통합적으로 운영한다.

① ㄷ, ㄹ　　② ㄱ, ㄴ, ㄷ　　③ ㄱ, ㄷ, ㄹ　　④ ㄴ, ㄷ, ㄹ　　⑤ ㄱ, ㄴ, ㄷ, ㄹ

[정답] ⑤

제 8 장 수업계획

1 수업계획 시 일반적 고려사항

(1) 잠재적인 학습 보조 자료 및 교구를 확인하라.

① 학습 보조 자료와 교구는 차이점이 있다.

㉠ 학습 보조 자료는 제재를 보다 선명하게 하는 데 이용되는 도구, 기계장치이다.

⟨예⟩ 환등기, 칠판, 자석 전략판, 괘도, 루프필름, 유인물 등이 이에 해당한다.

㉡ 교구의 사용 목적은 학생이 좀 더 쉽고 효과적으로 학습하도록 학습 환경을 개선하는 데 있다. 교구는 '롱 서브의 연습에 필요한 표적을 알리기 위해 배드민턴 코트 위에 선을 그리는 것'과 같이 단순한 것도 있으며 볼 회수기(ball boy machine)가 학생의 단위 시간당 연습량을 증가시키는 용구라 할지라도 구태여 상업적으로 제작된 교구를 구입할 필요는 없다.

② 교구의 학습 지도 시스템에서 중요한 세 가지 기능

㉠ 교구는 학습자의 반응 영역을 제한한다.

⟨예⟩ 대나무에 테니스공을 매달아 놓거나 서까래에 셔틀콕을 매달아 놓고 오버헤드 샷 연습을 시킨다면 학생이 표적을 치는 방법과 장소가 제한되기 때문에 학생의 반응이 제한된다.

㉡ 교구는 피드백 제공에 이용될 수 있다. 정확한 피드백은 단기간의 효과적인 학습을 유도하며 교사는 제한된 양의 피드백만을 제공할 수 있기 때문에 교구의 중요성이 생긴다.

⟨예⟩ 서브의 목표 지역을 설정하면 학생들은 공이 목표지역에 낙하했는지 여부를 서비스 넣는 학생 자신이 판단할 수 있다.

⟨예⟩ 거울은 학생들이 무용을 하는 자신의 움직임을 직접 관찰할 수 있도록 해준다.

㉢ 교구는 단위 시간당 연습량을 증가시키는 데 이용될 수 있다.

⟨예⟩ 테니스 학습자가 투구기를 이용하거나 벽에 공을 칠 경우 스윙의 연습횟수가 증가한다.

(2) 동기유발 장면을 평가하라.

① 교수장면에서 필요한 동기를 분석하는 방법

㉠ 협력교사와 상담: 협력교사와의 토론이나 협력교사의 교수를 관찰할 기회가 있다면 관찰내용을 통해서 배울 수 있다.

㉡ 학교의 다른 교과교사와 상담: 다른 교과교사들은 학생들이 체육을 얼마나 좋아하는가에 대한 가치 있는 정보를 제공한다. 체육교사는 그러한 정보원으로서 적절하지 않다. 왜냐하면 체육교사는 자신의 수업을 학생들이 어떻게 생각하는지 알 수 없기 때문이다.

㉢ 학생을 관찰한다.

㉣ 성취에 대한 일반적이고 구체적인 태도를 평가하라. 지역사회의 관심은 학생들의 모든 학교생활에 동기를 부여한다. 지역사회에 따라 학업에 대한 태도가 다를 수 있는데 이러한 지역사회의 특성은 학생들에게서 다른 학습 동기를 유발하게 된다.

㉤ 학생의 태도를 직접 평가하라. 체육에 대한 학생들의 태도를 직접 평가하기 위하여 태도 평가도구나 평정척도를 이용할 수 있다. 이러한 평가도구를 통하여 기존의 체육 경험, 학생들의 가치 서열

에서 스포츠 기능의 중요성, 그리고 현재 실시하는 체육수업을 얼마나 좋아하는가에 대한 학생의 태도를 파악할 수 있다.

② 우수한 학습 지도 시스템은 수업 중에 발생하는 학생의 동기유발 수준을 향상시킨다. 학습 지도 계획과 관련된 기타 요소들은 동기를 유발시킬 수 있는 함축적인 의미를 지니고 있다.

  예 잘 진술된 목표와 적절하게 계열화된 활동, 그리고 빠른 속도의 학습 지도 계획은 학생들에게 긍정적으로 동기유발 한다.

③ 학습을 위한 동기유발 은 수업 운영과 같이 긍정적 방향 또는 부정적 방향으로 작용할 수 있다. 대부분의 교육상황에서 학생들은 공부하지 않으면 처벌받는다는 공포감을 조장하여 학습 동기를 유발한다. 그러나 긍정적인 동기유발 분위기는 확실히 학습을 촉진시킨다.

(3) 외적 동기유발 시스템을 조성하라.

① 적용 대상

  ㉠ 체육에 대한 동기가 부족한 학생을 가르쳐야 할 때 외적 동기 시스템이 필요하다.

  ㉡ 학생들이 기존의 체육경험이 부정적이거나 가능한 한 체육수업을 회피하려 할 경우 외적 동기 시스템을 이용하라.

  ㉢ 또한 분석결과 운동기능의 학습에 대한 성취 지향성이 부족하다고 판단될 때에도 외적 동기 시스템을 이용하라.

  ㉣ 학생이 학업 성취에 전혀 관심이 없을 경우 성취 환경과 직접 관련된 칭찬을 학생에게 하는 것은 의미가 없다.

② 수반성 수업 운영(cotingency management) 과 같은 외적 동기 유발 시스템으로 이용한다.

  ㉠ 수반성(cotingency)은 하나의 학습 과제 달성과 하나의 보상 시스템과의 관계를 진술한 것이다.

  `22 기출`

  ㉡ 바람직한 교육적 결과를 유도하기 위한 보상 시스템을 동기유발 요인으로 이용하는 자체가 수반성 수업 운영 시스템을 반 이상 이용하는 것과 같다.

    ⓐ 중요한 학습 지도 과제를 행동용어로 구체화하라.

    ⓑ 학습 지도 과제를 작성하기 위하여 학습 지도 목표를 계열화하라.

    ⓒ 교수장면에 적합하지만 교수장면 외에는 일반적으로 이용할 수 없는 보상을 선택하라.

    ⓓ 과제 달성과 획득한 보상과의 정확한 수반성을 명확히 하라.

③ 보상 시스템을 확립하기 위한 가장 효과적인 방법은 학교에서 자연스럽게 나타나고 있는 것을 보상으로 이용하는 것이다.

  프리맥의 원리(Premack principle) : 프리맥의 원리는 학생이 좋아하는 활동을 이용하여 좋아하지 않는 다른 활동에 학습 동기를 부여하는 것을 말한다.

〈표 8-1〉 초등학생 체육 프로그램의 보상 내용

점수	보상 활동	점수	보상 활동
5	5분간 줄넘기 한다	5	5분간 트램펄린을 한다.
5	5분간 농구 슛을 한다.	15	1시간의 수업시간 동안 한 집단 활동을 선택하여 즐긴다.
25	1회의 특수 체육시간을 갖는다.	50	2주간 저학년 집단의 교사 보조 역할을 한다.

④ 수반성 수업 운영에서 동기유발의 수단으로 점수를 이용하는 것이 가장 일반적이다. 각 과제에 따른 점수가 부여되는데 과제를 달성한 후 점수를 받게 되며 이 점수를 자신이 선택한 보상으로 취급하게 된다.

⑤ 수반성 수업 운영시스템은 이용 가능한 다양한 형태의 보상 시스템을 가지고 있다. 보상이 학생 각자에게 최적의 동기를 유발시킬 만큼 충분하고 학생의 동기 수준 향상을 위하여 학생 스스로 자유롭게 보상을 선택할 수 있을 때 가장 이상적이다.

⑥ 점수를 자유 시간의 양으로 전환하여 보상으로 이용한 것도 효과적이다. 자유 시간 동안 학생들은 자유 활동으로 지정된 활동에 참가할 수 있다. 이 방법을 사용할 때 주의할 점은 전환방식을 단순화하는 것이다.

⑦ 학생들은 일정량의 자유 시간을 얻어 그들이 원하는 대로 시간을 보낸다(사전에 교사와 약속한 제한 사항과 내용 범위 안에서).

〈중·고등학교 체육 프로그램에서의 보상 시스템〉
시스템의 전환: 1점=10분의 자유 시간 자유 시간 활동 • 농구　　• 관람석에서의 독서 또는 대화　　• 체조　　• 자습활동　　• 펜싱

⑧ 수반성 수업 운영 시스템에서 학생들이 더 큰 보상을 받기 위해 점수를 축적할 수 있다. 이 기법은 초등학교에서는 다소 엄격해야 하지만 중·고등학교에서는 간편하고 유연하게 적용할 수 있다.

⑨ 고등학생으로서 적절한 동기수준을 유지하고 있고 교사가 개별화 학습 지도 방법을 선택할 경우 학년에 따른 수반성 수업 운영 시스템을 이용하여 학습 지도 목표를 제시해야 한다.

고등학교에 적합한 배드민턴 오버핸드 클리어의 수반성 수업 운영 계획		
과제C수준	과제B수준	과제A수준
언더핸드 클리어: 허리 밑으로 공을 최저 270cm 높이로 받아 쳐서 상대편 코트 뒤쪽에 떨어뜨린다. 5회 중 3회를 성공할 수 있다.	오버헤드 클리어: 코트 뒤쪽 120cm 이내에 떨어지는 셔틀콕을 받아쳐서 최저 270cm 높이로 코트 뒤쪽 라인 120cm 이내에 떨어뜨린다. 5회 중 4회를 성공할 수 있다.	오버헤드 클리어: 코트 뒤쪽 60cm 이내로 떨어지는 셔틀콕을 받아쳐서 최저 270cm 높이로 상대편 코트 뒤쪽 라인 60cm 이내에 떨어뜨린다. 5회 중 3회를 성공할 수 있다.

⑩ 위 표는 학년을 고려한 수반성 수업 운영 계획이다(Siedentop & Rife). 이러한 계획은 고등학생에게 적합하다. 이 계획은 점수를 이용하지 않고 학습 지도 과제를 수준별로 나누어 이에 상응하는 **성적**을 내는 것이다. 이러한 종류의 시스템은 개인기능의 향상에 초점을 두는 활동에 적합하다. 각 수준에는 달성해야 할 명확한 학습 목표가 제시되어 있다. 학습 지도 과제는 조건(장면)과 기준의 난이도를 점차적으로 높여 3단계의 학습 목표로 계열화한다. 수반성 수업 운영은 교육적 환경에 존재하는 '자연발생적 보상'의 이점을 이용할 수 있는 효과적인 동기 유발 기술이다.

⑪ 수반성 수업 운영을 사용함에 있어서 교사의 언어적, 비언어적 긍정적 상호작용을 통한 교사 주도의 동기 유발의 중요성을 배제해서는 안 된다.

⑫ 언어적·비언어적 상호작용이 수반성 수업 운영의 보상과 결합할 때 더욱 효과적인 기능을 발휘한다. 일정 시간이 지난 후, 학생들은 신체활동에서 기능습득의 쾌감과 즐거움을 느끼게 되어 체육에서 내적 성취동기를 부여하게 함으로써 결국 수반성 수업 운영을 불필요하게 한다.

(4) 강의와 시범을 신중하게 계획하라.

① 강의와 시범은 새로운 활동을 소개하고 활동의 다양한 전략을 보여주며 어려운 기능을 가르치는 동기 유발의 목적으로 사용된다.

② 체육 시간은 학생의 학습 활동을 위해서 구성되어야 하기 때문에, 교사의 설명과 시범에 많은 시간을 소비해서는 안 된다. 즉, 가능한 강의나 시범은 최소화하는 것이 바람직하다. 학습에 필요한 유인물이나 자료는 수업시간 외에 작성하여 나누어주는 것이 좋다.

2 과제의 기능 [09 기출]

- 체육 수업은 수업의 전반적인 목표 달성에 필요한 계열화된 일련의 과제로 볼 수 있다.
- 링크(Rink)는 목표 달성의 발전 단계를 과제의 제시, 세련, 확대, 응용과 같은 세부 목표로 나누어 이에 적합한 과제를 분류하였다.

  (1) 과제 제시: 학생에게 "이것을 하라"와 같은 메시지를 전달하는 것이다. 이것은 새로운 정보와 새로운 일련의 활동을 시작하기 위한 방향을 제시한다.

   예"반대 손으로 해볼까?", "이번에는 언더핸드 패스 연습해보자.", "오늘 처음으로 지역방어를 연습하도록 하자."

  (2) 과제 세련: 학생을 과제 실행의 상이한 방법 혹은 보다 좋은 방법으로 안내함으로써 운동수행 질적 측면을 개선하기 위한 계획이다.

   예"그것 다시 한번 해 봐, 공을 좀 더 천천히 굴려봐.", "자, 공을 약간만 높여서 패스해 보자."

  (3) 과제 확대: 하나의 기능에 다른 부분을 추가하고, 기능의 초점을 바꾸며, 다른 차원을 추가하고, 다양한 해결방안을 찾으며, 각각의 분리된 기능을 의미있게 연결하는 것과 같은 과제의 내용을 양적으로 늘려가려는 계획이다.

   예테니스에서 서브 토스를 먼저 지도하고 서브의 자세를 추가적으로 지도하는 경우

  (4) 과제 응용: 학생의 초점을 기능 자체로부터 기능결과로 바꾸는 계획으로 학생 자신의 발달수준이나 능력을 평가한다.

   예"셔틀콕을 땅에 떨어뜨리지 않고 10회 계속해서 쳐봐!", "20회의 자유투를 시도하여 득점을 기록해봐!"

---

37 / 2009학년도

다음의 교사들이 제시한 과제를 링크(Rink)의 내용발달(content development) 과정에 따라 바르게 표현한 것은?

	김 교사	이 교사	박 교사
①	과제 응용	과제 확대	과제 세련
②	과제 응용	과제 세련	과제 확대
③	과제 확대	과제 응용	과제 세련
④	과제 세련	과제 응용	과제 확대
⑤	과제 세련	과제 확대	과제 응용

김 교사: 그동안 연습한 체스트 패스, 바운드 패스, 혹 패스를 경기에서 사용해 보자.

이 교사: 각자 점프 숏 연습을 5회 실시한 후 2인 1조가 되어 친구가 패스하는 공을 받아서 점프 숏을 해 보자.

박 교사: 영철아! 지금 시도한 바운드 패스에서 손목과 손가락 스냅에 좀 더 신경 쓰면 좋겠다.

[정답] ①

3 교수방법으로서 발문의 이용 07 기출 11 기출

- 학습 지도법의 일부분으로서 베어드(Baird) 외는 인지적 활동에 따른 발문의 범주(categories of questioning)를 4가지로 분류하고 있다.

1. 회고적 발문(회상형, recall question)

(1) **기억 수준의 대답만을 필요로 하는 질문**이며, "예", "아니오" 형태로 대답할 수 있는 질문이다.

> 예 "드리블할 때 공에 시선을 두는가?", "레인(lane)에 몇 초 동안 머물 수 있는가?", "오른손잡이의 선수를 방어할 때 어느 손을 사용하는가?", "1-3-1 지역 방어시 가장 중요한 선수는 어디에서 움직이는가?"

2. 집중적 발문(수렴형, convergent question)

(1) 이전에 **경험**했던 제재의 **분석 및 통합**에 필요한 질문이다. 이러한 질문의 대답은 문제해결이나 추론에 의해 행해진다. 왜냐하면 집중적 질문은 두 가지 이상의 **기억**항목을 적절한 방법으로 **적용**하는가를 요구하기 때문이다. 집중적 질문은 거의 옳다, 그르다의 대답을 요구한다.

> 예 "1-2-2 지역방어와 1-3-1 지역방어는 어느 점이 비슷한가?", "당신이 상대편 선수와 농구골대 중간에 서는 이유는 무엇인가?", "상대편 선수가 슛하고 리바운드하기 위해 오른쪽으로 움직일 때 당신의 역할은 무엇인가?", "드리블하고 갈 때 당신 앞에 있는 팀 동료가 길을 열어준다면 당신은 무엇을 해야 하는가?"

3. 분산적 발문(확산형, divergent question)

(1) 이전에 경험하지 않은 제재의 해결에 필요한 질문이다. 대답은 창조적이며 반드시 경험적으로 입증되지 않는 것이어도 된다. 여러 가지 다양한 대답들이 모두 정답일 수 있다. 왜냐하면 분산적 질문은 그 자체의 성격상 학생들로부터 다양한 대답을 창출하기 때문이다. 이러한 질문형태는 높은 수준의 문제해결과 추론을 요구한다.

> 예 "키는 크지만 빠르지 않은 상대편과 대항하여 **어떻게** 리바운드할 수 있겠는가?", "패스트 브레이크 시 **어떠한** 방법으로 공을 패스할 수 있는가?", "빠르지만 키가 작고 힘이 부족한 상대편 선수와의 경기에서 **어떤** 종류의 이동공격이 좋은가?", "게임종료 3분전에 3점을 앞섰다면 **어떤** 공격전환으로 이용할 것인가?"

- 어떤: (기본의미) 대상의 구체적인 내용을 물을 때 쓰는 말. 관련되는 대상이 특별히 제한되지 않음을 이를 때 쓰는 말. 여럿 가운데 대상이 되는 것이 무엇인지 물을 때 쓰는 말. 대상을 뚜렷이 밝히지 않고 이를 때 쓰는 말.

4. 가치적 발문(가치형, value question)

(1) 취사선택, 태도, 의견 등을 표현하는 데 필요한 질문이다. 대답은 옳거나 그르다는 형태로 판단될 수 없다.

> 예 "방어 시 상대편 선수의 손을 잡는 것을 어떻게 생각하는가?", "게임 종료 직전 시간을 벌기 위하여 상대편의 파울을 유도하는 것이 불가피한 경우 당신은 어떻게 할 것인가?", "당신이 파울을 얻었을 때 주심이 호각을 불지 않았다면 어떻게 행동할 것인가?", "점수를 많이 얻는 것과 팀이 승리하는 것 중에서 하나를 선택해야 한다면 어떤 것을 선택할 것이며 그 이유는 무엇인가?"

20. 질문유형에 대한 설명이 옳은 것은?

  가. 회상형(회고적) 질문: 기억수준의 대답이 요구되는 질문

  나. 수렴형(집중적) 질문: 어떤 사건에 대한 개인적 가치, 태도, 의견 등의 표현이 요구되는 질문

  다. 확산형(분산적) 질문: 과거에 있었던 사건을 기억해내는 것이 요구되는 질문

  라. 가치형(가치적) 질문: 경험하지 않은 새로운 문제에 대한 해결방법을 찾기 위해 요구되는 질문

8. 〈보기〉는 이 코치의 수업을 관찰한 일지의 일부이다. ㉠, ㉡에 알맞은 용어로 바르게 묶인 것은?

—————————〈보 기〉—————————

관찰 일지

2019년 5월 7일

이 코치는 학습자들에게 농구 드리블의 개념과 핵심단서를 가르쳐주고, 시범을 보였다. 설명과 시범이 끝나고 "낮은 자세로 드리블을 5분 동안 연습하세요."라는 과제를 제시하였다. … (중략) … 이 코치는 (㉠)을 활용했고, 과제 참여 시간의 비율이 높은 수업을 운영했다. 수업의 마지막에는 질문식 수업을 활용했다. "키가 큰 상대팀 선수에게 가로막혔을 경우 어떻게 해야 합니까?"라는 (㉡) 질문을 통해 학습자가 다양한 대안을 찾을 수 있도록 했다.

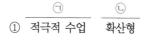

	㉠	㉡
①	적극적 수업	확산형
②	과제식 수업	가치형
③	동료 수업	확산형
④	협동 수업	가치형

10. 다음은 유 교사의 높이뛰기 수업에 대한 관찰 기록지의 일부이다. ㉠~㉤에 대한 설명으로 옳은 것은?

높이뛰기 수업 관찰 기록지

수업 교사: 유○○   관찰 교사: 김○○   날   짜: 10월 20일   시   간: 3교시

[관찰 내용]

- 높이뛰기 과제를 제시하기 위해 ㉠높이뛰기 동작에 대하여 시범을 보인 후 관련된 운동역학적 지식을 활용하여 설명함.
- ㉡"동렬아, 높이뛰기를 잘하는 사람과 못하는 사람은 어떠한 차이가 있을까?"라고 학생에게 질문함
- 운동기능 수준에 따라 A, B, C 모둠을 편성한 후 학생들에게 연습하도록 지시함.
- 순회하면서 ㉢"정우야, 공중동작 시 배를 내밀고 목을 당겨 활처럼 만들어야지."라는 말로 개별 피드백을 제공함.
- ㉣"병찬아, 연습을 해야 늘지. 쉬고 있으면 어떡하니! 빨리 너희 조로 가서 연습해, 알았지?"라고 하면서 그 늘에서 쉬고 있는 학생을 조치함.
- ㉤병찬이가 그늘에서 나오고, 문태가 다시 그늘로 이동하려고 하자 멀리서 손을 흔들어 제지함.

---

① ㉠의 통합 전략은 포가티(R. Fogarty)의 '교과 간 통합'에 해당된다.
② ㉡의 질문은 '회상 질문(recall question)'에 해당한다.
③ ㉢의 피드백은 '가치적-일반적 피드백'에 해당된다.
④ ㉣의 교수 행동은 '운영 행동'에 해당한다.
⑤ ㉤의 교수 행동은 '접근 통제(proximity control)'에 해당한다.

[정답] ④

다음은 축구 수업에서 문 교사와 학생이 나눈 대화의 일부이다.

> 문 교사: 먼저 지난 시간에 배웠던 내용을 복습해 봅시다. 지난 시간에 몇 가지 기초 기능을 실제 축구 경기 상황과 연관해 배웠습니다. 그중에서도 드리블은 수비수가 가까이 있을 때와 멀리 있을 때 시선 조정이 중요합니다.
> ㉮ (_____)?
> 학생 1: 수비수가 공을 가로채려 하니까 앞에 있는 수비수를 봐야지요.
> 문 교사: 그렇지요, 맞습니다. 그럼 지금부터 프리킥을 다양한 방법으로 연습해 봅시다. (1모둠은 수비수 없이, 2모둠은 수비수 2명을, 나머지 모둠은 수비수 5명을 키커와 골대 사이에 세워 놓고 프리킥을 연습한다. 문 교사는 학생들을 다시 집합하게 한다.)
> 문 교사: ㉯왜 프리킥을 할 때 키커와 골대 사이에 수비수가 많은 것이 좋을까요?
> 학생 2: 키커가 직접 슛을 할 때 골대가 잘 보이지 않게 하려고요.
> 문 교사: 그래요, 맞습니다. ········〈중략〉········
> 문 교사: 자, 이제 여러분이 축구 경기에서 느꼈던 바를 솔직히 말해 볼까요? ㉰만약 경기 중에 수비수가 자신에게 심한 반칙을 했는데도 심판이 호각을 불지 않았을 경우 여러분은 어떻게 하겠습니까?
> 학생 3: 심판에게 따져야지요. 그리고 그 선수에게 욕이라도 해야지요.

㉮를 회상형 질문으로 만들고, ㉯와 ㉰에 적용된 질문 유형의 명칭을 쓰고, ㉰에 적용된 질문 유형의 정의를 2줄 이내로 쓰시오.

- ㉮의 질문: _____   • ㉯ 질문 유형의 명칭: _____   • ㉰ 질문 유형의 명칭: _____
- 정의: _____

[정답] • ㉮의 질문: 수비수가 가까이서 공을 가로채려 할 때 시선을 어디에 두어야 한다고 지난 시간에 배웠죠?
- ㉯ 질문 유형의 명칭: 수렴형 질문
- ㉰ 질문 유형의 명칭: 가치형 질문
- 정의: 선택, 태도 등의 표현을 요구하는 질문으로 옳거나 틀린 질문이 없다.

제 9 장 교수·학습 행동의 관찰

1 교수 기능 향상과 체계적 관찰

- 교수 기능은 목표를 명확히 설정하고 지도 경험을 통해 향상시켜야 하며, 체계적인 관찰로 신뢰성 있는 정보를 제공받으면 더욱 효과적으로 향상시킬 수 있다.

  (1) 교수 기능은 지도 연습을 실제로 관찰하며 피드백 정보를 제공받을 때 가장 효율적으로 향상된다.

  (2) 전통적인 관찰은 관찰자의 주관적 판단에 크게 의존하므로 교수·학습 활동을 정확하게 사정하거나 설명하는 데에는 한계가 있다[Mosher & Purpel, 1972].

  (3) 체계적인 관찰은 대학에서 예비교사를 교육하거나 실습 나온 교생을 지도할 때 자주 사용하고 있지만 현직 교사의 전문성 개발을 위한 도구로도 자주 활용되고 있다. 체계적 관찰은 예비교사들도 4~5시간의 훈련만 받으면 편리하게 사용할 수 있다.

  (4) 교수 기능을 체계적으로 향상시킬 수 있다는 사실이 각종 연구와 경험을 통해 밝혀지면서 체계적 관찰을 활용한 교사 교육은 상당히 보편화되었다. 효율적인 교수와 관련된 변인으로서 우리가 쉽게 관찰할 수 있는 교사 과정 변인, 학생 과정 변인, 준거 과정 변인 등을 〈필수체크 9-1〉에 요약 제시하였다.

✔ 필수체크 **9-1. 주요 관찰 대상 변인**

아래의 변인들은 효율적인 교수와 관계가 있는 것으로 밝혀졌다.

- 교사 과정 변인

  수업 운영을 촉진하는 행동, 학생 행동에 대한 긍정적 또는 부정적인 반응, 주의 집중, 남학생/여학생, 기능이 우수한 학생/기능이 우수하지 않은 학생, 기대 행동의 전달, 기술 피드백의 분석, 기능과 전략을 설명하는 데 소비한 시간, 학년 초에 결정하는 운영 루틴의 수, 과제 진술의 명료성, 세련과제, 확대과제, 응용과제의 제시 순서

- 학생 과정 변인

  대기시간, 수업 운영, 학습 지도, 연습을 하는 동안 과제에 참여한 시간, 학습과제에 대한 반응(일치 반응, 불일치 반응, 과제 이탈), 반응의 분석(적절한 반응, 성공적 반응 등) 방해 행동의 발생 빈도, 동료 학생의 지원

- 교수단위

  수업 운영 에피소드, 정확한 촉진 - 학습자 반응 - 교사 피드백 사이클, 과제 반응의 일치성, 장학 패턴과 과제 참여 행동과의 관계

- 준거 과정 변인

  체육 실제학습시간, 반응 기회(적절한 반응과 성공적 반응)

- 학생 결과 변인

  체력 테스트 접수, 단원 종료 시 경기 기록(정확한 패스 횟수, 적합한 전략 구사 횟수 등), 지필 테스트 성적

---

2 전통적 교수 사정 도구

- 전통적인 자료 수집 방법은 체계적인 관찰만큼 신뢰성 있는 자료를 제공하지는 못하지만 예비교사 교육이나 현장 교사 평가를 목적으로 편리하게 사용되고 있다.

  ① 직관적 관찰과 ② 목견적 관찰은 교수 활동을 구체적인 계획이나 형식 없이 평가하거나 판단하며,

  ③ 일화적 기록은 수업에서 일어나는 사건이나 행동을 사실적으로 기록한 다음 그에 대한 판단을 한다.

  ④ 점검표와 평정척도는 어떤 사건이나 행동의 발생 여부나 질적 수준을 평가한다.

  ⑤ 루브릭은 일종의 평정척도이며 학습자의 다차원적 능력을 결정된 기준으로 한꺼번에 관찰하거나 평가한다.

1. 직관적 관찰

(1) 개념

  ① 직관적 판단법(intuitive judgment)은 교수에 대한 통찰력과 경험을 갖고 있는 선임 교사나 장학사가 교사의 교수 활동을 보고 그것에, 대해 직관적으로 전체적인 판단을 내리는 방법이다. 이 방법은 교사의 행동에 초점을 맞추기는 하나 학생에게는 충분한 관심을 집중하지 못한다. 체계적 관찰 방법에 첨가될 경우, 그 유용성을 인정받을 수 있다.

(2) 장점

  ① 교수·학습 과정에서 일어나는 문제들을 쉽게 확인할 수 있다.

  ② 구체적인 과제의 대상이 없을 때 유용하게 사용할 수 있다.

  ③ 모든 학습 지도 행동을 자유롭게 관찰할 수 있다.

(3) 단점

  ① 신뢰성과 타당성의 부족으로 그릇된 결론에 도달할 가능성이 매우 높다.

  ② 데이터가 체계적인 방법으로 수집되지 않기 때문에 교수 행동의 발달 과정을 계속해서 기록하기 어렵다.

(4) 적용

  ① 직관적 관찰은 관찰할 구체적 사건이나 행동이 없을 때 가장 유용하게 사용된다.

  ② 직관적 관찰은 가설을 설정하는 데 크게 도움이 된다.

2. 목견적 관찰

(1) 목견적 관찰(eyeballing)은 장학사나 관리자 등 외부관찰자가 일정 시간 수업을 관찰한 다음 그 결과를 교사에게 전달하거나 이에 대해 서로 논의하는 것을 말한다.

(2) 목견적 관찰에서는 외부 관찰자가 수업 내용을 문서로 요약하거나 점검표 등에 기록하지 않고 기억된 내용을 중심으로 수업이나 학습지도 활동에 대해서 논의한다. 하지만 목견적 관찰은 수업에서 나타난 구체적인 사건이나 행동에 대해 논의할 수는 있지만 교수 기능을 체계적으로 향상시키는 근거로 활용하기는 어렵다는 단점이 있다.

(3) 목견적 관찰은 대학에서 예비교사들의 일반 교수 능력을 향상시킬 목적으로 사용하고 있지만, 체계적 관찰과 함께 사용하면 더욱 의미 있는 정보를 수집할 수 있다. 교사 교육자나 장학사들은 가끔 체계적 관찰로 얻을 수 없는 복잡 미묘한 자료나 정보를 목견적 관찰과 같은 전통적인 자료 수집 방법으로 수집하고 있다.

3. 일화적 기록 관찰

(1) 일화적 기록(anecdotal record) 관찰은 관찰자가 교수·학습 활동을 객관적이고 사실적으로 관찰, 기록한 것을 말한다. 일화적 기록은 학습지도 과정에서 발생하는 현상이나 사건을 가능한 한 상세하고 사실적으로 기록하여 가치 있는 정보를 수집하는 것이 가능한 관찰법이다.

(2) 장점

① 학습지도 활동을 사실적으로 기록하므로 의미 있는 자료를 놓치지 않고 수집할 수 있다.

② 잃어버리기 쉬운 환경적 맥락을 그대로 기록할 수 있다.

(3) 단점

① 관찰 후에 상세한 기록을 의미있는 정보로 분류하는 데 엄청난 시간이 필요하며 자료분석에서는 고도의 통찰력과 분석력이 요구된다.

② 동일한 현상을 관찰자마다 다르게 기록할 수 있다.

참고자료 - 일화적 기록

김영수 학생이 체육관에 앉아서 '김영철' 교사가 교무실에서 나오는 것을 기다리고 있다. 시작종이 울리고 3분 정도 지났을 때 '김영철' 교사가 체육관에 들어온다. '김영철' 교사는 "누가 결석했지?"라고 학생들에게 묻는다. 학생들이 아무런 대답이 없자 곧바로 수업에 들어간다. '김영철' 교사는 농구의 체스트 패스에 대해서 설명하기 시작한다. '김영수' 학생은 옆에 앉은 '박주성' 학생에게 말을 건넨다. "게임은 언제 한데?" 교사는 설명을 마친 다음 두 사람씩 짝을 지어 체스트 패스 연습을 하라고 지시한다. '김영수' 학생은 '박주성' 학생을 연습 파트너로 정한 다음 같이 연습할 장소를 찾는다. 다른 학생들도 적절한 연습 장소를 찾아 체스트 패스 연습을 한다. '김영철' 교사는 아직 자기 연습 공간을 찾지 못한 학생들을 발견하고 빨리 자기 연습 공간을 찾으라고 재촉한다. 체스트 패스 연습을 잘하고 있던 '김영수' 학생이 느닷없이 '박주성' 학생에게 다음 시간에 배울 리바운드 패스를 해보자고 제안한다. '박주성' 학생은 '김영수' 학생의 제안을 받아들여 리바운드 패스와 체스트 패스를 번갈아 가며 한다. 그것을 지켜보던 '김영철' 교사가 두 학생에게 다가가 리바운드 패스는 다음 시간에 배울 예정이니 체스트 패스 연습에 집중하라고 요청한다. 그러자 두 학생은 다시 체스트 패스를 연습하기 시작한다. '김영철' 교사가 다른 학생들을 지도하기 위해 돌아서자마자 '김영수' 학생과 '박주성' 학생은 다시 리바운드 패스를 하기 시작한다.

일화 기록지	교사	유 ○ ○		관찰자	권 ○ ○
	수업 내용	배드민턴	관찰 기간	2011년 8월 ○○일 ~ 10월 ○○일	

참고자료 – 일화기록지 예시

8월 ○○일 2교시 체육관

 학생들이 체육관으로 들어온다. 학생들이 모둠별로 체조를 하고 유 교사 앞에 모둠별로 앉는다. 출결 확인 후 2학기 수업 내용이 배드민턴이라고 알려 준다. 미리 준비한 (가) 배드민턴 경기 동영상을 학생들에게 보여 준다.

9월 ○○일 5교시 체육관

 유 교사는 (나) 언더핸드 스트로크에 대해 학생들에게 설명하고 철민이를 앞으로 불러 (다) 셔틀콕을 주고 받으며 언더핸드 스트로크 시범을 보인다. 철민이를 들여보낸 후 두 명씩 짝지어 언더핸드 스트로크를 연습시킨다.

10월 ○○일 2교시 체육관

 학생들에게 경기 방법을 설명하고 학생들은 모둠 대항 리그 방식으로 (라) 배드민턴 경기를 한다. 모둠의 일부 학생들은 복식 경기를 하고 나머지 학생들은 관찰한다.

4. 점검표 관찰(checklist, 체크리스트)

(1) 점검표(checklist) 관찰은 체크리스트를 사용하여 어떤 사건이나 행동의 발생 여부를 '예' 또는 '아니오'로 평가하며 관찰하는 것을 말한다.

 ① 일반적으로 점검표 관찰은 '예' 또는 '아니오'로 대답할 수 있는 행동이나 사건을 사정하는 데 적합지만, 때로는 '예'와 '아니오' 사이에 '가끔', '때때로' 등으로 대답할 수 있도록 개발하여 사용하기도 한다.

 ② 운동 기능의 질적인 측면을 사정하는 경우 '우수', '보통', '미흡' 등과 같이 대답할 수 있도록 체크리스트를 개발할 수 있다.

(2) 점검표의 장단점

 ① 장점: 교수 기술의 개선 측면에서 상당히 진실한 자료의 수집이 가능하다. 수업의 계속적인 관찰을 위한 도구로 사용하면 효과가 크다.

 ② 단점: 진술 항목이 신뢰성 있는 관찰을 보장할 수 있을 만큼 명확히 정의되기 힘들다.

<표 9-1> 교생의 수업 준비 및 운영 능력 점검표

관찰요인 \ 관찰내용	교생의 수업 준비 및 운영 능력	발생 여부	
		예	아니오
수업 준비	수업 전에 수업의 의도와 목표를 분명하게 설명하는가?		
	수업 전에 시절과 장비를 준비하는가?		
	목표 성취에 기여하는 학습 목표와 활동을 제시하는가?		
	예상되는 잠재적인 문제에 대비하는가?		
시간 활용	수업 전 활동을 준비하는가?		
	학업에 초점을 맞추고 있는가?		
	한 활동에서 다른 활동으로 부드럽게 전환하는가?		
	출석을 효율적으로 확인하는가?		
	대기시간을 감소시키는가?		
수업 운영	부적절한 행동의 발생에 대비하는가?		
	수업 규칙을 공지하는가?		
	학생들의 과제 수행을 탐지하는가?		
	긍정적인 학습 분위기를 조성하기 위해 노력하는가?		
	수업의 흐름을 부드럽게 유지하는가?		

참고문제	2019년 지도사 2급

18. 〈보기〉의 ㉠, ㉡에 해당하는 평가기법으로 적절한 것은?

───────〈보 기〉───────

배드민턴 평가 계획
㉠ 하이클리어 기능 평가 도구

항목	예	아니오
포핸드 스트로크를 할 때 타점이 정확한가?		
시선을 고정하고 있는가?		
팔꿈치를 펴서 스트로크를 하는가?		

㉡ 배드민턴에 대한 태도 평가
• 수강생의 배드민턴에 대한 열정과 의지를 물어봄
• 반구조화 된 내용으로 질의응답을 함

	㉠	㉡
①	평정척도	면접법
②	평정척도	관찰법
③	**체크리스트**	**면접법**
④	체크리스트	관찰법

5. 평정척도 관찰

(1) 평정척도(rating scales) 관찰은 교수 활동을 평가하는 데 자주 사용하는 관찰 방법 중의 한 가지이다. 평정척도는 교수·학습 과정에서 발생하는 행동이나 사건에 대한 질적인 판단을 '항상(3점)', '가끔(2점)', '전혀(1점)'와 같은 양적 수치로 표현하는 사정 방법이다.

(2) 장점: 다른 관찰 도구로 처리하기 힘든 질적 차원의 행동을 기록하는 데 적합하다.

(3) 단점: 관찰 행동을 신중하게 정의하지 않거나 적절한 훈련을 받지 않고 이 도구를 사용하는 등 남용 사례가 많다.

(4) 적용: 평정척도는 행동의 질적 차원에 관한 정보를 수집하기에 적합한 도구이다. 교사나 학습자 행동의 적절성, 학습자의 운동 기능 수준, 반응의 양 또는 기술 반응의 형태적 특징 등에 관한 자료를 수집할 때 유용하게 사용될 수 있다. 그러나 평정척도는 선택점이 많을수록 정확한 정보를 얻을 수 있는 반면, 신뢰성이 떨어진다는 점에서 유사 과학적인 (pseudo-scientific) 평가 방법이라는 한계를 지니고 있다.

〈표 9-2〉 수업 실연 평가 척도

교생의 수업 실연 평가		
교생의 수업 실연을 각 교수 영역별로 관찰하고, 5단계 평정척도로 평가한다. 매우 만족스러우면 5점, 다소 만족스러우면 4점, 만족스러우면 3점, 다소 미흡하면 2점, 매우 미흡하면 1점을 부여한다.		
평가 영역	평가 항목의 정의	평가
수업 계획	교수·학습 과정안을 명료하게 작성하였다.	5
	학습목표를 명확하게 제시하였다.	4
	학습 자료를 잘 조직하였다.	3
학급 운영	예방적 수업 운영 전략을 사용하였다.	4
	학생들을 잘 통제하였다.	5
	학생들과 효율적으로 상호작용 하였다.	3
수업 운영	학습자의 운동능력을 고려하였다.	5
	학습 기회를 충분히 제공하였다.	5
	피드백을 자주 제공하였다.	4
	학생들의 이해를 확인하였다.	3
의사소통 기능	시범 보이며 설명을 잘 하였다.	2
	적절한 언어를 구사하였다.	5
	정보를 명확하게 전달하였다.	4
	학생 수준에서 대화하였다.	4
기타	학습지도에 대한 강한 열정을 보여주었다.	3
	학생들과 일체감을 형성하였다.	2
	전문가다운 태도를 보여주었다.	5
전반적인 평가		3~4

6. 루브릭 관찰

(1) 루브릭(scoring rubric) 관찰은 부여할 점수를 미리 결정하여 다양한 차원의 행동을 한꺼번에 관찰하는 것을 말한다.

   ① 루브릭은 학습자의 운동수행 능력을 다차원적으로 관찰하고 사정하는 일종의 평정척도라고 할 수 있다. 루브릭은 사전에 우수, 보통, 미흡 또는 3=우수, 2=보통, 1=미흡과 같은 수치로 운동수행의 질을 결정하고 그에 따른 평가를 한다.

   ② 루브릭을 사용하면 학생들이 성취해야 할 학습 결과를 구체적으로 제시하고 그것에 대한 성취 여부를 평가할 수 있다.

   ③ 또한, 루브릭은 교사에게는 무엇을 평가해야 하는지 상세히 알려주고, 학생으로서는 어떤 노력을 더 해야 하는지 구체적으로 파악할 수 있다.

(2) 루브릭을 효과적으로 사용하기 위해서는 성취 목표를 전체적으로 파악한 다음 수행 수준을 명확하게 설정하고, 각 수행 수준에 부여한 점수가 타당한지 신중히 검토해야 한다. 루브릭은 운동 수행 능력뿐만 아니라 지필 테스트 등을 통해 인지능력을 사정할 때에도 사용할 수 있다. 관찰 내용이 모든 항목을 한꺼번에 사정할 수 없을 정도로 복잡할 때에는 일부 항목을 먼저 관찰한 다음 나머지 항목을 관찰할 수 있다.

〈표 9-3〉 루브릭 평정척도

농구 간이게임 루브릭 평가	
평가 기준	• 일관되고 능숙하게 공을 다루는 기술 • 훌륭한 공격 기술 및 전술 • 훌륭한 방어 기술 및 전술 • 규칙을 준수하는 경기
학습 지침	학생들은 농구의 반코트에서 20분 동안 3:3 간이 농구 게임을 한다. 농구를 하는 동안 드리블, 패스, 슛 등과 같은 공 컨트롤 능력을 평가할 것이며, 공격 전술과 방어 전술의 발휘 능력과 규칙을 준수하여 경기하는 태도를 평가할 것이다.
점수 규정	
수준 3	• 드리블과 패스에서 오류를 거의 발견할 수 없다. • 능숙하고 일관되게 슛을 한다. • 공격전술을 능숙하게 발휘한다. • 방어전술을 능숙하게 발휘한다. • 규칙을 준수하며 경기한다.
수준 2	• 드리블, 패스 등을 능숙하게 한다. • 대체로 슛을 성공시킨다. • 대체로 공격 전술을 능숙하게 발휘한다. • 대체로 방어 전술을 능숙하게 발휘한다. • 대체로 규칙을 준수하지만 가끔 반칙을 한다.
수준 1	• 드리블, 패스를 하면서 공을 놓친다. • 좀처럼 슛을 성공시키지 못한다. • 좀처럼 공격전술을 성공시키지 못한다. • 좀처럼 방어전술을 성공시키지 못한다. • 규칙을 잘 모르고 반칙을 자주 한다.
수준 0	• 드리블, 패스 등을 잘 하지 못하고, 농구 전략과 규칙에 대해서 잘 알지 못한다.

평가 대상	평가 영역								
이름	공 다루기	공격 전술			방어 전술			경기규칙	총점
		패턴	슛	패스	압박	위치	리바운드		
김영수	2	1	3	1	2	3	1	2	15
김정덕	3	2	2	2	1	3	3	2	18
나영집	3	2	2	3	2	3	3	3	21
나영이	3	3	2	2	3	3	3	2	21
이수호	2	2	1	2	1	2	3	2	15
전문도	2	1	2	1	2	1	1	1	11
최성준	1	1	0	1	2	1	0	1	7
하영주	2	3	3	2	3	2	3	3	21
⋮	⋮	⋮	⋮	⋮	⋮	⋮	⋮	⋮	⋮

3 체계적 관찰법 `99 기출` `07 기출` `09 기출` `18 기출` `22 기출`

• 체계적 관찰은 인간 행동의 두 가지 특징인 반복성 과 지속성 에 근거하고 있다.

① 인간의 행동은 반복적으로 일어나며 그것을 빈도로 나타내는 것을 사건기록이라고 한다.

② 인간 행동은 일정 시간 지속되며, 그것은 시간으로 측정할 수 있다. 지속시간 기록, 동간 기록, 순간적 시간표집 기록은 행동의 그러한 차원을 관찰하기 위해 개발된 관찰체계이다.

사건기록법	• 시작과 끝이 분명한 불연속 교사 행동이나 학생 행동에 대한 자료를 수집하는 데 적합한 관찰법이다. • 일정 시간 내에 일어나는 개별적 사건을 누가적으로 기록함으로써 사건의 빈도개념에서 교수행동을 이해하는 방법이다.
지속기록법	수업시간에서 학생의 행동을 시간단위로 측정하는 것으로 학습에 참여한 시간을 백분율로 환산하는 방법이다.
동간(간격) 기록법	행동을 단시간 관찰하고 어떤 행동이 그 시간을 대표하는지를 결정하는 방법이다.
집단시간표집법 (플라첵)	한 집단의 전체 구성원에 대해서 정기적인 데이터를 수집하는 방법이다.
자기기록법	교사나 학생이 수업이나 연습을 위해 시작한 시점을 스스로 표시하는 방법이다.
개념	전통적 교수 사정 도구인 직관적 판단법, 목견적 관찰법, 일화기록법, 점검표와 평정척도 등은 신뢰성과 객관성에 많은 문제가 제기되어 왔다. 체계적 관찰법은 행동 범주의 명확한 정의, 즉 빈도, 시간, 비율, 계열성 등을 이용함으로써 신뢰성과 객관성을 높일 수 있는 측정 도구이다.
장점	• 효율적인 교수 특성에 관한 중요한 발견점을 유도하였다. • 교수 연구와 교수 기술의 향상을 위한 기초가 된다. • 배우기 쉽고 사용하기 편리하다. • 신뢰성을 높이려면 다양한 행동 범주를 정확하게 정의해야 한다. • 객관성을 높일 수 있는 자료 수집 방법이다.
단점	• 창의적 수업 등 복합적인 수업 장면을 측정하기 힘들다. • 행동 범주에 대한 명확한 정의를 내리지 못할 경우 신뢰성을 떨어뜨릴 수 있다. • 정의된 행동 범주만이 관찰된다.

아래 지문을 읽고 다음 물음에 답하시오.

> 중학교 김 선생님의 45분간의 뜀틀 수업을 체계적인 관찰방법을 이용하여 분석한 결과 학생들이 실제로 뜀틀을 넘는 데 소요한 시간은 5분으로 나타났다. 동료 교사는 김 선생님에게 "효율적인 교수를 위해서는 과제 참여 시간을 최대한 확보해야만 한다."는 조언을 하였다. 이에 김 선생님은 자신의 수업을 반성하고 수업방법을 개선하기로 결심하였다.

교수행동에 대한 체계적인 관찰방법의 종류를 4가지 이상 열거하시오.

_____

[정답] 사건기록법, 지속시간 기록법, 동간(간격) 기록법, 순간적 시간표집 기록, 자기 기록법

1. 사건기록법 `07 기출` `09 기출` `18 기출`

(1) 개념: 사건기록은 교수에서 가장 자주 사용되고 있는 관찰 방법이다. 사건기록은 행동이나 사건이 발생하였는지 발생하지 않았는지를 확인해서 기록한다. 관찰자들은 시범과 같은 행동이 발생하면 그것을 체크한다. 따라서 어떤 사건의 발생 빈도는 수업에서 그 행동이 발생한 수에 의해 결정된다.

① 사용 목적
  ㉠ **사건기록은 주로 어떤 불연속적인 행동의 발생 여부나 발생 빈도를 확인할 필요가 있을 때 사용된다.**
  ㉡ 교사 또는 학생 행동을 사건기록으로 관찰하는 교사들은 각 행동을 신중히 정의하고, 그 정의에 근거하여 행동이나 사건을 신뢰롭게 기록할 수 있도록 연습해야 한다.

② 장점
  ㉠ 교사와 학생의 상호작용에 대한 기록을 간단히 측정할 수 있다.
  ㉡ 사건기록은 타당하고 신뢰로운 자료를 얻을 수 있는 체계적인 관찰 방법이다.
  ㉢ 관찰자가 발생 여부의 판단에 의해 기록되기 때문에 매우 실용적인 자료 수집 방법이다.
  ㉣ 신뢰로운 자료 수집의 가능성은 한 번에 관찰해야 할 행동 수, 판단에 요구되는 관찰자의 추론의 수준이 증가함에 따라 감소한다.

교사 피드백 제공 행동

피관찰 교사: 손정수   **차시:** 3/12   **학습 활동:** 육상   **관찰자:** 박영수
관찰시작: 9:05   **관찰종료:** 9:40   **관찰지속시간:** 35분   **날짜:** 2001. 10. 4.

관찰대상 행동의 정의:
긍정적 피드백: 운동수행 결과를 인정하는 정보의 제공(예: 잘 했어, 좋았어 등)
부정적 피드백: 운동수행 결과를 부정하는 정보의 제공(예: 아니지, 그렇게 하면 안 되지)
칭찬: 사회적 행동을 격려 또는 지원하는 정보(예: 일찍 왔군, 질서정연하게 잘 이동 했어)
역정: 사회적 행동을 부정하고 제지시키는 정보(예: 그렇게 밖에 못해, 정말 안 되겠네)

긍정적 피드백	부정적 피드백	칭찬	역정
₩₩ ₩₩ ₩₩ ₩	₩₩ ₩₩ ₩₩ ₩₩ ₩₩ ₩₩ ₩₩ ₩₩ ₩₩ ₩₩ ₩₩ ₩₩ ₩	₩₩ ₩₩ ₩	₩₩ ₩₩ ₩₩ ₩₩ ₩₩ ₩
16	58	7	23

자료 요약:

행동	전체 빈도	분당 비율	비율
긍정적 피드백	16	16회/35분 = 0.45	16/74 = 22%
부정적 피드백	58	58회/35분 = 1.65	58/74 = 78%
칭찬	7	7회/35분 = 0.20	7/30 = 23%
역정	23	23회/35분 = 0.65	23/30 = 77%

코멘트:

- 여학생들에게 좀 더 많은 피드백 제공
- 좀 더 단호하게 제지
- 가끔 피드백이 너무 구체적임
- 칭찬을 너무 많이 함

[그림 9-1] 사건기록의 예

③ 단점
  ㉠ 맥락 또는 적절성을 처리하는 데 한계가 있으므로 신중하게 사용해야 한다.
  ㉡ 사건기록의 타당성은 행동의 변별에 사용되는 정의의 적절성에 달려 있다. 행동 범주에 대한 적절성의 문제가 있을 경우 타당성이 떨어질 수 있다(교사의 상호작용을 분석하기 위해 사건기록법을 택한 경우 행동 범주의 정의에 비언어적 상호작용이 제외되어 있다면 교사의 상호작용에 대한 타당성이 결여된다).

④ 적용
  ㉠ 사건기록은 어떤 행동의 발생에 관한 양적 정보가 필요할 때 유용하게 사용된다.
  ㉡ 맥락 또는 적절성을 처리하는 데 한계가 있으므로 신중하게 사용되어야 한다.

다음은 체계적 수업관찰 사례이다. 수업관찰 결과를 토대로 수업개선을 위해 교사들이 협의할 내용으로 적절한 것을 〈보기〉에서 모두 고른 것은?

수업: 최 교사 날짜: 11월 13일		내용: 테니스 관찰지속시간: 40분		관찰: 이 교사
행동		발생 빈도		백분율(%)
학생 지도	학급	卌 卌 卌 卌 卌 卌 卌 卌	40	70
	집단	卌 Ⅱ	7	12
	개인	卌 卌	10	18
기술 피드백	긍정적	卌 卌	10	22
	교정적	卌	5	11
	부정적	卌 卌 卌 卌 卌 卌	30	67
사회적 행동	칭찬	卌	5	14
	제지	卌 卌 卌 卌 卌 卌	30	86

─〈보 기〉─

ㄱ. 이 관찰법을 사용하는 이유는 행동의 반복성과 지속성을 알 수 있기 때문이다.
ㄴ. "다음에는 공에서 눈을 떼지 말고 폴로 스루(follow through)를 해라"와 같은 피드백 제공을 늘려야 한다.
ㄷ. 사회적 행동에 대한 칭찬 빈도를 늘릴 필요가 있다.
ㄹ. "그런 형편없는 서브를 넣다니!"와 같은 피드백을 줄여야 한다.
ㅁ. 사회적 행동 제지 시에는 관대해야 한다.

① ㄱ, ㄷ, ㅁ
② ㄴ, ㄷ, ㄹ
③ ㄱ, ㄴ, ㄷ, ㄹ
④ ㄴ, ㄷ, ㄹ, ㅁ
⑤ ㄱ, ㄴ, ㄷ, ㄹ, ㅁ

[정답] ②
[해설] ㄱ. 사건기록법이며 행동의 반복성만 확인할 수 있다. 지속시간 기록법이 행동의 지속성을 알 수 있다.
　　　ㅁ. 사회적 행동 제지 시에는 관대하게 해서 빈도가 늘어났다. 가능하면 학생의 부적절한 행동에 대해 엄격하게 제지해야 한다. 즉 사회적 행동 제지 시에는 단호해야 한다.

9. 다음 (가)와 (나)는 수석교사가 신규교사의 체육 수업을 관찰한 기록의 일부이다. 〈작성 방법〉에 따라 순서대로
서술하시오. [4점]

(가)

체육 수업 관찰 기록지

○ 주요 관찰 내용: 교사의 피드백 제공

○ 피관찰 교사: 이○○   ○차시: 3/12   ○학습 활동: 축구 패스   ○관찰자: 박○○

○ 관찰 시작: 9시 5분   ○관찰 종료: 9시 40분   ○관찰 지속 시간: 35분   ○날짜: 2017.○○.○○

○ 관찰 대상 행동

긍정적 피드백	부정적 피드백	칭찬	역정
///// /	///// ///// ///// ///// ///// ///	///// /////	///// ///// /////
6	28	10	15

○ 자료 요약

··· (하략) ···

──── 〈작성 방법〉 ────

○ (가) 관찰법의 명칭을 쓰고, (가) 관찰법의 특징을 관찰 행동의 결과를 분석하는 요인을 포함하여 기술할 것.

[정답] (가) 사건기록법 [1점] 교수 상황에서 발생하는 사건 행동들의 반복성(1점) 측면의 자료를 수집하는 데 적합하다.

2. 지속시간 기록법 `20 기출`

(1) 지속시간 기록은 시간의 사용에 관한 정보를 제공하는 관찰 도구이다. 이 관찰 기술은 교수-학습 과정의
구체적인 차원에 대해 시간이 어떻게 또는 얼마나 사용되는지에 관한 자료를 제공한다.

(2) 사용 목적

① 지속시간 기록에서 사용되는 기본 도구는 초시계이다. 관찰자들은 어떤 사건의 시작에서 끝까지의 시
간을 기록한다. 그런 다음 그 사건에 대한 시간을 합하여 수업이나 단원에 대한 전체 시간을 얻는다.

② 지속시간 기록의 방법에는 타임라인을 사용하는 방법과 실제로 소비한 시간을 기록하는 방법 등이
있다.

③ 지속시간 기록은 교사의 시간 사용에 관한 정보를 제공해 준다(교사의 관찰, 방향 제시, 문제 행동의
처리).

④ 지속시간 기록은 학생들이 수업에서 자신의 시간을 어떻게 사용하는지를 이해하는 데 필요한 정보를
제공한다. 대부분의 지속시간 관찰 도구는 학습지도의 경청, 대기, 조직, 기능의 수행 또는 게임 등과
같은 독립적인 행동 범주에서 학생들의 시간 사용을 기록할 수 있도록 개발된다.

(3) 장점

① 빈도에 의한 측정의 오류를 방지하고 결과를 백분율로 환산함으로써 정확한 학생 학습 참여 정도를 관찰할 수 있다.

② 지속시간 기록은 약간의 노력과 훈련으로 타당하고 신뢰로운 자료를 얻을 수 있다.

③ 지속시간 기록은 오랫동안 지속되는 개념의 이해에 필요한 자료를 수집하는 데 적합한 관찰법이다.

(4) 단점

① 신속하게 변화하는 행동 관찰에는 부적합하다. 기록할 행동이 자주 변하면 그만큼 신뢰로운 자료를 얻기가 어려울 뿐만 아니라 실용성이 없는 자료를 수집하게 된다. 예를 들어, 평균 5초 동안 제공하는 교사의 언어 행동을 기록하는 것은 타당하지 못하다.

② 구체적인 행동을 관찰하는 다른 관찰 방법과 마찬가지로 지속시간 기록에서도 어떤 사건의 발생 여부에 대한 정확한 정의가 내려져야 한다. 행동 범주에 대한 명확한 정의가 내려지지 않을 경우 신뢰성을 떨어뜨릴 수 있다.

학습참여행동 관찰체계

피관찰 교사: 박영수	차시: 2/10	학습 활동: 농구	관찰자: 최유순
관찰시작: 10:05	관찰종료: 10:40	관찰지속시간: 35분	날짜: 2001. 10. 4.

관찰대상 행동의 정의:
운영(운): 학습지도와 무관한 활동에 소비한 시간(예: 출석 점검, 장비 점검 등)
이동(이): 수업 조직과 관련된 활동에 소비한 시간(예: 모둠 구성, 위치 이동 등)
지식(지): 학습 정보를 수용하면서 소비한 시간(예: 교사의 시범 주시, 교사의 설명 경청 등)
연습(연): 기능이나 전략을 연습하는데 소비한 시간(예: 드리블 연습, 패스 연습 등)

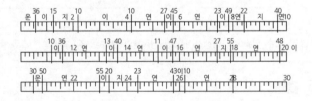

자료 요약:

관찰 행동	전체 시간	백분율
운영	:56(분:초)	3.3%
이동	6:26(분:초)	22.9%
지식	5:15(분:초)	18.7%
연습	15:23(분:초)	54.9%

코멘트:
- 모둠 구성 절차 확인
- 이동 신호 개발 및 이동시간 단축
- 경제적인 학습 정보 전달 기능 개발
- 적극적인 학생의 칭찬

[그림 9-2] 지속시간기록의 예

(5) 적용

① 지속시간 기록은 교사와 학생들의 시간 사용에 관한 유익한 정보를 제공한다.

② "관찰, 방향 제시, 문제 행동의 처리 또는 활동의 조직에 소비하는 시간이 얼마인가?"라는 교사의 질문은 지속시간 기록을 통해 얻은 자료에 의해 해결될 수 있다.

③ 학습자의 시간 사용, 실제 연습 시간과 관련된 행동, 그리고 연습 시간을 제한하는 학습자 행동들도 지속시간 기록법을 사용함으로써 필요한 자료를 수집할 수 있다.

4. 다음은 2019학년도 ○○중학교 최 교사의 학교스포츠클럽 활동 반성 일지이다. 〈작성 방법〉에 따라 순서대로 서술하시오. [4점]

학교스포츠클럽 활동 반성 일지

일시: 2019년 ○월 ○일 화요일

나의 학교스포츠클럽 활동 수업을 동료 교사인 박 교사가 아래와 같이 체계적 관찰법 중 (㉢) 기록법을 활용하여 분석해 주었다.

수업 관찰체계

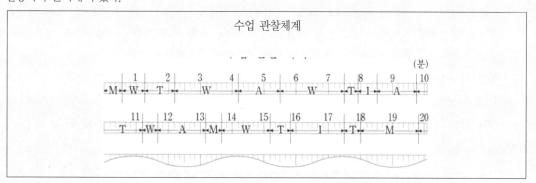

분석 결과, ㉣ <u>전체 수업 시간 중 67%가 수업 운영시간으로 소요</u>되었음을 알 수 있었다.

〈작성 방법〉

○ 괄호 안의 ㉢에 해당하는 명칭을 쓰고, 밑줄 친 ㉣을 바탕으로 교수 효율성 측면에서 최 교사가 개선해야 할 점을 서술할 것(단, 증가 및 감소시켜야 할 시간과 관련지을 것).

[정답] • ㉢ 지속시간이다. [1점]
　　　 • ㉣ 대기·이동·교구설치 및 정리의 수업 운영시간을 감소시키고, 과제참여시간(TOT)을 증가시킴으로써 체육의 실제학습시간을 증가시킨다. [1점]

3. 동간(간격) 기록법 [07 기출]

(1) 개념: 동간 기록(interval recording)은 일종의 기록 기술이다. 동간 기록에서는 관찰자가 일정한 기간 동안 관찰하여 <u>미리 결정된 행동 범주들 중 어떤 범주가 관찰한 내용을 가장 잘 기술하는지를 결정(어떤 행동이 각 시간 간격을 가장 대표하는지를 결정)</u>한다. 동간 기록 관찰체계는 기록 간격과 관찰 간격을 번갈아 사용한다.

(2) 사용 목적

① 수업에서 시간 사용에 관한 구체적 기술이 필요할 때 사용한다.

② 동간 기록은 관찰 간격 내에 한 가지 이상의 행동이 일어나지 않을 때 사용될 수 있다.

(3) 장점

① 일반적으로 시간 간격이 짧을수록 타당하고 신뢰로운 자료를 수집할 가능성이 높다. 동간 기록에서는 행동을 관찰하고 기록하는 데 시간의 제한을 받게 된다. 또한 체육 수업에서 발생하는 대부분의 행동들은 시간의 길이로서 나타나며, 변별에 필요한 시간은 3~5초이다.

② 동간 기록에서는 행동이 순서적으로 기록되므로 계열성에 관한 정보를 획득할 수 있다.

③ 두 관찰자에게 동시에 관찰하게 함으로써 관찰체계의 신뢰성을 확보할 수 있다. 그러한 목적의 달성을 위해 관찰자로 하여금 함께 앉아 서로 신호를 보내거나 녹음된 단서를 사용하게 할 수 있다.

(4) 단점

① 관찰 간격과 기록 간격을 반복하여 얻은 결과가 실제로 일어난 것과 다를 수 있다. 즉, 기록 간격 동안 발생한 행동들이 기록되지 않을 수 있다.

② 행동 범주에 대해 명확히 정의내리지 못할 경우 신뢰성이 떨어질 수 있다.

(5) 적용

① 간격 기록은 수업에서 시간의 사용에 관한 구체적인 기술이 필요할 때 지속시간 기록과 같은 방법으로 사용될 수 있다. 교사 행동(예 강의, 조직, 시범, 피드백 제공, 관찰, 개인화)은 관찰자가 원하는 어떤 구체적인 수준에서 변별될 수 있다. 체육관에서 교사의 위치와 비언어적 행동도 동간 기록 시스템을 이용하여 정확하게 기록할 수 있다.

② 측정 단위가 작은 간격 기록은 행동의 계속적인 기록을 가능하게 한다. 측정 단위가 작을수록, 그리고 행동 범주를 보다 철저하게 변별할수록 수업의 실제 내용을 보다 완전하게 기술할 수 있다.

③ 동간 기록 시스템의 개발에서 중요한 것은 간격의 길이에 관한 결정이다. 관찰 내용에 대한 적절한 간격을 결정함으로써 하나의 간격에서 한 가지 이상의 행동이 일어나는 것을 피할 수 있다.

④ 동간 기록에서는 항상 시간에 맞추어 관찰과 기록을 해야 한다. 따라서 초시계나 관찰과 기록을 알리는 녹음테이프가 자주 사용된다.

운동과제 참여시간 관찰체계

교사: 김천석　　　**학습 활동:** 배구　　　**관찰자:** 최유리　　　**차시:** 5/12
관찰시작: 10:00　　　**관찰종료:** 10:45　　　**관찰지속시간:** 45분　　　**날짜:** 2004. 9. 5.

표적 행동의 정의:

학습정보 수용시간(정): 신체활동과 무관한 학습 활동에 참여한 시간.

신체활동 시간(신): 신체활동이나 운동에 참여한 시간.

수업 조직 및 이동시간(이): 학습 활동에 필요한 조직 구성이나 이동에 소비한 시간.

수업 운영시간(운): 학습 활동과 직접 관련이 없으나 출석 점검 등 수업 운영에 필요한 시간.

대기 시간(대): 운동 차례를 기다리거나 한 과제를 완수하고 다음 과제 수행을 기다리는 시간.

과제이탈 시간(탈): 주어진 과제 외의 활동을 하거나 학습과 무관한 활동에 소비한 시간.

	1분					2분					3분					4분					5분
운	–	–	–	–	이	–	–	–	–	–	운	–	–	–	신	–	–	–	–	–	–

	6분					7분					8분					9분					10분
신	–	–	대	–	–	–	탈	–	–	–	신	–	–	–	–	대	–	–	이	–	–

	11분					12분					13분					14분					15분
이	–	–	–	정	–	–	–	–	–	신	–	–	–	–	–	–	–	탈	–	–

	16분					17분					18분					19분					20분
탈	–	–	신	–	–	–	–	–	이	–	–	–	–	대	–	–	–	–	신	–	–

	21분					22분					23분					24분					25분
신	–	–	–	–	–	정	–	–	신	–	–	–	–	–	대	–	–	탈	–	–	–

	26분					27분					28분					29분					30분
신	–	–	–	–	–	–	–	정	–	–	–	신	–	–	–	–	–	–	이	–	–

(계속)

자료 요약:

표적 행동별 전체 동간		각 표적행동의 발생 비율
학습정보 수용시간	17	17/180x100 = 9.4%
신체활동 시간	88	88/180x100 = 48.9%
수업 조직 및 이동시간	26	26/180x100 = 14.4%
수업 운영시간	12	12/180x100 = 6.7%
대기 시간	21	21/180x100 = 11.7%
과제이탈 시간	16	16/180x100 = 8.9%

코멘트:

- 대기 시간의 증가로 과제 이탈 행동이 발생함.
- 비언어적 지시나 격려를 잘 하고 있음
- 특이하게 수업을 시작하고 종료함.
- 수업 조직 능력이 뛰어남.

[그림 9-3] 동간 기록의 예

다음은 김 교사와 박 교사가 수업 개선에 필요한 자료(또는 근거)를 수집하기 위하여 시행한 체계적 수업 관찰의 기록지이다.

<표 1> 김 교사의 기록지

교 사: 김○○   수업 내용: 육상(이어달리기)
관찰자: 김○○   날   짜: 11월 22일

피드백 대상	1	2	3	4	5	6	7	8	9	10	빈도	%
학급	√	√	√		√	√	√	√			7	87
집단				√							1	13
개인											0	0
피드백 성격												
긍정적								√			1	13
중립적					√						1	13
부정적	√	√	√	√		√	√				6	74
피드백 구체성												
일반적	√	√	√	√			√				6	74
구체적					√	√					2	26

<표 2> 박 교사의 기록지

교 사: 박○○   수업 내용: 맨손체조
관찰자: 박○○   날   짜: 11월 21일

2분	6분	10분	14분	18분	22분	26분	30분	34분	38분
MA	W	MA	W	MI	T	W	T	MA	W
MA	T	MI	W	MI	W	T	T	MA	T
MI	T	MI	W	W	T	MI	MI	W	T
MI	T	MI	W	T	T	MI	MI	MI	T

행 동	빈 도	비 율(%)
과제 참여(MA)	13	11
비과제 참여(MI)	31	26
대기(W)	40	33
이동(T)	36	30
계	120	100

김 교사와 박 교사가 사용한 관찰 기록법의 명칭을 각각 쓰고, 각 교사의 수업에서 개선되어야 할 점을 기록지에 근거하여 2줄 이내로 설명하시오.

• 김 교사가 사용한 기록법 명칭: _____   개선점: _____

• 박 교사가 사용한 기록법 명칭: _____   개선점: _____

[정답] • 김 교사가 사용한 기록법 명칭: 사건기록법
    개선점: 학급, 부정적, 일반적 피드백을 줄여야 한다.
  • 박 교사가 사용한 기록법 명칭: 동간기록법
    개선점: 비과제 참여, 대기, 이동 비율을 줄이고 과제 참여 비율을 높여야 한다.

4. 순간적 시간표집 기록(집단적 시간표집법) 10 기출 22 기출

(1) 개념: 시간표집은 동간 기록과 비슷한 하나의 새로운 관찰 기술이다. 시간표집에서는 관찰자가 일정한 간격을 두고 어떤 수업 사건의 발생 여부를 결정한다. 보통 시간표집의 관찰 간격은 동간 기록보다 길며, 10분 내지 15분 정도로 결정하는 것이 일반적이다.

(2) 사용 목적

① 시간표집은 신속하게 변화되지 않는 수업 사건들을 관찰하기 위해 사용된다. 예를 들어, **어떤 순간에 과제에 참여하고 있는 학생 수를 점검하기 위해 이 관찰 방법을 사용**한다. 관찰자는 매 2~3분마다 학습 활동에 적극적으로 참여하는 학생들과 부적절한 행동을 하는 학생 수를 셀 필요가 있을 때 시간표집 관찰법을 사용할 수 있다.

② 시간표집도 교사의 위치를 결정하는 데 유용하게 사용될 수 있다.

(3) **장점**

① **시간표집은 매우 짧은 시간에 유익한 정보를 수집할 수 있게 한다.**

② 시간표집은 별도의 관찰 시간을 거의 소비하지 않으므로 다른 수업 사건에 대한 다른 관찰법의 사용을 가능하게 한다.

③ 시간표집은 별도의 관찰 시간이 필요하지 않으므로 교수 활동을 수행하면서 전체 학생들이나 개인 학생들에 관한 정보를 수집할 수 있는 장점이 있다.

④ 관찰 행동이 적절히 그리고 명확히 정의되면 신뢰성과 타당성이 높은 자료를 수집할 수 있다.

⑤ 시간의 간격이 짧을수록 표집 오차를 적게 반영하는 자료를 수집할 가능성이 높다.

(4) 단점

① **시간표집은 신속하게 변화하는 행동을 관찰하는 데 부적합하다.** 예를 들어, 교사 피드백에 관한 정보를 수집하기 위하여 시간표집을 사용하는 것은 부적합하다. 피드백은 수업의 어떤 과정에서는 연속해서 일어나고, 어떤 과정에서는 거의 일어나지 않는다.

② 행동 범주에 대해 명확히 정의 내리지 못할 경우 신뢰성이 떨어질 수 있다.

(5) 적용

① 시간표집은 수업 전반에 걸쳐 일어나는 학습 지도 사건이나 특징들에 관한 정보를 수집하는 데 유용한 관찰 방법이다.

② 시간표집을 사용하여 수업 내용을 기록할 수 있다. 즉, 시간표집 기록법을 통해 다른 기능과 기능 발달의 다른 단계에 얼마만큼의 시간이 실제로 소비되었는지를 결정할 수 있다.

③ 시간표집을 사용하는 교사들은 그들이 원하는 수업 사건, 연구할 차원의 결정 방법, 그리고 그 차원에 관해 타당한 자료 수집에 필요한 적절한 간격을 결정해야 한다. 적절한 간격은 매우 작은 시간 단위로 시작하여 표집지(sample sheet)가 수업의 실제를 반영하는 수준까지 시간 단위를 증가시키면서 결정한다.

(6) 플라첵

① 플라첵(Placheck: Planned activity check)은 일정 시간 간격을 두고 전체 학생들을 관찰한 다음 특정 행동에 참가하고 있는 학생들의 숫자를 세어 기록하는 것을 말한다. 한 집단의 전체 구성원들의 활동에 대해서 정기적으로 자료를 수집하는 플라첵도 일종의 순간적 시간표집 기록이라고 할 수 있다.

② 플라첵은 전체 학생 가운데 얼마나 많은 학생이 주어진 과제에 참여하는지, 교사의 설명에 집중하는지, 학습 목표에 적합하게 참여하는지 등을 관찰하기 때문에 집단적 시간표집 기록(group time sampling recording)이라고도 한다.

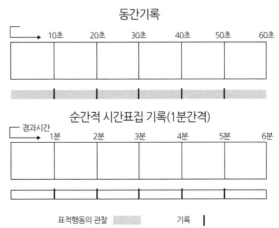

운동과제 참여시간

피관찰자: 김동호   관찰자: 박우현   관찰지속시간: 20분

관찰시작: 09:00   관찰종료: 09:20   학습활동: 육상

표적행동의 정의

○ 주의집중: 교사의 시범이나 설명에 주의를 기울이는 행동

○ 과제종사: 운동과 무관한 학습 활동에 참가하는 행동

○ 운동과제종사: 교사가 제시한 학업관련 신체활동에 참가하는 행동

○ 과제 이탈: 진행 중인 학습 활동과 무관한 활동에 참가하는 행동

표적 학생: 김명철

				5분				10분			…	20분	합계
주의집중	√		√				√			√	…		4
과제종사		√	√			√	√		√	√		…		6
운동과제종사				√			√				…		2
과제 이탈		√			√	√	√		√	√	√	…	√	8

자료 요약: 김명철

주의집중 4/20×100=20%   과제종사 6/20×100=30%   운동과제종사 2/20×100=10%

과제 이탈 8/20×100=40%

[그림 9-4] 순간적 시간표집 기록의 예

다음은 김 교사의 체계적 수업 관찰 기록지이다. 김 교사가 사용한 관찰 기록법의 명칭을 쓰고, 장점과 단점을 쓰시오.

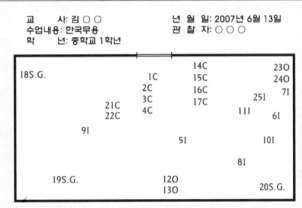

교　　사: 김○○　　　　　　년 월 일: 2007년 6월 13일
수업내용: 한국무용　　　　관 찰 자: ○○○
학　　년: 중학교 1학년

18S.G.

1C　14C　23O
2C　15C　24O
3C　16C　 7I
4C　17C

21C
22C　　　　　　25I

9I　　　　　　　11I　　6I

5I　　　10I

8I

19S.G.　　12O　　20S.G.
　　　　13O

기록 방법: 관찰자는 1분 간격으로 교사가 연습 지역의 어디에 위치하는지 일련 번호로 표시하고, 다음의 범주를 함께 기록한다.

학습(C), 소그룹(S.G), 개인(I), 관찰(O), 장비(E)

• 관찰 기록법의 명칭: ＿＿＿＿＿＿　　• 장점: ＿＿＿＿＿＿　　• 단점: ＿＿＿＿＿＿

[정답] • 관찰 기록법의 명칭: 시간표집법
　　　 • 장점: 매우 짧은 순간에 연습지역 위치나 과제에 참여하는 학생의 수를 얻을 수 있다.
　　　 • 단점: 신속하게 변화하는 행동을 관찰하기에 부적합하다.

3. 다음은 동료 교사의 수업을 관찰한 후 작성한 참관록이다. (가)~(다)에 들어갈 말로 옳은 것은?

일시	2009년 ○월 ○일	장소	체육관
참관 내용 및 의견	이번 체육 수업은 수업 전반에 걸쳐 효율적인 교수-학습이 이루어졌다고 생각합니다. 먼저 과제카드와 스테이션을 만들어 학생들이 서로 다른 학습 과제를 동시에 연습하도록 한 ☐ (가) ☐ 수업은 학생들에게 큰 도움이 되었던 것 같습니다. 그러나 학생들이 과제 활동에 참여하는지 아니면 과제 이탈 행동을 하는지를 알아보기 위해 5분마다 과제 이탈 학생 수를 세어보는 ☐ (나) ☐ 을 사용하여 분석한 결과, 45명의 과제 이탈 학생이 나왔습니다. 학생들의 운동 참여 시간을 충분히 확보해주고 수업 관리와 조직을 더욱 철저히 하여 이런 과제 이탈 학생을 줄이는 것이 좋을 것 같습니다. 특히 수업 중에 학생의 수준별로 과제 난이도를 다양하게 선정하여 제시한 것은 교수-학습의 ☐ (다) ☐ 을 충분히 반영한 것으로 매우 인상적이었습니다.		

	(가)	(나)	(다)
①	적극적(active)	사건기록법(event recording)	통합성
②	과제식(task)	시간표집법(time sampling)	개별성
③	상호작용적(interactive)	사건기록법	창의성
④	과제식	지속시간기록법(duration recording)	개별성
⑤	적극적	시간표집법	개별성

[정답] ②

4. 다음은 김 교사의 수업 연구 노트의 일부이다. 〈작성 방법〉에 따라 순서대로 서술하시오. [4점]

○ 문제 의식: 수업이 자주 중단되어, 체계적 관찰 기법을 활용해 문제의 원인을 파악하고 문제를 개선하기 위한 계획을 세울 필요가 있음.
○ 수업 관찰 계획 및 실행
 • 관찰 기법 선정: 규칙적인 시간 간격에 따라 전체 학생을 짧은 시간 동안 관찰하여 특정 행동 범주에 참여한 학생의 수를 기록하는 (㉠)을/를 활용해, 3분마다 10초씩 전체 학생 중 수업 방해 행동을 한 학생의 수를 기록하고자 함.

─────── 〈작성 방법〉 ───────
○ 괄호 안의 ㉠에 해당하는 체계적 관찰 기법의 명칭을 시덴탑 (D. Siedentop)의 주장에 근거하여 쓸 것.

[정답] ㉠ 순간표집법(또는 플라첵) [1점]

5. 자기 기록법

(1) 개념

① 수업 중에는 누구나 관심 있는 행동을 스스로 기록할 수 있다. 즉, 교사나 학생은 수업이나 연습을 위해서 시작한 시간을 스스로 표시할 수 있다.

> 예 학생은 체조나 배구 단원에 완수한 과제의 횟수를 기록할 수 있으며 교사 역시 교사–학생의 상호작용 시간을 증대시키기 위하여 학생과 상호작용하는 시간 양을 기록할 수 있다.

(2) 장점

① 관심 있는 행동을 제3의 관찰자의 힘을 빌리지 않고, 기록할 수 있다.

② 교사가 자신의 교수 수행을 어느 정도 스스로 통제할 수 있는지를 평가할 수 있다.

③ 기초 자료와 지속적인 자료의 비교를 통해 교수기능을 개선할 수 있다.

④ 자기 장학 자료로 활용 할 수 있다.

(3) 단점

① 시간과 노력이 많이 필요하다.

② 조작적으로 정의된 행동범주만 관찰함으로써 수업의 단면만 분석할 가능성이 있고,, 예견치 못한 중요한 장면을 관찰하기 힘들다.

4 체계적 관찰전략

• 관찰 자료가 가치를 인정받기 위해서는 엄격한 규칙과 절차에 따라 이루어져야 한다. 체계적 관찰은 다음과 같은 6단계로 이루어진다. 첫째, 관찰 내용의 결정; 둘째, 관찰 행동의 정의; 셋째, 관찰 체계의 개발 또는 선정; 넷째, 관찰자간 신뢰도 확립; 다섯째, 관찰의 실행; 여섯째, 관찰 자료의 분석 및 해석

• 체계적 관찰로 수집한 자료가 가치를 인정받기 위해서는 신뢰성과 타당성이 입증되어야 한다. 체계적 관찰에서는 관찰의 정확성을 측정하는 타당성을 검정하는 것이 현실적으로 매우 어렵기 때문에 관찰의 신뢰성으로 자료의 질을 판단하며, 그 판단의 중요한 기준으로 관찰자간 신뢰도를 측정하고 있다.

• 관찰자간 일치도는 두 관찰자가 수집한 자료의 일치 정도를 계산하거나 한 관찰자가 같은 방법으로 두 번 관찰하여 얻은 자료의 일치 정도를 계산한다. 관찰자 간 일치도는 사건기록의 경우 작은 수를 큰 수로 나눈 다음 100을 곱하고, 동간 기록의 경우 일치 동간을 전체 동간 또는 '일치+불일치' 동간으로 나눈 다음 100을 곱하면 구할 수 있다.

• 체계적인 관찰체계는 사건기록, 지속시간 기록, 동간 기록 등과 같은 기초적인 관찰법을 이해하고 숙달하면 쉽게 개발할 수 있다. 체계적 관찰을 통해서 수집한 자료가 가치를 인정받기 위해서는 엄격한 관찰 규칙과 절차에 따라 이루어져야 한다.

5 관찰 도구(체육학습교수법, 강신복, 손천택, 곽은창 역)

1. 체육의 실제학습시간: ALT-PE

(1) 체육에서 실제학습시간(ALT-PE)은 오하이오 주립대학의 Siedentop과 그의 제자들(Metzler, 1979; Siedentop, Birdwell & Metzler, 1979; Siedentop, Tousignant, Parker, 1982)에 의해 개발되었다.

(2) 이 도구는 수업에서 학습자가 적절한 성공을 경험하면서 운동에 소비한 시간의 양을 측정하기 위해 개발되었다. 완전한 도구는 체육수업의 맥락과 학생들의 운동참여 형태를 측정할 수 있다. 여러 가지 다양한 관찰방법들이 ALT-PE와 함께 사용될 수 있다.

(3) 사용 목적: 이 도구의 목적은 학생들이 적절한 난이도 수준에서 운동 활동에 참여하는 시간의 양을 측정하기 위한 것이다.

(4) 행동범주의 정의

　① 적절한 운동(MA): 학습자가 과제-지향의 운동에 높은 비율의 성공을 경험하면서 참여하는 것.

　② 부적절한 운동(M): 학습자가 과제-지향의 운동에 참여하지만, 운동이나 과제가 개인능력에 비해 너무 어렵거나 쉬워서 그것의 연습이 수업목표에 기여할 수 없는 것.

　③ 지원적 운동(MS): 학습자가 다른 학생들이 그 활동을 학습하거나 수행하는 것을 도와주기 위한 목적으로 과제-지향의 운동에 참여하는 것.

　④ 운동불참(NM): 학습자가 과제-지향의 운동에 참여하지 않는 것.

(5) 기록 절차

　① 위의 행동범주로 ALT-PE 자료를 수집하기 위한 네 가지 관찰법이 있다.

　② 동간기록, 집단 시간표집, 지속시간 기록, 사건기록

(6) 자료의 해석

　① 일부 학자들은 ALT-PE가 단일변인으로서는 체육 교사의 효율성을 가장 잘 측정하고 있다고 주장하고 있다(Siedentop, Birdwell & Metzler, 1979).

　② 적절한 난이 수준으로 운동활동에 참여하는 시간이 많을수록 그만큼 학습의 양이 증가한다는 것은 당연하다.

　③ 이러한 개념은 다른 체육환경에 적용하는 데 있어서 어려움이 있음에도 불구하고 아직 상당한 논리적 지지를 받고 있다.

2. 내용발달

(1) 체육에서 내용발달을 위한 관찰체계(OSCD-PE)(Rink, 1979)는 교사들이 수업내용을 발달시켜 나가는 방법을 관찰하기 위한 목적으로 개발되었다.

(2) OSCD-PE는 다양하고 복잡한 상호작용을 분석할 수 있는 관찰도구이다. 이 도구는 발달초점의 관점에서 과제의 계열성을 기술하는 정보를 수집할 수 있다.

(3) 사용 목적: 이 도구의 목적은 체육수업 내용이 운동과제의 초점에서 발달하는 것을 기술하기 위한 것이다.

(4) 행동범주의 정의

　① 전달과제: 전달과제는 확대, 세련 또는 응용과제가 아닌 운동과제를 진술 또는 제시하는 것이다. 이 과제는 보통 처음에 제시되는 과제이며 학생들이 무엇을 해야 하는지를 단순히 기술한다.

　② 확대과제: 확대과제는 다양한 반응을 모색하거나 이전의 과제에 복잡성이나 난이성을 더한다.

　③ 세련과제: 세련과제는 학생들이 이전의 과제수행 방법을 질적으로 향상시킬 것을 모색한다.

　　예 이번에는 발가락이 목표지점을 향하도록 하라.

④ 응용과제: 응용과제는 학생들에게 운동기능을 응용 또는 경쟁적인 상황에서 사용하도록 하는 것이다.
　　예 "볼을 땅에 떨어뜨리지 않고 몇 번까지 토스를 할 수 있느냐?" 또는 "오늘 우리는 소프트볼 경기를 할 것이다."

(5) 기록 절차

① 과제에 초점을 둔 내용발달을 기술하기 위한 여러 가지 관찰방법이 있을 수 있다.

② 첫 번째 방법은 사건기록이다. 관찰자는 어떤 과제가 제시되었을 때 그 과제의 종류를 결정하고 적절한 행동범주에 기록한다. 그러한 정보는 표식화하여 제시하거나 계열성에 따라 기록할 수 있다.

③ 학생들이 한 가지 과제에 소비한 시간에 관심이 있다면 지속시간기록을 사용할 수도 있다. 이 시간에 관한 정보는 과제의 지정된 범주 옆에 기록될 수 있다.

(6) 내용발달 분석

① 사건기록이나 지속시간기록을 사용하여 내용발달을 분석할 수 있다.

② 수업에서 세련과제와 확대과제가 계속해서 결여되거나 교사들이 세련과제와 확대과제를 거치지 않고 바로 제시과제에서 응용과제로 진행하면 내용발달의 적절성이 결여된 것으로 볼 수 있다.

3. 수업 분위기: 상호분석체계(CAFIAS)

(1) 가장 흔히 사용되고 있는 최초의 상호작용 분석체계는 Flanders 상호분석체계(FIAS)이다. 이 분석체계는 원래 교사와 학습자 간의 언어적 상호작용 패턴을 기술하기 위하여 개발되었으나 현재는 수업 분위기의 측정을 위해서도 사용되고 있다.

(2) 1974년 Cheffers, Amidon, 그리고 Rogers(1974)는 비언어적 요소를 추가함으로써 FIAS를 체육수업의 측정에 적합하게 개작하였다. 그 이후로 CAFIAS(Cheffers Adaptation of FIAS)는 연구자와 교사들에 의해 체육분야에서 광범위하게 사용되고 있다.

(3) 여기에서는 체육관 분위기의 기술에 사용된 가장 간단한 상호작용 분석도구의 예인 CAFIAS를 소개한다. 보다 구체적인 정보가 필요한 독자들은 CAFIAS 매뉴얼을 참조하기 바란다.

(4) 사용 목적: 이 관찰도구의 목적은 체육관의 분위기를 측정하기 위한 것이다.

(5) 행동범주의 정의

① CAFIAS는 계속적인 기록이나 3초 간격기록을 사용한다. 행동이 범주를 바꿀 때마다 기록한다. 만약 3초 내에 행동이 범주를 바꾸지 않으면 동일한 행동범주를 기록한다.

② CAFIAS에서 얻은 자료는 다양한 방법으로 분석할 수 있다. 가장 효과적인 한 가지 분석 방법은 행동연쇄(behavior chain)의 빈도를 살피는 것이다(예 4-8-1-3 또는 5-5-5-6-8).

③ 두 가지 행동연쇄를 결합하여 행렬에서 정리함으로써 일단의 행동패턴을 확인할 수 있다. 기록된 5-6-8은 5-6과 6-8을 짝으로 행렬표에 정리한다(첫 범주와 마지막 범주는 짝을 이루기 위해 1의 범주와 함께 행렬에 정리한다).

④ 또한 교사들은 활동의 시작과 마지막에 추가적인 부호를 기록함으로써 학생들이 언제 활동에 참여하였는지를 확인할 수 있다. 이것은 기록자가 그 행동이 일어난 환경을 이해하는 데 도움이 된다.

(6) 자료의 해석

① CAFIAS 관찰도구로 얻은 정보는 교사의 직접 또는 간접적인 영향(범주 5-6은 직접이고 범주 2-4는 간접이다)과 그러한 행동의 결과로 나타나는 학습자 반응의 유형을 기술할 수 있다.

② 교사의 영향이 직접적이냐 또는 간접적이냐 하는 것은 가치판단의 문제이다. 여러 연구를 통해서 이미 확인되었듯이 체육수업은 고도의 교사지향적이다. 다른 교수환경에서 효과적인 학습분위기는 기본적으로 중립이거나 약간 온정적이다.

③ 따라서 체육수업에서도 가능한 한 비난(행동 범주 7)은 피해야 한다. 교사의 진술패턴과 질문의 사용은 연습 시간을 크게 감소시키지 않는 범위에서 상황에 맞게 적절히 사용해야 한다.

(7) **장점**

① 상호작용 관찰체계의 장점은 포괄성과 사건의 범위와 계열성 보존에 있다. 사건의 계열성이 보존되므로 사건들 간의 관계 분석이 가능하다.

(8) 단점

① 상호작용 분석 체계의 가장 큰 단점은 실용성이다. 가장 간단한 차원에 관한 상호 독립적이면서 포괄적인 범주들을 계획하는 데도 상당한 시간이 필요하다.

② 기록은 신속하고 포괄적으로 이루어져야 하므로 대부분의 상호작용 관찰체계를 신뢰성 있게 사용하는 방법을 학습하는 데는 많은 시간이 필요하다.

〈표 9-4〉 CAFIAS 행동범주

행동범주	언어적	관련 행동 비언어적
2-12	2 칭찬, 명령, 농담, 격려	12 얼굴: 미소를 짓는다; 미소를 지으며 고개를 끄덕인다; 웃는다; 윙크한다. 자세: 손뼉친다; 어깨를 두드린다; 머리를 쓰다듬는다; 손을 꽉 잡는다; 즐겁게 끌어 안는다; 웃으면서 독려한다; 장애물의 극복을 도와준다.
6-16	6 지시 또는 명령	16 얼굴: 머리로 가리킨다; 머리로 부른다; 고함친다. 자세: 손가락으로 가리킨다; 휘슬을 분다; 명령하는 동안 몸을 꼿꼿이 세운다; 학습자를 밀어 움직인다; 주어진 방향으로 학습자를 민다.
7-17	7 비난, 분노 또는 풍자	17 얼굴: 찡그린다; 불만의 소리를 낸다; 찡그린다; 머리를 떨어뜨린다; 비웃듯이 머리를 뒤로 제친다; 눈동자를 돌린다; 물어 뜯는다; 침을 뱉는다; 머리로 받는다; 머리를 젓는다. 태도: 때린다; 밀어낸다; 꼬집는다; 맞붙어 싸운다; 손으로 민다; 혐오하여 손을 떨어뜨린다; 탁자를 친다; 학습 용구를 손상시킨다; 물건을 내던진다.

제10장 학습 공동체의 개발

1 학습 공동체 개발의 의의 및 학습 공동체 특성

1. 학습 공동체 개발의 의의

(1) 학습공동체를 개발하기 위한 학생들의 최소한 행동(Garcia & krouscas)

① 학생들은 서로를 지원해야 한다.

② 학생들은 자기 행동에 대해 책임을 져야 한다.

③ 학생들은 학업 책무에 충실해야 한다.

④ 학생들은 서로 협동해야 한다.

⑤ 학생들은 서로 신뢰해야 한다.

⑥ 학생들은 자기결정권의 중요성을 인식해야 한다.

⑦ 학생들은 수업 정체성을 긍정적으로 수용해야 한다.

⑧ 학생들은 공정과 배려와 같은 핵심 가치를 중요하게 생각해야 한다.

2. 학습 공동체 특성

• 학습 공동체는 경계성을 가지고 오랫동안 지속되며, 공동의 목표를 갖고 협동을 중요하게 생각하며, 공동체의 상징과 의례를 존중하고 공평과 배려를 가치 있게 생각한다.

• 학습 공동체^(learning community)는 학생들이 스스로 가치 있는 존재라고 느끼고, 교사와 동료 학생들의 지지를 받으며, 학생들과 서로 연계되어 있고, 다른 학생의 학습과 성장과 복지를 위해 헌신할 때 바람직하게 형성되었다고 할 수 있다.

• 학습 공동체는 장기간 계속되는 제한 환경(bounded environment)이라고 할 수 있다. 즉, 어떤 제한적 특성을 갖는 특별한 교수학습 환경이라고 할 수 있다.

2-1. 경계성

(1) 공동체는 다른 사람들이나 공동체와 구별짓는 경계선이 있으며, 그 경계는 신체적이거나 상징적이거나 개념적일 수 있다. 만약 학교가 위험 지역에 위치하고 있다면 학교와 학급을 안전하게 경계짓는 것이 무엇보다 중요하다.

(2) 미국의 마그넷 스쿨^(magnet school)은 뛰어난 설비와 교육과정을 갖추고 일부 과목에 대해 특수반을 운영하면서 그에 적합한 학습공동체를 개발하여 운영하고 있다.

(3) 집중교육과정^(focused curriculum) 같은 것들이 학교 학습공동체의 특징을 잘 보여주고 있다.

(4) 학생들이 교복을 입는 것도 일종의 경계를 정하는 일이다. 교복이나 체육복을 입으면 그것을 입은 사람과 그렇지 않은 사람을 구분짓게 된다. 어떤 팀이 이름과 색깔을 갖게 되면 그로 인해 다른 팀과 구분된다.

예 스포츠 교육모형중심 수업에서 각 팀은 소집단 학습 공동체를 이루게 된다.

2-2. 지속성

(1) 어떤 집단이 공동체로 발전하기 위해서는 한동안 공동체 운영이 지속되어야 한다. 왜냐하면 가치를 공유하고, 공동의 목표를 추구하고, 서로 존경하고 배려하는 마음을 갖기 위해서는 시간이 필요하기 때문이다.

(2) 즉, 어떤 집단이 하나의 학습공동체로 발전하기 위해서는 장기간에 걸쳐 가치를 공유하고, 공동의 목표를 추구하며, 서로 존중하고 배려하는 마음을 가져야 한다.

　예 초등학교에서는 학급 구성은 바뀌지만 초등학교 1학년부터 6학년까지 수년 동안 같은 연령의 학생들을 가르칠 수 있다. 이와 같이 수업 조직의 변화를 탐구하는 실험교육은 적은 비용으로 큰 교육적 이익을 얻고 있다.

2-3. 공동 목표

(1) 공동의 목표를 함께 추구하는 학생들은 각기 다른 목표나 비슷한 목표를 추구하는 학생들과 다르게 생각하고 행동한다. 이들은 추구해야 할 공동의 목표를 함께 결정하고, 목표의 달성 여부 또한 집단적으로 결정한다.

(2) 학습공동체에서는 학생 개개인의 성공을 모두 합친 집단적 성과나 자부심 등을 중요하게 생각한다.

(3) 즉, 학급 전체의 목표를 중요하게 생각한다. 학생들은 급우의 성공에 박수를 보내며 축하한다. 왜냐하면 학생 각자가 더 큰 집단 목표, 즉 학습 공동체의 공동 목표를 결정하고 그것을 달성하기 위해 함께 노력했기 때문이다.

2-4. 협동

(1) 학생들이 협동 행동을 배워서 실천할 수 있는 방법은 얼마든지 찾을 수 있다. 집단 목표를 달성하기 위해 함께 노력하거나, 동료 교사로 참여하거나, 매니저나 코치의 역할을 담당하거나, 허드렛일을 맡아서 하는 등의 방법으로 협동 행동을 배울 수 있다. 그러나 학습공동체에서는 교사가 학생들에게 협동 행동을 강력하게 요구하고, 협동이 무엇을 의미하는지 구체적인 상황에서 보여주고, 협동 행동이 일어나면 그것을 적극적으로 칭찬하고 인정한다.

(2) 협동하는 수업 환경은 배려하는 수업 환경을 조성하는 기본 토대이다. 학습 공동체는 결국 학생들이 서로의 성공과 실패에 관심을 갖고 서로 마음을 써 줄 정도로 성장하는 것을 목표로 한다.

2-5. 상징과 의식

(1) 모든 공동체는 정체성을 확립해서 유지하기 위해 의미 있는 상징과 의식을 개발한다. 민족공동체, 종교 단체, 스포츠 공동체가 그러하듯이 학교 내 학습공동체도 마찬가지이다. 학교에서는 이른바 애교심 school spirit 으로 학습 공동체의 정체성을 확립한다.

(2) 체육 수업시간에는 학급 이름과 체육복을 채택한다. 또한, 공연, 토너먼트 경기, 특별 현장 학습 등에 필요한 일련의 축하의식을 개발한다.

　예 뉴질랜드의 한 중학교에서 '올림픽 경기'를 가르치기 위해 스포츠교육 모형을 채택하였다. 각 팀은 한 국가를 대표하였다. 기존 국가의 명칭을 사용하는 대신 새로운 국가를 세우고, 그 국가의 국기, 국가, 유니폼을 만들었다. 교사와 학생들이 협의하여 새로운 올림픽 종목도 개발하였다. 이들은 스포츠교육 모형을 통해서 국기 게양식, 올림픽 찬가 제창, 선수 선서, 심판 선서, 메달 수여 등 모든 올림픽 의식을 거행하였다. 이는 한 체육교사가 스포츠교육 모형이라는 집중교육과정을 체육수업에 적용하여 학생들이 올림픽에 관계된 모든 의식을 거행하며 올림픽 경기를 성공적으로 개최하는 기쁨을 함께 맛보게 한 좋은 학습공동체 운영의 예이다.

2-6. 공정과 배려

• 공정과 배려를 유지하는 전략으로는 수업 절차 및 훈육규정의 협동적 개발, 문제를 해결하고 수업 규범을 개발하기 위한 학급미팅, 존중을 강조하는 학습활동의 선택, 서로를 이해할 수 있는 기회의 제공 등이 있다.

(1) 학습공동체는 공정과 배려가 있어야 한다.

(2) 다음은 학습 공동체를 개발하기 위한 '공정'과 '배려'를 배우는 데 필요한 전략들이다.(Schaps & Lewis, 1988)

- 훈육과 그것의 적용 시스템을 협력해서 결정한다.

- 문제를 해결하거나 수업규칙을 개발하기 위한 학습 회의를 규칙적으로 개최한다.

- 다른 학생을 존중해야 하는 활동에 참여한다.

- 교사와 학생이 인간적으로 친해지는 기회를 갖는다.

- 페어플레이, 성 편견 등 스포츠에서 중요하게 생각하는 가치에 대해 논의한다.

(3) 학습공동체를 개발하기 위한 위와 같은 전략이나 노력은 결국 교사와 학생 간의 상호작용이나 상호작용 체제를 요구하게 된다. 학습공동체 모형은 학교, 특히 중학교와 고등학교를 개혁하기 위한 대안모형으로 자주 제시되고 있다. 〈필수체크 10-1〉은 한 중학교에서 이 모형을 어떻게 적용하였는지를 보여주고 있다.

✔ 필수체크　10-1. 중학교 학습 공동체

세계 곳곳의 학교들이 교육의 효율성을 높이기 위해 다양한 학습 공동체 모형을 채택하고 있다. 다음은 한 중학교에서 아래와 같은 8가지 특성으로 9개의 학습 공동체를 운영한 예이다.

- 학생 중심 접근
- 학업성취를 가치 있게 생각하고 모든 학생들의 성공을 중요하게 생각하는 합의된 성과를 얻기 위해 헌신
- 가치 있는 성취의 인정 및 보상
- 학생들의 생각이나 행동을 지지 옹호하는 정신
- 바람직한 행동과 생산적인 학습 분위기 조성을 위한 팀 정책
- 교사-학생-학부모의 공동체 형성
- 혁신을 시도하는 적극적인 자세
- 차이를 인정하고 축하하는 건강한 타협

한 학습 공동체당 55-80명의 학습자들로 구성된 9개의 학습 공동체는 18명의 학생들로 구성되는 집으로 세분화된다. 각 집에는 안내자, 지지자, 친구의 역할을 하는 한 명의 교사가 있다. 각 집에 속한 학생들은 자신의 관심사를 피력하고, 학습 팀에 관련된 사건과 시민의식과 같은 큰 이슈에 대해서 논의한다. 교사는 학생들의 노력을 탐지한다. 학교가 중요하게 생각하는 핵심 교육과정이 있지만 각 학습 공동체마다 자기만의 핵심 교육과정이 있다. 각 학습 공동체는 다른 공동체와 구별되는 이름, 로고, 티셔츠, 색깔, 그 밖의 특징을 갖고 있다. 각 학습 공동체는 공동체 의식을 함양하기 위해 특별한 활동을 계획하고 있다. 학생들은 클럽활동과 교내활동에서 자기 팀이나 공동체를 대표한다.

---

2 배려하는 체육 교사와 평등 교육

1. 배려하는 체육 교사

• 학생들은 성이나 인종 또는 운동능력에 대해서 고정관념을 갖거나 그에 따른 차별적 행동을 하는 교사와 차별적 행동을 하는 학생을 바로잡지 않는 교사를 배려심이 부족한 교사로 생각한다.

- 배려하는 교사로 성장하기 위해서는 다양성으로 야기되는 문제를 해결하는 데 필요한 지식과 기능을 갖추어야 한다.
  (1) 최근 일어나고 있는 하나의 교육 운동은 배려 교육(caring pedagogy)이다.
  (2) 학생들을 배려하는 교사는 여러 차원에서 능동적인 교사와 비슷한 특성을 갖고 있다. 보스워드(Bosworth)는 배려하는 교사는 다음과 같은 행동적 특징이 있다고 주장하고 있다.
    - 학생들의 학습 과제를 도와준다. • 학생을 가치 있게 생각한다. • 학생들을 존중한다.
    - 학생들을 관대하게 대한다. • 학습과제를 설명하고 이해를 확인한다.
    - 학생들을 격려하고 지원한다. • 재미있고 도전적인 활동을 계획한다.
  - '친절한', '도와주는 것을 좋아하는', '성취감을 맛보고 싶어 하는', '학생들의 문제에 관심 갖기 좋아하는' 그런 특성을 갖고 있는 교사이다.

2. 평등 교육

(1) 교사가 되고 싶은 사람은 모든 학생들을 효과적으로 가르칠 수 있는 지식과 기능을 갖추어야하며, 동시에 그러한 지식과 기능을 모든 학생들에게 공평하게 사용할 수 있는 자질과 능력을 갖추어야한다.

(2) 모든 학생들이 문화적으로 다양한 학교를 다니는 것은 아니지만 단일 문화로 형성된 학교를 다니는 학생들도 결국에는 문화적으로 다양한 사회에서 일하며 살아가야 한다.
  ① 즉, 문화적으로 다양한 사회를 살아가는 데 필요한 교육을 하지 않으면 불완전한 교육이 될 가능성이 높아지고 있다. 문화적으로 결핍되거나 가난한 학생들에 대한 잘못된 인식과 태도는 대개 각종 공동체나 미디어가 구축한 그릇된 이미지 때문이다.(Zimpher & Asbum, 1992)
  ② 다시 말해, 문화적으로 결핍되거나 가난한 학생들에 대한 잘못된 인식과 태도는 그들을 대변할 기회가 없어서 생기는 오해일 수 있다는 것이다.

3 평등 교육과 평등한 체육교육

- '반 편견' 교수전략은 학생들이 고정관념과 차별문제에 의도적으로 직면하여 보다 관용적인 사람으로 변화되고 학교 안팎에서 '반 편견' 행동을 주창하는 사람으로 발전하도록 가르친다.
- 학생들이 '반 편견' 토론에 유효하고 공정하게 참여하길 원한다면 그들에게 구체적인 의사소통 기능을 가르쳐야 한다.
- **편견(偏見): 공정하지 못하고 한쪽으로 치우친 생각**
- **반 편견 교육[反偏見敎育, anti-bias education]: 성, 인종, 민족, 능력, 장애 유무 등에 상관없이 모든 사람을 존중하도록 교육함으로써 이들에 대한 편견을 갖지 않도록 교육하는 것이다. 반 편견 교육에서는 각 아동이 서로의 차이를 존중하는 다양성의 수용과 편안한 감정이입을 발달시켜 자신 있고 폭넓은 자아정체감을 형성하도록 한다.(특수교육학용어사전, 2009., 국립특수교육원)**
  (1) 학습공동체는 학생들 스스로 자기와 문화적으로 다른 학생들을 이해하려는 노력을 하지 않으면 형성하기 어렵다.
  (2) 어떤 교사가 반 편견 교사로 변화되었다는 것은 그가 학생들에게 불평등 해결 과제를 제시할 수 있을 뿐만 아니라 학생들이 평등과 공정의 옹호자로 살아가는 데 필요한 지식과 자질을 개발해 줄 수 있는 능력을 갖추었다는 것을 의미한다.

(3) 〈필수체크 10-2〉의 질문을 교사 자신에게 해 보면 자기가 얼마나 반 편견 교사인지 어느 정도 파악할 수 있다.

✔ 필수체크 10-2. 반(反) 편견 교수 전략의 사정

- 나는 학생들이 고정관념이나 편견을 갖거나 다른 사람을 차별할 때 그것을 적극적으로 해결하는가?
- 나는 학생들이 자기와 다른 감정과 견해를 갖고 있는 사람들을 이해하고 존중 하도록 가르치고 격려하는가?
- 학생들은 내가 인종, 성, 또는 사회경제적 지위와 관련하여 학생들의 운동수행 능력을 판단하지 않는다는 것을 알고 있는가?
- 나는 학생들이 체육수업에서 일어나는 편견과 차별적 관행을 찾아서 해결하는 법을 배울 계획을 하고 있는가?
- 나는 누군가 편견을 갖거나, 차별을 하거나, 괴롭히는 행동을 할 때 그것에 적절히 반응하는데 필요한 기능과 자질을 가르칠 계획을 하고 있는가?
- 나는 학생들이 계급, 인종, 성 등이 신체활동과 스포츠에 어떻게 반영되어 나타나고, 그것이 미디어, 학교, 또는 지역사회에 어떤 의미를 갖는지 조사 활동을 계획하고 있는가?

---

(4) '반(反) 편견' 교수 전략은 편견을 갖거나 차별하는 사람과 대립하면서 문제를 해결하는 전략이 아니다. 그렇게 대립적 접근을 하면 학생들이 수업을 불안한 학습 공간으로 이해할 수 있기 때문이다.

(5) 학생들은 아마 거의 모든 체육 수업에서 어떤 편견을 갖고 행동할 수 있다. 체육수업에 잔존하는 성에 대한 편견은 초등학교에서부터 생겨나서 고등학교까지 계속되고 있으며, 남녀 학생들은 미디어를 통해서 배운 성 적합 행동을 수업에서 재현하고 있다. 그렇게 잘못된 성 역할을 교사가 무심코 강화하고 있는지도 모른다.

① 평등한 학습공동체를 원한다면 여학생에게도 남학생과 같은 관심을 쏟고, 여학생에게 동일한 참여 기회를 제공해야 하며, 여학생의 목소리에도 귀를 기울여야 한다. 운동하는 여학생에 대한 편견이 조금씩 사라지고 있지만 체육과 스포츠 분야에서는 성에 대한 고정관념이 여전히 자리 잡고 있다.

② 따라서 반 편견 교수 전략 개념을 적극적으로 도입하여 그러한 고정관념이 사라진 가운데 남녀학생들이 자신의 신체적 능력을 마음껏 발휘할 수 있도록 해야 한다. 성에 대한 이와 같은 편견은 운동 능력이나 인종적 차이에 대해서도 똑같이 나타나고 있다.

✔ 필수체크 10-3. 토론의 기본원칙

'반 편견' 교수 전략의 사용과 관련하여 특별한 교수기능이 필요하다면 아마 그것은 '토론 기법'일 것이다 왜냐하면 체육에서는 일반 주지교과처럼 토론 기법을 자주 사용 하지 않기 때문이다. 학습 공동체에 적합한 방식으로 토론을 하기 위해서는 토론의 기본원칙을 알고 연습하면서 교사의 지도를 받아야 한다. 학생들은 앞 다투어 얘기하려 하고, 서로 비난하며, 반대 주장을 하기도 한다. 다음은 편견에 대한 토론을 할 때 지켜야 할 일단의 기본원칙이다.

- 다른 학생이 말하는 것을 인내심을 가지고 신중하게 경청한다.
- 자신의 의견을 솔직하고 정직하게 표현한다.
- 각자의 관점에서 진리를 추구한다.
- 수치심을 느끼게 하는 행동, 비하하는 행동, 비난하는 행동을 피한다.
- 서로에 대한 비밀을 유지한다.

학생들은 무례한 말은 상처를 준다는 것을 알아야 한다. 무례한 말은 그 말의 표적이 되는 사람에게 상처를 주고, 그 말을 한 사람에게도 상처를 주며, 결국에는 학습 공동체의 정신에 부정적인 영향을 미친다는 것을 알아야 한다.

제11장 통합 체육수업 전략

1 통합 체육교육의 이해

1. 통합 체육교육

(1) 목적: 통합 체육교육은 장애학생과 비장애학생이 체육수업에 함께 참여하여 각자에게 맞는 교육을 받는 가운데 장애학생은 사회적응력을 기르고, 비장애학생은 장애학생을 이해하고 수용하는 태도를 기르는 것을 목적으로 한다.

2. 통합 교육

(1) 인간은 더불어 살아가는 존재이며, 그러한 실존적 관계 속에서 서로를 존중하고 배려해야 한다.

(2) 통합 교육 은 특수한 교육적 요구를 가진 학생들과 일반 학생들을 같은 교육시설에서 가르침으로써 교육의 효율성을 높이고 궁극적으로 더불어 살아가는 사회를 만들어가기 위한 교육이다.(김남순 2002)

① 통합 체육은 장애학생이 비장애학생과 함께 일반학교 정규 체육수업에 참가하여 비장애학생들과 같은 교육을 받는 것을 말한다.

② 즉, 통합 체육은 운동기능 수준이 낮은 학생부터 기능 수준이 높은 학생에 이르기까지 각자의 필요나 요구에 따라 적절한 체육활동 기회를 갖도록 하는 데 있다.(Churton, 1988)

(3) 통합 체육교육은 장애학생과 비장애학생이 체육수업에 함께 참여하여 각자에게 맞는 교육을 받는 가운데 장애학생은 사회적응력을 기르고, 비장애학생은 장애학생을 이해하고 수용하는 태도를 가지게 함으로써 더불어 살아가는 사회통합의 기반을 마련하는 데 기여할 수 있다.

① 통합 교육은 특수교육에서 유래되었고, 특수 체육은 통합 교육의 변화를 근거로 발전해 왔다.

② 통합 교육은 정상화 , 통합 , 제한 최소화 환경 , 주류화 , 일반 교육주도 특수교육 , 적극적 통합 의 형태로 발전해 왔으며, 현재는 완전 통합의 방향으로 나아가고 있다.

㉠ 정상화(normalization) 는 사회로부터 격리된 장애인들을 일반인의 생활에 근접한 형태로 살아가도록 기회를 제공하는, 즉 장애인과 비장애인에게 동등한 물리적 환경을 제공하는 것을 의미한다.

㉡ 통합(integration) 은 장애학생을 일반 학생과 같은 장소에 배치하여 제한적인 상호작용을 할 수 있도록 하는 것으로, 일반학교에 특수학급을 배치하는 형태를 말한다.

㉢ 제한 최소화 환경(least restrictive environment) 은 미국의 장애아 교육법 PL94-142 에서 처음 언급된 용어로 장애학생들도 일반학교에서 합법적으로 교육받을 수 있도록 하자는 것이다. 즉, 장애학생에게 가장 알맞은 교육 배치와 적절한 서비스를 제공함으로써 장애학생도 일반학급의 비장애학생들과 같은 수준의 교육받을 수 있도록 하자는 취지이다.

㉣ 주류화(main streaming) 는 장애학생들을 또래의 일반학생들과 같은 교육환경에 배치하고 그들에게 특별히 부족한 부분만 특수교육을 받도록 하는 점진적이고 단계적인 통합 교육을 말한다.

㉤ 일반 교육 주도 특수 교육(regular education initiative) 은 장애학생과 일반학생이 서로 손해를 보지 않고 최대의 교육효과를 얻을 수 있도록 일반 교사와 특수 교사가 함께 교육하는 것

을 말한다. 체육에도 일반 체육 교사와 특수 체육 교사가 일반학생과 장애학생을 함께 교육하는 일반 체육 주도의 특수 체육(regular education initiative)이라는 개념이 도입되고 있다.

ⓑ 적극적 통합(inclusion)은 장애학생을 처음부터 일반학교에 배치하고, 배치 내용에 가장 적합한 교육을 하되 장애학생이 일반학교에 적응하지 못할 때에는 그 부분에 대해서만 분리 교육을 하는 선 통합 교육, 후 분리 교육을 말한다. 이전의 통합 교육 개념보다 포괄적인 개념으로 장애학생의 교육권을 적극적으로 보장하고 있다.

2 통합 체육수업의 계획

(1) 통합 체육수업 또한 무엇을 가르칠 것인지 신중하게 결정해서 정확하게 가르친 다음 가르친 내용을 평가하는 수업 정합(instructional alignment)을 신중하게 고려해야 한다. 의도한 학습결과, 학습과정, 학습결과의 사정이 일치를 이루면 학생들이 더 많은 것을 배울 수 있기 때문이다.

(2) 체육교사는 장애학생들을 가르칠 때 다음과 같은 6가지 제안사항을 고려해야 한다.

① 너무 쉽게 포기하지 않는다.

② 각 학습자의 장점을 발견한다.

③ 충분한 학습시간을 제공하고 평가한다.

④ 수행의 질을 강조한다.

⑤ 학습에 초점을 맞춘다.

⑥ 의미 있는 학습결과에 초점을 맞춘다.

3 장애학생 편의 제공

(1) 체육수업의 목표는 모든 학생들이 배우고 성장할 수 있도록 도와주는 데 있다.

(2) 대개 일반 체육수업 여건을 크게 바꾸지 않고도 거의 모든 장애학생들이 도전적인 과제에 안전하게 참가해서 성공을 경험할 수 있도록 할 수 있다.

① 즉, 전체 학급에 영향을 미치지 않을 정도의 작은 변화로도 모든 학생에게 유익한 학습 경험을 제공할 수 있다.

例 배구에서 네트를 높이거나 테니스에서 볼의 크기를 바꾸는 등 학습 장비를 약간 수정해서 게임을 느리게 진행하면 모든 학생들이 구체적인 기능과 전략에 집중하며 게임 능력을 향상시킬 수 있다.

(3) 블록(Block 1994)은 학습 장비나 수업 전략 등을 수정할 때 고려해야할 4가지 기준을 다음과 같이 제안하고 있다.

① 수정을 하면 장애학생들이 참여할 수 있고, 충분히 도전적인 과제인가?

② 수정을 해도 일반 학생은 물론 장애학생들에게도 안전한가?

③ 수정을 하면 일반 학생들에게 영향을 미치지 않는가?

④ 수정을 하면 일반 체육교사에게 과도한 부담이 되는가?

(4) 만약 수정했을 때 누구에게든 해가 되면 다시 평가해서 수정해야 한다.(Block, 1994)

4 통합 체육수업의 조직

• 학습능력에 따라 모둠을 구성하거나, 짝 체제 또래 지도법을 사용하면 부진한 학생들의 학습을 촉진하는 데 도움이 된다.

(1) 수업조직은 학습 환경을 어떻게 조성할 것인지와 학생들이 수업 조건과 어떻게 상호 작용하며 학습활동을 하도록 할 것인지에 관한 문제이다.

(2) 어떤 수업조직을 선택하든지 누가 장애학생을 어떻게 지원 또는 보조할 것인지를 미리 결정해야 한다.

① 가끔 파트너나 또래 지도자의 지원을 받아야 하는 장애학생들도 있다. 가끔 비장애학생의 지원을 필요로 하거나 다른 학생을 위협하는 장애학생이 있을 수 있다. 학급 내에 그런 장애학생이 있을 때에는 누가 그런 학생을 도와주거나 지원할지 미리 결정하여 불의의 사고에 대비해야 한다.

② 교사는 장애학생을 지원할 학생을 미리 선정하여 책임 있게 훈련시켜야 한다. 〈표 11-1〉을 참고하여 장애학생의 지원 수준을 결정할 수 있다.

〈표 11-1〉 체육수업 지원 수준

수준 1: 아무런 지원을 하지 않는다.	1.1 학생 스스로 필요한 수정을 한다. 1.2 일반 체육교사가 수정을 한다
수준 2: 지원을 협의한다.	2.1 추가보조를 필요로 하지 않는다. 2.2 동료 교수자가 다른 학생을 살핀다. 2.3 동료 교수자가 다른 학생을 보조한다. 2.4 교사 보조자가 다른 학생을 보조한다.
수준 3: 특수체육교사가 일반 체육교사를 지원한다.	3.1 동료 교수자가 다른 학생을 살핀다. 3.2 동료 교수자가 다른 학생을 보조한다. 3.3 교사 보조자가 다른 학생을 보조한다.
수준 4: 특수체육교사와 일반 체육교사가 역할을 분담한다.	4.1 역 주류화를 융통성 있게 적용한다. 4.2 역 주류화를 스케줄에 따라 적용한다.
수준 5: 특수학급에 역 주류화를 적용한다.	5.1 특수학교의 장애학생들이 일반 체육수업에 참여한다. 5.2 비장애학생들이 특수학교 체육수업에 참여한다. 5.3 장애학생과 비장애학생이 지역사회 여가시설에서 함께 운동한다.

(3) 장애학생들을 지원하는 데 효과적인 학습 지원체제는 단짝 체제와 또래교수이다.

① 단짝 체제buddy system는 일반 체육수업에 참가하는 장애학생을 비공식적으로 보조하는 것이다.

㉠ 장애학생을 돕는 학생을 단짝buddy이라고 하며, '단짝'으로 지정된 학생은 한 단원이나 한 학기 또는 일년 동안 장애학생을 돕게 된다.

㉡ 장애학생을 보조하는 '단짝'은 친구, 모델, 멘토일 뿐만 아니라 이야기꾼, 작가, 독자, 청취자, 놀이친구, 개인 교사이어야 한다. '단짝'을 지정하면 지정된 학생은 장애학생이 안전하게 학습하며 성장할 수 있도록 지원을 아끼지 말아야 한다.

㉢ 즉, '단짝'이 장애학생의 학습활동을 계속해서 탐지하며 피드백을 제공하므로 그가 안전하게 신체활동에 참가하여 원하는 학습 결과를 얻을 수 있도록 해야한다. '단짝'은 자신의 역할을 인지하고 장애학생을 지원, 보조하는 데 필요한 최소한의 교육을 받아야 한다.

② 장애학생을 지원하는 공식적인 지원체제는 또래지도이다.

　　ⓐ 또래지도$^{peer\ tutoring}$는 학급 차원 또래지도 또는 1:1 지도의 형태로 이루어진다. 학급 차원 또래지도 $^{classwide\ peer\ tutoring}$는 두 학생의 기능 수준이 거의 비슷하여 개별지도와 개별학습의 역할을 번갈아 수행한다.

　　ⓑ 한 학생이 기능 연습을 하면 다른 학생이 필요한 피드백이나 단서를 제공하는 역할을 서로 바꿔가면서 한다.

　　ⓒ 1:1 또래지도$^{one-on-one\ tutoring}$는 일반적으로 기능이 우수하거나 나이가 많은 학생이 나이가 어리거나 기능수준이 낮거나 장애가 있는 학생을 지원하는 지도 체제이다.

　　ⓓ 두 역할 모두 단짝 체제보다 공식적인 역할을 수행하게 된다. 또래지도자는 과제에 대해서 잘 알고 있어야 하며, 성취할 과제의 세부사항을 이해해야 하고, 필요한 피드백을 제공할 수 있어야 하며, 수행능력의 향상을 기록, 유지할 수 있어야 한다.

(4) 장애학생과 비장애학생이 함께 참여하는 체육수업을 운영할 때 유용하게 사용할 수 있는 수업조직 관련 주요 사항을 〈필수체크 11-1〉에 제시하였다.

✔ 필수체크　　11-1. 장애학생 편의를 위한 수업조직

① 시간·지속시간

하루의 시간, 활동에 소비할 시간, 시즌 등과 개별 학습자와의 관계를 고려해야 한다. 장애유형, 피로감, 복용 약 등과 같은 요인은 시간이나 지속시간과 관련성이 있다.
• 약을 오전에 복용하면 오후에 복용하는 것보다 체육수업에 더 적극적으로 참여할 수 있다.
• 어떤 장애학생은 10분 동안 쉬지 않고 신체활동을 수행하지만, 어떤 장애학생은 2분마다 휴식을 취해야 한다.
• 오전에 알러지의 영향을 많이 받는 학생은 오후 체육수업에 참여하는 것이 좋다.

② 신호

대개 체육교사들은 '시작', '멈춰', '집합', '조용해', '수업 끝' 등과 같은 수업 운영과 관련된 신호를 사용하고, 학생들은 각 신호가 무엇을 의미하는지 알고 그것에 반응해야 한다. 장애학생이 일반 체육수업에 참가할 때에는 수업 운영 신호를 신중하게 결정해야 하며, 필요한 신호를 추가적으로 가르쳐야 한다.
• 수신호에 언어적 단서가 수반될 수 있다.
• 교사의 신호를 비장애학생이 먼저 이해하고 장애학생에게 알려주도록 한다.
• 교사의 신호에 반응하기 위해 신체적 지원이 필요한 학생이 있을 수 있다.

③ 루틴

루틴은 반복적인 수업 방해 행동을 통제할 목적으로 사용한다. 루틴은 수업 운영 구조를 만들고 수업 질서를 유지하기 위해 사용하며 학생들에게 기대하는 바람직한 행동을 제시한다. 루틴은 수업전환에 잘 따르지 못하거나 일관성 없는 요구에 적응하지 못하는 장애학생들에게 특히 도움이 된다. 루틴은 일반 학생들에게는 수업을 유연하게 전개하는 데 도움이 되는 정도이지만, 장애학생들에게는 필수적인 사항이다.
• 수업을 어떤 장소에서 어떻게 시작하는지 알리는 '수업시작 루틴'을 사용하면 일관성을 유지하는 데 도움이 된다.
• 장애학생들을 지도할 때에는 수업이나 단원이 바뀌어도 같은 루틴을 사용한다.

④ 모둠구성

모둠은 어떤 학습목표를 추구하는지, 어떤 학습활동을 원하는지에 따라 다양하게 구성할 수 있다. 운동능력이 비슷한 학생들끼리 모둠을 구성하는 것이 더 적합할 때가 있는가 하면 운동능력이 서로 다른 학생들이 모둠을 구성하는 것이 더 효과적일 때가 있다. 또한, 모둠의 크기도 학습 경험에 영향을 미칠 수 있다.
• 기능이 떨어지는 학생은 선수들이 많은 팀에 배정하여 다른 학생들이 불이익을 당하지 않도록 해야 한다.
• 운동능력이 비슷한 학생은 서로 반대되는 팀에 배정하는 것이 좋다.
• 학생들은 모둠을 구성하는 방법에 매우 민감하다.

5 통합 체육수업 전략

- 교사는 장애학생들의 학습을 촉진하기 위해 장애학생 위치 선정, 시범 및 모델, 수업 구조화, 학생 의견 경청, 지원도구, 학습기회 확대, 신구의 결합, 실제 상황에서 연습 등을 언제 어떻게 활용할지 알고 있어야 한다.

(1) 이 장에서는 장애학생들의 학습경험을 계획하는 데 적합한 전략을 간단하게 소개할 것이다.

① **장애학생의 위치 선정**: 어떤 학생들은 교사나 학습과제에 가까이 위치해야 내용을 쉽게 파악해서 실행할 수 있다. 청각 장애를 갖고 있거나 주의집중에 어려움을 겪는 학생들은 교사나 학습과제에 가깝게 위치할 수 있도록 하는 것이 좋다.

② **시범 및 모델**: 운동기능의 학습에서 시범은 매우 중요하다. 시범은 한 번에 그치지 않고 전체 학생을 대상으로 보여주거나 필요한 학생에게 보여준다. 후속 시범은 기능의 어느 한 측면이나 일련의 단계를 보여주면서 어려운 개념을 이해할 수 있도록 한다.

③ **수업의 구조화**: 장애학생들은 구조화가 필요하며, 구조화하면 할수록 더 효과적으로 지도할 수 있다. 장애학생들을 가르칠 때에는 수업이나 단원이 바뀌어도 같은 신호나 루틴을 사용하여 일관성 있는 수업 환경이 조성될 수 있도록 한다. 행동카드를 사용하는 것과 같은 구조화교수(structured teaching)는 장애학생의 학습을 촉진하는 데 매우 효과적이다.

④ **학생 의견 경청**: "그밖에 내가 무엇을 도와줄 수 있지?"와 같은 질문으로 학생들이 무엇을 원하는지 파악하는 것은 유용한 수업전략이라고 할 수 있다. 적지 않은 교사들이 학생들의 목소리에 귀를 기울이지 않고 있다.

⑤ **지원 도구**: 몇 바퀴를 돌아야 하는지 알리는 카드, 움직임을 유도하는 바닥표시, 연습이나 루틴을 안내하는 그림 안내판 등과 같은 도구를 사용하여 장애학생의 학습을 지원한다.

⑥ **학습기회 확대**: 장비, 시설, 규칙, 학생 수 등을 수정하여 학습참여 기회를 확대한다.

⑦ **신구의 결합**: 이전에 학습한 것을 새로운 정보와 결합시키는 노력을 해야 한다. 그렇게 하면 학습한 기능과 개념을 다른 상황이나 생활에 적용할 가능성을 크게 높일 수 있다.

⑧ **실제 상황에서 연습**: 장애학생들이 기능, 개념 등을 실제 상황에 적용할 수 있는 기회를 제공하면 더욱 의미 있는 학습이 되고, 그들에게 궁극적으로 필요한 능력을 향상시킬 수 있게 된다. 우리는 학생들이 운동기능을 게임과는 별개로 학습하는 것을 자주 목격할 수 있다. 많은 장애학생들이 서로 연관성이 없는 개별 기능은 잘 수행하면서도 그것들을 결합하여 재미있는 신체 활동으로는 발전시키지 못하고 있다.

(2) 학생들의 장애 정도가 같다고 해서 모든 학생들이 똑같을 수는 없다. 따라서 학생들이 교육과정 내용에 어떻게 반응하고 있는지 그리고 교사가 제시한 과제를 어떻게 시도하고 있는지 면밀히 관찰한 다음 각 장애학생에게 적합한 학습경험을 제공해야 한다.

① 즉, 교사는 장애학생을 관찰하고 그에 따른 학습 과제나 신체활동을 계획하여 학생 각자가 성공을 경험하고 성취감을 맛볼 수 있도록 해야 한다.

② 과제를 수정한다는 것은 곧 아래의 사례처럼 장비, 운동장, 경계선, 시간, 운동패턴, 규칙 등을 장애학생의 학습 요구나 기대에 적합하게 조정한다는 것이다.
- 경기구역을 축소한다.
- 경기시간을 단축하고 휴식시간을 늘린다.
- 경기규칙을 수정한다.

- 크고 가벼운 장비를 사용한다.
- 활동을 단순화시킨다.
- 경기진행 속도를 늦춘다.
- 경기패턴을 수정한다.

(3) 장애학생을 위한 학습경험을 계획할 때에는 학습과제나 경기구역 등의 수정으로 일반 학생들의 활동 성격이 바뀌지 않는지 신중히 검토해야한다.

① 모든 학생들이 앤드라인에서 서브를 넣어야 하는가? 코트의 중간에서 서브를 넣으면 다른 학생들의 플레이에 방해가 되는가? 일반적으로 코트에서 플레이하는 선수가 적으면 서브를 성공시킬 가능성이 높다.

② 그러나 플레이 하는 선수를 줄인다고 배구 경기의 목적이 바뀌는 것은 아니지 않은가?
움직임의 제한을 받는 학생들도 경기에 참여할 수 있도록 경기장의 크기를 축소하는 방법은 없는가? 일반적으로 서브를 한 번 넣도록 되어 있지만 두 번 넣을 기회를 제공하여 성공률을 높일 수는 없는가? 장애학생을 위한 수업을 계획할 때에는 활동의 성격, 플레이의 목적, 선수의 수, 경기장의 규격, 경기의 시작과 재개, 운동수행 기대 등에 영향을 미칠 수 있는 모든 요인들을 충분히 검토해야 한다.

예 장애학생을 위한 볼링 수업은 다음과 같이 수정할 수 있다.
- 스텝의 수를 단순화시키거나 줄인다.
- 한 손 대신 두 손을 사용할 수 있도록 한다.
- 정지 상태를 유지하도록 한다.
- 램프를 사용한다.
- 파트너를 이용한다.
- 언어적 단서를 계속해서 제공한다.

PART 2
체육교수론
[쥬디스 링크(Judith E. Rink)]

제1장 학습경험 및 과제설계

1 학습경험의 선정기준 04 기출

(1) 수업 중 교사에게 기대되는 가장 중요한 기능은 학습경험을 선정하는 것이다.

① 학습경험은 학생들에게 전달하는 학습내용이다.

② 수업 중 교사가 결정하는 학습자의 역할은 바로 학습경험의 수준을 바탕으로 한다.

③ 교사는 학습경험과 움직임 과제를 다양한 방법으로 계획할 수 있다.

1. 선정기준 I -학습경험은 학습자의 운동수행능력을 향상

(1) 이 기준은 체육수업의 가장 중요한 목적이 운동수행능력 향상이라는 것을 강조하고 있다.

2. 선정기준 II -학습경험은 학습자의 운동능력을 고려해 최대한의 연습시간을 제공

예 학습지도 목표가 던지기, 잡기 등과 같은 조작 능력을 향상시키는 것이라면 고등학교에서의 릴레이 활동은 가르칠 필요가 없다. 잡고 던지는 기능은 두 사람이 짝을 지어 주고받는 연습이 가장 효과적이기 때문이다.

3. 선정기준 III -학습경험은 모든 학습자의 수준에 적합해야 함

(1) 학생들은 학습경험이 자신의 운동능력에 적합할 때 최대한의 효과를 얻는다.

(2) 학생들에게 나타나는 오류반응의 비율은 제공한 학습경험이 학생들의 운동수행능력에 적합한지를 판단하는 중요한 근거이다. 대개 80%의 성공률이면 대부분의 학생들에게 적합한 학습경험이 될 수 있다.

(3) 대개 자신의 학습 진도에 맞으면 적합한 학습경험이라고 할 수 있다. 가장 바람직한 것은 각 학습자가 자기 수준에 맞게 연습할 수 있도록 학습경험을 계획하는 것이다. 이것을 개별화 학습 또는 개인의 구체적인 욕구를 고려한다는 의미에서 개체화(personalization)라고 한다.

4. 선정기준 IV -학습경험은 가능한 한 심동적, 인지적, 정의적 교육목표를 통합해야 함

(1) 체육이 추구하는 고유한 목표는 심동적 발달을 가져오는 것이지만, 인지적, 정의적 발달을 함께 총체적으로 학습경험을 계획하는 것이 무엇보다 중요하다.

① 심동적 경험: 학생들에게 공을 토스하기 위해서 배구공 밑으로 이동하라고 지시한다.

② 심동적, 인지적 경험: 학생들에게 포물선을 그리는 토스를 하기 위해서 어떻게 해야 하는지를 탐색하도록 지시한다.

③ 심동적, 인지적, 정의적 경험: 학생들에게 서로 토스하는 것을 관찰한 다음 포물선을 그리는 토스에 관해 함께 협의하도록 한다.

체육 학습 지도를 위해 학생들의 학습경험과 학습경험에 필요한 움직임 과제가 계획되어야 한다. 체육교사가 이러한 학습경험의 계획을 세울 때, 고려해야 할 기준을 4가지만 쓰시오

[정답] • 학습경험이 학습자의 운동수행을 향상시킬 수 있어야 한다.
　　　• 학습경험이 각자의 능력을 고려하여 모든 학생에게 최대한의 활동과 연습시간을 제공해야 한다.
　　　• 학습경험이 모든 학습자의 수준에 적합해야 한다.
　　　• 학습경험이 가능한 한 심동적, 정의적, 인지적 교육 목표를 통합해야 한다.

2 내용행동과 관리행동 12 기출

1. 내용행동(=지도행동)

(1) 지도행동은 운동과제를 직접 가르치는 교수행동이다.

(2) 다음은 지도행동과 운영행동의 예이다.

내용행동(지도행동, content behaviors)	관리행동(운영행동, management behaviors)
• 과제의 수행방법을 설명한다. • 학생의 과제수행을 관찰한다. • 학생의 과제수행을 도와준다. • 운동과제를 수정하고 발전시킨다.	• 운동과제를 수행할 수 있도록 용구, 학생, 공간을 정리한다. • 학생들에게 용구를 사용하여 팀을 구성하도록 지시한다. • 학생들의 부적절한 행동을 제지한다.

(3) 지도행동은 체육수업의 본질인 교과내용을 가르치는 것과 관련되며 수업결과에 직접적인 영향을 미친다.

　예 가르칠 내용이 '손 짚고 옆 돌기'라면 체육교사는 학생들에게 '손 짚고 옆 돌기'를 시범 보이며 설명한 다음 그 과제를 수행하라고 지시하고, 학생들이 그 운동과제를 수행하는 동안 학습활동을 면밀히 관찰한 다음 '손 짚고 옆 돌기' 기능의 향상에 필요한 피드백 정보를 제공하는 지도행동을 하게 된다.

2. 관리행동(=운영행동)

(1) 운영행동은 운동과제를 가르치는 데 도움이 되도록 학습환경을 조성하는 교수행동이다.

(2) 운영행동은 품행(conduct)과 조직(organization)을 다루는 행동과 관련이 있다.

　■ conduct: (특히 도덕상으로 본, 사람의) 행위, 처신, 태도, 품행

　① 학생들의 행위: 체육교사가 학생들에게 차례를 기다리게 하거나 지시에 따라 행동하게 하거나 또는 동료 학생을 도와주도록 지시하는 것과 같이 학생들의 행동을 조직하거나 유도 또는 강화하는 교수행동을 수업 운영행동이라고 한다.

　　예 "뛰지 말고 걸어." 또는 "오늘은 매우 열심히 하는 군."은 행위와 관련이 있다.

　② 수업조직: 체육교사가 학생, 시간, 공간, 교구 등을 적절히 조정하여 수업이 원활하게 운영되도록 하는 교수행동도 수업 운영행동이다.

　　예 "라켓을 가지고 테니스장으로 이동해." 또는 "전체, 동작 멈춰."는 수업조직과 관련이 있다.

(3) 운영행동은 학습환경의 조성과 관계되며, 모든 체육교사들은 수업내용을 학습하는 데 도움이 되는 학습환경 조성을 위한다.

11. 배구 수업에서 나타날 수 있는 교사의 운영 행동만을 〈보기〉에서 제시하시오.

─────〈보 기〉─────

ㄱ. <u>2인 1조로 짝을 짓게 한다.</u>
ㄴ. 짝과 함께 언더핸드 패스를 연습하게 한다.
ㄷ. <u>장난치는 학생은 지정 구역에 한 동안 서 있도록 한다.</u>
ㄹ. 언더핸드 패스 시 팔꿈치 동작을 수정하여 준다.
ㅁ. <u>배구공을 준비하는 학생과 정리하는 학생들을 지정한다.</u>
ㅂ. 언더핸드 패스 거리를 멀리 하여 짝과 패스하도록 한다.
ㅅ. 학생들에게 배구의 언더핸드 패스에 대해 시범을 보인다.

① ㄱ, ㄴ, ㄷ
② ㄱ, ㄷ, ㅁ
③ ㄱ, ㄷ, ㅅ
④ ㄴ, ㄹ, ㅁ
⑤ ㅁ, ㅂ, ㅅ

[정답] ②

3 교수기능

(1) 체육수업에서 교수기술(teaching skill)을 관찰하는 한 가지 방법은 체육교사의 교수기능(teaching function)을 확인한 다음 주어진 학습상황에 가장 적합한 교수기술을 발견하는 것이다. 다음은 체육교사에게 기대되는 중요한 교수기능이다.

① 학생들에게 학습과제를 명확하게 제시
② 학습을 촉진하기 위해 학습자, 시간, 공간, 용구를 조직
③ 학습환경을 조성하고 유지
④ 학생들의 운동반응을 분석하여 다음 과제내용을 결정
⑤ 학생들에게 운동수행 결과에 관한 피드백 정보를 제공

1. 교사의 가치관과 신념

(1) 교사들은 저마다 교수, 즉 가르치는 일에 대해 이해와 신념을 달리하고 있다. 교수에 관한 신념은 주로 학습심리이론이나 철학에 의해 결정되며 그렇게 결정된 신념에 따라 학생들을 가르치는 데 필요한 교수기능이 무엇인지 알게 된다.

(2) 교사교육자는 예비교사들이 개발해야 할 가장 중요한 교수기능이 무엇인지 결정해야 하며 현직교사는 학생들의 신체적 발달을 도울 것인지, 운동 과제를 스스로 해결할 수 있는 능력을 길러줄 것인지를 결정해야 한다. 이러한 모든 것들은 학생들을 가르치기 전에 결정해야 한다.

(3) 교사의 가치관과 신념은 주로 교육과정과도 관련되지만 학습이론과도 무관하지 않다.

교수-학습 과정의 요소	행동주의적 입장	인간주의적 입장
교사의 역할	조작자	안내자
학습내용	구체적인 정보에 관한 학문적 지식과 기능	장기적인 정의적·인지적 목표
학생의 역할	치밀하게 계획된 경험에 교사의 지시에 따라서 비창조적으로 참여	폭넓은 경험에 창조적이고 능동적으로 참여
교수과정	교사 중심적: 체계적인 수업 프로그램을 통해서 학생의 행동을 형성(학습자가 수업환경에 적응해야 함)	학생 중심적: 폭넓은 경험을 통해서 학생의 행동을 유도(학습환경을 학생 개인에게 적용시킴)
교수결과	특수능력: 수업내용의 숙달	자기성취감: 개성(다른 사람과의 공유)

4 수업 과제 설계하기

1. 내용 차원(content dimension): 수업 과제의 내용 차원

(1) 학습자가 수행해야 할 움직임 내용이다. (예 파트너에게 공을 패스하기, 소프트볼 게임하기 등과 같은 것이 수업 과제의 내용 차원이다.) 내용을 선택하는 것은 교사가 수업 목표를 토대로 한 차시 수업을 설계할 때 수행해야 하는 핵심적인 과업이다.

: 교사는 학습자가 현재 위치에서 점진적으로 나아갈 경험의 과정을 결정한다. 교사는 경험의 과정을 결정하는 동시에 ① 내용 선택 과정에서 학습자가 수행해야 할 의사결정의 양과, ② 학습자가 과제 활동에서 어떻게 인지적 및 정의적으로 참여할 것인가를 고려해야 한다. 또한 교사는 수업하는 내내 이러한 결정을 수시로 내릴 수 없다는 점을 유념해야 하며, 각각의 과제는 교사에 따라 다를 수 있다.

(2) 선택한 내용의 가치 확인하기

: 교사가 선택한 내용에 따라 경험의 가치를 훼손시킬 수도 있고, 반대로 기여할 수도 있다. 내용을 선택할 때 교사가 자신에게 던져야 하는 질문은 다음과 같다.

① 내용 선택에 따른 학습경험은 학습 목표 달성에 기여하는가?

② 모든 학생에게 가치 있는 학습경험을 제공하는가? 너무 어렵거나 너무 쉽다고 느낄 학생은 없는가?

③ 학습자의 정의적 및 인지적 참여를 고려해 재설계된다면, 학습경험은 현재보다 더 가치 있는가?

〈표 1-1〉 과제 적절성을 높이기 위한 내용 차원(학생들의 과제 참여 가능성뿐만 아니라 학생들의 능력 수준을 고려해 과제를 재설계한 내용의 예들이다.)

초기 내용	재설계된 내용
교사가 "시작"이라고 외치면, 모두 건너뛰기 동작을 해라.	교사가 신호를 주면, 모두 건너뛰기 동작이나 말처럼 뛰기 동작 중 하나를 선택해서 수행하라. 두 동작의 차이를 설명할 수 있는 사람은?
→ 교사는 수업의 모든 학생이 건너뛰기 동작을 할 수 있는지 학생의 수준을 모르는 상황이다. 하지만 수업의 모든 학생은 건너뛰기 동작이나 말처럼 뛰기 동작 중 하나는 할 수 있다. 말처럼 뛰기 동작을 선택한 학생에게는 건너뛰기 동작도 할 수 있도록 도움을 준다.	
벽에 연습할 준비운동 동작을 게시한다.	우리는 처음 몇 분 동안 오늘 수업을 위한 준비운동을 하게 될 것이다. 오늘 각 집단은 부위별 준비 운동을 계획할 책임을 갖게 될 것이다. 각 집단의 준비운동 계획을 합치면 이번 단원에서 우리 반의 전체 준비운동이 완성되는 것이다.
→ 교사는 학생들이 집단으로 수업에 공헌할 기회를 제공함으로써 더욱 풍부한 학습경험, 구체적으로 협동적 과제 활동에 참여할 수 있도록 과제를 설계하였다. 학생들은 준비운동 관련 지식을 활용해야 했을 것이고, 협동하며 학급에 공헌할 수 있는 과제를 수행했을 것이다.	
교사는 배구의 오버핸드 서브 방법을 설명한 후, 서비스 라인에서 연습하도록 하였다.	교사는 배구의 오버핸드 서브 방법을 설명한 후, "네트 가까이에서 연습해도 괜찮아. 성공하면 점점 더 뒤로 물러나서 연습하고, 계속 성공하면 서비스 라인에 가서 서브 연습을 해."라고 말했다.
→ 여기서 교사는 현재의 기술이나 힘으로는 서비스 라인에서 배구공을 반대 코트로 넘길 수 없는 학생들을 위해, 즉 기술이나 체력 수준이 낮은 학생들을 고려해 과제를 조직하고 있다. 학생들에게 선택할 옵션을 준 것은 기술 수준에 따라 학생들을 개별화한 것이다. 또한 학생들에게 선택권을 준 것은 학생들에게 의사결정 경험을 준 것이다.	

2. 목표 지향(goal orientation): 과제의 목표 설정 차원

(1) 연습이나 수행의 기대되는 목표, 학습경험의 질적 측면(혹은 달성해야 하는 목표)에 관한 기술이다.

(2) 학생들의 목표 이해가 수업의 초기 단계에 이루어진다면, 교사와 학생은 과제에 대한 공통의 목표를 가질 수 있게 된다.

　예 "선생님은 너희들이 얼마나 강하게 타격하는가보다 좋은 폼으로 타격 연습하는 것을 보여주길 원해!"

(3) 교사는 학생들이 기능 숙달(proficiency)이라는 최종 목표로 가는 과정에서 단기 목표들을 확인할 수 있도록 과제 목표를 조절할 수 있어야 한다.

　예 "공이 나아가는 방향보다 던지는 동작의 느낌을 알았으면 좋겠구나!"
　"지금 관심 있는 것은 너희들이 움직임을 잘 느끼는 것이 더 중요하다고 생각해!"
　"자세의 미묘한 변화를 알게 될 때까지는 네가 생각하는 대로 움직여봐!"

3. 조직 차원(organizational dimension): 과제 조직 관리

(1) 시간, 공간, 사람, 장비의 배치이며, 이러한 것들은 과제 수행을 촉진할 수 있도록 설계된다.

(2) 집단으로 이루어지는 수업에서 교사는 다음의 사항을 결정해야 한다.

① 집단 구성: 개별활동, 파트너활동, 집단활동으로 할 것인가?

② 시간: 어느 정도의 시간이 필요한가?

③ 공간: 학생들은 어디에서 과제를 연습할 것인가?

④ 장비: 과제를 수행하기 위해 어떤 장비가 필요한가?

(3) 조직 관리는 수업을 위해 ① **집단 구성,** ② **시간,** ③ **공간,** ④ **장비**를 관리하는 것이다. 교사는 집단 구성, 시간, 공간, 장비를 특정한 목표들을 달성하기 위해 관리한다. 교사는 학습을 촉진하는 데 있어 환경 관리의 중요성을 간과하지 말아야 한다. Hough 등(1975)은 수업을 '자신의 학습과 타인의 학습을 촉진할 목적으로 사람, 물리적 및 시간적 자원을 관리하는 것'으로 정의한다. 동일한 절차가 아니라면, 학습을 위한 환경 관리는 수업을 위한 환경관리의 일부분이다.

① 집단구성: 체육수업의 집단 구성은 집단의 인원수, 각 집단 내에 적극적인 학생의 수 그리고 학생들을 집단으로 구성하는 데 있어 교사가 활용할 수 있는 기준과 관련된 사항을 결정하는 것이다.

ㄱ) 집단 크기: 집단 크기와 학습 기회는 함께 고려되어야 하는 사항이다. 일반적으로 사용되는 집단 구성 방법은 다음과 같다.
  • 개별, 파트너 활동, 소집단 활동(3~6명), 대집단 활동(7명 이상), 학급 전체 활동

ㄴ) 집단 구성 기준: 집단 구성의 기준은 학생을 집단으로 구성하는 기준이다. 학생들의 선택으로 소외되는 학생이 발견되거나 비사회적인 결과를 초래하지 않는다면 교사는 능력 중심으로 집단을 구성하는 것을 상당히 선호한다. 물론 능력에 따른 이질적 집단 구성(heterogeneous grouping)은 동료 교수 상황이나 협동 학습 상황에서 잘 운영될 수 있다. 그러나 팀 간 경쟁 활동이 일어나는 수업에서 이질적 집단 구성을 지속적으로 활용하는 것은 앞서 제기한 문제들을 초래할 수 있다.

	집단 구성을 위한 대안적 기준
젠더	오늘날에는 젠더에 따른 집단 구성이 바람직한 기준은 아니다. 그러나 접촉 활동이 포함된 수업에서는 고려되어야 한다.
민족성	수업에서 민족성 문제나 민족들 간의 불균형이 발생하면 교사는 미리 정해놓은 민족성에 따라 균형 잡힌 집단 구성 방안에 따르거나, 학생들의 요구를 고려해 집단을 구성해야 한다.
흥미	학생들이 흥미에 따라 과제를 선택할 수 있도록 고려해야 한다. 예 "오늘은 너희들이 필요하다고 생각하는 것을 연습해라. 너희들이 연습하는 데 적절한 크기의 공을 선택해라."
사회적 적합성	학생들이 함께 공동의 과제를 협동적으로 수행하지 못하는 학생들을 분리하여 생산적인 사회적 관계 구축을 위해 집단을 재편성해야 한다.
집단 크기	같은 인원수의 팀과 경쟁할 때와 다른 인원수의 팀과 경쟁할 때는 학생들에게 다른 경험을 제공한다. 지원 활동과 경쟁적 활동은 집단 크기를 고려해야 하는 전형적인 활동이다. 신장이 결정적인 이점이거나 불이익이 된다면 집단구성의 기준으로써 집단 크기를 활용할 것을 추천한다. 예 농구수업에서 신장이 큰 학생이 있는 팀의 인원수를 4명으로 하여 4대5 게임을 해 보는 것은 팀 내에서 지원하며 팀 간 경쟁하는 기존과 다른 경험을 해볼 기회가 된다.
우연	집단 구성을 어떻게 하든 간에 학습경험의 차이가 없을 때도 있다. 영리한 교사라면 번호에 따라 학생들을 호명해 집단을 구성함으로써 시간을 절약할 것이다. 예 번호 외에 옷 색깔, 생일, 운동화나 운동복의 색깔 등에 따라 빠르게 집단을 구성할 수 있다. 다른 학생들과 우연히 만나 함께 연습하는 것이 오히려 더 나을 것이란 판단이 든다면, 우연을 집단 구성의 기준으로 활용할 수 있다.

〈표 1-2〉 현장 사례 - 초등학교와 중학교 교사들을 위한 집단 구성의 실례

	현장 사례
초등 학교	흥 교사는 체육수업에서 파트너 활동을 많이 활용한다. 문제는 파트너 선택이 끝나고 난 후 남겨진 학생 즉 아무도 뽑지 않는 학생들이 있다는 것이다. 홍 교사는 수업 전에 인기가 많은 학생에게 "네가 그 학생을 선택해 주면 안 될까?" 부탁했다. 인기가 많은 학생의 도움으로 이전처럼 남겨진 학생이 생기지 않았다. 또한 인기 있는 학생 역시 자신의 역할에 대해 자부심을 느끼고 있었다.
중등 학교	개척 중학교는 다문화 가정들이 많이 사는 지역에 있다. 학생들 사이에 문화적 갈등이 있는 것은 아니지만, 체육수업에서 학생들은 성별과 문화에 따라 팀을 구성한다는 문제가 있다. 교사는 '모든 팀은 적어도 한 명 이상의 다른 성별과 다문화 학생으로 구성되어야 한다'는 하나의 규칙을 만들었다. 처음 학생들은 팀을 구성하는 데 시간이 오래 걸렸다. 서로 다른 성별과 다문화 가정 학생이 팀에 포함되는 것을 껄끄러워했기 때문이다. <u>교사는 '규칙대로 팀이 꾸려지지 않으면 수업을 시작하지 않는다'는 하나의 규칙을 추가하였다.</u> 학생들은 금세 규칙을 따르게 됐고, 남학생들이 여학생들의 팀에 들어가고 싶다는 소리나 학생들이 다문화 가정 학생들을 팀에 포함하고 싶다는 소리가 수업에서 전혀 이상하지 않은 일이 되었다.

② **시간 관리**: 과제 설계의 시간 측면은 과제 연습에 필요한 시간의 길이와 학습 속도에 대한 책임감과 관련된다. 시간은 수업 구조의 중요한 측면이며, 더욱 생산적인 학습환경을 구축하기 위해 교사가 활용할 수 있는 도구이기도 하다.

③ **공간 관리(arranging space)**: 공간을 어떻게 활용할 것인가는 과제 연습을 충족시킬 수 있는지를 결정하는 데 있어 중요한 사항이다. 공간 관리는 다음의 질문들에 답하면서 결정된다.
  ㉠ 어디에서 연습할 것인가? (어떤 곳에서 연습하는 것이 좋은가?)
  ㉡ 연습 공간은 어떻게 분할될 것인가?
  ㉢ 연습 공간을 적절히 활용하기 위해 집단 구성은 어떻게 이루어져야 하는가?

④ **장비**: 장비 확보와 배치 역시 중요한 결정사항이다. 일반적으로 스포츠를 가르칠 때는 장비가 개인별로 돌아갈 수 있도록 확보하는 것이 이상적이다. 교사는 장비의 수량에 의해 집단의 크기 구성이나 공간배치가 영 힘을 받지 않도록 노력해야 한다. 교실 수업상황에서 학생들은 연필이나 공책 등을 다른 학생들과 함께 쓰지 않는다. 마찬가지로 체육수업에서도 개별 학생들이 각자의 장비로 연습할 수 있도록 해야 한다.

수업 과제를 설계할 때 3가지 요소 예시	1. 내용	2. 목적 지향	3. 조직
파트너와 공을 떨어뜨리지 않고 연속해서 오버헤드 토스를 연습한다. 공을 떨어뜨리면, 주워서 다시 시작한다.	오버헤드 토스 연습	공을 떨어뜨리지 않고 연속해서 성공한 패스의 수	파트너 연습
우리는 3대3 농구 게임을 할 것이다. 그러나 골대는 없다. 세 번 이상 패스가 이루어진 후 엔드라인 너머에 있는 선수가 공을 잡았을 때 득점으로 인정된다. 경기는 빨간 라인으로 양쪽 엔드라인이 표시된 정규 농구 코트의 1/4 영역에서 이루어진다. 득점을 위해 팀은 빠르게 패스해야 한다.	골대 없는 3대3 게임, 패스를 위한 공 없는 움직임	바른 패스, 패스를 받기 위한 빈 공간으로의 움직임	정규 코트의 1/4 영역, 1개의 공 이용

5 안전한 학습경험 설계

1. 모든 학생이 운동기술 실행의 선결 조건을 가졌는지 확인하라.

(1) 성공 가능성이 희박한 기술을 시도하라고 하는 것은 안전을 저해하는 것이다.

(2) 모든 학생이 딱딱하고 빠르게 날아오는 공을 잡거나 체조의 뜀틀 동작을 시도할 준비가 되어있지 않다. 한 학급에서 준비되어 있지 않은 학생과 준비된 학생이 섞여 있으면 과제를 개별화해야 한다.

2. 어떤 경우라도 학생들을 '통제 불능' 상태로 내버려 두지 마라.

(1) 기술 목표에 합당하게 자신이나 타인을 보호할 수 있도록 학생들을 통제해야 한다. 배트나 스틱, 라켓 등을 함부로 던지거나 매트나 용구를 향해 몸을 날리지 않도록 주의를 시켜야 한다.

3. 과제를 안전하게 연습하는 방법을 가르쳐라.

4. 안전한 참여와 기술 연습 환경을 관리하라. 안전 문제는 언제나 일어날 수 있다.

(1) 교사는 과제 수행 시 예상되는 안전 문제를 고려해야 한다. 다음은 이와 관련된 주의사항들이다.

① 위에서부터 떨어지는 활동이 많은 체조 수업은 매트 위에서 이루어져야 한다.

② 달리기의 결승선은 감속 시간이 필요하므로 벽이나 다른 장애물로부터 떨어져 있어야 한다.

③ 운동 용구를 휘둘러야 하는 종목을 가르칠 때는 안전을 위해 충분한 공간을 확보해야 한다. 공이나 콕의 속도가 빠른 활동에서는 다른 학생들에게 우연히 날아가지 않도록 주의해야 한다.

④ 신체적 접촉이 일어나는 활동에서는 다른 학생의 몸집이나 몸무게를 고려해야 한다.

제2장 학습과제의 제시

1 학습자의 주의집중

(1) 학생이 교사의 설명에서 유익한 정보를 얻기 위해서는 교사가 전달하는 내용에 주의를 기울여야 한다. 아직도 많은 교사들이 주의집중에 필요한 환경은 조성하지 않고 목소리만 높이고 있다.

〈상황별 주의집중 전략(스포츠교육학, 대한미디어)〉

학습자의 주의집중	특성
1. 신호와 절차의 수립	(소란하고 산만한 환경) 주위가 소란하다면 그 원인을 먼저 제거해야 한다. 목소리를 높이는 것은 일시적으로만 효과가 있지만 학습자와 사전에 약속된 신호를 사용하고, 반복적으로 연습시킨다.
2. 외부 환경 요인들에 몰두	(외부 환경 원인에 몰두) 스포츠 지도 상황에서는 기구를 빈번하게 활용한다. 이로 인해 학습자의 주의가 산만한데, 이럴 때는 기구를 멀리 떨어지게 하는 것이 좋다. 축구공이나 농구공을 정해진 보관 장소에 보관한 후 집합하여 교사의 설명을 듣도록 한다.
3. 시·청각 능력 결여	햇빛에 눈이 부신 경우 교사가 해를 보고, 학습자가 해를 등지게 한다.
4. 비효율적인 시간 활용	어린 학습자일수록 보고 듣는 능력이 결여된 경우가 많다. 내용이 간단하거나 제시되는 내용이 새롭지 않을 때는 개별적으로 지도하는 것이 좋으며, 그렇지 않을 때는 전체 집합 후 이에 대해 지도하는 것이 좋다.

참고문제	2018년 지도사 2급

10. 스포츠 지도 시 주의 집중 전략으로 적절하지 않은 것은?
  ① 주위가 소란할 때는 학습자와 사전에 약속된 신호를 사용하는 것이 필요하다.
  ② 학습자의 주의가 기구에 집중되면, 기구를 정리한 후 집합하여 설명하는 것이 좋다.
  ③ 학습자의 주의를 집중하기 위해 가능하면 지도자는 햇빛을 등지고 설명한다.
  ④ 학습자가 설명을 정확하게 이해하도록 지도자는 학습자 가까이에서 설명하는 것이 좋다.

1. 신호와 절차의 확립

(1) 학기 초에 주의집중 신호와 절차를 정하면, 학생들의 주의를 보다 쉽게 집중시킬 수 있다.

  ① 수업을 언제 시작하는지 학기 초에 학생들에게 설명하면 주의집중에 도움이 된다.

  ② 학생들이 수업의 시작 시점을 알면 그것에 맞춰 마음의 준비를 하게 되므로 보다 효과적으로 주의를 집중시킬 수 있다. 학생들을 오래 세워두거나 불편한 곳에 계속 앉아있게 하면 우선 그것을 해결하는 데 관심을 가지게 되고, 학습과제는 주의집중을 하지 않게 된다.

(2) 체육교사는 학생들의 주의를 집중시키기 위해 자주 호루라기를 사용한다.

    ① 체육교사는 학습과제를 설명하기 위해 학생들을 한 자리에 모으거나 제시된 과제의 시작을 알리기 위해 호루라기를 사용하곤 한다. 그런데 호루라기의 사용은 넓은 공간에서는 효과적이지만, 좁은 공간에서는 불필요할 때가 있다.

    ② 좁은 학습공간에서는 손뼉을 사용하거나 구두로 주의집중을 요구하는 것이 더 효과적이다.

2. 외부 환경 요인들에 몰두

(1) 학습환경 내에 학생들의 주의를 산만하게 하는 사람이나 사물이 있으면 주의를 집중하는 것이 쉽지 않다.

    ① 문제상황: 어린 학생들의 경우 손에 공, 줄넘기, 공기 등이 있으면 그것을 만지작거리는 데 정신이 팔려 교사의 설명에 주의를 집중하지 않게 된다. 학생들을 매트 위에 앉히거나 네트 가까이 세워도 그로 인해 장난을 치거나 주의집중을 하지 않게 된다.

    → 학습과제를 전달한 다음 용구를 나누어 주거나 학습장비 에 접근하는 수업절차를 확립할 필요가 있다.

    ② 학습용구 를 먼저 나누어주고 과제를 설명할 수밖에 없는 상황

    → 학습용구로 인한 장난이 일어날 경우 닿지 않는 거리에 내려놓고 설명을 듣도록 한다.
(환경적 요인으로 인한 주의산만은 그러한 요인과 학생들을 격리시킴으로써 집중력 높임)

    예 학생들에게 매트 위에 앉는 것을 허용하지 않거나 네트나 벽에 기대는 것을 금지시키는 수업절차를 도입하면, 주의산만 문제를 해결하는 데 도움이 된다.

    예 학생들끼리 장난을 치며 과제에 집중하지 않을 때에는, 집단 활동이 불가피할 경우를 제외하고 다른 학생과 접촉하는 것을 금지시킨다. 학생들의 주의산만 요인들을 제거하는 것으로 많은 주의산만 관련 문제를 해결할 수 있다.

3. 시·청각 능력 결여

(1) 학생들은 무엇이 진행되고 있는지 인지하지 못하면 주의를 집중하지 않는다. 교사가 학생들의 주의를 집중시키지 못하는 이유의 많은 부분은 학생들이 과제 전달을 보지 못하거나 들을 수 없기 때문이다. 가끔 체육교사들은 모든 학생들을 한 자리에 집합시켜 설명하는 것을 귀찮아하거나 학습시간을 낭비한다고 생각하여 현재의 위치에서 과제를 제시하곤 한다.

(2) 학생들의 과제집중을 방해하는 또 다른 요인은 태양에의 직접 노출이다. 특히 운동장 수업에서 학생들이 직사광선으로 인해 눈이 부셔 체육교사가 제시하는 학습과제를 볼 수 없어 과제에 집중하지 못하는 경우가 있다. 체육교사는 학생들이 항상 태양을 등지고 앉아 제시되는 학습과제에 집중할 수 있도록 해야 한다.

4. 비효율적인 시간 활용

(1) 수업을 처음 시작할 때에는 어렵지 않게 학생들의 주의를 집중시킬 수 있지만, 수업이 진행되면서 계속해서 학생들의 주의를 집중시키는 것이 쉽지 않다는 것을 알게 된다. 학생들의 주의를 계속 집중시키기 위해서는 무엇보다 장황한 설명을 피하는 것이 좋다.

(2) 수업 초기에는 긴 설명에 인내심을 발휘하던 학생들도 수업이 진행되면서 점차 집중력이 떨어지게 된다. 그러므로 교사가 간단한 학습과제를 길게 설명하거나 간단한 시범으로 보여줄 수 있는 학습내용을 장황하게 설명하면 주의를 기울이지 않게 된다.

2 내용과제와 조직과제의 전달

(1) 과제의 내용적 측면과 조직적 측면의 순서를 어떻게 정하느냐에 따라 학생들이 그 과제에 반응하는 양상이 달라질 수 있다.

    ① 내용과제(content task): 과제의 제시는 보통 '어떤 과제를 수행할 것인지'이다.

    ② 조직과제(organizational task): '그 과제가 수행되는 조건 또는 조직적 배열'을 포함한다.

(2) 체육교사들은 과제를 제시할 때 이 두 유형의 정보를 혼합하여 제시하는 경향이 있다. 내용과제(content task)와 조직과제(organizational task)를 혼합하여 제시하면 학생들에게 혼란을 야기할 수 있다.

(3) 과제를 명료하게 전달하려면 내용과제와 조직과제를 혼동하지 않도록 해야 한다. 다음은 내용과제와 조직과제를 혼합한 바람직하지 않은 과제제시 방법이다.

    "오늘은 땅으로 굴러오는 볼 잡는 법을 연습하게 될 것이다. 연습은 파트너와 하게 될 것이다. 땅 볼을 잡을 때는 몸을 볼 뒤에 위치시키는 것이 무엇보다 중요하다. 일단 볼이 자기 몸을 비켜가면 그것을 잡을 방법이 없기 때문이다."

(4) 위의 예에서 교사는 연습할 내용과제 또는 '땅 볼 잡기' 기능을 학생들에게 설명한 다음 조직과제 또는 '파트너와 연습하기'를 설명하고 있다.

(5) 내용과제를 설명하다가 갑자기 조직과제에 대해 설명하게 되면, 아마 극소수의 학생들만이 조직과제의 설명에 관심을 갖게 될 것이다.

(6) 조직과제의 설명을 듣지 못한 학생들은 어떤 학습조건에서 내용과제를 수행하는지 정확하게 알지 못한다. 또한 조직과제에 대한 설명을 들은 학생들은 계속되는 교사의 내용과제 설명에는 귀를 기울이지 않고 같이 연습할 파트너를 생각하며 산만한 행동을 하게 된다.

(7) 따라서 내용과제와 조직과제가 복잡하게 혼합된 경우 두 과제를 분리하여 제시하거나 단계로 제시된 것이 바람직하다. 다음은 두 유형의 과제를 제시한 예이다.

    "오늘은 파트너와 짝을 지어 땅 볼 잡는 연습을 하게 될 것이다. 내가 '시작'하면 자기 파트너 옆에 가서 앉는다." 교사는 학생들이 자기 파트너 옆에 앉아 다음 과제설명을 들을 준비가 될 때까지 기다린다.

    "파트너 중 한 사람이 가서 공을 가지고 와 파트너 옆에 앉는다." 교사는 공을 가지러 간 파트너가 돌아와 제자리에 앉을 때까지 기다린다.

    "자, 지금부터 이동하는 파트너에게 패스하는 연습을 시작한다 …."

(8) 일반적으로 과제는 위의 예에서처럼 **조직과제를 먼저 제시한** 다음 내용과제를 제시한다. 특히 학생들에게 파트너나 장비를 선택할 권한이 있는 경우에는 조직과제를 먼저 제시하는 것이 유용하다. 때로는 과제의 성격상 내용과제가 조직과제를 수반하는 경우가 있다.

    ① 배구의 서비스 연습에서 파트너가 네트의 반대편에서 공을 쳐 넘기는 것을 잡아서 네트 밑으로 굴려 보내야 한다면 '네트를 사이에 두고 파트너가 마주보고 서는' 조직과제는 내용과제와 분리하여 제시할 수 있지만,

    ② '볼을 잡아서 네트 밑으로 굴려 보내는' 조직과제는 '서비스 기능의 연습'에 수반되므로 내용과제와 더불어 제시해야 한다.

3 과제전달 능력의 향상(과제 제시의 명료성)

• 하위 개념: 1. 학습자 오리엔테이션(과제제시의 지향성 또는 방향성), 2. 과제의 논리적 제시, 3. 과제의 대조적(대비) 제시, 4. 학습자 경험의 활용, 5. 반복설명, 6. 학습한 내용과 학습할 과제의 비교, 7. 학습자의 이해 확인, 8. 과제의 역동적 제시

1. 학습자 오리엔테이션(과제제시의 지향성 또는 방향성)

(1) 사람들은 자신이 무엇을 해야 하는지 알면 편안함을 느끼며, 왜 그것을 해야 하는지를 알면 안도감을 느낀다. 교육학자들은 그것을 안내 또는 유도(induction) 라고 한다.

(2) 무엇을 하게 될 것인지 미리 알려주면, 학생들이 마음에 준비를 하고 수업에 임할 수 있게 된다. 그리고 학생들은 교사가 제시하는 과제를 수업의 전체와 관련하여 이해할 수 있게 된다.

(3) 학생들을 다음과 같이 오리엔테이션 시킬 수 있다.
"오늘은 공을 받아서 던지는 기능을 연습할 것이다. 공을 받아서 부드럽게 원하는 곳에 던지는 기능은 실제 야구 경기를 할 때 매우 중요하다. 우선 파트너와 가까이 서서 던지기를 시작해 점차 거리를 넓히며 받아서 던지기를 한다. 그런 다음 정확한 표적을 정해 던지기를 한다."

2. 과제의 논리적 제시

(1) 학습과제를 논리적으로 제시하면 과제전달 능력이 향상된다. 보통 동작이 일어나는 순서에 따라 과제를 제시하지만, 동작의 가장 중요한 부분을 먼저 제시하는 것이 더 논리적일 때가 있다. 즉 반드시 동작이 일어나는 순서에 따라 과제를 제시할 필요는 없다.

(2) 배구의 때리기 동작에서 접촉단계 를 먼저 가르칠 수 있다. 농구에서는 골대에 접근하는 동작보다 점프해서 숏하는 동작을 먼저 가르칠 수 있다. 테니스에서는 백스윙보다 치는 동작을 먼저 가르칠 수 있다.

(3) 동작이 일어나는 순서에 따라 가르치지 않고 마지막 동작부터 먼저 가르치는 것을 역순연쇄(backward chaining) 라고 한다. 동작이 일어나는 순서에 따라 예비동작을 먼저 가르치기보다는 가장 중요한 마지막 동작을 중심으로 역순으로 가르치는 것이 더 논리적이고 의미 있을 수 있다.

3. 과제의 대조적(대비) 제시

(1) 운동 개념, 특히 운동의 질적인 측면은 바람직한 동작과 바람직하지 않은 동작을 대비시켜 설명하면 쉽게 이해할 수 있다. 부드러운 착지는 강한 착지와 대조하면 쉽게 파악되고, 이동 동작은 비(非)이동 동작과 비교하면 쉽게 알 수 있으며, 충분히 뻗은 동작은 충분히 뻗지 않은 동작과 비교하면 쉽게 이해될 수 있다.

(2) 바람직한 동작과 바람직하지 않은 동작을 대비시켜 과제를 제시하면 보다 명쾌하게 전달할 수 있다.

4. 학습자 경험의 활용

(1) 교사나 학생의 사전 경험과 연계하여 과제를 제시하면 더욱 명쾌하게 전달할 수 있다.
예 "내가 배구의 서비스를 배울 때에는…" 또는 "길동이가 서비스를 넣는 것을 보면…"과 같이 설명을 시작하면 학생들이 제시하는 과제와 일체감을 갖는 데 도움이 된다.

(2) 과제를 제시할 때 학습자의 사전 경험을 활용함으로써 체육수업을 보다 개별화(personalize) 할 수 있다.

5. 반복설명

(1) 과제의 수행 직전에 그 과제의 핵심요소를 반복 설명하는 것은 매우 효과적이다.

(2) 새로운 기능을 연습할 기회를 가진 다음 또는 이전에 학습한 내용을 다시 연습하기 전에 반복 설명하는 것도 매우 중요하다.

6. 학습한 내용과 학습할 과제의 비교

(1) 수행할 운동과제가 이미 학습한 다른 기능과 어떻게 같거나 다른지 학생들에게 설명하거나 보여주면 새로운 학습 정보를 보다 효과적으로 활용할 수 있다.

　　예 "배구의 플로트 서비스는 팔로우 드로우가 없다는 것을 제외하면, 오버핸드 드로우 패턴과 매우 비슷해!" 와 같은 예는 학생들이 학습한 내용과 수행하고자 하는 과제를 비교하여 설명한 경우이다. 과거 경험과 현재 경험사이에 다리를 놓으면 전이 의 효과로 학습이 더욱 촉진된다.

7. 학습자의 이해 확인

(1) 교사는 학생들이 자신의 과제설명을 어느 정도 이해하고 있는지 확인할 필요가 있으며, 그것은 학생들의 이해를 확인하는 질문을 통해 확인할 수 있다.

(2) 연습을 시작하기 전에 학생들이 교사의 설명을 이해하였는지 질문을 통해 확인하면, 학습시간의 낭비를 크게 줄일 수 있다.

8. 과제의 역동적 제시

(1) 억양의 조절, 비언어적 행동, 타이밍 등은 과제전달 능력을 향상시키는 데 크게 영향을 미칠 수 있다.

　　예 큰 목소리와 부드러운 목소리, 높은 음조와 낮은 음조, 신속한 전달과 느린 전달을 대비시켜 과제를 전달하면 학생들의 주의를 집중시키는 데 도움이 된다.

(2) 음성을 역동적으로 조절하여 과제를 효과적으로 전달하는 방법은 알고 있어야 한다.

4 과제전달 방법의 선택

• 과제 전달의 중요한 측면은 전달의 수단 1. 언어, 2. 시범, 3. 매체를 통해 전달할 수 있다.

• 어떤 방법을 사용할 것이냐 하는 것은 학습자와 학습내용의 특성을 고려하여 결정해야 한다.

1. 언어적 전달

(1) 학생들이 어떤 기능이나 활동은 경험한 적이 있고, 그것에 관해 설명하는 데 필요한 용어에 익숙하다면 언어적 전달이나 지시만으로 충분하다.

(2) 구체적인 운동기능을 언어로 설명하는 것이 얼마나 어려운지는 교사의 설명에 대한 학생들의 이해 정도를 물어보면 쉽게 알 수 있다. 어린 학생일수록 보다 구체적인 언어로 설명하거나, 시범을 곁들여 설명하는 것이 효과적이다.

2. 시범(을 통한) 전달

• 운동과제의 설명은 보여주며 설명하는 것이 가장 효과적이다. 체육에서 보여주는 것은 시범의 형태를 띠게 된다. 언어적 설명과 함께 시범을 보여주면 학생들에게 두 가지 정보를 동시에 제공하는 이점이 있다. 학생들에게 시범을 보일 때에는 다음과 같은 지침들을 고려해야 한다.
(1) 정확한 시범, (2) 학생시범의 활용, (3) 연습조건에 일치된 시범, (4) 문제해결 과제의 시범, (5) 핵심내용을 강조한 시범, (6) 수행 이유의 설명, (7) 학생 이해의 확인

(1) 정확한 시범

① 학생들은 자신이 직접 관찰한 동작을 재현하려는 경향이 있다. 아무리 핵심을 잘 설명해도 학생들은 교사의 설명과는 무관하게 시범을 통해서 필요한 학습정보를 얻게 된다. 따라서 시범은 정확해야 한다. 체육교사들은 어떤 동작이나 기능의 일부만 시범 보이거나, 기능이 사용되는 맥락 을 무시하고 시범을 보이는 경향이 있다.

② 하지만 어떤 시점에 도달하면 사용맥락에서 정상적인 속도로 수행되는 동작이나 기능의 전체 모습을 학생들에게 시범 보여야 할 때가 있다. 또한, 학생들이 보다 정확한 학습정보를 얻을 수 있도록 다양한 각도에서 시범을 보여 줄 필요가 있다.

(2) 학생시범의 활용

① 시범을 정확하게 보일 수 있는 학생이 있다면, 때로는 학생을 활용하는 것이 교사가 직접 시범 보이는 것보다 더 효과적일 때가 있다.

② 학생을 시범의 모델로 사용하면 동작이나 기능수행의 중요한 측면을 강조하여 설명할 수 있는 장점이 있다. 다만, 다른 학생들이 선호하지 않는 학생을 시범 모델로 선정하지 않도록 해야 한다.

(3) 연습조건에 일치된 시범

① 어떤 과제가 특수한 연습조건을 필요로 한다면, 그러한 조건에서 시범을 보이는 것이 바람직하다.
예 만약 세 명의 학생이 한 조가 되어 배구의 언더핸드 패스를 연습한다면, 실제 연습조건과 동일하게 세 명의 학생들을 선정하여 시범을 보이거나 교사와 두 명의 학생이 한 조가 되어 시범을 보여야 한다.

② 동작이나 기능에 관한 시범을 잘 보이고도 연습과 동일한 조건에서 시범을 보이지 않아서 시범의 효과가 잘 나타나지 않는 경우가 있다. 훌륭한 과제제시는 시범을 통해 기능과 기능의 연습형태를 전달할 수 있어야 한다.

(4) 문제해결 과제의 시범

① 체육교사들은 창조적 반응, 표현활동, 집단과제, 문제해결 등과 같은 목표를 추구하는 과제는 시범을 통한 제시를 주저하는 경향이 있다.
ㄱ 먼저 시범을 보이면 학생들이 다양하고 창조적으로 반응하지 않기 때문이다. 한 가지 반응만을 기대하는 시범을 보이고 그것을 정확하게 재현하게 하거나, 한 가지 문제해결 방법에 관해서만 시범을 보이고 그렇게 하라고 요구하면 학생들이 자발성이 제약을 받기 때문이다.
ㄴ 학생들에게 표현력을 길러주고 싶으면 그 개념의 예들을 다양한 시범을 통해 보여주고, 학생들의 자발적이고 창조적인 반응을 유도해야 한다.

② 연령의 고하를 막론하고 초보자들은 구체적인 시각 단서에 의존하여 새로운 기능을 학습한다. 이러한 주장은 다양한 반응이나 표현력 또는 문제해결 방법을 탐색하는 과제에 대해서도 똑같이 적용된다. 학생들이 시범을 보고 무엇을 해야 하는지 인지하면, 다양한 표현방법이나 문제해결 방법을 적극적으로 탐색하게 된다.

③ 인지반응을 필요로 하는 과제는 반응의 기준뿐만 아니라, 그 반응에 필요한 과정이나 기준까지 명쾌하게 제시해야 한다.

　　예 앤드라인에 가깝게 배구공을 보내는 최선의 방법을 탐색하는 것이 학생들이 수행할 과제
　　　→ 교사는 '공이 앤드라인 부근에 떨어질 정도로 강해야 하고', '탐색할 수 있는 최선의 방법'이라는 두 가지 기준을 명쾌하게 전달해야 한다.
　　예 마찬가지로 수업 외의 시간에 학생들이 할 수 있는 활기찬 활동과제를 제시한다면,
　　　→ '수업 외의 시간'이라는 기준과 '활기찬 활동'이라는 두 가지 기준을 학생들에게 명쾌하게 전달해야 한다.

(5) 핵심내용을 강조한 시범

① 시범의 효과를 높이기 위해서는 학생들의 관심을 과제의 핵심 부분에 집중시킬 수 있어야 한다. 기능이나 과제의 중요한 측면을 말로 강조하거나 기능의 핵심 부분에 대한 '잠깐' 또는 '멈춤(freezing)' 동작을 보여주며 설명하면, 시범의 효과를 높이는 데 도움이 된다.

　　예 배구의 언더핸드 패스를 가르친다면 연습을 하기 전에 허리를 곧게 펴는 동작, 무릎을 충분히 구부리는 동작, 두 팔을 모아 곧게 펴는 동작과 같은 세 가지 핵심동작은 시범을 통해 강조되어야 한다.

(6) 수행 이유의 설명

① 어떤 기능을 특정 방법으로 수행해야 하는 이유를 설명하면 기능의 언어적·시각적 단서를 기억하는 데 도움이 된다.

　　예 배드민턴 서비스는 백스윙을 낮게 하고 추수동작(follow-through)을 길게 해야 한다. 배드민턴의 경기규칙상 셔틀콕을 허리 위에서 접촉할 수 없기 때문이라고 규칙이나 효율성과 관련된 움직임의 원리를 설명한다.

② 정보는 어떤 기능이나 동작을 이해하는 데 필요한 최소한의 양으로 제한하여 제공하는 것이 바람직하다.

(7) 학생 이해의 확인

① 학생들이 연습을 하기 전에 시범과제를 정확하게 이해하였는지 확인과정이 필요하다. 학생들이 교사의 시범을 제대로 이해하였는지의 여부는 두 가지 방법으로 확인할 수 있다.

　　㉠ 첫 번째 방법은 체육교사가 먼저 시범을 보여주고 그것에 대해 학생들에게 질문하는 것이고,
　　㉡ 두 번째 방법은 체육교사의 언어적 질문에 학생들이 시범으로 대답하는 것이다. 학생들에게 동작의 핵심 부분을 집중적으로 관찰하도록 하고 그 부분을 이해하였는지 확인할 수도 있다.

3. 매체를 통한 전달

(1) 최근 체육교사들을 위한 그림, 차트, 필름 등과 같은 학습매체들의 공급이 급격히 증가하고 있다.

(2) 다양한 시각매체를 체육수업에 도입하면, 동작의 전체적인 모습을 정확하게 보여줄 수 있을 뿐만 아니라 학생들의 학습동기를 유발하는 데에도 도움이 된다.

(3) 시각매체를 통해 경기방법이나 동작의 바람직한 모습을 보여줌으로써 학생들의 주의를 더욱 집중시킬 수 있다.

5 학습단서의 선택과 조직 [09 기출] [15 지도사] [18 지도사]

1. 정확한 학습단서

(1) 학생들에게 도움이 되는 적절한 학습단서를 찾기 위해서는 가르칠 내용을 충실히 파악해야 한다. 운동기능을 가르칠 때 중요한 부분을 알고 필요한 단서를 제공하는 교사가 그렇지 않은 교사보다 유능하다는 주장은 연구를 통해서도 입증이 되고 있다(Werner, Rink, & Hinrichs, 1984).

(2) 내용의 발달적 분석에서 '세련' 또는 '동작 다듬기'는 학습지도 내용의 질적인 측면을 강조하므로 그 과정을 통해서 학습지도에 필요한 중요한 단서를 확인할 수 있다.

2. 간결하고 핵심적인 학습단서

(1) 학생들은 교사가 제공하는 모든 정보를 사용하여 동작을 수행하지 않는다. 따라서 교사가 학생들을 위해 선택하는 학습단서는 그것이 특정 운동과제를 수행하는 데 꼭 필요한 것이다.

> 예 체육교사가 학생들에게 배구의 오버핸드 서브를 가르칠 때, 다음과 같이 구체적으로 설명할 수 있다.
> "공을 서브하는 쪽을 향해 다리를 넓게 벌리고 선다. 이때 앞발과 공을 치는 팔은 서로 반대이어야 한다. 백스윙을 할 때 어깨와 허리 부분이 로테이션이 일어나도록 한다. 팔의 움직임은 어깨 높이 정도에 위치한 팔꿈치를 중심으로 한다.
> → 대부분의 학생들은 복잡한 설명 대신 '팔꿈치를 높게' '스텝은 반대로' '손목 스냅을 이용해서' 등과 같은 핵심 학습단서를 사용함으로써 오버핸드 서브를 훨씬 더 효과적으로 학습하고 있다.

(2) 핵심단서 는 복잡한 동작을 간단하게 이해하는 데 도움이 될 뿐만 아니라, 학생들에게 기대행동 을 전달하는 데에도 도움이 된다.

> 예 조작운동의 경우 자세, 백스윙, 추수동작 등이며, 대개 준비 단계, 수행 단계, 추수동작 단계로 구분한 다음 각 단계의 핵심요소를 확인하면 학습단서를 쉽게 찾을 수 있다.
> 예 스냅, 펀치, 밀기, 압박 등과 같은 동작의 유형이나 형태를 나타내는 단어들을 사용하면 학습단서를 준비하는 데 도움이 된다. 이러한 단서어 는 동작의 시간적 특성(빠르거나 느리게)이나 무게의 특성(강하거나 약하게)을 이해하는 데 도움이 된다.
> 예 농구의 레이업 슛은 볼을 가볍게 내려놓는 것이 중요하며, 야구의 배팅은 상황에 적합한 자세를 취한 다음 신속하게 반응하는 것이 중요하고, 하키에서는 퍽에 스틱을 대고 스냅으로 밀어내는 것이 중요하다.

3. 연령과 수준에 적합한 학습단서

• 학생들에게 제공하는 학습단서는 학습자의 연령과 학습능력을 고려하여 선택해야 한다. 이와 같은 두 가지 특징은 교사가 선택하는 학습단서의 유형과 그것의 전달 방법에 중요한 영향을 미친다.

(1) 학습자 연령에 적합한 학습단서

① 어린 학생들은 고학년 학생들과는 달리 복잡한 연쇄동작 을 결합할 수는 있지만, 그것을 새로운 방법으로 구성하는 능력은 아직 충분히 갖추지 못하고 있다. 운동기능을 설명하는 데 사용되는 대부분의 추상적인 용어들은 구체적인 수준에서 운동학습을 하는 학생들에게 별로 도움이 되지 않는다.

② 어린 학생들에게 학습단서를 효과적으로 제공하는 방법은 정확한 시범을 보여주며 핵심단서를 강조하는 것이다.

③ 어린 학생들에게는 운동수행의 복잡한 과정보다는 운동수행의 결과에 대한 학습단서를 제공하는 것이 더 효과적이다.

> 예 점프할 때 파워 얻는 방법을 가르칠 때, "고관절, 무릎관절, 발목관절을 구부리고 팔을 최대한 위로 뻗어."라는 정보를 제공하기 보다는 "최대한 높이 뛰어."라는 운동수행 결과에 관한 단서를 제공하는 것이 어린 학생들에게는 보다 효과적일 수 있다.

④ 어린 학생들에게 어떤 반응을 기대하면 그러한 반응을 유도하는 학습환경이 조성되어야 한다.
　　예 어린 학생들에게 오버핸드 드로우를 가르칠 때에는 학생들이 던질 수 있는 최대의 거리에 표적을 높게 설치하고 "가능한 세게 던져."라고 하면 학생들이 가능한 한 세게 던지게 된다.

⑤ 어린 학생들은 기능 전체(gross)를 익힌 다음 그것을 다듬는(refining) 학습단서에 관심을 갖게 된다. 기능 전체를 일관되게 수행할 수 있게 되면 그 때 기능의 질을 향상시키는 학습단서를 제공한다. 어린 학생들에게 제공하는 학습단서는 정확해야 하며, 그 수를 제한하는 것이 효과적이다.

⑥ 학생들이 운동기능을 빨리 학습하도록 도와주는 하나의 방안은 학생들의 정보처리 능력을 고려하여 학습단서를 현명하게 제공하는 것이다.

(2) 학습자 수준에 적합한 학습단서

① 대부분의 초등학생들은 운동기능이 초보수준이지만 일부 학생들은 그렇지는 않다. 또한, 일부 고학년 학생들은 운동기능이 우수하지만 대부분의 학생들은 그렇지 않다. 그래서 대부분의 체육교사들은 주로 초보자들을 대상으로 가르치게 된다.

② 초보 학습자들은 운동학습의 인지단계이다.
　　㉠ 인지단계인 초보 학습자들이 기능을 전체로 익히도록 학습환경을 조성하는 것이 중요하다. 운동기능을 지나치게 요소중심으로 분석하여 학습단서를 제공하면 학생들의 정보처리 능력에 과부하가 걸려 학습에 방해된다.

③ 학생들이 학습의 인지단계를 지나면 연상단계로 발전한다.
　　㉠ 연상단계에서는 기능의 보다 구체적인 측면에 주의를 집중한다. 이들에게 제공되는 단서의 수 역시 네 가지 전후로 제한하는 것이 좋다.
　　㉡ 특히, 기능이 우수한 학생들에게는 결과보다는 과정중심의 구체적인 학습단서를 자주 제공하는 것이 바람직하다.

4. 기능형태에 적합한 학습단서

• 교사가 사용하는 학습단서는 스포츠 기능의 종류와 운동과제에 따라 달라야 한다.

(1) 폐쇄기능에 적합한 학습단서

① 폐쇄기능의 학습에 필요한 단서는 대개 핵심요소에 관한 **시각적 정보**이다. 폐쇄기능을 가르치는 교사들은 동작의 공간적 측면을 멈춤 동작으로 시범 보이고 신체-공간 관계와 움직임의 과정에 학생들의 주의를 집중시킨다.
　　예 '등을 긁고'와 같은 학습단서는 테니스의 포워드 스윙을 하기 전에 라켓 헤더의 위치에 학생들의 주의를 집중시키고 있다. 기술적 용어(descriptive term)로 동작을 배열하면 학생들이 폐쇄기능을 보다 정확하게 재현할 수 있다.
　　예 손 짚고 옆으로 돌기(cartwheel)를 할 때 동작의 수행 순서에 따라 '손-손-발-발'과 같은 학습단서를 제공하면 학생들이 '손 짚고 옆으로 돌기' 기능을 리드미컬하게 재현하는 데 도움이 된다. 이와 같은 학습단서를 기능의 다른 차원에 대해서도 제공할 수 있다.

(2) 개방기능에 적합한 학습단서

① 개방기능의 학습에서는 그 기능이 수행되는 상황에 따라 반응의 구체적인 형태가 다르다.
　　㉠ 농구의 드리블은 모든 상황에서 같을 수 없다. 대부분의 체육교사들이 처음에는 개방기능을 폐쇄기능을 지도하듯이 가르친다.
　　㉡ 때로는 개방기능을 복잡한 상황을 단순화시키는 폐쇄기능처럼 연습할 수 있도록 복잡한 상황을 단순화시키는 경우도 있다.

＠ 투수의 볼을 치는 대신 티(tee)위의 볼을 치게 하거나 동일한 위치에서 방어 선수 없이 레이업 숏 연습을 하는 경우이다.

② 개방기능을 폐쇄기능처럼 연습할 때에는 폐쇄기능을 연습할 때와 같은 학습단서를 사용할 수 있다. 그러나 개방기능을 폐쇄기능처럼 연습하는 기간이 너무 오래 지속되지 않도록 하여야 한다.

③ 개방기능의 학습에서는 지각단서가 매우 중요하다. 지각단서는 학습자가 주어진 상황에 적합한 반응을 선택하는 데 도움이 된다.

＠ 농구에서 다양한 방향으로 볼을 이동하는 운동과제를 수행하고 있을 때 "방향을 전환하려면 공의 접촉 지점을 바꿔."라는 지각단서를 학생들에게 제공한다면, 그것은 매우 적합한 학습단서라고 할 수 있다.

⟨기능별·상황별 단서의 예(스포츠교육학, 대한미디어)⟩

기능	연습상황	필요 단서
폐쇄기능	벽을 향해 체스트 패스 연습	• 발에 체중을 싣는다. • 양손으로 공의 옆을 잡는다. • 팔을 충분히 뻗는다.
단순한 개방기능	기능 수준이 다른 파트너에게 패스 (움직이지 않는 상황)	• 패스가 일정하게 오지 않을 수 있다. • 패스의 위치나 속도가 달라지면 공을 잡는 손의 위치도 달라진다.
복잡한 개방기능	수비가 있는 상황에서 팀원에게 패스	• 움직이는 팀원 앞에 공을 패스한다. • 공을 빠르게 패스한다.

(3) 움직임 개념에 적합한 학습단서

① 움직임 개념의 발달은 두 가지 형태의 과제를 제시함으로써 이루어진다. 즉, 학생에게 어떤 개념에 적합한 반응을 선택하게 하거나 움직임 원리를 해결하도록 한다.

＠ '균형'이라는 움직임 개념을 가르칠 때에는 "신체의 세 부분을 사용하여 균형을 유지하는 방법을 찾는다."와 같은 과제를 제시한다. 또한, 움직임 원리를 가르칠 때에는 "포핸드 스트로크의 마지막 단계에서 체중을 어디로 옮겨야 하는가?"와 같은 움직임 과제를 제시한다.

② 체육교사가 학생들에게 개념에 적합한 반응을 선택하라고 지시하면, 그로 인해 학생들의 반응이 제한을 받게 된다. 하지만 그러한 제한이 학생들의 반응을 일정한 방향으로 유도하는 기능을 한다. 위의 예에서 '신체의 세 부분'이 학생들의 움직임 반응을 제한하는 학습단서이다.

③ 개념에 적합한 반응을 선택하거나 움직임 반응을 움직임 원리로 해결하던 학생들은 과제를 수행하기 전에 움직임 단어가 무엇을 의미하는지 정확하게 파악해야 한다. 체육교사는 '균형', '이동', '체중', '전략' 등과 같은 개념을 분명히 정의하여 학생들이 교사의 과제전달 의도를 정확히 파악할 수 있도록 해야 한다.

참고문제	2015년 지도사 2급

2. 개방기술에 해당되지 않는 것은?

　가. 탁구 스매싱　　　**나. 농구 자유투**　　　다. 야구 배팅　　　라. 축구 드리블

참고문제	2015년 지도사 2급

11. 효과적인 단서의 특징이 아닌 것은?

　가. 간결성　　　나. 구체성　　　다. 연령에 맞는 용어　　　**라. 평가가 가능한 표현**

13. 학습자에게 지도 과제를 전달하는 방법에 대한 설명으로 적절하지 <u>않은</u> 것은?

① 스포츠 경험이 많지 않은 학습자에게는 구체적인 언어 전달이 필요하다.

② 과제 전달의 효율성을 높이려면 학습 단서의 수가 많을수록 좋다.

③ 개방기능의 단서는 복잡한 환경을 폐쇄기능의 연습조건 수준으로 단순화시켜 제공한다.

④ 집중력이 높지 않은 어린 학습자에게는 말이나 행동정보 외에 매체를 활용하면 효과적이다.

---

50 | 2009학년도

1. 과제 전달 방식 중 학습단서(cues)에 대한 설명으로 옳지 <u>않은</u> 것은?

① 학습단서를 올바르게 선택하기 위해서는 과제 내용을 이해해야 한다.

② 학습자의 연령이나 운동 수준에 따라 다른 종류의 학습단서가 필요하다.

③ 복잡한 과제에 관한 설명을 계열성 있게 조직하여 요약 단어로 제시할 수 있다.

④ 선택적인 학습단서의 이용을 통해 학습자에게 제시되는 정보의 양을 조정해야 한다.

⑤ 개방기능의 교수에 필요한 학습단서의 선택은 동작 자체의 수행에 중점을 두어야 한다.

[정답] ⑤

[해설] 폐쇄기능에 관한 설명이다. 개방기능은 변화하는 상황에 적합한 행동을 선택하는 데 도움이 되는 지각 단서가 제공되어야 도움이 된다.

5. 학습단서의 조직   16 기출

(1) 학습단서를 이용순서에 따라 조직해서 연습하도록 하면 실제로 사용할 가능성이 높아진다. <u>요약 단서를 사용하면 학생들이 그것을 쉽게 이해하고 연습에 실제로 활용할 가능성이 높다.</u>

> 예) 볼링에서 '밀어내고-펴고-거둬들이고', 배구의 플로팅 서브에서 '토스-백-뻗고-멈춤' 등과 같은 요약단서는 학생들이 복잡한 기능의 수행 순서를 쉽게 이해하고 연습에 활용이 가능하다.

(2) 초임교사들로서는 학생들에게 제공할 학습단서들을 발견하고 그것들을 단어단서(word cue) 또는 요약단서 (summary cue)로 결합하는 능력을 기르기 위한 특별한 노력을 할 수 밖에 없다.

(3) 학생들에게 가볍게 뛰어올라 부드럽게 착지하는 동작을 가르치는 교사가 사용할 수 있는 단어 단서

① 우선은 '점프-착지'와 같은 핵심용어를 사용할 것이다.

→ 이와 같은 단어들은 동작의 <u>수행순서에 관한 단서만을 제공할 뿐 동작의 질에 관한 정보는 전혀 제공하지 않고 있다.</u>

② 기능이 향상되면 학생들의 발달 단계에 적합한 "움츠렸다 뛰어오르며-뻗고-살짝 웅크리면 내려앉는다." 와 같은 학습단서를 사용해야 한다.

→ 이와 같은 단서는 동작의 순서에 관한 정보뿐만 아니라, 각 동작의 질에 관한 더 많은 정보를 포함한다.

(4) <u>요약단서는 다양한 기능을 한다.</u>

① 움직임의 중요한 측면을 강조하여 학생들이 동작의 전체적인 모습을 기억하는 데 도움이 된다.

② 동작을 부드럽고 역동적으로 하는 데 필요한 순서를 쉽게 기억할 수 있도록 도와준다.

③ 체육교사에게 관찰단서를 제공하고, 피드백 제공에 필요한 개념을 확장해 준다.

④ 학생들에게 의미가 있어야 하며, 교사와 학생에게 동일한 의미를 가져야 한다.

1. 다음은 유 교사의 배구 수업에 대한 일화 기록지이다. 밑줄 친 ㉠에 해당하는 예방적 수업 운영 활동을 쓰고, ㉡과 같이 운동기능이나 과제의 중요한 특징을 전달하기 위하여 사용하는 단어나 구를 일컫는 용어를 제시하시오. [2점]

> **체육 수업 일화 기록지**
>
> 일시 : 2015년 ○월 ○일(월) 3교시
>
> 관찰 : 박○○ 교사
>
> 2학년 1반 3교시 수업이 시작됐다. 유 교사는 배구 3차시 오버핸드 패스 수업임을 알렸다. ㉠학생들은 학기 초에 연습한 대로 정해진 집합 장소와 위치에 모였다. 교사는 빈자리를 확인하며 신속히 출석을 확인하였고, 체육복 미착용 학생은 복장 점검표에 표시하였다. 유 교사는 '네트를 사이에 두고 파트너와 오버핸드 패스하기'라는 학습 과제를 제시하고 설명했다. 특히, 손을 이마 위로 올리는 동작은 '이마', 손을 삼각형으로 만드는 동작은 '삼각', 공을 받는 동작은 '당겨', 공을 내보낼 때 스냅을 사용하는 동작은 '튕겨'로 설명하였다. 그리고 학생들이 빈손으로 오버핸드 패스 동작을 ㉡'이마', '삼각', '당겨', '튕겨'의 순으로 쉽게 익힐 수 있도록 구령을 붙여 재인식시켰다.

[정답] • ㉠ 상규적 활동(루틴, 최초활동통제)(출석점검 오답)

　　　• ㉡ 학습단서/상기어(요약단서 인정) → 학습단서/단서포함

제3장 학습내용의 발달

- 교수활동은 크게 운영적 측면과 내용 지도적 측면으로 구분할 수 있다. 수업의 운영적 측면은 내용의 학습에 필요한 환경이나 조건을 형성하는 것이며, 내용적 측면은 학습자의 운동수행 능력을 낮은 수준에서 높은 수준으로 발전시키는 과정을 의미한다. 학습자의 운동수행능력을 발전시키는 과정을 내용발달(content development) 이라고 하며, 이는 수업의 운영적 차원을 제외한 순수 내용지도와 관련된 활동을 의미한다.

1 학습내용의 발달과정 `15 지도사` `19 지도사` `15 기출` `18 기출` `20 기출` `23 기출`

- 학습 진행은 덜 복잡한 과제에서 더 복잡하고 어려운 과제로 발전하도록 복잡성과 난이도를 더하며, 결국 프로그램이 의도하는 의미 있는 운동수행 결과를 가져오기 위한 일련의 학습과제의 발달이라고 할 수 있다.

학습 내용 발달 과제 유형		
전달과제	수업을 시작하는 최초과제인 동시에 일종의 연속과제	
세련과제	운동수행의 질을 정교하게 다듬는 과제	
확대과제	난이도와 복잡성에 따른 점진적 발달	
	과제 내 발달	기능이나 전략의 간단한 수행에서 복잡한 수행으로 이동
	과제 간 발달	한 과제에서 서로 관련성이 있는 다른 과제로 이동
응용/평가 과제	• 움직임 방법에서 움직임의 적용 방법이나 평가에 초점 • 학습한 기능을 실제 상황에 적용하는 능력을 기르는 과제	

1. 확대과제(extension task): 절차 설정

(1) 학습경험을 간단한 과제에서 복잡한 과제로 또는 쉬운 과제에서 어려운 과제로 학습경험을 계열화하는 것을 '점진적 전개'라고 한다. 점진적 전개는 과제 확대를 통해서 이루어진다.

   ① 교사들은 보통 덜 어렵고 덜 복잡한 학습과제에서 출발하여 점차 과제의 복잡성과 난이도를 더해가며 수업을 전개하는데 이러한 형태의 과제를 확대과제(extension task) 라고 한다.

   ② 과제에 복잡성과 난이도를 더하는 대신 같은 과제의 연습방식에 변화를 준 확대과제도 있을 수 있다. 또 어떤 때는 과제의 복잡성을 줄이는 경우도 있다.

(2) 내용발달

   ① 과제 간 발달(inter-task development) 은 쉬운 기능에서 어려운 기능으로 발전(서로 다른 두세 과제로 내용을 조직하여 전개하는 방법): 난이도

      예 배구에서 언더핸드 서브를 학습한 다음 오버핸드 서브로 발전하는 경우

   ② 과제 내 발달(intra-task development) 은 주어진 운동과제 내의 단순한 내용에서 복잡한 내용으로 발전(하나의 주제 내에서 서로 다른 과제를 전개시키는 것)

      ㉠ 공이 없는 연습에서 공이 있는 연습으로

      ㉡ 가까운 거리에서 먼 거리로

ⓒ 제자리에서 공을 처리하는 것에서 움직이며 공을 처리하는 것으로

ⓔ 속도에 대한 강조 없는 연습에서 속도를 강조하는 연습으로

(위의 4가지는 서로 다른 연습이 진행되더라도 결국 같은 기술을 배운다.)

　　ⓜ 언더핸드 서브를 가까운 거리에서 크고 가벼운 공으로 연습한 다음 같은 기능을 먼 거리에서 정규 공을 사용하여 서브하도록 과제를 발전시키는 경우이다.

(3) 교사들은 ｜과제 간 발달｜과 ｜과제 내 발달｜에 근거하여 수업계획, 단원계획, 연간계획을 수립한다. 선행과제와 관련하여 현행과제의 복잡성이나 난이 수준을 조절하여 발전시키는 것을 과제의 확대라고 한다.

(4) 교사는 학생들이 자주 성취감을 맛볼 수 있도록 과제 간 및 과제 내 발달을 통해 복잡성과 난이 수준을 점진적으로 높여가야 한다.

---

52 | 2015학년도

1. (가)는 홍 교사가 동료 교사와 체육수업에 대해 나눈 대화 내용이고, (나)는 홍 교사의 배구 수업 진행 장면이다. 〈보기〉의 지시에 따라 서술하시오. [5점]

(나) 홍 교사의 수업 진행 장면

> 홍 교사: 지난 시간 리시브에 이어 오늘부터 서브를 배우겠습니다. 앞으로 2주간 ㉠언더핸드 서브부터 시작해서 플랫 서브, 좀 더 잘하는 학생들은 스파이크 서브까지 배우겠습니다. 지금부터 언더핸드 서브에 대해 설명을 하겠습니다.
>
> … (중략) …
>
> 자! 그러면 이제부터 학습 스테이션으로 이동할 겁니다. 지난 주에 설문 조사를 한 내용을 바탕으로 선생님이 서브를 다양하게 학습할 수 있도록 3가지 학습 스테이션을 구성해 보았어요. 선생님이 신호를 하면 자신이 선택한 학습 스테이션으로 이동하여 연습하면 됩니다. 특히, 신체 운동형 학습 스테이션을 선택한 학생은 ㉡개인별로 체육관 벽으로부터 2미터 떨어진 곳에서 벽에다 소프트 발리볼을 가지고 언더핸드 서브를 넣는 연습부터 하세요. 어느 정도 동작에 익숙해지면 거리를 5미터로 늘리고, 마지막에는 배구공을 가지고 연습하세요. 자! 지금부터 연습을 시작해 봅시다.

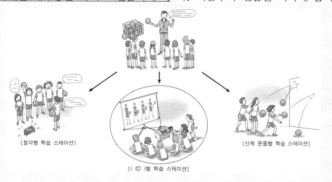

[청각형 학습 스테이션]　　[(㉢)형 학습 스테이션]　　[신체 운동형 학습 스테이션]

> ─〈보 기〉─
>
> 1) 링크(J. Rink)의 학습 내용의 발달(content development) 과정에 근거하여 밑줄 친 ㉠, ㉡에 해당하는 확대 과제 유형을 순서대로 쓰시오.

[정답] ㉠ 과제 간 발달 [1점]　㉡ 과제 내 발달 [1점]

2. 세련과제(refining task): 수행의 질에 초점을 둔 시범 _{18 기출} _{23 기출}

(1) 학생들에게 운동수행의 질에 관한 정보를 제공하는 것을 세련과제라고 한다. 세련과제 개발에서는 운동수행의 질, 즉 "경험을 잘 수행하는 것이 무엇을 의미하는가?"에 초점을 둔다. 운동수행의 질은 교사가 학생들에게 운동수행에 관한 결과적 정보를 제공함으로써 향상된다.

(2) 또한 교사가 학생들의 연습을 멈추고 운동의 질적 목표를 달성하기 위해 그들의 주의를 집중시키는 것은 내용의 질적 발전에 도움을 준다고 할 수 있다. 운동수행의 질에 관심을 갖는다는 것은 주어진 운동과제를 어떻게 수행할 것인지에 대한 관심을 갖는다는 의미이다.

(3) 야구에서 땅볼을 받아서 처리할 때에는 글러브가 땅에 닿도록 충분히 내밀어야 한다. 교사가 글러브를 땅에 닿도록 내밀지 않는 학생에게 글러브를 충분히 내미는 시범을 보여주는 형태의 과제를 세련과제 (refining task)라고 한다.

> ^예 교사가 학생들에게 요구하는 "가능한 한 부드럽게 착지해!" "마지막 단계에서 체중을 앞으로 이동해!" 등과 같은 과제 또한 세련과제라고 할 수 있다.

(4) 세련과제의 효과는 목표의 범위를 좁히고, 질적 향상에 대한 책무성을 강하게 부여할 때 더 크게 나타난다. 책무성이란 학생들이 기능이나 동작의 특정 부분을 향상시키기 위해 노력해야 하며, 그렇게 하지 않을 때 동작의 질적 향상을 위해서 노력하도록 책임을 부과하는 것을 의미한다. 교사가 학생들에게 동작이나 기능의 한 측면을 향상시키기 위해 세련과제를 제시한다는 것은 학생들이 교사의 의도에 따라 동작의 질적 향상을 위해 노력해야 한다는 의미이다.

3. 응용과제: 기술의 적용과 평가 기회 제공 _{20 기출}

(1) 내용발달의 세 번째 특징은 학습한 기능을 실제로 응용할 기회를 제공하는 것이다.

① 응용과제는 확대와 세련을 통해 습득된 기능을 실제 또는 실제와 유사한 상황에서 사용할 수 있도록 조직된다.

② 따라서 운동기능을 학습하는 대부분의 학생들은 '어떻게 움직일 것인지'에 관심을 집중한다. 교사가 학생들에게 기대하는 것은 좋은 폼이나 동작이지만 학생들은 움직임을 통해서 무엇인가 성취하는 데 더 큰 관심이 있다. 이것이 소위 말하는 운동기능의 효과 요인(effectiveness component)이다.

> ^예 경쟁 활동에 참가하는 학생들은 골을 넣는 방법보다 어떻게 해서든지 골을 넣는 것에 더 관심이 있다. 즉, 골을 넣는 방법보다는 골을 넣는 것 자체에 더 큰 관심을 가진다. 교사는 학생들의 이러한 관심을 적극적으로 수용하여 동작의 질이나 형태를 평가하는 응용과제를 제시할 수 있다. 예를 들어, "내(교사)가 제시한 학습단서로 자신(학생)의 동작을 평가해 보아라."와 같은 응용과제를 제시할 수 있다.

(2) 효과적인 체육수업은 학생이 학습한 기능을 응용할 기회를 자주 제공하는 수업이다. 학생들이 농구기능을 모두 학습한 다음 농구경기를 하게 할 필요는 없다. 농구수업의 전 과정을 통해서 농구 간이게임을 하게 하거나 농구기능 자가 진단을 하게 할 수 있다. 수업의 어떤 단계에서든지 학습한 기능의 효과를 평가하거나 학습한 기능수준에서 간이게임을 하게 할 수 있다.

(3) 이처럼 학습한 기능을 응용하거나 평가할 기회를 제공하는 과제를 응용·평가과제(application·assessment task)라고 한다.

(4) 농구의 드리블 기능을 학습한 학생들이 얼마나 오랫동안 드리블을 할 수 있는지, 또는 파트너에게 빼앗기지 않고 얼마나 오랫동안 드리블을 할 수 있는지 테스트 할 수 있다. 또한, 한 학생이 드리블을 하고 있는 동안 다른 학생이 그 기능을 평가하는 응용과제를 제시할 수 있다.

(5) 이처럼 학습 내용은 교사가 제공하는 다양한 과제들을 통해 발달한다. 대개 교사들은 전달과제라는 최초과제로 수업을 시작한다. 전달과제(또는 정보과제^{informing task})는 기능 향상을 위한 일련의 과정에서 최초로 제공되는 과제이다. 수업의 계열화된 내용발달의 초기과제(innitial task)이다. 내용은 전달과제로 시작해서 확대과제, 세련과제, 응용과제가 통합되어 발달한다.

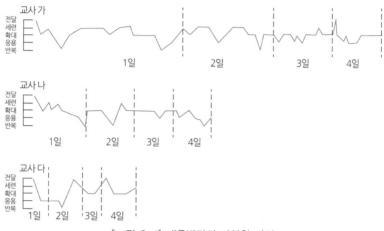

[그림 3-1] 내용발달의 다양한 과정

(6) 운동기능의 학습에만 집중하거나 게임만 즐기는 학습만으로는 충분하지 않다. 교사들은 확대과제, 세련과제, 응용/평가 과제를 적절히 사용하여 체육수업을 전개해야 한다. 확대과제와 세련과제를 반영한 체육수업을 계획하고, 초보자들을 위해 간이게임이나 학습한 기능을 평가하는 응용/평가과제를 제시하면 학습 잠재력을 크게 향상시킬 수 있다.

(7) 내용발달은 교사의 수업 목표와 의도를 명확히 하는 데에도 도움이 된다. 내용을 발달적으로 분석하여 제시한다는 것은 학습의도를 분명히 한다는 의미이다. 즉, 내용을 발달적으로 분석하여 가르친다는 것은 단순히 어떤 활동을 선정한다는 의미이다. 구체적으로 연습조건(확대), 운동수행의 질(세련), 응용경험의 통합(응용)을 조화롭게 융합하여 체육수업을 진행한다는 의미이다.

① 체육수업에 확대과제가 있다는 것은 교사가 학습경험을 단순하고 쉬운 과제에서 복잡하고 어려운 과제로 발전시켜 나가겠다는 의도이다.

② 세련과제가 있다는 것은 교사가 학습의 질적 향상에 관심이 있음을 의미한다. 즉, 교사의 관심이 학생들이 무엇인가 열심히 하는 데 있는 것이 아니라 어떤 기능을 잘 수행하는 데 있다는 의지의 표현이다.

③ 체육수업에 응용과제가 포함되었다는 것은 학생들이 확대과제와 세련과제를 통해서 학습한 기능을 경기 또는 간이경기에 실제로 활용할 기회를 제공하고 있다는 의미이다.

2 학습내용의 발달적 분석

• 수업 중 내용을 적절히 발전시켜 나가기 위해서는 사전에 준비하거나 계획해야 한다. 시행착오와 통찰력으로 학습경험을 계열성 있게 제시할 수 있다. 그러나 수업을 계획할 때 가르칠 내용을 발달적으로 분석하면 보다 적절한 학습경험을 계열성 있게 제시할 수 있다. 일반적으로 내용의 발달적 분석은 확대, 세련, 응용·평가의 세부분으로 나누어 하게 된다. 본 장의 마지막 부분에 테니스 서브, 농구의 드리블, 그리고 조작운동을 발달적으로 분석하여 제시하였다. 이 장을 읽고 나면 내용의 발달적 분석 과정이 보다 분명해질 것이다.

- 발달적 분석은 학습내용을 확대, 세련, 응용 등과 같은 요인들로 분석하는 과정이다. 발달적 분석은 체육교사가 학습경험을 점진적으로 계열화하는 데 필요한 체계 또는 구조를 제공한다. 내용발달이라는 분석체계를 사용하면 기능이나 동작의 바람직한 특성을 식별하여 학습경험으로 통합하는 데 도움이 된다. 발달적 분석은 기능발달 확대 측면을 확인하는 데서부터 시작된다.

참고자료 - 2015 개정 체육과 교육과정

(다) 교수·학습 활동 계획

① 학습 활동의 재구성

성취기준에 보다 쉽게 도달할 수 있도록 영역의 특성과 학습 주제, 학생의 특성 및 가용 자원, 학습환경을 고려하여 학습 활동을 재구성한다.

예를 들어, 경기장의 형태와 사용하는 도구, 신체활동에 참여하는 인원수와 조직의 형태, 실행 규칙 등을 변형하여 활동을 구성할 수 있다. 또한, 학습 활동의 재구성 시 학생들의 의견을 적극적으로 수렴하거나 재구성 과정 일부에 학생들을 참여시킴으로써 참여 동기를 높이고 학습 활동에 대한 이해도를 높일 수 있다. 단, 학습 활동의 재구성이 목표 도달에 갖는 효과성과 안전성을 충분히 고려해야 한다.

② 평등한 학습 기회 제공

평등한 학습 기회를 제공한다는 것이 모든 학습자가 동일한 내용과 방식으로 학습해야 한다는 것을 의미하는 것은 아니다. 학습자가 처해 있는 상황을 고려하여 체육 학습의 기회가 다양하고 합리적으로 제공되어야 한다는 것을 의미한다. 특히, 성별, 체력 및 운동 기능의 차이, 장애로 인해 불이익을 받거나 참여에 제한이 이루어지지 않도록 주의한다.

예를 들어, 규칙과 방법을 변형하여 다양한 체력 수준과 운동 기능을 가진 학생들이 평등하게 참여할 수 있는 활동을 구성한다. 특히, 다양한 과제 혹은 역할을 제시하여 활동에 적극적으로 참여할 수 있도록 유도함으로써 수업에 소외되는 학생이 없도록 해야 한다.

---

1. 확대과제

- 학습내용의 발전은 확대로 시작한다. 확대과제는 내용의 복잡성과 난이도를 조절하고, 경험을 계열성 있게 제시한다. 교사는 우선 과제의 복잡성과 난이도를 발전시키는 요인들을 분석하여 학습경험을 점진적으로 발전시키는 역할을 하게 된다. 따라서 교사는 복잡성이나 난이도를 더할 수 있는 요인들을 조절하여 과제를 발전시킬 수 있어야 한다.

- 교사는 장비의 변형, 공간 크기의 재구성, 연습의 목표나 의도 변경, 참가인원 증가, 연습환경 변화, 규칙 변경, 또는 두 가지 이상의 기능을 결합함으로써 과제를 발전시켜 나간다. 이와 같이 학습경험을 유도하는 과제가 바로 확대과제이다.

- **과제의 복잡성을 조절할 때 고려하는 중요한 요인들로서는 공간, 장비, 참가인원, 규칙, 전술 등이 있다.**

  (1) 부분의 연습

    ① 전체동작을 부분으로 나누어 한 부분을 연습한 다음 다른 부분을 연습하게 함으로써 학습내용을 점진적으로 발전시킬 수 있다.

    ② 어떤 기능이나 동작을 구분동작으로 분해할 때 역순연쇄(backward chaining)의 개념을 도입할 필요가 있다. 동작연쇄의 마지막 부분을 먼저 가르치는 데 매우 효과적이다. 가장 중요한 마지막 동작을 먼저 가르치면 앞의 연쇄동작과의 관계와 각 동작이 갖는 의미를 쉽게 파악할 수 있다.

    예를 들어, 테니스 서브를 가르칠 때 마지막 동작인 공을 치는 동작부터 가르치거나, 농구의 레이업 슛을 가르칠 때 접근동작은 생략하고 공을 던져 넣는 동작부터 가르치거나, 원반 던지기를 가르칠 때 스텝보다 마지막에 던지는 동작을 먼저 가르치는 경우이다.

(2) 장비의 변형

① 장비를 변형함으로써 과제를 확대할 수 있다. 동작의 복잡성이나 난이도를 줄이는 가장 유용한 방법은 장비를 변형하거나 그것의 배열을 달리하는 것이다. 럭비공을 던지거나 배구공을 패스하는 것과 같은 기능은 장비의 크기나 무게를 변형함으로써 그것을 학습하는 데 도움이 된다. 기구를 사용하는 기능 역시 스키, 클럽, 라켓 등을 짧거나 가볍게 하면 학습에 도움이 된다.

② 장비의 배열을 달리하여 운동학습의 효율성을 높이기도 한다. 예를 들어 배구 네트의 높이를 조절하거나, 농구대의 높이를 낮추거나, 표적이나 목표 영역을 크게 하는 것은 장비의 배열을 달리함으로써 난이도를 조절할 수 있다. 이처럼 장비를 변형하거나 배열을 조절함으로써 학습내용을 확대할 수 있다.

(3) 연습공간의 배열

① 학습과제는 연습공간의 배열을 달리함으로써 확대할 수 있다. 동작의 난이도는 공간 배열을 통해서 조절할 수 있다. 던지기, 잡기, 때리기와 같은 기능은 거리와 그에 따른 힘의 증감을 조작함으로써 난이도 수준을 조절할 수 있다.

(4) 운동수행 의지

① 과제의 난이도는 운동수행 의지에 따라 조절할 수 있다. 운동수행 의지에 따라 과제의 난이도를 조절하는 것을 목표지향(goal orientation)이라고 한다. 과제의 목표지향은 학습자가 기능을 수행하는 데 중요한 영향을 미친다.

예를 들어, 똑같은 배팅연습을 하더라도 연습의 초점이 공을 단순히 치는 데서 구체적인 지역에 쳐 넣는 것으로 바뀌거나, 일정한 궤도로 날아가도록 치는 것으로 바뀌면 그에 따라 학습자의 연습 의도나 내용도 완전히 달라진다. 정확한 자세를 익히기 위해 달리기를 하는 것과 스피드를 얻을 목적으로 달리기를 하는 것은 매우 다르다. 이처럼 운동수행 의지에 따라 학습경험과 과제의 발전이 달라질 수 있다.

(5) 운동수행 인원

① 많은 스포츠 기능들을 처음에는 개인적으로 연습하지만, 결국 집단적으로 활동하게 된다. 어떤 기능을 개인적으로 연습하는 것이 집단으로 하는 것보다 대부분의 경우 쉽다. 다른 사람이 추가되면 기능은 개인의 통제를 벗어나게 되고, 불가피하게 서로가 적응하는 노력을 할 수밖에 없다.

② 예를 들어, 테니스 '공 투입기'에서 튀어나오는 공을 혼자서 스트로크 하는 것과 상대선수의 서브를 스트로크 하는 것은 전혀 다르다. '공 투입기'에서 튀어나오는 공을 아무리 잘 쳐도 상대선수의 다양한 서브에 적응하지 못하면 아무런 소용이 없다.

③ 이에 반해 캐치와 같은 기능은 처음에 혼자 연습하는 것이 더 어렵다. 캐치와 같은 기능은 날아오는 공을 받아야 하는데, 벽에 던져 튀어나오는 공은 너무 빨라 캐치하기 어려우므로 파트너와 연습하는 것이 더 효과적이다.

④ 대부분의 운동기능 학습에서는 관계기능을 개발하기 위해 사람들을 추가한다. 대부분의 스포츠는 다른 사람과의 경쟁 또는 협력적 관계를 필요로 한다. 관계기능을 효과적으로 가르치기 위해서는 인원을 한꺼번에 크게 늘리기보다 한두 사람씩 점차적으로 늘려가는 것이 더 효과적이다. 대부분의 네트 경기는 두 사람간의 관계로 시작하여 점차 2:2, 3:3, 4:4 등으로 발전한다. 농구와 다른 필드 스포츠에서도 이와 같은 형태로 관계기능을 개발할 수 있다. 다만, 팀원의 수가 늘어나면 그에 따른 공간도 더 확보되어야 한다.

(6) 운동수행 조건

　① 학습과제의 난이수준이나 복잡성은 수행조건을 변화시킴으로써 조절할 수 있다. 따라서 교사는 이에 대해 깊이 생각하고 철저한 준비를 해야 한다.

　② 예를 들어 던지기, 잡기, 때리기와 같은 조작운동의 경우 속도를 느리거나 빠르게, 앞으로 이동하며 던지거나 뒤로 이동하며 던짐으로써 과제의 난이도를 조절할 수 있다. 교사는 학생들의 운동 능력에 적합한 수행조건을 조성할 수 있어야 한다.

　③ 학습과제의 난이수준은 규칙을 변화시킴으로써 증가 또는 감소시킬 수도 있다. 즉, 규칙은 운동수행 조건을 변화시켜 학습과제의 난이수준을 증가 또는 감소시킬 수 있다.

(7) 기능이나 동작의 결합

　① 교사들은 각 기능이 실제 경기에서 어떻게 사용되는지 그리고 다른 기능과 얼마나 다양하게 결합되어 사용되는지 분석해서 학생들에게 가르칠 수 있어야 한다.

　② 경기 중 드리블해서 슛을 하거나 패스를 받아 드리블을 하다 다른 학생에게 패스하는 등의 기능결합이 필요하면 그보다 덜 복잡한 상황에서 그와 같은 기능들을 연습한 다음 실제 경기를 하도록 해야 한다.

(8) 반응의 확장

　① 반응의 확장은 움직임 개념을 가르칠 때 자주 사용된다.

　② 움직임 개념을 가르치는 궁극적인 목적은 학습한 개념을 새로운 경험으로 전환하는 데 있다.

(9) 경험의 계열성 확립

　① 학생들을 어떤 순서로 가르치는 것이 가장 효과적인지 결정해야 한다.

　② 내용의 확대는 특정 집단을 가르치기 위해 교사가 선택한 교수학습의 순서 또는 계열성이다.

참고문제	2015년 지도사 2급

13. 학습과제의 난이도를 조절하는 방법이 <u>아닌</u> 것은?

　가. 남녀학생의 구분　　　나. 운동수행조건의 수정　　　다. 인원 수 조절　　　라. 기구의 조정

2. 세련과제

(1) 세련과제는 학습의 질을 높이기 위해 제시되는 과제이다. 내용의 발달적 분석에서 세련 부분은 주어진 과제를 보다 잘 수행하는 데 필요한 과제를 제시한다. 세련 부분에서는 발달적 분석의 확대 부분에 제시된 학습경험의 질을 향상시킨다. 세련과제는 주어진 운동기능을 수행하는 데 필요한 단서를 제공한다.

(2) 즉, 기능의 형태적 특성에 관한 정보를 제공한다. 세련과제는 대부분의 경우 기능이나 동작의 형태에 관한 단서를 제공하지만 때로는 반응이나 움직임에 관한 단서를 제공하기도 한다.

(3) 농구 드리블의 예에서 드리블 학습의 초기단계에서는 "손가락으로 공을 튀긴다.", "고개를 들고 드리블을 한다." 등과 같은 동작의 질적 측면에 관한 단서를 주로 제공하지만 기능이 향상되면 방어선수의 움직임에 반응하는 것이 더욱 중요하므로 어떻게 반응하거나 움직여야 하는지에 관한 단서를 제공한다. 이 단계에서는 학습의 초점이 드리블을 어떻게 할 것인지로 바뀌게 된다.

(4) 세련과제는 교사가 과제를 제시할 때 필요한 단서를 제공한다. 또한 학생들이 운동과제를 수행하는 동안 교사가 무엇을 관찰할 것인지에 대한 정보를 제공한다. 그리고 어떤 피드백을 제공할 것인지에 대한 정보

도 제공한다. 학생들이 운동과제를 수행하는 동안 교사에게 기대되는 중요한 역할은 학습에 도움이 되는 피드백 정보를 제공하는 것이다.

(5) 교사들이 학생들에게 제공하는 대부분의 피드백 정보는 세련과제 부분에서 제시하는 정보나 단서들임을 알 수 있다. 그러나 실제수업에서 학생들은 세련과제로 제시한 기준이나 단서에 따라서 기능을 수행하지 않는다. 그래서 교사가 제시한 기준에 따라 연습하라는 피드백을 제공할 필요가 있다. 이처럼 학습내용을 발달적으로 분석하여 제시한 세련과제 정보는 수업을 관찰하는 기준이나 피드백 단서로 활용할 수 있다.

(6) 교사는 내용발달의 각 단계에서 필요한 바람직한 운동수행을 설명할 수 있어야 한다. 보통 학생들에게 운동기능을 가르칠 때에는 순서에 따라 단계적으로 가르치므로 각 단계의 핵심과제를 파악하여 학생들에게 제시하고 그 과제의 질적 수준을 높이는 노력을 해야 한다.

3. 응용과제

(1) 응용과제는 학생들이 확대과제와 세련과제를 통하여 학습한 기능을 실제로 활용하거나 평가하는 것과 관련된 과제이다. 응용과제는 보통 경쟁경험으로 구성된다. 응용과제는 기능을 어떻게 수행하느냐 하는 것보다는 학습한 기능을 어떻게 활용할 것이냐에 더 큰 관심이 있다. 내용의 발달적 분석에서 응용과제는 분석의 완성을 의미한다.

(2) 응용과제는 학습한 기능의 숙달 여부를 스스로 또는 집단적으로 테스트하거나 학습한 기능을 경기에서 활용하거나 설정한 기준 또는 목표의 달성 여부를 평가하는 과제이다.

(3) 학습한 기능을 얼마나 멀리, 빨리, 높이 보낼 수 있는지를 평가하는 것이 응용과제이다. 우리는 공을 놓치지 않고 몇 번까지 드리블을 할 수 있는지, 평균대 위에 얼마나 오랫동안 균형을 잡고 서 있을 수 있는지 등을 테스트하는 응용과제를 체육수업에서 흔히 볼 수 있다. 학급 전체를 대상으로 배구공을 떨어 뜨리지 않고 몇 번이나 반복적으로 토스할 수 있는지를 테스트하는 것도 응용과제이다.

(4) 게임에 필요한 3:3 배구게임, 5:5 축구게임 등과 같은 과제도 응용과제이다. 게임에 필요한 모든 기능을 학습하지 않은 경우에는 자유투가 생략된 2:2 농구 게임, 서브가 생략된 3:3 배구게임 등과 같은 응용과 제를 제시할 수 있다. 운동수행 절차나 결과를 평가하는 것도 일종의 응용과제이다. 한 학생이 드리블하는 동안 다른 학생이 정확하게 드리블하는지 평가하게 하거나 평균대 위에서 6초 동안 균형을 유지하는 학습목표의 달성 여부를 평가하는 것도 응용과제에 해당된다.

(5) 학습한 기능을 실제로 활용하는 응용과제는 학생들이 가장 선호하는 과제이다. 응용과제는 어렵고 힘든 연습에서 벗어나 기능을 활용하는 즐거움을 맛볼 수 있는 기회이기 때문이다. 이러한 이유 때문에 연습한 기능을 테스트하기 전에 충분한 학습이 이루어지도록 해야 한다.

(6) 농구의 드리블 기능을 익히고 있는 학생들에게 얼마나 빨리 드리블을 할 수 있는지 경쟁하게 하면 교사가 아무리 정확하고 빠른 드리블을 주문해도 학생들의 공 컨트롤 능력이 향상되지 않는다. 대부분의 학생들은 정확하게 드리블을 하는 것보다 다른 학생보다 빨리 드리블을 하는 데 더 큰 관심이 있기 때문이다.

(7) 응용과제는 기능이 어느 정도 숙달된 학생들에게 유익한 과제이다. 그러나 기능이 일정 수준에 도달하지 않은 학생들에게 응용과제를 미리 제시하면 기능 향상이 지체되거나 감소할 수 있다. 따라서 응용과제는 기능의 숙달 정도를 고려하여 신중히 제시해야 한다. 응용과제를 부적절한 시기에 제시하면 학습을 오히려 방해할 수 있다. 게임에 필요한 기능을 충분히 숙달하지 않은 학생들에게 경기의 재미를 너무 일찍 맛보게 하면 기능학습을 소홀히 할 수 있기 때문이다.

(8) 학습내용을 발달적으로 분석하면 응용과제가 기능의 발달수준에 적합한지를 확인하는 데 도움이 된다. 앞에서 언급하였듯이 응용과제는 학습경험의 전 과정에 분포되어야 한다. 응용과제를 모든 기능을 학습한 다음 학습의 마지막 단계에 제시할 필요는 없다. 오히려 비경쟁적 상황에서 기능의 계속적인 향상이나 목표의 성취 여부를 평가하는 응용과제를 적극적으로 제시할 필요가 있다.

(9) 수행평가 에서는 평가 관련 응용과제를 학생들에게 수행하게 한 다음 그 결과를 교사에게 제출하게 할 수도 있다.

참고문제	2015년 지도사 2급

5. 학습과제의 발달적 내용분석을 위한 세 가지 순서는?

가. 확대 – 세련 – 적용(응용)

나. 확대 – 적용(응용) – 세련

다. 적용(응용) – 확대 – 세련

라. 세련 – 확대 – 적용(응용)

참고문제	2009년 지도사 2급

19. 링크(J. Rink.)의 내용 발달(content development)에 대한 설명으로 적절하지 <u>않은</u> 것은?

① 응용 과제는 실제 게임에 적용할 수 있는 기회를 제공한다.

② 확대 과제는 쉬운 과제에서 어렵고 복잡한 과제로 발전시킨다.

③ 세련 과제는 학습자에게 가능한 한 많은 동작을 알려주는 형태로 개발한다.

④ 시작(제시, 전달) 과제는 기초적인 수준에서 학습하도록 소개하고 안내한다.

1. 다음은 김 교사의 축구 수업에 한 관찰 일지이다. 밑줄 친 ㉠에 해당하는 학습자 관리 전략을 쓰고, 링크(J. Rink)의 학습 내용 발달 과정에 근거하여 밑줄 친 ㉡에 해당하는 과제 유형을 제시하시오. [2점]

○○학교 1학년 7반 축구 수업 관찰 일지

일시: 2017년 ○○월 ○○일(금) 5교시
관찰자: 이○○

… (중략) …

김 교사가 학생들의 킥 연습 동작을 지켜본다. 일부 학생들이 정확한 동작으로 킥을 하지 못한다. 김 교사가 이들을 한데 불러 모은 후, ㉡"상체가 뒤로 젖혀지지 않게 앞으로 살짝 숙여서 킥을 하세요.", "공을 좀 더 끝까지 지켜보고 킥을 하세요."라고 말한다. 자리로 돌아간 학생들이 정확한 동작으로 킥을 하려고 노력한다.

[정답] ㉡ 세련(과제세련, 세련화) 중 1개 [1점]

1. (가)는 홍 교사가 동료 교사와 체육수업에 대해 나눈 대화 내용이고, (나)는 홍 교사의 배구 수업 진행 장면이다. 〈보기〉의 지시에 따라 서술하시오. [5점]

(나) 홍 교사의 수업 진행 장면

홍 교사: 지난 시간 리시브에 이어 오늘부터 서브를 배우겠습니다. 앞으로 2주간 ㉠언더핸드 서브부터 시작해서 플랫 서브, 좀 더 잘하는 학생들은 스파이크 서브까지 배우겠습니다. 지금부터 언더핸드 서브에 대해 설명을 하겠습니다.

… (중략) …

자! 그러면 이제부터 학습 스테이션으로 이동할 겁니다. 지난 주에 설문 조사를 한 내용을 바탕으로 선생님이 서브를 다양하게 학습할 수 있도록 3가지 학습 스테이션을 구성해 보았어요. 선생님이 신호를 하면 자신이 선택한 학습 스테이션으로 이동하여 연습하면 됩니다. 특히, 신체 운동형 학습 스테이션을 선택한 학생은 ㉡개인별로 체육관 벽으로부터 2미터 떨어진 곳에서 벽에다 소프트 발리볼을 가지고 언더핸드 서브를 넣는 연습부터 하세요. 어느 정도 동작에 익숙해지면 거리를 5미터로 늘리고, 마지막에는 배구공을 가지고 연습하세요. 자! 지금부터 연습을 시작해 봅시다.

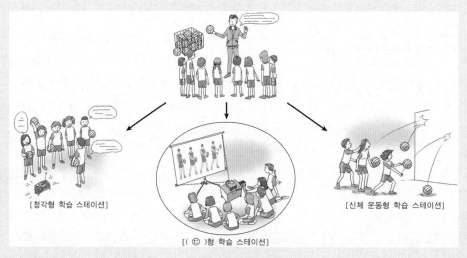

[청각형 학습 스테이션]

[(㉢)형 학습 스테이션]

[신체 운동형 학습 스테이션]

〈보 기〉

1) 링크(J. Rink)의 학습 내용의 발달(content development) 과정에 근거하여 밑줄 친 ㉠, ㉡에 해당하는 확대 과제 유형을 순서대로 쓰시오.

[정답] ㉠ 과제 간 발달 [1점] ㉡ 과제 내 발달 [1점]

5. 다음은 2019학년도 ○○중학교에서 작성한 체육 교과 협의회 회의록이다. 〈작성 방법〉에 따라 순서대로 서술하시오. [4점]

체육 교과 협의회 회의록

일시	2019년 ○○월 ○○일 16:00~	장소	체육 교과 협의실
참석 교사	김○○, 이○○, 박○○, 정○○, 송○○		
안건	자유학기제 지원을 위한 체육교사들의 의견 수렴		
협의 내용	○ 수업에서 활용할 교수·학습 방법 - 수업에서 학생들의 경기 기능 향상을 위해 ⓛ언더 및 오버핸드 패스 과제를 통해 학습한 기능을 실제로 활용하거나 평가하기 위한 과제(예를 들어, 기능이 숙달된 학생들을 대상으로 서브와 스파이크 없이 진행하는 3 대 3 게임 등)를 구성할 것. - 수업에서 학생들의 인성 함양을 위해 개인적·사회적 책임감 모형(TPSR) 적용이 요구됨.		

───〈작성 방법〉───

○ 밑줄 친 ⓛ에 해당하는 과제 명칭을 링크(J. Rink)의 내용 발달에 근거하여 쓸 것.

[정답] ⓛ 응용과제 [1점]

3. 다음은 수석 교사와 초임 교사가 나눈 대화 내용이다. 〈작성 방법〉에 따라 순서대로 서술하시오. [4점]

수석 교사: 지난번 수업 나눔이 끝나고 선생님께서 마지막에 하셨던 말씀을 기억하시나요?

초임 교사: 그럼요. ㉠대학에서 배워 알고 있다고 생각했던 교수 기능을 실제 수업에서 발휘하지 못해 아쉽고, 특히 교사로서 학생들과 상호 작용하는 것이 낯설고 아직은 어색해 어려움을 겪고 있다고 말했습니다.

수석 교사: 오늘 수업을 보니, 이전의 문제들이 많이 해결되었어요. 이제는 다음 단계로 진입한 것 같아요. … (중략) … 그런데 궁금한 교수 기능이 있나요?

초임 교사: 운동 기능 과제 개발과 학습자 관리 방법에 대해 궁금해요.

수석 교사: 과제 개발을 위해서는 기능의 종류를 확인해야 해요. 운동 기능은 환경의 안정성에 따라 달라지는데, 예를 들어, 같은 농구 종목이라도 자유투와 달리 드리블은 (㉡) 기능이에요. … (중략) … 이것은 농구 드리블을 발달적 분석에 따라 개발한 과제 계획이에요. 각 과제는 운동 기능 향상이라는 공통 목적이 있지만 각 과제마다 특성이 다르므로 과제를 개발할 때 유의해야 해요.

… (하략) …

○ 과제 계획
– 정해진 공간에서 평소에 주로 사용하는 손으로 드리블하기
– ㉢손가락으로 공을 누르듯이 드리블하기
– 정해진 공간에서 양손을 번갈아 가며 드리블하기
– 천천히 이동하며 양손으로 드리블하기

… (하략) …

수석 교사: 학습자 관리 방법은 다양하지만, 학생이나 집단, 또는 학급 전체의 관리에 대한 권위를 부여하기 위해 행동 수정 전략을 공식화할 필요가 있어요. 시덴탑(D. Siedentop)은 4가지 행동 수정 전략의 공식화 방법을 제안하였는데, 그 중 (㉣)은/는 행동을 정의하고, 보상을 결정하며, 수반성을 확립하는 데 학생이 직접 참여한다는 면에서 행동 공표라는 공식화 방법과 차이를 보여요. 그리고 (㉣)은/는 학생들에게 자기 관리 기술에 이르는 방법을 가르쳐 준다는 점에서 행동 공표에 비해 한 차원 향상된 단계에요. 특히, 이 방법을 적용할 때는 참가하는 모든 사람이 서명해야 한다는 것을 기억해야 해요.

… (하략) …

〈작성 방법〉

○ 밑줄 친 ㉠에 해당하는 교수 기능 발달 단계의 명칭을 시덴탑 (D. Siedentop)의 주장에 근거하여 쓸 것.
○ 링크(J. Rink)의 주장에 근거하여, 괄호 안의 ㉡에 해당하는 기능의 명칭을 쓰고, 밑줄 친 ㉢과 같은 과제 개발 시 교사가 어디에 관심(초점)을 두어야 하는지 서술할 것.
○ 괄호 안의 ㉣에 해당하는 명칭을 쓸 것.

[정답] ㉠ 초기불편 단계(초기곤란 단계) [1점]
㉡ 개방 [1점]
㉢ 질적 측면 [1점]
㉣ 행동계약 [1점]

3 운동기능의 유형과 내용발달 23 기출

1. 개방기술과 폐쇄기술 - 젠타일(gentile) 23 기출

(1) 개방기술(open skills)은 환경에서 변수나 변화하는 사건에 의해 규정되는 기술을 말한다.

> 예 농구 레이업 슛의 경우는 시간과 환경이 변화함에 따라 운동 수행 중에 기술이 전개되기 때문에 개방기술이다. 농구에서 골을 넣기 위해, 골로 들어가는 각도, 속도, 수비수의 수, 슈팅의 거리는 시간이 지남에 따라 변한다.

(2) 폐쇄기술(closed skills)은 환경적 조건이 안정적이다.

> 예 농구 자유투는 골대로부터의 거리 등과 같은 환경적 조건이 안정적이다.

2. 폐쇄기능의 내용발달

(1) 학습의 선행조건

> • 학습의 선행조건을 확립한다.
> • 성공적인 경험을 위해 기능이나 장비를 수정한다.

(2) 전체-부분의 문제

> • 가능하면 전체로 가르친다.
> • 기능의 전체 모습을 관찰하거나 연습한 다음 부분으로 분해하여 가르친다.

(3) 학습장비의 변경

> • 장비 때문에 성공을 경험하지 못하면 그것을 변경한다.

(4) 연습조건의 변화

> • 성공을 보장하고 난이도를 점진적으로 높일 수 있도록 연습조건을 변화시킨다.
> • 동작을 연습할 때에는 결과를 너무 염두에 두지 않는다.

(5) 교수 의도의 점진적 변화

• 학생들의 성공적 경험을 위해 목표를 단계적으로 높인다.

(6) 힘과 정확성의 관계

• 힘을 발휘하는 능력을 기른 다음 정확성을 요구한다.

(7) 학습환경의 설계

• 반응을 유도하는 학습환경을 설계한다.

① 학습환경의 설계는 설명이 별 효과가 없는 학습초기에 사용할 수 있는 유용한 방법이다. 학습 장비나 학습환경을 잘 조성하면 학습을 촉진할 수 있다.

② 전면 다이빙을 하는 학생 앞에 막대기를 내밀어 위로 점프한 다음 뛰어내리도록 하는 것이 소위 말하는 학습환경의 설계이다.

③ 또 다른 예는 테니스의 연습 벽에 표적을 정하고 그곳을 향해 공을 치도록 유도하는 경우이다. 학생들이 테니스 서브의 리듬을 쉽게 익힐 수 있도록 양발에 테니스공을 넣어 스윙을 하게 하는 것도 일종의 환경설계이다.

④ 환경을 잘 설계하면 학생들이 운동기능을 학습하면서 겪게 되는 각종 어려움을 해결하는 데 도움 된다. 만약 체육교사들이 질 높은 학습반응을 유도하는 환경설계 능력을 기르면 학생들의 기능학습을 더욱 촉진시킬 수 있다.

3. 환경변화에 따른 폐쇄기능과 내용발달

- 기능의 도입은 단순한 환경으로부터 시작하여 모든 가능한 환경으로 발전시킨다.
- 다른 환경에 적응하기 위해 다양한 연습조건을 포함하도록 한다.

4. 개방기능과 내용발달

(1) 개방기능을 폐쇄기능으로 교수

① 개방기능을 폐쇄 환경에서 너무 오래 연습하지 않도록 한다.

② 초보자들을 위해 복잡한 개방기능을 폐쇄기능으로 가르치는 것이 좋다.

(2) 반응과 '반응의 이용'에 관한 연습

① 개방기능을 가르칠 때에는

ㄱ 적절히 반응하는 연습과

ㄴ 적절한 반응을 선택하는 연습을 모두 포함한다.

② 내용의 발달적 분석에 고려

ㄱ 반응 자체의 연습뿐만 아니라

ㄴ 반응에 관한 연습도 내용의 발달적 분석에 고려되어야 한다. 반응 활용 연습은 환경에 지각적 복잡성을 추가하고, 학습자가 어떻게 반응할 것인지를 결정하는 데 도움을 준다.

4 게임기능과 내용발달

게임능력은 4가지 발달단계를 거치게 된다.

〈표 3-1〉 게임기능의 단계적 개발(스포츠교육학, 대한미디어)

	게임기능은 개방기능에 포함되지만, 경쟁적 상황을 전제로 한다는 점에서 차이가 있다. 따라서 개방기능의 기본적인 내용 발달과정과 유사하지만 다음과 같은 단계를 통해 게임기능을 개발한다.
제1단계	교사는 물체의 통제능력(학습자가 물체를 의도하는 힘으로 연관성 있게 어떤 장소로 보낼 수 있는 능력)을 개발하는 데 관심을 갖는다.
제2단계	물체의 통제를 강조하지만 복잡성을 부과한다. 드리블, 패스 기능을 결합하면 복잡성이 증가한다.
제3단계	기능을 이용한 간단한 공격과 방어의 역할을 익힌다. 학습경험을 계획하는 기본 가정은 학습자가 자신의 모든 주의를 물체의 통제에 두지 않고 공격과 방어의 관계에서 기능의 사용에 초점을 두어야 하는 데 있다. 점진적으로 복잡성이 추가된다.
제4단계	게임 수행. 완전한 게임뿐만 아니라 학습자가 완전한 게임 수준에 도달하는 것을 도와주기 위해 계획한 경험들까지를 포함한다.

1. 제1단계: 통제능력의 획득

(1) 게임능력 개발의 1단계는 통제능력을 개발하는 것이다.

(2) 때리기, 던지기 등과 같은 조작운동에서 통제란 학습자가 물체에 힘을 가해 의도하는 방향으로 일관성 있게 보낼 수 있는 능력을 말한다. 잡기, 받기와 같은 조작운동에서 통제는 일정 높이, 속도, 방향으로 접근하는 물체를 받을 수 있는 능력을 말한다.

(3) 게임능력 개발의 1단계는 통제능력을 개발하는 데 필요한 경험들을 제공한다. 처음에는 간단하고 쉬운 조건에서 물체를 통제하는 능력을 개발하지만, 학습이 진행되면서 물체를 보내고 받는 높이, 방향, 힘을 달리함으로써 고도의 통제능력을 개발할 수 있다.

> 예 처음에는 제자리에 서서 야구공을 주고받지만, 점차 이동하면서 공을 던지고 받도록 과제의 난이도를 높여간다.

2. 제2단계: 복잡성의 추가

(1) 게임능력 개발의 2단계에서는 물체의 통제능력에 복잡성을 더한다.

(2) 드리블 통제능력과 패스 통제능력을 결합하여 보다 복잡한 관계로 사용한다.

> 예 농구의 오버스탭과 같이 동작의 수행을 제한하는 규칙이 도입되기도 한다.
> 예 배구에서 스파이크 한 공을 리시버가 언더핸드 패스로 받아 세터에게 패스하는 경우이다.

3. 제3단계: 간단한 게임전략 구사

(1) 게임능력 개발의 3단계는 물체의 통제나 기능수행 외의 환경적 단서에 초점을 맞춘다.

(2) 관심이나 주의를 물체의 통제나 기능의 수행에 두지 않고, 기능의 사용과 관련된 환경적 단서에 둔다.

(3) 이 단계에서는 <u>간단한 공격 및 방어 전략</u>을 학습한다.

> 예 축구, 농구, 하키 등과 같은 피하기 게임에서는 물체를 빼앗기지 않고 유지하는 방법을 익히고, 배구, 테니스, 배드민턴과 같은 네트 형 게임에서는 빈 공간에 공을 보내거나 자기 진영을 방어하는 전략을 익힌다.

(4) 학생들이 이 단계에 도달하면 크게 복잡하지 않은 게임에서 공격 및 방어 전략을 구사할 수 있게 된다.

(5) 게임의 복잡성은 공격이나 방어선수의 수, 경기장의 크기, 경기 규칙 등을 조절함으로써 더할 수 있다. 게임의 복잡성을 점진적으로 더해가는 것이 바람직하다.

4. 제4단계: 게임의 수행

(1) 게임능력 개발의 4단계는 정규게임을 할 수 있을 정도로 경험의 구성이 복잡하다. 이 단계에 도달하면 학생들은 정규게임을 할 수 있다.

(2) 만약 게임의 규칙이나 다른 조건으로 인해 게임의 계속적인 흐름이 방해를 받으면 흐름을 유지하기 위해 규칙이나 조건을 약간 수정할 수 있다.

(3) 축구에서 프리킥을 생략하거나, 배구에서 서비스를 생략하거나, 농구에서 자유투를 생략함으로써 게임이 원활하게 진행되도록 규칙의 일부를 수정할 수 있다.

(4) 게임능력 개발의 3단계와 4단계를 엄격히 구분하는 것은 쉽지 않다. 1:1 게임과 정규게임의 연속선상 어느 한 곳이 두 단계를 구분 짓는 지점이 될 것이다.

(5) 축구의 경우 방어선수와 공격선수가 정해지면 4단계라고 할 수 있다. 4단계로 발전하면 팀에 선수들이 많아지고, 게임에 필요한 대부분의 기능들을 사용하게 되며, 경기규칙이 복잡하게 된다. 4단계에 도달하였다는 것은 기능 수준이 높고 기본적인 게임전략을 구사할 수 있다는 의미이다.

1 수업운영체계의 확립

• 유능한 체육교사는 학습에 방해되는 행동을 예방할 수 있는 수업운영 구조를 개발하여 학생들이 학습과제에 집중하도록 유도하는 교사이다.

• 체육수업을 효율적으로 운영하는 데 있어서 무엇보다 중요한 것은 학생들에게 기대하는 상규적 활동(routine) 과 규칙을 확립하는 것이다. 학생들이 정한 루틴과 규칙에 따라 행동하도록 책무성을 부여하는 동시에 학생들의 적극적인 협조를 얻는 것이다.

1. 루틴의 확립 16 기출

(1) 상규적 행동 또는 루틴은 어떤 상황을 관례적으로 처리하는 방법으로 수업운영의 중요한 구성요소이다. 루틴은 체육수업에서 반복적으로 일어나는 행동에 대한 기대 행동을 규정하여 학생들에게 가르치는 것이다.

(2) 학생들은 비슷한 상황에서 유사하게 행동하므로 수업에 기대되는 행동을 매번 새롭게 가르칠 필요가 없다. 체육수업에서 자주 반복적으로 일어나는 사건을 루틴으로 확립하여 학생들에게 적용하면 학습과제에 소비할 시간을 증가시키는 데에도 도움이 된다.

(3) 체육수업에서는 출석점검, 교구의 배치, 주의집중 신호, 집단편성하기 등 수많은 사건들이 반복되고 있다. 교사가 이러한 일들을 어떻게 처리할 것인지를 루틴을 잘 확립하면 학생들은 교사의 기대에 따라 행동할 가능성이 높아진다.

① 수업시작 루틴: 수업시작 시간이 되면 학생들이 정해진 장소로 신속하게 집합할 수 있도록 루틴을 정하면 수업을 부드럽게 개시할 수 있다.

② 출석점검 루틴: 약속된 장소에 출석부를 비치하고 수업을 시작하기 전에 학생 스스로 서명하도록 하는 방법이나, 또는 각각의 학생에게 특정 공간을 정해주고 그곳에서 준비운동이나 스트레칭을 하는 동안 빈 공간을 확인하는 출석점검을 할 수 있다. 또한 학생들을 각 분단에 배치한 다음 분단장에게 결석학생의 명단을 제출하도록 할 수 있다.

③ 안전사고 루틴: 체육교사는 안전사고 규칙, 특히 기구와 장비의 사용에 관한 규칙을 학생들에게 반드시 주지시켜야 한다. 모든 체육교사들이 합의하여 정한 안전사고 규칙을 잘 보이는 곳에 게시하고 체육수업시간에 상기시켜야 한다.

④ 신호 루틴: 교사가 '내가 시작하면' 또는 '시작'과 같은 단어로 학생들에게 활동의 시작을 알리거나 '동작 그만'과 같은 신호를 보내 진행 중인 활동이나 동작을 마무리하도록 루틴을 정할 수 있다. 넓은 공간에서 음성 신호가 효과를 발휘하지 못할 경우 휘파람, 손뼉, 호각, 북, 막대기 등을 사용할 수 있으나 음성신호로 충분한 경우에는 사용하지 않는 것이 바람직하다.

⑤ 수업종료 루틴: 교사의 차시 예고가 끝나고 전달사항을 마무리하면 학생들이 해산하게 되는데 그 이후에 학생들이 어떻게 행동해야 하는지에 대한 루틴도 개발해야 한다.

⑥ 기타 중요한 루틴: 체육수업에 필요한 그 밖의 중요한 루틴으로는 지각학생 처리하기, 화장실 다녀오기, 갈증 해소하기 등이 있다.

---

57 | 2016학년도

1. 다음은 유 교사의 배구 수업에 대한 일화 기록지이다. 밑줄 친 ㉠에 해당하는 예방적 수업 운영 활동을 쓰고, ㉡과 같이 운동기능이나 과제의 중요한 특징을 전달하기 위하여 사용하는 단어나 구를 일컫는 용어를 제시하시오. [2점]

> **체육 수업 일화 기록지**
>
> 일시 : 2015년 ○월 ○일(월) 3교시
> 관찰 : 박○○ 교사
>
> 2학년 1반 3교시 수업이 시작됐다. 유 교사는 배구 3차시 오버핸드 패스 수업임을 알렸다. ㉠학생들은 학기 초에 연습한 대로 정해진 집합 장소와 위치에 모였다. 교사는 빈자리를 확인하며 신속히 출석을 확인하였고, 체육복 미착용 학생은 복장 점검표에 표시하였다. 유 교사는 '네트를 사이에 두고 파트너와 오버핸드 패스하기'라는 학습 과제를 제시하고 설명했다. 특히, 손을 이마 위로 올리는 동작은 '이마', 손을 삼각형으로 만드는 동작은 '삼각', 공을 받는 동작은 '당겨', 공을 내보낼 때 스냅을 사용하는 동작은 '튕겨'로 설명하였다. 그리고 학생들이 빈손으로 오버핸드 패스 동작을 ㉡'이마', '삼각', '당겨', '튕겨'의 순으로 쉽게 익힐 수 있도록 구령을 붙여 재인식시켰다.

[정답] • ㉠ 상규적 활동(루틴, 최초활동통제) (출석점검 오답)
• ㉡ 학습단서 / 상기어(요약단서 인정) → 학습단서 또는 단서 포함 인정

(1) 수업은 전달체계 또는 학습지도 체제 내에서 이루어진다. 교수학습 전략은 학습지도 체제의 다른 표현이며, 어떤 교수학습 전략을 선택하느냐에 따라 교사와 학생의 역할 배정도 달라진다.

① 교수학습 전략이 구체적인 목표나 내용과 결합하면 수업모형이 된다.

② 수업전략은 학습내용의 특성, 추구하는 목표, 학습자의 특성 등을 고려하여 선택하게 된다. 본 장은 직접교수와 간접교수의 차이를 비교하고 7가지 교수학습 전략이 수업에 어떻게 기능하는지 탐구하는 데 목적이 있다.

(2) 교사가 어떤 학습목표를 설정하느냐에 따라 그가 계획하는 학습 과제와 경험 또한 달라질 수 있다. 체육수업과 같이 학생들을 주로 집단으로 가르칠 때에는 학생들에게 어떤 역할이 기대되는지에 따라 학습경험은 다르게 조직된다.

(3) 모스턴(Mosston)은 체육수업 방법을 새롭게 이해하는 데 기념비적 공헌을 한 학자이다.

① 교수 유형(teaching style)에는 지시적 교수에서 발견적 교수까지 다양하게 존재한다고 주장하고 있다. 교수 유형 또는 교수 스타일은 학생들에게 부여하는 의사결정의 양에 의해 결정된다.

㉠ 지시적 교수는 교사가 지시하는 과제를 수행하는 책임 외의 다른 의사결정 기회를 학생에게 거의 부여하지 않는다.

㉡ 반면, 문제해결식 교수에서는 문제의 답을 찾는 과정에 학생들이 적극적으로 참여한다.

(4) 모스턴이 교수 스타일을 개발함으로써 교수의 복잡한 과정을 보다 잘 이해할 수 있게 되었다.

① 교수 스타일은 지도원리라기 보다는 교사의 지도적 특징이다.

② 왜 그러한 스타일로 가르치는지에 대한 뚜렷한 원리나 근거 없이 교사와 학생 간의 상호작용을 통해서 드러나는 교수학습 분위기이다.

③ 모스턴도 교수의 실제를 규명하려는 의도에서 교수 스타일을 연구한 것이 아니라, 교사들에게 자신의 교수학습활동을 반성하도록 자극을 주기 위해 개발하였음을 인정하고 있다.

(5) 모스턴은 교수의 일련의 의사결정 과정인 동시에 교수학습 전략의 연속체로 생각하고 있다.

① 즉, 연속선상의 한쪽 끝은 교사가 모든 의사결정을 하는 스타일이고 반대 끝은 학생들과 함께 대부분의 의사결정을 하는 스타일이다.

② 어떤 교사가 한 체육수업에서 한 가지 교수 스타일만으로 수업하는 경우는 거의 없다.

⑩ 교사가 학생들의 실수를 직접 피드백을 제공하여 수정하거나, 다른 학생이 그 실수를 고쳐주도록 요청할 수 있다. 전자를 지시형 스타일, 후자를 상호학습형 스타일이라고 한다.

③ 이처럼 교사가 자신과 학생들에게 어떤 역할이나 기능을 기대하느냐에 따라 교수스타일이 달라질 수 있다.

(6) 한 가지 교수 스타일로 체육수업에서 일어나는 복잡한 문제를 해결할 수는 없다.

① 수업은 학생들의 인지적 참여 유형, 수업조직의 형태, 학생들의 의사결정 수준 등이 다양하게 결합되어 나타난다.

② 교수 스타일이 어떤 교사의 지도적 특성인 데 반해, <u>교수전략은 일종의 과제 전달체계이다.</u>

③ 교수전략은 내용의 선정, 과제의 전달, 학습 진도의 결정, 피드백의 제공, 학습 평가 등과 같은 각종 교수학습활동이 수행되도록 하는 수업구조이다.

(7) 교수전략은 무엇을 전달하느냐 하는 것보다는 어떻게 전달하느냐 하는 것을 더 중요하게 생각한다.

① 특정 교수전략을 선택하는 것은 그것이 목표달성에 필요한 학습내용을 가장 잘 전달할 수 있기 때문이다.

② 어떤 교사가 특정 교수전략을 선택하였다는 것은 학생들이 어떻게 학습하며, 그들이 중요하게 학습해야 할 내용이 무엇인지에 대한 교사의 시각이나 관점이 반영되었다는 의미이다.

	직접교수	간접교수
특징	• 교사효율성 연구에 의하면 구체적인 내용은 간접교수보다 직접교수가 더 효과적이다. • 직접교수는 교사의 적극적인 지도가 이루어지고, 학생들은 구조화된 학습활동에 적극적으로 참가하며, 피드백이 적극적으로 제공되고, 학업에 대한 책무성이 강하게 부여되는 수업방식이다. • 직접교수는 교사가 학습내용과 학습방법을 철저히 통제한다. 교사가 기능을 성공적 경험이 가능한 과제로 분해하여, 학생들에게 설명한 후 시범을 보인다. 학습과제를 조직적으로 제시하며, 학생들에게 학업책무를 강하고 부여하고, 교사 자신의 교수활동과 학생의 학습활동을 학업성취와 관련하여 평가한다. • 내용이 위계구조이고, 기초기능 중심이며, 학습의 효율성을 강조할 때 가장 효과적이다. • 하지만 복잡한 학습과정을 거쳐 목표를 성취하거나 인지, 정의와 같은 다른 성격의 학습목표를 동시에 성취하는 데에는 적합하지 않은 교수방법이다. • 제한 시간에 연습효과를 최대한으로 높이기 위해서는 직접교수의 방법이 적절하다.	• 수업이 직접교수에서 간접교수의 방법으로 이동하면 교사 통제 중심에서 학생들과의 협의 중심으로 전환하게 된다. • 간접교수는 보통 다음과 같은 특징을 갖는다. ① 내용을 전체적으로 제시한다. ② 학습내용을 분해하는 대신 학생들에게 의미 있는 단위로 제시한다. ③ 학생들의 능력, 흥미, 욕구를 중요하게 고려한다. • 간접교수를 주장하는 학자들은 연습 자체보다는 연습이 갖는 의미와 인지적 참여와 정의적 참여 같은 부분을 중요하게 생각하고 있다. 직접교수는 탈맥락적 결과를 지나치게 강조하고, 학생들의 전인적 참가를 간과하는 문제점이 있다는 것이 그들의 주장이다.
상호 교수 학습 전략	• 학생들에게 반응선택의 자유를 거의 허용하지 않으면 직접교수	• 교사의 통제를 줄이고 학생들에게 자율 연습의 기회를 충분히 허용하면 간접교수

1. 직접교수와 간접교수

(1) 교사가 어떤 교수학습 전략을 선택할 것인지 결정할 때 중요하게 고려해야 하는 것은 직접교수와 간접교수 중 어느 것을 선택할 것이냐이다.

① 교사효율성 연구에 의하면 구체적인 내용은 간접교수보다 직접교수가 더 효과적이다.

② 직접교수는 교사의 적극적인 지도가 이루어지고, 학생들은 구조화된 학습활동에 적극적으로 참가하며, 피드백이 적극적으로 제공되고, 학업에 대한 책무성이 강하게 부여되는 수업방식이다.

(2) 직접교수는 교사가 학습내용과 학습방법을 철저히 통제한다. 교사가 기능을 성공적 경험이 가능한 과제로 분해하여, 학생들에게 설명한 후 시범을 보인다. 학습과제를 조직적으로 제시하며, 학생들에게 학업책무를 강하게 부여하고, 교사 자신의 교수활동과 학생의 학습활동을 학업성취와 관련하여 평가한다.

⑶ 수업이 직접교수에서 간접교수의 방법으로 이동하면 교사 통제 중심에서 학생들과의 협의 중심으로 전환하게 된다.

⑷ 간접교수는 보통 다음과 같은 특징을 갖는다.
　① 내용을 전체적으로 제시한다.
　② 학습내용을 분해하는 대신 학생들에게 의미 있는 단위로 제시한다.
　③ 학생들의 능력, 흥미, 욕구를 중요하게 고려한다.

⑸ 직접교수는,
　① 내용이 위계구조이고, 기초 기능 중심이며, 학습의 효율성을 강조할 때 가장 효과적이다.
　② 하지만 복잡한 학습과정을 거쳐 목표를 성취하거나 인지, 정의와 같은 다른 성격의 학습목표를 동시에 성취하는 데에는 적합하지 않은 교수방법이다.

⑹ 직접교수와 간접교수 중 어떤 교수법으로 체육을 가르칠 것인지를 결정하는 것은 쉽지 않다.
　① 운동기능은 신체적 연습과 복잡한 인지과정을 통해 학습되기 때문이다.
　② 운동기능을 학습할 때 학생들의 인지적 참여를 강조하면 학습과정에 대한 이해력이 높아지고 학습의 전이능력을 향상시키는 데 도움이 된다.

⑺ 직접교수와 간접교수 중 어느 방법을 선택할 것인지는 추구하는 학습목표와 학습내용의 특성을 고려하여 결정해야 한다.
　① 제한 시간에 연습효과를 최대한으로 높이기 위해서는 직접교수의 방법이 적절하다.
　② 그러나 간접교수를 주장하는 학자들은 연습 자체보다는 연습이 갖는 의미와 인지적 참여와 정의적 참여 같은 부분을 중요하게 생각하고 있다. 직접교수는 탈맥락적 결과를 지나치게 강조하고, 학생들의 전인적 참가를 간과하는 문제점이 있다는 것이 그들의 주장이다.

⑻ 유능한 교사라면 특정 교수법에 대한 선호도와 개인적 신념으로 교수법을 선택하지 않는다. 유능한 교사는 학습에 도움이 되는 교수법을 선택한다.
　① 유능한 교사는 학생들이 기초기능을 숙달하는 데 적합하기 때문에 직접교수법을 선택하고, 학생들이 다양한 해답을 구하는 데 적합하기 때문에 확산발견형 교수법을 선택한다.
　② 이처럼 유능한 교사는 학습에 도움이 되는 다양한 교수전략을 효과적으로 사용할 수 있어야 한다.

⑼ 교수학습 전략은 적용 능력을 고려하여 결정해야 한다.
　① 즉, 학생들이 교사가 선택한 교수학습 전략을 수용할 준비가 되어 있는지 신중히 고려해야 한다.
　② 대부분의 교수학습 전략은 교사의 직접 지도나 철저한 준비에 의해 학생들에게 수용되지만, 일부 교수학습 전략은 학생 스스로 수행하기 때문이다.

⑽ 교사의 직접적인 지도가 이루어지는 경우에도 학생들이 독자적으로 수행하는 부분이 있으므로 교수학습 전략을 선택할 때에는 학생들의 수용 능력을 고려해야 한다. 교사가 선택한 교수학습 전략이 학습상황에 적합하지 않거나 학생들이 수용할 준비가 되어 있지 않으면 실효를 거두기 어렵다.

⑾ 직접교수냐 간접교수냐 하는 것은 대체적으로 수업내용을 조직하는 방법이며, 연속선상의 양극단을 설명하는 전체론적인 개념이다.
　① 따라서 교사가 직접교수와 간접교수 중 어느 쪽을 지지하느냐에 따라 사용되는 학습지도 요인들이 달라진다.

② 또한, 한 가지 교수학습 전략으로 직접교수와 간접교수 모두를 수용할 수도 있다.

⑫ 예를 들어 상호작용 교수학습 전략에서

    ① 학생들에게 반응선택의 자유를 거의 허용하지 않으면 직접교수가 되고,

    ② 교사의 통제를 줄이고 학생들에게 자율 연습의 기회를 충분히 허용하면 간접교수가 된다.

    ③ 이 장에 소개된 다양한 교수학습 전략을 활용하여 학습내용을 효과적으로 전달할 수 있다.

2. 전달체계로서 교수학습 전략

(1) 교수전략은 목표와 관련된 학습내용을 어떻게 효과적으로 전달할 것인지를 결정하는 과정이다.

    ① 교수학습 전략은 학급 전체를 지도하는 데 필요한 학습환경을 계획하는 일이다.

    ② 여기서 중요한 것은 교사는 학급 전체를 대상으로 수업환경을 준비하지만, 실질적인 학습은 학생 개인의 차원에서 이루어진다는 것이다.

(2) 이는 교수학습이 학생 각자의 학습을 촉진하는 방향으로 이루어져야 한다는 의미이다.

    ① 교사는 체육수업에 참가하는 학생 각자가 주어진 과제를 적절한 진도에 따라 정확하게 연습하고 그에 따른 적절한 피드백을 제공받도록 학습환경을 계획해야 한다.

    ② 수업을 조직할 때 과제의 명확한 전달, 적절한 학습 진도, 유용한 피드백의 제공 등에 못지않게 중요한 것은 학생 각자의 역할을 분명히 전달하는 것이다.

(3) 교수학습 전략은 교사의 학습지도 능력이 수업의 각 단계에서 다르게 기능할 수 있도록 조직해야 한다. 교사가 선택하는 교수학습 전략은 학습내용의 선정, 학습과제의 전달, 학습내용의 발달, 피드백의 제공과 평가 등을 보면 알 수 있다.

(4) 이는 교사가 내용을 어떻게 선정하여 과제로 전달하는지, 그리고 수업의 전개 과정과 결과를 어떻게 평가하느냐에 따라 교수학습 전략이 달라질 수 있다는 의미이다. 이러한 기능들에 관한 교사의 결정은 학습목표의 달성여부에 중요한 영향을 미친다.

2-1. 학습내용의 선정

(1) 많은 학생들을 집단으로 지도하면서 겪는 어려움 가운데 하나는 학생들의 학습수준이 서로 다르다는 것이다. 그래서 교사는 모든 학생의 학업욕구를 만족시키는 학습내용을 선택하기 위해 노력해야 한다.

(2) 제시된 과제가 보다 많은 학생들의 학습욕구에 적합한가?, 모든 학생이 같은 시기에 동일한 과제를 수행해야 하는가?, 학생들의 특성에 따라 과제를 달리해야 하는가?, 학습내용을 교사와 학생 중 누가 결정해야 하는가?, 학생들의 참여수준을 어느 정도로 결정해야 하는가?

2-2. 학습과제의 전달

    ① 학습이 이루어지기 위해서는 우선 교사의 학업 기대를 파악해야 한다. 교사기능의 이러한 측면은 학생들에게 과제를 전달하는 형태로 나타난다.

    ② 과제전달은 학습할 내용을 학생들에게 어떻게 알릴 것인지를 결정하는 과정이다.

    ③ 과제는 언어, 시범, 유인물, 포스트, 과제카드, 컴퓨터 프로그램, 시청각 자료 등 다양한 방법으로 전달할 수 있다.

2-3. 학습내용의 발달

① 학습내용은 한 가지 기능에서 다른 기능으로, 초보적 운동수행 수준에서 세련된 운동수행 수준으로 점진적인 발전이 이루어져야 한다.

　　㉠ 과제 간 발달 : 테니스의 포핸드 스트로크 기능의 연습 후 백핸드 스트로크 기능이 비교적 쉽게 습득되는 것처럼 한 기능에서 다른 기능으로 발전하는 것이다.

　　㉡ 과제 내 발달 : 토스하는 공을 언더핸드 패스로 받는 수준에서 서비스로 넘어오는 공을 처리하는 수준으로 향상되는 것처럼 어떤 기능이 한 수준에서 다른 수준으로 발전하는 것이다.

② 교수학습 전략은 과제의 발달단계를 고려하여 결정해야 한다. 확대, 세련, 응용과 같은 과제의 발달수준에 따라 그에 적합한 교수전략을 선택해야 한다.

③ 학습내용의 발달은 다음과 같은 질문에 답하는 가운데 전개해야 한다.

학생이 과제의 난이도를 높이거나 새로운 기능을 학습하려 할 때 누가 그것을 결정할 것인가?, 운동수행에 필요한 준거를 확립해야 하는가?, 운동수행 준거를 학생들에게 전달해야 하는가?, 만약 전달해야 한다면 어떻게 전달해야 하는가?

2-4. 피드백 제공과 평가

① 학생들에게 피드백을 제공하는 것과 학생들의 반응을 평가하는 것은 교사에게 요구되는 중요한 교수기능이다. 학급 전체를 대상으로 하는 수업에서 개별 학생에게 피드백을 제공하거나 그의 운동수행을 평가하는 것이 쉬운 일이 아니다.

② 그러나 '동료학생의 피드백', '자기평가', '피드백의 제공이나 평가 환경의 조성', '형식 평가', '비디오 촬영' 등을 활용하면 불가능한 일은 아니다.

3. 교수학습 전략 17 기출 19 기출 21 기출

(1) 체육 학습경험을 계획할 때 자주 사용하는 교수학습 전략에는 상호 교수 , '스테이션 교수', 또래교수 , 협동학습 , '자기교수전략', '인지전략', 협력교수 와 같은 7가지 기본 전략이 있다. 그 밖에 체육수업에서 가끔 사용하고 있는 교수학습 전략들이 있으며 각 수업전략은 수업의 전 과정을 통해 순수한 형태로 나타나지 않는다. 이들 수업전략들은 학습경험이 어떻게 바뀌느냐에 따라 서로 다르게 결합될 수 있다.

(2) 본 장에서는 각 교수학습 전략을 수업환경 계획의 관점에서 설명할 것이다.

① 설명의 편의를 위해 각 교수학습 전략의 중요한 측면을 특히 강조하여 다른 측면은 생략하였다.

② 교사들은 독립적으로 학습한 교수학습 전략들을 자신의 수업에 적합하게 변형시키거나 두 가지 이상의 전략들을 결합한 새로운 형태의 교수학습 전략을 개발하여 사용할 수 있다.

교수기능	장점	단점
상호교수 전략		
내용 선정	• 학습자에게 대안적인 반응을 줌으로써 개별적인 교수가 가능하다.	• 모든 학습자에게 부적절한 하나의 과제를 선택함으로써 전략이 잘못 사용될 수 있다.
과제 제시	• 새로운 내용이 제시될 수 있다.	• 교사가 과제 전달에 주도적인 역할을 하므로 학습자의 역할이 최소화된다.
내용 전개	• 학생이 이해하지 못하면. 내용전달이 수정될 수 있다.	• 가르치는 동안 학습자의 상황에 따라 진도를 조절할 수 있는 교사의 수준 높은 분석과 관찰 기술이 필요하다.

피드백 제공 및 평가	• 학생의 이전 반응에 근거하여 전개에 적절하게 과제가 진행될 수 있다. • 교사는 활동 중 자유롭게 피드백을 준다.	• 교사는 모든 학생에게 피드백을 주기 어렵다.
스테이션교수 전략		
내용 선정	• 내용을 개별화하거나 공간과 용구를 더 잘 사용하기 위해 한 번에 다양한 과제를 준다.	• 학생이 독립적으로 활동하는 기술과 과제에 익숙해야 한다.
과제 제시	• 자료는 미리 계획되거나 준비된다.	• 과제를 전달하기 위한 영상을 학생이 사용하기 어렵고, 교사는 한 번에 다양한 자료를 설명할 시간을 갖기 어렵다.
내용 전개	• 학생에게 적절한 진도는 자료에 포함될 수 있다.	• 학생의 우수한 반응을 얻기 어려우므로 자세에 초점을 둔 과제는 제한된다.
피드백 제공 및 평가	• 피드백은 과제 자료에 포함돼야 한다. 만약 관리자나 과제 제시자가 필요 없다면 교사는 학생에게 피드백을 주는 데 많은 시간을 보낼 수 있다.	• 수행되는 과제의 다양성과 관리 문제 때문에 집단별로 피드백을 제공하는 것은 어렵다.
동료교수 전략		
내용 선정	• 동료교사에 의해 내용이 선정되면, 그 동료교사는 과정으로부터 이득을 얻는다.	• 서로 불편한 관계인 동료교사와 파트너가 될 수도 있다. • 동료교사는 상대에게 적절한 내용을 선택하지 않을 수도 있다.
과제 제시	• '교사'의 수로 인해서 다양한 과제와 과제의 수준이 제시될 수 있다. • 동료교사는 과제를 전달하기 위한 간단한 언어를 사용한다.	• 동료교수는 매우 구조화된 교사의 역할이 요구된다. • 동료교사가 적절한 교수 단서를 선택하지 않을 수도 있다.
내용 전개	–	• 진도는 주로 교사에 의해 결정되거나 교사가 안내한다.
피드백 제공 및 평가	• 많은 학생에게 즉각적인 피드백을 한 번에 줄 수 있고, 짧은 시간에 평가받을 수 있다.	• 피드백은 반드시 교사에 의해 제공되어야 한다.
협동학습 전략		
내용 선정	• 학습자에게 의미 있는 내용이 선정될 수 있다.	• 다양한 집단에 적합한 내용을 선정하는 것이 어려울 수 있다. • 과제와 자료를 미리 준비하는 데 많은 시간이 필요하다. • 많은 학생이 독립적인 학습 능력을 갖추어야 한다.
과제 제시	• 과제는 교사 중심에서부터 학생 중심까지 다양한 방법을 통해 전달될 수 있다.	• 대부분의 협동학습과제는 범위가 넓으므로 학습자에게 제시하는 데 많은 시간이 필요하다.
내용 전개	• 교사는 과제와 자료에 진도를 포함할 수 있다. • 교사는 과제 활동을 할 때 자유롭게 개별화할 수 있다.	• 학생 스스로 진도를 결정하는 것이 항상 적절하지는 않다.
피드백 제공 및 평가	• 교사는 학생이 독립적인 활동을 하는 동안 피드백을 제공할 수 있다. • 프로젝트는 평가될 수 있는 것들이 모두 포함되어 있다.	• 집단 평가 시 집단적인 노력에서 개인의 기여를 분리하기는 쉽지 않다.

교수기능	장점	단점
자기교수 전략		
내용 선정	• 개인에게 적절한 내용이 만들어질 수 있다.	• **자료를 준비하는 데 필요한 시간이 오래 걸린다.**
과제 제시	• 학습자는 질문이 생기면 자료에 언급할 수 있다.	• 움직임에서 무엇이 중요한지 유인물을 통해서 전달하는 것이 어려울 수 있다.
내용 전개	• 진도는 점진적인 단계로 자료에 포함될 수 있다.	• 진도는 미리 설정되기 때문에 진도가 모든 개인에게 적절하지 않을 수 있다.
피드백 제공 및 평가	–	• 피드백은 반드시 자료에 포함되어야 한다. • 교사는 대부분의 시간을 평가하는 데 사용한다.
인지 전략		
내용 선정	• 내용은 종합적으로 학습자와 학생의 모든 책임감 수준을 포함할 수 있다.	• 심동적인 연습보다 인지적인 부분에 시간이 많이 소요된다.
과제 제시	• 과제는 모든 조직적 전략을 사용해서 제시할 수 있다(예 미디어, 과제 카드).	• 학생의 참여가 필요한 과제는 준비하고 제시하는 데 많은 시간이 걸린다.
내용 전개	• 교사주도부터 학생주도까지 모든 범위가 다 사용될 수 있다.	• 수업은 교사가 진도를 어떻게 개발하고 전달하는지에 달려있다.
피드백 제공 및 평가	• 간접적인 교수 스타일과 함께 사용된다면, 교사는 학생이 과제를 하는 동안 자유롭게 피드백을 줄 수 있다.	• 직접교수와 함께 사용된다면, 상호교수에서처럼 피드백은 제한된다.
팀 티칭 전략		
내용 선정	• 적절한 내용을 결정할 때 두 교사의 전문 지식이 한 교사의 전문지식보다 낫다. • 모든 교수 전략을 사용할 수 있다. • 두 번째 교사는 내용을 개별화하고 과제가 부적절한 집단의 학생을 맡는 데 자유롭다.	• 수업을 계획하기 위해 많은 시간이 필요하다.
과제 제시	• 한 명 또는 두 명의 교사는 다양한 방법이나 전략을 사용해서 과제를 제시할 수 있다. 과제 전달에 대한 책임이 없는 교사는 과제를 전달하는 동안 다른 역할을 할 수 있다.	• 수업 중에 과제를 적절하게 바꿔서 전달할 책임이 있는 두 교사 간에는 관계를 형성하는 것이 어렵다. • 리더 교사는 과제 전달의 책임이 있다.
내용 전개	• 두 번째 교사는 진도를 개별화하는 데 자유롭다.	• 동일 학급 내에서 진도가 차이 날 수 있다.
피드백 제공 및 평가	• 피드백과 평가는 자유로운 교사에게 할당될 수 있다.	• 한 교사가 피드백을 주고 평가를 할 때, 리더 교사는 대집단을 맡아야 한다.

3-1. 상호교수

(1) "가르친다."는 말은 교사가 학생들에게 학습과제를 전달하고 학생들은 전달된 과제를 수행하며, 교사는 학생들의 수행정도를 평가해서 발전시키는 것을 의미한다. 이러한 형태로 수업이 이루어지는 것을 상호 교수 전략이라고 한다.

① 체육학습경험을 계획할 때 가장 자주 사용하는 교수학습 전략은 상호교수 전략이다.

② 상호교수 전략에서는 교사가 수업의 전 과정을 통제한다. 교사가 없으면 지휘자가 없는 관현악단처럼 수업이 제대로 진행되지 않는다.

(2) 상호교수 전략에서는 학생들이 교사가 제시한 과제에 어떻게 반응하는지를 보고 수행과제를 결정한다.

    ① 교사가 처음부터 수업을 잘 계획하면 그것만으로도 학습을 크게 촉진시킬 수 있다.

    ② 그러나 대부분의 경우 교사의 다음 행동이나 움직임은 학생들이 교사가 제시한 과제에 어떻게 반응하느냐에 의해서 결정된다.

(3) 상호교수 전략에서는 교사의 역할이 중요하며, 대부분의 경우 교사가 내용의 선정, 과제의 전달, 내용의 발달, 피드백의 제공과 평가에 대한 책임을 진다.

    ① 상호교수에서는 학급의 모든 학생들이 같은 과제 또는 과제체제에서 연습한다.

    ② 상호교수 전략은 대부분의 체육내용을 가르치는 데 적합하다.

3-1-1. 학습내용의 선정

(1) 상호교수는 학급 전체를 대상으로 가르친다.

    ① 학습내용은 과제의 계획에 따라 개별화 방식을 적용할 수도 있다.

        예 교사가 "각 방향에서 10개의 레이업 슛을 하고, 10개의 파울 슛을 하라." "레이업 슛과 파울 슛 중 어느 한 가지를 선택하여 10개의 슛 연습을 하라." "파울 슛을 성공시킬 수 있는 거리에서 연습을 시작하라. 잘 되면 뒤로 물러나 슛 연습을 하라." 와 같은 농구 슛 과제를 학생들에게 제시할 수 있다.

    ② 앞의 예에서 각 과제는 학생들에게 상당한 선택의 자유를 주고 있다. 이처럼 학생들이 학습과제를 자유롭게 바꿀 수 있으며 직접 상호교수에서 간접 상호교수로 전환된다.

(2) 상호교수학습 전략에서 운동과제의 적절성 여부는 선택한 전략이 개별 학생의 학습욕구를 얼마나 만족시키는지를 보고 판단한다. 어떤 과제가 모든 학생들에게 적합할 때에는 학생들에게 반응선택의 자유를 허용하지 않아도 된다. 그러나 한 가지 반응이 모든 학생들에게 적합하지 않을 때에는 모든 학생들의 성공적인 경험이 가능하도록 학습내용을 선정해야 한다.

(3) 교사의 구령에 맞춰 체조를 하거나, 무술동작을 따라 하거나, 교사의 신호에 따라 포크댄스를 한 동작씩 따라하는 경우에서처럼 학생들에게 반응선택의 자유가 없으면 상호교수는 Mosston이 주장하는 지시형 스타일(A) 이 된다. 그에 반해 학생들에게 자율권을 허용하고, 교사의 통제를 줄이면 Mosston의 연습형 스타일(B) 이 된다.

(4) 상호교수의 또 다른 극단은 소위 말하는 움직임 교육과 비슷한 스타일이다. 일반적으로 움직임 교육에서는 "신체의 네 부위로 균형을 잡는다."와 같이 한 가지 이상의 정확한 반응을 요구하는 과제를 학생들에게 제시한다. 한 가지 반응을 요구하는 지시형 스타일과 한 가지 이상의 반응을 요구하는 움직임 교육 모두 상호교수 전략이 될 수 있다.

(5) 두 교수 스타일 모두 학습과제의 선정, 학습과제의 전달, 학습내용의 발달, 피드백 제공과 평가에 대한 책임을 교사가 진다.

3-1-2. 학습과제의 전달

(1) 상호교수에서는 교사가 학습과제를 전달한다. 학생이나 교재의 도움을 받지 않는 것은 아니지만 과제 전달에 대한 일차적인 책임이 교사에게 있다.

(2) 과제를 전달할 때 무엇보다 중요한 것은 '단서의 선택'과 '과제의 명료성'이다.

(3) 상호교수 전략에서 과제는 교수와 학생과의 상호 결과에 따라 주로 교사가 결정한다. 교사가 학생들의 반응을 보고 과제를 결정하므로 사전에 계획된 과제에 너무 집착하지 않도록 해야 한다. 학생들의 반응을 보지 않고 다음에 어떤 과제를 선택할지 파악하기 어렵기 때문이다.

3-1-3. 학습내용의 발달

(1) 상호교수의 이점은 교사가 학생의 운동수행을 관찰한 결과로 내용을 발전시킨다는 것이다.

(2) 통찰력이 있는 교사는 운동수행의 질을 언제 어떻게 높여야 하는지 잘 알고 있다. 또한 과제의 난이 수준을 조절하는 시기를 판단할 수 있다.

(3) 상호교수학습 전략을 효과적으로 사용하기 위해서는 시간의 경과보다는 교사의 관찰에 근거해 다음 과제로 전환해야 한다.

3-1-4. 피드백 제공과 평가

(1) 상호교수에서는 학생들에게 제공하는 피드백과 학습활동을 평가하는 책임이 주로 교사에게 있다. 상호교수에서는 교사가 학생들에게 피드백을 제공하는 동안 다른 역할에 얽매이지 말아야 한다.

(2) 피드백은 학생들이 과제를 수행하고 있거나 수행한 다음 개인이나 집단을 대상으로 제공할 수 있다.

(3) 학생들이 지시형 스타일(A)에서처럼 교사의 지시나 단서에 따라 과제를 시작, 계속, 또는 중단하면 충분한 피드백을 제공할 수 없다.

(4) 학생들이 무엇을 해야 하는지 알고 구체적인 단서 없이 과제를 수행할 수 있으면 더 많은 피드백을 제공할 수 있다.

3-1-5. 상호교수의 장단점

(1) 상호교수의 장점

① 학습경험을 설계하는 전략으로서 상호교수의 장점은 상호작용적이라는 것이다. 교사는 진도를 정할 수 있고, 적절한 시간에 움직임 과제를 전달하며 개별화된 내용을 제공할 수 있다. 진도의 조절과 내용의 개발은 유연하며, 학습자의 관찰된 요구에 따라 달라진다. 교사는 학급 전체를 대상으로 내용을 전달해야 하기 때문에, 학생의 이해수준은 미리 결정될 수 있고 의사소통은 조정될 수 있다.

(2) 상호교수의 단점

① 학급 전체를 대상으로 수업하게 되므로 피드백을 제공하거나 학습활동을 평가하는 데 어려움이 있다. 교사가 과제의 선정, 과제의 전달, 내용의 발달 등에 적극적으로 관여해야 하기 때문이다.

② 또 다른 단점은 교사들이 상호교수의 활용 자체를 어렵게 생각한다는 것이다. 교사들은 학생들의 수행능력에 적합한 과제의 개별화와 학생들이 교사의 구체적인 단서 없이도 과제 수행이 가능한 독립기능을 길러주는 것을 어렵게 생각하고 있다.

3-1-6. 상호교수의 예(테니스 포핸드 스트로크)

(1) 중학교 2학년 테니스단원의 첫 수업이다. 일부 학생들은 테니스에 대한 사전 경험이 있으나 대부분의 학생들은 테니스를 처음 접한다.

(2) 수업을 시작하기 전에 학생들에게 테니스를 쳐본 경험이 있는지 학생들에게 묻는다. 수업 전반부에 베이스라인에서 좌·우로 이동하며 포핸드 스트로크와 백핸드 스트로크를 구사하는 과제를 제시하고 공을 정해진 공간에 성공적으로 쳐 넣을 수 있는지 관찰한다.

(3) 그런 다음 공 없이 연습하는 학생들에게 다가가 포핸드 스트로크 연습에 필요한 학습 단서를 복습하게 한다. 처음 몇 번 교사의 지시에 따라 연습하게 한 다음 학생들이 자기 진도를 연습하게 한다. 학생들에게 2명씩 모둠을 구성하게 하고 각 모둠별로 6개의 공을 지급한다. 각 모둠별로 한 명이 1~2m 떨어진 거리

에서 포핸드 스트로크 방향으로 공을 던져주면 다른 한 명은 포핸드 스트로크로 공을 치는 과제를 수행한다. 공을 던져주는 동작과 공을 라켓으로 치는 방법을 전체 학생들에게 <u>시범</u> 보인다. 코트의 한쪽 사이드에 2명씩 배정하여 연습하라고 <u>지시</u>한다.

(4) 학생들이 연습하는 동안 짝의 허리높이에 공이 바운드되도록 공을 보내라고 상기시킨다. 또한 공을 치는 학생에게 "공을 끝까지 밀어내!"라는 피드백을 제공한다. 공을 칠 때 어느 정도의 거리를 유지해야 하는지 학생들에게 묻는다. 학생들이 각기 다른 대답을 한다. 학생들에게 라켓만으로 스윙하게 한 다음 공을 치는 타이밍에 동작을 멈춘다. 같은 동작을 반복하면서 공과의 적당한 거리를 유지하는 연습을 하게 한다. 기능이 우수한 학생들의 연습공간으로 이동하여 피드백을 제공하고 과제를 서비스 연습으로 전환한다.

참고문제	2019년 지도사 2급

8. 〈보기〉는 이 코치의 수업을 관찰한 일지의 일부이다. ㉠, ㉡에 알맞은 용어로 바르게 묶인 것은?

─〈보 기〉─

관찰일지

2019년 5월 7일

이 코치는 학습자들에게 농구 드리블의 개념과 핵심단서를 가르쳐주고, 시범을 보였다. **설명과 시범**이 끝나고 "낮은 자세로 드리블을 5분 동안 연습하세요."라는 과제를 제시하였다. … (중략) … 이 코치는 (㉠)을 활용했고, **과제 참여 시간의 비율이 높은 수업**을 운영했다.

수업의 마지막에는 질문식 수업을 활용했다. "키가 큰 상대팀 선수에게 가로막혔을 경우 **어떻게** 해야 합니까?"라는 (㉡) 질문을 통해 학습자가 다양한 대안을 찾을 수 있도록 했다.

	㉠	㉡
①	적극적 수업	확산형
②	과제식 수업	가치형
③	동료 수업	확산형
④	협동 수업	가치형

3-2. 스테이션교수(과제교수) 09 기출 21 기출

(1) 스테이션교수(station teaching)는 두 가지 이상의 과제가 각기 다른 장소에서 동시에 진행되도록 학습환경을 조성하는 교수학습 전략이다.

① 일반적으로 각 학습과제를 운동장이나 체육관에 지역별로 배정하고, 학생들이 한 구역에서 다른 구역으로 차례로 돌며 제시한 과제를 수행한다.

② 그래서 가끔 스테이션교수를 과제교수(task teaching)라고도 한다.

(2) 스테이션교수는 체육수업에서 자주 사용하는 교수학습 전략이다.

① 잘 사용하면 대부분의 교수기능을 발휘할 수 있는 학습체제이다.

② 그러나 다른 교수 전략과 마찬가지로 모든 상황에 적용할 수 있는 교수 전략이라고 볼 수는 없다.

3-2-1. 학습내용의 선정

(1) 스테이션교수에서는 수업 전에 교사가 학생들이 수행할 과제를 결정한다.

① 교사는 여러 개의 학습과제를 각 스테이션에서 동시에 진행시킨다.

② 스테이션 교수는 용구, 공간, 개인차, 동기유발 문제 등을 해결하기 위해 여러 개의 학습과제를 동시에 진행시킨다.

(2) 수업에 필요한 용구가 충분하지 않을 때 용구사용이 필요하거나 필요하지 않은 연습구역을 정해 모든 학생들이 차례로 돌아가면서 용구를 사용할 수 있도록 하기 위해 스테이션교수 전략을 선택한다.

(3) 넓은 공간을 필요로 하는 과제와 그렇지 않은 과제를 혼합하는 경우에도 스테이션교수를 도입하면 효과적이다.

(4) 또한, 운동능력이나 흥미가 비슷한 학생들을 같은 구역에 배정하여 연습할 수 있도록 하는 데에도 효과적이다. 이런 경우 학생들이 각 구역을 차례로 돌며 과제를 수행할 필요는 없다.

(5) 그뿐만 아니라 학습동기를 유발하기 위해 유사한 과제를 여러 구역에서 다른 방법으로 연습할 때에도 스테이션교수 전략을 효과적으로 사용할 수 있다.

3-2-2. 학습과제의 전달

(1) 스테이션교수에서 가장 어려운 부분은 과제의 전달이다. 동시에 여러 과제를 전달해야하기 때문이다.

(2) 스테이션교수에서 과제전달 문제는 다양한 방법으로 해결할 수 있다.

① 포스트, 과제카드, 녹음기, 비디오, 컴퓨터 등을 사용하여 각 구역에 배정된 과제를 동시에 전달할 수 있다.

② 학생에게 과제 전달의 책임을 위임할 수도 있다. 대부분의 경우 수업을 시작하면서 교사가 각 구역에 배정된 과제에 대한 설명을 하지만 각 구역을 대표하는 또래교사를 선정하여 미리 작성한 과제카드로 과제를 전달하게 할 수 있다.

③ 과제를 효과적으로 전달하기 위해서는 간단하고 명확하게 진술해야 한다.

3-2-3. 학습내용의 발달

(1) 스테이션교수는 각 구역의 과제가 내용발달 의 관점에서

① 서로 관련이 없거나,

② 과제의 수행수준이 비슷하거나,

③ 학생들에게 이미 소개한 기능을 연습하는 데 효과적이다.

(2) 스테이션교수의 이러한 조건들 때문에 학습내용을 발달적으로 계획하는 것이 쉽지 않다. 기능의 한 수준에서 보다 높은 수준으로 또는 한 가지 기능에서 새로운 기능으로 발전하는 기준을 개발하는 것이 쉽지 않기 때문이다.

(3) 학생들에게 쉽게 이해되는 기준을 설정하는 것은 어렵다.

① 교사가 기준을 알고 있다고 해도 그것을 동작의 형태나 질적 단서가 되는 말이나 그림으로 표현하는 것이 쉽지 않다.

② 따라서 "다섯 번 연속해서 드리블 할 수 있으면 다음 과제로 이동한다."와 같은 쉬운 양적 기준을 적용하고 있다.

(4) 각 과제에 배정된 시간이 거의 동일하므로 한 스테이션의 과제를 완수하고 다음 구역으로 이동하도록 하면 어느 한 스테이션에 많은 학생들이 몰릴 수 있다. 이런 경우 자기 수준에 맞는 스테이션을 선택하여 이동할 스테이션이 빌 때까지 연습하도록 해야 한다.

3-2-4. 피드백 제공과 평가

(1) 스테이션교수에서는 여러 과제가 동시에 진행된다. 이러한 학습지도 상황에서는 교사의 역할이 매우 중요하다.

   ① 교사가 연습 분위기를 유지하고

   ② 다른 구역으로 이동하는 속도를 조절하는 등 관리자의 역할을 잘해야 한다.

(2) 스테이션 교수에서는 각 구역에 과제를 전달하면 다른 학습지도 부담없이 피드백을 제공하거나 평가를 할 수 있다.

   ① 교사는 학습지도 부담에서 벗어나 스테이션을 이동하면서

   　　㉠ 학생들에게 필요한 피드백을 제공하거나

   　　㉡ 원하는 스테이션에 남아 새로운 과제를 제시하거나

   　　㉢ 다른 구체적인 학습지원 활동을 할 수 있다.

   ② 다만 학생들이 주어진 과제에 적극적으로 참여할 때에만 그러한 기능을 할 수 있다.

(3) 과제를 자발적으로 수행하는 데 훈련이 되어 있지 않은 학생은 교사가 직접 관리하거나 피드백을 제공하기 위한 별도의 준비를 해야 한다.

(4) 학생 스스로 자신의 학습활동을 테스트할 수 있도록 과제를 계획하면 $\boxed{\text{자기교수}}$ 나 자기평가를 유도할 수 있으며 수행결과를 스스로 기록하도록 하면 학습 효과를 더욱 높일 수 있다. '오버헤드 패스 10회'와 같이 어떤 기능을 최소한 몇 회 이상 성공적으로 수행하도록 학습과제를 구성하는 것도 피드백을 제공하거나 생산적인 학습환경을 유지하는 데 도움이 된다.

(5) 기능을 질적으로 향상시키기 위해 학생들끼리 서로 평가하고 피드백을 제공하게 할 수도 있다. 이러한 경우 교사가 사전에 평가기준을 준비하여 학생들에게 제공해야 한다.

3-2-5. 스테이션교수의 장단점

(1) 장점: 교사들이 스테이션교수 전략을 선택하는 것은

   ① 학습내용을 탄력적으로 선정할 수 있고 구역에 속한 학생들이 서로 협력하며 과제를 수행할 수 있기 때문이다. 과제를 잘 선정하여 제시하면 모든 학생들이 자신에게 적합한 학습경험을 할 수 있다.

   ② 또한 학습과제와 각 스테이션에 배정되는 시간을 교사나 학생이 결정할 수 있는 장점도 있다. 스테이션교수 전략을 효과적으로 사용하기 위해서는 학생들이 주어진 과제의 독자적 수행이 가능하도록 훈련을 시켜야 한다.

   ③ 대부분의 학교 상황에서, 과제 전달의 제한된 규정은 새롭거나 복잡한 기술을 스테이션 교육 형식으로 다루기 어렵게 만든다. 과정 중심 과제(예 폼을 중시하는 과제)는 학생에게 과제를 전달하고 책무성을 부여하기가 어렵다. 따라서 **개별적인 자기점검, 환경적으로 설계된 과제, 결과 중심 과제 그리고 이미 배워서 교사의 교정이 필요 없는 기술의 연습은 대부분 성공적으로 수행될 수 있다.**

(2) 장점: 학생들이 각 스테이션에 배정한 과제를 교사의 감독없이 자발적으로 수행하면

   ① 교사는 학생들에게 피드백을 제공하거나

   ② 학습 진행을 평가하거나

   ③ 학습을 지원하는 등의 역할을 수행할 수 있는 장점이 있다.

(3) 단점: 운동수행 또는 반응의 질을 유지하기 어렵다는 것이다.

　① 학생들이 과제수행에 집중하지 않고 체육관이나 운동장 주변에서 과제에서 벗어난 행동을 하는 것을 자주 목격할 수 있다. 학생들에게 운동수행에 대한 강한 책무를 부여하면 과제이탈 행동을 어느 정도 예방할 수 있다.

　② 각 구역의 과제를 설명할 때 동작의 질적 목표를 분명히 전달하지만 그것을 무시하고 연습을 하면 과제수행을 즉각 중단시켜야 한다.

　③ 과제의 질적 측면을 분명히 전달하면 스테이션교수로도 동작의 질적 향상을 꾀할 수 있다.

3-2-6. 스테이션교수의 예(배구)

(1) 교사는 학생들에게 "이제부터 단원의 매 시간 첫 15분은 지정한 스테이션에서 연습하도록 한다."라고 설명하고 수업을 시작한다. 각 스테이션에서 연습할 다음과 같은 과제를 설명한다.

> 벽을 향해 오버핸드 패스, 벽을 향해 서브, 파트너와 언더핸드 패스, 파트너가 토스해 주는 공을 벽을 향해 스파이크

(2) 교사는 각 과제를 검토하고 그것을 10회씩 실시하도록 지시한다. 학생들은 짝과 함께 연습하면서 개인기록 카드에 자신의 학습 진행을 기록한다. 두 사람이 한 조가 되어 한 개의 공을 가지고 스테이션에서 스테이션으로 이동하며 연습한다. 한 스테이션의 과제를 완수하면 다음 스테이션으로 이동한다.

참고문제	2015년 지도사 2급
19. 스테이션 티칭의 특징으로 적절하지 <u>않은</u> 것은? 　가. 과제교수라고도 한다. 　나. 교수–학습과정에 대한 지도자의 영향력을 극대화할 수 있다. 　다. 기구가 부족한 수업상황에서 사용할 수 있다. 　**라. 지도자의 관점에서 볼 때 학생들 관찰이 다소 어렵다.**	

7. 다음의 (가)는 수업 개선을 위해 교사들이 나눈 대화 내용이고, (나)는 최 교사의 수업 개선안이다. 〈작성 방법〉에 따라 순서대로 서술하시오. [4점]

(가) 교사들의 대화

> 최 교사: 김 선생님! 학생들의 학습 과정과 결과를 반영해 교수기술을 개선해 나가는 방법은 없을까요?
>
> 김 교사: (㉠) 사정 모델을 활용해 보세요. 이 모델은 교수 과정, 학습 과정, 학습 결과를 사정의 범주로 삼고, 교수 환경의 복합성(교수 과정↔학습 과정↔ 학습 결과)을 강조하는 모델이에요. 또한, 학습 과정과 단기적·장기적 학습 결과를 각각 과정과 결과 피드백으로 활용하며, 수업을 지속적으로 개선하는 데 적합한 모델이에요.

(나) 최 교사의 수업 개선안

> … (상략) …
>
> • 대기 시간
>   – 분석과 문제: 모든 학생들이 같은 공간에서 동일한 학습 내용을 수행했기 때문에, 대기 시간 비율이 높게 나타난 것으로 판단됨.
>   – 개선 방안: 한 명의 교사가 서로 다른 학습 내용을 동시에 가르칠 수 있는 (㉡) 교수 전략에 따라, 학습 공간을 2가지 혹은 그 이상으로 분리하여 운영할 필요가 있음. 각 (㉡)의 학습 내용을 서로 다르게 설계하고 학습 활동 시간을 동일하게 운영할 계획임.
> • 피드백
>   – 분석과 문제: 학생의 성공 경험이 낮게 나타났음. 피드백의 전체 양과 학생의 기능 수준(숙련, 초보)에 따른 피드백은 제공 수칙에 부합함. 그러나 피드백 유형별 제공 비율을 분석한 다음의 〈표〉에서처럼 ㉢피드백 제공 수칙에 부합하지 않는 2가지 문제가 있음.
>
> | 유형 | 내용 | | 시기 | | 양식 | | |
> |---|---|---|---|---|---|---|---|
> | | 일반적 피드백 | 구체적 피드백 | 즉각적 피드백 | 지연된 피드백 | 언어 피드백 | 비언어 피드백 | 결합된 피드백 |
> | 제공비율 | 72% | 28% | 24% | 76% | 14% | 12% | 74% |

> ─────〈작성 방법〉─────
>
> ○ 괄호 안의 ㉠에 해당하는 사정 모델의 명칭을 시덴탑(D. Siedentop)의 주장에 근거하여 쓸 것.
> ○ 괄호 안의 ㉡에 해당하는 용어를 쓸 것.
> ○ 밑줄 친 ㉢의 개선 방안을 메츨러(M. Metzler)가 주장한 피드백 제공 수칙에 근거하여 서술할 것.

[정답] ㉠은 완전 교수, ㉡은 스테이션, ㉢은 일반적 피드백보다 구체적 피드백 비율을 증가시키고, 지연된 피드백보다 즉각적 피드백 비율을 증가시켜야 한다.

3-3. 동료교수(또래교수) 17 기출

(1) 또래교수(peer teaching)는 교사의 교수기능 책임을 학생에게 이양하는 교수학습 전략이다.

(2) 또래교수는 보통 다른 교수학습 전략과 함께 사용하지만 독자의 이해를 돕기 위해 별도로 소개하였다.

3-3-1. 학습내용의 선정

(1) 또래교수에서는 주로 교사가 학습내용을 정하지만, 가끔 학생이 개발한 움직임 개념이나 프로젝트를 다른 학생들에게 가르치는 경우도 있다.

㉠ 초등학생이 설계한 운동패턴을 교사가 설정한 수업체제 내에서 다른 학생들에게 가르칠 수 있다.

㉠ 중학생의 경우도 자신이 설계한 게임, 무용, 운동 프로그램 등을 다른 학생들에게 가르칠 수 있다.

3-3-2. 학습과제의 전달

(1) 또래교수에서는 한 학생이 다른 학생에게 학습내용을 시범보이거나 직접 가르친다.

(2) **또래교수에서는 보통 어떤 기능에 경험이 있거나 그 기능에 능숙한 학생이 경험이 부족하거나 능숙하지 못한 학생과 짝을 이룬다.**

(3) 학습과제 전달은 전체 학생들을 대상으로 하거나 스테이션교수에 결합된 경우 각 스테이션의 학생들을 대상으로 할 수 있다. 학생을 각 스테이션의 보조교사로 활용할 때에는 다른 학생들의 학습을 지원할 수 있도록 교사 역할을 가르쳐야 한다.

(4) 또래교수는 교실수업에서 고학년이 저학년을 가르치도록 준비하면 가장 효과적이다.

(5) 많은 경우, 교사 대신 또래학생이 학습과제를 설명하는 것이 더 효과적이다. 또래교사가 과제를 전달하는 역할만으로 다른 학생의 기능 학습에 도움이 될 수 있다.

---

(6) 짝짓기는 학습공동체의 가치에 위배되지 않고 반편견 교수의 목표에 기여하는 방법으로 이루어져야 한다.

(7) 에른스트(Ernst)와 팬그라지(Pangrazi, 1996)가 주장한 짝선정 원리

① 의사소통, 협동, 배려 등을 학습하기 위해서 → 자신에게 우호적이거나 협조적인 파트너를 우선적으로 선택한다.

② 코칭 기능이 중요한 경우 → 기능이 우수한 학생과 그렇지 않은 학생으로 짝을 짓는다.

③ 문제 해결이나 게임 전략과 같이 적극적인 상호작용이 요구되는 과제를 수행할 때 → 그에 적합한 짝을 선택한다.

④ 인지적, 정의적 과제는 성별이나 운동 능력의 영향을 받지 않으므로 → 다른 요인을 기준으로 짝을 선택한다.

⑤ 짝끼리 서로 경쟁해야 하는 과제 → 크기, 힘, 능력이 비슷한 학생끼리 짝을 짓는다.

(출처: 체육교수이론, 박정준, 손천택)

3-3-3. 학습내용의 발달

(1) 학습내용의 발달은 또래교수에서도 항상 교사에 의해 이루어진다. 특히, 교사역할을 맡은 학생이 내용발달에 대한 책임을 지는 경우에는 기능과 기능 간 또는 과제 내 발달을 분명하게 알려주어야 한다.

(2) 전체 학생들에게 학습내용의 발달을 상세히 설명하고, 또래교사(peer teacher)에게 사전 교육을 시켜야 한다. 또래교사는 기능의 질적 기준에 대해 정확하게 알고 있어야 한다.

(3) 또래교사는 자신이 임의로 정한 기준이 아닌, 교사가 정한 기능의 질적 기능에 따라 다른 학생들의 학습을 지원해야 한다.

3-3-4. 피드백 제공과 평가

(1) 또래교수에서 이루어지고 있는 교수기능 가운데 피드백 제공과 평가가 가장 효과적이다.

   ① 대규모 학급에서는 학생이 많고 시간이 부족하여 학생들에게 필요한 피드백을 충분히 제공하는 것이 쉽지 않다. 그런데 최근 교사들이 학습지도에 대한 책무성이 강조되면서 평가의 중요성이 점차 증가하고 있다. 학생들에게 유익한 피드백을 자주 제공하면 과제에 대한 집중력이 생기고, 기능의 향상에도 도움이 된다.

   ② 또래교수에서는 교사뿐만 아니라 학생도 피드백을 제공할 수 있다. 학생들에게 관찰훈련과 피드백 제공 훈련을 시키면, 서로의 운동수행을 평가하여 필요한 피드백을 제공할 수 있기 때문이다.

(2) 가끔 효과적인 피드백의 제공을 목적으로 학생들끼리 조를 짜서 연습하게 하는 경우도 있다.

   ① 학생들 간의 피드백 제공이 실효를 거두기 위해서는 정확한 관찰 기준과 운동수행 향상 기준을 전달해야 한다.

   ② 동료 간 피드백은 "10번 중 성공한 횟수를 세라."와 같이 측정 가능하거나 "발을 정확하게 내딛는지 확인해라." 등과 같이 운동수행의 한 가지 측면을 정확하게 관찰하게 함으로써 효과를 높일 수 있다.

3-3-5. 또래교수의 장단점

(1) 또래교수는 다른 교수기능과 함께 사용하거나 독립적으로 사용할 수 있다. 다른 교수학습 전략들과 마찬가지로 단위수업의 일부로 채택하거나 수업 전체에 적용할 수도 있다.

(2) 또래교수의 핵심: 동료 간의 관계형성이다.

   ① 교사는 또래교사가 다른 학생들과 불편한 관계에 놓이지 않도록 유심히 살펴야 한다. 학생들은 또래교수의 과정을 통해서 서로 도우며 학습하는 생산적인 관계를 유지할 수 있다.

   ② 학생들 간의 생산적인 관계는 그러한 관계형성에 대한 분명한 기대와 그렇게 행동해야 할 책무를 강조해야 만들어진다.

(3) 구체적인 지침 없이 서로 가르치거나 관찰하라고 하면 대부분의 경우 결과는 실망스럽게 나타난다.

(4) 또래교수는 다른 학생의 운동수행을 관찰하고 분석하는 기술과 다른 학생과 생산적으로 소통하는 사회적 관계기술의 향상에 도움이 되는 교수학습 전략이다.

3-3-6. 또래교수의 예

(1) 고등학교 체조수업 전체

① 교사는 관계가 원만하고 운동능력이 비슷한 학생들 4명으로 소집단을 구성하게 한다. 각 소집단을 대표하는 한 명의 학생이 다른 학생들에게 정해진 프로그램을 가르친다.

② 교사는 프로그램을 가르치는 또래교사(peer teacher)가 다른 학생의 운동수행을 다음과 같은 질적 기준에 따라 평가하게 될 것이라는 설명을 전체 학생들에게 한다.
  • 자세, 움직임의 부드러운 전환, 움직임의 통제, 운동수행의 질

③ 또래교사가 프로그램의 각 부분을 소집단의 다른 학생들에게 설명하여 시범을 보인 다음 각 부분을 각기 연습하도록 지시한다. 학생들이 각 부분을 숙달하면 또래교사의 지도로 각 부분을 통합한다. 각 소집단별로 자기 진도에 맞춰 연습하되 한 가지 루틴을 충분히 연습한 다음 루틴으로 발전하도록 한다.

④ 같은 내용으로 세 시간 동안 연습하며, 마지막 시간에는 각 소집단의 성과를 발표한다.

(2) 수업의 일부

① 고등학교 무용: 교사가 학급 전체에게 복잡한 무용 스텝을 가르치고 있다. 몇몇 학생들을 제외한 대부분의 학생들은 스텝을 숙달하고 단계로 발전하고 싶어 한다. 교사가 이미 스텝을 숙달한 몇몇 학생들을 선정하여 아직 스텝을 숙달하지 못한 학생들과 함께 연습하며 가르치기를 생각한다. 교사는 또래교사에게 적절한 학습단서를 제공하고, 느린 동작으로 보여주며 가르치라고 지시한다.

② 초등학교 무용: 교사가 초등학교 3학년 학생들에게 4명을 한 모둠으로 하는 소집단을 구성하도록 한다. 각 소집단별로 간단한 민속무용 음악에 맞춰 작품을 짜도록 지시한다. 교사가 두 소집단을 선정하여 그들의 작품을 전체 학생들에게 가르치도록 한다. 나머지 소집단에게는 자신이 구상한 작품을 전체 학생들에게 시범보인 다음, 각 소집단의 학생 각자가 한 가지 동작을 전체 학생들에게 상세히 설명하여 가르치도록 한다.

③ 중학교 배구: 교사가 중학생들에게 배구의 언더핸드 서브를 가르치고 있다. 어느 정도 시간이 지난 다음 전체 학생을 4명씩 한 모둠의 소집단으로 나눈다. 한 학생이 네트의 한쪽에서, 또 다른 학생이 네트의 반대쪽에서 서브를 넣는다. 각 사이드에서 서브를 넣는 학생이 다른 학생들의 서브기능 연습을 코치한다. 코치의 역할을 맡은 또래교사의 언더핸드 서브의 연습에 필요한 다음과 같은 학습단서를 확인한다.
  • 상체를 앞으로 기울이며 팔을 뒤로 높이 들어 올린다. / 손바닥 위의 공을 토스하지 말고 친다. / 체중을 앞발로 이동하며 동작을 종결한다. / 각 소집단은 학습단서가 적힌 연습카드를 가지고 있다. 코칭 역할을 맡은 동료교사는 서브를 할 때마다 한 가지 학습단서만 제공한다.

3-4. 협동학습

(1) 협동학습은 다양성이 존중되는 사회에서 모두가 행복하게 살아가기 위해서는 나와 다른 것을 인정하고 다른 사람과 함께 일할 수 있어야 하며, 학생들 또한 다른 사람들과 생산적으로 일하는 방법을 학교에서 배워야 한다는 인식에서 출발하였다.

① 협동학습을 지지하는 학자들은 학습은 본질적으로 사회적 산물임을 주장하고 있다.

② 협동학습은 개인 및 사회적 발달에 기여할 뿐만 아니라 학습능력의 향상에도 도움이 된다는 것이다.

③ 협동학습은 사회적 기술을 습득하게 하며 적극적인 학습참여를 유도한다고 주장하고 있다.

(2) 협동학습에서는 학생들이 모둠을 구성하여 주어진 과제나 프로젝트를 완성한다.

　① 모둠은 <u>능력, 흥미 등과 같은 요인들을 고려하여 이질 집단으로 구성한다.</u>

　② 과제의 완성을 위한 협동적 노력과 과제나 프로젝트의 수행정도를 개인뿐만 아니라 모둠으로 평가한다.

　③ 협동적 학습이 성공적으로 이루어지기 위해서는 과제나 프로젝트의 목표가 학생들에게 의미 있어야 하고, 서로 협동하는 방법을 분명하게 전달해야 하며, 학습경험의 과정과 결과에 대한 책무성을 강조해야 한다.

3-4-1. 학습내용의 선정

(1) 학생들이 성취목표의 결정에 참여하기도 하지만, 보통 교사가 과제나 프로젝트를 결정한다.

　① 학습내용과 학생들 간에 원활한 소통이 이루어지기 위해서는 제시되는 과제가 학생들에게 의미 있어야 하며, 동시에 협동이 요구되는 과제이어야 한다.

　② 한 사람이 즉시 해결할 수 있는 과제는 협동학습 과제로 부적합하다. 모둠의 모든 학생들이 서로 협력하여 해결할 수 있는 과제를 개발해야 한다.

　③ 아직은 체육수업에서 협동학습을 자주 사용하지 않고 있지만 체육교과의 성격상 중요한 교수학습 전략이 될 수 있다. 즉, <u>협동학습은 체육이 추구하는 사회적, 정의적 목표를 달성하는 데 효과적인 교수학습 전략이 될 수 있다.</u>

　　예 "진흙탕 통과하기" 같은 협동학습 게임을 체육수업에 도입할 수 있다. 다만 그와 같은 게임이 체육의 고유 목표를 달성하는 데 도움이 되는지에 대해서는 신중한 고민을 해야 한다.

　④ 협동학습의 내용을 선정할 때에는 협동심과 같은 정의적 목표뿐만 아니라 체육의 고유 목표인 심동적 목표에도 기여하는 학습경험을 선택해야 한다.

(2) 체육수업에서 자주 사용하는 협동학습의 구성방식(형식)으로 다음과 같은 것들이 있다.

　① 조각 맞추기 협동학습

　　㉠ 조각 맞추기 협동학습(직소, Jigsaw)은 Aronson 등이 개발한 수업전략으로서 학생 각자가 자신의 역할을 완수해야 목표를 달성할 수 있도록 과제 또는 프로젝트를 구성한다.

　　㉡ 모둠 또는 집단에 속한 각각의 학생에게 프로젝트의 일부가 맡겨진다. 모든 학생들이 자신에게 부여된 구성과제를 수행해야 하며, 교사는 학습에 필요한 교재를 제공한다.

　　㉢ 개정 조각 맞추기 협동학습에서는 학생 개인에게 구성과제를 제공하지만, 모든 학생들이 동일한 과제를 수행한다. 학생마다 고유한 과제를 제공하지만, 프로젝트를 완성하기 위해서는 모둠의 다른 학생들과 협력해야 한다. 즉, <u>학생마다 프로젝트의 고유한 과제를 수행하기 때문에</u> 서로 의지하며 협력해야 과제를 완성할 수 있다.

　　　예 체육에서는 체력운동을 구성하는 동작이나 기능을 한 가지씩 연습하여 체력운동 프로그램을 완성하는 프로젝트나 과제를 제시할 수 있다.

　　　예 또한 특정 스포츠 단원에 필요한 기능을 차례로 연습하게 하여 전체 단원을 완성하는 과제를 제시하거나, 포크 댄스 단원을 구성하는 기능을 한 가지씩 연습하여 포크 댄스 작품을 완성하는 과제를 제시할 수 있다.

② ⃞팀 경쟁 협동학습⃞

　㉠ 팀 경쟁 협동학습(Teams-Games Tournament)은 존스 홉킨스 대학에서 만든 협동학습 방법으로 학습 팀을 구성하여 학생들의 흥미를 불러일으키고 경쟁을 유도하는 협동학습 모형이다.

　㉡ 팀 경쟁 협동학습에서는 시합에 대비한 <u>연습은 이질집단으로 구성</u>하지만, <u>실제 게임은 동질집단으로 구성</u>한다. 즉, 운동능력이 다른 학생들이 학습 팀을 구성하여 서로 협동하여 연습하지만, 실제 시합은 운동능력이 비슷한 학생들과 경쟁한다.

　㉢ 다만, 개인득점과 팀이 협동하여 획득한 득점을 합산하여 평가한다.

　㉣ 팀 경쟁 협동학습은 체육, 특히 <u>개인 스포츠에 적용</u>하면 더욱 효과적이다.

　㉤ 시합대비 연습에서는 모든 학생들이 기량이 향상되도록 서로 협력할 것을 강조한다.

　㉥ 연습할 때의 팀과 실제 시합에서의 팀이 다른 것을 제외하면 <u>스포츠교육 모형</u>과 비슷하다.

③ 동료 점검(⃞모둠확인 협동학습⃞, Pairs-Check)

　㉠ 모둠확인 협동학습(Pairs-Check)은 두 사람이 짝이 되어 하나의 모둠을 구성하고, 두 모둠을 합쳐 모집단을 구성한다.

　㉡ 일단 모집단이 구성되면, 두 모둠은 독립적으로 연습한다.

　㉢ 두 모둠이 각기 연습을 끝내면 다시 모집단으로 모여 연습한 내용을 확인, 평가, 수정한다. 이때 한 모둠이 다른 모둠에 대해 <u>또래교수의 기능 또는 역할</u>을 한다.

　㉣ 모둠확인 협동학습을 체육에 적용하는 과정은 우선 운동기능의 학습을 위해 또래교수 집단을 구성한다. 그런 다음 두 모둠을 합쳐 4명의 모집단을 구성하여 학습하는 것과 평가하는 것을 서로 도와주도록 한다.

　　⃞예⃞ 체조에서 더블 스턴트 동작 연습을 서로 도와주는 것과 같은 과제를 제시할 수 있다. 한 모둠이 개발한 것을 다른 모둠에게 가르치는 학습과제를 전달할 수도 있다.

④ 협동방식(⃞상호협동학습⃞, co-op)

　㉠ 상호협동학습(co-op)에서는 많은 구성요인을 포함하는 과제 또는 프로젝트로 수업을 설계한다.

　　ⓐ 누가 어떤 구성요인에 대한 책임을 질 것인지 협의하고,

　　ⓑ 각자가 맡은 책임 과제의 성취정도를 평가한다.

　㉡ 상호협동학습은 시덴탑(Siedentop)이 개발한 <u>스포츠교육 모형</u>과 비슷하여 체육수업에 쉽게 적용할 수 있다.

　　ⓐ 우선, <u>운동능력이 비슷한 팀을 구성</u>한다.

　　ⓑ 각 팀이 장비, 준비운동, 경기운영, 10분 연습계획, 시합기록, 시합 중 코칭 등에 대한 책임을 맡는다.

　　ⓒ 스포츠교육 모형과 비슷한 방법으로 운영한다.

3-4-2. 학습과제의 전달

(1) 협동학습의 성공여부: 팀을 어떻게 구성하느냐에 달려 있다.
<u>교사로서 동질집단을 구성하고 싶을 때가 있지만, 운동능력, 성별, 관심, 사회성 등과 같은 학생들의 특성을 고려하여 이질집단으로 구성하는 것이 바람직하다.</u> 특히, 학생 각자의 사회성을 충분히 고려하여 팀을 구성해야 한다.

(2) 협동학습과제는 여러 가지 방법으로 전달할 수 있지만 보통 교사가 모든 모둠에게 동시에 전달한다. 과제 전달 내용에는 달성할 학습목표와 팀의 목표 성취 방법을 반드시 포함해야 한다. 과제를 독자적으로 수행하는 팀이 많을수록 학생들에게 더 많은 재량권이 부여되지만, 협동학습에 처음 참여하는 학생들에게는

문제 해결에 필요한 절차를 구체적으로 설명할 필요가 있다. 팀 조직에 필요한 방향을 제시하고, 조직의 책무를 결정하는데 필요한 자문을 하며, 프로젝트의 의도를 서면으로 제출하도록 하는 등 교사의 지원이 반드시 필요하다.

(3) 협동학습과제를 전달할 때 무엇보다 중요한 것은 교사의 기대를 개인과 모둠에게 명확하게 전달하는 것이다. 과제의 의도와 수행절차를 분명히 전달하기 위해 학생들에게 유인물을 나누어 줄 수도 있다. 협동학습과제에는 최소한 완성된 결과, 결과를 얻기 위한 과정이나 절차, 프로젝트의 구성요인, 학생 각자의 역할, 사용 가능한 자료, 프로젝트 완성요소 시간, 프로젝트 완성에 필요한 규칙, 개인과 팀에 대한 평가절차 등이 포함되어야 한다.

3-4-3. 학습내용의 발달

(1) 협동학습에서 내용의 발달은 과제 자체에 포함시키거나 학생들의 자율에 맡길 수 있다. 어떤 교사가 협동학습으로 방어 전략을 가르친다면 최소한 다음과 같은 절차에 따라 수업이 진행되도록 과제를 구성해야 한다.

① 리더를 뽑는다.

② 두 명씩 짝을 지어 세 팀으로 나눈다.

③ 세 가지 다른 방어 전략을 고안한다.

④ 세 가지 방어 전략을 모두 시도하며 설정된 기준으로 평가한다.

⑤ 최상의 방어 전략을 선택한다.

⑥ 모든 학생들이 선택한 방어 전략을 잘 구사할 때까지 연습한다.

⑦ 선택한 방어 전략을 전체 학생들에게 전달한다.

⑧ 과제에 참여한 자신과 함께 참여한 다른 학생을 평가한다.

(2) 처음에는 교사가 각 단계를 점검한다. 그러나 학생들이 점차 협동학습에 익숙해지면 과제의 수행절차보다는 제시한 과제의 해결의 필요한 절차를 설계하는 데 더 큰 관심을 갖게 된다. 교사는 과제를 시작하는 데 어려움을 겪는 팀이 있으면 적극적으로 해결의 실마리를 제공한다.

3-4-4. 피드백 제공과 평가

(1) 협동학습의 장점은 다른 모둠의 학생들이 주어진 과제에 열심히 참여하고 있는 한 특정 모둠에 얼마든지 오래 머물며 그들에게 피드백을 제공할 수 있는 점이다.

① 피드백 제공의 역할을 효과적으로 수행하기 위해서는 예리한 통찰력이 필요하다. 학생들의 모둠 활동을 예리하게 관찰하고 대안전략을 제안할 수 있어야 하기 때문이다.

② 가능하면 교사의 간섭을 받지 않고 학생들 스스로 문제를 해결하도록 하지만, 너무 오랫동안 내버려 두어서는 안 된다. 교사의 도움이 필요하다고 판단되면 즉시 그렇게 해야 한다.

(2) 각 모둠은 서로 다른 방식으로 문제를 해결하며, 해결하는 절차도 제각기 다르므로 경험을 공유하면 모든 모둠에게 이익이 될 수 있다.

① 학생들이 경험을 공유하는 동안 교사는 각 모둠의 능력을 평가하고, 사회성을 강조한다.

② 또한 모둠의 장단점을 학생들에게 질문한다. "이 모둠이 찾은 해결방법에 대해서 어떻게 생각하니?" "이 모둠이 개발한 것을 너라면 어떻게 더 발전시킬 수 있겠니?" 등과 같은 질문을 통해 학생들의 사고를 확장한다.

③ 협동학습에서는 모든 학생들이 주어진 과제를 동시에 완성하는 것이 아니므로 학습 진행을 개별화할 필요가 있다. 다른 모둠보다 과제를 먼저 완성한 모둠의 학생들에게 확장과제나 추가과제를 제시함으로써 학습 진행을 개별화할 수 있다.

(3) 학습과정과 결과를 공식적으로 평가하면 각 모둠에게 피드백을 제공하는 데 도움이 된다.

① 교사가 학생들에게 과제를 전달할 때 과제의 수행기준을 명확하게 설정하면 피드백을 효과적으로 제공할 수 있다.

② 체육수업에 협동학습을 도입하는 것은 다른 사람과 협력하며 과제를 수행하는 법을 가르치기 위함이다.

③ 교사는 학생들이 무엇을 얻기 위해 어떻게 노력하는지 평가하고, 그것을 학생들과 공유할 필요가 있다.

3-4-5. 협동학습 장단점

(1) 체육수업에 협동학습을 도입하는 것은 어떤 과제를 다른 사람들과 함께 완성하는 방법과 체육교과를 고등사고과정을 통해 해결하는 방법을 학생들에게 가르치기 위해서이다.

① 모둠 활동이나 짝을 지어 하는 활동을 모두 협동학습이라고 하지는 않는다.

② 협동학습은 협동학습의 목표를 성취하도록 구체적으로 조직하고 학생들 간의 상호교섭을 촉진할 수 있어야 한다.

(2) 학생들이 다른 학생들과 긍정적으로 상호교섭하는 것을 도와주는 데 관심이 없으면 협동학습전략을 선택하지 않는 것이 현명하다.

(3) 마찬가지로 학생들이 수행하는 과제나 프로젝트가 체육교육과정 목표를 달성하는 데 도움이 되지 않는다면 협동학습을 도입할 필요가 없다.

3-4-6. 협동학습의 예(포크 댄스)

• 이 단원은 중학생들에게 적용하여 협동학습의 효과성이 입증된 수업이다. 단원의 목표는 모든 학생들이 5가지 민속무용을 능숙하게 수행하는 것이다.

① 학생들을 5개의 모집단 모둠으로 나눈다. 전체 학생들에게 5가지 민속무용을 비디오로 보여주고, 각 모집단은 자기 조의 모둠원에게 민속무용 1가지씩을 연습하게 한다. 각 모집단의 모둠원은 5가지 민속무용 가운데 1가지를 배워서 가르쳐야 한다. 각 모집단별로 3시간의 연습이 끝나면 각 모둠원은 연습한 민속무용을 얼마나 잘했는지 한 가지씩 평가한 다음 그 점수로 각 모집단을 평가한다.

② 각 모둠에서 같은 민속무용을 선택한 학생들이 한곳에 모여 서로 도와가며 선택한 민속무용을 학습한다. 이때 교사가 준비한 교재를 활용할 수 있다. "학습집단"의 각 모둠원은 다른 모둠원이 자기 모집단으로 돌아가기 전에 자기가 선택한 민속무용을 충분히 학습해야 한다.

③ "학습집단"에서 자기가 선택한 민속무용을 충분히 학습하고 모집단으로 돌아오면 준비된 음악과 설명서에 따라 자기 모집단 모둠원들을 가르친다. 모집단의 모든 모둠원들이 할 수 있을 때까지 가르친다.

④ 셋째 시간의 일부를 할애하여 모든 모둠의 각각의 민속무용을 수행하도록 한다. 교사는 각 모둠의 모든 모둠원들이 함께 각 민속무용을 수행하는 것을 비디오 촬영하여 평가한다. 그다음 시간에 평가내용을 학생들과 공유한다.

3-5. 자기교수

(1) 자기교수(self-instruction)는 학습에 필요한 내용을 사전에 준비함으로써 수업운영이나 학생들의 개별
지도를 제외한 교사의 전통적인 역할을 수업에서 위임하는 교수학습 전략이다.

① 자기교수는 컴퓨터 프로그램, 미디어, 평가절차와 같은 유인물에 크게 의존한다. 그와 같은 학습도구
를 사용하여 교수기능의 일부 또는 전체를 학생들이 스스로 수행한다.

② 교육의 가장 중요한 목표 중의 하나가 학생들에게 스스로 학습하는 능력을 길러주는 것이라고 할 때,
자기교수는 학생들에게 그와 같은 능력을 길러주는 데 매우 적합한 교수학습 전략이다.

(2) 자기교수는 주로 단일 수업이나 여러 수업의 일부로 사용되지만, 학기 내내 사용할 수도 있다.

① 학생들은 수업 내에서 또는 수업구조에 구애받지 않고 자기교수 전략을 사용할 수 있다.

② 학생들이 자기교수 전략을 사용하기 위해서는 사전에 교사가 과제의 발달, 과제의 수행방법, 권장 연
습, 평가도구 등을 준비해야 한다.

③ 자기교수에서는 학생이나 교사가 학생들의 출발점 행동과 종착점 행동을 사전에 결정한다. 완전학습
의 경우 보통 도착점을 미리 결정한다. 다만 어떤 학생이 그 도착점에 도달하는 데 걸리는 시간은 탄
력적으로 적용한다. 계약교수(contract teaching)와 대부분의 개별화 프로그램은 합의된 출구기준
으로 학생을 평가한다.

(3) 자기교수에서 무엇보다 중요한 것은 학습에 필요한 모든 내용을 자료로 갖추어야 한다는 것이다. 자기교
수의 효과를 극대화하기 위해서는 열의가 있어야 하고, 자기결정 능력이 있어야 하며, 제공된 시간과 자
료를 효율적으로 활용할 수 있는 능력이 있어야 한다.

3-5-1. 학습내용의 선정

(1) 자기교수에서는 사전에 학습할 내용을 평가기준과 함께 수행목록으로 결정한다.

(2) 때로는 특정한 스포츠를 수행하는 데 필요한 모든 기능을 초보단계에서부터 최고단계까지 점진적으로 계열
화하는 경우도 있다.

(3) 학생들은 능력테스트를 통해 한 수준에서 다른 수준으로 발전되는 것을 확인할 수 있다.

3-5-2. 학습과제의 전달

(1) 학습과제는 보통 도표, 유인물 또는 과제 카드 등을 사용하여 전달한다. 복잡한 과제는 순화필름, 차트,
비디오테이프, DVD 등과 같은 매체를 사용하여 전달한다. 최근 컴퓨터를 활용한 수업이 증가하면서 컴퓨
터를 사용하여 과제를 전달하거나 개별화 프로그램을 제시하기도 한다.

(2) 학생들이 어떤 기능을 효과적으로 학습하기 위해서는 사전에 준비된 학습용구의 사용방법을 정확하게 알
아야 한다. 또한, 학습과제를 효과적으로 전달하기 위해서는 학습용구가 충분하며 제공이 편리해야 한다.

(3) 교사가 자기교수에 필요한 과제를 전달할 수도 있다. 새로운 과제를 학습할 준비가 되어 있는 학생들에게
는 교사가 계획한 과제를 전달하고 나머지 학생들은 현재의 과제를 계속 수행하도록 할 수 있다. 또한,
구역별로 다른 과제를 제시하고, 각 구역의 과제를 자기교수로 학습하는 변형된 스테이션교수 방법을 사
용할 수도 있다.

3-5-3. 학습내용의 발달

(1) 자기교수의 이점은 학생 각자가 자기 능력이나 수준에 맞게 학습내용을 발전시켜 나갈 수 있는 점이다.

(2) 반면 자기교수의 불리한 점은 학습 진행을 사전에 결정하므로 모든 학생들에게 적합하지 않을 수 있다는 것이다.

(3) 내용발달에 관한 자기교수의 약점을 보완하기 위해 학생들이 자신에게 적합한 과제나 반응을 선택할 수 있도록 하거나, 부족한 학습을 보충할 수 있도록 설계하거나, 과제의 수평적 발달을 허용할 수 있다.

(4) 또한, 같은 수준의 과제를 다른 방법으로 수행할 수 있도록 사전에 준비하는 것도 좋은 방법이다. 초등학교 체조수업에서 자기교수를 사용한 예와 같이 구체적인 과제를 다른 방법으로 연습할 수 있도록 자료를 정교하게 설계하면 자기교수의 약점을 크게 보완할 수 있다.

3-5-4. 피드백 제공과 평가

(1) 자기교수에서 피드백은 주로 비디오나 동료에 의해 제공된다. 자기교수 전략에서는 교사가 학생들에게 직접 피드백을 제공하는 것이 쉽지 않다. 자기교수에서 교사의 역할은 관리자이므로 그 역할을 희생해서 학생들에게 피드백을 제공하는 것은 특별한 대안을 찾지 않는 한 쉽지 않다.

(2) 자기교수 전략에서 교사의 역할은 학생들을 평가하고 그들의 자료 활용을 도와주는 것이다. 교실에서 이루어지는 컴퓨터보조 수업에서는 프로그램의 일부로 컴퓨터를 사용해 필요한 피드백을 제공하거나 학습활동을 평가할 수 있지만, 운동기능은 지필 테스트나 컴퓨터 반응으로 평가할 수 없다. 더군다나 교사는 학생들의 과제 숙달 정도를 판단해야 하므로 교수 시간의 대부분을 학생들을 평가하는 데 사용하고 있다.

(3) 하지만, 학생이 교사를 대신한 평가와 같은 대안을 모색하면 학생들에게 필요한 피드백을 제공할 수 있다.

3-5-5. 자기교수 전략의 장단점

(1) 자기교수는 아마 잘 설계된 체육프로그램의 목표가 되어야 할 것이다. 자기교수 전략의 장점은 학생이 학교 프로그램을 떠났을 때, 그들이

① 학습을 위해 자료, 용구, 시설을 독립적으로 이용할 수 있고

② 자기 교수를 위한 책과 자료를 이용할 수 있고

③ 자신의 수업을 스스로 지도하는 능력을 갖도록 하는 장점이 있다.
자기교수 전략은 예상된 진도를 포함한다. 진도가 구체적일수록 학생이 더 적절하게 진도를 나갈 것이다. 그러한 설계는 개별화에 도움을 준다.

(2) 자기교수전략의 단점

① 첫째, 자료를 준비하는 데 너무 많은 시간이 요구된다는 것이다. 자료가 이미 개발되어 있으면 계획하는 데 걸리는 시간을 상당히 줄일 수 있다. 잘 짜인 학습 진행, 미디어 자료, 평가 자료를 준비하는데 상당한 시간이 걸린다. 상업적으로 개발된 자료를 구할 수도 있지만 비용 때문에 구입하는 것이 쉽지 않다.

② 둘째, 수업 시간의 대부분을 자료의 사용방법을 설명하거나 학습 진행 평가(과정 평가법)를 가르치는 데 소비한다는 점이다.

3-5-6. 자기교수의 예

(1) 고등학교 체력 수업 예시

① 교사는 고등학교 수준의 학생이라면 체력 수준을 개발하고 유지할 능력이 있고, 고등학교를 졸업할 때까지는 이러한 능력을 독립적으로 가지고 있어야 한다고 본다. 교사는 단원 과제로 체력 포트폴리오를 개발하는 과제를 만들었다.

② 교사는 다음의 내용을 학생과 공유해야 한다.

학생은 건강 관련 체력 요소를 증진시키기 위한 개인 맞춤형 체력 프로그램을 개발해야 한다. 학생은 개인별로 책임감 있고 성취 가능한 목표를 설정해야 한다. 따라서 학생의 체력과 관련한 개인 목표를 달성하기 위해 구체적인 계획을 세우고, 무엇을 했는지 기록해야 한다. 이를 위해서는 먼저, 현재 학생의 건강 관련 체력 수준에 대한 자기평가를 시행해야 한다. 자기평가 점수에 근거하여, 향상하기를 원하는 건강 관련 체력 요소를 결정해야 한다. 교사는 SMART 목표를 세우고 이를 시작하기 전에 학생 맞춤형 계획을 설정하는 데 도움을 줄 것이다. 학생은 6주 동안 개인 목표를 달성하기 위해 무슨 운동을 했는지 지속해서 기록해야 한다.

③ 학생은 현재 개인별 체력 평가를 진행하고 난 후, 향상하기를 원하는 체력 요소를 확인한다. 교사는 이러한 과정을 통해 학생을 돕고, 포트폴리오의 예시를 보여준다. 체력 포트폴리오는 다음의 내용을 포함한다.

ㄱ 한 가지 건강 관련 요소를 위한 SMART 목표 설정
ㄴ 한 가지 건강 관련 요소를 위한 개인별 맞춤형 체력운동 계획
ㄷ 진도 점검을 위한 활동 일지
ㄹ 목표달성 여부를 확인하기 위한 재평가
ㅁ 계획의 성공에 대한 반성과 효율성을 향상시키기 위한 변화

④ 교사는 단원이 끝나는 시점에 포트폴리오에 대해 평가를 한다.

ㄱ 포트폴리오의 모든 부분을 평가한다(체력 점수, 목표 설정, 계획, 활동 기록, 재평가, 반성).
ㄴ 각 부분의 정보는 정확하고 적절하며 완결성을 가져야 한다.
ㄷ 활동 기록은 목표를 달성하기 위한 잠재력을 포함한다.

(2) 고등학교 체조 예시

① 교사는 고등학생들에게 체조기능을 가르치기 위해 스테이션교수를 결합한 일종의 자기교수 전략을 사용하고 있다. 각 학생에게 체조의 기초 기능에 대한 사전 테스트를 하고, 마루운동이나 기구운동 중에서 집중분야를 선택하도록 한다. 교사는 각각의 학생을 위한 개인 연습 프로그램을 개발한다. 교사가 개발한 개별 프로그램은 여러 가지 장비를 사용한 기초기능 테스트와 집중분야의 학습목표를 포함한다. 교사가 개발한 개별 프로그램은 일종의 자기설계 프로그램이다.

② 교사는 각 스테이션에 각각의 기능 수행방법과 수행기준을 설명하는 매체들을 설치한다. 가끔 기능의 어려운 단계를 설명하는 대형 포스트로 전달한다. 때로는 스테이션에 순환필름이나 비디오를 설치한다. 교사는 전년도의 매체 활용방법을 학생들에게 가르친다.

③ 학생들은 1주일에 3일 진행되는 수업에서 언제든지 자기가 원하는 용구로 연습할 수 있다. 교사는 학생들에게 체조 용구 사용법을 가르치거나 그들의 운동수행을 평가한다. 학생들은 기능별로 두 번의 평가를 받는다.

④ 기능을 성공적으로 수행한 학생과 다른 학생을 도와주고 싶은 학생의 명단을 게시한다.

3-6. 인지 전략

① 인지 전략은 학생들의 인지적 참여를 유도하는 방법으로 과제제시 전략을 논의할 때 주로 사용하는 개념이다. 문제해결, 유도발견, 확산발견형 스타일, 발문교수, 탐구학습 등 교사의 지시에 따라 학습하는 대신 학생 스스로 반응을 창안하도록 하는 교수학습 전략이다.

② 인지 전략을 사용하는 것은 학습은 결과보다 과정이 중요하고, 학생들은 자신의 역할이 광범위할 때 과제에 더욱 열중하며, 운동기능의 학습에도 인지과정이 반드시 필요하다는 것을 믿기 때문이다.

③ 학생들을 과제에 인지적으로 참여시키는 방법은 다양하다. 인지 전략은 보통 문제해결 과정이 포함되도록 학습과제를 제시한다. 학습자의 인지적 참여수준은 인지반응의 수준에 따라 다를 수 있다.

④ '유도발견' 또는 '수렴발견형 스타일': 한 가지 정확한 반응을 탐색하는 것이다. 유도발견 전략에서는 교사가 문제에 대한 답을 알고 있지만 학생 스스로 해답을 찾도록 인도한다.

⑤ '확산발견형 스타일' 또는 '확산적 탐구': 학생들의 다양한 반응이 수용되는 문제해결 방식이다.

⑥ 인지 전략의 장단점
　　㉠ 인지 전략은 수업의 조직보다 과제의 제시방법을 중요하게 생각한다. 따라서 인지 전략은 어떤 전략과도 함께 사용할 수 있다. 즉, 상호교수, 또래교수, 협동학습, 자기교수와 같은 교수 전략을 학습자들의 인지적 참여를 유도하는 체제로 구성할 수 있다.
　　㉡ 인지 전략은 협동학습을 강조하거나 학생을 평가에 참여시키는 과정 중심의 학습경험을 설계할 때 자주 사용한다. 인지 전략을 사용하면 학생들의 학습 참여수준이 크게 증가한다.
　　㉢ 인지 전략의 단점: 교사가 직접 가르치는 것보다 많은 학습시간이 필요하다.
　　㉣ 인지 전략은 단일 과제에 대해 또는 수업의 전 과정에 사용한다.
　　　　ⓐ 단일 과제: "라켓의 어떤 부위로 공을 쳐야 하는가?"와 같은 발문을 하는 경우이다.
　　　　ⓑ 수업의 전 과정: "다양한 방향으로 신속하게 반응하는 데 적합한 준비 자세를 탐색하라"와 같은 과제를 요구하는 경우이다.

⑦ 수렴탐구(중학교)
　　㉠ 배구수업에서 오버헤드 서브를 학습하면서 공을 통제하고 방향을 결정하는 데 필요한 기본적인 메커니즘을 충분히 학습했다. 학습목표는 공의 접촉부위에 따라 스핀의 방향과 형태가 달라지는 것을 이해하는 데 있다.
　　㉡ 첫 번째 과제는 상대 코트의 오른쪽이나 왼쪽 중 어느 쪽으로 보낼 것인지에 따라 공의 접촉부위를 달리하는 것이다. 코트의 오른쪽으로 서브하기 위해서는 공의 오른쪽을 접촉하고 코트의 왼쪽으로 서브하기 위해서는 공의 왼쪽을 접촉해야 한다는 것이 파악되면 공의 접촉 부위를 달리하며 다양한 지역에 공을 넣는 연습을 하도록 한다.
　　㉢ 두 번째 과제는 손바닥으로 공의 위 또는 아래 부분을 접촉했을 때 어떤 변화가 일어나는지를 확인하는 것이다. 최대한 많은 연습 기회를 갖도록 벽을 향해 서브 연습을 하도록 한다. 처음에는 접촉부위에 공이 위 또는 아래쪽으로 날아가는 것을 확인한다. 그런 다음 두 사람씩 짝을 지어 연습한다. 한 학생이 서브연습을 하는 동안 다른 학생은 공에 어떤 스핀이 걸리는지 관찰한다. 정확하게 백스핀이나 톱스핀을 걸 수 있으면 왜 그런 서브를 게임에서 사용하는지 서로 질문하고 대답한다. 공을 컨트롤 할 수 있을 때까지 공에 스핀을 넣어 네트 너머로 넘기는 연습을 한다.

- 수렴적 탐구는 학습자들이 지도자가 묻는 질문들에 비슷한 정답을 발견하도록 안내한다. 그리고 지도자는 학습자들에게 하나 이상의 정답이 나오도록 안내한다.
- Mosston(1981)의 기울어진 로프 기술을 설명하는 활동 순서는 수렴적 탐구의 좋은 예이다.
  - 1단계: 두 명의 학습자에게 높이 뛸 수 있도록 줄을 높게 잡도록 한다. 그들은 주어진 높이로 똑같이 수평이 되도록 잡는다.(예 엉덩이 높이)
  - 2단계: 학습자들에게 넘도록 한다. 그들이 넘기 전에 줄을 잡고 있는 학생들에게 모든 사람이 통과할 수 있도록 높이를 낮추라고 말한다.
  - 3단계: 모든 사람이 그 높이를 통과한 뒤에 여러분이 "우리는 이제 무엇을 해야 할까요?"라고 물으면 "높여요, 높여요."가 대답이다(첫 번째 점프의 성공이 모두에게 계속할 수 있도록 동기를 부여한다).
  - 4단계: 줄을 잡고 있는 학습자들에게 줄을 조금만 더 올리도록 한다. 점프를 다시 시작한다.
  - 5단계: "이제는 무엇을 해야 할까요?", "올려요."라고 모든 학습자들이 대답할 것이다.
  - 6단계: 줄을 두세 번 올리는 것은 새로운 상황이 연출된 것이다. 몇몇 학습자는 그 높이를 통과하지 못할 것이다. 일반적인 상황에서 이전 학습자들은 점프에서 제외되고, 몇몇 학습자들만 이를 계속할 것이다. 점프를 하는 학습자들은 점점 줄어들 것이다. 개개인의 차이가 현실로 다가온다. 모두를 위해 기회를 주려는 의도는 아직 일어나지 않았다.
  - 7단계: 점프를 멈추고 학습자들에게 "우리가 모두 참여할 수 있으려면 줄을 어떻게 해야 할까요?"라고 물어본다. 보통 학습자들은 두 가지 해결책을 제시한다.
    ⓐ "줄의 양끝을 높게 들고 가운데는 가라앉게 해요."
    ⓑ "줄을 기울여요! 한쪽 끝을 높게 잡고 다른 쪽을 낮게 잡아요."
- 이처럼 수렴적 탐구의 결과는 지도사의 질문에 크게 영향을 받기 때문에 지도사들은 성공적인 질문을 만들기 위한 방안을 미리 알고 있어야 한다.
  - 첫째, 학습자들에게 원하는 대답을 이끌 수 있는 질문의 순서를 미리 결정하도록 한다.
  - 둘째, 큰 차이를 보이는 것보다 작은 단계들이 연결되도록 질문한다.
  - 셋째, 먼저 대답하지 말고 학습자들이 대답할 때까지 기다린다(적어도 10초에서 15초 정도).

⑧ 유도과제와 확산과제

ㄱ 유도과제: 학습자가 정확한 해법을 찾도록 유도한다.

- 과제 1: 테니스 포핸드 스트로크를 연습할 때 체중을 뒷발에 두고 몇 번 연습한 다음, 체중을 앞발로 이동하면서 몇 번 연습해 본다. 체중을 어느 발에 두는 것이 더 효과적인지 탐색한다. (개인이나 짝끼리 연습하게 한 다음 다시 집합시켜 다음 기능 연습을 결정한다.)
- 과제 2: 힘을 생산하는 방법을 적은 카드를 학생들에게 나누어준다. 각각의 카드에는 던지기, 점프하기, 배트로 공 때리기 등과 같은 과제가 적혀 있다. 3명의 또래 집단에서 한 학생이 한 가지 과제씩 익혀서 다른 두 학생들에게 가르친다. 처음에는 약하게 던지거나, 낮게 점프하거나, 가까이 때리는 연습을 하고 이어서 가능한 한 '세게' 연습하면서 다른 힘으로 과제를 수행할 때의 차이를 탐구한다. 그런 다음 이러한 기능을 수행하는 데 작용하는 힘의 법칙이 무엇인지 발견한다.

ㄴ 확산과제: 많은 학습자들이 수행 가능한 해결방안을 제시하도록 한다.

- 과제 1: 이동하기와 균형 잡기를 포함하는 움직임 프로그램을 설계한다. 뚜렷하고 정지된 자세로 시작해서 마무리해야 한다. 이동은 부드러워야 하며 균형을 유지하고 최소한 6초 동안 정지해야 한다.

- 발산적 탐구에서는 지도사가 문제의 개요를 제시해주고 학습자들이 다양한 답변을 할 수 있도록 유도한다. 이 전략은 학습자들의 대안적 움직임을 발견하도록 한다. 전형적인 발산적 질문은 "후프(콘 위에 위치하는)의 아래쪽으로 이동할 수 있는 방법 3가지를 찾아보세요. 그리고 후프 위쪽으로 이동할 수 있는 방법을 3가지 찾아보세요." 등이 해당된다.
- 지도사는 발산적 탐구에서 개인적 생각을 학습자에게 강요하지 말아야 한다. 이 전략에서 중요한 것은 단일화된 정답을 얻는 것이 아니라 다양한 반응들을 얻는 것이기 때문이다. 발산적 탐구에서는 학습자들에게 반응의 다양성과 창의성을 증진시키는 동시에 피드백도 함께 제공해야 한다.
- 발산적 탐구의 효과를 높이기 위해서는 다음 내용을 고려해야 한다.
  - 첫째, 하나의 정답보다는 문제해결과 탐구를 권장하는 피드백을 제공해야 한다.
  - 둘째, 학습자들이 순차적으로 조금씩 높은 단계로 도전할 수 있도록 질문(과제)을 구조화한다. 이를 위해 지도사는 가르칠 내용을 상세히 알고 있어야 하며, 다음에 어떤 활동을 해야 하는지도 알아야 한다.
  - 셋째, 학습자들에게 즉각적인 반응을 제공하는 전문가가 되어야 한다. 지도사는 학습자들이 다른 해결책을 모색하거나 다른 방법들을 시도함으로써 과제의 실행을 계속하도록 격려해야 한다.
  - 넷째, 학습자에게 예시를 제시할 때는 여러 가지 다양한 답이 나올 수 있는 예시를 제공해야 한다. 즉 "뛰어서 공중에서 여러 가지 동작 만들기"는 좋은 예시가 될 수 있다.

3-7. 팀 티칭(협력교수, team teaching) 19 기출

① 협력교수(team teaching): 두 명 이상이 협력하여 학생들을 가르치는 교수 전략이다.
체육수업이 혼성학급으로 바뀌면서 남학생과 여학생의 필요를 충족시키기 위해 남녀교사가 함께 지도하는 협력교수의 필요성이 더욱 강조되고 있다. 협력교수는 혼성학급의 지도에 적합할 뿐만 아니라 효과적인 학습지도 전략임에도 불구하고 그 잠재력이 충분히 발휘되지 않고 있다. 교사들이 협력교수에 대해서 알지 못하고, 협력교수의 수행에 필요한 협동관계를 개발하는 데에도 익숙하지 않기 때문이다.

② 대부분의 경우 협력교수는 전환교수(turn teaching)의 정도에 그치고 있다. 두 교사가 40명의 학생들을 가르치는 것이 아니라 한 교사씩 교대로 40명의 학생들을 가르치고 있다.

③ 협력교수는 운동장이나 체육관에서 여러 교사가 함께 수업하거나 여러 집단으로 나누어 수업하는 과정에서 불가피하게 발생하는 학습지도상의 문제 해결에도 도움이 될 수 있다. 협력교수를 적절히 사용하면 체육수업을 방해하거나 어렵게 하는 상황을 쉽게 해결할 수 있다.

④ 교사들은 협력교수의 다음과 같은 장점들을 신중히 고려해야 한다.
  ㉠ 유연한 집단구성(탄력적인 집단분류)
    ⓐ 협력교수의 가장 큰 장점: 학습 집단을 탄력적으로 편성할 수 있다는 것이다. 협력교수는 이 장에 소개한 어떤 교수전략이든 함께 사용할 수 있다. 협력교수는 각 수업이나 수업의 일부를 기능, 흥미, 욕구, 그 밖에 교사가 중요하다고 정한 기준에 따라 집단을 분류하여 개별화 지도를 할 수 있는 장점이 있다.
    ⓑ 보통 한 교사가 인도교사(lead teacher)의 역할을 맡으면 다른 교사는 지원교사(support teacher)의 역할을 맡는다. 집단의 크기는 탄력적으로 구성할 수 있다. 학습속도가 빠르거나 느린 소규모 학생들을 특별 지도하는 데 적합한 집단크기로 다양한 구성이 가능하다. 교사의 역할도 같은 교사가 항상 인도교사나 지원교사의 역할을 맡을 필요는 없다. 수업영역의 전문성과 흥미를 고려하여 협력교수의 역할을 달리할 수 있다.

      ○ 개별적인 도움(개별지원)

         ⓐ 지원교사는 수업에 대한 일차적인 책임을 면제 받은 가운데 별도의 학습지원을 필요로 하는 학생들을 가르칠 수 있다.

         ⓑ 한 교사가 다인수 학급을 가르칠 때에는 학생들을 평가하고 그에 따른 피드백을 제공하는 것이 쉽지 않지만, 협력교수에서는 지원교사가 그 역할을 맡아 수행할 수 있다. 협력교수에서 지원교사는 자유롭게 학생들을 도와주는 기능을 할 수 있다.

  ⑤ 협력교수의 장단점

      ㉠ 협력교수를 효과적으로 사용하기 위해서는 다른 교사와 친밀한 관계를 유지할 수 있어야 한다. 다른 교사 앞에서 학생들을 가르치는 것이 불편하지 않을 정도의 친밀한 관계의 유지가 선결되어야 한다. 다른 교사 앞에서 학생들을 가르치는 것이 불편하게 느껴지면 그것이 하나의 위협요인이 될 수는 있다.

      ㉡ 그러나 그것은 도전할 만한 가치가 있다. 어떤 경우에는 각 교사의 성격적 특성이나 각자의 다른 교육철학 등으로 인해 함께 가르치는 것이 쉽지 않을 수 있다. 모든 인간관계가 그러하듯이 약간의 타협이 필요하다.

      ㉢ 이는 협력교수 관계의 유지 과정을 통해서 많은 것을 배우거나 얻을 수 있다는 의미이다. 다른 교사와 생산적인 관계를 유지하는 것은 교사의 전문성을 신장하거나 체육교사로 성장하는 데에도 반드시 필요하다. 같은 목표를 서로 다른 방법으로 달성할 수 있다는 것을 인정하고 수용하면 보다 쉽게 생산적인 관계를 형성할 수 있다. 한 교사가 다른 교사보다 우수할 수 있지만 서로에게 도움이 되는 관계 형성을 위해 노력하면 두 교사 모두 성장할 수 있다.

  ⑥ 협력교수의 예: 김영철 교사와 홍성택 교사가 6학년 학생들에게 테니스를 함께 가르치기로 했다. 함께 단원을 계획하고 4명당 작은 코트를 한 개씩을 배정하는 공간 조정을 하였다. 기초기능을 가르칠 때에는 교대로 학습과제를 제시하였다. 수업을 인도하지 않는 교사는 학생들을 개별적으로 가르치면서 운동기능의 수행에 관련된 피드백을 제공하였다. 일부 학생들은 공을 컨트롤하며 파트너와 공을 주고받는 연습을 계속해야 하고, 일부 학생들은 파트너가 코트의 왼쪽 끝에서 오른쪽 끝을 오가는 전략을 연습할 필요가 있다. 기초기능을 충분히 익힌 학생들은 왼쪽 사이드-오른쪽 사이드, 전진-후진과 같은 전략을 연습을 할 수 있도록 열 개의 코트에 배치한다. 며칠 후 기능이 우수한 학생과 그렇지 않은 학생들을 혼합하여 또래교수 집단을 편성한다. 기능 수준이 다른 6명의 학생들로 팀을 구성한다. 기능이 우수한 학생이 그렇지 않은 학생들에게 기초기능을 가르치면서 운동능력이 비슷한 각 팀의 선수들끼리 경기한다.

요약

(1) 교수 전략은 학습과제를 전달하기 위한 일종의 교수학습체제이다.

(2) 수업은 직접교수에서부터 간접교수까지 다양한 교수 전략을 도입하게 되므로 교사는 학습자와 협의하여 학습과정을 결정해야 한다.

(3) 대부분의 교수 전략은 직접교수나 간접교수 방식으로 사용할 수 있다.

(4) 본서에 소개한 7가지 교수 전략은 '내용선정', '과제전달', '내용발달', '피드백 제공 및 평가'의 방식에 따라 다양한 교수학습환경을 조성하게 된다.

(5) 각각의 교수 전략은 서로 다른 장단점을 가지고 있다. 어떤 교수 전략을 선택하느냐 하는 것은 교사의 교수목표, 학습내용, 학습자의 특성에 달려있다.

3. 김 교사는 체육수업에서 중학교 2학년 학생 42명의 심폐 지구력 증진을 목적으로 개인 줄넘기, 단체 줄넘기, 달리기 인터벌 트레이닝의 3과제를 선정하여 과제식(station) 수업을 4주간 진행하였다. 물음에 답하시오. [30점]

3-1. 위의 체육수업 상황에 적절한 모둠 편성, 시간 운영, 장비(용구) 배치, 장소 선정의 방법을 근거와 함께 기술하고, 이와 같은 과제식 수업의 장점과 단점을 각각 3개씩 진술하시오. [10점]

[정답] • 모둠 편성은 심폐지구력 체력 수준을 고려하여 7명씩 6개의 모둠을 편성한다.
　　　 • 시간 운영은 45분 수업에서 준비운동과 정리운동을 제외하고 개인 줄넘기 10분, 단체 줄넘기 10분, 인터벌 달리기 10분으로 계획하되, 실제 장면에서 학생들의 체력수준에 따라 유연하게 조정한다.
　　　 • 장비(용구) 배치는 3과제에서 동시에 2모둠씩 참여하도록 하기 때문에 개인 줄넘기는 12개, 단체 줄넘기는 2개를 인터벌 달리기를 하는 경로부터 충분한 거리를 두어 배치한다. 줄넘기가 수업 중 끊어지거나 부족할 시 대체할 수 있는 방안을 미리 계획한다.
　　　 • 장소 선정 방법은 개인 줄넘기는 서로 충돌하지 않도록 학생 간 간격을 넓게 한다. 단체 줄넘기는 길이가 긴 공간을 활용하여 위치시키며, 인터벌 달리기는 줄넘기하는 학생과 동선이 겹치지 않도록 안전을 고려한다.
　　　 • 과제식 수업의 장점은
　　　　 첫째, 내용의 선택 가능성에 융통성이 많다.
　　　　 둘째, 모든 학생이 자신에게 부과된 과제를 수행하면서 학습에 능동적으로 참여할 수 있다.
　　　　 셋째, 한 스테이션에서 여러 가지 다른 수준의 기능을 연습할 수 있다.
　　　 • 과제식 수업의 단점은
　　　　 첫째, 새로운 기능이나 복잡한 기능을 가르칠 때 스테이션 교수를 사용하기 어렵다.
　　　　 둘째, 폼을 강조하는 과제 지향적 과제는 전달과 책무성 체계의 확립이 어려우므로 스테이션 교수에 적합하지 않다.
　　　　 셋째, 계열화된 과제의 경우 과제 진척 문제가 있다.

8. 다음의 (가)는 박 교사가 동작 도전 단원을 지도하며 기록한 수업 반성 일지이고, (나)는 전통 표현 단원에서 메츨러(M. Metzler)의 동료 교수 모형을 적용하여 작성한 단원 계획서의 일부이다. 〈작성 방법〉에 따라 논술하시오. [10점]

(나) 전통 표현 단원 계획서의 일부

〈단원 계획서〉

○ 영역: 표현(전통 표현)   ○ 신체 활동: 우리나라의 전통 무용(탈춤)   ○ 대상: 1학년
○ 총시수: 12차시   ○ 장소: 무용실
○ 교수·학습 방법

1) 내용 선정: 교사가 학습 내용과 평가 기준 목록을 전달하면, 개인교사(tutor)는 학습 과제의 순서를 정한다.
2) 수업 운영: 교사가 운영 계획과 수업 규칙을 정하고, 개인교사는 연습 장소를 정하고 학습자를 안내한다.
3) 참여 형태: ⓒ학생들이 개인교사, 학습자의 역할을 할 수 있도록 2인 1조로 짝을 구성하며, 인원이 짝수가 안 될 때는 3인 1조로 구성한다.
4) 학습 진도: 교사가 학습자의 연습 시작과 지속 시간을 결정한다.
5) 상호 작용: 교사는 개인교사와 상호 작용하며, 개인교사와 학습자의 상호 작용을 관리한다.

───── 〈작성 방법〉 ─────

○ 밑줄 친 ⓒ처럼 짝을 만들 때, 링크(J. Rink)가 제시한 또래 교수(peer teaching) 전략에서 과제 전달 효과를 높이기 위해 주로 활용하는 짝 구성 방법을 쓰고, 모스턴(M. Mosston)의 상호 학습형 스타일에서 짝과의 의사소통 발달을 위해 수업 초기에 활용하는 짝 구성 방법과 사회적 발달을 촉진하기 위해 활용하는 짝 구성 방법을 각각 제시할 것.

[정답] 기능이 능숙한 학생이 기능이 능숙하지 못한 학생과 짝을 이룬다.

8. 다음은 ○○중학교에서 유 교사가 2015 개정 체육과 교육과정을 반영한 도전 영역 단원의 교수학습 및 평가를 계획하면서 체육부장인 장 교사와 나눈 대화의 일부이다. 앞으로 전개될 유 교사의 도전 영역 수업의 교수·학습 및 평가 계획에 대해 〈작성 방법〉에 따라 논술하시오. [10점]

… (중략) …

장 교사: 유 선생님께서 적용하고 싶은 수업 모형과 스타일, 전략, 수업 기법이 있나요?

유 교사: 예, 저는 교수 전략 중 ⓛ협력교수법을 적용하고 싶습니다.

장 교사: 왜 협력교수법을 적용하고 싶으세요?

유 교사: 그 이유는 우리 학교가 남녀공학이고, 통합 학급도 있어서 학습자 특성인 흥미, 체력, 성차를 고려한 수준별 수업에 어려움이 많습니다. 마침 도전 영역을 지도하는 시기에 사범대학 학생들의 교육봉사활동이 있어서 해당 학생에게 지원교사 역할을 부여하면 협력교수법의 특성을 잘 살릴 수 있는 좋은 수업이 될 것 같습니다.

──────── 〈작성 방법〉 ────────

○ 밑줄 친 ⓛ에서 집단 편성과 지원교사 측면의 장점을 각각 1가지 제시할 것(단, 학습자 특성을 고려한 수준별 수업 상황을 전제로 함).

[정답] 탄력적인 집단 편성을 할 수 있고 별도의 학습지원을 필요로 하는 학생들을 가르칠 수 있다.

제6장

교수학습의 실제

[학습활동 중 교사의 역할(기능/행동)]

학습활동 중 교사의 역할(기능/행동)	
① 직접 기여 행동	학습 활동에 크게 기여하는 행동(수업내용에 직접 기여하는 행동)으로서 안전한 학습환경의 유지, 과제의 명확한 전달, 학습자 반응의 관찰 및 분석, 피드백의 제공, 과제의 수정, 생산적인 학습환경의 유지 등을 포함한다.
② 간접 기여 행동	학습자와 학습지도 사건을 다루지만(필요하지만) 교과학습과 직접적인 관련이 없는 행동(수업내용에 직접 기여하지 않는 행동)으로 경기 심판, 개인적 요구의 해결, 학습 이외의 문제에 대한 논의, 상해학생 처리 등을 포함한다.
③ 비기여 행동	학습에 전혀 도움이 되지 않는 교수행동이다.

- 가르친다는 것은 학생들에게 무엇인가를 요구한다는 의미이다. 수업은 학생들에게 학습할 내용을 전달함으로써 시작되므로 대부분의 교사들은 과제전달 기능을 중요하게 생각하고 수업에 임한다.

- 이에 반해 학생들은 교사가 전달하는 과제를 어떻게 수행할 것인지에 대해 깊이 생각하지 않는다. 그래서 교사가 과제를 전달하면 학생들은 곧바로 엉뚱한 행동을 해 교사, 특히 초임교사들을 당황하게 만든다. 교사가 과제를 전달한 다음 어떤 교수행동을 취할 것인지는 학생들이 그 과제에 어떻게 반응하느냐에 따라 크게 달라질 수 있다.

1 교수활동의 우선순위

- 학생들이 운동과제를 수행하는 동안 교사는 다양한 역할을 한다. 경력교사는 초임교사와는 달리 기대되는 다양한 역할의 우선순위를 정해 전략적으로 수행한다. (과제 연습 중 교사의 우선순위)

  (1) 학습환경이 안전한지 확인한다.

  (2) 학생들이 과제를 이해하는지 그리고 계획한 대로 과제에 참가하고 있는지 확인한다.

  (3) 학습과제에 대한 구체적인 반응을 학습목표의 관점에서 결정한다. 필요에 따라 과제를 조정한다.

  (4) 학생들의 과제수행이 생산적인지 재확인한다.

  (5) 학습활동을 관찰하고 필요한 학습지원을 한다.

  (6) 학급 전체를 의식한다.

2 직접기여 행동

1. 교사의 직접기여 행동은 크게 지도행동과 운영행동으로 구분된다.

- 지도행동: 과제의 수행방법 설명, 학습자의 과제수행 관찰, 학습자의 과제수행 도움, 운동과제의 수정 및 발전 등과 관련된 행동이다.
- 운영행동: 운동과제를 가르치는 데 도움이 되도록 학습환경을 조성하는 교수행동이다. 운동과제를 수행할 수 있도록 교구, 학습자, 공간을 정리하거나 학습자에게 교구를 사용하여 팀을 구성하도록 지시하거나, 또는 학습자의 부적절한 행동을 제지하는 등의 행동이다.

(1) 안전한 학습환경의 유지

① **안전한 학습환경은 항상 수업 전에 갖추어야 한다. 교사는 안전한 학습환경에서 학습할 수 있게 용구, 학습 공간을 정리하고 학습자들을 주의시킨다. 특히 학습 활동 중에는 안전 문제에 항상 주의를 기울여야 한다.**

② 즉, 안전한 학습환경을 유지하는 데 필요한 조치는 수업 전에 철저히 준비해야 한다. 사전에 안전 문제를 예측하고 교구, 공간, 학생 등을 학습촉진에 도움이 되는 방향으로 배열 또는 배치해야 한다. 과제를 수행할 때에도 안전 문제를 고려해야 한다.

㉠ 부드럽게 뛰어내려 관절의 부담을 줄이거나 라켓을 휘두를 때 주변에 아무도 없는지 확인한 다음 실시하도록 해야 한다. 학생들에게 안전에 관한 교육을 시키고 그에 대한 책임을 묻는 것도 안전사고를 줄이는 좋은 방안이 될 수 있다.

③ 사전에 안전 문제에 대비하지 못하고 수업이 시작되는 경우에도 우선 안전한 학습환경을 확보한 다음 다른 교수활동을 시작해야 한다. 체육수업에서 안전 문제는 그 어떤 교수활동보다 우선되어야 한다. 이유를 불문하고 <u>위험한 상황이 예측되면 활동을 중단하거나 위험한 조건을 즉시 제거해야 한다.</u>

㉠ 학생들이 자기 능력 이상의 과제를 도전하거나, 주변의 사람을 의식하지 않고 라켓이나 스틱으로 연습을 하거나 충분히 공간을 확보하지 않고 전력 질주를 하거나 무리한 도전을 하면 반드시 안전사고가 발생하게 되어 있다.

④ 체육교사는 학생들의 안전을 먼저 생각해야 하며 학생들이 신체적 한계에 도전할 수 있도록 안전한 학습환경을 유지해야 한다. 안전한 학습환경을 유지하기 위해서는 무엇보다 안전한 수업운영에 필요한 절차를 학생들에게 분명히 전달하고 가끔 그것을 상기시켜야 한다.

⑤ 또한, 운동과제를 수행하는 동안 학생을 계속 주시하는 것도 매우 중요하다. 교사가 학생들의 학습활동에 눈을 떼지 않고 적극적으로 감독을 하면 안전사고를 크게 예방할 수 있다.

(2) 과제의 명료화와 <u>강화</u>(과제의 명확한 진술)

① **교사는 학생들이 주어진 과제에 자신이 의도하는 방향으로 반응하지 않을 경우나 학생들에게 과제 참여 행동에 대한 강화를 하기 위해 과제를 재진술해야 한다.**

㉠ "창호는 라켓을 가지고 벽을 향해 원바운드 볼을 치는 연습을 잘 하고 있어."라는 말을 함으로써 과제를 다시 한번 긍정적으로 <u>재진술</u>할 수 있다.

(3) 생산적인 학습환경의 유지(생산적인 학습환경의 조성)

① 과제를 명료화하고 바람직한 반응을 강화하는 것은 생산적인 학습환경의 유지와 밀접한 관계가 있다.

② 과제 제시 직후에 일어나는 <u>이탈 행동의 원인</u>을 정확히 파악하고 생산적인 학습환경을 유지해야 한다.

㉠ 교사의 설명을 이해하지 못하는 경우, 학습장 밖의 심한 소음 등

③ 과제 이탈 행동은 그 원인이 다양하기 때문에 처리하는 것도 쉽지 않다.

　　ⓔ 학생들이 과제를 즉각적으로 실행하지 않거나 과제를 진지하게 받아들이지 않는다. 이때 교사는 다음과 같은 해결방법을 채택한다.

　　㉠ 학습자 가까이 접근한다.

　　㉡ 과제에 열중하는 학생들은 강화한다.

　　㉢ 개인의 능력에 적합한 과제에 도전하게 한다.

　　㉣ 과제를 수행하도록 긍정적으로 유도한다.

④ 교사의 노력에도 불구하고 학생들이 계속해서 비협조적이라면 자기행동에 대해서 책임을 느낄 수 있도록 학습장에서 퇴장시키는 방안을 고려할 수 있다.

　　ⓔ 학생들이 초기에는 과제에 열중하지만 점차 흥미를 잃게 되고 연습의 내용은 비생산적이게 된다. 이때 교사는 다음과 같은 해결방법을 채택할 수 있다.

　　㉠ 그 학생을 다른 위치로 보낸다.

　　㉡ 그 과제를 다시 지시한다.

　　㉢ 학습참여의 조건은 적절한 행동으로 반응하는 것이라는 것을 학습자에게 알린다.

　　㉣ 적절히 행동하는 책임을 수용할 준비가 되었을 때 복귀시킨다는 조건으로 학습장에서 학습자를 퇴장시킨다.

⑤ 교사는 학생들이 흥미있는 수업을 만들기 위해,

　　㉠ 첫째, 학생들에게 구체적인 목표 성취를 위한 시간을 제공하고,

　　㉡ 둘째, 학생들에게 신호에 따라 과제를 수행하게 하고,

　　㉢ 셋째, 교사가 학생들의 학습 활동을 보다 쉽게 탐지할 수 있도록 학생들의 활동을 조직화하고 구조화할 수 있다.

⑥ 교사는 생산적인 학습 활동에 참여하는 학생들의 수가 감소할 때 동일한 과제를 재강조하거나, 그 과제에 새로운 초점을 추가하거나, 과제의 초점을 완전히 변화시키는 것을 고려해야 한다.

　　ⓔ 학습자는 무엇을 해야 하는지 알고 있지만 적절히 반응하지 않기로 결심하였다. 이때 교사는 다음과 같은 해결방법을 채택할 수 있다.

　　㉠ 학생들에게 운동수행에 대한 피드백을 제공한다.

　　㉡ 학생들을 위해서 과제를 보다 쉽게 또는 어렵게 구성한다.

　　㉢ 과제를 더욱 조직화한다.

　　㉣ 과제를 전체 학생들에게 재강조하고 내용의 발달을 고려한다.

(4) 피드백의 제공

① 시덴탑(Siedentop, 2002)은 피드백을 다음과 같이 분류하고 있다.

시덴탑(Siedentop, 2002)의 피드백 분류		
1. 학업 관련 피드백	1-1. 결과의 인정 여부	① 긍정적 피드백 ② 교정적 피드백 ③ 부정적 피드백
	1-2. 정보의 구체성	① 일반적 피드백 ② 구체적 피드백
	1-3. 표적에 따라	① 학급전체 ② 소집단 ③ 개인 피드백
2. 사회적 행동 관련 피드백		

② 그에 반해 링크(Rink 2006)는 피드백을 반응의 정확성 여부에 따라 평가 피드백과 수정 피드백으로 분류한 다음 일반적인 피드백 분류방식으로 분류하고 있다.

링크(Rink)의 피드백 분류에 따른 평가 피드백과 수정 피드백의 예		
분류	평가 피드백	수정 피드백
일반적 피드백	"잘 했어."	"그렇게 하면 안 되지."
구체 피드백	"다리를 그렇게 쭉 뻗어야지."	"발가락을 가리켜."
부정적 피드백	"1학년보다 못하잖아."	"무릎 구부리지 마."
긍정적 피드백	"영수는 표적에 잘 맞추잖아."	"무릎을 딱 고정시켜."
학급 상대 피드백	"이 학급은 많이 향상됐어."	"치고 자기 위치로 복귀해야지."
소집단 상대 피드백	"이 집단은 기대에 못 미치고 있어."	"자기 포지션 잘 지켜."
개인 상대 피드백	"발은 충분히 내밀지 않고 있잖아."	"발을 더 내밀어."
일치 피드백	"패스를 잘 해서 수비를 묶었어."	"수비를 약간 더 리드 해."
불일치 피드백	"오픈 공간을 찾을 때까지 패스하지 마."	"아무에게나 패스하지 마."

(5) 개인과 소집단을 위한 과제의 변화 및 수정(과제의 수정)

① 과제의 세련을 통한 수정

㉠ 개인이나 소집단을 위해서 과제를 수정하는 대신 과제의 질에 초점을 맞추는 대안을 생각할 수도 있다. 과제의 세련을 통한 수정은 교사의 기대를 달리하면서 최초 과제의 질적 향상을 위해 노력하도록 요구하는 경우이다. 테니스의 경우 '네트를 향해 서.', '공과 신체와의 거리를 유지해.', '자기 공간 내에서 공을 컨트롤해.'와 같은 요청이 전형적인 세련과제를 통한 수정이다.

㉡ 기능 향상이 요구되는 과제의 세련은 학생 각자에게 적합한 과제의 개별적 제시가 가장 흔한 방법이다. 과제의 세련은 운동수행의 질을 향상시키는 데 효과적일 뿐만 아니라 기능이나 동작의

중요한 부분을 강조하고 학생들에게 운동수행의 질 향상을 위해 노력하도록 책무성을 부여하는 데에도 도움이 된다.

예 "자 공을 약간만 높여서 패스해 보자.", "그것 다시 한번 해봐, 공을 좀더 천천히 굴려봐."

② 과제의 확대를 통한 수정

㉠ 과제의 확대를 통한 수정은 과제의 조건을 변화시킴으로써 과제를 수정하는 것이다. 학생들이 무엇을 필요로 하는지 관찰한 다음 그들의 운동수행 능력에 적합한 과제를 수행할 수 있도록 연습조건을 만들어 줘야 한다.

㉡ 대부분의 체육수업에서 과제 수정이 불가피한 이유는 처음 제공하는 과제가 모든 학생들의 운동 능력에 적합하지 않으며 때로는 제시한 과제의 수준이 너무 높아 학생들이 성취감을 맛보지 못하거나 또는 반대로 너무 쉬워 도전 의식을 느끼지 못하기 때문이다.

예 테니스 서브에서 서브 토스를 먼저 지도하고 서브의 자세를 추가적으로 지도하는 경우

③ 과제의 응용 및 평가를 통한 수정

㉠ 대부분의 학생들이 게임을 할 준비가 되어있지 않을 때에는 기능을 숙달한 일부 학생들만이라도 유사 게임 상황에서 연습한 결과를 응용할 수 있는 기회를 제공해야 한다.

㉡ 반대로 대부분의 학생들은 게임에 참가할 준비가 되어있는데 반해 일부 학생들이 그 수준에 도달하지 못하고 있는 경우에는 그 학생들만을 분리시켜 게임에 필요한 기능 연습을 시켜야 한다.

예 "20회의 자유투를 시도해 득점을 기록해봐!"

④ 과제의 완전한 수정

㉠ 과제의 완전한 수정은 개별 학생이나 소집단을 위해 과제를 완전히 변환 또는 수정하는 것이다. 과제의 완전한 수정은 특별한 기능의 지도에 매우 효과적이다. 손에 체중을 싣지도 못하는 학생들에게 손 짚고 옆 돌리기를 주문하면 그것은 시간의 낭비일 뿐만 아니라 안전사고를 유발할 수 있다.

㉡ 배구의 언더핸드 서브도 실시할 수 없는 학생에게 오버핸드 서브를 시키면 그 학생은 도저히 수용하기 어렵다. 다양한 반응의 여지가 없는 고도의 기술이 준비되지 않은 학생에게는 하위 단계의 과제를 제시할 수 있다. 기능이 우수한 학생에게만 고도의 기술을 연습할 수 있도록 새로운 과제를 제시할 수 있다.

(6) 학습자 반응의 관찰과 분석(학습행동의 관찰)

> i 관찰위치의 선정   ii 관찰전략의 수립   iii 관찰내용의 결정

① 학습자의 수행 모습을 관찰하는 것은 중요한 교수 기능 중 하나이다. 교사는 학습자들에게 부여된 과제를 제대로 수행하고 있는지 관찰해야 한다. 이렇게 관찰한 내용은 안전을 유지하고 학습자에게 제공해야 할 피드백이나 과제 수정의 토대가 된다.

② Barrett(1979), craft(1977), Biscan(1976) 등은 학습자 반응의 관찰에 있어서 다음과 같은 유의사항을 제시하였다.

㉠ 관찰의 위치가 중요하다. 좋은 관찰 위치란 모든 학습자를 관찰할 수 있는 위치이다. 또한 학습자 운동수행의 여러 측면을 관찰하기 위한 새로운 관찰 위치로 이동할 필요가 있으며, 관찰 위치가 학습자의 운동수행에 직접적인 영향을 미친다는 것을 기억해야 한다.

㉡ 관찰할 때는 무엇을 관찰할 것인가를 구체적으로 알고 있을 때 효과적이다.

㉢ 교사가 소집단을 관찰하는 전략을 갖고 있을 때, 대집단을 관찰하는 능력이 향상이 된다.

③ 이와 함께 대집단 관찰은 계획에 따라 관찰될 때 보다 효과적이다.

④ 대집단 관찰을 위한 계획(Barrett)(스포츠교육학, 대한미디어)

    ㉠ 한 가지 측면에서 전체 학습자를 훑어보는 방법

    ㉡ 수준이 다른 학습자를 선택적으로 관찰하는 방법

    ㉢ 한 번에 몇 명의 학습자를 관찰하고 이어서 다른 학습자를 선택하여 관찰하는 방법

3 간접기여 행동

- 간접기여 행동: 학생과 학습환경에 주의를 기울이거나 관심을 갖지만 학습에는 직접적인 도움이 되지 않은 교사행동을 말한다.

- 체육수업에서 흔히 일어나는 간접기여 행동으로는 아프거나 상해를 당한 학생 돌보기, 수업 중 고장난 용구 수리, 학생들과 교과 외의 주제로 대화하기 등이 있다.

- 간접기여 행동은 교사가 항상 수행해야 할 책무는 아니다. 그럼에도 불구하고 학업과 직접적으로 관련은 없지만 체육교사가 불가피하게 선택하고 있는 몇 가지 간접 기여행동들이 있다.

1. 상해학생의 처리

(1) 상해학생은 교사가 반드시 보살펴야 한다. 다만 학습의 방해를 최소화하는 방법으로 상해학생을 처리해야 한다. 대부분의 학교에서는 상해학생을 처리하는 표준절차를 규정하고 있으므로 정한 절차에 따라 상해학생을 처리해야 한다.

(2) 교사는 수업을 계속할 것인지, 상해가 심한 경우 수업을 중단할 것인지 결정해야 한다. 피가 흐르지 않는 경미한 상해는 학급의 다른 학생이 교사의 지시에 따라 대신 처리할 수 있다. 상해가 심하지 않은 경우에는 상해 입은 학생을 학교에 배치된 보건교사에게 보내고 곧 수업을 재개해야 한다. 어떤 경우에도 교사의 임장지도 없이 수업이 진행되어서는 안 된다. 학생이 심하게 다친 경우에는 자격을 갖춘 사람이 도착할 때까지 이동하지 않도록 한다.

2. 교과 외 주제의 대화 [11 기출]

(1) 학교 스포츠클럽이나 방과 후 학교의 운영, 좋아하는 프로 팀, 새로 개발한 운동화 등에 관한 학생들과 대화를 나누면 관계형성에는 도움이 되지만 학습에는 아무런 도움이 되지 않는다. 교과 이외의 주제에 관한 대화는 수업 시작 전이나 후에 해야 하며, 학생들이 수업 도중 대화를 요청해 오면 수업 후에 하는 것으로 제안해야 한다. 이후 대화를 요청한 학생들이 과제에 적극적으로 참여하는지 살펴야 한다. 그래야 주제에서 벗어난 대화로 인한 학업 중단을 피할 수 있다.

(2) 특히, 교사의 집중적 관심이 요구되는 과제수행 초기에 교사가 한두 명의 학생들과 주제에 벗어난 대화를 하면 그로 인해 학습활동에 심각한 부정적 영향이 초래될 수 있다. 주제에 벗어남에도 불구하고 학생들의 대화를 거절하면 가혹하거나 비정한 교사로 비칠 수도 있다. 따라서 친절하게 거절하되 적당한 시간에 학생들과 진지하게 대화해야 한다.

3. 생리적 욕구의 처리

(1) 교사는 수업에 필수적인 사항은 아니지만 학생들의 화장실 출입 등과 같은 사소한 문제를 처리할 수밖에 없다. 초임교사들은 화장실 다녀오기나 물 마시기 등의 문제로 인해 수업이 방해받으면 매우 당황하게 된다. 체육수업에서 그러한 방해 행동이 일어나는 것은 매우 당연하다고 볼 수 있다. 교사들은 그러한 방해 행동에 미리 대비해야 한다. 교사의 사전 허락 없이 스스로 다녀오도록 하는 것이 아마 가장 현명한 선택일 것이다.

(2) 하지만 대상에 따라 신중하게 적용할 필요가 있다. 초등학생들의 경우 스스로 결정하게 하면 실제로 목이 마르지 않거나 화장실에 가고 싶지 않은데 진행 중인 과제에 흥미가 없거나 친구와 동행하기 위해 학습공간을 이탈하고, 중·고등학생들은 화장실을 핑계로 흡연 등 일탈행동을 할 수 있기 때문이다. 수업 중에는 부득이한 경우를 제외하고 화장실 출입, 물 마시기 등을 <u>허용하지 않는 규칙을 정하고, 수업 전에 미리 해결하도록 상기시킬 필요가 있다.</u>

4. 활동 참가와 심판

(1) 교사들은 가끔 학생들과 함께 활동에 참가하거나, 학생들이 플레이 하는 것을 심판하거나, 학생들을 단순히 감독하는 기능을 한다. 학생들에게 기능이나 전략의 특정한 측면을 보여주거나 동기를 유발하기 위해 잠깐 동안 학생들과 함께 특정 활동에 참가할 수 있다. 그러나 교사가 일부 학생들과 운동 활동에 참가하거나 심판을 보게 되면 나머지 학생들은 교사 없이 수업을 하게 된다. 교사가 학습활동에 같이 참가하거나 심판을 보게 됨으로써 다른 학생들을 가르칠 수 없기 때문이다.

(2) 가끔 학생들의 학습활동에 같이 참가하거나 심판 역할을 해줄 필요가 있다고 주장하는 교사들이 있다. 학생들이 때로는 아무런 간섭이나 지도를 받지 않고 플레이 하고 싶을 때가 있으며, 교사는 그것을 수용해야 한다는 주장이다. 그러나 그러한 주장의 수용에는 무리가 따른다. 전문 선수들도 코치의 계속적인 지도를 받고 있기 때문이다.

(3) 자신의 역할이 학습활동을 감독하는 것이라고 규정하고 학생들에게 자유로운 플레이 시간을 허용해야 한다고 주장하는 교사들이 종종 있다. 하지만 수업이 학생들의 그러한 요구를 수용해야 하는지에 대해서는 논란이 있을 수 있다. 정해진 시간에 성취해야 할 목표가 존재하므로 가르치는 사람의 안내나 지도가 필요한 것이 학교 교육이다.

(4) 생산적인 학습환경을 유지하기 위해 가끔 교사의 간접기여 행동이 필요한 것은 사실이다. 그러나 학생들과 함께 게임에 참가하거나 학생들의 플레이를 심판하는 데 너무 몰두한 나머지 직접기여 행동 에 소홀하지 않도록 유념해야 한다.

4 비기여 행동 (noncontributing behavior) 11 기출

(1) 비기여 행동은 수업에 전혀 도움이 되지 않는 활동을 말한다.

> 예 소방훈련, 갑작스런 교장의 훈시 등은 수업을 진행하는 동안 가끔 일어나는 사건들이다.

(2) 이러한 사건들은 교사가 직접 통제할 수는 없지만 화재훈련에 대한 반응 방법을 사전에 교육하거나, 교사 자신이 그와 같은 사건에 일관된 반응을 하면 수업 방해를 최소화할 수 있다.

(3) 수업 중 긴급한 상황이 전달되거나 화재훈련이 실시되면 학생들은 교사의 지시가 있을 때까지 하던 활동을 중단하고 조용히 기다려야 한다.

(4) 방문객이 갑자기 찾아올 경우에는 학생들이 자율적으로 연습하도록 지시한 다음 잠깐 접견을 하면 학습 방해를 최소화할 수 있다.

① 교장이나 장학사도 교사의 학습지도 책무를 이해하고 수업이 끝난 다음 만날 수 있다.

② 가끔 교사들이 자유의사에 따라 학습공간을 떠나는 경우가 있다.

③ 다음 수업의 진행에 필요한 라인을 긋기 위해 또는 학생이나 수업과 무관한 일을 하기 위해 학습공간을 이탈하는 교사들이 있다.

(5) 비기여 행동은 학습에 도움이 되지 않는 활동이다.

① 비기여 행동은 가능하면 피해야 하며,

② 피할 수 없을 때에는 학습방해를 최소화해야 한다.

참고문제	2017년 지도사 2급

16. 체육 지도자의 수업 중 간접기여행동의 예로 옳은 것은?

① 부상 학생의 처리 ② 학부모와의 면담 ③ 동작 설명과 시범 ④ 학생 관찰 및 피드백

참고문제	2020년 지도사 2급

10. 〈보기〉 중 각 지도자의 행동 유형과 개념이 바르게 연결되지 <u>않은</u> 것은?

─── 〈보 기〉───

김 감독: 지도하는데 갑자기 학습자의 보호자가 찾아오셔서 대화하느라 지도 시간이 부족했어요.

김 코치: 말도 마세요! 저는 지도하다가 학습자들끼리 부딪혔는데 한 학습자가 쓰러져 일어나지 못했어요! 정말 놀라서 급하게 119에 신고했던 기억이 나네요.

한 코치: 지도 중에 좁은 공간에서 기구를 잘못 사용하는 학습자를 보면 곧바로 운동을 중지하고, 안전의 중요성을 강조하면서 공간과 기구를 정리하라고 말했어요.

이 코치: 저는 학습자의 참여를 높이기 위해 신호에 따른 즉각적인 과제 수행을 강조했어요. 그 결과, 개별적인 피드백을 제공할 수 있게 되었고, 학습자의 성취도가 점점 향상되는 것 같았어요.

① 김 감독 – 비기여 행동
② 김 코치 – 비기여 행동
③ 한 코치 – 직접기여 행동
④ 이 코치 – 직접기여 행동

제**7**장 장학(스포츠 교육학 총론, 김대진)

1 수업장학

1. 장학의 개념

(1) 장학은 학교 교육의 효율성을 돕고 그 효과를 높이는 동시에 효과를 점검하고자 하는 요구에서 비롯된 것이다. 그러나 장학의 개념은 사회적, 교육적 이념이 변화하는 데 따라 그 양상이 달라지는 특성이 있다.

(2) 장학의 의미는 시대의 변화에 따라 변하여 왔으며 장학에 대하여 여러 가지 용어가 사용되고 있고, 이들 용어가 풍기는 뜻도 매우 다양하다. 입장에 따라서 다르고, 장학담당자의 태도에 따라서도 다르다. 김종철(1988)은 이와 같은 장학개념의 혼동 요인을 용어의 불일치, 장학사(관)와 학교장 및 교육감의 업무 혼동, 장학과 행정의 한계 불명확, 외국과 우리나라 장학개념의 불일치 등으로 지적하면서 장학의 개념을 법규면, 기능면, 이념면에서의 접근으로 정리하였다.

① 법규면: 장학이란 교육활동의 계획연구면, 행정관리면, 학습지도면, 생활지도면을 포함한 제반 영역에 걸쳐서 계선 조직을 통한 제반 행정 업무를 보조하는 참모활동이고,

② 기능면: 교사의 전문적, 기술적 보조 활동이라고 규정했고,

③ 이념면: 교수–학습 지도의 개선을 위하여 제공되는 지도·조언으로 보고 있다. 더 근본적으로 장학은 '수업개선'이라고 할 수 있으며 궁극적으로 '학습성취'를 높이자는 것이다.

결국 교육에 있어서 가장 근본적인 "가르치고 배우는" 작용을 중심으로 하여 볼 때 이념적 접근이 가장 밀접하고 가까우며, 다음이 기능적 접근, 법규적 접근의 순서인 것을 알 수 있다. 이것을 그림으로 나타내면 아래와 같이 될 수 있다.

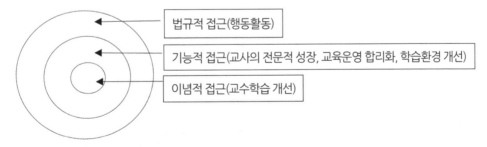

법규적 접근(행동활동)

기능적 접근(교사의 전문적 성장, 교육운영 합리화, 학습환경 개선)

이념적 접근(교수학습 개선)

(3) 강염삼은 위의 세 가지 접근을 인정하면서 교육 행정 조직의 수준에서 수행되는 장학 업무와 관련하여 다음의 네 가지 장학개념으로 나누어 설명하고 있다.

① 첫째, 장학이란 교육 활동의 전반적인 기획, 조사, 연구, 관리, 지도, 감독을 통하여 중앙의 행정 업무를 보좌하는 참모활동이라고 볼 수 있다.

② 둘째, 장학을 교육활동을 위한 장학지도, 교육의 인사관리, 학생의 생활지도, 교육기관의 감독 등을 통하여 지방의 학무를 총괄하는 활동으로 보는 것이다.

③ 셋째, 학생들의 학습기회 향상을 위하여 교사의 교수 행위에 직접적으로 영향을 주는 학교 내에서의 제반 지도 활동이다.

④ 넷째, 학급내의 교수·학습과정을 개선하기 위하여 교사와 학생간의 상호작용에 중점을 두고 교사를 지도 조언하는 활동이다.

(4) 장학의 개념에 대한 학자들의 견해를 좀 더 살펴보면 다음과 같다.

> ◇ 버튼(W. H. Burton)과 부르크너(L. J. Bruckner): 아동의 성장과 발달에 영향을 주는 모든 요인에 관해 협동적으로 연구, 개선하는 데 주 목적을 둔 전문적인 기술과 봉사
> ◇ 구드(C. V. Good): 학습지도의 개선에 있어서 교사와 기타 교육 종사자로 하여금 지도성을 발휘할 수 있도록 하려는 학교 행정 당국자들의 노력의 총체
> ◇ 해리스(B. N. Harris): 학생들의 학습을 돕고자 이용되는 교수과정에 직접적인 영향을 주는 방법으로 학교를 경영해 나가거나 변혁을 가져오게 하는 인적·물적 요소를 다루는 일
> ◇ 모셔(Mosher)와 퍼플(Purple): 장학의 과업은 교사에게 가르치는 방법을 가르치는 것

(5) 이상과 같이 여러 학자들의 장학에 대한 개념을 종합해보면, 표현과 진술에는 차이가 있으나 공통점은 아동의 성장 발달에 관한 조건을 향상시키는 전문적 기술·봉사에 있으며 궁극적인 목적이 학생의 발달 또는 수업의 개선에 있음을 알 수 있다.

2. 장학의 정의

장학, 그리고 교사의 지도에 초점을 둔 지도성 장학으로 분류하여 정의하고 있다. 장학의 정의는 학교 행정의 한 차원임을 강조하는 행정적 장학, 교육과정 개발을 강조하는 교육과정 장학, 학교 경영의 모든 수준에서 교수·학습 상황의 발전을 강조하는 수업개선 장학, 장학의 민주화와 인간 중심화를 강조하는 인간관계 장학, 경영적인 시각에 초점을 둔 경영적 장학, 그리고 교사의 지도에 초점을 둔 지도성 장학으로 분류하여 정의하고 있다.

2-1. 행정적 장학

"교육 체제에서 교수에 대한 기대를 달성하는 데 주로 초점을 둔 학교 행정의 한 국면"과 "교사들은 수업 일선에 있으므로 장학은 교사들이 역할을 성공적으로 수행하도록 지식과 기능을 지원해 주는 일"로 정의하는 학교 행정의 한 차원임을 강조한다. 즉 "학교체제의 직원이 학교의 주요 교수목적을 달성하기 위해 학교경영의 유지 또는 변화의 목적으로 성인과 사물을 다루는 것"으로 장학을 행정활동의 연장선에서 정의하고 있다.

2-2. 교육과정 장학

장학을 교육과정개발로 보려는 입장은 특히 1957년 "스푸트니크 쇼크" 직후부터 1960년대에 강하게 나타났다. 미국 교육이 소련보다 뒤떨어진 결과 인공위성 경쟁에서 지고 결국 국방에까지 위협을 느낀다고 하여 새로운 교육과정 개발에 열을 올리게 되었는데 당시 장학담당자들이 하던 일이 주로 교육과정의 개발과 개정이었다. "장학은 교육과정을 만들고 개정하고, 수업 단원과 재료를 준비하고, 학부모들에게 보고할 내용과 도구를 개발하고, 전체 교육 프로그램을 평가하는 데 초점을 두는 활동"이며 "교육과정에 대한 관심"이다.

2-3. 수업개선 장학

학교경영의 모든 수준에서 교수·학습 상황을 발전·전개시키는 것을 강조하는 것으로서, 장학은 교육활동의 개선을 위한 모든 지도 및 조언 활동이며, 장학의 초점이 수업개선에 있으며, 이러한 수업개선을 위해 교사,

교육과정, 교육환경을 변화시켜 학생의 학습 결과를 높이는 것이 장학의 본질이다.

2-4. 인간관계 장학

장학의 민주화와 인간중심화를 강조한 것으로서, 장학은 의사소통을 돕고, 사람들이 아이디어나 자원을 서로 나누도록 자극하고, 새로운 일을 해 나가도록 지원하고 격려하는 것이다. 장학담당자를 촉진자(expedite), 의사소통 조정자, 다른 사람과 접촉하게 하는 연락자, 직원을 자극하는 사람 등으로 보아 인간관계 측면을 강조한다. 또한 장학은 협력인 것이며 지시적인 것보다 상호작용적이며, 권위적인 것보다 민주적이며, 장학자 중심이기보다는 교사 중심이다.

2-5. 경영적 장학

경영적인 시각에 초점을 둔 것으로, 조직 목표달성에 대한 책무성, 생산성, 효율성을 강조하여 장학도 학교조직의 효과를 얼마나 높였는가에 대하여 책임을 져야 한다는 관점이다.

2-6. 지도성 장학

교사들의 지도성을 강조한 것으로, 장학은 교사들에게 어떻게 가르쳐야 하는가를 가르치는 일이며 교육과정, 교수, 그리고 교육개혁을 주도해 나감으로써 공교육을 새롭게 갱신하는 일에 전문적 지도성을 발휘하는 것이라는 시각이다.

위와 같은 학자들의 정의를 바탕으로 장학을 다음과 같이 정의할 수 있다.

① 장학이란 교사를 대상으로 하는 봉사활동으로서 교사의 교육행위의 변화를 전문적으로 조력해 줌으로써 교사의 성장, 전문성 개발, 문제 해결력 등을 키워주는 활동이다.

② 장학의 초점은 교수·학습 개선에 있고 효과적인 수업을 통하여 학생의 학습 효과를 증진시키는 활동이다.

③ 장학은 수업 과정에 직접 영향을 미치는 교사, 교육과정, 교육환경, 교육운영 등 인적·물적 과정적 자원을 변화시키고 조정하는 활동이다.

3. 장학의 목적

3-1. 교육의 질적 수월성 제고

장학에 있어서 가장 중요한 목표는 교수–학습의 질을 높여서 교육의 질적 수월성을 도모하는 것이다. 장학자는 교사가 수업 효과성을 높이도록 자극하고, 바람직한 프로그램을 스스로 개발하도록 고무시켜 주며, 교육과정의 개발과 운영의 개선을 유도하고, 교수–학습환경을 개선해 줌으로써 교수–학습 개선을 통하여 학교 생산성이 재고될 수 있게 하는 것이다.

3-2. 교사의 전문적 신장

장학은 교사들이 학습자에 대한 이해와 교수–학습에 대한 이해를 넓히도록 돕고 교수에 활용되는 기술과 지식을 확장해 나가도록 교사들을 유도한다. 장학자는 교사와 직접 상호작용을 통하여 교사를 조력하고, 기술적 심리적 지원을 해주며 수업의 계획과 과정에 참여함으로써 수업 효과성을 최대한 높이는 데 기여한다.

3-3. 직무동기의 부여

장학은 교사들이 가르치는 일에 헌신하고 동기화되도록 북돋워 준다. 교사들이 학교조직의 목적에 적극적으로 기여하도록 하고, 그로 인해 교육의 신념이나 가치를 내면화하도록 돕는다.

3-4. 학교 효과성을 제고

장학은 교수의 질을 관리하고 학습 풍토를 조성하며, 시설과 기자재를 효율적으로 활용하고 참여적 의사결정과 양방향 의사소통이 이루어지도록 민주적 절차와 과정을 활용한다. 장학은 변화 지향적 지도성을 발휘하여 교사를 지원해 주고 정책들을 개발함으로써 학교교육의 성과를 높일 수 있다.

2 수업장학의 유형

장학의 유형을 분류하는 방법은 장학의 발달과정과 학자의 관점, 활동, 그리고 내용에 따라서 다양하다. <u>글래톤(Glatthorn, 1984)은 효과적인 장학의 방법을 선택하는 데 있어서 교사의 경험이나 능력을 포함한 개인적 요인에 대한 고려가 있어야 한다고 주장한다. 이를 선택적 장학으로 명명하면서, 교사들의 능력에 따라 임상장학, 동료장학, 자기장학, 전통적 장학의 방법을 선택적으로 사용할 수 있음을 제안하였다.</u>

1. 임상장학(clinical supervision, 전문가 장학)

(1) 임상이라고 하면 얼핏 비정상적인, 병리적인, 불건강한 의미를 풍기나 사실은 오히려 스스로 성장하고자 하는 건전한 교사가 자신의 필요에 의하여 교수기술을 향상시키고자 하여 장학담당자의 도움을 요청할 정도로 아주 건전하다는 전제하에서 출발된 것이다.

(2) 그래서 임상장학은 Y이론의 입장에서 교사를 선하게 본다는 점과 교사의 능력을 개발하여 교사를 행복하게 해 주자는 인간자원 장학의 철학을 밑바닥에 깔고 있는 교사 중심 장학이라고 할 수 있다.

(3) 임상장학은 교사의 교실 행위를 개선함으로써 학생의 학습을 개선할 목적으로 교실 내의 사건들로부터 추출한 주요 자료를 가지고 교사의 교실 과업수행을 개선하기 위하여 고안된 일 또는 실천이다.

(4) 다시 말하면, 임상장학은 장학담당자와 교사가 일대일의 대면적인 관계 속에서 수업관찰 계획 수립, 수업관찰, 관찰결과에 대한 협의의 과정을 거쳐 수업지도에 관한 전반적인 문제를 해결하고 수업기술 개선과 향상을 도모하는 체계적인 지도·조언 과정으로 볼 수 있다.

(5) 장학담당자: 교장, 교감, 외부 장학요원과 외부 전문가가 포함된다.
   임상장학의 대상: <u>초임교사나 경력이 있는 교사 중에서도 수업 기술 향상의 필요성을 느끼는 교사가 된다.</u>
   임상장학은 장학담당자와 교사 간의 계획된 관계 속에서 공식적으로 이루어진다.

(6) 임상장학의 주요 특징은 다음과 같다.
   ① 교사의 수업 기술 향상이 주된 목적이다.
   ② 교사와 장학담당자 간의 대면적인 관계와 상호작용을 중요시한다.
   ③ 교실 내에서의 교사의 수업행동에 초점을 둔다.
   ④ 일련의 체계적이고 집중적인 지도·조언의 과정이다.

(7) 그러나 이러한 특징에도 불구하고 강영삼은 임상장학의 문제점을 다음과 같이 제시하고 있다.
   ① 학생의 인격무시, 품위손상, 비민주적 언행, 수용태세 부족 등으로 교사들이 학생들과 좋은 인간관계를 맺지 못한다.
   ② 의사소통의 단절, 공동노력의 기회 부족, 시간 부족 등으로 교사들이 장학요원과 좋은 관계를 유지하지 못한다.

③ 교사들이 연구에 무관심, 전문적 능력 부족, 의욕 부족, 평가 결과에 대한 두려움 등으로 인하여 연구 수업을 기피하는 경향이 있다.

④ 장학담당자들의 지도성 부족, 권위 의식, 교사에 대한 인격 무시, 구태의연한 지도 방법, 인력 부족 등 담당자들의 자세나 능력에도 기인한다.

⑤ 일부 교사들이 수업 내용, 방법, 절차에 있어서 강의 위주 및 지식 편중의 주입식 수업, 학습 자료나 기자재 부족 등 종래의 관념을 탈피하지 못하고 있다.

2. 동료장학(peer supervision)

(1) 동료장학이란 일반적으로 두 명 이상의 교사가 서로 수업을 관찰하고, 관찰 사항에 관하여 상호 조언하며, 서로의 전문적 관심사에 대하여 토의함으로써 자신들의 전문적 성장을 위해 함께 연구하는 공식화된 과정으로 정의한다.

(2) 같은 학교 내에 있는 동료는 쉽게 만날 수 있고 행정계층에서 오는 위화감 없이 오히려 친근감을 갖는 분위기에서 도와줄 수 있으며 같은 처지이기 때문에 부닥치는 사정과 상황을 잘 이해할 수 있다는 강점을 가지고 있다.

(3) 동료장학은 여러 가지 유형으로 진행된다. 동학년 단위 또는 동교과 단위로 수업 연구과제의 해결이나 수업 방법 개선을 도모하기 위한 수업연구활동, 공동 관심사나 공동 과제, 공동 문제의 해결이나 개선을 위해 협의하는 것들이 동료장학의 전형적인 유형이다. 또한 상호 간에 정보, 아이디어 또는 조언을 주고받는 공식적·비공식적 행위도 광의의 동료장학으로 볼 수 있다.

① 수업연구 중심 동료장학: 경력교사와 초임교사가 짝을 이루어 상호 간에 수업을 공개·관찰하고 이에 대한 의견을 교환함으로써 수업연구 과제의 해결 또는 수업방법의 개선을 도모하거나, 팀 티칭을 위해 서로 도와 협력하는 일들이 동료장학의 전형적인 형태이다.

② 협의 중심 동료장학: 협의중심 동료장학은 동료교사들 간에 공식적이거나 비공식적인 일련의 협의를 통하여 어떤 주제에 관해 서로 경험, 정보, 아이디어, 도움, 충고, 조언 등을 교환하거나, 서로 공동과제와 공동관심사를 협의하거나, 공동과업을 추진하는 활동을 의미한다. 학교 현장에서 흔히 볼 수 있는 동학년 협의회, 동교과 협의회, 동부서 협의회 등이 이의 대표적인 형태이다.

■ 협의[協議]: 여러 사람이 모여 의논함

③ 연구 중심 동료장학: 연구 중심 동료장학이란 교과별·학년별·교육영역별 소집단 연수, 연구·시범·실험영역 연수, 당면 연구과제별 연수 등 각종 자체연수를 계획, 추진, 평가함에 있어 공동연구자로서 서로 경험·정보·아이디어를 교환하며, 때로는 강사나 자원인사로서 공동으로 협력하는 동료장학을 말한다.

(4) 동료장학 계획은 장학의 관리(control)를 장학담당자의 손에서 함께 연구하는 두 교사의 손으로 넘겨준다. 계획의 성공여부는 두 교사 간의 상호작용 여하에 달려 있다. 동료장학은 상호 관심을 갖는 과제에 관해 두 교사가 함께 연구하고 싶을 때 제기될 수 있다. 장학담당자가 학교의 과제를 연구하는 데 적절한 후보자라 생각되는 두 교사에게 제의할 수도 있다. 물론 이러한 경우도 교장이 지도력을 발휘하고 치밀한 계획하에서만 효과적일 수 있는 것이지 모든 것을 맡기고 방치하는 속에서는 아무리 좋은 방안이라도 성공적일 수 없다.

3. 자기장학(Self-supervision, Self-directed supervision)

(1) 자기장학은 임상장학을 필요로 하지 않거나 원하지 않는 교사가 혼자 독립적으로 자신의 전문성과 성장을 위하여 스스로 체계적인 계획을 세우고 이를 실천하는 과정을 말한다. 교사는 전문직 종사자로서 자기성장과 자기발전을 위해 끊임없는 노력을 경주해야 한다는 당위성에서도 자기 장학의 의미는 크다고 할 수 있다.

(2) 자기장학의 교사 자신이 스스로 장학활동을 하는 동시에 장학의 대상이 된다.

(3) 자기장학의 특징은 다음과 같다.

① 교사 개인이 성장의 프로그램에 의거해 독립적으로 연구한다.

② 교사 개인이 목표 지향적인 전문적 개선 프로그램을 개발하고 추구한다. 프로그램의 목표는 전문적 필요에 대한 교사자신의 평가에서 나온다.

③ 교사 개인은 그러한 목표를 달성함에 있어서 다양한 자원에 접근한다.

④ 자기장학 프로그램의 결과는 교사의 직무평가에 사용되지 않는다.

(4) 자기장학은 원칙적으로 교사 자신의 필요와 요구를 존중하여 다양한 방법으로 전개되어야 하며, 학교 현장에서 활용할 수 있는 자기장학의 주요 방법은 다음과 같다.

① 자기 수업을 녹음 또는 녹화하고 이를 분석하여 자기반성과 자기발전의 자료로 삼는 방법

② 자신의 수업이나 생활지도, 동아리 활동 지도, 학급관리 및 경영 등과 관련하여 학생들과의 면담이나 학생을 대상으로 한 의견 조사를 통해 자기발전과 자기반성의 정보를 수집하는 방법

③ 교직활동 전반에 관련된 서적이나 전문자료를 탐독·활용하여 자기발전의 자료로 삼는 방법

④ 전공교과 영역, 교육학 영역 또는 관련 영역에서 대학원 과정 수강을 통해 자기발전을 도모하는 방법

⑤ 교직전문단체, 연구기관, 학술단체, 대학 또는 관련 사회기관이나 단체 등 전문기관을 방문하거나 전문가와의 면담을 통하여 자기발전의 자료나 정보를 입하는 방법

⑥ 각종 연수, 교과연구회, 학술발표회, 강연회, 시범수업 공개회에 참석하거나 학교 상호방문 프로그램에 참여하여 자기발전을 도모하는 방법

⑦ TV나 라디오 등 방송매체가 제공하는 교원연수 프로그램이나 교원연수 관련 비디오, 동영상 등의 시청을 통하여 자기발전을 도모하는 방법

(5) 자기장학에 회의를 품는 사람들은 교사의 개인적 욕구는 집단 상호작용을 통해서 효과적으로 촉진될 수 있고, 최선의 학습은 전문적 대화와 접촉으로부터 얻게 된다고 주장한다.

(6) 그런데, 대부분의 교사는 자발적이고 자기지향적인 학습자가 되지 못하므로 교사들은 자신을 정확하게 평가하고, 개선영역을 확인하며, 개별적 독립연구 프로그램을 수행할 수 있는 능력이 부족하다는 것이다.

(7) 그러나 자기장학을 옹호하는 사람들은 교사에게는 개별화 욕구가 있고, 성인은 발달의 차이로 자기 지향적이 되고 싶은 욕구가 있으며, 교수(teaching)가 점점 더 전문화되고 있다는 점을 지적하였다. 즉 교사들은 보조원과 유사전문가(paraprofessionals), 교생, 자원봉사들의 일을 지시하는 등 유사관리적 역할(quasi-managerial roles)을 떠맡고, 또 의사결정과정에서 점점 더 많은 역할을 담당하고 있다. 자기지향 학습을 주장하는 사람들은 전문가로서의 교사는 자신의 업무수행을 판단할 수 있어야 한다고 믿는다. 교수는 점점 전문화되고 있다는 근거에 의거해 자기장학을 주장한다.

4. 확인장학(administrative monitoring)

(1) 확인장학이란 말은 새로운 용어이지만 옛날부터 실천해 온, 더구나 학교 현장에서는 자주 볼 수 있는 장학의 한 형태이다. 확인장학은 교장이나 교감이 잠깐 동안 비공식적으로 학습을 순시하거나 수업을 관찰하는 불시 방문장학(drop-in supervision)을 통하여 교사들에게 지도·조언을 제공하는 과정을 말한다.

(2) 확인장학의 주체는 교장, 교감이 되며 일반교사들을 대상으로, 계획수립 단계, 실행 단계, 결과활용 단계로 구분하여 장학활동을 실천한다.

4-1. 계획수립 단계

교장·교감은 학급 순시·수업관찰을 위한 대상 교사 및 학급, 일정과 시간, 주요 관찰사항 등을 포함하는 개발적인 계획을 수립한다. 또한 계획한 바를 교사들에게 전달하고, 책임자(확인자), 방문자로서의 관찰자의 행동, 피드백 과정의 성격, 보존해야 할 기록, 평가자와의 관련성 등을 토의하고 결정해야 한다.

4-2. 실행 단계

교장·교감은 수립된 계획에 따라 선정된 교사나 학급을 대상으로 학급 순시·수업관찰을 5~10분 정도 실시한다. 교수·학습의 주요 요소인 목표의식, 교사의 태도, 필기 요령, 학습 형태 및 학생 활동, 학습자료 활용, 형성평가 등에 초점을 둔다.

4-3. 결과활용 단계

(1) 교장·교감은 교사에게 관찰사항에 대하여 즉각적인 피드백을 주어야 한다. 가능하다면, 대면하여 쉬는 시간, 점심시간, 일과가 끝날 무렵 간단한 토의를 통해 피드백을 주어야 한다. 간단한 협의회를 할 경우에는 보다 직접적인 피드백이 요구된다.

(2) 이와 같은 확인장학의 특징은 다음과 같다.

① 확인장학은 공개적이어야 한다. 즉, 관찰받는 교사들과 관련이 되는 중요한 문제들을 교사들과 함께 공개적으로 토의해야 한다.

② 확인장학은 아무렇게나 비체계적으로 이루어지는 것이 아니고, 계획적으로 예정표에 의하여 시행되어야 한다.

③ 확인장학은 학습 중심적이어야 한다. 관찰이 짧기 때문에 학습의 중요한 측면만 초점을 두는 것이 필수적이다.

④ 확인장학은 두 차원을 통하여 상호작용할 때 가장 효과적이다. 즉, 교장·교감이 교사에게 피드백을 제공해 주고, 또 진행 중인 교수 프로그램과 학교 풍토에 대한 평가의 부분으로 관찰 자료를 사용할 때 효과적이다.

(3) 경험 있는 교장과 교감들은 다음과 같은 세 가지 관점에서 확인장학의 효과를 지지하고 있다.

① 첫째, 학교 경영의 전 영역에 걸쳐 학교를 전체적으로 파악하는 데 필요한 정보를 수집할 수 있고, 문제를 찾는 법을 알게 될 수 있다.

② 둘째, 미리 준비한 수업활동이나 학급경영 활동이 아닌 평상시의 자연스러운 수업활동이나 학급경영을 관찰할 수 있어 이에 대한 의미 있는 지도·조언이 가능하다.

③ 셋째, 교장·교감이 수업활동과 학급경영활동의 개선을 위하여 적극적인 장학적 노력을 하고 있다는 것을 교사들이 알 수 있기 때문에 더욱 효과적일 수 있다.

5. 요청장학

(1) 요청장학은 형식적이고 상투적이며 연례 행사적인 장학에 대한 반작용으로 나온 것으로, 일선 학교나 교사가 장학의 필요성을 느껴 장학자를 초청함으로써 이루어지는 장학이다. 이는 장학의 내용이나 장학방법상의 분류라기보다는 장학이 이루어지는 원인이나 형식에 의한 분류라고 할 수 있다.

(2) 요청장학은 장학의 이상형이라 생각할 수 있으며, 교사주도·학교주도의 장학으로서 선진국 장학의 중심이 되고 있다. 장학은 장학담당자의 필요에 의하여 이루어지기도 하지만 적극적인 의미에서는 교사의 필요에 의하여 이루어지는 것으로 볼 수 있다.

(3) 그래서 요청장학은 학교수준의 기관차원의 요청에서 교사 개인차원으로 확대되어야 한다. 따라서 이러한 요청장학 중심으로 장학이 이루어지기 위해서는 아래와 같은 사항이 전제되어야 한다.

① 요청장학이 이루어지기 위해서는 우선 담당자 측에서 전문성을 갖추고 또 신뢰를 받아야 한다. 충분히 도움을 줄 수 있다는 믿음을 주기 위해서는 자질을 갖춘 장학사를 선발, 교육, 자격을 갖추고 계속적인 연구를 해야 한다.

② 학교나 교사 측에서도 기꺼이 장학을 받고자 하고 계속 성장하고자 하는 동기유발이 필요하다. 장학으로 한꺼번에 문제가 해결되는 것이 아니라 어느 정도 장학적 도움을 받고 최종적으로는 자신이 해결하는 것이라는 점을 이해해야 한다. 교사의 성장의욕과 동기유발이 무엇보다도 전제되어야 한다.

③ 장학 상황 즉, 풍토가 바뀌어야 한다. 불신과 눈 가리기식, 숨바꼭질 같은 현 상황에서는 이름만 바뀌는 장학의 악순환이 이루어질 것이다.

(4) 요청장학의 장·단점을 살펴보면 다음과 같다.

〈장 점〉
◎ 학교의 필요에 의한 장학을 할 수 있다.
◎ 시·도, 시·군, 구 교육청에서는 장학을 요청받을 때 필요한 교과와 필요한 영역을 장학전문가로 장학반을 구성하여 사전준비를 철저히 해서 질 높은 장학을 할 수 있다.
◎ 장학에 초청을 받고 초청을 한다는 일은 피차에 기분 좋은 일이며, 장학의 출발로서 가장 중요한 상호신뢰성이 형성된다.

〈단 점〉
◎ 자발적으로 장학을 초청하고자 하는 학교가 거의 없다.
◎ 시·도, 시·군, 구 교육청이 초청에 응할 만큼의 준비가 되어 있느냐에 회의적이다.
◎ 교육계에서 전반적으로 초청에 의한 장학을 할 수 있는 장학풍토가 성숙되지 못했다.

다음은 김 교사가 장 교사의 수업을 관찰한 후 동학년 협의회에서 나눈 대화이다.

> 김 교사: 오늘 장 선생님의 수업에서는 전체 학생을 대상으로 설명이나 시범이 없었고, 과제별 연습시간이나
> 활동 내용도 이야기하지 않아서 교사의 역할이 거의 없었던 것 같은데, 어떻게 생각 하십니까?
>
> 장 교사: 제가 이 수업에서 활용한 수업 모형은 개별화 지도 모형입니다. 그래서 매 시간마다 ㉠(_____)을(를)
> 활용해서 학생들이 어떤 과제를 수행해야 하는지를 분명하게 알도록 하고 있습니다.
>
> 김 교사: 그래도 수업이 제대로 이루어지려면 교사가 적극적으로 개입해서 학생들이 해야 할 일을 일일이 설
> 명해 주고 일률적으로 움직이도록 해야 하지 않겠습니까?
>
> 장 교사: 저는 이 모형을 활용하게 되면 수업 운영에 소비되는 불필요한 시간을 줄일 수 있고, 학생들에게 더
> 많은 피드백을 제공할 수 있으므로 보다 충실한 개별 지도가 이루어질 수 있다고 생각합니다.

장 교사가 활용한 개별화 지도 모형의 주제와 ㉠에 해당하는 명칭을 쓰시오. 그리고 장학 주체 측면에서 김 교사가 실시한 장학의 명칭을 쓰고, 김 교사의 장학 내용에서 나타난 문제점을 2줄 이내로 설명하시오.

- 개별화 지도 모형의 주제: _____   • ㉠의 명칭: _____   • 장학의 명칭: _____
- 장학 내용의 문제점: _____

[정답] • 개별화 지도 모형의 주제: 학습 속도를 스스로 조절한다. (학생은 할 수 있는 만큼 빨리, 필요한 만큼 천천히 배운다.)
  • ㉠의 명칭: 개인 학습지(개별 과제지, 과제 카드, 과제 포스터)
  • 장학의 명칭: 동료장학
  • 장학 내용의 문제점: 학습 목표나 내용에 따라서 효율적인 수업방식과 교사의 역할이 있음을 인지하지 못하고 전통적인 전
    달자로서의 교사의 역할을 강요하고 있다.

10. 다음은 초임 교사의 수업 일지이다. 이 일지에 나타난 수업 활동에 대한 설명으로 옳지 않은 것은?

일시: 2010년 ○월 ○일. 금요일. 3교시

학생들의 체력 증진을 위해 오늘부터 개인 줄넘기를 가르쳤다. 총 5차시를 계획했으며, 오늘 수업이 첫 차시였다.

… (중략) …

학습 목표를 ㉠"5가지 줄넘기 동작 중 3가지 동작을 순서대로 각각 30회 이상씩 연속적으로 실시할 수 있다."로 설정하여 체력 운동의 지루함을 극복하고 학습 동기를 고취시키고자 하였다. 먼저 첫 동작인 이중뛰기에 대한 시범을 보인 다음, 이 동작에 대한 인지를 강화하기 위해 ㉡동작을 통해 연상되는 이미지에 대해 질문하였다. … (중략) …

수업이 진행되면서 많은 학생들이 이중뛰기 동작의 수행에 어려움을 느끼고, 좀 더 쉬운 동작인 ㉢외발뛰기를 하고 있었다. 수업 시작 후 30분이 지나자 학생들이 육체적, 심리적으로 많이 힘들어 하는 기색을 느낄 수 있었다. 이에 과제 활동을 중단하고,

㉣남은 시간 동안 어제 있었던 월드컵 결승 경기의 관람 태도에 대해 이야기를 해주었다. 그러나 수업 경험이 부족한 초임 교사인지라 수업 중 설명을 하는 데 당혹감을 느꼈다. 이러한 면을 개선하기 위해 ㉤다음 차시 때에는 수업을 촬영한 후 선배 체육교사에게 화법에 대한 수업 지도를 받아야겠다.

---

① ㉠의 학습 목표는 메이거(R. Mager)의 '조건-기준-행동' 요소를 충족시킨다.
② ㉡의 질문 유형은 확산형 질문에 해당된다.
③ ㉢의 학습 내용은 폐쇄기능에 속한다.
④ ㉣의 교수의 학습지도 행동은 비기여 행동에 속한다.
⑤ ㉤의 수업 장학은 동료 장학에 해당된다.

[정답] ④
[해설] ㉣ 간접기여행동

6. 다음은 체육수업 개선을 위한 오 교사와 박 교사의 대화 내용이다. (가)~(다) 장학의 명칭을 쓰고, 각 장학의 특성에 대한 설명으로 옳은 것을 〈보기〉에서 있는 대로 고르시오.

[A 장면]	오 교사: 최근 국가 수준의 교육과정이 또 바뀌었는데, 무슨 말인지 도대체 이해가 되질 않는단 말이야!
	박 교사: 그렇긴 해. 그럼 (가)장학 담당자와 상의해 보면 어때?
	오 교사: 좋은 생각이다. 고마워, 박 선생.
[B 장면]	박 교사: 지난 주 장학 담당자는 찾아뵀었어?
	오 교사: 그래. 아주 좋은 정보를 많이 주시더라고, 일단 수업 중 내가 갖는 어려움을 먼저 극복하고, 새롭게 교육과정을 개발해 보면 좋겠다고 하시더군. 그런데 정작 내 수업의 문제는 준비한 수업 내용을 다 끝내지도 못하고 수업종이 울려 버린다는 거야. 뭐가 잘못된 것인지……
	박 교사: 그래? 그럼 (나) 내가 자네 수업에 들어가서 수업을 관찰하고 분석할 수 있도록 도와주면 어떨까?
	오 교사: 오! 그거 진짜 괜찮은 생각이야. 다음 주 수요일 7교시, 2학년 5반 수업이 있으니 들어와 줄 수 있겠어?
	박 교사: 언제든지!
[C 장면]	오 교사: (혼잣말) 역시 주변의 도움을 받으니 좋군, 이제야 내 수업의 문제점이 무엇인지 알 것 같아. 내일은 (다) 수업 운영 기법에 관한 자료를 찾아보고, 내 수업에 대해 신중하게 반성해 봐야겠다.

─────〈보 기〉─────

ㄱ. (가)는 전문가 장학(임상 장학)으로 수업 컨설팅의 측면에서 장학 담당자와 함께 심층적인 수업 분석이 이루어진다.

ㄴ. (가)는 전문가 장학(임상 장학)으로 교수(teaching)에 문제가 있는 초임 교사만을 대상으로 장학 담당자와 비공식적으로 이루어진다.

ㄷ. (나)는 동료 장학으로 서로의 수업을 평가하고 그 결과를 행정가에게 제공하여 수업을 보완·개선하는 데 목적이 있다.

ㄹ. (나)는 동료 장학으로 교사들이 갖는 문제를 해결하고 개선하기 위해 함께 협력하는 형태이다.

ㅁ. (다)는 자기 장학으로 수업 전문성을 향상하기 위해 교사 자신의 필요와 판단에 따라 독립적으로 실시된다.

ㅂ. (다)는 자기 장학으로 수업 개선을 위해 관련 서적이나 전문 자료를 스스로 탐독하여 자기 발전의 자료로 활용된다.

① ㄱ, ㄷ, ㅁ   ② ㄱ, ㄹ, ㅁ   ③ ㄴ, ㄹ, ㅂ   ④ ㄱ, ㄹ, ㅁ, ㅂ   ⑤ ㄴ, ㄷ, ㅁ, ㅂ

[정답] ④ ㄱ, ㄹ, ㅁ, ㅂ

[해설] • (가)~(다) 장학의 명칭: (가) 임상 장학, (나) 동료 장학, (다) 자기 장학

• ㄴ에서 전문가 장학(임상 장학, 교실 장학)은 장학담당자와 교사 간의 계획된 관계 속에서 비공식이 아니라 계획적이고 공식적으로 이루어진다. 또한 장학의 대상은 문제가 없는 경력교사라 하더라도 교실에서 교사의 수업 기술 향상의 필요성을 느끼는 교사가 될 수 있다.

• ㄷ에서 동료 장학은 장학의 결과를 행정가에 제공할 필요는 없다. 즉, 행정계층에서 오는 위화감 없이 친근감을 갖는 분위기에서 장학할 수 있는 장점이 있다.

3 메츨러(Metzler)의 체육수업 장학 모형(PEIS 모형/ Physical Education Instructional Supervison model)의 실행 단계

체육수업 장학은 교사의 체육교수 기능을 합리적으로 수정하는 데 초점을 두며, 직전 교사나 현직 교사들에게 이미 형성되어 있는 그들의 체육교수 형태나 교수기능을 체계적으로 개선시켜 주는 데 그 목적이 있다. 효과적인 교수(teaching)는 의도된 지도(instruction) 결과의 달성이며, 일련의 기술로 볼 수 있다. 훌륭한 교수법은 교사들에게 효과적인 지도 기술을 제공함으로써 의도된 학습결과를 조장할 뿐만 아니라 교사들의 교수 기술 및 전략 향상에 도움이 되어야 한다. 학교 교육의 핵심적인 과정이 수업이며 그 수업을 가능케 하는 일차적인 담당자는 교사라고 할 수 있다. 그렇기에 체육수업 장학은 중요하다.

1. 체육수업 장학 모형(PEIS-Model/ Physical Education Instructional Supervision Model)

Metzler는 기존 장학의 문제점인 비체계적이고, 비효율적인 면을 고려하여 체계적이고 효과성을 높일 수 있는 수업 장학 모형을 개발하였다. 이는 효과적인 교수는 효과적인 학습이라는 전제하에 효과적인 장학이 선행되어야 한다고 보았다. PEIS 모형은 구체적인 다양한 상황에 적용할 수 있는 장학을 지향하며 현직 체육교사들에게 효과적인 교수에 대한 정보를 제공한다.

2. PEIS 모형의 단계

(1) 장학 지침

효율적인 수업장학의 지침이 없는 관계로, 장학 활동은 거의 전적으로 수업의 형식적인 측면에 국한되어 왔다. 즉, 교사의 수업 활동이 이루어지는 실천의 공간에서는 수업에 관한 소통과 비평이 거의 없는 실정이다. 다음의 8가지 지침 내용은 교사의 수업 기술 향상에 도움을 줄 수 있는 장학 활동 프로그램의 기초로 활용될 수 있다. (서익수)

① 수업장학은 빈번히 이루어져야 한다.

② 수업장학은 체계적으로 이루어져야 한다.

③ 수업장학은 시기, 맥락, 대상 교사, 관련자들에 관계없이 일관성있게 이루어져야 한다.

④ 수업장학은 관련된 수업 기술에 초점을 두어야 한다.

⑤ 수업장학은 교사의 발달 단계에 따라 실시되어야 한다.

⑥ 수업장학은 정확하고, 시기적절하며, 관련성 있는 객관적인 피드백을 직접적으로 제공해야 한다.

⑦ 수업장학은 진단적이고 처방적인 특성을 가지고 있어야 한다.

⑧ 수업장학은 목표 지향적이어야 한다.

(2) 장학 절차

장학담당자는 수업 전·중·후 교사와 직접적으로 교류함에 따라 많은 의사결정을 하게 된다. 이때 수업 장학 절차에 따라 사전 의사결정, 탐색전 토론, 실제 수업 관찰, 개인적 상호작용 등이 이루어지게 된다. 다음은 체육수업 장학에서 필요한 6가지 주요 절차이다. (서익수)

① 수업 관찰(참관) 전에 교사와 협의해야 한다.

② 수업에 대한 교사의 의도를 파악한다.

③ 안전상의 목적 외에 간섭하지 않는다.

④ 수업장학을 위한 다양한 자료를 체계적으로 수집한다.

⑤ 즉각적이고 관련된 피드백을 제공한다.

⑥ 교사에게 문서 자료를 제공한다.

2-1. 장학담당자

장학 기능 수행을 교사교육자에 의존하게 되면 전체적인 장학 과정의 효과를 극대화할 수 없다.

(1) 경력교사

초임교사는 실제 교수 환경에서 교수 기술을 가장 잘 배울 수 있다. 실제로 초임교사는 학교 현장에서 포괄적이고 면밀히 관찰한 경험을 얻는 동안 현장 경험의 중요성을 인식하게 된다. 교사교육에 있어 교생(student teacher)들은 학교 프로그램 내에서 유능한 체육교사들과 함께 하도록 안내된다. 경력교사는 교생에 대해 빈번하게 직접적인 장학을 제공하게 되는데 훌륭한 경력교사들은 의심할 바 없이 교생들의 가장 효과적인 장학 지원자가 되기에 충분한다.

(2) 동료교사

모두가 동일한 발단 단계에 있다면 여러 교사들이 동시에 교수 향상에 노력을 할 수 있다. 동료장학은 교생실습 및 현직, 경력교사들에게 골고루 이루어질 수 있으며, 교수-학습의 체계적인 관찰과 자료 분석을 수행하며 서로의 수업 기술 향상을 도와주는 상호보완적 방법은 기술을 실행하는 교사들과 그 실행을 관찰 분석하는 사람들에게 도움을 준다.

(3) 자기장학

체육교사들은 그들의 교수 기술 향상을 도와줄 협력자를 구하는 데 어려움을 겪는다. 한 학교의 유일한 체육교사인 경우 자기장학을 선택하게 된다. 이는 시간 언어 상호작용 분석을 위한 보이스 레코더, 비디오테이프의 도움으로 교수 기술 향상을 할 수 있다.

3. PEIS 모형의 실행 단계

3-1. 수업 전 단계(Preteaching stage)

장학담당자는 수업을 관찰하기 전에 다양한 정보를 수집해야 한다. 장학담당자와 교사 모두 적절한 정보를 갖고 상호작용이 일어날 때 사후 관찰과 피드백 전략에 효과적이다. 따라서 수업 전 단계는 장학담당자가 관찰할 수업의 많은 미묘한 상황적 특성을 알 수 있도록 해주는 장학담당자와 교사 간에 일련의 상호작용을 말한다.

(1) 교사 특성

효과적인 장학은 관찰 교사에 대한 지식과 더불어 시작되며 관찰 전에 다음의 중요한 문제가 해결되어야 한다.

① 교사의 현재 발달 단계는 어느 위치에 있는가?

② 교생인가 또는 초임교사인가 아니면 경력교사인가?

③ 교사가 현재 지니고 있는 기술은 무엇인가?

④ 관찰 교사의 수업에서 초점을 둘 부분은 무엇인가?

(2) **수업 상황**

훌륭한 수업은 상황에 따라 적절해야 하며 체육수업 상황은 학교, 교사, 학급, 프로그램, 지역사회에 따라 다양하다.

> ◇ 학교의 위치는?
> ◇ 학교의 규모는?
> ◇ 관찰 교사는 어떤 종류의 체육지도 프로그램을 사용하고 있는가?
> ◇ 기능 지향 수업인가? 아니면 문제해결 지향 수업인가?
> ◇ 관찰할 수업의 내용은 무엇인가?
> ◇ 관찰 수업은 단원 중 몇 차시에 해당하는가?
> ◇ 학급 구성은 어떻게 되어 있는가?
> ◇ 장학담당자가 본 관찰 교사의 과거 수업은 어떠했는가?
> ◇ 관찰 교사의 수업 목적은 무엇인가?

(3) **관찰 계획**

장학담당자는 교사 특성과 수업 상황에 적절한 정보를 수집한 후, 구체적인 수업 관찰 계획을 세워야 한다. 교사의 발달 단계, 특성, 수업 상황이 다르면 관찰 전략도 달라져야 한다. 효과적인 관찰을 위해 다음의 사항을 고려해야 한다.

> ◇ 효과적인 수업 기술 또는 교수 과정이 수업에서 관찰되는가?
> ◇ 수업에 대한 시청각 기록을 남길 것인가?
> ◇ 어떤 관찰 체계를 이용하여 수업 기술을 관찰할 것인가?
> ◇ 수업 중 가장 좋은 관찰 위치는 어디인가?
> ◇ 교수 목표와 성취 수준은 무엇인가?

3-2. 관찰 단계(Observation stage)

(1) 관찰 단계는 수업 전 단계에서 결정되고 논의된 수행 성취 수준이 수업 중 교사에 의해 달성되었는가를 알아보는 과정이다.

3-3. 수업 후 협의 단계(Postteaching conference stage)

(1) 수업 후 협의회는 장학 과정에서 가장 중요한 단계이다. 관찰 단계는 관찰된 교수-학습 과정에 필요한 정보와 단서를 제공하며, 그에 따른 장학 담당자와 교사 간의 의사 교환은 수업 기술 향상을 돕는 데 핵심이 된다. 수업 후 협의회는 장학담당자가 수업지도 개선의 교수 향상을 위해 교사와 상호작용하는 주요 과정이다.

(2) 협의회는 수업 관찰에서 목표가 얼마나 달성되었는가에 대한 토론이다. 협의회는 수업의 결점만을 밝혀서는 안 되며 교사들에게 수업의 긍정적인 측면에 대한 정보도 제공해야 한다. 협의회는 긍정적 교수 기술을 강화할 뿐만 아니라 수업에 잠재되어 있는 부정적인 영향을 감소시키도록 도와야 한다.

(3) 수업 후 협의회는 가능한 한 수업 종료 즉시 행하는 것이 좋다. 학생들에게 운동기술을 가르칠 때 수업과 피드백 제시 사이의 시간이 길어짐에 따라 피드백의 영향이 감소되는 것과 같은 것이다. PEIS 모형은 수업 후 협의회 단계의 구성 요소를 다음과 같이 제시하고 있다.

① 고무적, 상호작용적, 반성적 협의회 분위기를 제공해야 한다.

② 교사의 의도를 재검토해야 한다.

③ 목표와 기대 행동을 재검토해야 한다.

④ 비디오 기록은 재검토되어야 한다.

PART 3
체육교수 스타일

체육과 교육과정 모형의 성공적인 적용은 모형의 설계와 관련 깊은 교수 스타일을 선택하여 실행하는가 여부에 달려 있다. 교육과정 모형은 프로그램의 목표와 가르칠 내용을 확인시켜 주고, 교수스타일은 교육과정 모형에 적합한 교수-학습 과정을 어떻게 수행할 것인가를 결정하는 데 중요하다. 체육과 교수 스타일은 Mosston이 제시한 것이 대표적이다. 그러나 같은 종류의 교수스타일이더라도 학자에 따라 표현을 달리하는 경우가 많다. 명령형 스타일은 지시 학습, 연습형 스타일은 과제식 학습, 상호작용형 스타일은 교류식 학습, 자기점검형 스타일은 자검식 학습, 포괄형 스타일은 포함형 학습, 유도발견형 스타일은 유도발견형 학습, 확산발견형 스타일은 발산 학습 또는 확산생산식 학습, 자기설계형 스타일·자기주도형 스타일·자기학습형 스타일은 초월 학습이라고 불리기도 한다.

〈표 1-1〉 시덴탑(Siedentop)은 모스턴의 스타일을 3가지로 분류

시덴탑(Siedentop)	모스턴(Mosston)의 스타일
직접 지도 모형	지시형(명령식) 스타일
과제 지도 모형	연습형 스타일, 상호학습형(교류식) 스타일, 자기점검형(자검식) 스타일, 포괄형(포함형) 스타일
탐구 모형	유도발견형 스타일, 수렴발견형 스타일, 확산발견형(확산생산식) 스타일, 자기설계형 스타일, 자기주도형 스타일, 자기학습형 스타일

1 주요 용어 정리

1. 교수 스펙트럼(spectrum of teaching style)

(1) '수업(티칭)은 연속되는 의사결정 과정'이라는 전제에서 출발한다.

(2) 3가지 결정군(과제활동 전, 과제활동 중, 과제활동 후)으로 나눈 후 각 결정군에서 의사결정권을 누가 얼마만큼 가지느냐에 따라 11개 교수 스타일(A-K)로 구분한다. 03 기출

2. 교수 스타일(teaching style)

(1) 목표를 달성하기 위해 교사와 학생의 행위를 규정짓는 의사결정 패턴을 의미한다.

(2) 본 교재에서 스타일, 행동, 방법, 접근방법 등의 용어는 동일한 의미로 사용한다.

(3) 또 저자의 의도를 더욱 정확하게 전달하기 위해서는 교수·학습 스타일의 용어도 사용한다.

3. 대비 접근(versus approach)

(1) 개념을 어떤 현상에 '대비하여(in opposition to)' 제시하는 접근 방법이다.

　　예 '직접교수'는 '간접교수'와 대비된다. 반대의 접근방식은 비대비 접근(non-versus approach)이다.

4. 교수 스타일의 구조 23 기출

(1) 교수·학습 상호작용(의도적이든 우연이든)에서 이루어지는 수많은 의사결정 범주를 의미한다.

(2) 3가지 결정군은 시간(time)보다는 단원(unit)에 의해 구분된다.

(3) 즉, 수업 전, 중, 후가 아니라 과제활동 수행 전, 중, 후에 이루어지는 의사결정을 의미한다.

과제활동 전 결정군 (pre-impact set)	교수학습이 진행되기 전에 이루어져야 하는 결정 사항으로 계획 및 준비에 관한 의사결정
과제활동 중 결정군 (impact set)	학습자가 실제로 과제를 수행하는 교수학습 상황에서 이루어지는 의사결정
과제활동 후 결정군 (post-impact set)	교수학습 평가(피드백)와 관련된 의사결정

지연상자포 / 유수확(발견) 자기(설주학)

과제활동	Ⓐ 지시형	Ⓑ 연습형	Ⓒ 상호학습형	Ⓓ 자기점검형	Ⓔ 포괄형	Ⓕ 유도발견형	Ⓖ 수렴발견형	Ⓗ 확산발견형	Ⓘ 자기설계형	Ⓙ 자기주도형	Ⓚ 자기학습형
전	T	T	T	T	T	T	T	T	T	⑨▶ L	⑩▶ L
중	T	①▶ L	Ld	L	④▶ L	⑤▶ T / L	⑥▶ L	⑦▶ L	⑧▶ L	⑨▶ L (−)(−)(−)	⑩▶ L
후	T	T	②▶ Lo	③▶ L	L	⑤▶ T / L	⑥▶ L / T	L / T	⑧▶ L	L	⑩▶ L

* T: 교사(teacher) * Ld: 학습자로서 수행자(doer)
* L: 학습자(learner) * Lo: 학습자로서 관찰자(observer)

5. 교수 스타일군

(1) 모사(reproduction): 모든 인간은 재생산하는 능력을 가지고 있다는 기본 전제에서 출발한다.

(2) Ⓐ에서 Ⓔ까지의 수업 스타일군이 여기 포함된다. 기존 지식을 다루는 암기, 회상, 파악, 분류 등과 같은 인지 활동을 주로 한다.

(3) 창조(production): 인간은 미지 세계의 탐색 기회를 가지면서 아이디어를 창출하고 새로운 것을 모험할 수 있는 능력을 가지고 있다는 기본 전제에서 출발한다. Ⓕ에서 Ⓚ까지의 수업 스타일군이 여기 포함된다.

6. 수렴형 사고(convergent thinking) 22 기출

(1) 모사 사고과정과 연관되어 있는 것으로 한 가지 질문에 대하여 기억, 회상, 발견 등의 다양한 사고 과정을 통하여 하나의 정확한 해답을 발견하는 방식이다.

7. 확산형 사고(divergent thinking) 22 기출

(1) 창조 사고과정과 관련된 것으로 한 가지 질문에 대하여 발견, 비판, 창의적 사고과정 등을 거쳐 다양한 해결 방법을 찾는 방식이다.

8. 에피소드(episode)

(1) 동일한 학습 목표에 도달하기 위해 교사와 학습자가 같은 교수학습 스타일에 참여하는 시간단위를 의미한다. 대부분의 수업은 하나의 에피소드로 이루어지기도 하지만,

(2) 특정한 교수 스타일(O-T-L-O)을 나타내는 특정한 목표와 과제(활동)를 가지고 있어 여러 에피소드로 이루어지기도 한다.

---

65 | 2003학년도

Mosston의 수업 스펙트럼은 11가지 지도 스타일(teaching style)로 구성되어 있다. 다음 질문에 답하시오.
지도 스타일을 구분하는 가정(기준)을 기술하시오.

[정답] 수업(티칭)은 연속되는 의사결정 과정이라는 전제에서 출발한다. 3가지 결정군(과제활동 전, 과제활동 중, 과제활동 후)으로 나눈 후 각 결정군에서 의사결정권을 누가 얼마만큼 가지느냐에 따라 11개 교수 스타일(A-K)로 구분한다.

---

2 교수 스펙트럼의 형성과정

1. 스펙트럼(Spectrum)의 다이어그램(1966)

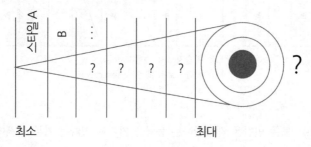

(1) 최초에 그(모스턴)는 가장 지배적인 교수 스타일(지시형 스타일)에서 발견형 교수학습 경험으로 발전되기를 희망하고 있었다.

(2) 그러나, 원뿔 모양의 다이어그램은 스펙트럼의 비대비 접근방법(즉, 모든 교수 행동은 교육 목표에 공헌하며, 어떤 하나의 교수 행동도 다른 교수 행동보다 더 중요하다고 단정지을 수 없다.)의 논리에 따르면 설득력을 잃게 된다.

2. 모스턴의 교수 스펙트럼(현재)

(1) 각 스타일이 균등한 영역을 가진 채 연속선상에 놓여 있고, 점선은 각 스타일의 경계선을 표시하고 있다. 이 경계선은 점진적이고 누가적인 의사결정의 변화와 설계 변형을 암시하고 있다.

(2) 11가지 교수 스타일은 각기 분절된 형태로 존재하는 것이 아니라, 무지개와 같은 하나의 스펙트럼으로 연결되어 있다.

　① 이는 동일한 영역의 공간에 각 스타일이 동등하게 위치함으로써 어느 스타일이 다른 스타일보다 우월하지 않음을 시사하고 있다.

　② 그뿐만 아니라, 각 스타일이 실선이 아닌 점선으로 연결되어 있는 것은 각 스타일 사이에 존재하는 다양한 스타일 변형들이 가능함을 보여주고 있다.

　　예 연습형 스타일(B)과 상호학습형 스타일(C) 사이에 공식적으로 명명되지 않은 스타일 변형이 존재하고 다양한 형태로 도출될 수 있는 가능성을 보여주고 있다.

■3 교수·학습에 대한 사고(패러다임의 전환)

- 교수 스펙트럼(spectrum of teaching)은 1966년에 만들어진 것으로 특정한 수업 틀을 나타내며, 교수 스타일(teaching style)은 그 당시의 시대적 용어로 특정 교수 행동을 구분하는 데 사용되었다. 방법(methods), 모형(models), 접근방법(approaches), 전략(strategies), 기법(techniques) 같은 용어들이 활용되었고, 스펙트럼에서는 '교수 스타일'이 한 인간의 특질과 무관한 구조를 나타낸다.

- 이 교재에서 스타일, 행동, 방법, 접근방법이라는 용어들은 동일한 의미를 가진다. 즉, 목표를 달성하기 위해 교사와 학생의 행위를 규정짓는 의사결정 패턴으로 볼 수 있다.

- 패러다임의 전환: 스펙트럼은 모스턴의 교육 전반적인 현상에 대한 심도있는 연구로 발전되었다. 그는 교수·학습에 대한 사고 방향을 형성하는 <u>3가지 주요 쟁점 사항</u>을 도출하였다. 이 쟁점 사항에 대한 이해는 <u>모스턴의 새로운 패러다임이 출현하는 기초를 제공한다.</u> (a) 대비 접근 ➡ 비대비 접근, (b) 개인적인 지식 체계 ➡ 보편적인 지식 체계, (c) 일관성 없는 용어 활용 ➡ 일관성 있는 용어 활용

1. 대비 접근(versus approach) → 비대비 접근(non-versus approach) 06 기출

(1) 모스턴(Mosston)은 일반적으로 교육적인 아이디어는 어떤 현상에 '대비하여' 제시되어 왔음을 발견하였다. 예를 들면, 체육에서는 행위 대 기능 접근(action vs. motor approach), 게임 대 체력, 스포츠 대 레크리에이션 등이 있다. 이 아이디어들은 교육의 방향을 재정립하고 재설정하기 위해 활용되는 위기 상황, 개인적인 선호, 정치적 개입, 유행, 단기간의 움직임으로부터 나온다. 이러한 줄다리기식 현상은 분절과 분리를 창출하는 결과를 낳고 있다. 또한 이 대비 접근은 아이디어들을 통합·연계시켜서 광범위한 구조를 체계적으로 접근하는 교수·학습의 전문화에 도움이 되지 못하였다.

(2) 대비 접근 때문에 교육학자들은 새로운 이론을 수용하고 끊임없이 기존의 이론들을 포기해야 하는 부담을 안게 되었다. 대비 접근의 제한점을 알게 된 모스턴은 새로운 아이디어를 시스템으로 수용하여 연결시키는 통일된 틀을 추구하기 시작하였다. 그러한 비대비 시스템(non-versus system)은 어느 교육적인 아이디어도 거부하지 않고 전체를 포괄할 수 있다.

대비접근(Versus approach)	비대비 접근방법(non-versus approach)
• 교육적 "줄다리기"식 현상은 분절과 분리를 창출하는 결과를 낳고 있다. • 아이디어들을 통합·연계시켜서 광범위한 구조로 체계적으로 접근하는 교수·학습의 전문화에 도움이 되지 못하고 있다.	비대비 시스템(non-versus system)은 어느 교육적인 아이디어도 거부하지 않고 전체를 포괄할 수 있다.

2. 개인적인 지식 체계 → 보편적인 지식 체계

(1) 대비 접근은 교사들에게 교육학적인 아이디어를 포기하도록 요구한다. 교사들은 독립적이고, 탄력적이며, 스스로가 인적 자원이 되어야만 했다. 즉, 교사 개개인의 이해와 사전 경험에 따라 각 교사는 이론을 일상의 수업 현장에 적용해야 한다. 결과적으로, 교실은 각 교사의 주관적인 방법으로 교육 이론을 실천하는 특징을 가지고 있다.

(2) 개인적인 주장은 주관적인 해석과 편견을 가져오기 때문에, 교육적 실제를 제한한다. 개인적인 주장에 따른 접근 방법은 교수 행동의 일부분만을 나타내는 것으로 인식한 모스턴은 개인적인 선호도와 행동을 뛰어넘는 교수 행동에 대한 지식 체계를 추구하게 되었다. 그러한 접근은 개인적인 해석과 편견을 배제하고 보편적인 교육학적 아이디어를 존중한다.

3. 일관성 없는 용어 활용 → 일관성 있는 용어 활용

(1) 모스턴은 교육학적 접근 방법을 조사하면서 일상적으로 활용되는 용어들이 종종 일관성이 없거나 통일되지 않았음을 알게 되었다. 그는 교육학 문헌에서 일상적인 용어에 대한 개념의 불일치, 의미의 타당성 부족, 상반되는 결과가 기대 이상으로 많이 있음을 알게 되었다.

(2) 용어에 대한 학문적인 입장이 정리되지 않고는 의사소통 신뢰성, 정확한 실천, 아이디어의 평가가 어려워진다. 부정확한 용어들은 교사, 관리자 및 연구자들로 하여금 각기 교육현상을 다르게 해석하는 결과를 낳게 된다. 따라서 기초적인 전문 용어들이 통일될 필요가 있다. 전문 분야에서 기초 지식의 이해는 전문성이 가지는 최소한의 질 관리 수준으로 볼 수 있다. 그렇지 않고는 각 소속 집단의 개개인들은 자신의 특성 기준을 만들어 교육 현상의 질을 정립하게 된다.

(3) 용어 활동의 비일관성이 혼란을 야기시키고 교육현상에 대한 잘못된 해석을 유도하기 때문에 교육적 실천이 제한된다. 주요 원인으로는 교육 현상, 용어, 정의 및 시행 절차를 정확히 규명하는 수업에 대한 체계적인 접근방법을 추구한 것이다. 모스턴의 틀은 수업에 대한 비대비 접근방법(non-verus approach)을 포괄한다. 즉, 이 틀은 교사가 수업에서 구조와 선택사항을 배울 수 있는 기회를 제공하면서 논리적이고 계열적인 지식 체계를 제시하고 있다. 이 접근 방법은 교육 아이디어의 전체 범위에 대한 신뢰성을 확보하도록 한다.

4 교수스타일군 특성 09 기출

모사 중심 교수 스타일군(A~E) 특성	창조 중심 교수 스타일군(F~J) 특성
1. 교사 또는 학습자들이 이미 알고 있는 학습지식이나 학습 기술의 모사	1. 학습자 또는 교사에게 새로운 학습 지식이나 학습 기술의 창조
2. 고정적인 학습 주제, 주로 사실, 규칙, 특정 기술을 포함 (기초 지식, 고정된 구성)	2. **가변적인 학습 주제, 개념, 원리, 전략으로의 지식**
3. 학습 과제를 수행하는 데 제시된 모델을 따라하는 방법으로 정·오답 이미지(수렴적 경로나 확산적 경로의 사용)	3. 다양한 학습 수행과 학습 설계가 요구됨. 모방하는 대상이 한 가지 모델이 아님
4. 제시된 모델과 비슷하게 따라하기까지 연습하고 학습하는 데 시간이 필요	4. 인지적 학습 경로가 포함될 때까지의 시간이 필요
5. 암기와 기억이 주요 인지적 요소	5. 다른 것과 선택을 허용하고 이를 만들어 낼 수 있는 정의적 분위기 확보를 위한 시간이 필요
6. 피드백은 특정한 것이며 제시된 학습 모델에 가까운 학습 효과를 얻기 위한 학습 과제수행에 관련된 것임	6. 인지적 영역에 대한 효과는 비교, 대조, 분류, 문제해결, 창안 등
7. 학습자의 신체적·정서적 범위 내에서의 개인차 수용	7. 인지적 영역의 효과로 발견과 창조가 분명하게 나타남
8. 수업 분위기(학습 환경의 영적인 상태)는 모델을 따라 행동하거나, 반복하거나, 실수를 없애는 것 중의 하나	8. 학습자에 의한 발견 학습이 수렴적 학습 과정이나 확산적 학습 과정, 또는 이 둘의 연합에 의해 개발됨
–	9. 피드백은 하나의 해답보다는 선택적 해답과 관련된 것으로 제공됨. 개인차는 양적, 비율, 수업 결과의 종류 등의 차원에서 고려되며 이것은 이 집단을 유지하고 지속하는 데 필수 요소임
–	10. 수업 분위기(학습 환경의 영적인 상태)는 탐색하거나, 선택한 스타일에 대한 타당성을 조사하거나, 알고 있는 지식의 역치를 뛰어넘는 것 중의 하나

다음은 모스턴(Mosston)의 티칭 스타일에 대한 두 교사의 대화 내용이다.

> 김 교사: 체육 수업에서 학생들이 자기 주도적 학습을 통해 창의력이나 문제 해결력 등을 기를 수 있는 수업이 좋다고 생각해. 앞으로 교사가 주도하여 모든 사항을 결정하는 체육 수업은 지양하고, 학생들이 수업에 관한 많은 사항을 결정함으로써 스스로 생각할 수 있는 기회를 갖게 하는 학생 중심의 티칭 스타일을 적용해야 해.
>
> 박 교사: 나는 학생들의 운동기능 수준을 고려해 볼 때 중학생 때에는 기초 기능의 습득이 중요하다고 생각해. 그러므로 교사가 먼저 시범을 보이고 학생들이 모방할 수 있도록 기능 연습 시간을 가능한 한 많이 확보하는 수업이 바람직하다고 생각해.
>
> 김 교사: 모방 중심이나 교사 중심 수업은 모두 시대에 뒤떨어진 티칭 스타일이야. 창조적인 사고를 가능하게 하는 티칭 스타일을 수업에 적용하는 방법만이 체육 수업을 개선할 수 있다고 생각해.

김 교사의 주장이 안고 있는 문제점과 그에 대한 개선 방향을 각각 2줄 이내로 설명하시오.

• 문제점: _____

• 개선 방향: _____

[정답] • 문제점: 창조 중심의 스타일군이 모사 중심 스타일군보다 가치있다고 주장하고 있는 것이다.
     • 개선 방향: 모든 교수 스타일은 다양한 교육 목표에 공헌할 수 있으며, 모사 또는 창조가 중요한 상황이 있다.

5 스펙트럼의 개관

1. 스펙트럼의 개요

(1) 스펙트럼은 하나의 통합된 진술을 구성하는 이론이다.

① 스펙트럼의 기본 전제는 "교수는 의사결정이라는 한 가지 단일 과정에 의해 이루어진다."이다.

② 의도적인 모든 교수 행위는 사전 의사결정의 결과로 볼 수 있다.

③ 의사결정은 학생 및 교과내용 조직 방법, 시간, 공간, 기구 관리 방법, 학생과의 상호작용 방법, 언어행동 선택 방법, 사회적·정서적 분위기 조성 방법, 학습자의 모든 인지적 연관성을 유도하고 형성하는 방법과 같은 모든 내용을 지배하는 중심 또는 기본 행동을 의미한다.

④ 이 모든 관심은 이차적인 행동들로 사전 의사결정에 의해 이루어진다.

(2) 의사결정의 규정과 가능한 결합은 광범위한 교사·학습자 간의 관계를 폭넓게 바라보도록 한다.

① 이 이론은 교수·학습의 의사결정 구조를 설명한다.

② 그것은 모든 교수·학습 방법의 접근방법을 총괄하는 대전제(axiom)를 나타내고 있다.

③ 또한 그것은 의사결정의 선택에 대한 합리적 근거를 제시하고, 각 의사결정 선택의 학습 관점을 제시한다.

④ 이 틀은 연령, 내용, 성별, 학년 및 능력 수준과 무관하다.

(3) 결론적으로, 이것은 교수·학습 구조의 통합된 이론으로 볼 수 있다.

2. 스펙트럼의 6가지 기본 가정 `07+ 기출` `09 기출`

❶ 대전제	① 스펙트럼의 전체 구조는 '교수는 연속되는 의사결정의 과정이다.'라는 전제에서 시작된다. ② 모든 의도적인 행위는 사전에 이루어진 의사결정 선택사항의 결과로 볼 수 있다.
❷ 교수 스타일 구조	① 과제활동 전 결정군: 교수·학습이 진행되기 전에 반드시 이루어져야 하는 결정사항으로 구성되어 있다. ② 과제활동 중 결정군: 실제 교수·학습 상황에서 이루어지는 결정사항을 포함하고 있다. ③ 과제활동 후 결정군: 교수·학습의 평가와 관련된 결정사항이 이루어지고 있다.
❸ 의사결정자	① 교사와 학생 모두 교수 스타일의 구조 속에서 의사결정을 할 수 있다. ② 대부분 또는 모든 결정사항이 한쪽에 의해서만 내려질 때는 그 사람의 의사결정 권한은 '최대'이고, 다른 사람의 경우는 '최소'가 된다.
❹ 스펙트럼	① 누구, 무엇에 대한, 어떤 결정을 언제 내리는가를 파악함으로써 11가지 교수 스타일의 특징적인 구조를 규명할 수 있다. ② 첫 번째 스타일(스타일A)은 교과내용을 정확하게 따라가는 것을 주된 목표로 하며, 교사가 모든 사항에 대한 결정을 내리고 학습자는 교사의 모든 결정을 실행한다. ③ 두 번째 스타일(스타일B)은 9가지 결정사항이 교사에서 학생에게로 옮겨지고 그에 따라 추구하는 목표도 달라진다. ④ 스타일 C에서 K까지의 모든 스타일에서도 이와 마찬가지로, 특정의 결정 사항들이 체계적인 방식으로 교사에서부터 학생에게 옮겨진다. ⑤ 마지막 스타일(K)은 모든 결정사항이 학생에게로 옮겨진다. 그것에 따라 새로운 목표가 추구된다.
❺ 교수 스타일군	① 교수 스펙트럼 구조는 인간의 2가지 기본능력을 반영하고 있다. ② 하나는 '모사'(reproduction) 능력이고, 다른 하나는 '창조'(production) 능력이다. 모사 (A - E): 기존 지식의 재생산을 강조하는 수업방식을 나타내는 것으로, 기초 기능의 학습, 절차와 모형의 모방, 전통문화의 유지를 위해 만들어진 것이다. 발견역치: 모사 중심 스타일군과 창조 중심 스타일군을 나누어 주는 구분선을 '발견 역치'(discovery threshold)라 부른다. 창조 (F - K): 새로운 지식을 생산하는 능력을 강조하는 수업 스타일이다. / F~G: 한 가지 정확한 개념의 '발견'을 북돋우는 수업 스타일들이다. / H~K: '창의성' 개발과, 새로운 개념과 대안적인 '발견'을 위한 스타일들이다. ③ 각 스타일은 학생의 발달 수준에 나름대로의 독특한 공헌을 한다. 따라서 어떤 스타일이 다른 스타일보다 우수하다는 주장은 옳지 않다. ④ 교수 스펙트럼은 특정한 목적을 얻기 위한 올바른 스타일을 선택하는 안내 지도로, 한 스타일에서 다른 스타일로 옮겨갈 때 신속하고 정확하게 실시할 수 있도록 도와주는 안내자 역할을 한다.
❻ 발달효과	① "어떤 학습 경험을 했을 때 실제로 학습자에게 나타나는 것은 무엇인가?"는 수업에서 가장 궁극적인 질문이 된다. ② 각각의 교수 스타일의 질문 구조는 다양한 경험을 위한 상황을 만들어감으로써 학습자가 독특한 방식으로 발달하는 데 영향을 미친다. ③ 각 교수 스타일의 의사결정군은 학습자들이 발달해 가는 뚜렷한 목표들을 강조한다. ④ 내용과 함께 목표들은 항상 인지적, 사회적, 신체적, 정서적, 윤리적 발달 경로에 미치는 학생의 특성과 관련이 있다. ⑤ **모든 수업 스타일은 학습자들에게 한 가지 이상 발달 경로의 참여와 구체적인 학습 발달의 기회를 제공한다.** 각 교수 학습 행동의 설계 변형에 미치는 발달 경로의 영향이다. ⑥ 각 발달 경로는 다양한 학습자의 특성을 반영하고 있다. • 사회적 발달 영역은 협동, 의사소통 기술, 나눔, 타인에 대한 배려 등의 특성을 포함한다. • 비유, 분류, 범주화, 해석 및 상상은 인지적 발달 경로에 해당된다. • 다른 특성은 모든 경로에 공통으로 포함되며 존경, 감정, 끈기, 인내, 참음, 자기통제 등과 같은 특성을 강조하는 경험을 제공한다.

11. 모스턴(M. Mosston)의 교수(teaching) 스타일에 대한 설명으로 옳지 <u>않은</u> 것은?

　① 교수 스타일 A~E까지는 모방(reproduction)이 중심이 된다.

　② 교수 스타일의 구조는 과제활동 전, 중, 후 결정군으로 구성된다.

　③ 교수는 지도자와 학습자의 연속되는 의사결정 과정을 전제로 한다.

　④ **교수 스타일은 '대비접근' 방식에 근거를 둔다.**

67 | 2007학년도 미임용자

다음 그림은 '체육수업 스펙트럼 이론'에서 교수스타일 군(cluster)을 나타낸 것이다. 이 이론이 전제로 하는 인간의 기본 능력 2가지(①, ②)와 교수스타일 군을 분류하는 기준선(③)의 명칭을 쓰시오.

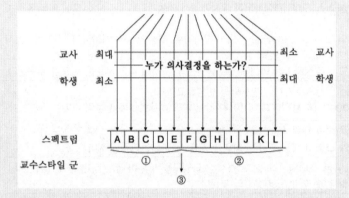

①의 기본 능력 명칭: _____

②의 기본 능력 명칭: _____

③의 분류 기준선 명칭: _____

[정답] • ①의 기본 능력 명칭: 모사
　　　• ②의 기본 능력 명칭: 창조
　　　• ③의 분류 기준선 명칭: 발견의 역치(발견역치)

그림에 제시된 모스턴(Mosston)의 체육 수업 스타일에 대한 설명으로 옳지 않은 것을 〈보기〉에서 고른 것은?

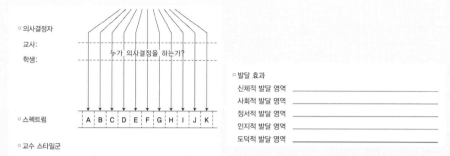

〈보 기〉

ㄱ. 스펙트럼 수업 틀을 개발하고 활용하는 이유 중 하나는 복합적인 교육 목표 때문이다.

ㄴ. A~E 스타일군에서는 가변적인 학습 주제, 개념, 원리, 전략으로의 지식이 주제로 선정될 수 있다.

ㄷ. F 스타일이 적합하게 적용될 수 있는 체육 분야의 주제는 움직임의 과학적 원리이다.

ㄹ. G 스타일에서 학습자는 특정 문제에 대한 다양한 설계, 해답, 반응을 발견하는 역할을 한다.

ㅁ. A~J 스타일군에서 학습자는 신체적, 사회적, 정서적, 인지적, 도덕적 발달의 경로에서 동일하게 영향을 받는다.

① ㄱ, ㄴ, ㄹ　　　② ㄱ, ㄴ, ㅁ　　　③ ㄴ, ㄷ, ㄹ　　　④ ㄴ, ㄹ, ㅁ　　　⑤ ㄷ, ㄹ, ㅁ

[정답] ④ ㄴ, ㄹ, ㅁ

6. 다음의 (가)와 (나)는 모스턴(M. Mosston)의 교수 스타일을 요약한 것이다. 〈작성 방법〉에 따라 순서대로 서술하시오. [4점]

모스턴의 교수 스타일

(가) (㉠) 스타일

○ 학생의 역할은 특정 문제에 대한 다양한 설계/해답/반응을 발견하는 것이다.
○ 학생은 자극 속에서 인지 부조화 상태를 겪고 다양한 해법을 매개하는 과정에서 다양한 반응을 생성한다.
○ 교사는 발견의 역치를 넘어 (㉡)의 단계로 학생들을 이끈다.
○ 교사는 최선의 해답을 찾기 위해 특정 해답들을 선택하고 다른 해답들을 버리는 과정을 거친다.

────── 〈작성 방법〉 ──────
○ 괄호 안의 ㉠, ㉡에 해당하는 명칭을 순서대로 쓸 것.

[정답] • ㉠은 확산발견형 스타일(H)이고 [1점]
　　　 • ㉡은 창조이다. [1점]

---

3. T – L – O관계

(1) T – L – O관계

① 교사와 학습자 사이의 상호작용은 항상 특정한 교수 행동, 학습자 행동 및 도달 목표를 반영한다.

② 교수 행동(T), 학생 행동(L), 목표(O) 사이의 유대 관계는 복잡하게 얽혀 있으며, 항상 "T – L – O"는 단위로서 존재한다.

T-L-O 관계

4. O(Objective) – T(Teaching) – L(Learning) – O(Outcome) 관계

(1) 에피소드 전

① 첫 번째 목표: 교과내용 목표로 특정한 에피소드 내용에 속하는 교과내용 목표를 포함한다. (포크댄스 하기, 테니스 서브하기, 장애물 코스 도전, 농구공 드리블, 새로운 수비전략 구상 등)

② 두 번째 목표: 인간의 행동 목표를 포함한다. (협동, 자기평가, 정직, 운동 수행의 정확성, 자기통제 등).

③ 교사와 학습자 간의 실제적인 상호작용이 이루어지기 전에 특정 목표(교과내용과 행동)를 설정하는 것은 교수 학습 행동이 목표를 달성할 가능성을 높게 한다.

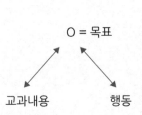

두 가지 목표 군

(2) 에피소드 후

① 항상 교과내용과 행동의 학습 결과가 존재한다.

② 의도된 에피소드 목표는 교사와 학습자의 특정 행동(의사결정)에 대한 선택을 유도한다.

③ 이 상호작용은 항상 교과내용과 행동에서 학습 결과를 생산해낸다.

④ 단일 에피소드의 전체 과정을 총괄하는 최소한의 교육적 단위는 목표의 흐름과 상호작용·교수행동 학습 행동 및 결과(O－T－L－O)로 구성된다.

(3) 에피소드의 목표(Ob)와 학습 결과 목표(Ou)

① 에피소드의 목표(Ob)는 교수 행동에 영향을 미치고, 순차적으로 그 다음 학습 행동과의 상호작용에 영향을 미친다. 이 상호작용은 교과내용과 행동의 학습 결과 즉, 특정 학습 결과(Ou)로 축적된다.

② 논리적으로 성공적인 교수·학생 에피소드에서 학습결과는 목표와 일치될 것이다. 성공적인 에피소드에서 의도와 행동은 일치한다. (의도≅행동)

O-T-L-O의 교육적 단위

◆ 수업 계획 ◆

① **수업 계획**은 의도된 학습의 기대 행동에 도달하기 위한 과정을 가리킨다. 수업에서 각각의 명확한 수업 목표는 에피소드로 구성된다.

② **에피소드**란 용어는 동일한 학습 목표에 도달하기 위해 교사와 학습자가 같은 교수·학습 스타일에 참여하는 시간 단위로 정의된다.
  - 하나의 수업은 한 개의 목표로 구성된다. 하지만 대부분의 수업은 특정한 교수 스타일(O－T－L－O)을 나타내는 특정한 목표와 특정한 과제(활동)를 가지고 있으며 여러 에피소드로 이루어진다.
  - 다른 목표를 제시하는 일련의 에피소드가 잘 연결되고 계열성을 갖출 때 수업의 전반적인 목표에 직접적으로 공헌한다.

5. 스펙트럼의 필요성(스펙트럼 수업 틀이 개발되고 활용되는 이유) ^{09 기출} ^{15 기출}

(1) 개인적 교수 스타일

① 우리 자신이 선호하는 교수 방법, 즉 성공적인 교수 행동을 가져오는 개인 스타일을 발전시켜 나갈 것이다. 이를 '독특한 스타일(idiosyncratic style)'의 총체라고 부른다.

② 개인 스타일은 성공적인 지도 사례와 실패 경험을 거치면서 변화되지만, 일반적으로 본래의 개인 스타일이 그대로 남아있게 된다. 이러한 현실은 두 가지 관점을 도출한다.

   ㉠ 티칭의 모든 것: '나는 나의 방식대로 가르친다'는 것을 의미한다.

   ㉡ 자신의 특수성(성공 사례)이 교사의 선택과 학생의 잠재력을 제한할 수 있다. 이 관점은 '나 자신의 경험, 가치, 성공 이상의 무언가가 존재하는가?'라는 질문을 유도한다. 스펙트럼의 출원과 발달은 이 질문에 의해 이루어졌다.

③ 이 질문을 자신에게 한다면 몇 가지로 답할 수 있을 것이다.

   ㉠ 내 수업에 사용하는 스타일은 몇 가지인가?

   ㉡ 스펙트럼에서 나는 어느 위치에 와 있는가?

   ㉢ 학생에게 미치는 각 스타일의 영향을 알고 있는가?

   ㉣ 나는 어느 특정한 스타일을 사용하려고 하는가?

   ㉤ 나는 다양한 스타일을 사용하려고 하는가?

(2) 학생 집단의 다양성

① 학생은 독특한 개개인들이다. 학생은 서로 다른 방식으로 공부하고, 서로 다른 요구와 희망을 가지고 있으며, 서로 다른 문화적 배경을 가지고 있다.

② 좀 더 많은 학생에게 다가가고자 하는 교사는 여러 가지 출발점을 배워야만 하고, 그렇게 하기 위해 교사는 교수 스타일의 다양한 선택사항을 배워야 한다.

(3) 복합적인 교육목표

① 학교 교육과정은 광범위한 인간의 능력 범위를 총괄하는 다양한 목적과 목표를 가지고 있다.

② 광범위한 목표의 범위는 다양한 교수 스타일을 요구하게 된다. 개인 스타일 이상의 수업 레퍼토리를 확대하고, 좀 더 많은 목표를 가지고, 학생에게 다가가려는 교사들은 부가적인 교수 스타일을 배우고, 그 스타일을 적용하고자 하며, 이를 통합할 준비가 되어 있다고 볼 수 있다.

(4) 통합적인 수업구조의 필요성

① 교수 스타일은 모사와 창조 능력이라는 2가지 기본적인 인간 사고능력을 나타내고 있다.

② 수업의 기본적인 쟁점 사항은 어느 스타일도 다른 것보다 우월하지 않으며, 오히려 어떤 스타일은 특정 에피소드의 목표를 달성하는 데 적절하다고 볼 수 있다.

   ㉠ 농구 기술의 패스·슛: 지시형 연습형 스타일.

   ㉡ 농구 기술의 협력 기술: 상호학습형 스타일.

   ㉢ 농구 기술의 독자적인 연습·평가: 자기점검형 스타일.

   ㉣ 농구 기술의 과제가 수준별 학습 원리: 포괄형 스타일.

③ 모사와 창조라는 목표를 도달하고자 하는 교사는 필수적으로 교수 스타일군을 활용함으로써 스펙트럼의 모든 스타일을 배우고 활용해야만 한다.

④ 이와 같은 다양한 교수 스타일은 학생의 학습 경험의 질을 크게 풍요롭게 한다.

　㉠ 모사능력을 유인하는 스타일: 불가능한 인지발달을 촉진한다.

　㉡ 발견과 창조 과정: 목표를 위해 특별히 구안된 창조 능력을 유인하는 교수 스타일에서만 가능하다.

　㉢ 특정한 에피소드, 비교, 대조, 추론, 문제해결, 디자인과 같은 특수한 인지 활동을 위해 마련되고 있다.

⑤ 스펙트럼의 구조는 2가지 교수 스타일군의 형태로 구성되어 있다.

　㉠ 모사 중심의 스타일군: 모사 능력을 강조한다.

　㉡ 창조 중심의 스타일군: 발견과 창조 능력을 강조한다.

　㉢ <u>각 스타일군은 각각의 나름대로의 목적을 가지고 있기 때문에, 각 스타일은 풍부한 교수·학습 목표의 능동적인 부분을 담당하고 있다.</u>

　㉣ 수업 현상의 비대비 관점이 만들어졌고, 어느 한 스타일도 완벽하지 않기 때문에 각 스타일은 지향하는 목표를 가장 잘 성취할 수 있는 최상의 스타일이 될 수 있다.

⑥ 스펙트럼을 활용함에 있어 교사의 역할은 각 스타일의 구조를 이해하고 그것이 교수 행동의 레퍼토리에 통합할 수 있는 방법을 습득하는 것이다. 또한 다른 학생을 대상으로 다른 과제를 활용하여 그 스타일을 실행해보며, 스타일 활용을 정련화하는 것이다. 새로운 스타일을 배워 자기의 것으로 소화하려면 많은 시간이 필요하다. 어떤 새로운 것을 시도할 때 인내심을 갖고 제한점을 발견하며 그것을 수정한 후 다시 시도해 보는 일이 필요하다. 각 스타일의 가치를 검증할 수 있는 광범위한 증거가 필요하다. <u>최대의 도전 과제는 각 스타일의 본래 목적에 맞는 활용 방법을 배우는 것이다.</u>

1. 다음은 서 교사가 작성한 영역형 경쟁 스포츠 활동 단원 계획서의 일부이다. 〈보기〉의 지시에 따라 서술하시오. [10점]

영역형 경쟁 스포츠 활동 단원 계획서

(가) 단원 목표

○ 영역형 경쟁 스포츠 활동의 변천 과정과 역사적 의미를 이해한다.

○ 영역형 경쟁 스포츠 활동의 경기 방법과 유형별 경기 기능, 전략을 이해하고 창의적으로 적용한다.

○ 영역형 경쟁 스포츠 활동의 경기 유형, 인물, 사건 등을 감상하며 비교 분석을 한다.

○ 영역형 경쟁 스포츠 활동에 참여하면서 규칙을 준수하고 정정당당하게 경기에 임하는 페어플레이 정신을 기른다.

(나) 학생의 학습 유형 특성

구분	경쟁적 > 협력적	회피적 > 참여적	의존적 > 독립적
특성	• 다른 친구들보다 잘하고자 하는 마음이 강함. • 서로 겨루고 시합하는 것을 좋아함.	• 축구 활동을 하고자 하는 의지가 낮음. • 다른 친구들과 함께 참여하는 것을 꺼려함.	• 수업 과정에서 주로 교사의 지시에 의존하여 활동함. • 자신감이 부족한 편임.

(다) 단원 교수·학습 내용(신체활동: 축구)

차시	교수·학습 내용
1	영역형 경쟁 스포츠 활동의 변천 과정과 역사적 의미 이해
2	패스의 기능 연습
…	…
5	수준별 드리블(제자리, 지그재그, 이동) 선택과 연습
6	슛 동작을 동료끼리 관찰하고 평가하기
…	…
11	공격 시 상대에 대한 다양한 전략 만들기
12	팀별 리그전
…	…

〈보 기〉

1) 모스턴(M. Mosston)이 주장한 다양한 수업 스펙트럼(교수 스타일)이 필요한 이유 3가지와 각 이유에 해당하는 내용을 단원 계획서에 찾아 각각 서술하시오. (단, 다양한 수업 스펙트럼이 필요한 이유 중에 '개인 스타일의 주장'은 제외하며, 이유를 구체적으로 제시하되 교수 스타일의 역할을 포함하여 쓸 것.)

[정답] 첫째, (가) 단원 목표는 복합적인 교육 목표와 연관되어있다. [2점] (다양한 교육 목표 인정)

둘째, (나) 학생의 학습 유형 특성은 학생 집단의 다양성이다. [2점]

셋째, (다) 단원 교수·학습 내용은 통합적인 수업 구조의 필요성이다. [2점]

6 교수 스타일의 구조

1. 목적에 따른 스타일의 의사결정

의사결정군 (3가지군)		전체 목적
과제활동 전 결정군	{≡}	의도–목표
과제활동 중 결정군	{≡}	행위–실행
과제활동 후 결정군	{≡}	평가–피드백

2. 교수 스타일 구조에 대한 의사결정 `03 기출`

의사결정군	의사결정 범주
과제활동 전 (내용: 계획)	1. 에피소드의 목표 2. 교수 스타일의 선택 3. 학습 스타일의 예측 4. 지도 대상 5. 교과내용 6.지도 시기 　　a. 시작 시간 b. 속도와 리듬 c. 소요 시간 d. 정지 시간 e. 인터벌 f.종료 7. 의사소통 방식 8. 질문의 처리 9. 수업 운영 10. 수업 장소 11. 자세 12. 복장과 외모 13. 제한점 14. 수업 분위기 15. 평가 절차와 자료 16. 기타사항
과제활동 중 (내용: 실행과 수행)	1. 과제활동 전 결정사항(1~14)의 실행과 추진 2. 수정 사항 3. 기타 사항
과제활동 후 (내용: 평가와 피드백)	1. 과제활동 중 수행에 관한 정보 수집(관찰, 　청취, 촉각, 후각 등) 2. 평가기준 정보에 대한 평가 　(도구, 절차, 자료, 규준, 가치 등) 3. 학습자에게 피드백 제공 4. 질문의 처리 5. 선택한 교수 스타일의 평가 6. 예측한 학습 스타일의 평가 7. 수정 사항 8. 기타 사항

과제활동 후 항목 우측 다이어그램:

행동측면 / 교과내용측면 / 운영절차측면 / 즉각적 / 지연적 →

a. 가치적 진술
b. 교정적 진술
c. 중립적 진술
d. 불분명한 진술

유형	기준	목적	단점	예시
가치적 피드백	긍정적이거나 부정적인 (가치)판단 언어가 표현되어야 한다.	▶ 판단결정 ▶ 가치기준 ▶ 감정의 표현	상호의존성 발달	▶ 배구 언더핸드 서브를 할 때 손바닥을 마주잡으면서 주먹을 아주 잘 쥐고 있구나. ▶ 아주 좋은 샷이야.
교정적 피드백	실수와 관련 수정 사항 규정	▶ 실수의 이탈점 ▶ 문제를 규정 ▶ 과제 재연습	실책의 지나친 강조	▶ 다음번에 스쿠버 다이빙을 할 때 표면에 있는 것처럼 지속적으로 호흡을 해라. ▶ 아니야. 테니스공이 라켓을 칠 때 너의 손목이 지탱하고 있지 못했다. 확실히 손목과 그립을 잡고 공의 힘에 대비해라.
중립적 피드백	판단을 유보한 인정(사실적, 기술적, 무판단적)	▶ 객관성 표출 ▶ 이벤트 인정 ▶ 발생한 일의 규명	이탈의 원인	▶ 각 수비 전략은 클리어 샷에 대한 한 명의 투사자를 막을 수 있다. ▶ 너는 상규적 활동을 확장하고 있다.
불분명한 피드백	해석 또는 잘못된 해석의 여지를 가지고 있는 진술	▶ 모든 발달영역에서 안전한 분위기를 조성 ▶ 학습자에게 피드백을 해석하도록 함	신뢰감을 저하시킨다.	▶ 다시 한번 시도해 보도록/아마도 종료/미안한데. ▶ 독창적인데, 나는 흉내도 못내겠어.

참고문제	2016년 지도사 2급

7. 〈보기〉에서 박 코치가 태호에게 제시하고 있는 피드백 방식은?

―――――〈보 기〉―――――

박 코치: "태호야. 테니스 서브를 할 때, 베이스라인을 밟았네. 다음부터는 라인을 밟지 않도록 해라."
태 호: "네, 그렇게 하겠습니다."

① 교정적 피드백   ② 부정적 피드백   ③ 긍정적 피드백   ④ 가치적 피드백

---

71 | 공청회

다음은 ○○중학교에 근무하는 김 교사가 체육수업 시간에 학생들에게 주는 피드백이다. A와 B가 알맞게 연결된 것은?

A	㉠: 네 동작이 틀렸구나! 손목을 좀 더 쭉 뻗어줘야 해! ㉡: 공을 드리블 하는 데 최선을 다하고 있지 않구나! ㉢: 천천히 말하렴. 듣고 있으니까. ㉣: 훌륭해! 팔과 눈의 협응 동작이 좋은 조화를 이루고 있구나!
B	Ⓐ: 기술적이고 사실적인 피드백 Ⓑ: 실수와 관련되며 수정 사항을 규정하는 피드백 Ⓒ: 판단이나 가치가 기준이 되는 피드백 Ⓓ: 잘못된 해석의 여지를 가지고 있는 피드백

① ㉠ - Ⓒ, ㉢ - Ⓐ   ② ㉠ - Ⓑ, ㉡ - Ⓓ   ③ ㉡ - Ⓐ, ㉢ - Ⓓ

④ ㉡ - Ⓑ, ㉢ - Ⓐ   ⑤ ㉡ - Ⓐ, ㉣ - Ⓒ

[정답] ②
[해설] ㉠-Ⓑ 교정적 피드백, ㉡-Ⓓ 불분명한 피드백, ㉢-Ⓐ 중립적 피드백, ㉣-Ⓒ 가치적 피드백

---

72 | 2004학년도

체육 수업 후 교사는 학생의 과제수행과 역할에 대하여 동작, 기호 또는 언어적인 형태로 피드백을 제공하게 된다. 다음은 피드백을 진술방식에 따라 A, B, C, D로 구분하여 각 진술방식의 기준과 수영수업에서 진술한 피드백의 예를 제시한 것이다. A, B, C, D 피드백의 진술방식을 빈칸에 쓰시오.

	진술방식		기준과 실제 예
A		기준	긍정적이거나 부정적 판단 언어로 진술
		예	"넌 다리동작이 안 좋았어."
B		기준	구체적인 정보가 없는 진술
		예	"아주 좋아.", "괜찮아."
C		기준	기술적이고 사실적이지만 수정지시나 판단이 없는 진술
		예	"오늘은 5바퀴 돌았구나."
D		기준	실수를 알려주고 수정을 제공하는 진술
		예	"자유형을 할 때 양쪽으로 호흡하지 말아라."

[정답] A 가치적 진술, B 불분명한 진술, C 중립적 진술, D 교정적 진술

8 인지

1. 인지(대전제)

(1) 3가지 기본 사고 과정

기억(memory) 과정	발견(discovery) 과정	창조(creative) 과정
학습의 모사 측면, 즉 이전 지식을 회상하고 재생할 수 있도록 한다.	기억과는 달리 학습자에게 이전에 알지 못했던 정보를 인식하도록 한다.	상식적으로 알려져 있거나 예측되는 반응 이상의 새롭고 독특하거나 고유한 것으로 인식되는 반응을 말한다.
사실, 날짜, 이름, 사건, 일상행동, 절차, 규칙, 사전 모형을 포함한다.	개념, 실체, 원리, 이론 사이의 관계에 해당된다.	창의적인 것으로 간주되는 반응은 인지적 반응으로 창출될 수 있다.

[그림 1-1] 사고의 3가지 기본 과정

(2) 의식적인 사고 과정의 일반 모형(S→D→M→R)

자극(S) (Stimulus)	① 여러 종류의 자극은 사고 과정을 유인한다. ② 질문은 인지적 불일치를 유도하고, 결국 해답을 찾으려는 욕구를 가지도록 한다. ③ 다른 사람이나 자신에 의해 제기된 모든 질문은 3가지 기본적인 사고 과정 범주(기억·발견· 창조) 중의 하나에 할당될 수 있다. ④ 실제로 자극은 다음 단계(인지적 불일치)로의 참여를 유도한다.
인지적 불일치(D) (cognitive Dissonance)	① 불안정하거나 흥분 상태, 해답을 찾고자 하는 욕구에 의해 나타나는 상황을 말한다. ② 불일치는 학습자에게 알고자 하는 욕구를 실행으로 옮길 때 행해지고, 다음 단계(사색)로 옮 겨간다. ③ 불일치는 강도에 따라 다른데, 너무 미묘하거나 반응이 자동적이어서 불일치가 나타나지 않 을 수도 있고, 사색 단계를 충동하거나 동기 유발하는 데 인지적 혹은 정서적으로 방해가 될 수 있다.
매개(M) = 구체적인 인지기능의 탐색 (Meditation phase)	① 특정한 자극을 유인하는 구체적인 인지 기능을 활성화한다. ② 각 인지 기능은 3가지 기본적인 사고 과정 중에 어느 것에 의해서도 활성화될 수 있다. <table><tr><td>기억</td><td>사전 경험에 기초하여 일련의 목표를 범주화할 수 있는 방법을 기억하는 것이 가능하다.</td></tr><tr><td>발견</td><td>사전에 알지 못했던 선택사항을 발견하는 것이 가능하다.</td></tr><tr><td>창조</td><td>전반적으로 새로운 범주를 창조하는 것이 가능하다.</td></tr></table>③ 사색 동안 기억·발견·창조를 통한 구체적인 인지 기능의 활용은 자극이나 질문의 본질에 의 존하게 된다. ④ 인지 기능의 2가지 역할 <table><tr><td>중심적인 인지 기능</td><td>1) 과제나 질문이 학생들에게 한 가지 움직임을 다른 움직임과 '비교'하도록 할 때, 일련의 인지 기능은 사고 과정(기억·발견·창조)이 바람직한 학습 결과(비교)를 유도하는 특정한 순서로 작용하게 된다.</td></tr><tr><td>보조적인 인지 기능</td><td>2) "비교" 각 움직임을 "관찰"하고, 각 움직임의 순서를 "인식"하며, 그 움직 임의 패턴을 "규명"하고 그런 다음 유사성을 "발견"하는 기능에 의존하게 된다. 3) 이와 같은 방식으로 중심적인 인지 기능은 보조적인 인지 기능에 의존하 게 된다.</td></tr></table>
반응(R) (Response)	① 중심적인 인지 기능과 보조적인 인지 기능 사이의 상호작용은 곧이어 반응을 유도한다. ② 필요한 시간의 길이에 관계없이 사색 단계는 반응이 활성화될 때 종료된다. ③ 반응은 기억, 발견, 창조의 결과로 나타날 수 있으나, 항상 중심적인 인지 기능의 영역 안에 있게 된다.

(3) 수렴형 사고와 확산형 사고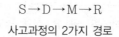

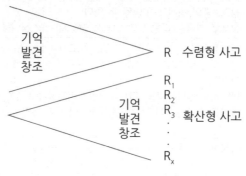

사고과정의 2가지 경로

수렴형 사고	확산형 사고
① 학습자에게 1가지 질문에 대한 1가지 정확한 해답을 기억하도록 요구하는 "수렴형 사고 과정"이 가능한데, 예는 다음과 같다. 　예 다음 하계 올림픽 개최 장소의 이름을 말해 보아라. 　예 팔꿈치를 펴는 데 사용되는 근육을 말해 보아라. 　예 배구의 오버핸드 서브의 첫 번째 단서를 말해 보아라. 　예 자유형에서 여러분이 호흡하려고 할 때를 기억하라. ② 사색 동안 이 질문에 답하기 위한 학습자의 탐색은 한 가지 정확한 답으로 수렴되는데, 모델화된 움직임을 연습하는 것은 시범이 보여진 움직임을 완수하기 위한 일련의 움직임을 모방하는 것이다. ③ 발견 과정에 참여할 때, 학습자가 단일 해결책이나 단일 개념을 발견할 수 있도록 유도하는 수렴형 통로를 수반한다.	① 학습자에게 1가지 질문에 대한 몇 가지 정확한 해답을 기억하도록 요구하는 "확산형 사고 과정"이 가능한데, 예는 다음과 같다. 　예 올림픽 경기에서 5가지 팀 스포츠의 이름을 기억하라. 　예 3가지 농구 패스를 수행하라. 　예 배드민턴에서 활용될 수 있는 5가지 스트로크를 열거하라. 　예 민첩성을 요구하는 체조 움직임의 예를 제공하라. 　예 수비자들이 사용하는 4가지 게임 전략들을 회상하라. 　예 농구에서 중심을 낮추어야 되는 3가지 이유를 진술하라. ② 사색 동안 이 질문에 답하기 위한 학습자의 탐색은 분산하여, 질문에 대한 복합적인 해답들을 기억하는 데 활용된다. ③ 학습자가 동일한 문제에 대해 복합적인 해결책을 발견하는 확산형 통로가 가능하다.

6. 다음은 두 교사의 대화 내용이다. 〈작성 방법〉에 따라 순서대로 서술하시오. [4점]

[2021년 10월 ○○일 대화 내용]

김 교사: 수업을 하다 보니 학생의 사고를 촉진할 수 있는 방법을 설계하는 것이 너무 어려운 것 같아요.

정 교사: 학생의 사고를 촉진하는 것은 질문과 관련이 돼요. 어떤 질문을 제시하느냐에 따라 자극되는 사고 과정이 다를 수 있거든요. 예를 들어, ㉢"최대운동강도의 60%에 해당 하는 자신의 목표 심박수는 얼마인가?"와 ㉣"농구경기에서 경기 종료 2분을 남겨 놓고 3점을 앞서고 있다면 어떤 공격 전략을 사용할 것인가?"라는 질문으로 각각 시작하는 수업에서, 학생들은 서로 다른 사고 과정을 경험하게 돼요.

───────── 〈작성 방법〉 ─────────

○ 밑줄 친 ㉢, ㉣에 해당하는 질문을 통해 학생들이 경험하는 사고 과정의 차이를 모스톤과 애슈워스(M. Mosston & S. Ashworth)의 사고 과정 경로에 근거하여 순서대로 서술할 것.

[정답] ㉢ 수렴형사고가 일어나며, ㉣ 확산형 사고가 일어난다. [1점]

---

(4) 발견 역치 07 기출

기억을 유도하는 행동 군집	– 스타일 A에서 E까지는 모사(기억)에 대한 인간 능력을 나타낸다. – 교사는 다양한 인지 기능에 적극적으로 참여할지 모르나, 교사의 역할은 지식이나 기술을 전달하는 것이고, 학습자의 역할은 지정된 인지 기능에서 지식이나 기술을 재생하는 수용자가 되는 것이다.
발견의 역치	기억을 유발하는 행동 군집과 발견을 유도하는 행동 군집 사이에 '발견 역치'라고 불리는 이론적이고 비가시적인 구분선이 존재한다.
발견을 유도하는 행동 군집	① 스타일 F에서 K까지는 창조(발견)에 대한 인간 능력을 제시한다. ② 에피소드의 의도가 발견(스타일F~K)으로 옮겨갈 때, 교사와 학습자는 자신들의 행동을 변화시킴으로써 발견 역치를 넘게 된다. ③ 교수 학습 행동은 학습자들이 발견 역치로 옮겨가고, 발견 과정에 참여하는 서로 다른 자극(질문)을 소개할 때, 이동하게 된다. 학습자 행동은 움직임을 설계하거나 정보의 순서를 정하거나 의도된 인지 기능을 적극적으로 발견해 감으로써 발견 과정에서 적극적인 창조로 이동하게 된다. ④ 창조 역치로 이동하기 위해서 교사와 학생은 또다시 자신들의 행동을 변화해야만 하는데, 교수·학습 행동은 학습자들이 창조적인 과정에 참여하기 위해 이동하는 서로 다른 자극(질문)으로 전환된다.

제 2 장

11가지 체육교수 스타일
조미혜, 유정애 교수 요약(체육교육과정과 평가 / 체육과 교지도법)

1 모사 중심 스타일

1. 지시형 스타일 A (command style: A) `97 기출`

(1) 개념과 특징

① 지시형 스타일(the command style)의 가장 두드러진 특징은 '정확한 수행'이라고 할 수 있다. 정확한 수행이란 교사가 지시하는 대로 학생이 운동을 수행하거나 반응을 보이는 것을 말한다.

② 교사는 과제활동 전, 중, 후의 모든 사항을 결정하는 것이다.

③ 학습자의 역할은 교사가 내린 결정 사항들에 대하여 교사가 지시하는 대로 따르는 것이다.

(2) 교과내용 목표와 행동 목표

교과내용 목표	행동 목표
• 제시된 본보기를 빠르게 모방할 수 있다. • 정확하고 정밀하게 수행할 수 있다. • 결과를 즉각적으로 성취할 수 있다. • 동시에 수행할 수 있다. • 사전에 결정된 모델을 유지할 수 있다. • 교과내용상의 기술을 숙달할 수 있다. • 문화적 전통들과 의식들을 보존할 수 있다. • 시간을 효과적으로 사용할 수 있다. • 더 많은 수업 자료를 활용할 수 있다.	• 개개인을 집단의 규범 내로 사회화한다. • 일체감을 성취한다. • 통일성을 성취한다. • 그룹 정체성과 자부심(소속감)을 기른다. • 단체정신을 강화한다. • 지시 신호에 따른다. • 구체적인 미적 기준에 도달한다. • 습관과 상규적 활동들을 발전시킨다. • 문화적 전통, 관례, 의식들을 보존한다. • 그룹 또는 개인들을 통제한다. • 안전 절차를 내면화한다. • 특정 종류의 규율을 따른다.

(3) 지시형 스타일의 구조

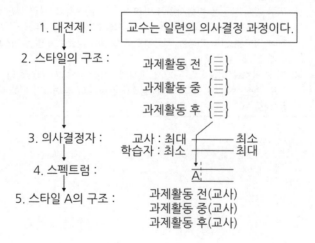

과제활동 전(T) – 과제활동 중(T) – 과제활동 후(T)

① **지시형 스타일의 특징은 교사가 최대의 의사결정을 하고, 학습자가 최소의 의사결정을 할 때 시작된다.**

② 지시형 스타일의 본질은 '교사의 자극과 학습자의 반응'이다. 이 둘 사이는 직접적이고 즉각적으로 일어난다.

③ 교사에 의한 자극(명령신호)은 학습자의 모든 행동에 앞서 미리 제시되며, 학습자는 교사가 제시한 모델을 모방한다. 그러므로 어떤 학습의 구조 속에 나타나는 모든 결정들(교과내용 선정, 수업 장소, 자세, 시작 시간, 속도와 리듬, 정지 시간, 지속 시간, 인터벌, 피드백 등)은 교사가 결정하게 된다.

⑷ 지시형 스타일의 실제

① 에피소드의 이해

ㄱ 에피소드에서 '교사가 모든 결정을 하고 학습자는 그 결정사항에 반응하는 관계'의 본질적 측면을 볼 수 있어야 '지시형 스타일'이라고 할 수 있다.

ㄴ <u>교사가 각 움직임에 대해 지시신호를 주면, 학습자는 교사의 지시에 따라 움직임을 수행하게 된다.</u>

    예 태권도, 발레, 에어로빅, 포크댄스 수업 등에서 이러한 예들을 관찰할 수 있다. 때때로 지시 신호나 리듬은 에어로빅 운동에서의 음악, 포크댄스에서의 드럼, 조정경기에서의 조타수, 체육수업 시 준비운동을 시키고 있는 학습자 등과 같은 도구 및 사람에게서 흔히 볼 수 있다.

ㄷ 이러한 지시신호나 리듬은 각각 다르게 표현되지만 본질은 같다고 할 수 있다. 즉, 한 사람(또는 대리인)이 다른 사람들을 대표해 모든 의사결정을 한다. 이러한 관계가 존재할 때 지시형 스타일의 목표가 달성된다.

ㄹ 지시형 스타일을 사용하고자 하는 교사는 다음과 같은 사항을 충분히 숙지할 필요가 있다. 즉, 의사결정 구조(지시형 스타일의 구조), 의사결정의 계열성, 지시 신호와 기대되는 반응 사이의 관계, 과제의 적합성, 학습자들의 능력(움직임을 합리적으로 정확하게 수행할 수 있고, 시범을 그대로 따라 할 수 있는 능력) 등을 충분히 이해해야 한다.

② 지시형 스타일의 실행

ㄱ 과제활동 전 결정군

•과제활동 전 의사결정군의 목적은 과제활동 계획을 세우기 위해서이다.

•계획을 세우는 동안, 선정된 교수·학습 행동이 일치하도록 의사결정이 이루어진다.

•구체적인 교수·학습 행동의 선택은 과제 목표와 행동에 대한 의사결정에 따라 결정된다. 그 계획은 결국 수업 계획이 되는 것이다.

ㄴ 과제활동 중 결정군

•과제활동 중의 의사결정 목적은 학습자들이 수업에 적극적으로 참여하도록 하고, 과제활동 전에 결정된 의사결정 사항을 따르고 실행하기 위해서이다.

•모든 스타일의 에피소드 동안 기대 행동이 연속 설정되는 것은 당연하다. 학습자들은 과제수행과 관련된 기대 행동을 인지해야 하며, 교사·학습자 관계(역할/교사와 학습자 사이의 의사결정)를 이해해야 한다.

•어떤 교수·학습 스타일에서도 학습자들이 다음의 세 가지 기대 행동을 달성할 수 있도록 해야 한다.

1. 교과	내용
2. 행동	교사와 학습자의 역할/의사결정
3. 세부 운영절차	수업 시 필요한 용구, 수업시간, 수업장소, 그 외의 고려사항

ⓒ 과제활동 후 결정군
- 과제활동 후에 일어나는 의사결정은 학습자의 역할과 과제수행에 대해 교사가 피드백을 제공하는 것이다.
- 지시형 스타일을 경험해 보는 것은 하나의 활동을 경험해 보는 것이라고 할 수 있다. 모델을 따라 각 과제를 수행할 때 되풀이되는 움직임은 신체적 발달을 촉진시킨다.
- 이 스타일에서 수동적인 성향은 어울리지 않는다. 에피소드에서 학습자들은 많은 시간 동안 적극적으로 참여하게 된다. 교사가 사용하는 최소의 시간은 세 가지 기대 행동들(교과내용, 역할/기대 행동, 운영절차)과 관련되어 있다.
- 이 스타일에서 적극적 과제 참여시간은 매우 높다.

(5) 지시형 스타일의 함축적 의미
① 교사는 전 학급이 동시에 수행할 수 있는 경험을 계획하고, 이를 성공적으로 수행한다.
② 교사는 학습자들의 발달에 있어 효과적인 자극-반응 경험을 계획한다.
③ 교사는 운동을 수행함에 있어서 안전성, 숙련성, 정확성을 갖출 수 있는 어떤 원리를 세우는 것이 필요하다는 사실을 인식한다.
④ 교사는 학급 학생들이 결속력을 지니도록 한다.
⑤ 학습자들은 자극-반응 관계 내에서 신체적 운동 기술들을 배우고 발달시킨다.
⑥ 학습자들은 학급 내에서 자신의 역할 및 친구와의 협력관계를 인식한다.
⑦ 학습자들은 교사의 전문성을 인정하고 교사의 결정을 수용한다.

(6) 교과내용 선정 시 고려사항
① 지시형 스타일의 가장 중요한 목적: 반응이나 움직임이 자동화되도록 발전시키는 것이다. '반사동작'이나 '본능'으로 나타나게 되는 내용은 지시형 스타일에서 정확한 연습을 요구한다.
② 지시-정확성 연습에서 일반적인 가설은 '과잉학습은 자동성을 생산하는 데 필요하다는 것이다. 다음에 제시하는 몇몇 제안들은 지시-정확성 연습을 하는 것과 관련되어 있다.
ⓒ 학습자들이 학습하게 될 내용이 전에 경험한 바 없는 새로운 것일 때, 과제는 한 번에 하나의 자극을 다루어야 한다.
예 공은 움직이도록 하지만 자세는 정지 자세로 하는 것 등.
ⓒ 그런데 학습자들이 과제에 능숙해졌을 경우, 이미 자동으로 '학습되어진' 반응의 일부분에 관심을 두게 되면 반사작용 및 능숙한 기술 등을 제대로 발휘할 수 없게 된다.
ⓒ '자동적' 또는 '반사작용' 수행 속에서 실수가 발견되면, 잘못된 부분에 집중하여 자동화를 올바르게 고쳐나가야 한다.
ⓔ 재학습을 하는 데에는 많은 어려움이 따른다. 왜냐하면 재학습에는 다중 발달 경로(multiful developmental channels)가 모두 동원되어야 하기 때문이다.
다중 발달 경로란 Ⓐ 이미 '알려진' 기술이 변경되어야 한다는 것을 받아들여야 하는 정서적 경로, Ⓑ 그다음은 다양성을 이해하는 인지적 경로, 그리고 마지막으로 Ⓒ 움직임의 형태를 바꾸는 신체적 경로가 있다.
③ 다음은 지시형 스타일에서 볼 수 있는 교과내용 선정과 관련된 지침 사항이다.
ⓒ 교과내용이 확정되면 단일 기준이 설정된다.
ⓒ 교과내용은 즉각적인 회상과 반복되는 연습을 통하여 가장 잘 학습된다.

ⓒ 교과내용은 요소별로 나누어져서 자극-반응 절차를 거쳐 모방되거나 짧은 기간으로 나뉘어 학습될 수 있다.

ⓔ 회상 속도가 크면 클수록 학습자는 교과내용의 다른 측면에 대해서도 움직임이 더욱 능숙해질 것이다.

ⓜ 개인차는 고려되지 않으며, 교과내용이 그대로 모방되는 모습을 볼 수 있다.

ⓗ 빈번한 모방을 하는 가운데 그룹에 속한 개인들은 서로 단결하면서 과제를 수행한다.

(7) 지시형 스타일의 특징

① 교사는 지시형 스타일의 본질을 정확하게 인식해야 한다. 한 사람이 다른 사람들을 위하여 모든 결정들을 내리는 이러한 관계는 학습자의 정서 상태, 반응 능력, 학습 과제의 본질 및 목적을 충분하게 이해하면서 사용되어야 한다.

② 지시형 스타일에서 어떤 연령대에 속한 학습자이건 간에 그들의 행동이 단지 자극에 대한 반응 행동뿐만 아니라 성취감을 함께 느끼도록 하는 것은 매우 중요한 동기 유발로 작용하게 된다.

③ 지시형 스타일에는 몇 개의 유형이 있다.

ⓐ 첫 번째 유형은 개인 발달과 관련된 것이다.
  • 스텝을 배운다거나, 에어로빅 댄스를 배우는 것을 한 예로 들 수 있다. 이러한 예들은 지시형 스타일의 모든 구성요소 즉, 높은 과제참여시간, 반복 학습, 높은 일치도 및 정확성, 안정성을 보여주고 있다.
  • 하지만, 스텝을 익히거나 에어로빅 댄스에 참여하는 중요한 목적이 이러한 구성요소에 있는 것이 아니라 개인의 발전 즉, 체력 증진, 아름다운 몸매 만들기, 체중 감량 등을 추구하기 위하여 참여하는 것이다. 지시형 스타일에 참여한 경험들은 이러한 목적을 잘 성취하도록 해준다.

ⓑ 두 번째 유형은 하위문화와 문화적 의식들에 참여하는 것이다.
  • 에어로빅 댄스 수업에 참여하는 이유로써 사회적으로 허락된 환경 및 활동에 참여하려고 하는 참여 의식들 들 수 있다.
  • 태권도를 배우는 많은 학습자들은 지시형 스타일의 행동뿐만 아니라 개인적 또는 문화적 차원에서 경험해보지 못했던 여러 태도나 의식 등을 배우게 된다.

ⓒ 세 번째 유형은 위험성이 높은 스포츠를 들 수 있다.
  • 몇 가지 필요한 기술들을 습득하기 위해서는 지시형 스타일에서와 같은 훈련이 필요하다. 안전을 최우선으로 생각할 경우, 트레이닝하는 동안 지시형 스타일에서 강조하는 행동은 필수적이다.
  • 패러슈팅, 등산, 스쿠버다이빙과 같은 활동을 할 때 지시형 스타일의 에피소드들은 특별한 신체 반응 및 적절한 장비의 활용을 중시한다.
  • 통제된 에피소드들은 스트레스와 공포에 대처할 수 있는 능력을 기르도록 설계된다. 이러한 측면들이 학습되고 통합되어질 때(대부분 지시형 스타일을 경험함으로써) 참여자들은 스포츠에 진정한 참여자가 되어 스포츠를 즐기게 되는 것이다.

ⓓ 네 번째 유형은 문화적/미학적 경험을 들 수 있다.
  • 지시형 스타일은 종종 댄스 테크닉을 가르치는 곳에서 사용된다.
  • 발레와 현대무용 및 포크댄스에서 들 수 있다. 이러한 다양한 댄스를 배우는 데에는 정확한 동작 수행과 제시된 모델을 그대로 모방하는 것이 중요하다. 댄스나 미학적 가치와 더불어 문화적 기준 유지 등의 의미를 함께 지니고 있다.

ⓜ 다섯 번째 유형은 스포츠 중의 경쟁적인 경험에서 볼 수 있다.
- 하나의 예로써, 수중 발레는 고도의 정확성, 동시성, 미학적 가치를 투사한다는 점에서 지시형 스타일을 요약해서 보여주고 있다.
- 또 다른 예로는 체조경기에서의 규정 종목 부분을 들 수 있으며, 조정 경기 역시 고도의 동시성과 정확성을 지닌 경기라고 할 수 있다.

(8) 지시형 스타일의 유의사항
① 교사가 지나치게 말을 많이 하거나, 학습자들이 적극적으로 참여할 시간이 거의 주어지지 않은 경우
② 운동을 수행 할 때, 학습자들이 일치성을 보이지 않은 경우
   ㉠ 교사는 페이스와 리듬 속도가 너무 빠르거나 혹은 너무 느린 것은 아닌지 점검할 필요가 있다.
③ 교사가 지시 신호를 너무 짜증나게 주거나 중복하여 주는 경우
   ㉠ 고성의 신호, 연속적인 반복의 신호, 과제의 부적합한 신호 등은 오히려 역효과일 수 있고, 심지어 학습자에게 불쾌감을 줄 수 있다.
   ㉡ 반복적이거나 불명확한 신호들은 시작 시간, 속도와 리듬, 정지 시간 등과 관련된 결정에 있어 혼란을 야기할 수 있다. 교사는 대안적 신호를 생각해 보아야 한다.
④ 똑같은 과제가 지나치게 반복하는 경우
   ㉠ 이러한 것은 지루함, 피로감 또는 둘 다를 야기시킬 수도 있다.
   ㉡ 학습자들은 지시적 행동으로부터 무엇인가를 배우고 있다는 만족감과 도전감을 느낄 필요가 있다.
⑤ 1~2명의 학습자들이 수행에 어려움을 겪고 있을 뿐인데도 학급 전체의 행동을 중단시키는 행동을 할 경우
   ㉠ 이러한 경우는 학습자 전체 활동의 흐름을 정지시키고, 관심을 전체 학급에서 개개인의 부적절한 행동쪽으로 전환시키게 된다.
⑥ 교사가 한 장소에만 오래 머물러 있는 경우
   ㉠ 지시형 스타일에서 교사가 에피소드를 이끌어 나아갈 때 고정된 한 자리에 있을 필요가 없다.
   ㉡ 교사의 움직임(리듬을 유지하고자 할 때 박자를 세기보다는 리듬을 유지하는 다른 기술을 이용하는)은 행동을 중단하지 않고도 개개인에게 기회를 제공하고, 개별적 피드백을 제공할 수 있게 해준다.
⑦ 기대 행동에 대한 소개를 불분명하게 할 경우
   ㉠ 이럴 경우에는 본래의 목적에서 벗어나게 된다.
⑧ 다른 주의점도 있을 수 있으나, 어떤 일이 잘못되어가고 있는 원인을 추적해 보면 결국은 잘못된 의사결정에서 비롯된 것이다. 교사의 역할은 그 의사결정을 조사하여 적절한 조정을 하는 것이다.

74 | 1997학년도

체육의 교수-학습 유형의 하나인 지시 교수(Command style)의 개념과 장·단점을 논하시오.

(1) 지시 교수·학습의 개념 (250자) _____

(2) 지시 교수·학습의 장·단점 (250자) _____

[정답] (1) 교사의 지시에 대해 학습자가 적합하게 반응하는 것이다. 교사는 최대의 의사결정권을 가지고 과제활동 전·중·후의 모든
사항을 의사결정하며 피드백을 학습자 전체에게 제공한다.

(2) 장점은 기본 기능, 규칙, 절차, 예절, 단체정신 함양, 문화 전통의식을 보존하기에 효과적이다. 단점은 고등 사고력인 논
리적 사고력, 문제해결력, 창의력을 함양할 수 없다.

75 | 2006학년도

다음은 배구 수업의 일부분이다.

(전 시간 과제인 언더핸드 패스의 핵심적인 기능과 개념을 복습한다. 배구의 오버핸드 토스를 설명한다.)

교사: 자! 이제 5분 동안 각자 토스 자세를 연습해 봅시다.
  (학생들은 교사의 지시에 따라 자세를 각자 연습한다.)

교사: 양 손의 모양이 삼각형이 되도록 하세요.
  (학생들은 양 손의 모양을 삼각형으로 만든다.)

교사: 그 상태에서 날아오는 공을 손으로 잡는데, 손가락만을 이용하여 잡아야 합니다.
  (학생들은 손가락만 이용하여 날아오는 공을 잡으려고 노력한다.)

교사: 여러분! 지금부터 각자 공 잡는 동작을 10회씩 연습해 봅시다.
  (학생들이 10회의 반복 연습을 시작한다.)

교사: 공을 잡을 때 손바닥이 공에 닿지 않도록 하세요.
  (학생들은 공을 잡을 때 손바닥이 공에 닿지 않도록 연습한다.)

위의 배구 수업에 적용된 메츨러(Metzler)의 수업 모형과 모스톤(Mosston)의 티칭 스타일은 쓰고, 두 경우의 공
통된 목적을 3가지만 쓰시오.

• 수업 모형: _____ • 티칭 스타일: _____ • 목적: ① _____ ② _____ ③ _____

[정답] • 수업 모형: 직접교수모형
  • 티칭 스타일: 지시형 스타일
  • 목적: ① 정해진 시간에 효율적인 수업으로 실제 학습시간을 증가시킨다.
    ② 교사 주도의 수업으로 위험성 높은 스포츠를 안전하게 학습할 수 있다.
    ③ 교사의 설명과 시범을 통해 기본기능을 정확히 모방할 수 있다.

2. 연습형 스타일 B (practice style: B) 공청회 07 기출 09 기출 23 기출

(1) 개념과 특징

① 연습형 스타일(the practice style)의 특징은 '피드백을 포함한 기억/모방 과제를 학습자가 개별적으로 연습하는 것'이라고 할 수 있다.

② 교사의 역할은 모든 교과내용과 그에 따른 수업운영 절차를 결정하고 학습자에게 피드백을 개별적으로 제공하는 것이다.

③ 학습자의 역할은 9가지 특정 사항을 의사결정하는 한편, 기억/모방 과제를 개별적으로 수행하는 것이다. 이와 같은 방식으로 교사와 학습자가 행동할 때 교과내용 목표 및 행동 목표가 달성될 수 있다.

④ 이 스타일은 지시형 스타일에 비해 새로운 실제성을 확립하고, 지시형 스타일에 비해 새로운 학습 환경을 제공하며, 또 다른 일련의 목표에 도달하도록 한다.

⑤ 연습형 스타일의 O-T-L-O 관계는 특정한 의사결정 사항 중 몇 가지가 교사로부터 학습자에게 이전됨으로써 이루어진다. '시간 및 장소에 대한 의사결정을 누가 하는가'와 관련된 의사결정의 이전은 교사와 학습자 사이, 학습자와 과제 사이, 학습자들 사이에 새로운 관계를 형성하도록 한다.

⑥ 학습자는 개인적으로 과제를 연습하고 교사로부터 피드백을 받는다. 이러한 교수·학습 행동의 지표는 발달 경로에 따라 각각의 다른 특성들이 강조될 수 있다.

⑦ 연습형 스타일은 기존의 다른 교수 스타일보다 의사결정의 배분이 더 다양하다고 볼 수 있는데, 이러한 다양성을 위한 의사결정의 배분은 연습형 스타일을 잘 나타내고 있다.

(2) 교과내용 목표와 행동 목표

교과내용 목표	행동 목표
• 모방 과제를 스스로 연습한다. • 과제수행에 필요한 기억과 관련된 인지 활동을 활성화한다. • 개별적인 연습을 통하여 내용을 학습하고 이를 내면화한다. • 숙련된 운동 수행은 과제의 반복 연습과 관련 있음을 이해한다. • 숙련된 운동 수행은 결과-피드백 지식(결과의 지식)과 관련 있음을 이해한다.	• 9가지 의사결정을 실시해 봄으로써 학습자의 독자성을 초보적 수준에서 경험한다. • 9가지 의사결정을 실시하는 기술을 발전시킨다. • 의사결정이 과제 학습에 도움이 된다는 것을 이해한다. • 각 과제와 시간과의 관계, 학습속도와 리듬의 규제, 시간 사용에 대한 의사결정의 결과에 대하여 책임지는 자세를 배운다. • 9가지 범주 내에서 의사결정하는 타인의 권리를 존중하는 것을 배운다. • 교사와 학습자 사이에 개인적이며 사적인 관계를 시작한다. • 9가지 의사결정 및 의사결정의 이전에 대한 신뢰를 발전시킨다.

5. 모스턴(M. Mosston)의 수업 스타일 중 연습형의 특징으로 적절하지 <u>않은</u> 것은?

① 학습자가 스스로 과제를 평가하게 한다.
② 지도자는 학습자에게 개별적으로 피드백을 제공한다.
③ 학습자가 모방 과제를 스스로 연습할 수 있도록 지도한다.
④ 학습자는 숙련된 운동 수행이 과제의 반복 연습과 관련 있음을 이해한다.

(3) 연습형 스타일의 구조 `23 기출`

① **연습형 스타일의 특징은 9가지 특정 의사결정 사항들이 과제활동 중에 교사로부터 학습자에게로 이전되는 것이다.**
  ㉠ 수업 장소
  ㉡ 수업 운영
  ㉢ 시작 시간
  ㉣ 속도와 리듬
  ㉤ 정지 시간
  ㉥ 질문
  ㉦ 인터벌
  ㉧ 자세
  ㉨ 복장과 외모

〈9가지 의사결정 사항〉

② 과제활동 전, 과제활동 후 의사결정 사항들은 변화되지 않고 교사가 모두 결정한다.

〈연습형 스타일의 이전〉

	지시형(A)	연습형(B)
과제활동 전	(T)	(T)
과제활동 중	(T) →	(L)✹
과제활동 후	(T)	(T)

③ 과제활동 후 교사는 2가지 종류의 피드백을 학습자에게 제공하게 된다.
  ㉠ 과제와 관련된 피드백: 학습자의 수행을 관찰하면서 제공하는 피드백이다.
  ㉡ 의사결정과 관련된 피드백: 9가지 결정 범주 안에서 내리게 된 학습자의 의사결정과 관련된 피드백이다.

④ 9가지 의사결정의 이전은 교사와 학습자 양쪽 모두에게 서로 다른 행동을 이끌어낼 수 있는 **"개별화 과정의 시작"**을 나타낸다.
  ㉠ 교사는 학습자를 9개의 범주 안에서 자신이 내린 의사결정에 책임을 지는 개별 수행자로서 보기 시작해야 한다.
  ㉡ 교사는 학습자에게 의사결정을 이양하는 시기에 대하여 잘 알고 있어야 하며, 학습자의 모든 움직임·과제·활동들 하나하나에 일일이 지시 내리는 것을 자제해야만 한다.
  ㉢ 학습자는 과제를 스스로 연습하고, 상호작용하며, 교사에 의하여 결정된 세부 운영절차 내에서 9가지 의사결정 방법을 학습할 기회를 갖는다.
  ㉣ 학습자는 과제를 연습하는 것과 관련하여 시간 관리에 대한 의사결정을 배운다.

(4) 연습형 스타일의 실제

① 에피소드의 이해

㉠ 교사는 의사결정의 이동에 대한 개념, 9가지의 의사결정과 그 의미, 이러한 의사결정의 이동에 따라 다른 학습 목표가 만들어질 수도 있다는 것 등을 모든 학습자들에게 잘 설명해 주어야 한다.

㉡ 이러한 설명은 각 에피소드를 명확히 만들어 주는 기대 행동(behavior expectations)을 정립시킨다.

㉢ 교사는 계속하여 교과내용, 역할/기대 행동, 수업 운영절차에 대하여 설명한다. (이와 같은 교사의 세 가지 기대 행동의 순서는 각 에피소드의 목표에 따라 바뀔 수 있다.)

㉣ 이와 같은 세 가지 기대 행동이 일단 학습자에게 전해지게 되면, 학습자는 교사의 관찰하에서 9가지 사항들에 대한 의사결정을 시작한다. 학습자는 과제수행에 필요한 용구를 챙기며, 과제수행의 장소를 정하고, 짧은 시간 내에서 과제를 수행해 나가기 위한 활동들을 정착시켜 나갈 것이다. 교사는 이때 각 학습자 개개인과 개별적으로 만나기 시작한다.

㉤ 연습형 스타일이 지시형 스타일과 대조되는 것 중 하나는 시간과 관련된 인식이다.

• 운동수행에 필요한 신호를 보내거나 단서를 주는 행동은 모든 지시형 스타일에서 필수요소이다. 학습자들은 운동수행을 정확하게 성취하기 위한 지시나 신호를 받았을 때 이에 대한 반응을 한다.

• 연습형 스타일의 수업에서 일어나는 모든 행동 변화의 본질은 과제를 연습하는 동안 학습자가 의사결정을 내리는 데 필요한 시간을 이미 언급된 제한점 내에서 적용하는 데 있다.

• 연습형 스타일에서 가장 중요하게 학습해야 할 사항은 시간을 결정하고, 자신과 타인이 과제를 습득하는 데 필요한 시간의 중요성을 자각하는 인식을 발전시키는 것이다.

㉥ 연습형 스타일 수업의 본질은 교사와 학습자 간의 일련의 특별한 관계에 있다. 교사는 과제에 대한 기대 행동, 행동 사항/의사결정 사항, 세부 운영절차 등을 학습자에게 제시한다. 반면에, 학습자는 일정 시간 내에서 9가지 의사결정을 수행하며 교사는 학습자의 수행을 관찰하고 피드백을 제공한다.

(5) 연습형 스타일의 실행

① 과제활동 전 결정군

㉠ 교사의 역할은 지시형 스타일에서처럼 과제활동 전 모든 사항을 결정하는 것이다.

㉡ 연습형 스타일은 두 가지 점에서 지시형 스타일과 중요한 차이가 있다.

• 실제 수업 상황에서 발생하게 될 몇 가지 의사결정 이전 사항에 대해 충분히 인식해야 한다는 것.

• 연습형 스타일에 알맞은 과제를 선택하는 것.

② 과제활동 중 결정군

㉠ 교사와 학습자가 개인별로 상호작용 하는 동안 에피소드 내의 각 이벤트들이 전개된다.

㉡ 제공될 학습 경험의 필요성 및 관점은 세 가지 기대 행동인 교과내용, 행동, 세부 운영절차에 의하여 결정된다. 그러나 이러한 세 가지 기대 행동이 나타나게 되는 순서는 일정하지 않다.

③ 과제활동 후 결정군

㉠ 교사와 학습자 간 일 대 일(face to face) 개인 상호작용이 끝난 후 부가적인 의사결정 사항들이 이루어질 수 있다.

㉡ 수업을 회고해 보고 평가해 보는 것은 반성적 교수를 위해 반드시 필요하며, 또한 다음 수업에 있을 상호작용의 준비를 위해 필요하다.

(6) 연습형 스타일의 함축적 의미

① 교사는 의사결정을 신중하게 내리는 것에 가치를 둔다.

② 교사는 학습자의 9가지 의사결정 사항을 신뢰한다.

③ 교사는 교사·학습자 모두 하나의 교수 스타일에 한정하여 가치를 부여해서는 안 된다는 생각을 수용한다.

④ 학습자는 과제를 연습하면서 9가지 의사결정을 할 수 있다.

⑤ 학습자는 개별화 과정에 참여하면서 자신이 내린 의사결정 결과에 대해 책임질 수 있다.

⑥ 학습자는 처음으로 독립성을 경험할 수 있다.

(7) 교과내용 선정 시 고려사항

① 과제의 종류

ㄱ 연습형 스타일에서 각 에피소드에 적합한 과제의 성격

- 변하지 않고 어떠한 틀에 고정되어 있으며, 특정한 모형에 따라 수행될 수 있는 과제라야 한다. (연습형 스타일에서 선택사항은 볼 수 없다)

- 움직임 혹은 반응들은 그것이 '정확한가' 또는 '정확하지 않은가' 두 가지로 확연히 구분돼야 한다.

ㄴ 체육교육에서 많은 활동들은 고정된 과제로 구성되어 있다. 대부분의 경우, 많은 활동들은 과제의 구조를 규정함으로써 활동의 기초를 이루고 있다.

예 단거리 달리기를 하기 위해 교사가 스타팅 블록에서 스타트 자세를 시험을 보일 때, 그 시범은 하나의 모형이 되며, 고정된 표준이 되는 것이다.

예 테니스에서 포핸드 스트로크 시범을 보일 때, 모든 학습자들은 시범에 준하여 같은 자세로 연습할 것이 기대된다.

예 다이빙에서 '한 바퀴 반 앞돌기' 과제에 대한 설명이 끝나면, 모든 학습자들은 미리 정한 기준에 의거하여 거기에 알맞은 다이빙 연습을 하게 된다.

ㄷ 학습자에게 과제에 대한 설명과 시범을 통해, 교사는 운동수행의 '정확성'에 대한 피드백을 제공한다.

ㄹ 교사는 올바른 시범이 된 모형과 학습자의 운동수행을 비교한다.

ㅁ 과제가 고정화되는 데 필요한 최소한의 세 가지 결정 요인은 다음과 같다.

- 운동 과학적, 운동 역학적 원리들: 과학적 분석에 기초하여 정확한 자세와 움직임의 협응력을 확립시켜 준다.

- 교사나 코치의 과거 경험: 교사나 코치의 지식은 운동수행의 정확성을 확립하는 데 매우 중요한 역할을 제공한다.

- 심미적 기준: 일반적으로 심미적 기준은 문화적 일체감에서 비롯된다. 이는 전통 의식 및 관습의 보존과 계승으로 발전된다.

② 과제활동지의 설계

　ㄱ 과제활동지/과제카드의 목적과 과제활동지의 설계

과제활동지 (과제카드)의 목적	학습자가 과제를 기억하도록 도와주기 위함이다.	
	교사가 설명을 반복해서 되풀이하는 수고를 줄여주기 위함이다.	
	처음 설명을 들었을 때, 학습자가 주의를 집중하도록 가르치기 위함이다.	
	과제활동지에 제시된 특정 지시를 그대로 따르면, 정확한 운동수행을 할 수 있다는 사실을 가르치기 위함이다.	
	학습자의 발달 사항을 기록하기 위함이다.	
과제활동지의 설계	효율적인 과제활동지는 학습자들이 무엇을, 어떻게 수행해야 할 것인가에 대해 꼭 필요한 정보를 담아야 하며, 항상 과제 그 자체에 초점을 맞추거나 주어진 에피소드 동안 수행되어야 하는 과제에 초점을 맞추어야 한다.	
	과제활동지는 과제의 자세한 부분까지 설명해야 한다.	
	과제의 양을 확인할 수 있어야 한다.	
	다음 2가지 언어 행동 형태 가운데 1가지를 사용한다.	네가 수행해야 할 과제는 몸을 감싸 안은 자세로 앞구르기를 3회 연속한 다음, 쪼그려 앉은 자세로 마치는 것이다. (비한정적)
		왼손은 야구 배트의 아래쪽에 두고, 오른손은⋯(한정적)
	과제활동지 내에 학습자들의 운동수행 발전 내용, 피드백에 대한 내용, 적절한 정보 등을 기록할 수 있는 공간을 마련한다.	

　ㄴ 과제활동지의 일반적인 예
　　• 신상 정보와 관련된 것: 성명, 학급, 날짜 등.
　　• 교수·학습 스타일
　　• 과제활동지의 번호: 과제활동지가 활용될 경우를 대비하여 과제활동지를 순서대로 잘 보관하게 해준다.
　　• 일반적 교과내용: 활동이나 스포츠 명칭을 기입한다. (배구, 야구, 농구 등)
　　• 특정 주제: 연습해야 할 스포츠의 특정 과제(서브, 물구나무서기, 배영 등)
　　• 학습자 공지사항: 학습자에게 활동 목적을 설명하고, 관련 정보나 필수 사항을 제기하게 된다.
　　• 과제 설명: 이 공간은 각 과제나 과제의 부분적인 내용들을 설명하는 데 유용하다. 과제를 직접 눈으로 볼 수 있도록 좋은 자세를 보여주는 사진 및 그림이 제시될 수 있으며, 비디오 역시 과제활동지와 더불어 과제 속의 동작을 설명하는 데 활용될 수 있다.
　　• 과제의 양: 제시된 과제와 관련되어 사용할 단위를 나타낸다. (반복 횟수, 특정한 과제수행을 위한 시간의 길이 등)
　　• 향상도: 학습자나 교사가 이미 종료된 과제 또는 아직 완료되지 못한 과제를 표시하고, 다음 수업에 대한 안내를 한다.
　　• 피드백: 피드백을 주는 주체가 누구인가를 다룬다. (연습형 스타일에서 피드백은 교사가 제공한다.)

(8) 연습형 스타일의 특징

① 연습형 스타일의 이론적 구조는 9가지의 의사결정 사항이 교사로부터 학습자에게 이양되는 것이라고 할 수 있다. 그러나, 체육교육에서 어느 정도 설명이 필요한 두 가지 결정 사항이 있는데 첫 번째는 '자세'이고, 두 번째는 '복장 및 외모'이다.

② 만약 많은 학습자가 과제수행이나 의사결정(역할 오류)에서 같은 오류를 범한다면, 이때는 교사가 의사결정을 조정하는 것이 바람직하다.

　㉠ 회상(recalling) 기법: 학습의 활동을 중지시키고, 교사 주위로 학습자들을 집합시킨 다음, 시범이나 설명을 반복한 뒤, 학습자를 제자리로 돌려보내 계속 학습시킨다.

　㉡ 단체로 피드백을 주는 이러한 회상 기법은 학습자에게 다음과 같은 몇 가지 유익한 점을 제공한다.

　　• 같은 실수를 범하는 학습자에게 동시에 피드백을 주는 것은 시간을 절약하게 해준다.

　　• 교사와 학습자들 간에 거리를 가깝게 하는 것은 편안한 분위기를 조성한다. 이것은 피드백을 전달하기 위해 교사가 고함을 칠 때와는 다른 분위기를 만들어 낸다.

　　• 이 시간 동안 학습자는 질문을 할 수 있고, 교사는 이를 통하여 학습자들이 모두 이해하고 있는지 또는 대부분의 학습자가 이해하고 있는지의 여부를 확인할 수 있다.

　　• 올바르게 수행하고 있는지 여부를 확인할 수 있다.

③ <u>개인 연습을 위해 연습형 스타일이 계획될 때부터 학습자 간 의사소통은 최소한으로 억제해야 한다.</u>

④ 과제의 선정은 연습형 스타일에서 요구하는 행동에 적합해야 한다.

　㉠ 교사가 학급 구성원 사이로 순회하는 동안 학습자들은 개별적으로 과제를 계속 연습하고 있기 때문에 과제는 숙련도를 지니게 된다.

　㉡ 만약 어떤 학습자가 과제에 지속적으로 참여하지 못하거나, 빈번하게 도움을 필요로 하거나, 수행한 과제가 거의 부정확하거나, 혹은 교사와 학습자의 비율이 교사와 학습자의 잦은 개인적 접촉에 부적합한 수준이라면 선정된 과제는 연습형 스타일에 별 도움이 되지 않는다.

　㉢ 만약 학습자가 과제에 비교적 성공적이지 못하거나, 과제에 참여하지 않는 시간이 증가하거나, 훈련해야 할 문제가 발생된다면 목표를 추구하는 데 있어 현재의 경험이 적절치 못한 것이라고 할 수 있겠다.

　㉣ 연습형 스타일의 변형

　　• 학생 초대 전략(teaching by invitation): 연습형 스타일의 변형으로서 감성적 발달 경로를 강조한다. 이러한 교수법은 학습자에게 두 가지(혹은 그 이상) 과제 사이에서 선택하여 과제를 연습하도록 권유한다.

　　　예 '너는 자신만의 공간(self-space) 내에서 공을 계속 드리블하길 원할 수도 있고, 일반적 공간(general-space) 내에서 공을 드리블하거나 또는 걷기를 원할 수도 있을 것이다.'

　　　예 '너는 라켓으로 공을 계속 치고 싶을 수도 있고, 또는 셔틀콕을 쳐보고 싶을 수도 있겠다.'

　　• 과제 내 변인 분석(Graham 등): 교사가 과제 할당을 개별 조정을 함으로써 정서적 발달 경로와 인지적 발달 경로를 강조하는 연습형 스타일의 의사결정 분배와 조화를 이룬다. 교사는 일 대 일이라고 하는 개인적 상호작용을 통해 학습자 개인의 기능 수준에 더욱 적합하게 과제를 '더 쉽게 또는 더 어렵게' 만들 수도 있다.

　　　예 "재찬아, 공 대신 풍선을 한 번 차보겠니?"

⑤ 학습자의 운동수행 수준이 다양할 경우, 교사는 능력에 따라 작은 그룹이나 개인별로 과제를 내줄 수 있다.

⑥ 서성거리는 행동은 하지 말아야 한다.

　㉠ 때때로 교사는 일정 시간 동안 학습자를 관찰하고 말 한마디 없이 학습자 곁을 떠나게 될 수 있다. 학습자는 교사의 행동이 무엇을 의미하는지 궁금해할 것이다. 이러한 상호작용은 애매모호하며, 과제수행 증진에 바람직하지 못하고, 학습자의 정서에 긍정적 영향을 주지 못한다.

ⓛ 또 다른 경우, 교사는 학습자를 계속 관찰하고, 일정 시간 동안 학습자 곁에 머무르며, 끊임없이 피드백을 제공하는 경우가 있다. 이렇게 교사가 주의 깊게 지속적으로 학습자를 살펴보는 행동은 학습자가 의사결정하거나, 개인 연습을 주저하게 만드는 원인이 될 수 있다는 것을 인식해야 한다.

⑦ 학습자가 때때로 정해진 시간 이전에 학습을 마치게 될 경우에 대비하여 계획을 세워야 한다.

⑧ 연습형 스타일(혹은 다른 스타일에서도 마찬가지로)에서 유용한 도구 중 하나는 벽걸이 궤도이다. 벽걸이 궤도는 수행해야 할 일련의 과제를 제시해 주고, 각 단계에서 수행해야 할 과제 및 의사결정 사항들을 일깨워 준다. 벽걸이 궤도와 과제활동지, 슬라이드 등은 학습자에게 과제에 대한 정보를 주는 역할과 함께 의사결정을 함에 있어서 학습자의 역할을 알려주는 일을 한다.

⑨ 교사와 학습자의 고유한 역할을 구분하고, 다양한 교수·학습 프로그램, 절차, 전략, 모형과 관련된 의사결정을 함으로써 교사가 스펙트럼 내에서 이러한 제안들을 수용할 수 있게 해준다.

3. 상호학습형 스타일 C (reciprocal style: C, 교류형 스타일) `07+ 기출` `공청회` `09 기출` `17 기출` `23 기출`

(1) 개념과 특징

① 상호학습형 스타일의 특징은 '특정 기준에 의하여 주어진 사회적 상호작용 및 피드백'이라 할 수 있다.

② 교사의 역할은 모든 교과내용 및 기준을 정하고, 세부 운영절차와 관련된 결정을 내리며, 관찰자에게 피드백을 제공하는 것이다.

③ 학습자의 역할은 동료와 함께 짝을 이루어 움직임을 수행하는 것이다.

    ㉠ 이때, 한 명의 학습자는 주어진 과제를 수행하고, 앞서 연습형 스타일에서 살펴본 바 있는 9가지의 의사결정을 내린다.

    ㉡ 다른 한 명의 학습자는 교사가 개발해 놓은 과제활동지를 사용하여 즉각적이고, 지속적인 피드백을 제공하는 관찰자의 역할을 맡게 된다.

    ㉢ 처음 연습이 끝나면 학습자와 관찰자는 서로 역할을 교대하게 된다. 이러한 상호작용을 본떠서 상호학습형 스타일이라는 명칭을 부여하게 된 것이다.

    ㉣ 즉, 처음의 수행자1과 관찰자1의 역할은 수행자1이 관찰자2가 되고, 관찰자1은 수행자2로 서로 역할을 바꾸게 되는 것이다.

(2) 교과내용 목표와 행동 목표

교과내용 목표	행동 목표
• 지정된 관찰자와 수행자의 역할을 계속 반복함으로써 특정 교과내용을 자기 것으로 소화해 낼 수 있다. • 주어진 과제와 관련된 단계, 계열성, 구체적인 것들을 가시화(visualize)할 수 있다. • 달성해야 할 과제의 기준을 활용하여 운동수행을 비교, 대조, 평가하는 방법들을 학습할 수 있다. • 실수를 확인하고 즉각적으로 수정하는 방법을 연습할 수 있다. • 교사 없이도 과제를 수행할 수 있다.	• 사회성 및 상호작용 기술을 보다 확장시킨다. • 상호작용 관계를 증진시킬 수 있는 대화 기술(특히 언어적)을 연습한다. • 동료와 함께 피드백을 주고 받는 방법을 학습한다. • 운동을 수행함에 있어서 인내하고 참으며, 타인과의 차이점을 받아들인다. • 감정이입을 개발한다. • 사회적인 매너를 학습한다. • 과제를 넘어서는 사회적 유대감을 개발한다. • 타인과 상호작용/사회화하는 것을 신뢰한다. • 동료가 성공하는 것을 보면서 보상(감정)을 경험해 본다.

(3) 상호학습형 스타일의 구조 `23 기출`

과제활동 전(T) – 과제활동 중(Ld) – 과제활동 후(Lo)

교사(Teacher), 수행자 역할 학습자(Learner doer), 관찰자 역할 학습자(Learner observer)

---

① 상호학습형 스타일의 구조는 새로운 O-T-L-O 관계를 만들어 낸다. 이렇게 특정 행동 내에서 제시되는 새로운 목표들은 동료 간의 사회적 관계와 즉각적 피드백을 위한 환경을 강조한다.

② 상호학습형 스타일에서는 더 많은 의사결정 사항들이 교사로부터 학습자에게 이양된다. 의사결정의 이양은 과제활동 후 상황에서 즉각적 피드백의 원리에 유의하면서 이루어진다.

	지시형(A)	연습형(B)	상호학습형(C)
과제활동 전	(T)	(T)	(T)
과제활동 중	(T) → (L)		(L_d)
과제활동 후	(T)	(T) →	(L_o)

상호 학습형 스타일의 의사결정

③ 과제가 어떻게 수행되었는가를 학습자가 빨리 알수록, 자신의 과제수행을 올바르게 교정할 기회는 더 많게 된다. 따라서 피드백을 즉각적으로 제공하기 위한 교사 대 학생의 최상 비율은 교사 한 명당 학습자 한 명이라고 할 수 있다. 상호학습형 스타일에서는 이러한 조건이 가능하도록 학급을 조직한다.

연습하는 학생   관찰하는 학생

교사

상호학습형 스타일
의사소통 방향

④ 학습자는 두 명이 한 쌍의 팀으로 구성되는데, 한 쌍을 이루고 있는 두 명의 학습자에게는 각각 특정한 역할이 부여된다.

⑤ 학습자 중 한 명은 직접 과제를 수행하는 수행자로 지정되고, 나머지 한 명은 수행자를 관찰하는 관찰자가 된다. 교사가 역할 기대에 따른 활동을 하고 있는 한 쌍에 개입하게 될 때, 교사와 학습자들 사이에는 삼각구도의 관계가 형성된다.

⑥ 삼각구도의 관계에서 각 구성원은 자신의 역할 내에서 특정한 의사결정을 한다.

　㉠ 수행자의 역할: 오직 관찰자와 의사소통한다는 것을 제외하면 다른 것은 연습형 스타일과 동일하다.

　㉡ 관찰자의 역할: 수행자에게 계속적인 피드백을 제공하고, 필요할 경우 교사와 의견을 교환하는 것이다.

　㉢ 교사의 역할: 수행자와 관찰자 모두를 지켜보면서, 의사소통은 오직 관찰자하고만 하는 것이다.

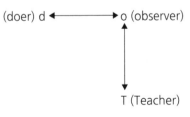

(doer) d ◄────► o (observer)

T (Teacher)

⑦ 관찰자가 수행자에게 피드백을 주는 데 거치는 다섯 단계
  ㉠ 기준을 아는 것: 과제수행에 대한 평가가 이루어지기 전에 기준이 명확하게 확립되고 기대되는 운동수행의 모델이 정확하게 확립되어야 한다. 교사는 학습자에 기준에 대한 정보를 제공한다.
  ㉡ 수행자의 운동수행을 관찰함: 기준이 공개되면, 관찰자는 수행자의 과제수행을 정확하게 관찰한다.
  ㉢ 수행자의 운동수행을 과제 기준에 비추어서 비교 및 대조해 보는 것: 관찰된 정보를 수집한 뒤 제시된 기준에 준하여 과제수행을 비교 및 대조해 본다. 이 단계에서는 관찰자에게 수행자의 수행 정확도에 대한 정보가 제공된다.
  ㉣ 같은 것과 다른 것에 관한 결론을 도출하는 것
  ㉤ 운동수행의 결과를 수행자에게 알려줌

---

76 | 2007학년도 미임용자

다음에 예시한 체육 교사의 수업 행동을 보고, 각각에 해당하는 모스턴(Mosston)의 '교수 스타일(teaching styles)'을 쓰시오.

교사	교사의 수업 행동
교사 1	관찰자의 언행을 관찰한다. 관찰자에게 피드백을 제공한다. 관찰자의 질문에 답변한다.
교사 2	각 학습자의 발견을 이끌어내는 일련의 질문을 한다. 학습자에게 피드백을 주기적으로 제공한다. 학습자의 개념 발견을 칭찬한다.
교사 3	학습자가 학습 주제 범위 내에서 학습 목표를 선택하도록 지도한다. 학습자의 학습 진행 상황을 관찰한다. 학습자 사이의 질문과 답변을 듣는다.

[정답] • 교사 1: 상호학습형   • 교사 2: 유도발견형 스타일   • 교사 3: 자기설계형 스타일

---

(4) 상호학습형 스타일의 실제
  ① 에피소드의 이해
    ㉠ 상호학습형 스타일은 교수·학습 과정에서 교사가 피드백에 대한 의사결정권을 학습자에게 이양하는 첫 번째 스타일이다.
    ㉡ 따라서 학습자는 동료와 피드백을 주고받을 때 이를 책임 있게 사용하는 방법을 배워야만 한다.
  ② 상호학습형 스타일의 실행
    ㉠ 과제활동 전 결정군
      • 교과내용의 선정 및 계획
      • 관찰자를 위한 과제활동지 / 과제 카드의 계획
      • 에피소드에 필요한 적합한 운영절차의 결정

ⓛ 과제활동 중 결정군
- 상호학습형 스타일에서 교사의 주요 과제는 학습자들의 새로운 역할 및 관계 상황을 설정하는 것이다. 교사는 상호학습형 스타일을 사용하는 이유와 새로운 수업 목표들, 그리고 이 스타일에서 수행자, 관찰자, 교사의 역할을 설명한다.
- 교사는 교과내용을 설명하고 시범 보인다.
- 학습자들은 수행자나 관찰자의 역할을 선택하여 수행한다.
- 교사는 기준 용지(또는 기준 카드)에 대해 설명한다.
- 교사는 수업운영 절차에 대한 교사의 기대 사항을 설명한다.
- 교사는 이해 점검을 위한 질문을 한다.
- 수업 중 9가지 사항을 수행자(실시자)가 의사결정한다.
- 교사는 수행자와 관찰자의 역할 수행 상황과 언행을 관찰한다. 도중에 관찰자가 질문하면 답하고, 관찰자에게 피드백을 제공한다.

ⓒ 과제활동 후 결정군
- 수업 후 결정군 중 학습자의 운동 수행에 대한 피드백의 권한이 관찰자에게로 이양된다.
- 수업 에피소드의 마지막 부분에서 교사는 관찰자의 역할을 부연 설명하고, 학급 전체를 대상으로 수업 정리를 한다.

(5) 상호학습형 스타일의 함축적 의미
① 교사는 관찰자와 수행자 사이에 일어나는 사회화 과정을 바람직한 교육 목표의 하나로 인정한다.
② 교사는 학습자들 간에 서로 정확하고 객관적인 피드백을 제공할 수 있도록 지도하는 것이 중요하다는 사실을 인식한다.
③ 교사는 상호학습형 스타일의 에피소드에서 피드백 제공의 권한을 학습자에게 줄 수 있다.
④ 교사는 과제를 수행하는 학습자(수행자)에게 직접 피드백을 주고 싶은 마음을 억제할 수 있는 새로운 수업 방식을 익힌다.
⑤ 교사는 학습자에게 지시형 스타일과 연습형 스타일에서의 행동을 뛰어넘는 보다 확장된 행동을 학습시키며, 학습자들이 부가적인 의사결정을 할 수 있도록 연습시키는 데 필요한 시간을 기꺼이 제공한다.
⑥ 교사는 학습자에게로 이전된 부가적 의사결정 사항에 대한 학습자들의 결정을 믿는다.
⑦ 교사는 교사 자신만이 학습자들에게 정보, 평가, 피드백 등을 부여하는 유일한 존재가 아니라는 사실을 받아들인다.
⑧ 학습자는 부여받은 상호 역할에 참여하며, 자신에게 부여된 의사결정권을 갖는다.
⑨ 학습자는 학습과정에서 자신의 역할을 적극적으로 확장시킬 수 있다.
⑩ 학습자는 지시형 스타일과 연습형 스타일에서 알고 있는 교사 역할과는 다른 교사의 역할을 이해하고 수용한다.
⑪ 교사의 계속적인 참관이 없어도 학습자는 서로의 상호관계 속에서 과제활동지를 사용해 학습할 수 있다.

(6) 교과내용과 과제활동지의 선정 및 계획
① 과제활동지
ⓛ 상호학습형 스타일에서 과제활동지(혹은 과제카드)는 에피소드의 성공과 실패를 좌우하는 요소라고 할 수 있다.

ⓒ 과제활동지는 관찰자의 행동 지침을 결정한다.

ⓓ 과제활동지는 수행자가 자신의 수행에 관하여 정확하게 알 수 있도록 한다.

ⓔ 과제활동지는 교사에게 관찰자와의 상호작용을 위한 구체적인 토대를 제공한다.

ⓜ 과제활동지에는 다음의 5가지 사항이 포함된다.

- 명확한 과제 설명: 과제를 세분화하여 계열성에 따라 구분해서 설명한다.
- 운동수행 중에 발생할 수 있는 특정문제: 교사는 이전의 경험을 통해 수행 중 발생할 수 있는 잠재적 문제점들을 포함한다.
- 과제를 보여주는 그림이나 스케치
- 피드백으로 사용되는 언어적 행동의 예들: 상호학습형 스타일의 초기 경험에 유용하다.
- 관찰자의 역할을 다시 환기시킴: 초기 에피소드에서 유용하다. 학습자가 일단 관찰자로서 적합한 행동을 보여주고 나면, 과제활동지에 더 이상 역할을 환기시키는 내용을 포함시키지 않아도 된다.

② 고려사항

㉠ 언어 행동

- 상호학습형 스타일에서 일어나는 의사결정은 사회적 의사소통의 발달을 강조하며, 과제활동지는 학습자가 이런 유형의 행동을 경험하게 될 때 필요로 하는 초기 길잡이의 역할을 한다.
- 다음은 교사가 학습자의 행동을 고쳐주게 될 때 필요한 언어 행동을 제시한 것이다.

언어 행동	설명
1. 관찰자가 부정확한 피드백을 수행자에게 제공하는 경우	교사는 관찰자에게 기준을 참조하게 하고, 수행자가 수행한 것과 제시된 기준을 비교해 보게 하여 성취되어야 할 과제를 차근차근 수행하도록 한다.
2. 관찰자가 언어를 남용할 경우 예 "넌 바보야".	교사는 질문보다는 학습자들의 언어적 내용에 대해 이야기한다. 교사의 역할은 지켜야 할 한계점들을 알려주고, 수행자와 관찰자 모두의 품위를 지키도록 하는 것이다. 교사는 학급의 도덕적 체계를 확립해야 한다. 예 "네 짝에게 그런 식으로 이야기하는 것을 그냥 못 본체 할 수 없구나, 마찬가지로 누군가가 너에게 그런 식으로 말하는 것도 가만히 놔두지는 않을 것이다." 에피소드가 시작될 때 학습자에게 언어적 피드백의 예를 알려주는 것은 필수적이다. 그런 다음 교사는 관찰자에게 새롭게 방향을 제시한다. 예 "너의 역할은 평가기준에 맞는 피드백을 제공하는 것이란다."
3. 관찰자가 침묵하는 경우	피드백을 제공할 수 없게 된다. 교사는 운동 수행 및 개입 행동에 대하여 관찰자에게 질문을 하라고 한다. 예 "네 짝에게 말해 주었니? 네 짝이 과제를 수행하는 동안 그것이 정확한지 부정확한 것인지를 알려주는 것이 네 역할이란다."

㉡ 짝을 결정하는 다양한 방법들

- 모든 학습자를 한 줄로 세운 뒤 둘씩 세면서 짝을 맞추어 준다, 이름이나 성의 가나다 순서에 따라 짝을 맞추어 준다, 교사가 임의로 짝을 정해 준다, 학습자들이 자신의 짝을 스스로 선택하도록 한다, 키가 비슷한 학습자끼리 짝을 맞추어 준다, 체중이 비슷한 학습자들끼리 짝을 맞추어 준다, 옆 사람과 짝을 맞추어 준다, 운동 기술 수준에 따라 짝을 맞추어 준다.
- 학습자가 짝을 선택하는 다양한 방법들이 각자의 목적에 맞추어 활용될 수 있는데, 상호학습형 스타일의 목적에 가장 잘 부합하는 **수행자와 관찰자간의 의사소통발달을 위한 짝 선택 요령은 학습자가 스스로 자기 짝을 선택하는 것이다.**

- 초기에 스스로 짝을 선택하도록 허용하는 것은 학습자로 하여금 자신의 역할과 새로운 경험에 집중하도록 해준다. **짝을 바꾸어서 새로운 짝과 상호작용하면서 사회성 기술이 개발되는 것을 경험하게 된다.**

(7) 상호학습형 스타일의 특징

① 상황파악
  ㉠ 상황파악(with-it-ness): 교사는 한 개인에게 개별적으로 피드백을 제공하는 동안에도 학급의 다른 구성원들을 계속 인식하고 있어야 한다. 자신들의 활동 및 상호작용을 교사가 계속해서 관찰하고 있다는 것을 학습자가 인식하는 것은 필요하다.
  ㉡ 학생은 수행자와 관찰자로서의 역할을 이행하게 되는데, 교사의 역할은 학습자 둘과 함께 있으면서 관찰자가 수행자에게 피드백 주는 것을 관찰하는 것이다.
  ㉢ 교사가 학습자들이 구성한 짝과 짝 사이를 순회할 때는 반드시 무작위로 하여야 한다. 시계·반시계 방향 혹은 자신과 가장 가까이에 있는 짝 순서대로 등과 같은 정형화된 방식은 피해야 한다.
  ㉣ 과제를 명확하게 하기 위해 학습자가 질문을 던지기 시작할 때, 교사는 질문을 위한 신호 및 절차 등의 체계를 미리 세워야 한다. 이러한 절차가 없다면, 교사는 가끔 몇몇의 학습자들에게 둘러싸일 수 있는데, 그들은 다양한 질문을 함으로써 교사의 관심을 얻으려고 한다.

② 잘못된 인식
  ㉠ 잘못된 인식: 다음과 같이 상호학습형 스타일에 대한 몇 가지 잘못된 인식이 교사에게 존재하고 있음을 간혹 찾아볼 수 있다.

잘못된 인식	실제
1. 머리가 좋은 학생이 머리가 나쁜 학생과 짝을 이룬다.	이는 "지적 능력" 수준차를 고려하지 않고 설계되었기 때문이다. 하지만, 이러한 행동은 짝을 이룬 학습자들이 자신의 역할 안에서 동등하게 활동하는 환경을 만들어 주는 것으로 오히려 주요 장점이라고 할 수 있겠다. 짝을 이룬 모든 학습자들은 이러한 교수학습 스타일의 사회적 맥락 내에서 자신의 능력을 활용할 기회를 갖게 되며, 상호작용의 과정 가운데 자신의 감정을 알맞게 조절하는 기회를 갖게된다.
2. 상호학습형 스타일에서 교사는 할 일이 없다.	오히려 교사는 학습자들을 가르치는 데 더 많은 일을 하게 된다. 즉, 학습자들의 사회화, 의사소통 기술, 관찰자로서의 새로운 행동, 짝으로부터 피드백을 받는 자로서의 새로운 행동 등에 대한 지도 등이다. "그저 관찰하는 것이 내 일이야."라는 개념 또한 정확하지 않다. 교사는 서로 다른 교육 상황에 참여하는 것만이 아니라, 계속적으로 피드백을 부여하는 일에 참여해야 한다. 교사는 수업의 진행 및 사건들에 대해 계속적으로 책임을 지는 것이다.
3. 상호학습형 스타일은 수행기준에 준하여 운동수행을 비교하고, 대조하는 데 어려움을 느끼고 있는 학습자를 위한 것이 아니다.	오히려 이러한 행동은 인지적 방식의 학습 기회가 더 필요한 학습자들에게 아주 적합하다. 그들에게는 주어진 역할을 연습할 시간이 필요한데, 과연 역할을 수행하는 과정 속에서 "평등함" 및 행동 속에서 협력적인 자기 짝과 더불어 연습을 하는 것보다 더 나은 학습의 기회를 줄 수 있는 방법이 있는 것일까? "기능이 다소 부족한 학습자"는 종종 경쟁적인 상황에서는 배제되곤 한다. 상호학습형 스타일의 협동적 특성은 대부분의 학습자들을 시간에 상관없이 함께 참여하게 만든다.
4. 관찰자는 수행자를 평가해서는 안 된다.	관찰자가 수행자에게 피드백을 주는 행동이 교수·학습스타일 자체를 평가하는 것이 아니다. 학습자 각자의 역할은 과제수행의 증진을 위하여 기준용지를 가지고 피드백을 제공하는 것이다.

ⓛ 다음은 상호학습형 스타일을 적용할 때 일반적으로 발생하는 미숙함이나 불편함 등을 다소 쉽게 해결해 주는 데 도움이 되는 내용들이다.

내용	설명
1. 새롭게 대두되는 행동은 소그룹 학습자들을 중심으로 즉시 알려준다.	학급의 다른 학습자들은 다른 스테이션에서 피드백 제공 없이 연습형 스타일 일색으로 연습하고 있을 수 있다. 소그룹의 학습자들이 상호학습형 스테이션에 오게 되면, 교사의 관찰 및 피드백을 통하여 이러한 행동에 대한 소개를 받을 수 있다. 몇 번의 짧은 에피소드 후에는 학급 전체가 상호학습형 스타일에 익숙해질 것이다.
2. 초기 몇 번의 에피소드 동안에 과제를 선택할 때, 새로운 역할에 초점을 맞추기 위하여 특별한 과제를 선택할 필요는 없다.	운동수행과 기준을 비교하고, 대조하고, 피드백 주는 과정을 강조하고 또한 강화하도록 한다. 이러한 행동을 내면화하는 것은 앞으로 있을 수업에서 성과를 나타낼 것이다.
3. 한 짝을 학습 전체(혹은 작은 그룹 단위)에게 먼저 시범 보임으로써 새로운 행동을 소개하는 것이 가능하다.	먼저 학습자들을 교사 주위에 모이도록 한다(이미 소개된 새로운 개념에 대해 충분히 이해하고 있는 한 쌍의 학습자를 공개적으로 선택한다). 시범조가 각자 자신의 역할을 수행하는 동안 하나하나씩 차분하게 학습자들에게 설명해 준다. 모든 학습자들은 과제활동지를 손에 들고 있으면서(혹은 슬라이드에 의하여 투영된 과제활동지를 보면서), 각 단계별로 관찰하고, 관찰자의 언어적 행동에 대하여 귀담아 듣는다. 만약 필요하다면 활동을 중지시키기도 한다. 설명을 명확하게 하고, 강조하고, 다시 설명한다. 그런 후 시범조에게 자신의 역할을 계속해서 수행하도록 한다. 수행자가 과제를 완수했을 때 서로의 역할을 교대하며 에피소드는 계속된다. 이러한 시범은 하나의 모델로서 나머지 학습자들을 위해 제공된다.
4. 새로운 행동을 처음 시도할 때, 새로운 행동/의사결정 기대 행동을 전하고 이를 연습할 시간이 필요하다.	에피소드의 초기 동안에 비록 과제가 항상 중요시되기는 하지만, 학습자들에게 너무 많은 새로운 것들로 질리게 하지 않기 위해서 과제 선정이 주의 깊게 이루어져야 한다. 학습자들이 일단 새로운 행동에 익숙해지고 나면 체육수업이 더욱 편안해지고, 학습자들은 수업 활동에 대한 적극성이 높아진다. 그렇게 되면 좀 더 많은 도전과 선택들을 창출할 수 있게 된다.

참고문제	2016년 지도사 2급

14. 상호학습형 스타일을 적용하여 배구 토스기술 지도 시 옳지 **않은** 것은?

① 참여자들은 2인 1조로 각각 수행자와 관찰자의 역할을 정한다.

② 관찰자와 수행자는 각자의 수준에 맞추어서 토스 연습을 한다.

③ 수행자는 토스를 연습하고 관찰자는 수행자에게 피드백을 제공한다.

④ 지도자는 관찰자에게 피드백을 제공한다.

77 │ 2001학년도

모스턴과 애쉬워스(Mosston & Ashworth)는 체육과의 수업 스타일 가운데 수업 전, 수업 중, 수업 후의 의사결정을 교사와 학생 가운데 누가 하는가에 따라 수업스펙트럼을 구분해 놓았다. 수업스펙트럼 가운데 상호학습(reciprocal style)과 자기점검 학습(self-check style)의 특징에 대하여 각각 설명하시오.

[정답] 상호학습형 스타일에서 학습자는 두 명이 짝을 이루어 과제를 수행하는데, 한 명의 학습자(수행자)는 주어진 과제를 수행하고 연습형 스타일에서와 같이 과제활동 중에 9가지 의사결정을 내려야 한다. 다른 한 명의 학습자(관찰자)는 교사가 미리 준비한 기준 용지를 사용하여 수행자에게 피드백을 제공하는 역할을 한다. 과제를 수행한 후에는 수행자/관찰자로서의 역할을 서로 교대한다.

78 │ 2013학년도

8. 모스턴(M. mosston)의 교수 스타일 중 '상호 학습형(reciprocal teaching) 스타일'에 대한 설명으로 옳은 것만을 있는 대로 고른 것은?

> (가) 기존의 지식을 재생산 해는 능력인 '모사(reproduction)'보다 새로운 지식을 생산해 내는 능력인 '창조(production)'를 강조한다.
> (나) 짝과 상호 작용하고 피드백을 주고 받으며 연습하는 데 중점을 둔다.
> (다) 지적 능력 수준 차를 고려하여 우수한 학생과 부진한 학생이 짝을 이루도록 한다.
> (라) 교사의 계속적인 관찰이 없어도 짝과 함께 과제활동지를 사용하여 학습을 지속할 수 있다.
> (마) 과제수행 형태의 특성상 동료 교수(Peer teaching) 모형과 유사성이 있으나, 주로 일시적인 과제 구조에서 활용된다는 점에서 차이가 있다.
> (바) 수행자가 동일한 오류를 반복하는 것이 보일 경우에, 교사는 학급 전체의 활동을 중지시키고 직접 시범이나 설명을 한 후에 과제활동을 재개한다.

① (가), (나), (라)   ② (가), (라), (바)   ③ (나), (다), (바)
④ (나), (라), (마)   ⑤ (가), (다), (마), (바)

[정답] ④ (나), (라), (마)
[해설] (가) 창조보다는 모사능력을 강조한다.
　　　 (다) 우수한 학생과 부진한 학생이 짝을 이루면 지적 능력 수준 차이를 고려하지 않고 설계된 모둠이다. 지적 능력 수준을 고려하여 유사한 학생끼리 짝을 이루어 동등하게 활동하는 환경을 만들어 준다면 사회적 맥락 내에서 자신의 능력을 활용할 기회를 갖게 되며, 상호작용의 과정 가운데 자신의 감정을 알맞게 조절하는 기회를 갖게 된다.
　　　 (라) 교사는 관찰자의 역할을 간섭해서는 안 된다. 즉, 수행자는 오직 관찰자와 의사소통한다.

8. 다음의 (가)는 박 교사가 동작 도전 단원을 지도하며 기록한 수업 반성 일지이고, (나)는 전통 표현 단원에서 메츨러(M. Metzler)의 동료 교수 모형을 적용하여 작성한 단원 계획서의 일부이다. 〈작성 방법〉에 따라 논술하시오. [10점]

(가) 박 교사의 수업 반성 일지

2016년 ○월 ○일

마루 운동은 학생들이 어렵고 익숙하지 않은 동작을 배워야 하기 때문에 교사의 세심한 지도가 필요하다. 그래서 나는 ㉠직접 교수 모형의 방식으로 모든 학생들에게 개별 지도를 충실하게 하려고 노력했지만, 단원을 마칠 때까지 개별적인 지도가 잘 이루어지지 않았다. 학생 수가 너무 많아 나 혼자 모든 학생을 일일이 지도하는 것이 생각보다 힘들었다. 전통 표현 단원에서는 이를 해결할 수 있는 방법을 찾아야 하는데….

(나) 전통 표현 단원 계획서의 일부

〈단원 계획서〉

○ 영역: 표현(전통 표현)　　○신체활동: 우리나라의 전통 무용(탈춤)　　○대상: 1학년
○ 총시수: 12차시　　　　　○장소: 무용실
○ 교수·학습 방법
1) 내용 선정: 교사가 학습 내용과 평가기준 목록을 전달하면, 개인교사(tutor)는 학습 과제의 순서를 정한다.
2) 수업 운영: 교사가 운영 계획과 수업 규칙을 정하고, 개인교사는 연습 장소를 정하고 학습자를 안내한다.
3) 참여 형태: ㉡학생들이 개인교사, 학습자의 역할을 할 수 있도록 2인 1조로 짝을 구성하며, 인원이 짝수가 안 될 때는 3인 1조로 구성한다.
4) 학습 진도: 교사가 학습자의 연습 시작과 지속 시간을 결정한다.
5) 상호 작용: ㉢교사는 개인교사와 상호 작용하며, 개인교사와 학습자의 상호 작용을 관리한다.
… (하략) …

〈작성 방법〉

○ 밑줄 친 ㉡처럼 짝을 만들 때, 링크(J. Rink)가 제시한 또래 교수(peer teaching) 전략에서 과제 전달 효과를 높이기 위해 주로 활용하는 짝 구성 방법을 쓰고, 모스턴(M. Mosston)의 상호 학습형 스타일에서 짝과의 의사소통 발달을 위해 수업 초기에 활용하는 짝 구성 방법과 사회적 발달을 촉진하기 위해 활용하는 짝 구성 방법을 각각 제시할 것.

[정답] 상호학습형 스타일의 목적에 가장 잘 부합하는 수행자와 관찰자 간의 의사소통발달을 위한 짝 선택 요령은 학습자가 스스로 자기 짝을 선택하는 것이다. 짝을 바꾸어서 새로운 짝과 상호작용하면서 사회성 기술이 개발되는 것을 경험하게 된다.

7. (가)는 윤 교사, 민 교사의 전문성 발전을 단계별로 나타낸 표이고, (나)는 (A)에 해당하는 수업 상황 중 질문과 관련한 교사의 행동 평정표이다. 〈작성 방법〉에 따라 순서대로 서술하시오. [5점]

(가) 교사 전문성 발전 단계

단계	민 교사
초기 단계	• 학생 선호 종목 중심 • 지시적이고 명령적인 수업
발전 단계 1 (교수 스타일 탐색)	(B) • ㉠교사, 관찰자, 수행자 역할 설정 • 학생들 간의 역할 교대, 상호작용 중시 • 관찰과 수행 과정의 사회화 과정 중시 • 학습자의 수준에 맞는 과제활동지 작성 제공
발전 단계 2 (수업 모형 탐색)	(D) • 학생 상호 간의 교수·학습 활동 중시 • 학생은 개인교사, 학습자 역할 수행 • 개인교사는 관찰, 피드백 제공 • 상호작용에 의한 사회성 학습

─── 〈작성 방법〉 ───
○ 밑줄 친 ㉠의 교사, 관찰자, 수행자 간 의사소통 방향과 역할에 대해 서술할 것.

[정답] • 의사소통 방향은 교사는 관찰자, 관찰자는 교사와 수행자, 수행자는 관찰자와 의사소통한다. [1점]
• 교사(teacher)의 역할은 수행자와 관찰자 모두를 지켜보지만, 의사소통은 오직 관찰자하고만 하게 된다.
• 관찰자(observer)의 역할은 수행자에게 계속적인 피드백을 제공하며, 만약 필요하다면 교사와 의견을 교환하는 것이다.
• 수행자(doer)의 역할은 오직 관찰자와 의사소통한다는 것을 제외하면, 다른 것은 연습형 스타일과 동일하다. [1점]

4. 자기점검형 스타일 D (self-check style: D) `01 기출` `공청회` `09 기출` `14 기출` `16 기출` `23 기출`

(1) 개념과 특징

① 자기점검형 스타일(the self-check style)은 학습자가 과제를 독자적으로 수행하고 스스로 평가한다는 특징을 갖고 있으며, 이전보다 학습자의 책임감이 커지게 된다.

② 교사의 역할은 교과내용, 평가기준, 수업운영 절차 등을 모두 결정하는 것이다.

③ 학습자의 역할은 과제를 독립적으로 수행하고, 교사가 마련한 평가기준에 따라 자신의 과제수행을 스스로 점검하는 것이다.

(2) 교과내용 목표와 행동 목표

교과내용 목표	행동 목표
• 과제를 독립적으로 수행할 수 있다. • 개별적으로 과제를 연습하고 평가하면서 신체활동의 운동 감각에 대한 자력을 개발할 수 있다. • 평가와 피드백 기술 연습에 함축되어 있는 결과를 연습할 수 있다. • 자신의 과제수행에 대한 오류를 수정할 수 있다. • 과제 참여시간을 증가시킬 수 있다. • 자동적인 과제수행이 되도록 수업내용을 숙달할 수 있다.	• 교사와 파트너에게 덜 의존하게 되며 자신의 피드백과 내용 숙달에 의존하기 시작한다. • 자신의 과제수행을 확인할 수 있는 평가기준을 사용한다. • 자신의 과제수행에 대한 정직성을 유지한다. • 자신의 한계에 도전한다. • 과제수행에서 자신의 유능감에 대한 자기–인식을 얻을 수 있다. • 개인 동기와 독립심을 발달한다. • 내적 동기를 수용할 수 있도록 피드백 기술을 개발한다. • 과제활동 중 결정군과 과제활동 후 결정군에서 의사결정권이 학습자에게로 이동하여 개별화 과정을 유지한다.

(3) 자기점검형 스타일의 구조 `23 기출`

> 과제활동 전(T) – 과제활동 중(L) – 과제활동 후(L)

① 자기점검형 스타일의 의사결정(O-T-L-O)에서 학습자는 이전의 스타일에 비해 많은 책임감을 갖게 된다. 이러한 특징은 ㉠ 개인연습과 ㉡ 자기평가라는 두 측면을 강조한다.

② 자기점검형 스타일의 특징적 행동은 상호학습형 스타일에서 발전된 것이다. 동료가 평가기준에 기초하여 피드백을 제공하는 의사결정이 각 학습자에게로 이동한다.

③ 자기점검형 에피소드의 가장 두드러진 측면은 두 개의 이전 스타일, 즉 연습형 스타일과 상호학습형 스타일에서 발전된 것이다. 궁극적으로 학습자는 그런 기법을 사용하여 스스로 평가할 수 있는 능력을 익힌다.

㉠ **연습형 스타일**에서 학습자는 과제를 수행하는 방법을 배운다.
㉡ **상호학습형 스타일**에서 학습자는 평가기준을 사용하고 동료에게 피드백을 제공하는 방법을 배운다.
㉢ 자기검검형 스타일에서 학습자는 동일한 자기평가 기술을 사용한다.

② 자기검검형 스타일의 행동은, 연습형 스타일에서 과제를 개별적으로 연습하는 학습자의 능력(9가지 과제활동 중 의사결정 행동)과 상호학습형 스타일에서 비교·대조·결론 도출이라는 과제활동 후 의사결정 능력에 의해 영향을 받는다.

	지시형(A)	연습형(B)	상호학습형(C)	자기점검형(D)
과제활동 전	(T)	(T)	(T)	(T)
과제활동 중	(T) →	(L)	(L$_d$)	(L)
과제활동 후	(T)	(T) →	(L$_o$) →	(L)

④ 자기점검형 스타일에서 의사결정권의 이동은 학습자가 자신의 과제수행을 평가하는 과제활동 후 결정군에서 발생한다.

　⊙ 교사는 과제활동 전 결정군에서 교과내용, 평가기준, 수업운영 절차에 대한 모든 결정을 한다.

　ⓛ 학습자는 과제활동 중 결정군에서 연습한다.

(4) 자기점검형 스타일의 실제

① 자기점검형 스타일에서 교사는 학습자가 학습의 핵심 내용을 이해하고 자신의 과제수행 정도를 기준과 비교·대조하면서 스스로 과제를 연습하게 함으로써, 자기주도적으로 학습해 나갈 수 있는 기회를 제공한다.

② 에피소드의 이해

　⊙ 학습자들은 체육관, 운동장, 무용실 등에 흩어져서 과제를 수행하다가 교사가 게시한 평가기준과 자신의 과제수행을 비교한 후 다시 과제를 수행한다. 학습자는 자신의 과제수행을 지속하거나 수정하며 새로운 과제로 이동한다. 이러한 활동은 학습자에게 처음으로 의사결정을 하도록 허락된 행동이다.

　ⓛ 학습자는 그러한 의사결정들에 참여하면서 몇 가지 보조행동들에도 참여해야 한다.

　　• 학습자는 잠시 멈추어 교사가 마련한 평가기준을 읽고 내면화한다.

　　• 과제수행을 한 후 학습자는 다시 멈춰 자신의 과제수행에 대해 마음속으로 평가하게 된다.

③ 자기점검형 스타일의 실행

　⊙ 과제활동 전 결정군

　　• 교사는 모든 과제활동 전 의사결정, 즉 교과내용, 평가기준, 수업운영 절차 등에 대한 의사결정을 한다.

　　• 과제활동 전 결정군에는 뒤따르는 일 대 일 상호작용을 하는 데 필요한 수업 행동, 학습내용의 순서, 내용 전달, 수업 자료와 용·기구에 대해 사전에 마음속으로 연습해 보는 것 등이 포함된다.

ⓛ 과제활동 중 결정군과 과제활동 후 결정군

교과내용 제시	교과내용 1. 과제를 제시한다. 2. 평가기준을 제시한다.
행동 제시	3. 교사는 교수스타일의 기대와 목표에 대해 설명한다. 4. 교사는 학습자의 역할을 제시한다. 　• 과제를 개별적으로 연습하기. 　• 평가기준에 맞추어 자신의 과제수행 점검하기. 5. 교사는 교사의 역할을 설명한다.
운영절차 제시	수업 운영절차에 대한 기대 6. 교사는 에피소드에 필요한 다음과 같은 세부항목을 결정한다. 　• 수업장소　　　　　• 시간 　• 과제용지에 필요한 용기구/수업자료를 찾는 장소 　• 평가기준에 필요한 용기구/수업자료를 찾는 장소 　• 용기구/수업자료를 반환하는 장소 　• 인터벌　　　　　• 자세　　　　• 복장과 외모
이해점검을 위한 질문	학생들이 활동을 시작하기 전에 교사는 수업 운영절차와 관련한 행동 기대의 이해 정도를 점검한다. 교사가 "더 궁금한 것이 있니?"라는 질문을 하고 학생들이 그에 대해 답변을 한 후 활동을 시작한다.
행동, 과제참여, 과제수행	7. 학습자들은 과제를 연습하는 동안 정해진 의사결정을 하기 시작한다. 과제를 수행하는 동안 학습자들은 과제 연습(과제활동 중)과 과제수행 점검(과제활동 후)을 번갈아 한다.
피드백 (과제활동 후)	8. 각 학습자는 과제를 수행할 때 기준 용지를 사용한다. 각 학습자는 자신의 학습 진도를 바탕으로 언제 기준 용지를 사용하여 자기평가를 실시할 것인지를 결정한다. 9. 과제활동 후 결정군에서 교사의 역할 　• 학습자의 과제수행을 관찰한다. 　• 학습자가 기준 용지를 사용하여 자기평가를 실시하는 것을 관찰한다. 　• 자기점검 과정에서 과제수행의 효율성과 정확성을 알아보기 위해 개별학습자와 의사소통한다. 　• 학습자가 자기평가를 마치면 피드백을 제공한다.
정리	10. 교사는 학생들의 새로운 행동의 핵심 사항에 대해 이야기하면서 수업을 정리한다. 자기평가 역할에 관해 전체 학급을 대상으로 설명한다.

(5) 자기점검형 스타일의 함축적 의미

① 교사는 학습자의 독립성을 존중한다.

② 교사는 자기관찰 시스템을 개발할 수 있는 학습자의 능력을 존중한다.

③ 교사는 학습자가 자기점검 과정을 정직하게 수행할 것이라고 믿는다.

④ 학습자는 개별적으로 과제를 수행하고 자기점검 과정에 참여할 수 있다.

⑤ 학습자는 기술 향상을 위한 피드백을 위해 자기점검 방법을 사용할 수 있다.

⑥ 학습자는 자신의 한계, 성공 그리고 실패를 분별할 수 있다.

(6) 교과내용과 과제활동지의 선정과 설계 **23 기출**

① 교과내용(과제) 선정 기준은 학습자가 과제활동 후 자기평가에 참여하기 전에 이미 과제를 어느 정도 능숙하게 수행할 수 있어야 한다는 점이다.

② 학습자가 새로운 과제를 배울 때 자기평가를 정확하게 하는 것은 어렵고 때로는 불가능하다. 이런 상황에서는 자기점검형 스타일보다 상호학습형 스타일이 더 적합하다.

③ 또 다른 문제점은 과제수행에 대한 정확한 기록 부족이다. 학습자는 기억에 의존한 평가기준에 따라 자신의 과제수행을 평가해야 한다. 이것은 많은 학습자에게 매우 어려우며, 특히 초보자들에게는 거의 불가능하다.

④ 자기점검형 스타일은 과제의 초점과 최종 결과가 신체 그 자체일 때 적용하기 힘들다. 더구나 과제수행의 기준이 신체부위 간의 정확한 관계일 때 본질적인 문제가 발생한다. 체조, 무용, 다이빙과 같은 활동들은 운동 감각에 토대를 두고 있으며, 그러한 운동 감각은 시간, 경험, 성공과 함께 향상된다. 그러나 활동을 새로 배우는 학습자들은 과제수행에 대한 정확한 정보원으로서 운동 감각을 사용할 수 없다. 운동 감각은 과제수행에 대한 일반적인 감각을 제공하지만, 과제수행 능력을 향상시키는 데 요구되는 정확한 정보를 제공하지는 않기 때문이다. 그런 종류의 과제에서 자기검검형 스타일을 사용하는 것은 적합하지 않다. 그럴 때는 외부로부터 피드백을 제공받는 상호학습형 스타일을 사용하는 것이 더 적합하다.

⑤ 움직임 자체보다 움직임 **결과**로 최종 결과를 얻는 과제가 자기점검형 스타일에 적합하다. 농구는 기술에 상관없이 성공 여부로 과제수행 결과를 판단할 수 있다. 창 던지기는 창을 던지는 폼과 상관없이 창이 날아간 거리로 승패를 결정한다. 신체 움직임과 최종 결과 사이의 관계는 과제수행자에게 즉각적인 피드백을 제공하며, 특정한 평가기준을 사용한 자기점검형 스타일의 사용을 가능하게 한다.

⑥ 운동 기술들을 계열화하고, 정확한 과제수행을 위한 단서를 제공하며, 자주하는 실수들을 목록화해둔 관련 문헌들이 있다면, 자기점검형 스타일에서 사용할 기준 용지를 준비할 때 소중하게 활용될 수 있다.

(7) 자기점검형 스타일의 특징

① 학습자가 과제를 수행하고, 스스로 평가한다.

② 학습자가 과제수행 기준에 대해 많이 알수록, 의미있고 정확한 자기 피드백(결과 지식)을 제공받을 수 있다. 과제수행에 대한 자기평가는 다음 연습 단계에서 그대로 수행할 것인지 아니면 자세 또는 시간을 바꾸어 연습할 것인지에 대한 정보를 제공해 준다.

③ 학습자는 자신의 한계, 성공, 그리고 실패를 스스로 확인할 수 있는 기회를 가질 수 있다. 이 스타일은 인지적 참여를 특히 강조한다. 특히 다른 사람에 의존하지 않고 과제를 스스로 연습하는 것, 스스로 연습에서 장단점을 평가하고 잘못을 바로 잡는 능력은 책임감 있는 행동을 학습할 수 있는 기회를 제공하게 된다.

④ 언어적 행동 – 교사와 학습자의 의사소통 목적
  ㉠ 학습자가 평가기준에 기초하여 자신의 운동수행을 비교·대조할 수 있다는 것을 확인할 수 있다.
  ㉡ 각 학습자가 자신의 과제수행에 대해 이야기하는 것을 들을 수 있다.
  ㉢ 질문을 통하여 학습자가 자신의 과제수행과 평가기준 사이의 차이를 알도록 유도할 수 있다.
  ㉣ 학습자가 자신의 과제수행과 평가기준 사이의 차이점을 모른다면, 차이점을 확인시켜 줄 수 있다.

⑤ 과제 설계 방법
  ㉠ 모든 학습자를 위한 단일 과제: 교사는 모든 학습자에게 동일한 과제를 할당한다.
  ㉡ 차별화된 과제: 교사는 각 학습자에게 각기 다른 과제를 부여한다.

⑥ 과제활동지
    ㉠ 과제활동지 양식이 중요하다. 과제가 복잡할수록 학습자가 종이와 연필만을 가지고 자기평가에 참여하는 것은 점점 어려워진다.
    ㉡ 비디오 녹화는 좋은 방법이지만, 시간이 소요되는 단점이 있다.
    ㉢ 각 움직임을 세부적으로 분류할 수 있는 과제는 평가기준이 적힌 용지만을 사용해도 괜찮다.
    ㉣ 각 학습자는 여러 부분의 내용을 적어 놓은 자신만의 과제활동지가 필요하다. 차트는 평가기준을 상기하는 데에는 좋지만, 복잡한 과제에는 적합하지 않다.
    ㉤ 상호학습형 스타일에 맞게 설계된 평가기준을 자기점검형 스타일에서도 사용할 수 있다. 수행 평가 기준은 바뀌지 않으며, 행동/의사결정에 대한 기대 행동만 바뀐다.

---

81 | 2001학년도

모스턴과 애쉬워스(Mosston & Ashworth)는 체육과의 수업 스타일 가운데 수업 전, 수업 중, 수업 후의 의사결정을 교사와 학생 가운데 누가 하는가에 따라 수업스펙트럼을 구분해 놓았다. 수업스펙트럼 가운데 상호학습(reciprocal style)과 자기점검 학습(self-check style)의 특징에 대하여 각각 설명하시오.

[정답] 자기점검형 스타일은 학습자가 과제를 수행하고 자기 스스로 평가한다는 특징이 있으며, 이전보다 학습자의 책임감이 커져서 개인 연습과 자기 평가를 강조한다.

2. 다음은 모스턴(M. Mosston)의 체육 교수 스타일을 활용해서 김 교사와 이 교사가 제작한 창작 체조 과제활동 지이다. (가)와 (나)에 사용된 체육 교수 스타일의 명칭을 차례대로 쓰시오. [2점]

(가) 김 교사가 제작한 과제활동지

과제활동: 3분 창작 체조를 개발하시오.

(1) 과제 부여: 움직임의 표현 요소를 적용하여 8개 이상의 움직임 동작을 연결한 3분 창작 체조를 개발한다.

(2) 과제활동 지침:

① 학생이 창작 체조 개발의 전체적 계획을 직접 수립하고 창작 체조 동작을 구상한다.

② 창작 체조 동작의 발상을 위해 창작 체조와 관련된 '질문 만들기'를 한다.

③ 창작 체조 동작 개발에 필요한 자료를 수집하고 창작 체조를 만든다.

④ 창작 체조 각각의 동작을 촬영하여 스스로 부족한 점을 찾아 보완한다.

⑤ 4차시에 걸쳐 지속적으로 수정하고 보완하여 창작 체조의 완성도를 높인다.

(나) 이 교사가 제작한 과제활동지

과제활동: 3분 창작 체조를 연습한 후 보고서를 제출하시오.

(1) 과제 부여: 3분 창작 체조를 실시하면서 주어진 체크리스트를 작성하여 보고서로 제출한다.

(2) 과제활동 지침:

① 창작 체조 동작을 순서대로 연습한다.

② 배부된 체크리스트에 제시된 기준은 동작의 정확성, 동작간 연결성, 동작의 숙련도이다.

③ 3분 창작 체조를 실시하며, 주어진 체크리스트에 자신의 수준을 기입하고 느낀 점을 적어 보고서로 제출 한다.

[정답] (가) 자기설계형 (나) 자기점검형

6. 다음은 체육 수업에서 사용한 모스턴(M. Mosston)의 교수 스타일 과제활동지이다. 밑줄 친 ㉠, ㉡의 명칭을 순서대로 쓰고, 아래 과제활동지에 근거하여 두 스타일의 공통점과 차이점을 각각 1가지씩 서술하시오. [5점]

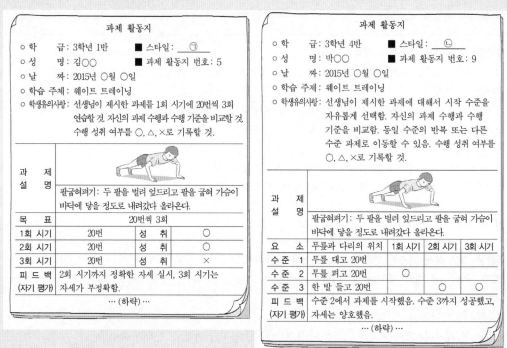

[정답] ㉠ 자기점검식, ㉡ 포괄형이다. 공통점은 자기평가가 있다. 차이점은 자검식은 교사가 제시한 대로 하고 포괄형은 시작 수준을 학생이 스스로 정한다.

5. 다음의 (나)는 정 교사가 작성한 수업 연구 노트의 일부이다. 〈작성 방법〉에 따라 순서대로 서술하시오. [4점]

(나) 정 교사의 수업 연구 노트

모스톤과 애슈워스(M. Mosston & S. Ashworth)의 교수 스타일에 제시된 ⬚⬚⬚ 스타일에 관한 내용을
바탕으로 수업을 설계하고자 함.

○ 개요
- 이 스타일은 학습자가 과제를 수행하고 스스로 평가하도록 하는 특징을 보임.

… (중략) …

- 학습자는 과제를 독립적으로 수행하고, 교사가 마련한 평가기준에 따라 자신의 과제수행을 스스로 점검할
  수 있어야 함.
  * 단, 초기 난이도(시작점)의 선택권은 부여하지 않음.

○ 다른 스타일과의 관계
- 이 스타일은 (㉡) 스타일과 (㉢) 스타일에서 발전된 스타일임.
- 이전 차시에서 서로 다른 스타일을 적용한 수업을 통해 학습자 역할을 배울 수 있음. 과제를 독립적으로
  수행하는 방법은 (㉡) 스타일을 적용한 수업에서 배우고, (㉢) 스타일을 적용한 수업에서는 평가
  기준을 활용하고 다른 학생에게 피드백을 제공하는 방법을 경험하며 자기 평가 기술을 배울 수 있음.

○ 과제활동 및 평가기준 설계 시 주의 사항
- 이 스타일은 움직임 자체보다 움직임 결과로 수행의 최종 결과를 확인할 수 있는 과제에 적합함. 평가기
  준 역시 ㉣움직임 수행의 최종 결과를 바탕으로 수행 능력을 평가할 수 있는 내용으로 설정하는 것이 적
  절함. 육상 멀리뛰기 종목의 경우, 폼(자세)보다 (㉤)을/를 바탕으로 평가기준을 설정하는 것이 더 타
  당함.

… (하략) …

── 〈작성 방법〉 ──

○ 괄호 안의 ㉡, ㉢에 해당하는 교수 스타일의 명칭과 각 스타일의 '과제활동 전, 중, 후 의사결정 구조(주체)'
  를 서로 연결하여 순서대로 서술할 것.
○ 괄호 안의 ㉤에 해당하는 내용을 밑줄 친 ㉣에 근거하여 쓸 것.

[정답] ㉡ 연습형, T-L-T(교사, 학생, 교사) [1점]
   ㉢ 상호학습형, T-Ld -Lo(교사, 수행자, 관찰자) [1점]
   ㉤ 기록(거리) [1점]

5. 포괄형 스타일 E (inclusive style: E) 16 기출 20 기출

(1) 개념과 특징

① 포괄형 스타일(the inclusion style)의 특징은 기술 수준이 다양한 학습자들이 자신이 수행할 수 있는 난이도를 선택하여 동일한 과제에 참여한다는 것이다.

② 교사의 역할은 과제의 난이도를 선정하고, 교과내용과 수업운영 절차에 대한 모든 의사결정을 하는 것이다.

③ 학습자의 역할은 자신이 성취할 수 있는 수준을 조사하고, 작점을 선택하여 과제를 연습하고 필요할 경우 과제수준을 수정하며, 평가기준에 맞추어 자신의 수행을 점검하는 것이다.

④ 포괄의 개념

ㄱ 배제(수평으로 줄잡기)

수평으로 줄잡기

• 바닥으로부터 약 1m의 높이에서 줄을 잡고, 학생들에게 한 사람씩 줄을 뛰어넘어 보도록 시킨다.

• 모든 학생들이 줄을 다 넘으면, 우리는 "이 줄을 가지고 새롭게 무엇을 할 수 있을까요?"라고 학생들에게 질문하자 금방 학생들은 "줄을 더 높이 들어요!"라고 대답한다.

• 우리는 줄을 몇 m 더 높이 들고, 학생들에게 다시 줄을 뛰어넘으라고 말한다.

• 모든 학생들이 다시 줄을 뛰어 넘는다. "또 뭐 할 수 있을까요?" 물으면, 학생들은 다시 "줄을 높이 들어요!"라고 대답한다.

• 우리는 줄의 높이를 몇 m 더 올리고 학생들은 줄은 뛰어넘는다. 이 행동을 여러 차례 반복한다.

• 줄의 높이가 어느 정도 높아지면, 일부 학생들이 줄을 넘지 못하는 상황이 벌어진다. 그들은 몇 발자국 걸어가서 앉는다.

• 우리는 마지막으로 한 사람이 남거나 아무도 남지 않을 때까지 줄의 높이를 올리면, 많은 학생들은 줄을 넘을 수 없게 된다.

• "이 경험은 배제의 개념(과제를 단일 기준으로 설계한)을 표현한 것이다."라고 우리는 이야기한다.

• 수평으로 줄잡기 방법은 늘 사람을 "배제"시킨다.

ㄴ 포괄(경사지게 줄잡기)

경사지게 줄잡기

• 우리는 "모든 학생들을 다 참여시킬 수 있도록 하려면 (모든 학생들이 성공적으로 줄을 넘을 수 있기 위해서) 줄을 어떻게 해야 하죠?"하고 묻는다.

• 잠시 침묵이 흐른다. 모든 참여자들은 깊이 생각에 잠긴다.

• "나 알아요."라고 한 학생이 말한다. "나는 우리 모두가 참여할 수 있는 방법을 알아요.", "줄을 경사지게 잡으면 돼요."

• 우리는 줄의 한쪽 끝을 가슴 높이로 들고 반대편 줄을 땅에 댄다. "줄을 다시 뛰어넘어 봐요."라고 말한다.

• 잠시 후, 학생들은 다양한 높이의 줄로 흩어져 줄을 뛰어넘기 시작한다. 모든 학생들이 완벽하게 줄을 뛰어넘는다.

• "다시 해봐요." 우리는 학생들에게 말한다. 다시 모든 학생들이 줄을 뛰어넘는다. "이 경험은 모든 학생들이 다 참여할 수 있는 포괄의 개념을 표현한 것"이라고 우리는 이야기한다.

• 경사지게 줄잡기는 항상 모든 사람을 "포괄"한다.

(2) 교과내용 목표와 행동 목표

교과내용 목표	행동 목표
• 학습자들의 개별적 운동 수행 능력의 차이를 수용한다. • 동일한 과제에서 모든 학습자들에게 다른 내용의 출발점을 제공할 수 있도록 과제를 설계한다. • 계속적인 참여 기회를 제공함으로써 학습자의 내용 습득을 촉진시킨다. • 내용 수정 의사결정의 기회를 제공한다. • 과제 참여 시간의 질을 높인다. • 계열적 평가 과정을 강화한다.	• 학습자가 초기 과제수행 수준을 선택함으로써 과제의 출발점에 대한 의사결정을 경험한다. • 평가기준을 사용하여 자기 평가 기술을 연습한다. • 계속적인 내용 참여를 유지할 수 있는 수정 의사결정을 경험한다. • 과제수행 능력의 개인적 차이를 수용한다. • 자신이 기대하는 기술 수준과 현재 자신의 과제수행 능력 간의 일치 또는 차이를 다루는 방법을 배운다. • 자기신뢰에 본질적인 기술을 배운다. • 정직하게 자기 평가를 실시하고 적절한 자기 수준을 선택하는 것을 연습한다.

(3) 포괄형 스타일의 구조

과제활동 전(T) − 과제활동 중(L) − 과제활동 후(L)

	지시형(A)	연습형(B)	상호학습형(C)	자기점검형(D)	포괄형스타일(E)
과제수행 전	(T)	(T)	(T)	(T)	(T)
과제수행 중	(T) →	(L)	(L_d)	(L) →	(L)
과제수행 후	(T)	(T) →	(L_o) →	(L)	(L)

① 교사는 과제수행 전 결정군에 대한 의사결정을 하고 과제수행 중 결정군에서 학습자의 역할 이동을 예상한다.

② 교사는 과제의 난이도 선정, 교과내용과 수업 운영 절차에 대한 의사결정을 한다. 과제에 적합한 평가기준을 준비하고 학습자의 질문에 답을 해야 한다.

③ 학습자는 과제수행 중 결정군에서 자신의 과제수행 수준을 선택하고는 교과내용 시작점을 결정한다.

④ 과제수행 후 결정군에서 학습자는 자신의 과제수행을 평가하고, 어떤 수준을 계속 수행할 것인지를 결정한다.

⑤ 학습자는 자신이 성취 가능한 수준을 이해하고, 시작점을 선택하여 과제를 연습하며, 필요에 따라 과제 수준을 수정하며 평가기준에 맞추어 자신의 수행을 점검한다.

⑥ 경사지게 줄잡기와 같이 여러 난이도의 과제를 제공하면서 학습자가 만드는 의사결정을 세부적으로 조사한 결과 (계열성은 어느 과제에서나 동일하다.)

  ㉠ 자신에게 적합한 줄의 높이를 찾던 학습자에게 경사지게 줄잡기는 도움이 될 것이다.

  ㉡ 학습자는 자기평가를 실시한 후 출발점을 스스로 결정한다.

  ㉢ 학습자는 몇 발자국 뛰어간 후, 선택한 높이의 줄을 뛰어넘는다. 학습자는 자신이 뛰어넘을 수 있는 줄의 높이를 알 것이다.

  ㉣ 학습자는 자신이 선택한 첫 번째 줄의 높이에서 성공했다는 것을 알 것이다.

  ㉤ 학습자는 몇 발자국 걸어간 후, 선택한 높이의 줄을 뛰어넘는다.

  ㉥ 학습자는 평가기준에 기초하여 자신의 줄 뛰어넘기 결과를 평가한다.

  ㉦ 학습자의 선택에 따른 다양한 수준의 연습과정이 계속된다.

(4) 포괄형 스타일의 실제

① 에피소드의 이해

㉠ 교사는 체육 수업에서 '경사지게 줄잡기'의 개념을 시범 보이면서 포괄형 스타일을 소개할 수 있다. 교사는 선택의 개념을 강조하는(즉, 과제 수정을 통하여 포괄이 발생하는) 시범을 보인 후 학생들에게 포괄형으로 설계한 새로운 과제를 연습하도록 요청한다.

㉡ 학습자들은 흩어져서 과제 용지를 집어든 후, 자신의 연습 장소를 선택한다. 그다음 <u>학습자는 교사가 제공한 여러 과제의 난이도를 검토한 후 자신에게 맞는 개별 출발점을 결정</u>한다.

㉢ 학습자들에게는 시작 시간과 초기 난이도를 선택할 수 있는 기회가 제공된다.

㉣ 교사는 학습자 사이를 순회하면서 학습자에게 개별 피드백을 제공한다. 이때 교사가 주는 피드백은 과제수행의 세부사항에 대해서가 아니라 의사결정에 대한 것이다.

• <u>학습자가 선택한 수준에 대해 가치적 피드백 제공이 아닌 가치중립적인 피드백을 제공하는 것이 중요하다.</u>

• 학습자가 선택한 과제 수준이 적절했는지 아닌지를 따지는 것은 교사의 역할이 아니다.

• 학습자의 역할은 <u>교사에게 도움을 요청하지 않고 자신에게 적합한 수준을 선택하는 것이다.</u>

㉤ 포괄형 스타일의 목표는 학습자가 자신이 가장 잘 수행할 수 있는 교과내용 수준을 적절하게 선택하도록 가르치는 것이다. 포괄형 교수 행동은 인지적 발달과 심동적 발달뿐만 아니라 정의적 발달을 강조한다. 이러한 행동은 학습자들의 감정, 자아개념, 참여도를 발달시킨다.

㉥ 과제수행 시 자주 발생하는 잘못들에 주의를 기울여야 한다. 학습자가 선택한 수준과 관계없이, 학습자에게 과제에 대해 질문하고 한 번 이상 과제수행을 점검해야 한다.

② 포괄형 스타일의 실행(포괄형 스타일의 수업 예시 안)

㉠ 과제활동 전 결정군: 교사가 과제활동 전 의사결정을 한다.

• 포괄형 스타일에서 점진적으로 어려워지는 내용 계열성은 학습자의 교과내용 참여를 촉진한다.

• 포괄형 스타일에서는 내용 선택의 옵션이 많고 다양한 정서적 특성들이 존재하기 때문에 학습자의 능력에 대해 폭넓은 전제가 필요하다. 포괄형 스타일에서 학습자가 보여주는 행동들은 각각 인간 속성의 발달에 기여한다.

• 교사는 포괄의 개념을 소개한다.

• 교사는 수업 목표, 학습자 및 교사의 역할 기대 행동, 교과내용, 개별적 과제 용지, 수업 운영 절차, 이해 점검을 위한 질문을 제공한다.

㉡ 과제활동 중 결정군

• 학습자는 자신에게 맞는 과제 수준을 선택하여 과제를 연습한다.

• 교사는 질의응답 등의 방식으로 학습자와 상호작용한다.

㉢ 과제활동 후 결정군

• 학습자는 기준 용지에 기초하여 자신의 과제수행을 평가한다.

• 교사는 전체 학급을 대상으로 출발점의 선택, 선택한 과제의 수정, 자기점검에 대한 피드백을 제공한다.

(5) 포괄형 스타일의 함축적 의미

① 포괄형 스타일을 사용한다는 것은 교사가 배제보다는 포괄과 참여의 개념을 철학적으로 수용한다는 것을 의미한다.

② 학습자가 자신이 생각하는 이상적인 수준과 현재 자신의 능력 사이의 차이를 발견할 수 있도록 수업 상황을 만들어야 한다.

③ 학습자는 이상과 현실 사이의 차이를 수용하면서 그것을 줄일 수 있는 방법을 배워야 한다.

④ 학습자는 자신의 현재 수준에서 그 과제를 수행할 수 있는가를 알아야 한다.

(6) 교과내용의 선정과 설계

① 각각의 과제는 교사가 정한 기준이 되며, 학습자의 과제는 그 수준에서 과제를 수행하는 것이다.

　　㉠ 포괄형 스타일은 다른 과제 설계의 개념을 소개한다. 즉 동일한 과제에 대한 다양한 운동 수행 수준이다.

　　㉡ 이전 스타일에서 학습자가 할 수 없었던 주요 의사결정(어떤 수준에서 과제를 시작할 것인지)을 학습자에게 이동시킨다.

② 개별화 프로그램 : 독립적인 연습 시간을 연장시킨다. 여러 과제와 난이도로 이루어진 개별화 프로그램은 연속적인 에피소드로 설계되어야 한다.

　　㉠ 독립심을 가르칠 때에는 많은 시간이 필요하지만, 개별화 프로그램을 통해 이 목표를 달성할 수 있다.

　　㉡ 개별화 프로그램은 과제를 여러 수준으로 나누어 제시하기 때문에 난이도 개념을 먼저 이해하는 것이 도움이 될 것이다.

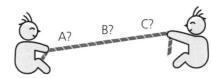

포괄형 스타일로 설계된 과제

③ 난이도 개념

　　㉠ 줄넘기 : 동일한 과제를 다양한 난이도로 학생들에게 제공한다(난이도 결정: 줄의 높이).

　　㉡ 농구 골대에 슛하는 활동 : 난이도 결정

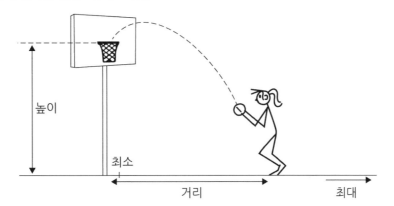

[그림 2-1] 난이도에 영향을 미치는 요소 : 농구 골대에 슛하기

　　㉢ 1.거리 2.농구골대의 높이 3.림의 직경 4.공의 크기 5.공의 무게 6.슛의 각도(다양한 위치에 따른)

　　㉣ 난이도를 결정하는 요소 확인하기(포괄형 스타일에 적합한 과제를 준비하기 원하는 교사가 직면한 주요 질문 중의 하나는 선택한 과제에서 요소를 어떻게 확인할 수 있느냐?) 두가지 절차가 고려된다.

④ 난이도를 결정하는 요소 확인하기
　　㉠ (3개의 설계 방법에 대한) 과제분석과 점검목록표라는 두 가지 절차가 고려되어야 한다.
　　㉡ 모든 과제는 세 가지 방법 중 하나로 설계한다.
⑤ 과제 분석(3개의 설계 방법) 05 기출
　　㉠ 전통적인 설계 방법

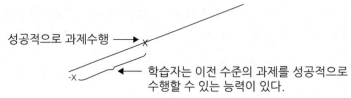

〈전통적인 설계에서 성공적인 과제수행〉

- 선의 증가는 매우 적고, 과제는 연속적인 요소로부터 나온다. (경사지게 줄잡기의 예이다.)
- 옵션의 범위는 활동 고유의 내적 요소로부터 나온다. (경사지게 줄잡기의 경우에 줄의 높이다.)
- 제공된 수준에 대한 성공적인 과제수행은 낮은 수준의 난이도에 대한 성공을 보장한다. (역학적인 원리가 이 스타일 설계의 토대가 된다.)

　　㉡ 반 전통적인 설계 방법

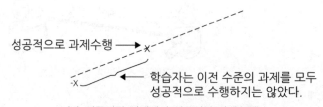

〈반 전통적인 설계에서 성공적인 과제수행〉

- 선의 증가는 점진적이지만 연속적이지 않다. 즉 단계들 사이에 예외적인 차이가 있다.
- 내적 요소(例 배트로 치기)는 단계적인 난이도를 제공하지 않는다. 관련 난이도의 확인이 항상 가능하지 않다.
- 제공된 수준에서의 과제수행은 논리적으로 덜 어려운 난이도의 성공을 보장하지 않는다.

　　㉢ 누적 설계 방법

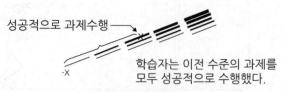

〈누적 설계의 성공적인 과제수행〉

- 선의 증가는 일정하지 않다.
- 외적 요소(반복수, 시간)가 난이도를 제공한다.
- 제공된 수준에 참여하기 위해, 학습자는 모든 이전 수준을 성공적으로 수행해야 한다.

⑥ 점검목록표(factor grid)

　⊙ 전통적인 설계 방법과 누적 설계 방법에서 사용하기 적합하다.

　⊙ 선택한 과제에서 요소를 확인할 때, 교사를 안내하는 역할을 하며, 체육관련 과제설계에 영향을 주는 내적 요소와 외적 요소에 대한 사고방식을 제공한다.

[점검 목록표]			
과제명: • 주요 요소와 지원 요소 순위 정하기　　• 범위 확인하기			

외적 요소			범위
＿＿ 반복 수　　　　＿＿ 시간			

내적 요소			
＿＿ 거리　　＿＿ 높이　　＿＿ 장비 무게　　＿＿ 장비 크기			
＿＿ 목표물 크기　　＿＿ 속도　　＿＿ 자세			

점검목록표는 아래와 같을 것이다.
과제명: 팔굽혀 펴기

외적 요소			범위
＿＿반복 수: 3　　　　＿＿시간			

내재적 요소

＿＿거리　　　　　　＿＿높이　　　　＿＿장비 무게　　　＿＿ 목표물 크기
＿＿속도　　　　　＿1＿ 팔과 몸 사이의 각도

from　　　　　　　　　　　to

신체의 위치: 난이도의 요소

A　　　　　　　　B　　　　　　　　C

(7) 포괄형 스타일의 특징

① **다양한 기술 수준에 있는 학습자가 자신들이 수행할 수 있는 난이도를 선택하면서 동일한 과제에 참여한다는 것이다.**

② **포괄형 스타일은 성공적인 참여 기회를 보장함으로써 학생들의 질 높은 과제 참여 시간을 증가시킬 수 있다.** 이 스타일은 성공적인 결과가 아닌 성공적인 참여 기회라는 점에서, 학생들이 자발적으로 과제 수행에 열심히 참여하게 된다. 이는 참여 기회가 연속적으로 이루어짐을 의미하며 결국 과제 습득의 가능성을 높여주게 된다. 궁극적으로 단순히 과제에 참여하는 것이 아니라, 성공을 위한 노력을 더욱 기울이게 됨으로써 자연스럽게 질 높은 과제 참여로 연결된다.

③ **학습자들이 과제수행 능력에 대한 학생 개인차를 인정한다.** 학습자들이 체격, 체력, 운동 기능, 학습 동기 등의 다양한 차이가 존재함을 인식하게 되고, 이로 인해 단일 과제보다는 다양한 과제 수준과 평가기준의 중요성을 깨닫게 된다.

④ 교사는 처음에 선택한 수준에 머물고 있는 학습자에게 특별한 주의를 기울여야 한다. 학생들은 자신이 도달하고 싶어하는 이상적인 기술 수준과 자신의 현재 기술 수준 사이의 차이를 감소시키기 위해 노력하는 반면, 이상이 높을 때 현실이 낮다는 것을 알아야 한다. 때때로 이것은 반대가 되기도 한다. 학생들의 이상은 낮고 현실(과제수행 능력)이 높을 때도 있다. 종종 이 괴리는 신체적인 것보다는 감정적인 것에 기초한 것이다. 교사의 역할은 이 차이를 인정하고 이것을 좁히기 위해 학습자를 이끌어야 한다.

⑤ 운동 기능이 높은 학생들은 오히려 모든 학생들이 참여하게 되는 포괄형 스타일에 어려움을 호소한다. 상대적으로 이들은 모든 학습자들이 동등하게 인정받는 것을 수용하기 어렵기 때문이다. 이들에 대한 세심한 주의가 필요하다.

참고문제	2016년 지도사 2급

9. 〈보기〉에서 제시하고 있는 포괄형 스타일의 특징은?

─〈보 기〉─
- 유 코치는 높이뛰기를 지도하기 위해서 바(bar)의 높이를 110cm, 130cm, 150cm로 준비하였다.
- 참여자들은 자신의 수준에 적합한 바의 높이를 선택하였다.

① 지도자가 참여자의 출발점을 결정한다.
② **과제수행 능력에 대한 개인의 차이를 인정한다.**
③ 모든 참여자가 동일한 수준의 과제를 수행한다.
④ 지도자는 참여자가 선택한 수준에 대해 가치가 담긴 피드백을 제공한다.

[4~6] 다음 교수·학습과정안의 일부를 보고 물음에 답하시오.

단 계	과 제	교수· 학습 활동			시 간
전개	모둠별 허들 연습	모둠 A			25분
		모둠 B			
		모둠 C			

4. 위의 교수·학습과정안은 박 교사가 모스턴(Mosston)의 티칭 스타일(teaching style)을 활용하여 작성한 것이다. 이 수업에서 각 모둠의 첫 번째 허들에서 마지막 허들까지의 전체 거리는 동일하다. 박 교사가 활용한 티칭 스타일의 명칭을 제시하고, 이 티칭 스타일과 제 7차 교육과정의 편성·운영의 공통점을 3줄 이내로 설명하시오. [2점]

• 티칭 스타일의 명칭: _____

• 공통점: _____

6. 박 교사가 허들 활동에 적용한 과제 설계 방식의 특징을 2줄 이내로 기술하고, 동일한 티칭 스타일에 기초하여 허들 활동에 적용할 수 있는 또 다른 과제 설계 방식의 사례를 1가지만 직접 설계하여 2줄 이내로 기술하시오.

[2점]

• 박 교사의 과제 설계 방식 특징: _____

• 과제 설계 방식의 사례: _____

[정답 4] • 티칭 스타일의 명칭: 포함식(포괄형) 스타일

• 공통점: 모스턴의 포함식 스타일은 난이도의 개념을 스타일에 적용한 것으로 수준별 학습이 가능하다. 7차 교육과정의 체육교과는 수준별 교육과정 대신 수준별 수업을 적용하도록 권고되고 있다. 따라서 2가지의 공통점은 학생의 능력을 포함한 개인차를 고려한 수준별 수업을 통해 개별화된 수업이 가능하다.

[정답 6] 외적 요소(시간, 반복 횟수) / 내적 요소(거리, 높이, 장비 크기, 장비 무게, 목표물 크기, 속도)

• 박 교사의 과제 설계 방식 특징: 내적 요소인 허들 간 간격을 다르게 하였고(처음 허들과 마지막 허들 총거리는 같고 허들 개수가 다르기 때문에) 외적 요소인 허들을 반복적으로 넘는 횟수를 다르게 하였다.

• 과제 설계 방식의 사례: 내적 요소로 허들 높이를 다르게 제시할 수 있으며 외적 요소로 허들을 넘는 시간제한을 다르게 할 수 있다.

다음은 최고 중학교 체육교과 협의회에서 윤 교사가 작성한 농구 수업 교수학습 과정안에 대해 논의하는 과정이다. 학습목표 달성에 적합한 ㉠교수 스타일과 ㉡교수학습 활동, 그리고 그러한 주장을 제기하는 ㉢이유로 알맞은 것은?

윤 교사	
학습목표	자신에게 알맞은 농구 골대의 높이를 선택하여 레이업 슛 연습하기
교수 스타일	㉠
교수학습 활동	㉡

	주장	이유
①	㉠ 포괄형 스타일 ㉡ 교사는 학습자에게 동료평가지를 배부	㉢ 수준별 연습을 위해 동료가 수준을 평가 및 발견해 주어야 하기 때문
②	㉠ 상호학습형 스타일 ㉡ 학습자는 친구의 과제수행을 관찰	㉢ 동료의 관찰이 자신의 수준 파악에 가장 효과적이기 때문
③	㉠ 상호학습형 스타일 ㉡ 학습자는 스테이션별로 반복 연습	㉢ 운동기능 연습을 위해서는 반복 연습이 가장 중요하기 때문
④	㉠ 유도발견형 스타일 ㉡ 교사는 학습자에게 질문을 많이 활용	㉢ 기능 수준 파악을 위해서는 교사의 질문이 가장 효과적이기 때문
⑤	㉠ 포괄형 스타일 ㉡ 학습자는 평가기준에 기초하여 자신의 과제수행을 점검	㉢ 학습자의 능력에 맞는 학습 기회를 제공해 주어야 하기 때문

[정답] ⑤

다음은 박 교사가 농구 수업에서 체육관을 4개의 스테이션(station)으로 구분하여 모스턴(Mosston)의 티칭 스타일을 활용한 모습이다. 이 수업에서 박 교사가 활용한 4가지 티칭 스타일을 모사중심 티칭 스타일군에서 골라 각각의 명칭과 목적을 쓰시오.

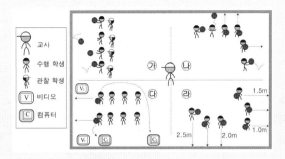

• 스테이션 ㉮의 티칭 스타일 명칭: _____ 목적: _____

• 스테이션 ㉯의 티칭 스타일 명칭: _____ 목적: _____

• 스테이션 ㉰의 티칭 스타일 명칭: _____ 목적: _____

• 스테이션 ㉱의 티칭 스타일 명칭: _____ 목적: _____

[정답] • 스테이션 ㉮의 티칭 스타일 명칭: 상호학습형 스타일

목적: 특정한 기준에 의거하여 학생들 간의 사회적인 상호작용을 유도하고 서로 피드백을 제공하도록 하는 것이다. 즉, 학습자가 서로 수행자/관찰자로서의 역할을 경험해 보면서 과제를 수행한다.

• 스테이션 ㉯의 티칭 스타일 명칭: 연습형 스타일

목적: 교사가 학습자 개개인에게 과제를 스스로 연습할 수 있는 시간을 제공하고, 피드백을 개별적으로 제공해 주는 데 있다.

• 스테이션 ㉰의 티칭 스타일 명칭: 자검식 스타일

목적: 학습자가 과제를 수행하고, 자기 스스로 평가한다는 특징이 있으며, 이전보다 학습자의 책임감이 커져서 개인 연습과 자기 평가를 강조한다.

• 스테이션 ㉱의 티칭 스타일 명칭: 포괄형 스타일

목적: 기술 수준이 다른 다양한 학습자가 자신들이 수행할 수 있는 난이도를 선택하면서 동일한 과제에 참여한다는 것이다.

모스턴(Mosston)의 체육 수업 스타일에 따른 교과내용 목표와 행동 목표를 바르게 제시한 것은?

유형 \ 목표		교과내용 목표	행동 목표
①	상호 학습형	지정된 관찰자와 수행자의 역할을 반복함으로써 교과내용을 자기 것으로 소화해 낼 수 있다.	자신의 과제수행을 확인할 수 있는 평가기준을 사용하며, 과제수행에 대한 정직성을 유지한다.
②	지시형	과제를 스스로 연습할 수 있으며, 이를 통하여 내용을 학습하고 내재화할 수 있다.	그룹의 기준에 맞추어 단체 정신을 강화하며, 모두 일체가 되는 모습을 보인다.
③	포괄형	동일한 과제에서 학습자가 다양한 시작점을 선택할 수 있도록 여러 선택 사항을 제공한다.	초기 과제수행 수준을 선택하여 과제의 시작점에 필요한 의사결정을 경험한다.
④	연습형	제시된 모델을 빠르게 모방할 수 있으며, 정확하고 정밀하게 수행할 수 있다.	9가지 의사결정을 실시해 봄으로써 학습자의 독자성을 초보적 수준에서 경험한다.
⑤	자기 점검형	과제를 독립적으로 수행할 수 있으며, 자신의 과제수행에 대한 오류를 수정할 수 있다.	동료와 함께 피드백을 주고받는 방법과 사회적인 태도를 학습한다.

[정답] ③

6. 다음은 체육 수업에서 사용한 모스턴(M. Mosston)의 교수 스타일 과제활동지이다. 밑줄 친 ㉠, ㉡의 명칭을 순서대로 쓰고, 아래 과제활동지에 근거하여 두 스타일의 공통점과 차이점을 각각 1가지씩 서술하시오.

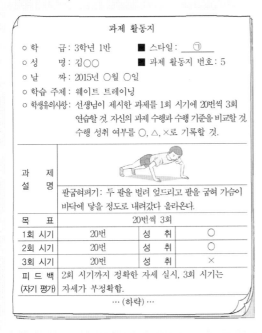

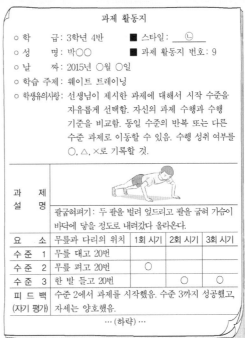

[정답] • ㉠ 자기점검식

• ㉡ 포괄형

• 공통점은 자기평가가 있다.

• 차이점은 자검식은 교사가 제시한 대로 하고, 포괄형은 시작 수준을 학생이 스스로 정한다.

6. 다음의 (가)와 (나)는 모스턴(M. Mosston)의 교수 스타일을 요약한 것이다. 〈작성 방법〉에 따라 순서대로 서술하시오. [4점]

모스턴의 교수 스타일

(나) (ⓒ) 스타일

○ 과제가 수준별 학습을 지향할 때 활용이 가능하다.
○ 학생은 교사가 안내한 과제 수준의 출발 지점을 스스로 선택한다.
○ 학생은 교사가 마련한 평가기준에 기초하여 과제수행을 점검한다.
○ 교사는 학생이 선택한 과제 수준에 대하여 가치적 피드백 제공을 지양한다.

───────── 〈작성 방법〉 ─────────

○ 괄호 안의 ⓒ에 해당하는 명칭을 쓰고, 이 교수 스타일에서 과제수행 전, 중, 후 의사결정 주체를 순서대로 서술할 것.

[정답] ⓒ은 포괄형 스타일(E)이고 [1점], T(교사)-L(학습자)-L(학습자)이다. [1점]

2 창조 중심 스타일

• 지금까지 지시형 스타일에서 포괄형 스타일의 교수학습 스타일군에 대해 알아보았다. 지금부터는 창조 중심 교수 스타일로 이동할 것이다. 첫 번째 창조 중심 교수 스타일은 유도발견형 스타일이며 학습자를 기억에서 발견으로 점차 이동할 수 있도록 어떻게 설계되었는가를 설명한다.

6. 유도발견형 스타일 F (guided discovery style: F) `03 기출` `07+ 기출` `11 기출` `19 기출`

(1) 개념과 특징

① 유도발견형 스타일의 특징은 교사에 의해 부과되는 연속적인 질문을 통해 미리 예정되어 있는 해답을 학습자가 발견하도록 유도하는 것이다.

② 교사의 역할은 <u>학습자가 발견해야 할 목표 개념을 포함한</u> 일련의 <u>단계적(계열적)이고 논리적인 질문을 설계</u>하고, 교과와 관련된 모든 의사결정을 하는 것이다.

③ 학습자의 역할은 교사에 의해 주어진 질문에 대한 해답을 발견하기 위해 일련의 과제를 수행하는 것이다. 학습자는 교사가 제시한 문제에 대한 해답을 발견하는 동안 교사가 정해준 과제 내에서 배우는 내용의 일부분에 대해서만 의사결정을 내릴 수 있다.

④ 교사에 의해 부과되는 각 질문은 학습자로 하여금 정확한 해답을 발견해내도록 유도한다. 이 연속적인 수렴과정의 누적적인 효과로 학습자는 필요한 개념, 원리 또는 지식을 발견하게 된다.

⑤ <u>학습자가 본 수업에서 알아야 할 개념을 이미 알고 있다면, 그러한 유도발견 수업은 의미가 없어지고 연습형 스타일의 성격을 띠게 된다.</u>

3. 〈보기〉에서 설명하는 교수법은?

———————————————〈보 기〉———————————————

참여자는 체육지도자가 묻는 질문에 대답하면서 한 가지 개념적 아이디어를 찾아낸다.

① 지시형　　　　② 자기점검형　　　　③ 연습형　　　　**④ 유도발견형**

14. 〈보기〉의 수업 장면에서 활용된 모스턴(M. Mosston)의 교수 스타일에 대한 설명으로 적절하지 <u>않은</u> 것은?

———————————————〈보 기〉———————————————

- 운동종목: 축구　　• 학습목표: 수비수를 넘겨 멀리 인프런트킥으로 패스하기
- 수업장면

　지도자: 네 앞에 수비가 있을 때, 멀리 있는 동료에게 패스하려면 어떻게 킥을 해야 할까?

　학습자: 수비수를 피해 공이 높이 뜨도록 차야 해요.

　　　　　　　　　　　　　… (중략) …

　지도자: 그럼, 달려가면서 발의 어느 부분으로 공의 밑 부분을 차면 멀리 보낼 수 있을까?

　학습자: 발등과 발 안쪽의 중간 지점이요(손으로 신발 끈을 묶는 곳을 가리킨다).

　지도자: 좋은 대답이야. 그럼. 우리 한 번 수비수를 넘겨 킥을 해볼까?

① 지도자는 미리 예정되어 있는 해답을 학생에게 직접적으로 전달한다.

② 지도자는 논리적이며 계열적인 질문을 설계해야 한다.

③ 지도자는 질문(단서)에 대한 학습자의 해답(반응)을 검토하고 확인한다.

④ 지도자와 학습자가 지속적으로 상호작용하며 의사결정을 내린다.

(2) 교과내용 목표와 행동 목표

교과내용 목표	행동 목표
• 주어진 과제 내에서 질문단계들 간의 상호 연관성을 발견한다. • 목표(표적)의 개념, 원리, 아이디어를 발견한다. • 보다 광의의 개념으로 논리적으로 유도하는 단계적인 발견 과정을 경험한다. 즉, 계열화된 발견 기술들을 개발한다.	• 발견 역치를 뛰어넘는다. • 학습자가 수렴적인 사고를 나타내는 개념과 원리를 발견하도록 유도한다. • 학습자가 교사에 의해 주어진 질문과 본인이 발견한 해답 사이의 정확한 인지적 관계를 의식한다. • 목표에 도달하는 단계가 정확하고 논리적이며 최소한의 단위로 이루어진다. • 교사와 학생 모두에게 인지적 경제성(⑩ 목표에 도달하는데 최소한의 정확하고 논리적인 질문단계들을 사용하는 것)을 가르친다. • 발견에 도움이 되는 효율적이고 우호적인 학습 분위기를 조성한다. • 학습자에게 발견의 희열을 경험하도록 한다.

(3) 유도발견형 스타일의 구조

> 과제활동 전(T) – 과제활동 중(T/L) – 과제활동 후(T/L)

	지시형(A)	연습형(B)	상호학습형(C)	자기점검형(D)	포괄형(E)	유도발견형(F)
과제활동 전	(T)	(T)	(T)	(T)	(T)	(T)
과제활동 중	(T) → (L)		(L_d)	(L) →	(L) →	(T_L)
과제활동 후	(T)	(T) →	(L_o) → (L) →	(L)	(L) →	(T_L)

포괄형 스타일에서 유도 발견형 스타일로의 변화

① 교사는 과제활동 전 결정군의 모든 결정권을 갖는다. 또한, 목표하는 것을 발견하도록 학생들을 유도하는 논리적이며, 계열적인 질문의 설계와 모든 운영 절차적 결정들이 포함한다.

② 교사는 학습자가 발견해야 할 목표 개념을 포함한 일련의 계열적인 질문을 설계하며 의사결정을 한다.

③ 과제활동 중 결정군은 교사와 학습자가 상호작용하며 만들어 가는 일련의 의사결정의 과정이다.

④ 학습자는 교사에 의해 주어진 질문에 대한 해답을 발견한다.

⑤ 과제활동 후 결정군에서 교사는 질문에 대한 학습자의 해답을 검토하고 확인한다.

⑥ 과제활동 중과 후 결정 단계에서 <u>학습자와 교사가 지속적으로 서로 상호작용하면서 의사결정을 내리는 것이 이 스타일의 특징이다.</u>

⑷ 유도발견형 스타일의 실제

① 에피소드는 미리 예정된 목표를 학습자가 발견하도록 논리적으로 유도하는 연속적인 질문들로 구성된다.

  ㉠ <u>무작위적 질문, 질문의 재현, 발산적인 질문, 탐구를 요하는 질문, 창조적 움직임 또는 복합적인 설계는 이 교수·학습 구조에서의 질문의 예가 아니다.</u>

  ㉡ 단지 질문을 하는 것만으로 유도 발견형 스타일을 사용한다고 볼 수 없다.

  ㉢ <u>유도발견형 스타일에서의 질문은 학습자를 미리 예정된 목표로 인도하도록 이끄는 수렴적인 과정을 요구하는 질문이다.</u>

② 에피소드의 이해

  ㉠ 유도 발견의 단계 계획은 과제활동 전 결정군에서 주로 교과내용에 관한 의사결정을 말한다.

  ㉡ 내용이 결정된 다음에 가장 중요한 것은 유도발견의 단계를 설계하는 일이다.

  ㉢ 학생이 최종 결과(개념이나 특정한 움직임 등)를 발견할 수 있도록 점진적으로 유도하는 질문의 순서를 결정하는 일이다.

  ㉣ 각각의 질문과 그에 상응하는 반응과의 관계를 보여주며, 각 단계는 이전의 단계에서 얻어진 반응에 기초한다. 각 단계는 신중하게 경중을 헤아려보고 판단 검증되어야만 하고, 그런 다음 특정 지점에서 차례로 확립되어야만 한다.

  ㉤ 각각 단계별 내용 사이에는 내적으로 연관성이 있어야 한다. 연관성 있는 단계를 설계하기 위해서 교사는 주어진 단계에 대응하는 학생의 반응을 예측해 볼 필요가 있다.

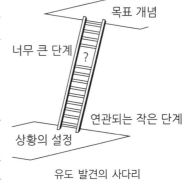

유도 발견의 사다리

  ㉥ 새로운 단계는 이전 단계보다 더 작거나 근접한 단계이어야 하고, 다양한 반응이 나올 경우의 수를 감소시켜야 한다. 유도발견형 스타일의 이상적인 형식은 1가지 단서에 오직 1가지 반응만이 나오도록 구성된 것이다.

  ㉦ 유도발견 과정은 각 단계마다 S-D-M-R의 관계를 구현한다.

    • 첫 번째 자극(S_1)은 학습자가 해답을 찾기 위해 인지적 불일치(D)와 탐색(M)의 과정으로 움직이도록 설계된다. 학습자가 준비가 되면 해답(R_1)을 찾아내게 된다.

    • 두 번째 자극(S_2)을 계속해서 제시한다. 이것 또한 학습자를 탐색의 과정으로 끌어들이고, 이것들을 통해 두 번째 해답(R_2)을 발견해낸다.

    • 계속해서 마지막 자극(S_n)까지 제시되면서 최종적으로 목표했던 예상된 해답(R)을 유도해내게 된다. 이 마지막 반응은 발견된 개념의 진술이나 움직임으로 표현된다.

  ㉧ 과제활동 중에는 설계의 순서를 검증하게 되는데, 학생의 반응이 잘못되는 경우는 개별적인 단계나 혹은 전체의 순서가 적절하게 설계되지 못한 것을 나타낸다. 학습자가 목표 개념을 발견하는 데 실패할 때, 학습자에 대해 어떤 가정을 내리거나 판단하는 것을 피해야 한다.

③ <u>유도발견형 스타일을 성공적으로 실행하기 위해서는 "규칙"을 반드시 준수해야 한다.</u>

해답을 결코 말하지 말 것	만약 교사가 학생보다 먼저 답을 말한다면, 하나의 작은 발견들을 서로 연결시키는 학생들의 전체적인 인지과정을 제지 시키게 될 것이다
항상 학습자의 반응을 기다릴 것	학습자에게 충분히 생각할 탐색의 시간을 제공하기 위해 대답을 할 때까지 기다리는 것이다. 교사는 학생들의 인지적 조정 과정의 속도를 인정하고, 충분히 생각해서 해답을 구할 수 있도록 기다려야 한다.
피드백을 자주 제공할 것	학습자에게 빈번한 피드백을 제공하는 것이다. "예", "고개를 끄덕거림", 혹은 "맞아!"와 같은 짧은 한마디도 이 스타일의 초기 경험에서 반응이 나온 뒤의 피드백으로 충분하다. <u>학생들이 정확한 경로로 해답을 찾아가고 있음을 나타내는 피드백을 계속적으로 던지는 것이 교사가 해야 할 일이다.</u>
수용적이며 인내하는 분위기를 조성하고 유지할 것	정의적인 자각을 요구한다. 교사는 인내심과 포용력을 보여주어야 한다. 이것은 과정의 유연한 흐름을 유지시킨다. 질책이나 조급함은 학습자의 좌절과 불편함을 유발시키고, 결국 학습과정을 중단시키게 된다. 정서적 측면과 인지적 흐름은 유도발견 학습의 과정 동안 서로 얽히며 밀접한 관계를 맺는다.

(5) 유도발견형 스타일의 실행

① 과제활동 전 결정군: 과제활동 전 결정군에서 교사의 역할은 다음과 같은 사항들을 결정하는 것이다.

㉠ 수업 에피소드의 구체적인 목표 또는 표적(학습자에 의해 발견될 개념)

㉡ 학습자에게 발견의 사슬을 불러일으켜줄 질문 단계들의 계열성(순서)

㉢ 각 (질문)단계의 크기

㉣ 학습자로 하여금 유도발견의 과정에 참여하도록 만드는 장면들(수업 에피소드들)의 설정

② 과제활동 중 결정군

㉠ 일단 교사가 교과내용과 관련된 수업 에피소드를 설정하면, 교사와 학습자 간의 상호작용이 시작된다. 이때 교사는 행동 기대나 수업 절차적 기대를 진술하지 않는다.

㉡ 교사는 상황(장면)을 설정한 후 계열적인 질문들을 시작한다. 교사는 학습자를 예상되는 목표(표적) 내용의 발견 지점으로 유도한다.

㉢ 학습자는 교사의 계열적인 질문들에 반응(대답)하면서, 목표(표적) 개념과 내용을 발견한다.

㉣ 유도발견을 통해 질문에 대한 해답을 발견하는 기쁨은 학습자와 교사 모두에게 기쁨을 준다. 학습자가 단계별로 준비된 질문들을 바탕으로 관련성을 맺으면서 새로운 내용을 발견해가는 과정을 지켜보는 것은 교사에게 특별한 보상이 된다.

③ 과제활동 후 결정군

㉠ 교사는 학습자의 반응들(대답들)을 수시로 확인하고, 표적에서 벗어난 반응이 나올 경우 조정 의사 결정을 한다.

㉡ 학습자는 교사의 피드백을 수용하고, 피드백이 과제의 계열성과 관련되는 경우에는 재차 확인한다.

㉢ 교사는 수업 정리 시에 목표(표적) 내용을 발견한 학습자의 성취를 치하한다.

(6) 유도발견형 스타일의 함축적 의미

① 교사는 발견 역치를 넘을 수 있다.

② 교사는 논리적이며 수렴적인 발견을 가치있는 교육 목표로 중시한다.

③ 교사는 교과내용의 구조를 연구하여 적절하고 계열성 있는 질문을 설계할 수 있다.

④ 교사는 알려지지 않은 것을 실험하는 위험을 기꺼이 감수해야 한다. 스타일 A~E에서 수행의 책임은 학습자에게 있는 반면, 유도발견형 스타일에서는 수행의 책임이 전적으로 교사에게 있다. 교사는 학습

자가 정확한 반응을 할 수 있도록 명확한 질문들을 설계할 책임이 있다. 학습자의 수행은 교사의 준비와 직접적인 관련이 있다.

⑤ 교사는 교과내용의 적절한 측면들을 발견해 나가는 학생의 인지적 능력을 신뢰한다.

⑥ 교사는 위와 같은 교수·학습 행동을 수용하는데 필요한 변화를 꾀할 수 있다.

(7) 교과내용의 선정과 설계

① 과제 선정

　㉠ 교사가 특정 에피소드를 위해 과제를 선정하기 전 고려해야 할 5가지 사항

　　• 학습자는 다음 범주 안에서 아이디어를 발견할 수 있다.

a. 개념	b. 규칙을 지배하는 원리
c. 존재 사이의 관계	d. 순서 혹은 체계
e. 원인과 결과의 관계	f. 한계

　　• 발견되어야 할 주제나 목표는 학습자들이 모르는 것이어야 한다. 이미 알고 있는 사실을 발견할 수는 없다.

　　• 발견되어야 할 주제나 목표가 사실, 날짜, 특정의 단어, 이름 또는 전문용어여서는 안 된다. 이러한 범주의 정보는 발견될 수 없다.

　　• 몇몇 내용 주제는 이 스타일에 적절하지 않을지도 모른다.

　　• 목표(표적)개념은 발견될 수 있는 것이어야 한다.

(8) 유도발견형 스타일의 특징

① 인지적 경제성

　㉠ 유도발견은 인지적 경제성을 목적으로 설계된다.

　　• 유도발견의 특별한 구조는 주제로부터의 이탈이나 인지적 방황을 용납하지 않는다.

　　• 이 구조는 지배적인 인식 작용을 사용하게 하여 최대한의 효율성으로 학습자를 표적 개념으로 유도해 간다.

　㉡ 유도발견은 기억에 상당한 영향을 미친다. 사람이 스스로 어떤 것을 발견하고자 할 때 그것을 기억할 수 있는 가능성이 더 커진다(Bruner, 1961).

　㉢ 유도발견은 학습자가 점진적이고 자동적으로 교과내용을 발견하도록 이끌어 주기 때문에 학습자의 두려움, 특히 실패에 대한 두려움을 감소시킬 수 있다. 학습자가 성공 기대감을 가질 때, 유도 발견은 자신감을 심어주고 지속적인 학습 동기를 유발할 수 있다.

② 유도발견의 집단적 실행과 개별적 실행

　㉠ 유도발견형 스타일은 집단에서도 성공적으로 사용될 수 있지만, <u>1대1의 상황에서 최고의 결과를 낳는다.</u>

　　• 집단 내의 많은 학습자들이 유도발견 과정으로부터 혜택을 얻을 수 있지만, 학습자들의 발견의 속도가 항상 일치하지 않는다는 문제가 존재한다. 한 학습자가 해답을 발견하고 그것을 큰 소리로 외칠 때, 그 해답을 듣는 다른 학습자들은 수용자가 되며, 결국 발견의 과정은 실패로 귀결된다.

　　• 기껏 다양한 학습자들이 각각 다른 단계에서 해답을 발견하더라도 발견의 경험은 집단에 귀속되고 만다.

　　• 따라서 유도발견 과정의 이점은, 개별 학습자가 계열성을 거치면서 단계별로 발견 과정에 참여할 때 최대로 실현될 수 있다.

ⓒ 수업운영 절차는 성공적인 유도발견을 이끄는 중요한 요인이다. 다음과 같은 경우를 제외하고는 1대1 과정을 위한 상황을 만들어 내기가 어렵다.
- 교사가 한 명의 학습자와 시간을 보낼 때
- 학습자가 유도발견 과제 해결을 위한 프로그램이 설정된 컴퓨터를 사용할 때
- 다른 스타일로 지도하는 과정 중 학생들과 사적이고 개별적 피드백 시간을 가질 때

ⓓ 유도발견은 새로운 주제를 소개할 때 매우 유용하다. 학습자들이 학습과정에 흥미를 갖고 참여하게 되며 세부적인 것에 대해 궁금증을 갖게 된다.

91 | 2003학년도

Mosston의 수업 스펙트럼은 11가지 지도 스타일로 구성되어 있다. 다음 질문에 답하시오.

다음은 몸의 안정성과 기저면의 크기 및 무게중심 위치의 관계를 학습하는 체육수업 장면이다. 이 수업에서 교사가 사용하고 있는 지도 스타일의 명칭을 쓰시오.

교사의 발문 1: 몸의 안정성에 대해 생각해 보세요. 그런 다음 몸으로 표현해 보세요.

학생의 반응 1: 학생들은 다양한 동작으로 균형을 잡는다.

교사의 발문 2: 조금 더 안정된 자세로 균형을 잡아 보세요.

학생의 반응 2: 학생들은 안정된 동작으로 균형을 잡는다. 어떤 학생들은 다리를 벌리고 서 있고, 다른 학생들은 레슬링이나 테니스 준비 자세에서 볼 수 있는 안정된 자세를 취한다.

교사의 발문 3: 여러분이 지금 취한 동작이 가장 안정된 자세입니까?

학생의 반응 3: 학생들은 좀 더 낮은 자세로 균형을 잡는다. 어떤 학생들은 바닥에 눕는다.

교사의 발문 4: 이번에는 지금보다 약간 불안정한 자세를 취해 보세요.

학생의 반응 4: 학생들은 기저면의 크기를 작게 하여 새로운 자세를 취한다. 어떤 학생들은 몸을 지지한 한쪽 손이나 발을 떼고, 다른 학생들은 누운 자세에서 머리를 들거나 두 다리를 든다.

교사의 발문 5: 이제 가장 불안정한 자세를 취해 보세요.

학생의 반응 5: 어떤 학생들은 발가락으로 선다. 다른 학생들은 누운 자세에서 머리와 두 다리를 동시에 든다. 또 다른 학생들은 반듯하게 누운 자세에서 옆으로 눕는다.

– 이하 생략 –

지도 스타일의 명칭: _____

[정답] 유도발견형 스타일

다음에 예시한 체육 교사의 수업 행동을 보고, 각각에 해당하는 모스턴(Mosston)의 '교수 스타일(teaching styles)'을 쓰시오.

교사	교사의 수업 행동
교사 1	관찰자의 언행을 관찰한다. 관찰자에게 피드백을 제공한다. 관찰자의 질문에 답변한다.
교사 2	각 학습자의 발견을 이끌어내는 일련의 질문을 한다. 학습자에게 피드백을 주기적으로 제공한다. 학습자의 개념 발견을 칭찬한다.
교사 3	학습자가 학습 주제 범위 내에서 학습 목표를 선택하도록 지도한다. 학습자의 학습 진행 상황을 관찰한다. 학습자 사이의 질문과 답변을 듣는다.

[정답] •교사 1: 상호학습형 •교사 2: 유도발견형 스타일 •교사 3: 자기설계형 스타일

9. 다음은 김 교사와 철수의 수업 중 대화이다. 이 수업 장면에서 김 교사가 농구 슛 지도에 활용한 교수 스타일에 대한 설명으로 옳은 것은?

김 교사: 농구에서 슛을 할 때 어느 정도 높게 던져야겠니?

철　　수: 골대 높이보다 조금 높게 던져야 할 것 같아요.

김 교사: 그럼 앞에서 수비수가 손을 들고 있는 상황을 연상 해 봐. 이때 슛의 높이는 어떻게 해야 할까?

철　　수: 수비수가 막지 못하게 높게 던져 포물선을 그리면서 들어가도록 해야 해요.

김 교사: 맞았다. 그렇다면 공이 포물선을 그리려면 공의 어느 부분에 손의 힘이 전달되어야 좋을까?

철　　수: 공의 밑 부분이요.

김 교사: 그래. 그럼 공이 높은 포물선을 그리는 데 도움이 되는 동작이 또 있을까?

철　　수: 무릎 반동을 이용하고, 팔꿈치를 위로 올려 손목스냅으로 백스핀을 주면 도움이 될 것 같아요.

김 교사: 아주 잘했다. 이제 연습을 해보자.

---

① 교사는 주도적으로 확산형 질문을 설계해야 한다.
② 학습자와의 1:1 상황보다는 집단 학습에 사용될 때 더욱 효과적이다.
③ 과제활동 후 교사와 학생의 지속적인 상호 작용이 이루어지지 않는다.
④ 학습 내용 중 탐색할 주제를 학습자들이 사전에 알고 있는 것이 효과적이다.
⑤ 지시형 스타일처럼 모든 과제활동 전, 중, 후에 교사가 의사결정에 참여한다.

[정답] ⑤
[해설] ① 확산형 질문은 확산발견형 스타일에서 설계된다. 유도 발견형에서 교사는 학습자가 수렴적 사고를 나타내는 개념과 원리를 발견하도록 일련의 계열적인 질문을 설계해야 한다.
② 집단 학습보다는 학습자와의 1:1 상황에서 사용될 때 더욱 효과적이다.
③ 과제활동 중과 후 결정 단계에서 학습자와 교사가 지속적으로 서로 상호작용하면서 의사결정을 내리는 것이 이 스타일의 특징이다.
④ 발견되어야 할 주제나 목표는 학습자들이 모르는 것이어야 한다. 새로운 주제를 소개할 때 유용하며, 학습자들이 학습과정에 흥미를 갖고 참여하게 되고 세부적인 것에 대해 궁금증을 갖게 된다.

7. (가)는 윤 교사, 민 교사의 전문성 발전을 단계별로 나타낸 표이고, (나)는 (A)에 해당하는 수업 상황 중 질문과 관련한 교사의 행동 평정표이다. 〈작성 방법〉에 따라 순서대로 서술하시오. [5점]

(가) 교사 전문성 발전 단계

단계	윤 교사
발전 단계 1 (교수 스타일 탐색)	(A) • 목표, 개념 중심의 논리적, 계열적 질문 설계 • 스스로 답변을 찾게 하는 계열적 질문 제공 • 교사와 학생의 문답적 상호과정 중시 • 수용적 분위기 제공

(나) 교사 행동 평정표

교사의 행동	전혀	가끔	보통	자주	항상
□ 학생이 답변을 할 때까지 기다렸다.	1	2	3	4	5✓
□ 질문에 대해 해답을 말해줬다.	1✓	2	3	4	5
□ 학습자 반응에 피드백을 제공했다.	1	2	3	4✓	5
□ 확산적인 질문을 제공했다.	1	2	3	4	5✓

───────〈작성 방법〉───────

○ (A)와 (C)에 해당하는 교수 스타일, 수업 모형을 순서대로 기술하고,

○ (나)의 교사 행동 평정표를 보고, 교사의 행동 중 규칙에 벗어나는 행동을 찾아 수정할 것.

[정답] • (A)는 유도발견형 스타일, (C)는 탐구수업 모형이다. [1점]
　　　 • 확산적 질문이 아니라 수렴적 질문을 제공해야 한다. (논리적이고 계열적 질문 / 수용적이며 인내하는 분위기 조성 모두 인정)
　　　 [1점]

7. 수렴발견형 스타일 G (convergent discovery style: G)

(1) 개념과 특징

① 수렴발견형 스타일의 특징은 미리 결정되어 있는 정확한 반응을 수렴적 과정을 통해 학습자가 스스로 발견하게 하는 것이다.

② 교사의 역할은 탐색되어야 할 목표 개념을 포함한 교과내용을 결정하고, 학습자에게 던져 줄 단일 질문을 계획하고 구성하는 것이다.

③ 학습자의 역할은 추리력, 호기심, 논리적 사고 등 인지 작용을 사용하여 문제에 대해 논리적으로 연결된 정해진 해답을 발견하는 것이다.

④ 수렴발견형 스타일에서는 학습자가 스스로 질문을 만들고 논리적 계열성을 구성하여 궁극적으로 기대되는 반응을 발견해야 한다.

⑤ 학습자들이 문제 해결을 위해 각자 여러 가지 다른 접근 방법들을 사용할 수도 있지만, 논리와 이성적 사고라는 규칙을 사용함으로써 결국 동일한 반응을 발견해내게 된다. 또한 과제의 구조에 따라 다양한 인지 작용들을 활용하게 된다.

(2) 교과내용 목표와 행동 목표

교과내용 목표	행동 목표
• 한 개의 질문이나 문제에 대해 한 개의 올바른 해답을 탐색한다. • 논리적으로 연결될 경우, 최종 반응으로 수렴되는 내용의 연계성을 발견한다. • 교과내용에 대한 하나의 사고유형을 발견한다.	• 수렴적인 발견(한 가지의 바른 반응의 생성)에 참여한다. • 논리적, 이성적, 연속적 문제 해결 기술을 활성화한다. • 인지적 작용을 동원하여 내용 간의 위계를 형성하고 구체적인 순서를 구성하여 문제를 해결한다. • 극적인 발견 경험에 수반되는 인지적·정서적 희열을 경험한다.

(3) 수렴발견형 스타일의 구조

과제활동 전(T) – 과제활동 중(L) – 과제활동 후(L/T)

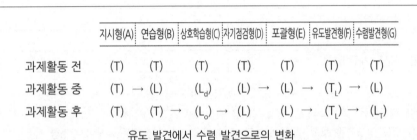

	지시형(A)	연습형(B)	상호학습형(C)	자기점검형(D)	포괄형(E)	유도발견형(F)	수렴발견형(G)
과제활동 전	(T)	(T)	(T)	(T)	(T)	(T)	(T)
과제활동 중	(T) → (L)		(L_d)	(L) → (L) → (T_l) → (L)			
과제활동 후	(T)	(T) → (L_o) → (L)		(L) → (T_l) → (L_T)			

유도 발견에서 수렴 발견으로의 변화

① 과제활동 전 결정군: 교사의 역할은 모든 과제활동 전 결정을 내리는 것이며, 기대하는 인지적·신체적 발견을 이끌어 낼 수 있도록 문제를 설계하고 배열하는 데 초점을 두어야 한다.

② 과제활동 중 결정군: 학습자들에게 문제를 제시한 후, 교사의 역할은 과연 학습자들이 발견 과정을 향해 제대로 가고 있는가를 관찰하는 것이다. 이때 교사는 학습자가 스스로 발견하도록 기다리는 자세가 필요하다. 왜냐하면 발견적 사고는 시간이 요구되기 때문이다. 수렴발견형 스타일에서 의사결정의 이전은 과제활동 중 결정군 안에서 일어난다. 학습자는 다음과 같은 결정들을 하게 된다.
  ㉠ 한 가지 질문에 대한 한 가지 정답 혹은 한 가지 문제에 대한 한 가지 해답을 찾기 위해 밟아가야 할 단계들.
  ㉡ 일련의 질문들과 질문들의 순서(이는 수렴발견을 유도발견과 구별되게 하는 단계로서, 유도발견에서는 학습자가 아닌 교사가 각 단계들을 결정한다).
  ㉢ 발견하고자 하는 반응으로 수렴하기 위한 인지 작용의 선택. 학습자는 해답을 탐색하고 구성하는 데 있어서 자율적으로 여러 가지 다양한 인지능력을 발휘할 수 있어야 한다.

③ 과제활동 후 결정군
  ㉠ 학습자는 추리과정과 시행착오를 재검토하고 자신이 발견한 해답으로 문제가 해결됐는지를 돌아봄으로써 해답 또는 반응을 확증한다. 교사는 과제에 대한 기준 용지를 준비하여 학습자가 자신의 해결책을 검증하는 데 사용할 수 있도록 한다.
  ㉡ 교사는 학습자들이 탐구하고 시행착오를 겪어보고 해답을 충분히 검토해 본 후 그 해답을 확인하기 위한 질문을 함으로써 과제활동 후 활동에 참여하게 된다.

(4) 수렴발견형 스타일의 실제

① 수렴발견형 스타일에서는 유도발견형 스타일의 특징과 달리 행동 기대(behavior expectations)가 진술된다.

② 수렴발견형 스타일에서는 교과내용이 학습자에 의해 만들어지기 때문에, 교사의 과제 제시 시간이 비교적 짧다. 학습 상황을 설정하는 것은 교사이지만, 과제에 대한 해답을 만들어가는 것은 학습자이다.

③ 자극(stimulus)이 갖는 매력적인 특성을 감안해서, 학습 내용을 소개하기 전에 행동 기대를 먼저 제시하는 것이 좋다. 자극이 더 적절하고 도전적일수록 학습자는 더 빨리 자극을 받게 되고 알고자 하는 욕구(인지적 불일치의 상태)가 강해진다.

④ 행동 기대를 소개하는 이유는 학습자로 하여금 자신의 인지 능력에 초점을 맞추게 하기 위해서이다. 학습자가 정확한 해답을 발견하게 되면, 하나의 단계에서 성취감을 느끼게 된다. 그러나 학습자가 스스로 복잡한 사고과정을 다룰 수 있다는 사실을 깨닫게 될 때, 자부심과 자신감은 더 커진다.

⑤ 수렴발견형 스타일에서 교수·학습 행동 목표는 학습자들이 다음과 같은 사항들을 수행할 수 있다는 것을 깨닫도록 하는 데 있다.
   ㉠ 질문 만들기
   ㉡ 정보를 탐색하여 계열화하기
   ㉢ 내용의 결합과 연결
   ㉣ 자료 수렴하기
   ㉤ 올바른 반응의 발견

(5) 교과내용의 선정과 설계

① 수렴발견형 스타일에서의 내용 선정 방법: 수렴발견형 스타일에서는 다음과 같은 기준을 고려하여 과제 내용을 선정해야 한다.
   ㉠ 질문 혹은 상황이 오직 한 가지 정확한 반응만을 유도하는가?
   ㉡ 과제가 수렴적 사고를 유도할 수 있는가?
   ㉢ 발견 과정은 학습자가 확인해 볼 수 있는가?
   ㉣ 과제는 움직임의 역학적 분석을 나타내는가?
   ㉤ 과제는 움직임의 계열성을 발견하도록 유도하는가?
   ㉥ 과제는 학습자로 하여금 과제수행 중 자신의 한계를 발견할 수 있도록 하는가?

> • 과제: 균형 잡기에 관련된 법칙: 교사는 학생들에게 다음의 요구를 함으로써 본 에피소드를 시작하도록 한다. "바닥에 가까운 자세를 취하시오."
> (1) 바닥에 닿는 신체 부위가 4군데가 되도록 균형 잡기
> (2) 바닥에 닿는 신체 부위가 3군데가 되도록 균형 잡기
> (3) 바닥에 닿는 신체 부위가 2군데가 되도록 균형 잡기
> • 동일한 질문의 예시: 신체 부위의 수를 늘려 균형 잡기를 실시해 보고, 균형잡기의 원리를 발견해 보시오.

② 수렴발견형 스타일에서 교과내용(또는 과제)의 예

　㉠ 과제 1: 자세와 움직임 속도가 심박수에 미치는 영향

〈표 2-1〉 수렴발견형 스타일 예

활동	심박수	활동	심박수
A. 2분간 누워있기		E. 체육관을 1바퀴 빠르게 걷기	
B. 1분간 앉아있기		F. 체육관을 조깅으로 1바퀴 달리기	
C. 2분간 차려자세로 서있기		G. 체육관을 중간 속도로 1바퀴 달리기	
D. 체육관을 1바퀴 천천히 걷기		H. 체육관을 전력으로 1바퀴 달리기	
질문 1. 자세를 바꿈에 따라 심박수가 어떻게 변했는가? 2. C(차렷 자세)에서 D(천천히 걷기)로 바꿈에 따라 심박수가 어떻게 변했는가? 3. 위에서 얻은 정보에 근거하여 심박수와 운동 형태의 관계에 대해 결론지어 보시오.			

　㉡ 과제 2: 균형 자세에 관련된 법칙

　• 교사는 학급 학생들에게 다음과 같이 요청하면서 수업 에피소드를 시작한다.

　"바닥에 근접시키는 자세를 취해 봅시다."

　"첫째, 바닥에 닿는 신체 부위가 여섯 군데가 되도록."

　"둘째, 바닥에 닿는 신체 부위가 네 군데가 되도록."

　"셋째, 바닥에 닿는 신체 부위가 두 군데가 되도록."

　• "각 자세에서 수 초간 균형을 잡고, 균형 능력에 어떤 변화가 생기는지 알아봅시다."

　• "신체 두 부위로 바닥을 딛고 가능한 한 높은 수직 자세를 취해 봅시다."

　• "다음에는 신체 한 부위로 바닥을 딛고 비수직 자세를 취해 봅시다."

　• 교사는 학생들에게 "방금 수행한 각 자세의 균형에 대한 정보를 이용하여, 균형 자세에 영향을 미치는 법칙을 말해 보시오."라고 요구한다.

　• 자세 균형과 관련된 법칙은 3가지 상호작용하는 원리로 구성된다. 문제를 해결하기 위해 학습자는 시행착오(위와 같은 자세 균형잡기를 실제로 시도해 보는 것)를 거쳐봐야 한다.

　• 이들 경험은 학습자에게 해답을 발견하는데 필요한 정보들을 제공해 준다. 발견 과정은 다음과 같은 몇 가지 인지 작용들을 포함한다: ⓐ 위와 같은 균형 자세들을 취해 봄으로써 얻게 되는 정보들을 비교하기, ⓑ 비교된 정보들을 범주화하기, ⓒ 각 범주에 대해 결론내리기, ⓓ 탐색에 관련된 3가지 원리들 간의 관련성 (즉, '법칙') 확인하기.

　• 위의 문제는 오직 한 가지의 해답(즉, 균형을 좌우하는 한 가지 법칙)을 가지고 있기 때문에, 학습자가 움직이는 길은 수렴발견의 과정을 예시해 준다.

(6) 수렴발견형 스타일의 함축적 의미

　① 교사는 발견역치 너머로 학생과 함께 새로운 발걸음을 딛게 된다.

　② 교사가 교과내용을 전달하는 차원에서 벗어나 학습자 스스로 교과내용을 구성하게 된다.

　③ 교사는 학습자가 수렴적 사고를 통해 스스로 해답을 발견할 수 있다는 믿음을 갖는다.

　④ 교사는 모든 학습자가 계열성 있는 인지 작용으로 운동수행 능력을 발달시킬 것이라고 믿는다.

　⑤ 각 학습자는 발견 과정에 참여할 수 있고, 수렴적 사고의 기술을 발달시킬 수 있다.

　⑥ 교사는 수렴발견 과정을 통해 학습자들이 문제 해결방식을 배울 수 있다고 믿는다.

(7) 수렴발견형 스타일의 특징

① 표준화된 시험

    ㉠ 대부분의 표준화된 시험은 점수 획득 방식이 한가지의 정답만을 요구하기 때문에, 연습형 스타일과 수렴발견형 질문들로 구성된다.

    ㉡ 연습형 스타일의 질문은 학습자가 무엇을 기억하고 있는가를 측정하는 반면, 수렴발견형 스타일의 질문은 학습자가 알고 있는 정보를 얼마나 잘 계열화해서 적용할 수 있는가를 측정한다. 이 두 가지는 매우 다양한 인지 작용들을 다룬다.

② 모사중심 스타일의 의사결정

    ㉠ 발견형 스타일에서는 모사 스타일군(A~E)에서 강조하는 의사결정들을 언급하지 않는다. 발견형 스타일을 소개할 때 수업장소, 막간(interval) 등의 의사결정을 논하는 것은 적절하지 않기 때문이다.

    ㉡ 각 스타일들의 초점은 이전 스타일의 행동이 아니라 새로운 의사결정과 목표이다. 이런 점에서 스펙트럼은 계열적이면서 누적적이다.

    ㉢ 대부분의 수렴발견형 에피소드는 짧다. 이러한 에피소드에는 최소한의 시간이 할당된다. 짧은 수렴발견형 에피소드가 끝난 후에는 발견된 에피소드 목표를 강화하기 위해 추가적인 과제가 뒤따라야만 한다.

8. 확산발견형 스타일 H (divergent discovery style: H) `03 기출` `10 기출` `20 기출`

(1) 개념과 특징

① 확산발견형(생산형) 스타일의 특징은 구체적인 인지 작용을 통해 어떤 문제에 대한 확산적인(다양한) 반응을 발견하는 것이다.

② 교사의 역할은 학습자에게 전달해야 할 교과에 대한 특정 주제와 질문을 결정하는 일이다

③ 학습자의 역할은 특정 문제에 대한 다양한 설계/해답/반응을 발견하는 것이다.

④ 학습자가 처음으로 교과내용의 범위 내에서 대안을 발견하고 생산할 수 있게 된다. 이전까지의 스타일들에서는 교사가 교과내용의 범위 내에서 구체적인 과제들에 대한 의사결정을 하고, 학생들은 그것을 따르거나 주어진 문제에 대한 해답을 발견하는 것만 허용되었다.

⑤ 확산발견형 스타일에서는 <u>부분적 한계 내에서 학습자들이 선정된 교과내용과 관련하여 세부과제에 대한 결정을 할 수 있다.</u> 이 스타일은 알고 있는 것 이상을 <u>창조하는 능력</u>과 <u>다양하게 뻗어나가는 확산적인 사고능력</u>을 개발하는 데 목적을 둔다.

⑥ 체육, 스포츠, 댄스 분야는 발견하고, 설계하고, 새로운 것을 창조해 낼 수 있는 기회가 매우 풍부하다. 여러 가지 가능한 움직임, 갖가지 움직임들의 다양한 조합, 공을 패스하는 여러 가지 방법, 다양한 전략, 댄스 안무, 부가적인 도구의 사용 등 인간 운동의 변화와 다양성은 무한하다. 즉 확산발견형 스타일로 할 수 있는 수업 장면들이 수 없이 많다.

⑦ 확산발견형 스타일은 발견적 인지 작용의 많은 측면들을 활성화시킬 수 있다. 그러나 체육수업의 많은 확산적 발견 요소들 중에서 지배적인 인지 작용은 "설계하기"이다.

⑧ 신체 움직임은 본질적으로 상규적 활동, 전략, 기구를 사용하는 움직임 등의 설계를 가능하게 해준다. 모든 신체활동에서 움직임 설계는 가능할 뿐만 아니라 바람직하다. 왜냐하면 움직임 설계는 가능한 것의 경계와 한계를 확장하기 때문이다.

⑨ 확산발견 없는 학습자들의 경험은 다양한 활동/스포츠 속에서 이미 알고 있는 움직임, 기본 기술, 그리고 기초적인 전략을 모방하는 데 그치도록 한다.

⑩ 발견에 인지적 초점을 두는 자극(stimulus: S) 속에서 학습자는 인지적 불일치(cognitive dissonance: D)의 상태가 된다. 이때 알고자 하는 욕구가 생겨난다. 이러한 욕구는 학습자가 문제를 해결할 수 있도록 다양한 해법을 사색(meditation phase: M) 하도록 만든다. 이러한 사색(탐색)은 발견을 이끌어내고 마침내 다양한 반응들(response: R)을 생성한다.

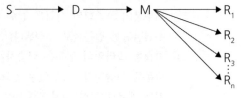

(2) 교과내용 목표와 행동 목표

교과내용 목표	행동 목표
• 하나의 질문 혹은 문제에 대해 다양한 반응을 생성하고 발견한다. • 구체적인 인지 작용을 통해 확산적 생산의 경험을 체험한다. • 교과내용 영역에 존재하는 대안적인 가능성을 발견함으로써 내용 영역을 확장시킨다. 고정된 사고의 틀 속에서 벗어나 열린 마음으로 문제와 이슈에 대해 사고하고 관망한다. • 해결책을 찾아내고, 특정 목적을 위해 그것들을 조직하는 능력을 개발한다.	• 질문을 만족시키는 다양한 반응들의 생성, 즉 확산적 발견에 참여한다. • 인지적 문제 해결을 통해 확산적 사고를 활성화한다. • 대안적인 사고를 정서적, 인지적, 사회적으로 충분히 수용한다. • 한 가지 문제나 이슈에 대해 다양한 방식으로 접근이 가능하다는 사실을 수용한다. 다른 사람의 아이디어를 수용한다. • 아이디어를 생산함으로써 인지적, 정서적 충만감을 느낀다. • 필요할 경우, 감환 과정(P-F-D 과정)에 참여한다.

(3) 확산발견형 스타일의 구조

과제활동 전(T) – 과제활동 중(L) – 과제활동 후(L/T)

	지시형(A)	연습형(B)	상호학습형(C)	자기점검형(D)	포괄형(E)	유도발견형(F)	수렴발견형(G)	확산발견형(H)
과제활동 전	(T)	(T)	(T)		(T)	(T)	(T)	(T)
과제활동 중	(T) → (L)		(L_d)	(L) → (L)	→ (T_l) → (L) → (L)
과제활동 후	(T)	(T) → (L_o) → (L)		(L) → (T_l) → (L_T)	(L_T)

수렴 발견에서 확산 발견으로의 변화

① 교사는 이전 스타일들과 마찬가지로 과제활동 전 결정군에서 모든 의사결정들을 하게 된다. 이때 교사의 질문들은 학습자에 의해 발견되는 반응들과 논리적 고려사항들을 촉발시키기 때문에 매우 중요하다.

② 과제활동 중 결정군에서 질문들이 진술되고 그 질문이 교과내용에 적절할 때, <u>감환 과정을 위한 준거가 제시</u>된다. 이어 학습자는 다양한 움직임 설계/해결/아이디어의 발견에 대한 결정을 내리게 된다.

③ 과제활동 후 결정군에서
ㄱ 학습자는 <u>다양한 반응들</u>에 대해 **중립적 피드백**을 제공받거나, <u>확산적 과정 참여</u>에 대해 **가치관련 피드백**을 제공받게 된다.
ㄴ 또한 학습자는 선택한 과제와 준거에 적절한 **평가** 의사결정을 하게 된다.

(4) 확산발견형 스타일의 실제

확산발견형 스타일에서는 확산적 발견의 의미, 어느 한 가지 반응만이 정확한 해답이 되지 않는다는 사실, 그리고 교사와 학습자의 새로운 역할(즉, 교사와 학습자 모두 부과된 질문으로부터 도출된 다양한 반응들을 수용해야만 함)을 이해하는 것이 중요하다.

① 에피소드의 이해

ㄱ 교사는 학습자들이 해야 할 새로운 역할을 소개하고 문제에 대한 그들의 생각이나 해결 방법이 상황 내에서 받아들여질 수 있음을 확신시켜 준다.

ㄴ 교사의 질문은 학습자들의 인지적 발달 영역을 자극할 수 있는 구체적인 학습내용에 초점을 맞춰 설계된다. 질문은 구술이나 기록 형식 혹은 다른 조직적인 형식을 사용하여 제시될 수 있다.

ㄷ 그런 다음, 수업운영적 차원에서 필요한 주의사항들이 전달된다. 교사의 수업운영에 관한 주의사항이 전달되고 나면 학습자들은 체육관 안에 흩어져서 문제에 대한 다양한 해결방법을 모색하기 시작한다. 이때 학습자들이 움직임에 대해 탐구, 즉 연구하며 자신들의 대안적 설계를 평가해 볼 수 있도록 충분한 시간이 주어져야 한다.

ㄹ <u>학습자들의 반응</u>이 나오기 시작하면, 교사는 학급을 순회하면서 <u>중립적인 피드백</u>을 제공하게 된다.
  • 교사는 비위협적인 분위기를 조성하여 더 많은 반응을 수용하고 환기시켜야 한다. 즉, 학습자들 간의 의사소통을 통해서 보다 많은 확산적 발견이 일어나도록 분위기를 조성해 주어야 한다.
  • 교사는 학습자들의 개별적인 반응에 교정적/가치관련적 피드백을 제공하는 것을 피함으로써 생각의 흐름이 끊기지 않고 유지되도록 한다.
  • 교정적 피드백이 주어질 수 있는 유일한 시간은 원래의 질문과 관련되지 않을 때이다. 교정적인 언어 피드백은 인지 과정을 강화시켜준다.
  • 확산발견형 스타일은 '주먹구구식' 스타일이 아니다. 본질을 벗어날 경우 바로잡아 주어야 한다. 반응은 문제의 범주에 적합한 것이어야 한다. 피드백은 창조 과정 자체를 향한 지향점을 가져야 한다.

ㅁ 어떤 과제는 다양한 반응들의 처리(P-F-D 과정)를 요구하기도 한다. 순서 없이 생산된 반응들은 내용을 명료화하는 기준을 사용하여 다시 체계적으로 조직된다. 반응들에 대한 처리는 확증, 중립적 인정, 혹은 (특정한 기준을 사용하여) 초기 반응들의 수를 감소시켜 나가는 선택 과정을 포함한다.

ㅂ 에피소드의 마지막에 교사는 정리를 위해 집단을 소집한다. 교사는 정리 시간에 학습자들에게 확산발견 과정 참여에 대한 피드백을 제공한다.

② 확산발견형 스타일의 실행

ㄱ 과제활동 전 결정군: 교사는 과제활동 전에 과제 설계에 특별히 주의를 집중해야 한다. 교사는 특정 요소, 계열성, 활동 구조를 선택하기 위해 충분한 안목을 가지고 있어야 하며, 확산적 창조성이 풍부한 과제를 잘 선택해야 한다. 과제의 결정은 다음의 내용을 포함한다.
  • 공통 교과내용에 관한 결정
  • 수업주제에 관한 결정
  • 다양한 확산적 해결책을 이끌어낼 구체적인 문제/상황/질문들의 설계에 관한 결정

ㄴ 과제활동 중 결정군
  • 확산발견형 스타일의 교과내용적 요구와 함축적 의미 때문에, 이 스타일이 실행되는 방식은 매우 다양하다.
  • 이 스타일을 사용하는 몇 가지의 과제들은 단일 에피소드를 채택할 때 효과를 거둘 수 있는 반면, 다른 과제들은 탐구되어야 할 과제와 주제들에 장시간이 요구되는 일련의 여러 가지 에피소드들이 사용된다.

ⓒ 과제활동 후 결정군
- 학습자들은 선택된 과제와 기준에 근거하여 생산한 반응들에 대한 평가 의사결정을 한다.
- 교사는 학습자들의 **반응**들을 수용하고, **중립적 피드백**을 사용하며, 확산발견적 과정에 대해 **가치적 피드백**을 제공한다. 교사는 정리 시에 학생들이 교과내용에 대해 성취한 확산발견적 반응들을 치하한다.

(5) 확산발견형 스타일의 함축적 의미
① 교사는 발견 역치를 넘어 창조의 단계로 학습자들을 이끈다.
② 교사는 과제 내에서 학습자가 창조해내는 새로운 설계의 가능성을 수용한다.
③ 교사는 학습자의 새로운 반응과 아이디어를 미리 판단하지 말고 수용한다.
④ 교사는 인지 작용이 하나의 기술로서 연습에 의해 발전할 수 있다는 생각을 수용한다.
⑤ 교사는 발견적 인지 작용들을 활성화함으로써 학습자의 운동 수행이 개선될 수 있다고 믿는다.
⑥ 교사는 학습자의 발견 과정을 위해 충분한 시간을 제공한다.
⑦ 학습자는 인지적 창조와 신체적 수행 사이의 관련성을 배울 수 있다.
⑧ 학습자는 교과내용의 지평을 확장할 수 있는 새로운 아이디어를 창조해 낼 수 있다.
⑨ 학습자는 확산적 반응들을 생산하는 위험을 기꺼이 감수한다.
⑩ 학습자는 문제와 이슈는 한 가지 이상의 해답과 관점을 가질 수 있다는 것을 이해한다.
⑪ 학습자는 스스로 아이디어를 창조하는 동안 교사가 자신을 당황하게 만들지 않을 것이라고 믿는다.
⑫ 학습자는 다른 학생들이 제안한 해답과 아이디어를 너그럽게 수용하는 것을 배운다.

(6) 교과내용의 선정과 설계
① 확산발견형 스타일에서 에피소드를 설계할 때 꼭 고려되어야 할 점은, 과제의 경험이 확산발견과 관련이 있는지, 확산발견에 부합되는 가치를 가지고 있는지, 그리고 확산발견에 적합한지를 살펴보는 것이다.
   ㉠ 일부 스포츠는 움직임 설계가 고정되어 있다. 설계가 고정되어 있는 움직임이나 기술은 경험과 운동역학적 원리에 의해 결정되기 때문에 확산발견을 위한 운동을 시도하기에 적합하지 않다. 예를 들어, 조정 경기에서 노 젓는 움직임 등에서 대안을 끌어내기 위해 문제를 설계하는 것은 창조적이지도 않고 스포츠의 수행에 유용하지도 않다.
   ㉡ 반면에, 스포츠 분야에서 변용과 대안을 허용하는 활동들도 많다. 예를 들어, 다양한 움직임의 결합, 유형, 운동, 루틴, 댄스, 전술, 전략 등의 설계는 다양성을 핵심으로 하기 때문에 확산발견형 스타일에 가장 유용하고, 바람직하며, 적합하다.
② 체육에서는 모든 발견적 인지 작용들이 사용될 수 있지만, 체육에서 확산발견형 스타일을 사용할 때 가장 널리 이용되는 발견적 인지작용은 '설계하기'이다.
   ㉠ '설계하기'는 움직임이나 스포츠 수행에 있어 많은 도움이 된다. '설계하기'에 있어서 수업 에피소드들은 단순할 수도 있고 복잡할 수도 있다. 이것들은 한 가지의 문제/상황으로 사용되거나, 연속적인 문제/상황으로 사용되거나, 몇 개의 에피소드가 엮인 프로그램의 설계로 사용될 수도 있다.
   ㉡ '설계하기'의 초점은 학습자들로 하여금 다른 대안적인 반응을 산출하도록 하는 것이다.(예를 들어, 구르기를 할 때 방향, 자세, 리듬, 움직임의 연결 등에 초점을 두고 다양하게 변화를 주어 구를 수 있다.)

③ 확산발견형 스타일의 수업 초기에는 대부분의 학습자들이 기억하고 있는 반응을 하게 된다. 하지만 기억하고 있는 것이 모두 소멸되고 나면 일시적으로 반응을 멈추게 되고(인지적 불일치 상태), 그런 다음 발견 역치를 지나 익숙하지 않은 반응들을 산출하게 된다.

④ 어떤 학습자들은 반응 정지 지점에 도달하여 확산발견을 그만두게 된다. 그들은 새로운 생각이나 아이디어를 발견해내는 일에 어려움을 겪는다. 이러한 학습자들은 충분한 시간과 격려, 그리고 발견적 행동에서의 다양한 경험이 필요하다.

⑤ 확산발견에서의 첫 번째 반응 체계가 기억을 상기하는 일이기 때문에, 일시적 반응 정지 지점에 빨리 도달하기 위해 다음의 기법을 사용하는 것이 효과적이다.
　㉠ 전체 학습자들을 대상으로 기억하고 있는 것들을 모두 상기하도록 한다. 이러한 행동은 확산의 의미와 반응의 수용을 강화하고, 전체 그룹을 일시적 반응 정지 지점으로 인도한다.
　㉡ 전체 학습자들이 더 이상 기억한 것들을 상기하지 못하고 주저하게 되면, 교사는 그룹 활동을 중단시키고 새롭고 익숙하지 않은 반응들의 산출을 새로운 목표로 재설정한다.
　㉢ 학습자들을 개별적 혹은 작은 그룹으로 나누어 해답을 모색해 보도록 지시한다. 학습자들이 일시적 반응 정지 지점에 더 빨리 도달하면 할수록 확산발견은 더 빨리 시작된다.

⑥ 확산발견형 스타일에서는 원래의 한 가지 문제/상황에 다른 변수들을 계속 추가하면서 학습자들의 교과 참여를 확장시켜 나간다. 학습자들이 일단 성공하게 되면, 교사는 이전의 것과 관련되면서도 다른 변수들에 초점을 둔 다양한 과제를 계속해서 제시한다. 이러한 과정의 결과로서 학습자들은 특정 과제에 대한 다양한 움직임을 발견하고 수행할 수 있게 된다. 또한 주어진 과제의 다양한 변수 가운데 존재하는 상호 연관성을 파악할 수 있게 된다.

⑦ 질문 형식과 질문 내용의 초점은 학습자들이 확산발견형 스타일의 목표를 성취하고자 할 때 매우 중요하다. 또한 학습자들이 발견 역치를 뛰어넘기 위해서는 적절한 시간이 필요하다.
　㉠ 지시형 스타일부터 포괄형 스타일까지는 이미 알려진 내용에 대한 즉각적인 반응을 요구한다.
　㉡ 유도발견형과 수렴발견형 스타일은 미리 결정되어 있는 정확한 반응을 유도해내는데 약간의 생각할 시간을 필요로 한다.
　㉢ 확산발견형 스타일에서는 정답이 마련되어 있지 않은 해결책을 발견하는데 학습자 개개인의 능력에 따라 시간이 다르게 소요된다. 학습자들은 서로 다른 속도와 리듬으로 정의적, 인지적, 신체적 영역에서 과제를 수행해 나간다. 학습자들의 확산적 발견의 양과 질은 학습에 참여한 시간과 연습의 정도에 의해 좌우된다.

(7) 감환(P-F-D)과정: 해답(반응)의 처리
　① P(가능한 해결책)-F(실행 가능한 해결책)-D(바람직한 해결책) 과정: 해답(반응)의 처리
　　㉠ 확산발견형 스타일의 핵심은 다양한 해답을 발견해내는 것이다.
　　㉡ 동시에 과제를 완성하고, 특별한 의미에 도달하기 위해 특정 해답을 감소시키거나 다른 해답들을 과감하게 버리는 작업을 통해 최선의 해답을 찾아내는 일도 필요하다.

② 감환과정(Reduction)의 단계(㉠ → ㉡ → ㉢)

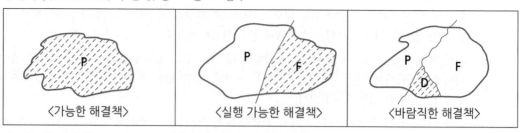

<가능한 해결책>　　<실행 가능한 해결책>　　<바람직한 해결책>

　　㉠ 가능한 해결책(Possible): 특별한 제한 없이 다양한 해결책을 강구하도록 한다.
　　㉡ 실행 가능한 해결책(Feasible): 가능한 해답으로부터 실행 가능한 설계로의 합리적인 선택을 유도한다.
　　㉢ 바람직한 해결책(Desirable): 실행 가능한 설계로부터 바람직한 설계를 선택하는 과정을 말한다.

③ P-F-D 과정은 정서적 혹은 경쟁적 반응의 가능성을 감소시키고자 사용된 동의된 기준에 따라 이루어질 때 최선의 해결책을 선정하는 합리적인 과정이 될 수 있다.

④ 수업에서 P-F-D의 사용
　　㉠ 감환의 과정을 사용할 때, 확산발견형 스타일의 이론적 의도를 유지하는 것이 무엇보다도 중요하다.
　　㉡ 학습자들이 가능한 해답들을 발견해 내기 전에 감환의 기준이 미리 제공되어서는 안 된다.
　　㉢ 만약 시작 단계에서부터 이러한 기준이 제공되게 되면, 학생들의 확산적인 사고를 방해할 수도 있다.
　　㉣ 어떤 기준이나 조건 없이 확산 발견적 과정으로 이끌어 갈 질문을 구성하고, 개발하는 일이 확산발견형 스타일에서 가장 중요한 일이다.
　　㉤ 학습자들이 일련의 가능한 아이디어들을 창출해 낸 다음에 교사는 실행 가능한 아이디어를 선정하기 위한 기준을 제공해야 한다.

(8) 확산발견형 스타일과 재생산 스타일-수업 에피소드
① 확산발견형 스타일은 영감 생산·창조의 경험을 구현하며, 발견한 아이디어를 수행하거나 적용 혹은 세련화하도록 연습할 시간을 제공하지 않는다.
② 발견한 아이디어를 적용하거나 모방하는 행위는 교수 학습 에피소드의 초점을 스펙트럼의 재생산 측면으로 변화시킨다.
③ 발견형 스타일과 재생산 스타일 두 스타일 사이에는 적대적인 관계보다는 우호적인 관계가 수립되며, 두 과정 모두 교육적 과정을 위해서 필요하다.

(9) 확산발견형 스타일의 특징
① 운동 기능이 뛰어난 학습자
　　㉠ 운동기능이 뛰어난 학습자, 특히 어떤 스포츠에서 높은 수준에 도달한 학습자들은 일반적으로 모사(재생산) 스타일, 특히 지시형과 연습형 스타일에 잘 적응한다.
　　㉡ 이러한 학습자들은 이미 잘 알려진 활동이나 스포츠 분야에서 두각을 나타내기 때문에, 확산발견을 경험할 때 규칙의 경계 밖으로 나가는 것을 꺼려 한다. 따라서 기능이 뛰어난 학습자를 위한 확산발견의 초기 경험은 학습자의 운동수행 능력을 신장시킬 수 있어야 한다. 따라서 출발점은 운동수행의 목표와 관련되는 경험을 제공해야 한다.

② 정의적 영역
  ㉠ 각 스타일은 학습자들에게 다양한 영역에서의 발달을 도모한다. 확산발견형 스타일은 특히 정의적 영역에서 고유한 조건을 생성해 낸다.
  ㉡ 모든 학습자는 발견의 과정에서 경험하는 기쁨과 스트레스를 처리하는 방법을 배워야 한다. 즐거움은 새로운 아이디어, 즉 자신만의 고유한 아이디어를 창조해내는 과정에서 얻어진다. 학습자의 주도성은 확산발견형 스타일의 성공을 위해 가장 필요한 태도이다. 이전 스타일들보다 훨씬 더 큰 학습자의 주도성 발휘가 요구된다.
  ㉢ 학습자는 새로운 것을 발견하라는 요구와 직면했을 때 스트레스를 겪는다. 교사는 학습자들의 스트레스에 대해 정서적 개인차를 고려하여 적절히 대처해야 한다.
③ 인지적 창조 능력과 신체적 수행 능력
  ㉠ 신체적 제한점
    • 학습자는 때때로 문제에 대한 대안적 해결책을 마련하지만 그것을 실제적으로 수행할 신체적 능력이 따르지 못할 때가 있다.
    • 그러한 문제를 해결하는 방법은 학습자에게 두 가지의 해결책을 구별하여 제시하는 것이다. 한 가지는 학습자의 모든 인지적 상상력을 포함하는 해결책이고, 다른 하나는 학습자가 실제로 수행할 수 있는 해결책을 제시하는 것이다.
  ㉡ 문화적 제한점: 규칙이란 '할 수 있는 것'과 '하지 못하는 것'을 규정한다. 즉, 특정 활동에서 수행의 제한점을 의미한다. 확산발견형 스타일에서 활동의 목적은 규칙 내에서 다른 사람들과 경쟁하도록 하는 것이 아니라 지식의 한계에 도전하도록 하는 것이다. 발견의 목적은 모르는 것 이상으로 발전하는 것, 즉 기존의 경계선을 넘어 나아가는 것이다. 이러한 탐구와 확장의 느낌은 체육에서 모든 학습자가 경험할 수 있다.
④ 집단
  ㉠ 확산발견형 스타일은 집단 상호작용의 독특한 기회를 제공한다. 집단이 공통문제를 해결하기 위해 단결하면, 놀라울 정도로 힘이 응집되어 해결책을 찾아내게 된다.
  ㉡ 확산발견형 스타일에서 집단적 참여는 사회적, 정서적, 인지적 영역의 균형적인 상호작용을 요구한다.
  ㉢ 상호작용의 과정은 다음과 같은 요소들 간의 균형을 포함한다.
    • 모든 학습자들이 해답(해결책)을 제안해 볼 기회   • 모든 학습자들이 해결을 시도해 볼 기회
    • 해결책에 대한 협의와 수정   • 타당한 해결책에 대한 집단적 강화
    • 타당하지 못한 해결책에 대한 집단적 관용   • 수용적 분위기

⑩ 확산발견형 스타일 실행의 발달경로
  ① 설계 변형과 교수스타일의 결합
    ㉠ 확산발견 행동에서의 설계 변형은 발달 경로에 따라 학습자들에게 다양한 확산적 발견의 기회를 제공한다.
    ㉡ 확산발견형 스타일의 목표가 개인적인 차원에서의 발견에 주목적을 두고 있지만, 이 스타일에서 학습자가 다른 학습자의 아이디어를 수용하고 차이를 관용하며 다른 의견을 검토하려면, 사회적 상호작용이 필수적으로 수반된다.

ⓒ 체육, 무용, 그리고 드라마에서 가장 자주 사용되는 스타일 간의 결합은 확산발견형과 지시형 스타일의 조합(H/A)이다. 이 조합은 생산의 독창성과 실행의 완전성을 강조한다. 확산적 발견을 통해 떠오른 새로운 아이디어가 지시형 스타일을 통해 재생산된다. 확산발견형/지시형 스타일의 조합(H/A)은 대안적 설계를 신속하게 해야 하는 상황, 즉 경쟁적인 상황에서 개인이나 집단이 정해진 시간 내에 바람직한 해결책을 설계해야 할 때 사용된다.

ⓔ 확산생산식 스타일은 포괄형 스타일과도 조합될 수 있다(H/ E). 이때 과제의 복잡성이 난이도 수준을 결정하게 될 것이다.

② 정리
  ㉠ 확산발견의 과정은 자기 동기화된 인내력을 기르게 한다.
  ㉡ 확산발견형 스타일은 두 가지 측면에서 열려 있는(끝이 없는) 과정이다.
    첫째, 체육 교과내용 자체가 열려 있다. 왜냐하면 체육교과에서는 항상 다른 해결책, 움직임, 공을 패스하는 방법, 상대방의 방어를 무너뜨리는 방법들이 존재하기 때문이다. 따라서 교과내용은 역동적이고 늘 변화한다.
    둘째, 발견의 과정은 자기영속적이다.
  ㉢ 확산발견의 과정은 인지적 측면과 신체적 측면 모두에서 독립성을 발달시킨다. 하지만, 이 스타일의 교수학습 행동은 인지적, 신체적 영역에서 학습자들 간에 차이를 심화시킨다.

참고문제	2020년 지도사 2급

1. 모스턴(M. Mosston)의 수업 스타일 중 학습자가 인지 작용을 통해 문제에 대한 다양한 해답을 찾는 유형은?
  ① 연습형   ② 수렴발견형   ③ 상호학습형   **④ 확산발견형**

95 | 2003학년도

다음 수업에서 교사가 사용하고 있는 지도 스타일의 명칭을 쓰시오.

◎ 소단원: 평균대
○ 교사가 제시한 과제 내용:
  다음 움직임 요소들(A~D)의 순서를 변형하여 3가지 서로 다른 움직임을 평균대에서 구성하시오.
  A. 점프하기   B. 걷기   C. 한 발로 균형잡기   D. 브이(V)자 만들기
○ 학생들이 찾은 해답의 예:

	〈김수미〉	〈강수철〉	〈이대우〉
①	A-C-B-D	B-A-C-D	D-A-C-B
②	C-B-A-D	C-B-A-D	B-D-A-C
③	A-D-B-C	D-C-B-A	B-D-C-A

지도 스타일의 명칭: _____

[정답] 확산발견형 스타일

10. 그림은 모스턴(Mosston)의 체육 수업 스타일에 따른 교사와 학생의 역할 구조를 나타낸 것이다. ㉠~㉤에 대한 설명이 옳지 않은 것은?

	지시형	연습형	상호 학습형	자기 점검형	포괄형	유도 발견형	수렴 발견형	확산 발견형	자기 설계형	자기 주도형	자기 학습형
과제 활동 전	교	교	교	교	교	교	교	교	교	학	학
과제 활동 중	㉠( )→( )		학수	학		㉢( )→( )	학		㉤( )→( )	학	학
과제 활동 후	교	㉡( )→( )	학	학		㉣( )→( )		학교	학	학	학

(교: 교사, 학: 학생, 수: 수행자)

① ㉠: 교사가 수업 운영 및 장소, 질문 등을 결정하는 것에서 학생이 결정하는 것으로 변화한다.
② ㉡: 교사가 운동 수행을 관찰하고 피드백을 제공하는 것에서 학생 관찰자가 학생 수행자에게 피드백을 제공하는 것으로 변화한다.
③ ㉢: 학생이 과제활동 수준을 스스로 선택하는 것에서 교사가 학생에게 일련의 질문을 통해 학습 내용을 찾아가도록 유도하는 것으로 변화한다.
④ ㉣: 교사가 학생의 해결책에 대해 옳고 그름을 확인하는 것에서 학생의 다양한 해결책에 대해 중립적인 피드백을 제공하는 것으로 변화한다.
⑤ ㉤: 교사가 제시한 과제에 대한 해결책을 학생이 다양하게 찾아보는 것에서 교사가 제시한 공통 교과내용에 대해 학생이 과제와 해결책을 스스로 설계하는 것으로 변화한다.

[정답] ④
[해설] 수렴에서 확산발견형에 대한 설명이다.

6. 다음의 (가)와 (나)는 모스턴(M. Mosston)의 교수 스타일을 요약한 것이다. 〈작성 방법〉에 따라 순서대로 서술하시오. [4점]

모스턴의 교수 스타일

(가) (㉠) 스타일

○ 학생의 역할은 특정 문제에 대한 다양한 설계/해답/반응을 발견하는 것이다.
○ 학생은 자극 속에서 인지 부조화 상태를 겪고 다양한 해법을 매개하는 과정에서 다양한 반응을 생성한다.
○ 교사는 발견의 역치를 넘어 (㉡)의 단계로 학생들을 이끈다.
○ 교사는 최선의 해답을 찾기 위해 특정 해답들을 선택하고 다른 해답들을 버리는 과정을 거친다.

(나) (㉢) 스타일

○ 과제가 수준별 학습을 지향할 때 활용이 가능하다.
○ 학생은 교사가 안내한 과제 수준의 출발 지점을 스스로 선택한다.
○ 학생은 교사가 마련한 평가기준에 기초하여 과제수행을 점검한다.
○ 교사는 학생이 선택한 과제 수준에 대하여 가치적 피드백 제공을 지양한다.

─────── 〈작성 방법〉 ───────

○ 괄호 안의 ㉠, ㉡에 해당하는 명칭을 순서대로 쓸 것.
○ 괄호 안의 ㉢에 해당하는 명칭을 쓰고, 이 교수 스타일에서 과제수행 전, 중, 후 의사결정 주체를 순서대로 서술할 것.

[정답] • ㉠ 확산발견형 스타일(H) [1점]
　　　• ㉡ 창조 [1점]
　　　• ㉢ 포괄형 스타일(E) [1점]
　　　• T(교사) – L(학습자) – L(학습자)이다. [1점]

9. 자기설계형 스타일 I (learner-designde individual style: I) 07+ 기출 14 기출

(1) 개념과 특징

① 자기설계형 스타일의 특성은 <u>어떤 문제나 쟁점의 해결을 위한 학습구조의 발견에 대한 독립성 확립</u>이다.

② <u>교사의 역할은 학습자를 위한 공통교과내용을 결정하는 것</u>이다.

③ <u>학습자의 역할은 공통교과내용 주제를 조사하고, 공통교과내용 주제의 범위 내에서 고유한 초점에 이르는 질문들 및 학습 진행 과정과 절차를 확인할 수 있는 질문들을 만들고, 해결책/움직임을 발견하며, 수행의 기준을 설정하여 해결책을 검증하는 것이다.</u>

④ 자기설계형 스타일은 학습자에게 더 많은 책임을 부여하며, 발견 역치를 넘어서는 한 단계 진보된 단계를 나타낸다.

  ㉠ 유도발견형 스타일(F)에서는 학습 과제의 각 단계마다의 특별한 반응들이 학습자에 의해 발견되지만, 그러한 학습자 반응들은 교사가 주도면밀하게 제시한 자극들(여러 질문이나 단서)에 의존한 것들이었다.

  ㉡ <u>수렴발견형 스타일(G)에서는 단 하나의 정답을 발견해내는 학습 과정에서 학습자의 독립성이 허용되었다.</u> 학습자의 교사에 대한 의존도가 감소했는데, 그것은 학습자가 학습의 매 단계마다 교사에게 학습 자극을 요구하지 않아도 되었기 때문이다. 수렴발견형 스타일에서는 학습자와 교사 간에 여전히 구조적으로나 현실적으로 끈끈한 유대 관계가 유지되었다. 그것은 교사가 질문이나 문제를 직접 설계하기 때문이다.

  ㉢ 확산발견형 스타일(H)에서도 교사는 특정한 문제들을 설계하는 의사결정을 했고, 학습자들은 해당 문제에 대한 다양한 해결책들, 움직임, 반응들을 생성했다.

  ㉣ 반면, 자기설계형 스타일(I)에서는 교사가 교과내용 분야에 대해서만 결정권을 갖기 때문에 학습자들의 자율권이 더욱 커진다. 학습자들은 결정된 교과내용 범위 내에서 질문들을 만들고, 문제점들을 발견하며, 그 해결방안들을 모색하게 된다.

⑤ 자기설계형 스타일 이상의 스타일들의 목표는 한 에피소드나 한 시간의 수업 상황에서는 성취될 수 없는 것들이다.

⑥ 자기설계형 스타일에서 학습자들은 각자의 교과내용 목표(기대치)를 달성하는 데 도움이 되는 교수·학습 경험들을 직접 설계하기 시작한다. 학습자는 각자의 교과내용 영역 내에서 질문들이나 문제들을 발견하고, 설계하며, 해답을 찾는다. 이 스타일에서 학습자는 자신의 프로그램에 맞추어 학습을 진행하기 때문에 각자가 일련의 학습 에피소드들을 설계하고, 순서를 정하고, 상호 연결하는 책임을 지게 된다.

⑦ 자기설계형 스타일은 결코 '제멋대로 하는' 교수 스타일이 아니기 때문에, 교육과정에 포함되지 아니한 교과내용을 선정해서는 안 된다는 것을 이해하는 것이 중요하다.

  ㉠ 오히려, 자기설계형 스타일은 학습자 개개인의 인지적인 능력과 창조적인 능력을 최대한 발휘할 수 있도록 동기 유발시키는 데 도움이 되는 매우 엄격한 교수·학습 방법이라 할 수 있다.

  ㉡ 이것은 어떤 쟁점의 구성 요소들, 구성 요소들 간의 관련성, 그리고 구성 요소들 간에 존재하는 질서나 순서를 발견하기 위해 쟁점을 탐색하고 검증하는 하나의 체계적인 모델이다.

  ㉢ 자기설계형 스타일은 학습자들이 관련 쟁점의 구조를 쉽게 발견할 수 있도록 도와준다.

⑧ 자기설계형 스타일을 통해서 학습자들은 이전의 스타일을 모두 연습할 수 있는 기회를 제공 받을 수 있음은 물론이고 수업과 관련된 상황에서 그것들을 활용하는 길을 찾을 수 있다. 그러한 학습 행동은 충분한 시간을 필요로 하는 것들이다.

⑨ 자기설계형 스타일은 학생의 창의적 능력을 촉발시키고 개발시키는 고도로 체계화된 방법이다.

⑩ 자기설계형 스타일은 주제 발견을 위한 탐색과 검토를 위한 체계적인 절차를 제공한다.

(2) 교과내용 목표와 행동 목표

교과내용 목표	행동 목표
• 학습자 스스로 고유의 아이디어를 발견하고, 창조하며, 조직한다. • 긴 시간에 걸쳐 복합적인 쟁점을 다루는 교과내용을 개발한다. • 학습 쟁점을 탐색하고 검증하는 체계적인 학습 과정에 스스로 참여한다. • 학습자 스스로 고유의 운동 수행 및 평가의 준거를 세운다.	• 생각(사고)과 운동수행에 있어서 개인차를 수용한다. • 학습자는 관련 학습 시간에 독자적인 경험을 더 많이 갖게 된다. • 과제수행에 대한 인내심과 과제집착력을 훈련한다. • 학습자의 자발성을 유도하는 기회를 제공한다.

(3) 자기설계형 스타일의 구조

과제활동 전(T) – 과제활동 중(L) – 과제활동 후(L)

	지시형(A)	연습형(B)	상호학습형(C)	자기점검형(D)	포괄형(E)	유도발견형(F)	수렴발견형(G)	확산발견형(H)	자기설계형(I)
과제활동 전	(T)	(T)	(T)	(T)	(T)	(T)	(T)	(T)	(T)
과제활동 전	(T) → (L)	(L_d)		(L)	→ (L)	→ (T_L)	→ (L)	→ (L)	→ (L)
과제활동 전	(T)	(T) →	(L_o) →	(L)	(L) →	(T_L) →	(L_T)	(L_T) →	(L)

확산 발견형 스타일에서 자기 설계형 스타일로의 이동

① 교사는 과제활동 전 상황에서 의사결정을 한다. 교사의 수업계획은 두 개의 범주에 집중하게 된다. 하나는 공통교과내용을 선정하는 것이고, 다른 하나는 새로운 기대(학습자의 새로운 독립성과 교과내용 참여)에 대한 설명을 준비하는 것이다.

② 과제활동 중 상황에서 교사는 두 가지의 기대되는 학습 목표들을 학습자들에게 전달하고, 학습자들이 요청할 경우 그들과 상호작용한다.

③ 과제활동 후 상황에서 교사는 학습자들을 도와주고, 경청해주고, 질문을 유도하며, 질문에 답해주며, 학습자들의 교과내용 참여 및 의사결정과정에 적절한 피드백을 제공해준다.

④ 과제활동 중 상황에서 학습자의 새로운 역할은 학습자 스스로 선택한 교과내용과 관련된 행동 및 수업 절차에 대한 의사결정을 하는 것이다. 즉, 수업주제의 초점을 정하고 개인적 학습 프로그램을 조사·설계하기 위한 질문들과 수업 절차들을 선택하며, 학습 평가의 기준 및 자신의 학습 과정을 교사에게 알려주는 방법을 결정한다.

⑤ 과제활동 후 상황에서 학습자의 역할은 자신이 정한 평가기준에 비춰 얻어진 결론들을 검증하고, 수정하고, 그 결과들을 가지고 교사와 의사소통하며, 최종 학습결과에 대해 평가하는 것이다.

(4) 자기설계형 스타일의 실제

① 과제활동 전 결정군: 교사는 과제수행 전 상황에서 다음 사항에 초점을 맞추어 의사결정을 해야 한다.
ㄱ 자기설계형 수업활동에 참여하는 학습자들을 위한 학습 시간을 배정한다.

ⓛ 학습자들에게 자기설계형 스타일에 대한 기대를 알려주는 방법과 학습자들로 하여금 학습자의 독립성 확보가 보장되는 새로운 스타일의 학습 활동에 참여하도록 유도하는 방법에 대해 의사결정한다.

ⓒ 학습자들로부터 질문과 해답을 끌어낼 수 있는 공통교과내용을 결정한다.

② 과제활동 중 결정군: 자기설계형 스타일에 도전하여 성공하면, 학습자들은 성취감, 자신감, 자존감을 얻게 된다.

ⓐ 학습자들은 특정 주제를 해결하는 과정을 시작한다.

ⓛ 학습자들은 특정 주제와 탐구를 이끌어 갈 일련의 질문들을 설정하고, 대안들을 탐색하고, 자신의 개별 프로그램을 설계하고, 자신의 아이디어들을 연습해 보고, 수정을 가하고, 새로운 탐구·연결·대안을 시도하며, 자기 활동에 대한 평가기준을 설정한다.

ⓒ 교사는 학습 조력자로서 학습자들의 요청과 질문에 응한다. 교사는 학습자들의 운동 수행/ 해결책들을 관찰하고, 문제해결 과정을 관찰하고, 질문에 답변하며, 학습자가 계획한 것과 실제 행동 간에 불일치가 있을 경우 주의를 환기시켜 준다.

③ 과제활동 후 결정군

ⓐ 학습자들은 자신들이 만들어 낸 아이디어나 해답을 평가기준에 의거하여 자기 평가한다.

ⓛ 교사는 개별 프로그램을 설계하고 생산해 낸 학습자들의 성취를 칭찬한다.

(5) 교과내용 선정 시 고려사항

① 학습에 대한 기초적 정보나 출발점 자료들은 자기설계형 스타일의 실행에 도움이 되지 않는다. 그러한 것들은 지시형 스타일부터 포괄형 스타일(A~E)에서 잘 사용될 수 있다.

② 자기설계형 스타일에 적합한 교과내용은 복잡한 것으로서, 학습 요소들 간에 새롭게 연결되고, 결합되며, 비교될 수 있도록 충분히 조절되고 검토되어야 한다.

③ 모든 연령층의 학습자들에게 적합한 학습 내용을 설계할 수는 있다. 그러나 해당 내용 영역과 발견 과정에 경험이 없는 학습자들은 자기설계형 스타일에 생산적으로 참여하기가 힘들다.

④ 자기설계형 스타일은 대단원 학습 단위의 수업 시간들이 확보되어야만 합당한 학습 효과를 얻을 수 있다. 학습자들은 아이디어를 발견하고, 창조하며, 조직화하는 데 집중할 수 있는 충분한 시간적 여유가 필요하다.

⑤ 자기설계형 스타일을 사용하는 교사에게는 '기다림'이 중요하다. 교사가 학습자들에게서 학습 계획과 학습 행동간에 모순점을 발견하거나 학습자와 나누고 싶은 의견이 있을 때, 지시나 설명보다 질문법을 사용하는 것이 학습자와 의사소통을 하는 기본적인 방법이다.

⑥ 가치적(혹은 교정적) 피드백은 학습자가 자기 평가를 마쳤을 때만 사용가능하다.

⑦ 자기설계형 스타일에서는 학습진행 과정, 학습 결과, 최종 평가 등에 대한 의사결정권이 교사와 충분한 의사소통 과정을 거쳐 학습자에게로 이전된다. 그러나 학습자는 교사로부터 떨어져 혼자 고립되어 학습하는 것이 아니다. 양자 간 의사소통의 결속력은 단단하고, 학습자의 기대 또한 교사에게 지속적으로 전달된다. 반면, 교사의 기대는 학습자들이 어떤 생각을 하고 어떤 의사결정을 하는지 관찰하는 것이다. (자기설계형 스타일의) 개별화 프로그램 과정에서 교사의 역할은 학습자들을 안내하고 재확신시켜 주는 원천이 된다.

학습행동요소.

피드백: 학습자들은 다음과 같은 경우에 자기 평가에 참여한다. 기준에 비추어 자신들의 생각들이나 해결책들을 검증할 때, 아이디어나 해결책들을 자료화할 때, 수정을 가할 때, 자신들의 문제해결 과정과 절차에 대해 교사와 협의할 때이다. 한편, 교사는 학습자들의 의견을 듣고, 질문을 던지고, 학습자들의 계획, 실행, 평가에 대해 피드백을 제공한다.

(6) 자기설계형 스타일의 함축적 의미

① 학습자의 자율성은 중요한 교육목표들 중의 하나이다. 자기설계형 스타일에서는 자율적인 학습자가 되어 가는 과정이 교수·학습 과정에서 분명하게 나타나야 한다.

② 교사와 학습자들 모두가 '자율성'이라는 자기설계형 스타일의 학습 목표를 알고 그 중요성을 인정해야 한다.

③ 교사와 학습자들 모두가 의사결정의 이전 과정에 함께 참여해야 한다.

(7) 자기설계형 스타일의 특징

① 학습 내용의 복합성과 학습 시간 배분

㉠ 이전의 스타일과 똑같이 자기설계형 스타일의 교과내용 역시 단순하거나 복합적이다.

 • 새로운 학습에 대해 점진적으로 접근하는 것이 갑작스럽게 빠져드는 것보다 (인지적, 정서적, 윤리적으로) 더 유익하다.

 • 복합적인 내용 기대는 에피소드 초기에서는 피하는 것이 좋다. 모든 자기설계형 개별화 프로그램들이 시간이 많이 걸리는 것은 아니다. 어떤 개별 프로그램의 주제는 최소한의 시간에 짧은 탐구로 해결될 수도 있다.

㉡ 학습자들이 자기설계형 스타일의 기대치를 미리 알고 수업에 임하면 이 스타일의 교수·학습 과정에 필요한 탐구 기술, 과제집착력, 학습 동기를 훨씬 더 잘 발달시킬 수 있다.

㉢ 새로운 스타일에 필요한 필수적 기술들을 갖추지 못한 상태에서 학습자가 갑작스럽게 새로운 학습 스타일을 경험하게 되면 시간이 낭비되고, 학습자의 불안이 가중되며, 학습자의 인지적 좌절감이 초래된다.

② 에피소드 계획

㉠ 자기설계형 스타일은 학습자로 하여금 여러가지 교수·학습 스타일들을 사용하는 다양한 에피소드들 내에서 생각하고, 계획하며, 설계할 것을 요구한다.

㉡ 교사가 학습자들에게 다양한 학습 목표들과 행동들을 발달시킬 기회를 의도적이고 지속적으로 제공해 주었을 때만, 교육 목표나 행동 측면에서 학습자들을 정확하게 평가할 수 있다.

(8) 자기설계형 스타일의 두 가지 제한점

① 시간

㉠ 아마도 이 스타일의 가장 큰 부담은 학습자 개개인의 개별프로그램을 인식하고 이를 위한 교사와 학습자 간의 의사소통에 필요한 시간 확보일 것이다.

㉡ 학습자 개개인의 수업결과를 위한 적절한 지원 및 피드백 제공에 필요한 시간을 지혜롭게 찾아내는 것은 반드시 해결해야 할 중요한 쟁점이다.

② 인지적 영역의 개인차 및 평가

　　㉠ 교사와 학생들 사이에서 가장 빈번하게 제기되는 질문은 "학교 현장에서 자기설계형 스타일을 적용하여 현실적으로 평가가 어떤 형태로 가능할 수 있는가?"이다.

　　㉡ 이론적으로는, 자기설계형 스타일에서 개별 학습자들은 시간별 수업 평가 및 단원 평가의 범주를 결정할 수 있다.

　　㉢ 아마도 학습 과정에서 어느 정도는, 이 형태의 피드백을 제공하는 학습법에서 교사의 지침 없이도 전반적인 학습 과정에 대한 의사결정을 할 수 있을 것이다.

　　㉣ 그러나 소단원 학습의 초기 단계에서는
　　　• 학습자들이 그들의 학습 평가 계획을 세우는 데 도움이 되는 필요한 지침들을 제시해주고,
　　　• 구체적인 의사결정 범위를 결정해주며,
　　　• 세부적인 학습 기대 결과들을 제공해 줄 필요가 있다.

　　㉤ 이때 연습형 스타일로 되돌아갈 우려가 있는 피드백을 제공하지 않도록 주의해야 한다.
　　　: 이런 경우는 교사의 피드백 준거가 고정되어 있거나 지나치게 구체적일 때 발생할 수 있다.

　　㉥ 학습자가 자기평가를 할 수 있는 의사결정들을 이끌어 내고 그것을 신뢰하는 것을 배우는 것은 학습자에게나 교사들에게나 모두 새로운 현실이다.

　　㉦ 수업 중에서의 각각의 결정에 대한 충분한 대화는 학습경험의 전반적인 성공여부와 직결된다.

98 | 2007학년도 미임용자

다음에 예시한 체육 교사의 수업 행동을 보고, 각각에 해당하는 모스턴(Mosston)의 '교수 스타일(teaching styles)'을 쓰시오.

교사	교사의 수업 행동
교사 1	관찰자의 언행을 관찰한다. 관찰자에게 피드백을 제공한다. 관찰자의 질문에 답변한다.
교사 2	각 학습자의 발견을 이끌어내는 일련의 질문을 한다. 학습자에게 피드백을 주기적으로 제공한다. 학습자의 개념 발견을 칭찬한다.
교사 3	학습자가 학습 주제 범위 내에서 학습 목표를 선택하도록 지도한다. 학습자의 학습 진행 상황을 관찰한다. 학습자 사이의 질문과 답변을 듣는다.

[정답] • 교사 1: 상호학습형　• 교사 2: 유도발견형 스타일　• 교사 3: 자기설계형 스타일

2. 다음은 모스턴(M. Mosston)의 체육 교수 스타일을 활용해서 김 교사와 이 교사가 제작한 창작 체조 과제활동 지이다. (가)와 (나)에 사용된 체육 교수 스타일의 명칭을 차례대로 쓰시오. [2점]

(가) 김 교사가 제작한 과제활동지

과제활동: 3분 창작 체조를 개발하시오.

(1) 과제 부여: 움직임의 표현 요소를 적용하여 8개 이상의 움직임 동작을 연결한 3분 창작 체조를 개발한다.

(2) 과제활동 지침:

① 학생이 창작 체조 개발의 전체적 계획을 직접 수립하고 창작 체조 동작을 구상한다.

② 창작 체조 동작의 발상을 위해 창작 체조와 관련된 '질문 만들기'를 한다.

③ 창작 체조 동작 개발에 필요한 자료를 수집하고 창작 체조를 만든다.

④ 창작 체조 각각의 동작을 촬영하여 스스로 부족한 점을 찾아 보완한다.

⑤ 4차시에 걸쳐 지속적으로 수정하고 보완하여 창작 체조의 완성도를 높인다.

(나) 이 교사가 제작한 과제활동지

과제활동: 3분 창작 체조를 연습한 후 보고서를 제출하시오.

(1) 과제 부여: 3분 창작 체조를 실시하면서 주어진 체크리스트를 작성하여 보고서로 제출한다.

(2) 과제활동 지침:

① 창작 체조 동작을 순서대로 연습한다.

② 배부된 체크리스트에 제시된 기준은 동작의 정확성, 동작간 연결성, 동작의 숙련도이다.

③ 3분 창작 체조를 실시하며, 주어진 체크리스트에 자신의 수준을 기입하고 느낀 점을 적어 보고서로 제출 한다.

[정답] (가) 자기설계형 (나) 자기점검형

10. 자기주도형 스타일 J (learner-initiated style: J)

(1) 개념과 특징

① 자기주도형 스타일의 특징은 학습 경험의 설계에 대한 주도성과 책임이 학습자에게 있다는 것이다.

② 자기주도형 스타일에서 학습자의 역할은 자율적으로 학습 행동을 주도하고 모든 의사결정을 하는 것이 다. 즉, 학습자는 과제활동 전 상황에서 모든 의사결정을 하고, 과제활동 중에 어떤 교수·학습 행동을 사용할지를 정하며, 과제활동 후에 사용할 평가기준을 설정한다.

③ 교사의 역할은 교과내용에 관한 전문성이 검증된 사람으로서 학습자들이 학습 경험에서 스스로 결정한 사항들을 가능한 한 최대로 수용해주고, 학습자들을 지원해주며, 학습자들의 요청이 있을 때 교수·학 습 활동에 참여하는 것이다.

④ 자기주도형 스타일의 기본적인 학습 목표는 학습자의 학습 독립성 욕구를 존중한다는 것이다.

(2) 교과내용 목표와 행동 목표

교과내용 목표	행동 목표
• 학습자 개개인의 다음과 같은 권리를 존중한다. – 학습자가 선택한 영역에서 아이디어들을 발견하고, 창조하고, 발달시키기 위해 학습 경험(교과내용)을 주도적으로 해 나갈 권리 – 다방면의 학습경험을 주도적으로 해 나갈 권리	• 학습자 개개인의 다음과 같은 권리를 존중한다. – 자율적인(독립적인) 선택권 – 학습자 자신의 학습 경험을 창조하는 데 필요한 책임을 떠맡는 도전을 선택할 권리 – 다른 학습자들에게 이미 제시된 학습 활동들의 한계를 뛰어넘는 욕구를 가질 권리

(3) 자기주도형 스타일의 구조

> 과제활동 전(L) – 과제활동 중(–, –, –) – 과제활동 후(L)

① 자기주도형 스타일은 학습자가 개별적으로 교사에게 자기 스스로의 학습 활동(경험)을 설계하겠다고 요청할 때만 성립한다.

② 자기주도형 스타일의 핵심은 학습자 스스로 학습 활동(경험)을 주도하고 학습 활동에 대한 책임을 지겠다는 의도에 있다.

③ 자기주도형 스타일은 개별 학습자가 교수·학습 과정에서 의사결정, 즉 교수 행동 자체를 주도하는 첫 번째 스타일이다.

　㉠ 개별 학습자는 자기 발달을 위해 프로그램을 조사하고, 발견하고, 설계하고, 실행할 준비가 되어있음을 인식한다.

　㉡ 학습자는 교사에게 자기주도적 의사결정 구도 내에서 일련의 학습 에피소드들을 실행하고 싶다는 의지를 표명한다. 학습자의 준비도와 주도 능력은 학습자와 교사에게 하나의 다른 학습 현실(학습자가 교수·학습 에피소드들을 시작하여 실행하는 책임을 떠맡게 되는 현실)을 창조한다.

　㉢ 학습자는 자신의 학습 활동 범위를 명확히 정해주도록 교사에게 요청할 수 있다.

④ 이 스타일의 과제할동 중 교사의 역할은 이어지는 일련의 수업 에피소드들에서 학습자가 실제로 모든 의사결정을 할 태세를 갖추고 있다는 현실을 그대로 받아들이는 것이다. 교사는 이제 예비 역할(학습자를 돕는 안내자나 조언자)을 떠맡게 된다.

⑤ 이것은 교사가 할 일 없는 존재가 된다는 뜻이 아니다. 교사는 학습자의 학습 의도와 행동 사이에 불일치하는 상황이 발견되면 그 부분에 대해 즉시 질문해야 하는 의무를 갖는다.

	지시형(A)	연습형(B)	상호학습형(C)	자기점검형(D)	포괄형(E)	유도발견형(F)	수렴발견형(G)	확산발견형(H)	자기설계형(I)	자기주도형(J)
과제활동 전	(T)	(T)	(T)	(T)	(T)	(T)	(T)	(T)	(T) → (L)	
과제활동 중	(T) → (L)	(L$_d$)	(L) → (L) → (T$_l$) → (L) → (L) → (L) → (L) →	(-) (-) (-)						
과제활동 후	(T)	(T) → (L$_o$) → (L)	(L) → (T$_l$) → (L$_T$)	(L$_T$) → (L)	(L)					

[그림 2-2] 자기설계형 스타일에서 자기주도형 스타일로의 이동

(4) 자기주도형 스타일의 실제

① 에피소드의 이해

㉠ 자기주도형 스타일에서 교사와 학습자 간 관계의 핵심은, 자율적이고 창조적인 학습 활동에 참여하는 데 필요한 아이디어와 동기를 가지고 있는 학습자들을 존중하는 것이다. 이 스타일에서는 학습자들이 학습 활동을 주도한다. 따라서 교사가 학습자들에게 "어떤 과제를 수행해라."라고 요구하는 상황은 적합하지 않다. 마찬가지로, 학습자들에게 "원하는 것을 멋대로 해라"고 하는 행동도 허용되지 않는다.

㉡ 자기주도형 스타일은 수업 진행 절차와 의사결정에 능숙한 학습자들에게 적합하다.

㉢ 자기주도형 스타일에서 학습자는 개인적인 동기유발과 지적 호기심에 더하여, 학습 계획을 완수해 나가고, 장애물을 극복하며, 최종 학습 결과를 기다리는 정서적 인내심을 가져야 한다.

㉣ 자기주도형 스타일 에피소드들의 실행은 상당히 긴 시간, 즉 몇 주일 혹은 그 이상의 시간을 필요로 한다.

② 자기주도형 스타일의 실행

㉠ 과제활동 전 결정군

• 학습자의 역할
  - 교과내용 측면과 학습 행동 측면에서 공통적인 수업 계획과 개별적인 수업 계획을 주도한다.
  - 공통교과내용 분야를 결정하고, 선택한 분야 내에서 특정한 주제를 주의 깊게 찾고, 과제활동 참여를 이끌어갈 질문들을 만들며, 세부 학습 계획을 수립한다.
  - 학습 의도와 계획을 가장 잘 성취해낼 수 있는 교수 스타일을 선정한다.
  - 일련의 수업 에피소드들을 계열화한다(순서를 정한다).
  - 수업 운영 의사결정을 한다.
  - 나머지 과제활동 전 사항들에 대해 의사결정을 한다.
  - 학습 활동의 자원(원천)으로서 교사의 도움을 필요로 하는 시기와 방법을 결정한다.

• 교사의 역할: 교사는 과제활동 전 의사결정 과정에서 제외된다. 학습 계획에 대한 의사결정권은 학습자에게로 이전된다.

㉡ 과제활동 중 결정군

• 학습자의 역할
  - 모든 수업 에피소드에서 과제활동 중 의사결정을 한다.
  - 과제활동 중 단계를 지속하는 기간을 정하고, 과제활동 중 단계를 특정한 시점에 걸쳐 일련의 자기주도형 수업 에피소드들로 나누는 방법을 결정한다.

• 교사의 역할
  - 학습자가 주도한 의사결정들을 수용하고, 학습자가 마련한 학습 계획을 인정하며, 학습 계획에 적합한 공통 학습 조건들을 제공한다.
  - 학습자의 학습 계획을 실행하는데 필요한 광범위한 변수들을 확인한다. 학습자가 세운 학습 계획이 시간, 재정, 행정적·법적 요인들 측면에서 한계를 넘어설 경우, 그 계획은 추진될 수 없다는 결론을 내린다.
  - 학습자가 실행하기를 원하는 것이 교사가 모르는 교과내용 분야일 경우, 학습자에게 교내·외의 다른 학습 자원을 소개해 준다.
  - 학습자의 요청을 수용한다.

ⓒ 과제활동 후 결정군
- 학습자의 역할
  - 학습자 자신이 선택한 교과내용의 수행에 대해 모든 과제활동 후 의사결정을 한다.
  - 학습자 자신의 학습 행동에 대해 과제활동 후 의사결정을 한다.
  - 모든 개별 에피소드의 학습 목표 성취도에 대해 과제활동 후 의사결정을 한다.
- 교사의 역할
  - 학습자의 의사결정들을 인정하고 수용한다.
  - 학습자의 학습 계획과 실제 수업 상황에서 상이한 점이 발견될 경우, 학습자에게 주의를 환기시킨다.

(5) 교과내용 선정 시 고려사항
① 교사들이 과제 내용을 선택할 수 있는 것은 학습자들의 요청이 있을 때만 가능하다.
② 교사는 학습자가 계획한 교과내용 학습 활동을 도와줄 능력이 있는지 여부를 결정한다. 왜냐하면, 자기주도형 스타일에서는 학습자가 교수학습 경험의 내용적 초점을 주도하기 때문에, 교사가 교과내용과 관련된 본보기들(예시들)을 제공하기가 힘들기 때문이다.

(6) 자기주도형 스타일의 함축적 의미
: 자기주도형 스타일을 사용하여 일정 기간 동안 학습을 수행하는 학습자들은 모든 발달 경로와 더불어 자기 자신에 대한 많은 의사결정을 할 수 있는 능력을 가져야 한다.

(7) 자기주도형 스타일의 특징
① 자기주도형 학습 행동을 실행할 때의 성공 여부는 전적으로 학습자의 인내력에 달려 있다.
② 학습 주제를 벗어나거나, 시간과 내용 범위를 넘어 탐구를 확장하거나, 진도가 막히는 등의 현상은 모두 학습자에게 일어날 가능성이 충분한 문제들이다.
③ 학습 방향이나 판단을 제시하고 싶은 욕구를 억눌러야 하는 것이 자기주도형 스타일을 사용하는 교사가 부딪치게 되는 일차적인 도전이다. 그러나 교사가 개입 욕구를 억누르고 학생이 학습을 주도하는 과정을 존중하고 지켜보는 것은 유쾌하고도 겸손한 행동이 될 수 있다.

11. 자기학습형 스타일 K (self-teaching style: K)

(1) 개념과 특징
① 자기학습형 스타일은 학교 현장에서는 존재할 수 없는 교수 스타일로서, 주된 특징은 학습에 대한 학습자의 개인적 열망 및 개별적인 학습 집착력이다.
② 자기학습형 스타일의 구조는 학생 개인이 교사와 학습자 양자의 역할을 동시에 맡으면서 참여하여 모든 의사결정, 즉 과제활동 전, 과제활동 중, 과제활동 후 의사결정을 하는 것이다.
③ 자기학습형 스타일의 교수행동이 이루어지면, 교과내용과 교수·학습 행동과 관련하여 개인이 수립한 목표들이 성취된다. 이러한 교수·학습 행동은 규정된 교육과정 내의 목표들이 아닌 개인이 스스로 선택한 개별적인 교수·학습 목표들을 갖는다.
④ 자기학습형 스타일에 내재되어 있는 논리는 한 사람이 모든 의사결정을 다 한다는 것이다. 이러한 교수·학습 행동은 한 사람의 교사에 의한 수업 상황에서는 시도하거나 이루어질 수 없는 것으로, 학교 현장에서는 존재할 수 없다. 학습자가 자기 자신을 가르치게 되는 상황에서만 존재한다.

(2) 자기학습형 스타일의 구조

> 과제활동 전(L) – 과제활동 중(L) – 과제활동 후(L)

- 자기학습형 스타일에서는 학습 활동을 위한 세 과정(과제활동 전, 중, 후)의 의사결정권이 모두 교사에게서 학습자에게로 이전된다.

지시형(A)	연습형(B)	상호학습형(C)	자기점검형(D)	포괄형(E)	유도발견형(F)	수렴발견형(G)	확산발견형(H)	자기설계형(I)	자기주도형(J)	자기학습형(K)
과제활동 전 (T)	(T)	(T)	(T)	(T)	(T)	(T)	(T)	(T) →	(L) →	(L)
과제활동 중 (T) → (L)	(L_d)	(L) →	(L) →	(T_L) →	(L) →	(L) →	(L) →		(-)(-)(-) →	(L)
과제활동 후 (T)	(T) → (L_o) → (L)		(L) →	(T_L) →	(L_T)		(L_T) →	(L)	(L) →	(L)

[그림 2-3] 자기 주도형 스타일로부터 자기 학습형 스타일로의 이동

(3) 자기학습형 스타일의 함축적 의미

- 이 스타일의 궁극적 목표는 학습자 개개인의 인성 발달에 학습자가 직접 참여할 수 있는 능력을 개발하는 데 있다. 자기학습형 스타일은 자기주도적인 학습 능력 함양, 학습 프라이버시의 보호 등과 같은 고유한 장점들을 갖고 있는 수업 스타일이다. 그러나 어떤 학습자라도 자신의 전 생애에 걸쳐 일어나는 모든 일을 스스로의 학습으로 다 대처할 수는 없기 때문에, 나름대로의 한계점을 갖고 있다는 점을 인식할 필요가 있다.

3 모사 중심 스타일 군의 공통점

1. 과제식 교수, 학습 중심, 스테이션 교수

"여러 학생들이 동시에 다른 과제를 연습한다"는 의미를 모두 내포하고 있지만 수업운영 측면에서 약간의 차이가 있다.

2. 수업조직 시 주의사항

(1) 스테이션/과제식 교수를 실행하기 전에, 수업조직의 주의사항이라는 개념을 이해하는 것이 도움이 될 것이다. 체육이 관심을 갖고 있는 문제 중의 하나는 효율적인 학습이다.

(2) 효율적인 학습은 [단위 시간과 활동의 양 사이의 적절한 비율]에 의해 좌우되는데, 과제를 익히고, 적합한 과제수행 수준에 도달하기 위해서 학습자는 과제를 반복해서 연습해야 한다. 학습자는 과제를 수행하고, 빈번한 피드백을 받고, 추가 과제를 수행해야 한다.

(3) 그 다음 문제는 교사가 효율적으로 시간을 사용하기 위해 어떻게 [수업을 조직]하느냐이다. [과제참여 시간] 또는 [실제 학습 시간]은 교수 개선 연구의 주요한 문제로 다루어져 왔다. 체육에서 관심은 효율적인 수업 상황을 만들기 위해 [학습자, 이용 가능한 시간, 공간, 장비]를 어떻게 조직하느냐이다.

3. 효율성의 문제(공간조직 을 이용하여 가능)

(1) 부적절한 공간 사용의 예(농구)

① 아직도 많은 학교에서 현재 존재하고 있는 비효율적인 수업조직 양식을 설명한 것이다.

② 수업 개선에 필요한 선택 방법을 제안하였다.

③ 제시된 공간, 장비 그리고 사람의 조직 방법은 현재 많은 학교에서 사용하고 있는 것이다.

④ 특히, 각 골대에 배치된 학습자 수와 사용하지 않는 공간에 주목하라. 사람, 공간, 장비의 부적절한 운영은 각 학습자가 연습해야 하는 시간을 빼앗아 간다.

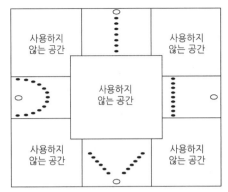

(2) 공간조직의 예 – 대안적인 수업조직 방법

① 농구의 수업조직 방법은 모든 학습자가 동일한 활동에서 특정한 기술을 연습할 수 있도록 많은 기회를 제공한다.

② 9개 과제는 다양한 슈팅 연습 방법을 제시하며 소집단은 계획된 시간에 맞추어 과제 사이를 이동한다.

③ 공간배치는 각 학습자의 단원별 참여 시간을 상당히 증가시킨다.

④ 각 학습자의 기술수준이 향상된다. 농구를 잘하기 위해서 학습자는 다양한 패스, 드리블, 숏, 상대편 피하기 등과 같은 기술을 익혀야 한다. 각 기술은 연습을 통해 향상된다.

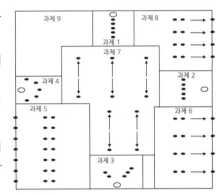

(3) 농구 – 여러 과제를 이용한 공간조직

① 과제 1~4: 슈팅 과제, 다른 숏 또는 같은 단위 공간 안에서 다른 과제하기

② 과제 5~6: (파트너와) 패스

③ 과제 7: 벽(그리고 목표물 사용)에 대한 패스 연습

④ 과제 8: 드리블 연습

⑤ 과제 9: (방향을 바꾸면서) 드리블 연습

㉠ 학습의 효율성을 증가시키고 토론 과제를 동시에 수용할 수 있는 공간조직사례를 제시하였다.

㉡ 이 절차와 수업조직은 체력검사에서 사용되는 '서킷 트레이닝'에서 성공적으로 사용되고 있다.

㉢ 이러한 수업조직은 야구, 축구, 하키 또는 다른 볼 게임에 적용 가능하다.

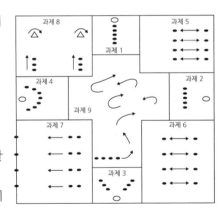

(4) 체조 – 공간 사용이 비효율적인 수업조직의 예

① 학급 인원 수가 많은 학교의 체조수업은 체조 기구별로 모둠을 나누기 때문에 체육관에 사용하지 않는 공간이 많이 생긴다.

② 많은 학생과 적은 체조 기구로 인해서 학생들이 연습할 기회가 적어진다. 따라서 평형성, 민첩성, 근력 등의 체력 발달도 낮다. 학생들이 체조 기구를 사용할 기회가 적기 때문에, 많은 학생들은 체조기술을 제대로 습득하지 못하며 체조 수행에 필요한 체력도 발달시키지 못한다.

③ 체력 발달이 적고 학습이 제대로 이루어지지 않을 때, 신체활동에 대한 학생의 태도는 부정적이거나 중립적이 된다.

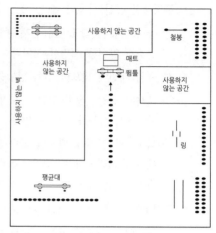

(5) 체조: 대안적인 장비 – 공간조직 방법

① 체조 수업에서 장비와 공간을 효율적으로 사용한 대안적인 수업 구조의 사례를 제시하였다.

② 수행할 과제에 대한 설명을 적은 배치도를 복사해서 체육관의 여러 곳에 붙여둘 필요도 있다. 그러면 학생은 과제에 대한 안내를 받는 데 도움이 될 것이다.

③ 이러한 방법은 많은 시간을 절약시켜 주고 반복설명을 없애준다.

④ 교사는 자유롭게 이리저리 움직이면서 학생들의 행동을 관찰하고 피드백을 제공한다.

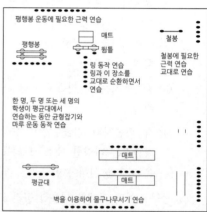

4. 4개의 수업조직 방법(학습자 수, 시간, 공간 사용을 변형시킨 4개의 수업조직이 가능하다.) `09 기출`

단일 스테이션 – 단일 과제	이 수업 구조는 학습자가 장소(한 개 스테이션)를 선택하고 자신이 선택한 스테이션에서 한 과제를 수행하는 방법이다. 교사가 학습자에게 특별한 과제를 시범으로 보이고 설명하면 학습자는 자신이 선택한 장소로 돌아가 교사가 계획한 시간으로 과제를 수행한다.(양결정)
단일 스테이션 – 다 과제	이 수업 구조는 한 장소(스테이션)에서 연속적으로 한 가지 이상의 과제를 수행하는 방법이다. 교사가 2개 또는 그 이상의 과제를 시범보이고 설명하면, 학습자는 한 과제를 수행한 후 다른 과제를 수행한다. 과제. 1) 교사의 시범과 같이. 한 지점에서 오른손으로 50번 드리블 한다. 과제. 2) 교사의 시범과 같이. 한 지점에서 왼손으로 50번 드리블 한다. 과제. 3) 교사의 시범과 같이. 한 지점에서 60번 드리블 한다. 이때 10번씩 손을 바꾸어 가면서 한다. 이 경우 각 학습자는 한 장소에서 위에 제시된 3개의 연속적인 드리블 기술을 연습할 기회를 가질 것이다.(만약 농구공이 부족하다면, 배구공 또는 다른 종류의 공을 사용한다. 목적은 드리블이다.)
다 스테이션 – 단일 과제	각 학습자가 제공된 장소(스테이션)에서 과제를 연습하며, 과제를 완수하면 다른 스테이션으로 이동하여, 새로운 장소에서 한 개의 과제를 수행하는 방법이다. 학습자의 스테이션 이동은 스테이션 수와 계획된 과제에 의해 결정된다. 이 수업 구조는 학생에게 제공할 용기구가 부족할 때, 매우 효율적이며, 웨이트트레이닝에서 가장 많이 사용하고 있는 수업 구조이다. 다양한 종류와 무게의 웨이트트레이닝 기구가 여러 스테이션에 배치되어 있으며 학습자는 각 스테이션에서 과제를 수행한 후 다음 과제로 이동한다.
다 스테이션 – 다 과제	이 수업 구조는 학습자가 각 스테이션에서 한 개 이상의 과제를 수행한다는 것을 제외하고는 이전 수업 구조와 같다. 주의: 각 스테이션마다 다른 과제를 제시한다. 이 점이 다른 수업조직과의 차이점이다. 스테이션. 1) 과제. 1 (20번 셋 슛하기) 　　　　　 과제. 2. (20번 후크 슛하기) 스테이션. 2) 과제. 1 (벽에 있는 목표물에 25번 연달아 체스트 패스하기) 　　　　　 과제. 2 (벽을 향해 25번 연달아 바운드 패스하기) 스테이션. 3) 과제. 1 (파란색 선에서 정해진 길을 따라 앞으로 드리블 하면서 하기) 　　　　　 과제. 2 (파란색 선에서 정해진 길을 따라 뒤로 드리블 하면서 하기) 　　　　　 과제. 3 (파란색 선에서 정해진 길을 따라 옆으로 드리블 하기) 공간 크기에 따라 많은 스테이션을 만들 수 있다. 사각형 공간에서 쓸모없이 남겨 두는 공간은 없다. 세 개의 스테이션을 변형시켜 몇 개의 큰 묶음으로 구분할 수 있다.

3. 그림과 같은 수업조직 방법에 대한 설명으로 가장 적절한 것은?

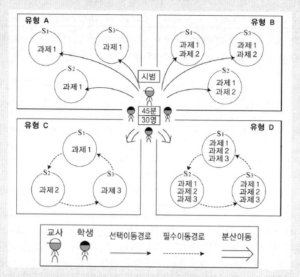

① A, B 유형에서는 학습자가 과제의 종류와 수행시간을 선택한다.
② C 유형에서는 과제마다 난이도를 다르게 제공하는 것이 중요하다.
③ D 유형은 각 스테이션마다 동일한 과제를 제시해야 한다.
④ 4개 유형은 스테이션마다 연습식 스타일을 사용하는 것이 가장 효과적이다.
⑤ 4개 유형은 학생 수의 적정성, 시간 및 공간의 효율성에 초점을 둔 것이다.

[정답] ⑤
[해설] ① A, B 유형에서는 학습자가 스테이션만 선택한다. 과제의 종류와 수행시간을 선택하지는 않는다.
　　　② C 유형에서는 스테이션마다 과제만 다를 뿐이지 난이도를 다르게 제공하지 않는다.
　　　③ D 유형에서는 각 스테이션마다 다른 과제를 제시하여야 한다.
　　　④ 교사의 시범이 있으며, 연습형 스타일이 가장 효과적이라는 단서를 찾을 수 없다.

5. 동일 스타일에서 다른 난이도의 과제

(1) 사각형 공간에서 쓸모없이 남겨 두는 공간은 없다.

(2) 3개의 스테이션을 변형시켜 몇 개의 큰 묶음으로 구분할 수 있다.

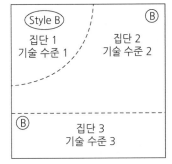

동일 스타일에서 다른 난이도의 과제

6. 여러 스타일의 동시 운영

(1) 스테이션 사용은 동시에 1가지 이상의 교수·학습 스타일을 사용하는 여러 스타일의 동시 운영을 가능하게 한다.

(2) 각 스테이션에는 다른 행동 또는 학습 목표를 적용할 수 있다.

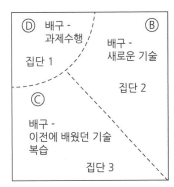

여러 스타일의 동시 운영

(3) 시범

① 시범은 모사중심 스타일에서 신체활동을 지도할 때, 중요하게 다루어지는 것으로 먼저 이에 대한 논의가 필요하다.

② 시범은 모형, 즉 수업 내용의 이미지를 제공하므로, 시범을 보이는 주요한 이유는 수업 내용의 모방과 이해이다.

③ 좋은 시범은 다음과 같은 점을 강화시켜 준다.

　㉠ 과제활동의 전체적인 이미지를 제시한다.

　㉡ 신체활동의 다양한 측면과 움직임의 통합 과정에 대한 시각적인 이미지를 제공한다.

　㉢ 관리의 의미가 있으며, 강력한 동기 부여를 한다.

　㉣ 전문가, 리더 그리고 권위자로서 운동 수행자의 위치를 강화시킨다.

　㉤ 인간 운동의 미적 감각을 불러 일으킨다.

　㉥ 학습자가 활동의 중요한 세부 활동에 관심을 갖도록 한다.

　㉦ 성공적인 과제수행에 필요한 모형을 만든다.

　㉧ 시간을 절약한다. 설명은 종종 너무 길고 지루하고 명확하지 않다. 간단한 시범은 전체 스토리를 빠르게 이야기한다.

(4) 모사형 교수 스타일의 최소 기대 행동

교수 스타일	최소 기대 행동	부적절한 행동
지시형	모든 학생은 교사의 신호에 따라 모인다. 내가 하는 것 같이 해라(또는 비디오, 또는 기록자), 나를 정확하게 따라해라 등등	내가 너한테 그것을 언제 그리고 어떻게 하는지 이야기할 때까지, 아무것도 하지 말아라.
연습형	혼자 이 과제를 연습해라. 개별적으로 이 과제를 완성해라.	이 과제에 대해 어느 누구에게도 도움을 요청하지 마라. 혼자서 해라.
상호학습형	파트너와 같이 해라. 한 학습자가 과제를 연습하면 파트너에게 질문을 해라. 다른 학습자는 준비된 평가기준안을 사용하여 과제를 수행하는 방법을 파트너에게 알려주어라.	파트너와 같이 해라. 파트너는 대답하고 여러분의 작업을 평가할 것이다.
자기점검형	개별적으로 과제를 연습하고 준비한 평가기준에 맞추어 자신의 과제수행을 점검하라.	이 과제를 해라. 그 다음 네가 얼마나 많이 잘못을 했는지 체크해라.
포괄형	이 과제에서 다른 선택 과제를 찾아라. 네가 할 수 있는 것을 하나 선택해라. 만약 필요하다면, 선택한 수준에 적응해라.	아무런 문제가 없다면 선택 과제를 연습해라.

4 교과내용 및 행동 목표 요약

1. 모사 공청회 09 기출

유형	교과내용 목표	행동 목표
지시형	1. <u>제시된 모델을 빠르게 모방할 수 있다.</u> 2. 정확하고 정밀하게 수행할 수 있다. 3. 결과를 즉각적으로 성취할 수 있다.	1. 그룹의 기준에 맞추어 개개인을 사회화한다. 2. 모두 일체가 되도록 한다. 3. 모두 획일적으로 되도록 한다.
연습형	1. 과제를 스스로 연습할 수 있다. 2. <u>개별적인 연습을 통하여 내용을 학습하고 이를 내재화할 수 있다.</u> 3. 과제수행에 필요한 기억과 관련된 인지활동을 활성화 할 수 있다.	1. <u>9가지 의사결정을 실시해 봄으로써 학습자의 독자성을 초보적 수준에서 경험한다.</u> 2. 9가지 의사결정 내에서 운동 기술을 발전시킨다. 3. 자신의 의사결정을 연습형 스타일에 적용하여 실현한다.
상호 학습형	1. <u>지정된 관찰자와 연습할 기회를 계속 반복함으로써 특정 교과내용을 자기 것으로 소화해 낼 수 있다.</u> 2. 주어진 과제와 관련된 단계, 계열성, 구체적인 것들을 가시화할 수 있다. 3. 교사 없이도 과제를 수행할 수 있다.	1. <u>동료와 함께 피드백을 주고받는 방법을 학습한다.</u> 2. 운동을 수행함에 있어서 인내하고 참으며, 타인과의 차이점을 받아들인다. 3. 사회적인 매너를 학습한다.
자기 점검형	1. 과제를 독립적으로 수행할 수 있다. 2. 개별적으로 과제를 연습하고 평가하면서 신체활동의 운동감각에 대한 자각력을 개발할 수 있다. 3. <u>자신의 과제수행에 대한 오류를 수정할 수 있다.</u>	1. 교사와 파트너에게 덜 의존하게 되면 자신의 피드백과 내용 숙달에 의존하기 시작한다. 2. 자신의 과제수행을 확인할 수 있는 평가기준을 사용한다. 3. <u>자신의 과제수행에 대한 정직성을 유지한다.</u>
포괄형	1. 학습자의 개별적인 과제수행 능력을 인정할 수 있다. 2. <u>동일한 과제에서 학습자가 다양한 시작점을 선택할 수 있도록 여러 선택 사항을 제공한다.</u> 3. 연속적인 참여 기회를 제공하여 학습자의 내용 습득을 증가시킬 수 있다.	1. 초기 과제수행 수준을 선택하여 과제의 시작점에 필요한 의사결정을 경험한다. 2. 수행기준안을 사용하여 자기평가 기술을 연습한다. 3. 연속적인 내용 참여를 유지할 수 있는 내용 수정 의사결정을 경험한다.

2. 창조

유도 발견형	1. 주어진 질문 간의 상호 연관성을 발견할 수 있다. 2. 목표의 개념, 원리, 아이디어를 발견할 수 있다. 3. 보다 논리적인 광의의 개념으로 유도하는 단계적인 과정을 거치면서 목표 개념과 원리를 발견할 수 있다.	1. 발견 역치를 뛰어넘는다. 2. 학습자가 수렴적인 사고를 나타내는 개념과 원리를 발견하도록 유도한다. 3. 학습자가 교사에 의해 주어진 질문과 본인이 발견한 해답 사이의 정확한 인지적 관계를 인식한다.
수렴 발견형	1. 한 개의 질문에 대한 한 개의 정답 혹은 한 개의 문제에 대한 한 개의 해답을 탐색할 수 있다. 2. 논리적으로 최종 반응으로 수렴되는 내용의 연계성을 발견할 수 있다. 3. 다양한 사고의 유형을 개발할 수 있다.	1. 수렴적인 발견을 통해 한 가지의 바른 반응을 도출한다. 2. 논리적, 이성적, 연속적인 문제 해결 기술을 활성화한다. 3. 인지적 작용을 동원하여 내용간의 위계를 형성하고 구체적인 순서를 구성하여 문제를 해결한다.
확산 발견형	1. 하나의 질문 혹은 문제에 대해 다양한 반응을 생성하고 발견할 수 있다. 2. 교과내용 영역에 존재하는 대안적인 가능성을 발견함으로써 내용 영역을 확장할 수 있다.	1. 질문을 만족시키는 다양한 반응의 생성, 즉 확산적 발견에 참여한다. 2. 적절할 때, 감환과정(Reduction process)에 참여한다. ※ 감환과정(P-F-D과정). 다양하게 제시된 해결책들 중 가능한(Possible)-'실행가능한(Feasible)-'바람직한(Desirable)해결책으로 검토해 가는 과정
자기 설계형	1. 학습자가 고유의 아이디어를 발견하고, 창조하여, 조직화할 수 있다. 2. 교과내용을 수업의 연장 상황에서 다양한 쟁점으로 활용할 수 있다.	1. 운동수행 및 생각에 대한 개인차를 수용한다. 2. 학습자는 관련 학습 시간에 독자적인 경험을 더 많이 갖게 된다.
자기 주도형	1. 학습자 개인에게 허용되는 권위 2. 학습자가 선택한 학습 경험 과정의 초기 단계부터 학습자들이 발견하고, 창조하고, 개발한 아이디어 중에서 교과내용을 선택할 권리	1. 학습자 개인에게 허용되는 권리 2. 자율적 선택권
자기 학습형	주의: 자기학습형 스타일은 학교 현장에 존재하지 않는다.	

7. 김 교사와 이 교사가 연수와 자기 연찬 등을 통해 수업의 전문성을 발전시킨 과정을 단계별로 나타낸 표이다. 이에 대한 〈보기〉의 설명 중 옳은 것은?

	김 교사	이 교사
초기 단계	• 계획적이지 못한 수업 • 구기 종목 위주의 자율 활동	• 방임적인 수업 운영 • 학생 선호 종목 위주의 활동
	⇩	⇩
발전 1단계	• 학생 개개인에게 과제 연습시간 부여 후 개별적 피드백 제공 • 학생의 질문에 대한 답변을 제공하고 학생의 수행에 관한 정보 수집 • 개인 연습 시 학생 간 대화억제	• 목표 개념을 포함한 논리적, 계열적 질문 설계 • 연속적인 질문을 통해 학생들이 스스로 답변을 찾게 함. • 질문에 대한 해답을 말하지 않고 학습자의 반응을 기다리며, 지속적 피드백 제공
	⇩	⇩
발전 2단계	• 스포츠 경험을 통한 다양한 가치 학습 • 학습자의 다양한 역할 분담 및 참여 • 최소 20차시 이상의 수업 시수권장	• 전략의 습득과 경기 상황에의 적용 • 주요 학습 과제는 기능 발달 연습, 모의 상황 연습, 게임 형식, 정식 게임으로 구성 • 게임 수행 평가 도구를 주로 활용

〈보 기〉

	발전단계	김 교사	이 교사
ㄱ	1단계	연습형 교수학습 스타일	상호 학습형 교수학습 스타일
ㄴ	1단계	연습형 교수학습 스타일	유도 발견형 교수학습 스타일
ㄷ	1단계	연습형 교수학습 스타일	상호 학습형 교수학습 스타일
ㄹ	2단계	전술 게임 모형	스포츠 교육 모형
ㅁ	2단계	스포츠 교육 모형	전술 게임 모형
ㅂ	2단계	협동 학습 모형	전술 게임 모형

① ㄱ, ㅁ   ② ㄱ, ㄹ   ③ ㄴ, ㄹ   ④ ㄴ, ㅁ   ⑤ ㄷ, ㅂ

[정답] ④ ㄴ, ㅁ

[해설]

발전단계	김 교사	이 교사
1단계	연습형 교수학습 스타일	유도 발견형 교수학습 스타일
2단계	스포츠 교육 모형	전술 게임 모형

5 11가지 교수 스타일 비교

1. 개념, 특징, 의사결정

	개념	특징	의사결정
A 지시형	교사의 지시, 명령에 따라 수업이 진행됨	암기, 회상 등 창의력을 요하지 않는 인지적 활동을 강조하며, 일제식 수업으로 진행되므로 수업의 효율성이 높음	교사가 과제활동 전, 중, 후에 대한 모든 결정을 함
B 연습형	**교사가 순회하고 피드백을 주는 동안 과제활동 중 9가지(수업 장소, 수업 운영, 시작 시간, 속도와 리듬, 정지시간, 질문, 인터벌, 자세, 복장과 외모)가 학생에게 이양됨**	학습자 개개인에게 연습할 수 있는 시간과 피드백을 제공	과제활동 전, 후의 결정군은 교사가 결정함. **교사가 순회하고 피드백을 주는 동안 과제활동 중 9가지(수업 장소, 수업 운영, 시작 시간, 속도와 리듬, 정지시간, 질문, 인터벌, 자세, 복장과 외모)가 학생에게 이양됨**
C 상호 학습형	한 학생은 실시자, 한 학생은 관찰자가 되며 교사는 관찰자와 상호작용함	짝과 함께 상호 관계 속에서 학습하며 교사가 제공한 수행 기준에 준하여 짝에게 피드백을 제공함	과제활동 전은 교사가, 과제활동 중 9가지 결정군은 실시자가, **과제활동 후 피드백의 권한은 관찰자에게 이양됨**
D 자기 점검형	학생이 자신의 잘못을 확인하고 교정하는 책임을 가짐	학습자 스스로 과제를 수행하고 자신의 과제수행을 점검함	과제활동 전은 교사가, 과제활동 중 9가지 결정군은 학생이 행사하며, **과제활동 후 결정군 중 피드백에 대한 권한을 자신에게 행사함**
E 포괄형	하나의 과제를 여러 난이도로 설정하여 수준별 학습을 함	학생이 과제에 참여하고 과제를 수행할 수 있는 난이도를 선택하며, 자신의 활동을 스스로 점검함	과제활동 전은 교사가, **과제활동 중 학생은 자신에 맞는 과제 수준을 스스로 결정하며,** 수업 후 학생은 자기 활동에 대한 평가의 결정을 내리고 어떤 수준에서 다시 과제를 시작할지 결정함
F 유도 발견형	교사의 질문에 답함으로써 기능이나 개념을 발견함	논리적인 순서로 설계된 질문에 대한 해답을 찾아가는 과정을 통해 미리 정해진 개념을 발견함	과제활동 전은 교사가, **과제활동 중에는 학생에게 보다 많은 의사결정 사항이 이양되며, 과제활동 후에도 교사와 학생의 지속적인 상호작용이 이루어짐**
G 수렴 발견형	미리 결정되어 있는 정확한 반응을 수렴적 과정을 통해 발견함	기대되는 반응에 이르도록 논리와 추론 기술, 질문의 구성과 연결을 통해 문제의 해결 방법을 발견함	과제활동 전은 교사가, 과제활동 중에는 학생에게 모든 의사결정 사항이 이양되며, 과제활동 후에도 학생은 합리적 추론의 과정을 통해 해답을 확인하며 교사는 질문을 통해 참여함
H 확산 발견형	어느 한 문제 혹은 상황에서 확산적인 반응을 발견하는 것	구체적인 인지과정을 통해 다양한 해답을 발견함	학생이 처음으로 교과내용에 대한 발견과 선택을 함. 과제활동 전 교사는 가르칠 주제, 해결책을 얻기 위한 문제를 제작하며, **활동 중 학생은 해답을 찾기 위한 구체적인 학습 내용을 정함.** 과제활동 후 교사는 학생이 발견한 해답을 평가함

	개념	특징	의사결정
I 자기 설계형	어떤 문제나 쟁점의 해결을 위해 학생이 학습 구조를 발견해나감. 학생이 주제를 정하고 과제를 만들고, 자료를 모으고, 해답을 찾고, 각종 정보를 다룸. 교사는 포괄적 차원에서 영역을 선정해주는 것	학생의 창의적 능력을 촉발, 주제 발견에 대한 탐색 절차로 제공함. 학생 각자가 학습 프로그램을 설계하고 조직하여 학생 개개인에게 적합한 수업 과제를 제시함	**과제활동 전: 교사는 교과범주만 정함** **과제활동 중: 학생은 관련된 질문이나 문제를 스스로 해답 제작** **과제활동 후: 주제 발견에 대한 탐색과 검토에 의한 체계적인 절차 제공**
J 자기 주도형	학생이 학습 설계에 대한 책임과 학습 경험 등을 주도함. 합으로 결정한 기준과 원칙에 비추어 교사와 함께 해나감(교사는 지도조언)	학생이 스스로 진도를 정하고 탐구, 발견하며 프로그램을 설계하고 진행함. 교사는 학생의 결정을 수락하며, 학생의 실천 과정과 결과를 수용하고, 학생의 의도와 실천의 괴리를 알려줌	과제활동 전, 중, 후의 모든 의사결정은 학생에게 이양됨
K 자기 학습형	학습자 개인이 교수–학습 활동에 교사나 학습자로 참여하여 모든 의사결정을 함.(교사의 관여가 없음, 학교에서는 거의 사용하지 않음, 취미나 여가 활동)	학생이 혼자 힘으로 모든 의사결정을 하며 과제를 실현할 수 있도록 해주는 것을 목적으로 하나 실제 수업에는 존재하기 어려움	과제활동 전, 중, 후 모두 학생이 의사결정을 내림

그림은 모스턴(Mosston)의 체육 수업 스타일에 따른 교사와 학생의 역할 구조를 나타낸 것이다. ㉠~㉤에 대한 설명이 옳지 않은 것은?

	지시형	연습형	상호 학습형	자기 점검형	포괄형	유도 발견형	수렴 발견형	확산 발견형	자기 설계형	자기 주도형	자기 학습형
과제 활동 전	교	교	교	교	교	교	교	교	교	학	학
과제 활동 중	㉠( )→( )		학수	학	㉢( )→( )		학		㉤( )→( )	학	학
과제 활동 후	교	㉡( )→( )		학	학	㉣( )→( )		학교	학	학	학

(교: 교사, 학: 학생, 수: 수행자)

① ㉠: 교사가 수업 운영 및 장소, 질문 등을 결정하는 것에서 학생이 결정하는 것으로 변화한다.
② ㉡: 교사가 운동 수행을 관찰하고 피드백을 제공하는 것에서 학생 관찰자가 학생 수행자에게 피드백을 제공하는 것으로 변화한다.
③ ㉢: 학생이 과제활동 수준을 스스로 선택하는 것에서 교사가 학생에게 일련의 질문을 통해 학습 내용을 찾아가도록 유도하는 것으로 변화한다.
④ ㉣: 교사가 학생의 해결책에 대해 옳고 그름을 확인하는 것에서 학생의 다양한 해결책에 대해 중립적인 피드백을 제공하는 것으로 변화한다.
⑤ ㉤: 교사가 제시한 과제에 대한 해결책을 학생이 다양하게 찾아보는 것에서 교사가 제시한 공통 교과내용에 대해 학생이 과제와 해결책을 스스로 설계하는 것으로 변화한다.

[정답] ④
[해설] 수렴에서 확산발견형에 대한 설명이다.

PART 4
체육 수업 모형
[저자 메츨러(M. Metzler)/공역 유정애)]

1 체육 지도 방법의 변화 과정: 방법에서 모형까지 [16 기출]

1. 직접적 교수 및 형식적 교수

(1) 체육 수업에서 가장 첫 번째 프로그램이었던 신체훈련 프로그램은 직접적이고 형식적인 교수 방법을 사용하였다. 특히, 군사훈련 형식의 프로그램에서는 이 방법이 더욱 강조되었다.

① **직접교수**: 수업에서 모든 결정을 교사가 하고 학생은 단지 교사의 지시에 따르는 교수 방법을 의미한다.

② **형식적 교수**: 일련의 처방된 단계나 절차에 따라 교사의 행동이 이루어지는 수업을 의미한다.

(2) 이러한 지도방법은 독일체조, 스웨덴체조 지도에 활용되어 왔었고, 빈틈없는 군사훈련과 경기장에서의 바람직한 태도를 학생에게 지도할 때 매우 효과적이다.

(3) 스포츠와 운동경기에서 최고수준에 도달하기 위해 기술 연습, 반복 연습 및 필요한 기술 습득에 초점을 두었다.

(4) 1962년 오베르토퍼와 울리치법(Oberteuffer & Ulrich, 1962): 형식적 지도방법은 엄격한 지도와 순서로 "교사가 말한 내용, 시기와 방법에 따라 학생이 그대로 따르는 것"을 말한다. 이것은 현대 체육의 불치병 중의 하나로 교육적 가치를 떨어뜨리고 있다. 대근 활동은 학생에 의해 이루어지고 있으나, 거의 모든 사고과정은 교사에 의해서 이루어지기 때문이다.

2. 교수 전략(teaching strategies)

(1) 형식적인 지도방법은 1960년대 이후 학생이 교과 내용에 참여하는 방법과 교사가 수업을 진행하는 방법에 대한 새로운 아이디어를 제공해 주었다. 체육 교과의 새로운 지도방법들이 고안되면서 다음의 내용들은 교수 전략 이라고 불리고 있다.

① 과제/스테이션 교수

② 반성적 교수

③ 파트너 교수

④ 팀티칭

⑤ 탐구중심 교수

(2) 이 전략들은 체육수업을 구조화하고, 교사와 학생이 학급에서 수행해야 하는 역할을 제시하는 방식을 나타낸다.

(3) 이와 같은 전략들은 학생으로 하여금 교사, 동료 학생, 교과내용과 보다 많은 상호작용을 가능하게 하는 다소 덜 직접적인 특징을 지니고 있다.

(4) 또한, 교사들로 하여금 융통성을 발휘하고 학생들이 의사결정을 내릴 수 있도록 허용하는 다소 덜 형식적인 특징을 가지고 있기도 하다.

(5) 이러한 전략들은 <u>단기간에 성취될 수 있는 교육성과를 위해 일시적으로 사용될 수 있고</u>, 적절히 선택된다면 수업의 목표를 실현하는 데 매우 효과적으로 사용될 수 있다.

(6) 교수 전략들은 <u>각각 독립적으로 발달되어 왔기 때문에</u>, 교사들에게 체육수업지도에 대한 거시적인 시각을 가지는 데 도움을 줄 수 있는 통일된 관련성을 갖추지 못하였다.

3. 교수 스타일(teaching style)

(1) 1966년 무스카 모스턴이 '수업 스펙트럼'을 소개하였다.

(2) 과제활동 전, 중, 후 의사결정권이 교사에게 있으면 수업지도유형이 형식적, 직접적 교수가 되고, 반대로 학생에게 의사결정권이 많으면 수업지도유형이 비형식적, 비직접적 교수가 된다는 교수 스타일을 다양하게 소개하면서 통합적인 지도유형을 개념화하였다.

(3) 한 가지 지도유형이 몇 개 수업에 걸쳐, 혹은 전체 단원 동안 사용될 수 있고, 단기 수업목표를 달성하기 위해 지도유형을 바꿀 수도 있다. 2가지 이상의 지도유형이 한 시간의 수업 동안 이용될 수도 있고, 몇 개의 지도유형이 한 단원에서 사용되기도 한다.

4. 교수 기술

(1) 1980년대는 체육교수법에 대한 또 다른 접근방식이 소개되었다. 그중 몇 가지는 모스턴의 연구에 기초를 두고 있으며, 나머지는 체육 교과나 다른 교과의 교수 효율성 연구에서 파생되었다.

(2) 교수 효율성 연구는 수업 중 교사와 학생의 행동이 학생의 학업성취(특히, 학생의 참여형태)와 상관이 있다는 가정에서 시작되었다.

(3) 중요한 사실은 교사행동보다는 학생행동이 학습결과를 보다 정확히 예측할 수 있다는 점에서, "교사가 수업에서 어떤 행동을 해야 하나?"에서 "교사가 학생에게 어떠한 행동을 하도록 해야 하나?"로 연구초점이 옮겨가게 되었다.

(4) 따라서 효과적인 교수 기술은 수업에서 학생의 학습을 증가시키는 의사결정이나 행동으로 여겨졌고, 모스턴의 전통적인 지도유형과는 밀접한 관련이 많지 않다.

(5) 체육의 실제학습시간(ALT-PE) 측정에 관심

5. 수업 모형 **16 기출**

(1) 수업 모형의 개념은 <u>학습이론, 장기 학습 목표, 교육맥락, 내용, 수업관리, 교수 전략, 학습과정의 검증 및 평가를 포함하는 지도 관점</u>에 근거한다.

(2) joyce는 수업 모형을 "교실이나 다른 교육환경에서 교육과정(장기간의 교과목 내용)을 형성하고, 수업교재를 고안하며, 수업을 안내하기 위해 사용되는 계획 또는 형태"로 정의하였다.

(3) 어느 한 가지 방법, 전략, 유형은 전형적으로 소수의 단기간 학습활동이나 교육성과를 위해 활용되고, 그러고 나서 다른 방법, 전략 유형을 사용한다.

(4) 그러나 <u>모형은 한 단원 모든 수업을 위해 사용</u>되며, 그 단원의 수업계획, 설계, 실행 및 평가 기능을 포함한다. 실제로, <u>수업 모형은 한 단원</u> 안에서 다양한 지도방법, 전략 혹은 유형을 포함시킬 수 있다.

(5) 수업 모형과 같은 체육수업의 포괄적이고 일관성 있는 계획들은 모든 연령대의 학생에게 체육교과를 "가르치는 방식"으로 발전해온 지도방법, 지도전략 및 지도유형의 한계를 극복할 수 있다는 점이다.

(6) 체육지도 방법의 변화 과정: 방법에서 모형까지

① 교수방법(methods), 교수전략(strategies), 유형(styles)에 비해 수업 모형(instruction models)은 한 단원 모든 수업을 위해 사용되며, 수업계획, 설계, 실행 및 평가 기능을 포함한다. 실제로, 수업 모형은 한 단원 안에서 다양한 지도방법, 전략 혹은 유형을 포함시킬 수 있다.(체육수업의 계획, 실행, 평가 과정에 대한 광범위하고 총체적인 관점을 제공)

② 핵심내용은 체육수업의 포괄적이고 일관성 있는 계획들은 모든 연령대의 학생에게 체육교과를 가르치는 방식으로 발전해온 지도방법, 지도전략 및 지도유형의 한계를 극복할 수 있다.

이론적 기초 +	교수학습의 특징 +	실행 요구 및 변용		모형
• 이론적 배경 및 근거 • 교수학습 가정 • 모형의 주제 • 학습영역의 우선순위와 영역간 상호작용 • 학생의 발달 요구 사항 • 타당성	• 수업의주도성 및 포괄성 • 학습 과제 • 참여 형태 • 교사와 학생의 역할 및 책임 • 지도 과정의 검증 • 학습 평가	• 교사전문성 • 교수 기술 • 상황적 요구 조건 • 상황적 변용	→	• 직접교수 • 개별화 지도 • 협동학습 • 동료교수 • 탐구수업 • 전술게임 • 스포츠교육 • 개인적·사회적 책임감 지도

(1) 모형(model)이란 본보기가 되는 대상을 말한다.

(2) 체육 수업 모형은 바람직한 체육 수업이 가지고 있는 속성과 특징을 한눈에 볼 수 있게 하는 종합적이고 구조화된 수업 설계도라고 볼 수 있다.

(3) 체육 수업 모형은 교사들이 이를 활용하기 전에 각 모형의 구성 요소와 특성을 보다 잘 이해할 수 있도록 하기 때문에, 교사들이 자신의 수업에서 무엇을 구성하거나 수행하는 과정에 필요한 계획을 수립할 수 있도록 한다.

1 수업 모형: 체육 수업의 설계도

(1) 이 책에서 모형은 무엇을 구성하거나 수행하는 과정에 필요한 계획, 즉 설계도의 역할을 한다. 체육 수업에서 학생의 특정한 학습 결과를 증진하기 위해 설계도(모형) 를 가지고 그것을 활용하는 교사로 비유되고 있다.

(2) 수업 모형이나 건축의 설계도에 동일하게 적용된다. 수업에서도 맥락(context)은 중요하므로, 체육 수업을 선정하고 실행할 때 고려되어야 한다.

① 교사는 수업 모형에 친숙해져야 하며, 그 모형이 특정한 학교 상황, 학년, 내용, 학급에 적합하도록 변형할 수 있는 방법을 숙지해야 한다.

② 이 책에 소개된 모형 중에서 학교 현장에서 그대로 정확하게 사용될 수 있는 것은 하나도 없다. 그렇기 때문에 이 책에서 제시된 모형들 중 하나를 선정하고 실행할 때에는 이러한 맥락적인 요인을 고려해야 할 것이다.

2 모형 중심 체육 수업의 장점

모형 중심의 체육 수업은 여러 가지 장점을 가지고 있다. 바람직한 목적으로 좋은 모형을 선정하고 활용하게 되면, 수업 내용이나 수업 상황에 상관없이 항상 효율적인 수업 지도를 할 수 있게 된다. 모형 중심의 체육 수업은 체육 교사들에게 다음과 같은 이점을 제공한다.

1. 모형은 총괄 계획과 일관성 있는 접근 방식으로 교수–학습이 이루어지도록 한다.

(1) 모든 수업 모형은 학습 결과를 효율적으로 증진시킬 수 있도록 교사와 학생의 특정한 수업 행동 패턴을 설명한다.

① 각 모형은 일종의 종합 계획으로서, 교사가 지도 단원에서 학생의 학습을 유도하기 위해 의사결정을 할 수 있도록 한다.

② 교사가 한 단원의 주요 학습 목표를 결정하고 그 단원에 영향을 미치는 환경을 고려했다면, 그 목표를 가장 잘 성취할 수 있는 한 가지 이상의 수업 모형 선택이 뒤따르게 된다. 수업 모형은 각각의 목적을 달성할 수 있도록 고유의 일관성 있는 접근 방식을 제공한다.

2. 모형은 학습 우선 영역과 영역 간 상호작용을 명백하게 한다.

(1) 오늘날의 체육교육 프로그램은 학생에게 한 가지 이상의 학습 영역을 학습할 수 있도록 한다. 영역은 관련 있는 학습 결과를 하나의 유형으로 묶은 커다란 범주로 볼 수 있다.

① 인지적 영역에는 기억, 개념 습득과 의사결정 능력 등이 있다. 이 영역은 <u>언어적 답변, 지필 고사, 문제해결 연습 등을 통해 학습</u>이 이루어진다.

② 심동적 영역에는 대근 활동과 소근 활동의 움직임 및 그 밖의 신체 움직임의 학습 등이 있다. 이 영역은 <u>기능 습득이나 기본 움직임의 문제를 해결하는 과정에서 나타난다.</u>

③ 정의적 영역 에는 감정, 태도, 사회적 상호작용, 자아 개념 등이 있다. 체육 교육에서의 정의적 영역은 자신이나 다른 사람들의 다양한 신체활동 유형을 학습하는 것과 관련된다. <u>이 영역은 태도 검사지, 개인 면담이나 대화, 언어 표현, 자아 효능감, 신체 활동 상황에서 관찰될 수 있는 타인과의 사회적 상호작용을 통해 학습된다.</u>

(2) 어느 학습영역을 강조하든, 균형을 꾀하든 상관없이 교사는 학생의 학습이 이루어지도록 가장 효과적인 방법으로 가르쳐야 한다.

(3) 영역 간 상호작용: <u>학생은 특정한 순간에 강조하지 않았던 다른 두 영역을 학습하기도 한다.</u> 실제로 어떤 학습 활동도 단일 영역의 학습만을 조장할 수 없다. 심지어 하나의 영역을 다른 영역들보다 우선시해도 마찬가지다.

3. 모형은 수업의 주제를 제시한다.

(1) 수업을 설계할 때 수업 모형은 단원 내용의 교수·학습의 '대 주제(big idea)'를 제시한다. 이는 모형 내에서 교사와 학생이 활동하는 독특한 방법으로 볼 수 있다.

> 예 협동 학습 모형의 '대 주제'는 학생이 하나의 팀으로 학습에 책임을 지는 것이다. '학생들은 동료와 함께, 동료에 의해, 동료를 위해 함께 학습한다(students learning with, by, and for each other)'는 <u>주제는 학습의 주요 계획을 설명하고, 이 모형에서 수업이 조직, 실행되는 방법을 학생이 보다 잘 이해할 수 있도록 한다.</u>

(2) 교사와 학생이 각 모형이 요구하는 계획, 의사결정, 책임감, 학습활동 등의 형태를 이해하면, 각 모형에서 나타나는 새로운 교수·학습 방법에 좀 더 가깝게 다가갈 수 있을 것이다.

4. 모형은 교사와 학생으로 하여금 현행 및 차후 활동에 대해 이해할 수 있도록 한다.

(1) 각 모형의 종합 계획은 <u>단원 수업활동 목적과 계열성을 이해할 수 있는 기초</u>를 제공함으로써 교사와 학생이 각 모형에 대해 명백히 이해할 수 있도록 한다.

(2) 수업 모형은 교사가 사전에 계획하여 학생에게 학습계획의 장소를 알려주는 특징
→ 학생의 흥미, 협동, 관리 효율성을 증가시키고, 결국 학생의 학습을 향상

5. 모형은 통합된 개념틀을 제공한다.

(1) 모든 수업 모형은 학습에 관한 기본 가정, 학생의 발달단계 요구, 지도상황의 관리, 학습경험/활동의 내용을 포함하는 통합된 개념틀로 구성되어 있다. 교사가 이러한 가정들을 인식하고 각 모형의 개념틀 내에서 수업을 실행하게 되면 바람직한 학습이 이루어질 가능성이 훨씬 커진다.

6. 모형은 연구 기반을 가지고 있다.

(1) 모형을 선택하기 전에 교사는 이러한 연구 자료를 통해 모형을 적절히 활용할 수 있는 방법과 활용할 수 없는 시기를 알 필요가 있다.

(2) 이와 같은 배경 정보는 모형의 최상의 적용 방법과 효과적인 실행 방법을 학습하고, 모형의 제한점을 숙지하는 데 도움을 줄 수 있다.

7. 모형은 교사에게 '기술적 언어'를 제시한다.

(1) 각 모형은 개념틀, 설계, 운영을 기술하는 데 사용되는 독특한 전문용어를 가지고 있다. 이를 '기술적 언어(technical language)'라고 하는데, 교사들은 각 모형에 적용되는 단어와 용어의 의미를 알 수 있게 된다.

(2) 이러한 전문용어는 설계자, 교사, 학생이 의사소통을 명확하고 효율적으로 할 수 있도록 하며, 명시된 학습결과가 성취될 가능성을 크게 한다. 교사들은 몇몇 유사한 단어나 용어들이 모형들 간에 다른 의미로 사용될 수 있음을 알고, 상황과 맥락 속에서 어떤 언어를 사용해야 할지를 알 필요가 있다.

8. 모형은 수업과 학습 간의 관계를 검증하도록 한다.

(1) <u>수업 모형은 의사결정, 관리 계획, 수업 전략, 교수기능, 수업운영, 학습활동 및 평가에 있어 일관성 있는 패턴을 가지고 있다.</u> 모든 모형은 기본적으로 명시된 학습결과에 대한 학생의 학습을 향상시키는 데 목적을 두고 있다. 모형 설계자는 교사들이 모형의 개념틀과 설계에 맞게 의사결정하고 수업을 진행하게 되면 학생은 의도된 대로 학습할 가능성이 크다고 말한다.

(2) 이 책은 교사와 학생의 지침(operations) 및 교수·학습 방식(ways to teach and learn)을 '기준(benchmarks)'이라고 부른다.

9. 모형은 타당성 있는 학습 평가를 가능하게 한다.

(1) 평가기법 을 교사가 언제, 어떻게 그것을 활용해야 하는가에 대한 명백한 방향성 없이 개발되었다.

(2) 모든 모형은 나름대로 설계된 평가기법이 있으며, 내용 단원에서 학생의 학습이 어느 정도 성취되었는지에 관한 타당한 지표를 가지고 있다. 수업 모형은 단원 지도 과정이나 종료 후 학생의 학업성취를 점검함으로써 형성평가 및 총괄평가를 가능토록 한다. 많은 모형은 독특한 영역 간 상호작용을 고려하여 대안평가(alternative assessment)와 실제평가(authentic assessment)의 활용을 진작시킨다.

10. 모형은 개념틀 내에서 교사의 의사결정 능력을 향상시킨다.

(1) 수업 모형은 모형 자체의 제한된 범위 내에서 교사의 의사결정 능력을 신장시킬 수 있다.

① 개별 교수기능, 관리 체계, 스타일, 학습 전략 등의 여러 항목으로부터 '가르치는 방법'을 결정하는 것이 아니다.

② 교사는 모형의 개념틀, 설계, 맥락적 요인, 단원 내용에 기초하여 선택 범위를 좁혀갈 것이다. 이 선택 범위가 축소됨에 따라 단원 내에서 의사결정과 교수행동 사이의 일관성을 증가시켜 보다 효과적으로 학생의 학습을 향상시킬 수 있도록 한다.

(2) 실제로 모형의 개념틀 내에서 교사의 의사결정과 실행은 거의 대부분 교사의 수업방법 지식과 전문성에 근거하게 된다(Shulman).

11. 모형은 직접적으로 특정한 학습 기준 및 결과를 증진시킨다.

(1) 체육을 가르치기 위한 청사진으로써 이 책에서 제시한 여러 수업 모형은 학생들로 하여금 미국 스포츠·체육교육학회(NASPE)에서 제시한 6가지 기준에서 높은 수준의 성취도를 얻거나, 오늘날 체육 교육 프로그램에 언급된 여러 학습 결과를 이끌어낼 수 있다.

3 체육 수업 모형의 개념틀

(1) 각 수업 모형은 이론적 근거, 교수학습의 특징, 체육을 가르칠 때 독특한 방법으로 작용하는 실행적 요구 사항 등 종합적으로 설계되었다. 각 모형들이 어떻게 활용되는지를 이해하기 위해서는 각 모형에서 기술한 공통틀(표 2-1)을 이용하는 것이 최상의 방법이며, 이를 통해 각 모형이 어떻게 다른지 알 수 있다.

〈표 2-1〉 이론적 기초, 교수·학습의 특징, 실행적 요구에 관한 수업 모형 기술

이론적 기초 +	교수·학습의 특징 +	실행 요구 및 변용	→ 모형
• 이론적 배경 및 근거 • 교수·학습 가정 • 모형의 주제 • 학습 영역의 우선 순위와 영역 간 상호작용 • 학생의 발달 요구 사항 • 타당성	• 수업의 주도성 및 포괄성 • 학습 과제 • 참여 형태 • 교사와 학생의 역할과 책임 • 지도 과정의 검증 • 학습 평가	• 교사 전문성 • 교수 기술 • 상황적 요구 조건 • 상황적 변용	• 직접교수 • 개별화 지도 • 협동학습 • 스포츠교육 • 동료교수 • 탐구수업 • 전술게임 • 개인·사회적 책임감 지도

4 이론적 기초

1. 이론적 배경 및 근거

(1) 각 수업 모형의 활용 시기 및 활용 이유, 가장 효율적인 조건은 어떤 것인지에 대해 설계자가 제시한 이론적 근거는 특정한 학습 이론에 기초하고 있다. 실제로, 이것은 한 두 가지의 학습 이론과 의도하는 목적대로 '실행되는' 모형 운영 사이의 관계를 기술하고 있다.

(2) 이론적 배경 및 근거는 모형의 명칭(⑩ 협동학습, 동료교수, 스포츠교육)에 숨어있는 핵심 개념을 설명해 준다. 체육 교사는 수업에 활용할 각 모형에 대한 '큰 그림'을 명확히 이해할 수 있어야 한다.

1-1. 모형이 포함하고 있는 것은?

(1) 각 모형은 다양한 형태의 관리 계획, 의사결정, 수업 운영, 학습활동 및 평가 등을 포함한다. 또한 교사와 학생의 역할과 책임을 기술하고 있다.

1-2. 모형이 포함하고 있지 않은 것은?

(1) 각 모형은 학생의 특정 학습에 적합하게 설계되어 있다.

(2) 따라서, 교사는 이론, 학습결과, 모형의 가용성 사이의 불일치를 조장하는 비현실적인 기대나 모형의 잘못된 활용을 방지해야 한다.

    ① 직접교수와 같은 모형은 과제 구조, 과제 전개, 학습활동을 교사가 강도 높게 조절할 수 있도록 설계되어 있다. 이 모형은 학생이 수업 과정에서 의사결정의 기회를 제한하고 있다.

    ② 만약 교사가 체육 수업에서 학생이 규칙적으로 의사결정에 참여하기를 기대할 경우, 직접교수 모형은 수업에서 학생의 선택을 제한하는 특성이 있기 때문에 비효과적인 모형이 된다.

2. 교수·학습에 관한 가정

(1) 교사가 특정한 방식으로 수업을 계획하고 실행한다면 어느 정도 예상하는 학습결과가 나타나게 된다.

(2) 이론은 타당성 있게 밝혀진 몇몇 가정의 선행 연구에 기초한다는 점에서 과거의 가정으로부터 한 단계 진보한 것이다.

    예 개별화 지도 모형(PSI)은 조작적 조건 및 행동 변형에 기반한 이론으로부터 개발되었다.

(3) 교사들은 각 모형에 내재된 가정과 이론을 잘 이해하는 것이 중요하다.

3. 모형의 주제

(1) 모든 수업 모형은 그 모형을 정의하고 특색있게 만드는 하나의 주요 전제 또는 주제를 가지고 있다. 모형의 주제는 합리적인 이론적 근거로부터 직접적으로 파생된 것이며, 모형에서 활용되는 주요 학습 과정으로 기술되기도 한다.

(2) 동료교수의 주요 주제는 '나는 너를 가르치고 너도 나를 가르친다'이다. 이 모형에서 학생들은 동료 학생을 가르치기 위해 다양한 방법을 행하게 된다. 모형의 주제가 동료교수 모형이 가지고 있는 또 다른 아이디어와 과정들을 포함하게 됨으로써 모형에 관한 모든 것을 간단히 설명할 수 있게 된다.

4. 학습 영역의 우선 순위와 영역 간 상호작용

(1) 각 수업 모형은 인지적, 심동적, 정의적 학습 영역의 학습 결과에 대해 각기 다른 강조점을 가지고 있다. 즉, 한 영역의 학습은 모형이 설계되는 방식과 내용에 따른 학생의 상호작용 방법에 따라 다른 영역보다 우선적으로 이루어진다.

4-1. 모형의 우선 영역은 무엇인가?

(1) 이 책의 모든 모형은 세 가지 주요 영역의 학습을 향상시키도록 설계되었다. 체육에서는 어떤 한 영역을 배제하기 어려우며, 대부분의 모형은 학습과 영역 목적의 위계성에 기초하고 있다.

(2) 탐구수업 모형은 인지적 영역을 좀더 강조하며 심동적, 정의적 영역을 그 다음으로 강조한다. 이 모형에서 가장 중요시하는 것은 학생이 '먼저 생각하고 움직이기'를 학습시키는 것이다. 이 모형에서 학생이 인지적 사고에 의하지 않고 운동기능을 습득하는 것은 중요하지 않다. 정의적 영역의 학습이 무시되는 것이 아니지만 단지 인지적 영역보다 덜 강조할 뿐이다.

(3) 세 영역을 모두 균형있게 발달시키는 모형은 거의 없다. 스포츠교육 모형은 학생의 운동기능, 게임 규칙, 전략, 전통, 팀에서의 구성원 상호작용 등의 학습에 중점을 둔다. 학생은 어떤 순간에서든지 한 학습 영역을

강조하는 학습활동에 참여하지만 단원 전체의 과정을 거치면서 세 영역을 균형있게 학습하게 된다.

4-2. 영역 간 상호작용의 실현 가능성은 무엇인가?

(1) 영역간 상호작용은 한 학습 영역에 강조점이 주어질 때 발생하기도 하며, 한 영역 또는 그 이상의 영역에서 동시에 나타나기도 한다. 체육교과의 학습과정에서 어느 한 영역을 배제할 수 없기 때문에 교사는 어느 모형에서 영역 간 상호작용이 가장 잘 실현될 수 있는지를 인식해야만 한다.

(2) 영역 간 상호작용은 체육 수업에서 이용되는 모형들 간의 몇 가지 차이점을 감소시켜 주며, 교사들에게 모든 모형에서 여러 측면의 학습을 추구하도록 한다.

5. 학생의 발달 요구 사항

5-1. 학습에 대한 준비도

(1) 수업이 가장 효과적으로 이루어지기 위해서는 수업이 학생의 발달 준비도와 일치되어야 한다. 학생의 발달 준비도는 지시사항을 이해하고 따를 수 있는 능력, 안전하고 책임감 있게 행동할 수 있는 능력, 학습과제를 성공할 수 있는 기회를 포착할 수 있는 능력을 의미한다.

① 이 준비도 영역에서 학생의 능력과 일치되는 수업을 '발달단계에 적절한 수업'(developmentally appropriate instruction)이라고 한다.

② 거의 일치하지 않거나 전혀 일치하지 않는 수업은 '발달단계에 부적절한 수업'(developmentally inappropriate instruction)이라고 한다.

(2) 발단단계에 적절한 수업이 되기 위해서는 다음 4개 영역에 해당되는 학생의 준비도와 일치되어야 한다.

① 언어적, 문서적 및 모델링 정보에 대한 이해

② 의사결정 및 책임감

③ 사회적/정서적 성숙

④ 선행 지식 및 기능

(3) 〈표 2-2〉는 체육 수업에서 '발달단계에 적절한 연습'과 '발달단계에 부적절한 연습'의 몇 가지 예를 보여준다.

〈표 2-2〉 발달단계에 적절한 체육수업과 부적절한 체육수업의 실제

준비도 영역	학생의 발달에 부적절한 체육수업의 실제	학생의 발달에 적절한 체육수업의 실제
정보 이해	• 교사는 학생이 <u>모르는</u> 단어와 용어를 사용한다. • 교사는 천천히 읽는 학생에게 많은 문서 과제를 제시한다. • 교사는 학생에게 고난도 수준으로 과제를 보여준다.	• 교사는 학생과 이야기할 때 그들에게 <u>익숙한</u> 단어와 용어만을 사용한다. • 과제 카드는 간결하며, 그림과 사진이 포함되어 있다. • 교사는 동료학생에게 전체 학생들의 연령 및 능력에서 수행할 수 있는 과제를 시범보이도록 요청한다.
의사결정 및 책임감	• 학생은 게임할 때 공정한 팀에 선발되기를 기대하지만, 그렇게 되지 않는다. • 학생은 독자적으로 <u>참여</u>하지만, 교사의 감독없이는 과제에 참여할 수 없다. • 교사는 학생에게 불충분한 지시사항을 제시하고, 그것들을 정확하게 따르도록 기대한다.	• 교사는 수업 전에 팀을 선정한다. • 교사는 정기적으로 학생의 <u>참여</u>를 관찰한다. • 교사는 간단하면서 충분한 지시사항을 주고 학생의 이해를 점검한다.
사회적/정서적 성숙	• 미성숙한 학생이 속임수 기회를 제공하는 과제에 배치된다. • 학생은 동기유발되지 않은 채 교사의 도움없이 개별 프로젝트에 참가한다. • 학생이 동료교수를 하도록 지시받지만, 운동기능이 낮은 학생을 함부로 대한다.	• 교사는 학생에게 준수할 규칙을 제공하고 학생의 발전 상태를 관찰한다. • 교사는 프로젝트 수행 방법을 상기시켜 주는 점검표를 학생에게 제공한다. • 교사는 동료교사의 역할을 담당하는 학생에게 건설적이고 도움이 되는 피드백을 제공할 수 있는 방법을 보여준다.
선행 지식 및 신체 능력	• 교사는 학생이 기본 기능을 숙달하기 전에 수준이 높은 기능을 지도한다. • 교사는 모든 학생이 수업 내용에 대한 경험이 있다고 가정한다. • 모든 학생은 동일한 난이도를 가진 동일한 과제에 참여한다.	• 교사는 다음 단계로 이동하기 전에 학생의 숙달 정도를 점검한다. • 교사는 단원을 시작하기 전에 학생들의 요구 평가를 실시한다. • 교사는 '과제 내 변형(intratask variation)'과 학생초대(teaching by invitation)를 활용한다.

5-2. 학습 선호도 15 기출

(1) 학습 유형(learning styles)은 개개인이 교육 환경 속에서 인지지각의 자극을 최상으로 수용하고, 동화하며, 이행하는 방식을 말한다(Dunn). 그러나 학습 유형의 개념이 학생의 학습에 참여할 때 선호하는 조건을 설명하는 것은 아니다. 각 수업 모형은 본질적으로 독특한 학습 환경을 결정하기 때문에, 라이크먼(Reichmann)과 그레이샤(Grasha)가 제시한 '학습 선호'(learning preferences)라는 개념이 모형 중심 수업의 접근 방법으로 잘 설명될 수 있다.

(2) 라이크먼(Reichmann)과 그레이샤(Grasha)는 세 가지 측면으로 구분했는데, 이는 학생이 선호하는 학습 환경을 말해 준다.
  ① 참여적/회피적(학습에 대한 태도)
  ② 협력적/경쟁적(교사나 동료에 대한 시각)
  ③ 독립적/의존적(수업절차에 대한 반응)

(3) 두 쌍으로 연결된 각 측면은 학생이 선호하는 학습 조건에 대한 프로파일을 나타내주고 있다.

⑷ 각 모형에서 학습 활동의 설계, 운영 및 유형은 해당 모형에 대한 환경 프로파일을 제시하고 있다. 이러한 환경 측면에 대다수 학생의 학습 선호와 일치할 때 모형은 가장 효과적일 수 있다. 〈표 2-3〉은 라이크먼 (Reichmann)과 그레이샤(Grasha)의 프로파일 구조에서 각각의 측면과 해당 내용을 보여준다.

⑸ 오른쪽에 기술되어 있는 학생의 학습 태도에 대해 부정적으로 해석해서는 안 된다. 단지 학습 환경이 어떻게 조성되는지에 대한 학생의 선호도를 반영할 뿐이다.

⑹ **조나센(Jonassen)과 그라보스키(Grabowski)**는 학습 선호도에 가장 잘 부합하는 교수 전략과 환경을 결정하기 위해 Reichmann과 Grasha 모형에 있는 세 가지 특성을 두 가지 측면으로 분석했다.

- 협력적(collaborative): 학생은 소집단 활동, 학생 자신이 설계한 활동, 그룹 프로젝트, 동료 평가 및 교사와의 상호작용을 선호한다.
- 경쟁적(competitive): 학생은 직접교수 전략, 수업에서 질문 기회 및 교사의 인정을 선호한다.
- 참여적(participant): 학생은 토의, 대안 평가, 개별학습 활동, 분석과 종합의 기회와 열정적인 과제 제시를 선호한다.
- 회피적(avoidant): 학생은 필수 과제가 없는 것, 교사와 다른 학생과의 상호작용이 거의 없는 것, 자기평가 및 무시험을 선호한다.
- 독립적(independent): 학생은 자기주도학습, 독자적 학습 기회, 학생 자신이 설계한 활동 및 간접적 교수 전략을 선호한다.
- 의존적(dependent): 학생은 직접교수 전략, 교사 주도 평가, 수업활동과 부가 과제의 명확한 시작과 끝을 선호한다.

〈표 2-3〉 학습 선호 분류표(Reichmann과 Grasha에서 인용)

라이크먼과 그레이샤	2가지 측면 조나센(Jonassen)과 그라보스키(Grabowski)	
	참여적(participant)	회피적(avoidant)
학습에 대한 태도	• 수업 내용에 대한 학습 동기가 높음 • 학습의 책무성이 큰 것을 좋아함 • 다른 학생과 참여하는 것을 좋아함 • 필수 사항을 수행함	• 수업 내용에 대한 학습동기가 낮음 • 학습의 책무성이 적은 것을 좋아함 • 다른 학생과 참여하는 것을 꺼림 • 자신이 원하는 것을 수행함
	협력적(collaborative)	경쟁적(competitive)
교사나 동료에 대한 시각	• 공유를 함 • 협조적임 • 다른 사람과 일하기를 좋아함 • 체육을 다른 사람과 학습하고 상호작용할 수 있는 장으로 인식	• 다른 사람과 자신을 대상으로 경쟁적임 • 다른 사람보다 잘 하기 위한 학습동기를 가짐 • 경쟁을 좋아함 • 체육을 승리해야 하는 경쟁의 장으로 인식
	독립적(independent)	의존적(dependent)
수업절차에 대한 반응	• 자신에 대해 사색 • 혼자서 일함 • 학생 자신이 필요한 사항을 학습함 • 다른 사람의 말을 경청 • 자기 확신이 큼	• 정보와 구조의 원천자로써 교사나 타인에게 의존 • 타인의 도움이 필요 • 필수사항을 학습함 • 지적인 호기심이 거의 없음 • 자기 확신이 적음

1. 다음은 서 교사가 작성한 영역형 경쟁 스포츠 활동 단원 계획서의 일부이다. 〈보기〉의 지시에 따라 서술하시오. [10점]

(나) 학생의 학습 유형 특성

구 분	경쟁적 > 협력적	회피적 > 참여적	의존적 > 독립적
특성	• 다른 친구들보다 잘하고자 하는 마음이 강함. • 서로 겨루고 시합하는 것을 좋아함.	• 축구 활동을 하고자 하는 의지가 낮음 • 다른 친구들과 함께 참여하는 것을 꺼려함.	• 수업 과정에서 주로 교사의 지시에 의존하여 활동함. • 자신감이 부족한 편임.

─────────〈보 기〉─────────

2) 라이크먼과 그레이샤(S. Reichman & A. Grasha)가 제시한 학습 선호 분류 차원(dimension)을 근거로 단원 계획서의 (나)처럼 학습 유형을 구분하는 기준을 각각 서술하시오. (단, '의존적/독립적' 유형 구분의 기준은 제외함.)

[정답] 참여적과 회피적은 학습에 대한 태도이며 [1점] 협력적과 경쟁적은 교사나 동료에 대한 시각이다. [1점]

5 교수·학습의 특징

(1) 각 모형은 몇 가지 고유한 특징을 가지고 있다. 넓은 의미에서 이러한 특징은 모형이 실행될 때 교사와 학생이 받아들이는 모습으로 나타나며, 다른 모형과 구별 짓게 한다. 이 특징은 각 모형이 기반하고 있는 학습 이론과 가정으로부터 직접 도출된다.

1. 수업통제 및 포괄성 17 지도사

(1) 체육 수업은 교사와 학생, 이 두 참여자에 의해 이루어진다. 이들 참여자는 수업시간마다 수많은 언어적, 비언어적 및 복합적인 상호작용을 한다. 이 참여자간의 상호작용 유형은 단원에서 활용되는 수업 모형의 설계에 따라 달라진다. 특정 수업 모형에서 사용되는 상호작용 유형을 수업통제(control)라고 한다.

3판 체육수업 모형(개정된 용어)	2판 체육수업 모형(과거 용어)
수업통제(control)	⇐ 주도성(directiveness)
교사 주도 통제	⇐ 직접적
학생 주도 통제	⇐ 간접적

⇒ 개정된 3판 체육수업 모형(2019년)에서는 주도성이 수업통제(control)로 바뀌었다. 기출문제도 수업 주도성이라고 표현되어 있다.

(2) 수업통제의 개념은 두 가지로 구분할 수 있다.

    ① 수업통제는 수업 중 교사와 학생의 언어적 상호작용(누가 무엇을 누구에게 말하고 있는지)의 근원과 형태를 설명하는 데 사용될 수 있다.

    ② 또한, 수업 중 의사결정의 본질과 수업의 통제를 기술하는 데 사용되기도 한다.

(3) 모든 모형이 효과적인 학습 방법에 대한 서로 다른 가정과 관점에 기초하기 때문에, 각 모형은 본래 각기 다른 수업 통제 수준을 가지고 있다.

    ① 스펙트럼의 한쪽 끝에 위치하고 있는 교사 통제 측면이 강한 모형(그림 2-1)들은 교사에게 거의 모든 의사결정의 권한과 수업 상호작용의 개시에 대한 책임을 부여한다. 학생은 의사결정을 할 수 있는 기회가 거의 주어지지 않으며 교사로부터 대부분 정보와 지시를 받게 된다.

    ② 반대로, 스펙트럼의 다른 한쪽 끝에 위치하는 학생 통제 측면이 강한 모형들은 학생에게 수업 중 많은 의사결정 권한을 부여하고, 창의적으로 탐색하는 활동에 참여하게 하며, 학생은 많이 질문할 수 있고 교사와의 보다 많은 상호작용을 가능하게 한다.

    ③ 교사와 학생 간의 빈번한 상호작용 수준을 증진할 수 있는 모형들은 스펙트럼의 중간 위치에 존재하고 있으며, 그 모형들은 체육 수업에서의 의사결정, 통제 및 책임을 교사와 학생이 공유하는 특징을 가지고 있다.

1-1. 교사 주도 통제: '무대 위의 현자'

(1) 교사에 의해 통제되는 성향이 강한 교수방법은 수업 통제의 중심에 교사가 위치한다. 교사는 수업 관리와 수업 내용의 권위자이다. 수업 관리의 권위자로서 교사는 수업 조직, 연습의 시작과 종료, 학습 과제 변환, 수업 규칙의 효과에 대해 거의 대부분 의사결정을 한다. 수업 내용 권위자로서 교사는 자신의 단독 의사 결정에 따라 학생에게 제공하는 모든 지식을 가지고 있는 사람으로 인식되기 때문에, "무대 위의 현자"(Sage on the stage)로 불린다(King).

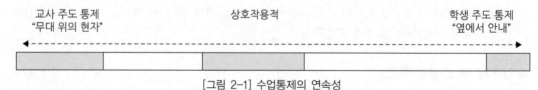

[그림 2-1] 수업통제의 연속성

1-2. 학생 주도 통제: '안내자'

(1) 연속선상의 반대쪽에 위치하는 학생 통제식 수업은 교사의 의사결정과 수업 과정에 대한 통제를 최소화하고, 개방형 학습과제와 학습 주도의 학습과제를 많이 포함한다. 스펙트럼이 이 극단에 있는 교사는 스스로를 권위자가 아닌 학생의 학습을 유도하는 촉진자(facilitators)로 본다. 즉, 학습 과정의 중심에 교사 자신이 아닌 학생을 위치시킨다. 이때 교수(teaching)의 주요 기능은 학습 환경을 조성하는 것이다. 즉, 교사는 학생에게 안내 사항과 과제를 제시하고, 학생의 옆에 서서 학습 과정을 주시하기 때문에 "안내자"라고 한다.

1-3. 상호작용 교수

(1) 수업 통제의 연속선 중간에 위치한 교수의 특징은 교사 주도 통제와 학생 주도 통제식 수업 사이의 균형을 잡는 것이다. 교사와 학생은 의사결정이나 수업 운영에 있어 동등한 책임을 가지게 된다.

1-4. 모형의 통제 프로파일을 결정하는 주요 요인

(1) 교사 주도 통제와 상호작용 교수 그리고 학생 주도 통제는 단일 요소에 의해 결정되지 않는다. 이는 연속성 상에 위치해 있는 각 모형의 '주요 지침'(key operations)을 분석함으로써 결정된다. 이 책에서는 모형의 수업 통제 프로파일을 결정하는 데 7가지 주요 지침을 이용할 것이다(아래 그림 참조).

① 내용 선정: 누가 학습할 단원 내용을 결정하는가?

② 수업 운영: 수업 운영의 책임은 누구에게 있는가?

③ 과제 제시: 학생은 어떻게 과제 제시 정보를 얻는가?

④ 참여 형태: 어떻게 학생의 참여 형태(공간, 모둠, 구조 등)가 결정되는가?

⑤ 교수적 상호작용: 학습 과제 중 누가 먼저 의사소통을 시작하는가?

⑥ 학습 진도: 누가 연습 과정의 시작과 종료를 통제하는가?

⑦ 과제 전개: 누가 학습 과제의 변경을 결정하는가?

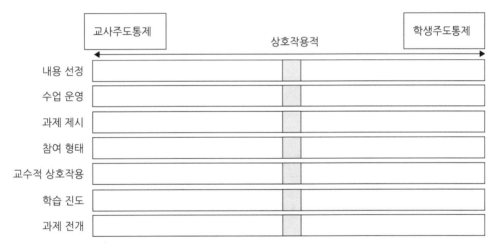

(2) 각 모형에서 7가지 주요 요인들이 다양한 수업 통제 수준을 보일 것 같지만, 대부분의 요인들은 연속선상에서 근접해 있거나 동일한 위치에 놓이게 된다. 이로 인해 각 모형의 전체 프로파일은 전형적으로 교사 주도 통제, 상호작용적, 학생 주도 통제식으로 결정된다.

① 교사 주도 통제식보다는 학생 주도 통제식과 상호작용적 교수가 좋아보일 수 있다. 그러나 이 세 가지 교수 방식들의 단점을 드러내는 것은 옳지 않다.

② 각각의 방식은 어느 특정한 학습 결과를 증진하는 데 효과적이며, 현명한 교사는 학습결과를 유도하는 데 각 방식들을 효과적으로 선택하여 활용할 수 있기 때문이다.

③ 교사는 어느 한 단원에서 교사 주도 통제식을 사용하여 가르칠 수 있고, 다음 단원에서는 상호작용교수를 활용하고, 또 다른 단원에서는 학생 주도 통제식을 사용하여 지도할 수 있다.

7. 체육 활동에서 지도자와 학생 간 교수·학습의 주도성(directiveness)을 결정하는 요인에 해당하지 <u>않는</u> 것은?

① 학습 목표 ② 내용 선정 ③ 수업 운영 ④ 과제 전개

1-5. 포괄성

(1) 포괄성(inclusive)은 요구와 능력이 서로 크게 다른, 학급의 모든 학생이 동시에 학습할 수 있도록 지도할 때 사용된다.

(2) 각 수업 모형은 학생이 각 모형 안에서 반드시 학습해야 하는 몇 가지 선행 능력과 경험에 기초하여 설계되었다. 이러한 선행 조건은 각각의 모형이 포괄적인 수업집단에서 모든 학생의 교육적 요구를 수용할 수 있는지를 판단하는 데 주요한 역할을 한다.

〈표 2-4〉 8가지 수업 모형의 수업통제 예 05 기출 09 기출 10 기출 17 기출 22 기출 23 기출

교사 중심 수업 모형	상호작용 모형	학생 중심 모형
직접교수 모형, 동료교수 모형, 전술게임 모형, 탐구수업 모형	협동학습 모형, 스포츠교육 모형, 개인·사회적 책임감 지도(TPSR) 모형	개별화 지도 모형

	직접교수		동료교수		전술게임		탐구수업		TPSR		협동학습		스포츠교육		개별화지도	
내	■		■		■		■				■		■	■	■	
수	■		■		■		■		■	■	■		■			■
과	■		■	■	■		■						■			■
참	■		■					■				■	■	■		■
교	■		■	■		■				■	■					■
학		■		■							■		■			
과	■		■		■		■				■		■			■

2. 학습 과제

(1) 수업 모형에서 제시하는 교사의 가장 핵심적인 역할은 학생들에게 학습할 내용을 안내하고, 학습 과제를 어떻게 수행해야 될지를 설명하며, 학습 과제를 언제 전환해야할지를 결정하는 일이다. 이 같은 주요 지침을 과제 제시, 과제 구조 및 내용 전개라고 한다.

2-1. 과제 제시

(1) 과제 제시는 학생에게 학습 과제와 기능을 시범 보여주는 과정을 말한다. 이는 차후의 활동 시간에 연습할 과제 수행에 대해 학생이 보고 듣는 방법과 관련된다.

(2) 과제 제시는 모든 수업의 중요한 부분으로서, 모형마다 매우 다양한 방식으로 이루어진다.

(3) 일부 모형은 한두 가지의 과제 제시 전략을 이용하지만 어떤 모형은 그 이상의 과제 제시 전략을 활용하기도 한다.

2-2. 과제 구조

(1) 거의 모든 과제 제시의 일부분은 과제 구조에 대한 설명이다.

(2) 과제 구조는 학생에게 학습과제가 어떻게 조직되고, 모둠 조직은 어떻게 이루어지며, 얼마나 지속되고, 수행기준은 무엇이며, 그 과제에서 학생에게 기대되는 행동이 무엇인지에 대한 정보를 알려준다.

(3) 과제 제시와 마찬가지로, **각 모형에서는 여러 종류의 특정한 과제 구조가 활용**될 것이다. 그렇다고 각 모형의 내용 단원을 지도할 때 교사가 많은 과제 구조를 사용하기 위해서 준비할 필요는 없다.

2-3. 내용 전개

(1) 모든 수업 단원은 학습 내용의 범위와 계열을 포함하고 있다.

> 예 축구 단원에서 학생들은 볼 다루기, 패스, 트래핑, 슈팅, 마크하기, 골 키핑, 공격 형태 및 수비 형태 등의 기본 기술을 배워야 한다.

(2) 교사는 축구의 내용 영역별 학생들이 해당 기술 또는 지식을 습득하는 데 도움을 줄 수 있는 한 가지 이상의 학습 과제를 준비한다.

① 학습 과제를 학생들에게 순서적으로 제시해야 하는데, 교사는 하나의 과제에서 다음 과제로, 한 내용 영역에서 다음 내용 영역으로 전환하는 결정을 하게 된다. 이를 내용 전개(content progression)라고 한다.

② 이 내용 전개는 단원이 진행되는 가운데 교사가 의도하는 학습 결과를 달성하기 위해서 학생들을 이끌어 가는 것을 말한다.

(3) 이 책의 각 모형은 내용 전개에 대한 서로 다른 계획을 가지고 있다.

3. 학습 참여 형태

(1) 참여 형태는 학생이 학습 내용과 상호작용하는 방식을 말하는 것으로, 학생이 학습 과정에 참여하는 방법을 의미한다. 일정 시간의 참여 형태는 교사가 계획한 학습 활동과 학습 활동의 과제 구조와 밀접한 관련이 있다.

(2) 참여 형태는 학습 내용과의 상호작용 정도와 관계 구조에 활용되는 모둠 전략에 따라 다음과 같이 분류될 수 있다.

3-1. 학습 내용과의 상호작용 정도에 따라: 능동적 참여 / 수동적 참여

■ 능동적 참여

(1) 학습과정은 학생의 참여가 직접적으로 나타날 때 적극적으로 이루어진다.

(2) 학습과정의 특징은 학생의 움직임, 사고, 질문, 의사결정 등이다.

■ 수동적 참여

(1) 학습과정은 학생이 교사로부터 단지 학습내용을 수용할 때 소극적으로 이루어진다.

(2) 학습과정의 특징은 학생의 듣기, 관찰하기, 읽기 등이다.

(3) 〈표 2-5〉는 몇 가지 사례를 통해 학생이 적극적으로 또는 소극적으로 참여하는 방식을 보여준다.

　① 능동적 학습이 언제나 선호되는 것은 아니다.

　② 때때로 교사는 많은 양의 정보를 효과적으로 학생에게 신속히 전달하기 위해서 수동적 학습 전략을 이용할 수 있다(〈표 2-5〉 참조). 이때 교사에게 가장 중요한 질문은 "나는 학생이 어떤 내용을 학습하기를 원하는가?"이다.

　③ 교사가 인지적 지식을 충분히 갖추고 있다면 학생의 수동적 참여가 적합할 수도 있다.

　④ 그러나, 교사가 학생이 먼저 생각하고 움직이는 방법을 학습하길 원한다면 능동적 참여형태의 수업을 계획하여야 한다.

〈표 2-5〉 체육 수업에서의 능동적/수동적 참여

학습내용(또는 결과)	수동적 참여	능동적 참여
게임 규칙	게임규칙 읽기 규칙에 대한 교사의 설명을 듣기	심판보기 타인에게 규칙을 설명하기
소프트볼 던지기	교사의 시범 보기 CD-ROM 보기	던지기 연습하기 게임에서 소프트볼 던지기
댄스 스텝 학습	교사에게 스텝의 순서를 듣기	보통 속도로 교사의 시범을 따라하기
자긍심 학습	자긍심 정의에 대한 설명을 듣기 자긍심에 대한 시험을 보기	자긍심을 증진할 수 있는 게임이나 활동에 참여하여 성취감을 갖기

3-2. 과제 구조에 활용되는 모둠 전략에 따라: 개인, 소집단, 전체 참여

(1) 참여 형태의 일부는 학생이 학습과제에 참여하는 방식에 따라 결정된다.

　① 몇몇 모형은 학습과제에 학생이 거의 대부분 개별적으로 참여한다.

　② 다른 몇몇 모형은 소집단이나 모둠별 또는 팀(구성원 전원은 팀 목표 달성에 대한 책임감을 공유한다)으로 참여하도록 설계되었다.

　③ 또 다른 모형은 **학급 전체가 동시에 동일한 활동**에 참여토록 만들어졌다.

4. 교사와 학생의 역할 및 책임

(1) 수업 모형은 교사와 학생에게 그 모형 내에서 독특한 역할과 책임을 갖도록 요구한다.

　① 모든 교사와 학생이 이러한 역할을 알고 수업에서 그대로 이행하는 책임감을 가지는 것이 중요하다.

　② 일반적으로 이는 각 모형에서 의사결정과 많은 수업 운영 체제를 조절하는 사람이 가리키는 주도성(directness) 차원과 관련이 있다.

　③ 스포츠교육모형과 다른 협동학습의 유형에서는 교사가 학습자원 인력과 촉진자의 역할을 하게 하고, 학생은 의사결정의 많은 부분을 담당하고 자신의 모둠 학습에 있어 책임을 공유하게 된다.

　④ 직접교수 모형에서는 교사가 수업의 지도자, 과제 제시의 주요 제공원, 수업 정보의 주요 제공자(단서와 피드백을 제공)로서의 역할을 담당한다. 학생은 교사의 지시에 따라 주의 집중하고, 지시를 따르며, 과제 참여의 책무성을 가지는 수동적인 역할을 담당한다.

6 교수 과정의 검증

(1) 교사는 수업 모형이 설계된 데로 활용되고 있는지를 검증해야 할 필요가 있다.

(2) 각 모형에는 일련의 기준(benchmarks)이 있는데, 모형이 활용과정 중에 나타나는 교사와 학생의 행동 패턴이다. 이 기준은 '어떻게 가르치고', '학생이 어떻게 학습하는가?'에 대해 교사에게 상기시켜 주고, 적절한 계획과 수업 절차를 검증하는 데 사용될 수 있다. 모형기반의 수업에서 교수 및 학습 기준을 검증할 수 있는 몇 가지 방법들이 있다.

1. 수업 중 교수와 학습 행동의 체계적 분석

(1) 교사가 모형의 활용을 촉진하는 수업패턴의 종류(例 기준)를 알고 있다면, 이 패턴들은 실제 수업 상황에서 또는 몇몇 수업 사례를 오디오나 비디오로 녹화하여 자료를 수집한 다음 분석할 수 있다. 분석한 행동은 모형의 기준을 반영하는 행동들이다.

> 例 개별화 지도 모형(PSI)은 수업 관리 시간이 매우 적고, 교사가 학생에게 피드백을 제공할 수 있는 많은 기회를 가질 수 있다(Metzler).

(2) 개별화 지도 모형(PSI)에서는 관리 시간과 교사 피드백의 양을 매우 쉽게 측정할 수 있기 때문에 교사는 모형의 설계에 따라 모형을 잘 활용했는지를 확인할 수 있다. 사건기록, 구간기록, 순간시간 표집은 체육 수업에서 교사와 학생 행동의 종류를 검증하는데 어떻게 사용되는지를 알려준다.

〈표 2-6〉 교수·학습 기준의 체계적 분석

관찰 기법	사용된 측정 방법	교사 행동	학생 행동
구간 기록	수업 중 관찰된 행동이 지속된 시간의 양	관리시간, 과제 제시 시간, 수업 순회	관리시간, 연습시간, 실제학습시간, 과제참여/비참여시간, 대기시간
사건 기록	사건의 관찰된 빈도	학생 이름 부르기, 학생에게 제공된 피드백, 학생에게 제시된 단서, 질문, 이해도 점검	연습시도, 성공비율, 제공받은 피드백, 질문
순간 시간 표집	수업 중 지정된 시간에 관찰된 행동의 발생 여부	교사의 이동, 수업에서의 위치	특정 시간 동안 학생의 과제 참여 비율, 특정 시간 동안 연습하는 학생의 비율, 학생의 성공 비율, 적절한 과제 구조

2. 기준 점검표

(1) 각 모형에서 나타나는 교사와 학생의 기준 및 패턴 항목을 만든 다음, 수업 시간에 관찰된 것을 하나씩 체크할 수 있다. 점검표는 관찰된 기준을 검증할 수 있지만 기준의 예가 옳고 그른지를 구별할 수는 없다.

3. 기준의 서열 척도

(1) 서열 척도는 기준 점검표와 유사한 방법으로 관찰한 기준의 평가를 가능하게 해준다. 각 기준은 일련의 평가적 준거(例 '나쁨', '공정', '좋음', '매우 우수함' 또는 1~10단계 척도〈최하위 1부터 최상 10까지〉)에 따라 기록된다. 관찰자는 수업 중 일어나는 기준을 기록하는데, 기준의 질에 대한 관찰자의 판단에 따라 해당되는 단어나 숫자에 동그라미를 표시한다.

4. 학생의 평가 기록지

(1) 모형마다 독특한 기준에 근거하여 학생의 반응을 알아볼 수 있는 간단한 질문 항목을 만들 수 있다. 학생의 응답은 교사들이 학생에게 제공하는 수업 패턴의 선호를 검증할 수 있는 좋은 방법이 될 수 있다.

(2) 개방형 질문지(〈표 2-7〉 참조)를 이용하거나 일련의 답변을 즉시 동그라미로 표시 또는 체크할 수 있다 (〈표 2-8〉 참조).

〈표 2-7〉 개방형 질문지

– 팀 코치 역할에 대해 어떻게 생각합니까? (스포츠교육모형)
– 이 단원에서 가장 확실하게 배운 두 가지는? (어느 모형도 가능함)
– 이 단원에서 학습동기를 가장 유발했던 것은 무엇인가? [개별화지도 모형(PSI)]
– 필드 하키 단원에서 얻은 것이 있다면? (탐구수업 모형)

〈표 2-8〉 척도형 질문지/항목

(당신의 의견과 가장 일치하는 항목에 ○표 하시오)			
교사는 이 단원을 잘 조직하였다. (직접교수)	동의하지 않음	보통	동의함
나는 이 단원에서 자신감이 향상되었다. (어떤 모형도 가능함)	동의하지 않음	보통	동의함
나는 이 단원에서 내 팀과 정말 즐겁게 운동했다. (협동학습)	동의하지 않음	보통	동의함
나는 항상 나 자신의 진도에 맞추어 공부할 수 있었다. (PSI)	동의하지 않음	보통	동의함

7 학습 평가

(1) 모형 중심의 수업에서 학습 평가는 다음의 5가지 주요 질문으로 진행되는데, 체육 수업에서 적합한 평가 기법의 선택과 활용에 따라 사용될 수 있다.

① 평가할 기준이나 학습 결과는 무엇인가?

② 평가는 언제 할 것인가?

③ 어떤 평가 기법이 학습 결과를 평가하는 데 타당한가?

④ 평가 절차가 실용적인가?

⑤ 학습 결과가 실제성 있는 기법(authentic technique)으로 평가될 수 있는가?

8 모형 실행의 요구 조건 및 맥락적 변형

(1) 수업 모형은 모형의 효과적인 활용을 위해 필요한 특정한 환경과 자원을 포함하는 실행계획을 가지고 있다. 교사들은 체육 수업 모형을 선정하고, 계획하며, 실행하고 평가할 때 필요한 요구사항들을 고려해야 한다.

1. 교사 전문성

(1) 교사는 학생과 마찬가지로 모형을 효율적으로 활용하기 위해 특정 지식, 기능, 능력을 갖추고 있어야 한다. 내용 지식은 모형의 활용에 관계없이 항상 중요하다.
슐만(Shulman, 1987)이 제시한 '수업방법지식'(pedagogical content Knowledge)은 특히 내용, 교육환경, 학습자 및 수업에 대한 전문성이 혼합된 형태이다. 단원 내용과 학생 집단에 따라 선정되는 모형마다 변화될 수 있다.

(2) 물론 각 모형에 대한 지식도 중요하다. 각 모형은 독특한 학습 전략과 효과적인 교수 기술을 포함하고 있기 때문에, 교사는 활용할 모형에서 필요한 전략과 기술에 능통할 필요가 있다.
① 전술게임 모형의 경우, 세부기능 → 변형게임 → 정식게임으로 이어지는 복합적인 과제를 계열성있게 조직할 수 있는 방법, 즉 교사의 게임지식이 요구된다.
② 탐구수업 모형의 경우, 교사는 기본적인 교수 전략으로써 학생의 인지발달에 대한 지식과 발문 방법에 대한 고도의 기능을 갖추고 있어야 한다.

2. 핵심적인 교수 기술

(1) 많은 효과적인 교수 기술이 체육 수업을 지도하는 데 활용될 수 있다. 효과적인 교수 기술 목록이 많지만, 각 모형은 교사에게 이 모든 기술을 사용하도록 요구하지 않는다. 각 모형의 독특한 운영체계, 관리 기능, 과제 제시 전략, 과제 구조는 그 모형에서 가장 요구되는 교수 기술을 결정한다.

3. 상황적 요구 조건

(1) 어떤 수업 모형도 모든 교육 상황적 요구 조건이 갖추어진 상황에서 활용되지 않는다.
(2) 학생능력과 발달준비도, 교사지식, 내용, 단원의 양, 용기구, 시설 및 활용 가능한 학습 자원은 모형을 선정하는 데 고려해야 할 사항이다.
(3) 때때로 이 고려사항에 대한 분석은 '이런 상황에선 이 방법으로 가르칠 수 없어.'라는 결정을 하도록 한다.
(4) 모형에 필요한 상황적 요구사항을 고려하지 않는 체육수업은 비효율적으로 될 가능성이 있고, 학생이 학습 목표를 달성하는 데 장애물이 될 수도 있다.
(5) 수업 모형이 성공하기 위해서는 다음 4가지 주요 요인으로 구성된 교육 상황적 요구 조건은 반드시 고려되어야 한다.
① 수업 시간
② 시설
③ 용·기구
④ 학습 자료

4. 맥락적 변형

(1) 수업 환경의 제한 요소, 모형 활용 경험, 상식으로 인해 교사로 하여금 수업 단원 전이나 수업 단원 동안을 변형하여 활용하도록 한다. 그러나 모형의 변화 또는 변형이 전체적으로 이루어져서는 안 된다. 모형의 변형은 가능하다면 평가의 과정 및 결과의 도움을 얻어 체계적으로 계획되어야 한다.

(2) 특별한 주의사항은 각 모형이 가지고 있는 독특한 점을 변화시키거나 학습 영역의 우선순위를 바꾸어서는 안 된다는 점이다. 이 두 가지 실수는 모형을 비효과적으로 활용하는 결과를 초래하고, 실제로 교사가 모형을 지나치게 변화시켜 나타나는 비효율성을 "모형 자체가 잘 맞지 않는다."라고 잘못 생각하도록 한다.

(3) 모형의 변형은 단원이 시작하기 전이나 도중에 교사가 체계적으로 변형할 수 있는 다음과 같은 계획 및 의사결정 영역의 목록을 작성하면서 시작된다.

    ① 관리 계획
    ② 내용 적용범위
    ③ 내용 전개
    ④ 수업 자료
    ⑤ 시간 할당
    ⑥ 평가 기법
    ⑦ 과제 제시
    ⑧ 교사와 학생의 역할과 책임
    ⑨ 학생의 발달 단계

9 요약

(1) 이 장에서는 체육 수업을 설명하는 개념틀을 제시하였다. 모형 중심 체육 수업을 원하는 교사는 이 세부 요소들을 통해 많은 모형을 이해할 수 있고, 지도 단원에 명시된 학습 결과를 달성할 수 있는 최상의 교육 기회를 학생에게 제공할 수 있는 모형을 선택하는 데 필요한 정보를 얻을 수 있다.

(2) 만일 이런 것들을 상기한다면, 수업 모형은 교사가 주어진 환경에서 가장 효과적인 수업을 학생에게 제공하는 도구가 될 것이다.

10 체육 수업 모형의 선정 과정

(1) 이 장에서 논의한 수업 모형의 속성은 모형이 어떻게 설계되고 운영되는지에 대해 개략적으로 기술하고 있다. 그러나 이 내용은 교사가 모형을 선택하는 데 필요한 내용이지만 충분한 정보는 되지 못한다. 아마도 적합한 모형을 선택할 수 있는 가장 좋은 방법은 다음과 같은 일련의 질문을 함으로써 최선의 선택을 할 수 있을 것이다.

(2) 아래의 과정은 체육에서 수업 모형을 선택할 때 거치는 일련의 과정을 제시한 것이다. 하나씩 기록하면서 그 상황에 효과적인 1개 이상의 모형이 구체화될 것이다. 수업 모형을 선택할 때 교사는 전문적 경험, 판단, 개인의 선호도를 활용할 수 있다.

(3) 처음 두 질문은 교사가 학생에게 기대하는 학습 내용과 모형이 가지고 있는 학습 영역의 우선순위 사이의 일치성을 묻고 있음을 유의해야 한다. 이 일치성은 본래 설계되지 않았던 모형의 내용과 교사의 기대를 일치시키는 것이므로 유념해야 한다.

① 나는 학생이 무슨 .....(내용)을 배우기를 원하는가?

예 팀 핸드볼: 기본 기술, 전략 및 규칙

② 내가 생각하는 학습 영역의 우선 순위는 무엇인가?

예 • 첫 번째: 심동적 영역 – 기술
• 두 번째: 인지적 영역 – 규칙 및 전략
• 세 번째: 정의적 영역 – 선수로서의 자신감

③ 어떤 모형이 이 우선 영역들을 포함하고 있는가?

예 직접교수 모형, 개별화 지도 모형, 전술 게임 모형(×)

④ 이 모형에 요구되는 상황적 요구 조건은 무엇인가? (수업 시간, 시설, 용기구, 학습 자료)

예 직접교수 모형: 학생에게 높은 비율의 OTR를 제공하는 데 있다. 이는 수업 시간에 학생의 대기 시간을 줄이기 위해 충분한 기구와 활동 공간이 필요함을 말해준다.

예 개별화 지도 모형: 학생의 개인학습지 읽기 수준, 매체를 사용하는 기술수준, 자신의 과제숙달을 검증하는 학생의 책무성, 교사는 학생의 대기 시간을 줄이기 위한 다양한 방법을 위해 '상황적 변형'

예 전술게임 모형: 학생들이 기다리지 않고 모두 참여할 수 있도록 충분한 기구와 수업 공간이 확보되어 있어야 한다.

⑤ 현재 상황적 조건이 이 요구 사항들을 얼마나 충족시킬 수 있는가?

예 • 직접교수 모형: 매우 좋음
• 개별화지도 모형: 매우 좋음
• 전술 게임 모형: 좋지 않음, 한 번에 여러 변형 게임을 할 만한 장소가 충분치 않음(전술게임 모형은 좋은 선택이 아님)

⑥ 모형에 필요한 교사와 학생의 선행 조건은 무엇인가?

㉠ 각 모형은 학생들이 어느 정도 신체적, 인지적, 정의적 영역에서의 발달 수준을 가정하고 있는데 이를 선행 조건으로 표현될 수 있다.

㉡ 학습에 대한 영역

ⓐ 정보이해

ⓑ 의사결정 및 책임감

ⓒ 사회적/정서적 성숙

ⓓ 선행지식 및 신체능력

예 직접교수 모형: 학생의 학습 준비도인 운동 기능, 인지기능

예 개별화 지도 모형: 학생은 정보 이해능력, 교사없이 학생의 적극 참여를 요구하는 학생의 책무성

⑦ 나와 학생은 이러한 선행 조건을 만족시킬 수 있는가?

예 직접교수 모형: 예 / 개별화 지도 모형: 예

⑧ 내가 원하는 대로 각 모형을 어떻게 변형을 해야 하는가?

예 직접교수 모형: 1. 학생의 대기 시간을 줄이기 위해 많은 핸드볼 공이 필요함
2. 넓은 장소가 필요하며, 각 구역에는 골대가 필요함
3. 다양한 기술지도 능력이 필요함

예 개별화 지도 모형: 1. 필요하지 않음. 이 단원에서 개별화 지도 모형에 필요한 모든 것이 갖춰져 있음

➜ 따라서 개별화지도 모형 선택, 왜냐하면 변형이 필요치 않기 때문임.

8. 다음은 체육 교사들의 대화이다. 모형 중심 체육 수업 관점에 근거하여 〈작성 방법〉에 따라 박 교사와 정 교사의 교수·학습방법 설계의 문제점과 해결 방안을 논하시오. [10점]

> 김 교사: 축구 수업에서 체육 수업 모형을 하나 선택해서 적용해 보려 합니다. 선생님들의 생각은 어떠세요?
>
> 박 교사: 뭘 그렇게 복잡하게 가르치려 해요. 축구 수업을 하는 순서는 대개 정해져 있어요. 드리블, 패스, 슛 등과 같은 기초 기능을 순서대로 가르치고, 학생들의 기능 수준이 어느 정도 되면 경기하는 식으로 수업을 전개하면 돼요. 그리고 한 차시 수업에서는 시범을 정확하게 보이고, 학생들을 연습시키면 돼요. 저는 이를 다른 수업에도 적용하고 있어요. 선생님도 이런 방식으로 수업해 보세요. 몇 번 가르치다 보면, '아! 이렇게 가르치면 어떤 종목에도 적용할 수 있겠구나!' 하는 자신만의 노하우가 생길 거예요.
>
> 정 교사: 저는 교수 전략만 잘 세우면 된다고 봐요. 한 차시 수업은 발문이나 과제 제시, 과제 연습과 피드백, 학습자 관리, 평가 등으로 구성되는데, 교수 전략은 각각의 수업 활동에서 교사와 학생이 수행해야 하는 역할을 명확히 해 줘요. 단원의 계획보다는 한 차시 수업에서 상황에 맞는 교수 전략들을 그때그때 사용해도 수업 목표를 달성할 수 있어요.
>
> ···(하략)···

─────────────────〈보 기〉─────────────────

ㅇ 체육 수업 모형의 개념을 제시할 것.
ㅇ 박 교사와 정 교사의 문제점을 각각 1가지씩 순서대로 제시할 것.
ㅇ 각각의 문제점에 대한 해결 방안을 제시할 것.

[정답] (서론 성격) 모형에 대한 포괄적인 개요에 대해 쓰면 된다.
(체육 수업 모형은 바람직한 체육 수업이 가지고 있는 속성과 특징을 한눈에 볼 수 있게 하는 종합적이고 구조화된 수업 설계도라고 볼 수 있다.) 모형은 이론을 갖고 있고 장기적인 수업계획(키워드)이 있다.
(본론 성격)
박 교사는 활동 위주가 문제점이다. 학생 수준이나 상황, 수업상황을 고려하지 않고 자신만의 방식으로 수업. 상호작용 없다.
정 교사는 교수전략 중심이 잘못되었다.
(결론 성격)
박 교사 해결책은 열린 답안(심인정 창의 인성활동을 동시에 통합적으로 지도해야 한다.), 정교사 해결책은 모형은 단원계획에 적용하는 것이니까 단원계획을 우선적으로 고려해야 한다. → 수업에 활용할 수 있는 적절한 수업 모형을 선정. 수업 모형이 키워드. 요건

제3장

모형 중심의 체육 수업에 필요한 교사 지식

1 체육 수업을 위한 지식 기반

슐만(Shulman)의 교사지식 범주/유형	개념
교육과정 지식 (Curriculum knowledge)	각 학년의 발달 단계에 적합한 내용과 프로그램에 대한 지식
교육 목적 지식 (Knowledge of educational goals)	목적, 목표 및 교육시스템의 구조에 관한 지식
내용 지식 (Content knowledge)	가르칠 교과내용에 대한 지식
지도방법 지식 (General pedagogical knowledge)	모든 교과에 적용되는 지도법에 대한 지식
학습자와 학습자 특성 지식 (Knowledge of learners and their characteristics)	수업에 영향을 미치는 학습자에 관한 지식
교육 환경 지식 (Knowledge of educational contexts)	수업환경에 영향을 미치는 지식
내용 교수법 지식 (Pedagogical content knowledge)	특정 학생에게 어느 교과나 주제를 특정한 상황에서 지도할 수 있는 방법에 대한 지식

1. 슐만(Shulman)의 교사 지식의 7가지 범주 06 기출 10 기출 11 기출 15 기출 18 기출 20 기출 22 기출 16 지도사 17 지도사 18 지도사

(1) 교육과정 지식(Curriculum knowledge): 각 학년의 발달 단계에 적합한 내용과 프로그램에 대한 지식

① 교육과정 지식은 '시기'를 알게 해준다. 즉 교육과정 지식은 스포츠나 신체 활동을 가장 잘 배우기 위해서 학생들이 우선적으로 알아야 할 내용을 결정하고 언제 그 다음 내용을 배워야 할지를 결정하며 학생들이 최종적으로 알아야 할 내용이 무엇인지 결정하도록 도와준다.

② 정보의 위계와 관리 측면은 교육과정 지식으로 바라보아야 한다. 운동 기능과 활동 지식(예 규칙, 역사, 전략 등)의 범위, 학습 순서는 교육과정 지식으로 활용될 수 있는 기본적인 의사결정 사항들이다.

③ 교수·학습과정안, 단원 계획안 및 연간지도계획안은 이러한 의사결정을 내리는 데 도움을 준다. 좋은 계획 없이 학생들이 프로그램을 학습할 정보를 조직하고 위계화하기 어렵다.

④ 내재적 학습은 종종 "잠재적 교육과정"이라고 불리는데, 이것은 교사들이 종종 학생들에게 교과 위치, 권력 관계, 학생의 사회적 지위, 태도 및 신념 등에 관한 메시지를 무의식적으로 전달하기 때문이다.

　예 특정 팀에서 '대표'를 선정할 때 운동 기능이 낮거나 인기가 없는 아동들이 맨 나중에 선정될 수 있음으로 인해, 아동들에게 의도하지 않았던 메시지를 종종 전달하게 된다. 과제 활동을 위해 수업을 분할하는 소규모의 이벤트는 학습자에게 심도 있고 장기적인 효과를 가져다 줄 수 있다. 이런 이유로 신중하고 배려심이 있는 교사나 코치는 모든 수업 활동에 세심한 주의를 기울인다.

(2) 교육 목적 지식(Knowledge of educational goals): 목적, 목표 및 교육시스템의 구조에 관한 지식

(3) 내용 지식(Content knowledge): 가르칠 교과내용에 대한 지식

① "교과 내용에 대한 관심이 가르치는 일에 투영된다."라면, 교과 내용에 대한 교사의 지식은 교사와 학생의 성공을 위해 필수적인 요소이다.

② 교과 내용 지식은 가르치는 내용에 대한 지식을 말한다. 스포츠나 신체 활동을 규정짓는 사실, 개념, 기술을 포함한다.

> (출처: 교과서 내용)
> 체육과 내용 지식은 스포츠 종목과 관련된 지식과 그것의 기반이 되는 학문적 지식으로 구분된다.
> ㉠ 스포츠 종목 지식은 "~을 안다"고 하는 이론(명제적 지식)과 "~을 할 수 있다"고 표현되는 실기(절차적 지식)를 모두 포함한다. 즉, 내용 지식은 스포츠를 아는 것뿐만 아니라 할 수 있는 것을 포괄한다.
> ㉡ 또한 학문적 지식은 운동생리학, 운동역학, 스포츠 심리학, 스포츠 사회학, 스포츠 교육학 등의 체육학 하위 학문 영역과 관련된 지식이다. 학문적 지식은 체육 교사에게 왜 이것을 가르치며, 왜 이렇게 가르치는지에 대한 근거를 가지게 함으로써 더욱 전문성 있는 지도를 가능하게 한다.
> 한편, 체육과 내용 지식은 지속적으로 변한다. 최근에는 남녀노소 쉽게 즐길 수 있는 뉴스포츠 종목 등이 새롭게 등장하고 있으며, 과학 기술이나 미디어의 발달에 따라 스포츠 경기 규칙과 방법도 변화해 가고 있다.
> 또한 각 학문 영역별로 연구가 계속 진행됨에 따라 새로운 지식 체계가 지속적으로 제공되고 있다. 따라서 내용 지식을 새롭게 습득하려는 끊임없는 노력이 필요하다.

(4) 지도방법 지식(General pedagogical knowledge): 모든 교과에 적용되는 지도법에 대한 지식

① 교수법에 대한 지식은 교사들이 학생들에게 정보를 전달하는 데 활용하는 기술, 전략, 원리 등에 관한 지식이다.

② 학생에 관한 지식이 '대상'에 관한 지식이라면 교수법에 관한 지식은 '방법'에 관한 지식이다.

③ 교수 스타일 또는 지도방법이라고 불리는 지도 방식은 교사의 교수법에 관한 지식을 나타낸다.

예 몇 가지 효과적인 지도방법을 소개하고 있다. 수업 도입, 설명 및 시범, 피드백 제공, 수업 정리와 같은 구체적인 주제는 교수법 지식에 포함되며, 학생의 학습 시간과 수업 운영도 교수법 지식에 포함된다.

(교과서) 일반적으로 교수학습 과정안이나 단원 계획안, 수업 운영, 교수 기법, 학생 평가 및 점수 등에 관한 기본적인 수업 능력을 의미하며, 체육 교사에게는 특별히 수업 모형, 수업 전략, 수업 스타일, 교수 기법 등과 같은 전문적인 교수법 지식이 요구된다.

(5) 학습자와 학습자 특성 지식(Knowledge of learners and their characteristics): 수업에 영향을 미치는 학습자에 관한 지식 22 기출

① 학생들 사이에는 유사점도 많지만, **학습 유형, 능력, 행동, 태도, 성향 및 희망 등 개인차가 존재**한다.

② 유능한 교사는 자신의 학생을 이해하기 위해 정보를 습득하고 활용한다. 스포츠와 신체활동을 지도하기 위해서는 특정 지식이 필요하다.

③ 대부분의 교사들은 자신의 학생에 대해 실제로 많이 알고 있지 못하지만, 우수 교사들은 의도적이고 적절한 학습 경험을 창출할 수 있는 지식의 활용 방법을 알고 있다. 다음 사례는 이 점을 분명하게 설명하고 있다.

골프 학교 운영자 스몰을 가장 뛰어난 교사로 만든 원인은 학생들에 대한 지식이다. 학생들의 삶에서 어려운 시절을 극복하는 데 골프를 활용하는 프로그램이다. 부모의 이혼으로 고생을 경험한 후 나에게 임상치료와 교육을 받기 시작했다. 골프를 치는 동안 학생은 자신감과 외향적인 성품을 되찾기 시작했다. 가장 중요한 향상은 그들의 정서였다. 골프는 소년들에게 상처와 좌절감으로부터 정서적으로 벗어날 수 있도록 하였다. 그러나 가장 중요한 것은 골프가 그 소년들을 친구가 되도록 만드는 중요한 매체가 되었다는 점이다. 이 점은 스포츠가 가지고 있는 모든 것이라고 볼 수 있다.

(6) 교육 환경 지식(Knowledge of educational contexts): 수업환경에 영향을 미치는 지식
(= 학습 환경 지식 = 수업 환경 지식) 22 기출

① 학습 환경은 수업 안과 주변에 있는 사회적 및 물리적 환경을 모두 포함한다. Shulman에 따르면, 이 지식 영역은 수업의 사회적 역할에 대한 이해뿐 아니라 지역 사회의 환경에 대한 이해도 포함한다. 교사가 학습 환경을 지원하고 증진하며 환경을 재창조하는 정도는 '학습 환경에 대한 교사의 지식'에 좌우된다. 학습 환경에 대한 지식이 많을수록, 교사는 학생의 신념에 영향을 미치는 학습 환경을 보다 많이 조정하고 극대화할 수 있다.

　　㉠ 물리적 환경

　　　　ⓐ 시설: ⑩벽은 학습 동기를 위한 슬로건이나 학생의 학습 성취를 진작하기 위한 목표 지점 또는 장소로 활용될 수 있다. 코트와 필드는 보다 많은 참여와 활용을 위해 재조직 될 수 있다. 밝은 색상, 자연광, 신선한 공기는 모두에게 긍정적인 학습 환경을 제공할 수 있다. 주변 교육 시설을 살펴보고, 학생과 교사들이 누구이고 무엇을 가치있게 여기는지 파악할 필요가 있다.

　　　　ⓑ 용·기구: 교사가 수업 교구와 용·기구에 대해 많이 알수록, 학생들이 학습하는 데 도움을 줄 수 있는 폭이 넓어질 수 있다. ⑩긴 손잡이가 없는 라켓은 포핸드 스트로크를 보다 신속히 학습할 수 있도록 한다. 큰 공은 타격하기가 훨씬 쉽다. 삼각뿔은 경기장 구분 표지, 목표물, 공 지지대로 활용될 수 있다. 창의적인 교사는 보다 나은 학생의 학습을 위해 학습 환경을 변형할 수 있는 학습 장비의 설계를 지속적으로 시도한다.

　　㉡ 학습 환경은 사회적 분위기를 나타낸다.

　　　　ⓐ 학생들이 놀림을 받거나 난처함을 받지 않는 사회적 학습 환경을 조성하는 것은 학습에 필수적인 중요 사항이다.

　　　　ⓑ 학습 시도를 주저하거나 실패를 두려워하는 학생들은 쉽게 학습하지 못한다. 학습 환경은 학생들이 노력을 보상받고 성공을 경험하며 타인의 성공을 위해 함께 노력할 수 있는 장소여야 한다.

② 연구에 따르면, 실제로 의미있는 의사결정을 공유하는 학생들은 수동적인 학생들보다 훨씬 많이 학습하는 것으로 나타났다. 이와 같은 분위기를 조성하기 위해서 학생들은 상호 존중, 신뢰, 협동이 가득한 학습 환경을 만들어갈 수 있는 방법을 숙지해야 한다.

(7) 내용 교수법 지식(Pedagogical content knowledge): 특정 학생에게 어느 교과나 주제를 특정한 상황에서 지도할 수 있는 방법에 대한 지식

① 저명한 교육학자인 Lee Shulman은 내용 교수지식(PCK)이란 용어를 소개하였다. 이는 "교사의 특수한 형태의 전문적인 이해로 볼 수 있으며, 내용 지식과 방법 지식이 융합된 지식이다."

② Grossman은 이 내용 교수지식을 구성하는 4가지 유형(교육과정 지식, 일반 교육학 지식, 학습자의 지식, 교육목표/가치에 관한 지식)을 소개하고 있다. PCK는 교사의 다양한 경험을 독특하고 유용한 지식의 형태로 통합한 것으로 볼 수 있다.

③ Rovegno는 체육에서의 PCK에 관한 연구를 수행한 바 있다.
- ⓒ 그녀는 예비 교사들이 일반적인 내용에 관한 개념이 구체적인 수준으로 이동하고, 내용을 계열적인 단계로 나누기 시작한다고 설명한다.
- ⓒ 또한 예비 체육 교사들은 <u>교과 내용을 아는 것</u>과, <u>그것을 가르칠 수 있는 것</u>과의 차이점을 인식하게 된다고 말한다.
- ⓒ PCK는 <u>지식을 특정 문제에 적용하는 것</u> 이상으로 볼 수 있다. 이 지식은 <u>다양한 학생들을 다양한 상황에서 지도한 경험</u>을 토대로, 특정 주제를 효과적으로 가르칠 수 있는 지식을 의미한다. 즉 **특정 주제를 학습하는 학생들**을 **어떻게 가르쳐야** 하는지에 대한 내용들이다.

④ Housner와 Griffey에 따르면, PCK는 <u>교사들이 학습자의 배경과 능력에 맞는 주제 또는 기술에 대한 정보를 적용하는 것</u>이라고 설명한다. 이 지식은 학생들이 이해할 수 있는 방식으로 주제를 제시하는 것을 말한다. <u>학생들에게 새로운 지식을 설명할 때 유추, 은유, 사례, 모의, 시범, 수업 단서, 학습 보조, 기술, 다른 적용 지식들이 단순하게 전달되는 것이 아니라 효율적으로 전달될 수 있도록 한다.</u>

참고문제	2016년 지도사 2급

5. 〈보기〉에서 설명하고 있는 지식은?

— 〈보 기〉—
체육 지도자가 <u>유소년에게 농구 기본 기술을 지도하는</u> 방법에 대한 지식

① 교육과정 지식　　② 교육환경 지식　　③ **내용교수법 지식**　　④ 내용 지식

참고문제	2017년 지도사 2급

2. 〈보기〉에서 설명하고 있는 체육 지도자가 갖추어야 할 지식은?

— 〈보 기〉—
체육 프로그램 참여자의 발달 단계에 적합한 내용과 프로그램에 대한 지식이다.

① **교육과정 지식**　　② 지도방법 지식　　③ 내용 지식　　④ 교육목적 지식

16. 〈보기〉는 김 감독과 강 코치의 대화이다. ㉠에서 강 코치가 고려하지 못한 학습자 상태와 ㉡에 해당하는 적절한 교사 지식이 바르게 묶인 것은?

───────〈보 기〉───────

김 감독: 요즘 강 코치님 팀 선수들 지도에 어려움은 없는지요?

강 코치: 감독님. ㉠제가 요즘 우리 팀 승리에 집착하다 보니 초보 선수들에게도 너무 어려운 기능을 가르친 것 같습니다.

김 감독: ㉡그럼, 선수들의 수준에 맞게 적절한 기능을 선정하고 가르칠 수 있는 방법을 함께 생각해봅시다.

	㉠	㉡
①	체격 및 체력	지도 방법 지식
②	기능 수준	지도 방법 지식
③	체격 및 체력	내용 교수법 지식
④	**기능 수준**	**내용 교수법 지식**

105 | 2006학년도

다음은 평소 노력하는 교사로 평가받는 김 교사에 관한 설명이다.

김 교사의 수업 배경	• 담당 학급: 중학교 2학년 1반 • 학생수: 남학생 20명, 여학생 20명 • 지도 내용: 농구
김 교사가 갖추고 있는 지식	• 교육과정 지식(curriculum knowledge) • 지도 방법 지식(general pedagogical knowledge) • 교육 환경 지식(knowledge of educational contexts) • 교육 목적 지식(knowledge of educational goals) • 학습자와 학습자 특성 지식(knowledge of learners and their characteristics)

슐만(Shulman)이 제시한 교사가 갖추어야 할 지식의 범주에 근거하여, 김 교사가 갖추고 있는 지식 이외에 앞으로 보완해야 할 지식 2가지를 쓰고, 그 개념을 '농구'에 적용하여 각각 2줄 이내로 설명하시오.

• 2 가지 지식 범주: ㉮ ＿＿＿＿＿＿＿   ㉯ ＿＿＿＿＿＿＿
• ㉮ 지식 개념의 적용: ＿＿＿＿＿＿＿＿＿＿＿＿＿＿＿＿＿＿＿＿＿＿＿＿＿
• ㉯ 지식 개념의 적용: ＿＿＿＿＿＿＿＿＿＿＿＿＿＿＿＿＿＿＿＿＿＿＿＿＿

[정답] • 2 가지 지식 범주: ㉮ 내용지식 ㉯ 내용교수법 지식
• ㉮ 지식 개념의 적용: 농구의 기본 기술, 규칙, 전략에 관한 지식을 알고 있다.
• ㉯ 지식 개념의 적용: 농구 드리블을 지도할 때 학생들의 기능 수준에 따라 적합한 과제를 제공하여 지도할 수 있다.

다음은 초임 교사와 경력 교사의 대화이다. ㉠~㉢에 해당하는 슐만(Shulman)의 교사 지식 유형으로 가장 적절한 것을 〈보기〉에서 고른 것은?

> 초임 교사 : ㉠우리 학교에는 높이뛰기 바와 매트가 1개 밖에 없고, 한 학급의 학생은 40명이 넘습니다. 게다가 여학생들이 높이 뛰는 것 자체를 무서워해서 수업을 하기가 힘이 듭니다.
>
> 경력 교사 : 저는 침대 매트리스를 구해 높이뛰기 매트로 사용하고 있습니다. 높이뛰기 바 대신에 고무줄을 배드민턴 지주와 연결하여 다양한 높이에서 넘을 수 있도록 하고, ㉡여학생이 좋아하는 고무줄 넘기를 통해 발구르기를 할 때의 두려움을 극복하도록 합니다. 그러면서 자기 수준에 맞게 도전하고 보다 성공적인 참여 경험을 가질 수 있도록 수업을 하고 있습니다. 만약 ㉢부족한 시설 때문에 높이뛰기를 하지 못할 경우에는 학년 초에 교과협의회를 통해 수업이 가능한 신체 활동으로 연간 계획을 수립하기 바랍니다.

〈보 기〉
a. 내용 지식(content knowledge)
b. 지도 방법 지식(general pedagogical knowledge)
c. 내용 교수법 지식(pedagogical content knowledge)
d. 교육과정 지식(curriculum knowledge)
e. 학습자와 학습자 특성지식(knowledge of learners and their characteristics)
f. 학습 환경에 대한 지식(knowledge of educational contexts)

	㉠	㉡	㉢
①	b	c	a
②	e	a	d
③	f	c	d
④	e	b	f
⑤	f	c	b

[정답] ③

다음은 체육 교사의 축구 지도 전문성 발달을 위해 계획하고 있는 연수 일정표이다. 슐만(L. Shulman, 1987)의 교사 지식 범주 중 이 일정표에 나타나지 않은 것은?

연수일정	연수 내용
1주차	축구의 교육적 목적과 가치 이해
2주차	축구 경기의 역사 이해
3주차	축구 기본 기술 지도법의 실습
4주차	축구 응용 기술 지도법의 실습
5주차	축구 공격 전술의 계획
6주차	축구 심판법의 이해
7주차	축구 시설 및 기구 관리론

① 교육 과정지식, 내용 지식, 지도 방법 지식
② 내용 지식, 지도 방법 지식, 내용 교수법 지식
③ 교육 환경 지식, 교육 목적 지식, 내용 지식
④ 내용 교수법 지식, 교육 과정 지식, 학습자와 학습자 특성 지식
⑤ 지도 방법 지식, 교육 과정 지식, 학습자와 학습자 특성 지식

[정답] ⑤

8. 다음 (가)는 중등 체육과 1급 정교사 자격연수에서 '체육교사의 수업 전문성'이라는 주제로 이루어진 강의 자료이고, (나)는 강사와 연수생 사이에 진행된 대화의 일부이다. (가)와 (나)를 참고하여 체육 교사의 수업 전문성 발달 과정을 〈작성 방법〉에 따라 논술하시오. [10점]

(나)

> 박 교사: 저도 어려움이 많았어요. 동료 교사와 수업에 대해 토론하고, 학회 등에 참석하면서 ⓒ각 학년의 발달단계에 적합한 내용과 프로그램에 대한 지식도 증가하고, 저만의 ②내용 교수법 지식(PCK: Pedagogical Content Knowledge)을 얻게 되었습니다. 이를 통해 교사 지식과 수업 모형도 적절히 적용할 수 있게 되었습니다. 선생님도 수업연구모임이나 학회 활동에 참여해 보세요.

──── 〈작성 방법〉 ────

○ 슐만(L. Shulman)이 주장한 교사 지식의 분류에 근거하여 밑줄 친 ⓒ에 해당하는 명칭을 쓰고, 밑줄 친 ②의 개념을 기술할 것.

[정답] • ⓒ 교육과정 지식 [1점]
　　　• ② 특정 학생에게 어느 교과나 주제를 특정한 상황에서 지도할 수 있는 방법에 대한 지식이다. [1점]

다음의 (가)는 박 교사의 수업 반성 일지이고, (나)는 교수·학습 지도안의 일부이다. 〈작성 방법〉에 따라 순서대로 서술하시오. [4점]

(가) 수업 반성 일지

> … (중략) …
>
> 스파이크 기능에도 관심을 기울여야겠다. ⓒ스파이크 기능을 어려워하는 학생들이 이해하기 쉽게 "독수리가 하늘로 비상하기 위해 날개를 쫙 펴듯이 상체를 숙이고 팔을 뒤로 힘껏 뻗는 자세를 취한 후 점프해야 한다" 라는 비유를 활용해 지도해야겠다. 또한 수업 중 학생들이 활발한 상호작용과 협동을 할 수 있게 해야겠다.

─── 〈작성 방법〉 ───
○ 밑줄 친 ⓒ에 해당하는 슐만(L. Shulman)의 교사 지식의 명칭을 쓸 것.

[정답] ⓒ은 내용교수법지식(PCK)이다.

3. 다음은 교육 실습 중 예비 교사와 실습 지도 교사의 대화 내용이다. 〈작성 방법〉에 따라 순서대로 서술하시오.

[4점]

[2021년 5월 14일 대화 중]

지도 교사: 선생님, 2교시에 했던 2반 댄스스포츠 수업을 참관하실 때 특이한 점을 느끼셨나요? 2반은 다른 반과 좀 달라요. 학생들의 기능 수준도 낮으며, 수업의 참여도 소극적인 편이라 수업을 진행하는 데 어려움이 많아요. 그래서 항상 수업을 할 때는 학생들의 수준 상태, 태도 등을 파악해야 합니다. **(가)**

예비 교사: 교사가 알아야 할 교사 지식은 참 많은 것 같아요.

지도 교사: 또한 수업을 계획하기 전에는 운동장의 크기, 체육관의 활용 여부, 체육 수업이 가능한 공간 등을 확인하여 원하는 종목의 수업을 진행할 수 있는지 고려해야 합니다. 수업하고자 하는 종목의 용·기구들이 학교에 구비되어 있는지도 확인해야 합니다. 아. 우리 학교 후문은 뒷산 트래킹 코스로 연결됩니다. 이곳을 활용하여 수업을 진행할 수 있으니 참고하세요. **(나)**

— 〈작성 방법〉 —

○ (가), (나)에 해당하는 교사 지식의 명칭을 슐만(L.Sulman)의 주장에 근거하여 순서대로 쓸 것.

[정답] (가)학습자와 학습자 특성지식 [1점] (나)교육환경지식(또는 수업환경지식) [1점]

2. 메츨러(M. Metzler)가 제시한 각 범주에 따른 3가지 다른 수준의 지식(지식의 3가지 유형)

15 기출 20 지도사

	(1) 명제적 지식	(2) 절차적 지식	(3) 상황적 지식
개념	① 교사가 구두나 문서로 표현할 수 있는 지식을 말함 ② 효과적인 체육 수업에 필요한 여러 가지 내용을 "아는 것"을 뜻함	① 교사가 실제로 수업 전, 중, 후에 적용할 수 있는 지식을 말함 ② 수업 관리와 학생의 학습을 촉진할 수 있는 방법으로 명제적 지식을 활용할 수 있는 능력	① 교사가 특수한 상황에서 적절한 의사결정을 언제, 왜(시기와 이유) 해야 되는지에 관해 교사에게 정보를 제공함
예시1	발달 단계에 적합한 교육과정 및 수업의 개념 지식	발달 단계에 적합한 교수전략을 활용한 교수·학습 과정안을 작성하는 지식	학생의 발달 단계에 부적합한 학습활동을 변형할 수 있는 방법에 관한 지식
예시2	단체 및 개인 스포츠 경기의 규칙 지식	과제 제시의 일부분으로 올바른 규칙을 모방할 수 있는 지식	규칙을 설명할 때 초등학생 4학년과 고등학생 1학년에게 다른 용어와 언어를 사용할 수 있는 지식
예시3	초등학교 5학년 대상의 재미있는 3가지 리듬활동에 관한 지식	학생이 이 활동을 연습하는 동안 관찰하고 정확한 피드백을 제공할 수 있는 지식	학습하기를 꺼려하는 학생에게 학습동기를 부여할 수 있는 방법에 관한 지식
예시4	특정한 움직임 형태가 운동수행을 향상시키는 근거 지식	학생에게 반복적인 움직임 형태를 연습할 수 있도록 하는 리드업 게임을 만들어 적용할 수 있는 지식	리드업 게임에서 정식 게임으로 수업과제를 전환해야 할 시기를 아는 지식

(1) 지식의 3가지 유형은 서로 밀접하게 관련되어 있다.

　① **명제적 지식**은 **절차적 지식**에 선행한다.

　② 즉, 교수 및 학습에 대한 기본 지식을 우선적으로 갖춘 다음, → 그 지식을 활용할 수 있게 되면, → **상황적 지식**은 교사로 하여금 더욱 다양한 교육환경에서 수차례 활용할 수 있게 하며, '그것을 활용하기' 전에 '왜 그러지를 알게' 한다.

(2) 체육 교과에서 수업 모형을 활용하는 데 필요한 지식은 구체적인 연구물로 제시되고 있지 않다. 그러나 각 지식 영역은 교육학에서 자세히 설명되고 있다. 이 지식 영역은 체육 교사가 수업 모형을 계획하고 활용할 수 있도록 돕는 데 사용될 수 있다.

　① 이 수준에서 많은 지식은 각 영역에 포함된 주요 개념들이 모형 중심 체육 수업 지도에 관련되어 있는지를 인식케 하는 **명제적 지식**이 될 것이다.

　② **절차적 지식**과 **상황적 지식**은 교사가 특정한 상황에서 각 수업 모형을 선정하고 계획하며 활용하게 된 이후 발달하게 된다.

8. 〈보기〉에서 정 코치의 질문에 대한 각 지도자의 답변으로 적절하지 <u>않은</u> 것은?

―――〈보 기〉―――

정 코치: 메츨러(M. Metzler)의 절차적 지식에 대해 간단히 설명해주시기 바랍니다.

박 코치: 지도자가 학습자에게 움직임 패턴을 연습할 수 있게 하고 이를 경기에 적용할 수 있는 지식입니다.

김 코치: 학습자가 과제를 연습하는 동안 이를 관찰하고 정확한 피드백을 제공할 수 있는 지식입니다.

한 코치: 지도자가 실제로 체육 프로그램 전, 중, 후에 적용할 수 있는 지식입니다.

이 코치: 지도자가 개념을 설명할 수 있는 지식입니다.

① 박 코치   ② 김 코치   ③ 한 코치   **④ 이 코치**

1. 다음은 A 교육청과 B 교육청에서 실시한 연수의 형태와 내용을 비교한 표이다. 슐만(L. Shulman)이 분류한 교사 지식을 근거로 밑줄 친 ㉠, ㉡, ㉢에 해당하는 지식의 명칭을 순서대로 쓰고, 메츨러(M. Metzler)가 구분한 명제적, 절차적, 상황적 지식 중에서 이 연수를 통해 체육 교사가 얻을 수 있는 지식을 A 교육청과 B 교육청을 비교하여 서술하시오. [5점]

주관		A 교육청		B 교육청
연수 형태		체육 교과의 직무 연수		체육 교과의 직무 연수
연수 내용	이론 강의	○ 2009 개정 교육과정: 총론, 각론 ○ 청소년 특성과 상담: 개념, 종류, 사례 ○ 체육 학습 환경: 교구, 교재 개발 ○ 교육과 체육 교육의 철학: 교육 목적, 가치 ○ 5가지 신체 활동 영역의 내용: 역사, 규칙, 과학적 원리 ○ 교수·학습 방법과 평가: 교수 학습 전략, 수행 평가	이론 강의	○ 2009 개정 교육과정: 총론, 각론 ○ 청소년 특성과 상담: 개념, 종류, 사례 ○ 체육 학습 환경: 교구, 교재 개발 ○ 교육과 체육 교육의 철학: 교육 목적, 가치 ○ 5가지 신체 활동 영역의 내용: 역사, 규칙, 과학적 원리 ○ 교수·학습 방법과 평가: 교수 학습 전략, 수행 평가
		○ 5가지 신체 활동 영역의 내용: 웨이트 트레이닝, 육상, 배구, 댄스 스포츠, 골프 기능	실기 실습	○ 5가지 신체 활동 영역의 내용: ㉠ 웨이트 트레이닝, 육상, 배구, 댄스 스포츠, 골프 기능 연습
		○ 일반적 학습 과제 제시 방법: 설명, 발문 ○ 일반적 학습 환경 유지 방법: ㉡ 모둠구성, 수업 운영, 학습자 관리 전략 ○ 일반적 동기 유발 방법: 의사소통, 동기 유발 전략 ○ 일반적 수업 관찰 방법: 체계적 관찰과 피드백	수업 실연	○ 일반적 학습 과제 제시 방법: 설명, 발문 연습 ○ 일반적 학습 환경 유지 방법: 모둠구성, 수업 운영, 학습자 관리 전략 연습 ○ 일반적 동기 유발 방법: 의사소통, 동기 유발 전략 연습 ○ 일반적 수업 관찰 방법: 체계적 관찰과 피드백 연습
		○ 체육 교수 스타일: 개념, 특징, 의사 결정 구조, 분류 ○ 체육 수업 모형: 개념, 특징, 종류, 과제 구조 ○ 반성적 체육 수업 모형: 개념, 특징, 순환 구조	실제 수업	○ 체육 교수 스타일 적용: 배구 경기 규칙, 과학적 원리, 경기 방법과 같은 교과 내용과 모둠구성, 학습자 관리, 학습 과제 제시와 같은 교수 방법을 고려하여 수업 상황에 맞게 체육교수 스타일로 통합하고 재구성해서 적용 ○ 체육 수업 모형 적용: ㉢ 육상 경기 규칙, 과학적 원리, 경기 방법과 같은 교과 내용과 모둠구성, 학습자 관리, 학습 과제 제시와 같은 교수 방법을 고려하여 수업 상황에 맞게 체육 수업 모형으로 통합하고 재구성해서 적용 ○ 반성적 체육 수업 모형 적용: 실제 수업 후 수업 비평과 함께 문제 파악–실행–관찰–반성의 순환적 전략 적용

2 체육 수업 모형의 기초 지식

1. 학습환경

(1) 체육프로그램의 학습 내용과 학습 방법에 영향을 줄 수 있는 모든 요인의 총체를 의미한다.

(2) 대부분의 환경 요인들이 안정적이고, 교사의 통제 밖에 있다.

(3) 최선의 방법은 주어진 상황에 익숙해져서, 그 상황 안에서 교수 및 학습을 극대화하는 것이다.

(4) 링크(Rink, 1997)는 '지도 상황에서의 환경은 교사가 발전하는 방식, 교사가 습득하는 기술, 그러한 기술에 관해 생각하는 방법, 그리고 교사가 생각하는 체육 프로그램의 목표에 영향을 주게 된다.'고 강조하고 있다.

(5) 체육 프로그램의 주요 환경 요인, 즉 학교 위치, 학생 정보, 학교 행정, 체육 교사, 수업교재이다.

주요 환경 요인	하위 요인	체육프로그램에 미치는 영향
① 학교 위치	도시, 시골, 교외	학급크기, 야외시설, 학교안전, 교외활동
	학교 지역	정책, 직원고용
	지역 환경	야외 활동을 위한 날씨, 활동을 위한 지역의 자연 자원(호수, 산, 공원)
② 학생 정보	학교 규모	학급규모, 수업시간 선택
	학생의 사회경제적 지위	체육복을 구입할 수 있는 능력 학생부담의 선택활동을 할 수 있는 능력
	문화적 다양성	신체활동에 대한 학생의 경험과 선호도 전통 게임 또는 대안 활동에 대한 선호도
	지역사회의 가치	학생의 신체활동 경험 범위
	학업 능력	수업정보를 이해할 수 있는 능력 과제카드를 읽고, 점수를 기록하고, 혼자 학습할 수 있는 능력
	결석 학생률	높은 결석률은 확고한 지도를 필요로 한다. 높은 결석률은 학생의 학습을 시작하거나 그만두게 만들 수 있다.
	전학 학생률	높은 비율은 학습의 지속성을 손실시킬 수 있다. 높은 비율은 새로운 학생에게 학급의 규칙을 끊임없이 지도하도록 만든다.
	외국인 학생	교사의 의사소통 불능 학생의 의사소통 불능
	신체적 가능/불가능	변형 도구 필요 / 교사의 도움 필요 / 모든 학생을 위한 교사 지도 불가능

주요 환경 요인	하위 요인	체육프로그램에 미치는 영향
③ 학교 행정	지역 수준	모든 과목에 대한 프로그램 정책 체육 프로그램 정책
	학교 수준	부서 예산 할당 / 교외수업 승인 / 공간 할당 / 용기구 요청 승인 / 체육 프로그램 목표와 내용에 친숙
④ 체육 교사	교사와 보조교사의 수	학생비율에 대한 교사/보조교사의 비율당 수업 시수 팀 티칭 능력
	성, 인종, 민족의 구성	학생에게 역할모델을 제공해 줄 수 있는 능력 다양한 학생집단과의 관계 증진 능력
	연령	신세대와 함께 할 수 있는 능력
	교직 경험	초임교사의 장학 요구 수업 장학을 할 수 있는 경험 교사의 능력 새로운 내용과 생각을 소화할 수 있는 능력
	교과내용 전문성	가르칠 수 있는 것과 가르칠 수 없는 내용 구분 학생의 선호와 요구에 부합 여부 결정
⑤ 수업 교재	지도 공간	학급 크기 / 지도 공간을 공유해야 하는 학급 수 / 가능한 지도 장소
	용·기구	학생의 안전 / 학생 참여 비율 / 과제의 난이도를 변화할 수 있는 능력
	시간과 스케줄	각 수업 시간 / 체육 수업 시수

2. 학습자

2-1. 성장 및 발달 단계

(1) 인지 발달(piaget의 인지 발달 4단계)

인지단계와 개략적인 연령 범위	학습자의 특성	움직임 개념 학습의 적용
감각 운동기 (생후 2년)	움직임과 인지 사이에 초기관계 형성 개별 탐색을 통해 직관적 움직임 패턴 발달 (잡기, 들기, 다루기)	이 시기의 학습자들은 아직 타인으로부터 움직임을 배울 준비가 되어 있지 않다.
원시적 조작기 (2~7년)	'구체적'인 것을 계속 배움 아직은 추상적 경험이 형성되거나 습득되지 못함	학습자는 간단하고 명료한 지도 아래 '촉각적 경험/실제로 피부로 느낄 수 있는 경험'(예 끌어안기, 느끼기, 공간에서 신체이동)을 필요로 한다.
구체적 조작기 (7~11년)	추상적 경험으로 배우는 능력이 생기기 시작하지만 여전히 겉으로 드러나는 명백한 것에 의존	문제를 해결하기 시작 사고와 움직임 사이의 관계성을 탐색 논리적인 학습이 가능 상세한 지시사항 수가 덜 필요하게 됨
<u>형식적 조작기</u> <u>(11~14년)</u>	<u>개념학습의 숙달</u> <u>사전 지식과 경험을 새로운 구조로 변형</u>	<u>복합적 문제의 해결</u> <u>스스로 새로운 지식 개발</u> <u>함축된 지시하에 학습 가능</u>

(2) 운동 발달[갈라휴(Gallahue, 1996)]

① 시기(phase): 출생에서부터 성인기까지의 주요한 발달형태를 기술한다.

② 단계(stage): 매 시기에 학습된 움직임 패턴의 차이이다.

③ 수준(level): 각 단계에서 학습자의 숙련 정도이다. 기술 수준은 각 단계의 학습자의 숙련 정도를 나타낸다.

갈라휴(Gallahue)의 운동 기술 수준	
초보/초급 수준	① 학습자는 각각의 새로운 단계에 들어갈 때마다 협응성이 없고, 우물쭈물하며, 자유스럽지 못하고, 효율적이지 못한 움직임의 특징을 가지고 있는 초보/초급 수준이 된다. ② 이 단계에서 학습자는 아직 무엇이 중요하고 중요하지 않은가에 대한 학습이 이루어지지 않았기 때문에 학습 환경에서 발생되는 모든 자극에 신경을 곤두세우게 된다.
중급/연습 수준	① 학습자는 보다 효율적으로 연습할 수 있게 되고 마지막 단계의 패턴 또는 기술을 연마하기 시작한다. ② 학습자는 연습과 운동수행을 촉진하는 학습 전략 또는 방법을 명료화하기 시작한다. ③ 과제의 초점은 필요한 정보를 선별함으로써 명확해진다.
상급/숙련 수준	① 학습자는 과제와 절차를 완벽하게 이해한다. ② 운동수행 방법에 관해 '생각하지 않고 그냥 바로 행할 수 있는' 자동화 단계를 보여준다.

(3) 갈라휴(Gallahue, 1996)의 모형은 발달 단계에 따른 전체 학년의 체육 수업을 계획하고 구성하는 데 많은 시사점을 준다.

① 교사가 학생의 현재 운동 발달 시기, 단계, 수준을 알고 있다면 발달 단계에 적합한 학습 과제를 계획하고 학습 진도를 측정할 수 있는 출발점으로 사용할 수 있다.

② 이 모형은 학생의 연령과 각 운동 발달 시기와 단계를 연결함으로써 전체 학급과 학년을 대상으로 일반적인 출발점을 제공할 수 있다.

[예] 미국의 경우 대부분의 2학년 학생은 6세 또는 7세인데, 이 시기의 아동들은 기초 운동 시기에 있는 성숙 단계에 위치한다. 따라서 수업 계획과 과제 전개를 그 시점에서 시작할 수 있고, 그 후 내용단원이 시작되면 적용할 수 있다.

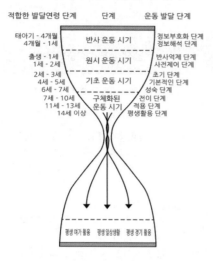

적합한 발달 연령 단계	단계	운동발달 단계
태아~1세	반사 운동 시기 ↓	정보부호화 단계
4개월~1세		정보해석 단계
출생~1세	원시 운동 시기 ↓	반사억제 단계
1세~2세		사전제어 단계
2~3세	기초 운동 시기 ↓	초기 단계
4~5세		기본적인 단계
6~7세		성숙 단계
7~10세	구체화된 운동 시기	전이 단계
11~13세		적용 단계
14세 이상		평생활용 단계
평생 여가활용 / 평생 일상생활 / 평생 경기활용		

(4) [정의적 발달]: 교사들은 정의적 영역에 많은 관심을 기울이고 있지만, 실제로 아동과 청소년들이 어떻게 이 영역을 학습하고 발달해 가는지에 대해 많은 것을 알지 못한다.(Snow, Cormo & Jackson, 1996). 이는 적어도 다음의 2가지 중요한 요인에 기인하고 있다.

① 정의적 영역의 학습은 매우 개별적으로 이루어진다. 교사들은 학생의 욕구를 알 수 있고 정의적 학습이 언제 실제로 일어나는지에 대해 알 수 있는 지표를 거의 가지고 있지 않다.

② 정의적 영역의 학습과 나머지 두 영역(인지적, 심동적)에서 학습 간에 복합적이고 잘못 이해된 상호작용이 존재한다. 이론가들은 이 두 영역이 정의적 영역의 학습에 영향을 주지만 그 이상에 대해서는 그 관계가 모호하고 논쟁거리로 남아있다.

2-2. [학습 동기] 20 지도사

(1) 켈러(Kellerr, 1983)의 4가지 보편적인 학습 동기 개념

흥미(A)	학습자의 호기심 발현과 유지 정도
관련성(R)	내용과 지도가 학습자 개인의 목표와 요구에 부합하는 정도
기대감(C)	학습자가 인식한 과제에 대한 성공기대
만족감(S)	학습자의 내적 동기와 외적 보상

(2) 켈러(Kellerr, 1983)의 원리와 관련하여 브루피(Brophy)는 교사들이 학생들에게 학습 동기를 부여하고 유지할 수 있는 동기 전략을 분류한 개념 틀을 개발하였다.

① 이 개념 틀은 첫 번째 수준으로 4가지 기본이 되는 선행조건을 가지고 있다. 브루피(Brophy)에 따르면 모든 선행조건들이 학생에게 충족되지 않는다면 어떤 동기 전략도 효과적일 수 없다고 주장한다.

② 이 개념 틀의 두 번째 수준은 3가지 원리를 포함하고 있다.

③ 세 번째 수준은 학생의 학습 동기를 유발하기 위한 구체적인 전략을 언급하고 있다.

동기 유발 전략의 분류 – 브루피(Brophy)의 개념틀		
수준 1: 필수 선행 조건 13 기출		1) 지원 환경 2) 적절한 도전의식 3) 의미 있는 학습 목표 4) 적절한 교수 전략의 사용
수준 2	원리1: 학생의 성공기대감을 유지함으로써 동기 유발	5) 성공 프로그램 6) 목표 설정, 성과의 평가, 자기강화 지도 7) 학습의욕이 저조한 학생을 위한 "치료 차원의 사회화"를 제공 ① 위험보다는 투자로서의 노력 설명 ② 특정 영역의 기술개발 ③ 기술숙달에 집중 ④ 재교육 ⑤ 시험 불안 최소화
	원리2: 외적 보상을 제공함으로써 동기 유발	8) 향상된 성과에 대한 인센티브 차원의 보상 제공 9) 적절한 경쟁 상황을 만들어줌 10) 학업활동의 유효한 가치를 강조
	원리3: 학생이 소유하고 있는 내적 동기를 이용함으로써 동기 유발	11) 학습과제를 학생의 흥미에 적용 12) 새롭고 다양한 계획 13) 활발하게 대답할 수 있는 기회 제공 14) 학생의 응답에 대한 즉각적인 피드백 제공 15) 학생들이 과제를 끝마칠 수 있도록 함 16) 학습 활동에 재미있는 것들을 통합
수준 3: 학생의 학습동기를 유발하기 위한 전략		17) 학습흥미와 동기 유발을 모형화 18) 학생의 학습동기에 대한 바람직한 기대감과 속성을 전달 19) 학습 활동 수행 중의 학생의 불안을 최소화 20) 집중력 발산 21) 열정 발산 22) 과제의 흥미나 평가를 유발 23) 호기심이나 긴장감을 유발 24) 불협화음이나 인지적 갈등 유발 25) 추상적인 학습내용을 개인적이고 구체적이며 친숙하게 만들기 26) 학생이 스스로 학습동기를 유발하도록 촉진 27) 학습목표를 진술하고 뛰어난 기획자를 제공 28) 과제와 관련된 사고와 문제해결 과정을 모형화

9. 다음은 김 교사의 체육 수업 일지 내용이다. (가)~(마)에 대한 설명으로 옳은 것만을 〈보기〉에서 있는 대로 고른 것은?

체육 수업 일지

○○월 ○○일 수요일

'2009 개정 교육과정에 따른 체육과 교육과정'을 적용해 수업을 해 보았다. (가) 가르칠 단원이 영역형 경쟁이어서 농구의 슛을 지도했다. (나) 농구 경기 중 슛에 관한 전술의 활용 능력을 지도하기에 적합한 체육 수업 모형을 적용하였다. (다) 체육관의 빔 프로젝터를 이용해 관련 동영상을 감상하고 슛을 연습했는데, 학생 수에 비해 농구공의 개수가 부족해서 배구공을 추가하여 활용하였다.

(라) 학생들에게 선생님의 수비를 피해 슛을 성공시킬 것을 목표로 제시하였더니 학생들의 수업 참여도가 높아졌다. (마) 과제를 수행하기 전에 학생들에게 '슛을 할 때에는 손목의 스냅을 이용하는 것이 중요하다'고 강조하였다.

〈보 기〉

ㄱ. (가)와 관련해 '2009 개정 교육과정에 따른 체육과 교육과정'의 영역형 경쟁 활동에서는 팀의 공동 목표를 위해 스스로의 역할에 책임을 다하는 '팀워크(teamwork)' 정신을 내용 요소로 제시하고 있다.

ㄴ. (나)의 체육 수업 모형은 '전술 게임 모형(tactical games model)'이며, 게임을 변형할 때에는 '과장성'을 배제하는 것이 중요하다.

ㄷ. (다)는 슐만(L. shulman)의 교사 지식의 범주 중에서 '교육 환경 지식(Knowledge of educational contexts)'과 관련된다.

ㄹ. (라)에는 브로피(J. Brophy)가 제안한 동기 유발 전략의 '필수 선행 조건'이 제시되어 있다.

ㅁ. (마)는 효율적인 수행을 위한 과제 핵심 정보인 '단서(cue)'를 제공한 예이다.

① ㄴ, ㄷ   ② ㄴ, ㅁ   ③ ㄱ, ㄷ, ㄹ   ④ ㄷ, ㄹ, ㅁ   ⑤ ㄱ, ㄷ, ㄹ, ㅁ

[정답] ④ ㄷ, ㄹ, ㅁ

14. 〈보기〉의 배드민턴 지도사례에서 IT매체의 효과로 바르게 연결되지 <u>않은</u> 것은?

─〈보 기〉─

ㄱ 학습자의 흥미 유발을 위해 스마트폰과 스피커를 활용하여 최신 음악에 맞춰 준비운동을 시켰다.

ㄴ 배드민턴 스매시 동작을 기록하기 위해 영상분석 애플리케이션(application)을 사용하였다.

ㄷ 학습자의 동작 완료 10초 후 지도자는 녹화된 영상을 보고 학습자의 자세를 교정해 주었다.

ㄹ 지도자가 녹화한 영상을 학습자의 단체 소셜네트워크 서비스(SNS)에 올린 후 동작 분석에 대해 서로 토의했다.

① ㄱ – 학습자의 동기유발　　　　② ㄴ – 과제에 대한 체계적 관찰의 효율성 증가

③ **ㄷ – 학습자의 운동 참여 시간 증가**　　④ ㄹ – 학습자와 지도자의 의사소통 향상

2-3. 라이크먼(Reichman)과 그라샤(Grasha)가 제시한 학습 유형과 선호도 21 기출

학습 선호 분류표		
학습에 대한 태도	참여적(Participant)	회피적(Avoidant)
	• 수업내용에 대한 학습동기가 높음 • 학습의 책무성이 큰 것을 좋아함 • 다른 학생과 참여하는 것을 좋아함 • 필수 사항을 수행함	• 수업내용에 대한 학습동기가 낮음 • 학습의 책무성이 적은 것을 좋아함 • 다른 학생과 참여하는 것을 꺼려함 • 자신이 원하는 것을 수행함
교사나 동료에 대한 시각	협력적(Collaborative)	경쟁적(Competitive)
	• 공유를 함 • 협조적임 • 다른 사람과 일하기를 좋아함 • 체육을 다른 사람과 학습하고 상호작용할 수 있는 장으로 인식	• 다른 사람과 자신을 대상으로 경쟁적임 • 다른 사람보다 잘 하기 위한 학습동기를 가짐 • 경쟁을 좋아함 • 체육을 승리해야 하는 경쟁의 장으로 인식
수업절차에 대한 반응	독립적(Independent)	의존적(Dependent)
	• 자신에 대해 사색 • 혼자서 일함 • 학생 자신이 필요한 사항을 학습함 • 다른 사람의 말을 경청 • 자기 확신이 큼	• 정보와 구조의 원천으로써 교사나 타인에게 의존 • 타인의 도움이 필요 • 필수사항을 학습함 • 지적인 호기심이 거의 없음 • 자기 확신이 적음

학습 유형	수업 모형
회경의	직접교수 모형 개별화지도 모형 전술게임 모형
참협독´	동료교수 모형(개인교사) 탐구수업 모형 ※ TPSR(개인적·사회적 책임감 모형)
참협의	동료교수 모형(학습자)
참협경독	협동학습 모형
협경독	스포츠교육 모형

※ TPSR(개인적·사회적 책임감 모형)

(1) 학습 선호도

① 이 모형에서 학습 선호도는 교사가 결정한다.

② 교사는 각 학생의 학습 유형(회피적/참여적, 경쟁적/협력적, 의존적/독립적) 정도를 판단할 것이며, 학생들이 참여적, 협력적, 독립적인 방향으로 옮겨갈 수 있도록 내용과 특정 전략을 결정하는 출발점으로 삼을 것이다.

---

113 | 2020학년도

5. 다음의 (가)는 수업 계획에 관한 교사들의 대화 내용이고, (나)는 박 교사의 단원 계획서이다. 〈작성 방법〉에 따라 순서대로 서술하시오. [4점]

(가) 수업 계획에 관한 교사들의 대화 내용

> 김 교사: 새 학기에 배드민턴 수업을 하려고 해요. 이번 수업으로 학생들이 배드민턴 문화 전반을 잘 이해했으면 해요.
>
> 박 교사: 그러면 시덴탑(D. Siedentop)의 스포츠 교육 모형을 적용한 수업을 해보면 어떨까요? 저도 이 모형으로 배드민턴 수업을 했었는데, 학생들의 반응이 참 좋았어요. 그런데 우선 스포츠 교육 모형의 학습 선호도를 잘 파악해야 해요. 스포츠 교육 모형에서 학습 선호도는 자기 팀 안에서는 협력적, 상대 팀에 대해서는 (㉠)인 성향의 학생들에게 적절해요. 수업 설계와 운영 시 이를 참고하면 도움이 될 거예요.
>
> 김 교사: 그렇군요. 제가 참고할 만한 자료가 있을까요?
>
> 박 교사: 제가 스포츠 교육 모형을 적용하여 재구성한 배드민턴 단원계획서를 드릴게요. ㉡학생들의 전인적 발달을 위한 통합적 수업을 운영하는 데에 도움이 될 거예요.

〈작성 방법〉

○ 괄호 안의 ㉠에 들어갈 용어를 쓸 것(단, 라이크먼과 그레이샤(S. Reichmann & A. Grasha)의 학습 선호 분류 차원에 근거할 것).

[정답] ㉠ 경쟁적

4. 다음의 (가)는 체육 수업 모형의 효과성에 대한 메츨러(M. Metzler)의 주장이고, (나)는 차 교사의 연구 결과이며, (다)는 교사들이 나눈 대화 내용이다. 〈작성 방법〉에 따라 순서대로 서술하시오. [4점]

(가) 라이크먼과 그레이샤(S. Reichmann & A. Grasha) 연구에 근거한 메츨러의 주장

> "참여적 학생에게는(㉠) 모형, 동료 교수 모형, 탐구 수업 모형이 효과적이고, 회피적 학생에게는 (㉡) 모형, 직접교수 모형, 전술 게임 모형이 효과적이다."

(나) 차 교사의 실험 연구 결과

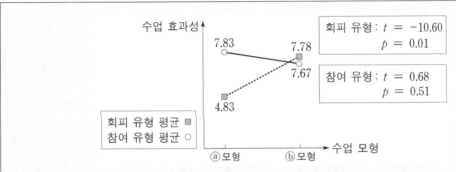

〈학습 태도에 따른 수업 모형의 수업 효과성 분석 결과〉

── 〈가정〉 ──
* 수업 효과성은 10점 만점으로 측정되었음.
* t-검정의 모든 기본 가정을 만족하였음.
* p는 유의 확률이고, 통계적인 유의 수준은 0.05로 설정함.

(다) 차 교사의 연구 결과에 대한 교사들의 대화

> 차 교사: 학습 태도의 유형(회피, 참여)에 따라 2가지 수업 모형을 적용한 후, 학생들의 수업 효과성이 차이가 있는지를 알아보았습니다.
> 전 교사: 수고하셨네요. (나)의 분석 결과를 보니 학습 태도가(㉢) 유형인 경우에는 <u>㉣수업 모형에 따라 수업 효과성이 통계적으로 유의하게 차이가 있군요.</u>
> 차 교사: 맞습니다. (나)에서 학습 태도의 유형에 따라 수업 모형별 수업 효과성의 차이가 다르기 때문에 학습 태도는 (㉤) 변인입니다.

── 〈작성 방법〉 ──
O 괄호 안의 ㉠, ㉡에 해당하는 체육 수업 모형의 명칭을 순서대로 쓸 것(단, 개인적·사회적 책임감 모형, 스포츠 교육 모형은 제외할 것).
O 괄호 안의 ㉢의 명칭을 쓰고, 밑줄 친 ㉣의 근거를 서술할 것.
O 괄호 안의 ㉤에 해당하는 명칭을 쓸 것(단, 독립 변인은 제외할 것).

[정답] ㉠은 협동학습이다. ㉡은 개별화지도이다. ㉢은 회피이며 ㉣은 유의 확률이 유의수준보다 작기 때문이다.
　　　㉤은 중재(= 조절)이다.

3. 학습 이론

(1) 슌크(shunk, 1996에서 인용)의 학습 이론과 기본 가정

학습 이론	학습 방법에 대한 기본 가정
조작적 조건	• 학습은 인간 행동의 인과관계를 통해 일어난다. 강화된 행동은 반복할 것이고, 그렇지 않은 행동은 차후에 퇴보될 것이다. • 세 조건의 우연성은 SD → R → SR 학습의 기본적인 구성 군집이 된다. 판별 자극(SD)은 반응(R)을 유발하고 그다음 강화 자극이 뒤따른다. 이 강화 자극은 판별 자극이 나타날 때 그 행동이 다시 일어나는 확률을 증가시킨다.
사회인지학습 (자기효능감 포함)	• 학습은 사람들이 어떤 환경에서 다른 사람을 관찰하고 행동을 모방할 때 일어난다. • 사회적으로 학습된 행동은 조작적 조건과 동일한 방식에서 강화된다. • 학습자, 환경, 행동 사이의 상호 작용에 의해 강력하게 결정된다. • 학습은 실제 행동이나 간접적인 관찰 경험을 통해 일어날 수 있다.
정보화 과정	• 학습 행동은 내적 과정을 통해 일어난다. • 학습자는 어느 환경에서 어떤 특징을 선택하고, 정보를 변형하여 활용하며, 새로운 정보를 사전 지식과 연결하며, 그런 다음 그 지식을 의미 있게 만들어 낸다. 암기 기능을 이용하는 것은 학습에 매우 중요하다.
인지학습 및 인지과정 (구성주의 학습 포함)	• 학습은 전에 배웠던 사실, 상징, 개념과 원리를 의미화할 수 있는 개인의 능력 확장을 통해 인지 능력의 성장과 개발 과정으로 이루어진다. • 구성주의 접근 방식에서는 학생들은 기존에 습득한 지식에 스스로 새로운 지식을 축적하며 학습한다. 사람들은 이 과정에서 핵심 역할을 하는 학습에 대해 내재적 신념을 갖고 있다.
문제해결	• 인지 이론은 무의식적으로 해결될 수 없는 목표를 성취하려는 사람들의 노력과 관련이 있다. • 이것은 시도와 실수, 안목, 발견 학습(자기개발 전략)과 같은 3가지 주요 기능에 의존한다.
학습 동기	• 학습 과정은 학습자가 갖고 있는 선천적 욕구에 의해서 발행한다. • 그 선천적 욕구는 줄이거나 없앨 수 있는 행동을 표출할 수 있는 학습 동기를 자극한다. • 이 욕구는 생리적, 심리적, 혹은 몇 가지 결합으로 나타날 수 있다.
인본주의 이론	• 5가지 욕구 수준을 만족하고자 하는 동기 이론과 관련된다(생리적 욕구, 안전, 소속감, 존경심 및 자아실현: Maslow, 1970). • 학습은 보조적인 욕구를 충족하고, 다음 상위 단계에서 학습과정이 진행되는 것이 자유로울 때 발생한다.

학습 이론 수업 모형	조작적 조건 (행동 이론)	인지학습 (구성주의 포함)	사회인지학습 (자기효능감 포함)	학습 동기	문제해결 (발견학습)
직접교수 모형	■				
개별화지도 모형	■				
동료교수 모형	■	■	■		
협동학습 모형	■	■	■	■	
전술게임 모형		■			
탐구수업 모형		■			■

4. 발달 단계에 적합한 체육 수업의 실제

(1) 발달 단계에 적합한 수업은 갈라휴(gallahue)의 운동기술 발달 단계와 연결하여 설명할 수 있다.

(2) 운동 발달 프로젝트팀(미국체육협회, NASPE)의 보고서는 체육 프로그램에서 활용할 수 있는 발달적 관점에 대한 정의를 다음과 같이 제공하고 있다.

① 발달적 변화는 질적으로 이루어진다.

② 발달적 변화는 연속적으로 이루어진다.

③ 발달적 변화는 누적적으로 이루어진다.

④ 발달적 변화는 방향성을 가지고 있다.

⑤ 발달적 변화는 복합적 요인에 영향을 받는다.

⑥ 발달적 변화는 개별적으로 이루어진다.

(3) 이 주장은 발달 단계에 중점을 둔 수업 지도에 대한 가장 중요한 개념들 가운데 하나를 강조하고 있다.

(4) 즉, 발달은 연령과 관련성을 가지고 있지만 연령에 따라 결정되는 것이 아니라는 점이다. 교사는 8살의 학생, 16살의 학생 모두를 동일한 방식으로 가르칠 수 없음을 인식해야만 한다. 동일한 나이의 학생은 유사한 발달적 특징을 가지고 있지만, 이들 사이에 몇 가지 중요한 개인차가 존재하므로 모든 학생을 항상 동일한 방식으로 가르칠 수 없다.

5. 학습 영역과 학습 목표 06 기출

(1) 학습이론가들은 수업의 성과를 범주화하는 데 활용되는 인간 학습에 대해 3가지 유형을 인정한다. 각각은 '영역(domain) 또는 범주(territory)'로 일컬어지며, 학생이 각 영역에서 습득하게 되는 특정한 종류의 학습을 포함한다.

(2) 전통적으로 3가지 영역은 인지적, 심동적, 정의적 영역이다.

5-1. 인지적 영역: 블룸(Bloom, 1956) 20 지도사

(1) 논리, 개념, 사실, 기억, 회상을 포함하는 인지적 학습이다.

(2) 블룸의 교육목표 분류는 단순한 것에서 복잡한 것으로 전개되는 인지적 과정의 위계를 포함하고 있다.

수준	개념	예시
지식	사전에 학습된 정보를 회상할 수 있는 능력	• 학생은 테니스 라켓의 각 부분을 말할 수 있다. • 학생은 골프 스윙의 5가지 부분을 회상할 수 있다.
이해	정보의 의미를 이해하는 능력	• 학생은 적절한 풋웍의 중요성을 설명할 수 있다. • 학생은 웨이트 트레이닝에서 지레의 힘이 사용되는 방법을 설명할 수 있다.
적용	정보를 새롭고 구체적으로 적용할 수 있는 능력	• 학생은 보다 공정한 시합을 위해 게임 규칙을 적용할 수 있다. • 학생은 동일한 음악을 활용하여 2가지 춤을 창작할 수 있다.
분석	자료를 구성요소로 분류하고, 이 요소들 간의 상호관계를 이해하는 능력	• 학생은 동료의 수행을 관찰하고 실수를 찾아낼 수 있다. • 학생은 경기 상황에 적합한 전략을 세울 수 있다.
종합	부분을 전체로 통합할 수 있는 능력	• 학생은 테니스 스윙과 라켓볼 스윙 간의 유사점과 차이점을 인식할 수 있다. • 학생은 플래그 풋볼에서 공격적인 경기를 계획할 수 있다.
평가	상반되는 의견이 있는 상황에서 가치를 판단하는 능력	• 학생은 체조 시합을 판정할 수 있다. • 학생은 2가지 춤 동작을 비교할 수 있다.

참고문제	2020년 지도사 2급

6. 〈보기〉에서 블룸(B. Bloom)의 인지적 영역 수준에 해당하는 것은?

― 〈보 기〉 ―

배드민턴 경기에서 상대 선수의 서비스를 받을 때, 낮고 짧은 서비스와 높고 긴 서비스의 대처 방법이 어떻게 달라져야 하는지를 알 수 있다.

① 분석　　　② 기억　　　③ 이해　　　④ 평가

5-2. 심동적 영역: 할로(Harlow, 1972)

(1) 신체기능과 능력의 발달 즉, 움직임을 통해 습득되고 시연되는 학습을 포함한다.

(2) 기술은 단순 또는 복합적이고, 소근육 또는 대근육 운동을 포함한다.

(3) 이 영역은 학습 유형을 구분하기 위한 분류체계를 가지고 있다.

수준	개념	예시
반사	자극에 반응하여 일어나는 무의식적 행위	학생은 잠재적 위험 상황을 알고 피할 수 있다. 학생은 스스로 올바른 자세를 취할 수 있다.
기초기능	반사움직임의 결합에 의해 형성된 선천적인 움직임 패턴	학생은 달리고, 걷고, 뛰고, 도약할 수 있다.
지각능력	감각을 통한 자극의 해석으로 나타나는 행위 또는 자극의 전이로 인한 행동	학생은 던져진 공을 향해 쫓아갈 수 있다. 학생은 두 개의 다른 도구로 공을 칠 수 있다.
신체능력	기초 기능과 지각 능력을 결합시켜 단순 기술 움직임 생성	학생은 체조를 할 수 있다. 학생은 음악에 따라 스퀘어 댄스를 따라할 수 있다.
복합기술	효율성, 체력, 한 번에 한 가지 신체능력의 결합을 요구하는 상위 기술	학생은 스포츠를 행하는 기술을 배울 수 있다. 학생은 장애물 통과 훈련을 완수할 수 있다.
운동해석 능력	신체 움직임을 통해 의사소통 할 수 있는 능력, 즉 행위를 통해 감정, 사고, 의미를 표현할 수 있는 능력	학생은 "화창한 날 활짝 핀 꽃"처럼 움직일 수 있다. 학생은 관중들에게 행복을 나타내는 춤을 창작할 수 있다.

5-3. 정의적 영역: 크래스올(Krathwohl)과 그의 동료들, 1964 `09 기출` `15 지도사` `19 지도사`

(1) 정의적 영역은 움직임과 연관된 감정, 태도, 가치를 포함한 학습을 의미한다.

(2) 이런 의미에서 신체활동 안에서 일어나는 '자신'에 대한 학습으로 볼 수 있다.

(3) 정의적 영역은 학습 결과가 개인에게만 명백히 나타나는 특징을 가지고 있기 때문에 다른 사람이 관찰하고 측정하는 것이 어렵다.

(4) 개인뿐만 아니라 다른 사람에게도 설명될 수 있으나 잘못 전해지거나 잘못 이해될 수 있다.

(5) 정의적 학습을 확인할 수 있는 한 가지 방법은 시합 중과 시합 후에 좋은 스포츠 행동 사례를 관찰하거나 학생이 수업 외에 참여하는 활동을 관찰함으로써 정의적 학습 효과와 관련 있는 행동을 관찰하는 것이다.

(6) 정의적 영역에서 학습 진도를 계획하는 데 도움이 되는 분류체계를 개발하였다.

수준	개념	예시
수용화	정보를 얻기 위해 관심을 기울이고, 보고, 듣는 능력	학생은 미국의 여성 스포츠 역사를 읽을 수 있다. 학생은 자신이 가장 좋아하는 춤에 대해 다른 학생이 설명하는 것을 잘 들을 수 있다.
반응화	학습자에 의해서 듣고 보여진 것에 대해 논쟁, 토론, 또는 동의하는 능력	학생은 자신이 체육을 왜 좋아하는지 5가지 이유를 나열할 수 있다. 학생은 스포츠에서의 경쟁에 대해 찬성과 반대를 토론할 수 있다.
가치화	행위 또는 행사의 중요도를 결정할 수 있는 능력	학생은 사람들이 정기적으로 운동해야 하는 이유를 이해한다. 학생은 공정한 경기를 위해 규칙을 준수해야 하는 필요성을 설명한다.
조직화	가치들을 비교하여 결정하고, 판단과 선택을 위해 조직화하는 능력	학생은 기술과 운동 수행의 향상을 위해 목표를 설정하고 노력할 수 있다. 학생은 건강 체력 활동의 중요성을 말할 수 있다.
인격화	가치들을 내면화하여 학생이 일상 생활에서 실천하는 능력	학생은 수업 시간 이외 활동에서 게임 규칙과 예절을 지킬 수 있다. 학생은 건강식이 아닌 음식이 있을 때 건강을 위해 적절한 선택을 한다.

3. 스포츠교육학이 추구하는 가치 영역이 <u>아닌</u> 것은?

　　가. 인지적 영역　　　　**나. 평가적 영역**　　　다. 심동적 영역　　　라. 정의적 영역

7. 〈보기〉는 지역 스포츠클럽 강사 K의 코칭 일지의 일부이다. ㉠에 해당하는 스포츠교육의 학습 영역과 ㉡에 해당하는 체육 학습 활동이 바르게 묶인 것은?

> ─〈보 기〉─
>
> 나는 스포츠클럽에서 배구의 기술뿐만 아니라 ㉠<u>역사, 전략, 규칙과 같은 개념과 원리를 참여자들에게 가르쳤다.</u> 배구 게임을 제대로 이해하기 위해서 전술 연습을 진행했다. ㉡<u>게임을 진행하는 도중에 '티칭 모멘트'가 발생할 경우, 게임을 멈추고 전략과 전술을 지도하는 수업활동을 적용했다.</u>

　① 정의적 영역, 스크리미지(scrimmage)　　　② 정의적 영역, 리드-업 게임(lead-up games)

　③ 인지적 영역, 스크리미지(scrimmage)　　　④ 인지적 영역, 리드-업 게임(lead-up games)

115 | 2009학년도

〈보기〉는 크래스올(Krathwohl)이 주장한 체육의 정의적 목표를 근거한 예시이다. 낮은 목표 수준에서부터 높은 목표 수준까지 바르게 배열한 것은?

> ─〈보 기〉─
>
> ㄱ. 학생은 기술과 운동수행의 향상을 위해 목표를 설정하고 노력할 수 있다.
> ㄴ. 학생은 수업시간 이외 활동에서 게임 규칙과 예절을 지킬 수 있다.
> ㄷ. 학생은 공정한 경기를 위해 규칙을 준수할 필요성을 설명할 수 있다.
> ㄹ. 학생은 자신이 가장 좋아하는 춤에 대해 다른 학생의 설명을 잘 들을 수 있다.
> ㅁ. 학생은 스포츠에서의 경쟁에 대해 찬성과 반대를 토론할 수 있다.

　① ㄱ-ㄴ-ㄹ-ㅁ-ㄷ　　　　　② ㄹ-ㄷ-ㅁ-ㄴ-ㄱ　　　　　③ ㄹ-ㅁ-ㄷ-ㄱ-ㄴ

　④ ㅁ-ㄷ-ㄱ-ㄴ-ㄹ　　　　　⑤ ㅁ-ㄹ-ㄱ-ㄴ-ㄷ

[정답] ③ ㄹ-ㅁ-ㄷ-ㄱ-ㄴ

5-4. 학습 영역 우선순위와 상호작용 [11 기출] [19 기출]

모든 학습 활동은 한 가지 영역의 결과를 강조하게 되고, 결국 학습 영역의 우선순위가 결정된다.

1	2	3	수업 모형	스포츠교육 모형 (학습활동)
심	인	정	직접교수 모형 개별화 지도 모형 동료교수 모형(학습자)	선수로서의 시즌 전 연습 선수로서의 경기 수행
인	정	심	동료교수 모형 (개인교사)	코치로서의 시즌 전 연습 코치로서의 경기 진행 임무역할의 학습 (심판, 기록자, 트레이너 등)
인	정			조직적인 의사결정
인	심	정	전술게임 모형 탐구수업 모형	
정	인	심		팀원으로서의 임무
정, 인		심	협동학습 모형	
정, 심		인	협동학습 모형	
심, 인, 정 통합			TPSR(개인적·사회적 책임감 모형)	

---

116 | 2011학년도

8. 체육수업 모형 중 학습 영역의 최우선 순위가 동일한 수업 모형을 〈보기〉에서 고르시오.

─── 〈보 기〉 ───

ㄱ. 직접교수 모형   ㄴ. 개별화지도 모형   ㄷ. 협동학습 모형   ㄹ. 전술게임 모형

ㅁ. 탐구수업 모형   ㅂ. 동료교수 모형(학습자인 경우)

[정답] ㄱ. 직접교수 모형, ㄴ. 개별화지도 모형, ㅂ. 동료교수 모형(학습자인 경우)(심동적 영역, 인지적 영역, 정의적 영역)

7. (가)는 윤 교사, 민 교사의 전문성 발전을 단계별로 나타낸 표이고, (나)는 (A)에 해당하는 수업 상황 중 질문과 관련한 교사의 행동 평정표이다. 〈작성 방법〉에 따라 순서대로 서술하시오. [5점]

(가) 교사 전문성 발전 단계

단계	윤 교사
초기 단계	• 방임적인 수업 중심　　• 계획적이지 못한 수업
발전 단계 1 (교수 스타일 탐색)	(A) • 목표, 개념 중심의 논리적, 계열적 질문 설계 • 스스로 답변을 찾게 하는 계열적 질문 제공 • 교사와 학생의 문답적 상호과정 중시 • 수용적 분위기 제공
발전 단계 2 (수업 모형 탐색)	(C) • 질문자로서의 교사, 문제해결자로서의 학습자 • 사고력, 문제해결력, 탐구력 증진 • 다양한 형태의 질문 제공 • 학생의 창의적 대답을 중시

───── 〈작성 방법〉 ─────

○ (A)와 (C)에 해당하는 교수 스타일, 수업 모형을 순서대로 기술하고, (C)에서 강조하는 학습 목표의 최우선 영역을 기술할 것.

[정답] • (A) 유도발견형 스타일
　　　 • (C) 탐구수업 모형
　　　 • 인지적 영역

5-5. 학습 목표 18 지도사 20 지도사

(1) 좋은 학습 목표를 진술하는 교사들은 우선순위, 영역 간 상호작용, 학생의 학습조직 방법, 학생의 학습이 일어나는 시간에 대해 알고 있음을 말한다.

수업 목표는 학습 상황 또는 조건, 도착점 행동/지식/태도, 학습 성취 기준 등의 3가지 요소를 포함해야 한다.
[메이거(Mager), 1984]. 11 기출

		학습 상황 또는 조건	학습 성취 기준	도착점 (행동, 지식, 태도)
인지적 영역	적용 단계	농구의 2~3 지역방어 설명을 듣고 주요 지점에 공을 위치시킨 상태에서(조건)	학생은 5명 모든 선수들의 정확한 포지션을(기준)	도식화할 수 있다.(지식)
인지적 영역	평가 단계	3m 다이빙의 2가지 동작을 보여주면(조건)	정확하게 두 선수 간에 좋은 동작을 판단할 수 있다.(기준)	학생은 각 선수의 점수를 채점할 수 있고(지식)
심동적 영역	지각 단계	학생은 제자리 줄넘기를 혼자서(조건)	멈추지 않고(기준)	10번을 반복할 수 있다.(행동)
심동적 영역	기술 단계	깃발 미식축구 경기에서 쿼터백을 담당하면서(조건)	학생은 40퍼센트의 성공률(기준)	을 가지고 공격측이 달려가는 방향으로 전진 패스를 할 수 있다.(행동)
정의적 영역	가치화 단계	멀티미디어 꼴라쥬에서(조건)	학생은 올해도 체육 수업에서 5가지 좋아하는 활동을 표현할 수 있다.(태도 및 기준)	
정의적 영역	인격화 단계	식당에서 식사를 한 후(조건)	그 음식들이 얼마나 건강에 좋은지를 판단할 수 있다.(기준)	학생은 자신이 먹은 음식의 리스트를 만들고(태도)

참고문제	2018년 지도사 2급

6. 〈보기〉의 스포츠 지도를 위한 준비 단계에 대한 설명 중 옳은 것을 모두 고른 것은?

─〈보 기〉─

㉠ 지도자는 자신이 가르칠 수 있는 내용의 수준이 어느 정도인지 고려한다.
㉡ 학습자의 성취 결과뿐만 아니라 향상 정도를 평가 할 수 있는 방법을 계획한다.
㉢ 지도의 목표가 모방일 경우에는 지시자, 창조일 경우에는 촉진자의 역할이 필요하다.
㉣ 행동 목표는 운동수행 조건, 성취 행동, 운동수행 기준을 고려하여 설정한다.

① ㉠   ② ㉠, ㉡   ③ ㉠, ㉡, ㉢   ④ ㉠, ㉡, ㉢, ㉣

4. 체육 프로그램의 목표로 정의적 영역(affective domain)에 해당하는 것은?

① 축구에서 인사이드 패스를 실행할 수 있다.

② 야구에서 스윙 동작을 분석하고 평가할 수 있다.

③ **배구에서 동료와 협력할 수 있다.**

④ 농구에서 지역방어전략을 사용할 수 있다.

---

118 | 2011학년도

10. 다음은 초임 교사의 수업 일지이다. 이 일지에 나타난 수업 활동에 대한 설명으로 옳지 않은 것은?

일시: 2010년 ○월 ○일. 금요일. 3교시
학생들의 체력 증진을 위해 오늘부터 개인 줄넘기를 가르쳤다. 총 5차시를 계획했으며, 오늘 수업이 첫 차시였다. … (중략) … 학습 목표를 ㉠"5가지 줄넘기 동작 중 3가지 동작을 순서대로 각각 30회 이상씩 연속적으로 실시 할 수 있다."로 설정하여 체력 운동의 지루함을 극복하고 학습 동기를 고취시키고자 하였다.

① ㉠의 학습 목표는 메이거(R. Mager)의 '조건-기준-행동' 요소를 충족시킨다.

② ㉡의 질문 유형은 '확산형 질문'에 해당된다.

③ ㉢의 학습 내용은 '폐쇄 기능'에 속한다.

④ ㉣의 교수 행동은 '비기여 행동'에 속한다.

⑤ ㉤의 수업 장학은 '동료 장학'에 해당된다.

[정답] ①

---

6. 체육 수업 내용

(1) 풍부한 내용 지식은 교사로 하여금 수업을 좀 더 조직화하도록 하고 학습 목표를 분명하게 제시할 수 있게 하며, 안전한 학습 환경을 제공하고, 학습 진도를 적절히 조절하며, 수업에서 학습자의 움직임 유형과 기술을 관찰하고 분석할 때 안목을 키울 수 있도록 한다. 요약하면, 좀 더 효과적인 수업 지도와 체육 수업을 계획하고 진행할 때 높은 수준의 자신감을 부여한다.

(2) 이 지식은 교육 환경과 학습자에 관한 지식과 결합할 때, 수업 방법 지식(Pedagogical Content Knowledge: PCK)으로 불리며, 교사는 "자신이 하는 일을 안다는 것"과 "학생을 가르칠 수 있는 방법을 안다는 것"을 의미한다.

(3) 그로스만(Grossman)에 의하면 다음과 같이 교사 지식과 능력의 4가지 유형을 조합함으로써 PCK를 발달시킬 수 있다.

① 광의적 목표와 협의적 목표를 모두 고려해야 한다.

② 여러 학생이 이미 무엇을 알고 있고 무엇을 할 수 있는지를 이해해야 한다.

③ 교육과정 내용에 대한 지식을 충분히 가지고 있다.

④ 다양한 지도전략을 사용해야 한다.

6-1. 움직임 기능의 분류 19 지도사

분류	개념	예시
비 이동 운동 기능	• 공간 이동이 없고, 물체 또는 도구를 사용하지 않는 운동 기능을 말한다.	정적 균형, 구부리기, 뻗기, 비틀기, 돌기
이동 운동 기능	• 물체 또는 도구를 사용하지 않고, 공간 이동을 포함한 신체운동을 말한다.	걷기, 달리기, 두발 뛰기, 한발 뛰기, 피하기
물체 조작 기능	• 손이나 몸에 고정시키지 않은 상태에서 도구를 조작하는 운동을 말한다. • 체육 수업에서 사용되는 일반적인 물체는 공, 훌라후프, 계주 바톤, 플라스틱 원반, 셔틀콕 등이다.	공, 훌라후프, 바톤, 플라스틱 원반, 셔틀콕 등을 손이나 발에 의해 던지기, 토스하기, 차기, 잡기, 튀기기 등의 움직임으로 활용
도구 조작 기능	• 물체를 통제하기 위한 목적으로 용·기구를 한 손 또는 두 손으로 다루는 운동을 포함한다. • 도구는 일반적으로 '기구'로 사용되어 왔다. 일반적인 도구는 배트, 라켓, 글러브, 클럽 등이다. • 도구와 물체를 동시에 통제할 수 있는 능력이 요구되기 때문에 손과 눈의 협응력과 시각 추적 능력이 요구된다.	도구를 통해 치기, 배팅하기, 튀기기, 드리블하기, 잡기와 같은 여러 가지 방법으로 물체를 통제하는 데 사용된다.
전략적 움직임과 기능	• 역동적인 상황(일반적으로 게임)에 적용되는 움직임 형태이다. • 특정한 결과를 산출하는 데 필요한 운동기능과 상황적 의사결정이 결합된 형태	핸드볼에서 수비하고, 야구에서 도루하고, 미식축구에서 패스 패턴을 따라 달리고, 그룹 프로젝트를 해결하는 활동
움직임 주제	• 복잡한 운동 패턴을 점진적으로 발달시키기 위해 기본 운동 기능과 움직임 개념을 결합한 것이다.	기본 운동기능은 비 이동 운동, 이동 운동, 물체 조작 운동, 도구 조작 운동을 말하며, 움직임 개념은 공간인지, 노력, 관계를 설명한다.
표현 및 해석적 움직임	• 느낌, 개념, 생각, 주제를 표현하기 위해 움직임	발레, 모던댄스, 재즈같은 움직임 표현

참고문제	2019년 지도사 2급

2. 움직임 기능에 적합한 학습과제가 바르게 연결된 것은?

① 이동 운동 기능-한 발로 뛰어 목표 지점까지 도달하기
② 비이동 운동 기능-훌라후프 던지고 받기
③ 물체 조작 기능-음악을 듣고 움직임 표현하기
④ 도구 조작 기능-평균대 위에서 균형 잡기

6-2. 움직임 패턴과 기술 분석

(1) 교사는 어떤 움직임을 가르치든지 간에 학생의 움직임 패턴과 기술을 비판적으로 관찰하고 분석할 수 있는 능력을 가지고 있어야 한다. 이러한 능력은 움직임 지식, 교사 자신의 운동경험, 학생의 발달 수준에 대한 지식, 운동수행에서 주요 요소를 인식할 수 있는 관찰 기술에 근거한다. 운동수행에서 주요 요소는 능숙한 기능에 필요한 움직임 또는 기능의 일부를 말한다.

(2) 교사가 움직임 기능의 주요 요소를 이해할 때 전체적인 운동수행보다는 운동수행의 특정 부분에 초점을 두도록 한다. 그 주요 요소는 학습자에게 적합하고 구체적인 피드백을 제공하는 데 기초가 된다.

(3) 코커(Coker, 1998)는 체육 교사의 기술 분석 효율성을 향상시킬 수 있는 5가지 전략을 제시하고 있다.

　① 관찰 대상을 결정(무엇을 관찰할 것인가?)

　② 최적의 관찰 관점을 결정

　③ 운동패턴을 확인하기 위해 몇 가지 기능 수행을 관찰

　④ 산만함

　⑤ 비디오 카메라를 사용

6-3. 과제 분석과 내용 전개

(1) 과제 분석은 학생이 학습해야 하는 기술 요소를 제시하고 각 요소의 학습 순서를 결정하는 데 필요하다.

(2) 바람직한 과제 분석은 교사의 내용 지식과 조직 능력에 따라 좌우된다.

6-3-1. 과제 분석

(1) 1단계 과제 수준: 과제 수준 또는 최종목표, 학습계열상 최종 학습 단계(Mager).

(2) 2단계 과제 수준: 1단계 과제수준을 수행하는 데 필요한 모든 기술과 지식에 관한 항목.

(3) 3단계 과제 수준: 2단계 과제수준을 수행하는데 필요한 모든 기술과 지식 요소 제시. 각 요소는 상향식 순서로 제시하여 아래에 제시된 과제를 숙달되면 순차적으로 위에 제시된 과제로 학습을 이동.

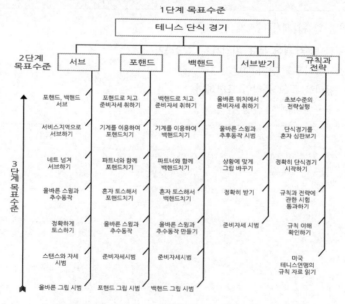

[그림 3-1] 테니스 단식 학습 위한 과제분석 3단계

(1) 학생이 참여하는 학습 활동의 유형과 각 수업에서 학생이 어떻게 학습 활동을 전개해 나가는지를 설명해 주는 과정을 "내용 발달(Content Development)"이라 부르며, 학생이 과제 분석에 열거된 내용을 배우도록 계획한 학습 활동의 진도라고 볼 수 있다.

(2) 내용 발달에 관한 교사의 지식은 2가지 측면에서 필요하다.

　① 교사의 지식은 교사로 하여금 학생이 이전에 배운 운동수행을 빠른 비율로 발전해 가도록 하는 학습 과제의 합리적인 순서를 계획하는 데 도움을 준다.

　② 교사가 수업에서 한 과제에서 다음 과제로 이동할 때, 적절한 시기에 의사결정을 하도록 도움을 준다.

　③ 5가지 학습 과제 유형을 가지고 있는 체육 교과의 내용 발달 체계를 제시[링크(Rink), 1988].

유형	개념	예시
정보	• 새로운 기술 학습을 위한 초기 과제	학생은 교사의 시범을 본 후 5분 동안 공을 드리블한다.
세련	• 운동수행의 질을 향상시키는 과제	교사가 학생에게 공을 자유롭게 다룰 수 있는 3가지 요소를 알려주고 학생은 그 요소들을 10분 동안 연습한다.
확장	• 이전 과제보다 조금 더 복잡하고 어려운 과제	학생은 5분 동안 지그재그 드리블 훈련을 한다. 그 훈련은 바닥에 놓여진 8개의 원뿔 사이를 드리블하는 것을 말한다.
적용	• 진술된 운동수행 기준에 따라 수행하거나, 반대 위치 또는 표준에서 수행	학생이 동일한 지그재그 코스를 통과하면서 드리블할 때 타이밍이 잘 맞춰진다. 학생은 연속적인 시도에서 최선을 다한다.
반복	• 이전 과제들을 복습하거나 숙달시킨다.	적응 과제의 속도가 증가함에 따라 학생의 통제는 감소하게 된다. 교사는 학생에게 확장 과제로 돌아가 5분 이상 그 과제를 연습하도록 지시한다.

PART 4

참고문제	2015년 지도사 2급

5. 학습과제의 발달적 내용분석을 위한 세 가지 순서는?

　가. 확대 – 세련 – 적용(응용)　　　나. 확대 – 적용(응용) – 세련
　다. 적용(응용) – 확대 – 세련　　　라. 세련 – 확대 – 적용(응용)

참고문제	2019년 지도사 2급

19. 링크(J. Rink.)의 내용 발달(content development)에 대한 설명으로 적절하지 <u>않은</u> 것은?

　① 응용 과제는 실제 게임에 적용할 수 있는 기회를 제공한다.
　② 확대 과제는 쉬운 과제에서 어렵고 복잡한 과제로 발전시킨다.
　③ 세련 과제는 학습자에게 가능한 한 많은 동작을 알려주는 형태로 개발한다.
　④ 시작(제시, 전달) 과제는 기초적인 수준에서 학습하도록 소개하고 안내한다.

6. 농구 스탠딩 숫에 대한 활동 과제를 순서 없이 나열한 것이다. 활동 과제 (가)~(마)의 종류로 옳은 것은?

> (가) 림으로부터 5m 거리의 측면 위치에서 숫을 연습하게 한다.
> (나) 림으로부터 3m 거리의 다양한 위치에서 숫을 연습하게 한다.
> (다) 숫 동작의 설명과 시범을 보인 후 골 밑에서 숫을 연습하게 한다.
> (라) 골대 정면 3m 지점에 수비수 한 명을 세워두고 숫을 10회 시도하여 성공 횟수를 확인하게 한다.
> (마) 무릎, 팔꿈치를 순서대로 펴면서 손목 스냅을 이용하여 숫을 연습하게 한다.

① (가)-확장 (다)-정보
② (가)-세련 (라)-응용
③ (나)-확장 (라)-세련
④ (나)-세련 (라)-응용
⑤ (다)-확장 (라)-정보

[정답] ①
[해설] (가)-확장, (나)-확장, (다)-정보, (라)-응용, (마)-세련

6-3-3. 과제 전개(내용 전개를 결정하는 2가지 방법) `20 기출`

(1) [완전 학습 중심 과제 전개]

① 완전 학습 중심의 과제 전개는 학생이 현행 학습 과제를 진술된 기준에 따라 완수한 후 다음 과제로 이동하는 방식의 과제 전개이다.

② 수행 기준은 학생에게 각 과제를 완수할 만큼의 충분한 시간과 더불어 제공된다.

③ 교사가 현재 과제의 수행기준, 학생 집단의 수용비율을 결정한 다음, 2가지가 충족되면 다음 과제로 이동하게 된다.

> 예 초등학교 5학년 학생의 75퍼센트(수용 비율)가 계속해서 10번 점프(수행 기준)를 할 수 있을 때, 다음 과제로 이동하게 된다.

> 예 모든 학생(수용 비율)이 경기규칙 시험을 통과(수행 기준)했을 때, 토너먼트를 시작할 수 있다.

④ 장점: 대부분의 학생이 다음 과제로 이동하기 전에 현행 과제를 완전히 학습할 수 있다는 장점을 가지고 있다.

⑤ 단점: 학생이 좀 더 어렵고 복잡한 다음 과제로 들어가기 전에 그 이전 단계의 준비가 갖춰진 상태에서만 가능하다. 그러나 모든 학생이 합리적으로 적당한 시간 안에 과제를 완수하는 일이 항상 가능한 것은 아니다.

(2) 시간 중심 과제 전개

① 체육 교과에서 이루어지는 대부분의 과제 전개 결정은 각 학습 과제에 대해 교사가 계획한 시간 할당에 의해서 행해진다.

② 교사는 대다수의 학생이 과제를 배우는 데 어느 정도의 시간이 걸리는지 추정하고 그 시간이 흐르면 다음 과제로 이동한다. 약간의 변경이 있을 수 있으나, 대부분의 과제 전개는 교사의 계획된 절차에 의해서 이루어진다.

③ 장점: 교사의 수업계획표에 따라 진행된다. 즉, 수업의 흐름을 예측할 수 있다는 점에서 효율적이고 정연되게 보인다.

④ 단점: 교사가 장기적인 단원 계획을 세워야 하나, 일부 학생은 새로운 과제를 시작할 때, 준비가 안 될 수도 있는 위험성을 내포하고 있다. 이 학생은 계속해서 과제가 전개됨에 따라 제대로 따라가지 못할 가능성이 있다. 많은 학생이 초기 과제에서 학급의 다른 학생보다 뒤쳐진다면, 이 학생은 단원이 끝나갈 무렵에는 그 차이가 더욱 심각해진다.

120 | 2020학년도

다음의 (가)는 박 교사의 수업 반성 일지이고, (나)는 교수·학습 지도안의 일부이다. 〈작성 방법〉에 따라 순서대로 서술하시오. [4점]

(가) 수업 반성 일지

> 학생들의 배구 기초 기능이 향상되어 경기를 하였으나 많은 학생들이 경기 규칙을 몰라 우왕좌왕하는 모습을 보였다. ㉠경기규칙에 관한 수업을 충분히 한 후, 이에 관한 지필 평가를 실시하여 모든 학생들이 90점을 넘었을 때 경기를 해야겠다.
>
> … (중략) …

───────── 〈작성 방법〉 ─────────

○ 밑줄 친 ㉠에 해당하는 용어를 메츨러(M. Metzler)의 모형중심 체육 수업의 과제 전개 전략에 근거하여 쓰고,

[정답] ㉠은 완전 학습 중심 과제 전개이다.

7. 체육 수업에서의 평등 19 기출

(1) 평등은 학생의 성, 인종, 민족, 능력, 사회·경제적 지위, 가족 배경에 상관없이 사회적·발달적·교육적으로 학교 교육 기회의 접근을 공평하고 동등하게 제공하는 것을 의미한다.

비판적 교육학	교육상황에서의 공정성과 정의를 연구하는 분야이고 학교와 수업에서 권력, 지위, 학습기회가 명확하게 불균형적으로 배분되는 특징을 가진 미시정치학적 맥락성을 나타내는 원리에 기초한다.
Title IX	1972년 교육법 개정안은 스포츠와 체육 수업에서 남·여 학생의 분리를 금지한다. 1975년 장애인 교육법안(Public Law 94-142)은 장애 학생이 가장 최소로 제한된 환경에서 자유롭게 적절한 교육을 받아야 한다는 것을 규정하였다. 한 학생이 교육적 요구를 필요로 할 때마다 언제든지 정규 수업과 정규 체육 수업에 임할 수 있도록 하였다.

(2) 내퍼-오웬(Napper-Owen)(1994)은 체육 수업에서 발생할 수 있는 6가지의 불평등 요소를 언급하였다.

① 상위 수준의 기능을 가진 학생을 중심으로 수업을 조직(예 팀을 주장으로 만들기)

② 성에 따른 학생집단 조직(예 남학생은 게임을 한다. 여학생은 옆에서 구경하거나 연습한다.)

③ 학생의 다양한 학습 유형을 반영하지 않는 교수법 사용

④ 특정 집단의 학생을 선호하는 교사와 그 학생과의 **상호작용**

⑤ 선입견(◉ 여학생용 팔굽혀펴기)이나 편견(◉ 너는 여학생같이 던진다)이 있는 **언어 사용**

⑥ 교사에 의한 부적절한 역할 모델

121 | 2019학년도

8. 다음은 ○○중학교에서 유 교사가 2015 개정 체육과 교육과정을 반영한 도전 영역 단원의 교수·학습 및 평가를 계획하면서 체육부장인 장 교사와 나눈 대화의 일부이다. 앞으로 전개될 유 교사의 도전 영역 수업의 교수·학습 및 평가 계획에 대해 〈작성 방법〉에 따라 논술하시오. [10점]

> … (중략) …
>
> 장 교사: 우리 학교의 특성상 교수·학습 활동이 이루어질 때 학생들에게 평등한 학습 기회를 제공했으면 좋겠습니다.
>
> 유 교사: 아, 그건 미처 생각하지 못했습니다. ㉣교사로 인해 체육 수업에서 발생할 수 있는 불평등 요소를 파악한다면 평등한 학습 기회를 제공하는데 도움이 될 것 같습니다.
>
> … (중략) …

> ─────────〈작성 방법〉─────────
>
> ○ 밑줄 친 ㉣을 내퍼-오웬(G. Napper-Owen)의 주장에 근거하여 상호작용과 언어 사용 측면에서 각각 1가지 제시할 것.

[정답] • 특정 집단의 학생을 선호하는 교사와 그 학생과의 상호작용 [1점]
　　　 • 선입견이나 편견이 있는 언어 사용 [1점]

8. 체육 교육과정 모형

(1) 초등수준에서 활용될 수 있는 체육과 교육과정 모형

(2) 중등체육을 위한 모형

① 다활동 모형(Multiactivity models): 이 모형은 체육 프로그램에서 검증된 요소들로 조직화된 다양한 활동 내용 단원을 통해 광범위한 목표를 증진하는데 목적을 두고 있다. 이는 프로그램을 취사선택할 수 있거나 일관성이 없음을 의미하는 것이 아니다. 오히려 이 프로그램은 3가지 학습영역에서의 균형성을 추구하며, 체력, 개인/대인 스포츠, 팀스포츠, 협동게임, 무용 및 모형 활동과 같은 여러 가지 요소로 구성된 내용 단원을 제공한다.(siedentop, 1998)

② 스포츠교육 모형(Sport education): 이 모형의 프로그램은 단원 중심이 아닌 시즌 중심으로 구성된다. 각 단원에서 학생은 스포츠와 관련된 다양한 역할과 책임감을 배우게 된다. (코치역할, 선수역할, 심판역할, 행정역할 등)

③ 야외 및 모험활동 교육 모형(Outdoor and adventure programming): 이 모형은 학생들의 협동심, 성취감, 자신감 및 용맹성을 증진할 수 있는 목표를 달성하기 위해 도전과 모험으로 특징지어지는 활동들을 활용한다. 학습활동의 대부분은 학교에서 벗어나 주로 자연환경에서 이루어진다.

④ 사회성 개발 모형(Social responsibility models): 이 모형은 원래 도시의 비행 청소년을 위해 개발되었는데 신체 활동을 통해 긍정적인 인성과 사회성을 발달시키기 위해 많은 학교에서 도입되었다(헬리슨, Hellison).

⑤ 학문 중심 모형(Academic discipline-based program): 이 모형은 처음 미국 체육학회(Kneer, 1981)의 기본 활동 시리즈에서 시작되어 발전을 거듭해 왔으며 학생에게 인간 움직임의 개념을 이해시키고자 하는 요구에 의해 비롯되었다. 이 개념들은 응용 분야인 몇 가지 하부 영역, 즉 운동기능학, 운동역학, 운동과학, 스포츠심리학, 스포츠사회학, 스포츠인문학에 근거한다.

⑥ 개인체력 모형(Personal fitness education): 이 모형은 체력의 기초 지식과 개념원리를 포함하고 있으나 각 학생의 개인체력 향상을 위한 프로그램 구성 및 실행 측면을 확대해 나가고 있다. (Harageoness)

3 전문성 있는 체육 교사로 성장하기

(1) Shulman(1987)이 제시한 7가지 범주의 교사 지식은 많은 도움을 주고 있지만, 우수 교사와 비우수 교사를 구별하는 데는 별로 도움을 주지는 못한다.

① 이 한계점은 교사 전문성의 맥락과 아주 밀접하게 연관되어 있는 특징이 있고, <u>명제적 지식, 절차적 지식(수업 장소, 지도 대상)</u> 간에 복잡한 상호작용으로 기인된다.

② Shulman(1987)이 논의한 모든 지식의 유형을 알고 있어야 할 뿐만 아니라, 자신의 학교, 프로그램 및 수업에 이 지식을 적용할 수 있는 방법을 알아야 하는데, 이를 <u>상황적 지식</u>이라 볼 수 있다.

(2) <u>맨로스(Manross)와 템플리튼(Templeton)</u>은 우수 체육교사 특징을 다음과 같이 제시하였다.

① <u>개별학생에 초점을 둔다.</u>

② <u>독창적인 피드백을 제공한다.</u>

③ <u>교과내용을 통달하고 있다.</u>

④ <u>철저하고 완벽한 수업계획을 수립한다.</u>

⑤ <u>자동화된 행동특성을 가지고 있다.</u>

⑥ <u>반성적 사고와 행동을 가지고 있다.</u>

주요내용

1. 수업 전략은 교사의 명제적 지식과 절차적 지식을 연결하는 교량 역할을 한다. 일반적으로 명제적 지식은 체육 교과에서 관리와 수업 전략을 수립하는 데 더 많이 적용된다.

2. 각 수업 모형은 수업 중 교사와 학생에게 "어떻게 비춰질 것인가?"를 결정하는 각 모형의 정체성을 나타낼 수 있는 독창적인 전략군을 필요로 한다.

3. 모든 내용영역과 학생 발달 수준에 맞춰 체육교과에서 활용할 수 있는 많은 수업 전략이 있다. 그러나 각 수업 모형은 구체적인 전략군을 필요로 하기 때문에 교사는 막상 수업 모형을 활용할 때 직접 사용할 수 있는 전략이 많지 않음을 알게 된다.

4. 지도 전략의 실제 적용과 그 안에서 형성되는 상황적 지식은 '효과적인 지도 기술의 활용'을 통해 제시될 것이다.

   (1) 교사지식 영역은 수업 모형의 근간이 되고, 수업 전략은 각 모형을 통합하는 벽돌과 회반죽으로 비유될 수 있다. 즉, 수업 전략은 모형이 지닌 독특한 관점을 구현하는 동시에, 모형의 설계 취지대로 수업이 진행되게 한다.

   (2) 또한 수업 전략은 수업 또는 내용단원의 구체적이고 단기적인 목표를 성취하기 위해 사전에 계획한 행동을 말한다.

   (3) 대부분의 효율적인 교수기능은 수업 중에 신속하고 상호작용적인 형태로 나타난다.

   (4) 반면, 수업 전략은 교사의 수업계획의 한 부분으로서 사전에 결정된다. 결국 수업 전략은 단원의 세부내용을 어떻게 진행시킬 것인가에 대해서 교사가 의도적으로 취하는 방식이라 할 수 있다.

   (5) 이렇게 사전에 결정된 수업 전략들은 각 모형의 취지에 맞게 활용되도록 돕는 역할을 한다.

   (6) 그리하여 학생은 자신이 선호하는 참여유형으로 수업에 참여하고 소기의 학습결과를 나타낸다.

   (7) 수업 전략은 운영 방법에 따라 수업 관리 전략(managerial teaching strategy)과 수업 지도 전략 (instructional teaching strategy)으로 구분할 수 있다.

   ① 수업 관리 전략은 교사가 학생들의 학습 잠재력을 극대화할 수 있도록 수업 또는 내용 단원을 조직하는 것을 말한다. 따라서 수업 전반에 걸쳐서 관리 전략이 실행된다.

   ② 수업 지도 전략은 의도된 학습활동을 수행하기 전 또는 도중에 학생의 참여를 직접적으로 활성화시키는 것을 말한다. 따라서 이 같은 전략은 교사의 수업 계획에 따라 특정 시기에 실행된다. 각 수업 관리 전략의 측면은 학습결과에 도달하기 위해 특정 모형의 설계에 따라 교사와 학생이 수행하는 구체적인 행동들을 담고 있다.

(8) 다음 '모형 중심의 체육 수업 전략'은 교사의 지식을 기초로 하여 구성되며, 절차적·상황적 전문성에 상당히 의존한다.

〈표 4-1〉 모형 중심의 체육 수업 전략

체육 수업 전략	
관리 측면 1. 예방차원 2. 상호작용 3. 집단편성	지도 측면 1. 과제제시 2. 과제구조　5. 과제 전개 3. 과체 참여　6. 학생 안전 4. 학습 활동　7. 수업정리 및 종료
모형 중심 체육 수업에 필요한 지식 영역	
1. 학습환경　2. 학습자 3. 학습이론　4. 발달 단계의 적합성 5. 학습 영역과 학습 목표 6. 체육 교육 내용	7. 평가 8. 사회/정서적 분위기 9. 체육 교육 평등 10. 체육 교육과정 모형

1 수업 관리 전략

(1) 모든 수업 모형은 수업 관리 계획에 기초한다. 이와 같은 계획은 모형이 정리하는 학습 영역의 우선순위 및 학습 결과를 촉진하는 데에 있어서 유용한 방법들을 최대한으로 활용하도록 한다.

(2) 따라서 관리 계획은 반드시 모형의 적용 목적과 일치되어야 한다.

(3) 관리 계획의 핵심은 학생을 수업에 바람직하게 참여하게 하는 '예방적 관리(preventive management)'라 할 수 있다.

(4) 모든 체육 수업은 수업의 세부 단계(도입-전개-정리 단계)에서 필요한 관리 시간에 따라 계획되어야 한다. 복잡한 체육수업 상황에서 발생하는 수업관리 문제점들을 예방하고 감소시킬 수 있는 효과적인 수업 전략들이 많이 있다.

1. 예방적 관리 계획

1-1. 도입 단계에서의 관리 전략

수업 계획의 게시	학생이 이루어질 활동들에 대해 사전에 알 수 있도록 게시판에 구체적인 수업계획을 게시할 수 있다.
특별수업의 공고 또는 게시	체육 수업은 학교 내·외의 여러 장소에서 이루어지며, 날씨의 제약을 받으며, 이러한 경우 수업계획을 변경시켜야 한다. 효과적인 시간활동을 위해서 학생이 라커룸에서 옷을 갈아입기 전에 학생에게 알림장을 통해 공지할 수 있다.
예비 활동	학생이 교사가 수업을 시작하기 전까지는 할 거리가 아무것도 없다고 생각하기 때문에 일어난다. 학생이 체육관에 들어오자마자 몰입할 수 있는 예비 활동(instant activity)을 제시하는 것도 하나의 대안이 될 수 있으며, 나머지 학생이 체육관에 다 모일 때까지 학생의 일탈 행동의 기회를 줄일 수 있다.

1-2. 일관성 있는 수업 관리: 알버노(Alberno)와 트라웃맨(Troutman) 20 지도사

토큰 수집 (token economies)	수업 시간의 낭비 없이 학생의 바람직한 행동을 유도하고 지속시키는 데 효과적인 방법이다. 토큰 수집은 학생이 적절한 행동을 할 때마다 교사가 1점, 스티커 또는 몇 가지 다른 쿠폰을 제공하는 것을 말한다. 미리 정한 수 만큼의 토큰을 모았을 때, 학생은 다른 물질적 보상(예 영양가 있고 맛있는 음식, 뺏지, 색칠공책) 또는 수업에서의 특권(예 수업 정리 단계에서의 자유시간 허용, "일일 학급 회장"되기, 또는 수업 후 자유시간 등)으로 바꿀 수 있다.
교사-학생사이계약 (behavior contracting)	일정 수업시간 동안 수행해야 하는 행동에 대해서 교사와 학생 간에 계약을 맺고, 계약대로 수행했을 때, 학생이 받게 될 보상에 관해서 교사와 각 개인별 학생이 합의하는 것이다.
좋은 행동 게임 (good behavior game)	학생을 팀으로 편성하고, 학생의 부적절한 행동이 나타날 때마다 교사가 1점씩 감점한다.
타임아웃 (time out)	부적절한 행동을 한 학생을 일정 시간 동안 수업 활동에서 제외시키는 방법을 말한다.

참고문제	2020년 지도사 2급

7. 〈보기〉에서 설명하는 알버노(P. Alberno)와 트라웃맨(A. Troutman)의 행동수정기법에 해당하는 것은?

―――――〈보 기〉―――――
학습자가 적절한 행동을 할 때마다 지도자가 점수, 스티커, 쿠폰 등을 제공하는 기법이다.

① 타임아웃(time out)　　　　　　　　② **토큰 수집(token economies)**
③ 좋은 행동 게임(good behavior game)　　④ 지도자-학습자 사이의 계약(behavior contracting)

1-3. 엄격한 규율

(1) 1970년대부터 시작된 이 전략은 교사가 수업에서 예방차원의 훈육계획을 수립하는 철학으로 볼 수 있다.

(2) 교사가 학습에 필요한 교육 환경의 조성을 학생에게 분명하게 요구하고, 학생이 바람직한 행동을 통해서 이 요구사항을 이행하도록 한다.

1-4. 교칙에 관한 계획

(1) 학교 규칙이 그 학교의 모든 부분에서 적용되며, 위반사항에 대한 조치는 교사(교과), 시간을 초월하여 이행된다.

1-5. 학생이 선택한 계획

(1) 학생은 성장함에 따라 선택할 수 있는 능력과 선택한 것에 대한 책임감이 형성되며, 체육수업의 훈육 계획을 만드는 과정에서 능동적인 역할을 하게 된다.

(2) 학생 스스로 작성한 수업규칙과 규칙 위반 시의 처벌에 대한 목록을 토대로 교사와 학생 간에 협상을 진행할 수 있다.

1-6. 동료 및 집단 갈등 해결 계획

(1) 대부분의 문제 행동들은 학생 대 학생의 갈등으로 나타나는 경우가 많다.

(2) 학년 수준에 상관없이 모든 학생은 자신들의 행동, 다른 개인과 집단의 행동을 관리할 수 있는 전략들을 배울 수 있는데, 학생이 교사의 간섭 또는 중재 없이 문제를 예방하고, 경감시키는 문제 해결력과 협상력을 배우게 된다.

2. 상호작용적 관리 전략

(1) 용기구의 배분과 회수를 학생이 돕게 하라.

(2) 현재 활동이 진행되는 동안 다음 활동을 예비하라.

(3) 수업 중 발생하는 응급상황을 사전에 대비하라.

(4) 비상 계획을 수립하라.

(5) 학생의 부상 발생 상황 계획을 세우라.

(6) 주의를 끌고자 하는 학생의 행동을 단절하라.

(7) 학급의 전반적인 사태를 통찰하는 방법을 배우라.

3. 집단 편성 전략

3-1. 무작위 조 편성

(1) 교사 주도의 집단 편성을 함으로써

→ 시간을 아낄 수 있다. 몇 분 정도의 시간을 줄일 수 있으며, 몇몇 학생이 친한 학생과 함께 한 조를 만들려는 경향을 감소시킬 수 있다.

(2) 학생 스스로 조를 편성하도록 할 때

→ 항상 이동시간이 늘어나, 시끄럽게 만들며, 다소 기분을 상하게 하는 경우도 있고, 불공평하거나 불공정한 집단 편성을 유도하기 마련이다.

(3) 학생의 능력 또는 특성이 주요 요소가 되지 않을 경우, 체육교사는 조를 편성할 때 신속하게 아무 숫자나 무작위로 조를 편성하는 전략을 사용할 수 있다.

① 끊어 자르기	만약 교사가 5개 조로 나누고자 한다면 일단 각 조의 위치를 서로 다른 장소에 배치한다. 교사는 학생 한 사람 한 사람을 지목하면서 "너는 1조, 너는 2조, 넌 3조, 너 4조, 그리고 너는 5조, 각 조별 위치로 이동하라"고 큰소리로 지시한다. 5개의 조로 완전히 나뉠 때까지 이런 과정을 반복한다.
② 태어난 달로 조 편성	교사는 "1월 1일부터 4월말까지 그 안에 태어난 사람들은 1조, 5월 1일부터 8월말까지는 2조, 9월 1일부터 12월말까지는 3조"라고 말한다. 학생은 각각 자신의 태어난 달에 맞는 조에 편입하고, 필요하다면 교사는 조별 인원수를 고르게 배분한다.
③ 옷 색깔별로 조 편성	이것은 학생이 동일한 체육복을 입지 않을 때 활용하는 방법이다. 교사는 "빨간색 계통의 옷을 입는 학생은 A조가 된다. 녹색계통의 옷을 입는 학생은 B조가 된다. 노란색 계통의 옷을 입은 학생은 C조가 된다."라고 말한다. 학생은 각각 자기가 해당되는 조에 편입하고, 필요하면 교사는 조별 인원 수를 고르게 배분한다.

3-2. 능력 수준을 고려하여 연습 집단 편성

(1) 조 편성은 학생의 실질적인 능력 수준에 따라 이루어지는 것이 바람직하다.

(2) 그러나 추측, 주관적인 판단, 편견 또는 독단으로 학생능력을 판단하여 조를 편성하는 것은 차별적인 편성이 될 수 있다.

(3) 학생의 능력에 따라서 적절한 연습과 시합이 요구되는 수업상황이라면, 교사는 조 편성이 순전히 학생의 능력에 따라 된 것이며 차별적인 결정으로 된 것이 아님을 명확히 해야 한다.

차별적 집단 편성	비차별적 집단 편성
• 남자들은 1코트에 서고, 여자들은 2코트에 서라. • 남자들은 높은 골대에서 연습하고, 여자들은 낮은 골대에서 연습해라. • 대표 선수들은 여기서 연습하고, 다른 사람들은 저쪽 끝에서 연습해라.	• 기능 시험에서 65% 이상의 점수를 받은 학생은 3단계 게임으로 간다. • 기능 시험에서 65% 미만의 점수를 받은 학생은 1단계 게임으로 간다. • 탁구의 규칙을 안다고 생각하는 사람은 저쪽 떨어진 곳에서 경기를 한다. • 규칙에 대해서 잘 모르는 사람은 교사와 함께 복습하고 난 후에 경기를 할 수 있다.

3-3. 게임을 위한 조 편성

(1) 체육 수업에서 게임을 하기 위해 기능이 우수한 남자 어린이들로만 팀을 구성하는 경우 그로 인해 기분이 상했다는 이야기는 우리가 늘 겪고 보는 바이다.

① 이 전략은 몇 가지 이유로 비교육적일 수 있고, 체육 및 경쟁에 대한 학생의 거부 반응을 일으키는 원인이 될 수 있다.

　(교과서: 체육 수업 시간에 시합을 위해 조를 편성할 때는 조끼리의 수준이 비슷하도록 구성하여야 한다. 너무 우수한 학생들끼리 조를 편성하면 나머지 학생들이 수업에 참여하지 않게 된다.)

② 조 편성을 마치기까지 보통 수분이 걸린다. 이 몇 분은 경기 한 판을 치를 수도 있는 시간이다.

(2) 교사는 이러한 절차와 관련된 부정적인 쟁점들을 제거하고, 공정하고 교육적인 시합이 될 수 있도록 몇 가지 간단한 전략들을 사용할 수 있다.

① 교사는 수업 전에 균형 있게 조를 결정한다. 조는 학생의 기능과 특성을 고려하여 편성한다.

② 수를 세어 무작위로 조를 편성하거나, 무작위 조 편성 전략 가운데 한 방법을 사용한다.

③ 학생의 공평한 참여유형을 조장하기 위해 게임 규칙과 득점방법을 변경할 수 있다.

　(교과서: 학생의 기능과 특성에 맞게 골고루 조를 편성하고 부득이하게 기능 수준의 차이가 발생하게 된 경우에는 게임 규칙과 득점 방법을 변경한다.)

④ 패배한 조 또는 선수들을 게임 후에 벌주거나 비난하지 않는다. 이는 불공평하게 편성된 조에서 또는 기능수준이 낮은 친구들과 한 팀이 되어 경기를 함으로써 학생의 걱정이나 불만을 감소시킬 수 있다.

2 수업지도 전략

1. 과제 제시의 5단계 링크(Rink)

(1) 학습자의 주의 집중　　(2) 수업내용과 활동과제의 조직　　(3) 명확한 의사소통의 향상

(4) 의사소통 방법의 선택　　(5) 학습 단서의 선정과 조직

2. 과제 제시 전략

- 과제[시험 과(課), 보다 제(題)]: 부과된 일. 또는 해결해야 할 문제.

- 전략[싸움 전(戰), 다스릴 략(略)]: 사회적 활동을 하는 데에 있어서의 방법이나 책략.

2-1. 의사소통 전략

(1) 주어진 상황에서 가장 좋은 방법은 가장 짧은 시간 안에 가장 명확하게 과제정보를 제시하는 것이다.

교사의 구두 강의	교사는 말로 의사를 전달하고 학생을 돕는다.
교사의 시범	교사는 자신을 모델로 정보를 제공한다.
강의와 시범의 결합	교사는 학생에게 설명을 하면서 시범을 보인다.
적극적인 시범	교사가 설명하고 시범보이는 것을 학생이 그대로 따라한다.
슬로우 모션	역동적인 시범과 유사한 형태이나 학생은 슬로우 모션으로 따라한다.
동료의 구두 전달	한 학생이 다른 학생, 학생 집단 또는 전체 학급을 상대로 말로 의사를 전달한다.
동료의 시범	한 학생이 다른 학생, 학생 집단 또는 전체 학급을 상대로 시범을 보인다.
과제 유인물	학습과제 정보를 담은 유인물을 각 학생에게 제공하고, 학생은 개별적으로 유인물을 읽는다.
활동장소 표지판 및 안내문	각 학습 활동장소에 학생이 처음 도착했을 때, 곧바로 과제를 확인할 수 있도록 알림판이나 안내문을 배치한다.

2-2. 도입 설정(set induction)

(1) 각 수업의 첫 번째 과제 제시는 도입 단계로 볼 수 있다. 이 단계에서는

① 학습 내용을 학생에게 미리 제시하고

② 학습 목표를 설명하며,

③ 해당 차시의 학습내용을 다른 영역의 내용과 관련시키며

④ 학생의 흥미와 동기를 유발할 수 있다.

2-3. 이해 점검(checking for understanding)

(1) 과제 제시 후에 활용하는 좋은 전략은 '이해 여부'를 확인하는 일이다.

(2) 이때 질문은 "모두 이해했죠?"라든가 "질문 있어요?"처럼 형식적이어서는 안 된다.

(3) 교사는 학생에게 제시했던 내용 중에서 가장 중요한 정보를 학생이 기억해낼 수 있는 의도적인 질문을 해야 한다.

예 "공을 찰 때 꼭 기억하고 있어야 할 것 3가지를 누가 한 번 말해볼까?"

예 "친구들과 함께 연습할 때 스틱을 높게 들지 말아야 하는 이유는 무엇일까?"

예 "먼 거리에서 잘 되지 않으면 어떻게 해야 하겠니?"

(4) 수업에 집중하지 않는 학생 몇 명에게 갑작스러운 질문을 던지는 것도 학생을 수업에 집중시킬 수 있는 좋은 아이디어이다.

3. 과제 구조 및 참여 전략

(1) 과제 구조는 학생의 참여를 염두에 두고, 학습과제 또는 학습 활동을 설계하는 방식을 말한다.

(2) 과제 체계(task system: 과제 제시와 과제 구조가 결합된 용어)의 3가지 구성 요소[조네스(jones), 1992]

과제 체계(task system)의 3가지 구성 요소	
과제의 중요도와 의미를 반영하는 책무성의 수단	책무성에는 학생 행동에 관한 기대, 상위 목표 또는 과제가 해당 차시 또는 단원의 학습 활동과 어떤 관련을 맺고 있는지에 관한 설명이 포함된다.
과제를 완수하는 데 활용될 수업자료와 조건들	수업 자료와 조건에는 용기구와 과제에 주어진 시간이 해당된다.
학습 과제를 실행하는 데 사용되는 절차 또는 운영	운영(operation)은 학습 환경의 위치와 조직, 안전한 학생 참여를 위한 지침들이 포함된다.

- 책무성[責務性]: 책임이나 의무를 지려는 성질이나 태도
- 운영[돌다 운(運), 경영 영(營)]: 어떤 조직이나 그 조직의 일을 목적에 맞게 이끌어 경영함, 목적에 맞게 이끌어져 경영되다.

(3) 교사는 과제 구조를 통해 학습 목표 달성을 촉진하고, 학생이 최대한 많이 성공적인 참여를 하도록 여러 가지 전략을 활용할 수 있다.

3-1. 과제 난이도 조정

(1) 우수교사는 모든 학생이 학습에 대한 적절한 도전을 받으며, 동시에 높은 비율의 성공을 경험할 수 있도록 학생의 능력수준에 적합한 학습 과제를 마련한다. 이는 각 학습 과제의 난이도를 조정하여 계획하고, 다음 단계로 넘어가기 전에 낮은 수준에서 학생이 완수한 과제의 시범을 보이도록 하게 함으로써 가능하게 된다. 이로써 실제 능력에 따른 연습 집단이 만들어지며, 학생은 같은 수준의 동료 학생과 함께 학습하게 된다.

(2) 난이도는 연습 과제의 한 가지 이상의 측면을 점진적으로 변형시켜 나가면서 그 수준을 조정할 수 있다.
① 목표물까지의 거리
② 과제완수에 필요한 시간(속도)
③ 도구의 크기와 무게
④ 물체의 크기·무게·재질
⑤ 반복 횟수
⑥ 목표물의 크기와 높이

3-2. 학생 초대(Teaching by invitation)

(1) 이 전략은 학생으로 하여금 스스로 난이도를 정하고, 그 난이도 수준에 도전하도록 할 수 있다.(Graham)
① 교사는 초등학교 1학년을 대상으로, 던지기를 할 장소 세 곳을 정하고, 각 장소에는 여러 유형의 공(큰 공, 작은 공, 탱탱볼 등)과 목표물의 크기(작은 것, 중간 것, 큰 것)를 정한 후, 학생으로 하여금 자신의 수준에 맞는 학습장소를 정하게 한다.
② 교사는 각 장소에 세 가지 투사거리를 원뿔로 표시함으로써 각 학습장소의 난이도에 다른 변인을 첨가시킬 수도 있다. 다시 말하면, 학생은 자신의 능력에 최대로 도전할 수 있는 거리에서 연습할 수 있게 된다.

3-3. 발달 단계의 적합성

(1) 과제는 학생이 과제의 목적과 형태를 이해할 수 있도록 설계되어야 하며, 학생에게 최소한 적절한 수준의 성공을 제공할 수 있어야 한다.

3-4. 연습과제의 분절 및 나열

(1) 분습 과제의 구조

① 어떤 기능은 계획된 절차에 따라 한 번에 한 동작씩 수행하도록 세부 기능으로 나누어질 때 학습이 극대화되는 경우가 있다. 분습 과제가 설계되면, 최대 반복연습이 요구되는 기능 부분을 분절하여 과제 구조를 제공해야 한다.

② 다음 표는 분습 과제의 구조이다.

움직임/기능	분습법에 필요한 기능
테니스 서브	1. 토스 2. 스윙 3. 팔로우 드로우
덤블링	1. 삼각형으로 위치 2. 핸드 스탠드 3. 뒤로 구르기 4. 마무리 동작

③ 어떤 경우는 모든 분습 과제를 전습법 연습 형태로 계열화할 필요가 있다. 때때로 전습법 연습은 순서가 정해진 몇 가지 부분기능의 결과로 발생한다.

④ 볼링공 굴리기, 농구 드리블, 골프 스윙, 수영 등과 같은 어떤 기능은 전습법으로만 연습이 가능하다.

⑤ 분습법이 확정되면, 교사는 학습의 질을 극대화하고 학생이 여러 가지 분절요소로 기능을 연습할 수 있도록 몇 가지 리드-업 과제 구조를 활용할 수 있다.

⑥ 다음 표는 **리드-업** 과제 구조의 예를 나타낸 것이다.

과제 구조	예
슬로우 모션	1. 테니스 포핸드 및 백핸드 드라이브 2. 댄스 스텝 3. 풋볼
역방향 연쇄동작	1. 골프 퍼팅(홀에서 시작하여 퍼팅거리를 넓혀 가기)
리더 따라하기	1. 에어로빅 댄스 2. 농구 수비 '슬라이드' 기술 3. 장애물 코스
언어정보 제공	1. 음악에 맞추어 스텝동작을 알려주기
운동기구의 미사용	1. 공 없이 골프 스윙 2. 공 없이 테니스 스윙
운동기구의 변형	1. 테니스 라켓 짧게 쥐기 2. '가벼운' 배구공 사용하기

⑦ 이와 같은 리드-업 과제 구조는 학생이 교사의 보조 없이 정상적인 속도로 전체 과제를 연습하는 데까지 전개될 수 있다. 이러한 리드-업 과제 구조는 학생이 보조 없이 연습할 수 있는 단계에 이르기까지 학생으로 하여금 신속하고 안전하게 바람직한 패턴을 습득하도록 돕는다.

3-5. 폐쇄 기능과 개방 기능 _{15 지도사}

3-5-1. 폐쇄 기능(closed skill)

(1) 기능이 수행되는 동안 변인의 변화가 거의 없는 것을 말한다.

(2) (실내 양궁, 볼링 등) 학생에게 과제에 필요한 정확한 움직임을 반복할 수 있는 기회를 제공하도록 설계되어야 한다.

3-5-2. 준 폐쇄 기능(relatively closed skill)

(1) 폐쇄 기능과 같이 안정적인 환경 특성뿐만 아니라 변화하는 변인을 가지고 있다.

(2) 변화하는 변인보다는 안정적인 변인이 다소 우위를 차지하고 있다.

(3) 수행자는 언제 조건이 변화하는지를 인식하고, 어떻게 적절히 대처해야 하는지를 배워야 한다.

3-5-3. 개방 기능(opened skill)

(1) 수행에 영향을 미치는 변인들이 기능이 수행되는 동안 수시로 변화되는 기능을 말한다.

(2) 대부분의 개방 기능은 팀 동료 또는 상대자를 포함하고 있어서 기능이 수행되는 동안 줄곧 고려되어야 할 변인의 수와 복잡성이 증가하게 된다.

(3) 개방 기능의 과제 전개는 몇 가지 발달 단계로 나타난다.

① 첫 번째 단계는 폐쇄기능의 과제 전개와 유사한데, 이는 학습자가 분절된 기능을 분습법과 느린 속도로 연습하기 때문이다. 과제 요소의 수가 점차 증가되면서 수행의 속도도 증가하게 된다.

② 두 번째 단계는 개방 과제의 몇 가지 변인을 포함하는데, 전형적으로 상대자, 장애물, 또는 구체적인 수행 기준을 포함한 연습으로 이루어진다.

③ 세 번째 단계는 모든 변인과 복잡성이 개입된 리드-업 게임으로 특징지어진다. 스크리미지(전술연습게임), 반 코트 게임, 또는 팀 인원 수를 줄인 경기(6대6 축구)의 형태를 띠게 된다.

④ 과제 구조의 마지막 단계는 실제 게임과 경쟁상황과 같은 전혀 예측할 수 없는 상황에서 이 기능들을 연습하고 학습하도록 한다.

(4) 마지막 두 단계는 숙련된 개방 기능의 특징을 지닌 고도의 전술적 결정과 기능수행을 위한 적절한 시기로서 교사가 인식한 티칭모멘트(teaching moment)를 통해 학생이 지속적으로 발전할 수 있는 학습과제를 제공한다.

폐쇄 기능	준 폐쇄 기능	개방 기능
볼링	골프	태그게임
양궁	배드민턴 서브	필드하키
다트	티볼 치기	프리스비
농구 자유투	저글링(juggling)	공 잡기
체조	라인 댄스	축구 패스 수비

참고문제	2015년 지도사 2급

2. 개방기술에 해당되지 <u>않는</u> 것은?

　가. 탁구 스매싱　　　**나. 농구 자유투**　　　다. 야구 배팅　　　라. 축구 드리블

3-6. 과제 연습을 위한 집단 편성

(1) 학생의 학습과제를 연습하기 위해 교사가 고려해야할 편성전략의 조건

    ① 안전성

    ② 최대 참여 기회

    ③ 과제 목표

    ④ 학생의 책임감 정도

    ⑤ 활용할 수업 모형

    ⑥ 동료 학생과의 상호 협력 필요성

    ⑦ 충분한 학습공간과 도구

(2) 집단 편성의 방법

    ① 개별 학습

    ② 파트너 연습

    ③ 소집단 연습

    ④ 대집단 연습

    ⑤ 학급 전체 연습

4. 체육 학습 활동 선정 전략

(1) 교사가 의도한 기능, 지식, 태도를 학습할 때 학생의 참여 형태를 결정하는 학습 활동의 조직방법에는 여러 가지가 있다.

(2) 참여 유형은 곧 활동 시의 학습 유형이 된다. 따라서 교사는 학습 목표, 우선 영역, 영역 간 상호작용, 학생의 준비도, 특정 과제 구조 등을 주의 깊게 고려해야 한다.

4-1. 심동적 영역이 우선영역인 경우의 학습 활동 [18 기출] [19 지도사]

4-1-1. 학습 센터(학습 스테이션)

(1) 학생을 소집단으로 나눠서 체육관 또는 연습 장소 주변에 지정된 몇 개의 '센터'를 순회하도록 한다. 각 센터는 다양한 기술(예 차기 센터, 던지기 센터, 치기 센터 등)에 초점을 두거나 동일 기술의 난이도 수준(예 농구공 다루기의 초급, 중급, 고급 센터)를 다르게 하여 설계된다.

(2) 학생에게 동일한 기술을 난이도 수준이 같은 여러 가지 방법으로 연습하도록 하는 과제 내 변인(그래햄 Graham, 1992)이 사용될 수 있다.

(3) 예를 들어, 오버 핸드 드로우를 연습하는 학습 센터는 학생들이 다음과 같은 활동을 할 수 있도록 설계될 수 있다.

    ① 정확하게 던지기

    ② 다양한 거리의 던지기

    ③ 낮은 목표물 던지기

    ④ 높은 목표물 던지기

    ⑤ 느리게 움직이는 목표물 던지기

    ⑥ 파트너에게 던지기

4-1-2. 기능 연습(drills)

(1) 한두 가지 기능 요소를 단순하고 통제된 상황에서 여러 번 반복하여 연습하는 것이 효과적일 때가 있다.

(2) 이는 개별적으로, 파트너와 함께, 혹은 소집단에서 기능을 연습할 때 성취될 수 있다.

(3) 체육 교과에서 활동 유형에 따른 연습 방법은 수십 가지나 된다.

    ① 그러한 연습 방법들은 반복연습 횟수와 단순성에 기초하기 때문에 일반적으로 짧은 시간 동안 이뤄진다.

    ② 교사는 학생들이 순회하며 배우는 학습 센터로서 몇 가지 기능 연습을 설정할 수 있다.

4-1-3. 리드-업(lead-up) 게임

(1) 리드-업 게임은 몇 가지 기능 연습(drills)의 특징과 정식 게임(full game)의 특징을 포함한다.

(2) 리드-업 게임은 정식 게임을 단순화한 형태라고 볼 수 있으며, 게임에서 많이 반복되는 한두 가지의 기능 측면에 초점을 둔다.

(3) 리드-업 게임은 기능 연습과 완전한 형태의 게임을 이어주는 가교(bridge)라 할 수 있다.

(4) 즉, 리드-업 게임은 학생들에게 게임에 관련된 단순한 기능을 습득하도록 하게 하여 나중에 보다 복잡한 형태의 게임으로 전이될 수 있게 해 준다.

    例 일반적인 리드-업 게임은 배구와 비슷한 뉴콤(newcomb), 테니스나 라켓볼과 비슷한 피클 볼, 프리스비와 비슷한 프리스비 골프, 필드 하키와 비슷한 플로어 하키가 있다.

4-1-4. 변형 게임

(1) 학생에게 보다 많은 활동을 제공하고 많은 전략과 전술의 활용 기회를 늘려주며, 보다 더 나은 경쟁이 되도록 하기 위해 여러 가지 방법으로 게임을 변형할 수 있다.

(2) 게임의 변형은 필드나 코트의 크기, 골대와 목표물의 크기, 한 팀의 인원수, 게임규칙, 득실점 규칙 등을 통해서 가능하다.

4-1-5. 스크리미지(전술연습게임)

(1) 스크리미지는 게임이 진행되는 도중 티칭 모멘트(가르침을 받을 만한 순간)가 발생할 경우 언제든지 게임을 멈출 수 있는 특징을 가진 완전 게임의 형태를 말한다.

    ① 스크리미지는 점수를 기록하거나 특정 규칙을 적용하지 않는다.

    ② 게임 중의 특정 장면을 반복 수행케 함으로써 학생이 몇 가지 게임 상황에 대한 또 다른 시각을 가질 수 있도록 한다.

4-1-6. (완전) 게임

(1) 체육 교과의 스포츠 내용 단원에 적합한 과제 조직 방법이다.

(2) 학생에게 긍정적인 학습 경험으로 제공하기 위해서 교사는 가능한 공정한 시합이 되도록 하며, 진 팀이나 선수들이 부정적인 측면을 배우지 않도록 해야 한다. 이 부정적인 측면을 배우지 않도록 해야 한다.

4-1-7. 역할 수행

(1) 대다수의 스포츠 활동에는 선수 이외에도 경기 위원, 심판, 판정관, 점수 기록자, 코치, 트레이너 등 여러 형태의 참여자를 포함하고 있다.

(2) 학생은 이러한 역할을 수행하면서 스포츠에 관해서 배울 수 있게 된다.

(3) 스포츠 교육 모형은 학생이 선수 또는 코치, 심판, 통계처리와 같은 역할을 함으로써, 지식과 기술, 책임감을 배우는 조직화된 스포츠 시즌의 학생 역할 수행에 근거하고 있다.

4-1-8. 비디오 자기 분석

(1) 학생은 수업 중 학습 과제를 수행하는 자신들을 비디오로 촬영한 후 주요 동작기능을 분석하기 위해 체크리스트를 사용할 수 있다.

(2) 이 방법은 그들이 수행하는 연속된 시도들에 대해서 학생에게 시각적인 피드백을 제공해 준다.

4-1-9. 협동 과제

(1) 체육 교과에서 과제 조직의 주된 경향은 학생의 소집단 편성을 통한 협동 학습 활동을 하는 것이다.

(2) 전형적으로 교사는 각 집단에게 해결해야 할 문제나 완수해야 할 과제를 부과하고, 교사가 어떤 특별한 지시나 도움없이 집단이 함께 목표를 달성하도록 지도한다.

> 예 교사는 학생들을 학습 집단(learning team)에 편성시킨 다음, 평행력(counter-balance)과 반 신전(counter-tension)의 개념을 읽게 한 후 양자의 차이를 제시할 수 있는 여러 가지 방법을 발견해 내도록 지시한다. 교사는 이런 활동에 10분 정도 할애하고, 적합한 제시(시범)가 이루어지면 그 팀에 1점을 준다.

(3) 각 집단은 두 가지 질문에서 활동하게 된다.

　① '어떻게 하면 조원들의 능력을 가장 극대화할 수 있는가?'이며,

　② 또 다른 하나는 '주어진 목표를 어떻게 성취해야 하는가?'이다.

(4) 명칭에서 나타나는 바와 같이, **협동 학습 모형**은 전체적으로 이와 같은 과제 조직 유형에 근거하고 있다.

4-1-10. 활동-지도-활동(Graham, 1992)

(1) 때때로 학생은 어떤 주요 요소나 공식적인 과제 구조를 받아들이기 전에 곧바로 과제에 참여할 수 있다.

(2) 일단 참여하게 되면, 과제를 잘 수행하기 위해 학생에게 필요한 정보의 수 및 형태가 교사와 학생에게 분명하게 드러나게 된다.

　① "활동-지도-활동"에서 학생은 과제에 대한 정보를 거의 받지 않은 채 먼저 활동을 시작하도록 지시를 받는다.

　② 학생이 활동을 하면, 교사는 공통적인 문제점을 주시하고 수업을 잠시 멈춘다. 교사는 <u>공통된 문제점에 대해서 언급</u>하고 학생에게 개선의 도움이 될 만한 간단한 과제 제시를 하게 된다.

　③ 그런 다음 교사의 관찰과 함께 두 번째 활동이 시작되고, 다시 교사의 두 번째 지도가 이어진다.

(3) 이러한 과제 구조는 두 가지 장점을 가지고 있다.

　① 첫째, 학생은 곧바로 과제에 적극적으로 참여할 수 있다.

　② 둘째, 과제 정보는 교사가 사전에 관찰한 문제점에 근거하여 제시되기 때문에 학습과제와 매우 밀접한 정보로 제공된다.

7. 〈보기〉는 지역 스포츠클럽 강사 K의 코칭 일지의 일부이다. ㉠에 해당하는 스포츠교육의 학습 영역과 ㉡에 해당하는 체육 학습 활동이 바르게 묶인 것은?

> ────────〈보 기〉────────
>
> 코칭 일지
>
> 나는 스포츠클럽에서 배구의 기술뿐만 아니라 ㉠역사, 전략, 규칙과 같은 개념과 원리를 참여자들에게 가르쳤다. 배구 게임을 제대로 이해하기 위해서 전술 연습을 진행했다.
>
> ㉡게임을 진행하는 도중에 '티칭 모멘트'가 발생할 경우, 게임을 멈추고 전략과 전술을 지도하는 수업활동을 적용했다.

① 정의적 영역, 스크리미지(scrimmage)　　② 정의적 영역, 리드-업 게임(lead-up games)
③ 인지적 영역, 스크리미지(scrimmage)　　④ 인지적 영역, 리드-업 게임(lead-up games)

---

122 | 2018학년도

2. 다음은 교사의 얼티미트 수업 준비 노트이다. 괄호 안의 ㉠과 ㉡에 알맞은 학습 활동의 명칭을 쓰시오. [2점]

〈수업 준비 노트〉

학습 활동	방 법
(㉠)	• 얼티미트 경기가 진행되는 동안 **티칭 모멘트가 발생하면 언제든지 경기를 중단**할 수 있음. • 경기 중 특정 장면을 반복 수행하여 경기 상황에 대한 다른 시각을 가질 수 있게 함. • 얼티미트 경기 점수를 기록하지 않고 특정 규칙을 적용하지 않음.
(㉡)	• 정식 게임을 단순화한 형태이며, 게임에서 많이 반복되는 **한두 가지의 기능 측면에 초점**을 둠. • 단순한 디스크 던지기 기능 연습에서 완전한 형태의 얼티미트 경기로 이어주는 가교 역할을 함. • 포어핸드 던지기, 백핸드 던지기를 활용한 게임으로 기능을 습득함.
변형 게임	• 학생들이 **많이 움직이도록** 경기장 크기를 확장함. • 학생들이 디스크를 던지고 받을 기회를 늘리기 위해 경기 인원수를 축소함. • **다양한 전략과 전술을 사용하도록 득실점의 규칙을 바꿈.**

[정답] ㉠ 스크리미지(전술연습 게임) [1점]　㉡ 리드-업 게임 [1점]

4-2. 정의적 영역이 우선영역인 경우의 학습 활동

4-2-1. 반성적 과제

(1) 때때로 교사는 학생이 배운 몇몇 개인적 의미를 탐색할 수 있도록 체육 수업 활동에 대한 반성적 태도를 가지기 원할 것이다. 교사들은 학생으로 하여금 최근 수업에 대해서 반성(되돌아 보기)하도록 하는 과제를 통해 이와 같은 학습을 촉진시킬 수 있다.

(2) 반성은 체육 수업에서 쓰기와 말하기 활동을 통해서 이루어질 수 있다.

　　예 좋은 반성적 과제 활동으로 개인적 의미를 담을 수 있는 "일지 쓰기" 또는 사진이나 사물 등 어떤 대상물을 보이며 설명하는 "소개·발표하기"가 있다.

4-2-2. 가치관 형성 과제

(1) 학생이 체육 활동, 동료 및 자기 자신과 관련시켜 개인적인 의미를 추구하도록 돕는다는 관점에서 이 과제는 반성 과제와 유사하다고 볼 수 있다.

(2) 가치관 형성은 학생이 교사나 다른 학생의 가치관을 배우는 것을 의미하지 않는다.

(3) 교사는 학생이 공개적인 방법으로 가치관을 따져보고 조사할 수 있도록 명료한 질문과 후속 질문을 사용할 수 있다. 이 과정이 포함된 학습 과제의 유형의 예는 아래의 표에 제시되었다.

〈표 4-2〉 가치관 형성 과제와 활동

검증된 가치관	관련 학습 과제 및 활동	반성적 질문
나눔	플루어 하키 (게임 후)	1. 퍽이 너에게 패스되지 않았을 때 어떤 기분이 들었니? 2. 남학생, 너희는 왜 여학생에게 퍽을 패스하지 않았니? 3. 너희 팀이 퍽을 아무에게나 패스하면 어떤 일이 벌어지겠니?
신뢰	신뢰 게임(게임 중 또는 게임 후 질문)	1. '신뢰게임(trust and fall)에 왜 자원하지 않니? 2. 벽 오르기 할 때 왜 샤론을 너 뒤에 있게 하려 하지 않지? 3. 너의 안전을 네 친구에게 의존해야 할 경우 기분이 어떠니?
끈기	개별 게임	1. 미키를 이기기 위해서 무엇을 했니? 2. 수업 이외에 연습해 본 일이 있니? 왜 그랬지?

4-3. 인지적 영역이 우선영역인 경우의 학습 활동

4-3-1. 비판적 사고 과제

(1) 체육에서 비판적 사고에 관하여 맥브라이드(Mcbride, 1992)는 "움직임 과제 또는 도전 과제에 대한 합리적인 의사결정을 하는데 사용되는 반성적 사고"라고 정의하였다.

(2) 티쉬만과 퍼킨스(Tishman & Perkins, 1995)는 비판적 사고 과정의 네 가지 영역을 제시하였다.

① 폭 넓고 도전적인 사고

② 인과적 및 평가적 추론

③ 계획적이고 전략적인 사고

④ 몇 가지 유형의 사고 결합

〈표 4-3〉 체육에서 비판적 사고 전략: 클레랜드 피어스(Cleland & Pearse)

학교급	움직임 기능 및 개념	비판적 사고 발달을 위한 학습 전략
초등 학교	1. 던지기 2. 공간 인지와 이동운동	1. 학생은 던지기 기능의 서로 다른 구성 요소를 탐색하고 각 요소가 던지기 수행에 어떻게 영향을 미치는지 설명한다. 2. 학생은 종이에다 몇 가지 이동운동으로 "움직임 지도"를 그리고, 그렇게 그린 이유를 설명한 후, 직접 움직임을 따라 해 본다.
중학교	1. 창작 무용 2. 체조	1. 학생은 자신들이 선택한 무용 중에서 음악을 이용하여 무용을 안무한다. 창작된 무용에는 반드시 4가지 '차원(phase)'이 포함되어야 한다. 2. 짝과 함께 학생은 두 가지 이상의 분절된 움직임들을 하나의 멋지게 연결된 순서로 결합시킨다.
고등 학교	1. 배구 2. a 체력/ b 복지	1. 학습지를 이용하여 포지션과 전략을 배운다. 2a. 학생은 현대의 체력활동 패턴에 대하여 서로 인터뷰한다. 2b. 학생은 가족과 자신의 건강 일지와 신체활동 목록을 작성한다.

4-3-2. 이해 점검

(1) 교사가 과제를 제시하거나 학습 단서를 제공하게 되면, 학생이 제대로 이해하고 있는지를 점검할 필요가 있다. 학생이 듣고 본 내용에 근거하여 중요한 질문을 던짐으로써 이해 점검(Checking For Understanding: CFU)을 할 수 있다.

(2) 가장 좋은 방법은 학생이 단순히 "예" 또는 "아니오"로 답하지 않도록 질문하는 것이다. 몇 가지 좋은 예는 이렇다.

예 테니스 서브를 하기 위해서 기억해야 하는 두 가지 중요한 단서를 말해 볼래?

예 플루어 하키에서 가장 중요한 안전 규칙은 무엇이지?

예 정적 균형을 향상시킬 수 있는 두 가지 방법은 무엇이지?

예 이 무용 스텝을 언제 시작해야 하지?

(3) 만약 학생이 교사가 정기적으로 학생의 이해 여부를 점검할 것이라는 것을 알게 된다면, 학생은 과제가 제시되는 동안 집중을 잘 하게 되고, 교사가 질문할 것으로 예상되는 정보를 기억하려고 노력하게 될 것이다.

4-3-3. 수업 중 쓰기 과제

(1) 교사는 체육 수업을 진행하는 동안 학생이 완수할 수 있는 간단한 쓰기 과제를 고안할 수 있다.

(2) 이 과제들은 수업과 관련된 움직임 요소를 부각시키는 역할을 해야 하나 체육수업의 주요 학습 활동이 되어서는 안된다.

(3) 다음의 예는 학교 급에 따른 과제 내용이다.

① 초등학교	각 학습 스테이션을 끝낸 학생은 웃는 얼굴 모습에 동그라미 표시하시오.
② 중학교	"여러분 오늘 수업에서 성공한 것들을 적어 보세요"
③ 고등학교	학생은 3분간 운동하고 자신이 목표한 심박수 범위까지 이르렀는지의 여부를 판단하시오.

4-3-4. 숙제

(1) 체육 교과는 숙제를 내주는 예가 드물다. "체육 숙제"라고 하면 우리는 수업외 신체활동을 생각하나, 인지적 영역의 학습을 도울 수 있는 과제들도 있다.

(2) 교사는 다음과 같은 숙제를 부과할 수 있다.

> 例 TV에서 발레를 보고 무용수가 활용한 이동운동을 모두 나열해 보시오.

> 例 TV에서 중계되는 게임을 시청하고 조간신문에 게재될 "기사"를 작성하시오.

> 例 체육 관련 사이트를 인터넷에서 조사하여 나열하시오.

4-3-5. 비디오 자기 분석

(1) 학생은 수업에서 학습 과제를 수행하는 자신들의 모습을 짧게 녹화하고 자신의 동작분석을 하기 위해 체크리스트를 활용할 수 있다.

(2) 이는 학생의 동작수행에 대한 시각적 피드백을 제공하고, 움직임 관찰과 분석하는 지식을 발달시킬 수 있다.

4-3-6. 동료 관찰 분석

(1) 학생은 수업에서 동료 학생의 동작을 관찰함으로써 움직임 관찰과 분석하는 지식을 발달시킬 수 있다.

(2) 체크리스트를 활용하여 다른 학생이 실제로 연습하는 것을 관찰하거나 비디오 녹화된 내용을 검토할 수 있다.

4-3-7. 개인 및 집단 프로젝트

(1) 학생은 개별적으로 또는 소속 집단에서 부가적인 프로젝트를 수행함으로써 체육 내용을 배울 수 있다.

(2) 프로젝트는 관련자료들을 찾고, 사고를 조직화하며, 활용할 자료들을 선정하고, 발표(구두, 서면, 멀티미디어 등)하는 기술을 향상시키는 데 도움이 된다.

4-3-8. 학생이 설계한 활동과 게임

(1) 어떤 학습 활동을 연습할 것인지, 어떤 게임을 하게 될 것인지, 어떤 게임 규칙을 적용할 것인지를 결정하는 것은 주로 교사의 몫이다.

(2) 그러나 학생의 창의성과 협동성은 스스로 학습 과제, 게임, 게임 규칙 등을 스스로 설계하게 함으로써 개발될 수 있다.

(3) 학생이 많이 접해 본 활동들과 게임을 다양하게 변형할 수 있는 기회를 제공하고, 새로운 형식의 움직임 또는 게임이 창안될 때까지 학생이 생각대로 탐색할 수 있는 시간을 허용함으로써 가능하다.

4-3-9. 교육과정 통합

(1) 최근 체육 교과를 학교 교육과정의 타 영역과 결합하려는 주목할만한 시도가 진행되어 왔다.

(2) 두 영역의 지식을 활용함으로써 두 영역이 동일한 비중으로 개발되고 학습이 일어날 때 이를 '교육과정 통합(curriculum integration)'이라고 한다.

(3) 통합된 학습활동을 설계하고 시행할 때, 교사는 단지 두 영역의 병행학습이 아닌 실질적인 통합이 이루어지도록 주의를 기울여야 한다.

(4) 다음은 병행적 교육과정 통합과 실제적 교육과정 통합의 예이다.

통합영역	학습내용 또는 활동	병행적 통합	실제적 통합
체육과 수학	목표 심박수 찾기	목표 심박수를 계산할 수 있는 소프트웨어를 활용한다.	1. 목표 심박수의 주요 요소를 설명한다. 2. 자신의 심박수를 측정하고 수학 공식을 이용하여 심박수 를 구하게 한다. 3. 10분 간격으로 운동하고 심박수를 계산하게 한다.

5. 과제 전개 전략 `20 기출`

(1) 모든 체육 내용 단원은 학생이 연습하거나 참여해야 하는 일련의 학습 과제를 포함한다.

(2) 교사는 어느 시기에 한 과제에서 다른 과제로 진행되어야 하는지를 결정해야 한다.

(3) 과제 전개에 대한 결정은 '완전 학습 중심'과 '시간 중심'의 두 가지 방법으로 이루어진다.

5-1. 완전 학습 중심 과제 전개

(1) 완전 학습 중심의 과제 전개는 학생이 현행 학습 과제를 진술된 기준에 따라 완수한 후 다음 과제로 이동하는 방식의 과제 전개이다.

(2) 수행 기준은 학생에게 각 과제를 완수할 만큼의 충분한 시간과 더불어 제공된다.

(3) 교사가 현재 과제의 수행 기준, 학생 집단의 수용 비율을 결정한 다음, 2가지가 충족되면 다음 과제로 이동하게 된다.

　例 초등학교 5학년 학생의 75퍼센트(수용 비율)가 계속해서 10번 점프(수행 기준)를 할 수 있을 때, 다음 과제로 이동하게 된다.

　例 모든 학생(수용 비율)이 경기규칙 시험을 통과(수행 기준)했을 때, 토너먼트를 시작할 수 있다.

　① 장점: 대부분의 학생이 다음 과제로 이동하기 전에 현행 과제를 완전히 학습할 수 있다는 장점이 있다.

　② 단점: 학생이 좀 더 어렵고 복잡한 다음 과제로 들어가기 전에 그 이전 단계의 준비가 갖춰진 상태에서만 가능하다. 그러나 모든 학생이 합리적으로 적당한 시간 안에 과제를 완수하는 일이 항상 가능한 것은 아니다.

5-2. 시간 중심 과제 전개

(1) 체육 교과에서 이루어지는 대부분의 과제 전개 결정은 각 학습 과제에 대해 교사가 계획한 시간 할당에 의해서 행해진다.

(2) 교사는 대다수의 학생이 과제를 배우는 데 어느 정도의 시간이 걸리는지 추정하고 그 시간이 흐르면 다음 과제로 이동한다. 약간의 변경이 있을 수 있으나, 대부분의 과제 전개는 교사의 계획된 절차에 의해서 이루어진다.

　① 장점: 교사의 수업계획표에 따라 진행된다. 즉, 수업의 흐름을 예측할 수 있다는 점에서 효율적이고 정연되게 보인다.

　② 단점: 교사가 장기적인 단원 계획을 세워야 하나, 일부 학생은 새로운 과제를 시작할 때, 준비가 안 될 수도 있는 위험성을 내포하고 있다. 이 학생은 계속해서 과제가 전개됨에 따라 제대로 따라가지 못할 가능성이 있다. 많은 학생이 초기 과제에서 학급의 다른 학생보다 뒤처진다면, 이 학생은 단원이 끝나갈 무렵에는 그 차이가 더욱 심각해진다.

다음의 (가)는 박 교사의 수업 반성 일지이고, (나)는 교수·학습 지도안의 일부이다. 〈작성 방법〉에 따라 순서대로 서술하시오. [4점]

(가) 수업 반성 일지

> 학생들의 배구 기초 기능이 향상되어 경기를 하였으나 많은 학생들이 경기 규칙을 몰라 우왕좌왕하는 모습을 보였다. ㉠경기규칙에 관한 수업을 충분히 한 후, 이에 관한 지필 평가를 실시하여 모든 학생들이 90점을 넘 었을 때 경기를 해야겠다.
>
> … (중략) …

> ─〈작성 방법〉─
> ○ 밑줄 친 ㉠에 해당하는 용어를 메슬러(M. Metzler)의 모형중심 체육 수업의 과제 전개 전략에 근거하여 쓰고,

[정답] ㉠은 완전 학습 중심 과제 전개이다.

6. 학생 안전을 극대화하기 위한 전략(모형 중심 체육수업에서 안전도를 향상시키고 유지하기 위한 예방차원의 전략)

(1) 체육 수업의 주요 기능 중의 하나는 학생에게 안전한 학습 환경을 고안하고 지속시켜 주는 것이다. 이렇 게 하는 가장 명백한 이유는 학생을 부상으로부터 예방하기 위함이다.

(2) 그뿐만 아니라, 학생이 자신 주변에 잠재되어 있는 안전 문제들을 인식하게 된다면 수업에 적극적으로 참 여하려 하지 않거나 거부하게 될 것이다. 따라서 학생에게 안전한 학습 환경을 제공해 주어야 할 뿐 아니 라 실제로 안전하다는 느낌을 가질 수 있도록 해야 한다. 이에 체육수업에서 안전도를 향상시키고 유지하 기 위한 몇 가지 예방차원의 전략들이 활용될 수 있다.

6-1. 체육관에서의 안전 규칙 개발 및 공지

(1) 학생은 체육관도 교실과 같이 배움의 장소이며 안전을 위한 기본 규칙이 적용된다는 것을 알아야 한다.

(2) 체육관 규칙에는 다른 장소와는 달리 체육관에서 타인과 함께 운동하는 방법, 장비의 적절한 사용법, 잠 재적으로 불안전한 영역 또는 상황의 파악을 포함한다.

(3) 교사는 학년 초기(Fink & Siedentop, 1989)에 학생에게 모든 안전 규칙을 전달해야 할 필요가 있으며, 체 육관 안의 눈에 잘 띄는 한 부분에 이 규칙들을 게시해 공지시켜야 한다.

6-2. 규칙 점검

(1) 학년이 올라가면서 학생은 안전 규칙을 잊는 경우가 많다. 특히 규칙 중에서도 학생이 오랫동안 위반하지 않은 규칙의 경우에 더욱 그렇다.

(2) 어떤 규칙이 위반된 적이 없을 경우에는 때때로 안전 규칙을 학생에게 상기시키는 것이 도움이 된다. 이 렇게 함으로써 안전은 일상생활의 한 부분이 될 수 있으며, 학생이 단순히 규칙을 잊어서 발생하는 사고 들을 줄일 수 있게 된다.

6-3. 일관성 있는 관리

(1) 체육관에서 학생이 안전하게 행동을 하면 체계적으로 보상하거나 공지된 규칙을 위반하는 위험한 행동에 대해서 벌을 주는 등 행동수정기법을 적용할 수 있다. 이를 일컬어 일관성 있는 관리(contingency management)라고 하는데, 이는 학생 행동과 그 행동에 따른 결과 사이의 공지된 관계가 성립되기 때문이다.

(2) 일관성 있는 교사의 안전 규칙을 어떻게 따르는지에 따라 학생은 일관되게 상을 받거나 벌을 받게 된다.

6-4. 동료 경고 체계

(1) 체육수업에서 사고는 학생이 종종 움직임의 재미 속에 빠져있어서 심지어 교사가 감독하고 간섭함에도 불구하고 체육관 내 잠재된 위험 요소에 주의하지 못했을 때 발생한다.

(2) 학생이 짝을 짓거나 또는 소집단으로 편성되는 경우 교사는 그 집단의 구성원들에게 서로 친구들을 지켜보면서 안전을 위협하는 문제 (예 연습 장소로 공이 굴러온다든지 다른 학생이 영역을 침범해 들어올 경우)가 나타나면 '조심해'라고 외치도록 요청할 수 있다.

6-5. 학생이 활동 참여하기 시작할 때 감독하기

(1) 가장 쉽고 좋은 전략 중의 하나는 새로운 연습 과제나 게임이 시작될 때 교사가 단순하게 학생을 감독하는 것이다.

(2) 교사는 학생 사이에 있는 활동공간을 살펴보고 용기구를 올바르게 사용하고 있는지 점검해야 하며 집단끼리 서로 방해를 할 가능성이 있는지를 조사해야 한다. 만약 연습 과제가 초기에 안전하게 시작되면 이러한 상태가 수업 동안 지속될 것이다.

7. 수업 정리 및 종료 전략

7-1. 수업 정리로 이동

7-2. 주의 집중

7-3. 상호작용적 의사소통하기

(1) 가장 좋은 수업 정리는 학생이 그냥 듣는 것이 아니라 학생이 생각하면서 수업을 반성하는 것이다.

(2) 교사들은 학생의 이해 여부를 점검하거나, 수업 정리에 관한 질문에 학생 답하도록 하는 "말하지 않고 질문하기" 전략을 사용할 수 있다. 이렇게 함으로써 이 시간이 학생에게 그저 수동적으로 듣는 시간이 되지 않고 상호작용적인 수업정리가 될 수 있게 한다.

수동적(말하기)	상호작용(질문)
① 오늘 우리는 수업 시간에 한 발, 신체의 두 부위, 짝과 함께 어떻게 균형을 잡는지를 배웠다. ② 오늘 우리는 하키 스틱을 높게 들지 않는 규칙을 지켜야 했다. 그것은 여러분들 중 몇 사람이 연습하는 동안 하키 스틱을 들고 위험한 자세를 취했기 때문이다. ③ 손잡이가 짧은 도구를 가지고 물체를 치는 방법을 알기만 하면, 여러분은 라켓볼이나 탁구 같은 스포츠 상황에서 적용할 수 있을 것이다.	① 오늘 우리가 배운 세 가지를 누가 말해보겠니? ② 오늘 우리는 왜 하키 스틱을 높게 들지 않는 규칙을 지켜야 했을까? ③ 여러분은 오늘 배운 기능을 어떻게 적용할 수 있다고 생각하지?

제 5 장

모형 중심 체육 수업에 필요한 효과적인 교수 기술

주요내용

1. 효과적인 교수 기술의 목록과 각 구성 요소에 대한 내용은 초임교사에게 어려울 수 있다.

2. 우수한 체육 교사들은 각 수업에 대한 적절한 │절차적·상황적 지식│과 함께 효과적인 교수 기술의 레퍼토리를 가지고 있다. 그러나 교수 전략을 수반하고 있는 수업 모형에서는 더욱 세부적인 교수 기술이 요구된다.

3. 상황에 맞는 의사결정과 행동을 행할 수 있는 교사가 좀 더 우수한 교사라고 볼 수 있다.

4. 효과적인 기술의 활용은 철저한 수업 계획, 지도경험, 교수능력의 향상 노력으로부터 기인한다.

- 개별적 교수 기술(discrete teaching skills)은 수업 전과 수업 중에 나타나는 개인적이면서 특정상황에 나타나는 교사와 학생의 행동을 의미한다. 이 교수 기술은 수업 모형을 운영하는 데 필요한 세 번째 틀로 교사와 학생이 수행하는 매 순간의 의사결정 및 행동을 결정한다.

- 많은 개별적인 교수 기술은 모든 전략과 모형에 일반적으로 적용되나 각 전략과 모형은 특정 교수 기술을 요구한다. 모든 교사는 각 모형의 기능을 촉진하기 위해 중요한 시기마다 수업전략으로 적용할 수 있는 자신만의 교수 기술을 소유하고 있다.

- 교수 기술은 교사가 행하는 의사결정과 행동, 혹은 수업에서 학생의 행동을 바람직한 방향으로 유도하기 위해 행하는 교사의 의사결정과 행동을 의미한다.

- 개별적 교수 기술은 교수전략이 특수한 상황에 적용되는 │상황적 지식(conditional knowledge)│을 의미한다.

- 교사와 학생은 체육 수업에서 다양한 교수 학습 행동을 하게 되는데, 그 모든 행동을 교수 기술로 정의할 수 없다. 교수 기술은 수업 전과 수업 중 이루어지는 <u>의도적인 의사결정과 행위</u>로 특징 지을 수 있다. 이러한 의사결정과 행동들이 수업이나 단원에서 의도하는 학습 목표의 달성에 기여할 때 │효과적인 교수 기술(effective teaching skills)│이라고 한다.

- 과거 25년 동안 수업연구는 학생의 학업성취를 높일 수 있는 교사와 학생의 행동상관관계를 규명하는 데 초점을 맞추었다. 이러한 연구의 대부분은 수학, 과학, 국어 과목에서 이루어졌고, 체육 교과에서도 유사한 연구가 수행되어 왔다.(Silverman & Ennis, 2003)

- 상관관계는 두 변인 간에 관계가 있다는 의미로, 두 변인 중 한 변인이 변할 때 다른 변인이 어떻게 변화하는지를 예측할 수 있다. 그러나 인과관계를 의미하는 것은 아니다. 이 말은 첫 번째 변인의 변화를 자동적으로 유도함을 의미하지 않는다. 상관관계 연구는 첫 번째 변인을 측정했을 때 두 번째 변인이 어떤 결과로 나타날 것인지를 예측할 수 있도록 한다.

- │효과적인 교수 기술│은 학생의 학습 수준 상승과 관계가 있는 교사의 의사결정과 행동을 말한다. 교사가 특정한 일을 행하고, 학생으로 하여금 특정한 일을 하도록 함으로써 학생의 학습이 일어날 가능성이 증가된다는 것이다. 이와 같은 '특정한 일'들을 │효과적인 교수 기술│이라고 일컫는다.

- 교사가 의도한 수업 목표나 단원 목표의 성취 가능성을 높이기 위해서 수업 전과 중에 수행할 수 있는 일들을 인식할 때, 효과적인 교수 기술 은 명제적 지식(declarative knowledge) 으로 출발한다.

- 절차적 지식(procedural knowledge) 은 필요한 시기에 교사가 효과적인 교수 기술을 성공적으로 수행하는 방법을 알 수 있도록 도움을 준다.

- 효과적인 교수 기술에 관한 가장 중요한 지식의 유형은 각 의사결정과 행동이 정확하게 필요한 시기와 그 이유를 알려주는 상황적 지식(conditional knowledge) 이다. 교사는 "적절한 일을 적절한 이유, 시기, 방식"으로 행할 수 있는 방법을 알아야 한다.

- 수업 전과 수업 중 체육 교사들이 사용할 수 있는 개별적이고 효과적인 교수 기술이 많이 있다. 이를 의사결정 및 행동과 관련하여 다음의 7가지 영역 ① 수업계획, ② 시간과 수업 운영, ③ 과제 제시와 과제 구조, ④ 의사소통, ⑤ 교수정보, ⑥ 질문의 활용, ⑦ 수업정리와 종료로 구분할 수 있다.

〈표 5-1〉 모형 중심의 체육 수업 전략

모형 중심 체육 수업에 필요한 효과적인 교수 기술의 영역		
1. 수업계획 2. 시간과 수업 운영 3. 과제 제시와 과제 구조 4. 의사소통 5. 교수정보 6. 질문의 활용 7. 수업정리와 종료		
모형 중심 체육 수업 전략		
관리 측면	지도 측면	
1. 예방차원 2. 상호작용 3. 집단편성	1. 과제제시 2. 과제구조 3. 과체 참여 4. 학습 활동 5. 과제 전개 6. 학생 안전 7. 수업정리 및 종료	
모형 중심 체육 수업에 필요한 지식 영역		
1. 학습환경 2. 학습자 3. 학습이론 4. 발달 단계의 적합성 5. 학습 영역과 학습 목표 6. 체육 교육 내용 7. 평가 8. 사회/정서적 분위기 9. 체육 교육 평등 10. 체육 교육과정 모형		

1 수업 계획

(1) 모든 수업의 효과성은 수업 전 교사가 수업을 얼마나 철저하게 계획했느냐에 따라 결정된다.

(2) 수업 모형이 일단 선택되면, 단원 및 수업 계획에 다음 내용을 반드시 포함해야 한다.

    ① 단원 및 수업의 학습 목표

    ② 전체적인 수업운영 계획

    ③ 과제 제시와 학습 단서

    ④ 필요한 기구와 시설

    ⑤ 학습 활동과 내용발달 계획 목록

    ⑥ 운동장/공간 계획

    ⑦ 시간분배 및 이동시간

    ⑧ 안전 계획

    ⑨ 학습 평가 절차

    ⑩ 수업 정리 및 종료 계획

2 시간과 수업 운영

(1) 체육 수업 연구와 관련된 연구결과들을 살펴보면, 체육 수업에서 학생이 참여하는 시간의 양과 학생의 학습 성취도와 밀접한 관계가 있는 것으로 나타났다.(메츨러 Metzler, 1989)

(2) 기술-분석적 연구 결과, 학생이 학습과제에 적극적으로 참여하기보다는 교사의 설명을 듣거나 대기하는 시간이 많다는 사실이 밝혀졌다.

(3) 이후 과정-결과 연구는 학생의 과제 참여 시간과 학습 사이에 긍정적인 관계를 설정하였다. 즉, 학생이 적절한 과제에 참여하는 시간이 많을 수록 학습목표를 성취할 가능성이 크다는 사실을 밝혀냈다.(링크 Rink, 2003)

1. 시간 운영

(1) 시간 운영은 교사가 활용할 수 있는 가장 중요한 학습 자원의 하나로, 각 수업에 할당한 시간을 극대화할 수 있는 능력을 의미한다.

(2) 체육 수업에서 어느 정도의 수업 관리, 수업 조직 및 이동에 필요한 시간이 요구되지만, 이 시간을 가능한 적게 하여 실제학습시간을 증가시킬 수 있는 교사가 효율적인 교사라고 볼 수 있다.

(3) 교사가 활용 가능한 수업 시간을 극대화시킬 수 있는 방법은 많이 있다. 이러한 방법의 일부는 수업의 계획 단계에서 활용될 수 있고, 일부는 수업 중에 사용될 수 있다.

1-1. 수업 전 기구 배치

1-2. 대안적인 출석점검 방법의 사용

(1) 개별적으로 이름을 부르면 시간이 오래걸린다. 대안적인 방법으로는,

① 체육 부장에게 결석확인하거나

② 수업 장소에 부착된 종이에 사인하는 방법,

③ 준비운동 시간에 출석 점검을 할 수 있다.

1-3. 주의집중 신호와 시작 신호

(1) 체육교사는 많은 학생과 함께 크고 개방된 공간과 시끄러운 체육관에서 수업을 진행하는 경우가 흔하다. 학생의 주의를 집중하고, 계속 진행하라는 ok 신호를 알리는 것이 어려운 경우가 종종 있다. 주의 집중 신호는 학생이 수행하고 있는 동작을 멈추고, 기구를 놓게 한 후 조용히 시킨 상태에서 교사에게 주목하도록 할 때 사용한다.

① 교사는 언어적 신호 방법(1. 2. 3. 멈춰, 호각, 소리지르기),

② 비언어적 신호방법(한 손 올리기, 팔을 흔들기, 입술에 손대기),

③ 혹은 두 가지를 결합할 수 있다.

1-4. 수업 관리 규칙의 연습과 점검

1-5. 공공 장소에 수업규칙 게시

1-6. 예비활동(instant activity)의 공고와 활용

(1) 교사가 출석을 부르거나 모든 학생이 수업에 올 때까지 기다리는 동안 학생은 수동적인 상태로 체육 수업을 시작하는 경우가 많이 있다. 수업시작 초기의 수동적 상태는 나머지 수업 분위기에 영향을 줄 수 있다.

(2) 이 경우 교사는 학생의 정체된 분위기를 극복하기 위해 과다한 관리 시간을 소요하게 된다. 학생이 체육관이나 운동장에 들어왔을 때 움직이거나 할 수 있는 일들이 없기 때문에 학생은 그냥 수동적으로 남아 있게 된다. 따라서 수업을 활기차고 역동적으로 시작할 수 있도록 예비활동(instant activity)을 계획할 수 있다.

(3) 이 활동들은 약 3분 내지 5분 안에, 모든 학생이 수업장소에 도착해서 바로 참여할 수 있도록 탈의실이나 체육관 입구 근처에 부착하여 예비활동을 읽을 수 있도록 한다.

(4) 라우셴바흐(Rauschenbach)와 바노어(Vanoer)는 예비활동의 8가지 특성을 다음과 같이 제시하였다.

① 시설이나 기구의 준비가 필요하지 않은 신체활동으로 구성해야 한다.

② 5분 안에 마칠 수 있는 신체활동으로 구성해야 한다.

③ 배우기 쉬운 신체활동으로 구성해야 한다.

④ 교사의 도움없이 시작할 수 있는 신체활동으로 구성해야 한다.

⑤ 빠르게 움직일 수 있는 신체활동으로 구성해야 한다.

⑥ 대근육 신체활동으로 구성해야 한다.

⑦ 학생의 성취감을 극대화할 수 있는 신체활동으로 구성해야 한다.

⑧ 학생의 서로 다른 능력 수준에 적합하도록 신체활동을 변형시켜 구성해야 한다.

> 예 공 던지고 받기, 음악에 맞춰 가볍게 뛰거나 걷기, 스트레칭하기, 변형된 태그게임, 미니게임, 협동게임, 수업에서 사용할 기구를 가지고 연습하기

2. 수업 운영

(1) 수업 운영은 시간 운영보다 광범위한 개념이며, 수업 운영이 효율적인 교수에 미치는 영향은 수업시간 관리만큼 중요하다.

(2) 이것은 학생의 학습을 촉진시키고, 교사와 학생을 위한 긍정적인 환경을 조성할 수 있는 수업 구조를 제공하는 수많은 의사결정과 교수 기술을 의미한다.

(3) 훌륭한 수업 운영자는 악보를 보고 연주자들이 아름답고 조화로운 소리를 만들어낼 수 있도록 조율하는 오케스트라 지휘자에 비유될 수 있다.

(4) 교사의 경우에, 효과적인 교수에 영향을 미치는 몇몇 요인들은 수업이 시작되기 전에 예측할 수 없음에도 불구하고 조화로운 수업과 수업 운영에 공헌할 수 있는 개별적인 교수 기술들이 많다.

2-1. 학습 환경의 조성

(1) 효율적인 교사는 학기 초 2주 동안 학습 환경을 조성하기 위해 시간을 투자하고, 그러한 학습 환경이 학년 내내 유지되도록 노력한다(Fink & Siedentop, 1989). 학습 환경은 복잡하기 때문에 교사는 다양한 방법으로 학습 환경을 조성해야 할 것이다.

① 학생의 안전, 행동 수칙, 책임감과 관련한 수업 규칙을 수립하고 시행한다.

② 각 수업 단계의 도입 부분을 사용한다.

③ 학생이 연습할 수 있는 물리적 공간의 범위를 정한다.

④ 주의집중, 시작/멈춤 신호를 활용하고 지킨다.

⑤ 교사의 지시를 따를 수 있도록 학생은 듣기연습을 한다.

⑥ 기구 관리와 사용 규칙을 정한다.

⑦ 학생 규율 계획을 수립하고 활용한다.

⑧ 모든 학생이 조용히 청취할 준비가 되어 있을 때까지 말하지 않도록 한다.

2-2. 시설 및 기구의 관리

(1) 대부분의 체육 수업은 충분한 기구와 넓은 수업 장소를 필요로 한다.

(2) 효율적인 교사는 학생의 참여시간을 늘리고 안전을 보장하기 위해 기구 분배와 수업 공간 확보를 극대화하기 위해서 수업 전과 수업 중에 계획을 세워야 한다.

시설 관리	기구 관리
① 학생이 안전하게 참여할 수 있는 학습활동 공간을 확보한다.	① 기구 상태, 수선, 안전 여부를 점검한다.
② 수업 장소와 안전 상태를 점검한다.	② 기구가 학생의 안전과 발달 정도에 적합한지 확인한다.
③ 학생에게 금지 구역을 상기시킨다.	③ 학습 과제의 계획에 필요한 기구의 수를 확인한다.
④ 학생에게 일시적인 위험 지역을 주의시킨다.	④ 가능하면 안전 사항을 표시하는 색깔을 기구에 칠한다.
⑤ 학습 센터의 수와 위치를 확인하고, 센터별로 활용할 수 있는 학생 수를 확인한다.	⑤ 학생에게 안전 규칙을 가르치고 상기시킨다.
	⑥ 필요할 때 기구를 변형하여 사용한다.
	⑦ 학생의 대기 시간을 줄일 수 있도록 수업 기구를 충분하게 준비한다.

2-3. 학습활동 중 관찰하기

(1) 과제 제시가 끝나고 학생이 적극적으로 수업에 참여하게 되면, 교사는 학생을 지켜보거나 관찰하는 것이 중요하다.

(2) 교사는 학생이 수업에서 기대했던 내용을 수행하고 있는지 확인하기 위해 계속해서 관찰해야 한다. 몇 가지 개별적 교수 기술은 수업 중 관찰을 효과적으로 하기 위해서 이용될 수 있다.

2-3-1. 순회하면서 관찰한다.

(1) 체육 교사는 넓은 활동 장소에 많은 학생을 분산시킨 후 수업을 한다. 교사는 체육관이나 운동장에 널리 퍼져 있는 학생과의 상호작용이 용이하지 않다. 따라서 학생이 연습하는 동안 교사는 수업장소를 순회할 준비계획을 세워야 한다.

(2) 이 준비 계획은 교사가 학생의 운동 기능 연습을 관찰하는 데 도움이 되며, 필요할 때는 한 명 이상의 학생과 조용히 상호작용할 수 있도록 해준다.

2-3-2. 등은 벽으로 향하도록 한다.

(1) 교사가 체육관이나 운동장(심지어 순회하는 도안)의 중앙에만 위치해 있을 경우, 교사의 시야가 협소해지고 등 뒤에 있는 많은 학생을 볼 수 없게 된다.

(2) 상황이 허락하는 한, 교사가 학생의 수업 활동 장소 주위로 움직일 때 교사의 "등은 벽을 향하도록"하는 방법을 이용하여 순회하고 관찰하는 것이 좋다. 그와 같은 방법을 사용하면 모든 학생을 교사 시야 안으로 들어오게 할 수 있다.(Graham, 1992)

2-3-3. 근접 거리 를 조절한다.

(1) 체육 수업에서 많은 학생이 넓은 활동 장소에 퍼져있다고 가정할 때, 매 순간에 몇몇 학생은 자신들과 교사와 일정한 거리를 두어 과제로부터 이탈된 행동을 하려고 한다.

　① 교사는 학생에게 가까이 다가가 학생을 주목하고 있다는 것을 알려줌으로써 과제에 열중하려고 한다.

　② 다른 경우에는 학생을 교사가 서 있는 곳으로 이동시켜 교사가 직접 관리할 필요가 있을 지도 모른다.

(2) 두 가지 방식 모두 학생에게 벌을 주기 위해 불러내거나 수업을 중단시키지 않고 과제에 참여시킬 수 있는 효과적인 방식이 될 수 있다. 이것이 근접거리이다.

2-3-4. 상황 이해(With-it-ness)

(1) 쿠닌(Kounin, 1970)은 체육교사에게 아주 유용한 교사 관찰 기술을 개발하였다. 이 '상황 이해'라는 개념은 교사가 예민한 귀를 통해서 실제로 보지 못한 수업에서 일어난 사건을 분별할 수 있도록 한다.

(2) 우리는 '머리 뒤에 눈이 달려 있으며 교실이나 체육관에서 일어나고 있는 모든 일을 알고 있는 것'처럼 보이는 교사, 즉 교사가 학생을 주목하고 있지 않음에도 불구하고 모든 일을 알고 있는 것처럼 보이는 교사에 대해서 들어왔다.

3 과제 제시와 과제 구조

(1) 가르치는 일의 중요한 기능은 수업 중 학생이 참여하게 될 학습활동에 대한 정보를 제공하는 것이다.

(2) 체육교과에서 여러 가지 형태의 학습을 위해 학생은 기능이나 학습 과제, 이상적인 운동수행 기준의 모습, 학습활동의 참여 방법과 친숙해질 필요가 있다.

(3) 과제 제시에서 기능이나 학습 과제가 제공되는데, 이때 학생은 다음에 수행할 기술이나 과제가 무엇인지, 그것을 어떻게 정확하게 수행할 수 있는지에 대해 보고 듣게 된다.

(4) 학습 과제의 조직 방법에 대한 정보는 다음 활동의 과제 구조를 결정한다.

(5) 교사의 운동기능 시범과 그 기능의 주요 수행 요소는 바로 다음에 학생이 수행할 신체활동의 과제 구조를 모방하여 실시할 때 나타난다.

(6) 과제 제시와 과제 구조는 체육 수업의 전략과 교수 기술을 나타낸다.

　① 전략 부분은 각 전략이 어떻게 설계되고 조직될 것인가에 따라서 결정된다.

　② 교수 기술 부분은 선택된 과제 제시와 과제 구조를 향상시키기 위해 교사가 학생과 어떻게 의사소통을 하고 상호작용하는 방법에 따라 결정된다.

1. 과제 제시 　19 지도사

(1) 체육 교사들은 수업 전에 다양한 학습 과제를 계획한다.

　① **학습 과제**는 학생이 운동 기능, 지식이나 개념, 또는 정의적 결과를 습득하기 위해 참여하는 특정 활동을 말한다.

　② 체육 수업에서 대부분의 학습 과제는 신체활동이 중심이 된다. 따라서 학생은 과제를 수행하기 전에 과제와 관련된 세부사항과 과제를 수행하는 방법에 관해서 반드시 이해하고 있어야 한다.

(2) **과제 제시**는 학생에게 정보를 제공하는 과정을 말한다.(Rink, 1998)

　① 과제를 제시할 때 교사는 학습단서를 제공한다. 학습단서는 학생이 과제의 핵심요소를 정확히 수행할 수 있는 방법에 대한 구체적인 정보로 볼 수 있다.

　② 충분하고 완전하게 과제를 제시하려면 많은 효과적인 교수 기술의 활용이 요구된다.

1-1. 학생의 주의집중과 유지

(1) 빈번하게 질문을 한다.

(2) 각 과제를 제시하는 중간과 이후에 과제에 대한 이해를 점검한다.

(3) 학생과 눈을 자주 마주친다.

(4) 과제 제시를 흥미롭고 생생하게 하고, 너무 자주 반복해서 제공하지 않는다.

(5) 주목하지 않는 학생에게 가까이 다가감으로써 근접 거리를 조절한다.

1-2. 학생에게 정보를 분명하게 제시한다.

1-3. 완벽하고 정확한 시범을 제공한다.

1-4. 언어 및 시각 정보를 함께 제공한다.

1-5. 적극적인 과제 제시를 한다.

(1) 적극적인 과제 제시는 학생이 그 과제의 핵심 요소를 설명을 듣고 보고 동시에 그것을 수행할 때 일어난다.

(2) 이것은 세 가지 감각유형이 동시에 활용될 수 있도록 학생들로 하여금 실시간(real time)에 보고 듣고 움직일 수 있도록 해야 한다.

1-6. 학생이 이해할 수 있는 어휘를 사용한다.

1-7. 과제 제시를 위한 최적의 모델을 선정한다.

1-8. 적절하고 정확한 모델을 제공한다.

참고문제	2019년 지도사 2급

20. 〈보기〉의 효과적인 과제 제시 방법에 대한 설명이 적절한 것으로 묶인 것은?

─〈보 기〉─

　㉠ 시각 정보보다는 언어 정보에 중점을 둔다.
　㉡ 모든 학습자가 쉽게 보고 들을 수 있는 대형을 갖춘다.
　㉢ 학습자가 이해할 수 있는 어휘를 사용한다.
　㉣ 학습자에게 한 번에 최대한 많은 양의 정보를 제공한다.

① ㉠, ㉡　　　　② ㉡, ㉢　　　　③ ㉢, ㉣　　　　④ ㉠, ㉣

2. 과제 구조

(1) 과제 제시는 학습이나 연습할 내용은 의미하는 반면, 과제 구조는 과제 연습의 조직방법에 해당된다. 이 책에서는 다음과 같은 방식을 사용할 것이다.

(2) 과제 구조는 조네스(jones, 1992)가 명명한 과제 체계(task system: 과제 제시와 과제 구조를 결합한 용어)에서 파생된 ① 과제의 중요성을 제시하는 책무성 ② 과제달성에 활용될 수 있는 <u>자원과 환경</u> ③ 학습과제를 달성하는 데 사용되는 일련의 운영 체제 또는 절차, 세 가지 구성요소를 포함한다.

(3) 자원과 환경의 위치와 조직 과제를 수행하는 데 필요한 기구와 그 과제에 할당된 시간을 포함한다.

(4) 책무성은 학생 행동에 대한 기대, 과제 숙달 목적, 그 과제가 수업이나 단원에서 차후 학습활동과 어떻게 관련이 있는가에 대한 설명을 포함한다.

(5) 존스(jones, 1992)에 따르면, 학생이 학습 과제에 참여할 때 다음 5가지 방식 중 한 가지로 반응한다고 말한다. ① 제시한 과제를 성공적으로 수행한다. ② 제시한 과제를 거의 성공하지 못한다. ③ <u>과제를 더욱 어렵고 도전적으로 만들어 자신에 맞게 수정한다.</u> ④ 과제를 더욱 쉽게 하여 자신에 맞게 수정한다. ⑤ 과제와 관련 없는 활동에 참여한다.

(6) 교사는 위의 5가지 참여 방식 중 ①요인만이 학생이 학습과제를 성취하는데 기여할 것이라고 생각하기 쉽다.

   ① 그러나 <u>학생이 적정 수준에서 높은 수준의 성공감을 가지며 적극적으로 흥미 있는 과제에 참여할 수 있도록 교사가 계획하고 관리하는 측면이 중요하다.</u>

   ② <u>그렇지 않으면, 수업에서 학생의 부적절한 행동이 증가되면서 학습기회를 감소시키는 참여 방식을 선택하게 될지도 모른다.</u>

(7) 교사들은 과제 구조에 다음 몇 가지의 주요 요인들을 반드시 포함해야 한다.

2-1. 과제 참여 지속 시간에 대한 설명

(1) 학생이 과제에 부과된 시간이 어느 정도인지 모를 경우,

   ① 할당된 시간 내에 그 과제를 완성하기 위해서 학생은 스스로 속도를 적절히 조절할 수 없게 된다. 몇몇 학생은 서둘러 끝마칠 것이고 그런 다음, 다음 과제가 시작될 때까지 기다리고 지루함을 느끼게 된다.

   ② 반면에 다른 학생은 시작할 때부터 너무 심사숙고해서 과제를 수행하기 때문에 끝 부분에서는 시간이 부족하게 된다. 이 경우 불안과 좌절감을 느끼게 할 수 있다.

(2) 학생은 각 과제에 할당된 시간(15분 동안 숏 연습을 해보아라)이나, 최소한의 추정 시간(약 10분 동안 연습하고, 연습을 멈추기 전 여러분에게 2분간 사전 신호를 제공할 것이다.)을 알고 있어야 한다.

2-2. 운동수행 기준에 대한 설명

(1) 운동수행 기준은 학생에게 주어진 과제를 어떻게 잘 수행하는지에 대한 정보를 제공하고, 학생으로 하여금 과제를 연습하는 동안 운동수행 평가를 할 수 있도록 한다.

(2) 또한 이 기준은 학생에게 바람직한 기준선까지 과제를 완성할 수 있는 시기를 알려 주고 (10번 중 7번을 성공할 수 있을 때까지 과제를 완성하시오.)

(3) 한 과제가 끝나는 시점과 다음 과제에 대한 학생의 준비를 확인할 수 있도록 한다. (연속해서 5세트를 완성하면 손을 드시오. 그러면 다음 과제로 이동할 것이다.)

(4) 기준은 여러 가지로 측정될 수 있다.

과제 수행 기준을 규정하는 수행치	
운동수행 기준의 측정치 / 예	
시간	3분 내에 장애물 코스를 완주 한다. 볼 3개를 가지고 15초 동안만 묘기를 보인다. 30초 내에 8개의 콘을 통과하여 축구공을 드리블한다.
거리	소프트볼을 50피트까지 던진다. 운동장 트랙을 3바퀴 달린다. 볼을 외야까지 친다.
정확성	가장 작은 목표지점에 맞춘다. 축구골대 왼쪽으로 축구공을 찬다. 짝이 볼을 잡는 데 움직이지 않고 잡을 수 있도록 던진다. 테니스, 배드민턴, 피크볼 경기에서 공식적 서브를 하다.
높이	가장 낮은 높이를 뛰어 넘는다. 볼을 머리 위쪽으로 3피트 높이까지 토스하고 그 볼을 잡는다. 높이를 낮추어 걷는다.
무게	25파운드에 해당되는 벤치 프레스를 들어올린다. 가장 무거운 공을 사용한다.
폼	정확한 기술을 사용한다. 두 가지 신체부위로 균형을 잡는다. 너에게 보여준 방식과 똑같이 그것을 해보아라.
일관성	줄넘기를 연속으로 25번 실시한다. 뒤로 물러나기 전에 연속해서 5번 서브를 해서 볼을 목표물에 넣는다.
완성률	평가에서 75%이상의 점수를 획득한다. 경기상황에서 첫 번째 성공 확률을 60% 이상 달성한다.
평균점수	4번 시도하여 평균점수 8점 이상을 획득한다. 중학생에게 적당한 볼링 평균 점수는 75점 정도이다.
개인의 최고기록	일단 한 번 해 본 다음, 다시 그것을 해본다. 두 번째에서는 첫 번째 점수기록을 갱신하도록 한다.
	가장 좋은 시기에 수행한 체력 기록을 살펴보고, 오늘 그 기록을 갱신한다.

2-3. 과제를 위한 공간 배치의 지정

2-4. 학생 행동과 책임감에 대한 기대

(1) 학생이 학습 과제에 수동적으로 참여하는 경우는 드물다.

(2) 직접교수 전략을 제외하고는 학생 행동에 대한 어느 정도의 선택과 책임감이 부여된다. 때로는 학생의 책임이 다른 학생의 후원자, 짝, 팀원, 보조자로서의 역할(예 볼 토스 또는 볼을 쳐서 주는 상대 역할, 공격훈련에서 수비 역할)로 제시된다.

(3) 적절한 과제 참여, 안전, 대기 시간, 팀/집단 참여, 또는 다른 학생을 보조할 때 학생에게 기대하는 역할에 대해서 학생과 의사소통을 분명히 해야 한다.

2-5. 과제 내 변화에 대한 설명

(1) 교사는 하나의 학습 과제에 대해 여러 개의 활동을 계획하며 전형적으로 서로 다른 센터를 마련한다. 이 것을 과제 내 변화(intratask variation)라고 하며(Graham, 1992), 학생에게 동일하거나 관련 운동기능을 연습할 수 있는 서로 다른 방식을 제공하기 위해 설계된 것이다.

  예 난이도가 동일한 상태에서 서로 다른 종류의 공이나 약간 다른 공차기 기술을 제공하는 5가지 센터가 차기연습을 위해 제공될 수 있다.

(2) 교사는 과제 구조의 일부분으로 학생에게 각 센터의 조직 방식, 기준 및 안전도 점수가 서로 다르다는 것을 알려 줄 필요가 있다.

(3) 특히, 어린 학생이나 초보자 학생의 경우 센터에서 센터로 이동할 때 센터 간 차이를 발견하지 못할 수 있음을 고려해야 한다.

2-6. 과제 혹은 과제의 난이도를 변경할 때 학생의 선택권에 대한 설명

(1) Graham, Holt/Hale Parker(2004)는 여러 가지 난이도를 가진 동일한 운동기능을 여러 개의 센터나 과제를 활용하여 연습할 수 있는 교수기법을 제안한다.

(2) 교사가 과제를 제시할 때 각 센터/과제의 중요한 요인에 대해 설명한 다음, 학생이 원하는 학습 난이도 수준을 선택할 수 있도록 허용한다.

(3) 과제 구조 정보는 학생이 각 센터/과제에서 요구하는 정도를 판단하고, 학생이 시작 장소를 선택하며, 선택한 난이도 수준이 자신에게 부적절한 지에 대해 알 수 있는 방법을 습득하는 데 도움이 된다. 한 센터나 과제에서 활동할 수 있는 학생 수를 제한할 필요가 생길 때는 학생과 의사소통을 해야 한다.

2-7. 주의집중, 시작 및 종료 신호의 사용

2-8. 이해도 점검

4 의사소통

(1) 우수 교사는 수업 정보와 질문을 학생이 충분하게 이해할 수 있도록 최소 시간을 할애하여 의사소통을 한다.

(2) 다음은 효과적인 의사소통 방법들이다.

① 학생을 주의 집중시킨다.
② 명확한 언어를 사용한다.
③ 적절한 수준의 어휘를 구사한다.
④ 억양을 적절히 조절하여 정보를 전달한다.
⑤ 학생의 이해 여부를 점검한다.

5 교수 정보

(1) 교사가 학생에게 제공하는 정보는 학습을 향상시키기 위한 목적으로 활용된다. 이 정보는 운동 기능 연습이나 학습활동 전, 중, 후에 제공할 수 있다.

① 단서(cues)는 차후 학습을 향상시키기 위해 연습 전에 제공한다.
② 안내(guides)는 연습 중에 학생에게 제공하는 정보이다.
③ 운동수행 피드백(feedback)은 학생의 운동수행이 끝난 후에 제공하며, 바로 전에 끝난 운동수행과 직접적으로 관련이 있다.

1. 단서 13 기출 20 지도사

(1) 교사는 과제를 제시하는 동안 단서라고 부르는 학습정보를 학생에게 제공한다.

(2) 단서는 학생에게 후속 과제의 핵심적인 요소를 효율적으로 수행하는 방법에 관한 비결을 제공한다.

(3) 보통 단서는 과제를 제시할 때 제공되지만, 수업 중 어느 시기에도 가능하며, 한 명의 학생, 모둠이나 전체 학생에게 제공될 수도 있다. 단서는 다양한 방식으로 제공될 수 있다.

① 언어 단서: 운동수행의 향상 방법에 대한 구두 정보
② 비언어 단서: 정확한 동작이나 부정확한 동작에 대한 제스처와 시범
③ 언어 단서와 비언어 단서의 조합: 구두 정보와 시범 정보를 동시에 제공
④ 조작 단서: 교사가 의사전달을 위해 학생의 신체 일부를 이동시키는 방법으로 "체험적인(hands-on)"단서(예 테니스 그립을 정확하게 잡도록 하기 위해 학생의 손을 잡아서 올바른 위치로 움직이게 하는 것, 골프 준비 자세에서 적절한 자세를 잡도록 하기 위해 학생의 어깨를 돌리는 것, 무용을 하고 있는 학생의 발을 적절한 위치로 움직이게 하는 것)
⑤ 시청각 단서: 비디오테이프, CD-ROM, 그림 및 사진과 같은 시청각 매체를 통해 제공하는 단서

참고문제	2020년 지도사 2급

16. 지도자가 의사전달을 위해 학습자의 신체를 올바른 자세로 직접 고쳐주는 지도 정보 단서로 적절한 것은?
① 언어 단서(verbal cue) ② 조작 단서(manipulative cue)
③ 과제 단서(task cue) ④ 시청각 단서(audiovisual cue)

2. 안내 (학습 활동 중 제공)

(1) 학생은 운동 기능을 연습하는 동안 간이 게임 또는 정식 게임과 같은 역동적인 과제에 참여하는 동안 운동 수행에 대한 정보가 필요하고, 이러한 형태의 교수 정보를 안내라고 한다.

(2) 일반적으로 언어 정보가 전달되지만, 시범과 조작적 정보도 가능하다. 다음은 안내의 일례이다.

　예 학생이 농구경기에서 속공을 전개하고 있다. 교사는 "그 볼을 중앙으로 투입하고 패싱 레인을 차지하고.... 수비, 뒤로 가라, 뒤로 가란 말야!"하고 소리치고 있다.

　예 학생이 스퀘어 댄스를 연습하고 있다. 음악이 흘러나오고 교사는 "좋아, 이제 다음을 위해 준비해라, 음악의 리듬을 유지해라... 머리를 위로 들고, 짝을 찾아라."

　예 학생이 축구공을 드리블 하고 있다. 그 학생의 시선이 아래쪽을 향하고 있어 교사가 턱을 들어 올려 주었다.

　예 학생들이 교사의 테니스 스트로크 동작을 느린 동작으로 따라하고 있다. 교사는 스트로크의 각 부분 동작을 언어로 지도하고 있다.

　예 학생이 스트레칭 체조를 하고 있다. 조별로 스트레칭을 실시하는 동안 교사가 한 학생의 다리를 올바른 위치로 이동시킨다.

3. 피드백 (학습 활동 후 제공) 17 기출 21 기출 19 지도사

• 교사는 과제를 수행한 후 그 결과에 대해 정보를 학생에게 제공해야 한다. 이것을 피드백이라고 하며, 학습 과정에 아주 중요하다.

• 피드백 제공 수칙
① 피드백 제공은 많을수록 좋다.
② **구체적 피드백**이 일반적 피드백보다 효과적이다.
③ **즉각적인 피드백**이 지연된 피드백보다 효과적이다.
④ 교정적 피드백이 부정적 피드백보다 효과적이다.
⑤ 언어적 피드백이나 비언어적 피드백 두 가지 형태를 결합한 피드백 제공이 둘 중 하나를 제공하는 것보다 도움이 된다.

⑥ 숙련된 학습자는 피드백 횟수가 적어도 정보를 얻을 수 있지만, 피드백 정보가 <u>구체적으로</u> 제공되어야 한다.

⑦ 초보 학습자에게는 <u>학습동기를 유발하고, 그들의 노력을 인정할 수 있는 모든 피드백</u>이 필요

〈표 5-2〉 운동수행 피드백 차원

차원	형태(유형)
피드백의 제공자	내재적 과제 / 외재적 과제(보강적 피드백)
피드백의 일치도	일치도 / 불일치도
피드백의 내용	일반적 피드백 / **구체적 피드백**
피드백의 정확성	정확한 피드백 / 부정확한 피드백
피드백의 시기	**즉각적인 피드백** / 지연된 피드백
피드백의 양식	언어 피드백 / 비언어 피드백 / **언어와 비언어를 결합한 피드백**
피드백의 평가	긍정적 피드백 / 부정적 피드백 / 중립적 피드백
피드백의 교정적 특성	교정 정보는 제공하지 않고, 잘못된 부분만 정보를 제공하는 피드백 / 교정적 피드백
피드백의 방향성	개별적 피드백 / 집단 피드백 / 전체 수업 피드백

(1) 운동수행 피드백의 차원(①~⑨), 형태(㉠~㉢)

① 피드백의 제공자: 피드백 정보의 제공원을 의미

  ㉠ 내재적 과제: 학생 본인 스스로 운동 기능을 시도한 결과를 관찰하여 얻는 피드백 정보, 일반적으로 성공 아니면 실패에 대한 운동수행 피드백이 학생에게 제공된다.

   예 학생이 볼이 의도했던 목표물에 맞는지 본다. 학생은 스윙할 때 볼이 배트에 닿는 소리와 느낌을 가진다.

  ㉡ 외재적 과제(보강적 피드백): 과제 자체의 부분과 관계없이 다른 사람이나 대리자에 의해 운동 수행 정보가 제공된다. 제공자가 보통 교사지만, 학생이 될 수도 있다. 외재적 과제의 피드백은 완성된 기술 시도에 따른 운동 수행의 결과, 동작, 기술, 노력 또는 질을 포함한다.

   예 교사가 "그때 팔로우-스루가 아주 좋았어."라고 말한다. 동료 학생이 다른 학생에게 "바로 그거야!" 하고 외친다.

② 피드백의 일치도: 피드백이 연습과제의 핵심 요소와 얼마나 잘 일치하는가에 대한 정도

  ㉠ 일치도: 과제를 제시할 때 특정의 학습 단서와의 관련 있는 피드백을 제공한다.

   예 교사가 과제를 제시할 때 학생에게 "스윙을 멋있게 아주 끝까지 팔로우-스루를 하려면 완전히 집중해라."라고 말한다면, 팔로우-스루와 관련된 모든 피드백의 정보 제공은 일치한 것으로 본다.

  ㉡ 불일치도: 과제를 제시할 때 특정의 학습 단서와 관련 없는 피드백을 제공한다.

   예 위에서 제시한 동일한 과제 제시 후, 교사가 학생의 서비스 동작, 포핸드 샷 또는 백핸드 샷에 대해서 피드백을 제공했다면 그 피드백은 일치하지 않은 것으로 본다.

③ 피드백의 내용: 피드백 정보의 핵심과 관련성을 의미한다.

  ㉠ 일반적 피드백: 교사가 제공한 피드백 정보가 수행된 운동 기능 자체와 관련이 없다. 운동 기능의 수행 결과에 대한 만족이나 불만족과 같은 일반적인 사항만 언급한다.

   예 "아주 좋았어.", "바로 그거야.", "그게 아니야."

  ㉡ 구체적 피드백: 교사가 제공한 피드백 정보가 수행된 운동 기능 자체와 관련이 있다. 구체적인 피드백은 학습자에게 매우 유용한 정보를 제공하며, <u>대부분의 상황에서 일반적인 피드백보다 나은 것으로 여겨진다.</u>

   예 "그때 아주 팔로우-스루가 좋았어.", "팔목의 위치가 올바르지 않다."

④ 피드백의 정확성: 학생과 의사소통된 정보가 실질적으로 학생의 운동수행을 잘 설명하고 있는가?
  - ㉠ 정확한 피드백: 운동수행 정보가 운동 기능에 대해 정확하게 설명하고 있다.
  - ㉡ 부정확한 피드백: 운동수행 정보가 운동 기능에 대해 부정확하게 설명하고 있다.
⑤ 피드백의 시기: 운동 기능 수행이 끝나고 학습자에게 피드백 정보가 전달되는 시점까지 걸린 시기를 의미한다.
  - ㉠ 즉각적인 피드백: 운동 기능이 끝난 직후 바로 학습자에게 피드백이 제공되거나 최소한 다음 운동 기능을 실시하기 전에 피드백을 제공하는 것을 의미한다.
    - 예 학생이 높이뛰기를 마치자 교사는 즉시 학생에게 "자세가 아주 좋아."라고 말하는 경우
  - ㉡ 지연된 피드백: 피드백이 운동 기능의 수행이 끝난 직후에 제공되지 않고, 몇 번의 횟수가 진행된 후에 제공된다.
    - 예 수업이 끝나고 20분 후, 위에서 말한 동일한 학생에게 "오늘 네가 보여준 점프에서 다리를 충분하게 펴주지 못한 것 같다."라고 말하는 경우
⑥ 피드백의 양식: 보강 피드백이 학생에게 제공되는 방법을 의미
  - ㉠ 언어 피드백: 피드백을 학생에게 구두로 제공한다. 교사가 운동 기능 수행이 끝난 후 학생에게 정보를 말로 전달한다.
    - 예 "아주 훌륭하게 했어.", "정말 노력을 많이 했구나."
  - ㉡ 비언어 피드백: 피드백을 학생에게 몸짓으로 제공한다.
    - 예 "좋았어."라는 신호를 보낸다. 손뼉을 친다. 등을 두드려준다.
  - ㉢ 언어와 비언어를 결합한 피드백: 언어와 비언어 정보를 동시에 제공한다.
    - 예 "자, 나아가라."라고 말하면서 교사가 등을 두드려준다.
⑦ 피드백의 평가: 학생의 운동수행 결과에 대한 만족이나 불만족 표시
  - ㉠ 긍정적 피드백: 운동수행 결과에 대해서 만족을 표시
    - 예 "바로 그거야.", "그 경기에서 올바르게 판단을 했다고 생각한다."
  - ㉡ 부정적 피드백: 운동수행 결과에 대해서 불만족을 표시
    - 예 "골키퍼의 잘못된 판단이야.", "2조는 열심히 하지 않고 있다."
  - ㉢ 중립적 피드백: 교사가 제공한 피드백이 긍정적인지 부정적인지 불분명한 상태
    - 예 "그저 그렇다.", "그 순간에 좀 더 정확하게 했어야 되는 건데."
⑧ 피드백의 교정적 특성: 실수를 교정하는 방법에 관한 정보와의 관련성
  - ㉠ 교정 정보는 제공하지 않고, 잘못된 부분만 정보를 제공하는 피드백: 부정확하고 부적절한 운동수행에 대한 정보만 제공
    - 예 "발의 위치가 올바르지 않다."
  - ㉡ 교정적 피드백: 다음 운동수행을 개선할 수 있는 방법에 관한 정보와 함께 피드백을 제공
    - 예 "아주 좋았는데, 다음에는 머리를 높게 유지해라."
⑨ 피드백의 방향성: 피드백 정보가 누구에게 제공되는가를 의미
  - ㉠ 개별적 피드백의 방향은 학생 한 명에게 제공된다.
    - 예 "정현아, 오늘 수업에서 매우 열심히 했다."
  - ㉡ 집단 피드백의 방향은 수업에서 구분한 집단에게 제공된다.
    - 예 "2분단이 ······ "
  - ㉢ 전체 수업 피드백의 방향은 수업에 참여하고 있는 모든 학생에게 제공된다.
    - 예 "오늘 모두 다 훌륭했어."

9. 〈보기〉는 정 코치의 반성 일지이다. ㉠, ㉡, ㉢에 해당하는 피드백이 바르게 나열된 것은?

---〈보 기〉---

반성 일지

2019년 5월 7일

오늘은 초등학교 방과 후 테니스 수업에서 지난 시간에 이어서 모둠별로 포핸드 드라이브 연습을 수행했다. '테니스의 왕자'라고 자부하는 시안이는 포핸드를 정확하게 수행한 후 자랑스러운 듯 나를 바라보았다. ㉠나는 고개를 끄덕이며 엄지손가락을 세워 보였다.

… (중략) …

한편, 정민이는 여전히 공을 맞히는 데 힘들어 보였다. 나는 ㉡"정민아 지금처럼 공을 끝까지 보지 않으면 안 돼!" ㉢"왼손으로 공을 가리키고 시선을 고정하면 정확하게 공을 맞힐 수 있어."라고 피드백을 주었다.

	㉠	㉡	㉢
①	가치적 피드백	구체적 피드백	중립적 피드백
②	가치적 피드백	중립적 피드백	교정적 피드백
③	비언어적 피드백	부정적 피드백	일반적 피드백
④	**비언어적 피드백**	**부정적 피드백**	**교정적 피드백**

9. 다음은 김 교사의 체육 수업 일지 내용이다. (가)~(마)에 대한 설명으로 옳은 것만을 〈보기〉에서 있는 대로 고른 것은?

체육 수업 일지

○○월 ○○일 수요일

'2009 개정 교육과정에 따른 체육과 교육과정'을 적용해 수업을 해 보았다. (가)가르칠 단원이 영역형 경쟁이어서 농구의 슛을 지도했다. (나)농구 경기 중 슛에 관한 전술의 활용 능력을 지도하기에 적합한 체육 수업 모형을 적용하였다. (다)체육관의 빔 프로젝터를 이용해 관련 동영상을 감상하고 슛을 연습했는데, 학생 수에 비해 농구공의 개수가 부족해서 배구공을 추가하여 활용하였다. (라)학생들에게 선생님의 수비를 피해 슛을 성공시킬 것을 목표로 제시하였더니 학생들의 수업 참여도가 높아졌다. (마)과제를 수행하기 전에 학생들에게 '슛을 할 때에는 손목의 스냅을 이용하는 것이 중요하다'고 강조하였다.

〈보 기〉

ㄱ. (가)와 관련해 '2009 개정 교육과정에 따른 체육과 교육과정'의 영역형 경쟁 활동에서는 팀의 공동 목표를 위해 스스로의 역할에 책임을 다하는 '팀워크(teamwork)' 정신을 내용 요소로 제시하고 있다.

ㄴ. (나)의 체육 수업 모형은 '전술 게임 모형(tactical games model)'이며, 게임을 변형할 때에는 '과장성'을 배제하는 것이 중요하다.

ㄷ. (다)는 슐만(L. shulman)의 교사 지식의 범주 중에서 '교육 환경 지식(Knowledge of educational contexts)'과 관련된다.

ㄹ. (라)에는 브로피(J. Brophy)가 제안한 동기 유발 전략의 '필수 선행 조건'이 제시되어 있다.

ㅁ. (마)는 효율적인 수행을 위한 과제 핵심 정보인 '단서(cue)'를 제공한 예이다.

---

① ㄴ, ㄷ   ② ㄴ, ㅁ   ③ ㄱ, ㄷ, ㄹ   ④ ㄷ, ㄹ, ㅁ   ⑤ ㄱ, ㄷ, ㄹ, ㅁ

[정답] ④ ㄷ, ㄹ, ㅁ

8. 대한중학교 송 교사의 수업 반성 일지에 나타난 피드백의 종류로 옳지 않은 것은?

　　2학년 3반 수업 내용은 축구였다. 모둠별로 축구의 인스텝 킥 연습을 실시하였다. 숫돌이 모둠의 현경이가 인스텝 킥을 정확하게 수행한 후 친구와 손뼉을 치다가 나와 눈이 마주쳤다. (가)<u>나는 엄지손가락을 세워 보였다.</u> 그러자 현경이는 좋아했다.

(중략)

　한편, 지수가 인스텝 킥을 실축하자 나는 다시 차 보라고 하였다. 그러나 지수는 또 실축을 하였다. 이번에는 (나)<u>"지수야, 지금처럼 고개를 들면 안돼!"</u> (다)<u>"고개와 허리를 약간 숙여 공에 시선을 고정해야 인스텝 킥이 정확해!"</u>라고 말해 주었다.

　　그랬더니 지수가 이번에는 성공하였다. (라)<u>"그래 잘했어!"</u>라고 지수를 칭찬하였다. 앞으로는 피드백을 줄 때 좀 더 구체적으로 제시해야겠다고 생각했다.

---

① (가)-긍정적, 내재적 피드백　　(다)-교정적, 구체적 피드백
② (가)-일반적, 비언어적 피드백　　(다)-교정적, 외재적 피드백
③ (나)-부정적, 언어적 피드백　　(다)-언어적, 외재적 피드백
④ (나)-구체적, 언어적 피드백　　(라)-일반적, 긍정적 피드백
⑤ (나)-외재적, 부정적 피드백　　(라)-외재적, 긍정적 피드백

[정답] ①
[해설] • (가): 긍정적, 외재적, 일반적, 비언어적 피드백
　　　 • (나): 부정적, 외재적, 구체적, 언어적 피드백
　　　 • (다): 교정적, 외재적, 구체적, 언어적 피드백
　　　 • (라): 긍정적, 외재적, 일반적, 언어적 피드백

7. 다음의 (가)는 수업 개선을 위해 교사들이 나눈 대화 내용이고, (나)는 최 교사의 수업 개선안이다. 〈작성 방법〉에 따라 순서대로 서술하시오. [4점]

(나) 최 교사의 수업 개선안

- 대기 시간
- 분석과 문제: 모든 학생들이 같은 공간에서 동일한 학습 내용을 수행했기 때문에, 대기 시간 비율이 높게 나타난 것으로 판단됨.
- 개선 방안: 한 명의 교사가 서로 다른 학습 내용을 동시에 가르칠 수 있는 (㉡) 교수 전략에 따라, 학습 공간을 2가지 혹은 그 이상으로 분리하여 운영할 필요가 있음. 각 (㉡)의 학습 내용을 서로 다르게 설계하고 학습 활동 시간을 동일하게 운영할 계획임.
- 피드백
- 분석과 문제: 학생의 성공 경험이 낮게 나타났음. 피드백의 전체 양과 학생의 기능 수준(숙련, 초보)에 따른 피드백은 제공 수칙에 부합함. 그러나 피드백 유형별 제공 비율을 분석한 다음의 〈표〉에서처럼 ㉢피드백 제공 수칙에 부합하지 않는 2가지 문제가 있음.

유형	내용		시기		양식		
	일반적 피드백	구체적 피드백	즉각적 피드백	지연된 피드백	언어 피드백	비언어 피드백	결합된 피드백
제공 비율	72%	28%	24%	76%	14%	12%	74%

… (하략) …

〈작성 방법〉

○ 괄호 안의 ㉠에 해당하는 사정 모델의 명칭을 시덴탑(D. Siedentop)의 주장에 근거하여 쓸 것.
○ 괄호 안의 ㉡에 해당하는 용어를 쓸 것.
○ 밑줄 친 ㉢의 개선 방안을 메츨러(M. Metzler)가 주장한 피드백 제공 수칙에 근거하여 서술할 것.

[정답] ㉡ 스테이션
㉢ 일반적 피드백보다 구체적 피드백 비율을 증가시키고, 지연된 피드백보다 즉각적 피드백 비율을 증가시켜야 한다.

6 질문의 활용 `17 기출`

1. 질문의 초점: 질문의 초점은 질문에 해당하는 수업의 양상에 의해서 결정된다.

(1) 수업 운영 질문(managerial question)은 수업조직, 학습 환경의 준비, 수업 절차, 일상적 행동과 같은 수업의 비교수적인 부분에 해당된다.

> 예 일반적인 수업 운영 질문은 "수업을 마치면 장비를 어느 곳에 갖다 놓는가?", "수업은 몇 시에 시작되지?", 또는 "네트를 설치하는 데 세 사람의 도움이 필요한데 누가 지원할래?"

(2) 행동질문(behavior question)은 수업 규칙이나 안전과 같은 학생의 수업 행동에 초점을 둔다.

> 예 "다음 기능 연습에서 안전과 관련하여 명심해야 할 두 가지 사항에 대해서 누가 대답해 볼 수 있겠니?", "부적절한 언어를 사용했을 때 무슨 규칙이 적용되지?", "허락 없이 물을 마신다는 것이 옳지 않다는 것을 알고 있지?", 또는 "주목하라는 신호를 했을 때 너희들은 어떻게 해야지?"

(3) 내용 질문(content question)은 학생의 교과내용 학습을 증진시키는 데 사용된다. 이 질문들은 학생의 반응 형태에 따라 세 가지 영역 모두의 학습을 향상시킬 수 있다.

2. 내용 질문의 형태

(1) 블룸(Bloom)과 동료들은 인지적 영역의 고전적 분류학에 토대를 둔 내용 질문의 분류 체계를 개발하였다.

① 체육교사들은 인지적 영역과 심동적 영역의 관계에 근거하여 2가지 영역의 학습을 향상시킬 수 있는 각 질문지 형태를 사용할 수 있다.

② 동일하거나 유사한 질문으로 두 가지 종류의 학생 반응을 유도할 수 있다.

③ 즉, 인지적 영역에서의 언어적 반응과 심동적 영역에서의 행동 반응을 유도할 수 있다.

(2) 블룸(Bloom)의 분류학에서 질문의 수준은 다음과 같다.

① **하위수준의 질문: 지식, 이해, 적용**의 질문. 일반적으로 이 세 가지 질문에 대한 답을 하는 데 많은 지식과 능력이 요구되지 않는다.

② **상위수준의 질문: 분석, 종합, 평가**의 질문

(3) 이 유형들은 낮은 수준으로부터 지식을 형성하여 새로운 지식을 만들기 때문에 인지적 영역과 심동적 영역에서의 답을 구하기가 아주 복잡하고 어렵다. 가장 좋은 질문은 교사의 질문 목적과, 학생의 학습 준비도에 따라 좌우된다.

① 수렴적 질문(convergent questions)은 학생의 반응이 인지적 영역이든 심동적 영역이든 관계없이 한 가지 정확한 답변을 요구하는데, 그 질문들을 **폐쇄형 질문**(close-ended questions)이라고 한다. 그 이유는 교사가 마음속에 한 가지 정확한 답을 가지고 있으며, 단일 반응을 요구하는 수렴적 질문을 했기 때문이다.

> 예 예를 들어 "축구에는 얼마나 많은 포지션이 있지?

② 발산적(divergent) 또는 개방형 질문(open-ended question)은 한 가지 질문에 여러 개의 정확하거나 가능한 답이 존재한다. 보통 이것을 **상위수준의 질문**이라고 한다. 학생의 반응은 주로 인지적 영역 혹은 심동적 영역 중 하나에 집중된다.

예 몇 개의 예를 들면, "짝하고 정적인 균형을 유지할 수 있는 모든 방법을 수행해 보자", "배드민턴에서 서브를 높게 뒤쪽으로 넣어야 할 상황이 언제인가?" 다시 말하면, 수렴적 질문 또는 발산적 질문의 선택은 교사가 학생에게 무엇을 배우기를 원하는지, 학생의 능력/지식 수준, 학생의 교육 경험에 따라 좌우된다.

〈표 5-3〉 블룸(Bloom)-체육 수업에서의 질문수준(탐구수업 모형: 균형지식에 대한 체크리스트)

수준	목적	인지 반응	움직임 반응
지식	이전에 학습했던 사실이나 단순한 생각 또는 개념을 학생에게 상기시키는 데 있다.	지난 시간에 논의했던 타격 자세의 3가지 주요 요소를 말해 볼 수 있겠니?	우리 어제 학습했던 정확한 타격 자세를 보여 줄 수 있겠니?
이해	학생에게 사실이나 생각을 번역 또는 해석하거나 비교하는 데 있다.	홉이 무엇인지? 점프는 무엇인지? 홉과 점프는 어떤 차이가 있지?	누가 홉과 점프를 보여 줄 수 있겠니? 그다음 다른 형태의 홉을 보여줄 수 있겠니?
적용	목적 학생에게 앞서 학습했던 사실이나 생각에 기초하여 문제를 해결하도록 하는 데 있다.	배구의 플로터 서브를 리시브 할 수 있는 가장 좋은 정보는 무엇인가?	1조는 내가 넣은 플로터 서브를 받을 수 있도록 정확한 자세를 취해서 받아 보아라.
분석	목적 복잡한 개념 요소를 분석하고, 그 관계를 규명해 보며, 조직적 형태와 원리를 학생이 발견하는 데 있다.	속공을 하려고 할 때 어느 시기에 공격 코트로 넘어가야 하는가?	움직임 반응 연습 상황에서 포인트 가드에게 아울렛 패스를 받을 때 속공을 해야 할지 아니면 지공을 해야 할지에 대한 지시를 내린다.
종합	학생에게 두 개 이상의 사실이나 생각 또는 개념을 연결시켜서 새로운 지식을 생성하는 데 있다.	운동 시 최적의 심박수 범위에 도달했는지를 어떻게 알 수 있는가?	5분 이내에 목표 심박수까지 도달할 수 있는 운동을 할 수 있는가?
평가	학생의 개인적 지식과 감정, 또는 다른 사람이 생성해 낸 지식에 기초하여 판단을 하는 데 있다.	마루 운동에서 6.7과 7.0의 차이는?	움직임 반응 다른 학생보다 난도가 높다고 판단된 학생의 두 가지 마루 운동기능을 수행할 수 있는가?

3. 학습을 위한 질문 활용

(1) 수업과정에서 질문을 효율적으로 활용할 수 있는 몇 가지 기술을 숙지할 필요가 있다.

① 답변 시간을 기다린다.

교사가 질문하고 약 3초 정도 의도적으로 기다리는 것이 좋다. 교사의 질문에 대해 많은 학생이 답변을 할 수 있는 기회가 제공되며, 다른 학생에 비해 빨리 문제를 해결한 학생이 자주 지명되는 것을 방지해 준다.(tobin)

② 가능한 발산적 질문을 한다.

수렴적 질문은 하나 혹은 소수의 가능한 답을 요구한다. 학생들이 한 가지 답을 요구받을 때 더 이상 가능한 답에 대해 생각하지 않는다. 발산적 질문은 학생들에게 많은 가능성 있는 답을 요구함에 따라 지적 사고 과정을 유지할 수 있다.

③ 답변에 필요한 규칙을 정한다.

교사와 학생은 다른 학생이 제시한 답변(특히, 발산적 답변과 개인적인 반응)에 대해 비판해서는 안 된다.

④ 부정확한 답에 대해 적절히 반응한다.

⑤ 답에 대한 설명과 그 이유를 물어보아야 한다.

⑥ 집단이 함께 해결할 수 있는 답을 요구한다.

가끔은 교사가 집단별로 질문을 할 수 있으며 "공동으로 협의하여(by committee)" 답을 함께 해결하도록 지시할 수 있다. 이 전략은 고등사고 질문에 해당되는 경우에만 사용되어야 할 것이다.

⑦ 움직임 반응을 유도할 수 있는 언어적 질문을 한다.

교사 질문에 대한 답이 인지적 영역과 언어적 반응에 그치는 경우가 있다. 일부 수업 모형은 학생들이 생각을 한 다음 움직임 반응을 수행함으로써 답할 수 있는 교사 질문에 토대를 두고 있다. 문제의 답을 만들어 내는 데 처음에는 인지적 영역이 동원되지만 다음에는 학생들이 교사에게 자신이 알고 있는 지식을 움직임 반응으로 전이할 수 있어야 한다.

예 "좋아하는 동물을 생각해보세요? 그리고 그 동물처럼 공간을 움직이세요. 그다음에는 그 동물의 소리를 흉내 내보세요?"

---

127 | 2006학년도

다음은 육상 수업의 일부분이다.

교사: 자! 지난 시간에 배웠던 크라우칭 스타트에 대해서 복습을 하고 오늘 수업을 시작합시다. ㉮_____?
(교사의 질문에 대하여 바른 답을 한 규연에게 칭찬을 하고, 다음 내용으로 넘어간다.)
교사: 그럼 누가 크라우칭 스타트 자세를 보여줄 수 있겠어요?
(교사는 철수의 크라우칭 스타트 자세를 보고 다음 질문을 이어간다.)
교사: 철수의 자세가 어떤지 말해 볼 사람?
(㉯철수의 스타트 자세에서 나타난 문제점을 동현이가 중심선과 기저면의 역학적 원리를 바탕으로 정확하게 지적한다.)

㉮에 들어갈 교사의 질문을 불룸(Bloom)이 분류한 교육 목표 수준 중 '지식'에 해당하는 내용으로 만들고, ㉯에 제시된 동현의 지적에 해당하는 가장 높은 목표 수준의 명칭과 그 근거를 2줄 이내로 쓰시오.

• 교사의 질문: _____   • 목표 수준의 명칭: _____   • 근거: _____

[정답] • 교사의 질문: 크라우칭 스타트는 어떤 유형이 있었죠?
• 목표 수준의 명칭: 평가
• 근거: 동현이가 철수의 문제점을 역학적 원리라는 지식에 기초하여 판단하고 있다.

1. 다음은 영역형 경쟁 단원 농구 수업에서 최 교사와 학생들이 나눈 대화 내용이다. 메츨러(M. Metzler)가 제시한 분류에 근거하여, 밑줄 친 ㉠에 해당하는 질문의 유형을 쓰고, 밑줄 친 ㉡에 해당하는 피드백의 유형을 제공자 차원에서 쓰시오. [2점]

최 교사: 이번 시간에는 농구의 공격법 중의 하나인 속공을 배우겠습니다. 속공은 상대팀이 수비 대형을 갖추기 전에 빠르게 공격하는 것을 의미합니다. 속공을 할 때 공을 가진 선수는 기본적으로 무엇을 해야 할까요?

은 영: 자기 팀 선수의 위치와 상대팀 선수의 위치를 확인해야 합니다.

최 교사: ㉠그러면 수비 리바운드를 잡은 후 속공하는 방법에는 어떤 것들이 있을까요?

성 훈: 긴 패스로 연결하여 골밑 슛을 하거나, 빠른 드리블로 돌파하여 레이업 슛을 할 수도 있습니다.

최 교사: 그렇습니다. 빠른 공격을 위해서는 긴 패스나 드리블 돌파로 슛까지 연결할 수 있습니다. 그러면 지금부터 긴 패스를 받아 레이업 슛으로 연결하는 속공법을 연습해 보겠습니다.

… (중략) …

최 교사: ㉡(경희의 레이업 슛 동작을 관찰한 후) 슛을 할 때 팔꿈치가 많이 굽혀지는구나. 팔꿈치를 쭉 펴면서 다시 한 번 슛을 해 보자.

경 희: 선생님, 팔꿈치를 쭉 펴니까 골이 더 잘 들어가요.

[정답] ㉠ 발산적(또는 개방형, 또는 확산형) 질문 ㉡ 외재적 피드백(외재적 과제, 보강적 피드백)

7 수업 정리와 종료

(1) 수업은 학습 정리와 종료 단계로 마무리되는 것이 바람직하다. 수업 중 이 단계도 다른 단계와 같이 계획이 세워져야 하며 학습 목적의 의도가 학생들에게 전달되어야 한다.

(2) 이 단계에서 학습한 내용을 형식적으로 빠르게 정리해서는 안 된다. 즉 학생들에게 학습했던 과제에 대해서 생각해보도록 하고, 과제 수행에 중요한 단서를 회상하여 개념들 간의 관계를 연결하게 해보도록 한다.

(3) 수업 정리 단계의 종료는 의도한 학습 목표가 성취되고, 수업 내용에 대해 학생들이 질문이 없음을 보장할 수 있는 논리적이고 완벽한 마무리가 되어야 한다.

(4) 수업 종료 부분에서는 학생들을 최종적으로 관리하는 지시 사항(줄서기, 탈의실로 들어가기 등)과 해산이 전달된다.

1. 수업 정리로 이동

(1) 대개 수업 시간이 부족하므로, 교사는 수업 정리를 위해 학생을 조직할 수 있는 간단한 방법을 동원해야 한다.

> ㉠ 학생의 손에 아무런 용기구를 가지지 않은 채 한 장소로 학생을 집합시키는 것이 바람직하므로, 교사는 학생의 활동을 멈추게 하고 용기구를 제자리에 내려놓게 한 후, 용기구 보관장소와 가까운 곳에서 모이도록 지시한다.

> ㉡ 수업장소가 좁은 경우, 교사는 주의를 끌기 위한 신호를 사용하여 학생으로 하여금 활동을 멈추고 서 있는 동안에 수업정리를 할 수 있도록 하게 한 후, 용기구를 처리하도록 하게 한다.

2. 주의를 집중시킨다.

(1) 교사가 전체 학급에게 말할 경우, 학생을 가까운 위치에 두고 주의를 집중시켜야 한다. 이 시간이 "듣고 생각하는 시간"인 만큼 교사는 학생이 조용히 집중하기 전까지는 수업 정리를 진행시키지 않는다. 이때가 주의를 끌기 위한 신호를 사용할 절호의 기회이다.

3. 상호작용적 의사소통하기

(개정전 내용: 교사와 학생 간 쌍방향 의사소통을 활용한다.)

(1) 가장 좋은 수업 정리는 학생이 그냥 듣는 것이 아니라 학생이 생각하면서 수업을 반성하는 것이다. 교사들은 학생의 이해 여부를 점검하거나, 수업 정리에 관한 질문에 학생이 답하도록 하는 "말하지 않고 질문하기" 전략을 사용할 수 있다. 이렇게 함으로써 이 시간이 학생에게 그저 수동적으로 듣는 시간이 되지 않고 상호작용적인 수업정리가 될 수 있게 한다.

수동적(말하기)	상호작용적(질문)
오늘 수업에서 우리는 한발을 이용해서, 두 개의 신체 부분을 이용해서, 짝을 이용해서 균형을 유지하는 방법에 대해서 배웠습니다.	누가 오늘 수업 시간에 배운 내용 세 가지를 누가 말해볼 수 있겠니?
오늘 우리는 하키 스틱을 높게 들지 않는 규칙을 지켜야 했다. 그것은 여러분들 중 몇 사람이 연습하는 동안 하키 스틱을 들고 위험한 자세를 취했기 때문이다.	오늘 우리는 왜 하키 스틱을 높게 들지 않는 규칙을 지켜야 했을까?
길이가 짧은 기구를 이용해서 물체를 타격하는 방법을 알면 라켓볼과 탁구와 같은 종목에서 그 방법을 활용할 수 있습니다.	오늘 배운 운동 기능을 어떻게 적용할 수 있을까요?

제 6 장

효과적인 체육 수업의 계획

〈표 6-1〉 모형 중심의 체육 수업 계획 역할

모형 중심 체육 수업 계획	
단원 계획	수업 계획
1. 맥락 분석 2. 내용분석 3. 학습목표 4. 모형 선정 5. 관리 구조 6. 학습활동 선택 7. 평가 8. 교사 역할 9. 학생 역할	1. 상황 기술 2. 수업 목표 3. 시간과 공간 4. 배치 계획 5. 학습 활동 6. 과제 제시와 과제 구조 7. 평가 8. 정리 및 종료
모형 중심 체육수업에 필요한 효과적인 교수 기술의 영역	
1. 수업계획 2. 시간과 수업 운영 3. 과제 제시와 과제 구조 4. 의사소통 5. 교수정보 6. 질문의 활용 7. 수업정리와 종료	
모형 중심 체육 수업 전략	
관리 측면	지도 측면
1. 예방차원 2. 상호작용 3. 집단편성	1. 과제제시 2. 과제구조 3. 과체 참여 4. 학습 활동 5. 과제 전개 6. 학생 안전 7. 수업정리 및 종료
모형 중심 체육 수업에 필요한 지식 영역	
1. 학습환경 2. 학습자 3. 학습이론 4. 발달 단계의 적합성 5. 학습 영역과 학습 목표 6. 체육 교육 내용 7. 평가 8. 사회/정서적 분위기 9. 체육 교육 평등 10. 체육 교육과정 모형	

(1) 효과적인 체육 수업을 위해 가장 중요한 것 중의 하나는 수업을 계획하는 일이다.

(2) 수업 연구는 효과적인 수업이 의도적이고 유목적인 활동임을 입증하고 있다. 잘 조직된 단원과 수업은 학생에게 의도된 학습 목표를 성취할 수 있는 많은 기회를 제공한다.(clark, 1983)

(3) 수업 계획은 단원이 시작되기 전과 단원을 지도하는 동안 정기적으로 이루어져야 한다. 여러분은 저자가 '일일(daily)'이라고 말하지 않은 이유를 알아챘을 것이다.

(4) 왜냐하면 일부 수업 모형은 두 개 또는 세 개의 연속적인 차시로 이루어진 모듈 계획(modular planning) 또는 일일 수업 계획이 필요 없는 전체 단원으로 이루어진 통합 계획(unified planning)을 사용하기 때문이다. 이것은 교사가 수업 계획을 하지 않는다는 것을 뜻하지 않는다. 대부분의 지도 계획은 단원이 시작되기 전에 완성되는데, 수업에서 수업으로 연결되는 '물 흐르는 듯한' 계획을 위해서이다.

(5) 수업 계획은 '내용 지식'과 '지도 방법 지식'을 수업 방법 지식(어떤 학습자에서 특정한 학습 내용을 효과적으로 가르칠 수 있는 능력)으로 전환하는 촉매 역할을 한다.(shulman, 1987)

1 계획이 필요한 이유

(1) 수업 계획은 각 단원에서 사용되는 모형의 교육적 상황, 학습 목표, 학습 활동, 수업 관리, 평가와 관련성을 맺는다.

(2) 교사는 역동적인 수업환경에서 상호작용하고, 사전에 결정된(대개 제한된) 시간에 발생할 수 있는 복잡한 요인들을 고려해야 한다.

(3) 학생이 짧은 시간에 진술된 학습목표에 도달할 수 있도록 교사는 교사 자신, 학생, 시설, 이용 가능한 자원들을 효과적으로 조직할 수 있어야 한다.

(4) 계획이 가장 필요한 이유

① 시간, 노력, 자원을 가장 효과적으로 사용하여 학생이 의도한 학습 결과를 배울 수 있는 가능성을 높일 수 있기 때문이다.

② 다시 말하면, 계획은 각 단원과 수업에서 교사의 효율성을 증가시키기 위해서 이루어져야 한다. 이것은 계획서를 작성하는 양식(form)보다는 계획의 기능(function)이 먼저 고려되고 있음을 말해 준다.

(5) 계획은 가르칠 단원과 내용에 대한 의사결정을 하고 문서를 만드는 과정이다.

2 계획 지침

(1) 효과적인 체육 수업의 계획은 단원과 수업 두 수준에서 이루어져야 한다.

① 단원 계획은 각 단원에서 선정한 수업 모형에 포함될 학습 목표, 수업 내용, 학습 활동, 필요한 자원, 수업 운영에 대한 큰 그림을 제공한다.

② 수업 계획은 단원에서 각 수업을 시작하기 직전과 수업 중에 만들어진 동일한 형태의 다양한 의사결정과 준비 행동이 포함된다.

(2) 단원 계획과 수업 계획이 효과적인 교수 및 학습에 결정적인 영향을 미친다. 아래에서 제시된 지침들은 단원 계획과 수업 계획을 수립하는 데 실제적인 도움이 될 것이다.

① 정교하고 유연성 있는 계획을 수립한다.

② 자신이 사용할 목적으로 교수학습 과정안을 작성한다.

③ 확신이 없을 때 추가 계획을 수립한다.

④ 대안적인 계획을 수립한다.

⑤ 작성된 교수학습 과정안을 보관한다.

⑥ 단원과 교수학습 과정안 계획을 평가한다.

3 계획안: 수업 가이드

(1) 단일 수업 또는 전체 단원에 관계없이 작성된 교수학습 과정안은 교사와 학생에게 가이드 역할을 한다.

(2) 계획 과정을 통하여 교사는 효과적이고 효율적인 수업을 위한 일련의 연속단계를 생각하고 결정하며 시각화할 수 있다. 이것은 수업 현상이 어떻게 벌어지는가에 대한 구체적인 그림을 제공하고, 단원이 진행되는 동안 교수학습 과정안을 수정할 때 참고자료가 될 것이다.

(3) 훌륭한 교수학습 과정안은 다음과 같은 이점을 교사에게 제공한다.

    ① 각 수업 시작 및 종료 시기가 명료해진다.

    ② 수업 진행 과정을 점검할 수 있다.

    ③ 장·단기 의사결정의 시점을 알려준다.

    ④ 계획안 수정에 필요한 토대가 된다.

    ⑤ 계획안 수업과 실제로 이루어진 수업을 비교함으로써 수업의 효율성을 평가할 수 있다.

    ⑥ 수업 모형의 설계에 따라 지도되었는가를 확인하는 데 사용될 수 있다.

4 단원 계획

(1) 체육 수업에서 한 단원은 며칠에서 몇 주까지 지속될 수 있다.

(2) 단원의 길이와 관계없이, 교사가 단원을 시작하기 전에 명확하고 일관된 교수학습 과정안을 만든다면 수업은 효과적으로 이루어질 수 있다.

(3) 단원 계획이 세워지면, 일일 교수학습 과정안은 단원 진도에 따라 쉽게 이루어질 것이다.

(4) 작성된 단원 계획은 다음과 같은 9가지 요소를 포함해야 한다.

    ① 맥락 분석

    ② 내용분석

    ③ 학습목표

    ④ 모형 선정

    ⑤ 관리 구조

    ⑥ 학습활동 선택

    ⑦ 평가

    ⑧ 교사 역할

    ⑨ 학생 역할과 임무

(5) 이 책에서 다루는 모든 모형은 독특한 단원 계획 양식을 갖는다는 사실에 주목해야 한다. 단원 계획 양식은 의도된 학습 결과에 토대를 두며, 그 모형을 가장 효과적으로 실행하는 데 중점을 둔다.

    ㉮ 직접교수 모형

       ① 단원 계획 양식은 교사들이 잘 알고 있는 이미 적용하고 있는 양식 중의 하나이다.

       ② 즉, 이 양식은 학생들이 점진적으로 배워갈 수 있도록 단원 내용을 세분화시켜 나가는 방식으로 주도면밀한 교사의 감독하에 단원이 진행되어 간다.

       ③ 이 양식은 교사가 매 수업마다 진행하는 학습 내용이 명확하고 계열성 있게 연결될 수 있도록 계획되어야 한다.

    ㉯ 개별화 지도 모형

       ① <u>수업 초기에 전체 단원 내용을 학생들에게 제시하며, 학생들은 자신의 개인적인 학습 속도에 맞추어 진행하는 단일화된 계획 양식을 갖고 있다.</u>

       ② <u>개별화 지도 모형에는 일일 교수-학습과정안이 없다.</u>

       ③ 학생들은 체육관에 들어와서 지난 시간에 자기가 끝내지 못한 내용을 선택한 후 자기들이 할 수 있는 만큼 많은 내용을 배우게 된다. 수업은 다음 시간에도 동일한 방식으로 진행된다.

(6) 모든 단원 계획은 9가지 단원 계획 요소를 포함하고 있어야 하지만, 이 9가지 요소들은 모형마다 다른 형태로 나타난다.

1. 맥락 분석

(1) 수업 맥락(context)은 가르치는 내용, 방법, 학생이 배우는 것에 영향을 미치는 시간적, 인적, 물적 자원의 총체를 의미한다.

① 일부 요인은 교사에게 몇 가지 효율적인 방법을 제시함으로써 교수학습을 촉진할 것이다.

② 또한 다른 일부 요인은 효과적인 지도에 필요한 선택권을 감소시킴으로써 교사의 효율성을 저해할 것이다.

(2) 대부분의 맥락 요인은 결정되어 있는 것으로, 교사가 통제하기 어렵다. 중요한 4가지 결정 요인은 교사, 학생, 내용, 이용 가능한 자원이다.

(3) 다음 표는 단원 계획에서 고려되어야 할 결정 요소와 주요 질문을 제시하였다.

〈표 6-2〉 단원 계획의 주요 요소

주요 요소	주요 질문
교사	1. 이 내용에 관하여 내가 알고 있는 것은? 2. 해당 학년에게 이 내용을 가르칠 때 얻는 경험은 무엇인가? 3. 내용 지식을 어디에서 얻을 수 있을까? (예 책, 동료 등)
학생	1. 학생 수는 몇 명인가? 2. 어떤 학생이 특별한 학습 요구를 가지고 있는가? 3. 특별한 학습 요구를 가지고 있는 학생의 요구는 무엇이며, 이 학생을 가르치기 위하여 무엇을 알고 있어야 하는가? 4. 학생의 현재 발달 단계는? 5. 이 내용을 학습하기 위해 학생이 가져야 되는 학습동기는 무엇인가?
내용	1. 단원 학습에서 요구되는 학생의 능력과 지식 범위는? 2. 이 단원의 내용을 학습하기 위해서 학생에게 요구되는 것은? 3. 이 단원에서는 어떠한 특정 내용들이 포함되어야 하나? 4. 어떠한 순서로 내용을 전개해야 하는가? 5. 학생의 능력에 맞게 내용을 변형시켜야 하는가? 6. 이 단원의 내용을 대부분의 학생이 학습하는 데 소요되는 시간은? 7. 학생이 추구해야 할 학습 목표는 무엇인가? 8. 어떻게 학생의 학습을 평가할 것인가?
자원	1. 단원은 몇 차시로 이루어지는가? 2. 각 수업의 실제 시간은 얼마인가? 3. 제한된 시간 안에 학생이 적절하게 배울 수 있는 학습량은? 4. 이 단원에서 필요한 지도영역은 무엇인가? 5. 몇 개의 활동 장소, 코트, 운동장이 이 영역에서 필요한가? 6. 이 단원에서 요구되는 장비는? 7. 학생에게 용기구, 장비, 도구 등을 어떤 비율로 제공할 것인가? 8. 안전하고 효과적인 사용을 위해 용기구를 변형시켜야 하는가? 9. 팀 교사, 보조 교사와 같이 수업을 도와줄 수 있는 사람이 있는가?

2. 내용 분석 및 목록

(1) 내용 분석은 단원에 포함되어야 할 내용과 학생이 단원에서 배워야 할 순서를 결정한다.

(2) 내용 분석 결과는 단원에서 가르쳐야 하는 내용과 배워야 하는 내용 선정에 중요한 토대가 되므로, 맥락 분석 후에 가장 먼저 이루어져야 한다.

(3) 내용 분석에 첫 단계는 활동, 스포츠, 무용 또는 주제 활동에 필수적인 심동적 기술, 인지적 지식 영역, 정의적 성향을 학생의 발달 단계에 적절하게 목록화하는 것으로 시작된다.

(4) 교사는 학생의 현재 능력, 지식, 태도를 고려한 후 단원 내용의 출발점으로 그런 고려사항을 활용한다.

(5) 끝나는 시점은 단원에서 수업 시수를 고려하면서 대부분의 학생이 각 내용을 배우는데 소요되는 시간을 판단하여 결정한다. 이것은 가르치고 배워야 하는 학습량을 결정할 때, 교사가 본 단원에서 어느 정도 진도를 나가는 것이 적합한가를 결정하도록 돕는다.

(6) 가르칠 내용 영역은 내용 분석과 목록화 과정에서 작성한 발달 단계의 논리적인 순서에 따라 정한다.

(7) 표는 내용 목록의 몇 가지 사례를 보여주고 있다.

학년	내용 단원	수업	내용
1	움직임 개념	해당 연도의 첫 8주	1. 체육 수업 규칙 2. 안전 3. 개인 공간, 일반 공간, 분산 공간 4. 경로 5. 수준 6. 균형잡기 7. 비틀기 8. 도약하기 9. 호핑하기 10. 피하기 11. 간이 게임
5	축구	10차시	1. 드리블 2. 트래핑 3. 패스 4. 슛팅 5. 골문 지키기 6. 기본 규칙과 전략 7. 공격 위치 8. 기본 공격 9. 변형 게임(4대4, 소규모 운동장)
11	체력	20차시	1. 개인 체력의 개념 2. 체력 프로그램 계획 3. 스트레칭 4. 연습 시간 소개 5. 연습 지도 안내 6. 사전 평가 7. 개인 체력 프로그램 설계 및 완성 8. 사후 평가

3. 학습 목표 18 지도사

(1) 수업 계획에서 중요한 부분은 단원의 학습 목표를 결정하는 것이다. 목표는 맥락 분석과 내용 선정 결과를 고려하여 설정해야 한다.

(2) 목표는 일반적인 수준과 행동적 수준에서 진술되어야 한다.

① 일반 목표는 각 영역 안에서 의도하는 학습의 포괄적인 영역을 의미한다.

② 행동 목표는 학생이 각 일반 목표 영역 안에서 성취해야하는 특정한 운동수행 기준을 서술한 것이다.

(3) 다음의 표는 체육에서 행동 목표를 이끌어 낼 수 있는 일반적 목표의 사례를 제시하였다.

(4) 행동 목표는 다음과 같은 3가지 부분으로 구성된다.

① 운동수행에 필요한 상황과 조건

② 성취해야 하는 행동, 기능, 지식

③ 설정된 운동수행 기준 등

이러한 종류의 목표는 처음으로 개발한 학자의 이름을 따서 메이거(Mager) 목표라고 부른다.

(5) 메이거(Mager) 목표의 3영역은 동일한 순서로 서술되지 않고, 학습의 형태에 맞는 좋은 목표로 제시되어야 한다는 점을 주목해야 한다.

목표 영역	행동 목표
인지적	• 학습자는 축구 경기규칙 중 5가지 이상을 정확하게 말할 수 있다. • 학습자는 축구와 농구의 차이를 5개 이상 말할 수 있다.
정의적	• 학습자는 팀원들과 분쟁 없이 경기에 참여할 것이다. • 학습자는 배구 경기 동안 배구 예절에 어긋나는 행동을 하지 않을 것이다.
심동적	• 학습자는 6m 거리에서 인사이드 패스를 5회 중 3회 이상 성공할 것이다. • 학습자는 20×20m 경기장에서 공을 빼앗기지 않고 동료들과 연속해서 5회 이상 패스할 수 있다.

참고문제	2018년 지도사 2급

6. 〈보기〉의 스포츠 지도를 위한 준비 단계에 대한 설명 중 옳은 것을 모두 고른 것은?

─────〈보 기〉─────

ⓐ 지도자는 자신이 가르칠 수 있는 내용의 수준이 어느 정도인지 고려한다.
ⓑ 학습자의 성취 결과뿐만 아니라 향상 정도를 평가 할 수 있는 방법을 계획한다.
ⓒ 지도의 목표가 모방일 경우에는 지시자, 창조일 경우에는 촉진자의 역할이 필요하다.
ⓓ 행동 목표는 운동수행 조건, 성취 행동, 운동수행 기준을 고려하여 설정한다.

① ㉠
② ㉠, ㉡
③ ㉠, ㉡, ㉢
④ ㉠, ㉡, ㉢, ㉣

4. 수업 모형 선정

(1) 맥락을 분석하고 내용 목록을 선정하며 단원의 학습 목표를 진술했다면, 교사는 학생의 학습에 가장 효과적으로 도움이 되는 수업 모형을 결정해야 한다. 모형을 선택할 때에는 다음 두 가지를 고려해야 한다.

　① 첫째, 모형 선택은 연역적인 과정이다. 즉, 맥락, 내용, 목표를 고려한 후 수업 모형을 결정한다. 진술된 학습 목표는 모형 선택에 직접적으로 영향을 미치는 영역의 선호도와 영역 간의 상호작용을 나타낸다.

　② 둘째, 전체 단원을 지도할 때 어느 한 모형만을 사용하게 되면 학생의 학습은 극대화될 수 있다.

(2) 단원이 시작된 다음 모형을 바꾸거나, 두 개 또는 그 이상의 모형을 자유롭게 혼합하여 사용하는 것은 바람직하지 않다.

(3) 각 모형은 교사와 학생의 독특한 특성과 패턴을 가지고 있기 때문에, 한 모형을 단원 시작부터 끝날 때까지 일관성 있게 적용하는 것이 중요하다.

영역	일반목표	행동목표
인지적	① 학생은 축구의 규칙과 전략을 배울 것이다. ② 학생은 스퀘어 댄스 대형을 알 것이다. ③ 학생은 뉴게임 개발 방법을 배울 것이다.	① 학생은 축구 게임 규칙과 전략 시험에서 최소한 80%의 점수를 받을 것이다. ② 학생은 가장 공통적으로 사용되는 스퀘어 댄스 대형의 5가지 특징을 정확하게 말할 수 있다. ③ 10분 동안, 학생은 자신이 고안한 뉴게임의 3개 주요 규칙을 만들 수 있다.
정의적	① 학생은 올바른 테니스의 에티켓을 배울 것이다. ② 학생은 협동게임에서 좋은 팀원이 될 것이다. ③ 학생은 훌륭한 스포츠인이 될 것이다.	① 3세트 시합 동안, 학생은 2번 이상 테니스 에티켓에 어긋나는 행동을 하지 않을 것이다. ② 학생은 팀원들과의 분쟁없이 협동게임에 참여할 것이다. ③ 학생은 풋볼게임에서 좋은 스포츠 행동의 3가지 사례를 보일 것이다.
심동적	① 학생은 골프의 기초 기능을 배울 것이다. ② 학생은 배드민턴 서브를 배울 것이다. ③ 학생은 경로와 수준의 개념을 배울 것이다.	① 학생은 6피트 거리의 그린에서 5회의 퍼트 중 3번을 성공할 것이다. ② 배드민턴 시합에서 학생은 75%의 성공률로 서브할 것이다. ③ 학생은 분산공간에서 2개의 다른 수준으로 3가지 다른 움직임의 경로를 이용하여 이동할 수 있는 방법을 정확하게 보여줄 것이다.

5. 관리 계획

(1) 관리 계획은 안전하고 효율적인 학습 환경을 조성하는 중요한 규칙, 상규적 행동 및 절차를 확인해 주는 역할을 한다.

(2) 그 계획은 수업에서 교사와 학생의 책임감에 대해서 알려줄 것이다.

(3) 전형적인 관리 계획은 다음 내용을 포함해야 한다.

　① 규칙의 결정과 발표

　② 체육관에 들어가고 나오는 절차

　③ 용기구의 분배, 관리, 수거 및 정리 절차

　④ 안전 규칙

　⑤ 출석 절차

　⑥ 주의집중과 시작/정지에 필요한 신호 결정

6. 학생의 학습 활동

(1) 모든 학습 단원은 학생이 내용과 상호작용하고 진술된 학습 목표를 배우도록 하는 일련의 계획된 학습 활동들을 포함한다.

(2) 단원을 시작하기 전에 교사는 학습 활동 목록을 선정하고 학생들에게 제시할 순서를 결정해야 한다.

(3) 그 다음 과제 제시, 과제 구조, 각 활동의 평가를 계획해야 한다.

7. 평가 또는 성적내기

(1) 단원을 시작하기 전에 교사는 학생의 학습을 평가하는 방법을 계획해야 한다. 그 계획에는 성적 산출 방법, 절차, 기준이 포함된다.

(2) 평가와 성적은 다음 사항을 고려하여 결정되어야 한다.

　① 평가 목표와 결과

　② 평가 방법(전통적 평가, 대안 평가, 실제 평가)

　③ 평가 시기(진단 평가, 형성 평가, 총괄 평가)

　④ 평가 계획 및 수행 방법

8. 교사의 역할과 임무

(1) 교사는 각 단원에서 자신에게 주어진 역할 기대와 임무를 인식하고, 순차적으로 그것들을 수행할 수 있는 계획을 수립하는 것이 중요하다.

9. 학생의 역할과 임무

(1) 각 단원에서 선택된 모형은 교사와 마찬가지로 학생의 의사결정 유형, 행동, 책임감을 제시한다.

　① 직접 모형은 학생에게 수동적 역할을 요구하는 반면, 상호작용 모형과 간접 모형은 능동적인 역할을 요구한다.

　② 어떤 모형에서는 학생에게 책임감을 거의 요구하지 않는 반면, 다른 모형에서는 학생에게 많은 의사결정과 선택권을 준다.

5 교수학습 과정안 작성

(1) 잘 짜여진 단원 계획은 각 교수학습 과정안의 계획을 활성화시킨다.

(2) 단원 계획과 교수학습 과정안은 서로 일관성을 유지해야 한다.

(3) 단원 계획이 청사진을 위한 골격이라면, 교수학습 과정안은 매 수업마다 교사를 안내하는 특정한 지도 방법과 세부 사항을 포함한다.

(4) 교수 학습과정안의 작성 방법에 여러 가지가 있지만, 대부분은

① 수업맥락의 간단한 기술	⑤ 과제 제시와 과제 구조
② 학습목표	⑥ 평가
③ 시간과 공간 배정	⑦ 수업 정리 및 종료의 공통요소를 포함한다.
④ 학습활동 목록	

(5) 단원 계획안과 마찬가지로 모든 모형에 적합한 단일 체육과 교수학습 과정안은 존재하지 않는다. 교사 중심 수업 모형에는 적합하나 상호작용 모형 및 학생중심 모형에 적용하기 어려울 수 있다.

교사중심 수업 모형	상호작용 모형 교사와 학생의 상호작용을 강조	학생중심 모형
직접교수 모형, 동료 교수 모형, 전술 게임 모형, 탐구 수업 모형	협동학습 모형, 스포츠 교육 모형, 개인사회적 책임감 지도 모형	개별화 지도 모형

1. 수업 맥락 기술

(1) 교수학습 과정안에는 수업에서 고려되어야 할 주요 요인, 즉 학생(학년 수준, 학생수, 장애 학생), 시간 또는 시수, 장소, 차시(10차시 중 4차시), 등의 총체적인 수업 맥락

(2) 분명한 것은 교사가 이 모든 요인들을 알아야 한다는 점이다. 수업 맥락에 대한 간단한 기술은 교사가 다음 시간에 그 내용을 지도할 때 수업을 상기할 수 있도록 도와준다.

2. 학습 목표

(1) 교사는 수업 전에 구체적인 목표를 세워야 한다.

(2) 학습 목표는 단원 계획에서 비롯되어야만 한다.

(3) 일반적으로 한 수업에서 1개 내지 3개의 목표이면 충분하다.

3. 학습평가

(1) 교수·학습 과정안에는 수업 목표를 평가할 수 있는 방법이 서술되어야 한다.

(2) 대부분의 평가는 이해 정도의 점검, 질문하고 대답하기, 교사 관찰, 또는 어느 정도 과제를 완수했는지 학생에게 질문하기 등과 같이 비공식적으로 이루어진다.

(3) 평가가 공식적으로 이루어지려면, 교수학습 과정안에 평가가 이루어질 수업 차시를 명시하고, 평가의 관리 및 절차상의 고려사항이 제시되어야 한다. 평가에 필요한 시간 배정, 평가 운영 방법, 필요한 용·기구 및 자료의 조직에 관한 내용을 포함한다.

4. 시간과 공간 배정

(1) 교사는 사전에 수업 시간, 수업 환경 설정, 관리 방법에 대해서 생각할 필요가 있다.

(2) 수업 시간

① 대략적으로 추정하여 계산하는 것으로, 분 단위로 계획할 필요는 없다. 이것은 수업이 진행됨에 따라 변경될 수 있는 출발 시점과 종료 시점의 역할을 한다.

② 수업이 끝난 후 교사는 다음 수업에 도움이 되기 위해 실제적으로 각 에피소드마다 몇 분이 소요되었는지를 적어야 한다. 이러한 반복 과정을 통하여 교사는 정확하게 시간을 할당하는 방법을 배울 것이다.

(3) 공간 배정 계획

① 교사가 각 활동에 필요한 학습 환경의 조직을 쉽게 알아볼 수 있는 간단한 도해로 만들어져야 한다.

② 이것은 학습 활동 장소가 너무 가까이 있는지, 너무 멀리 떨어져 있는지, 안전한지, 또는 대기 시간 증가의 원인이 되는 병목(bottleneck) 현상이 나타나는 결과를 초래했는지를 시각적으로 볼 수 있도록 한다.

5. 과제 제시와 과제 구조

(1) 교수·학습과정안은 다음 사항을 고려하여 작성해야 한다.

① 학생의 흥미를 유발시킬 수 있는 수업 도입

② 과제 제시에 적합한 모형과 단서 사용

③ 학생에게 방향을 제시할 과제 구조 설명

④ 이해 정도 점검

⑤ 다양한 과제의 계열성과 진도(1차시분)

6. 수업 정리 및 종료

(1) 잘 계획된 수업은 학생들에게 수업 내용의 참여를 다시 한 번 제공하는 정리 및 종료 시간으로 끝마쳐진다.

(2) 가장 좋은 정리 부분은 학생에게 학습내용의 핵심인 단서를 기억하고, 무엇을 배웠고 왜 그것이 중요한지를 질문함으로써 수업 내용을 다시 한번 생각하도록 한다.

(3) 단원 계획에서 적합한 학습 과제를 선택하고 과제 순서에 맞게 학습 활동 목록을 만든다.

7. 다양한 수업 모형에 교수학습 과정안을 적용하기

(1) 교수학습 과정안은 이전에 논의했던 단원계획안처럼 각 교수학습 과정안은 교사에 의해 선정된 모형에 따라 특징적인 내용들을 포함한다.

(2) 즉, 단원계획안처럼 어떤 교수학습 과정안도 모든 수업 모형에 꼭 맞을 수가 없다.

6 질문 과정을 통한 수업 계획

(1) 교수학습 과정안의 근본 목적은 수업에서 학생의 학습 기회를 극대화함으로써 효과적인 수업을 하는데 있음을 기억하라. 수업 전 교사가 질문을 하면서 수업을 계획하는 것이 도움이 된다는 사실이 발견되었다. 질문 과정 그 자체를 통하여 교사는 교수학습 과정안을 만들게 된다.

(2) 교사는 수업이 진행됨에 따라 계획이 변경될 수 있고, 수업 중 즉흥적으로 새로운 계획을 세워야 하는 가능성이 있음을 알아야 한다. 이것을 상호작용 계획(interactive planning)이라고 부른다.

(3) 상호작용 계획은 실제 수업 시간에 발생하는 것과 같이 교사가 수업에서 예상하지 못한 사건에 대응하기 위해 의사결정하고 실행하는 것을 의미한다.

1 기준과 평가의 연계

• 평가는 프로그램의 기준이나 다른 학습 결과 지표로서 프로그램의 성공을 가늠하는 중요한 연계를 제공한다.

2 평가 개념과 용어 `19 지도사` `20 지도사`

1. 총평(assessment)과 평가(evaluation)

(1) 총평(assessment)

① 학생의 지식, 수행이나 행동에 대한 정보를 모으는 것이다.

② 학생들이 수업, 단원, 프로그램에서 학습한 내용을 자료화하기 위한 정보를 수집하고 분석하는 데 이용된 과정들까지 포함한다. 총평은 단순히 학습한 내용을 기술하거나 측정하는 것이다.

③ 체육 수업에서 교사들이 교수법과 프로그램 개선에 필요한 의사결정을 위하여 학생들이 학습한 내용을 알려고 하는 것은 총평이다.

⑩ 소프트볼 경기의 선수가 경기에서 5득점을 했다. "5득점"은 경기를 종합적으로 기술하는 총평이다. 그러나 5득점이 승리를 이끄는 데 충분하다는 것을 의미하지 않는다.

(2) 평가(evaluation)

① 학생의 지식, 운동수행, 행동 등 정보의 가치나 질(quality)에 대한 판단을 내리기 위한 정보를 활용, 유용성의 판단과 관련된다.

⑩ 소프트볼 경기의 승리라는 목표를 팀이 얼마나 잘 만족시키는지 평가하려면 상대 팀의 점수도 알아야 한다. 상대 팀 점수가 5점 이상이면 당신의 팀 점수는 경기를 이기기에 충분하지 못한 것이고, 상대 팀 점수가 5점 이하라면 당신의 팀은 경기에서 이기기에 충분히 득점한 것이다.

(3) 성적 부여는 총평으로 시작되어 평가로 연결된다.

① 총평단계는 학생이 얼마나 옳은 답을 많이 내었으며 백분위 점수는 얼마나 획득하였는지 산정하는 것을 포함한다.

② 평가단계는 학생들이 성공했는지 실패했는지, 그리고 어느 정도의 수준(D, C, B, A)으로 성공했는지 나타내기 위하여 교사가 정답의 수, 점수 및 득점을 문자 형태로 변형한다.

참고문제	2019년 지도사 2급

5. 〈보기〉의 대화에서 평가의 개념과 목적을 <u>잘못</u> 이해하고 있는 지도자는?

―〈보 기〉―

박 코치: 평가의 유사개념에는 측정, 사정, 검사 등이 있는 것으로 알고 있습니다.
정 코치: 네, 측정이나 검사는 가치 지향적이고 평가는 가치 중립적인 활동입니다.
김 코치: 평가는 학습자의 학습 상태와 지도에 관한 정보를 제공할 수 있습니다.
유 코치: 그래서 평가는 지도 활동에 대한 피드백이 될 수 있습니다.

① 박 코치
② 정 코치
③ 김 코치
④ 유 코치

참고문제	2020년 지도사 2급

20. 체육 프로그램을 지도할 때 학습자 평가의 목적으로 가장 거리가 <u>먼</u> 것은?

① 교수-학습의 효과성 판단
② 학습자의 체육 프로그램 참여 및 향상 동기 촉진
③ 교육목표에 따른 학습 진행 상태 점검과 지도 활동 조정
④ 학습 과정을 배제하고 결과 중심으로 순위를 결정하기 위해 활용

(4) 대개 복장, 수업 참여, 노력, 행동과 같은 비수행(non-performance) 준거를 측정하는 평가는 거의 이루어지지 않는다. 혼돈의 가능성을 줄이기 위하여 주요 사용 용어로 총평을 평가(assessment)로 사용할 것이다.

2. 평가 시기 `17 지도사` `19 지도사`

(1) 평가 정보는 세 가지 시간계획에 따라 수집된다.

2-1. 수시 평가(continuous assessment)

(1) 단원별 각 학습 과제가 수행되는 동안에 이뤄진다.

(2) 이 평가는 최신(up-to-the-minute) 정보를 제공함으로써 학생들이 현재 과제에 머물러 있어야 하는지 다음 과제로 넘어가도 되는지 등 교사들이 학습 진도에 대한 의사결정을 하는데 이용될 수 있다. 그 기간 동안 교사가 다음 수업이나 현재의 수업에서도 얼마든지 변화를 도모할 수 있도록 해준다.

예 개별화 지도 모형은 모든 수업에서 학생들에게 정보를 제공하는 수시 평가기법만을 활용하고 있다.

2-2. 형성 평가(formative assessment)

(1) 한 단원이 지도되는 동안 정기적으로 2차시 또는 3차시마다 이루어진다.

(2) 이 평가는 단원이 진행되는 동안 학생 학습에 관한 중간단계(mid-stream)에 피드백을 제공하여 그 단원 내에서 너무 늦지 않은 시기에 변화를 유도할 수 있다.

(3) 형성 평가는 수업 중간 즈음에 이루어져 교사가 지도 시간을 그대로 유지하면서 변화를 줄 만큼 충분한 정보를 제공한다.

2-3. 총괄 평가(summative assessment)

(1) 매 단원이 끝날 시기에 이루어지며, 교사에게 전체 수업 시수 동안 달성된 학습량을 판단할 수 있도록 한다.

(2) 이 평가는 의도된 학습 결과의 대부분이나 전체를 포함하기 때문에 많은 정보가 산출된다. 총괄 평가는 전형적으로 학생의 준비 시간(예 시험을 위한 공부)과 교사의 구성 시간이 많이 요구된다.

(3) 총괄 평가가 수시 평가나 형성 평가보다 더 많은 정보를 제공하는 반면, 교사는 다음 번 그 단원을 가르칠 때까지 그 평가 정보를 사용할 수 없게 되는 제한점이 있다.

수시평가	형성평가	총괄평가
일일 자기 점검 수행 과제	간단한 주간 퀴즈	지필 검사
과제 제시 이후 이해도 점검	각 기능 요소 수행 이후 동료 점검 과제	단원 말 운동 기능 검사
수업 중 몇 차례의 목표 심박수 점검	체력활동 주간 기록지	단원 말 체력 검사

참고문제	2017년 지도사 2급

18. 체육 활동 지도 초기에 참여자의 수준과 상태를 파악하고, 효과적인 교수·학습 전략을 수립하기 위해 실시하는 평가는?

  ① **진단평가**   ② 형성평가   ③ 총괄평가   ④ 수시평가

참고문제	2019년 지도사 2급

14. 〈보기〉의 대화에서 각 지도자들이 활용하고 있는(활용하고자 하는) 평가 유형이 바르게 나열된 것은?

─〈보 기〉─

이 감독: 오리엔테이션 때 학생들에게 최종 목표를 분명하게 얘기했어요. 그 목표의 달성 여부를 종합적으로 확인하기 위해 시즌 마지막에 평가를 실시할 계획이에요.

윤 감독: 이번에 입학한 학생들은 기본기가 많이 부족했어요. 시즌 전에 학생들의 기본기 수준을 평가했어요.

김 감독: 학교스포츠클럽에서 배구를 가르칠 때 수시로 학생들의 기본기능을 확인하고 있어요.

	이 감독	윤 감독	김 감독
①	총괄평가	형성평가	진단평가
②	**총괄평가**	**진단평가**	**형성평가**
③	진단평가	형성평가	총괄평가
④	진단평가	총괄평가	형성평가

3. 기초 원리 수행

(1) 모든 평가는 학생 수행의 점수나 다른 지표를 산출한다.

(2) 그리고 모든 점수들은 이해할 수 있는 수준으로 교사에 의하여 일정 수준으로 해석되어야 하는데, 해석은 활용된 평가 기법이 규준 지향(다른 학생과 상대적 서열 비교) 또는 준거지향 여부(특정 영역의 완전학습 기준과 비교)에 따라 달라진다.

4. 평가 계획의 조직

(1) 모든 평가 기법의 수행을 위해서는 교사의 조직적인 계획이 요구된다. 평가는 그냥 이루어지는 것이 아니라, 사전에 필요한 정보량과 복잡성에 따라 시행된다.

4-1. 비공식적 평가(informal assessment)

(1) 사전 계획 또는 수업 시간을 거의 필요로 하지 않는다.

(2) 교사는 과제 전개에 대한 의사결정을 즉각적으로 해야 하거나 현재 활동에 대한 흥미를 가늠하기 위하여 다양한 비공식적 평가 기법을 이용할 수 있다.

> 예 이해 점검(checking for understanding)은 학생들이 과제 발표나 경기 규칙의 설명과 같은 정보를 짧은 시간 안에 얼마나 많이 기억하고 있는지 판단하는 데 활용된다. 교사는 간단히 학생들에게 들은 것과 본 것을 상기하도록 하여, 학생들이 거기에서 더 나아갈 준비가 되어 있는지 알고자 한다.

4-2. 공식적 평가(formal assessment)

(1) 교사나 학생 모두가 평가를 계획하고 실행하는데 보다 많은 시간을 소요한다. 학생은 전형적으로 이 평가에 대한 사전 공지를 받고 많은 시간을 소요한다.

비공식적 평가	공식적 평가
과제 제시 이후 이해도 점검	기능의 주요 요소들에 대한 지필 퀴즈
얼마나 많은 학생들이 이 연습에서 5개의 골을 넣는 것에 성공했는지 손들게 하기	교사가 축구 슛 기능 검사를 하면서 학생이 성공한 것과 실패한 것을 세기
학생에게 "지금 심장 박동이 어렵게 느껴지는 사람은 얼마나 되나요?"라고 묻기	학생들이 목표 지역(target zone)에 있는지 알아보기 위하여 맥박을 세도록 지시
학생에게 "여러분들 중 스케이트보드를 좋아하는 사람은 얼마나 되나요?"하고 묻기	학생들이 스케이트보드에 대해서 좋아하는 것을 다섯 가지 쓰도록 하기

3 체육 교과에서의 전통 평가

(1) 유형: 비공식적인 교사 관찰, 표준화된 기능 검사, 체력 검사, 지필 검사, 심리적 척도와 검사 도구

1. 장점

(1) 제한된 범위 내에서 기능 검사, 체력 검사, 지필 검사, 심리 검사 도구는 평가의 기초가 되는 타당하고 신뢰로운 정보를 제공한다.

(2) 이 검사들은 매우 객관적인 방법으로 학생의 학습을 측정하고, 타당한 측정 기법과 도구를 사용하며, 일관성을 가지고 있다.

(3) 표준화된 기능 검사 및 체력 검사는 엄격한 기준으로 개발되며, 연령, 성, 능력면에서 유사한 피험자들을 대상으로 현장 검증이 이루어진다.

(4) 대부분의 기능 검사와 체력 검사는 규준지향 검사 유형으로, 서로 다른 연령, 성, 능력을 가지고 있는 집단을 측정하는 데 활용된다.

(5) 숙련된 전문가에 의해 개발된 내용, 절차, 채점법을 활용하기 때문에 교사들은 채점 방법을 설계하고, 타당화하며, 현장 검증을 하는 데 시간을 소비하지 않아도 되는 장점을 가지고 있다.

2. 단점

(1) 전통적 평가는 학교 체육 프로그램에서 제한적으로 사용된다는 단점을 가지고 있다.

(2) 체육 수업에서 양산되는 전형적인 수치와 관련지어 검사 설계의 실제 타당도에 초점을 두고 있다. (테니스 서브의 정확성 검사가 어떤 사람의 게임 능력을 측정하고 있는가?)

(3) 많은 교사들은 제한된 수업 시간과 대규모 교실에서 전통 평가를 사용할 때, 전통 평가의 단점인 실용성 문제에 봉착하게 된다. 학생 개개인에 대하여 교사가 통제해야 하기 때문에 학생의 학습과 동떨어진 시간을 소모하게 되는 것이다. 교사가 지도 시간이 아닌 평가에 추가적인 시간을 소비하기 때문에 결과적으로 학생들이 평가에서 낮은 수행능력을 낳는 이율배반적 상황에 봉착하게 된다. 결국 전통평가에서 걸리는 시간과 노고로 교사와 학생에게 제공하는 정보의 유형을 제한하게 되고, 학생의 학업 성취에 대해 풀리지 않는 의문들을 남기면서 의도된 학습 결과의 일부분만 강조하는 경향이 있다.

(4) 전통 평가는 종종 교사와 학생들이 이해하는 데 어려운 방식으로 이미 변형된 원자료를 요구한다. 통계적 처리는 해석하고 학생들과 의사소통하는데 특별한 전문성을 요구하는 정보를 생산해 낼 수 있다.

(5) 교사와 학생에게 지식, 운동 수행 및 체력 수준을 어떻게 향상시킬 것인지에 대한 방법을 제시하지 않은 채, 실제 학습과 기대 학습 사이의 차이를 제시하는 데 관심을 두고 있다.

4 체육 교과에서의 대안 평가

필요성	• 지식은 다양한 방식으로 표출될 수 있다. 따라서 학생의 학습을 평가할 수 있는 타당한 방법이 필요하다. • 학습 과정의 평가는 학습 결과를 평가하는 만큼 중요하다 • 여러 가지 유형의 학습 목적은 다양한 평가 방법을 필요로 한다. • 인지적 영역에서 상위 수준의 학습은 전통적인 기법으로 평가할 수 없는 독창적인 평가 방법을 필요로 한다.
유형	그룹 프로젝트, 멀티 미디어를 활용한 발표, 활동 일지, 개인 일지, 역할극, 구두시험, 보고 말하기 꼴라쥬, 교사와 학생 면담, 교사용·동료용·학생용 체크리스트 관찰, 포트폴리오(어떤 주제나 개념에 관한 학생의 지식을 나타낼 수 있는 여러 가지 작품을 수집하고, 정리하는 데 사용되는데, 포트폴리오에 필요한 주제를 구체화하고, 작품을 수집하는 과정은 포트폴리오 그 자체의 내용만큼 중요하다.), 루브릭.

1. 대안 평가 핵심

(1) 대안 평가의 핵심은 학생에 의해서 드러나는 학습의 질을 결정하는데 사용되는 루브릭을 점수화하는 일이다.

(2) 루브릭은 평가 기준을 학생에게 알리며, 완성된 작품이나 학업에 대하여 교사가 검토하는 기초 자료로 사용된다.

(3) 루브릭은 사전에 정한 언어(초급·중급·고급, 미완성·부분 완성·완성)나 수치(노력 바람·보통·잘함·매우 잘함)로 학습의 질을 표시한다.

(4) 루브릭을 만드는 7단계 과정(Goodrich, 1996~1997) 13 기출

단계	특징
① 모형 살펴보기	학생에게 이전에 평가했던 좋은 작품과 그렇지 않은 작품을 보여 준다.
② 기준들을 열거 및 논의	학생이 질 높은 작품을 구성할 수 있도록 모형을 활용한다.
③ 학습의 질적 단계 명료화	각 단계의 질이 다른 단계의 것과 무엇이 구별되는지 제시하고 논의한다.
④ 모형에 근거한 연습	학생이 모형을 가지고 루브릭을 활용하도록 한다.
⑤ 자기평가와 동료평가를 활용	과제가 끝날 때마다 주기적인 평가를 한다. 학생에게 지속적인 피드백을 제공한다.
⑥ 수정하기	5단계에 주어진 피드백에 기초하여 수정할 수 있는 시간을 제공한다.
⑦ 교사 평가 실시	학생이 배웠던 동일한 방식으로 루브릭을 활용한다.

장점	<u>교사가 계획한 특정한 학습결과를 평가</u>할 수 있다는 사실이다. 학생이 실제로 학습한 방법과 일치하는 방식으로 자신들의 학습을 평가받는 것은 당연한 일이다.
	루브릭의 사용은 학생에게 사전에 평가 과제의 수행기준을 알 수 있도록 한다. 루브릭은 학습 방법을 배우는 능력을 신장시킬 수 있다
	학생의 학업을 평가하는데 교사가 사용하는 일반적인 기준이 마련되어 있다는 교사의 검토과정에 객관성을 유지할 수 있게 하며, 학급에서 그리고 학급 간에 일관성 있는 평가를 가능하게 한다.
	<u>학생에게 학습에 대한 피드백을 제공하며, 학습을 향상시킬 수 있는 방법을 제공</u>한다.
단점	교사의 필요에 따라 이루어지기 때문에 수업에서 유용한 평가 방법을 고안하는데 많은 시간이 소모된다.
	학생이 준비하고 교사가 검토하는데 많은 시간이 요구된다.

10. 다음은 ○○ 중학교에서 2009 개정 교육과정에 따른 체육과 교육과정에 근거해 작성한 체육과 평가 계획서이다. 이 계획서에 대해 권 교사와 송 교사가 나눈 대화의 (가)~(라) 중 옳은 것만을 있는 대로 고른 것은?

영 역	영역형 경쟁-농구		평가 도구	루브릭(rubric)
평가 내용	루브릭을 활용해 농구 기본 기능(드리블, 패스) 평가			

채점 기준	수준\기능	매우 잘함 (5점)	보 통 (3점)	노력 요함 (1점)
	드리블	공을 쳐다보지 않고 손목의 스냅을 이용하여 드리블하며 공이 벗어나지 않는다.	공을 쳐다보지 않고 손목의 스냅을 이용하여 드리블하나 공이 벗어난다.	공을 쳐다보고 드리블하며 공을 자주 놓친다.
	패 스	수비자의 움직임을 예측하여 정확하게 패스하고 상황에 맞게 적절한 방법으로 패스한다.	패스의 동작과 방향이 대체로 정확하나 상황에 맞는 적절한 패스를 하지 못한다.	패스가 부정확하고 상황에 맞는 적절한 방법으로 패스를 하지 못한다.

이 름	드리블(5점)	패 스(5점)	총점(10점)
김 ○○			
오 ○○			

권 교사: 제가 '경쟁 활동' 영역의 평가를 위한 계약서를 작성해 보았습니다. 선생님께서 한번 검토해 주세요.

송 교사: 평가 도구로 루브릭을 활용하셨군요? (가) 루브릭은 학생에게 학습에 대한 피드백을 제공해 주지 못하는 것이 단점이죠.

권 교사: 아, 그런가요? 아무튼 저는 채점 기준 만드는 절차에 신경을 썼어요. 우선 (나) 평가 과제 성공 여부를 확인할 수 있는 수준을 정한 다음에 각 수준에 적합한 점수를 정했습니다.

송 교사: 그건 그렇고 이 계획서의 평가 내용은 2009 개정 교육과정에 따른 체육과 교육과정에 제시된 평가의 방향과 상반되는 것 같아요. (다) 2009 개정 교육과정에 따른 체육과 교육과정에 부합되게 보완하려면 농구 기능에만 편중하지 말고 가급적 다양한 평가 요소를 제시해야 할 것 같습니다. 그렇지만 (라) 루브릭으로는 정의적 영역을 평가할 수 없습니다.

① (가), (나)　　　② (나), (다)　　　③ (가), (나), (다)　　　④ (가), (다), (라)　　　⑤ (나), (다), (라)

[정답] ②

[해설] • (가): 전통평가의 단점이다. 농구 자유투 개수처럼 학습결과에 대한 정보만 알게 되어 성취행동에 대한 구체적인 피드백을 줄 수 없다. 루브릭은 평가기준표라고도 하며 이를 근거로 학습에 대한 피드백을 줄 수 있다.

　　• (라): 루브릭은 교사가 계획하거나 요구된 행동 즉, 정의적 영역의 태도를 체크리스트와 평정척도 형태로 평가할 수 있다.

2. 체육 교과에서의 실제 평가

(1) 수행 평가라고 불리는 실제 평가는 학교에서 배운 학생 지식이 제시되는 실제 상황이나 모의 상황에서 시행되는 평가 방법을 의미한다.

(2) 게임수행 평가도구(Game Performance Assessment Index: GPAI, Grifsn, Mitchell, Oslin, 1997)는 경기 동안에 이루어지는 참여, 기능, 전략, 의사결정과 같은 여러 가지 범주로 운동수행을 분석하도록 한다.

(3) 실제성(Authenticity)은 학생의 지식이 실제 생활에 적용하는 방식으로 평가되는 정도에 따라 결정됨을 주지해야 한다.

게임수행 평가도구(GPAI)구성요소	
적응하기	게임 진행에 필요한 수행자가 공격적인 움직임과 수비적인 움직임.
의사결정하기	게임 중에 공을 가지고 수행할 내용에 대한 적절한 선택하기.
돌아오기	수행자가 기술시도를 하면서 홈 또는 제자리로 적절하게 돌아오기.
보조하기	소속팀이 공을 가지고 있을 때 패스를 받을 수 있는 위치로 움직이기.
기술 수행하기	선정된 기술의 효과적인 수행.
커버하기	공을 가지고 있는 팀원이 경기를 하거나 공에게 다가갈 때 지원하기.
가드/마크하기	공을 가지고 있거나 그렇지 않은 상대 팀원에 대해 수비하기.

참고문제	2016년 지도사 2급

15. 실제 스포츠활동 상황에서 참여자가 알고 있는 것과 할 수 있는 것을 평가하는 방법은?

① 형성평가   ② 상대평가   ③ 절대평가   **④ 수행평가**

참고문제	2020년 지도사 2급

3. 멕티게(J. McTighe)가 제시한 개념으로 학습자가 배운 내용을 경기상황에서 구현하는 정도를 평가하는 방법은?

① **실제평가(authentic assessment)**   ② 총괄평가(summative assessment)
③ 규준지향평가(norm-referenced assessment)   ④ 준거지향평가(criterion-referenced assessment)

PART 5
8가지 체육 수업 모형

제 1장

모형 중심 체육 수업

(체육교수이론, 박정준, 손천택)

1 모형 중심 체육 수업의 필요성 16 기출

(1) 체육이 추구하는 중요한 목표, 신체적, 지적, 정의적으로 잘 교육된 학생을 길러내기 위해서는 어느 한 가지 방법으로 계속해서 가르칠 수 없다.

→ 운동능력이 각기 다른 학생들을 다양한 체육교육 내용으로 지도하여 세 가지 목표 모두를 달성할 수 있는 한 가지 특별한 지도방법이 존재하지 않기 때문이다.

(2) 체육이 추구하는 세 가지 목표, 즉 심동적 목표 , 인지적 목표 , 정의적 목표 를 운동 능력이 다양한 학생들에게 효과적으로 가르치기 위해서는 다양한 수업 모형을 이해하고 활용할 수 있는 능력을 갖추어야 한다.

① 가장 좋은 수업 모형은 학생들의 학습 활동에 도움이 되는 모형이다. 각 수업 모형은 학생들의 학습 활동을 효율적으로 돕기 위한 일종의 청사진이라고 할 수 있다.

② 각 수업 모형에는 교사와 학생들이 결정하고, 계획하고, 행동해야 할 특성들이 있으며,

③ 교사는 어떤 특성의 수업 모형을 어떤 학생들에게 사용하는 것이 가장 효과적인지 잘 알고 있어야 한다.

(3) 수업 모형 중심 체육 수업 개념이 도입되기 전 수업에 가장 크게 영향을 미치는 요인

① 교과 내용을 중심(축구, 농구, 배구 등과 같은 스포츠 종목)으로 수업을 조직하여 운영

② 즉, 수업이 목표와 그것을 달성하는 데 적합한 모형이 중심이 되지 않고 축구, 농구, 배구 등과 같은 교과 내용으로 조직, 운영되어 왔다.

→ 학습지도 대상이 달라져도 같은 내용과 방법으로 가르치려는 경향이 생겨나게 된다.

(4) 특정 스포츠와 같은 교과 내용을 가르치는 데 적합한 지도 방법이 있으며, 그것은 학년이나 운동 능력에 관계없이 효과적으로 가르칠 수 있다고 가정하기 때문이다. 아직도 적지 않은 교사들이 그러한 생각으로 단원을 계획하고 있다.

(5) 교과 내용 중심으로 단원을 계획하는 것을 무조건 반대하자는 것이 아니라 어떻게 가르치는 것이 원하는 목표를 효과적으로 달성할 수 있는지를 깊이 고민해야 한다는 것이다.

① 수업이 목표와 관련하여 효과적으로 이루어지기 위해서는 교과 내용뿐만 아니라 목표 영역, 학습결과, 학생들의 발달 단계와 학습 선호, 과제 구조, 학습 과제의 계열성, 학습의 평가 등과 같은 다른 요인들을 함께 고려해야 한다.

② 교사들이 이와 같은 영향 요인들을 고려하여 그에 적합한 수업을 계획하는 것을 모형 중심 수업이라고 한다. 모형 중심 수업에서는 축구, 농구, 배구 등과 같은 교과 내용이 아닌 수업 모형을 중심으로 단원을 조직하고 운영한다.

(6) 모형 중심의 수업에서는 학습에 중요하게 영향을 미치는 요인이 바뀌면 그에 따른 수업 모형이 달라진다.

① 단원이 추구하는 목표가 달라지면 그에 따라 선택하는 수업 모형이 달라질 수 있다.

② 같은 내용을 다른 의도로 수업하는 경우에도 그에 따른 수업 모형이 바뀌게 된다.

이 교사는 학생 각자가 고난도 기술을 학습할 수 있도록 '개별화 지도 모형'을 선택하고, 박 교사는 학생들이 축구에 대한 전략적 지식을 개발할 수 있도록 '전술게임 모형'을 선택하면, 두 교사 모두 중학생들에게 같은 축구를 가르치지만 그것을 어떻게 가르칠 것인지는 축구라는 단원 내용보다 기대하는 학습 결과와 그 밖의 다른 요인을 고려하여 결정하게 된다.

(7) 체육은 추구하는 목표가 다양하고, 가르쳐야 할 내용도 광범위하며, 수업도 역동적(주지 교과 교사들은 늘 같은 교실에서 수업을 하지만, 체육교사들은 체육관, 운동장, 강당, 아스팔트, 로프 코스^rope course 등에서 다양한 목표나 의도로 다양한 특성의 학생들을 가르친다.)

→ 수업목표, 내용, 상황에 적합한 수업 모형을 선택하여 가르쳐야 기대하는 학습 효과를 얻을 수 있다.

130 | 2016학년도

8. 다음은 체육교사들의 대화이다. 모형 중심 체육 수업 관점에 근거하여 〈작성 방법〉에 따라 박 교사와 정 교사의 교수·학습방법 설계의 문제점과 해결 방안을 논하시오. [10점]

> 김 교사: 축구 수업에서 체육 수업 모형을 하나 선택해서 적용해 보려 합니다. 선생님들의 생각은 어떠세요?
> 박 교사: 뭘 그렇게 복잡하게 가르치려 해요. 축구 수업을 하는 순서는 대개 정해져 있어요. 드리블, 패스, 슛 등과 같은 기초 기능을 순서대로 가르치고, 학생들의 기능 수준이 어느 정도 되면 경기하는 식으로 수업을 전개하면 돼요. 그리고 한 차시 수업에서는 시범을 정확하게 보이고, 학생들을 연습시키면 돼요. 저는 이를 다른 수업에도 적용하고 있어요. 선생님도 이런 방식으로 수업해 보세요. 몇 번 가르치다 보면, '아! 이렇게 가르치면 어떤 종목에도 적용할 수 있겠구나!'하는 자신만의 노하우가 생길 거예요.
> 정 교사: 저는 교수 전략만 잘 세우면 된다고 봐요. 한 차시 수업은 발문이나 과제 제시, 과제 연습과 피드백, 학습자 관리, 평가 등으로 구성되는데, 교수 전략은 각각의 수업 활동에서 교사와 학생이 수행해야 하는 역할을 명확히 해 줘요. 단원의 계획보다는 한 차시 수업에서 상황에 맞는 교수 전략들을 그때그때 사용해도 수업 목표를 달성할 수 있어요.
> …(하략)…

───── 〈작성 방법〉 ─────

○ 체육 수업 모형의 개념을 제시할 것.
○ 박 교사와 정 교사의 문제점을 각각 1가지씩 순서대로 제시할 것.
○ 각각의 문제점에 대한 해결 방안을 제시할 것.

[해설] (서론성격) 모형에 대한 포괄적인 개요에 대해 쓰면 된다.(체육 수업 모형은 바람직한 체육 수업이 가지고 있는 속성과 특징을 한 눈에 볼 수 있게 하는 종합적이고 구조화된 수업 설계도라고 볼 수 있다.) 모형은 이론을 갖고 있고 장기적인 수업계획(키워드)이 있다.
(본론성격) 박교사는 활동위주가 문제점이다. 학생 수준이나 상황, 수업상황을 고려하지 않고 자신만의 방식으로 수업. 상호작용 없다. 정교사는 교수전략 중심이 잘못되었다.
(결론성격) 박교사 해결책은 열린 답안(심인정 창의 인성활동을 동시에 통합적으로 지도해야한다.), 정교사 해결책은 모형은 단원계획에 적용하는 것이니까 단원계획을 우선적으로 고려해야 한다.
→ 수업에 활용할 수 있는 적절한 수업 모형을 선정. 수업 모형이 키워드. 요건

2 모형 중심 체육 수업 전략

(1) 수업 전략은 각 모형을 견고하게 유지시켜주는 벽돌과 회반죽과 같은 것이며, 각 모형이 독특한 모습을 갖고 기대하는 방향으로 진행되도록 하는 역할을 한다. 수업 전략은 수업이나 단원의 구체적인 목표를 달성하기 위해 수업 전에 결정하는 일단의 계획된 행동을 말한다. 수업 전략은 교사가 수업을 진행하면서 학습자들과의 관계 속에서 발휘하는 교수 기능과 달리 수업 계획의 일환으로 결정하는 학습지도 계획이다. 즉, 수업 전략은 수업의 세부 내용을 어떻게 진행시킬 것인지에 대한 교사의 의도라고 할 수 있다.

(2) 수업 전에 결정된 일단의 수업 전략은 각 수업 모형의 특징을 나타낼 뿐만 아니라 수업이 목표 방향으로 진행되도록 유도하는 역할을 한다. 즉, 목표와 일치된 학습 활동을 하여 기대하는 학습 결과를 달성할 수 있도록 하는 역할을 한다. 모형에 따라서 한두 가지 수업 전략에 의존하는 수업 모형이 있는가 하면 여러 수업 전략에 의존하여 결정되는 수업 모형들도 있다. 다만, 각 수업 모형에 활용되는 수업 전략은 그 수업 모형 이론과 그것의 의도나 계획과 일치하는 경우에만 동원된다. 교수 전략은 크게 수업운영 전략과 학습지도 전략으로 구분할 수 있다.

(3) 모든 수업 모형은 교사의 수업운영 계획과 밀접한 관계가 있다. 교사가 어떤 수업운영 계획을 어떻게 세우느냐에 따라 각 수업 모형이 추구하는 목표와 얻게 되는 학습 결과가 크게 달라질 수 있기 때문이다. 수업운영 계획은 수업 모형과 일치해야 하며, 가장 바람직한 수업운영 계획은 바람직한 행동을 유도하는 능동적 수업운영 전략이다. 이탈행동이 전혀 없는 수업을 상상할 수는 없지만 이 책에서 제안한 능동적 수업운영 방법을 사용하면 과제 이탈, 학습 방해, 학습 침해 등과 같은 부적절한 행동을 크게 감소시킬 수 있다.

(4) 학습지도 전략은 수업에서 의도하는 학습 결과를 증진하는 데 직접적으로 기여하는 광범위한 교수 활동을 말한다. 수업운영 전략이 학습이 일어나도록 환경을 조성하는 것이라면, 학습지도 전략은 학생들이 학습 과제에 적극적으로 참여하도록 유도하는 교수 활동이다. 학습지도 전략은 학생들의 학습을 촉진하기 위해 수업 전에 선택하는 각종의 수업 계획을 말한다. 체육교사들이 선택하는 중요한 수업 전략들로서는 과제 전달, 과제 구조, 과제 참여, 학습 활동, 학생 안전 등이 있다.

(5) 수업 전략은 교사의 명제적 지식과 절차적 지식을 연결하는 교량적 역할을 한다고 할 수 있다. 명제적 지식은 수업운영 전략과 학습지도 전략을 세우면서 구체화된다. 이는 각 수업 모형은 그 모형의 정체성을 밝히는 일단의 고유한 수업 전략들을 필요로 하며, 그것이 곧 특정 단원의 목표 달성에 필요한 교수·학습 행동을 결정한다는 의미이다. 체육이 가르쳐야 할 내용과 그것을 학습하는 학생들의 다양한 발달수준이나 특성을 생각하면 체육수업에 필요한 교수 전략은 수 없이 많을 수 있다. 그러나 각 수업 모형이 요구하는 구체적인 수업 전략은 그 모형의 이론적 근거나 그것이 의도하는 학습 목표와 관련하여 결정되므로 체육 수업에 실제로 활용되는 수업 전략은 그렇게 많다고 할 수 없다.

3 체육 수업 모형

(1) 모형 중심 체육 수업이 왜 필요한지, 모형 중심 체육 수업은 어떤 전략적 선택을 해야 하는지 등을 어느 정도 이해하였으므로 이제는 각 수업 모형을 보다 구체적으로 이해하고, 주어진 단원의 목표를 달성하는 데 적합한 수업 모형을 선택하여 사용하는 방법을 이해할 필요가 있다. 이 책에서는 체육 수업에 적용하면 효과적인 것으로 입증된 8가지 체육 수업 모형을 소개하고, 각 수업 모형의 특징과 효과적인 교수법에 대해서 논의할 것이다.

(2) 수업 모형을 이해할 때 두 가지를 꼭 기억할 필요가 있다.

① 첫째, 각 모형은 특정 학습 결과를 증진하기 위해서 개발되었다는 것이다. 이는 한 가지 수업 모형으로 체육이 추구하는 모든 목표를 달성할 수 없다는 의미이다. 그래서 신체적, 지적, 정서적으로 잘 교육된 인간을 길러내기 위해서는 한 가지 이상의 수업 모형을 사용해야 한다는 것이다.

② 둘째, 각 수업 모형의 효율성은 사용하는 교사가 그 모형의 본래 의도를 얼마나 충실히 따르느냐에 따라 크게 달라진다는 것이다. 즉, 특정 학습 목표를 달성하기 위해 개발한 수업 모형을 개발 의도나 목적에 따라 사용하지 않으면 기대하는 학습효과를 얻을 수 없다는 것이다. 각 수업 모형은 교사의 교수·학습 활동을 도와주는 도구이므로 단원에 적합한 모형을 선택하여 사용하면 그 모형이 의도하는 학습 목표를 실제로 성취할 가능성이 높다.

4 8가지 체육 수업 모형

• 수업이 목표와 관련하여 효율적으로 이루어지기 위해서는 <u>의도하는 학습 목표, 학생의 발달 단계, 과제의 계열성, 학습의 평가 등과 같은 요인들을 함께 고려해야 한다.</u> 이와 같은 모든 요인들을 중요하게 고려하여 수업을 계획하는 것을 모형 중심 수업이라고 한다. <u>체육은 추구하는 목표가 다양하고, 가르쳐야 할 내용도 광범위하며, 수업도 역동적으로 이루어지므로 그에 적합한 수업 모형을 선정하여 가르칠 필요가</u> 있다.

• 각 수업 운영 전략은 그것이 사용되는 수업 모형과 일치해야하며, 각 수업 모형에 동원된 수업 전략은 능동적 교수 기능과 적절히 결합하여 사용해야 기대하는 효과를 얻을 수 있다.

교사중심 모형 (교사 > 학생)	상호작용 모형 (교사 = 학생)	학생중심 모형 (교사 < 학생)
• 직접교수 모형 • 동료교수 모형 • 전술게임 모형 • 탐구수업 모형	• 협동학습 모형 • 스포츠교육 모형 • 개인적·사회적 책임감지도 모형	• 개별화 지도 모형

제 2 장

직접교수 모형
(direct instruction model)

1 개요 06 기출

[그림 2-1] 직접지도 모형의 수업 장면

1. 주요 내용(특징, 목적, 핵심)

(1) 특징: 교사 중심의 의사결정과 교사 주도적 참여 형태를 특징으로 한다. 학생들의 학습 행동도 교사에 의해 결정된다.

(2) 목적: 학생들이 연습 과제와 기능 연습에 높은 비율로 참여하도록 하기 위해 수업 시간과 자원을 가장 효율적으로 이용하는 데 있다. 06 기출

(3) 직접교수 모형에서 교사는 분명한 학습목표를 가지고 학생들에게 기술/기능 및 개념을 교사의 시범을 포함한 모형(model)과 함께 제시하며, 학생들이 과제를 연습하고 있을 때에는 <u>긍정적, 교정적 피드백과 같은 가능한 한 많은 강화 피드백</u>을 사용하면서 학생들의 학습활동을 주도하고 조절하게 된다.

(4) 학생들은 많은 의사결정을 할 수 없으며 교사의 지도에 충실히 따르도록 가정된다.

(5) 핵심: 학생들이 교사의 지도하에 가능한 한 많이 연습하게 하며 교사로 하여금 학생들이 연습하는 것을 관찰(monitoring)하고, 학생들에게 긍정적이고 교정적인 피드백을 제공하는 비율을 높이게 하는 것이라 할 수 있다.

2. 단원 내용 및 교사의 수업 활동

(1) 직접교수의 단원 내용은 과제 분석을 통해 운동 수행 영역과 지식 영역으로 분류하며 내용 영역의 목록을 만든다. 각 기능과 지식은 학생이 연습하고 학습해야 하는 특정 수행 과제를 포함한다.

(2) 학생의 학업성취를 증진하기 위해 미리 정해져 있는 교사의 수업 활동을 다음과 같이 실행한다[로젠샤인 (Rosenshine), 1983].

① 교사는 학습을 구조화한다.

② 교사는 각 수업 단계를 활기차게 진행한다.

③ 교사는 상세하고 풍부한 수업과 설명을 한다.

④ 교사는 많은 질문을 하고 명확하고, 활동적인 연습을 제공한다.

⑤ 교사는 학습 초기 단계에서 피드백을 제공하고, 잘못된 부분을 교정해 준다.

⑥ 학생은 초기 학습 과제에서 80% 이상의 성공률을 달성할 수 있어야 한다.

⑦ 교사는 많은 양의 학습 과제를 소량의 과제로 세분한다.

⑧ 학생이 학습 과제를 자신감 있고 정확한 동작으로 90~100%의 성공률에 도달할 수 있도록 많은 연습 시간을 제공한다.

3. 직접교수 모형을 활용한 수업의 6단계[로젠샤인(Rosenshine), 1983] 05 기출 20 지도사

(1) 1단계: 전시과제 복습

① 직접교수 모형을 활용한 수업은 이전 수업내용을 간단히 복습한 다음 시작한다. 이것은 교사의 수업 도입 (set induction)으로 간주되며, 헌터(Hunter)의 모델에서 선행단계(anticipatory set)로 불린다.

② 이 단계에서는 이전에 배웠던 가장 핵심적인 기능이나 개념들을 다루어야 한다. 복습은 다음과 같이 4가지 중요한 기능을 한다.
  ㉠ 학생이 이전 수업에서 얼마나 학습 했는지를 이해하는 데 도움이 된다.
  ㉡ 학생이 이전에 배웠던 내용을 좀 더 최근의 기억으로 회상시키도록 도와준다.
  ㉢ 학생이 전 시간에 배웠던 내용을 생각하게 함으로써 학습 환경을 즉각적으로 조성할 수 있도록 한다.
  ㉣ 이전 수업과 현재 수업의 학습 과제를 연결할 수 있도록 한다.

(2) 2단계: 새로운 과제 제시

① 수업 도입단계가 끝나면 교사는 바로 학생이 배우게 될 새로운 내용(개념, 지식, 기능)을 제시한다.

② 교사가 새로운 내용을 학생에게 설명하거나, 시범을 통해 과제를 제시한다.

③ 과제 제시는 학생이 새로운 내용이 무엇이고 그것을 어떻게 수행해야 하는지에 대해 언어적/시각적인 정보를 통해 얻게 된다.

④ 이것은 학생에게 능숙한 운동 수행 모습이 어떤 것인지에 대한 전체적인 밑그림과 느낌을 제공하게 된다. 물론 이 내용은 학생의 연령과 발달 단계에 맞게 제공되어야 한다.

(3) 3단계: 초기 과제 연습

① 과제 제시는 곧 바로 구조화된 연습으로 이어지고, 학생은 주어진 과제를 능숙하게 수행하기 위해서 연습을 시작한다.

② 학생의 학습활동 비율을 높이려면 교사의 학습 관찰과 교정적 피드백의 비율을 높여야 한다.

③ 연습 과제는 학생이 80%의 성공률에 도달할 때까지 계속된다.

(4) 4단계: 피드백 및 교정

  ① 교사의 보강 피드백과 교정 사항에 대한 설명은 초기 학습 과제가 이루어질 때나 과제 연습 계열성에서 각 과제 사이에 이루어진다.

  ② 교사는 학생이 다음 과제로 이동할 준비가 되었는지를 확인하기 위해 몇 가지 주요 운동 수행 단서를 다시 가르치거나 몇 가지 이전 학습 과제를 되풀이할 수 있다.

(5) 5단계: 독자적인 연습

  ① 교사는 학생이 기본적인 연습 과제에 능숙해졌다는 확신이 들면, 학생이 좀 더 독립적으로 연습하도록 계획을 세운다.

  ② 교사는 여전히 학습 활동을 설계하고 그들을 위해 과제를 제시하지만, 진도에 대해서는 학생 스스로 결정할 수 있도록 한다.

  ③ 학생은 자신들이 연습할 때 교사의 단서나 관찰 감독을 기다리지 않기 때문에 결국 학생의 활동 비율을 높게 할 수 있다.

  ④ 이 단계의 목표는 교사가 새로운 과제나 내용을 제시하기 전에 학생이 각자 독립적인 과제에서 90%의 성공률을 성취하는 데 있다.

(6) 6단계: 본시 복습

  ① 직접교수 모형을 활용하는 교사들은 이전 학습 과제를 반복하기 위해서 계획을 세운다.

  ② 이를 통해 교사들은 학생이 이전의 수업 내용을 얼마나 기억하고 있는지를 확인하고, 학생에게 새로운 내용은 이전의 내용을 토대로 형성됨을 알려준다.

참고문제	2020년 지도사 2급

13. 〈보기〉에서 설명하는 로젠샤인(B. Rosenshine)의 직접교수 모형 단계로 적절한 것은?

───〈보 기〉───
• 이 단계는 학습자에게 초기 학습과제와 함께 순차적으로 과제연습이 이루어지는 과정이다.
• 지도자는 학습자에게 다음 과제를 제시하기 위해 핵심단서(cue)를 다시 가르치거나 이전 학습과제를 되풀이 할 수 있다.

  ① 피드백 및 교정   ② 비공식적 평가   ③ 새로운 과제제시   ④ 독자적인 연습

4. 직접교수 전략과 직접교수 모형의 차이

(1) 직접교수 모형은 1890년대에서 1970년대에 가장 많이 사용되었던 체육 지도 방법이었으며 Oberteuffer 와 Ulrich(1962)는 이 방법을 "교사가 말하고(teacher saying), 학생이 행하는(student saying)" 직접교수법(direct method)으로 이해했다. 직접교수 모형은 오늘날 체육에서 광범위하게 활용되고 있는 직접교수 전략(direct teaching strategies)과 동일하지 않음을 주지해야 한다.

(2) '직접교수'는 처음부터 하나의 모형으로 지칭되지는 않았지만 체육교사들이 오랫동안 자주 사용해 오던 지도 전략이라고 할 수 있다. 직접교수 전략은 직접교수 모형과 동일하지 않지만 유사성이 많아 유심히 관찰하지 않으면 같은 것으로 오해할 수 있다. 직접교수 모형은 수많은 직접교수 전략들을 통합하고, 교사의 의사결정, 학습참여 형태, 수업 운영, 과제 제시 등을 고려하여 특별히 설계하는 수업 모형이다. 체육교사들이 흔히 사용하고 있는 직접교수 전략들이 다양한 수업 모형에 사용될 수 있지만, 그것이 직접교수 모형이 되기 위해서는 직접교수 모형의 의도에 따라 수업을 계획하고 실행해야 한다.

5. 직접교수 모형의 오해

(1) 직접교수 모형은 교사가 주도적으로 학습 활동을 조직하고 리드하는 수업으로, 교사가 수업 리더 역할을 하게 된다.

(2) 간혹 직접교수 모형에서 교사의 역할을 권위자로 생각하는 경우가 많은데, 이는 직접교수 모형을 부정확하게 이해한 것으로 교사중심의 의사결정과 교사주도적 참여로 기인된 편견으로 볼 수 있다. 또한 이 모형은 학생들이 수동적으로 움직인다는 의미를 가지고 있지만, 사실상 학생이 수업에 매주 적극적으로 참여하는 특징을 가지고 있다.

2 이론적 기초

1. 이론적 배경 및 근거

(1) **직접교수로 발전하게 된 교수·학습 전략은 행동주의 심리학자인** 스키너(B.F. Skinner)의 조작적 조건화 이론 (조작적 조건형성 이론, operant conditioning theory)**에서 파생된 것이다.**

① 스키너의 조작적 조건형성 이론에 따르면 사람이 어떤 반응을 하였을 때 상, 칭찬, 인정 등과 같은 강화 기능을 하는 자극을 제공받으면 비슷한 상황에서 동일하게 행동할 가능성이 높으며, 야단, 체벌 등과 같은 억제 기능을 하는 결과가 주어지면 그와 비슷한 상황에서 동일하게 행동할 가능성이 크게 감소한다는 것이다.

② 쉽게 말하면, 사람은 상을 받으면 바람직한 행동을 반복하는 경향이 있고, 벌을 받으면 바람직하지 않은 행동을 중단하려는 경향이 있다는 것이다.

③ 스키너는 행동–결과의 관계로 학습 행동을 포함한 인간 행동을 이해하려고 하였으며, 그 결과 상벌을 학습자 반응에 적합하게 잘 사용하면 학생 행동의 상당부분을 통제할 수 있다는 결론을 얻었다.

(2) 행동 심리학의 용어에서 이 과정은 행동 훈련(behavior training)이라고 하고, 이것은 다섯 개의 주요 개념인 조형(shaping), 모형(modeling), 연습(practice), 피드백(feedback), 강화(reinforcement)를 포함한다.

① 조형(shaping)
  ㉠ 조형(shaping)과정은 훈련절차의 마지막 결과를 규정하고 학생들로 하여금 궁극적인 목표에 달성할 수 있도록 하는 일련의 작은 학습단계나 연속적인 유사행동으로 나타난다.
  ㉡ 조형의 초기 단계에서 기능 학습의 형태는 최종적인 기능 형태와 조금 유사할 수 있다.
  ㉢ 그러나 그 과정이 지속됨에 따라 학생들은 교사가 최종적으로 기대하는 학습결과와 같은 숙련된 기능을 학습하게 된다.

② 모형(modeling)
  ㉠ 모형(modeling)의 이용은 학생들로 하여금 바람직한 기능 또는 동작을 능숙하게 이행하는 예(언어적 정보, 교사, 학생의 시범, 매체를 포함한)를 보거나 들을 수 있도록 한다.
  ㉡ 모형화된 운동수행의 요소에 대하여 보고 듣고 읽음으로써 학습자는 성취해야 할 기능이나 동작에 대한 틀을 가질 수 있게 된다.

③ 연습(practice)
  ㉠ 직접교수 모형의 연습(practice)은 고도로 구조화되고 반드시 숙달 기준(mastery criterion)을 가지고 있게 된다.
  ㉡ 구조화는 교사가 과제 구조, 사용될 교재, 시간 배당, 학생의 참여 유형을 포함하는 모든 측면의 학습 과제에 대한 명백한 계획을 세우는 것을 의미한다.
  ㉢ 직접교수 모형의 연습은 학생들에게 올바른 운동수행을 많이 반복하도록 하고, 학습참여기회(OTR) 의 비율을 높일 수 있도록 고안되어야 한다.
  ※ 학습참여기회(opportunities to respond: OTR): 제시된 과제에 대한 학습자반응기회를 말하는 것으로 높은 비율의 OTR은 학생들이 제시된 과제에 적절하고 성공적으로 반응하고 있는 비율이 높다는 것을 의미한다.

④ 피드백(augmented feedback)
  ㉠ 높은 비율의 OTR은 교사가 제공하는 강화 피드백(augmented feedback)의 비율과 직접적으로 관련 있다.
  ㉡ 직접교수 모형에서 두 종류의 피드백 선호
    ⓐ 긍정적 피드백: 목적 2가지 ❶ 올바른 학습 시도 강화, ❷ 학습자에게 과제 참여를 지속할 수 있는 동기 부여
    ⓑ 교정적 피드백: 교사가 잘못된 수행을 발견했을 때, 잘못된 수행(부정적 피드백)에 대한 지적뿐만 아니라 다음 시도 때 잘못된 수행을 어떻게 수정해야 하는지 학생에게 말해 주어야 한다. 다음 시도에 대한 단서를 줌으로써 부정적 피드백은 교정적 피드백 으로 전환된다.

⑤ 강화(reinforcement)
  ㉠ 직접교수 모형에서 강화(reinforcement)는 학생들의 과제수행시도의 교정뿐만 아니라 다른 부분에서도 높은 비율로 제공된다.
  ㉡ 예를 들어, 주의집중, 노력, 과제참여 행동 유지, 지시 따르기, 수업 규칙과 일상 규칙 지키기와 같은 여러 가지 종류의 학생 행동을 보상할 때 사용된다.

(3) 비록 직접교수라는 용어가 어떤 교육자들에게는 학생들의 수동성을 암시해 왔지만, 이 모델의 효율성은 사실 학생들의 적극적인 참여를 유도한다.
  ① 직접교수의 의사소통 형태는 학생들이 직면하게 되는 참여 과제와 내용 과제를 분명히 구분하고, 내용-학습 과제(content-learning task)를 확실히 강조한다.

② 직접교수는 참여 과제가 분명하고 상당히 구조화되었을 때, 학생들이 과제 참여에 필요한 요구 사항에 대해 추론을 시도하는 것보다는 오히려 내용을 배우는 데 더 집중할 수 있도록 한다(Morine-Dershimer, 1985)

(4) 직접교수 모형의 기본적인 근거는 Morine-Dershimer가 언급했던 것처럼 상당히 직설적이다.

① 교사는 학생들에게 바람직한 운동 수행 결과에 대한 명확한 모습(모형)을 제공하기 위해 일련의 수업 진행에 대한 명백한 계획을 세운다.

② 그런 후 이것은 긍정적 피드백과 교정적 피드백이 높은 비율을 수반하면서 학생 참여 수준을 높이는 교사 중심의 학습 활동들로 이어진다.

③ 각 학습 과제는 학생들이 내용 단원의 더 큰 학습 목표들로 다가갈 수 있도록 정해진 숙련의 단계까지 수행되어야 한다.

④ 이런 근거는 체육을 포함한 모든 학교의 교과 내용과 학년에 걸쳐 효과가 매우 큰 것으로 증명되었다.

2. 교수·학습에 관한 가정

• 직접교수 모형은 교수/학습에 대한 확실한 원칙이 있으며 다음과 같은 가정을 가진다.

(1) 교수(teaching)에 관한 가정

① 교사는 수업내용과 의사결정의 주관자이고, 수업의 계획과 실행에 주도적인 역할을 해야 한다.

② 교사는 단원 내용을 결정하고 그 내용은 학생이 발전함에 따라 참여하게 될 일련의 학습 과제로 선정되어야 한다.

③ 교사는 가장 효율적이고 효과적인 수단을 통해 학생에게 전달할 수 있는 내용 지식을 소유한 사람이다. 따라서 교사들은 수업 운영 기술뿐만 아니라 체육 교육 내용에 대해 높은 수준의 전문지식을 갖추고 있어야 한다.

④ 교사는 수업 시간과 자료를 최대한 활용하고 수업과 단원 내용에 학생이 최대한 참여할 수 있는 방법으로 복잡환 환경을 효율적으로 조정하기 위해 자신의 전문 지식을 사용할 수 있어야 한다.

(2) 학습(learning)에 관한 가정

① 학습은 작은 과제들을 점진적으로 수행하면서 이루어지고, 이것은 방대하고 복잡한 기능/지식의 학습으로 이어진다.

② 학습자들은 학습활동에 참여하기에 앞서 학습 과제와 수행 기준에 대한 이해를 해야 한다.

③ 학습은 즉각적으로 표출 행동이 이어지는 학습 결과의 기능으로 볼 수 있다. 이런 행동에 강화가 주어지면 학습은 높은 비율로 표출되거나 유지될 수 있다. 즉, 강화나 벌과 같은 자극이 주어지지 않으면 행동은 시간이 지나면서 감소하는 경향이 나타날 수 있다.

④ 학습자들이 자신들의 학습을 바람직한 운동수행형태나 결과로 이끌기 위해서는 학습참여기회(OTR)의 비율을 높일 필요가 있다. 이 가정은 직접교수 모형이 학생들에게는 수동적인 모형이라는 비판에 대한 반대되는 개념이다. 실제로, 학생들의 움직임 유형들이 능숙하고 지속적으로 되기 위해서는 높은 참여율이 필요하다.

⑤ 높은 비율의 OTR은 학생들에게 학습 시도의 정확성에 대한 정보를 제공하는 긍정적, 보강적 피드백의 횟수를 늘리는 것과 동반되어 이루어져야 한다.

3. 모형의 주제: 교사가 수업 리더 역할을 한다. `17 지도사`

(1) "교사가 수업 리더 역할을 한다.(Teacher as instructional leader)"는 직접교수 모형의 특징을 가장 잘 묘사하고 있다.

(2) 이 모형에서 교사의 실제적 역할이 오해받지 않기 위해서는 몇 가지 주의가 필요하다.

(3) 교사는 학습내용, 관리, 그리고 학생의 참여에 대한 거의 모든 의사결정의 주도자이다.

(4) 교사에게는 명확한 리더십 기능이 있다. 그러나 이 리더십의 목적은 학생들로 하여금 높은 비율의 학습 참여 기회(OTR)와 피드백을 주며, 안정적이고 긍정적인 학습단계를 밟도록 도와주는 것이다.

(5) 교사는 권위자(authoritarian)가 아니라 리더(leader)이다. 교사는 내용 전개와 학습 환경을 구조화한다. 그러나 학습과정에서 발생하는 '시행착오'를 많이 겪음으로써 학습 구조화에 도움을 받는 사람은 바로 학생이다.

참고문제	2017년 지도사 2급

8. 〈보기〉의 특성을 갖는 교육 모형의 주제는?

> ───── 〈보 기〉─────
> • 적극적 교수(active teaching)로 불리기도 한다.
> • 높은 비율의 학습 참여 기회(OTR)를 제공한다.
> • 초기 학습 과제의 진도는 교사가, 이후 연습 단계의 학습 진도는 학생이 결정한다.

① 수업 진도는 학생이 결정한다. 　**② 교사가 수업 리더의 역할을 한다.**
③ 서로를 위해 함께 배운다. 　④ 유능하고 박식하며 열정적인 스포츠인으로 성장한다.

4. 학습 영역의 우선순위와 영역 간 상호작용

(1) 학습 영역 우선순위

① 직접교수 모형은 수업의 성취 지향적인 수업 모형으로, 움직임의 유형과 개념의 학습에 자주 사용된다.

② 초기에는 인지적 영역(읽기나 수학)의 학습을 증진하기 위해 발달되었지만, 체육에서는 주로 심동적 영역의 학습 결과를 얻기 위해 주로 사용되었다.

③ 체육교과에서 직접교수 모형의 우선 학습 영역의 우선순위는 다음과 같다.

> 1순위: 심동적 학습　　　2순위: 인지적 학습　　　3순위: 정의적 학습

④ 때때로 규칙과 개념 학습에서는 인지적 영역이 최우선이 되는 경우가 있으나, 이 영역의 학습은 주로 심동적 영역의 학습을 촉진하는 데 활용된다. 사고력은 운동기능 형태의 학습을 좀 더 신속하고 능숙하게 촉진시킨다.

(2) 학습 영역 간 상호작용

① 심동적 영역에서 학습 과제를 능숙하게 하기 위해서는 학생들이 인지적 영역에 관심을 가져야 한다. 학생들은 바람직한 동작 패턴에 선행조건이나 수반되는 개념 및 전략을 인지하고 처리하며 학습해야 한다.

② 그러나 교사는 학생으로 하여금 시행착오를 겪게 하기보다는 이러한 인지적 측면에 학생이 먼저 관심을 갖도록 유도해야 한다.

③ 이 모형에서 정의적 영역은 직접적으로 설명되지 않았다. 학생들이 열심히 배우고, 지속적인 성공감을 경험하며, 학습 목표에 대해 점진적으로 다가감으로써, 긍정적이고 정의적인 학습 결과들은 자연스럽게 성취될 것이라고 가정한다.

5. 학생의 발달 요구 사항

(1) 학습 준비도

① 운동 기능과 인지 기능의 발달 수준과 관계가 있다.

  ㉠ 운동 기능에 필요한 선행 조건: 어떤 물체나 도구를 다룰 수 있는 힘, 자기에게 다가오는 물체를 탐지할 수 있고, 속도를 감지할 수 있는 감각 운동 능력, 반복적인 연습을 할 수 있는 체력 등이다.

  ㉡ 인지 기능의 선행 조건: 교사가 학생들에게 제시할 때 사용하는 언어나 글의 내용, 모델로 제시된 정보들을 이해할 수 있는 능력 등이다. 그리고 학생들이 다음에 연습할 때 피드백을 활용할 수 있는 능력도 포함된다.

(2) 학습 선호도: 회피적, 경쟁적, 의존적

① Reichmann과 Grasha가 학생의 학습 선호에 대해 제시하였는데, 직접교수 모형은 회피적이고, 경쟁적이며 의존적인 경향이 있는 학생에게 가장 효과를 발휘한다고 하였다.

② 이러한 경향들이 부정적으로 해석되어서는 안된다. 그것은 학생이 선호하는 수업 환경을 나타낸다. 내용 및 학습 과제의 선정은 주로 교사 중심이며, 체육 학습 내용과 방법에 대한 학생의 선택권이 거의 주어지지 않는다.

6. 모형의 타당성

① 직접교수 모형과 직접교수 전략을 동일한 것으로 잘못 이해하는 경향이 있다.

② 직접교수 모형을 사용하는 교사는 앞에 제시된 로젠샤인(Rosenshine)의 6가지 운영의 대부분 또는 모두를 동일한 순서에 따라 진행시켜 나간다.

③ 직접교수 전략을 사용하는 교사는 로젠샤인에 의해 설명되었던 모형의 모든 요소를 활용하지 않고, 교사가 잠시 학습 활동을 통제하는 과제 구조만을 사용한다.

④ 이러한 오해는 직접교수 모형이 정확한 타당성을 부여받는 데 장애가 되고 있다. 타당성 부분은 토의, 연구, 그리고 직접교수 모형이나 이 모형의 모의 상황을 다루는 참고 문헌에 근거를 두고 있다.

⑤ 링크(Rink)는 직접교수를 활용한 체육수업에서 교사와 학생의 학습과정 및 성취 간의 관계를 다음과 같이 제시하였다. 다음과 같은 연구 결과들은 직접교수 전략에 대한 설득력 있는 연구 타당성을 제공하기 때문에 중요하다고 볼 수 있다.

  ㉠ 연습에 시간을 많이 할애하는 학생이 더 많이 배운다.

  ㉡ 연습은 학습목표와 개별학생에게 적절해야 한다.

  ㉢ 높은 성공률로 연습하는 학생이 더 많이 배운다.

  ㉣ 높은 수준의 인지적 과정을 거치며 연습한 학생이 더 많이 배운다.

  ㉤ 우수 교사들은 학습 환경을 창의적으로 조성한다.

  ㉥ 우수 교사들은 훌륭하게 의사소통을 한다.

  ㉦ 체계적인 내용 발달 단계는 학습을 증가시킨다.

⑥ 이러한 관계들은 체육에서 직접교수 모형의 형태를 사용하는 교사들에게 의해 성립되어 왔고, 모형 그 자체가 아니더라도 직접교수 전략에 대한 설득력 있는 연구 타당성을 제공하기 때문에 중요하다고 볼 수 있다.

3 교수 학습의 특성

1. 수업 통제(수업 주도성) 05 기출

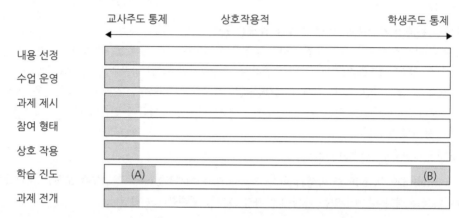

[그림 2-2] 직접교수 모형의 수업 주도성 프로파일

(1) 내용 선정: 교사가 내용을 선정한다.

① 교사는 내용 선정에 대한 완전한 통제권을 가지고 있다.

② 교사는 단원에 포함될 내용, 학습 과제의 순서, 학생들의 내용 숙달에 대한 수행 기준을 결정한다.

③ 학생들은 교사로부터 이러한 정보를 받고 단원 내내 따르게 된다.

(2) 수업 운영: 교사가 수업규칙을 결정한다.

① 교사는 지도할 단원에 대한 관리상의 계획, 수업방침/규정, 그리고 특정한 상규적 행동(루틴, routine)들을 결정한다.

② 수업 운영의 효율성을 극대화하기 위해 통제가 지속적으로 이루어진다.

(3) 과제 제시: 교사가 과제 제시를 계획하고 결정한다. 19 기출

① 교사는 모든 과제 제시를 계획하고 통제한다. 그러나 교사가 항상 모델(본보기, model)이 된다는 것을 의미하지 않는다.

② 다른 학생들이나 시청각 자료들을 통해 학생들이 수행해야 할 기능이나 학습 과제에 대한 시각적, 언어적 설명을 제공할 수 있다.

(4) 참여 유형(형태): 교사가 참여 유형을 결정한다.

① 개별 연습, 파트너 연습, 소집단 연습, 스테이션 연습 및 전체 집단 연습 등과 같은 다양한 학생 참여 유형이 직접교수에서 사용될 수 있다.

② 그런 각 학습 과제에 어떤 유형을 사용할 것인지에 대한 결정은 교사가 하게 된다.

(5) 상호작용: 교사가 상호작용을 시작하고 통제한다.

　① 거의 모든 상호작용은 교사에 의해 시작되고 통제된다.

　② 교사는 보강 피드백을 제공하는 주요 제공자이고 수업의 모든 질의응답을 주관한다.

　③ 이는 학생의 질문이 금지되었음을 의미하는 것이 아니고 단지 교사가 학생의 질문이 나올 시간을 미리
　　정한다는 것을 의미한다.

(6) 학습 진도 : 교사는 초기과제의 학습진도를 통제하지만(A), 이후 연습단계에서는 학생들이 학습진도를 스
　스로 결정한다(B).

　① 직접교수 모형에서는 교사가 학생들의 학습 진도를 엄격히 통제하며, 특히 초기 학습 과제를 더욱 엄격
　　히 통제한다. 연습을 언제 시작하고 종료할 것인지 단서로 전달하여 통제하기도 한다(A).

　② 연습이 어느 정도 이루어진 다음에는 "오버핸드 서비스를 10회 실시한다." 또는 "오버핸드 서비스를
　　10분 동안 연습한다."라고 학습 과제를 전달하고, 그 과제를 시작하는 시점은 학생들이 결정할 수 있도
　　록 한다(B).

　③ 다시 말해 교사가 학생이 몇 번이나 혹은 얼마 동안 연습할 것인지를 결정하고 있음을 주목한다.

(7) 과제 전개(과제 진행) : 교사가 학습 과제의 이동 및 변경 시기를 결정한다.

　① 교사는 하나의 학습 과제에서 다음의 학습 과제로 이동하는 시기에 대한 모든 결정을 내린다.

　② 이 결정들은 교사가 정한 과제 숙달 기준을 바탕으로 이루어진다(예 80% 정확한 동작으로).

　③ 대부분 혹은 모든 학생들이 이 기준에 이르게 되면, 교사는 다음 학습 과제로 수업을 이동한다.

　④ 또한 교사는 각 과제를 해결하는 데 얼마나 많은 시간을 할애할 것인지 결정할 수 있으며, 주어진 할
　　당 시간이 경과되었을 때 학생들이 과제에 얼마나 숙달되었는지에 관계없이 과제를 이동할 수 있다.

직접교수 모형의 포괄성과 초대에 의한 교수(Teaching by invitation)

① 직접교수 모형이 원래의 의도대로 사용된다면 포괄적이다.

② 모든 학생은 동일한 학습 과제를 연습하며, 높은 비율의 학습 참여 기회(OTR), 실제 학습 시간(ALT),
　보강 피드백을 받은 후, 다음 학습 활동으로 함께 진행한다.

③ 그러나 내용 전개가 학급 수준에 의해 결정되기 때문에 덜 숙련되거나 부진한 학습자들은 다른 학습자들
　과 다음 과제로 진행하기 전에 현재의 학습 과제를 숙달하지 못할 가능성이 있다.

④ 직접교수 모형을 사용하는 교사들은 학습 속도에 따라 수업에서 여러 집단을 계획할 수 있지만, 이것은
　체육 수업에서 자주 이루어지지 않는다.

⑤ 초대에 의한 교수(Teaching by invitation)는 계획된 학습 활동이 보다 다양한 적성과 경험을 가진
　학생들이 함께 할 수 있는 포괄성을 지니도록 하는 데 좋은 전략이 된다.

⑥ 예를 들면, 교사는 축구공의 패스 기술 수준이 서로 다른 4가지 스테이션을 만든다. 기술(예 목표물에 패
　스하는 것)은 동일하지만, 각자가 도전하는 수준은 다르다. 교사는 각 스테이션에 대해서 난이도를 설명
　하고 학생들이 원하는 스테이션으로 초대하여 연습을 하도록 하는 방법이다.

2. 학습과제

(1) 과제 제시 [19 기출]

① 학생에게 기능/과제를 능숙하게 수행하는 방법을 묘사해 주는 매개체이기 때문에, 과제 제시를 통해 그 과제를 성공적으로 수행하는 방법에 대한 명확한 상(picture)을 필수적으로 제시해야 한다.

② 직접교수 모형의 경우 교사 시범, 학생 모델, 시청각 자료 등을 사용하며, 특히 수업에 참여하는 모든 학생에게 한 번에 이루어지는 특징이 있다.

(2) 과제 구조

① 과제 구조는 학생을 위해 여러 가지 구조를 활용하여 다양한 학습 활동을 사용할 수 있다.

② 선택된 과제 구조에 상관없이 학생은 학습 활동의 조직 방법과 책무성 체계를 이해하는 것이 중요하다. 학생이 과제 구조를 이해하지 못한다면, 교사는 수업에서 OTR과 수업의 흐름에 영향을 미치더라도 학습 방향을 다시 반복해야 한다.

③ 학습 과제는 학생의 과제 연습을 돕고 학생의 학습기회(OTR)를 증가시키기 위해 많은 시각 자료를 사용할 수 있다.

④ 적당한 간격을 표시하기 위해 바닥에 그려진 선, 경로 표시로 사용되는 콘, 정확도를 표시하기 위해 벽 위에 그려놓은 표적, 공을 자동으로 쏴주는 기계 장치 등은 체육 수업에서 학생이 바람직한 운동수행 수준을 유지시키고 OTR을 높이는 데 도움이 된다.

〈표 2-1〉 학습 과제 구조

초기 학습 과제	상위 수준의 학습 과제와 독자적 연습
① 개인 공간에서 개별 연습 ② 반복 훈련에 의한 개별 연습 ③ 교사주도에 의한 연습 　예 댄스 스텝 따라하기 ④ 간이 게임	① 파트너 연습 ② 스테이션 과제 ③ 순환 및 장애물 코스 ④ 복합 기능 훈련 ⑤ 간이 게임 ⑥ 미니 게임

(3) 내용 전개

① 내용 전개는 교사가 단원이 시작되기 전에 결정한 내용 목록과 계열성에 기초한 단원 내용에 따라 이루어진다.

② 학생들은 연습을 통해 점차적으로 쉬운 수준에서 어려운 수준으로 학습해 나간다.

③ 교사가 직접교수 모형의 설계처럼 성실하게 실행하고자 한다면, 학생들이 현재 학습 과제를 80% 이상 숙달하고 다음 과제로 이동하게 된다.

④ 이때 학생들의 학습 속도가 다르기 때문에 교사는 시간을 할당해서 학습 내용 진도를 결정하기도 한다. 그러나 이러한 방법은 직접교수 모형의 설계에 역행하는 것이 될 수 있다. 왜냐하면 학습 과제를 익히는 데 기능을 제대로 익히지 못한 학생들은 더욱더 기능이 뒤떨어질 수 있기 때문이다.

3. 학습 참여 형태

(1) 직접교수 모형에서 교사는 각 학습 활동을 위해 선택한 과제 구조에 따라 여러 가지 학생 참여 형태를 사용한다.

(2) 학생들은 혼자서, 파트너와 함께, 소집단이나 대집단에서, 또는 전체 학급 안에서 연습한다. 스테이션이 종종 사용되기도 한다.

(3) 이 유형들의 공통점은 교사가 전적으로 참여 형태를 결정하고, 형태를 조직하고, 유지한다는 점이다.

4. 교사와 학생의 역할 및 책임

• 직접교수 모형의 주요 수업 진행사항을 제시하며, 수업 중 **교사와 학생의 역할과 책임**을 보여준다.

수업진행과 책임 (역할 및 책임)	직접교수 모형에서 누가 그 일을 하는가(책임 주체)
수업 시작	교사는 도입 단계에서 모든 학생들에게 인사를 하면서 수업을 시작한다.
수업 기자재 준비	교사는 수업에 필요한 장비 목록 만들고 수업시간에 가져온다. 학생들은 장비를 설치하는 일을 도와 줄 수 있다.
수업 기자재의 배치 및 회수	교사는 학생들에게 장비를 어디에 어떻게 배치할 것인가 지시한다. 학생들은 수업이 끝난 후에 지정된 장소에 장비를 회수하는 것을 도와줄 수 있다.
출석점검(필요시)	교사는 출석을 부르거나 시간을 절약하기 위한 대안을 사용한다.
과제 제시	교사는 학생들이 관찰하게 될 운동수행 모형 제공을 계획하고 실행한다.
과제 구조	교사에 의해서 계획되고 제시된다. 학생은 교사로부터 지도를 받고, 그것을 이행한다.
평가	교사는 각 학습 과제를 위한 수행 기준을 결정하고 학생 성취수준을 검토한다. 평가는 다양한 방법으로 이루어질 수 있으나 일반적으로 학생들의 운동수행을 교사의 비공식적인 관찰에 의해서 이루어진다.
내용 전개	학생의 운동수행을 관찰(monitoring)하면서 교사는 학습 활동이 끝나는 시기와 학생들이 다음 활동으로 이동하는 시기를 결정한다.

5. 학습 평가

(1) 직접교수 모형에서의 학습 평가

① 이 단락에서는 다음 과제로 이동하기 위해 본 과제에 대한 학생들의 성취수준을 판단하는 평가에 초점이 맞추어진다. 직접교수 모형은 계획된 학습과제에 대해 학생들의 학습을 빈번히 평가하게 된다.

② Rosenshine(1983)은 학생들이 한 단원의 초기학습과제에서 약 80%의 성공률, 후기학습과제에서 90~100%의 성공률을 달성하도록 권장하고 있다. 이는 학생들이 매 차시의 체육수업에서 실기검사를 반드시 받아야 할 필요가 없으며 오히려 교사가 정한 성공기준을 성취할 때까지 과제를 연습한다는 것을 의미한다.

③ 성공률은 공식적이고 비공식적인 평가 방법으로 측정할 수 있다.

④ 직접교수 모형은 완전학습 접근을 사용하기 때문에 교사는 다음 학습과제로 이동하기 전에 학생들이 기준성공률이나 운동수행점수에 도달했는지를 확인하는 것은 필수적이다.

⑤ 연속적인 여러 과제에서 학생들이 도달해야 할 운동수행결과에 연속적으로 다가가지 못한다면, 직접교수 모형의 특징이 제대로 기능을 하지 못할 것이다.

⑥ 만약 학생들이 숙달하지 못했음에도 불구하고 다음 과제로 진행을 한다면, 학생들은 이전의 과제를 적절히 숙달하지 못했기 때문에 어느 시점에 이르면 새로운 학습 과제를 감당하지 못할 것이다.

(2) 비공식적 평가

① 장점: 교사는 시간이 거의 소비되지 않고 기록할 필요가 없는 몇 가지 실제적인 전략들을 가지고 학생의 성공률을 평가하기에 매우 실용적인 장점이 있다.

② 단점: 과제수행기준 성공률을 잘못 파악할 수 있는 위험이 따른다.

　예 학생들이 해야 할 과제가 5번의 시도로 구성되어 있고 과제수행기준 성공률이 80% 즉, 5번 중에서 4번 이상 성공하는 것이라면, 교사는 "4~5번 정확하게 할 수 있는 사람이 몇 명입니까?"라고 물을 수 있다. 기준 성공률에 도달한 학생들이 충분하지 못하다면 과제는 계속 된다. 만약 거의 모든 학생들이 5번 중 4번 이상을 정확히 실시한다면 교사는 그때 다음 과제로 이동할 수 있다.

　예 교사는 학생들이 과제들 연습할 때 표본학생들을 관찰할 수 있고, 표본학생들이 성공한 횟수와 실패한 횟수를 셀 수 있다. 표본학생들의 거의 모두가 기준 성공률에 도달했을 때 교사는 다음 과제로 이동할 수 있다. 중요한 것은 표본집단이 학급 전체 학생을 대표할 수 있어야 한다는 점이다. 이를 위해서는 표본학생은 다양한 기술 능력을 가진 학생들을 포함하고 남학생과 여학생의 수를 동일하게 해야 한다.

(3) 공식적 평가

① 장점: 체계적이고 객관적이며 정밀한 경향이 있다.

② 단점: 체육수업에서 실행가능성 여부에 대한 제한점이 있다.

　예 학생들은 각각의 학습 과제에 대해 성공한 횟수와 실패한 횟수를 기록할 수 있는 카드를 받는다. 학생들은 기준 성공률에 도달했을 때 카드를 교사에게 제출한다. 대부분의 학생들 이 카드를 제출하면 교사는 다음 과제로 이동한다.

　예 주기적으로 간단한 시험을 학생들에게 제공하고 즉시 교사에 의해 채점될 수 있다. 이 시험들은 지필시험, 구두시험 또는 실기시험으로 이루어질 수 있다. 거의 모든 학생들이 기준 점수에 도달했을 때 다음 과제로 넘어간다.

　예 교사는 체크리스트를 사용하여 운동 수행의 중요 사항에 대해서 학생들의 기능을 관찰할 수 있다. 거의 모든 학생들이 능숙한 기술을 수행했을 때 교사는 다음 과제로 이동한다.

　예 동료 학생 관찰자들은 이전의 평가 전략을 활용할 때 교사를 대신할 수 있다.

4 교사 전문성 및 상황적 요구 조건

1. 교사 전문성

(1) 과제 분석 및 내용 목록: 교사들은 학생들이 발전함에 따라 학습 과제 순서를 구성하는 데 사용되는 세부적인 과제 분석을 할 수 있어야 한다.

(2) 학습 목표

① 교사는 학생들이 실천 가능한 수행기준에 도전할 수 있는 목표를 진술해야 한다.

② 처음에 교사가 어떤 학습 내용을 직접교수 모형으로 수업하고자 한다면 교사는 특정 학습 과제에 대한 수행 기준을 수립해야 한다.

(3) 체육 교과 내용

① 직접교수 모형을 사용하는 교사는 효과적으로 과제를 제시하고 학생에게 유용한 수행 피드백을 부여하기 위해서 학생을 지도할 내용에 대해 필수적으로 알고 있어야 한다.

② 그 지식은 두 가지 형태가 되어야 한다.

　　㉠ 과제를 제시할 때 능숙한 기능 수행을 보여줄 수 있는 능력

　　㉡ 구체적이고 정확한 피드백을 더 많이 제공하기 위해 학생들의 운동기능을 관찰할 수 있는 능력

(4) 발달 단계를 고려한 지도

① 학생이 수행 기준에 따라 학습 과제에 참여하도록 하기 위해서는 직접교수 모형을 사용하는 교사는 반드시 학생의 발달 능력을 숙지하고 있어야 한다.

② 교사들은 학생들의 인지 능력에 맞는 수준에서 이해할 수 있는 언어를 사용해 과제제시를 해야 하고 과제 구조에 대한 명확한 지시를 내려야 한다.

2. 핵심적인 교수 기술(효과적인 교수 기능)

• 직접교수 모형은 체육을 포함한 여러 교과에서 수행된 과정–결과 연구 또는 교사 효율성 연구 결과를 기반으로 발전한 수업 모형이다(Rink, 1996).

• 교사 효율성 연구에 의하면 교사가 효과적으로 가르치면 학생들이 적극적인 학습자로 변모하며, 그에 따른 실제학습시간(ALT: Academic Learning Time)과 학업성취가 높게 나타난다는 것이다.

• 즉, 능동적 교수 기능은 직접교수 모형에 적용할 때 가장 큰 효과를 기대할 수 있다. 이는 직접교수 모형 중심의 체육수업은 능동적 교수 기능으로 가르칠 때 가장 큰 학습 효과를 기대할 수 있다는 의미이다.

(1) 수업 계획

① 교사는 직접교수 모형에서 거의 모든 수업운영을 통제하기 때문에 단원 계획과 수업 계획을 주도할 수 있다.

② 단원 수준에서 교사는 내용 목록을 결정하고 학생이 학습할 학습과제에 대한 계획을 세울 필요가 있다.

③ 이것은 과제 제시, 과제 구조, 시간 배치, 공간과 장비의 필요, 내용 전개, 평가를 포함한다.

④ 수업에서 직접교수의 성패는 수업 시간 및 자료의 활용에 좌우되는데, 이것은 각 수업에 대한 주의 깊고 세심한 계획에 의해 촉진될 수 있다.

(2) 시간과 수업 운영

① 직접교수 모형을 사용하는 우수한 교사는 학생에게 높은 OTR과 ALT를 제공하기 위해 수업에 할당된 시간을 최대화하고자 한다.

② 직접교수 모형으로 수업하는 교사는 복합적이고 때로는 예측 불허한 다양한 학습 환경의 측면을 총 지휘할 수 있어야한다.

③ 수업 활동은 한 활동에서 다음 활동으로 유연하게 흘러가야 하고, 학생은 교사의 지도 아래 신속하고 정확하게 학습활동에 임해야 한다.

(3) 과제 제시와 과제구조

① 과제 제시는 모든 직접교수 모형을 활용하는 수업에서 중요한 부분이다. 학생은 학습 활동을 정확하게 수행하기 위해 숙달해야 할 기술, 움직임 또는 개념에 대한 명확한 상(Picture)을 제공 받아야 한다.

② 과제 구조도 마찬가지이다. 학생은 학습 과제의 구조에 대해 기본적으로 이해를 해야 한다. 이를 통해 OTR의 비율을 높이면서 학습 과제에 신속하고 정확하게 참여할 수 있기 때문이다.

③ 그레이엄(Graham, 1988)은 체육수업에서 효과적인 과제 제시와 과제 구조의 8가지 측면을 다음과 같이 진술하고 있다.

1) 명확한 지도 지침 만들기
2) 제시될 학습 내용의 유용성을 강조하기
3) 새로운 학습 내용을 구조화하기
4) 학생의 주의집중을 위해 신호 만들기
5) 정보를 요약하고 반복하기
6) 이해도 체크하기
7) 학습을 위한 건설적인 분위기를 조성하기
8) 책무성 정도를 제시하기

(4) 의사소통

① 명확성은 직접교수 모형을 활용하는 교사에게 중요한 의사소통 기술이다.

② 과제 제시, 과제 구조, 피드백은 학생의 이해도를 자주 점검하고 처음에 학생이 이해하지 못했던 정보를 반복함으로써 증가될 수 있다.

(5) 교수정보(학습 정보)

① 직접교수 모형에서 교수정보(instructional information)는 일방통행으로 흐르게 된다. 교사는 의사소통을 주도하고 학생은 듣거나 주시하게 된다.

② 교사는 질문을 하지만, 그 질문은 대개 사전 정보를 확고히 하기 위해 이루어진다.

③ 가장 필수적인 교수 정보의 유형은 과제를 제시할 때 주어지는 언어적 단서와 시범(model) 단서이고, 학습 활동 동안 주어진 보강피드백의 두 가지 유형은 긍정적 피드백과 교정적 피드백이다.

(6) 수업정리 및 종료

① 수업은 이전 수업을 복습하고 도입단계로 이어지면서 시작된다. 수업은 잘 계획된 수업 정리와 종료로 끝을 맺는다.

② 초기 복습과 도입 단계는 학생에게 수업 내용에 대해 관심을 가지면서 집중하도록 하고, 수업정리 부분에서 이루어지는 복습은 수업 시간에 배웠던 것을 정리해 주며 체계적으로 수업을 마무리 할 수 있도록 한다.

③ 복습을 하는 동안 교사는 학습 단서를 강화하고, 학생의 운동 수행 측면을 강조하며, 질문도 할 수 있고 다음 수업의 내용을 예습할 수 있도록 한다.

④ 수업 종료는 학생에게 "오늘 체육 수업은 끝났다."라는 것을 상기시키고 수업을 마치도록 한다.

3. 상황적 요구 조건

(1) 직접교수 모형은 모든 연령과 발달 단계를 불문하고 학생에게 모든 운동 내용을 지도하는 데 활용될 수 있다.

(2) 주로 상황적 요건은 학생에게 높은 비율의 OTR을 제공하는 데 있다. 이는 수업 시간에 학생의 대기 시간을 줄이기 위해 충분한 기구와 활동 공간이 필요함을 말해준다.

4. 모형의 선정과 변형

(1) 이 모형은 모든 학교급에서 적용가능하다.

(2) 특히, 이 모형의 선정과 변형은 학교급보다 내용 단원의 목표에 따라 크게 좌우된다.

5 지도 계획 시 주안점

1. 주안점

(1) 시간에 구애 받지 않고 전체 단원 내용을 계획하고 내용 범위와 결과에 대한 초안을 만든다.

(2) 단원 계획을 미리 세우면 그 단원에서 앞으로 배워야 할 내용과 남아 있는 시간에 따라 수업을 조정할 수 있다.

2. 단원 계획 예시

단원 내용	농구
학년	중학교 2학년
학생 수	36명(남: 18명, 여: 18명) 기술 수준이 다양하나, 대부분 초보자임
수업 기자재	코트 2면, 농구골대 8대, 학생 2인당 농구공 1개, 초시계 팀 조끼 40벌(빨강, 파랑, 노랑, 검정 각 10벌씩), 콘 20개
단원 길이	14차시
수업 시간	각 차시당 45분

차시	제재	지도 내용
1	1. 농구는 어떠한 운동인가	농구의 역사, 특성과 효과, 수업절차
2	2. 운동기능을 익히자	패스(체스트, 바운드, 사이드핸드, 오버헤드, 베이스볼)
3		캐치, 이동패스와 캐치
4		드리블(제자리, 이동, 수비두고)
5		슛(세트슛, 점프슛)
6		슛(레이업슛)
7		풋워크(스톱, 페이크, 피벗)
8	3. 경기규칙을 익히자	경기방법 및 규칙
9	4. 경기능력을 높이자	공격(기브앤고, 스크린플레이), 간이게임
10		공격(속공플레이), 간이게임
11		수비(지역방어), 간이게임
12		수비(대인방어), 간이게임
13~14	5. 경기 및 평가	게임 및 평가

3. 차시수업 계획 예시

5차시: 세트/점프 슛에 대한 교수			
수업 단계	**과제 제시**	**과제 구조**	**평가**
<u>도입단계</u>: 학생들에게 가장 좋아하는 농구선수가 누구인지 질문한다. (학생들은 슛과 드리블돌파를 포함한 다양한 공격기술을 구사할 수 있는 훌륭한 농구선수들의 이름을 말한다.)		교사 주변에 모인다.(1~2분)	드리블을 알고 있는데, 그러면 슛은 무엇인가?
전시의 기술복습(드리블)	학생들에게 드리블을 할 때 중요한 단서들을 대답하도록 발문한다. 그런 후 어느 상황에서 슛이 사용되는지에 대해 발문하고 간결하게 설명한다.	발문과 답변(1~2분) 설명	이해를 점검한다.
세트슛을 3부분으로 나누어 트리플 트릿스탠스 자세, 세팅자세, 팔로우스냅 등을 시범보이고 설명한다.	교사가 시범을 보이고 동작과 자세에 대한 언어적 단서를 준다.	1. 학생들은 자기공간을 확보한다. 2. 교사의 설명을 잘 듣고 천천히 동작을 따라한다. 3. 학생들은 교사의 단서 없이 연습한다.(공 없이 폼만 연습, 3~4분 동안) 4. 교사는 순회하면서 관찰한다.	학생들은 중간정도의 스피드로 연속적인 세트슛의 자세를 정확하게 5번 계속 실시할 수 있다.
혼자서 세트슛을 하는 법을 소개한다.	교사가 시범을 보이고 언어적 단서를 준다.	1. 학생들은 자기공간을 확보한다. 2. 트리플 트릿스탠스에서 공을 수직방향 하늘로 던지는 세트슛을 연습한다.(3~4분)	학생들은 정확한 세트슛의 자세로 하늘을 향해 5번의 연속적인 슛을 실시한다.
골대에 세트슛하기	교사는 골대로 이동하여 골대에 직접 슛하는 자세를 시범보이며 언어적 단서를 준다.	학생들은 2m 떨어진 곳(콘으로 표시된)에서 스스로 세트슛을 연습한다.(8분)	8분이 다될 즈음에 5번의 세트 슛을 실시한다. 5번 중 4번 이상의 성공이 기준이다.
중간복습	1. 교사는 학생들을 모이게 한다. 2. "슛을 해보니 어떠니?", "어떻게 해야 슛의 성공률을 높일 수 있을까?"하고 발문한다. 3. 교사는 학생들이 그들의 연습에 대한 질문들에 단서어들을 포함한 피드백을 제공한다.	(2~3분)	
골대에 점프슛하기	교사는 세트슛과 점프슛의 차이를 시범보이며 언어적 단서를 준다.	학생들은 2m 떨어진 곳(콘으로 표시된)에서 스스로 세트슛을 연습한다.(6분)	6분이 다될 즈음에 5번의 세트 슛을 실시한다. 5번 중 4번 이상의 성공이 기준이다.

드리블 점프슛하기	교사는 드리블로 이동한 후 연속적으로 점프슛을 하는 시범을 보이고 언어적 단서를 준다.	학생들은 10m 떨어진 곳(콘으로 표시된)에서 골대 밑까지 드리블한 후 연속적으로 점프슛을 하는 연습을 한다. (8분)	비공식적인 관찰로 과제이동 시기를 판단한다.
마지막 복습과 정리	1. 교사는 세트슛을 할 때 중요한 부분을 다시 시범보이며 복습한다. 2. 교사는 좋은 자세로 실시하고 있는 한 학생을 시범보이도록 한다. 3. 교사는 다음차시에 연속적으로 실시할 학습활동을 예고한다. 4. 해산	학생들은 천천히 자신의 공간 내에서 따라 연습한다(공 없이).(4-5분)	교사는 관찰하고 개인적인 피드백을 제공한다.

다음은 배구 수업의 일부분이다.

> (전 시간 과제인 언더핸드 패스의 핵심적인 기능과 개념을 복습한다. 배구의 오버핸드 토스를 설명한다.)
>
> 교사: 자! 이제 5분 동안 각자 토스 자세를 연습해 봅시다. (학생들은 교사의 지시에 따라 자세를 각자 연습한다.)
>
> 교사: 양 손의 모양이 삼각형이 되도록 하세요. (학생들은 양 손의 모양을 삼각형으로 만든다.)
>
> 교사: 그 상태에서 날아오는 공을 손으로 잡는데, 손가락만을 이용하여 잡아야 합니다.(학생들은 손가락만 이용하여 날아오는 공을 잡으려고 노력한다.)
>
> 교사: 여러분! 지금부터 각자 공 잡는 동작을 10회씩 연습해 봅시다. (학생들이 10회의 반복 연습을 시작한다.)
>
> 교사: 공을 잡을 때 손바닥이 공에 닿지 않도록 하세요. (학생들은 공을 잡을 때 손바닥이 공에 닿지 않도록 연습한다.)

위의 배구 수업에 적용된 메츨러(Metzler)의 수업 모형과 모스턴(Mosston)의 티칭 스타일을 쓰고, 두 경우의 공통된 목적을 3가지만 쓰시오.

- 수 업 모 형: _____
- 티칭 스타일: _____
- 목   적: ① _____
-          ② _____
-          ③ _____

[정답] • 수업모형: 직접교수 모형   • 티칭 스타일: 지시형 스타일
   • 목적: ① 정해진 시간에 효율적인 수업으로 실제학습시간을 증가시킨다.
        ② 교사 주도의 수업으로 위험성 높은 스포츠를 안전하게 학습할 수 있다.
        ③ 교사의 설명과 시범을 통해 기본기능을 정확히 모방할 수 있다.

다음 글을 읽고 물음에 답하시오.

> 교사: 영희야, 내 생각에 철수는 팔 동작에 문제가 있는 것 같다. 다시 연습하는 것을 주의 깊게 살펴보고 철수의 팔 동작에 무슨 문제점이 있는지 찾아봐라.
>
> (교사와 영희는 철수가 연습하는 것을 바라본다. 그리고 영희는 교사에게 다음과 같이 말한다.)
>
> 영희: 철수는 패스를 할 때 팔꿈치를 너무 많이 굽혀요. 제가 가서 말할게요.
>
> 교사: 잠깐만 영희야, 철수가 팔꿈치를 펴지 못하고 있는데, 그것이 왜 좋지 않지?
>
> (영희는 잠시 생각하고 답을 한다.)
>
> 영희: 왜냐하면 철수가 팔꿈치를 너무 많이 굽혀서 팔이 아니라 손에 공을 맞추기 때문에 조절하기 어렵게 되는 것 같아요.
>
> (교사는 정답으로 인정하고 다음과 같이 말한다.)
>
> 교사: 좋아. 지금 가서 철수에게 올바른 팔 동작을 이야기해라. 그리고 철수가 잘못된 동작을 다시 하지 않도록 지켜보도록 해라.

앞의 배구 수업에 활용된 수업 모형이 개발되는 데 가장 큰 영향을 준 수업 모형의 명칭을 제시하고, 그 영향을 준 수업 모형의 특징을 의사결정과 수업 주도성 측면에서 3줄 이내로 기술하시오.

- 가장 큰 영향을 준 수업 모형의 명칭: _____
- 가장 큰 영향을 준 수업 모형의 특징: _____

[정답] • 가장 큰 영향을 준 수업 모형의 명칭: 직접교수 모형
   • 가장 큰 영향을 준 수업 모형의 특징: 직접교수 모형에서는 교사가 수업을 리더 역할을 하며 각종 의사결정에 대한 주도권을 갖는 특징이 있다.

9. 다음은 A 체육교사의 교직 생활 성찰 일지이다. 〈작성 방법〉에 따라 순서대로 서술하시오. [4점]

> 오랜 교직 생활을 거치며 체육교육에 대한 생각도 변화되고, 수업 방식도 바뀌었다.
>   초임기는 주로 학생들이 건강하고, 운동을 잘하고, 체육적 지식을 많이 알도록 가르치는 것이 제일인 줄 알았다. 때문에 체력과 운동기능, 스포츠, 체육 관련 지식 등을 가르치고자 노력하였다. 하지만, 그 시절에는 수업 방법도 다양하지 못하였고, 일제식 수업과 ㉠직접교수 모형을 주로 사용하였다.
>   … (중략) …

〈작성 방법〉

O 밑줄 친 ㉠의 과제 제시 방법의 특징을 기술할 것.

[정답] ㉠ 교사 시범, 학생 모델, 시청각 자료 등을 사용하며, 특히 수업에 참여하는 모든 학생에게 한꺼번에 이루어지는 특징

1. 다음은 ○○중학교 건강 영역의 교수·학습 지도안의 일부이다. 괄호 안의 ㉠에 해당하는 수업 모형의 명칭을 쓰고, 밑줄 친 ㉡에 해당하는 수업 운영 활동을 시덴탑(D. Siedentop)의 '수업운영 효율성 증진을 위한 교수 기술'에 근거 하여 쓰시오. [2점]

[교수·학습 지도안]

- 학습 목표: 정확한 자세로 다양한 스쿼트 동작을 실시할 수 있다.
- 적용 수업 모형: (㉠) 모형
- 수업 형태: 실시간 쌍방향 원격수업
- 수업 준비물: 카메라, 마이크, 스피커, 관찰용 모니터, 쌍방향 원격수업이 가능한 컴퓨터 또는 스마트 기기
- 수업 전 공지 사항: ㉡원격수업 플랫폼 게시판에 수업 시간, 활동 내용, 쌍방향 원격수업 준비 사항, 활동 공간에 대한 내용, 원격수업 예절에 대한 내용을 공지한다.

[학습 단계 및 활동 내용]

학습 단계	활동 내용
1단계(전시 과제 복습)	지난 시간에 배운 내용에 대한 학생들의 학습 정도를 파악한다.
2단계(새로운 과제 제시)	교사는 카메라 앞에서 설명, 시범, 영상을 활용해 다양한 스쿼트 동작의 정확한 실시 방법에 대해 안내한다.
3단계(초기 과제 연습)	학생들은 각자 컴퓨터 또는 스마트 기기 앞에서 교사의 설명, 시범에 따라 스쿼트 기본 동작을 80% 이상 정확하게 실시할 수 있도록 연습한다.
4단계(피드백 및 교정)	교사는 모니터를 통해 학생의 활동을 관찰하면서 긍정적 피드백과 교정적 피드백을 제공한다.
5단계(독자적인 연습)	학생들은 각자 컴퓨터 또는 스마트 기기 앞에서 다양한 스쿼트 동작을 90% 이상 정확하게 실시할 수 있도록 연습한다.
6단계(본시 복습)	교사는 학습한 스쿼트 동작에 대해 학생들이 얼마나 알고 있는지 질문을 통해 확인하고, 본시 학습은 전에 학습한 내용을 토대로 한 것임을 알려 준다.

[정답] ㉠ 직접교수 ㉡ 최초 활동의 통제

제3장 개별화 지도 모형

1 개요

[그림 3-1] 개별화 지도 모형의 수업 장면

(1) 개별화 지도 모형은 Keller와 브라질의 상파울루 대학의 대학원생들에 의해 1960년대 초반에 고안되었으며, 애리조나 주립대학에서 수정·보안되었다(Keller & Sherman, 1974). 이 모형은 개별화 지도 모형 또는 PSI라고 불린다. 또한 이 모형은 개발자인 Fred Keller의 이름을 따서 Keller Plan이라고도 불린다.

(2) 개별화 지도 모형은 각 학생에게 수업 운영 정보, 과제 제시, 과제 구조, 수행 기준과 오류 분석이 포함된 학습활동 및 평가를 하나의 묶음으로 구성한 수업자료를 제공하는 설계이다.

(3) 개별화 모형은 켈러박사가 고안한 모형으로 학습속도에 따라 학습 시간을 개별적으로 적용하는 것이 주요한 목적이다. 즉, 진도가 빠른 학생은 교사의 허락이나 동의 없이도 계속 진도를 나가며, 진도가 느린 학생은 교사(혹은 우수한 동료 등)와 상호작용하며 학습해 나가는 모형이다.

(4) 일정한 과제를 학습하는 데 걸리는 시간은 사람에 따라 다를 것이다. 어떤 학생은 더 빨리 배우고 어떤 학생은 조금 늦게 배우기도 할 것이다. 조금 늦게 배우는 학생의 입장에서 "주어진 시간이 지났으니 그만 배우라."고 한다면 이 역시 교육이 추구하는 바는 아닐 것이다.

(5) 학생이 배워야할 과제나 다음 단계로 넘어가기 위한 실력 테스트 등 학습과 관련된 모든 정보는 '학습 활동지'(course workbook)의 형태로 모든 학생에게 배부되며, 교사의 역할은 이런 정보를 학생에게 전달하는 것이라기보다는 여러 학생과의 상호 작용하는 것이다.

플라잉 디스크 (개인 활동지)

1. 들어가는 글

 안녕하세요! 플라잉 디스크 수업에 참여하신 여러분 반가워요. 이 개인 활동지는 여러분이 플라잉 디스크 관련 기술을 배우고 연습하는 데 필요한 정보를 포함하고 있습니다.

2. 여러분이 해야 하는 일

 여러분은 이 개인 활동지에 익숙해지고 친숙하게 따르는 것이 필요합니다. 내용이나 수업 진행에 관해서는 선생님께 의지할 필요가 없습니다. 교사의 지시 없이도 스스로 진도를 나갈 수 있습니다. 혹시 도움이 필요하면 선생님을 찾아 주세요.

3. 수업의 운영 지침

 1) 복장: 학교 체육복을 반드시 입어주세요! 운동화 착용은 필수입니다.
 2) 준비물: 따로 챙겨올 준비물은 없습니다. 선생님께서 플라잉 디스크를 나누어 주실 겁니다.
 3) 수업시작: 정해진 수업시간을 준수해야 합니다. 개인 활동지와 준비물을 받습니다. 그리고 준비 운동을 시작하세요. 필요하면 연습 상대를 찾으세요.

4. 모듈1-플라잉 디스크 던지기 & 받기

 1) 플라잉 디스크 던지기와 받기 동영상을 시청합니다. 시청할 때 자세에 주의를 기울여 주세요!
 2) 수행 동작 단서

1. 연습 장소	운동장 조회대 기준으로 우측 편에 고깔 4개로 표시된 지역
2. 목표 지점	상대방 가슴 높이로 받을 수 있도록 정확히 던지기
3. 잡는 방법	백핸드 그립으로 잡기
4. 던지기	던질 때는 플라잉 디스크를 반대편 일직선 뒤로 보냈다가 상대방 앞으로 팔로스루 하면서 자연스럽게 던지기
…	…

 3) 자주 일어나는 실수와 실수를 줄이는 법
  ① 플라잉 디스크가 직선으로 가지 않고 위로 상승했다가 옆으로 휘어져 나간다.
   ⇒ 던지는 순간 손목이나 어깨에 힘이 들어가지 않는가? 던지고 난 뒤 나의 팔이 상대방 가슴을 향하는가?

---

(6) 개별화 지도 모형은 학생들이 미리 계획된 학습 과제의 계열성에 따라 자신에게 맞는 속도로 배우도록 설계되었다.

(7) 학습 과제는 전체 단원의 내용 목록을 결정할 때 이루어지며, 가르칠 기능 및 지식 영역에 대한 과제 분석을 통해 이루어진다.

(8) 학생들에게 주어지는 학습 과제 모듈(module)[1] 은 과제 제시, 과제 구조, 오류 분석, 수행 기준에 대한 정보를 포함한다. 중요한 것은 교사가 학생에게 이 내용을 개별적으로 제공하지 않는다는 점이며, 학생들은 교재를 읽거나 비디오 클립을 시청함으로써 정보를 얻게 된다.

(9) 이 모형의 특성은 교사가 수업 중 학생들에게 이러한 정보를 전달하는 데 소요되는 시간을 줄이고, 그 시간을 학생과의 교수 상호작용에 투자하도록 하는 데 있다. 명시된 수행 기준에 따라 학생이 학습 과제를 완수하게 되면, 교사의 허락이나 지시없이 바로 학습 과제 목록에 있는 다음 과제로 이동한다.

(10) 개별화 지도 모형은 하나의 내용 단원에 대한 통합계획으로 활용되기 때문에 **일일 학습지도안은 없다.**

  ① 학생들은 개별적으로 학습 과제의 계열성에 따라 학습을 진행하고 이전 수업이 완료되면 사전 수업이 끝난 지점에서 새로운 수업을 시작한다.

  ② 교사는 단지 수업 시간에 어떤 과제를 제시해야 하고 그 과제에 참여하기 위해 학생들에게 필요한 수업 자료 및 기구를 제공하면 된다.

(11) 수업 관리, 학습 과제, 평가에 대한 정보는 학습지(course workbook)와 다양한 수업매체(비디오테이프, CD-ROMs, Web 페이지)를 통해 전달된다. 학생들은 가능한 학습지를 읽고 그대로 이행한다. 교사들은 학습지에서 다루지 않은 내용 중 학생이 요구한 특수 사항과 세부 사항을 제시한다.

(12) 개별화 지도 모형의 기본 설계 목적: 학생들에게 자기주도적인 학습자가 되고, 동시에 교사에게는 상호작용이 필요한 학생들과 많은 상호작용을 가능케 하는 것이다. 이 모형은 심동적 영역과 인지적 영역의 학습에 매우 효과적인 모형이다.

2 이론적 기초

1. 이론적 배경 및 근거

(1) 개별화 지도 모형의 초기 아이디어는 응용 행동분석학에서 시작되었다. 이 모형의 기본 설계는 교사로 하여금 적절한 질문과 답변을 결정하도록 하지만 내용 제시, 피드백, 강화와 같은 주요 기능을 교사가 아닌 다른 매체에게 이양하고 있다. 그로 인해 이 모형은 교수학습 과정에서 교사를 제외한 다른 교수환경의 발달을 유도하게 되었다. 심리학 분야에서 인간의 학습은 개인과 외부 환경의 상호작용의 결과로 일어난다고 본다.

  ① 인간 행동의 특징 결과를 강화자(reinforcers)라고 부르는 것은, 그 행동이 다시 발생하는 가능성을 높여주기 때문이며,

  ② 처벌자(punishers)라고 부르는 다른 결과는 그 행동이 다시 발생할 가능성을 낮추기 때문이다.

---

1) 모듈(module)은 개별화(個別化) 수업에서 사용되는 수업자료 유형의 한 전형(典型). 모듈이란 무엇인가를 쉽게 이해하기 위해 모듈식 건축(modular construction)을 이해하는 것이 필요하다. 건축재료 또는 자재의 기본단위(즉, 모듈)들이 건축현장에 운반되고, 특정한 형태로 배치·조립되어 새로운 건물이 생겨난다. 또 못과 나사로 연결하며 조이고 벽을 바르고 치장을 하며 건물을 완성한다. 모듈에 의한 수업(modular instruction)도 이와 흡사하다. 모듈이란 하나의 통합된 주제를 가진 자족적(自足的)인 또는 자력학습용(自力學習用)의 수업단위로서, 학생에게 목표로 명시한 일정한 지식과 기능의 습득에 필요한 정보를 제공하며 전체 교육과정(教育課程)의 한 구성요소의 역할을 하는 것이다. 각 모듈의 학습에 소요되는 시간량은 한 시간으로부터 15시간에 이르는 것까지 있을 수 있다. 모듈은 학생으로 하여금 수업자료와 상호작용함에 있어서 학습과제를 수동적으로 읽는 역할만 하지 말고, 적극적이며 능동적인 역할을 하도록 설계·개발되어 있다.

(2) 켈러(Keller)는 교수학습 과정에서 환경의 역할에 대한 동일한 이론을 주창한 행동 심리학자이다. 만약 인간의 학습을 유도하는 교사가 아닌 완전한 환경이 존재한다면, 교사의 직접적인 역할 유무에 따라 학생 학습을 증진할 수 있는 환경을 설계하는 것이 가능하다.

(3) 켈러와 셔먼(Keller & Sherman, 1974)이 모형에서는 학생들에게 충분한 강화를 제공할 수 있는 특징

① 학습의 즉각적인 평가

② 교사의 학생 개인에 대한 관심

③ 학습목표를 향한 규칙적이고 실제성 있는 과정

④ 창의적이며 흥미로운 학습 자료를 바라볼 수 있는 능력

2. 교수·학습에 관한 가정

(1) 교수에 관한 가정

① 교수 기능들은 문서, 시청각 매체로 전달될 수 있다.

② 교사의 기본 역할은 수업 관리보다는 학습과 동기유발을 위해 학생들과 상호작용하는 것이다. 수업 관리 운영 방식은 서면으로 학생들과 의사소통 할 수 있고, 교사의 지시가 거의 없이 학생들에 의해 전달될 수 있다.

③ 학생 참여와 학습은 교사의 간섭이 없고 자기주도적일 때 가장 효과적이다.

④ 수업 계획의 의사결정은 학생들의 학습에 대한 자료 수집에 근거하여 이루어진다.

⑤ 개별 지도의 설계는 바람직할 뿐만 아니라 가능하다.

(2) 학습에 관한 가정

① 학생의 학습은 교사의 도움 없이 자율적으로 이루어진다.

② 학생은 서로 다른 속도로 학습한다.

③ 학생은 학습 내용에 대해 서로 다른 능력을 가지고 있다.

④ 충분한 시간과 기회가 주어진다면, 모든 학생은 주어진 수업 목적을 달성할 수 있다.

⑤ 학생이 독립적인 학습자일 때, 동기유발도 잘 되고 책임감도 커진다.

3. 모형의 주제: 수업진도는 학생이 결정한다. 가능한 한 빨리, 필요한 만큼 천천히 18 지도사

(1) 개별화 지도 모형의 기본적인 설계는 각 학생들에게 수업 관리 정보, 과제 제시, 과제 구조, 수행 기준과 오류 분석이 포함된 학습활동 및 평가를 하나의 묶음으로 구성하여 수업 자료들을 제공하는 것이다.

(2) 그런 다음, 학생들은 학습 활동의 계열에 따라 각 단계에서 정해진 수행 기준을 충족하면 다음 단계로 넘어가게 된다. 학생들은 내용 단원을 학습할 수 있는 능력에 따라 자신의 속도를 맞춰 학습하도록 권장 받는다.

(3) 기능 수준이 높고 경험이 많으며 능력이 우수한 학생들은 할 수 있는 한 빨리 학습 속도를 진행할 수 있다.

(4) 반면에 기능 수준이 낮고 경험이 적으며 능력이 우수하지 못한 학생들은 각 활동을 완수하는 데 시간을 필요로 한다.

(5) 모둠 단위와 학급 수준 단위의 진도가 없으므로, 개별화 지도 모형의 대주제는 '수업진도는 학생이 결정한다. 가능한 한 빨리, 필요한 만큼 천천히'라고 볼 수 있다.

12. 개별화 지도 모형에 대한 설명으로 옳은 것은?

  ① 학생의 학습 과제는 사전에 계열화되지 않는다.

  ② 학습 진도가 빠른 학생은 지도자의 동의 없이 진도를 나갈 수 있다.

  ③ 학습영역의 우선순위는 인지적, 심동적, 정의적 영역의 순이다.

  ④ 지도자는 운영 과제 전달 시 미디어 사용을 자제하고, 학습 과제 정보 전달 시간을 늘린다.

4. 학습 영역의 우선순위와 영역 간 상호작용 공청회 11 기출

(1) 학습 영역의 우선순위

> 1순위: 심동적 학습   2순위: 인지적 학습   3순위: 정의적 학습

  ① 개별화 지도 모형은 완전 숙달 중심과 성취 중심의 수업 모형이다.

    ㉠ 완전 숙달 중심(mastery-based)의 수업: 학생이 다음 단계로 넘어가기 전에 현 단계의 수행 기준을 충분히 충족해야 한다.

    ㉡ 성취 중심(achievement-based)의 수업: 인지적, 심동적 영역에서의 학생 수행은 명확한 학습 결과에 초점을 맞추어져야 한다.

  ② 일반적으로 체육에서 학생의 학습은 성취 중심의 수업 모형 형태로 제시되어 왔다. 따라서, 개별화 지도 모형에서 학습 영역 우선순위는 심동적 학습, 인지적 학습, 정의적 학습이다.

(2) 학습 영역 간 상호작용

  ① 학생들은 인지 능력을 동원하여 문서 자료와 시각 자료를 통해 과제 제시와 과제 구조를 이해한다. 물론 학습 과제를 완수하는 데 필요한 몇 가지 학습 전략의 이해에도 인지적 능력이 사용된다.

  ② 그러나 그러한 학습은 대부분의 수행 기준이 진술된 심동적 영역의 수행을 촉진하기 위해 이루어진다. 일부 학습 과제는 이해력 퀴즈, 전략 시험, 규칙 시험과 같은 인지적 영역의 평가 수행을 위해 설계되지만, 대부분의 수행 기준은 심동적 영역을 위해서 작성된다.

  ③ 영역간 상호작용은 정의적 학습에도 나타난다. 그러나 개별화 지도 모형에서는 직접적으로 언급하지 않고 있다. 자신에게 적절한 속도로 진도 나가는 학생들은 한 단계씩 옮겨 가면서 그 활동을 즐기고 강한 성취감을 느끼는 데, 이는 자율성과 자기 효율성의 수준을 높이게 된다. 이 두 가지가 정의적 영역에서의 바람직한 학습 결과이다.

5. 학생의 발달 요구 사항

(1) 학습 준비도

  ① 수업에서 학생들이 수업 운영 및 지도와 관련된 대부분의 내용을 문서나 그림의 시각적 자료에 의해 제공받기 때문에 교사로부터 독립적일 수 밖에 없다. 그래서 이러한 유형의 교수학습 방법론이 효과를 발휘하기 위해서 학생들은 반드시 문서를 읽고 정보를 이해할 능력이 있어야 한다.

  ② 개별화 지도 모형의 수업에서 교사로부터의 독립성은 교사의 지속적인 수업 운영에 관한 관찰이나 감독 없이 이루어지는 학생의 적극적 참여를 요구하는 학생의 책무성을 의미한다. 이러한 수준의 책무성을 보여주지 못하는 학생들은 이 개별화 수업에서 의도하는 학습효과를 기대하기 어렵다.

  (2) 학습 선호도: 회피적인 학생, 경쟁적인 학생, 수동적인 학생에게 가장 효과적임을 알 수 있다.

6. 모형의 타당성

(1) 연구 기반, 실천적 지식, 직관적 타당성을 확보하고 있기에 효율적인 모형으로 인정받는다.

(2) 개별화 지도 모형의 수업 효과와 관련된 연구 결과를 요약하면 다음과 같다.

　① 수업 관리 시간이 적다.

　② 과제 제시에 사용되는 시간이 거의 없다.

　③ 학생에게 제공하는 언어적, 비언어적 피드백의 비율이 높다.

　④ 개인차와 환경 요인에 따라 다르게 나타나기도 한다.

3 교수 학습의 특성

1. 수업 통제(수업 주도성)

- 개별화 지도 모형에서는 학습 내용은 교사가 선정하고, 과제의 제시는 워크북을 통해서 전달된다. 학습의 진행은 학생 각자가 진도에 따라 스스로 결정한다.
- 다음 그림을 보면 알 수 있듯이 내용선정, 수업 운영, 상호작용, 학습 진도 등이 직접적인지, 상호작용적인지, 간접적인지에 따라 교사와 학습자의 교수·학습 행동이 달라진다.

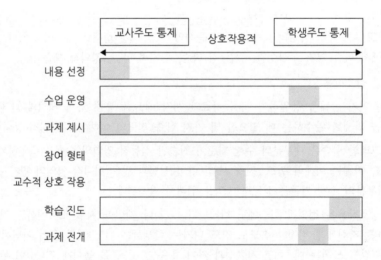

(1) 내용 선정: 교사가 학습 내용과 과제 순서, 수행 성취 기준을 결정한다.

　① 교사는 그 단원에 포함되어야 할 내용과 학습 과제의 계열 순서, 각 과제의 숙달을 위한 수행 기준을 결정한다.

　② 학생들은 교사에게서 내용 목록과 과제 목록을 받아서 주어진 순서대로 따르게 된다.

(2) 수업 운영

　① 교사는 개별화 수업 모형의 관리 계획, 학급 규칙, 구체적 절차를 결정한다.

　② 그러나 이러한 내용들이 일단 결정되면, 학생들은 각 수업 차시에 수업 관리를 적용하는 데 강한 책임감이 주어지게 된다.

(3) 과제 제시: 교사가 과제 제시를 계획하고 결정한다.

① 과제 제시는 문서와 시각 자료의 형태로 학생들에게 전달된다.

② 교사는 각 과제를 완수하는 방법, 오류를 교정하는 방법, 학생의 참여를 유도하는 과제의 구성을 학생들에게 제시하기 위해 사용하는 수업 매체를 작성하거나 수정해야 한다.

③ 이는 학생으로 하여금 교사로부터 독립적으로 되기를 유도하며, 학습 내용을 통한 개별 학습 진도를 촉진하는 것이다.

④ 어떤 개별화 지도 모형 설계는 단원을 시작할 때 교사가 전체 학급을 대상으로 과제 제시를 하며, 그런 다음 학생들이 새로운 기능이나 지식 영역을 시작을 할 때 교사에 의한 소규모 과제 제시가 이루어진다. 이러한 경우 과제 제시를 할 때 교사의 역할은 직접적이다.

(4) 참여 형태(유형): 학습 과제는 개별적 연습을 위해 설계되며, 학생들은 거의 독립적으로 연습한다.

① 학생들은 교사와 다른 학생으로부터 거의 독립적으로 연습한다.

② 대부분의 학습과제는 개별적 연습을 위해 설계되어 있다. 그러나 일부는 파트너 또는 소집단 참여를 위해 설계되어 있다.

③ 설계와 관계없이 전형적으로 학생들은 교사의 지시와는 독립적으로 참여하고 있다.

(5) 상호작용: 교사는 학생에게 높은 수준의 교수 상호작용을 제공한다.

① 교사는 수업 운영에 대한 부담이 거의 없기 때문에, 학생들에게 높은 수준의 교수 상호작용(특히, 내용)을 제공할 수 있다.

② 개별화 지도 모형에서 **교사의 피드백의 제공 비율은 높아지고, 학생은 수업 중에 높은 수준의 언어적 상호작용**인 **'개별 지도 시간(tutoring time)'을 요구**할 수 있다.

(6) <u>학습 진도: 학생은 학습 과제에 참여할 때 자신만의 학습 진도를 스스로 결정한다.</u>

① 각 학생은 학습 과제에 참여할 때 자신만의 진도를 결정한다.

② 학생들은 연습의 시작과 종료 시기, 연습 시도 횟수 및 시간을 스스로 결정한다.

③ 학생들은 각 과제의 수행 기준에 도달할 책임을 가지고 있으나, 기준에 도달하는 과정에 대한 책무성은 가지지 않는다.

(7) <u>**과제 전개: 학생이 자신의 학습 속도에 맞추어 과제 전개를 스스로 결정한다.**</u>

① 학생들은 다른 방식으로 단원 내용 속에서 각자의 진도를 결정하는데, 학생들의 능력과 노력에 따라 계열상의 과제를 얼마나 빨리 진행시키는지 결정한다.

② <u>**학생들은 '가능한 한 빨리, 그리고 필요한 만큼 천천히' 배운다.**</u>

③ 일부분의 학생들은 그들이 원하는 만큼 빨리 진도를 나갈 수 없다. 그러나 과제 진도를 결정하는 것은 교사가 아니라 대부분의 경우 학생 자신이다.

개별화 지도 모형의 포괄성
① 개별 학생의 성취도에 초점을 두고 있는 개별화 지도 모형은 체육수업에서 높은 포괄성을 갖출 수 있다.
② 모든 학생들은 자신들은 능력에 맞는 학습활동의 계열성에 따라 참여하고 진도를 맞추어 나간다.
③ 이로 인해, 어느 학생도 뒤처지지 않는 수업을 진행할 수 있다. 학습 부진 학생들은 각 과제를 숙달하는 데 필요한 시간을 갖게 될 것이고, 반면 우수한 학생들도 자신의 능력에 맞는 진도대로 학습에 임하게 될 것이다.
④ 또한 PSI는 교사의 상호작용을 추가적으로 희망하는 학생들을 위해 시간을 보낼 수 있다. 학생들은 스스로 무엇을 해야 할지를 알고 있기 때문에, 교사가 수업 운영 시간을 절약함으로써 보다 많은 관심을 필요로 하는 학생들과 시간을 보낼 수 있다.

2. 학습 과제

(1) 과제 제시 `19 기출`

① 개별화 수업 모형의 가장 중요한 특성은 수업 운영과 학습 활동의 전개상의 관리 측면에서 교사로부터 학생들이 상당히 자율적이라는 점이다. 이 점은 교사에게 학생의 적극적 참여를 저해하거나 실제적인 지도 시간을 감소시키는 상당한 상규적인 활동을 하지 않도록 할 수 있다.

② 이를 위해 개별화 수업 모형의 경우 문서나 시각 매체로 전달된다. 과제 제시의 가장 중요한 기능을 다시 한번 언급한다면 다음과 같다.

    ㉠ 학생에게 과제나 기능을 수행할 수 있는 올바른 방식에 대한 '대강의 그림'을 알려주고

    ㉡ 기능의 주요 요소에 대한 학습 단서를 제공하며,

    ㉢ 기능 연습에서 흔히 일어나는 일반적인 실수에 대한 정보를 제공한다.

③ 이 모형에서 과제 제시를 위한 모델링 작업은 거의 대부분 수업 매체(문서, 사진, 삽화, 비디오 테이프, CD)로 학생들에게 전달된다.

④ 새로운 학습 과제를 시작할 때 각 학생들은 다른 학생들과 독립적으로 과제 제시를 읽거나 보게 된다.

⑤ 각 학생은 교사에게 과제를 시작할 준비가 되어 있고, 과제 제시와 과제 구조 정보를 숙지했음을 알리고 그 후 과제를 연습한다.

    ㉠ 문서: 대부분의 학생들은 문서를 읽는 것만으로 과제 제시 정보를 충분히 얻을 수 없다. 과제에 대한 문서를 읽기에서 심동적 기능에 대한 '대강의 그림'을 그릴 수 있다는 것은 일부 학생들에게는 너무나 추상적인 일이다. 그러므로 과제는 시각적 미디어가 포함되어야만 한다.

    ㉡ 사진: 기능을 수행하는 모형 사진은 많은 학생에게 도움이 된다. 사진은 세부적인 동작을 잘 보여주고, 글과 그래픽 형태로 부가적인 정보를 첨가할 수 있다. 사진의 제한점은 기능 수행의 한 가지 간단한 사례를 보여주는 스냅샷이라는 점이다.

    ㉢ 삽화: 삽화도 단일 컷을 사용하면 사진과 같은 역할을 하는데, 사진보다는 신체의 일부를 애니메이션으로 작성하여 연결된 동작을 보여줄 수 있는 장점이 있다. 설명문과 그래픽을 첨가할 수도 있어 많은 양의 정보를 학생에게 전달할 수 있다.

② 비디오 테이프: 과제 제시의 최상의 방법 중의 하나는 시각적·청각적 정보를 전달할 수 있는 비디오 테이프이다. 교사가 개별화 수업 모형에서 각 학습 과제의 과제 제시를 기록하는 것과, 그런 다음 새로운 기능이나 과제를 시작할 때 테이프를 보여 주는 것은 아주 간단한 일이다. 교사들은 테이프를 작성하는 데 있어서 전문적인 기술의 부재에 대한 고민을 할 필요는 없다. 이러한 테이프는 '셀프 카메라 수준'이면 되고, 학생들이 필요한 정보를 얻을 수 있는 정도면 충분하다. 수많은 상업적 비디오를 사용해도 좋으나, 반드시 교사가 의도하는 과제 제시를 제공하는지 세심하게 고려하여 선정하여야 한다. 가격 역시 중요한 요소이다.

⑩ CD 혹은 DVD: 체육교사들의 컴퓨터 사용은 점점 늘어가고 있고 컴퓨터를 사용할 수 있으면 CD나 DVD를 사용하는 것도 좋은 방법이다. 과제 제시 정보를 제공하는 데 있어서 비디오와 같은 효과를 얻을 수 있다. 또한, 상점에 다양한 상품들이 있고, 가격 또한 비디오 테이프보다 저렴하다. CD는 비디오 테이프보다 더 빠르고 지구성이 강하다. 만약 학교에서 CD의 제작이 가능하다면, 학생에게 과제 제시하는 교사 자신의 모습을 녹화하여 제시할 수도 있다.

(2) 과제 구조 `19 기출`

① 개별화 지도 모형의 과제 구조 정보는 다음을 포함하고 있다.

㉠ 필요한 기구

㉡ 연습 장소 및 구체적 장소 지정

㉢ 학습과제의 조정(과녁 높을 장소, 공을 칠 장소, 파트너의 역할)

㉣ 정확성, 일관성, 시간 등과 관련된 수행 기준

㉤ 안전을 포함한 과제의 방향 제시

㉥ 과제 완수의 확인 절차(자기 평가, 동료 평가, 교사 평가)

㉦ 흔한 실수와 오류를 학생 스스로 교정하도록 읽기 쉽게 제시한 정보

② 개별화 지도 모형의 6가지 과제 형태

㉠ 준비도 연습: 학생들은 과제 제시를 받고, 잠깐 동안 물체, 도구 및 움직임 패턴을 느끼는 수행 기준이 없는 과제에 짧은 시간 동안 참여한다. 학생들은 공간, 물체 및 기구에 친숙해 지기 위해 단순히 치고, 던지고, 잡고, 달리고, 뛰고, 쏘는 활동에 참여한다.

㉡ 이해력 과제: 교사는 간단한 테스트를 통해 학생들이 과제 제시의 주요 요소를 제대로 이해하고 있는지를 확인한다.

　　예 골프의 올바른 그립을 잡거나, 축구 트래핑을 실시하거나, 배드민턴 서브의 바른 자세와 스윙을 실시하는 테스트를 통한다). 교사는 주요 요소가 포함되어 있는 간단한 점검표를 활용하여 각 학생들의 시범을 관찰해 학생들이 이 주요 요소들을 정확히 시범보일 때 독립적인 연습에 들어가도록 한다.

㉢ 기준 연습 과제: 개별화 모형에서 대부분의 연습 과제는 기준 연습 과제로, 학생들은 교사가 수립한 기준에 따라 현재 기능을 반드시 숙달해야 한다. 학생들은 과제가 숙달될 때까지 연습한다. 기준은 정확성, 일관성, 시간, 거리, 속도, 획득 점수로 설정될 수 있다.

㉣ 도전 과제: 기준 과제의 숙달은 분절적이고 정적인 기능에서 나타나기 때문에 학생들은 보다 복잡한 다음 단계로 확장시킬 필요가 있다. 도전 과제는 학생들로 하여금 2가지 이상의 기준 과제에서 습득한 기능을 조합하여 연습할 수 있는 <u>리드업 게임이나 변형게임에 해당된다.</u>

　　예 테니스: 서브와 리턴 게임(발리 없음), 축구: 좁은 구역과 골대에서 하는 3대3 "킵 어웨이", 농구: 반 코트에서 2대 2게임, 배구: 스파이크 규칙 없이 3대3 게임

ⓜ 퀴즈: 게임의 역사, 규칙, 점수 내는 방법, 전략에 관한 내용은 학생들의 지적인 영역을 발달시킨다. 개별화 모형에서 학생들은 전형적으로 비디오 테이프이나 CD를 읽거나 봄으로 해서 이러한 내용을 학습한다. 학생들이 그 자료들을 일단 배우면, 이미 진술된 수행 기준에 따라 퀴즈를 통과해야만 한다.

ⓗ 게임 또는 시합: 학생들이 단원에서 학습해야 할 모든 과제를 완수하면, 게임이나 시합을 하게 된다. 그 단원의 내용 모듈을 빨리 끝낸 모든 학생들은 게임할 수 있는 수업이 더욱 많아지게 된다.

■ **숙달/비숙달 과제**

이미 앞에서 언급했듯이, 학생은 자신이 숙달했다고 확신할 때까지 기능 과제를 연습하거나 지식 과제를 공부한다. 이때 교사나 동료학생은 과제 구조 속에서 그 학생이 정해진 기준을 충족하고 있는지 점검할 수 있다. 이 기준을 충족하면 그 학생은 다음 과제로 넘어가게 된다. 만약 그렇지 못하면 자신감을 가질 때까지 연습하며 2차 숙달을 시도한다. 테스트와 퀴즈도 벌칙 없이 동일한 방식을 적용한다. 숙달은 위한 시도는 학생들이 수행 기준을 완수하기 위해 필요한 만큼 여러 번 이루어 질 수 있다.

■ **숙달의 검증(과제완수의 확인)**

학급 규모가 작으면 교사가 모든 학생의 연습 활동을 관찰할 수 있다. 대규모 학급에서는 학생들이나 연습 상대자들을 정해 내용 영역 중에서 쉬운 과제에 대해 모니터 역할을 담당하도록 할 수 있다. 그러나 각 내용 모듈에서 마지막 과제를 교사가 관찰하는 것은 중요한데, 그 이유는 과제의 완수는 학생이 그 단원에서 다음 모듈로 옮아감을 의미하기 때문이다.

■ **개별화 수업 모형의 개인 학습지**

개별화 단원에서 모든 수업 관리 운영, 수업 교재, 학습 과제, 평가는 단원이 시작되면서 읽게 되는 개인 학습지를 통해 학생들에게 전달된다. 이 학습지는 아래와 같은 정보를 포함해야만 한다.

① 출석 기준   ⑥ 각 수업의 시작 절차
② 학급규칙과 훈육계획   ⑦ 전체 학습 내용 목록과 개별화 모형의 학습 과제와 수행 기준
③ 복장 기준   ⑧ 모든 참고자료(규칙, 전략, 역사 등)
④ 기구 관리   ⑨ 완수한 학습 과제를 위한 학생 진도표
⑤ 성적 산출 및 적용 기준

---

(3) 내용 전개

① 개별화 수업에서 각 학생들은 자신의 학습 속도에 맞게 진도 나간다.

② 진도의 순서와 내용은 교사가 결정하고 이 순서와 내용을 계열화된 학습 과제로 개인 학습지를 통해 제시한다.

③ 개인 학습지는 이 전체적인 순서를 명료하게 전달하기 때문에 교사가 전체 학생을 대상으로 다음 단계의 과제로 가기 위해 수업을 중단하는 데 소비되는 시간은 전혀 없다.

3. 학습 참여 유형

(1) 개별화 지도 모형의 이름이 암시하듯이 이 모형에서는 개별 연습 참여를 주로 활용한다.

(2) 각 학생들은 자신의 과제 제시 정보를 얻고 연습 구역을 설정하며 과제를 관찰한다.

(3) 때로는, 동료 학생들과의 연습이 중요할 때도 있다. 테니스의 랠리나 배드민턴의 서비스와 서비스 리턴, 또는 소프트볼에서 타자에게 던지기 등이 좋은 예이다.

(4) 도전 과제는 수정된 게임으로서 이전에 학습한 과제에 초점을 두거나 처음 학습하는 기술(3:3 농구)을 연습할 때 유용하며, 게임에 있어서 전략의 인지와 적용을 발달시켜 준다.

4. 교사와 학생의 역할 및 책임

수업 진행과 책임 (역할 및 책임)	개별화 지도 모형에서 누가 그 일을 하는가(책임 주제)
수업 시작	각 학생은 도착하는 대로 연습을 시작한다. 교사가 이끄는 수업 절차는 없다.
수업 기구 준비	교사는 연습 과제를 점검하고 필요한 기구를 가져온다.
수업 기구의 배치 및 회수	학생은 다음 학습 과제에 필요한 기구를 받아, 과제가 끝나면 반환한다.
출석 점검(필요시)	학생은 자신의 개인 학습지에 출석을 기입하고, 교사가 매 수업 후 확인한다.
과제 제시	학생은 새로운 과제를 시작할 때 과제 제시 정보를 읽거나 본다.
과제 구조	학생은 개인 학습지에서 제시하는 지시사항에 따라 새로운 과제를 구상한다.
평가	학생은 자신의 개인 학습지에서 각 과제의 숙달정도를 확인한다. 일부 과제는 혼자서, 어떤 경우는 둘이서, 때로는 교사가 평가에 참여한다.
학습 진도의 파악	학생은 적절한 시기에 단원을 최대한 빨리 완수할 수 있는지 결정한다. 교사는 개인 학습지를 정기적으로 확인함으로써 진도를 점검한다.

5. 학습 평가

(1) 개별화 지도 모형에서의 학습 평가는 거의 자동적으로 이루어진다. 즉, 학생이 정해진 수행 기준에 따라 학습 과제를 완수하여 다음 단계의 과제로 넘어가면 그것이 곧 평가인 것이다.

(2) 만약에 과제 구조가 학생들로 하여금 '연습 블록'에서 성공하는 횟수를 기록하는 것이라면, 교사는 각 학생이 매 과제를 완수하는 데 몇 번이나 시도하는지를 알 수 있다.

(3) 이러한 개별화 지도 모형에서의 평가는 다음과 같은 유용한 정보를 교사에게 제공해준다.

① 교사는 과제가 너무 쉽거나 어려운지를 알 수 있다. 이를 근거로 교사는 과제를 수정하거나, 삭제하거나, 조합한다.

② 각 과제를 수행하는 데 걸리는 평균 시도의 횟수를 계산하는 데 사용될 수 있다.

③ 숙달을 위한 시도의 범위를 결정하는 데 사용될 수 있다(범위가 가장 좁은 것부터 넓은 것까지).

④ 교사는 학습이 느리며 보다 많은 지도가 필요한 학생을 알 수 있다.

(4) 개별화 지도 모형에서 이러한 지속적인 평가의 특징은 학생에게도 도움이 된다.

① 학생들은 학습 결과에 대한 지식을 정기적으로 얻을 수 있고, 교사의 도움이 필요할 때 요청할 수 있다.

② 학습 성공에 필요한 강화가 빈번하고 예측할 수 있는 가능성이 크다.

③ 과제를 완수 계획을 세울 수 있다.

4 교사 전문성 및 상황적 요구 조건

1. 교사 전문성

(1) 발달단계에 적합한 수업 실행

① 개별화 지도 모형의 주요 측면은 학생 스스로 추구하는 개별 학습 과제이다.

② 학생은 교사의 안내 없이 주어진 과제를 연습해야 하기 때문에 연습 과제가 학생의 발달 단계에 적절해야 하고, 학생의 심동적, 인지적 영역의 능력을 잘 파악하며, 과제의 수행 기준이 단순하지 않고 시도할 만한 수준으로 설정해야 한다.

(2) 학습 목표

① 완전 숙달 중심 학습 과제로 조직되기 때문에 정확하고 간결한 학습 목표로 진술해야 한다. 메이거의 형식을 사용한다.

② 심동적, 인지적 영역에서 행동목표 수준으로 기술될 필요가 있다.

(3) 과제의 분석과 내용 전개

① 개별화 지도 모형에서의 과제는 단순한 과제에서부터 복잡한 과제의 순서로 구성된다.

② 그래서, 교사는 학습 내용을 분석하여 하위 과제로 구분할 줄 알아야 하고, 그런 다음 이 하위 요소들을 일관성 있게 위계적으로 구성해야 한다.

(4) 평가

① 각각의 학습 과제는 평가 요소를 포함하고 있는데, 대부분은 수행 기준으로서 표현되어 있기 때문에 교사는 각 과제에 대한 기준을 설정하고, 수행 능력을 형성 평가할 수 있는 가장 타당한 방법을 알고 있어야 한다.

2. 핵심적인 교수 기술(기능)

개별화 지도 모형 중심의 체육수업은 일반적인 교수 능력을 필요로 하지만 직접교수 모형이나 다른 수업모형과 다른 교수기능을 필요로 한다. 따라서 개별지도 모형 중심 수업의 학습 효과를 극대화하기 위해서는 능동적 교수 기능을 개별화 지도 모형에 적합하게 사용할 수 있어야 한다.

(1) 계획

① 개별화 지도 모형에서는 대부분의 수업 계획을 단원 수준에서 세운다. 단원을 시작하기 전에 수업 운영 계획, 학습의 계열성, 과제 분석, 학습 활동, 과제 전달 매체, 수행 기준 등을 설계하여 학습자 워크북으로 개발해야 하기 때문이다.

② 개별화 지도 모형에서 1일 수업 계획은 매우 간단하다. 그날 수업에 어떤 장비가 필요한지 그것을 어떻게 배열할 것인지만 결정하면 된다.

(2) 시간과 수업 관리

① 개별화 지도 모형에서 학생들은 각 수업에서 해야 할 일을 정확하게 알고 있고 모든 과제 정보가 학생들의 개인 학습지에 있기 때문에, 교사는 수업 관리 결정을 모니터하거나 감독할 필요가 없다.

② 수업 관리도 마찬가지이다. 학생들이 필요한 모든 정보가 개인 학습지에 있기 때문이다.

③ 결과적으로, 학생 개인 학습지에 있는 정보는 교사를 대신하여 수업을 운영하도록 한다. 그래서 개별화 지도 모형에서는 학생의 개인 학습지를 설계하고 작성할 수 있는 교사의 능력이 무엇보다 중요하다.

(3) 과제의 제시 및 구조

① 개별화 지도 모형에서 거의 대부분의 과제 제시와 구조 정보는 수업 매체를 통해 학생들에게 전달되고 학생들의 개인 학습지에 작성된다.

② 따라서 교사는 학생들이 교사에게 추가적인 질문을 하지 않고도 쉽게 사용할 수 있는 학습지도 매체와 워크북을 개발해야 한다. 워드 프로세스와 다른 정보기술에 익숙하면 좀 더 쉽게 워크북과 학습지도 매체를 개발할 수 있다.

(4) 의사소통

① 개별화 지도 모형에서는 글쓰기가 중요한 의사소통 수단이 될 수밖에 없다.

② 단원 학습에 필요한 학습 정보가 결정되면 그것을 학습자 워크북에 작성해 넣어야 하고, 학생들은 교사가 개발한 워크북의 지시에 따라 학습을 진행하기 때문이다. 학생들이 쉽게 이해하는 좋은 워크북을 쓸 수 있는 능력을 갖추는 것이 매우 중요하다.

(5) 교수적 상호작용

① 교사는 개별화 지도 모형을 활용할 때 거의 모든 관리 기능에서 자유롭기 때문에 학생들과 기능 발달, 전략, 게임/경기 수행에 대하여 학생들과 상호작용할 수 있는 시간을 많이 가질 수 있다.

② Metzler 등은 개별화 지도 모형을 적용한 교사가 직접교수를 사용하는 교사보다 3배 이상의 피드백을 제공하는 것으로 보고한다. 그것은 이 모형이 약 1%의 수업 시간을 수업 관리하는 데 사용하기 때문이다. 그 나머지 시간은 학생과의 상호작용에 사용된다.

③ 그래서 교사는 학생의 수행을 관찰하고, 진부하고 비효과적인 피드백이 아닌 다양한 종류의 피드백을 제공하는 데 훌륭한 기술을 가지고 있어야 한다.

④ 상호작용 기회가 늘어나는 것은 효과적인 질문기술을 요구하게 되고, 이는 교사로 하여금 학생이 보다 더 독립적으로 생각하고 자신의 과제에 맞게 연습하도록 돕게 한다.

⑤ 개별화 수업의 학생은 전통적 수업의 학생보다 학습 방법을 터득하는 데에 보다 효과적인 질문기술을 요구하게 되고, 이는 교사로 하여금 학생이 보다 더 독립적으로 생각하고 자신의 과제에 맞게 연습하도록 돕게 한다. 개별화 수업의 학생은 전통적 수업의 학생보다 학습 방법을 터득하는 데에 보다 효과적이다.

3. 상황적 요구 조건

개별화 수업 모형은 체육수업에서 학생들의 몇 가지 발달 단계를 필요로 하는 독특한 수업 모형이다.

(1) 학생의 읽기 수준

① 개별화 지도 모형에서 학생은 학습지에 있는 관리 정보와 과제 정보를 읽을 줄 알아야한다.

② 교사는 학급 학생의 중간 수준에 해당하는 이해력 수준으로 학습지를 작성해야 한다.

③ 그러나 평균 이하의 이해력을 지닌 학생들에게는 도전이 될 것이다.

④ 이 개별화 지도 모형은 학년 수준에 관계없이 이해력이 떨어지는 학생에게는 사용할 수 없다.

(2) 정보기술

① 개별화 지도 모형에서 과제와 구조정보를 제시하는 데에는 인쇄 매체 말고도 수많은 정보기술이 사용된다.

② 비디오 테이프, CD, 컴퓨터 보조 수업 등이 이러한 목적으로 사용될 수 있으며 학생들은 이 개별화 지도 모형에서 사용되는 어떤 기술도 다룰 수 있는 능력이 있어야 한다.

(3) 학생의 책무성

　① 개별화 지도 모형에서 설계 주요한 특징은 교사의 직접적인 안내가 없는 개별적인 학생 학습으로 볼 수 있다.

　② 그러므로 학생은 수업에서 자신의 시간을 어떻게 사용할 것인가에 대한 올바른 판단을 내릴 정도로 충분히 성숙해 있어야 한다.

　③ 그들은 또한 자신의 연습을 모니터하고, 자기평가가 허용될 때 자신의 과제 숙달을 검증하는 책무성이 필요하다.

(4) 상황적 변형

　① 개별화 수업에서는 모든 학생이 연습 공간 혹은 장비에 구애받지 않고 독립적으로 수업에 적극적으로 참여하기를 요구한다.

　② 그렇기 때문에 교사는 학생의 대기 시간을 줄이기 위한 다양한 방법을 모색해야 한다.

　③ 실제적인 상황 변형의 예로, 연습 공간을 확보하기 위해 학생들은 서로 다른 과제를 연습하고 있더라도 연습 코트, 연습 네트, 연습 구역 등을 공유할 수 있다.

　④ 또 정기적으로 일부 학생들에게 교사 평가지를 건네주고 다른 학생들의 연습을 점검하게 할 수도 있다. 더불어 운동 기능 수준이 높은 학생들에게 그렇지 않은 학생들에게 과제를 제시하도록 할 수 있다.

4. 모형의 선정과 변형

(1) 개별화 수업 모형은 체육수업 내의 여러 가지 내용에서 활용될 수 있다.

(2) 특히 분절적인 기술과 확실한 계열로 학습되어야 하는 지식 영역에 매우 효과적이다.

(3) 심동적 영역의 학습결과에 중점을 둘 수도 있고 물론 인지적 영역과 관련지어 설계할 수도 있다.

(4) 체육수업에 개별화 수업 모형을 활용할 수 있는 유형은 다음과 같다.

　　예 개인 스포츠, 팀 스포츠, 여가활동(볼링, 편자 던지기, 프리스비), 스텝이 정해진 댄스(라인댄스, 스퀘어 댄스, 포크댄스 등), 체력 개념, 체력 프로그램

5 개인학습지의 예시

• 담당과목: 배드민턴　　• 담당교사: 오수학　　• 연락처: 013-345-9870

• 수업개요:

(1) 배드민턴을 개별화 지도 모형으로 설계한 본 수업은 학생 개인의 학습 속도에 따라 학습 진도를 조절해 가는 방식입니다.

(2) 개별화 지도 모형은 성취 지향적이기에 초급 수준의 배드민턴 경기에 필요한 기능, 전략 및 규칙들을 학습하는 데 도움을 줄 것입니다.

(3) 개별화 지도 모형은 지금까지 받은 다른 수업과 다르게 진행되므로 학생 여러분들은 그 어느 때보다도 더 큰 책임감이 요구됩니다.

• 주의 사항: 모든 배드민턴 수업의 제반 사항은 모두 이 개인 학습지에 있으므로, 여기에 있는 내용을 배우는 것, 개별화 모형에 익숙해지는 것, 수업에 성실히 출석하는 것, 학급 운영지침에 따른 것, 주어진 코스의 위계에 따라 과제를 완수하는 것 등은 모두 학생 개개인에게 달려 있습니다.

- 학생이 해야 하는 일: 여러분이 해야 하는 일은 아주 간단합니다. 자율 학습의 안내서로서 이 학습지에 익숙해지고 충실히 따르면 됩니다. 내용이나 운영 정보에 대해 나에게 의지할 필요는 없습니다. 그러나 학습지가 충분치 않고 구체적인 학습 정보가 필요할 때는 언제든지 나에게 도움을 요청하도록 합니다. 여러분의 이 학습지는 이 수업을 완수하는 데 필요한 거의 모든 정보를 제공할 것입니다. 그래서 나의 지시 없이 진도를 나가려고 한다면, 다음 단계로 넘어갈 수 있습니다. 여러분이 부가적인 도움을 필요로 한다면, 내가 아주 자세히 도와 줄 것입니다. "도움요청 신호"는 왼손과 오른손을 동시에 들어 머리 위에서 좌우로 번갈아 흔드는 것입니다. 그러면 내가 가서 도와줄 것입니다.

- 교사가 해야 하는 일: 나는 여러분의 배드민턴 수업에서 촉매자(facilitator)로서 중요한 역할을 맡고 있습니다. 여러분의 개인 학습지는 수업에서 다루는 모든 내용과 필요한 여러 학급 운영 정보들을 제공합니다. 이러한 방식은 나로 하여금 개별적인 지도를 필요로 하는 학생들과 상호작용할 수 있는 시간을 별도로 해 줍니다. 전체 수업을 통해 전체 학급을 대상으로 하는 시범은 한 번만 있을 것입니다. 학급 운영 등 '잡무'에 소모되는 시간은 거의 없을 것입니다. 거의 모든 교사 시간은 개인적 상호작용을 통해 학생들의 학습을 돕는 데 사용될 것입니다.

- 개별화 지도 모형의 운영 지침: 개별화 지도 모형은 학생에게 스스로의 학업을 증진시킬 수 있는 권한을 부여하고 있는데 이 부분에서는 그에 대한 여러 가지 방법을 소개합니다. 학급 운영의 지침은 이 학습지에 거의 제시되어 있고, 그렇지 않은 부분은 교사가 설명해 줄 것입니다. 모든 수업 운영 지침에 대해 익숙해지는 것이 제일 중요합니다.

- 복장: 배드민턴 수업에 적합한 상의와 하의를 준비하도록 합니다. 움직임을 방해하지 않도록 가벼우며 쫙 붙지 않는 옷을 입도록 합니다(반바지, 티셔츠, 헐렁한 방풍복 등). 전문선수 복장이나 신발은 준비하지 않아도 됩니다.

- 기구: 매 수업마다 배드민턴 라켓을 준비해야 합니다. 학교에는 충분한 양의 라켓이 준비되어 있으나, 개별적으로 자신의 라켓을 준비하는 것이 바람직합니다.

- 학습지의 분배와 회수: 학습지는 수업이 끝날 때 제출하고 다음 시간 시작할 때 회수해 갑니다.

- 연습 상대: 일부 학습 과제는 연습 상대를 필요로 하는데, 이런 경우 평가를 통해 선정하게 됩니다. 누구나 대부분의 과제에서 서로 연습상대가 될 수 있습니다.

- 수업시작
  1. 정해진 수업 시간 혹은 전에 도착한다.
  2. 자신의 학습지와 필요한 용·기구를 위치시킨다.
  3. 정확한 출석 날짜를 확인한다.
  4. 스트레칭과 준비운동을 한다.
  5. 필요하면 연습 상대를 찾는다.
  6. 학습 위계 속에서 자신에게 적절한 연습 과제를 시작한다.

- 주의: 수업장소에 도착하자마자 수업이 시작될 수 있다는 사실에 주의합니다. 수업의 첫 번째 날만 제외하고, 교사는 모든 학생이 다 모일 때까지 기다리지 않습니다. 정해진 수업 장소에 빨리 나올수록 배드민턴 기술을 연습할 시간이 더 많아집니다.

- 자기평가, 동료평가, 교사평가: 개별화 지도 모형을 사용한 배드민턴 수업에서 매 학습과제는 과제 숙달을 점검할 필요가 있습니다. 어떤 과제는 여러분 스스로, 어떤 과제는 파트너에 의해, 어떤 과제는 교사에 의해 점검될 수 있습니다. 매 과제마다 성취 항목이 있고, 성취 결과에 평가자가 각 항목에 날짜를 적고 서명을 합니다.

- 교사가 평가하는 과제는 선생님 앞에서 숙달과제를 연습해야 합니다. 준비가 되면, 일련의 성공한 시도의 횟수를 제시하며, 기준 테스트에 대한 준비가 되었다는 신호를 보냅니다. 기준을 통과하지 못하게 되면 다시 연습을 해야 하며 차후에 다시 시도한다. 성공하지 못했다고 해서 어떠한 벌칙이 부여되는 것은 아니니, 성공할 때까지 하고 싶은 만큼 시도해도 됩니다.
- 수업의 초반부에 교사에게 '선생님이 저 좀 도와주세요.'라는 의사를 밝히는 것이 아주 효과적일 것이다. 그러면, 선생님이 여러분의 신호를 주의 깊게 살펴볼 수 있을 것입니다.
- 출석 점검: 여러분의 개인 학습지는 출석부의 역할을 합니다. 정해진 란에 자신의 출석을 표시합니다. 교사는 여러분의 학습지를 통해 출석을 확인합니다. 각 날짜에 해당하는 란에 정확히 표시해야 하며, 그렇지 않은 경우는 '결석'으로 처리됩니다.
- 통과/탈락 기준: 본 배드민턴 수업은 14개의 과제로 구성되어 있습니다. 학생들은 이중 최소한 10개의 학습 활동을 완수해야 학점을 인정받을 수 있습니다.
- 게임: 여러분은 이 코스의 14가지 학습 활동을 완수할 때까지 게임에 참가할 수 없습니다. 여기에는 규칙과 점수 매기는 방법에 관한 시험에서 70점 이상을 얻는 것도 포함되어 있습니다.
- 효율적인 시간관리: 본 배드민턴 코스는 14 차시의 수업으로 구성되고, 각 차시는 55분 수업입니다. 여러분의 학습 속도를 제대로 아는 것이 매우 중요하며, 모든 코스의 요구사항을 완수하려는 꾸준한 노력이 필요합니다. 따라서 수업에서 시간을 잘 활용해야 하는 방법을 알아야 합니다.
- 진도표 작성하기: 배드민턴 학습지의 마지막 장은 개인별 진도표입니다. 각 수업 종료 시에 여러분이 완수한 각 과제에 해당하는 칸에 "x"를 표시해야 합니다. 시간이 지나면 자신이 학습한 모든 학습과제의 개별 학습 진도를 한눈에 볼 수 있을 것입니다.

〈표 3-1〉 배드민턴 학생 진도표

	1	2	3	4	5	6	7	8	9	10	11	12	13	14
게임											x	x	x	x
패스룰과 점수 매기기										x				
마지막 도전 과제										x				
백핸드 드롭									x					
포핸드 드롭									x					
오버헤드 스매시									x					
백핸드 드라이브								x						
포핸드 드라이브								x						
클리어의 도전 과제							x							
오버헤드 클리어						x								
백핸드 드라이브 클리어						x								
포핸드 드라이버 클리어					x									
서빙 도전				x										
하이딥 서브			x											
숏딥 서브		x												
스트레칭	x													
수업날짜	1	2	3	4	5	6	7	8	9	10	11	12	13	14

학생 이름: 오 탁근
체육 수업 차시: 3차시

6 개별화 지도 모형에서의 모듈

1. 모듈 1: 배드민턴 서브 중

• 배드민턴 서브는 숏 로우 서브, 하이 딥 서브, 도전 과제의 학습 활동으로 구성 된다(여기서는 숏 로우 서브만 제시하였다). 일단 학생들이 코스 학습지를 읽고 개별화 지도 모형의 관리 구조를 이해하면 바로 과제 1에서 시작하며 계열성에 따라 진도 나가게 된다.

(1) 배드민턴 수업을 위한 스트레칭(상호평가)

• 선생님이 배드민턴 수업에 도움이 되는 5가지 스트레칭 법을 가르쳐주겠다. 각 동작에 대한 중요 요소를 명심하고 선생님이 시범 보이는 동작을 따라 한다. 준비가 되면 파트너와 함께 개인 학습지를 지참하고 수업에 임한다. 명심해야 할 것은 이 스트레칭은 항상 매시간 이루어져야 한다.

(2) 과제 1: 숏 로우 서브

먼저, 숏 로우 서브의 비디오를 본다. 기능 습득에 필요한 주요 요소에 특별히 주의를 기울인다.

• 수행동작 단서

1. 코트포지션	숏 서비스 라인에서 2-3 피트인 센터 라인 근처
2. 목표 지역	반대편 서비스 라인의 1-2피트 지점. 가능하면 백핸드 쪽으로
3. 그립	포핸드 혹은 백핸드
4. 풋웍	포핸드 자세
5. 타구지점	3시와 4시 사이(수직, 위로 띄워 올리기)
6. 손목	단단히 고정
7. 포물선	가능한 네트에 가까우며 낮게
8. 힘/속도	작고 느리게
9. 팔로우스루	짧게

• 이해 과제(상호 평가)

파트너를 찾아 셔틀콕을 치지 않고 숏 로우 서브를 위한 적절한 운동 수행 전에 서로에게 시범 보여라. 이 서브를 정확하게 할 수 있을 때까지 서로 맞거나 틀린 수행동작 단서에 대한 피드백을 제공하라.

• 학습 조언

1. 라켓을 쥐지 않은 손의 엄지와 검지로 셔틀콕의 깃털을 가볍게 잡는다. 셔틀콕의 꼭지가 바닥을 향하도록 한다.
2. 라켓을 휘두를 때 셔틀콕을 곧장 아래로 떨어뜨린다.
3. 손목을 고정하고, 셔틀콕을 살짝 띄워 넷을 넘겨 목표지역에 떨어뜨린다.
4. 비록 작은 서브지만, 확실하게 팔로우스루한다.

• 준비도 연습(자기평가)

1. 정식 코트의 양쪽 서비스 지역에서 40회의 숏 로우 서브를 한다. 이번엔 구체적인 목표 지역에는 신경 쓰지 않도록 한다. 이번 시도를 통해 숏 로우 서브의 적절한 타구점, 힘, 포물선을 익히도록 한다. 만약 여러분이 이 준비도 연습이 좀 어렵다고 느껴진다면, 수행동작 단서를 다시 한번 읽어보고 그대로 셔틀콕 없이 해보기 바란다. 그래도 여전히 어렵다면, 이 기술을 적용함에 있어 교사의 도움을 요청하기 바란다.

- 자주 일어나는 실수와 그 처방(대처 요령)
  1. 서브가 곧게 나가지 않는다.
     - 풋웍이 확실하게 고정되어 있는지 확인한다.
     - 스윙경로를 보다 수직적으로 변화시킨다.
  2. 서브가 너무 짧거나 넷에 걸린다.
     - 더 세게 친다(그러나 손목은 사용하지 않는다).
     - 서브 때 좀 더 떠오르게 친다.
  3. 서비스 리턴 박스를 지나가 버린다.
     - 좀 약하게 치거나, 손목 스냅을 줄인다.
     - (서비스 지역에서 더 뒤로 이동하지는 말라)
  4. 불규칙적인 서브, 실수에 일정한 패턴도 없다.
     - 셔틀콕을 치지 않고 수행동작 단서를 다시 복습한다.
     - 일관성을 보일 때까지 준비과제를 계속한다.

장애물	장애물	
오른쪽 목표 영역	왼쪽 목표 영역	
왼쪽 목표를 향해 서비스 넣는 곳 (x)	오른쪽 목표를 향해 서비스 넣는 곳 (x)	

- 기준과제(자기평가) 서비스 박스와 적당한 서비스 리턴 박스를 정한다. 반대편 숏 서비스 라인을 지난 3피트 지점에 평행선을 긋는다. 이렇게 해서 만들어진 직사각형이 이 과제의 목표지역이다. 서비스 코트에 적당한 지점에서 서브 자세를 취한다. 10개씩 구성된 블록으로 숏 로우 서브를 연습한다. 10개의 묶음 중 몇 개나 낮은 포물선으로 그리며 정확하게 들어가는지 적어 놓는다.
  1. 위치: 적당한 박스의 서비스 지역
  2. 목표지역: 반대편 서비스 리턴 박스 속의 표시된 직사각형
  3. 셔틀콕: 규정대로 토스한다.
  4. 기준: 양쪽 서비스 라인에서 2 세트 실시, 목표 지역에 80%가 성공해야 한다.
- 오른쪽 서비스 라인에서: 이 과제는 10번의 서브를 단위로 한다. 각 10개의 시도 중 성공적인 서브의 개수를 세어 아래의 개인 기록표에 적어 넣는다.

10	10	10	10	10	10	10	10	10	10	10	10

- 왼쪽 서비스 라인에서: 이 과제는 10번의 서브를 단위로 한다. 각 10개의 시도 중 성공적인 서브의 개수를 세어 아래의 개인 기록표에 적어 넣는다.

10	10	10	10	10	10	10	10	10	10	10	10

135 | 2008학년도

다음은 김 교사가 장 교사의 수업을 관찰한 후 동학년 협의회에서 나눈 대화이다.

> 김 교사: 오늘 장 선생님의 수업에서는 전체 학생을 대상으로 설명이나 시범이 없었고, 과제별 연습시간이나 활동 내용도 이야기하지 않아서 교사의 역할이 거의 없었던 것 같은데, 어떻게 생각 하십니까?
>
> 장 교사: 제가 이 수업에서 활용한 수업 모형은 개별화 지도 모형입니다. 그래서 매 시간마다 ㉠(＿＿)을(를) 활용해서 학생들이 어떤 과제를 수행해야 하는지를 분명하게 알도록 하고 있습니다.
>
> 김 교사: 그래도 수업이 제대로 이루어지려면 교사가 적극적으로 개입해서 학생들이 해야 할 일을 일일이 설명해 주고 일률적으로 움직이도록 해야 하지 않겠습니까?
>
> 장 교사: 저는 이 모형을 활용하게 되면 수업 운영에 소비되는 불필요한 시간을 줄일 수 있고, 학생들에게 더 많은 피드백을 제공할 수 있으므로 보다 충실한 개별 지도가 이루어질 수 있다고 생각합니다.

장 교사가 활용한 개별화 지도 모형의 주제와 ㉠에 해당하는 명칭을 쓰시오. 그리고 장학 주체 측면에서 김 교사가 실시한 장학의 명칭을 쓰고, 김 교사의 장학 내용에서 나타난 문제점을 2줄 이내로 설명하시오.

- 개별화 지도 모형의 주제: _____
- ㉠의 명칭: _____
- 장학의 명칭: _____
- 장학 내용의 문제점: _____

[정답] • 개별화 지도 모형의 주제: 학습 속도를 스스로 조절한다. (학생은 할 수 있는 만큼 빨리, 필요한 만큼 천천히 배운다.)
- ㉠의 명칭: 개인 학습지(개별 과제지, 과제 카드, 과제 포스터)
- 장학의 명칭: 동료장학
- 장학 내용의 문제점: 학습 목표나 내용에 따라서 효율적인 수업방식과 교사의 역할이 있음을 인지하지 못하고 전통적인 전달자로서의 교사의 역할을 강요하고 있다.

다음 〈보기 1〉에 제시되어 있는 특성을 가진 모형을 〈보기 2〉에서 찾아 연결한 것으로 바른 것은?

─────〈보기 1〉─────

가. 서로를 위해 서로 함께 배우기

다. 유능하고, 박식하며, 열정적인 스포츠인으로 성장하기

마. 문제 해결자로서의 학습자

나. 수업 진도는 학생이 결정한다.

라. 나는 너를, 너는 나를 가르친다.

─────〈보기 2〉─────

A. 교사가 과제 제시를 한 후 짝을 이룬 학생이 개인 교사와 학습자의 역할을 교대한다.

B. 학생은 시즌 동안 한 팀의 일원으로 수업에 참여하며, 공식 경기, 기록 보존이 매우 중요하다.

C. 경쟁적인 학생, 수동적인 학생, 회피적인 학생에게 효과적이다.

D. 주어진 과제가 인지적 영역에 초점을 두고 있다면 1순위(공동)는 정의적·인지적 영역, 3순위는 심동적 영역이며, 주어진 과제가 심동적 영역에 초점을 두고 있다면, 1순위(공동)는 정의적·심동적 영역, 3순위는 인지적 영역이다.

E. 책임감의 수준을 무책임 단계(0단계)에서 전이 단계(5단계)로 나누어 자신과 타인에 대한 책임감을 지도한다.

① 가-A   ② 나-C   ③ 다-D   ④ 라-B   ⑤ 마-E

[정답] ②

다음은 내용 숙달 가치 정향을 가지고 있는 박 교사의 진술문이다. 박 교사가 자신의 가치 정향을 실현하기 위해 선택할 수 있는 교육과정 모형, 수업 모형, 교수 스타일을 바르게 연결한 것은?

저는 요즘 청소년들의 체력이 저하되고 있는 것이 안타깝습니다.

체력의 요소와 이를 증진할 수 있는 운동 방법을 정확히 아는 것이 중요한데, 요즘 청소년들은 이를 잘 모르고 있는 것 같습니다.

평소 우리 학생들이 체력 운동을 많이 힘들어하니 올해는 제가 체력 증진 프로그램 모듈을 만들어서 학생들이 스스로 운동할 수 있도록 지도하려고 합니다. 특히, 작년에는 학급 인원이 너무 많아서 학생의 체력 차이를 고려하지 못했는데, 이번에는 이를 해결할 방법을 찾아야겠습니다.

	교육과정 모형	수업 모형	교수 스타일
①	체력교육 모형	개별화 지도 모형	포괄형
②	체력교육 모형	책임감지도 모형	포괄형
③	체력교육 모형	개별화 지도 모형	자기설계형
④	발달 단계 모형	책임감지도 모형	자기설계형
⑤	발달 단계 모형	직접교수 모형	자검형

[정답] ①

[해설] • 체력 요소와 관련이 있는 것은 체력교육 모형이다.

• 프로그램(내용) 모듈을 통해 스스로 학습하는 것은 개별화 지도 모형에 해당한다.

• 또한 스스로 자신의 수준을 선택할 수 있는 것은 포괄형 스타일에 해당된다.

9. 다음은 A 체육교사의 교직 생활 성찰 일지이다. 〈작성 방법〉에 따라 순서대로 서술하시오. [4점]

··· (중략) ···

점점 경륜이 쌓이면서(숙련기) 학생들이 자아를 발견하고, 자기관리 능력을 키워 전인적으로 성장하길 기대하였다. 체육 수업을 통해 학생들이 성취를 경험하고, 자신감과 긍정적 자아개념을 형성하는 것을 의도하였다. 그런 경험들을 토대로 심동적, 인지적, 정의적 영역의 통합적 발달을 추구하였다.

수업 방식으로는 학생들의 적성과 개인차를 존중하며, ⓒ개별화 지도 모형과 수준별 수업을 실시하였다.

개별화 지도 모형을 적용함에 있어서, ⓒ학생들이 2가지 이상의 기준 과제에서 습득한 기능을 조합하여 연습할 수 있는 리드-업 게임이나 변형 게임을 제공하며 수업을 진행하였다.

─────〈작성 방법〉─────
○ 밑줄 친 ⓒ의 과제 제시 방법의 특징을 기술할 것.
○ 메츨러(M. Metzler)의 주장에 근거하여, 개별화 지도 모형을 적용하기 위한 6가지 과제 중 밑줄 친 ⓒ에 해당하는 과제의 명칭을 쓸 것.

[정답] · ⓒ 과제 제시는 수업매체(문서와 시각 자료)의 형태로 학생들에게 전달된다. [1점]
· ⓒ 도전 과제 [1점]

10. 다음은 체육과 전문적 학습 공동체 워크숍에서 교사들이 나눈 대화 내용이다. 〈작성 방법〉에 따라 순서대로 서술하시오. [4점]

최 교사: 오늘 워크숍 주제는 예고한 것처럼 ⑦체육과 교육과정 의사 결정에 영향을 미치는 3가지 요인(원천), 가치 정향, 체육 교육과정 모형입니다. 먼저 선생님들께서 생각하고 계신 체육 교육과정의 목적은 무엇이고, 그에 맞는 체육 교육과정 모형을 말씀해 주시겠습니까? 아울러 교사 수준의 교육과정을 개발하실 때 어떤 점을 고려 하시는지에 대해서도 설명해 주시기 바랍니다.

장 교사: 체육 교육과정 목적 중, 학생들의 체력을 향상하는 것이 가장 중요하다고 생각합니다. 그래서 모든 학생의 체력 수준 향상, 활기찬 미래의 생활 방식을 준비하는 것, 웰니스를 강조하는 모형 (가) 을 저는 선호합니다.

유 교사: 저도 장 선생님과 생각이 같습니다. 그래서 저는 교사 수준의 교육과정을 개발할 때, 학생이 자신의 수준에 맞게 자기 주도적으로 체력을 향상하도록 개별화 지도 모형을 자주 활용합니다. ⑥개별화 지도 모형은 일일 수업 계획에 대한 부담이 적고, 수업 시간 운영이 비교적 쉬운 편이죠.

… (하략) …

〈작성 방법〉

○ 밑줄 친 ⑦을 주잇과 베인(A. Jewett & L. Bain)의 주장에 근거하여 쓸 것.
○ (가)에 해당하는 체육 교육과정 모형이 근거하고 있는 가치 정향의 명칭을 쓰고, 밑줄 친 ⑦ 중에서 무엇을 제일 우선으로 하는지 서술할 것.
○ 밑줄 친 ⑥의 이유를 메츨러(M. Metzler)의 주장에 근거하여 단원 계획 수립 측면에서 서술할 것.

[정답] • ⑦은 교과, 학생, 사회이다.
　　　 • 교과내용 숙달 중심사조이다. 교과이다.
　　　 • 하나의 내용 단원에 대한 통합계획으로 활용되기 때문에 일일 학습지도안은 없으며 모듈이 개인학습지로 제공된다.

1 개요

[그림 4-1] 동료교수 모형의 수업 장면

(1) 동료교수 모형은 행동주의 심리학에 기초하여 개발된 직접교수 모형의 변형이라고 할 수 있다. 하지만, 동료 학생들이 서로를 가르치는 교수·학습의 특성상 인지발달 이론, 구성주의 학습이론, 인간학습 이론 등의 영향을 받기도 하였다.

(2) 동료교수 모형에서 학생들은 조(짝)를 이루어 제시된 과제에 따라 학습 과제를 완수한다.

(3) 교사가 제시한 과제에 따라 학생이 교사와 학습자의 두 가지 역할을 교대로 수행하며 학습하는 수업 모형이다. 학생이 개인 교사의 역할을 대리 수행하므로 반응 기회가 다소 감소하지만, 연습의 효율성이 증대되면서 많은 내용을 학습하고 사회적 관계 기술 까지 향상시킬 수 있다.

(4) 동료교수 모형으로 수업하는 교사는 학습 내용은 직접적으로 전달하고 그 이후의 개인 교사와의 상호작용은 발문 등을 통해 간접적인 방식으로 해야 한다. 그래야 학생들에게 문제해결 능력을 길러줄 수 있다.

(5) 동료교수 모형에서는 학생이 교사와 학습자의 서로 다른 두 가지 역할을 수행하기 때문에 교사는 학생에게 교사의 역할과 학생의 역할에 대한 설명을 명확하게 제공해 주어야 하며, 교사 역할을 맡은 학생이 임무를 잘 완수할 수 있도록 기준카드 등을 제공해야 한다.

1. 정의

(1) 동료교수 모형은 교사의 체계적인 계획과 지도에 의해 학생과 학생이 짝을 이루어 서로서로 학습을 돕는 교수모형이다.

(2) 이 모형에서는 기술 수준이 높은 학생이 기술 수준이 낮은 학생을 항상 가르치는 것은 아니며, 학생들이 서로 도와 가며 배우는 상호작용적인 학습과정이 강조된다.

(3) 즉, '내가 너를 가르치고 네가 나를 가르친다'는 의미로 요약될 수 있다.

(4) 동료교수의 특징은 몇몇 학생이 학습 과정에서 다른 학생을 보조하기 위해 많은 교수 기능을 담당하는 학습 환경을 의미한다.

(5) 동료교수는 직접교수의 기본적인 운영 방식과 유사하지만 동료교수 모형에서는 교사가 한 가지, 즉 학생이 학습활동을 하는 동안과 그 후에 발생하는 수업 상호작용을 제외하고는 직접교수에서와 동일하게 모든 요소들에 대한 통제권을 가진다.

(6) 이렇게 중요한 책임이 이른바 개인 교사(tutor)라고 불리는 학생에게 위임되는데, 이 학생은 다른 학생의 연습 시도를 관찰하고 분석하기 위해 훈련을 받는다.

2. 주요 개념

(1) 교사는 직접교수 모형에서처럼 수업에서 많은 의사결정권을 가지고 있다.

(2) 교사가 개인 교사를 훈련시키고 과제를 부여한다.

(3) 한 명의 교사가 여러 학생들의 수행을 관찰하고 피드백을 제공할 수 있는 능력이 없기 때문에 학생들이 다른 학생들에게 개인 교사로서의 기능을 수행할 수 있도록 훈련을 받고 과제를 할당받는다.

(4) 연습을 하는 학습자는 개인 교사와 함께 학습 개선을 유도하는 상호작용을 하게 된다.

3. 차이점

(1) 직접교수 모형과 아래의 내용이 다르다.

① 동료교수 전략들 중 다수가 직접교수에서 변화되어 전개되므로 상당부분 직접교수의 이론과 개념을 공유하고 있는 숙련지향 모형이다.

② 이와 같이 동료교수가 직접교수의 기본적 작용(option)들과 유사한 경우가 있으나, 수업(class)내에서 누가 이것들은 수행하는가에 주된 차이점이 있다.

(2) 모스턴(Mosston)의 상호학습 유형과 아래의 내용이 다르다.

① 모스턴의 상호학습은 한 학생은 '관찰자'(교사)로 다른 학생은 '행위자'(학생)로 설계된다.

② 이와 같은 방법이 동료교수의 가장 기본적인 특징과 동일하지만 상호학습은 임시적인 과제 구조로 사용되기 위한 목적을 지니고 있고 일반적으로 수업 내에서 유일한 교수전략으로 계획되지는 않는다.

③ 체육교사들은 수년간 상호학습 전략을 사용해 왔지만 여기서 제시되는 동료교수와는 상이한 것이다.

① 2인 1조로 짝을 지어 각각의 학생들이 정해진 역할에 따라 한 명은 수행자(doer)로 다른 한 명은 관찰자 (observer)의 역할을 갖게 된다.

② 교사는 수업 전 수업 내에서 요구되는 모든 사항에 대한 결정을 내리고 이 가운데 일부 사항이 교사로부 터 학생에게로 이전된다.

③ 교사, 수행자, 관찰자는 자신에게 부여된 역할 한도 내에서 해당사항에서 결정을 내린다.

④ 수행자는 연습식 스타일에서의 학생의 역할과 동일하며 의사소통을 관찰자와만 할 수 있다.

⑤ 관찰자는 수행자에게 피드백을 제공하고 교사와 의견 교환을 한다. 교사는 관찰자와 실행자를 관찰하고 오직 관찰자하고만 의사소통을 할 수 있다.

(3) 동료교수 모형은 한 학생이 다른 학생을 가르치는 전략에 의존하기는 하지만, 교사가 모형에 기반한 접근 법을 계획해서 따를 때에만 동료교수 모형이 된다.

(4) 동료교수는 학생들이 한 가지 이상의 학습 활동을 위해 짝을 지어서 '나란히(side by side)' 학습을 하는 파 트너 학습과는 다르다. 동료교수가 되기 위해서는, 한 학생이 일반적으로 교사가 맡고 있는 몇 가지 중요 지 시 사항을 수행하는 뚜렷한 책임감을 가지고 있어야 한다.

(5) 동료교수는 작은 규모로 이루어지는 협동학습과 다르다. 협동학습도 학생들이 다른 학생들을 가르친다는 특징을 가지고 있지만, 협동학습 모형은 매우 다른 총체적 계획을 사용하며 전체 내용 단원을 위해 함께 하는 소규모 "팀"으로 학생들을 배치한다(협동학습 참조).

4. 모형의 장단점

(1) 장점 17 기출

① 학생들은 개인 교사의 역할을 수행하면서 과제에 대한 이해력을 높일 수 있고, 기술 분석 지식을 개발 할 수 있기 때문에 학습자의 역할로 돌아갔을 때 수행 수준이 향상될 수 있다.

② 학습자의 역할에 있는 경우에, 개인 교사에 의해 과제 수행에 대한 피드백을 제공받아 연습의 효율성 이 높아진다.

③ 학생들 간에 사회적 상호작용을 촉진하고 인지력을 발달시킬 수 있다.

④ 학습 성취도가 낮은 학생과 높은 학생, 사전 경험이 없는 학생과 사전 경험이 풍부한 학생 모두를 한 꺼번에 교육할 수 있다.

⑤ 모든 학생들에게 개인적, 사회적, 언어적, 의사소통 기술을 개발할 수 있는 기회를 제공한다.

(2) 단점

① 수업 내에서 교사에 의해 부분적으로 과제를 제시받기 때문에 수업 전체 흐름을 파악하는 데 어려움이 있다.

② 제한된 시간과 복잡성을 지닌 과제에서 개인 교사는 실제 교사의 대리자로서 행동하는 것을 벗어나지 못한다.

③ 개인 스포츠와 팀 스포츠 모두 동료교수 모형을 적용할 수 있으나 비경쟁적인 학습 활동으로 제한해야 한다. 역동적인 활동 상황에서는 개인 교사 - 학습자의 상호작용이 거의 불가능하기 때문이다.

5. 용어 정의 [17 기출] [22 기출]

(1) 동료교수 모형에서의 전문 용어가 때때로 혼동될 수 있다.

(2) 이러한 혼동 가능성을 줄이기 위해서, 본 장에서 빈번하게 사용될 4가지 용어들의 차이점을 명확하게 알아두어야 한다.

　① 개인 교사(Tutor): 임시로 교사의 역할에 선정된 사람

　② 학습자(Learner): 개인 교사의 관찰 및 감독 하에서 실습하고 있는 사람

　③ 조(짝)(Dyad): 개인 교사-학습자 한 쌍(2인1조)

　④ 학생(Student): 학생들이 개인 교사나 학습자의 역할에 있지 않을 경우 학급 내에서 학생들을 묘사하기 위해 사용되는 일반적인 용어

6. 특징

(1) 동료교수 모형은 직접교수 모형의 변형으로 볼 수 있다.

　① 동료교수 모형에서는 교사가 한 가지, 즉 학생이 학습 활동을 하는 동안과 그 후에 발생하는 수업 상호작용을 제외하고는 직접교수와 같은 동일한 모든 요소들에 대한 통제권을 가진다.

　② 이렇게 중요한 책임이 이른바 개인 교사라고 불리는 학생에게 위임되는데, 이 학생은 다른 학생의 연습시도를 관찰하고 분석하기 위해 훈련을 받는다.

(2) 이 모형은 학생이 수행하는 연습 시도에 대해 교사의 관찰 부족과 교사로부터 받는 제한된 피드백이라는 문제점을 줄이기 위해서 고안되었다.

　① 학습 참여 기회가 반으로 축소되는데, 개인 교사로서의 시간과 학습자로서의 활동 시간을 반씩 보내기 때문이다.

　② 학생이 학습자의 역할을 수행하는 경우 각 학생은 실제로 학습 시간의 효율성을 높이면서 자신의 연습 시도를 관찰하고 분석하는 개인 교사를 가지게 된다.

　③ 개인 교사의 역할을 수행하는 경우, 해당 학생은 과제에 대한 이해를 높여줄 수 있는 인지적 참여를 함으로써 학습자의 역할을 수행할 때 연습의 향상을 도모할 수 있다.

　④ 학생이 동료교수에서 많은 학습 참여 기회(OTR)를 얻지 못할지라도 연습 시간의 효율성 증가로 인해 교사는 훨씬 많은 단원의 내용을 지도할 수 있게 된다.

(3) 또한 동료교수 모형은 학생들의 사회성 학습을 강조한다.

　① 개인 교사는 체육교사가 제공한 과제 제시와 과제 구조에 기초하여 학습자의 연습을 집중적으로 관찰하고, 단서와 피드백을 줄 때 원활한 언어적 의사소통 기술을 가지고 있어야 하며, 자신의 임시적인 임무 역할 능력과 감정에 민감해야 한다.

　② 학습자는 개인 교사의 조언과 충고를 기꺼이 받아들이고 모호한 말을 할 때에는 질문을 해야 하며, 각 연습을 직접적인 관찰 하에서 성실하게 연습해야 한다.

　③ 학생이 수업에서 이와 같은 2가지 역할을 교대함에 따라 학생은 다른 수업 모형에서 제공되지 않는 책임감의 공유에 바탕을 둔 상호 협력 관계를 발전시켜 나간다.

(4) 동료교수 모형은 학생의 인지 발달을 향상시킬 수 있는 엄청난 잠재력을 가지고 있다.

① 학생이 좋은 개인교사가 되기 위해서는 핵심적인 수행 단서를 알고, 이 단서들과 각 연습 시도의 결과 사이의 관계를 이해해야 한다.

② 개인 교사는 본질적으로 체육수업에서 움직임 기능의 이해와 수행 수준을 높일 수 있는 문제해결 기술을 발전시켜 나간다.

(5) 동료교수가 단지 파트너 학습이 아니고 하나의 수업 모형으로 인식될 수 있는 근거는 개인 교사들이 자신의 역할을 준비하고 훈련받기 때문이다.

① 이 모형이 가장 효과적으로 활용되기 위해서는 체육교사가 개인 교사들이 실제로 책임감을 가지고 수업 운영을 이해하고 수행할 수 있도록 도와야 한다.

② 개인 교사 역할을 수행하기 위한 적절한 훈련 계획은 다음의 내용들이 포함되어야 한다.
　㉠ 학습 목표의 정확성
　㉡ 개인 교사에 대한 역할 기대
　㉢ 과제 제시와 과제 구조의 이해도 점검
　㉣ 학습자에게 잘못된 점을 지적하고 적절하게 칭찬하는 방법
　㉤ 안전하게 연습하는 법
　㉥ 숙달 정도나 과제 완성도를 평가하는 법
　㉦ 교사에게 질문을 해야 할 시기를 아는 것

③ 교사 중재와 학생 중재 수업 비교(Greewood, Carta, Kamps)

지도 요인		교사 중재	학생 중재
장점	학생/교사 비율	높다	낮다
	참여 시간	변하기 쉽다	높다
	참여 기회	낮다	높다
	실수 교정의 기회	낮다	높다
	실수 교정의 시기	지연	즉시
	도움과 격려 기회	적다	많다
	경쟁과 협동학습 기회	적다	많다
	동기	교사	동료와 학생
단점	동료 훈련 요구	적다	많다
	질 관리 요구	적다	많다
	내용 적용 범위	많다	변하기 쉽다
	동료 선택	필요없다	필요하다
	교육과정 재구성	적다	많다
	비용	높다	낮다
	도덕적 관심	적다	증가된다

2 이론적 기초

1. 직접교수 모형과 이론적 공통점 및 차이점

(1) 동료교수 모형은 직접교수 모형의 이론적 배경 및 근거에 기초한다. 즉, 높은 비율의 학생 참여 기회와 피드백, 교육 내용에 걸친 활발한 교사 주도의 학습 진도를 지향하는 완전숙달중심 모형으로 볼 수 있다. 이와 같은 교수·학습과정의 구조는 스키너(Skinner)와 행동주의 심리학자에 의해 개발된 훈련 이론과 원리에 기초한다.

스키너의 조작적 조건 이론	즉 높은 비율의 학생 참여 기회와 강화 피드백, 단원 내용에 걸친 활발한 교사 주도의 학습 지도를 지향하는 "완전 숙달 중심 모형"으로 볼 수 있다.

(2) 그러나 동료교수의 주요한 특징인 학생이 서로 가르치는 측면은 사회 학습, 인지 발달 및 구성주의와 같은 인간학습 이론과 상당히 다른 이론에서 유래된 것이다.

① 동료교수 모형을 지지하는 이론은 사회학습 이론(social learning theory), Piaget 이론, 구성주의 학습 이론을 들 수 있다.

사회학습 이론(Bandura)	학생–학생 상호작용은 한 학생이 다른 학생의 학습 과정에 중요한 역할을 한다는 사실을 인정하는 것이다.
인지학습 이론 (Piaget)	인간은 지적 능력 발달의 연속적인 단계를 거쳐 발전한다는 사실을 이론화하였다.
	공유된 학습 활동에 참여하는 학생은 그들이 교사 중심의 수업을 받을 때보다 개인 교사와 학습자에 대한 역할 이해를 통해서 지적인 발달을 촉진할 수 있는 문제 해결 기술을 더욱 발전시켜 나갈 수 있다.
	학생에게 개인 교사 역할을 부여하는 것은 그 역할을 잘 수행하기 위해 충족되어야 하는 새로운 지적 사회적 도전 형태를 전체적으로 제시하는 것이다.
구성주의 학습이론	로이스와 로에일(loyce & Loeil, 1996)은 '사회적 구성주의자(social constructivist)들은 민주적인 학습 환경을 조성하고, 학생이 이미 알고 있는 것을 동료 학생과 상호작용하면서 활용할 수 있는 학습과정을 강조한다.'고 주장하였다.

② 이 학습 이론들이 3가지 학습 영역(심동적, 인지적, 정의적)에서 학생의 학습에 도움을 주기 위한 통합은 이 모형의 장점이다.

(3) 교사는 수업에서 주요한 수업 계획을 위한 의사결정을 하기 위해 내용, 수업 운영, 장학의 전문성을 발휘할 수 있다.

① 한 명의 교사가 많은 학생의 연습 시도를 관찰하고 피드백을 제공할 수 있는 능력이 없기 때문에 학생은 개인 교사로서 다른 학생(학습자)이 연습에 참여할 때 이 기능을 수행할 수 있도록 훈련받고 과제를 할당받게 된다.

② 학습자들은 향상된 학습을 이끌어내는 증가된 상호작용이라는 이점을 가지게 된다. 개인 교사는 교사 역할을 수행하면서 인지적 및 정의적 영역 발달을 제공함으로써 지적·사회적으로 참여하게 된다.

2. 교수·학습에 관한 가정

(1) 교수에 관한 가정

① 교사는 시간과 다른 자원의 활용을 극대화하기 위해 단원 내용, 수업 운영, 과제 제시, 내용 전개와 관련된 많은 의사결정에서 통제력을 유지해야 한다.

② 교사는 교수 정보를 학습자에게 제공하는 주요기능을 수행할 개인 교사를 훈련시킬 수 있다.

③ 조(짝)는 세 가지 영역(심동적, 인지적, 정의적)의 발달을 촉진한다.

(2) 학습에 관한 가정

① 교사가 제공하는 심동적 영역의 학습은 관찰과 피드백에 의해 촉진된다.

② 교사는 연습에 임하는 학습자들을 관찰하고 분석하며 지도함으로써 인지적 영역의 학습이 촉진된다.

③ 두 명의 학생으로 구성되는 조(짝)는 교수·학습 과정에서 서로 다른 역할을 수행하면서 정의적 및 사회적 학습을 촉진시킨다.

④ 개인 교사와 학습자는 할당된 학습 과제를 완수하기 위해 서로 협력하여 참가함으로써 문제해결 기술을 발달시켜 나간다.

3. 모형의 주제: 나는 너를, 너는 나를 가르친다. 17 지도사

(1) 동료교수 모형의 기본적인 과제 구조는 교사가 과제 제시를 한 후 조(짝)을 이룬 학생이 개인 교사와 학습자의 역할을 교대함으로써 이루어진다.

(2) 기본적으로 짧은 시간 동안 한 학생은 개인 교사의 역할을 하고 다른 학생은 학습자의 역할을 하게 된다. 이후 교사의 지시에 따라 역할을 교대한다.

(3) 어느 누구도 한 학생이 개인 교사 또는 학습자를 계속해서 하지 않으며, '나는 너를 가르치고, 너도 나를 가르치며, 함께 다른 내용을 학습한다.'

참고문제	2017년 지도사 2급

10. 동료교수 모형에 관한 설명으로 옳은 것은?

① 개인교사는 교사에게 역할 수행을 위한 훈련을 받지 않는다.

② 교사는 개인교사, 학습자 모두와 상호작용을 한다.

③ 학생은 개인교사 역할과 학습자 역할을 번갈아가며 경험한다.

④ 학습 활동의 직접적인 참여 기회가 증가한다.

4. 학습 영역의 우선순위와 영역 간 상호작용 _{05 기출} _{11 기출}

(1) 학습 영역의 우선순위

① 학습자

1순위: 심동적 영역	2순위: 인지적 영역	3순위: 정의적/사회적 영역

ⓐ 학습자로서 학생은 학습 활동으로 운동 기능을 연습하면서 기본적으로 심동적 영역에 참여하게 된다. 교사가 인지적 개념 학습을 위해 동료교수 모형을 사용하는 것은 가능하지만, 모든 학생이 동시에 그 개념을 학습하는 것은 동료교수에게서 얻을 수 있는 것이 아무것도 없기 때문에 비효율적인 전략으로 여겨질 수 있다. 따라서 동료교수 모형에서 학습자의 학습 영역 우선순위는 일반적으로 위 표와 같다.

ⓑ 학습자는 주어진 과제를 해결하기 위해 개인 교사로부터 언어적 정보와 모델화(인지적) 정보를 받아들이고 처리한다. 이 과정들은 개인 교사와 학습자 사이의 정의적/사회적 상호작용의 기반이 된다. 이는 의사소통 분위기를 형성하고 과제를 완수할 수 있는 학습자의 능력에 영향을 미치게 된다.

② 개인 교사

1순위: 인지적 영역	2순위: 정의적/사회적 영역	3순위: 심동적 영역

ⓐ 개인 교사의 역할을 수행하면서 우선적으로 과제의 인지적 요소에 중점을 둔다. 교사에 의해 주어진 주요 운동수행 단서의 이해, 과제 구조에 필요한 사안 이해, 실수에 대한 학습자의 기술 시도 관찰, 다음 연습에 도움이 될 피드백과 학습 단서 제공에 대한 학습자와의 의사소통을 포함한다.

ⓑ 개인 교사의 역할을 담당한 학생은 교사로서의 책임감을 배우고 수행하면서 자신과 학습자의 요구를 학습하는 정의적 영역에 심도 있게 참여한다.

ⓒ 개인 교사가 자신이 연습할 시기에 있을 때 어느 정도까지는 인지적 지식 습득이 가능하지만, 이때는 주로 3순위 학습 영역이 우선 순위가 되는 심동적 영역에 위치하게 된다. 동료교수 모형에서 개인 교사를 위한 우선순위는 위의 표와 같다.

(2) 학습 영역 간 상호작용

① 학습자는 주어진 현행 학습 과제를 해결하기 위해 개인 교사로부터 언어적 정보와 모델화(인지적) 정보를 받아들이고 처리해야 한다. 이 과정들은 개인 교사와 학습자 사이의 정의적/사회적 상호작용의 중복을 가져온다. 이는 의사소통 분위기를 형성하고 과제를 완수할 수 있는 학습자의 능력에 영향을 미치게 된다.

② 학습 영역 간 상호작용은 개인 교사가 교사의 역할을 수행하는 데 필요한 모든 과제와 내용 정보를 습득하기 때문에 인지적 영역에 있는 개인 교사에게서 처음 나타난다. 개인 교사가 학습자에게 수업 정보를 제공할 때 학습 영역 간 상호작용이 효과적으로 이루어지기 위해서는 정의적/사회적, 그리고 심동적 지식을 활용해야 한다.

③ 개인 교사의 인지적 지식은 정의적/사회적/심동적 학습 능력의 결합을 통해 전달되며, 학습자와의 상호작용에 초석이 된다.

5. 학생의 발달 요구 사항

(1) 학습 준비도

① 개인 교사

㉠ 개인 교사는 과제 제시와 과제 구조를 이해하고 학습자에게 내용을 전달하는 데 필요한 의사소통 기술이 있어야 한다.

㉡ 학습자를 관찰할 때 학습 과제의 중요 단서와 실수를 인식할 수 있는 방법 또한 알아야 한다.

㉢ 복잡한 과제에 대해 학습자에게 명료하고 정확한 정보를 전달하기 위해 풍부한 언어적 기술과 시범 기술을 필요로 한다.

㉣ 또한 과제를 느리게 숙달하는 학습자를 이해하고 인내심을 가져야 한다.

㉤ 간단히 말해서 개인 교사는 수업에서 진짜 교사처럼 교사가 되기 위한 준비가 필요하다.

② 학습자

㉠ 학습자로서 학생들은 동료로부터 그 동료가 뛰어난 기술을 갖고 있지 않다하더라도 지시를 기꺼이 받아들여야 한다.

㉡ 처음으로 가르치기를 위한 학습을 하게된 개인 교사를 이해하고, 인내심을 가져야 하며 그들과 협력해야 한다.

㉢ 학습자는 학습자의 수행을 보고 실수를 수정하는 책임을 맡은 개인 교사로부터 칭찬과 비판을 모두 받아들일 준비도 해야 한다.

(2) 학습 선호도(Reichmann과 Grasha)

① 개인 교사: 참여적, 협력적, 독립적인 태도를 선호한다. 개인 교사는 많은 책임과 의사결정 역할이 주어지기 때문에 독립적인 성향이 선호될 것이다.

② 학습자: 직접교수 모형의 학생들처럼 참여적, 협력적, 종속적인 태도를 선호할 것이다.

3 교수 학습의 특성

1. 수업 통제(수업 주도성) `17 기출` `22 기출`

- 동료교수 모형에서는 수업에 대한 중요한 의사 결정을 직접교수 모형에서처럼 주로 교사가 한다. 개인교사는 교사의 지시를 받아 교사의 역할을 제한적으로 수행한다. 교사는 주로 개인 교사와 상호작용하며, 학습자와는 직접적으로 상호작용하지 않는다.

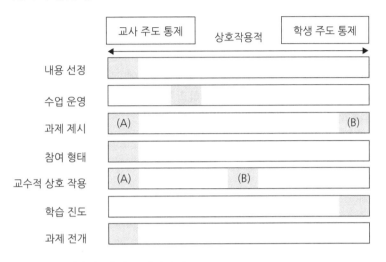

(1) 내용 선정: 교사가 학습 내용과 과제를 결정한다.

    ① <u>교사가 수업 내용과 순서를 완전히 조정한다.</u> `17 기출` 교사는 단원에 포함될 내용, 학습 과제의 위계 선정, 수행 평가 기준을 결정한다.

    ② 모든 학생(개인 교사와 학생)은 교사로부터 단순히 내용 목록을 전달 받고 그것을 수행하게 된다.

(2) 수업 운영: 교사는 학생이 준수해야 할 관리 계획, 학급 규칙, 세부 절차를 결정한다.

    ① <u>교사는 학생이 준수해야 할 관리 계획, 학급 규칙, 세부 절차를 결정한다.</u>

    ② <u>개인 교사는 학습 과제 내에서 연습 장소의 결정, 학습자에게 과제 소개, 안전 지도와 같은 수업 관리 책임의 일부를 부여받는다.</u>

(3) 과제 제시: 과제 제시는 직접적이며, 교사가 개인 교사에게 과제를 제시할 때와 개인교사가 학습자에게 과제를 제시할 때 이루어진다.

    ① 과제 제시는 두 가지 수준에서 일어난다. 한 가지 수준은 교사가 개인 교사에게 수행 단서, 과제 구조, 숙달 기준(학습 이해도)을 안내할 때 이루어진다.

    ② 다른 수준은 개인 교사가 학습자에게 주어진 과제 연습을 시작할 수 있도록 정보를 제공할 때 나타난다.

    ③ 이 두 가지 수준에서 나타나는 과제 제시는 매우 직접적이다.

(4) 참여 형태: 교사의 계획에 따라 학생은 개인 교사와 학습자의 역할을 교대로 하게 된다.

    ① <u>교사는 각 역할에 대해 학생의 임무와 각 과제 내에서 교대 계획을 결정한다. 분명히 이 모형에서의 주된 과제 구조는 2인 1조의 형태지만, 학습이 짝수로 떨어지지 않을 때는 3인 1조도 가능하다.</u>

    ② 교사의 계획에 따라 학생은 개인 교사와 학습자의 역할을 교대로 하게 된다.

(5) 상호작용 **17 기출** **22 기출**

동료교수 모형에서는 두 가지 형태의 상호작용이 이루어진다.

① 첫 번째는 <u>교사와 개인 교사 사이에서 일어난다. 초기 상호작용은 매우 직접적이다. 교사가 개인 교사에게 필요한 과제 제시와 과제 구조 정보를 제공하고 개인 교사의 이해도를 점검한다.</u> 그런 다음 개인 교사에게 자신의 역할을 수행하도록 한다(A).

이후에 극히 드문 경우를 제외하고 교사는 학습자가 아닌 개인 교사와 항상 상호작용을 하게 된다. 교사는 개인 교사의 관찰, 분석 및 의사소통 기술을 향상시키기 위해 직접적인 설명보다는 질문과 응답과 같은 대화 방식으로 상호작용을 하게 된다(B).

㉠ 예를 들면, 교사는 어떤 학습자가 무용 수업에서 정확한 무용 스텝을 하고 있다는 사실을 관찰하게 될 경우 학습자에게 직접적인 조언을 하지 않는다. 그 대신에 교사는 개인 교사에게 학습자가 어떤 실수를 하고 있는지를 '주의 깊게 관찰하도록' 지시하고 부정확한 움직임 패턴을 확인해서 그 점에 대해 학습자와 의사소통할 수 있도록 해야 한다.

② 두 번째 상호작용의 형태는 <u>개인 교사와 학습자 사이에 이루어진다.</u> 이 형태는 주어진 학습활동을 구조화하고 수행하기 위해 협력적으로 참여하는 과정에서 개인 교사와 학습자 사이에 상호작용이 활발하게 이루어진다(B).

㉠ 개인 교사는 학습자에게 자유롭게 조언을 하고 질문을 한다. 학습자도 마찬가지이다. 개인 교사는 교사에 의해 제공받은 정보를 학습자가 학습활동을 수행하는 동안 제공해야 한다. 매 연습 시도 전과 후에 높은 비율의 단서, 안내, 피드백, 질문, 격려가 제공되어야 한다.

(6) 학습 진도: 학습진도는 교사의 통제 하에 있으나 각각의 과제 안에서는 개인 교사와 학습자에 의해 결정된다. **17 기출**

① 교사가 개인 교사에게 과제 제시와 과제 구조 정보를 제공한다면, 개인 교사는 학습자에게 그것을 전달하고 학습자는 자신의 학습 속도로 연습을 시작할 수 있다.

② **개인 교사와 함께 학습자는 각 연습을 시작할 시기와 지속 시간을 결정하게 된다.**

(7) 과제 전개: 과제 전개는 교사에 의한 개인 교사-학습자의 역할 교대 시기에 따라 좌우된다.

① 교사는 각 단원의 내용 목록과 그 안에서 학습 활동이 바뀌는 시기를 결정한다.

② 교사는 각 학생이 개인 교사에서 학습자로, 학습자에서 개인 교사로 교대할 시기를 결정한다.

③ 교사가 각 과제의 수행 기준을 제시하지만, 각 조(개인 교사와 학습자)가 주어진 과제를 완수했을 때 학생으로 하여금 다음 과제로 이동할 수 있도록 한다. 이로써 상당한 관리 시간을 감소시킬 수 있다.

동료교수 모형의 포괄성
① 동료교수 모형은 다양한 수준의 학생 능력과 학습 내용에 대한 사전 경험을 수용할 수 있다. 이는 동료교수 모형이 상당히 포괄적임을 의미한다.
② 운동 기능 수준이 낮은 학생은 연습 과제를 하는 동안 충분한 관찰을 받을 수 있고 개인 교사의 역할을 학습할 수 있는 기회를 가진다.
③ 운동 기능 수준이 높은 학생은 개인 교사에 의해 제공되는 부가적인 관찰과 정보로 자신들의 기능을 강화시켜 나가고, 개인 교사의 역할을 수행할 때는 분석 기술의 증가를 꾀할 수 있다.
④ 동료교수 모형에서는 높은 수준의 학생이 낮은 수준의 학생을 대상으로 항상 개인 교사의 역할을 수행하지 않음을 강조해야 한다. 즉, 학습 과정에서 상호 의존 관계가 이루어져야한다. 한마디로 '나는 너를 가르치고, 너는 나를 가르친다'는 것이다.

2. 학습 과제

- 동료교수 모형에서 조(짝)의 구성 방식은 학습자의 연습 효율성을 증가시키고 개인 교사에게는 움직임 기능 분석 지식을 발전시킬 수 있는 기회를 제공한다.
- 또한 개인 교사와 학습자의 역할을 수행하는 모든 학생에게 개인적, 사회적, 언어적 의사소통 기술을 발달시킬 수 있는 기회를 제공한다.
- 이 모든 장점은 동료교수 모형이 체육 수업에서 활용되는 동안 과제 제시와 과제 구조의 주요 기능에 제한점이 있을 때 발현된다.

(1) 과제 제시

① 과제 제시는 교사-개인 교사 간 직접적으로 이루어진다.

② 교사는 개인 교사에게 기술의 시범 또는 연습해야 할 과제를 주요 학습 단서와 함께 제시하고 연습시간 동안 관찰해야 한다. 이는 기본적으로 직접교수 모형과 동일한 측면이다.

③ 교사는 개인 교사가 학습자에게 제공할 교수 정보의 내용과 방법을 숙지하고 있는지 정기적으로 점검해야 한다.

④ 교사는 개인 교사에게 교수 정보를 제공할 때 CD, 비디오테이프, 그림, 사진 등의 매체를 활용할 수 있다.

⑤ 개인 교사는 과제와 주요 학습 단서를 숙지하고 있기 때문에 교사는 개인 교사와 학습자의 역할 교대 시기를 파악할 수 있는 몇 가지 선택사항을 가지게 된다.

  ㉠ 학생의 역할을 교대하기 전에 교사는 개인 교사에게 모든 학습 단서를 학습자를 대상으로 반복하도록 요구할 수 있다.

  ㉡ 교사는 개인 교사에게 간단하게 과제 제시를 함으로써 이해도를 확인할 수 있다.

  ㉢ 교사는 새로운 개인 교사에게 그들이 방금 배운 것, 즉 그들이 가르치게 될 과제의 주요 학습 단서를 회상하도록 요청할 수 있다.

(2) 과제 구조

① 연습, 자기 조절 과제, 스테이션 및 간단한 인지적 과제들은 일반적으로 동료교수 모형에서 사용되는 과제 구조이다.

② 교사는 개인 교사들이 학습자의 연습 시도를 관찰할 때 사용하게 될 간단한 체크리스트를 개발할 수 있다. 이 체크리스트에는 모든 수행 단서들이 제시되고 학습자가 정확히 수행하고 있는지 관찰하여 체크한다.

(3) 내용 전개

① 교사는 직접교수에서와 동일한 방법으로 계획된 학습 활동에 따라 학급을 운영한다.

② 단원은 점진적으로 점점 더 어렵거나 복잡한 학습 과제의 시리즈로 나누어지고 학생들은 계획된 지시 속에서 학습 과제를 전개해 나간다.

③ 교사는 새로운 학습자들이 과제 속에서 이미 개인 교사의 역할을 수행하였고 새로운 개인 교사들은 새로운 과제 제시를 하지 않을 것이기 때문에, 두 번째 반복되는 과제는 조금 더 짧게 계획할 수 있다.

3. 학습 참여 형태

(1) 모형의 명칭에서 암시하듯이 동료교수 모형의 주요 참여 유형은 조(짝)로 이루어진다.

(2) 2인 1조, 3인 1조로 이루어지며, 개인 교사와 학습자의 역할을 교대한다.

4. 교사와 학생의 역할 및 책임

수업 진행과 책임 (역할 및 책임)	동료교수 모형에서 누가 그 일을 하는가(책임 주체)
수업 시작	교사가 수업을 시작한다.
수업 기구 준비	교사가 수업에 필요한 용·기구를 가져온다.
수업 기구 배부 및 회수	각 파트너 모둠이 활동에 필요한 용·기구를 가져오고 수업이 끝나면 제자리에 가져다 놓는다.
출석 점검(필요시)	교사가 출석을 부른다.
과제 제시	교사가 개인 교사에게 각 움직임 기능 또는 개념을 보여주고 설명한다.
	개인 교사가 학습자에게 각 움직임 기능 또는 개념을 보여주고 설명한다.
과제 구조	교사가 개인 교사에게 과제 구조를 설명한다.
	개인 교사는 학습자에게 과제 구조를 설명한다.
상호작용	통로 1: 교사가 개인 교사와 상호작용을 하기 위해 질문을 활용한다.
	통로 2: 개인 교사가 학습자에게 단서, 안내, 피드백, 격려를 제공한다.
평가	교사가 각 과제를 평가할 수 있는 방법을 결정한다.
	개인 교사는 학습자를 평가한다(예 체크리스트를 활용).
학습 진도 파악	교사가 새로운 내용이 전개될 시기를 결정한다.

5. 학습 평가

- 동료교수는 비연속적인 학습활동에 적용하여 학생들이 개별적으로 참여를 할 수 있어야 한다. 경쟁적인 게임활동에서는 움직임이 역동적이기 때문에 개인 교사-학습자의 상호작용을 허락하지 않는다.

- 따라서 동료교수 모형은 개인 교사가 반복적이고 정적인 상황에서 상당히 단순한 움직임 활동에 참여하고 있는 학습자를 관찰하는 데 이롭다. 개인 교사는 평가자로서 도움을 준다. 학습자의 수행과정을 관찰하고 각 학습과제의 숙련도를 확인하는 데 도움을 준다. 이러한 학습활동에 대한 평가는 관찰 체크리스트를 통해 가능하다.

  (1) 체크리스트 활용에 있어서 전제 조건

      ① 체크리스트는 개인 교사가 심동적 영역에서 수행을 관찰하고 학습자의 어떤 부분의 움직임 또는 기술의 정확도를 확인하기에 용이하다. 그러나 교사는 개인 교사가 학생의 움직임 또는 최상의 수행 결과를 판단할 수 있도록 훈련시켜야 한다.

      ② 학습자의 움직임과 수행 결과를 찾아내는 개인 교사의 능력과 체크리스트 항목의 수와 복잡성을 일치시켜야 한다.

  (2) 체크리스트 평가의 장점: 개인 교사-학습자 모두에게 도움을 줄 수 있다. **체크리스트 항목이 개인 교사가 학습자의 역할을 수행할 때 중요한 수행 단서를 상기할 수 있고 학습자는 과제를 수행하는 동안 구체적인 피드백을 얻을 수 있다.**

  (3) 체크리스트의 예: 본 체크리스트는 개별적으로 자신의 기술능력을 파악할 수 있는 자기 평가지로 활용할 수 있을 뿐만 아니라 개인 교사가 학습자를 관찰하면서 실시할 수 있는 동료평가지로도 활용될 수 있다.

자기 평가지

* 주의사항: 자기평가지는 스스로 자신이 가지고 있는 지식과 기술을 점검하는 것으로 솔직한 자기평가가 이루어질 수 있도록 한다.

학년 반 번호_____ 이름_____

평 가 내 용	1 전혀 그렇지 않다 ~ 5 매우 그렇다
〈오버헤드스윙〉	
• 라켓을 바르게 잡는 방법을 안다	1 2 3 4 5
• 라켓을 바르게 잡고 칠 수 있다.	1 2 3 4 5
• 올바른 스윙 방법을 안다.	1 2 3 4 5
• 어깨, 허리를 회전을 이용하여 중심이동을 하면서 타구 할 수 있다.	1 2 3 4 5
〈클리어〉	
• 중심을 이동하면서 가능한 한 높은 위치에서 타점을 맞출 수 있다.	1 2 3 4 5
• 스냅을 이용하여 타구할 수 있다.	1 2 3 4 5
• 힘을 빼고 스냅을 이용하여 칠 수 있다	1 2 3 4 5
• 팔을 곧게 뻗어 이마 앞에서 타구할 수 있다	1 2 3 4 5
〈드롭〉	
• 중심을 옮기면서 스윙시 최대한 힘을 빼면서 셔틀을 가볍게 칠 수 있다.	1 2 3 4 5
• 네트 가까이에 낮게 떨어지도록 타구할 수 있다.	1 2 3 4 5
• 힘을 빼고 스냅을 이용하여 칠 수 있다.	1 2 3 4 5
• 드롭을 하기 위한 올바른 방법에 대해서 알고 있다.	1 2 3 4 5
〈스매쉬〉	
• 중심을 옮기면서 스윙시 최대한 힘을 주면서 셔틀을 세게 칠 수 있다.	1 2 3 4 5
• 상대편 코드에 대각선으로 날카롭게 떨어지도록 타구할 수 있다.	1 2 3 4 5
• 힘을 빼고 스냅을 이용하여 칠 수 있다.	1 2 3 4 5
• 스매쉬를 하기 위한 올바른 방법에 대해서 알고 있다.	1 2 3 4 5
〈서브〉	
• 몸의 중심을 이동하여 셔틀을 높고 멀리 날아가도록 타구할 수 있다.	1 2 3 4 5
• 부드럽게 스윙 동작을 연결하여 허리 아래에서 타구할 수 있다.	1 2 3 4 5
• 타구 시 양발을 땅에 서 떨어뜨리지 않고 타구할 수 있다.	1 2 3 4 5
• 스윙을 반대쪽 어깨너머로 끝까지 할 수 있다.	1 2 3 4 5
〈경기방법〉	
• 단식 경기의 득점 방법을 안다.	1 2 3 4 5
• 단식 경기를 운영할 수 있다.	1 2 3 4 5
• 복식 경기의 득점 방법을 안다.	1 2 3 4 5
• 경기 상황에서 일어나는 반칙에 대해서 4가지 이상 알고 있다.	1 2 3 4 5
• 주심과 선심의 역할을 안다.	1 2 3 4 5

4 교사 전문성 및 상황적 요구 조건

1. 교사 전문성

- 직접교수 모형과 대부분 유사하지만, 개인 교사와 학습자 모두의 요구 조건을 부가적으로 충족해야 한다는 점이 다르다.

  (1) 발달 단계에 적합한 수업

   ① 교사는 학습자가 과제 제시와 과제 구조 정보를 이해하고 있는지, 과제의 난이도가 학습자의 발달 단계와 일치하는지를 확인해야만 한다. 또한 학습자는 동료 학생으로부터 칭찬과 비판(부정적인 피드백 유형에서)을 모두 수용할 수 있는 자세를 갖추어야 한다.

   ② 교사는 스스로 개인 교사들이 지적 능력(과제 정보에 대한 이해와 연습 시도의 관찰 능력), 일정 수준의 책임감(교사의 지도 기능을 담당할 수 있는 책임), 의사소통 기술(정확한 피드백과 단서 제공), 성숙함(학습자의 발전을 위한 역할)을 갖추고 있는지 자문해야 한다. 개인 교사가 발달 단계적으로 준비가 되어 있지 않다면 모형의 주요 특성이 발휘될 수 없고 효율성도 크게 떨어지게 될 것이다.

  (2) 과제 분석 및 내용 목록

   ① 단원에서 지도될 움직임 기능이나 개념을 숙지해야 하고, 학생에게 순차적으로 학습 과제가 제시될 수 있도록 각 기능이나 개념을 부분 요소로 분절할 수 있어야 한다.

   ② 그런 다음 위계를 갖춘 과제가 전개되는 동안 학생은 개인 교사와 학습자의 역할을 교대로 수행하면서 발전해 나간다.

  (3) 평가

   ① 개인 교사는 대부분 평가자로서의 역할을 수행한다.

   ② 교사의 평가 전문성은 관찰 체크리스트와 같은 평가 기법을 설계하고 개인 교사와 의사소통을 하면서 발현된다.

  (4) 사회적/감정적 분위기

   ① 이 모형은 개인 교사와 학습자 간에 순간적인 상호작용에 크게 의존한다.

   ② 개인 교사와 학습자의 역할에 편안함을 느끼고 개인 교사의 역할을 수행할 때 학습자의 학습에 책임을 느낄 수 있는 분위기를 조성하는 책임은 교사에게 달려있다.

   ③ 교사는 수업에서 정기적인 토의 시간을 갖고, 좋은 개인 교사와 학습자 역할 행동에 대한 사례를 제공하며, 모든 학생의 공동 책임감을 제시함으로써 긍정적인 분위기를 조성할 수 있다.

2. 핵심적인 교수 기술

(1) 수업계획

① 교사는 명확한 학습 목표를 도출하기 위해 단위 내용을 비연속적인 학습 과제로 나누어야 한다.

② 교사는 과제 제시가 완료되었을 때 개인 교사와 학습자가 신속하고 적절하게 참여할 과제를 계획할 필요가 있다.

(2) 시간과 수업 운영

① 학생은 개인 교사와 학습자의 역할을 수시로 교대하기 때문에 수업 동안 학습 이동이 빈번하게 이루어진다. 이때 연습 시간의 손실이 잠재적으로 발생한다.

② 교사는 학습 활동과 역할을 교대할 때 연습시간의 손실이 최소화될 수 있도록 상규적 활동과 절차를 수립해야 한다. 학생이 각 역할을 수행할 때 대략적으로 동일한 시간이 제공될 수 있도록 특별한 주의를 기울여야 한다.

(3) 과제 제시와 과제 구조

① 교사는 개인 교사에게 훌륭하게 과제를 제시해야 하고 자주 그들의 이해도를 점검해야한다.

② 교사가 조(짝)을 이룬 학생에게 학습 환경을 설정하고 교사가 의도한 과제에 참여하도록 하기 때문에 과제 구조도 과제 제시만큼 중요하다.

③ 교사가 개인 교사에게 과제 제시와 과제 구조 정보를 훌륭하게 제공한다면, 개인 교사는 임시적인 지도 책임을 훨씬 효과적으로 수행할 수 있다.

(4) 의사소통

① 교사는 개인 교사에게 과제 제시와 과제 구조를 제시하기 때문에 언어적 의사소통이 자주 활용된다.

② 중요한 사항은 개인 교사가 학습자에게 내용을 가르칠 수 있도록 교사는 개인 교사와 충분하게 의사소통을 해야 하고 자주 그들의 이해도를 확인하는 것이 필요하다.

(5) 교수 정보

① 두 사람으로 구성된 조(짝) 형태로 참여가 이루어지면 교사는 개인 교사하고만 간접적인 형태로 상호작용을 하게 된다.

② 교사가 개인 교사의 관찰능력 및 의사소통 기술을 발달시키고자 노력하기 때문에 기본적인 상호작용의 방식은 문제해결 능력을 키울 수 있는 질문에 기초한다.

> 교   사: 수경이는 배트를 잡는 데 올바른 그립을 사용하지 않아. 어떻게 수정해야할지 관찰해 봐라.(×)
>
> 교   사: 내가 생각하기에 수경이는 스윙에 몇 가지 문제가 있어. 다음 시기를 주의 깊게 보고 무엇이 문제인지 찾아봐라.(○)
>
> 개인 교사: 수경이는 위에 있는 손이 아래 있는 손 사이에 간격이 있어요. 제가 가서 얘기 해야겠어요.
>
> 교   사: 아직 아니야! 배트를 잡는 데 그것이 왜 좋지 않은 방법이지?
>
> 개인 교사: (잠시 생각하고서) 왜냐하면 그렇게 잡는 것은 스윙할 때 제대로 통제를 할 수가 없어 볼을 놓치게 되기 때문이에요.
>
> 교   사: 좋아, 지금 수경이에게 가서 그립 잡는 것에서 문제가 있는 점을 말해주고 올바른 방법을 알려줘.

(6) 수업정리 및 종료

① 학습정리 단계에서는 수업에서 발생한 모든 종류의 학습, 즉 학생이 연습했을 때 배운 것, 학생이 가르쳤을 때 배운 것, 파트너와 상호작용하는 동안 배운 것을 정리해야 한다.

② 교사는 체육수업에서 학생이 서로 교대로 가르쳤을 때 일어나는 '전체적인 현상'을 볼 수 있도록 모든 것을 종합적으로 제시해야 한다.

3. 상황적 요구 조건

(1) 동료교수 모형의 주요한 교육적 상황 조건은 학급의 절반이 한 번에 연습할 수 있는 충분한 공간과 용·기구가 마련되는 것이다. 이것 외에도 이 모형에서는 광범위한 움직임 내용과 거의 모든 종류의 활동공간이 필요하다.

(2) 특히 이 모형은 대규모의 학급에 매우 효과적으로 활용될 수 있다. 그것은 일정 시기 동안 모든 학생이 개인 교사와 함께 연습할 수 있고 학급 수의 절반에 해당되는 용·기구와 공간을 필요로 하기 때문이다.

4. 모형의 선정과 변형

(1) 동료교수 모형은 광범위한 수업 상황과 내용 영역에서 사용될 수 있다. 이 모형을 사용할 때 고려해야 할 주요 사항은 내용 그 자체보다 교사가 기대하는 학습자의 학습 성취 수준이다.

(2) 예를 들어 스포츠에 적용할 경우, 역동적인 게임 상황은 개인 교사와 학습자에게 상호작용의 기회를 제공하지 못하기 때문에 비경쟁적인 학습 활동으로 제한하는 것이 좋고, 숙련된 학생들보다는 초급과 중급 수준의 학생들에게 적합하다.

5 수업 사례: 중학교 2학년 개인운동 및 단체운동 – 배드민턴

- 장소: 운동장
- 내용: 운동시간을 위한 준비운동과 스트레칭
- 장비: 없음
- 자료: 스트레칭 유인물
- 목표: 학생들은 이 단원에서 모든 운동 시간의 도입부분에 사용될 8개의 안전한 운동 방법에 대해 배우고, 이를 그들의 파트너에게 가르칠 수 있게 된다.

(1) 단원계획

단원	배드민턴	대상	중학교 2학년
학생	40 명	총 차시	8차시
학생특성	레크리에이션 활동으로 배드민턴을 많이 접함		
자료	배드민턴 관련서적, 인터넷, 시청각 자료		
차시	수업 내용		동료교수 전략
1	배드민턴에 대한 기초 지식 및 기능 익히기 – 배드민턴 용구 소개 – 그립잡기 – 라켓과 친숙해지기		
2	배드민턴 기초 기능 익히기(1) – 오버헤드 스윙 – 언더핸드 스윙 – 라켓으로 셔틀콕 다루기 – 서브 종류 및 기능 익히기		2인 1조가 되어 오버헤드 스윙과 언더핸드 스윙 연습하기
3	배드민턴 기초 기능 익히기(2) – 스트록의 종류 알기 – 하이클리어 및 드롭 익히기		2인 1조가 되어 오버헤드 스윙과 언더핸드 스윙 연습하기 3인 1조가 되어 하이클리어 및 드롭 연습하기
4	배드민턴 기초 기능 익히기(3) – 리시브 및 스매쉬 익히기 – 간이경기 하기		
5	배드민턴 경기하기(1) – 배드민턴 경기규칙 알기(단식) – 간이경기 하기		
6	배드민턴 경기하기(2) – 배드민턴 경기 규칙 알기(복식) – 배드민턴 경기(단식/복식)		
7	배드민턴 경기하기(3) – 복식 토너먼트 하기		
8	배드민턴 경기하기(3) – 복식 토너먼트 하기		

(2) 교수학습 과정안

단원	배드민턴	대상	중학교 2학년	장소	운동장 또는 체육관
학생	40명	차시	3/8차시		
준비물	배드민턴 라켓, 셔틀콕, 네트, 레크리에이션 활동으로 배드민턴을 많이 접함				
학습과제	스트록의 종류와 하이클리어 및 드롭 익히기				

단계	시간	수업 내용	교수 전략
도입	7분	▶ 라켓을 잡고 준비체조를 한다. ▶ 전 시간 수업내용을 복습 ▶ 본시 학습 과제에 대한 소개 ▶ 스트록의 종류에 대해 소개	그립이 손에 익을 때 까지 라켓을 가지고 체조를 한다.
전개	35분	▶ 하이클리어 익히기 – 두 집단으로 나눈다. – 한 집단은 교사와 함께 하이클리어를 익힌다. (직접교수) – 다른 집단은 2인 1조가 되어 전 시간에 배운 오버헤드 스윙과 언더핸드 스윙을 복습한다(동료교수).	교사의 지도가 끝나면 집단을 교대한다. 동료교수 전략이 적용되는 집단은 과제 종류와 연습 시기를 개인 교사-학습자가 결정한다.
		▶ 드롭익히기 – 두 집단으로 나눈다. – 한 집단은 교사와 함께 드롭을 익힌다(직접교수). – 다른 집단은 2인 1조가 되어 하이클리어 연습을 한다.	교사의 지도자 끝나면 집단을 교대한다.
		▶ 하이클리어 연습하기 – 3인 1조를 만든다(동료교수). – 한 사람은 개인 교사가 되고 다른 한 사람은 학습자가 되어 하이클리어를 친다. 나머지 한 사람은 하이클리어를 칠 수 있도록 파트너가 되어준다.	하이클리어를 10번 치면 개인 교사-학습자-파트너의 역할을 차례대로 교대한다. 개인 교사는 학생을 관찰하되, 스윙과 임팩트 지점을 집중적으로 관찰하여 피드백을 제공한다.
		▶ 드롭 연습하기 – 3인 1조를 만든다. – 한 사람은 개인 교사가 되고 다른 한 사람은 학생이 되어 드롭을 친다. 나머지 한 사람은 학생이 드롭을 칠 수 있도록 셔틀콕을 계속 띄워준다.	드롭을 10번 치면 개인 교사-학습자-파트너의 역할을 차례대로 교대한다. 개인 교사는 학생을 관찰하되, 스윙과 임팩트 지점, 어깨 힘빼기 등을 집중적으로 관찰하여 피드백을 제공한다.
정리	8분	▶ 스트록의 종류 상기하기 ▶ 하이클리어와 드롭의 차이점과 올바른 방법에 대해 이야기하기 ▶ 라켓을 가지고 스트레칭하기 ▶ 차시 예고하기	

다음 글을 읽고 물음에 답하시오.

교　　사: 영희야, 내 생각에 철수는 팔 동작에 문제가 있는 것 같다. 다시 연습하는 것을 주의 깊게 살펴보고 철수의 팔 동작에 무슨 문제점이 있는지 찾아봐라.

　　　　(교사와 영희는 철수가 연습하는 것을 바라본다. 그리고 영희는 교사에게 다음과 같이 말한다.)

영　　희: 철수는 패스를 할 때 팔꿈치를 너무 많이 굽혀요. 제가 가서 말할게요.

교　　사: 잠깐만 영희야, 철수가 팔꿈치를 펴지 못하고 있는데, 그것이 왜 좋지 않지?

　　　　　　　　　　(영희는 잠시 생각하고 답을 한다.)

영　　희: 왜냐하면 철수가 팔꿈치를 너무 많이 굽혀서 팔이 아니라 손에 공을 맞추기 때문에 조절하기 어렵게 되는 것 같아요.

　　　　　　　　(교사는 정답으로 인정하고 다음과 같이 말한다.)

교　　사: 좋아. 지금 가서 철수에게 올바른 팔 동작을 이야기해라. 그리고 철수가 잘못된 동작을 다시 하지 않도록 지켜보도록 해라.

위의 상황은 배구 수업에서 교사와 학생 간에 이루어진 대화 내용이다. 이 수업에서 활용된 수업 모형의 명칭을 제시하고, 영희에게 부여된 역할과 그 역할에 해당되는 학습 영역의 1순위를 3줄 이내로 설명하시오.

• 수업 모형의 명칭: _____

• 영희의 역할과 학습 영역의 1순위: _____

[정답] • 수업 모형의 명칭: 동료교수 모형

　　　• 영희의 역할과 학습 영역의 1순위: 짝을 이룬 학습자의 과제 수행을 관찰하고 분석하기 위한 훈련을 받아 학습자가 연습을 하는 동안 피드백을 제공하게 된다. 학습 영역 1순위는 인지적 영역이다.

8. 다음의 (가)는 박 교사가 동작 도전 단원을 지도하며 기록한 수업 반성 일지이고, (나)는 전통 표현 단원에서 메츨러(M. Metzler)의 동료교수 모형을 적용하여 작성한 단원 계획서의 일부이다. 〈작성 방법〉에 따라 논술하시오. [10점]

(가) 박 교사의 수업 반성 일지

> 2016년 ○월 ○일
> 　마루 운동은 학생들이 어렵고 익숙하지 않은 동작을 배워야 하기 때문에 교사의 세심한 지도가 필요하다. 그래서 나는 ㉠직접교수 모형의 방식으로 모든 학생들에게 개별 지도를 충실하게 하려고 노력했지만, 단원을 마칠 때까지 개별적인 지도가 잘 이루어지지 않았다. 학생 수가 너무 많아 나 혼자 모든 학생을 일일이 지도하는 것이 생각보다 힘들었다. 전통 표현 단원에서는 이를 해결할 수 있는 방법을 찾아야 하는데….

(나) 전통 표현 단원 계획서의 일부

> **〈단원 계획서〉**
> ○ 영역: 표현(전통 표현)　　○신체 활동: 우리나라의 전통 무용(탈춤)　　○ 대상: 1학년
> ○ 총 시수: 12차시　　○장소: 무용실
> ○ 교수·학습 방법
> 　1) 내용 선정: 교사가 학습 내용과 평가 기준 목록을 전달하면, 개인 교사(tutor)는 학습 과제의 순서를 정한다.
> 　2) 수업 운영: 교사가 운영 계획과 수업 규칙을 정하고, 개인 교사는 연습 장소를 정하고 학습자를 안내한다.
> 　3) 참여 형태: ㉡학생들이 개인 교사, 학습자의 역할을 할 수 있도록 2인 1조로 짝을 구성하며, 인원이 짝수가 안 될 때는 3인 1조로 구성한다.
> 　4) 학습 진도: 교사가 학습자의 연습 시작과 지속 시간을 결정한다.
> 　5) 상호작용: ㉢교사는 개인 교사와 상호 작용하며, 개인 교사와 학습자의 상호작용을 관리한다.
> 　　　　　　　… (하략) …

> **〈작성 방법〉**
> ○ 서론, 본론, 결론의 형식을 갖추되, 본론은 다음 4가지를 포함하여 논술하고, 서론과 결론은 본론과 연계성을 갖도록 제시할 것.
> ○ 밑줄 친 ㉠을 해결할 수 있는 동료교수 모형의 장점을 제시할 것.
> ○ 단원 계획서의 '교수·학습 방법'에서 메츨러(M. Metzler)의 동료교수 모형의 수업 주도성 특성과 다른 2가지를 찾아 바르게 제시할 것.
> ○ 밑줄 친 ㉢의 방식 2가지를 수업의 주도성을 고려하여 구체적으로 제시할 것.

[정답] • 일반교육학과 동일한 방식. 이상의 내용을 서론 본론 결론 형식 갖추어 일관성 있게 적어가면 2점. 일관성 없이 서론 본론 결론만 쓰면 1점. 서론 본론 결론의 논술 형식 갖추지 않으면 0점.
　• ㉠: 학습자의 역할에 있는 경우에, 교수자에 의해 과제 수행에 대한 피드백을 제공받아 연습의 효율성이 높아진다. 학생이 수행하는 연습 시도에 대해 교사의 관찰 부족과 교사로부터 받는 제한된 피드백이라는 문제점을 줄이기 위해서 고안되었다.
　• 내용 선정에서 교사가 수업 내용과 순서를 완전히 조정한다. 학습진도는 개인 교사와 함께 학습자는 각 연습을 시작할 시기와 지속 시간을 결정하게 된다.
　• ㉢: 초기 상호작용은 매우 직접적이다. 교사가 개인 교사에게 필요한 과제 제시와 과제 구조 정보를 제공하고 개인 교사의 이해도를 점검한다. 그런 다음 개인 교사에게 자신의 역할을 수행하도록 한다(A). 교사는 개인 교사의 관찰, 분석 및 의사소통 기술을 향상시키기 위해 직접적인 설명보다는 질문과 응답과 같은 대화 방식으로 상호작용을 하게 된다(A).

5. 다음은 김 교사의 수업일지이다. 〈작성 방법〉에 따라 순서대로 서술하시오. [4점]

[2020년 5월 ○○일 수업 일지]

5월에는 동작 도전 활동 중 구르기 수업을 실시하였다. 먼저 학생들에게 앞구르기와 뒤구르기 시범을 보여 준 다음 학생들에게 각자 연습하고 피드백을 받으며 독자적인 연습을 통해 구르기의 완성도를 높여 가게 하였다. 그런데 학급별로 편차가 있었다. 내가 가르치는 6개 반 중 2개 반은 구르기를 잘해서 조금 더 어려운 과제를 제시하기도 했다. 하지만 4개 반은 뒤구르기 수업이 원활하게 이루어지지 않았다. 그러다 보니 학생들이 ㉠난이도가 적절한 과제에 높은 성공률을 보이며 과제에 참여하는 시간이 현저하게 줄어들었다. 나는 최대한 개별적으로 더 많은 피드백을 제공하려고 노력했지만 학생 수가 많다 보니 모든 학생들에게 피드백을 바로 줄 수 없었다.

[2020년 5월 ○○일 수업 일지]

올해 구르기 수업은 학생들이 서로 가르치고 배울 수 있는 기회를 제공하는 수업 모형을 활용하였다. 작년 구르기 수업에서 발견되었던 문제점을 개선하기 위해, 학생들을 2인 1조로 구성하고 (㉡) 역할과 학습자 역할로 구분하여 12차시의 수업을 진행하였다. (㉡) 역할의 학생들은 학습자 역할의 학생들을 지속적으로 관찰하며 피드백을 제공하였는데, 특히 실수 교정 기회와 실수 교정 시기 측면에서 효 (가) 과적이었다. 학생들은 역할을 교대하며 수업을 진행하였고, 이를 통해 체육 수업에 더욱 적극적으로 참여하는 모습을 보였다. 이번 수업이 성공한 이유는 학생, 특히 (㉡) 역할을 맡은 학생들이 자신들에게 주어진 역할에 충실하여, 기존 수업의 피드백 문제를 개선할 수 있었기 때문이었다.

────────────〈작성 방법〉────────────

○ 밑줄 친 ㉠에 해당하는 명칭을 시덴탑(D. Siedentop)의 학습 시간 개념 분류에 근거하여 쓸 것.
○ (가)에 해당하는 체육 수업 모형의 명칭을 메츨러(M. Metzler)의 주장에 근거하여 쓸 것.
○ 괄호 안의 ㉡에 해당하는 명칭을 쓰고, 교사와 ㉡ 역할 학생 간의 수업 초기 상호작용 특징을 메츨러(M. Metzler)의 수업 주도성 측면에서 서술할 것.

[정답] • ㉠ 체육의 실제 학습시간(ALT-PE) [1점]
　　　• (가) 동료교수 모형 [1점]
　　　• ㉡ 개인 교사(tutor, 튜터) [1점]
　　　교사와 ㉡ 개인 교사 사이에 일어나며 교사가 직접적으로 과제를 제시한다. 개인 교사의 이해도를 점검한다. [1점]

제**5**장 협동학습 모형

1 개요

[그림 5-1] 협동학습 모형의 수업 장면

> **읽을거리**
>
> 옛날 세 부족이 살았다. 한 부족은 매사에 경쟁하기를 좋아하였다. 가장 살기 좋은 동굴을 찾고 가장 좋은 사냥감을 차지하기 위해서 항상 경쟁했다. 음식을 차지하지 못한 사람은 죽어갔다. … (중략) … 살아남은 자들은 좋은 음식과 자리를 차지하려다가 죽었다. 마침내 한 사람만 살았으나 그도 곧 죽고 말았다. 왜냐하면 그들은 누군가와 경쟁하지 않고 살아가는 방법을 몰랐기 때문이다.
>
> 또 다른 부족이 살았다. 이들은 혼자 살아가기를 좋아했다. 이들은 혼자 사냥을 했고, 위험을 닥쳤을 때도 혼자 해결했다. 큰 홍수가 일어났을 때 많은 사람들이 죽었다. 왜냐하면 다른 사람을 무시하고 자기의 동굴에만 제방을 쌓았기 때문이다. … (중략) … 이러한 이유로 이 부족은 사라지고 말았다. 극단적인 개인주의가 되어 제대로 재생산을 하지 못하였다.
>
> 세 번째 부족은 매일 서로 협동하면서 일하는 것을 좋아하였다. 사냥을 할 때 몇몇은 사냥감을 몰아, 다른 이들은 쉽게 사냥감을 포획할 수 있었다. … (중략) … 그들은 서로 도우면서 생활하였기 때문에 서로 인정해주고 친하게 지냈으며 즐겁게 생활하였다. 이들은 일을 하고 여가를 즐기는 데 필요한 의사소통 방법, 그들의 독특한 인성을 개발하는 방법 등을 발달시켰다. 이 부족은 살아남아 번영하였고 우리의 조상이 되었다.
> (Jhonson & Jhonson, 1975, pp. 24-25; 정문성 2002, 재인용)

(1) 협동학습 모형은 1970년 중반 미국의 존스 홉킨스 대학의 연구진에 의해 최초로 개발되었다. 로버트 슬래빈(Robert Slavin)이라는 교육학자가 주도적인 연구와 소개를 했고 그에 의해 체계를 갖추게 되었다.

(2) 협동학습 모형은 모든 학생이 학습과정과 결과에 공헌하기를 기대하며 정해진 시간 동안 주어진 과제를 함께 수행할 수 있도록 학생들을 팀 또는 모둠으로 나누어 가르치는 수업 구조이다. 즉, 팀원들이 서로 협동하여 공동의 학습 목표를 성취할 수 있도록 설계된 수업 모형이다.

(3) 특히 학생의 창의성을 개발하고, 스스로 탐구하는 능력을 기르며, 교사 중심에서 벗어나 학생 중심으로 수업이 진행되어야 한다는 국내 교육계의 요구사항이 반영될 수 있어 더욱 주목해야 하는 모형이다.

(4) '협동학습'이란 명칭은 처음에는 '모둠별 학습(student team learning)'이라 불렸었다. 약어로 'STL'이라 표시했다.

(5) 그 후 이 모형이 개발되면서 그 명칭이 '협동학습(cooperative learning)', 약어로는 'CL'로 바뀌었다. 국내의 교육현장에서는 '협동학습'이란 용어가 널리 사용되고 있다.

(6) 다른 수업 모형들은 한 가지 학습 이론에 기초한 반면, 협동학습 모형은 동기이론, 인지이론, 사회학습이론, 행동 등과 같은 4가지 주요 이론에 근거하여 설계되었다.

(7) 협동학습 모형을 사용하는 교사는 학습 환경, 학습자 사회적/정서적 분위기, 과제 분석 및 내용 발달 등에 대해서 잘 알고 있어야 하며, 그러한 지식을 바탕으로 협동학습에 효과적으로 사용할 수 있는 교수 기능을 개발해야 한다.

(8) 협동학습 모형은 학생들에게 학습 성공에 대한 동등한 기회를 제공해주며, 팀의 일원으로써 다른 팀원에게 가치 있는 존재로 느끼게 해 줄 가능성을 제공해 준다.

(9) 협동학습 모형은 팀 보상, 개인적 책무성, 모든 학생의 성공적인 학습을 위한 평등한 기회를 제공하는 수업 전략의 특성을 가지고 있다.

(10) 협동학습 모형에는 학생 팀-성취 배분(STAD), 팀 게임 토너먼트(TGT), 팀-보조 수업(TAI), 직소(Jigsaw)와 같은 여러 협동학습 방법들을 활용할 수 있다.

1. 교사 주도에 의한 수업의 한계점

(1) 다음과 같은 장면은 체육수업에서 흔히 볼 수 있다. 교사가 주도하는 수업이다. 이때 수업에 임하는 학생들의 두뇌는 어떤 작용을 할까? 학생들은 동료 학생에 대해 어떤 생각을 할까?

> 교　사 : 공을 멀리 던지기 위해 중요한 점 3가지는 무엇이지? [한 학생을 가리키며]
> 학생A : 반대 발을 정확히 짚어야 해요.
> 교　사 : [손을 든 여러 학생 중에서 한 학생을 가리킨다.]
> 학생B : 목표를 향해 팔로우 스루를 해야 돼요.
> 교　사 : [다른 학생의 이름을 부른다.]
> 학생C : 목표의 반대쪽으로 어깨를 돌려 해요.
> 교　사 : 세 명 모두 잘 말했어. 그럼 다음에 배울 것은 …

(2) 위와 같은 수업 장면을 좀 더 깊이 들여다보면, 교사 주도에 의한 수업에 몇 가지 한계가 드러난다.

① **첫째, 학생들은 보이지 않는 경쟁을 한다.**
⇨ 교사의 질문에 대한 답을 아는 학생은 교사의 주의를 끌 수 있다. 하지만 그렇지 않은 학생들은 뒤처진다는 느낌을 갖는다.

② **둘째, 대다수가 수동적인 학습자가 된다.**
⇨ 손을 드는 학생이 교사의 주의를 끄는 순간 많은 학생들은 자신의 답을 찾으려는 시도를 하지 않게 되고, 그 결과 수동적인 학습자가 된다. 결과적으로 정확한 답을 알지 못하는 학생은 자기 스스로 답을 찾는 것이 아니라 답을 아는 친구로부터 실제적으로 배우게 된다.

③ **셋째, 학생 사이의 상호작용이 없다.**
⇨ 학생들은 서로 어깨를 마주하고 있지만 실제로 상호작용은 거의 찾아볼 수 없다. 소외감을 느끼는 학생도 생길 수 있다.

(3) 이와 같이 교사의 주도로 이루어지는 전통적인 수업은 여러 가지 한계를 갖고 있다.

(4) 최근 교육현장에서 교사 주도식 수업이 갖는 여러 한계를 극복하는 좋은 대안 중의 하나로 협동학습이 큰 관심을 받고 있다.

(5) 협동학습(cooperative learning)은 소집단 중심 활동으로 체계적인 절차에 따라 팀원이 서로 협력하여 학습 과제를 수행하는 것을 강조하는 수업 모형을 의미한다.

2. 협동학습이 갖추어야 할 요건 `18 기출`

(1) 협동학습은 그 자체만으로 완전한 모형이 되지 않는다. 이것은 귀인이론에 기초한 일종의 교수 전략이다. 따라서 학생들을 소집단으로 배치하는 것만으로 협동학습이라 할 수 없다.

① 다시 말해 학생들이 '협동'하게 만드는 것 자체만으로 협동학습의 요건을 모두 갖춘 것은 아니다.

② 협동학습이 되기 위해서는 공식적으로 체계화된 수업 전략이 포함되어 있어야 한다.

(2) <u>존슨(Johnson), 존슨과 홀루백(Johnson & Holubec)(1994)에 의하면 학습 과정은 다음 협동학습의 5가지 기본 요소에 의해서 촉진된다.</u>

① 첫째, 팀원 간의 긍정적인 상호 의존
㉠ 학생은 협동학습에서 모든 팀원이 목표를 성취하기 위해서 필요한 사람이라는 것을 이해해야 한다 (여기서 '팀'은 협동학습이 이루어지는 소집단으로 '모둠'과 같은 의미임).
㉡ 팀원들은 팀에 공헌할 수 있는 독특한 재능, 지식, 경험 기술을 가지고 있다. 또한 이 재능은 팀 내에서 의견 충돌을 일으키기도 하지만, 사회성을 향상시킬 수 있는 기회가 되기도 한다.

② 둘째, 일대일의 발전적인 상호작용
㉠ 팀 구조는 마치 스포츠 팀의 선수들처럼 팀원들의 활동을 상호 지지하고 격려하며 강화시키는 역할을 한다.
㉡ 모든 팀원들은 공동 팀의 목표에 도달하기 위해서 그들 자신의 잠재력을 최대로 발휘하고 팀을 위하여 서로 협력해야 한다는 사실을 곧 알게 될 것이다.
㉢ 모든 팀이 서로 협력해서 일해야 하며 모든 팀원들이 성취에 관심을 가져야 한다.

③ 셋째, 개인의 책무성/책임감

    ⊙ 모든 팀원이 자신의 몫을 다해야만 협동학습의 효과가 커진다.

    ⓒ 그러나 이것은 모든 학생이 평가에서 똑같은 점수를 받는다는 것을 의미하지 않는다.

    ⓒ 오히려 집단 활동에 최대한으로 참여하고 자신의 능력보다 더 많은 것을 배울 수 있다.

    ⓔ 교사가 학생 참여 기대 수준을 설정하고 참여 정도를 평가하는 방법을 찾아야 한다.

④ 넷째, 대인관계와 소집단 인간관계 기술

    ⊙ 협동학습에서 학생의 성취는 매우 가치있게 여겨진다. 마찬가지로 역동적인 팀원들 사이의 대인관계 기술 학습도 매우 중요하게 인식된다.

    ⓒ 팀원이 서로를 잘 이해하고, 대화하며, 서로 인정하고, 갈등을 해결하는 기술도 중요하게 여긴다.

⑤ 다섯째, 팀 반성

    ⊙ 학생들이 팀의 목표를 달성하기 위해 어떻게 했는지에 대해 서로의 체험을 공유하고 반성하는 기회를 마련해 준다.

    ⓒ 반성의 시간은 교사가 마련해 주지만, 교사가 대화 과정에 직접 개입하지는 않는다. 반성의 시간을 통해 학생의 반성능력을 높이는 데 주안점을 둔다.

143 | 2018학년도

8. 다음 (가)는 중등 체육과 1급 정교사 자격연수에서 '체육교사의 수업 전문성'이라는 주제로 이루어진 강의 자료이고, (나)는 강사와 연수생 사이에 진행된 대화의 일부이다. (가)와 (나)를 참고하여 체육교사의 수업 전문성 발달 과정을 〈작성 방법〉에 따라 논술하시오. [10점]

(나)

> 박 교사: 저도 학생들에게 더불어 생활하는 방법을 가르치기 위해 집단을 활용하는 교육과정 모형이나 수업 모형을 적극 활용하고 있습니다.
>
> 김 교사: 동료교수 모형, ⓒ협동학습 모형, 스포츠교육 모형은 집단 학습이 가능한 특징이 있죠. 그런데 모형을 수업에 실제적으로 적용하는 게 쉽지 않더라고요.

───── 〈작성 방법〉 ─────

> ○ 밑줄 친 ⓒ의 학습과정에서 협동적인 학습을 촉진하는 기본 요인 2가지를 존슨, 존슨과 호루백(D. Johnson, R.Johnson, & E. Holubec)의 주장에 근거하여 기술할 것.

[정답] 팀원 간의 긍정적인 상호 의존, 일대일의 발전적인 상호작용, 개인의 책무성/책임감, 대인관계와 소집단 인간관계 기술, 팀 반성 (중에서 2개)

(3) **협동학습 모형에서는 교사는 다음과 같은 6가지 주요 역할을 수행한다. (Johnson & Holubek)**
- 교사는 학습 내용을 선정하고 팀을 구성하는 일 등에서 직접적(주도적)인 역할을 한다.
- 하지만 이 모형을 적용하는 수업에서 교사는 주로 간접적인 역할을 하게 된다.

1) 수업목표를 상세화한다.
  ① 교사는 과제에 대한 학습 목표를 상세화해야 한다.
  ② 배울 내용은 무엇이고 수행기준은 무엇인지, 또한 교사는 학생이 팀에 함께 참여하면서 바람직한 상호작용과 팀 반성이 무엇을 의미하는지 알려줄 수 있는 사회성 향상 목표를 상세화해야 한다.

2) 수업 전 의사결정을 한다(수업 전 계획).
  ① 협동학습을 사용하는 교사는 팀 속에서 학생의 상호작용을 촉진하기 위해 단원과 수업이 시작되기 전 많은 계획을 세워야한다. 즉, 교사는 각 팀에게 과제를 충분히 이해시키고, 수행 기준을 팀에게 알려주며, 소요되는 시간은 얼마이고 사용해야 하는 수업 기구 및 자료(용·기구, 공간 등)가 무엇인지 등에 대해서 알려주어야 한다.
  ② 또한 팀원은 어떻게 선정할 것인지, 평가는 어떻게 이루어질 것인지, 사회성 기술은 어떻게 관찰할 것인지에 대한 결정도 이루어져야 한다. 분명히 이 모형에서 교사가 협동 과정을 설정할 수 있는 사전 단원 계획이 필요하다.

3) 과제 제시와 과제 구조를 전달한다.
  ① 학생이 할당된 과제를 수행하는 데 요구되는 정보의 양과 과제를 수행하는 방법에 관한 수행 또는 배경 정보 사이의 균형이 이루어져야 한다.
  ② 많은 협동 과제는 과제 제시보다는 과제 구조(공간, 기구, 시간. 팀, 기준)를 강조한다.
  ③ 과제 제시에 대해 학생에게 제공한 정보량이 의심스러울 때에는 의심되는 것보다 적은 양의 정보를 제공하는 것이 좋다. 이것은 팀들이 교사에게 정보를 얻으려고 하기 전에 자발적으로 정보를 찾도록 만들어 주며, 그런 다음 교사에게 도움을 요청하도록 유도한다.

4) 협동 과제를 설정한다.
  ① 교사는 팀을 선정하고 수행 과제를 학급에게 알려주며 과제 구조를 제공한 후 학생에게 간단하게 과제를 수행하라고 이야기할 것이다.
  ② 학생에게 과제 완수 방법을 알려주지 않고 학생이 과제를 이해할 수 있는 만큼의 정보만 제시될 필요가 있다.
  ③ 처음 과제에 참여할 때 팀들은 과제에 포함되어 있는 문제를 만들고 해결 방법을 찾는 데 시간이 필요할 것이다. 이때 교사는 팀이 올바른 방향으로 갈 수 있도록 면밀히 관찰할 필요가 있다.

5) 협동학습을 수행하는 팀들을 모니터하고 필요하면 개입한다.
  ① 팀들이 과제에 참여하게 되면 교사는 그 팀들이 협동적으로 과제를 수행하는지 알기 위해 모니터해야 한다. 이것은 교사가 과제의 진도를 점검하는 것이 아니라 팀들이 모든 자료를 사용하고 있는지, 팀원들이 최선을 다해서 공헌하고 있는지를 살펴보는 것을 의미한다.
  ② 팀들이 협동하여 과제에 참여하지 않을 때만 교사가 개입해야 한다. 그런 사례는 사회성 기술인 팀 발달을 위한 "티칭 모멘트(teaching moment)"와 각 수업 끝에 일어나는 팀 반성의 토대가 된다.

6) 학습과 팀 상호작용을 평가한다.

① 협동학습에서 평가는 학생의 학습과 팀 상호작용의 효율성에 대해 질적 측면과 양적 측면에서 이루어진다.

② 교사는 두 측면의 평가 방법과 기준을 마련해야 한다.

○ 학습 평가는 팀들이 각 과제를 완성하면 총괄적으로 이루어진다.

○ 팀 상호작용 평가는 비효율적인 상호작용 기간을 단축시키기 위해서 규칙적인 형성평가로 이루어져야 한다.

3. 유사 용어 – 협력학습과 협동학습 모형의 차이

(1) 협력학습 전략: 덜 형식적이고 영속적인 구조를 가지고 있다. 사회성과 운동수행 능력 학습보다는 수업에서 관리상의 이유로 대개 단시간 내에 소집단으로 협동이 이루어진다. 서로 돕거나 함께 학습하는 것이 특징이다.

(2) 협동학습 모형: 서로를 위하여 서로 함께 학습하는 것이 특징이다.

(3) 협동학습은 모형 자체의 본질과 독특성을 제공하는 6개의 절차적 요인을 포함한다(쿠소 Cuseo, 1992). 협동학습은 학습과 수업지도의 모형으로 체계화된 절차적인 요건을 갖고 있다.

① 의도적인 팀 구성

② 팀 상호작용의 연속성

③ 팀원 간의 상호 의존 관계

④ 개인의 책무성

⑤ 사회성 발달에 대한 외재적 관심

⑥ 격려자로서의 교사

(4) 반면 협력학습이란 영어로 'collaborative learning'으로 표시되는데, 협동학습 모형보다 형식적 측면에서 엄격함이 떨어진다.

(5) 수업 중에 짧은 시간 동안 소집단으로 협력이 이루어지면 협력학습에 해당한다. 협력학습은 소집단으로 함께 도와주며 배우는 형식을 말한다.

(6) 반면에 협동학습은 수업을 진행하는 공식적인 절차를 갖춘 일종의 수업 전략이라 할 수 있다. 협동학습 모형은 슬라빈이 제시한 구체적인 수업 전략과 절차를 갖춰야 하기 때문에 단순한 소집단 학습이나 협력학습과는 구분된다. '학생을 소집단으로 묶어 같이 연습하는 것'만으로는 협동학습이 아닌 것이다.

4. Slavin의 협동학습의 3가지 기초개념 `14 기출` `18 지도사` `22 기출`

(1) 팀 보상

① 협동학습에서 가장 중요한 것은 교사가 각 팀(4~6명)에게 제공하는 과제이다.

② 모든 팀들은 동일 과제나 서로 관련이 있는 다른 과제를 수행하게 된다.

③ 두 개 중 어떤 방법을 선택하든지 관계없이, 교사는 팀들이 달성해야 하는 한 가지 이상의 수행 기준을 제시해야 한다.

④ 기준에 도달하는 팀에게 누적 점수, 특혜, 점수 등의 보상이 제공된다.

(2) 개인 책무성 `22 기출`

① 모든 팀원들의 수행이 **팀 점수** 또는 **평가**에 포함된다. 따라서 팀 과제 수행에 노력해야 한다.

② 모든 팀원은 자신의 잠재력을 최대한 발휘해야 한다.

③ 이러한 전제 조건은 전체 팀 수행력 향상을 위해 기능이 높은 학생이 낮은 학생을 돕는 동료학습을 유도할 수 있다.

④ 동료학습은 팀에서 높은 수준의 사회성 학습을 촉진하는 중요한 요인이 된다.

(3) 학습 성공에 대한 평등한 기회 제공 `14 기출`

① 집단은 이질적인 소집단(4~6명의 팀원 구성)으로 구성하며 전체 팀의 운동수행 능력이 평등하도록 구성해야 한다.

② 팀은 성, 기술 수준, 학습 내용에 대한 사전 경험, 인지능력, 동기 등을 고려하여 구성한다. 팀원의 다양성은 사회성 학습을 촉진하는 역할을 한다.

③ 운동수행 능력에 대한 팀들 사이의 균형은 공정한 경쟁을 장려하고 학습 동기를 증가시킨다.

④ 팀들 사이의 균형이 이루어지면, 모든 팀원들의 운동수행이 계산된다는 규정 때문에 모든 학생은 학급 성공에 대한 동등한 기회를 가지며, 팀원 각자의 참여가 다른 팀원에게 가치 있게 느껴질 가능성이 많아진다.

참고문제	2018년 지도사 2급

15. 〈보기〉에서 설명하는 슬라빈(R. Slavin)의 협동학습 모형의 개념은?

┌─────────〈보 기〉─────────┐

모든 팀원의 수행이 팀 점수 또는 평가에 포함되기 때문에 모든 학습자는 팀의 과제 수행을 위해 노력해야 한다.

└──────────────────────┘

① 평등한 기회 제공　　　② 팀 보상　　　**③ 개인 책무성**　　　④ 팀워크

1. 다음은 표적/투기 도전 활동의 '플라잉디스크 골프'단원 지도 계획서이다. 괄호 안의 ㉠, ㉡에 해당하는 말을 차례대로 쓰시오. 그리고 이 단원 지도 계획서에 적용된 체육수업모형에 대해서 슬라빈(R. Slavin)이 제시한 3가지 개념 중 그 개념이 교수·학습 활동에 잘못 적용된 1가지를 찾아 그 이유와 함께 서술하시오. [5점]

대영역	도전 활동	중영역	표적/투기 도전	학년	2
신체활동	플라잉디스크 골프		전체 시수	12	
차시	학습내용		교수·학습 활동		교수 전략 (과제 구조)
1~2	○ 플라잉디스크 골프의 이해		○ 플라잉디스크 골프의 개념, 역사의 이해 ○ 플라잉디스크 골프의 경기 기능 및 방법의 이해 ○ 출석번호 순으로 5개 모둠으로 편성		
3~4	○ 플라잉디스크 골프의 기초 기능 실천 - 플라잉디스크 골프의 기초 기능 연습 및 실천		○ 기초 기능 연습 1 - 플라잉디스크 던지고 받기 연습 - 교사는 모둠별로 플라잉디스크 과제를 다르게 제시 - 모둠원은 각 모둠에 할당된 과제를 익힌 후 다른 모둠으로 가서 교수자가 되어 지도 ○ 기초 기능 연습 2 - 각 모둠의 동일 과제를 학습한 학생들끼리 모여 전문가 집단을 구성하여 연습 - 전문가 집단 모임 후 자신의 모둠으로 돌아가 학습한 내용을 모둠원에게 지도		(㉠)
5~7	○ 플라잉디스크 골프의 과학적 원리와 적용 - 플라잉디스크 골프의 과학적 원리 이해 및 운동 수행 적용		○ 플라잉디스크 골프의 과학적 원리 적용 - 플라잉디스크 비행의 과학적 원리 이해와 적용을 세부 학습 과제로 나누어 제시 - 모둠에서 학습 과제를 선정하고 모둠원들은 학습 과제를 선정하고 모둠원들은 학습 과제의 탐구 계획 수립과 역할 분담 및 학습 조사 - 단체 프로젝트 형식으로 모둠별 조사 내용 발표 - 각 모둠에게 사전에 성취 수준 점수를 제시한 후 평가		집단 연구 (GI)
8	○ 플라잉디스크 골프의 경기 기능 이해 및 실천 1 - 플라잉디스크 골프 퍼팅 경기		○ 플라잉디스크 골프 퍼팅 경기 - 플라잉디스크 골프 퍼팅 연습 후 모둠별 경기 - 플라잉디스크 골프 퍼팅 경기 결과를 각 모둠의 같은 등위끼리 즉, 1등은 1등끼리, 2등은 2등끼리 점수를 비교 - 같은 등위에서 높은 점수를 얻은 학생에게 일정한 상점 부여 - 플라잉디스크 골프 퍼팅 경기 모둠 등위 판정		(㉡)
9~11	○ 플라잉디스크 골프의 경기 기능 이해 및 실천		…(생략)…		
12	○ 플라잉디스크 골프 변형 경기 2		…(생략)…		

PART 5

8가지 체육 수업 모형 해키스임용 이채문 전공체육 스포츠교육학 2

5. Eileen Hilke의 협동학습의 4가지 지도 목표 16 지도사

(1) 학생 사이에 협동적인 협력 학습을 증진하는 것

(2) 긍정적인 팀 관계를 독려하는 것

(3) 학생의 자아존중감을 개발하는 것

(4) 학업 성취력을 향상시키는 것

참고문제	2016년 지도사 2급
8. 협동학습 모형이 추구하는 지도 목표가 <u>아닌</u> 것은?	
① 긍정적인 팀 관계 격려 ② 상호작용을 기반으로 개인의 책임감 증진	
③ 팀 내 개인 간 경쟁 도모 ④ 자아존중감 개발	

6. 4가지 지도 목표를 통해 알 수 있는 협동학습 특성

(1) 성취지향적 모형

① 학생의 수업 내용 숙달을 증진하기 위해 설계된 것으로 확인될 수 있다.

② 학생의 학습을 가장 중요하게 생각한다.

(2) 과정중심적 모형

① 학생이 내용을 학습하기 위해 서로 상호작용하는 방식이 각 학생에게 똑같이 중요하며, 이는 실제로 각 학생의 성취를 촉진한다.

② 학생은 협동하는 것을 배워야 하는 것이 아니라, 배우기 위해서 협동해야 한다.

7. 장·단점

(1) 협동학습은 지지자들과 비평가들로부터 많은 관심을 받아 왔다. 이러한 관심은 협동학습 전략의 장·단점의 논의를 부추기게 되었고 <u>McCaslin과 Good(1996)</u>은 협동학습의 장·단점을 다음과 같이 정리하였다.

장점	단점
협동학습 과제: 대부분의 사람들이 <u>사회에서</u> **업무**를 수행하는 방식으로 수행된다.	팀원이 과정보다 <u>결과</u>에 집착하면 협동학습 모형의 취지를 잃을 수 있다.
교과 내용 지식: <u>집단의 **전문성**</u>이 팀원의 전문성보다 클 때 향상된다.	팀원 모두가 개념을 잘못 알고 있을 때 상황을 변경하기 어렵다.
팀원은 서로 **발**달단계에 맞는 모델링 역할을 한다.	<u>성취</u>보다는 **과정을 강조**하면 "협동을 통한 <u>학습</u>"보다는 "<u>협동</u>"그 자체에 가치를 두게 된다.
학생은 **공**동의 과제와 **팀** 도전 목표에 대한 **가치관**을 배운다.	1~2명의 학생이 팀에서 <u>교사처럼 행동</u>할 위험이 있다.
학생은 팀의 인적 자원을 효율적으로 활용하고 관리하는 방법을 배운다.	능력이 뛰어난 학생은 다른 학생보다 더 많은 공헌을 해야 한다는 **부**담감을 느낀다.
학생은 혼자서 배우는 것보다 함께 배우는 것이 좋은 이유를 알게 된다.	게으름을 피우는 방법을 배울 수 있다.
학생은 **공**동 과제를 수행하면서 **자**신과 **타**인에 대해 더 잘 이해하게 된다.	**공**헌도가 낮은 학생이 **창**피감과 수치심을 느낄 수 있다.
학생은 스스로 학습의 과정과 진도를 조절할 수 있다.	일부 학생은 자신에게 주어진 기회를 회피하는 경향을 보일 수 있다.

사스혼인공모집 / 게잘교수협회공결

(2) 협동학습 모형의 장점은 계획 설계 부분임을 명심해야 한다. 많은 단점은 모형이 정확하게 적용되지 않을 때 나타나고, 학습 과정에 대한 주의 깊은 교사의 계획과 관찰로 감소되거나 피할 수 있다.

2 이론적 배경 및 근거

1. 교육의 주요한 3가지 목표 구조(개인적·경쟁적·협동적, Deutsch, 1949)

개인적 목표	개별화 지도 모형	개별성을 강조하는 모형으로 학생은 학습 목표를 달성하기 위해 독자적으로 참여하며, 교사를 포함한 다른 학생과 상호작용을 거의 하지 않는다.
경쟁적 목표	직접교수 모형	학생이 교사의 관심을 얻고 내용 학습에 필요한 자료를 획득하며, 때때로 다른 학생의 학업 성취와 비교하여 평가를 받기 때문에 매우 경쟁적인 상황에서 학습을 하게 된다.
협동적 목표	동료교수 모형, 협동학습 모형, 스포츠교육 모형	학생이 구조화된 상호 의존적인 관계를 통하여 서로를 위하여 함께 학습하는 데 있으며, 인지적 학습 목표의 달성이 중요하지만, 사회성 학습과 기능 목표보다는 중요하지 않다.

2. 협동학습 모형 설계에 기반이 되는 4가지 주요 이론

동기 이론	모든 팀원들이 공헌하고 성취해야 한다는 점을 모든 팀들에게 인식시키는 구조를 조성하는 데 사용된다. 이것은 개별 학생이 최선을 다하며 공동 목표를 달성하기 위해 팀 상호작용을 하도록 한다.
인지 이론	팀 목표를 달성하기 위해 팀에게 적당한 양의 도전을 부여하는 발달 단계에 적합한 학습 과제를 학생에게 제공하는 데 사용된다. 과제가 너무 쉬우면 팀은 목표를 달성하기 위해서 최선을 다하지 않을 것이다. 또한 과제가 너무 어려우면 팀원들은 의견 차이를 보이고 중도 포기를 하게 되어 결과적으로 실패하게 될 것이다.
사회학습이론	다른 팀원들을 지켜보고 그들을 경청하면서 학습이 이루어진다는 것에 기초한다. 한 학생이 과제를 완성하면, 학습한 과제를 다른 학생과 함께 학습하고 그들에게 보여주거나 설명하면서 배운 내용을 공유하는 상호 학습 과정이 일어난다. 교사는 사회적 기술의 긍정적인 예와 부정적인 예들을 지켜보고, 바람직하거나 바람직하지 못한 상호 작용 기술을 강조하기 위해 티칭 모멘트에서 그 예를 사용한다.
행동 이론	협동 과정, 학생의 과제 참여, 팀 목표 달성에 따른 보상 사이에 관계를 제공하는 데 사용된다. 좋은 협동 과제는 학생에게 그 상황에서 어떤 사회적 기술(행동)이 요구되고, 학습 목표는 무엇이며, 주어진 과제에 성취 또는 실패의 결과는 무엇인지를 명확하게 제시한다. 학생에게 과제를 완수하는 방법에 대하여 직접적으로 알려주지 않는다는 것에 주의한다.

3. 교수·학습에 관한 가정

(1) 교수에 관한 가정

① 교사의 주요 역할은 학생의 인지적 및 사회적 학습을 위한 격려자로 볼 수 있다.

② 교사는 팀 과제의 학습 환경, 구조, 매개 변수를 확인한 후에만 격려자의 역할을 담당하게 된다. 처음에는 직접적인 지도 방식으로 시작되지만, 팀원들이 주어진 과제에 참여하게 되면 매우 간접적인 지도 방식으로 이루어진다.

③ 교사는 학생의 사회성 학습을 관찰하고, 반성적인 능력을 가르치는 주요 업무를 맡는다.

④ 교사는 사회성 학습과 인지적 학습 목표 사이의 균형을 유지해야 한다. 사회성 학습 과정은 인지적 학습 결과만큼 중요하다.

(2) 학습에 관한 가정

① 협동적 구조는 개인적 또는 경쟁적 학습구조 보다는 높은 수준의 사회적 또는 인지적 학습 능력을 촉진한다.

② 집단은 개인과 공동 목표를 성취하기 위해서 협동적으로 일해야 한다.

③ 팀의 학습은 이질적인 성격을 가진 팀원들로 구성될 때 가장 잘 이루어지며, 구성된 팀은 전체 단원이나 몇 주 수업 동안 유지한다.

④ 모든 팀원들은 팀의 목표 달성을 위해 공헌할 수 있는 능력을 가지고 있다.

⑤ 학습 과제는 개인의 책무성에 대한 기준을 상세화하고, 모든 팀원들의 수행은 팀의 평가 점수에 반영한다.

⑥ 게으름을 피우는 것이 팀 학습 과정의 부분이 될 수 있다. 그러므로 팀 목표 달성을 위해 모든 팀원들이 공헌해야 한다는 사실을 확실하게 지적해야 한다.

⑦ 팀원은 주어진 과제를 완수하기 위해 팀원 스스로 역할수행 방법을 찾을 수 있다.

4. 모형의 주제: 서로를 위해 서로 함께 배우기

(1) '서로를 위해 서로 함께 배우기'는 협동학습 모형의 대표적인 주제이다. <u>학생들은 사회성 학습과 인지적 학습 목표를 성취할 수 있는 긍정적인 방법으로 서로 상호작용해야 한다.</u> 이 모형에서 대부분의 교수 (teaching)는 학생에 의해 이루어진다.

(2) 마지막으로 이 주제는 인지적 학습목표와 $\boxed{\text{사회성 학습}}$ 목표를 성취하기 위해서 팀과 단결해야 한다는 점을 강조한다.

5. 학습 영역의 우선순위와 영역 간 상호작용 `08 기출` `11 기출` `22 기출`

(1) 학습 영역의 우선순위

주어진 과제가 주로 인지적 학습에 초점을 둘 경우	주어진 과제가 심동적 학습 영역에 초점을 둘 경우
1순위(공동): 정의적·인지적 영역 3순위: 심동적 영역	1순위(공동): 정의적·심동적 영역 3순위: 인지적 영역

① 협동학습은 학생의 학업성취 수준을 높이고, 상호작용과 사회적 기술을 학습하기 위해 설계되었다. 후자가 이루어지지 않으면 전자도 이루어질 수 없다. 그것은 개인 및 팀의 학습보다 사회적 기술의 학습이 우선하기 때문이다.

② 정의적 영역은 할당된 학습 과제의 주요 목표로 가장 우선시 되는 영역이기 때문에 협동학습 모형의 영역 우선순위는 다소 복잡해진다.

③ 체육수업에서 의미 있는 협동학습 과제는 3가지 학습 영역을 균등하게 강조하는 것이다.

④ 예를 들면 바람직한 집단 상호작용과 반성(정의적 영역), 적당한 수준의 지적 능력(인지적), 숙련된 기능 숙달 시범(심동적 영역)이다. 이것이 가능하다면, 3가지 영역은 대체로 동일한 수준의 강조와 발달을 가져온다. 만일 학생 또는 팀들이 3가지 영역 모두를 동등하게 학습할 수 없다면, 주어진 과제를 성공적으로 수행할 수 없게 될 것이다.

(2) 학습 영역 간 상호작용

① 협동학습 과제에서 영역 간 상호작용은 3가지 영역들이 공유될 때 똑같이 복잡해진다.
  ㉠ 3가지 영역은 한 영역의 학습이 다른 두 영역의 학습에 좌우되는 영역 간의 상호 협력적인 관계이다.
  ㉡ 심동적 영역의 목표를 달성하기 위해서 각 소집단의 학생은 훌륭한 대인관계(정의적)와 문제 해결 능력(인지적)을 가지고 있어야 한다. 이 상호 의존성은 모든 영역 내에서 항상 일어나야 한다.

협동학습의 학습영역 간 상호작용

② 학생에게 서로 사이좋게 지내기 위해서가 아니라 학습하기 위해 협동할 필요가 있음을 강조한다.

③ 또한 이 모형의 설계 특징은 학습 과정이 학습 결과만큼 중요하다는 것과, 전체 모형의 토대가 학생들이 사이좋게 지내는 게 아니라 학습하기 위해 협동할 필요가 있다는 것이다.

6. 학생의 발달 요구 사항

(1) 학생의 준비도

① 최선을 다해서 팀의 성공에 공헌하려는 학생의 의지에 기초한다.

② 많은 학생들이 학습에 필요한 책임감을 갖고 있지 않다면 이 모형은 적합하지 않다.

(2) 학생의 학습 선호도

① Rechmann과 Grasha(1974)가 제시한 학생 학습 선호도 프로파일에 따르면, 협동학습 모형은 참여적, 협력적, 경쟁적, 독립적인 학생들에게 가장 잘 적용될 수 있다.

② 모든 학생은 학습 팀의 일원으로 자신의 능력 범위 안에서 참여해야 한다. 협력하여 참여할 수 없는 학생은 이 모형에 적합하지 않다.

---

145 | 2008학년도

다음은 강 교사가 '협동학습 모형'을 활용하여 배구 단원을 지도한 후 작성한 단원 평가 결과표이다.

단 원 평 가 결 과 표

○학년 ○반

번호	평가 내용 / 성명	지필 평가 경기 규칙	수행평가 패스 성공 횟수	스파이크 자세	출석	복장	합계
1	최○○	15	26	27	8	9	85
2	박○○	20	20	24	7	8	79

협동학습 모형을 활용한 배구 단원에서 우선으로 고려해야 하는 평가 영역을 블룸(Bloom)의 목표 영역에 근거하여 쓰시오.

• 평가 영역: _____

[정답] • 평가 영역: 정의적 영역

3 교수 학습의 특성

1. 수업 통제 (수업 주도성)

- 협동학습 모형에서는 수업의 주도성을 교사가 갖는다. 협동학습 모형에서는 교사가 학습할 과제와 그에 필요한 팀, 과제를 완수하는 데 필요한 시간이나 학습 자원, 운동 수행과 사회적 행동의 기준 등을 교사가 결정한다. 그러나 학생들이 주어진 과제를 완수하기 위해 함께 노력하는 동안에는 수업의 주도성이 교사에서 학생으로 바뀐다. 그런 다음 교사가 학생들에게 사회적 학습 기술을 가르칠 때에는 교사-학생 상호작용 패턴으로 바뀐다. 다음 그림은 내용선정, 수업 운영, 과제 제시 등을 누가 주도하는지를 그림으로 보여주고 있다.

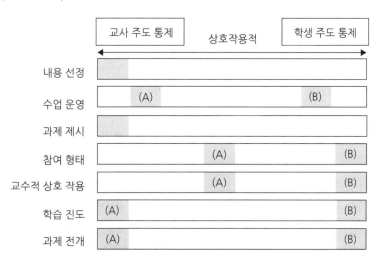

(1) **내용 선정: 교사가 학습 내용과 과제를 결정한다.**
　① 협동학습 모형에서 내용 선정은 매우 교사 중심적으로 이루어진다.
　② 교사는 수업 시간에 학생이 수행해야 할 과제를 결정하고 학생에게 알려준다.
　③ 교사가 사전에 학생에게 요구되는 사회성 기술을 예측할 수 없기 때문에 수업 전에 공식적인 내용 리스트 작성이 어렵다.
　④ 협동학습 모형에서 내용 목록은 대개 단원이 전개됨에 따라 교사가 팀들에게 할당하는 학습 과제로 제시된다. 그 과정은 항상 교사 중심적으로 이루어진다.

(2) **수업 운영: 팀별 활동은 학생이 주도한다.**
　① 수업 운영은 학습의 초기와 팀별 활동이 이루어지는 기간에 다르게 나타난다.
　② **팀이 학습 과제에 참여하기 전까지 교사 중심적으로 이루어진다(A). 교사는 팀원을 선정하고, 이용 가능한 자원을 결정하며, 각 과제에 할당된 시간의 양을 결정하고, 팀원들이 수행해야 하는 기준을 결정한다.**
　③ **일단 팀들이 과제를 시작하게 되면, 그 운영권은 각 협동 집단 내에 있는 학생에게 신속하게 이양된다(B).** 학생은 역할 분담, 과제 수행, 시간과 주위 시설물의 활용 방법 등에 대해 스스로 의사결정을 내린다.

(3) **과제 제시: 교사가 과제를 직접 제시하지 않는다.**
　① 협동학습에서는 교사에 의한 과제 제시가 없다.
　② 교사는 주어진 과제에 대해 단계를 설정해 주거나 과제 완수를 위한 기본 규칙만을 설명해준다.

③ 그 후에 과제를 수행하기 위해 무엇을 어떻게 하는지는 팀원 스스로에게 달려있다. 이때 팀은 동료교수 를 사용하게 된다.

(4) **참여 형태: 참여는 학생 주도와 상호작용 형태로 이루어진다.**
① 협동학습 모형에서 학생 참여는 학생 주도형 참여와 상호작용형 참여 두 가지로 이루어진다.
② 팀별 학습이 이루어지는 동안에 학생의 참여형태는 학생 주도형으로 각 팀의 학생 사이에서 이루어진다 (B).
③ 교사가 학생의 사회성 발달을 위해 질문을 사용할 때에는 상호작용형 참여가 이루어진다(A). 교사가 학생의 행동에 대해 반성의 시간을 주거나, 적극적으로 협동하지 않은 학생에게 그 해결책을 찾을 때에는 상호작용형 참여가 기대된다.

(5) **상호작용: 교사는 격려자의 역할을 한다.**
① 수업 중의 상호작용 형태도 학생 참여 형태와 유사하다.
② 팀원들이 주어진 과제를 수행하는 동안에는 학생 중심이 되고(B), 교사가 학생의 사회성을 발달시키기 위해 질문을 할 때에는 상호작용형이 된다(A).
③ 학생들이 팀 활동에 참여하는 동안 교사는 격려자 역할을 한다. 교사는 학생이 자신의 능력을 최대로 발휘할 수 있도록 충고 또는 조언을 하거나 전문가의 역할을 담당한다.

(6) **학습 진도: 학생이 학습 진도를 조절한다.**
① 팀 선정과 학습 문제 선정은 교사 중심으로 이루어진다(A). 교사가 학습 과제를 소개하고 과제 완수에 소요되는 시간을 알려주면, 학습 진도는 학생 중심적으로 이루어진다(B).
② 소요 시간에 대한 계획은 팀별로 작성하며, 제 시간에 끝나지 않을 경우 교사가 관여한다.
③ 따라서 학습 과제는 교사가 소개하지만, 학습 진도는 학생이 조절한다고 볼 수 있다.

(7) **과제 전개: 수업의 전개는 교사가 주도한다.**
① 새로운 과제를 소개하는 시점은 교사가 결정한다(A).
② 하지만 학습 진도 조절과 마찬가지로 일단 과제가 주어지면 각 팀은 과제를 완수하는 데 필요한 단계와 각 과제를 언제 끝마칠 것인지를 결정한다(B).
③ 즉 교사가 수업의 전개를 주도하지만, 새로운 기술을 어떻게 달성하는가에 관한 구체적인 사항은 각 팀에서 결정한다.

협동학습 모형의 포괄성
① 협동학습 모형은 모든 학생이 팀의 학습 과정에 포함되도록 설계되었다. 이것은 다음과 같은 3가지 방법을 통해서 가능하다.
㉠ 첫째, 모든 팀은 능력, 동기, 개성을 고려하여 이질적인 집단으로 구성한다. 이러한 다양성은 학생 사이의 상호작용을 촉진한다.
㉡ 둘째, 모든 학생은 팀의 성공을 위해서 공헌해야 하는 책임감이 있기 때문에 팀 목표에 도달하기 위해서 다른 학생을 격려하고 지원하고 서로를 가르쳐 주어야 한다. 이것은 모든 팀원들의 완전 참여를 조장한다.
㉢ 셋째, 팀의 성공에 공헌을 해야 한다는 것을 장려하면서 팀원들의 다양한 재능을 인정하고 재능을 최대한 발휘하도록 할 때 팀의 목표 완수 가능성이 높아진다. 팀의 가장 큰 관심은 팀 목표를 달성하기 위해서 학생이 가지고 있는 독특한 능력과 재능을 목표로 발휘할 수 있는 방법을 발견하는 것이다.

2. 학습 과제

2-1. 과제 구조화(과제 제시)

(1) 협동학습에서는 교사가 학습 과제를 어떻게 구조화시키고 수행할 것인지에 대해 학생에게 구체적으로 말해주지 않는다. 즉, 교사에 의한 과제 제시는 없고 대신 학생 스스로 주어진 과제를 조직해서 문제를 해결해야 한다. 교사는 과제가 무엇인지만을 알려주고, 과제를 완수하는 구체적인 방법은 알려주지 않는다.

(2) 협동학습 모형에서 교사가 과제를 제시할 때 지켜야 할 원칙은 다음과 같다.

① 모든 팀원에게 팀원의 자격과 팀이 어떻게 선정되었는지 알려준다.

② 과제를 완수해야 할 시점에 대해 알려준다.

③ 과제 완수를 위해 사용할 수 있는 학습 전략을 알려준다.

④ 각 팀에게 기본 규칙을 알려준다.

⑤ 팀별로 활용할 수 있는 자원과 자원의 배분 방법을 알려준다.

⑥ 학습 목표와 평가 방법에 대해 설명한다.

⑦ 사회성(대인관계) 학습 목표와 평가 방법을 설명한다.

⑧ 교사는 격려자 역할을 한다는 점을 알려준다.

⑨ 과제 수행에 따른 최종 결과물(포스터, 포트폴리오, 팀 점수)에 대해 설명한다.

⑩ 팀별 경쟁이 있다면 그 규칙에 대해 알려준다.

2-2. 과제 구조: 협동학습 모형에 적합한 수업 전략(과제 구조) `09 기출` `14 기출` `20 기출` `22 기출` `18 지도사`

① 협동학습 모형의 일부로 고려될 수 있는 여러 가지 교수 전략들이 있다. 아래의 다섯 가지 전략들은 체육 프로그램에서 전형적으로 지도되어 왔던 내용과 결과에 의해 적용되어 왔다.

② 과제 제시의 부분으로써 각 전략들은 독특한 과제 구조를 가지고 있다.

2-2-1. 학생 팀-성취 배분(Student Teams-Achievement Divisions: STAD) `22 기출`

팀 편성	교사는 학습 성공에 대한 평등한 기회가 보장되도록 공평하게 팀 편성
학습 과제 제시 및 1차 연습	교사가 학습 과제를 제시한 후 1차 연습(15~20분)
1차 평가 및 팀 점수 발표	지식이나 기능에 대한 1차 평가, 팀 점수만 발표, 교사는 팀 협동을 조장하기 위해 학생들과 토론하고 조언
2차 연습	동일한 학습 과제에 대한 2차 연습
2차 평가 및 팀 점수 발표	개인별 점수는 발표하지 않고 팀 점수만 발표, 따라서 팀 내 협동을 유발할 수 있음

(1) 슬래빈(Slavin, 1980)이 처음 개발하였으며, 학생은 비경쟁적인 팀으로 나뉜다.

(2) 교사는 모든 팀에게 동일한 학습 과제와 필요한 자원을 제공한다. 그리고 각 팀에게 15-20분 동안 연습할 시간을 배정한다. 이 시기가 끝나면, 각 팀의 모든 팀원들은 학습한 지식이나 기능에 대해 평가를 받게 된다.

(3) 평가는 연습한 내용의 범위에서 퀴즈, 기능 테스트, 그 밖의 다른 수행 평가로 이루어진다. 모든 팀원들의 점수가 합쳐져서 팀 점수가 된다. 팀 점수는 발표되고, 교사는 협동 과정에 대해 학생과 토론하고, 팀의 상호작용을 높일 수 있도록 조언한다.

⑷ 그런 다음, 팀은 동일한 과제를 다시 반복해서 연습하는 2차 연습 시간을 갖는다. 이 때 팀은 협동심을 강조하고 모든 팀원들의 점수를 높이는 데 중점을 둔다.

⑸ 2차 연습에는 2개의 목표가 주어진다.

　① 첫째, 모든 팀원들과 팀 점수는 1차 시험 때 보다 높아야 한다.

　② 첫 번째 목표를 분명히 달성하게 되면, 두 번째 목표도 자동적으로 달성된다. 1차와 2차 평가에서 전체 팀 점수의 향상 정도에 따라 팀 점수가 부여된다. 개인별 점수는 발표되지 않고 팀 점수만 발표되므로, 팀 내의 협동을 유발한다는 특징이 있다.

⑹ 올리크(Orlick, 1982)는 협동 점수(Collective Score)라고 불리는 학생 팀-성취 배분(STAD)의 2가지 변수를 체육에서 사용하고 있다. 전체 학습의 총점이 더해지고, 전체 학교의 점수를 더해 점수를 산출하였다. 두 개의 편차는 학생이 서로를 격려하고 협동할 수 있도록 협동학습 영역을 확장시킨다.

2-2-2. 팀 게임 토너먼트(팀 경기 보상 모형, Team Games Tournament: TGT)

팀 편성	교사는 학습 성공에 대한 평등한 기회가 보장되도록 공평하게 팀 편성
학습 과제 제시 및 1차 연습	교사가 학습 과제를 제시한 후 1차 연습
1차 평가 및 같은 등위끼리 점수 비교	각 팀의 1등은 1등끼리, 2등은 2등끼리 점수를 비교하여 같은 등수에서 높은 점수를 얻은 학생에게 일정한 상점을 부여, 따라서 모든 학생들은 자신의 득점 순위와 관계없이 팀 성공에 기여할 수 있음
2차 연습	동일한 학습 과제나 새로운 과제에 대한 2차 연습
2차 평가 및 같은 등위끼리 점수 비교	1차 때와 마찬가지로 같은 등수끼리 점수를 다시 비교하여 높은 점수를 얻은 학생에게 일정한 상점을 부여
팀 성적 발표	게임이 끝난 후에 가장 높은 점수를 받은 팀이 승리

⑴ 팀 경기 보상(TGT: Team Games Tournament) 의 초기 구조는 STAD의 구조와 유사하다. 학생을 팀별로 나누고, 할당된 학습 과제를 1차 연습한다.

⑵ 모든 팀의 팀원들은 1차 연습이 끝나면 팀별로 시험을 본다. 이 점에서 TGT는 STAD와 다르다.

⑶ 팀 게임 토너먼트에서는 각 팀의 1등, 2등, 3등, 4등으로 높은 점수를 받은 사람은 다른 팀에서 같은 등수인 학생의 점수와 비교한다. 각 팀의 1등은 1등끼리, 2등은 2등끼리 점수를 비교하는 식이다. 같은 등수에서 높은 점수를 얻은 학생에게 일정한 상점을 부여한다.

⑷ 모든 학생이 순위와 관계없이 팀 성공에 기여할 수 있다. 대개 각 팀의 상호작용과 협력을 강조하는 2차 연습을 실시한다. 연습 후 다시 평가가 이루어지고 1차 때와 마찬가지로 같은 등수끼리 점수를 다시 비교한다.

⑸ 게임이 끝난 후에 가장 높은 점수를 받은 팀이 승리팀이 된다. 그 과정에서 팀원 사이의 협동이 조장된다. 팀을 그대로 유지하거나 과제의 난이도를 점차적으로 높여 나간다.

⑹ 하지만 동일한 과제를 학생이 2번 이상 연습하고 평가 받는 것은 바람직하지 않다. 이 방법의 가장 좋은 점은 운동 기능이 낮은 학생도 자기 팀을 위해 무엇인가를 공헌할 수 있다는 자신감을 갖는 것이다.

2-2-3. 팀-보조 수업(Team-Assisted Instruction: TAI) 22 기출

팀 편성	교사는 학습 성공에 대한 평등한 기회가 보장되도록 공평하게 팀 편성
수행 기준 및 팀별 학습 과제 제시	교사는 학생들에게 수행 기준과 팀별 학습 과제 제시, 과제는 쉬운 것에서부터 어려운 단계로 나누어 제시
팀별 과제 수행	팀원들은 혼자 또는 다른 팀원들의 도움을 받으면서 과제 수행
과제 완수 체크 및 다음 과제로 이동	학생이 수행 기준에 따라 과제를 완수하면 다른 팀원이 과제 수행 여부를 체크한 후 다음 과제로 이동
평가	팀별 과제 수행 점수 혹은 개인별 합산 점수로 평가

(1) 팀-보조 수업(TAI: Team-Assisted Instruction)은 협동학습과 개별화 학습의 결합으로 볼 수 있다.

(2) 교사는 팀을 선정한 후 학생에게 수행 기준과 학습 과제가 제시된 목록을 제공한다. 이 목록에는 학생이 학습해야 할 기술과 지식 영역을 쉬운 것에서부터 어려운 단계로 나누어 제시되어 있다.

(3) 팀원들은 혼자 또는 다른 팀원들의 도움을 받으면서 그 과제들을 연습하게 된다. 학생이 수행 기준에 따라 과제를 완수하면 다른 팀원이 과제 수행 여부를 체크한다. 학생은 다음 과제로 이동한다.

(4) 팀 수행 능력은 2가지 방식 중의 하나로 평가될 수 있다.

① 팀 성적은 매주 각 팀들이 수행한 과제의 수를 점수로 환산하거나

② 개인별로 시험을 본 후 개인 점수를 합산하여 계산한다.

2-2-4. 직소(Jigsaw) 방식

팀 편성	교사는 학습 성공에 대한 평등한 기회가 보장되도록 공평하게 팀 편성	
팀별 과제 할당 및 연습	팀별로 학습 과제를 할당하고 연습하게 함	원모둠 활동
다른 팀 가르치기	다른 팀에서 동료교수	전문가 활동 원모둠에서 동료교수
평가	다른 팀을 지도하는 지도 능력에 따라 평가	

(1) **방법1**

① 교사는 팀을 나누고 기술, 지식 또는 게임 등의 과제에 팀을 배정한다.

> 예 테니스 단원의 경우 **한 팀**은 포핸드 드라이브의 요소와 단서를 학습하는 데 배치되고, **다른 팀**은 백핸드 드라이브, **다른 팀**은 게임 규칙과 점수 등을 학습하는 데 배치된다.

② 모든 팀원들은 자신의 팀에 할당된 과제를 익힌 후,

③ 교사가 되어 **다른 팀**에게 그 내용을 가르쳐준다. 포핸드 드라이브를 익힐 때 A팀이 교사가 되어 B팀과 C팀에게 가르쳐 준다.

④ 평가: 다른 팀을 지도하는 지도 능력에 기초하여 이루어진다.

(2) **방법2**

① 각 팀원들이 주제 또는 기술에 전문가가 되기 위해 서로 다른 학습 요소들을 배우게 된다. 팀원이 할당된 학습 내용을 익힌다.

> 예 즉, A팀에서 학생1은 포핸드 드라이브 학생2는 백핸드 드라이브, 학생3은 게임 규칙과 점수 계산법 등을 익힌다. B팀과 C팀도 이와 같은 방식으로 학습이 이루어진다.

② 전문가 집단을 구성: 각 팀에서 동일한 주제나 기술을 학습한 학생끼리 모여 전문가 집단을 구성한다. 전문가 집단은 자신들이 배운 내용을 공유하게 된다.

③ 원래 자신의 집단으로 돌아가 동료교수(배운 것을 다른 팀원들에게 가르친다.)를 한다.

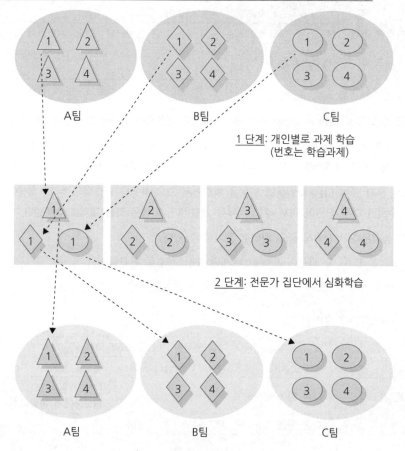

[그림 5-2] 직소방식 수업의 절차

2-2-5. 집단 연구(Group Investigation)

팀 편성	각 팀이 학습 결과를 공동으로 생산하고 공유하도록 팀을 편성
과제 할당	각 팀에 과제 할당, 집단 연구에 할당되는 시간은 최소 3주 정도로 긴 편임
팀별 과제 수행	과제는 포스터, 콜라주, 비디오테이프, 컴퓨터 그래픽, 보고서 등 여러 가지 매체를 이용하여 완성
과제 완수 체크 및 다음 과제로 이동	학생이 수행 기준에 따라 과제를 완수하면 다른 팀원이 과제 수행 여부를 체크, 다음 과제로 이동
발표 및 평가	과제 발표: 단체 프로젝트 형식, 평가: 루브릭 점수로 이루어지며 각 팀은 한 가지 점수를 얻게 됨

(1) 이 전략은 팀이 학습 과정에 협동하고 학습 결과를 공유하는 데 사용된다.

(2) 교사에 의해 팀이 선정되고 과제가 할당된다. 팀은 과제를 3주 안에 완성해야 한다.

(3) 학생은 수업 시간이나 그 외의 시간을 이용해서 과제를 수행할 수 있다. 과제는 포스터, 콜라주, 비디오테이프, 컴퓨터 그래픽, 보고서 등 여러 가지 매체를 이용하여 완성하며 발표는 **단체 프로젝트** 형식으로 이루어진다.

(4) 매체를 이용하여 과제를 작성하는 목적은 각 팀의 학습 정도를 확인하고 그 내용을 다른 팀들과 공유하기 위한 것이다. 집단 연구가 시작되고 각 팀에게 단일 점수가 주어지기 전에 루브릭 점수를 학생에게 제시하여 평가가 이루어진다.

참고문제	2018년 지도사 2급

18. 〈보기〉에서 설명하는 협동학습 모형의 교수 전략은?

> ───〈보 기〉───
> • 지도자는 학습자를 몇 개 팀으로 나누고, 각 팀마다 학습 과제를 분배한다(테니스의 경우, A팀은 포핸드 스트로크, B팀은 백핸드 스트로크, C팀은 발리, D팀은 서비스).
> • 각 팀의 모든 팀원들은 팀에 할당된 과제를 익힌 후, 다른 팀에게 해당 과제를 가르친다.

① 학생 팀-성취 배분(STAD)　② **직소(Jigsaw)**　③ 팀 게임 토너먼트(TGT)　④ 팀-보조 수업(TAI)

1. 다음은 표적/투기 도전 활동의 '플라잉디스크 골프'단원 지도 계획서이다. 괄호 안의 ㉠, ㉡에 해당하는 말을 차례대로 쓰시오. 그리고 이 단원 지도 계획서에 적용된 체육수업모형에 대해서 슬라빈(R. Slavin)이 제시한 3가지 개념 중 그 개념이 교수·학습 활동에 잘못 적용된 1가지를 찾아 그 이유와 함께 서술하시오. [5점]

대영역	도전 활동	중영역	표적/투기 도전	학년	2
신체활동	플라잉디스크 골프		전체 시수		12

차시	학습내용	교수·학습 활동	교수 전략 (과제 구조)
1~2	○ 플라잉디스크 골프의 이해	○ 플라잉디스크 골프의 개념, 역사의 이해 ○ 플라잉디스크 골프의 경기 기능 및 방법의 이해 ○ 출석번호 순으로 5개 모둠으로 편성	
3~4	○ 플라잉디스크 골프의 기초 기능 실천 - 플라잉디스크 골프의 기초 기능 연습 및 실천	○ 기초 기능 연습 1 - 플라잉디스크 던지고 받기 연습 - 교사는 모둠별로 플라잉디스크 과제를 다르게 제시 - 모둠원은 각 모둠에 할당된 과제를 익힌 후 다른 모둠으로 가서 교수자가 되어 지도 ○ 기초 기능 연습 2 - 각 모둠의 동일 과제를 학습한 학생들끼리 모여 전문가 집단 을 구성하여 연습 - 전문가 집단 모임 후 자신의 모둠으로 돌아가 학습한 내용을 모둠원에게 지도	(㉠)
5~7	○ 플라잉디스크 골프의 과학적 원리와 적용 - 플라잉디스크 골프의 과학적 원리 이해 및 운동 수행 적용	○ 플라잉디스크 골프의 과학적 원리 적용 - 플라잉디스크 비행의 과학적 원리 이해와 적용을 세부 학습 과제로 나누어 제시 - 모둠에서 학습 과제를 선정하고 모둠원들은 학습 과제를 선정 하고 모둠원들은 학습 과제의 탐구 계획 수립과 역할 분담 및 학습 조사 - 단체 프로젝트 형식으로 모둠별 조사 내용 발표 - 각 모둠에게 사전에 성취 수준 점수를 제시한 후 평가	집단 연구 (GI)
8	○ 플라잉디스크 골프의 경기 기능 이해 및 실천1 - 플라잉디스크 골프 퍼팅 경기	○ 플라잉디스크 골프 퍼팅 경기 - 플라잉디스크 골프 퍼팅 연습 후 모둠별 경기 - 플라잉디스크 골프 퍼팅 경기 결과를 각 모둠의 같은 등위끼 리 즉, 1등은 1등끼리, 2등은 2등끼리 점수를 비교 - 같은 등위에서 높은 점수를 얻은 학생에게 일정한 상점 부여 - 플라잉디스크 골프 퍼팅 경기 모둠 등위 판정	(㉡)

[정답] · ㉠ 직소
 · ㉡ 팀 게임 토너먼트
 · 1~2차시 '출석번호 순으로 5개 모둠으로 편성'은 잘못되었다. 이유는 '학습 성공에 대한 평등한 기회를 제공'할 수 없기 때문이다.

협동학습 모형(cocoperative learning model)을 적용한 교수전략으로 옳지 <u>않은</u> 것은?

① 모든 팀에게 동일한 학습 과제와 연습 시간을 주며, 팀 점수는 팀원의 개별 점수를 합하여 만든다.

② 각 팀에서 1등, 2등, 3등, 4등 점수를 받은 학생은 다른 팀의 같은 등수인 학생의 점수와 비교한다.

③ 팀원은 스스로 또는 다른 팀원의 도움을 받으면서 과제를 연습하고, 다른 팀원이 과제 수행 결과를 평가한다.

④ 각 팀원은 전문가 집단을 구성하여 학습 내용을 익히고 난 후 자신의 팀으로 돌아가 다른 팀원을 가르친다.

⑤ 교사의 체계적인 계획과 지도에 의해 학생들이 서로 짝을 이루어 역할을 교대하면서 상대방의 학습을 돕는다.

[정답] ⑤

다음의 (가)는 박 교사의 수업 반성 일지이고, (나)는 교수·학습 지도안의 일부이다. 〈작성 방법〉에 따라 순서대로 서술하시오. [4점]

(나) 교수·학습 지도안

영역 신체활동	네트형 경쟁 배구	학년	3학년		차시	6/14
교수·학습 과정						시간
○ 전개 • 직소 I(Jigsaw I) 모형을 활용하여 배구 기초 기능을 다음과 같이 연습함. **1단계** • 학급을 A, B, C 3개의 큰 모둠으로 나눈다. • 각각의 큰 모둠 안에서 다시 4개의 작은 모둠 ⓐ, ⓑ, ⓒ, ⓓ를 만든다. • ⓐ는 언더핸드 패스, ⓑ는 오버핸드 패스, ⓒ는 서브, ⓓ는 블로킹을 학습하는 역할을 맡는다. **2단계** • (　　　　　　　　　ⓔ　　　　　　　　　) **3단계** • 2단계에서 학습한 내용을 본래의 큰 모둠으로 돌아가 모둠원들에게 가르친다. … (하략) …						35분

─〈작성 방법〉─
○ 팔호 안의 ⓔ에 들어갈 활동을 애론슨(E. Aronson)의 직소 I 모형에 근거하여 서술할 것.

[정답] ⓔ은 ⓐ모둠끼리 언더핸드패스, ⓑ모둠끼리 오버핸드패스, ⓒ모둠끼리 서브, ⓓ모둠끼리 블로킹에 대한 각각의 전문가 집단을 구성하여 집중적으로 학습한다.

7. 다음은 협동학습 모형을 적용한 강 교사의 지도 계획 초안이다. 메츨러(M. Metzler)의 주장에 근거하여 〈작성 방법〉에 따라 순서대로 서술하시오. [4점]

---

1. 지도 계획의 초점
   ○ 수업의 주제: 서로를 위해 서로 함께 배우기
   ○ 슬라빈(R. Slavin)이 제시한 협동학습 모형의 3가지 기초 개념들 중 (㉠) 개념에 따라, 모든 팀원들이 자신의 역할과 임무를 충실히 수행하여 팀 점수에 기여할 수 있도록 하고, 이를 통해 모든 팀원들이 과제 수행을 위해 노력하도록 함.
   ○ 협동학습 모형의 과제 구조는 직소(Jigsaw)를 비롯해 여러 가지가 있기에, 다양한 과제 구조를 활용해 차시별 학습 활동을 계획하도록 함.
2. 학습 활동 계획(안)

   ┌─────── **(가) 학습 활동 계획 1안** ───────┐

   ○ 팀 구성: 4개의 팀(팀당 5명)으로 구성함.
   ○ 과제 학습지: 학습 과제, 쉬운 것에서부터 어려운 단계로 정리한 학습 내용(축구 경기의 규칙, 기술, 전술), 과제별 수행 기준을 중심으로 구성함.
   ○ 과제 활동

과제	내용
동영상 시청	동영상을 시청하며 축구 경기의 규칙, 기술, 전술 등 이해
기술 시범	축구 기술들을 팀원들에게 시범 보이며 기술의 명칭과 특성 이해
전술 토론	공격과 수비 상황의 전술적 문제에 대한 토론

   – 개별화 학습을 결합해 운영함.   – 개인 혹은 팀원들과 도움을 주고받으며 과제를 수행함.
   – 수행 기준(과제별 퀴즈 정답률 70% 이상)을 달성하면 다음 과제로 이동함.
   ○ 팀 성적: 팀원이 획득한 점수를 합산해 팀 점수를 산출함.

   ┌─────── **(나) 학습 활동 계획 2안** ───────┐

   ○ 팀 구성: 4개의 팀(팀당 5명)으로 구성함.
   ○ 연습 과제: 왕복 드리블 과제(2m 거리로 설치된 5개의 콘을 방향 전환 드리블로 왕복하기)
   ○ 과제 활동

단계	내용
1차 연습	왕복 드리블 과제를 연습한 후, 개인별 왕복 기록을 측정함.
1차 평가	개인의 기록 점수를 합산해 팀 점수를 산출하여 발표함.
팀 토의	과제 활동에 대해 토의함. 이때 교사는 상호작용을 높일 수 있는 방안을 조언함.
2차 연습	1차 연습과 동일하게 실시함. 각 팀은 모든 팀원이 1차 점수보다 높은 점수를 얻을 수 있도록 서로 도움을 주고받음.
2차 평가	1차 평가와 동일한 방식으로 실시함.

   ○ 최종 점수: 1차와 2차의 획득 점수를 비교해, 향상 정도에 따라 팀의 최종 점수를 산출함.

○ 괄호 안의 ㉠에 해당하는 용어를 쓸 것.

○ (가), (나)에 해당하는 과제 구조의 명칭을 순서대로 쓸 것.

○ (가), (나)의 계획으로 수업을 진행할 때, 정의적 영역과 함께 우선적으로 강조해야 하는 학습 영역을 순서대로 서술할 것.

[정답] • ㉠ 개인 책무성(개인 책임감) [1점]
 • (가) 팀 보조수업(TAI) [1점], (나) STAD [1점]
 • (가) 인지적(학습 영역), (나) 심동적(학습 영역) [1점]

2-3. 내용 전개

(1) 협동학습 대부분의 학습 과제는 다른 모형보다 규모가 크고 오랜 시간이 요구되기 때문에 내용 전개는 다른 모형과 다르게 이루어진다.

(2) 협동학습 모형 단원은 단순한 것에서 복잡한 것으로 난이도가 향상되는 연속적인 학습 문제 또는 과제로 구성된다.

(3) 단시간이 요구되는 과제는 학습 초기에, 긴 시간이 요구되는 과제는 학습 중간이나 끝에 제공한다는 과제 전개특성을 고려하여 학습 시간은 각 과제별로 제공한다. 이 방법은 많은 성공을 경험하는 초기 과제에서 팀워크와상호작용 기술을 연습할 수 있는 기회를 제공한다. 팀이 함께 과제에 참여하면서 팀원들은 보다 어려운 과제를도전하여 수행할 수 있게 된다.

3. 학습 참여 형태

(1) 교사가 학습 과제를 제시하고 사회성 기술 발달에 필요한 과정을 설명할 때를 제외하고, 협동학습 모형은한 가지 참여 형태만을 사용한다.

(2) 즉, 협동학습 모형은 4~6명으로 구성된 팀에 의해서 실시된다. 협동학습에서 사용된 모든 전략은 이 팀에 기초하여 시작한다. 동시에 2개 이상의 팀이 통합되기도 하지만 단지 일시적으로 이루어질 뿐이다.

(3) 팀원 선정

① 협동학습에서 [팀원 선정]은 교사의 가장 중요한 역할 중의 하나이다.
  ㉠ 학생이 팀원을 선정하지 않는다는 점에 주목해라.
  ㉡ 팀원 선정 과정은 인지적 학습과 사회성 학습을 가장 효과적으로 촉진할 수 있는 이 모형에서 가장중요한 목적이기 때문이다.

② 팀원을 결정할 때 팀 내의 다양성과 여러 팀들 사이의 공정성(팀들이 서로 경쟁할 때)이 고려되어야 한다.
  ㉠ 팀원의 다양성은 과제를 수행할 수 있는 광범위한 자원을 제공할 뿐만 아니라 다른 팀원들의 재능,개성, 관점에 대한 인식을 고양시킨다.
  ㉡ 팀원을 다양하게 구성하기 위해 내용 영역의 사전 경험, 성, 기술 능력, 인지적 능력, 학습 유형,인종, 민족성, 리더십과 동료애에 대한 의지, 학생 행동 등을 고려하여 팀을 구성한다.

③ 팀에 학생을 배치하는 과정은 교사 개인에 의해 결정되며, 수업 시간에 알려주거나 알림판에 부착한다. 팀선정에 대해서 학생이 오해할 수 있기 때문에 팀 선정을 공개적인 이벤트나 서로 지적하는 방법은 적절하지않다. 이와 같은 선정 과정에서 발생하는 부작용에 대해 우리 모두는 인지해야 한다.

④ 팀이 일단 선정되면 교사는 학생이 각 팀원들이 가지고 있는 재능을 알게 하고, 소속팀의 약점과 다른 팀의구성에 대해 지나치게 신경 쓰지 않도록 해야 한다. 따라서 교사는 팀이 어떻게, 왜 선정되었는지를 알려주고 가능한 빨리 팀원들이 협동하여 과제를 수행하도록 격려한다.

4. 교사와 학생의 역할 및 책임

수업 진행과 책임 (역할 및 책임)	협동학습 모형에서 누가 그 일을 하는가(책임 주체)
내용 목록	교사는 각 팀이 학습할 내용을 결정한다.
팀 선정	교사는 모든 팀의 다양성과 이질성을 최대한 고려하여 팀원을 선정한다.
과제 구조화 및 문제 해결 상황	교사는 팀이 해결해야 할 문제의 구조에 기초하여 모든 팀에게 과제를 설명한다.
수업 기구 준비	교사가 각 팀이 과제를 수행하는 데 필요한 장비를 준비한다.
과제 구조	교사는 기본 규칙들을 제공하는 협동학습 전략의 형태로 과제 구조를 결정한다.
참여 형태	각 팀은 과제를 해결하기 위해서 어떻게 팀을 조직할 것인지를 결정한다.
문제 중재	수업 초기에 문제가 발생하면 팀 내에서 학생에 의해 먼저 조정하고, 성공적인지 못할 때 교사가 반성 시간을 통해서 중재한다.
수행평가	교사는 루브릭 점수 형태로 모든 수행 평가를 계획한다. 각 팀의 학생은 각 평가에서 가장 좋은 점수를 성취하기 위한 방법을 결정한다.
사회성 평가	교사는 집단 상호작용의 기준을 결정하고 학생이 팀에서 어떻게 참여하는지 관찰한다.
수업 과정	각 팀의 학생은 주어진 학습 과제에 참여함에 따라 동료교수 계획을 결정하고 실행한다.

5. 평가

(1) 교사는 세 영역(인지적, 정의적, 심동적)을 고르게 평가할 수 있는 방법을 이용하여 학생을 평가해야 한다. 이때, 교사는 학생들에게 제시한 과제의 특성을 고려한 평가 방법을 사용한다.

(2) 심동적 기능과 내용 지식 학습에 중점을 둔 과제인 경우에는 실기, 필기 시험 등 전통적인 평가 방법을 사용하는 것이 효과적이다.

(3) 난이도가 높거나 응용된 과제인 경우에는 실제 평가와 대안 평가를 사용한다. 교사는 학생의 능력, 내용, 단원의 맥락에 맞게 과제를 계획했기 때문에 평가 내용 및 도구를 직접 제작하는 것이 좋다.

5-1. 심동적 영역의 평가 방법

(1) 심동적 영역을 평가할 때 교사는 다음과 같은 점을 고려한다.

① 간단한 실기 시험: 정해진 기준에 따라 일정 횟수를 완수하는 것(예 목표물에 성공적으로 슛팅 한 수, 파울 수, 패스한 수)

② 과제의 시간 측정(예 200미터를 달리는 데 소요된 시간, 장애물 코스를 도는 데 걸린 시간, 성공 횟수를 완수하는 데 소요된 시간)

③ 정확성 검사(예 슛 확률, 목표물과의 거리)

④ 일관성(예 연속적으로 슛팅한 수)

⑤ 표준화된 실기 검사

(2) STAD와 TGT 같은 전략은 일정한 시간 동안 연습 후 평가가 이루어진다.

① 이 평가는 연습 과제와 직접 관련이 있으며, 매우 신속히 이루어져야 한다. 대개 교사는 각 팀원에게 일정한 수의 연습(슛, 킥, 던지기)을 하도록 하고, 성공률을 기록하도록 한다.

② 각 팀의 점수는 모든 팀원 점수의 합산이 된다. 그러한 간단한 퀴즈는 각 학생의 발달 상태(협동학습 모형은 개별 학생의 책임감을 요구한다는 것을 기억해라)를 관찰하고 팀의 동료교수의 효율성을 평가하기 위해서 사용한다.

5-2. 인지적 영역의 평가 방법

(1) 지식의 단순 기억과 같은 비교적 쉬운 인지적 내용에 초점을 맞추어 평가할 경우, 인지적 영역 평가는 심동적 영역의 평가와 거의 유사하다.

① 교사는 게임 규칙, 절차 및 전략과 같은 학생의 지식을 평가하기 위해 교사가 직접 만든 퀴즈를 사용할 수 있다. 그런 평가는 STAD와 TGT에서 사용된 것과 비슷하다.

② 즉 퀴즈는 학생이 지금 공부한 내용에 초점을 두고 몇 분 안에 답을 적을 수 있는 것으로 만든다. 퀴즈는 아래와 같은 여러 종류의 질문과 항목으로 만들어진다.
- 퀴즈: 선택형, 완성형, 조건형(만약 ---라면, 어떻게 될까?), 단답형

(2) 복합적이고 상위 수준의 학습 결과를 얻으려고 할 때 어려운 평가 기법들이 사용된다.

① 이 평가 기법은 직소와 집단 연구와 같은 전략으로, 학생의 학습이 여러 종류의 지식을 표현하는 다차원적인 것으로 볼 수 있다.

② 그런 전략들은 실제적인 학습 경험을 요구하기 때문에 평가는 대안 평가와 실제 평가로 이루어진다.

③ 이와 같은 평가 방법을 사용하는 교사는 학습 과제를 부여하는 동시에 팀에게 제시하는 루브릭 점수를 부여할 것이다.

- 학습의 구체적인 성과물(포트폴리오, 비디오. 콜라쥬, 다른 학생들에게 학습된 수업)
- 완성된 과제물의 질적 평가와 각 수준별로 세부 규정 서술

  예를 들어 올림픽 게임의 역사에 관한 집단 연구는 4가지 수준[고대 올림피아 경기 선수(가장 낮은 수준), 동메달리스트, 은메달리스트, 금메달리스트(가장 높은 수준)]으로 평가한다. 그다음, 교사는 팀이 제출한 과제물의 질적 수준이 어느 정도인지를 알 수 있도록 하기 위해 각 범주의 특성을 서술한다.
- 교사가 각 팀의 작품에 대한 교사의 채점표와 평가서

5-3. 정의적 영역의 평가 방법

(1) 협동학습 모형에서는 동료교수, 팀원에 대한 언어 격려, 협동, 리더십, 문제 해결력과 같은 팀원 내 상호작용에 대한 정의적 영역의 평가도 이루어진다.

(2) 그런 과정에 대한 평가는 너무 미묘하여 평가하기 어렵지만, 다음과 같은 몇 가지 전략을 사용하면 가능하다.

- 각 팀을 정기적으로 모니터하고 긍정적이고 부정적인 사회적 상호작용 기록(주요 사건 기록법)
- 긍정적이고 부정적인 상호작용 패턴과 횟수를 관찰하기 위해 체크리스트 사용
- 팀별로 작업일지(어떤 일은 누가 했는지) 작성
- 팀별로 긍정적이고 부정적인 사례를 기록한 일지 작성
- 수업 말기에 집단 과정에 대한 반성 시간을 가짐

(3) 협동학습 모형을 사용하는 교사는 팀 학습 과정이 수업 내용을 익히는 것만큼 중요하기 때문에 사회성 학습 기술을 형식적 또는 비형식적으로 항상 모니터해야 한다.

4 교사 전문성 및 상황적 요구 조건

1. 교사 전문성

학습자	교사는 학생들의 다양한 성향과 재능을 고려하여 팀을 구성해야 하며 모든 팀원이 과제에 성공할 수 있는 동등한 기회가 제공되어야 한다.
학습 이론	협동학습 모형은 인지 이론(팀이 문제를 해결하는 동안), 행동주의 이론(수행 기준에 부합하는 데), 동기 이론(팀원들 사이에 상호 협력관계를 만들 때), 사회성 발달 이론(팀원들과의 상호작용과 관찰을 통해 학습)에 기초한다. 교사는 어떤 이론이 모형의 어느 부분에서 효과적이고, 어떤 학습 종류를 적절한 시기에 유도해야 하는지 알아야 한다.
과제 분석과 내용 발달	과제 분석은 세 가지 학습 영역의 학습 진도를 의미한다. 따라서 교사는 운동 기능 수행 능력과 인지적 학습뿐만 아니라 사회적·정의적 영역의 학습 내용 전개를 계획할 수 있어야 한다.
발달단계에 적합한 수업	• 학생은 심동적 영역과 인지적 영역의 과제를 수행할 준비가 되어 있지만, 팀이 성공적으로 과제를 수행하는데 필요한 사회적, 협동적, 상호작용에 준비가 안 될 수도 있다. • 교사는 과제 분석과 전개를 결정하면서 "학생이 이 과제를 함께 수행할 때 요구되는 협동적인 상호작용을 할 준비가 되어 있는가?"라고 스스로에게 질문을 던져야 한다. • 학생의 발달 단계에 적합한 협동학습 모형을 설계하기 위해서는 교사는 학생이 최선의 선택을 할 수 있고 팀 공헌에 필요한 책임감을 가지고 있다고 확신해야 한다.
평가	• 부과된 모든 협동학습 과제는 수행 능력과 협동 학습 과정으로 평가된다. 수행평가는 과제를 수행하는 동안이나 과제를 마친 후에 정기적으로 실시한다. 교사는 학생이 과제를 수행하는 동안 중간 평가 방법과 팀 점수를 신속히 점수화할 수 있는 방법도 알아야 한다. 수행평가는 또한 팀 점수와 성적을 산출하기 위하여 수행 과제 말기에 이루어져야 한다. 인지적·심동적 영역의 평가는 대안적 평가와 실제적 평가 기법에 의해서 이루어진다. • 또한 교사는 협동 과제를 수행하는 동안 팀들과 팀원 사이에서 관찰되는 사회성 기술을 평가하는 방법을 알아야 한다. 교사는 학생에게 팀 상호작용에 대한 기대감을 설명하고, 학생이 과제를 수행하는 동안 상호작용을 평가한다. 평가는 사회성 학습 결과가 제시되는 체크리스트와 주요 사건 기록법으로 이루어진다.

사회적/정서적 학습 분위기 조성 및 유지	• 협동학습 모형의 효율성은 학생이 과제를 수행하는 동안 팀에서 이루어지는 학생의 상호작용의 수와 질에 의해 결정된다.
	• 교사는 다음 3가지 영역에서의 전문성이 요구된다.
	  – 긍정적인 학습 분위기 조성
	  – 부정적인 환경을 만드는 비효율적인 상황의 발견
	  – 부정적인 학습 분위기를 긍정적인 학습 분위기로 바꾸는 방법의 지도

체육교육 내용	협동학습 모형에서 교사의 전문성은 적절히 도전적이며 창의적인 학습 과제를 구조화할 수 있는 능력과 팀들이 과제에 내포되어 있는 문제의 해결책을 모색할 수 있는 여러 가지 다양한 방법의 인식 능력을 말한다.
평등	• 협동학습의 가장 기본이 되는 원칙 중의 하나는 모든 학생에게 성공할 수 있는 동일한 기회를 제공하는 것이다. • 모든 팀원들은 자신이 가지고 있는 독특한 재능을 사용하여 팀의 성공에 공헌한다는 것이다. • 학생 개인이 수행 목표와 사회성 학습 결과를 평가하는 데 책무성을 가지도록 과제를 설계하는 데 필요하다. 모든 팀원들이 동일한 양의 기능과 지식으로 팀의 성공에 공헌하는 것을 기대하는 것이 아니라, 모든 팀원들이 팀 성공에 최선을 다해 노력하는 것을 기대해야 한다.

2. 핵심적 교수 기술

- 협동학습 모형으로 수업을 하는 교사는 학습 환경, 학습자, 사회적/정서적 분위기, 과제 분석 및 내용 발달 등에 대해서 잘 알고 있어야 한다. 그러한 지식 베이스를 가지고 협동학습에 실제로 활용할 수 있는 효과적인 교수 기능을 개발해야 한다.

(1) 수업 계획

① 대부분의 수업 계획은 팀과 학습에게 주어지는 과제를 결정하는 단원 수준에서 이루어진다. 교사는 각 과제를 시작하기 전에 다음과 같은 의사결정을 해야 한다.

    (a) 과제와 관련된 구체적인 문제는 무엇인가? 인지적, 심동적, 정의적 학습 영역이 이 과제를 포함하고 있는가?

    (b) 이 과제를 해결하는 데 어떤 협동학습 전략이 가장 좋은가?

    (c) 팀을 어떻게 선정할 것인가?

    (d) 과제를 수행하는 데 소요되는 시간은?

    (e) 팀이 과제를 수행하기 위해서 이용 가능한 용기구는?

    (f) 어떤 수행 결과물이나 산출물이 나올 것인가?

    (g) 각 팀의 수행 능력과 사회성 학습을 어떻게 평가할 것인가?

② 이 모든 질문에 답변을 한다면, 교사는 팀을 선정하고 모든 팀들에게 학습 과제를 제시할 수 있다. 이때 수업 계획은 교사가 팀이 주어진 과제를 수행할 때 발생할 수 있는 문제점이 무엇인지를 찾는 과정에서 상호작용 과정이 이루어진다.

③ 주어진 과제가 한 학기 이상 지속될 경우, 교사는 학생에게 팀워크에 대한 피드백을 제공하고 진행 정도를 평가하기 위해서 매일 간단한 보고서를 계획한다.

(2) 시간과 수업 운영

① 교사의 주요한 시간 관리는 각 과제의 소요 시간 할당에 해당된다. 어떤 과제는 간단해서 10분에서 15분만에 완성할 수 있을 것이다.

② 집단 연구와 같은 과제는 체육시간 이외(도서관 인터넷 사용, 보고서 작성)에 다른 수업 시간을 이용해서 과제를 수행해야 한다.

③ 협동학습에서 팀이 결정되고 과제를 수행하게 되면 학생은 수업 운영에 대한 책임을 갖게 된다. 각 팀은 스스로 진도를 결정하고 시간을 적절하게 배분해야 한다. 이때 각 팀은 스스로 수업 진도를 조절하고 할당된 시간을 배분한다.

④ 교사는 학생 사이의 상호작용을 간접적으로 모니터하고, 상호작용이 보다 효과적이고 효율적으로 이루어질 수 있도록 반성 시간을 사용하는 주요한 역할을 한다.

⑤ 교사는 효율적이지 못한 팀의 상호작용을 파악하고 교사가 직접 개입하지 않고 팀들이 스스로 좀 더 생산적으로 참여할 수 있는 방법을 찾도록 능숙하게 도와주어야 한다.

(3) 과제 제시와 과제 구조

① 다른 모형과 같은 과제 제시(교사가 학생이 기술을 정확하게 수행하는 가를 지켜보는 것)는 이 모형에서 없다. 대신, 교사는 팀을 선정하고 과제를 구조화하며 팀이 과제를 수행하도록 감독한다.

② 이때 필요한 기술은 과제를 완수하는 방법에 대한 단서를 제공하지 않고, 과제를 시작할 때 필요한 정보를 충분히 제공하는 것이다.

③ 과제 구조는 주어진 과제를 수행하기 위해 선택한 전략에 의해 결정된다. 교사는 각 전략에 필요한 설계와 절차를 알고 각 상황에 맞는 최상의 전략을 선택해야 한다.

(4) **의사소통**

① 교사는 과제를 구조화하고 전략을 설명할 때 명확하고 구체적인 정보를 팀에게 제공해야 한다.

② 과제를 설명하고 팀이 처음 과제에 참여하는 동안 학생의 이해 정도를 점검하는 것이 도움이 된다.

(5) 교수 정보

① 교사는 두 가지 유형의 교수 정보(과제 설명의 구조화, 반성 시간 동안의 질문 기술)를 능숙하게 제공해야 한다.

② 각 팀이 학생에게 과제와 사용할 협동 전략에 대해 명확하고 자세하게 설명하는 것이 중요하다. 학생이 과제를 잘 이해하면 할수록 학생은 올바른 방법으로 과제에 참여하게 된다.

(6) **질문 사용**

① 반성 시간에 다루어지는 교사의 질문 사용 능력은 교사가 갖추어야 할 기본적인 지도 기술이다.

② 교사는 한 팀 또는 그 이상의 팀이 서로 협력해서 과제를 수행하지 않은 것을 발견했을 때 그 상황을 바로 잡기 위해 직접 이야기하지 말아야 한다. 대신 교사는 반성 시간에 문제의 특성을 이해하고 행동을 수정할 수 있도록 학생을 반성적인 과정에 참여시켜야 한다.

③ 이는 사회성 기술 학습 과정의 일부이며, 팀의 성공을 위해 자신의 잠재능력을 최대로 활용할 수 있는 방법을 찾는 학생의 노력은 이 모형의 가장 중요한 목표 중의 하나이다.

(7) **수업 정리 및 종료**

① 수업은 학생이 어떻게 협동했는지를 스스로 확인하는 교사 주도의 반성 시간을 갖고 끝나야 한다. 교사는 긍정적이고 부정적인 상호작용의 사례를 기록하면서 과제에 참여한 팀들을 모니터 한다.

② 교사는 학생이 팀원으로써 얼마나 잘 참여했는지를 직접 이야기하기보다는 질문을 사용하여 학생이 생각할 수 있도록 한다.

3. 상황적 요구 조건

(1) 협동학습은 학생이 협동해서 과제를 수행하는 방법을 배울 수 있는 능력을 갖춘 상황에서 사용될 수 있다. 이것은 학생이 이미 좋은 사회성 기술을 가지고 있어야 한다는 것을 의미하지 않는다. 이 사회성 기술들은 협동학습 모형의 학습 결과로 얻어지는 것이기 때문에 학생이 팀의 성공에 기여하는 방법을 배울 준비가 되어있느냐가 더 중요하다.

(2) 과제의 특성에 따라 필요한 용구와 시설물이 결정되기 때문에 교사는 활용 가능한 용구를 가지고 있으면 과제를 쉽게 계획할 수 있다.

(3) 집단 연구와 같은 전략을 사용할 때 가장 중요한 상황적 요구 조건은 과제를 완성하는 데 요구되는 충분한 시간을 팀에게 제공하는 것이다. 시간이 부족할 때에는 다른 수업 전략이 사용될 수 있다.

4. 모형의 선정과 변형

(1) 협동학습 모형은 3가지 학습 영역 모두를 개발하기 때문에 체육의 다양한 목표와 내용에서 활용될 수 있다.

(2) 이 모형은 다음과 같은 체육 내용 영역에서 효과적으로 사용될 수 있다.

→ 팀 스포츠, 2인 및 소집단 레크리에이션 활동, 무용, 체력 활동, 체력의 개념, 스포츠 역사, 스포츠와 체육의 흐름과 쟁점 사항, 집단 활동 및 모험 활동, 뉴 게임

5 수업 사례

단원	올림픽 경기		대상 학년	중학교 1학년
학생	34명(남자 17명, 여자 17명)		총 차시	15차시
학생 특성	인지적, 심동적 영역의 기술과 올림픽에 대한 사전 학습 경험이 다양함			
자료	올림픽 경기 관련 자료, 관련 서적, 시청각 자료, 인터넷			

차시	수업 내용	협동학습 전략
1	1. 단원의 개관 2. 학생의 올림픽 지식 평가 3. 교사가 5개 팀 선정 4. 첫 번째 과제를 구성하고 다음 중의 하나의 과제를 팀에게 할당 　가. 고대올림픽　　나. 현대 하계 올림픽의 역사 　다. 올림픽 조직　　라. 올림픽 서약 　마. 하계 올림픽 종목	4. 집단 연구 **평가기준:** 　가. 작성한 후 수업 끝에 제출해야 함 　나. 최소 책 한권과 한 인터넷 사이트 사용 　다. 모든 팀원들이 공헌해야 함 　라. 3차시 시작까지
2	도서관 등에서 집단 연구 과제 수행하기	
3	1. 학급에 집단 연구 제시 2. 교사는 각 주제에 대한 학생들의 지식을 결정하기 위해서 이해 정도 점검	
4	1. 각 팀은 한 나라를 선택한다. 이때, 각 대륙마다 한 팀씩 선택한다. 2. 각 나라에 대하여 알아보기 　가. 언어(올림픽과 관련된 공통 용어) 　나. 정치조직 　다. 경제조직 　라. 습관 　마. 올림픽 역사에서의 역할	1. 대륙 선택 순서는 자유롭게 한다(제한점: 한국은 선택할 수 없다). 2. 직소: 각 팀의 1-2명은 조사를 위해 한 영역 (가-마)을 선택하고 그 내용의 전문가가 된다. 　가. 전문가들은 그 나라에 대해서 독립적으로 공부를 한 다음 다른 전문가와 만나서 그 나라 특성의 유사점과 차이에 대해서 논의한다. 　나. 다음 시간까지 임무를 완수한다.
5	**직소 수업** 1. 각 전문가는 팀으로 돌아가 팀원들에게 자신이 공부한 영역에 대해서 가르쳐 준다. 2. 같은 영역의 전문가는 유사점과 차이점 을 적은 후 전체 학생에게 알려준다.	
6~7	**하계 올림픽 스포츠/사건** 1. 육상(단거리, 릴레이, 멀리뛰기)	1가. 모둠별 성취분배 방식(STAD) 1나. 팀 게임 토너먼트(TGT)
8~9	**하계 올림픽 스포츠/사건**　1. 변형된 10종 종목	1가. 모둠별 성취분배 방식(STAD) 1나. 팀 게임 토너먼트(TGT)
10~11	**하계 올림픽 스포츠/사건**　1. 양궁	1. 팀 게임 토너먼트(TGT)
11~12	**하계 올림픽 스포츠/사건**　1. 변형된 역도	1가. 모둠별 성취분배 방식(STAD)
13	**하계 올림픽 스포츠/사건**　1. 보치아(Boccia)	1가. 모둠별 성취분배 방식(STAD) 1나. 팀 게임 토너먼트(TGT)
14	올림픽 정신	**함께 지도하기** 1. 각 팀은 올림픽 정신의 본질에 대해 다중 매체를 이용하여 제시하는 방법을 계획하고 만든다. **기준** 가. 적어도 3개 이상의 매체를 이용해야 한다. 나. 최종 콜라주는 올림픽과 장애인 올림픽의 참된 정신을 반영해야 한다. 다. 각 팀은 수업 끝에 콜라주로 이야기를 준비해야 한다. 라. 모든 팀원은 콜라주 제작에 참여하고 공헌해야 한다. 마. 콜라주와 이야기는 다음 시간에 제출한다.
15	올림픽 정신의 콜라주(collage) 발표	4등급으로 나누어 평가하기 → 금메달, 은메달, 동메달, 참가상

학습 내용	육상(단거리달리기, 릴레이, 멀리뛰기)	차시	6/15
학습 준비물	바톤, 초시계, 줄자	수업 상황	50M 달리기, 200M 이어달리기, 멀리뛰기
과제 제시	과제 구조와 계열성		평가
50M 단거리 달리기 교사는 이 종목의 규칙, 절차, 기술과 전략에 대해서 학생들과 의논한다.	**모둠별 성취분배 방식(STAD)** 목표: 모든 팀원들의 시간 감소시키고 높은 팀 점수를 받는 것 1. 팀은 10분 동안 출발과 전략을 연습한다. 2. 10분에 각 팀원들은 50M 단거리달리기를 한다. 팀 점수는 모든 팀원들의 전체 달리기 시간으로 한다. 3. 각 팀은 10분 동안 시간 단축을 위해 동료를 가르쳐주거나 연습한다. 4. 10분에 각 팀원들은 50M 단거리달리기를 한다. 팀 점수는 모든 팀원들의 전체 달리기 시간으로 한다.		2. 각 팀원들의 달리기 시간은 팀 점수지에 기록한다. 3. 교사는 집단 과정과 사회적 상호작용을 관찰한다. 4. 팀의 성취 평가 　금메달: 10% 이상 단축한 팀 　은메달: 5~9% 단축한 팀 　동메달: 1~4% 단축한 팀 　참가상: 시간을 단축하지 않았거나 증가한 팀
200M 이어달리기 교사는 이 종목의 규칙, 절차, 기술과 전략에 대해서 학생들과 의논한다.	**모둠별 성취분배 방식(STAD)** 목표: 팀의 이어달리기 시간을 감소시키는 것 1. 팀은 10분 동안 출발과 바턴 패스, 달리는 순서, 전략을 연습한다. 2. 10분에 각 팀원들은 200M 이어달리기를 한다. 팀 점수는 최종 시간이다. 3. 각 팀은 10분 동안 시간 단축을 위해 동료를 가르쳐주거나 연습한다. 4. 10분에 각 팀원들은 200M 이어달리기를 한다. 팀 점수는 최종 시간이다.		2. 각 팀원 시간을 점수지에 기록한다. 3. 교사는 집단 과정과 사회적 상호작용을 관찰한다. 4. 팀의 성취 평가 　금메달: 10% 이상 단축한 팀 　은메달: 5~9% 단축한 팀 　동메달: 1~4% 단축한 팀 　참가상: 시간을 단축하지 않았거나 증가한 팀
멀리뛰기 교사는 이 종목의 규칙, 절차, 기술과 전략에 대해서 학생들과 의논한다.	**팀 게임 토너먼트(TGT)** 1. 각 팀은 15분 동안 동작, 기술, 착지를 연습한다. 2. 15분이 거의 다되면, 각 팀원들은 멀리뛰기를 2번 실시하고 가장 좋은 점수를 기록한다. 3. 1등은 1등끼리, 2등은 2등끼리, 3등은 3등끼리 점수를 비교한다. 4. 10분 동안 다시 연습한다. 5. 모든 학생들은 멀리뛰기를 2번 실시하고 가장 좋은 점수를 기록한다. 각 팀에서 1등인 학생(첫번째 평가에서)은 다른 팀 1등과 점수를 비교한다. 2등, 3등도 같은 방법으로 점수를 비교한다. 　• 5위: 팀 점수 1점　　• 4위: 팀 점수 2점 　• 3위: 팀 점수 3점　　• 2위: 팀 점수 4점 　• 1위: 팀 점수 5점 가장 높은 점수를 받은 팀이 승자가 된다.		2. 멀리뛰기 점수를 1등(가장 먼 거리)부터 5등(가장 짧은 거리)까지 등위를 매긴 후 큰 종이에 적는다. 3. 교사는 집단 과정과 사회적 상호작용을 관찰한다. 5. 평가 　가. 팀 점수 　나. 개별 향상도 　다. 팀 향상 점수
수업 종료	1. 교사는 좋은 팀워크와 동료학습의 사례를 기록하고 모든 학생에게 알려준다. 2. 교사는 사회성 학습 과정과 기술 습득에 대해 반성할 수 있도록 성공하지 못한 팀과 상호작용한다. 3. 교사는 각 종목에서 필요한 주요 요소에 대하여 학생에게 질문한다. 예 학생들이 서로 그런 요소를 어떻게 가르쳐주었는지?		

제 **6** 장 탐구수업 모형

1 개요

참고자료 – 📖 스포츠 교육학 교과서(이규일, 류민정)

(1) 모형이란?

① 주제: 문제 해결자로서의 학습자

② 이 모형은 배울 내용을 직접 전달하기보다는 교사의 질문을 통해 학생들이 문제를 해결할 수 있도록 하는 것을 중요하게 여긴다. 이 모형에서 가장 중요한 것은 바로 교사의 질문이다. 교사는 사고력, 문제해결력, 탐구력 등을 향상시키는 질문을 하고 학생은 생각한 뒤 움직임으로 대답한다. 교사는 질문을 단순히 활용하는 것만으로는 탐구식 수업 모형이 될 수 없다. 교사의 질문은 수업 시간 전체를 이끌어갈 수 있도록 활용되어야 하고 학생들의 인지적, 신체적, 정서적 발달을 가져올 수 있어야 한다. 탐구식 방법의 수업 장면은 다음과 같다.

[그림 6-1] 탐구수업 모형의 수업 장면

(2) 구체적인 질문의 방법

① 질문의 6가지 수준

② 질문의 유형(수렴적 질문과 확산적 질문)

③ 재질문

(1) 탐구수업 모형은 스포츠 기능이나 게임수행 능력을 기르는 스포츠 중심 교육과정을 대신하여 대두된 '움직임 교육'을 가르치는 데 적합한 모형이다.

(2) 움직임 교육 은 발문이 핵심이므로 탐구수업 모형이라고 한다. 탐구수업 모형은 발문을 기반으로 학생들의 사고력, 문제해결 능력, 탐구심 등을 기르는 수업 모형이다. 따라서 교사는 학생의 사고를 이끌어 낼수 있는 질문을 미리 준비하여 학생들이 다양한 형태와 깊이로 생각하고 활동할 수 있도록 유도한다.

(3) 탐구수업 모형으로 수업하는 교사는 학생들의 움직임을 다양한 관점에서 관찰하고 이해할 수 있는 능력을 갖추고, 오류를 직접 수정하는 대신 발문을 통해 학생들이 스스로 해결 방법을 찾을 수 있도록 가르쳐야 한다.

(4) 교사의 질문이 교사가 의도하는 지식 수준을 충족시키는 동시에 학생의 학습을 증진시킬 수 있다면 그 질문은 적절하다고 할 수 있다.

1. 정의 08 기출 15 지도사

(1) 탐구수업 모형은 교사의 질문이 지도 방법의 핵심이다. 질문 중심의 수업의 특성과 이 속에 담겨있는 유용한 전략들은 교사가 체육 시간에 학생의 사고력, 문제 해결력, 탐구력 등을 향상시키는 데 활용된다.

(2) 이 모형은 다양한 종류의 구조를 활용하고 있으나, 대개는 학생 개인의 사고에 주로 의존한다.

(3) 이 전략들은 본래 움직임 중심의 프로그램에서 개발되었으나 오늘날 광범위한 체육교육 내용을 가르치는 데 효과적으로 사용될 수 있다.

(4) 실제적인 수업 모형이 되기 위해서는 가장 공통되는 속성, 즉 학습을 이끌어 가는 질문 활용이 탐구수업 모형의 기본이 되어야 한다.

2. 탐구 중심 교수의 절차

(1) 학생의 학습은 가장 먼저 '인지적' 영역에서 발생한다.

① 교사가 학생들에게 일련의 질문으로 문제(또는 과제)를 제시한다.

② 학생들은 혼자 또는 모둠별로 사고 활동을 시작하고, 몇몇 해결 방안을 탐색 및 모색하게 된다.

③ 학생들의 인지적 영역에서의 학습 활동은 (신체활동으로 표현되는 답변을 하기 위한) 전제조건 또는 자극으로 이용한다.

④ 학생들은 혼자 또는 모둠별로 해결 방안(움직임 형태로 표현되는 답변)을 찾는다.

참고문제	2015년 지도사 2급

18. 다음 설명에 맞는 수업모형은?

> 1. 학습자 스스로 학습활동에 관련된 문제를 해결한다.
> 2. 지도자는 과제수행 방법을 설명과 시범이 아닌 질문을 통해 학습자들이 스스로 찾도록 한다.

가. 전술게임 모형　　　나. 동료교수 모형　　　**다. 탐구수업 모형**　　　라. 협동학습 모형

3. 유사 용어

(1) '문제 해결, 탐구 교수, 학습자 중심 교수, 발견 교수, 간접적 교수' 등 다양한 명칭으로 불리지만, 이러한 학습지도 방법의 핵심은 '질문'이기 때문에 이와 같은 교수 방법을 '탐구 중심 교수'라 한다.

4. 다른 수업 모형과의 차이점

(1) 탐구 중심 교수모형은 협동학습 모형이나 전술적 게임 모형보다 다양한 구조나 형식으로 구성되어 있다.

(2) 특히, 학생 개인인의 사고활동을 통해 광범위하게 인지적, 심동적 영역의 답변을 탐색토록 하며, (다양한 신체 활동을 유발하는) '명백하지 않은' 답변을 수행하도록 하는 것이 가장 큰 차이점이다.

　① 모든 체육교사는 체육수업 시간에 기본적인 교육 기술 중의 하나인 다양한 질문 방법을 한두 번 또는 여러 차례 사용하지만 질문하는 것 자체가 탐구 중심 교수모형은 아니다.

　② 모든 모형이 '짤막하게' '아무때나' 질문을 이용하지만 탐구 중심 모형은 질문을 하고 '학생들이 그렇게 하도록'하는 것 그 이상이다. 탐구 중심 교수모형은 특별한 종류의 계획과 교육적 기술이 요구된다.

(3) 문제 해결 중심의 수업 모형 비교

　• 탐구수업 모형은 협동학습 모형 및 전술게임 모형과 유사점이 있다. 이 모형들은 모두 문제 해결 중심의 지도 전략을 활용하고 있다. 그러나 탐구수업 모형을 독특한 하나의 모형으로 만드는 차이점이 있다.

탐구수업 모형	협동학습 모형	전술게임 모형
학생 개인의 사고에 의존하는 문제 해결	팀 구조 기반의 문제 해결	상황 중심의 활동 (situation-based activities)

　① 협동학습 모형은 학습 활동을 위한 팀 구조에 바탕을 두고 있다.

　② 탐구수업 모형은 여러 종류의 구조를 활용하지만 대개는 학생 개인의 사고에 의존한다.

　③ 협동학습 모형에서는 교사가 루브릭(scoring rubrics)을 가지고 학생과 의사소통을 하고 전술게임 모형에서는 상황 중심의 활동(situation-based activities)을 하기 때문에 이 두 모형에서 활용되는 질문과 움직임의 범위는 좁게 나타난다.

　④ 탐구수업 모형은 학생에게 뻔한 답이 아닌 창의적인 대답(인지적 및 심동적 차원)을 폭넓게 요구한다.

　⑤ 모든 체육교사들은 수업을 할 때 질문을 한다. '질문하는 일'은 기본적인 수업 기술(pedagogical skill)이다. 그러나 질문을 한다고 해서 그것이 항상 탐구 중심 수업이 되는 것이 아니다.

　⑥ 이 전략에 근거하여 학생을 지적, 신체적, 정서적으로 발달시키는 방법으로, 전체 지도 단원에 걸쳐 거의 독점적으로 질문이 활용될 때 비로소 탐구수업 모형이라 할 수 있다.

5. 탐구수업 모형의 개요 16 지도사 18 지도사

(1) 체육 프로그램들이 스포츠 중심 내용(sport-centered content)으로 변화되기 시작했음에도 불구하고 교사 중심의 수업에 관해 60년 이상 아무런 이의도 제기되지 않았다. 1960년대 들어서 지적 능력, 문제 해결, 포괄적인 움직임 기능 등의 발달에 바탕을 둔 프로그램의 주창자들은 교사 중심의 수업에 대해 처음으로 심각한 도전을 제기하였다.

참고문제	2016년 지도사 2급

18. 〈보기〉에서 설명하고 있는 지도방법은?

┌─────────〈보 기〉─────────┐
- 참여자는 선호하는 학습양식과 학습매체를 사용할 수 있다.
- 참여자는 하나의 문제에 다양한 해답을 찾을 수 있다.
- 참여자는 해답을 찾아가는 과정에 대한 책임이 있다.
└─────────────────────────┘

① 유도발견형
② **문제해결형**
③ 과제형
④ 직접형

참고문제	2018년 지도사 2급

1. 문제해결 중심의 지도에 활용할 수 있는 체육수업 모형이나 방식으로 적절한 것은?
   ① 적극적 교수   ② 직접교수 모형   ③ **탐구수업 모형**   ④ 상호학습형 스타일

(2) 이 프로그램은 '움직임 교육'이라 불리며, 지금까지도 특히 초등학교 체육교육의 주된 기초가 되고 있다. 어떤 교사들은 본래의 움직임 교육(movement education) 명칭을 고수하나 다른 교사들은 철학, 내용, 교수 방법들을 내세우면서 '움직임 중심 체육교육(movement-based physical education)'이라는 확장된 개념 용어를 사용하기에 이른다. 명칭이 어떠하든 간에 그 속에 움직임이 들어가는 모든 프로그램은 공통된 특징을 가지고 있다. 움직임 운동(movement movement)은 스포츠 중심의 체육 교육과정에서 탈피한 최초의 프로그램 변화로 볼 수 있다. 움직임 교육 내용은 스포츠 중심의 프로그램과 다르며, 움직임 중심의 프로그램 목적은 다음과 같다.

기초적·포괄적인 움직임 기능의 발달	• 이 기능은 복합적인 스포츠 유형에 필요한 선행 경험이 되거나 안 될 수도 있다. • 학습한 움직임이 특정 스포츠에 직접적으로 적용되거나 적용되지 않는가는 전혀 문제되지 않는다.
문제 해결력 및 인지적 능력의 발달	• 움직임 기술을 인간 움직임에 적용하면서 문제 해결력과 다른 인지적 능력이 발달된다.
표현력과 창의적 움직임의 개발	• 움직임을 통해 표현력을 향상시키고, 움직임 구성을 통한 창의적 움직임을 발달시킬 수 있다

6. 탐구수업 모형의 특징

(1) 가장 우선적(때로는 거의 전적으로)으로 인지적 영역에서 학생의 학습이 이루어진다는 것이다.

(2) 학생은 먼저 생각을 하고 난 후에 움직임 형태로 대답을 하게 된다.

(3) 인지적 영역과 심동적 영역 간의 상호작용은 교사가 추구하는 학생의 학습 유형에 의존한다.

(4) 탐구중심 지도가 효과적인 모형이 될 수 있는 것은 질문자로서의 교사와 문제 해결자로서의 학생의 역할로 볼 수 있다.

(5) 탐구수업 모형의 중요한 특징은 인지적 영역에서 학생의 학습이 이루어진다는 것이다. 학생은 일단 질문을 받게 되면 개인 또는 다른 동료들과 함께 생각을 한다. 학생의 학습 발달을 분류하는 수많은 방법이 있기 때문에 탐구수업 모형에서는 여러 유형의 질문이 사용된다.

(6) 가장 일반적인 도식(schema)은 인지적 지식을 6단계로 다루는 Bloom(1956)의 목표분류법이다. Bloom의 분류표에 나타난 지식 수준의 위치에 따라 낮은 수준의 지식과 높은 수준의 지식을 구분할 수 있다.

　① 낮은 수준의 학습으로는 지식(기억), 이해(변환, 해석, 추정), 적용(문제 해결을 위한 사전 지식의 활용)이 해당된다.

　② 높은 수준의 학습으로는 분석(부분 요소와 그것의 기능 설명), 종합(새로운 것을 만드는 데 사용되는 창의력), 평가(가치와 장점을 판단)가 해당된다.

(7) 대부분의 체육교육과정은 탐구수업 모형에 바탕을 두고 있다. 움직임 교육, 교육적 게임, 기술 주제(Graham, Holt/Hale, & Parker, 1998) 등은 모두 학생의 지적 능력을 개발시키고, 이어서 심동적 영역에서 학생의 표현력, 창의력, 기능 숙달의 개발을 돕는다.

2 이론적 기초 08 기출 10 기출 19 기출

1. 이론적 배경 및 근거

(1) 인지학습 이론에 바탕

(2) 탐구수업 모형에 기여한 연구

    ① 발견 학습(Bruner)

    ② 의미수용 학습(Ausubel)

    ③ 구성주의

(3) 탐구수업 모형은 인지학습 이론에 바탕을 두고 있으며, 인지 이론은 체육 수업에서 서로 다른 지도 전략과 학습 활동을 제안한다.

(4) 구성주의를 탐구수업 모형의 주된 이론으로 다루었다. 구성주의자들의 공통된 근거는 다음과 같다.

    ① 이 모형의 기본적인 근거를 학습자들이 움직임을 통해 지식을 표현하기 전에 내용을 인지적으로 과정화할 필요가 있다는 점이다.

    ② 이렇게 될 때 교사가 학습자들에게 질문을 하면 학습자들은 가능한 답변을 생각하게 되고, 그런 다음 교사는 학습자들이 자신들의 답변을 움직임으로 변환시킬 수 있게끔 시간을 부여하게 된다.

    ③ 이러한 변환은 학생들이 질문을 생각하고 다양한 행동 유형을 탐색 또는 발달시킬 수 있도록 격려 받을 때 일어나게 된다.

(5) 모스턴의 **유도 발견 스타일** 08 기출 19 기출

교사	질문함으로써 문제를 구성하고 한 가지 이상의 가능한 해답을 찾아내도록 시간을 할당
학생	일반적으로 문제는 인지적 영역에서 해결되어야 하는데, 학생이 주요 개념을 이해하고 교사의 질문에 대한 해답을 찾아낸 증거로써 움직임 대답을 형성하기 전에 이루어진다.

다음은 박 교사와 정 교사가 작성한 농구 수업의 교수·학습 과정안 일부이다.

박 교사	
학습목표	▸발문을 통한 바운드 패스의 움직임 원리 이해 및 적용
수업 모형	▸스포츠교육 모형 활용
교수·학습 활동	▸팀 편성 및 역할 분담 ▸팀별 리그 경기

정 교사	
학습 목표	▸교수자와 학습자의 역할 이해를 통한 체스트 패스의 기능 습득
수업 모형	▸동료교수 모형 활용
교수·학습 활동	▸3인(관찰자 1인-수행자 2인) 1조 체스트 패스 연습

박 교사와 정 교사 중에서 수업 모형을 올바르게 활용한 교사는 누구인지 쓰고, 그 이유를 1줄로 설명하시오. 그리고 올바르게 활용하지 못한 교사가 선택해야 하는 바람직한 수업 모형과 교수 스타일의 명칭을 각각 쓰고, 그이유를 2줄 이내로 설명하시오.

• 올바르게 활용한 교사: _____

• 이유: _____

• 수업 모형의 명칭: _____

• 교수 스타일의 명칭: _____

• 이유: _____

[정답] • 올바르게 활용한 교사: 정 교사
  • 이유: 학습 목표와 교수학습 활동이 동료교수 모형의 수업 진행 방식에 타당하다.
  • 수업 모형의 명칭: 탐구수업 모형
  • 교수 스타일의 명칭: 유도 발견형 스타일
  • 이유: 탐구수업 모형은 교사의 질문이 지도 방법의 핵심이기 때문에 바람직하다. 또한, 질문함으로써 문제를 구성하고 가능한 해답을 찾아내도록 시간을 할당하는 유도 발견형 스타일이 바람직하다.

7. (가)는 윤 교사, 민 교사의 전문성 발전을 단계별로 나타낸 표이고, (나)는 (A)에 해당하는 수업 상황 중 질문과 관련한 교사의 행동 평정표이다. 〈작성 방법〉에 따라 순서대로 서술하시오. [5점]

(가) 교사 전문성 발전 단계

단계		윤 교사
초기 단계		• 방임적인 수업 중심 • 계획적이지 못한 수업
발전 단계 1 (교수 스타일 탐색)	(A)	• 목표, 개념 중심의 논리적, 계열적 질문 설계 • 스스로 답변을 찾게 하는 계열적 질문 제공 • 교사와 학생의 문답적 상호과정 중시 • 수용적 분위기 제공
발전 단계 2 (수업 모형 탐색)	(C)	• 질문자로서의 교사, 문제해결자로서의 학습자 • 사고력, 문제해결력, 탐구력 증진 • 다양한 형태의 질문 제공 • 학생의 창의적 대답을 중시

─〈작성 방법〉─

○ (A)와 (C)에 해당하는 교수 스타일, 수업 모형을 순서대로 기술하고, (C)에서 강조하는 학습 목표의 최우선 영역을 기술할 것.

[정답] (A) 유도 발견형 스타일, (C) 탐구수업 모형 [1점], 인지적 영역 [1점]

2. 교수·학습에 관한 가정

(1) 교수에 관한 가정

① 교사는 수업 중에 학생의 사고를 자극해서 심동적 영역에서의 발달을 도모한다.

② 교사는 학생에게 제시하는 가장 일반적인 형태의 대화 수단으로 질문을 사용한다.

③ 교사는 학생의 학습을 증진시키는 촉진자로서, 학생의 창의력과 탐구력이 발달될 수 있도록 진지하고 사려깊은 질문으로 학생을 자극한다.

④ 교사의 질문은 학생의 지적 능력에 적합해야 한다.

⑤ 교사의 역할은 직접 교수와 간접 교수를 적절하게 배합하는 것이다.

(2) 학습에 관한 가정

① 학습 활동이 학생에게 의미가 있을 때 최상의 학습이 이루어진다.

② 학생은 사전 지식 등의 정보를 가지고 활동에 참여하며, 새로운 지식을 구성한다.

③ 심동적 영역에서의 학습은 인지적 영역에서의 학습에 의해서 전개된다.

④ 학습은 본질적으로 문제 해결의 과정이다. 이때 학생은 언어로 혹은 신체 움직임으로 표현되는 해결책을 만들기 위해서 사전 지식과 의미를 활용한다.

⑤ 모든 다른 학습 유형들처럼 문제 해결 과제의 복잡성이 학생의 발달 능력에 맞을 경우에 인지적 발달이 가장 잘 일어난다.

3. 모형의 주제: 문제 해결자로서의 학습자/틸라선(Tillotson)의 문제 해결 과정 [10 기출] [23 기출]

⑴ 탐구 중심의 지도 전략들이 체육교육에서 많이 활용되고 있지만 학습은 문제 해결의 과정이라는 공통된 특징을 가지고 있다.

⑵ 교사는 질문함으로써 문제를 구성하고 한 가지 이상의 가능한 해답을 찾아내도록 시간을 할당한다. 그런 다음 학습한 결과를 표현한다는 측면에서 찾아낸 해답을 시범보이도록 학생들에게 요구한다.

⑶ 일반적으로 문제는 인지적 영역에서 해결되어야 하는데, 그것은 학생이 주요 개념을 이해하고 교사의 질문에 대한 해답을 찾아낸 증거로써 '움직임 대답'을 형성하기 전에 이루어진다.

⑷ Tillotson(1970)은 문제 해결 과정을 문제의 규명, 문제의 제시, 문제에 대한 유도 설명, 최종 해답의 규명 및 정교화, 분석·평가·논의를 위한 발표의 5단계로 설명한다.

⑸ Tillotson의 기초적인 설명은 교수·학습 과정의 조직 중심에 문제 해결을 위치시킴으로써 '문제 해결자로서의 학습자'라는 탐구수업 모형의 주제를 가장 잘 드러낸다.

틸라선(Tillotson)의 문제 해결 과정의 5단계 [10 기출] [23 기출]	
문제의 규명	교사는 학생이 배워야 할 개념, 숙달해야 할 기능, 잘 준비된 질문으로 학생을 고무시키는 방법에 대해서 알고 있다.
문제의 제시	교사는 학습 과제와 그 속에 내재되어 문제를 형성하도록 한두 가지에 초점을 맞춰 질문한다.
문제에 대한 유도 설명 [23 기출]	문제 해결을 위해 시도하는 학생에게 단서, 피드백, 보조 질문 등을 제공하면서 관찰한다.
최종 해답의 규명 및 정교화	학생의 사고를 정교화하고 한 가지 이상의 해답을 찾도록 단서, 피드백, 보조 질문 등을 활용한다.
분석, 평가, 논의를 위한 발표	문제에 대한 해답을 고안하여 과제를 완수하고 나면, 학생은 다른 학생에게 자신이 찾은 해답을 발표한다. 이러한 발표는 교사와 다른 학생이 분석하는 것을 도와주는 역할을 한다.

〈보기〉는 탐구 수업에서 사용되는 전략 가운데 틸라선(Tillotson)의 문제 해결 과정 5단계를 '평균대에서 방향 바꾸기' 과제에 적용한 예시이다. 단계에 따라 바르게 연결한 것은?

〈보 기〉

ㄱ. 교사는 '방향 바꾸기'에 관련된 질문을 통하여 학생들이 해결해야 할 과제를 안내한다.

ㄴ. 교사는 학생들이 제자리에서 '방향 바꾸기'를 시도하는 과정에서 단서, 피드백, 보조 질문 등을 제공하고 관찰한다.

ㄷ. 교사는 학생들이 다양한 방법으로 '방향 바꾸기'를 수행한 후 자신의 문제 해결 과정에 대해 다른 학생에게 발표하게 한다.

ㄹ. 교사는 '방향 바꾸기'의 개념, 숙련해야 할 기술, 학생들을 순차적으로 고무시키는 방법에 대해 알고 있다.

ㅁ. 교사는 학생들이 이동하면서 앞, 옆, 뒤로 방향을 바꾸어 수행할 수 있도록 단서, 피드백, 보조 질문 등을 활용한다.

① ㄱ-ㄴ-ㄹ-ㅁ-ㄷ   ② ㄱ-ㄹ-ㄴ-ㄷ-ㅁ   ③ ㄱ-ㄹ-ㄴ-ㅁ-ㄷ

④ ㄹ-ㄱ-ㄴ-ㄷ-ㅁ   ⑤ ㄹ-ㄱ-ㄴ-ㅁ-ㄷ

[정답] ⑤

6. 다음은 김 교사의 단원과 차시 계획의 일부이다. 〈작성 방법〉에 따라 순서대로 서술하시오. [4점]

❑ 단원 계획

○ 교육과정

내용요소	네트형 경쟁 스포츠의 (㉠)와/과 (㉡)
성취기준	[9체03-10] 네트형 경쟁 스포츠에서 활용되는 유형별 (㉠)와/과 (㉡)을/를 이해하고 운동 수행에 적용하며, 운동 수행 과정에서 나타나는 문제점을 분석하고 해결한다.

○ 단원 설계의 주안점
　- 탐구수업 모형을 적용한 별도의 차시를 두어 운동 수행 과정의 문제점 분석 및 해결에 관한 학습 경험을 제공하도록 함.

… (하략) …

❏ 탐구수업 모형을 적용한 차시 계획

○ 교수·학습 활동 설계 – 틸라선(J. Tillotson)의 5단계 문제 해결 과정 활용

단계	교수·학습 활동
문제의 규명	배워야 할 개념이나 기능, 준비된 질문을 통해 학생의 흥미와 관심을 유발하기
…	…
문제에 대한 (㉢)	문제 해결을 시도하는 학생에게 단서, 피드백, 보조 질문 등을 제공하며 관찰하기
…	…

… (중략) …

○ 수업 주도성(통제) 프로파일 계획

항목		주요 내용
(가)	내용 선정	학생 자신이 직접 탐색하고 해결할 내용을 스스로 결정함
	수업 운영	교사가 수업 관리 계획과 특정한 수업 절차를 결정하되, 일정 부분은 학생이 결정할 수 있도록 함
	과제 제시	학생이 수업에서 탐구할 질문을 스스로 설정하여 제시함
	참여 형태	학생이 가능한 해답들을 탐색하고 다른 학생과 협력하며 새로운 시도를 해 보도록 함
	상호 작용	교사는 학생의 사고력을 자극하고 학생이 움직임 유형을 탐색하도록 질문을 활용함

… (하략) …

─── 〈작성 방법〉 ───

○ 괄호 안의 ㉠, ㉡에 해당하는 용어를 2015 개정 체육과 교육과정에 근거하여 순서대로 쓸 것.
○ 괄호 안의 ㉢에 해당하는 용어를 쓸 것.
○ 메츨러(M. Metzler)의 주장에 근거하여, (가)에서 잘못 계획된 항목을 2가지 찾아, 주도성의 주체 측면에서 주요 내용을 수정하여 서술할 것. (단, 항목과 주요 내용을 서로 연결하여 작성할 것.)

[정답] • ㉠ 경기 기능, ㉡ 과학적 원리 [1점]
· ㉢ 유도 설명 [1점]
· 내용 선정은 교사가 학생이 탐색하고 해결할 내용을 결정한다. [1점]
 과제 제시는 교사가 학생이 탐구할 질문을 제시한다. [1점]

4. 학습 영역의 우선순위 19 기출 17 지도사

(1) 학습 영역의 우선순위

① 체육 수업에서 탐구수업 모형은 인지적 영역에 가장 높은 우선순위를 두고 있다. 학생은 교사가 제시한 질문에 대해서 어떤 수준으로든 생각하고 인지적으로 문제를 해결한 다음 움직임으로 대답해야 한다.

② 일반적으로 탐구수업 모형의 우선순위 영역은 다음과 같다.

> 1순위: 인지적 영역   2순위: 심동적 영역   3순위: 정의적 영역

③ 이 모형에서 가장 중요시하는 학습 영역은 '인지적' 영역이며, 그다음 심동적, 정의적 영역 순이다.

④ 그러나 많은 교사들이 인지적 영역 다음으로 심동적 영역의 학습보다는 정의적 영역(자기 인식, 탐구력, 창의성, 자긍심 등)의 학습에 관심을 가진다.

⑤ 인지적 영역은 항상 최우선적인 순위로 꼽히지만, 교사는 그다음으로 움직임 유형을 숙달시키는 것보다는 학생이 움직임을 수행하는 동안 자신에 대해 좋은 느낌을 갖도록 도와주고 싶어 한다.

참고문제	2017년 지도사 2급

12. 탐구수업 모형에서 학습 영역의 우선 순위를 순서대로 바르게 연결한 것은?

① 인지적 영역→심동적 영역→정의적 영역   ② 인지적 영역→정의적 영역→심동적 영역
③ 심동적 영역→인지적 영역→정의적 영역   ④ 심동적 영역→정의적 영역→인지적 영역

(2) 학습 영역 간 상호작용

① 학습 영역 간 상호작용은 어떤 영역을 학습 활동의 두 번째 순위로 정하는가에 따른다.
- 인지적-심동적 학습: 교사가 학생이 문제를 해결하여 숙달된 움직임을 발표하는 것에 초점을 둔다면, 인지적 영역에서의 학습은 반드시 심동적 영역의 학습을 조장해야 한다. 그다음에 학생이 "보다 잘 생각하고, 보다 잘 움직일 수 있는" 자신들의 능력에 관해서 좋은 느낌을 가질 때 정의적 학습이 이루어진다.
- 인지적-정의적 학습: 만일 교사가 정의적 학습을 두 번째 우선순위로서 촉진하고 싶어한다면, 비록 움직임 답변이 높은 수준의 것이 아니거나 숙달되지 않았더라도 어떠한 형태로든 학생이 '생각하고 움직이는 것'에 대해 좋은 느낌을 가질 수 있도록 학생의 사고는 창의적인 해결 방향으로 나아갈 수 있다.

5. 학생의 발달 요구 사항

(1) 학습 준비도

① 학생들은 인지적 또는 심동적 영역의 발달 상태는 탐구수업 모형의 실행에 영향을 미친다.

② 학생은 교사가 설정한 문제를 이해할 수 있고, 문제 해결 과제 또는 질문을 이해할 수 있어야 하며, 의도한 인지적 수준에서의 대답을 통해 학습할 수 있는 합리적인 기회가 주어져야 한다.

③ 교사는 이 영역에 해당되는 학생 능력을 알아야만하고, 학생의 발달 단계에 맞는 학습 과제를 준비해야 한다.

④ 탐구수업 모형의 주요 목적을 달성하기 위해서는 학생의 인지적 영역과 심동적 영역의 발달 수준이 중요하다. 이를 위해서 학생은 이 두 가지 영역에 대한 해답('생각하고 움직이기')을 가지고 있어야 한다.

⑤ 학생이 이와 같은 선형적인 방식(먼저 생각하고, 그다음에 움직이기)으로 대답을 학습했다면, 학생은 이 두 영역에서 상호작용을 하며 학습하게 된다.

⑥ 학생이 두 영역을 모두 학습하는 동시에 한 영역이 독특한 학습 경험을 만들어 냄으로써 다른 영역을 촉진하기 때문에 "학생은 지금 생각하거나 움직이는가?"라는 질문을 하면서, 학생은 자신의 생각과 움직임을 결합할 수 있게 됨을 의미한다.

⑦ 따라서 교사는 학생에게 부과되는 각 과제/문제에 대한 발달적 요구 사항을 알아야 하고, 학생이 그 수준에서 도전할 준비가 되어있는지 파악해야 한다.

(2) 학습 선호도: 참여적, 협력적, 독립적인 학생에게 가장 적합하게 사용할 수 있다.

3 교수 학습의 특성

1. 수업 통제(수업 주도성) 09 기출 23 기출

• 탐구수업 모형은 간접적 교수로 볼 수도 있지만 사실은 교사가 수업을 거의 주도하는 직접교수 모형에 가까운 수업 모형이다. 다음 그림에서 알 수 있듯이 학습 참여 형태를 제외한 거의 모든 것을 교사가 결정한다. 교사가 문제를 설정하고 발문을 하면 학생들은 그에 따른 생각을 하고 반응을 한다. 다만, 교사의 발문에 어떻게 생각하고 반응할 것인지는 학생들이 결정한다. 즉, 교사의 발문에 대한 해답을 찾기 위해 어떤 탐구적 노력을 할 것인지는 학생들이 결정한다. 학생들은 그러한 과정을 통해서 인지 발달을 가져오게 된다.

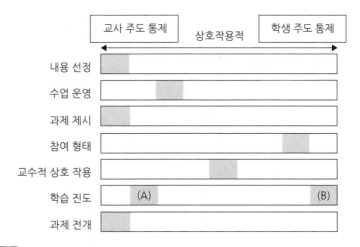

(1) 내용 선정 23 기출

① 탐구수업 모형에서 다루는 내용은 대개 체육교사가 학생에게 학습하기를 원하는 인지적 지식, 개념, 움직임 패턴으로 해결해야 할 각 문제에 이와 같은 내용이 포함되어 있다.

② 이 모형에서는 교사가 단원과 각 수업에서 학생이 배울(탐색하고 해결할) 모든 내용을 결정한다.

(2) 수업 운영

　① 탐구수업 모형에서는 교사가 관리 계획과 특정의 수업 절차를 결정한다.

　② 학습 장소 위치, 용·기구 선정, 팀 조직과 같은 관리적 과제가 학습 과제와 중첩되는 경우 교사는 학생에게 일정한 부분을 결정할 수 있는 기회를 허용한다.

(3) 과제 제시 **23 기출**

　① 과제 제시는 <u>학생이 학습 과제를 해결하기 위해 문제를 부여받을 때 활용된다.</u>

　② 과제 제시는 <u>교사가 학생의 사고와 움직임을 자극하면서 의사소통하는 질문 형태로 나타난다. 교사는 각 수업의 내용 전개를 계획하고 내용을 전개하는 동안에 학생이 몰입하도록 과제 또는 질문을 제시한다.</u>

　③ 과제 제시를 할 때 반드시 학생이 과제의 명료성과 한계성을 파악할 수 있을 정도로 충분한 정보를 제공해야 한다.

　④ 따라서 과제 제시가 학생 중심의 참여를 이끌어낼지라도 교사는 모형 내의 이 같은 기능을 지속적으로 조절해야 한다.

(4) 참여 형태: 교사가 문제를 설정하고 학생에게 해답을 찾기 위한 기회가 제공된다.

　① 교사가 문제를 설정하면 학생에게 해답을 찾기 위한 기회가 제공되는데, 특히 고도의 인지적 과제의 경우 더욱 그러하다.

　② 학생은 가능한 해답들을 탐색하고 다른 학생과 협력하며 새로운 시도를 해 보고 용구를 변경할 수 있다. 또한 학생은 움직임 문제에 대해 생각하면서 신체의 위치를 변화시켜 간다.

(5) 상호작용

　① 탐구수업 모형은 학생이 문제 해결에 몰입하게 될 때 높은 수준의 상호작용을 나타낸다. 특히 복잡하거나 여러 단계를 가진 문제라면 더욱 그러하다.

　② 상호작용의 본질은 질문에 기초한 것이지 결코 일방적인 설명이 아니다. 즉 교사는 학생의 사고력을 자극하고 움직임 유형을 탐색하도록 하기 위해 직접적으로 설명하는 것이 아니라 질문을 활용해야 한다.

(6) 학습 진도: 교사가 초기 수업에서 학습 진도를 결정하고(A) 이후에 학생이 학습 진도를 결정한다(B).

　① 교사는 전체 단원과 각 수업 진도를 결정한다. 언제 새로운 과제(문제)를 시작할 것인지, 그 과제에 얼마의 시간을 할당할 것인지를 결정한다(A).

　② 학생은 각 과제에 주어진 시간 내에서 학습 진도를 결정한다. 이때 학생은 해답을 찾기 위해서는 얼마나 많은 시간이 필요한지와 몇 번이나 연습할 수 있는지를 결정하고, 과제를 언제 완수할 수 있는지, 언제 문제를 해결할 수 있는지를 판단하게 된다(B).

(7) 과제 전개

① 교사는 단원과 각 수업의 학습 과제의 목록과 내용 계열을 결정한다.

② 인지적, 심동적, 정의적 영역의 능력을 발달시키고, 학생이 점점 더 복잡한 과제를 해결하도록 과제를 전개시켜야 한다.

③ "그다음에 무엇을 배우게 될까?"라는 식으로 학생에게 주기적으로 질문을 제기해야 한다.

④ 그러나 교사는 정확하고 적절한 답변이 나오도록 학생을 유도함으로써 수업을 관리해 나가야 한다.

탐구수업 모형의 포괄성

① 탐구수업 모형은 포괄성이 매우 높다. 교사가 문제를 설정하고 그것을 학생과 의사 교환할 때 모든 학생은 해답을 찾아내기 위해 사고할 수 있는 기회를 가지게 되며, 자신이 생각한 것과 움직임을 맞추는 노력을 하게 된다.

② 교사가 귀납적인 사고를 키워주려고 의도한다면, 학생이 제안할 수 있는 거의 모든 대답을 수용할 수 있다.

③ 개념 또는 움직임 패턴을 이해하지 못하는 학생을 배제하기 위해 만들어진 답은 거의 없다. 모든 학생이 '생각하고 움직이기' 기회를 가지며, 거의 모든 해답은 교사나 친구들에 의해 강화를 받게 된다.

정 교사는 학생의 탐구력과 문제 해결 능력을 높이기 위해 탐구수업 모형(inquiry model)을 적용하여 높이뛰기 수업을 계획하고, 〈그림 1〉과 같이 도움닫기, 발구르기, 공중 동작, 착지의 4가지 단계로 구분하여 수업을 진행하였다. 물음에 답하시오.

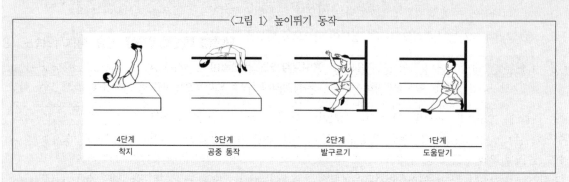

〈그림 1〉 높이뛰기 동작

| 4단계 | 3단계 | 2단계 | 1단계 |
| 착지 | 공중 동작 | 발구르기 | 도움닫기 |

정 교사가 의도하는 탐구수업 모형의 특징을 〈그림 2〉에 제시된 수업 주도성 프로파일을 이용하여 설명하시오. 또한 효과적인 높이뛰기 탐구 수업을 위하여 블룸(B. Bloom)이 제시한 '분석' 수준 이상의 질문을 각 동작 단계별로 한 개씩 제시하고, 최적의 동작을 수행하기 위한 방법과 역학적 원리를 각 단계별로 설명하시오.

〈그림 2〉 수업 주도성 프로파일

	직접적 ←→ 상호작용적 →→ 간접적
내용 선정	
수업 운영	
과제 제시	
참여 형태	
교수적 상호작용	
학습 진도	
과제 전개	

[정답] 내용 선정, 수업 운영, 과제 제시, 과제 전개는 교사가 직접적으로 결정한다.
　　　참여 형태는 학생에게 자율권을 부여한다.
　　　교수적 상호작용은 교사와 학생간의 상호작용 빈도가 높다.
　　　학습 진도는 교사 또는 학생이 결정한다.
- (분석) 도움닫기에서 팔과 구르지 않는 다리를 신체 뒤쪽에 위치하는 것과 앞쪽에 위치하는 동작의 지면반력 변화를 예측할 수 있는가?
- (종합) 발구르기에서 양 팔과 다리를 수직상방으로 이동시키는 자세의 효과로 인체의 무게중심에 영향을 미치는 중요성을 설명할 수 있는가?
- (평가) 공중 동작에서 점수 기록지를 가지고, 다른 사람의 자세를 관찰하고, 그 수행을 정확하게 평가할 수 있는가?
- (분석) 착지에서 신체가 매트에 닿을 때 충격량의 변화에 영향을 줄 수 있는 역학적 요인을 분석할 수 있는가?

2. 학습 과제

2-1. 과제 제시

(1) 탐구수업 모형에서는 교사가 질문 형식으로 설정해준 한 가지 이상의 문제들을 해결하기 위해 학생이 참여하는 일련의 계획된 학습 과제가 존재한다. 과제 카드, 단서 카드, CD-ROM과 같은 유인물과 시각 자료 등이 활용될 수 있으나, 학생에게 주어지는 문제는 거의 항상 교사의 언어로 제시된다.

(2) 문제가 설정되고 나면, 교사는 학생에게 주어진 과제 구조 내에서 '생각하고 움직이기' 시작하라는 신호를 보낸다. 탐구수업 모형에서 대부분의 문제들은 학생이 쉽게 해결할 수 있도록 단순한 문제로 만들어진다. 이런 이유로 단일 과제 구조 내에서 신속히 활용될 수 있는 과제 제시(질문)를 풍부하게 마련하게 된다.

(3) <u>탐구수업 모형에서의 과제 제시는 직접 교수 모형에서 활용되는 과제 제시와 전혀 다르게 보인다. 탐구수업 모형에서 교사는 개념이나 움직임을 시범보이지도 않고 설명하지도 않은 채 그것을 해 보라는 주문을 한다. 간혹 학생이 '생각하고 움직이기' 과정 후에도 스스로 문제를 해결하지 못하는 경우 드물게 교사가 시범을 보여준다.</u>

(4) 과제 제시에는 '과제 설정'과 '질문하기'라는 두 가지 주된 요소들이 포함된다.

① 과제 설정에 있어서, 교사는 반드시 학생에게 과제 및 해결해야 할 문제를 이해할 수 있을 만큼의 충분한 정보를 제공해 주어야 한다. 그런 다음 교사는 '생각하고 움직이기'를 시작하라는 신호를 학생에게 보낸다.

② 과제 설정은 특정 상황을 제시하고 학생에게 주요한 사항을 제공하는 것을 의미한다. 과제를 수정하거나 복잡성의 정도를 높이는 단어들을 포함할 수도 있다.

③ 과제를 설정하는 마지막 부분은 학생이 주어진 과제에서 해결해야 할 인지적인 문제와 움직임 문제를 제시하기 위해 그들에게 질문을 하는 일이다.

(5) 다음의 참고자료는 초등학교 2학년을 대상으로 균형의 개념과 '균형잡기'라는 과제를 설정하고 질문하는 예를 보여준다.

① 학생이 균형잡기의 기초 개념을 이해할 수 있도록 하기 위해서 교사가 과제 제시의 첫 단계를 사용했음에 유의해야 한다. 그러한 지식이 없다면, 학생은 수행할 '균형잡기'라는 과제에 준비되지 못했을 것이다.

② 과제 구조(다음 부분에서 기술되겠지만)는 간단하다. 교사는 내용 전개를 마음 속에 두면서 학생이 해결해야 할 문제들의 복잡성을 점차 늘려가도록 한다.

교사: '균형'이라는 게 뭘까?

학생: 넘어지지 않거나 흔들리지 않고 그 자리에 그대로 있는 거요.

교사: 균형잡기는 언제 필요하지?

학생: 걸을 때나 달릴 때요.

교사: 그럴 때뿐일까? 공을 찰 때라던가, 공을 던질 때, 또는 몸을 돌릴 때는 어떻지? 그런 동작을 할 때 균형을 잃게 되면 어떻게 되지?

학생: 넘어져요.

교사: 맞아. 또 어떤 일이 벌어질까?

학생: 공을 찰 때 균형을 잃게 되면, 생각하는 곳으로 공을 찰 수 없게 돼요.

교사: 좋아. 그럼 잠시 서있는 동안 균형을 유지하기 위해 할 수 있는 것에 대해서 생각해 보도록 하렴.

(교사는 15초의 시간을 준다.)

명지: 너 팔을 올려봐.

신지: 두 발을 바닥에 대고 있으면 되잖아.

종수: 똑바로 서 있어봐.

교사: 좋아 너희 자리에서(이것이 과제 구조임), 한 발로 서서 균형을 잡을 수 있는 한 가지 방법을 보여 봐라.

(학생은 '생각하고 움직인다.')

교사: 자, 이제는 몸을 낮게 해서 두 발로 균형을 잡아봐라.

(학생은 '생각하고 움직인다.')

교사: 균형 잡는 방법이 각기 다양하구나! 자, 자기 몸의 세 부분만 바닥에 대고 균형잡기를 해 보아라.

(학생은 '생각하고 움직인다.')

2-2. 과제 구조

(1) 탐구수업 모형은 학생이 '생각하고 움직이기'를 할 수 있는 매우 다양한 과제 구조를 활용할 수 있다.

(2) 과제 구조는 학생에게 다음에 제시된 한 가지 이상을 포함하면서 참여 한도를 결정한다.

   ① 활용 공간

   ② 용구

   ③ 집단 편성(개인, 짝, 소집단, 대집단)

   ④ 안전 정보

   ⑤ 문제 해결 시간의 한도

(3) 2학년 균형잡기 수업의 예를 확장시켜서 볼 때, 교사는 인지적 및 심동적 문제를 더 만들기 위해 몇 가지 다른 과제 구조를 활용할 수 있다.

(4) 학생들은 각 질문이 있은 후에 "생각하고 움직이게 된다."

   ■ 균형 잡기 수업의 과제 구조

     ① 짝을 지어봐라. 짝과 함께 서로 접촉한 상태에서 균형을 잡을 수 있는 두 가지 방법을 보여 봐라.

     ② 두 사람 중 한 사람은 체육관 가운데 있는 상자로 가서 그 안에서 자신이 원하는 크기의 종이를 선택한다(상자에는 다양한 크기와 모양의 종이가 들어있다.). 그러면 네가 가지고 있는 모양판 위에 서 있는 동안 한 발만 사용해서 짝과 함께 어떻게 균형 잡을 수 있는지를 보여 봐라(학생은 "생각하고 나서 움직인다."). 어떤 모양판에서 균형잡기가 힘들었니? 왜 그랬을까?

③ 그러면 또 다른 짝들을 구해서 4명이 한 조가 되게 해라. 한 개의 모양판 위에서 너희 4명 모두가 균형 잡을 수 있는지 해보자. 아까보다 어렵니 아니면 쉽니? 왜 그렇지?

④ 마지막으로 좀 더 많이 생각해 보고 나서 너희들 조에서 실험해 보아라. 다른 조와 합쳐서 8명이 한 조를 만들어라. 각 조는 모양판을 마루 바닥에 놓되 안전을 위해 다른 조와는 좀 떨어진 거리에 놓도록 하자. 이 과제의 수행 기간은 4분이다. 명심해라. 8명의 사람이 한 모양판 위에서 균형잡도록 시도해 보는 거야. 모두 한 발만 사용해서 말이지. 모양판의 모양이나 크기는 모두 조에서 알아서 결정한다. 4분 안에 모양판 위에서 균형잡기를 성공한다면 더 작은 모양판을 가지고 시도해 보아라. 그럼 실시!

(5) 균형 잡기 수업의 과제 구조에서 과제 제시는 매우 간단하며, 이전의 구조에 바탕을 두면서 몇 차례 변경된다.

① '과제 ④'에서 교사는 한 사람씩 균형을 잡을 때 썼던 모양판 위에 여덟 사람이 함께 있을 수 없다는 것을 학생이 이해하기를 기대하면서 학생에게 균형잡기의 개념을 소개하고 있다.

② 학생은 모든 학생이 모양판 위에서 균형을 잡을 수 있도록 서로 함께 협조할 수 있는 방법을 배울 필요성이 있다.

③ <u>탐구수업 모형의 과제 구조는 전술게임 모형의 과제 구조와 유사하다.</u> 학생은 교사가 제시한 전술, 전략, 게임 기능 및 규칙에 관한 질문에 근거하여 짧은 시간 동안 간이 게임 또는 변형 게임을 한다.

④ 고도의 개방형 과제 구조는 표현 움직임과 몇 가지 무용 형태의 내용을 지도할 때 학생이 탐색하고 창의적인 수행을 하는 데 활용될 수 있다. 교사는 학생에게 음악 악보를 주고 10분 동안 그 음악을 들은 느낌을 표현하는 짧은 춤을 고안하게 할 수도 있다. 그럴 경우 학생은 음악에 대한 움직임 해석에 대한 설명으로써 간단한 움직임을 직접 해야 한다. 지금까지 인식해온 바와 같이, 탐구수업 모형에서의 과제 구조는 질문으로 시작되어, 그 질문에 대한 반응으로 학생이 '생각하고 움직이기'를 수행하게 된다.

2-3. 내용 전개

(1) 탐구수업 모형에서는 2가지 차원의 내용을 동시에 전개시켜 간다.

① 한 가지 차원은 드리블, 패스, 수비전술 또는 체력과 같은 개념 또는 기술 학습과 관련된 것으로, 다른 수업 모형처럼 교사는 학습 활동을 발달적으로 적합한 순서(쉬운 과제에서부터 어려운 과제)에 따라 제시한다.

② 다른 차원은 블룸(Bloom)의 목표 분류 수준에 근거하여 각 내용에 적용하는 것이다.

(2) 교사의 주요 질문은 "인지적 및 심동적 영역의 어느 수준에서 학생들이 내용을 학습하기 원하는가?"

① 만약 낮은 수준이 목표라면, 교사는 학생들에게 단지 지식 또는 이해 수준에 도달할 수 있는 활동(⑩ 건강 관련 체력 개념 이해하기)에 참여하게 하는 질문을 활용할 것이다.

② 반대로 높은 수준의 학습 결과를 목표로 하고 있다면, 교사는 종합 또는 평가와 같은 높은 수준의 결과(⑩ 맞춤형 체력 프로그램 설계 및 체력 증진 운동 능력 향상)를 유도하는 질문을 활용할 것이다.

3. 학습 참여 유형

(1) 탐구수업 모형에서는 교사가 제시한 문제의 해답을 학생이 탐색함에 따라 다양한 참여 유형을 유도할 수 있다.

(2) 학생은 혼자, 짝, 소집단, 임시 팀, 단체, 심지어 학급 전체로 생각하고 움직이기(think and move)'를 할 수 있다. 가장 적합한 참여 형태는 '문제가 얼마나 복잡한가', '교사가 학생에게 어느 정도의 상호작용을 요구하는가'에 의해서 결정된다.

4. 교사와 학생의 역할 및 책임

수업 진행과 책임 (역할 및 책임)	탐구수업 모형에서 누가 그 일을 하는가(책임 주체)
수업 시작	교사가 수업 도입을 실시한다.
기구 준비	교사가 용구를 준비하거나 학생이 대신하게 한다.
내용 목록	교사가 단원에 제시될 인지적·움직임 문제들의 목록을 결정한다.
과제 제시	교사가 학생에게 각 학습 과제나 문제를 설정함으로써 과제를 제시한다.
과제 구조	교사가 전형적으로 각 과제/문제에 대한 과제 구조를 결정하나, 학생이 자신의 조에 맞는 과제 구조를 결정할 수 있다.
내용 전개	교사가 어느 시점에서 새로운 과제/문제로 이동할 것인지를 결정한다.
평가	**2가지 선택사항** 1. 교사는 학생에게 인지적·움직임 문제들의 목록을 결정한다. 2. 학생에게 다른 학생의 답변을 관찰하고 평가하도록 한다.

5. 학습 평가

(1) 비공식적 평가

① 교사가 단기간에 신속히 해결할 수 있는 학습 과제나 문제를 계획했을 때 비공식적 평가는 가장 실제적인 방법이 된다.

② 대부분의 이러한 평가는 교사가 제시한 질문에 답변하기 위해 '생각하고 움직이기'를 하는 학생을 교사가 관찰한 것에 근거를 둔다.

③ 교사는 학급 전체가 동일한 문제에 대해 동시에 반응하게 함으로써 비공식적 평가 전략의 하나인 '이해 여부 점검'(Checking for understanding)을 할 수 있다.

④ 이로써 얼마나 많은 학생이 정확하거나 그럴듯하게 답하는지를 알게 된다. 이는 수업 중에 자주, 신속하게 "-을 아는 사람?", "-을 누가 말해줄래?", "-을 할 수 있는 사람?" 과 같은 단순한 질문이 제공되어야한다.

⑤ 교사는 학생 각자가 스스로 답을 생각해 볼 수 있도록 충분히 기다려주는 것이 중요하다. 교사의 질문이 끝나고 학생들이 대답을 할 때까지 약 5초에서 8초 정도면 된다.

(2) 공식적 및 전통적 평가

① 탐구수업 모형에서 하위 수준의 학습 결과를 평가하기 위해 교사는 전통적이고 공식적인 평가 기법을 활용할 수 있다.

② 학습 목표 수준을 지식, 이해, 적용으로 설정했을 때 간단한 퀴즈나 컴퓨터 활용검사, 활동학습지의 작성, 간단한 기능 검사 등을 이용하여 평가할 수 있다.

③ 이 기법들은 상위 수준의 학습 결과 평가에 적용할 경우 타당성이 떨어지고 실제성이 결여된다.

(3) 대안 평가

① 대안적인 평가 기법은 탐구수업 모형의 모든 학습 단계에서, 특히 높은 수준의 학습 결과에 활용될 수 있다.

② 질문들이 '실제' 학습을 반영하여 창의적으로 설정된 경우라면, 이때의 평가는 매우 실제적인 평가가 될 것이다.

③ 탐구수업 모형에서 교사는 여러 가지 학습 평가 방법을 활용한다.

• 체크리스트를 이용한 학생-동료 관찰
• 다른 학생의 대답에 대한 학생-동료의 비판
• 체크리스트를 이용한 자기 평가
• 대답을 어떻게 찾아냈는지를 설명하는 학생의 일지
• 게임 또는 유사 게임에 대한 게임 수행 평가도구(GPAI 이용)
• 학생 주도의 움직임과 매체를 이용한 발표 확인
• 지식 수준에 따른 체크리스트

4 교사 전문성 및 상황적 요구 조건

1. 교사 전문성

학습자	• 교사는 학생의 인지적·심동적 학습 능력을 고려해야 한다. • 학생의 능력은 교사가 제시한 질문을 이해하고 문제 해결 과정에 참여할 수 있는 정도를 결정하게 된다.
학습 이론	• 교사는 구성주의, 발견학습, 발달 이론 등의 학습 이론에 익숙해져야 한다. • 중요한 것은 교사가 이 이론의 어떤 부분들이 탐구수업 모형에 적용되어야 하는지를 인식하는 것이다.
발달단계에 적합성	• 심동적 영역에서의 학습 결과를 유도하는 인지 학습의 강조는 교사에게 학습 영역과 영역 간의 상호작용에 대한 지식을 갖도록 한다. • 교사는 각 질문의 인지 수준을 알아야 하고 그것이 움직임을 통해 어떻게 명료해질 것인지를 이해해야 한다. 두 수준 모두 학생의 발달 단계에 적합해야 한다.
인지적·심동적 학습 영역	• 탐구수업 모형은 Bloom의 인지 학습 수준에 근거한다. • 따라서 교사들은 이 분류 체계를 잘 알아야 하고 각 수준에서 인지적 및 심동적 학습의 지표들을 파악할 수 있어야 한다.
과제 분석과 내용 전개	• 탐구수업 모형에서의 과제 분석은 인지 개념과 심동적 수행 요구의 결합에 근거하고 있다. • 교사는 숙달시켜야 할 기술 체계와 도달해야 할 수행 기준을 나열하기보다 학생이 단원을 배워나가는 동안 습득할 지식 유형에 대한 단원 내용의 각 부분을 분석한다.
움직임 내용	• 탐구수업 모형에서 지도된 내용은 스포츠, 체력, 게임, 무용이 아니라는 것을 이해해야 한다. 오히려 이들은 숙달된 수행에 기여하는 각 움직임 형태를 이해하기 위해서 필요한 개념에 불과하다. • 학습 목표가 학생의 표현력과 의미를 증진시키는 것이라면, 움직임의 초점은 이것에 맞춰진다. • 교사는 모형이 효과적으로 활용되기 위해서는 반드시 체육교육 내용을 다양한 측면에서 알아야 한다. 이러한 지식은 교사로 하여금 학생의 움직임을 여러 가지 측면으로 관찰하도록 한다. • 학생의 실수가 관찰되면, 교사는 학생에게 단순히 교정적 피드백만을 제공하지 않는다. 교사는 학생에게 어떤 지식이 부족한 것인지를 파악하고, 학생이 대안적인 반응 형태를 생각하게끔 핵심적인 질문을 해야 할 것이다.
평가	• 탐구수업 모형에서의 학생 학습은 전통적인 방식(지필 검사)과 대안적인 방식(체크리스트)으로 평가될 수 있다. • 탐구수업 모형에서 모든 유형의 평가에 가장 중요한 것은 학생의 답이 인지적 또는 심동적으로 적절한지 아닌지를 판단할 수 있는 교사의 지식이다.
교육과정	• 모든 학년 수준에서 움직임 내용을 지도하기 위해 탐구수업 모형을 활용할 수 있다. • 그러나 이 모형은 다음과 같은 몇몇 교육과정 모형에 근거하고 있다. ① 움직임 교육 ② 교육 체조 ③ 기술 주제 ④ 교육 무용 ⑤ 팀 게임과 뉴 게임

2. 핵심적 교수 기술

• 탐구수업 모형을 사용하는 교사는 학생들의 움직임을 다양한 관점에서 관찰하고 이해할 수 있는 능력을 갖추어 오류가 발생하면 학생들에게 어떤 지식이 부족한지 파악해서 다른 운동 패턴을 탐구하도록 발문할 수 있어야 한다. 교사는 탐구수업 모형이 각 단원의 학습 목표를 달성하는 데 촉진적 기능을 할 수 있도록 학생들의 인지 발달 단계를 고려하여 능동적 교수 기능을 효과적으로 사용해야 한다.

(1) 수업 계획

① 교사가 학생이 배워야 할 지식 영역으로 작성한 목록은 탐구수업 모형의 단원 계획을 수립하는 데 출발점이 된다.

② 교사는 단원에서 다루어질 지식의 전개와 수준을 계획하고 나서 질문의 순서, 해결할 문제, 학생이 참여할 특정한 학습 활동을 계획한다.

③ 계획하는 수업의 내용이 인지적 학습 결과와 수행적 학습 결과의 통합에 초점을 맞추는 것을 제외하고는 탐구수업 모형에서의 계획 과정은 여러 면에서 직접교수 모형에서의 계획 과정과 흡사해 보인다.

④ 탐구수업 모형에서의 차시 계획은 다소 구조화되기 어렵다. 그것은 종종 학생이 문제 해결 과제를 마치기까지 걸리는 시간과 움직임 지식을 습득할 수 있도록 학생을 돕는 데 요구되는 질문 위주의 상호 작용의 길이를 예측하기 어렵기 때문이다.

⑤ 교사는 학생이 수업에서 해결할 문제를 전개해 나가는 과정 동안 즉흥적으로 행동하는 것을 삼가야 한다.

⑥ 탐구수업 모형에서는 교사가 단원의 내용 수준이나 학습 진행을 계획한 다음, 그에 따른 발문의 순서, 해결해야 할 문제, 구체적인 학습 활동 등을 결정한다. 다만, 탐구수업 모형의 수업 계획은 직접교수 모형처럼 덜 구조화 되어 있다. 그것은 학생들이 문제 해결 과제problem-solving task를 완수하는 데 어느 정도의 시간이 필요한지, 학생들에게 해결해야 할 문제 또는 과제를 이해시키는 데 얼마만큼의 시간이 필요한지 등을 정확하게 예측하는 것이 쉽지 않기 때문이다.

⑦ 학생들이 교사가 제시하는 문제를 인지적으로 이해하고 움직임 패턴을 창안할 수 있는 능력은 그들이 갖고 있는 선행 지식과 밀접한 관계가 있으므로 학생들이 문제 해결에 필요한 선수지식prerequisite knowledge 을 충분히 갖출 수 있도록 해야 한다.

⑧ 탐구수업 모형을 적용할 때 특히 주의해야할 점은 해결 문제를 학생들에게 즉흥적으로 제시하지 않도록 해야 한다는 것이다. 따라서 문제의 설정, 문제의 해결, 발문 목록, 탐지할 움직임 패턴, 추수 질문 등을 학습 지도안에 포함시켜 구체적으로 계획해야 한다. 그래야 학생들의 다양한 해결 방법이나 움직임 패턴을 유도할 수 있기 때문이다.

⑨ 이때 교사는 수업이 시작되기 전에 몇 가지 상호작용을 계획할 수 있는 시간을 가진다. 대부분의 탐구 수업은 수업이 시작되기 전에 문서화될 수는 없는 반면에, 가장 효과적인 수업은 교사가 학생의 바람직한 언어적 또는 움직임 대답의 횟수를 예측하고 이 대답을 '티칭 모멘트'(teaching moment)로 활용할 준비가 되어 있는 수업을 말한다.

> 예 중학생들에게 축구에서 공격 시 공간 확보에 대해 가르칠 때 교사는 학생들이 공 주위에 마구 모여들어 공격 대형을 만들 수 없다는 것을 예상할 수 있어야 한다. 이를 대비하기 위해, 교사는 "왜 너희 팀은 어떠한 패스도 잘 안 되는 걸까?, 골을 넣기 위해 공을 차야하는 가장 좋은 경로는?, 만약 네가 골대 주변에 있을 때 수비수를 어떻게 도와야 할까?, 혹은 잠시 경기가 중단될 때, 공이 운동장 중간에 있을 때 네가 어디에 있어야 할지 보여줄 수 있겠니?"와 같은 질문을 준비할 수 있어야 한다.

(2) 시간과 수업 운영

① 탐구수업 모형에서의 차시 수업은 교사가 계획된 학습 활동들의 진행과 진도를 조절하는 특징을 가지고 있다.

② 시간과 수업 운영은 다소 비공식적으로 나타나나, 실제로 교사는 수업의 진행을 통제하고 각 활동이 완수되는 데 걸리는 시간을 잘 알고 있어야 한다.

③ 교사는 학생이 학습 활동에 적절히 참여하고 있는지, 학급 규칙을 준수하고 있는지를 감독해야 한다.

④ 교사는 학생이 문제 해결력을 발달시킬 수 있을 정도의 시간을 가질 수 있고 적절한 속도로 수업이 전개될 수 있는 '엄격하면서 융통성 있는' 관리 계획을 세우는 것이 중요하다.

(3) 과제 제시와 과제 구조

• 탐구수업 모형으로 수업하는 교사는 학생에게 문제를 설정하는 능력, 탁월한 질문 기술, 학생의 지적·신체적 측면을 동시에 도전할 수 있는 학습 과제를 설계할 수 있는 능력과 같은 세 가지 중요한 지도 기술을 가지고 있어야 한다. 특히, 문제를 설정하여 과제로 제시하는 발문 능력을 충실히 갖추어야 한다.

• 교사는 대게 크게 세 가지 상황에서 발문을 하게 된다.
  ㉠ 첫 번째 상황은 교사가 설정한 문제를 학생들에게 전달하는 경우이며,
  ㉡ 두 번째는 학생들이 교사가 설정하여 제시한 문제를 해결하는 동안이며,
  ㉢ 세 번째 상황은 복습할 때 발문을 하는 경우이다.

• 여기서 무엇보다 중요한 것은 세 경우 모두 질문 수준과 학생들의 학습 수준이 일치하도록 발문을 해야 한다는 것이다. 탐구수업 모형의 수업 구조는 교사가 설정하여 학생들에게 제시하는 문제 또는 학습 과제에 의해 결정된다.

• 어떤 발문은 학생들이 혼자 연습하는 학습 구조를 요구하고, 어떤 발문은 학생들이 짝을 짓거나 소집단 또는 대집단으로 연습하는 학습 구조를 필요로 한다. 어떤 발문은 잠깐 생각하면 바로 대답할 수 있는 수렴적 질문이고, 어떤 발문은 3~5분 정도 생각해야 대답할 수 있는 발산적 질문이다. 탐구모형으로 수업하는 교사는 발문을 잘 설정하고, 각 발문에 대답하는 데 가장 적합한 과제 구조를 결정하여, 학생들에게 적절한 양의 문제 해결 시간을 제공할 수 있어야 한다.

① 학습 문제 설정
  ㉠ 교사는 문제의 규모와 복잡성에 관계없이 곧 이어질 학습 문제의 단계를 설정할 수 있어야 한다.
  ㉡ 수업 도입 부분은 학생이 배우게 될 지식과 적용하게 될 맥락에 대한 중요성을 학생에게 주의시키는 데 효과적으로 활용될 수 있다. 이는 또한 곧 이어질 과제에 대한 학생의 흥미를 증가시킬 수 있다.
  ㉢ 어린 학생을 가르치는 경우, 수업의 학습과제 계열과 일치하는 이야기를 만들면 도움이 된다.

② 질문하기: 좋은 질문 기술은 질문 수준, 질문 유형, 대기 시간, 후속 질문과 같은 요소를 포함하고 있다.
  ㉠ 질문 수준: 교사의 질문 활용 기술은 3회 정도 이루어진다. 세 번의 시기는 초기 질문을 가지고 학생의 참여를 이끄는 문제 설정의 마지막 부분, 문제 해결 과정에 참여하는 동안, 수업 정리 동안을 말한다. 이 3회의 시기에서 가장 중요한 기술은 질문의 수준을 학생의 학습 수준에 일치시킬 수 있는 교사의 능력이다. 각 수준에 해당하는 질문들은 움직임의 내용이 무엇이든지 간에 학생의 참여를 촉진시키는 데 활용될 수 있는 몇 가지 공통점을 가지고 있다. 다음 표는 체육에서 활용될 수 있는 질문 형식의 공통점에 대한 몇 가지 사례이다.

수준	탐구 중심 교수의 공통적인 질문 형태	예시
지식	"~ 을 보여줄래?" "~ 을 말해볼래?"	"누가 슬라이딩의 첫 부분을 정확한 방법으로 보여 줄 수 있을까?"
이해	"~ 을 설명해봐." "어째서…" "어떻게 그렇게 됐지?"	"왜 파트너의 샷이 라인 밖으로 나갔는지 설명해 보겠니?" "왜 농구에서 지역수비를 하기를 원하지?"
적용	"연관시켜 봐라." "네가 알고 있는 것으로 이것을 말해봐." "~ 와 얼마나 비슷한 지 말해봐."	"슬라이드와 갤럽을 결합시킬 수 있겠니? 할 수 있다면 어떻게 하는지 보여 봐라."
분석	"~ 는 — 과 어떤 점에서 차이가 나지?" "왜 ~ 하지 않았어?" "분석해 봐라."	"배드민턴의 낮고 짧은 서브를 높고 깊은 서브와 구별되게 할 수 있지? 언제 각각의 서브를 사용할 수 있을까?
종합	"만약 ~ 하다면 어떤 일이 생길까?" "~ 를 새롭게 해 볼 수 있겠니?" "변화가 생겼다면, 어떻게 처리할 거니?"	"가벼운 공을 긴 도구로 친다면 어떻게 될까?"
평가	"반드시 해야 할 것이 뭐지?" "~ 가 좋을까 아니면 — 가 좋을까?" "~ 하는 이유가 무엇이냐?"	"철수가 오른쪽 위치에서 공을 가지고 있을 때 수비자를 제치기 위해서 무엇을 해야 하지?"

ⓛ 질문 유형
- **수렴적 질문**: 지식, 이해, 적용의 수준에서 질문들은 일반적으로 하나 또는 몇 가지 정답을 지향한다. 하나 또는 제한된 수의 대답만을 요구하기 때문에 이러한 질문들은 '수렴적 질문'이라 한다.
- **확산적 질문**: 분석, 종합, 평가 수준의 질문들은 다양한 대답을 지향한다. 이러한 질문들은 학습자를 자극하여 사고의 줄기를 뻗도록 하기 때문에 '확산적 질문'이라 한다.

ⓒ 대기 시간: 탐구수업 모형의 주된 목적은 학생으로 하여금 그들의 지적 능력을 활용하여 해결한 문제를 언어 또는 움직임으로 반응하도록 하는 것이다. 따라서 다른 학생이 대답하기 전에 학생 스스로 대답을 찾을 수 있는 시간을 부여하는 것이 결정적으로 중요하다. 영구에 의하면, <u>학생이 수렴적 질문에 답하기 전에는 최소 3초의 대기 시간은 모든 학생의 학업 수행을 증가시키는 것으로 보고되었다. 확산적 질문의 경우에는 15초 이상의 대기시간이 주어져야 한다(Tobin).</u>

ⓔ 후속 질문(probes): 보리치(Borich)는 탐구수업 모형에서 교사는 정기적으로 후속 질문을 하거나 방향 전환할 것을 권고한다. 재질문이란 다음과 같은 목적으로 학생의 대답에 이어지는 질문을 말한다.
- **명료성 확보**: 초기 대답을 고쳐 말하게 하거나 다시 말하게 하고, 또는 대답의 본뜻을 분명하게 한다.
- **새로운 정보의 요구**: 학생의 대답이 부분적으로 맞거나 거의 수용할 만한 대답인 경우 사용한다.
- **진행방향 전환**: 학생이 정확한 대답을 하지 않았을 때 부드럽고 긍정적인 형태로 다시 바꿔 질문한다. 이것은 거칠거나 퉁명스런 말을 피해 다시 생각해보도록 학생을 권하는 방법이다.

③ 도전과제 설정
- 탐구수업 모형에서 활용된 질문들은 대부분 과제 구조를 결정하는 데 활용된다.
- 어떤 질문들은 학생이 혼자서 학습할 것을 요구하기도 하고, 어떤 질문들은 짝과 함께, 소집단 또는 대집단별로 학습할 것을 요구한다. 어떤 유형의 질문들(수렴적 질문)은 짧은 대기시간이 요구되며, 어떤 질문들(확산적 질문, 고차원적인 질문)은 보다 긴 시간(대략 3~5분 정도)의 대기시간을 필요로 한다.
- 교사는 질문을 만들고, 가장 좋은 과제 구조를 결정하고, 적절한 양의 문제 해결 시간을 학생에게 할당하는 데 자신의 전문성을 발휘할 필요가 있다.

(4) 의사소통
① 탐구수업 모형에서 사용하는 의사소통은 해결 과제를 설정하여 제시할 때와 의도하는 학습 결과를 얻기 위해 발문을 할 때 이루어진다.
② 교사는 두 경우 모두에서 문제 해결을 위해서 무엇을 알아야 하는지, 그리고 어떤 범위에서 문제를 해결해야 하는지를 간단 명료하게 설명할 수 있어야 한다. 무엇을 해결해야 하는지 모르면 그것을 해결하는 일에 적극적으로 참여할 수 없기 때문이다. 어떤 문제를 해결해야 하는지 알아야 그것을 해결하기 위해 열심히 참여하게 된다.
③ 탐구수업 모형으로 수업하는 교사는 학생들과 좀처럼 직접적으로 소통하지 않는다.
④ 교사는 학생들에게 직접 얘기하는 대신 학생들이 학습하길 원하는 것을 먼저 생각한 다음 동작이나 움직임 패턴을 탐구하도록 요구한다.
⑤ 교사는 하나의 답을 요구하는 것이 아니라 다양한 답을 얻기 위해 발문한다. 가끔 학생들이 막히거나 곤궁에 처할 때 학습단서를 제공하거나 직답을 하는 경우도 있지만 그러한 직접적인 교수활동은 가능한 자제할 필요가 있다.
⑥ 탐구수업 모형에서 전달되는 또 다른 교수·학습정보는 조언과 피드백이다. 조언은 작은 노력도 인정하는 지원적 조언이어야 하며, 피드백은 문제를 해결하는 과정과 그 결과를 인정하는 긍정적 피드백이 있어야 한다.

(5) 수업 정리 및 종료
① 복습은 교사가 수업 중 학생들에게 한 발문의 수준과 일치해야 한다. 학습 수준에 맞는 복습 발문을 하면 그것이 수업 종료의 기능도 하지만 동시에 평가의 기능도 할 수 있다. 뿐만 아니라 그러한 발문은 다음 시간의 학습 내용을 예고하는 기능을 하기도 한다.
② 복습을 할 때 학생들이 아직 배우지 않은 것을 질문하기보다는 학습한 내용에 대해서 발문해야 한다.
③ 수업을 마치기 전에 무엇을 해야 하는지에 대해서도 발문할 수 있다. 장비는 어디에 보관해야 하는지, 다음 수업에 대한 준비로 무엇을 기억해야 하는지 등에 관한 발문을 할 수도 있다.

3. 상황적 요구 조건

(1) 탐구수업 모형은 상황적 요구 조건이 거의 필요하지 않기 때문에 어떤 체육 수업 상황에서라도 활용될 수 있다.
(2) 과제 구조에 따라서 필요한 활동 공간이 규정된다. 즉 공간의 크기는 개인이 안전하게 움직일 수 있을 만큼의 크기인 개인 공간에서부터 집단 전체가 탐색하고 문제를 해결할 만큼의 대규모의 공간 크기가 요구된다.
(3) 가급적 대기시간이 생기지 않도록 모든 학생(집단 내 학생)에게 필요한 충분한 용구가 갖춰질 필요가 있다.
(4) 최종적인 상황적 요구조건은 학생에게 문제 해결 과정에 참여할 수 있는 적절한 양의 시간을 제공하는 것이다.

5 수업 사례

◈ 단원: 핸드볼

◈ 학년: 중학교 1학년, 고등학교 1학년

◈ 학생: 36명(남 17명, 여 18명). 남학생은 다양한 기술 수준을 가지고 있으며, 여학생은 대부분이 초보임.

◈ 시수: 12 차시(교사의 수업계획에 따라 변경 가능)

◈ 시설 및 학습자료
  – 간이골대 3조   – 핸드볼공 개인당 1개   – 간이칠판
  – 작전 기록지 및 참고작전 유인물 모둠당 1개   – 팀 조끼 필요량

◈ 차시별 수업 내용 및 주요 지도방법

차시	수업 내용	주요 지도방법	비고
1	핸드볼 경기의 이해	직접(질문 및 설명)	
2	공 빼앗고 공 지키기	탐구 중심 교수 및 과제식	
3	**패스 및 캐치**	**탐구 중심 교수 및 과제식**	
4	스텝 슛	탐구 중심 교수 및 과제식, 간이게임	
5	점프 슛	탐구 중심 교수 및 과제식, 간이게임	
6~7	응용 슛 및 전술 연습	탐구 중심 교수 및 과제식	
8	간이경기 준비	직접 및 협동학습	
9~11	간이경기	스포츠교육 모형	
12	간이경기 종료	직접	

◈ 참고 사항: 핸드볼 등의 단체 경기 전 단원을 탐구 중심 교수 모형으로 수업하기는 곤란하며 다양한 수업 지도 모형이 사용되었다. 그러나 2차시부터 7차시까지는 탐구 중심 교수가 중심이되 적절한 과제를 부여하는 방법으로 수업을 진행하였다.

◈ 차시별 수업 지도안의 예

▶ 3차시: 패스 및 캐치

단계		학습 내용	학습 활동		시간	지도방법 및 유의점
			교사	학생		
도입		• 학습준비 • 출결확인 • 건강상태 확인 • 준비운동 • 학습목표 제시	• 학습자료를 사전에 준비하고 출결상태와 환자를 확인한다. • 참관학생에게 관찰기록지를 적게한다. • 본 수업과 연관되어 준비운동을 어떻게 해야할지를 질문한다. • 준비운동을 지시한다. • 보강운동을 시킨다. • 학습 목표를 제시한다. – 이번 시간에는 핸드볼 공을 상대방에게 정확하고 신속하게 패스를 할 수 있어야 하며, 상대방이 패스한 공을 잘 잡을 수 있어야 합니다. 그리고 다양한 상황에서 여러 가지 패스하는 방법을 배우겠습니다.	• 지정자리에 서 있는다. • 참관학생은 관찰기록지를 작성한다. • 어느 부위의 근육과 관절을 많이 사용하는지를 답변하고 준비운동을 실시한다. • 조별준비운동 및 보강운동을 실시한다. • 학습목표를 듣는다.	5분	
전개	과제 시 및 파악	• 패스의 용도와 이유	• 패스가 핸드볼에서 왜 필요한지 그 쓰임새와 이유를 질문한다.	• 핸드볼경기를 생각하며 질문에 자유롭게 답변한다. – 같은 편에게 공을 전달할 때 – 공격이나 슛을 하기 위해 – 정확하고 받기 쉽게 던져야	1분	호기심과 흥미 유발
	예상 하기	• 예상하기	• 그러면 이와 같은 패스를 어떻게 해야 잘할 수 있을까? – 팔 동작은 어떻게 할까요? – 잡을 때 손동작은? – 몸의 자세는?	• 질문에 답변한다. – 팔을 위로 올려 앞으로 쭉 밀듯이 던집니다. – 손에 힘을 빼고 11자, 八자 모양이 됩니다. – 다리와 팔이 반대가 됩니다.	1분	
	운동 수행	• 연습	• 연습할 대형으로 편성한다. – 2인 1조로 편성하여 공을 한 개씩 준 다음 공주고 받기를 시킨다. – 어떻게 해야 패스와 캐치가 잘 되는지를 순회하면서 피드백을 준다. • 4인 1조로 2명씩 마주보게 하여 던지고 받게 한다.	– 1:1공 주고받기를 한다. – 개별지도를 받는다. – 2명씩 마주보고 던지고 받는다.		

단계		학습 내용	학습 활동		시간	지도방법 및 유의점
			교사	학생		
전개	운동 수행	연습	• 같은 대형으로 던지고 난 후 건너편으로 가서 뒤에 선다. 〈런닝패스〉	• 패스하고 건너편으로 가서 뒤에 서고 다시 차례가 오면 실시한다.	20분	• 학생 • 순회 개별 지도
	움직임 이해		• 본대형으로 모이게 한다. • 자유롭게 앉게 한 후 질문한다. – 여러분들은 실제로 패스연습을 했습니다. 어떻게 던져야 상대방에게 정확하고 신속하게 공을 이어줄 수 있을까요? 우선 팔동작은 어떻게 해야 하지요? – 만약 손을 앞으로 쭉 밀지 않을 때는 어떤가요? – 왜 그럴까요? – 좋습니다. 팔의 힘을 손에서 공이 떨어질 때까지 따라가면서 힘을 전달해야 합니다.(칠판에 그림을 그려가며 힘의 길이가 길수록 힘이 더 전달되는 것을 설명한다.) – 그러면 공을 잡을 때는 어떻게 잡아야 하나요? 우선 손의 모양은? – 손에 힘을 주면 어떻게 되나요? – 그러면 어떻게 잡아야 하나요? – 야구공 잡을 때 어떻게 잡나요? – 왜 부드럽게 끌어당기듯이 잡는 것이 더 나을까요? – 좋아요. 날아오는 공의 속도를 줄여 그 힘을 줄여야 잡기가 쉽습니다.(역시 칠판에 그림을 그려 공의 속도가 줄어야 그 충격량이 줄어 잡기가 쉽다는 것을 설명한다.) – 오른팔로 던질 때 다리 자세는 어떻게 하는 것이 좋을까요? 11자로 벌려서 서서? 아니면 이렇게?(던지는 팔 동작을 보이면서 왼발 또는 오른발 앞의 자세를 흉내를 낸다.) – 왜 그럴까요? – 좋습니다.(팔 동작과 함께 그 이유를 종합하여 설명한다.)	• 본대형으로 모인 후 자유롭게 모이는 순서대로 앉는다. • 답변한다. – 어깨 위에서 상대방의 가슴을 향하여 앞으로 쭉 밀어 던져야 합니다. – 던질 수가 없어요. 공이 날아가다가 떨어져요. – 공에 힘이 전달되지 못하기 때문입니다. – 八자 모양으로 손가락을 크게 폅니다. – 공이 손에서 튕겨 나갑니다. 잡을 때 아파요. – 손에 힘을 빼고 부드럽게 잡아야 합니다. – 그래야 공의 힘이 약해지고 잡기가 쉽습니다. – 왼발이 앞으로 나가는 것이 던지기가 쉽습니다. – 그래야 몸의 균형이 잡히고 힘의 길이가 길어집니다.	4분	
	적용 및 응용	연습	• 4인1조가 되어 2명씩 마주본 후 한 명이 건너편에 패스하고 곧바로 수비자가 되어 방어를 하여 응용동작이 나오도록 한다.	• 실시한다.	10분	• 순회 개별 지도
	마무리		• 정리운동 지시 • 차시 예고 및 과제 부여	• 정리운동 실시 • 청취	4분	

1 개요

[그림 7-1] 경기 위주의 전통적 수업과 전술게임 모형

1. 전통적인 게임지도 방식과 이해중심 게임지도 모형의 비교

(1) 전통적으로 게임을 가르치는 경우에 게임 기능을 따로따로 연습시키고 난 후 게임 규칙을 간략하게 소개하고 나서야 게임을 실행시켰다.

(2) 게임 수행에 필요한 두 요소 중 기능에 보다 초점을 맞추고 있기 때문에 이 같은 게임 지도 방식은 '기능중심 게임지도 모형'(Technique Based Model)으로 불린다.

(3) 그 결과 학생들이 게임을 배웠다고는 하나 정작 게임을 실행하는 데 한계를 나타내 보이고, 게임을 배우는 과정에서도 학생들의 흥미와 참여도가 반감되었다.

(4) 반면에 이해중심 게임지도 모형은 게임에 내재하는 원리를 지도함으로써 학생들로 하여금 게임의 핵심 전술과 게임 기술을 익히도록 하는 것에 주력한다. 이를 위해서 이 모형에서는 게임의 기본 속성(예) 게임의 구조와 전술)에 따라 분류하여 게임을 유형화한다.

(5) 따라서 학생들은 게임 수행 위주로 게임을 학습하게 됨으로써 흥미를 느끼며, 게임의 기본 속성을 중심으로 지도 받음으로써 게임 간의 공통적인 전술적 지식을 이해하고, 이렇게 형성된 지식을 바탕으로 게임 기술을 효과적으로 실행하기 위한 연습을 수행하게 된다.

(6) 기술 발달과 게임 수행에 필요한 전술 지식을 학습하기 위해 게임 구조에 대한 학생의 흥미를 활용한다.

① 교사는 학생의 기술과 전술을 발달시키기 위해 일련의 학습 과제들을 유사한 게임 상황으로 계획하여, 정식 게임 혹은 변형 게임으로 이끌어간다.

② 정식 게임과 변형 게임을 일컬어 게임 형식(game forms)이라고 한다. 이는 학생이 간단한 게임 형태를 통해 익힌 기술 수행을 정식 게임으로 실행할 때, 적용할 수 있는 전술 지식의 발달을 강조한다. 이런 의미에서 학생은 항상 '**게임을 수행하지만**', **발달 단계에 적합한 기술과 전술을 익히는 셈이 된다.**

- 내용[contents]:(철학) 특정 방식으로 구조화한 사물이나 체계를 이루고 있는 요소·과정·성질의 총체를 '내용'이라 하고,
- 형식[form]: 이 내용 속에 존재하는 관계의 총체를 '형식'이라 한다(형식은 종종 '구조'와 동의어로 사용됨). 즉, 형식은 내용을 이루고 있는 요소들 사이에 맺어지는 내적인 결합 구조와 그것들의 존재 방식.

2. 정의

(1) **이해중심 게임지도 모형은 학생들이 게임을 통해서 게임 수행에 필요한 두 요소 즉, 전술적 지식과 게임 기능을 익히게 하는 교수모형이다.**

(2) 영국의 러프보루(Loughborough) 대학 교수인 벙커(Bunker)와 트로페(Thorpe)가 개발한 '이해중심 게임지도 모형(Teaching Games for Understanding model)'은 '전술게임 모형(Tactical Game model)'이라고도 불릴 만큼 게임을 지도함에 있어서 전술적인 상황에 주된 초점을 맞추는 동시에 게임 수행을 좋아하는 학생의 흥미와 학생의 발달 수준을 최대한 고려한다.

(3) 전체적인 게임 수업 방식에서는 학습할 게임을 미리 경험했거나 게임 수행 능력을 겸비한 학생에게는 이로웠다. 이러한 방식은 주로 기술의 발달에만 초점을 두는 경향이 있으며, 게임의 구조, 전통, 의례, 다양한 역할을 학생에게 지도하려는 시도가 거의 없었다.

(4) 학생은 게임하기를 좋아하지만 기술을 반복적으로 연습하는 것은 좋아하지 않는다.

- 전술게임 모형은 기술 발달과 게임 수행에 필요한 전술 지식을 학습하기 위해 게임 구조에 대한 흥미를 활용한다.
- 이 모형의 핵심은 전술(tactics)이다. 이때 전술은 게임과 게임의 유사 상황에서 게임을 수행하는 데 필요한 전략(strategy) 및 기술(skill)의 결합체를 의미한다.
- 예를 들면, 소프트볼 단원에서 학생이 "공 잡는 것을 배운다"라고 학습 목표를 정하지 않는다. 오히려 학생이 공을 잡기 위해서는 상황별로 적용해야 할 것, 즉 위치 정하기, 의사결정, 정확한 필드 기능 수행에 필요한 이해를 목표로 삼는다.
- 전술과 기술은 게임 형식의 계열에 따라 발달되며, 각 게임 형식에는 현행 과제의 학습 목표를 정의하는 '전술문제'를 포함한다.(Griffin, Mitchell, & Oslin). 교사가 소프트볼을 가르칠 때 전술게임 모형에서는 상황에 맞는 치기, 수비 자세 등과 같은 전술적 문제 중심으로 규정된다.
- 학생은 주어진 상황에서 정확한 위치 선택·수행 등 학생이 필요한 게임 수행 기술뿐만 아니라 각 게임의 구조와 전술을 정확히 이해해야 비로소 전술 문제를 해결할 수 있다. 수행(심동적 영역)은 이해(인지적 영역)가 선행된 후에 이루어진다.

(5) 전술게임 모형은 이해중심 게임수업(Bunker & Thorpe, 1982)이라고 불리는 영국의 게임지도 개념에서 발전되어 왔다. 게임 내용을 전형적으로 가르치는 방식에 만족스럽지 않았던 벙크와 소프(Bunker & Thorpe, 1982)는 체육 프로그램에서 학생에게 게임에 내재하는 원리를 가르쳐야 한다고 주장한다. 그 이유는 학생이 게임 원리를 배울 때에 게임 수행기능뿐만 아니라 각 게임의 구조와 전술을 이해할 수 있다고 보기 때문이다. 또한, 이는 발달 단계적으로 적합한 형태의 게임 활용을 강조하게 되었다.

3. 모형의 기본 요소 04 기출 16 지도사 17 지도사

(1) 벙커(Bunker)와 트로페(Thorpe, 1982)는 게임 분류라는 개념을 제시하여 유사한 형태로 분류될 수 있는 게임 간의 공통 속성을 규명함으로써 각 게임에 내재하는 구조적 이해를 돕도록 하였다.

(2) 아몬드(Almond, 1986)는 체육시간에 배우는 모든 게임은 침범형, 네트/벽형, 필드형, 표적형의 네 가지 유형에 모두 포함된다고 하였다. 동일한 분류 안에 있는 게임들은 많은 공통점을 가지고 있다. 이는 학생이 그 범주에서 다른 게임을 이해하고 수행하는 데 도움을 줄 수 있다. 포지션, 공이 없을 때의 움직임, 공을 가지고 있을 때의 움직임, 공격, 수비, 전술 같은 기초 개념들은 각 범주 안에서 벽돌집처럼 구조화된다. 이 유사 개념 간에 이 개념들을 일반화할 수 있는 방법이 학생에게 지도하기 위해 직접적으로 활용된다. 예를 들어, 수비 위치의 포지션 개념은 축구, 농구, 하키와 매우 유사하다. 학생들은 한 게임에서 다음 게임으로의 전술인지와 기능을 형성해 나가면서 3가지 스포츠를 일반화하는 방식으로 포지션의 개념을 배우게 될 것이다.

게임 분류와 예 07+ 기출				
게임 유형	영역침범형	네트형/벽면형	필드형	표적형
예시	농구, 하키, 풋볼, 라크로스, 넷볼, 축구, 프리스비	〈네트형〉 배드민턴, 피클볼, 탁구, 배구 / 〈벽면형〉 라켓볼, 스쿼시	야구, 크리켓, 킥볼, 소프트볼	크로켓, 당구, 볼링, 골프

출처: Almond. L. (1986). pp.71-72. 게임 분류와 예시

20. 〈보기〉에 해당하는 게임 유형은?

─〈보 기〉─
농구, 하키, 축구, 넷볼, 핸드볼, 럭비

① **영역(침범)형**　　　　② 필드형　　　　③ 표적형　　　　④ 네트형

14. 〈보기〉에서 설명하는 알몬드(L. Almond)의 게임 유형은?

─〈보 기〉─
• 야구, 티볼, 크리켓, 소프트볼 등 팀 구성원 모두가 공격과 수비에 번갈아 참여한다.
• 개인의 역할 수행이 경기에 중요한 영향을 미치므로, 자신의 역할에 대한 이해와 책임감이 강조된다.

① 영역(침범)형　　　② 네트형　　　**③ 필드형**　　　④ 표적형

(3) Bunker와 Thorpe(1982)의 이해중심 게임지도 모형은 단원에서 선택한 게임을 활용하는 6가지 부분에 근거를 두고 있다.

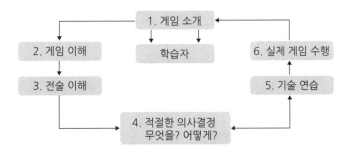

[그림 7-2] 이해중심 게임수업 모형 – 쏘프(Thorpe), Bunker & Almond

(4) 이해중심 게임지도 모형은 6단계로 구성되어 있다.

① 게임에 대한 소개: 수행될 게임의 분류 및 개관이 포함된다.

(교과서: 예를 들어, 교사는 축구 수업에서 축구는 영역형 경쟁 활동이라는 점을 알려준다. 그리고 축구뿐만 아니라 농구, 핸드볼, 미식축구 등의 종목들이 있고, 이 종목들이 가지는 특징을 설명해 준다.)

② 게임에 대한 이해: 게임의 역사와 전통을 가르쳐 줌으로써 게임에 대한 학생의 흥미를 진작시킨다.

③ 전술에 대한 이해: 주요한 전술 문제들을 게임 상황에서 제시함으로써 학생의 전술 인지를 발달시킨다.

④ 적절한 의사 결정의 단계: 전술적 지식의 적용 시기와 방법에 대한 인식을 학생에게 가르치기 위해 게임 유사 학습활동을 활용한다.

(교과서: 즉, 교사는 실제 게임과 비슷한 유사 경기를 학생에게 제공한다. 학생은 유사 경기 상황에서 전술적 지식의 적용 시기와 방법에 대한 의사결정을 하게 된다.)

⑤ 기술 연습의 단계: 다시 게임 유사 활동을 통해서 전술적 지식과 기능 수행을 결합시키기 시작한다.

(교과서: 기술 연습 단계에서 학생들은 전술적 이해가 먼저 이루어진 후 기술 연습을 하게 된다. 기술 연습은 유사 경기 상황에서 이루어진다. 기술 연습을 통해 전술적 지식과 운동 기능이 결합된다. 전통적인 게임 지도 관점에서는 기술 연습이 맨 처음 이루어지는 반면에 전술게임 모형에서는 거의 마지막 부분에서야 이루어진다.)

⑥ 실제 게임 수행 단계: 전술 및 기능 지식의 결합으로 능숙한 수행이 이루어지도록 한다.

(교과서: 실제 게임 수행 단계에서 학생들은 전술적 이해와 기능 연습이 완료된 후 실제 게임에 참여하게 된다.)

참고문제	2017년 지도사 2급

9. 이해 중심 게임 수업 모형의 단계 중 괄호 안에 들어갈 용어는?

〈보 기〉

게임 소개 → 게임 이해 → (　　　　) → 의사결정 → 기술 연습 → 실제게임 수행

① 변형 게임　　　　② **전술 인지**　　　　③ 초기 게임　　　　④ 스크리미지

4. 전술게임 모형의 개요 10 기출

(1) 전술게임 모형은 발달상 적합한 '게임'과, 인지활동 후 숙련된 운동수행을 통해서 전술문제를 해결하는 데 초점을 두는 '게임유사 학습활동'(게임형식)에 기초한다.

(2) 교사는 게임을 수행하는 데 필요한 가장 본질적인 전술을 결정함으로써 이 모형을 활용하기 시작한다.

(3) 이는 각 수업 단원의 내용 목록이 되기도 한다. 예를 들면, 중학교 농구 단원에서 가장 기본적인 전술은 다음과 같다.

　예 공격 중의 공의 이동, 슛의 선택, 공을 가지고 있지 않을 때의 움직임, 수비 및 보호(지역과 일대일 접촉 수비), 리바운드를 위한 위치 잡기, 빠른 전환, 아웃 오브 바운스 플레이와 수비

(4) 전술게임 모형의 중심은 전술이다.

① 전술은 게임과 게임의 유사 상황에서 게임을 수행하는 데 필요한 전략(strategy) 및 기술(skill)의 결합체이다.

② 전술과 기술은 게임 형식의 계열에 따라 발달되며, 각 게임 형식에는 현행 과제의 학습 목표를 정의하는 전술 문제 를 포함한다(Griffin, Mitchell, Oslin, 1997).

③ 학생은 주어진 상황에서 정확한 위치 선택·수행 등 학생이 필요한 게임 수행 기술뿐만 아니라 각 게임의 구조와 전술을 정확히 이해해야 비로소 전술 문제를 해결할 수 있다. **수행(심동적 영역)은 이해(인지적 영역)가 선행된 후에 이루어진다.**

(5) Griffin, Mitchell, Oslin에 의하면 게임 형식(모의 활동)은 반드시 정식 게임을 대표할 수 있어야 하며 (대표성), 전술 기능 개발에 초점을 둘 수 있도록 상황이 과장되어야 한다(과장성). **13 기출**

대표성	게임 형식이 나중에 학생이 정식 게임에 참여할 때, 실제 상황을 포함해야 한다.
	예 야구의 출루(run-down) 공격과 수비의 전술을 가르칠 때, 교사는 학습 활동이 실제로 출루하는 것처럼 보이도록 진행해야 한다. 베이스 간의 거리는 규정대로 하고, 모든 선수들은 정확한 위치에 있어야 하며, 베이스를 도는 규칙은 실효성이 있어야 한다. 이렇게 함으로써 모의 상황은 실제 경기를 대표할 만한 것이 된다.
과장성	학생이 오직 움직임의 전술문제에만 초점을 두도록 게임 형식이 설정되어야 함을 의미한다.
	예 하나의 수행 단위를 분절화해서 그것을 여러 번 연습하게 함으로써 학생은 게임 진행 동안 단 몇 번이 아니라 장기간 동안 전술문제에 초점을 두게 된다. 이와 같은 반복 수행을 통해서 각 학생은 출루를 포함한 모든 위치에 참여할 수 있는 기회를 가지게 된다. 반복 수행과 다양한 참여 방식을 결합시킴으로써 게임 형식의 과장된 특징을 드러나게 한다.

보충학습 **변형 게임**

📖 스포츠 교육학 교과서(이규일, 류민정)
1. 변형 게임이란?
변형 게임은 정식 게임과 비슷하면서도 규칙, 점수, 경기장 크기, 게임 시간을 계획적으로 변형한 게임을 말한다. 이러한 변형은 학생의 발달 단계 및 준비 상태를 반영하고 있어야 하며, 주요 전술과 기술을 게임 상황에서 계속 반복할 수 있도록 게임의 특정 부분에 초점을 두어 참여해야 한다.

2. 변형 게임의 조건
변형 게임은 '대표성'과 '과장성'이라는 2가지 조건을 충족시켜야 한다. 대표성은 정식 게임과 매우 유사한 실제 환경에서 학생이 게임을 수행하는 것을 말한다. 쉽게 말해 교사는 골대의 크기와 경기장의 크기는 줄일 수 있지만 게임이 가지는 본질적인 특징은 유지하여야 한다. 과장성은 게임 상황에서 발생하는 여러 가지 가능성을 줄임으로써 특정한 상황에 초점을 맞추는 것을 말한다. 예를 들어, 교사는 축구 게임 상황에서 반코트 게임을 하게 되면 한 팀은 공격 전술을, 한 팀은 수비 전술을 계속해서 연습할 수 있게 된다.

3. 변형 게임의 예시
축구에서 경기장의 폭과 길이를 줄이고 골대의 크기를 줄이게 되면 학생들은 공을 접하고 수비를 할 수 있는 기회가 증가하게 되며 슛의 정확성을 높일 수 있게 된다. 배드민턴 경기에서는 스매시를 허용하지 않도록 게임을 변형하면 학생들은 랠리를 오래할 수 있게 되고 나머지 기술을 더욱 발달시킬 수 있게 된다.

- 생각거리
  여러분이 좋아하는 종목을 선정하여 변형 게임을 만들어 보자.

9. 다음은 김 교사의 체육 수업 일지 내용이다. (가)~(마)에 대한 설명으로 옳은 것만을 〈보기〉에서 있는 대로 고른 것은?

체육 수업 일지

○○월 ○○일 수요일

'2009 개정 교육과정에 따른 체육과 교육과정'을 적용해 수업을 해 보았다. (가) 가르칠 단원이 영역형 경쟁이어서 농구의 슛을 지도했다. (나) 농구 경기 중 슛에 관한 전술의 활용 능력을 지도하기에 적합한 체육 수업 모형을 적용하였다. (다) 체육관의 빔 프로젝터를 이용해 관련 동영상을 감상하고 슛을 연습했는데, 학생 수에 비해 농구공의 개수가 부족해서 배구공을 추가하여 활용하였다.

(라) 학생들에게 선생님의 수비를 피해 슛을 성공시킬 것을 목표로 제시하였더니 학생들의 수업 참여도가 높아졌다. (마) 과제를 수행하기 전에 학생들에게 '슛을 할 때에는 손목의 스냅을 이용하는 것이 중요하다'고 강조하였다.

〈보 기〉

ㄱ. (가)와 관련해 '2009 개정 교육과정에 따른 체육과 교육과정'의 영역형 경쟁 활동에서는 팀의 공동 목표를 위해 스스로의 역할에 책임을 다하는 '팀워크(teamwork)' 정신을 내용 요소로 제시하고 있다.

ㄴ. (나)의 체육 수업 모형은 '전술게임 모형(tactical games model)'이며, 게임을 변형할 때에는 '과장성'을 배제하는 것이 중요하다.

ㄷ. (다)는 슐만(L. shulman)의 교사 지식의 범주 중에서 '교육 환경 지식(Knowledge of educational contexts)'과 관련된다.

ㄹ. (라)에는 브로피(J. Brophy)가 제안한 동기 유발 전략의 '필수 선행 조건'이 제시되어 있다.

ㅁ. (마)는 효율적인 수행을 위한 과제 핵심 정보인 '단서(cue)'를 제공한 예이다.

① ㄴ, ㄷ   ② ㄴ, ㅁ   ③ ㄱ, ㄷ, ㄹ   ④ ㄷ, ㄹ, ㅁ   ⑤ ㄱ, ㄷ, ㄹ, ㅁ

[정답] ④

2 이론적 배경 및 근거 [10 기출]

1. 이론적 기초

(1) 이해중심 게임수업 모형과 전술게임 모형은 거의 모든 체육 프로그램에서 게임이 중심적인 역할을 한다고 가정한다.

(2) 명확하게 진술된 기초 이론은 없으나, 모형의 설계에서 나타나는 특징을 분석함으로써 **구성주의와 인지학습 이론**을 제시할 수 있다. 두 이론은 학습자들이 단순히 사실을 기억하거나 정적 기능(static skill)을 수행하는 것이 아니라, 학생의 이해 증진을 위해 사전 지식을 통해 새로운 학습이 이루어진다고 본다는 공통점을 가지고 있다.

(3) Griffin, Mitchell, Oslin(1997)은 전술게임 모형에 대한 3가지 주요 근거를 제공한다.

① 정식 게임과 게임 형식에 대한 학생의 흥미와 열정은 모형에서 긍정적인 동기 유발의 소재로서 그리고 주도적인 과제 구조로서 활용된다.

② 지식은 영향력이 있어서 학생의 게임에 대한 이해가 깊어지고 경기 참여와 의사결정에 대한 교사 의존 경향이 줄어지게 된다.

③ 학생은 자신이 이해한 것을 게임에 적용하여 수행할 수 있으며, 동일한 분류 내에 있는 게임들은 유사한 전술 문제들을 포함하고 있기 때문에, 학생이 다른 유사 게임으로 "전이" 할 수 있는 게임과 개념을 지도할 수 있다.

2. 교수·학습에 관한 가정

(1) 교수에 관한 가정

① 교사는 게임의 전술 문제를 규명하고, 주어진 문제의 해답을 찾아나가는 데 초점을 둔 각 학습 과제를 조직할 수 있다.

② 교사는 게임 수행에 필요한 전술인지와 운동 기능을 발달시키는 학습 과제를 설계하기 위해 게임 및 변형된 게임 형식을 사용할 수 있다.

③ 교사는 게임 전문가로, 전술문제에 몰입할 수 있도록 학생에게 간접적인 학습 경험을 제공한다.

④ 모든 게임과 게임형식은 해당 학년의 발달 단계에 적합해야 한다. 학생은 성인 수준의 정식게임을 배울 필요가 없다.

(2) 학습에 관한 가정

① 학생들은 게임 적용성이 거의 없는 기술을 발달시키기보다는 재미있고 하고 싶은 동기를 주며, 진짜 게임으로 보이는 게임 참여를 원한다.

② 학생은 전술인지와 의사결정 능력이 수업의 최우선 목표일 때 이들을 개발시킬 수 있다.

③ 학생이 게임을 잘 수행하기 위해서는 2가지 유형의 지식을 가지고 있어야만 한다.

④ 전술적 지식과 의사결정은 구성주의적 입장에서 개발되어야 한다. 이는 전술문제에 바탕을 둔 학습 활동의 계획적인 전개를 통해서 이루어질 수 있다.

⑤ 전술인지와 다른 유형의 학생 학습은 유사한 분류 범주 내에서 게임으로 전이된다.

3. 모형의 주제: 이해중심 게임 지도

(1) 전술게임 모형의 주요 주제는 벙커 Bunker와 트로페 Thorpe의 이해 중심 게임 지도이다. 이 주제는 전술게임 모형의 가장 중요한 학습 결과를 요약해 주고 있다. 즉, 게임과 게임 유사 상황에 적용될 수 있고 동시에 다른 유사게임으로 전이될 수 있는 이해 수준의 깊이를 심도 있게 할 수 있다.

(2) 또한 이 주제는 학생의 전략적 인지와 의사 결정 능력을 우선적으로 강조하고 있음을 보여준다.

4. 학습 영역의 우선순위와 영역 간 상호작용

(1) 학습 영역의 우선순위

① 이 모형에서 가장 기본적인 가정은 인지 학습이 이루어지면 운동 기능 수행이 보다 능숙하게 될 것이라는 점이다.

② 학생이 게임 상황에서 무엇을, 어떻게 해야 할 것인가를 아는 것이 중요하며, 특히 "무엇"은 전술게임 모형에서 가장 우선시 된다(Griffin, Mitchell, & Oslin, 1997).

③ 다음은 전술게임 모형에서 영역 우선순위를 나타낸 것이다.

1순위: 인지적 영역	2순위: 심동적 영역	3순위: 정의적 영역

(2) 학습 영역 간 상호작용

① 전술게임 모형에서의 학습 영역 간 상호작용은 상당히 명확하다. 학생이 우선 인지적 영역에서 주어진 전술문제를 해결하고, 이는 순차적으로 심동적 영역에서의 게임 유사 상황을 촉진한다. 경우에 따라서는 학생이 주어진 문제를 얼마나 잘 해결해 왔는지를 시험해 보기 위해서 전술적 의사결정을 실행시킬 필요가 있지만, 다시 기능 발달의 요소는 인지적 문제해결 활동을 뒤따른다.

② 정의적 영역은 학생이 전략적 인지와 실제적인 학습결과를 만들어 내기 위하여 운동 수행을 결합하는 것을 배울 때 나타날 수 있고, 이는 게임 감상력과 자아 존중감을 향상시키게 된다.

③ 대부분의 모형에서와 같이 정의적 영역의 학습은 대부분 다른 영역의 학습과 함께 간접적인 상호작용을 통해서 이루어진다.

5. 학생의 발달 요구 사항

(1) 학습 준비도

① 전술게임 모형은 학생의 게임과 게임유사 학습 과제, 그리고 이 게임과 관련된 전술적 문제를 이해할 수 있는 학생의 능력이 필요하다.

② 따라서 학생들은 이해중심 접근의 효과를 얻기 위해서는 충분한 수준의 듣기 능력과 지적 능력이 요구된다. 물론 수업과 모든 학습 과제들이 학생 수준에 맞춰 조정될 수 있지만, 학생들이 전술적인 결정을 할 만한 능력이 없다면 이 모형을 활용할 수 없다.

(2) 학습 선호도

① 전술게임 모형은 대부분 직접교수를 활용한다. 간접적인 전략은 전술문제를 해결하기 위해서 사용되지만, 대개는 교사가 학습 환경을 결정한다.

② 따라서 학생의 학습 선호는 직접교수 모형의 학습 선호와 유사하게 나타나며, Reichmann과 Grasha(1974)가 제시한 회피적, 경쟁적, 의존적인 학생을 분류할 수 있다.

3 교수 학습의 특성

1. 수업 통제(수업 주도성) 10 기출

- 전술게임 모형은 교사가 전술 문제를 설정하고, 그것에 대한 해답을 찾는 데 초점을 맞춘 학습활동을 조직하므로 학생들이 수업을 주도하는 것으로 생각하기 쉽다. 하지만 다음 그림에서 보는 바와 같이 교수·학습 상호작용과 학습진도를 제외한 대부분의 중요한 의사결정을 교사가 하고 있다는 것을 쉽게 알 수 있다.

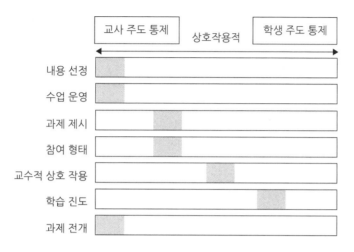

(1) 내용 선정: 교사가 게임 상황을 설정하고 전술적 문제를 제시한다.

   ① 전술게임 모형의 내용은 학생이 단원을 통해 해결해야 하는 전술문제의 계열성에 따라 제시된다.

   ② 단원에서 가르칠 게임을 선정한 후, 교사는 전술문제들을 나열하고 학생이 전술인지와 의사결정을 개발하기 위해 사용할 게임과 게임 유사 상황을 계획한다. 이러한 작업은 전적으로 교사에 의해서 수행된다.

(2) 수업 운영: 교사가 수업 운영 계획, 규칙 및 절차 등을 결정한다.

   ① 교사는 전술게임 모형의 관리 계획, 수업 규칙, 특정 절차를 결정한다.

   ② 이는 학생이 일련의 전술적 모의상황과 연습을 통해 발전해 나가면서 그 효율성이 향상된다.

   ③ 이 모형은 학습 활동을 설정하고 학생을 연습에 참여시키기 위한 관리 시간의 증대가 요구된다. 교사가 이러한 절차에 대한 직접적인 통제를 하는 것이 최선일 수 있다.

(3) 과제 제시: 교사중심적이며, 수업에서 학생이 질문에 대답할 때 교사와 학생 간의 상호작용이 이루어진다.

   ① 교사는 게임 지식의 가장 주요한 정보원으로 인식되고 있기 때문에 전술인지와 의사결정을 개발하기 위한 학습 과제를 계획하고 실행하는 유일한 존재가 된다.

   ② 전술적 프로그램은 교사에 의해 과제 제시에서 부과되는데, 이때 교사는 학생이 전술과 기능을 결합하기 위해 <u>모의상황</u>에 참여하기 전, 문제를 해결할 수 있도록 <u>연역적 질문</u>을 사용한다.

   ③ 따라서 이 프로파일 부분은 매우 교사중심적이며, 학생이 질문에 대답할 때 교사와 학생간의 상호작용이 이루어진다.

(4) 참여형태: 교사가 모든 학습 과제의 내용과 방법을 정하고, 학생들은 학습 과제를 해결하기 위해서 연습한다.

① 교사는 모든 학습 과제와 과제 구조를 결정하고, 학생으로 하여금 전술문제를 해결하게 하며, <u>모의상황</u> 또는 연습을 실행하도록 학생을 지도한다.

② 이 점에서 참여형태는 교사 중심적이다. 학생은 스스로 연습할 수 있으며 참여 형태에 영향을 주는 몇 가지 의사결정을 할 수 있도록 한다.

(5) 상호작용: 교사와 학생 간의 질의응답의 과정을 통해서 교사는 학생에게 게임 및 연습 상황에 대한 단서 및 피드백을 제공한다.

① 교사는 게임 모의상황과 연습 동안 학생이 전략적 문제를 해결할 수 있도록 <u>연역적 질문</u>을 활용하고 단서, 안내 및 피드백을 제공함으로써 대부분의 상호작용을 시작한다.

② 이 프로파일 모형이 어느 정도 이러한 점에서 다소 상호작용적임을 나타낸다. 왜냐하면 학생의 이해를 보다 심화·개발시키기 위한 전술문제가 해결된 후에도 교사는 반드시 <u>연역적</u> 질문을 계속 해나가야 하기 때문에 이 부분에서 이 모형은 다소 상호작용적이다.

(6) 학습진도: 학생 중심적이며, 학생이 스스로 학습 진도를 결정할 수 있다.

① 학생이 게임 상황에 참여하게 되면 연습을 언제 시작하고 마칠 것인지에 대해서 학생 스스로 의사결정을 할 수 있게 되며 이 부분에서 이 모형은 학생중심이 된다.

(7) 과제 전개: 교사 중심적이며, 교사가 학습 과제의 이동 및 변경 시기를 결정한다.

① 교사는 학습활동이 끝나고 학생이 다음 전술문제와 학습 과제로 이동하는 시기를 결정한다. 따라서 이 부분에서 모형은 매우 교사 중심적이다.

전술게임 모형의 포괄성
① 전술게임 모형을 활용하는 교사가 인지 능력과 기능 수행 능력의 수준 차이를 고려한다면 모든 학생을 포괄하여 계획할 수 있다.
② 이 모형은 모든 학생이 소규모 게임, 변형게임 또는 원형게임에 참여한다는 점에서 포괄적이라고 볼 수 있다.

2. 학습 과제 16 기출 21 기출

- 전술게임 모형에서 활용되는 4가지 중 학습 과제는 기능발달 연습, 모의상황 연습, 게임 형식, 정식 게임을 포함한다. 각 과제 유형은 그 자체의 과제 제시와 과제 구조를 가지고 있지만, 이 모든 것들은 학생에 의한 전술문제 해결에 초점을 맞추고 있다. 이 4가지 과제만으로는 이 모형에서 활용되는 과제 전개를 대표하지 못한다. 그리핀(Griffin), 밋첼(Mitchell), 오슬린(Oslin)에 의하면, 교사는 과제의 모든 계열성을 고려하여 학생이 해결할 전술문제를 제기한다.

(1) 초기 게임 형식

① 이 계열성은 게임형식(game form)으로 시작되는데, 이는 게임의 목표영역에서 학생의 전술 및 기능 지식을 평가하기 위해 사용되는 정식 게임의 변형된 형태로 볼 수 있다. 아래 표는 평가될 초기 게임 형식과 영역의 예를 제시하고 있다.

■ 초기 게임 형식의 영역의 예

게임	농구	배구	골프	라크로스
게임 형식	3대3 하프 코트	2대2	퍼트-퍼트	하프 필드 스크리미지 (한 팀은 공격만 하고, 다른 팀은 수비만 함)
평가 적용 예	1. 수비 위치 2. 공과 관련없는 움직임 3. 리바운드 위치 4. 수비수 사이의 의사소통	1. 공격에 대응한 수비 위치 2. 공격패스 3. 팀 동료간 의사소통 4. 서비스 전술	1. 서기와 조준 라인 2. 공 속도의 판단 3. "일시중단"의 판단	1. 수비 위치 수립 2. 수비 3. 공과 관련없는 움직임 4. 수비의 빈 공간 발견하기 5. 팀 동료간 의사소통

② 게임 형식이 수행되고 나면, 교사는 전술과 기술에 관련된 학생의 요구를 조사한다. 그런 후 학습시키고자 하는 영역에 초점을 둔 한 가지 이상의 연습을 고안한다.

③ 연습에 이어 학생은 초기 게임 형식으로 돌아갈 수 있고, 그 후 변형 게임으로 진도를 나갈 수도 있다.

(2) 변형 게임

① 변형 게임은 정식 게임의 많은 부분과 유사하지만 규칙, 점수, 경기장 크기 게임 시간을 계획적으로 변경한다.

② 이러한 변화는 학생의 발달단계 준비상태를 반영해야 하며, 학생이 주요 전술과 기술을 게임 상황에서 계속 반복할 수 있도록 게임의 특정 부분에 초점을 두어 참여하도록 한다.

③ 다음 표는 변형 게임과 변화 내용의 예를 제시하고 있다.

■ 변형 게임과 변형의 목적

게임	플로어 하키	축구	프리스비	배드민턴
변형	모든 선수들이 퍽을 접촉할 때까지 골을 향해 슛을 할 수 없다.	경기장의 폭과 길이를 반으로 줄이고, 골대의 크기를 줄인다.	잡은 후 갖고 있는 시간을 늘린다.	오버헤드 스매시를 허용하지 않는다.
초점	1. 패스 2. 팀웍 3. 의사소통	1. 공을 접하고 수비를 취할 수 있는 기회 증가 2. 공과 관련없는 움직임 3. 슛의 정확성	1. 원반과 관련없는 움직임 2. 패스 판단 3. 의사소통	1. 공격의 정확성과 터치 샷 2. 랠리를 오래 하기

(3) 정식 게임

　① 학습 과제의 마지막 형태는 정식 게임이다.

　② 정식 게임은 반드시 성인 수준의 게임일 필요가 없다.

　③ 정식 게임은 게임 자체 또는 거의 모든 요소를 갖춘 것으로서 학생이 최대한의 참여로 전술과 기능을 연습하도록 발달단계에 적합해야 한다. 때때로 변형 게임과 발달상 적합한 정식 게임 사이의 차이점을 말하는 것이 쉽지 않으나, 그것은 문제가 되지 않는다.

　④ 여기서 중요한 점은 학생이 그들 수준에서 정식 게임에 참여하게 된다는 사실이다. 또한, 스포츠교육 모형에서도 그러하듯이 정식 게임 형식으로 심화되어야 한다는 형식에 구애받을 필요가 없다.

　⑤ 이 모형의 기본적인 아이디어는 신속하게 학생을 게임에 참여시키고, 게임 상황에서 학생에게 전술과 기술을 배울 수 있는 기회를 많이 제공하는 것이다.

2-1. 과제 제시

(1) 과제 제시는 전술 문제를 고안하고 상황적인 학습 과제의 중요성을 설명하기 위해 활용된다. 중요한 점은 학생에게 해답을 주지 않고 전술 관련 상황에 대한 충분한 정보를 제공하는 것이다. 그것은 바로 학생이 직접 생각하고 탐구해야 할 부분이기 때문이다.

(2) 학생이 한 가지 또는 그 이상의 해답을 찾아내면, 학생은 그 상황에 필요한 의사결정과 수행 기술을 발달시키기 위해 과제를 연습하기 시작한다.

2-1-1. 초기 게임 형식의 과제 제시

(1) 교사는 게임 형식이 원형 게임에 어떻게 관련되는지, <u>전술적 측면에 왜 중요한 것인지</u>를 설명해야 한다.

(2) 교사는 게임 형식 또는 <u>모의 상황(적용 규칙, 상황 발생 과정, 관련 선수 등)</u>을 보고 이해하는 데 필요한 정보만을 제시한다.

(3) 그런 후 교사는 학생이 하나 이상의 가능한 해답을 찾을 수 있도록 <u>연역적</u>인 질문을 활용한다.

　예 예를 들면, IMPE웹사이트에 소개된 전술게임 모형의 교수학습과정안을 활용하라.

(4) 교사가 과제구조를 설명하고, 학습 과제 내의 의사 결정과 기술 연습에 학생을 적극적으로 참여시키며, 그 상황에서 인지 수준과 숙련 정도를 평가하기 위해 학생을 관찰한다.

(5) 이 단계는 교사와 학생으로 하여금 독립적이고 반복적인 학습 과제를 통해서 개발시키고자 하는 전술인지와 기술 영역을 규명하게 하는 데 목적을 둔다.

　■ 연역적[흐를 연(演), 풀다 역(繹), 과녁 적(的)]: [논리] 일반적이고 보편적인 사실이나 원리로부터 개별적이고 특수한 사실이나 원리를 이끌어 내는 사유 방식에 의한.

　■ 귀납적[돌아갈 귀(歸), 거두어들이다 납(納), 과녁 적(的)]: [논리] 하나하나의 구체적이고 특수한 사실을 종합하여 그것으로부터 일반적인 원리를 추론하는.

2-1-2. 기술 연습의 과제 제시

(1) 전술인지와 기술 발달에 대한 학생의 요구들을 살핀 후에, 교사는 게임 형식의 과제를 멈추고 기술 학습 과제를 전개시킬 계획을 세운다.

(2) 게임 형식으로 시작함으로써, 교사는 실제적인 학습 요구를 포함하고 게임을 잘하기 위한 요구 사항의 중요성을 학생이 이해할 수 있게 해야 한다.

(3) 기술 연습은 직접교수에서 했던 방식대로 제시된다. 이때 교사는 학생이 배울 움직임 패턴을 설명하고 시범보이며, 학생에게 언어적 단서를 제공한다. 다른 차원에서 교사가 학생으로 하여금 기능의 전술적 중요성과 그 기능이 초기의 게임 형식 과제의 전술문제를 해결하는 데 사용되는 방법을 인식하도록 돕는다.

(4) 따라서 교사는 기술을 수행하는 방법뿐만 아니라, 학생이 게임 형식으로 돌아가거나 변형 게임 또는 정식 게임으로 진행할 경우 그것을 왜, 어떻게 해야 하는지를 설명해야 한다.

2-1-3. 변형 게임 의 과제 제시

(1) 변형 게임은 정식게임의 전술 및 수행의 복잡성을 줄이기 위해서 고안되었으며, 학생이 특정한 부분에 초점을 맞추는 여러 번의 시도가 허용된다.

(2) 변형 게임의 과제 제시는 정식 게임과 어떤 관련이 있는지(공통점과 차이점), 규칙이 '왜', 그리고 '어떻게' 변경되었는지, 변형 게임의 전술적 목표에 대한 설명이 포함되어야 한다.

(3) 전술적인 목표들을 진술함으로써, 교사는 변형 게임에서 제시된 하나 이상의 전술문제에 접근하도록 한다.

(4) 언급한 바와 같이 교사는 학생이 전술문제에 대한 답을 추론하기 전에 학생에게 모의 게임 상황을 설명해 주어야 한다.

2-1-4. 정식 게임 에서의 과제 제시

(1) 여기에서의 과제 제시는 변형 게임의 한 형태처럼 보인다.

(2) 교사는 게임 단계를 설정하고, 전술적 목표를 설명하며, 게임이 시작되기 전 학생이 해결해야 하는 전술 문제들을 부과한다.

(3) 교사는 학생이 훌륭한 전술인지와 필수 기능을 가지고 있다고 확신하면 정식 게임을 적절한 학습 환경으로 볼 수 있다.

2-2. 과제 구조

(1) 과제 구조는 모형의 각 단계에서 교사가 계획한 과제 유형에 의해서 결정되는데, 여기에 게임 형식, 기술 연습, 변형 게임, 정식 게임이 포함된다. 모든 과제는 모의상황에서 실시되기 때문에, 대부분의 과제 구조는 과제가 제시되고 전술 문제가 해결되는 동안 학생에게 제공된다.

   ■ 모의[본 모(模), 헤아릴 의(擬)]: 실제의 것을 흉내내어 그것과 비슷하게 시험적으로 해 봄.

(2) 학생은 각 과제의 설정 방식에 대해 알지 못한 채 전술 문제에 대한 해답을 추론할 수 없다. 전술 문제가 해결되고 기초 과제 구조가 설명되고 나면, 교사는 학생에게 할당 시간, 안전, 각 학습 장소의 정확한 위치에 대한 정보만 제공해 줄 필요가 있다.

2-2-1. 게임 형식의 과제 구조

(1) 게임 형식은 변형 게임 또는 정식 게임의 맥락에서 일어나는 일반적인 상황에 대한 **모의상황**으로 볼 수 있다.

　　예 야구에서 출루, 깃발 축구에서의 골라인 수비, 하키에서의 브레이크 어웨이(breakaway), 테니스에서 상대방이 네트로 다가오는 경우 등이다.

(2) 교사는 전술인지, 의사결정, 기타 필요한 기술을 연습하고 평가하기 위해 그 상황에 대한 합리적인 대표성을 학생에게 제공하는 학습 과제를 구성한다.

(3) 교사는 관련선수, 게임 진행 상황, 도전적이고 실제적인 게임 형식을 학생에게 제공하는 방법을 확인하기 위해서는 충분히 **모의상황**을 잘 알고 있어야 한다. 이 시점에서 학생은 인지적 영역에서 전술문제를 이미 해결한 상태임을 기억해야 한다.

(4) 과제 구조의 목표는 학생이 필요한 전술적 의사결정을 수행할 수 있도록 여러 차례 반복 연습하게 하는 것이다.

2-2-2. 기술 연습의 과제 구조 　16 기출

(1) **학생이 전술적 의사결정을 하는 데 필요한 기능을 개발할 수 있도록 많은 기술 연습이 고안**되어 있다. 또한, 개별 연습, 2인조 연습, 소집단 연습, 대집단 연습 등 다양한 과제 구조가 활용될 수 있다.

(2) 기술 연습 지도는 한 가지만 다르고 거의 **직접교수 모형**처럼 보인다. 그 차이는 **연습 시작 전에 교사가 전술 문제를 학생에게 부과하는 일이다.**

① 직접교수 모형에서 교사는 학생에게 움직임을 능숙하게 수행하는 방법을 시범보이고 설명한 다음 똑같이 따라 하도록 시킨다.

② **전술 게임 모형에서 교사는 학생에게 기술 내용과 그 기술 내용의 전술적 요구사항을 충족시키는 데 필요한 방법을 이해시킨다.** 또한, 교사는 장시간 동안 학생에게 게임 적용 기술에 필요한 요구사항을 이해하도록 돕는다. 학생이 이해를 하게 되면(즉, 전술문제가 해결되면), **교사는 전술적 지식과 기술 지식을 동시에 증진시키기 위한 연습에 학생을 참여시켜야 한다.** 따라서 과제 구조는 학생이 단순히 여러 번 반복하여 연습하기보다는 전술적인 결정을 할 수 있는 기회를 학생에게 많이 제공해야 한다.

2-2-3. 변형 게임 의 과제 구조 　16 기출 　20 지도사

(1) **변형 게임의 과제 구조는 '대표적'이면서 동시에 '과장'되어야 한다.** 그리핀(griffin) 등.

(2) '대표적'

① 의미는 학생이 실제 환경에서 수행하고 실제로 전술을 결정할 수 있도록 변형 게임이 정식 게임과 매우 유사해야 한다는 뜻이다.

② 게임 규칙, 경계선, 골대의 크기 등에서 변형이 가능하지만, 교사는 변형 게임이더라도 본래 게임의 가장 본질적인 특징만큼은 유지되도록 주의해야 한다.

③ 과제 구조는 또한 전술적 결정과 기술을 독립적으로 연습할 수 있는 기회를 많이 제공하도록 게임의 특정 부분을 부각시켜야 한다.

(3) '과장'

① 전형적으로 예측할 수 없는 게임의 흐름 속에서 발생하는 다른 사태의 가능성을 제거하거나 줄임으로써 학생이 이러한 특정한 사태(event)에 초점을 맞추도록 돕는다.

② 예를 들면 교사가 학생을 반코트 농구 경기에 참여시키면, 양 팀은 공격 패턴, 세트 수비, 리바운드에 대한 전술적 결정을 연습하고 수행할 수 있는 많은 기회를 접하게 된다. 빠른 속공을 제외시킨다면, 이 구조는 정식 게임의 복잡함을 줄이고 지도할 전술적 및 기술 지식에 대해 보다 많은 "티칭 모멘트"를 제공하게 된다.

(4) 학습 과제의 핵심인 전술적 문제에 유의하면서 교사는 우선 변형 게임을 설명하고, 게임을 시작하기 전에 학생들에게 전술적 문제를 제시한다. 가령 반코트 농구 게임을 준비할 경우, 교사는 다음과 같은 몇 가지 전술적 질문을 제기할 수 있다.

① 교사가 공격자에게 '공을 소유해야 하는 이유가 뭐니?'라고 물으면 공격자는 '득점 하려고요.'라고 대답한다.

② '반코트 상황에서 공격자 또는 수비자는 어떤 이점이 있니?'

③ 교사가 수비자에게 '지역 방어와 대인 방어가 어떻게 다르지? 넌 언제 수비 유형을 결정하니?'

(5) 변형 게임의 과제 구조는 기술과제와 정식 게임 사이를 직접적으로 연결시키는 가교 역할을 하기 때문에 전술 게임 모형에서 중요하다.

① 이는 학생의 게임중심 의사결정 능력을 발전시키며, 나중에 정식 게임을 수행할 때 종종 실제상황에서 기술을 적용하도록 한다.

② 학생이 전술 및 기능 발달의 초보 단계에 있을 때 교사는 변형 게임 구조가 여러 단원을 거쳐 축적되는 구조가 될 것임을 명심해야 한다.

2-2-4. 정식 게임의 과제 구조

(1) 학생이 변형 게임에서 탁월한 능력을 지속적으로 보일 경우에만 정식 게임을 하게 한다. 교사는 변형 게임에서 학생의 지식에 대해 공식적·비공식적인 평가를 할 수 있으며, 이에 따라 정식 게임을 과제 구조로 채택할지를 결정한다. 즉, 정식 게임은 모든 단원에서 자동적으로 수행되는 것이 결코 아니다. 학생이 반드시 과제 구조에 대한 준비가 되어 있어야 한다.

(2) 정식 게임의 과제 구조는 스포츠 지도에 활용되는 연습 대형과 같이 보일지 모른다. 교사는 게임 중에 발생하는 '티칭 모멘트'를 관찰해야 하고, 전술인지, 전술적 결정, 또는 게임 기술의 초점이 적절하다면 지도할 시기를 포착해야 한다. 그러나 각각의 지도할 적당한 시기는 경기가 순간적으로 멈출 때 학생에게 전술문제를 부과할 수 있어야 한다.

(3) **메츨러(Metzler, 1990)**는 전술게임 모형에 매우 유용한 게임 과제에 대해 교사가 구조화하고 간섭할 수 있는 몇 가지 방법을 제시하였다. (모상황에서 선코나오니 T분에 즉흥재생)

즉흥적인 재생	교사는 게임을 멈추고 <u>바로 직전의 수행으로 돌아간다</u>. 그래서 선수들은 자신들의 전술적 결정을 반성하고 변화시킬 수 있는 기회를 가질 수 있다. 실제의 경기 결과만이 점수에 반영된다.
선수코치	교사는 전략상의 목적과, 학생의 전술 및 기술 연습을 증진시키기 위해 게임의 특정 부분을 조작하기 위해 <u>게임에 참여한다</u>. 예 교사는 소프트볼 게임에 참여하여 양 팀에서 <u>투수 역할을 맡고</u>, 특정 상황(던져진 공을 받아 침, 반대편 필드로 공치기)이 발생하도록 의도하면서 공을 던진다. 농구 경기에서 교사는 어느 한 팀의 포인트 가드로 <u>게임에 참여</u>하면서 게임의 속도를 조절하기 위해 포지션을 활용한다.
모의상황	게임이 진행되는 동안, 교사는 경기를 멈추고 <u>전술 인지와 의사결정이 발생하기 전</u>에 이들을 <u>점검하기 위한 질문</u>을 한다. 예 테니스 복식 게임에서 교사는 한 경기자에게 "동료가 너의 구역인 네트 쪽으로 가야할 경우가 생기면 넌 어떻게 하겠니?"라는 질문을 해 본다. 소프트볼 게임에서 주자가 1아웃에 1루와 2루에 있는 상황에서 교사는 우익수에게 "만약 네가 멀리 높게 날아가는 공을 잡는다면 어떻게 하겠니?"라고 물어본다.
TV분석가	교사가 게임에서 나타나는 <u>패턴을 인식</u>한 후에, <u>게임을 멈추고</u>, "무슨 일이 일어나고 있지? 그것을 어떻게 바꿀 수 있을까?"라고 질문을 한다. 예 축구 경기에서 어느 한 팀이 몇 번씩이나 골을 향해 돌진해서 슛을 했다면, 교사는 수비팀에게 "너희 팀은 그 일을 멈추게 하기 위해 어떻게 해야 하겠니?"라고 묻는다.

(4) 전술게임 모형에서 정식 게임 구조의 주요 특징은 전술인지, 전술적 의사결정, 기술수행에 지속적인 초점을 두는 것으로 볼 수 있다.

① 이때 교사는 대부분의 게임에서 있을 수 있는 폭 넓은 전술문제들에 대해서 학생이 생각하고 해결할 수 있도록 상호작용적 교수를 활용해야 한다.

② 정식 게임의 구조는 단순히 수업 중의 "그냥 게임하기"와 구별된다.

참고문제	2020년 지도사 2급

18. 〈보기〉의 설명과 관련된 용어는?

〈보 기〉
- 정규 농구 골대의 높이를 낮춘다.
- 반(half)코트 경기를 운영한다.
- 배구공 대신 소프트 배구공을 사용한다.

① 역할수행　　　② 학습센터　　　**③ 변형게임**　　　④ 협동과제

9. 다음은 전술게임 모형 중심의 중학교 축구 단원의 계획서이다. 트로페(R. Thorpe), 벙커(D. Bunker), 알몬드 (L. Almond)가 고안한 전술게임 모형(또는 이해 중심 게임 수업 모형)에 근거하여 〈작성 방법〉에 따라 서술 하시오. [4점]

차시	전술문제	학습활동
1	○게임 분류 확인 ○주요 전술과 기술	• 축구 관련 동영상 시청 • 게임 분류 체계 및 축구 특징 확인 • 모둠 편성 후 주요 전술과 기술 목록화
	… (중략) …	
7	○소유권 유지	• 게임 형식 　- 3대 1 소유권 유지 게임 　- 골키퍼 없음, 드리블 금지, 소극적 수비 • 게임 이해 　- 공의 소유권을 유지하기 위해 어떻게 움직여야 하는가? 　• (㉠) 　- 2대 1 패스 연습, 소극적 수비 　- 3대 1 패스 연습, 소극적 수비 　• (㉡) 　- 3대 2 소유권 유지 게임 　- 골키퍼 없음, 드리블 금지, 적극적 수비
	… (중략) …	
16	○정식 게임	• 11대 11 정식 축구 경기

─── 〈작성 방법〉 ───
○ 괄호 안의 ㉠에 해당하는 수업 단계의 명칭을 쓰고, 과제 구조 측면에서 그 특징을 제시할 것.
○ 괄호 안의 ㉡에 해당하는 수업 단계의 명칭을 쓰고, 과제 구조 측면에서 그 특징을 제시할 것.

[정답] • ㉠ **기술연습**이다. [1점] 학생이 전술적 의사결정을 하는 데 필요한 기능을 습득하도록 해야 한다. 또는 앞서 배웠던 게임의 이해와 연관하여 지도를 해야 한다(출처 효과적인 과제 전달 내용). [1점]
• ㉡ **변형게임**(또는 적절한 의사결정 및 균형 1점 인정)이다. [1점] 대표성과 과장성이 있어야 한다. [1점]

1. 다음의 (가)는 전술게임 모형을 적용한 김 교사의 축구 수업 계획서이고, (나)는 동료 교사의 수업 평가서이다. 괄호 안의 ㉠에 해당하는 **학습 과제**의 명칭을 쓰고, 밑줄 친 ㉡에 해당하는 교사 행동을 쿠닌(J. Kounin)의 '수업 흐름을 방해하는 교사 행동'에 근거하여 쓰시오. [2점]

(가) 김 교사의 축구 수업 계획서

• 전술적 문제: 공의 소유권 유지

　　　　　　　　　　　　　… (중략) …

• 학습 활동
　– **게임 형식**(소유권 유지 게임)
　　＊ 3 대 3 경기
　　＊ 규칙: 3회 규칙(공을 가진 사람은 3회까지만 공을 건드릴 수 있음), 소극적 수비(수비수는 적극적으로 공을 빼앗지 못함) 외의 규칙은 일반 축구 규칙과 동일
　　＊ 게임 이해를 위한 설명: 전술적 문제에 초점을 둔 질문
　– (㉠)
　　＊ 상황: 2 대 1 패스 상황(1명 수비수)
　　＊ 초점: 인사이드 패스, 공을 갖지 않은 사람의 빈 공간 움직임
　– **변형 게임**
　　＊ 적극적 수비 인정, 그 외는 게임 형식과 동일

　　　　　　　　　　　　　… (하략) …

(나) 동료 교사의 수업 평가서

• 학생의 학습 활동 참여 측면
　– 학생들은 학습 활동에 흥미를 가지고 적극적으로 참여함.

　　　　　　　　　　　　　… (중략) …

• 교사의 수업 지도 측면
　– 전반적으로 내용을 압축해 설명하면서 집중하지 않는 학생들을 동시에 관리하는 모습이 돋보임. 그러나 ㉡게임 중에 교사가 학생들의 경기를 임의로 중단하고 지도함으로써, 수업 흐름을 끊는 행동을 자주 함.

　　　　　　　　　　　　　… (하략) …

[정답] • ㉠ 기술연습
　　　　• ㉡ 학습 활동의 침해

2-3. 내용 전개

(1) 전술게임 모형에서 내용 조직의 중심은 전술적 문제이고, 이는 게임 중에 일어나는 전형적인 상황을 의미하는 것으로써 기능과 전술적 지식의 동시적용(simultaneous application)을 요구한다.

(2) 이 모형에서 이해해야 할 것은 가르칠 내용이 기능 중심(예 도루하기, 공 차기 또는 물체 치기)이 아니라는 것이다.

(3) 즉 내용은 특정 영역의 요구에 부응하는 전술적 인지와 그것에 적합한 실행에 근거한다.

(4) 따라서 내용은 개념적 관점에서 개별적으로 규정된다.(예 수비 위치를 유지하기, 골을 얻기 위한 공격하기, 열린 공간으로 이동하기, 게임 시간을 유리하게 활용하기 등).

(5) 그리핀(Griffin), 미첼(Mitchell) 및 오스린(Oslin)은 전술적 문제의 복잡성에 따라 4가지 수준 단계로 규정될 수 있다고 하였다. 만약 게임 형식이 축구라 한다면 전술적 문제는 '골을 얻기 위해 슛 하기'가 전술적인 문제가 되며 패스를 해야 할 선수에게 있어서 전술적 문제는 다음과 같이 제시될 수 있다.

1수준	골, 수비수, 그리고 팀 동료들을 기준으로 나의 위치를 이해한다.
2수준	언제 드리블을 해야 하며, 언제 공을 패스해야 하는가를 이해한다.
3수준	내가 공격하고 있다면 수비는 어떻게 움직일 것인지, 그리고 어떻게 반응해 올 것인지를 이해한다. 팀 동료가 열린 공간으로 침투해 들어가기를 기대하면서 가장 효과적인 타이밍을 인식한다.
4수준	공을 슛 할 경우 언제 슛을 하며 어디를 향해서 해야 할 것이며, 어떻게 수행해야 할 것인가를 안다. 만약 공을 패스하는 경우, 언제 패스를 하고, 어떤 종류의 패스를 수행해야 하며, 그러한 기술을 어떻게 효과적으로 실행할 수 있을 것인지를 안다.

3. 학습 참여 형태

(1) 전술게임 모형의 주요한 과제 구조는 학생의 세 가지 다른 참여 형태를 나타낸다.

① 첫째, 학생이 기능을 연습할 때 동일한 과제에 개별적으로 참여하게 된다. 각 학생은 연습 공간과 필요한 장비를 가진다.

② 둘째, 게임 유사 상황과 변형 게임에서의 참여 형태는 소집단으로 이루어지는데, 각 집단은 전술문제에 초점을 맞추는 모의상황 또는 변형게임이 가능하도록 충분한 수의 학생으로 구성되어야 한다.

③ 마지막 참여 형태인 정식 게임 수행은 학생의 준비도에 따라 교사에 의해 이루어지거나 그렇지 않을 수도 있다. 물론 참여 형태는 수행중인 게임에 의해서 혼자, 짝, 소집단(예 농구), 대집단(예 축구) 등으로 결정될 것이다.

4. 교사와 학생의 역할 및 책임

수업진행과 책임 (역할 및 책임)	전술게임 모형에서 누가 그 일을 하는가(책임 주제)
수업 시작	대개 교사가 학급 전체를 대상으로 첫 번째 과제와 전술문제를 제시하면서 수업을 시작한다.
과제 제시	교사가 과제를 제시한다. 또한 전술적 상황을 학생에게 보여주기 위해서 교수 매체를 활용할 수 있다.
전술문제 제시	교사는 각 모의상황의 학습 과제 단계를 설정하고 전술문제를 학생에게 제시한다.
전술문제 해결	학생은 전술문제를 해결하기 위해서 혼자 또는 소집단에서 문제에 대해 생각한다.
수업 기구의 배치 및 회수	대부분의 학습 과제가 소집단의 구조를 활용하기 때문에 모든 학생 집단은 필요한 기구들을 사용하고 반환할 수 있다.
과제 구조	학생은 교사의 지시를 따라서 각 과제(학습 장소)를 설정한다.
평가	교사는 각 과제에 대한 평가 방법을 설계해야 한다. 설계가 이루어지면 학생 또는 교사에 의해서 활용된다.

5. 학습 평가 `17 기출` `21 기출`

(1) 전술게임 모형의 주요 학습목표는 학생이 게임 또는 게임 유사 학습 활동에서 전술문제를 구성하고 수행하는 것이라고 볼 수 있다. 이는 게임 상황에서 무엇을 하고 어떻게 정확하게 수행할 것인가에 대한 지식을 결합한 것이다.

(2) 잘 설정된 목표는 교사로 하여금 이 모형을 활용하여 타당하고 실제적인 평가 기법을 고안할 수 있도록 돕는다. 왜냐하면 "학생이 전술적 결정을 어느 정도 정확하게 수행하는지, 게임 진행 동안 그것을 어떻게 수행하는가?"라는 정확하고 직접적인 평가 질문이 가능하기 때문이다.

(3) 전술게임 모형에서 게임진행 동안 전술적 결정을 만들고 수행하는 학생의 능력에 초점을 맞추어야 한다. 게임은 정식게임, 변형게임, 또는 게임상황을 대표하는 게임형식이 될 수도 있다. 게다가 평가는 게임 진행을 관찰함으로써 이루어지기 때문에 실제적이라고 볼 수 있다. 이를 감안할 때 전술게임 모형에서 평가는 두 가지 주요 방식(수행능력에 관한 객관적인 게임 통계치와 평가와 학생의 의사결정)으로 이루어진다.

① 게임 통계치의 평가

    ㉠ 팀이 경기를 보다 잘 평가하려면 아마도 경기 내용을 요약한 게임 통계를 살펴보아야 할 것이다.

    ㉡ 대개 게임 통계에는 선수가 골을 넣은 횟수와 지역, 공 소유시간, 범한 실책의 횟수, 양 팀이 범한 반칙 수에 대한 정보가 반영되어 있기 때문이다.

    ㉢ 이로써 게임 통계에 기초하여 각 선수의 포지션에 따른 여러 측면을 평가하는 것이 가능해지고, 각 학생은 자신의 포지션에서 수행한 통계 결과를 서면평가 형태의 보고서로 제공받는다.

② 전략적 의사 결정과 기술 수행의 평가

    ㉠ 학생의 게임 수행을 게임 통계로 평가하는 것이 유용하지만, 이 정보는 교사에게 경기 중 학생이 전술적 결정들을 어떻게 수립하고 실천했는지를 알려주지 못한다.

    ㉡ Griffin, Mitchellm, Oslin은 체육 수업에서 전형적으로 지도되어왔던 다양한 게임의 전술적 지식을 평가하는 실제적인 평가 기법을 고안하였다. 게임수행 평가도구(GPAI)는 학생의 전술적 지식을 평가하기 위해 여러 유형의 게임에 적용할 수 있는 기본적인 평가 기법이다.

ⓒ GPAI는 게임의 7가지 공통 수행 요소를 포함하고 있다. 특정 게임에서 GPAI를 활용할 때, 교사는 7가지 요소 중 어떤 요소가 게임에 적용되는지를 파악하고, 각 요소에서 좋은 전술적 의사결정과 수행을 나타내는 한 가지 이상의 기준을 결정한다. GPAI는 각 요소의 세 가지 수행 측면, 의사결정의 적절성(적절함/부적절함), 기술 수행의 효과성(효과적임/비효과적임), 보조의 적절성(적절함/부적절함)에 초점을 맞춘다. 그런 다음 교사는 게임 과제에 있는 각 학생을 관찰하고, 선택된 요소에 해당하는 전술적 지식과 기술 수행의 적절성과 효과성을 기록한다.

〈표 7-1〉 게임 수행 평가도구(GPAI)의 요소

구성요소	수행 평가를 위한 기준
돌아오기 (베이스)	수행자가 기술 수행을 하면서 홈 또는 제자리로 적절하게 돌아오기
적응하기 (조정하기)	게임 진행에 필요한 수행자의 공격적인 움직임과 수비적인 움직임
의사결정하기	공을 가지고 게임 중에 무엇을 할 것인지에 관해서 적절한 선택하기
기술수행하기	선정된 기술의 효과적인 수행
보조하기	경기자가 속한 팀이 공을 가지고 있을 때 **패스**를 받기 위한 위치로 움직이기
커버하기	공을 가지고 있는 팀원이 경기를 하거나 공에게 다가갈 때 지원하기
가드/마크하기	공을 가지고 있거나 그렇지 않은 상대 팀원에 대해 수비하기

〈표 7-2〉 축구에 대한 GPAI의 활용 예

관점	기준
의사결정	1. 경기자는 상대선수가 근처에 없는 팀 동료에게 패스를 시도한다. 2. 경기자는 적절한 시기에 슛을 시도한다.
기술실행	수용: 패스의 통제 및 공을 찰 준비하기 패스: 공을 목표지점까지 패스한다. 슛팅: 공이 머리 높이 아래 있고 목표를 향한 위치에 있다.
보조하기	경기자는 공을 가지고 있는 사람 옆에 따라가거나, 패스를 받을 수 있는 적절한 위치로 이동하면서 보조한다.

〈표 7-3〉 10분간의 3대 3 게임에 대한 GPAI

모둠원	의사결정		기술실행		보조하기	
	A(적절함)	IA(부적절함)	E(효율적임)	IE(비효율적임)	A(적절함)	IA(부적절함)
신승주	XXXXX	X	XXXXXX	X	XXXXXXX	XXXX
원술랑					XXX	XXX
배성환	XXXXX	X	XXXXX	X	XXXX	X
김영민	XX	X	XXX	X	XXXXX	XX
조영훈	XXX	XX	XX	XXX	XX	X
정기천	X	XX	X	XX	XXXXXXX	X

〈표 7-4〉 10분간 시합에 대한 GPAI의 점수

항목	계산법
게임참여	적절한 의사결정 수 + 부적절한 의사결정 수 + 효과적인 기술 실행의 횟수 + 비효과적인 기술 실행의 횟수 + 적절한 보조 움직임 횟수
의사결정 (DMI)	적절한 의사결정 수 ÷ (적절한 의사결정 수 + 부적절한 의사결정 수) × 100
기술실행 (SEI)	효과적인 기술 실행의 횟수 ÷ (효과적인 기술 실행의 횟수 + 비효과적인 기술 실행의 횟수) × 100
보조하기 (SI)	적절한 보조 움직임의 횟수 ÷ (적절한 보조 움직임의 횟수 + 부적절한 보조 움직임의 횟수) × 100
게임 수행	[DMI + SEI + SI] ÷ 3 (사용된 항목의 수)

참고자료 - '신승주'의 GPAI 평가 결과(소수점 첫째자리에서 반올림)

게임참여 = 6 + 1 + 6 + 1 + 7 = 21
의사결정 = 6 ÷ (6 + 1) × 100 = 86
기술실행 = 6 ÷ (6 + 1) × 100 = 86
보조하기 = 7 ÷ (7 + 4) × 100 = 64
게임수행 = (86 + 86 + 64) ÷ 3 = 79

이때 게임 수행 점수는 비율일 뿐이지 결코 백분율이 아니며 절대 수치도 아니다. 이는 게임 수행 점수가 적절성/부적절성 그리고 효과성/비효과성 경우 사이의 균형을 반영하는 것일 뿐, 게임 상황에서 보다 긍정적인 발생이 이뤄지는 학생이라고 반드시 긍정적인 경우가 적은 학생보다도 높은 점수를 받게 되는 것은 아니다. 최고의 GPAI점수는 학생들이 부정적인 경우의 수보다도 긍정적인 경우를 보다 많이 나타낼 때 이뤄진다. 이 같은 점수 부여 방식은 학생들로 하여금 좋은 전술적 결정을 하게 만들고 부정적인 상황을 좀더 줄이는 역할을 한다. 좋은 경기 수행이 많다고 해서 반드시 훌륭한 것이 아닌 것이다. 긍정적인 전술의 실행에 비해 전술적 실수를 줄여 나가는 것이 중요한 것이다.

4 교사 전문성 및 상황적 요구 조건

1. 교사 전문성

발달단계에 적합한 수업	교사는 학생들의 발달수준에 적합한 전술적 상황과 게임 및 변형 게임을 설계할 수 있어야 한다.
학습 영역과 목표	교사는 인지적 영역과 심동적 영역의 상호작용에 기초하여 학습목표를 수립하고 학생이 <u>연역적 질문</u>을 통해 전술문제를 해결할 수 있도록 지도한다.
과제 분석 및 내용 전개	과제 분석은 학생의 발달단계를 고려하여 각 게임의 전술적 지식과 기술 분석으로 시작된다. 교사는 학생이 전술문제를 해결할 수 있도록 학습 과제를 계획한다.
체육교육 내용	교사는 수업에서 활용할 수 있는 실제 게임 형식과 변형 게임을 설계할 수 있을 만큼 다양한 게임에 대해 잘 알고 있어야 한다.
평가	평가는 학생이 적극적으로 참여하는 동안에 이루어지는 실제 평가 기법으로 수행된다(실제 경기 상황에서 평가).

2. 핵심적 교수 기술

(1) 수업 계획

① 전술게임 모형중심 수업에서는 단원을 시작하기 전에 어느 정도의 단원 계획을 세우지만, 구체적인 단원 계획은 학생들의 전술 지식과 기능수준을 평가한 다음 세우게 된다.

② 교사가 첫 게임-같은 또는 유사 게임game-like을 미리 계획하여 학생들의 현재 전술적 지식과 기능 수준을 파악한 다음, 유사-게임으로 전술을 가르칠 것인지 아니면 전술에 필요한 기능 연습을 시킬 것인지를 결정한다. 교사는 학생들이 첫 유사 게임에 참가하는 학생들을 면밀히 관찰하면서 학생들이 무엇을 필요로 하는지, 어떤 활동이 학습에 도움이 되는지 등을 파악한다.

③ 학생들이 첫 유사게임에 참가하는 동안 그들의 전략적 지식과 기능 수준을 파악한 다음, 전술적 문제를 학습 과제로 제시하면 연습 또는 학습이 시작된다. 교사는 전술적 문제를 사전에 개발하여 일련의 연역적 발문으로 준비한 다음 학생들이 전술적 문제를 해결할 때 개발된 발문으로 학생들을 도울 수 있어야 한다.

(2) 시간 및 수업 운영

① 학습 과제는 게임 상황을 모의상황으로 설계되어야 하기 때문에, 교사는 각 기능 연습, 게임 형식, 변형 게임의 상세한 계획을 수립할 필요가 있다.

② 훌륭한 계획은 학생의 참여율을 높이고 상황 게임 기술의 연습 기회를 학생에게 많이 제공할 수 있다.

③ 모든 학생이 능동적으로 참여하고 과제 사이의 이동이 효율적으로 이루어질 수 있는 학습과제를 계획해야 한다. 이는 과제의 이동이 수업에서 움직임의 손실을 유발할 가능성을 줄일 수 있다.

(3) 과제 제시 및 과제 구조

① 전술게임 모형의 과제 제시는 직접교수의 과제 제시와 유사하다. 다만 각 과제가 시작되기 전, 전술 문제를 해결하기 위한 연역적 질문 활용이 추가된다.

② 과제 제시는 연습할 기술이나 상황의 전술적 중요성과 수립해야 하는 주요한 전술적 의사결정에 대한 설명을 포함한다.

③ 교사는 학생 스스로 전술 문제를 해결할 수 있도록 한 가지 이상의 올바른 전술적 의사결정을 학생에게 일러주는 것을 삼가야 한다.

④ 교사는 효과적인 질문 기법에 대한 안내를 검토해야 한다. 교사는 연역적 질문을 한 다음 '답변 시간의 제공' 기법을 활용해야 한다. 이는 해결 방안이 공개되기 전에 학생 스스로 자신의 해결방안을 탐색할 수 있는 기회를 가져야 하기 때문이다.

(4) 의사소통

① 전술게임 모형에서는 많은 상황 학습 과제가 학생에게 제시되기 때문에 의사소통 기술이 중요시된다.

② 이 과제들은 연습상황과, 수립할 주요 전술적 의사결정에 대한 충분하고 명확한 설명을 요구한다.

③ 만약 학생이 설명 또는 전술문제를 이해하지 못하면 학생은 타당성있는 해결 방법을 탐색하기 어려울 것이다.

(5) 교수 정보

① 대부분의 교수 정보는 학생이 연습하는 동안 과제 제시와 언어적 상호작용의 형태로 교사에 의해 제공된다.

② 이때 교사에게 요구되는 기술은 전술문제에 대한 해답을 학생에게 "말하지 말고 질문해야 하는" 시기를 인식하는 것이다.

③ 이 모형은 자신 나름대로 해답을 찾아내면서 동시에 이해와 학습을 증가시킬 수 있는 학생에 따라 좌우된다.

④ 학생이 상황학습 과제를 연습할 때 교사는 높은 비율의 언어적인 안내와 피드백을 제공해야 한다.

⑤ '안내(guide)'라는 것은 활동에 몰입 중인 학생에게 주어지는 학습 단서를 말한다.

⑥ 게임 형식, 변형 게임, 정식 게임이 진행되는 동안 교사는 수업 활동의 흐름을 관찰하고 학생에게 다가오는 상황들을 일깨워 주어야 한다. 즉 이것은 게임 사태(event) 중에 학생이 전술적 의사결정(학생에게 답을 제공하지 않고)을 할 수 있는 단서를 제공한다는 의미이다.

⑦ 교사가 제시하는 강화 피드백은 많은 연습 상황이 복잡하기 때문에 중요하다고 볼 수 있다. 이로써 학생은 언제 실수를 했는지를 깨닫게 된다. 그러한 실수가 차후에 재발되지 않도록 방지하기 위해서 그런 상황이 왜 일어났는지에 관한 피드백이 필요하다. 이때 교사가 보강 피드백augmented feedback 을 제공하면 같은 실수를 반복하지 않게 된다.

(6) **수업 정리와 종료**

① 수업에서 학생에게 제시된 전술 문제들은 수업 정리 단계의 초점이 된다. 교사는 이 문제들을 재진술하여 학생이 정확한 해답으로 반응하는지를 한 번쯤 점검할 필요가 있다.

② 또한 수업 정리는 다음 차시에 계획된 전술문제와 학습 과제를 예습하는데 활용될 수 있다. 심지어 교사는 학생에게 다음 차시와 전술문제를 제시하고 다음 수업 시간 전까지 그 해답에 대해서 생각해 올 것을 요청할 수 있다.

③ 그런 다음 수업이 끝날 때까지 곧바로 용기구가 적절한 장소로 회수될 수 있도록 충분한 시간이 주어져야 하고 정리정돈으로 수업을 마친다.

3. 상황적 요구 조건

(1) 전술게임 모형은 거의 모든 체육교육 내용에서 활용될 수 있다. 이때 중요한 요구 조건은 학생이 기다리지 않고 모두 참여할 수 있도록 충분한 기구와 수업 공간이 확보되어 있어야 한다는 점이다.

(2) 전술게임 모형이 체육 수업 단원에서 교육환경의 제한을 거의 받지 않도록 많은 융통성을 발휘해야 한다.

(3) 전술게임 모형은 1~2학년 같이 어린 학습자들에게도 적용할 수 있다. 만약 게임이 학생의 발달 단계에 맞게 제시된다면, 학습자들은 배우고 해결해야 할 단순한 전술적 문제들을 제공받을 수 있다.

(4) 예를 들어 대부분의 초등 교사들은 태그형 게임을 많이 활용한다. 그러한 게임은 단순해 보이지만 수많은 전술적 문제를 담고 있다. 즉 안전한 장소를 파악하고 이동하기, 역동적인 환경에서의 움직임, 속도 변화나 속임수 동작 등이 그것이다.

5 수업 사례

1. 단원 계획

단원		핸드볼	대상 학년	고등학교 1학년
학생		28명	총 차시	12차시
학생특성		인지적 심동적 영역의 기능 수준이 다양함		
자료		핸드볼, 원뿔, 교수용 비디오		
차시	전술적 문제	학습 활동		
1	1. 게임 분류에 대한 이해 2. 주요 전술과 기술	1. 팀 핸드볼 관련 비디오 감상 ① 팀 핸드볼과 유사한 다른 게임은 무엇인가?　② 유사한 점은 무엇인가? ③ 팀 핸드볼은 게임 분류의 어느 범주에 해당되나? ④ 그러한 범주의 게임들의 특징은 무엇인가? 2. 학생들을 소집단으로 구성한다. 각 집단은 팀 핸드볼을 위해 필요한 주요 전술과 기술들에 대한 목록을 작성한다. 집단간 자신들의 목록을 공유하고, 교사는 각각의 전술과 기술들을 칠판에 기록한다.		
2	움직이면서 공 던지고 받기	• 게임 형식: 속공 변형 게임(골키퍼가 부재된 상황) • 기술 연습: 짝꿍끼리 원을 그리듯 움직이면서 패스하고 받기 • 게임 형식으로 돌아간다.		
3	속공 방어 (골키퍼)	• 게임 형식: 속공 변형 게임(골키퍼 있음) • 기술 연습: 골키퍼를 향해 한 사람씩 슛하기 • 게임 형식으로 돌아간다.		
4	조직적인 공격 수비하기	• 게임 형식: 3대3 반코트 경기 • 기술 연습: 공격 선수는 6미터 선상에 서서 골을 향해 슛을 한다. 높낮이를 달리하여 슛을 한다. • 게임 형식으로 돌아간다.		
5~6	골을 향해 슛하기	• 게임 형식: 3대3 반코트 경기. 공격자는 10초 안에 슛을 해야 한다. • 기술 연습: 조직적인 슛, 점프 슛을 연습한다.(수비와 골키퍼가 없는 상황) • 게임 형식과 기술 연습을 반복 실행한다.		
7	수비 위치	• 게임 형식: 3대3 반코트 경기. 수비 선수는 패스 되는 공쪽으로 위치를 옮긴다. • 기술 연습: 풋웍을 개발시키기 위해서 거울을 보며 연습한다. 서기와 슬라이딩을 연습한다.(수비와 골키퍼가 없는 상황) • 게임 형식으로 돌아간다.		
8	공격 전술: 조직적인 공격	• 게임 형식: 3대3 반코트 경기 • 기술 연습: 시범과 느린 동작으로 '주고 가기', '집어 굴리기'를 한다.(교사는 이런 동작을 누구나 아는 농구에서의 유사한 전술에 관련시킨다.) • 게임 형식으로 돌아간다.		
9	공격 전술: 속공	• 게임 형식: 3대3 반코트 경기 • 공격팀은 자신의 골대에서부터 8초 안에 슛을 해야 한다. • 의사결정 연습: 교사는 게임 형식을 비디오로 녹화하고, 속공에 대한 전술을 설명할 때 사용한다. • 게임 형식으로 돌아간다.		
10	공과 관련 없는 움직임	• 게임 형식(1): 3대3 반코트 경기. 교사는 공을 가지고 있지 않은 선수에게 정확한 위치로 이동하도록 말해준다. 지도가 필요한 상황에서 교사는 개입한다.		
11~12	완전한 형태의 게임 수행	학생은 완성된 팀을 이루어 코트 전체에서 경기를 한다. 교사는 수행평가를 한다.		

PART 5

8가지 체육 수업 모형 해커스임용 이채문 전공체육 스포츠교육학 2

2. 교수 학습 과정안

학습 내용		핸드볼에서의 수비 위치	전술적 개념	수비자세, 공에 관련된 위치잡기
학습 준비물		핸드볼 공, 경기장(6개 공간)	차시	7/12
단계	시간	진술		
게임 형식	10분	유지하기 (Keep-away): 학생들은 골키퍼 없이, 세 팀으로 편성된다. 두 팀은 각각 다른 색깔의 피니(pinnie)로 된 코트에 배치된다. 수비팀 선수 위치는 시작하기 위한 6m 선 안에 있어야 한다. 공격팀 선수들은 6m 선 밖에 흩어져 있다. 대략 비슷한 거리 간격을 띄운 채 좌익, 우익으로 순환하면서 수행한다. 이 게임의 목표는 공격팀 선수가 공을 떨어뜨리거나 수비에게 차단되지 않으면서 가능한 한 30초 안에 많은 패스를 하게 하는 것이다. 수비팀은 30초 내에 할 수 있는 패스 횟수를 제한하기 위한 시도를 하거나 모든 패스를 간섭하도록 한다.		

이해 중심 교수	10분	교사는 keep-away 게임을 멈추고 질문한다.
		• 공격팀에 대한 질문
		  – 짧고 빠른 패스 또는 느린 패스가 성공적이었는가?
		  – 빈 공간을 찾아 움직여야 했는가? 만약 그러했다면, 어떻게 했는가?
		• 수비팀에 대한 질문
		  – 너의 위치를 어떻게 잡았었는가?
		  – 공격에 가담했을 때 어떤 결과가 초래됐는가?
		교사는 이후로 서기, 슬라이딩, 예측과 타이밍 등을 포함하여 수비 위치의 원칙에 대해서 설명한다.		

기능 발달 연습	20분	연습(1): 서기 및 슬라이드 교사는 적합한 수비 자세를 설명하고 시범한다. 서기 자세의 첫 발이 중요함을 설명한다. 즉 신속하고 결단력이 있어야 한다는 것을 알려 준다. 교사가 피드백을 위해 다닐 때 학생들은 자신의 서기 자세를 취해본다. 교사의 신호에 따라, 학생들은 첫 발을 신속·정확하게, 어떤 방향이든, 취할 수 있도록 연습한다. 연습(2): 거울 연습 학생은 모두 교사와 대면하면서 정확한 수비 자세를 취해본다. 교사는 방향을 지시해 주면, 학생은 그 방향으로 신속하게 슬라이드 스텝을 한다. 교사는 방향을 신속하게 간헐적으로(often) 바꾼다.		
게임형식으로 복귀	8분	학생은 다시 "keep away" 게임을 한다.		
반성과 정리	2분	교사는 팀 핸드볼에 대한 수비 위치잡기 속에 포함되어 있는 주요한 개념을 반성한다.		

기능중심 수업모형의 한계를 극복하기 위하여 새로운 게임수업모형들이 개발되어 왔다. 그 중의 하나인 이해중심 게임수업모형에서 제시한 수업 과정을 각각 25자 이내로 쓰시오.

① 게임 소개: _____

② 게임 이해: _____

③ 전술 이해: _____

④ 전술지식의 적용: _____

⑤ 기술연습: _____

⑥ 실제 게임 수행: _____

[정답] 1단계는 게임에 대한 소개이다. 이때 게임의 분류 및 어떻게 경기를 하는지에 대한 개관을 다루게 된다.

2단계는 게임의 역사와 전통을 가르쳐 줌으로써 게임에 대한 학생의 흥미를 진작시킨다.

3단계는 주요한 전술적 문제들을 게임 상황에서 제시함으로써 학생의 전술적 문제를 확인시킨다.

4단계는 게임 활동을 통해서 전술적 지식을 언제, 어떻게 적용할 것인지를 결정하게 한다.

5단계에서는 게임 활동을 통해서 전술적 지식을 게임 기능 실행과 관련시킨다.

6단계에서 학생들은 전술적 지식과 기술의 결합에 기초하여 능숙한 게임 수행이 되게 한다.

다음은 전술게임 수업모형과 관련하여 알몬드(Almond)가 제시한 게임 분류이다. 4가지 게임 유형에 해당하는 종목을 1개씩 쓰시오.

게임 유형	게임 종목
침범형(invasion)	①
네트형(net)	②
필드형(field)	③
표적형(target)	④

• ①의 종목: _____ • ②의 종목: _____

• ③의 종목: _____ • ④의 종목: _____

[정답] • ①의 종목: 농구 • ②의 종목: 배드민턴

• ③의 종목: 야구 • ④의 종목: 볼링

7. 다음은 축구 활동에 적용한 수업 전략이다. 이러한 전략을 주로 활용하는 수업 모형에 대한 설명으로 옳은 것을 〈보기〉에서 고른 것은?

수업 목표	공의 소유권 유지하기
과제 내용	패스 및 움직임의 타이밍 조절 기능 향상
수업 절차	게임 이해 → 전술 이해 → 의사 결정 → 기술 연습 → 실제 게임 수행
질문과 답변	질문 : 공의 소유권을 지키기 위해서 어떻게 해야 하는가? 답변 : 수비수가 가까이 붙기 전에, 빈 공간으로 이동 중이거나 수비수에게 마크당하지 않은 팀 동료에게 패스해야 한다.

〈보 기〉

ㄱ. 과제는 교사가 주도적으로 제시하며 학습의 진도는 학생 스스로 결정하게 된다.
ㄴ. 구성주의 학습이론에 바탕을 두며 기능 연습에 앞서 전술적 이해를 강조한다.
ㄷ. 모든 학생은 모의 상황에서는 동일한 학습 속도로, 변형 게임에서는 수준별로 학습한다.
ㄹ. 교사는 연역적 질문을 통해 학생이 전술 문제를 해결할 수 있도록 한다.
ㅁ. 인지적, 정의적, 심동적 영역의 순으로 학습 영역의 우선순위를 둔다.

① ㄱ, ㄴ, ㄷ ② ㄱ, ㄴ, ㄹ ③ ㄴ, ㄷ, ㄹ ④ ㄴ, ㄹ, ㅁ ⑤ ㄷ, ㄹ, ㅁ

[정답] ②
[해설] ㄷ. 모의 상황은 학생의 발달 단계에 적합한 전술과 기술을 익히도록 학습 속도를 조절한다.
ㅁ. 인지적, 심동적, 정의적 영역의 순으로 학습 영역의 우선순위를 둔다.

김 선생은 남녀 혼성으로 실시하는 농구 수업에서 변형 게임을 실시하고 있다. 게임 수업에서 가장 적합한 평가 방법을 생각해 보던 중 게임 수행 평가 도구(GPAI)를 사용하기 위해 학생들의 게임 중 의사결정, 기술실행, 보조를 관찰하여 아래의 표를 작성하였다.

이 름	의사 결정		기술 실행		보조	
	적절함	부적절함	효율적임	비효율적임	적절함	부적절함
김민진	✓✓	✓✓	✓✓✓✓✓	✓✓✓	✓✓✓✓	✓✓
허상훈	✓✓	✓✓✓✓	✓✓✓	✓✓✓	✓✓	✓✓✓✓
강연정	✓✓✓✓✓	✓✓	✓✓✓✓	✓✓✓	✓✓✓✓✓	✓✓

1. 위의 표를 참고하여 게임 수행 평가 점수가 가장 높은 학생의 이름을 쓰고, 그 이유를 다른 학생의 점수와 비교하여 게임 참여, 의사결정, 기술실행, 보조의 측면에서 100자 내외(±10자)로 서술하시오.

2. 김민진 학생의 농구 게임 수행 평가 점수를 강연정, 허상훈 학생의 게임 수행 평가 점수(관찰 내용 포함)와 비교하고, 게임 수행 능력을 향상시키기 위해 필요한 영역을 분석하여 300자 내외(±10자)로 서술하시오.

[정답] 1. 게임 수행 평가 점수가 가장 높은 학생은 강연정이다. 강연정 학생은 기술실행에서 김민진 학생에 비해 점수가 낮지만 게임참여, 의사결정, 보조 점수가 다른 학생보다 높아서 총점인 게임 수행평가 점수가 가장 높다.

   2. 김민진 학생의 게임 수행 평가 점수는 179.1점으로 199.9점인 강연정 학생에 비해 낮고, 16.6점인 허상훈 학생에 비해 높다. 구체적으로 살펴보면, 김민진 학생은 강연정, 허상훈 학생에 비해 게임 중 기술 실행 점수가 가장 높아 기술 수행을 가장 잘 하였다. 그리고 게임참여, 의사결정, 보조에서는 강연정 학생에 비해 점수가 낮고 허상훈 학생에 비해서는 점수가 높다. 따라서 게임참여, 의사결정, 보조 역할을 적극적으로 수행하여 전체적으로 게임 수행 능력을 향상시키는 것이 필요하다.

38. 다음은 농구 수업에서 학생들이 게임을 할 때 보여 주는 기술과 전술에 대한 의사 결정 정도를 평가하기 위한 도구이다. 교사가 평가 준거(criterion) 요소를 결정할 때 가장 중요하게 고려해야 할 것은?

평가 준거 / 학생	공격		방어		패스		의사결정	
	효과적	비효과적	효과적	비효과적	효과적	비효과적	적절	부적절
철수	✓✓✓	✓	✓✓✓✓	✓	✓✓✓✓	✓	✓✓✓✓	✓
현식	✓		✓✓	✓	✓✓	✓		✓
영철	✓✓✓✓	✓✓	✓✓✓	✓✓	✓✓✓	✓✓	✓✓✓	✓
⋮	⋮	⋮	⋮	⋮	⋮	⋮	⋮	⋮

① 전술게임 모형에서 제시하고 있는 준거
② 기존에 개발된 게임수행평가도구(GPAI)
③ 측정의 신뢰도를 높일 수 있는 평가 내용
④ 교사가 수업에서 학생들에게 지도할 내용
⑤ 개인차를 확실히 구분 지을 수 있는 상대평가 내용

[정답] ④

[해설] 평가 준거 요소를 결정할 때 가장 중요한 요소는 타당도이다. 내용 타당도와 관련이 있다.

2. 다음은 김 교사가 그리핀(L. Griffin), 미첼(S. Mitchell), 오슬린(J. Oslin)의 게임 수행 평가도구(GPAI)를 활용하여 학생들의 축구 경기 수행 능력을 평가한 결과이다. 밑줄 친 ㉠, ㉡의 순위별 학생 이름을 순서대로 각각 쓰시오. [2점]

축구 경기 수행 능력 평가표

구분 / 이름	의사 결정		기술 실행		보조	
	적절함	부적절함	효율적임	비효율적임	적절함	부적절함
민서	///	//	///	/	///	//
선욱	////	///	//	///	///	///
정민	///	/	///	###	////	////

※ '/'과 '—'는 횟수를 의미함.

순위표

구분 / 순위	1위	2위	3위
㉠게임 참여 점수			
㉡게임 수행 점수			

[정답] ㉠ 정민, 선욱, 민서 ㉡ 민서, 정민, 선욱

[해설]

	1위	2위	3위
㉠게임 참여 점수	정민(3+1+3+5+4=16)	선욱(4+3+2+3+3=15)	민서(3+2+3+1+3=12)
㉡게임 수행 점수	민서 [3/5+3/4+3/5]×100÷3 =65	정민 [3/4+3/8+4/8]×100÷3 =54.17	선욱 [4/7+2/5+3/6]×100÷3 =49

이 문제는 크기 순서만 물어봤으니 게임 수행 점수의 정확한 값을 구하지 말고 [ ]안의 분수 합산한 값만 비교하면 된다.

5. 다음의 (가)는 수업 계획에 관한 교사들의 대화 내용이고, (나)는 박 교사의 단원 계획서이다. 〈작성 방법〉에 따라 순서대로 서술하시오. [4점]

(가) 수업 계획에 관한 교사들의 대화 내용

> 김 교사: 새 학기에 배드민턴 수업을 하려고 해요. 이번 수업으로 학생들이 배드민턴 문화 전반을 잘 이해했으면 해요.
>
> 박 교사: 그러면 시덴탑(D. Siedentop)의 스포츠교육 모형을 적용한 수업을 해보면 어떨까요? 저도 이 모형으로 배드민턴 수업을 했었는데, 학생들의 반응이 참 좋았어요. 그런데 우선 스포츠교육 모형의 학습 선호도를 잘 파악해야해요. 스포츠교육 모형에서 학습 선호도는 자기 팀 안에서는 협력적, 상대 팀에 대해서는 (㉠)인 성향의 학생들에게 적절해요. 수업 설계와 운영 시 이를 참고하면 도움이 될 거예요.
>
> 김 교사: 그렇군요. 제가 참고할 만한 자료가 있을까요?
>
> 박 교사: 제가 스포츠교육 모형을 적용하여 재구성한 배드민턴 단원 계획서를 드릴게요. ㉡학생들의 전인적 발달을 위한 통합적 수업을 운영하는 데에 도움이 될 거예요.

영역	네트형 경쟁		학년	3학년	총 시수	16 차시
단원 목표	1. 배드민턴의 역사와 특성을 이해할 수 있다. ··· (하략) ···					
모형의 특성	시즌, 팀 소속, 공식 경기, 결승전 행사, 기록 보존, 축제화					
차시	학습 과제		학습 활동			
			(㉢)		(㉣)	
1	• 배드민턴의 역사, 특성, 가치의 이해				• 역사 자료 읽기 • 경기 동영상 감상하기	
2-8	• 기초 기능 연습 및 평가, 팀 편성 • 팀별 기능 및 전술 연습 • 경기 규칙 및 운영 방법 습득 • 임무 역할(심판, 기록자 등)의 학습 • ㉤팀원으로서의 임무 수행 • 경기 일정 수립 • 예선 리그		• 클리어, 드라이브, 스매시, 푸시, 드롭, 헤어핀 연습하기 • 경기 전술 연습하기		• 경기 규칙 조사하기 • 시즌 운영에 대해 토론하기	
13~16	• 결승 리그 및 결승전 • 축제 운영		• 경기 기능 및 전술 보강 연습하기		• 깃발, 푯말 제작하기 • 소감문 쓰기	

─〈작성 방법〉─

○ 괄호 안의 ㉠에 들어갈 용어를 쓸 것(단, 라이크먼과 그레이샤 (S. Reichmann & A. Grasha)의 학습 선호 분류 차원에 근거할 것).

○ 스포츠교육 모형에서 밑줄 친 ㉤의 학습 활동이 목표로 하는 학습 영역 3가지를 우선 순위에 따라 중요한 것부터 순서대로 서술할 것.

[정답] ㉠은 경쟁적이다.
　　　㉤은 정의적 영역, 인지적 영역, 심동적 영역이다.

7. 다음은 ○○고등학교 배드민턴 수행평가 자료의 일부이다. 〈작성 방법〉에 따라 순서대로 서술하시오. [4점]

- 평가 방법 및 절차
  1) 게임 수행 능력 평가
     - 평가 도구: 그리핀, 미첼과 오슬린(L. Griffin, S. Mitchell, & J. Oslin)의 게임 수행평가 도구 (GPAI)

[배드민턴 GPAI의 구성 요소와 준거]

구성 요소	준거
(㉠)	상대 코트 엔드라인 쪽으로 클리어샷을 한다. 서비스 라인 가까운 곳으로 드롭샷을 한다. 상대 선수를 코트 전후로 움직이게 한다.
의사 결정	샷의 종류와 위치를 적절하게 결정한다
기초(BASE)	(㉤)

- 대진표에 따라 같은 상대와 1, 2차 게임을 실시한다.
- GPAI를 활용하여 게임 수행 점수를 산출하고 평가한다.
　　　　　　　　　… (하략) …

───────〈작성 방법〉───────

○ 괄호 안의 ㉠에 해당하는 구성 요소를 쓰고, 괄호 안의 ㉤에 해당하는 준거를 서술할 것.

[정답] ㉠은 기술실행이다.
　　　㉤ 배드민턴 기술수행 후 (홈포지션으로) 돌아오기

1 개요(여러 이론서)

1. 현대 스포츠 교육학의 이해(조미혜)

- 스포츠 교육은 짧은 시간에 기능 습득만을 강조한 교사중심의 전통적 수업의 문제점을 해결하기 위해 개발된 모형이다.

- 스포츠 교육은 한 시즌 동안 학생들이 다양한 역할(주장, 코치, 기록원, 해설가, 사진사, 홍보원, 심판, 진행원, 기자 등)을 경험하고, 기능, 지식, 태도 등을 통합적으로 이해할 수 있는 기회를 가짐으로써 학생들의 학교 밖 체육활동을 확대시킬 수 있는 기회를 가짐으로써 학생들의 학교 밖 체육활동을 확대시킬 수 있으며, 나아가 평생체육까지 연계해 주는 장점이 있다.

- 전통적 스포츠 활동과 비교해 볼 때 스포츠 교육은 모든 사람의 참여, 발달단계에 알맞은 참여, 학생에게 다양한 역할 부여 등의 요소가 포함되어 교사와 학생 모두에게 의미있는 수업경험을 제공할 수 있다.

2. 스포츠 교육학 교과서(이규일, 류민정)

(1) 스포츠교육 모형이란?

① 주제: 유능하고, 박식하며, 열정적인 스포츠인으로 성장한다.

[그림 8-1] 스포츠교육 모형의 수업 장면

② 이 모형은 학생들에게 스포츠 상황에서 나타나는 다양한 역할과 구조를 경험할 수 있도록 설계되었다. 스포츠의 다양한 역할은 선수, 코치, 심판, 트레이너, 경기 보조원, 기자 등을 말한다. 모든 학생은 선수이면서 동시에 나머지 역할도 수행하게 된다. 이 모형은 세 가지 학습 영역의 고른 발달을 기대하므로 우선순위를 따로 세우지 않는다. 스포츠 교육 방법의 수업 장면은 [그림 8-1]과 같다.

3. 체육교수이론(박정준, 손천택)

(1) 스포츠교육 모형은 남녀 학생들에게 실제적이고 교육적으로 풍부한 스포츠 경험을 제공하기 위해 시덴탑이 개발하였다.

(2) 스포츠교육 모형은 특정 스포츠를 학습하는 학생들의 발달 단계에 적합한 스포츠 활동을 통하여 '모든 학생의 참여'를 목적으로 하며 학생들이 유능하고, 박식하고, 열정적인 스포츠인으로 성장하도록 설계된 모형이다. 그것을 능숙하게 잘 하고 그것에 대해서 박식하며, 그것에 열정적으로 참가하는 스포츠인을 기르는 데 적합한 수업 모형이다.

(3) 스포츠교육 모형은 수업을 시즌 단위로 운영하며, 모든 학생들이 선수로 활동할 뿐만 아니라 코치, 심판, 경기 보조, 기록원 등과 같은 스포츠 리그 운영자 역할을 수행하면서 경기 전반에 대한 안목을 키울 수 있는 특징이 있고 다양한 역할을 경험을 통해 책임감과 리더십을 배우게 된다.

(4) 스포츠교육 모형으로 수업하는 교사는 교사 효율성 연구를 통해서 입증된 다양한 교수 기능을 직접교수, 협동학습, 동료교수 등과 결합하여 사용할 수 있어야 하며, 그러한 지도 방법으로 가르쳐야 큰 학습효과를 기대할 수 있다.

(5) 스포츠교육 모형은 시즌에 따라 수행되는데 시즌 전, 시즌 내 활동이 있다.

  ① 시즌 전에는 스포츠교육을 잘 수행하기 위한 스포츠교육의 이해, 팀 구성 등의 활동을 한다.

  ② 시즌 내 활동으로는 팀 내 및 팀 간의 연습과 경기가 이루어지며, 시즌은 결승전과 축제로 마무리된다.

(6) 스포츠 경기는 학생의 발달 수준에 맞는 변형게임 형태로 이루어진다.

(7) 시즌, 팀소속, 공식경기일정, 결승전 행사, **기록보존**, 축제화는 전통적인 체육수업에서 볼 수 없는 스포츠교육 모형만이 가지고 있는 특징이라고 할 수 있다.

4. 정의

(1) 이 모형은 학생들에게 긍정적이고, 교육적이며, 지속적인 스포츠 경험을 통해 스포츠가 가지고 있는 다양한 가치들을 달성하도록 설계된 교육과정과 교수모형으로

(2) 학생들이 스포츠 팀의 일원이 되어 프로 스포츠의 시즌처럼 시즌의 운영에 필요한 모든 역할들을 스스로 수행하고 운영함으로써 스포츠 경기 운영에 필요한 전반적인 사항들을 모두 경험하고, 그 경험들을 통해 풍부한 스포츠 문화를 체험하고 올바른 스포츠인으로서 갖춰야할 덕성과 자질을 함양하는 데 목적을 둔 모형이다.

(3) 시덴탑(Siedentop, 1998)에 의해 개발된 스포츠교육 모형은 학교 상황에서 학생에게 실제적이고 교육적으로 풍부한 스포츠 경험을 제고하기 위해 설계되었다.

(4) 스포츠교육은 체육프로그램에 참여한 학생들이 스포츠, 무용, 신체활동에서 실제로 즐거운 학습 경험을 가질 수 있도록 개발된 교수·학습 모형이다.

(5) 스포츠모형의 목표는 직접교수, 협력적인 소집단 학습, 동료교수 등의 다각도적인 활용을 통해 가장 잘 성취될 수 있다.(Siedentop)

5. 목적 및 목표 `21 기출`

5-1. 목적

(1) 학생을 가장 완벽한 의미에서의 스포츠인으로 만드는 것을 목적으로 하며, 완벽한 의미에서의 스포츠인이란 운동 기능이 뛰어나고, 운동 기능에 대해 많이 알고, 운동에 대한 사랑과 열정을 지닌 스포츠인을 말한다.(Siedentop)

(2) 시덴탑(Siedentop)은 스포츠교육 모형의 세 가지 주요 목적을 '유능하고 박식하며, 열정적인 스포츠인으로 성장하기'라고 본다.

유능한 스포츠인	만족스럽게 게임에 참여할 수 있는 충분한 기술을 가지고 있고, 게임의 난이도에 따라 적절한 전략을 이해하고 실행할 수 있으며, 경기 지식이 풍부한 스포츠 참여자이다.
박식한 스포츠인	스포츠의 규칙, 의례, 전통을 이해하고 그 가치를 알 수 있으며, 프로나 아마추어 스포츠를 막론하고 바람직한 수행과 그렇지 못한 수행을 구별할 수 있다. 따라서 박식한 스포츠인은 스포츠팬이나 관람자이든지 간에 스포츠 수행을 잘하는 참여자이면서 안목 있는 소비자이기도 하다.
열정적인 스포츠인	어떤 스포츠 문화이든 관계없이 다양한 스포츠 문화를 보존하고 증진할 수 있는 방향으로 행동하고 참여한다. 스포츠 집단의 일원으로, 이와 같은 열정적인 스포츠인들은 지역, 국가 및 국제 수준의 스포츠 경기에 참여한다.

참고문제	2016년 지도사 2급

11. 참여자들이 스포츠에서 다양한 역할을 경험하여 '유능하고 박식하며 열정적인 스포츠인'으로 성장하는 데 목적을 두고 있는 체육수업 모형은?

① 직접교수 모형   ② **스포츠교육 모형**   ③ 개별화 지도 모형   ④ 전술게임 모형

5-2. 구체적이고 포괄적인 목표[Siedentop(1994)]

(1) 시덴탑(Siedentop)은 다음과 같은 10가지 스포츠교육 모형의 학습 목표를 제시하고 있다.

① 특정 스포츠에 대한 기능과 체력을 발달시킨다.

② 스포츠 경기의 전략을 이해하고 수행할 수 있다.

③ 발달 단계에 적합한 스포츠에 참여할 수 있다.

④ 스포츠 경험에 대한 계획 수립 및 운영 방법의 결정과정에 적극 참여할 수 있다.

⑤ 책임 있는 지도력을 배양한다.

⑥ 공동의 목적을 위해 집단 내에서 효율적으로 참여할 수 있다.

⑦ 각 스포츠의 고유한 의미가 내재해 있는 의례와 관습을 수행할 수 있다.

⑧ 스포츠 쟁점에 대한 합리적인 의사결정 능력을 발달시킨다.

⑨ 경기 심판이나 훈련 방법 등에 대한 지식을 발달시키고 적용한다.

⑩ 방과 후 스포츠 활동에 자발적으로 참여하도록 한다.

6. 스포츠교육 모형의 기본 구조

(1) 스포츠교육 모형의 기본구조는 스포츠 리그의 조직으로부터 파생되었다.

(2) 스포츠 리그를 운영하기 위해서는 선수, 코치, 심판, 점수기록자, 트레이너, 행정가, 연습시간, 일정, 리그의 규칙, 시설 용구 등이 필요하다.

(3) 위의 특성은 학생에게 스포츠 참여를 통해 다양한 경험과 학습을 할 수 있는 구조를 제공한다.

(4) 스포츠교육 모형에서는 모든 학생이 선수지만, 또한 그들은 스포츠 리그 가 운영되면서 한두 가지 이상의 역할을 배우게 된다.

(5) 학생의 경험의 폭은 스포츠 리그라는 구조 속에서 자신의 역할에 대한 기술, 의사결정, 관습, 책임감에 따라 결정된다.

　예 학생은 야구의 심판 역할을 할 때 단지 '삼진과 스트라이크'를 부르는 것이 아니라, 스포츠 리그 시즌 내내 심판의 역할에 대한 모든 것을 학습함으로써 그 기간 동안 심판의 역할에 대한 안목을 갖춘 '심판'이 된다.

(6) 스포츠교육 모형에서 학생은 리그의 운영과 구조에 대한 의사결정에 적극적으로 참여하는 능동적인 역할을 하게 된다.

(7) 학생은 한 시즌 동안 단지 한 가지 역할에만 종속되지 않는다. 학생은 스포츠 리그운영에 필요한 다양한 역할 경험을 통해 스포츠 속에 내재된 다양한 관점과 가치를 배움으로써 긍정적이고 교육적인 체험을 하게 된다.

　예 학생은 리그 위원회의 한 구성원이 되어 규칙 수정, 팀 선정 절차, 리그 일정, 의견 조율과 같은 의사결정과정에 주도적으로 참여한다. 코치 역할을 맡은 학생은 팀 선정, 포지션 선정, 연습 계획, 게임 전략 등에 대한 책임감을 갖는다. 경기 보조원의 역할을 맡은 학생은 운동 장소의 정비, 기구와 시설과 준비 등의 책임을 맡게 된다.

7. 6가지 핵심적인 특성 `07 기출` `10 기출` `17 지도사` `18 지도사` `23 기출`

• 스포츠교육 모형은 다양한 역할을 수행하면서 얻을 수 있는 학습 성과로 경기 기능과 체력의 발달, 경기 전략의 이해, 발달 단계에 적합한 스포츠 참여, 경기 운영 능력의 배양, 지도 능력의 배양, 효율적인 참가자, 스포츠의 의례와 관례의 이해, 합리적인 의사 결정 능력의 개발 등을 제시하고 있다. 스포츠교육 모형은 이와 같은 학습 목표를 효율적으로 달성하기 위해 6가지 고유한 정체성을 가지고 운영된다.

(1) 시즌(Season)

체육과 교육과정 모형	스포츠교육 모형의 실행 단위는 시즌으로, 일반적인 단원보다 긴 것이 특징이다. 이 시즌 동안 연습과 경기가 이루어지며, 시즌의 마지막 장식은 결승전으로 끝난다. 일반적으로 보통 학기당 1~2시즌 운영이 가능하다. 시즌의 길이는 내용, 학교 환경, 교사와 학생의 경험에 따라 조정될 수 있다. 학기제인 우리나라는 14~20차시의 시즌 운영이 적당하다.
체육 수업 모형	• 스포츠교육 모형에서는 체육 수업의 전통적인 내용 단원보다는 시즌이라는 개념을 사용한다. • 시즌은 연습 기간, 시즌 전 기간, 정규 시즌 기간, 최종 경기를 포함한 후기 시즌 기간을 포함하는 장시간의 기간을 말한다. • 스포츠교육 모형을 수업에 적용하기 위해서는 최소한 20시간의 시수를 필요로 한다(Grant, 1992).

(2) 팀 소속(affiliation)

체육과 교육과정 모형	모든 학생은 시즌 동안 팀에 모둠원이 된다. 시즌에 걸쳐 동료 관계를 끝까지 유지하면서 팀원과 협력하며 토의를 통해 문제를 해결한다. 또한 다른 사람을 이해하는 대인 관계 능력뿐만 아니라 작은 사회를 경험하여 그 안에 자신의 정체성을 확립하고 능동적인 학습자로 활동하게 된다.
체육 수업 모형	• 학생은 전체 시즌 동안 한 팀의 일원으로 수업에 참여한다. • 한 시즌 동안 한 팀의 일원이 되어 시즌이 끝날 때까지 공동 목표를 위해 함께 일하고, 팀의 의사결정 과정에 참여하고, 성공과 실패를 함께 경험하며, 스스로 팀의 정체성을 확립해 나감으로써 수많은 정의적 및 사회적 발달 목표를 성취하도록 한다.

(3) 공식 경기(formal competition)

체육과 교육과정 모형	스포츠 시즌은 연습 경기를 포함하여 시즌 동안 각 팀이 어떤 상대와 시합하게 될 것인가를 미리 알고 준비할 수 있도록 공식 경기 대진표에 따라 운영된다. 경기 방식은 라운드 로빈 토너먼트, 리그전 등 다양하게 이루어질 수 있다. 경기 대진표는 각 팀이 준비할 수 있도록 시즌이 시작되면서 결정된다. 연습 경기는 사전에 실제 경기를 준비한다는 차원에서 의미가 있다. 팀별로 시합이 이루어지고 있는 중간 중간에 시합이 없는 팀들은 연습 경기를 실시하여 다음 상대팀을 공략할 전술과 전략을 준비하게 된다.
체육 수업 모형	• 학생은 시즌을 조직하고 운영하는 의사결정에 참여하게 된다. • 학생은 경기의 공정성과, 좀 더 나은 경기 참여를 위해 게임 규칙을 수정할 수 있다. • 학생들은 공식적인 경기 시즌에 대한 장·단기 의사결정을 할 수 있다. • 경기 일정 동안 팀과 선수들은 지속적인 경기 연습과 준비를 하게 된다.

(4) 결승전 행사(culminatingevent)

체육과 교육과정 모형	스포츠 시즌에서 최고의 기량을 갖춘 개인 또는 팀을 가리는 일은 스포츠의 본질이라고 볼 수 있다. 그렇기 때문에 미국의 NCAA 농구 결승전, 슈퍼볼, 월드 시리즈 등은 국가적 행사로 인식되고 있다. 스포츠교육 모형에서도 규모는 작을 수 있지만 결승전 행사는 해당 학급 또는 전체 학교의 흥미진진한 관심을 받기에 충분하다. 결승 행사는 각 팀과 선수들에게 시즌이 끝날 때까지 최선을 다해 임무를 수행할 수 있는 동기 유발이 된다. 결승전 행사의 형식은 다양하며, 모든 학생들과 팀의 성공을 축하하면서 축제의 장으로 모두가 함께 즐길 수 있는 계기를 마련할 수 있다.
체육 수업 모형	• 시즌은 라운드 로빈 토너먼트, 팀 경쟁 혹은 개인 경쟁 등 다양한 형태의 이벤트로 끝난다. • 이벤트들은 축제 같은 분위기 속에서 이루어져야 하며, 모든 학생은 단지 관중으로 참여하는 것이 아니라 각자가 적절한 역할 속에서 능력을 발휘하며 참여할 수 있도록 해야 한다.

(5) 기록 보존(keepingrecords) **23 기출**

체육과 교육과정 모형	모든 교사의 안내와 지원 아래 활동에서 수행한 다양한 기록(배팅 타율, 득점수, 도루, 어시스트비율, 아웃, 시간, 거리 등)을 작성하고 유지한다. 이 기록은 개인 및 팀의 장단점 파악, 교수학습의 역할별 반성과 수행 평가 자료로 활용될 수 있다. 그뿐만 아니라, 운동기능의 숙달 정도, 전략의 이해와 활용, 체력의 향상 등과 관련된 피드백을 교사와 학생에게 제공해주며 실제 스포츠 대회 문화를 경험하게 해준다.
체육 수업 모형	• 게임은 경기 수행에 대한 수많은 기록을 양산한다. • 기록들은 전략을 가르치거나 팀 내 혹은 팀 간에 흥미를 유발하는 데 사용될 수 있고, 또한 경기기록들을 게시하거나 학생의 학습을 평가하는 데도 사용될 수 있다. • 학생의 이해 및 수행 능력 수준에 따라 기록은 단순하거나 복잡해질 수 있다. • 기록을 게시함으로써 경기 일정을 준비하는 데 전략적으로 사용될 수 있다. • 경기 결과의 통계 자료들은 코치와 선수들에게 자신의 팀 전력뿐만 아니라 상대팀의 전력도 분석할 수 있게 한다.

(6) 축제화(festivity)

체육과 교육과정 모형	스포츠의 축제적 특성은 올림픽 경기나 월드컵 등을 통하여 볼 수 있다. 이 축제적 특성은 참여자에게 더욱 큰 의미를 부여하고 중요한 사회적 요소를 경험한다는 의미를 지닌다. 이런 의미에서 이 모형은 모든 학생이 동등하게 참여하여 시즌의 마지막 행사를 축하하며, 시즌을 통해 성취한 다양한 역할과 책임을 공유하는 축제 행사로 만든다. 축제의 장은 스포츠에 대한 깊이 있는 안목 형성은 물론 청소년 문화의 이해와 함께 시즌의 반성 기회도 제공한다.
체육 수업 모형	• 스포츠 이벤트는 축제의 성격을 지닌다. • 각 팀은 팀의 전통을 강조하는 고유한 팀명을 정한다. • 이벤트가 이루어지는 장소는 각양각색의 깃발과 풋말, 현수막으로 장식되어 축제분위기를 조성한다. • 스포츠교육 모형을 지도하는 교사들은 가능하면 시즌과 경기들이 축제분위기 속에서 '함께 축하'하는 자리가 될 수 있도록 유도해야 한다.

참고문제	2017년 지도사 2급

11. 〈보기〉의 내용 중 스포츠교육 모형의 6가지 요소에 해당하는 것으로만 묶인 것은?

―――〈보 기〉―――

㉠ 시즌   ㉡ 결승전 행사   ㉢ 기록 보존   ㉣ 팀 소속   ㉤ 학생-팀 성취 배분   ㉥ 과제포스터

① ㉠, ㉡, ㉤   ② **㉠, ㉢, ㉣**   ③ ㉡, ㉢, ㉥   ④ ㉡, ㉤, ㉥

참고문제	2018년 지도사 2급

17. 〈보기〉에서 A 회원이 제안한 내용에 적절한 생활체육 프로그램 유형과 교육 모형(instructional model)이 바르게 묶인 것은?

―――〈보 기〉―――

회   장: 우리 축구 동호회는 너무 기술이 좋은 사람들 위주로만 경기를 하는 것 같습니다. 회원 모두가 즐겁게 참여할 수 있는 방법이 없을까요?

A 회원: 전체 회원을 기능이 비슷한 몇 개 팀으로 나눠서 리그전을 하면 됩니다. 회원과 팀의 공식 기록도 남기고, 시상도 하면 어떨까요? 그리고 팀마다 코치, 심판, 기록원, 해설가 등의 역할을 맡도록 하면 모두가 실력에 상관없이 다양한 활동을 체험하며, 친목도 도모할 수 있을 것 같습니다.

① **축제형, 스포츠교육 모형**   ② 강습회형, 스포츠교육 모형
③ 강습회형, 협동학습 모형   ④ 축제형, 협동학습 모형

참고문제	2021년 지도사 2급

1. 시덴탑(D. Siedentop)이 제시한 스포츠교육 모형의 6가지 핵심적인 특성에 해당하지 <u>않는</u> 것은?

① 축제화(festivity)   ② 팀 소속(affiliation)
③ **유도연습(guided practice)**   ④ 공식경기(formal competition)

4. 다음은 스포츠교육 모형을 적용한 수업 설계의 일부이다. 〈작성 방법〉에 따라 순서대로 서술하시오. [4점]

□ 단원계획

차시	교수·학습 활동	지도 시 유의점
1	스포츠교육 모형 및 야구의 소개	원격 수업 플랫폼 활용
2	팀을 구성하고, 팀의 특성을 고려하여 팀명, 팀 구호, 팀 엠블럼 설정	미술 교과 표현 영역의 핵심 개념인 '제작'을 통합해 팀 티칭을 활용하여 지도
3~7	시즌 전 야구의 과학적 원리 및 경기 기능 숙달	팀별로 협동학습 실시
8~12	시즌 전 야구의 경기 방법 및 경기 전술 숙달	팀별로 협동학습 실시
13~19	정규 시즌(공식 경기) 운영	• 학생들은 시즌을 조직하고 운영하는 의사결정에 참여 • (　　　　⊙　　　　)
20	결승전 행사 실시	모든 학생의 적절한 역할 수행 및 축제 분위기 조성

─────〈작성 방법〉─────
○ 단원 계획에 스포츠교육 모형의 핵심적인 6가지 특징이 모두 반영되도록 괄호 안의 ⊙에 해당하는 내용을 쓸 것.

[정답] ⊙ 기록 보존 [1점]

8. 사회 속에서 스포츠가 가지는 부정적 특성을 감소시키는 이유

(1) 경쟁은 학생의 기능, 지식, 전략을 발달시키는 수단으로 사용된다.

(2) 모든 학생은 선수로서뿐만 아니라 다른 역할을 수행하는 참여자가 된다.

(3) 학생은 능동적인 태도로 참여해야 한다.

(4) 학생은 자신의 발달 단계에 맞는 스포츠를 직접 설계하고 수행할 수 있는 결정을 할 수 있어야 한다.

(5) 교육적 환경 속에서 이루어지기 때문에 스포츠교육 모형의 목표와 활용을 교육의 연장선에서 지키려는 책임감을 가진다.

9. 기본 개념

• 이 모형에서 가장 우선적으로 중요한 일은 학생의 심리적·신체적·인지적 수준 등 발달 단계적으로 알맞은 프로그램을 마련하는 일이다.

• 심리적 측면의 목적은 학생들이 팀워크와 페어플레이에 관해 올바른 판단을 내릴 수 있는 능력과 축제활동의 하나로 시합을 올바르게 행하는 방식을 배운다.

- 경기기능과 전술을 향상시키기 위해 경쟁을 활용하며, 보다 훌륭한 스포츠 참여자가 되기위해 각 종목에서 중요시하는 의례행사들이 무엇인가를 배운다.
- 신체적 측면의 목적은 각 종목을 잘하는 데 필요한 알맞은 수준의 체력을 증진시키는 일과 리그나 토너먼트에 참여하기 위한 체력과 기능을 습득하는 데 있다.
- 인지적 측면의 목적은 스포츠 대회를 계획하고 운영하는 능력의 향상을 포함하며, 팀결정, 대진표 작성, 기록작성 등의 활동을 포함하며 시합전략과 연습전략을 분석하고 마련하는 능력 및 심판보기, 코치하기, 점수매기기 등의 스포츠 경기 운영에 필요한 역할들을 제대로 수행하는 데 있다.
- 경쟁은 스포츠의 본질적 특성의 하나로 축제적 분위기, 전통, 의례 등과 같은 스포츠의 문화적 전통 속에서 페어플레이와 선의의 경쟁이 이루어지도록 교육적으로 지도한다.

10. 범위와 계열
- 학생들이 성인 버전의 스포츠를 그대로 시행하기에는 무리가 따르기 때문에 학생들의 수준과 능력에 맞도록 변형된 스포츠와 간이게임을 주로 사용한다.
- 좀더 가볍고 작은 사이즈의 용구, 축소된 경기장, 경기시간 및 경기 참가 인원수의 조정
  → 규칙의 축소 및 새로운 규칙을 창의적으로 적용하여 학생들의 수준에 맞도록 경기를 변형한다.
- 단순한 과제에서 점점 복잡한 과제들로 과제를 계열적으로 준비한다.
- 학급의 모든 학생들이 소외되지 않고 도전심을 갖도록 수업을 준비하고 진행해야 한다.

11. 유사 용어: 놀이교육모형
- 놀이교육모형은 전통적이면서도 새로운 놀이유형을 포함한 일련의 경쟁적이고 표현적인 놀이활동으로 구성된다. 스포츠는 놀이가 좀 더 발전된 형태로, 보다 조직적이며 경쟁적인 형태를 띤 활동을 말한다. 따라서 스포츠교육 모형은 놀이교육모형에서 파생된 보다 발전된 모형이라 할 수 있다.

12. 모형의 장점과 단점

12-1. 장점
(1) 이 모형은 단원보다는 긴 시즌별로 종목을 가르치므로 학생들의 참여를 북돋아줄 기회가 많이 제공된다. 팀이 좋은 성적을 낼 수 있도록 공헌해야 한다는 팀 성원들로부터의 압력이 가해지기 때문에 그만큼 팀 성원으로서의 참여도가 높아지므로 협동심과 사회성을 기르는 데 효과적이다.

(2) 그리고 실제 경기 방식이 다소 변형되기 때문에, 운동을 잘하는 학생은 물론 못하는 학생과 중간 수준의 학생들도 모두 능력과 노력에 맞는 형태로 참여할 수 있는 기회가 마련된다.

(3) 현재 호주와 뉴질랜드에서 실행 중인 스포츠교육 모형에 대한 평가는 '모든 학생들이 참여하도록 한다'는 원칙이 스포츠에 대한 학생들의 이해와 지식을 높여주는 데 아주 효과적인 역할을 한다고 밝히고 있다.

12-2. 단점
(1) 이 모형을 비판하는 사람들은 스포츠교육 모형이 새로운 문화경향을 반영하는 새로운 형태의 종목들에 대하여 관심을 가지기보다는 기존에 유행하는 종목들이 더욱 강화되도록 하는 경향을 가지고 있다고 지적한다.

(2) 그리고 이 모형에서는 경쟁성을 띠지 않은 스포츠가 간과되고 있음도 아울러 지적된다.

(3) 또한 지나치게 경쟁을 강조하고 시즌 기간이 긴 점에 대해서도 비판을 받고 있다. 지나친 경쟁을 비판하는 사람들은 경쟁이 어린이나 청소년에게는 긍정적 영향보다는 부정적 영향을 더 미친다고 주장한다.

(4) 또한 시즌 기간이 긴 점을 비판하는 사람은 학생들이 좋아하지 않거나 계속하고 싶지 않아 하는 활동을 그처럼 오랫동안 강요하는 것은 옳지 못하다고 지적한다.

2 이론적 기초

1. 이론적 배경 및 근거

(1) 스포츠교육 모형의 이론적 기초는 Daryl Siedentop에 의해 정립되었다.

① Siedentop은 스포츠가 놀이의 형태로서, 인류의 역사와 문화에 중요한 부분을 차지하고 있음을 주장한다.

② 놀이는 인간 삶의 기본으로, 놀이 활동을 한 세대에서 다음 세대로 전승하는 것은 사회가 담당해야 할 필연적인 일로 간주되고 있다.

③ 음악, 미술, 드라마와 같은 다른 유형의 놀이도 우리 문화 속에서 스포츠 활동만큼이나 공통된 특성들을 공유하고 있다.

(2) 스포츠교육에 대한 이론적 근거는 매우 간단하고 직접적이다.

① 만약 놀이 형태로서 스포츠가 사회의 가치 있는 부분으로 수용된다면 사람들이 스포츠 문화를 어떻게 학습하고 참여하게 되는가의 과정을 공식화하는 방법을 모색하는 것은 사회의 책임이 된다. 간단히 말하면, 우리는 스포츠 문화를 다음 세대에게 가르쳐야 하고, 이를 가장 잘 실천할 수 있는 곳이 바로 학교의 교육과정 내에서이다.

② 실제로 청소년들은 학교가 아닌 유소년 스포츠, 교외활동 리그전, 사설 체육시설, 놀이터 등에서 여러 가지 방법으로 스포츠 문화를 배우고 있다. 그러나 광범위하면서 교육적으로 평등하게 스포츠 경험을 제공할 수 있는 최고의 장소는 학교체제를 통해서이다.

③ 따라서 스포츠교육은 스포츠의 가장 긍정적인 특성들로 구성된 스포츠 문화를 전승할 수 있는 방식으로 설계되어야 한다.

2. 교수·학습에 관한 가정

(1) 교수에 관한 가정

① 교사는 스포츠교육 모형에서 학습목표를 성취할 수 있는 직접교수, 협력학습, 동료교수, 소집단교수 등과 같은 전략들을 활용할 필요가 있다.

② 교사는 스포츠교육 모형에서 모든 학습 활동을 직접적으로 통제하는 역할보다는 자료를 제공하고 지원하는 역할을 담당한다.

③ 교사는 스포츠 활동에 내재된 가치, 전통, 수행을 반영한 의사결정이 학생 스스로 할 수 있도록 안내해야 한다.

④ 교사는 스포츠교육 모형의 시즌에서 선수로서의 역할 외에도 시즌을 이끌어 갈 다른 역할들에 대한 기회와 책임감을 학생이 가질 수 있도록 수업을 계획하고 촉진해야 한다.

(2) 학습에 관한 가정

　　① 학생의 학습 기회는 의사결정을 하고 이행하는 과정에 참여함으로써 이루어질 수 있다.

　　② 학생은 팀 구조 속에서 공동 목표를 성취하기 위해 협력한다.

　　③ 스포츠를 학습하는 방법으로 수동적 참여보다는 능동적 참여가 선호된다.

　　④ 학생은 스스로 발달 단계에 적합한 형태의 스포츠를 선택하고, 교사의 안내가 필요하다.

　　⑤ 스포츠교육 모형의 구조는 다른 환경에서의 참여를 일반화할 수 있는 실제적인 스포츠 경험을 제공한다.

3. 모형의 주제: 유능하고 박식하며 열정적인 스포츠인으로 성장하기

(1) 이 모형을 고안한 Siedentop은 유능하고, 박식하며, 열정적인 스포츠인을 육성할 의도를 가지고 이 모형을 설계하였다.

(2) 그에 따르면, 스포츠교육 모형은 모든 연령대의 학생에게 스포츠에 대한 안목을 갖춘 선수가 될 수 있도록 가르쳐야 한다.

(3) 그가 말하는 선수의 의미는 스포츠로부터 다양한 관점들을 알게 되는 사람, 인생에서 스포츠 참여가 중심인 사람, 스포츠 활동으로부터 깊은 개인적 의미를 파생시킬 수 있는 사람을 말한다.

(4) 학생은 단순히 게임을 하는 것이 아니라, 게임 속에 내재되어 있는 스포츠의 전통과 구조 등을 학습하고 이를 통해 유능하고, 박식하며 열정적인 스포츠인이 될 수 있다.

4. 학습 영역의 우선순위와 영역 간 상호작용

(1) 학습 영역의 우선순위

　　① 스포츠 교육은 학생의 학습 결과가 세 가지 주요 학습 영역에 걸쳐 골고루 이루어지기를 기대한다.

　　② 이 모형의 세 가지 부분의 주제는 다음과 같은 점들을 강조한다.

　　　ⓐ 유능함은 기술적인 전략적 움직임을 분별하고 실행할 수 있는 능력(인지적 능력을 바탕으로 한 심동적 영역)

　　　ⓑ 박식함은 스포츠 유형과 문화를 이해하고 감상하는 능력(인지적 영역)

　　　ⓒ 열정적이란 스포츠를 일상생활 속의 중요 부분으로 만드는 그런 열정(정의적 영역)

　　③ 광범위한 학습 기회가 학생의 발달 영역에 제공되기 위해서는 이러한 모든 영역들이 스포츠교육 모형의 단원(혹은 시즌)을 계획할 때 고려되어야 한다.

　　④ 스포츠교육 모형에서는 학생이 서로 다른 유형의 학습 활동에 참여하기 때문에(이로 인해 학습 영역의 우선순위가 바뀐다) 다른 모형처럼 학습 영역의 우선순위를 수립하는 것은 적절하지 않다. 오히려, 교사들은 어떤 유형의 학습이 스포츠교육 모형의 각 부분에서 촉진될 수 있는지를 이해하고, 시즌을 통해서 학생이 학습 영역 간에 균형 있는 학습을 할 수 있도록 도와주는 것이 더욱 바람직하다.

학습 활동	잠정적인 우선순위
조직적인 의사결정	1. 인지적　2. 정의적
선수로서의 시즌 전 연습	1. 심동적　2. 인지적　3. 정의적
코치로서의 시즌 전 연습	1. 인지적　2. 정의적　3. 심동적
임무 역할의 학습 (심판, 기록자, 트레이너 등)	1. 인지적　2. 정의적　3. 심동적
팀원으로서의 임무	1. 정의적　2. 인지적　3. 심동적
선수로서의 경기 수행	1. 심동적　2. 인지적　3. 정의적
코치로서의 경기 진행	1. 인지적　2. 정의적　3. 심동적

(2) 학습 영역 간 상호작용

① 스포츠교육 모형에서 학습 영역 간 상호작용의 결정은 스포츠 시즌 동안 발생할 수 있는 예측 불허의 많은 이벤트와 '학습 순간'으로 인해 좀 더 복잡해질 수 있다.

　　예 학생이 한 팀으로서 시즌의 팀 경쟁에 대비하여 협동하여 일할 때 기술 발달, 팀 응집력, 팀의 장단점 분석, 포지션 배분, 리더십 역할 등에 대한 준비를 할 수 있도록 모든 복합적인 측면들을 제기할 필요가 있다. 기술 발달은 선수의 능력을 분석함으로써 지원될 수 있고, 팀의 응집력 발달은 명확한 역할 정의와 포지션 배분을 조정함으로써 촉진될 수 있다.

② 교사는 팀들이 준비 단계에 있을 때 다소 덜 직접적인 역할을 수행하기 때문에 수업에서 모든 팀들의 영역 간 상호작용을 인식하고 변화시키는 것이 어려워질 수 있다.

5. 학생의 발달 요구 사항

(1) 학습 준비도

① 이 모형에서 학생의 준비도에 대한 요구를 결정할 수 있는 지침이 거의 없다.

② 다만 초등학교 수준에서 학생들과 활발한 상호작용을 통해 시즌 진행 과정에 대한 피드백을 자주 제공하면서 차츰 학생들의 역할을 늘려나가는 것이 최선의 방법이다.

③ 중등학교 학생들은 완전한 형태의 스포츠 시즌을 운영하더라도 큰 어려움은 없다. 단지 새로운 체육 수업 형태와 환경에 잘 적응할 수 있도록 학생들을 고무시키는 일이 무엇보다 중요하다.

(2) 학습 선호도

① Reichmamm과 Grasha가 제시한 학생의 학습 선호도 프로파일에 따르면 스포츠교육 모형은 **협력적 (팀 내), 경쟁적(상대팀에 대하여), 독립적인 학생**에게 가장 잘 적용될 수 있다.

　㉠ 학생은 스포츠교육 모형 내에서 협력적이며 경쟁적일 필요가 있다. 공동의 목표를 성공적으로 성취하기 위해서는 협력해야 하고, 상대팀에 대해서는 경쟁적으로 대응해야 한다.

　㉡ 스포츠교육 모형은 학생에게 적절한 시기에 적절한 방법으로 '협동과 경쟁'을 학습할 수 있는 기회를 제공한다.

　㉢ 독립적인 학생일수록 새로운 역할 임무를 맡음으로써 그로 인해 갖게 되는 의사결정의 책임에 대한 기회에 감사하게 된다.

3 교수 학습의 특성

1. 수업 통제

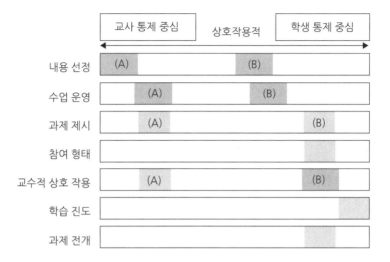

□ 스포츠교육 모형에서는 학습 내용과 수업의 전체적인 운영 구조는 교사가 결정하고, 결정된 학습 내용을 전달하고 운영하는 것은 각 팀별로 학생들이 주도한다. 교사는 학생들을 직접적으로 가르치기보다 학생들에게 필요한 정보를 제공하는 자료 제공자로서의 역할을 수행한다.

(1) 내용 선정 23 기출

① 교사는 스포츠교육 시즌에서 어떤 스포츠를 제공할 지에 대한 두 가지 선택을 할 수 있다.

  ㉠ 첫 번째는 교사가 종목을 선정하고 학생에게 정보를 제공하는 직접적인 선택이고,

  ㉡ 두 번째는 학생에게 선택의 범위를 제공하고, 학생으로 하여금 각 시즌에서 스포츠 종목을 선택하게 한다. 이 두 번째 선택은 맥락적 요인을 고려한 상태에서 학생들의 선택에 교사가 조언을 해주는 상호 작용적인 성격을 띄게 된다.

(2) 수업 운영

① 교사는 스포츠교육 시즌의 전반적인 구조를 제시하는 초기 수업 운영에 대한 결정을 대부분 한다.

② 이러한 내용은 팀이 어떻게 선정되고, 게임을 하지 않을 때의 의무는 무엇이며, 학생에게 이 의무를 어떻게 할당할지, 시즌은 얼마 동안 지속되어야 하며, 용·기구와 시설을 어떻게 준비하는지 등 시즌에 대한 전반적인 "기본 규칙"이다.

③ 이 결정이 수립되고 학생에게 전달되면, 학생은 거의 모든 통제를 스스로 하게 된다.

(3) 과제 제시

① 기술과 전략 발달에 대한 대부분의 과제 제시는 시즌 전과 중에 팀 연습의 맥락 속에서 이루어진다.

② 과제 제시는 학생에 의해 **동료교수와 협동 학습**의 형태로 이루어질 수 있다(B).

③ **임무 역할**에 대한 과제 제시는 각 임무(심판, 경기장 준비, 기록원 등)에 대해 워크숍 형식으로 교사에 의해 이루어진다(A).

④ 대부분의 학생은 이러한 역할에 대한 경험이 거의 없고, 시간이 짧게 소요되기 때문에, 교사 주도의 지도는 수업 초기에 학생에게 임무를 지도하는 데 가장 효과적인 방법이 될 것이다.

(4) 참여 형태

① 과제 제시처럼 학생의 참여 형태는 선수 역할과 비선수 역할에 따라 달라진다.

② 팀원으로서 학생은 동료교수와 소집단 협동 학습 과제에 참여하게 될 것이다. 각 팀은 시즌을 준비할 책임이 있고, 각 구성원들은 집단 의사 결정을 하고 팀 동료를 가르치는 데 적극적인 역할을 할 수 있어야 한다.

③ 비선수 역할을 맡은 학생은 임무에 부여된 과제에 대한 지식, 기술 및 절차를 학습하는 적극적인 참여자가 되어야 한다. 초기 학생은 각 임무의 기초역할에 익숙해질 수 있도록 교사로부터 직접적인 교수를 받게 된다. 그 이후 학생은 할당된 임무들을 수행하는 과정 속에서 많은 것을 배우게 된다. 대부분의 상호작용은 게임 상황에서 다른 학생과 함께 이루어질 것이다.

(5) 상호작용

① 학생이 동료 및 소집단 협동 학습 활동에서 팀으로 일할 때 학생 사이의 상호작용이 일어난다(B).

② 각 팀에서 1명 이상의 학생이 주장 혹은 부주장으로 지목되고 많은 교수기능을 담당하게 된다.

③ 교사는 자료 제공자(A)이며, 대부분의 수업은 학생 대 학생의 상호작용으로 이루어진다.

(6) 학습 진도

① 팀 구성원들은 시즌 경쟁에 대한 준비와 시즌 전 계획을 보충하는 데 무엇이 필요한지를 결정하게 된다.

② 또한 학생은 게임 전과 게임 사이의 속도를 조정하면서 그러한 준비에 어느 정도의 시간이 필요한지를 결정하게 된다.

(7) 과제 전개

① 학습 진도처럼, 팀들은 시즌을 준비하고 게임 사이의 연습 과제의 순서에 대한 의사결정을 하게 된다.

② 수업에서 각 팀의 내용 목록은 팀에 속한 선수들의 특정 능력에 따라 어느 정도 달라질 수 있다.

스포츠교육 모형의 포괄성
① 스포츠교육은 본래 통합 체육 수업의 목적으로 설계되었다. 모든 학생이 팀의 선수가 되어야 하기 때문에 모든 학생은 그 수준에서 자동적으로 모두 포함되어야 한다.
② 만약 교사가 모든 팀들이 기술 수준, 경험, 성(性) 측면에서 균형 있게 구성되었다고 확신한다면, 모든 팀들은 팀원들이 잠재력을 충분히 발휘하면서 동등하게 경쟁할 것이다.
③ 스포츠교육 모형은 체육 수업에서 소외되는 학생에게 다음과 같은 세 가지 이점을 제공한다(Hastie, 1998)   ㉠ 팀의 성공에 모든 팀원들의 공헌이 요구되는 소규모의 팀을 제공   ㉡ 팀의 응집력과 소속감을 증진하는 팀 소속의 지속성을 제공   ㉢ 운동 기능이 낮은 학생이 시즌 내내 기능을 향상할 수 있는 정기적인 연습 기회를 제공
④ 모든 학생이 시즌 동안 동일한 흥미와 능력을 가지고 체육 수업에 임하지 않는다. 이는 종종 학생의 불만족과 통합적 환경에 저항하는 고립으로 나타나게 된다.
⑤ 하지만 모든 학생이 비선수 역할도 하기 때문에 이 역할에 충실하게 수행하게 되면 제2의 관점을 수용하는 적극적인 스포츠 참여자가 될 수 있고, 시즌 기간 내내 의미 있는 공헌을 할 수 있게 된다.
⑥ 모든 학생이 각자의 임무를 수행하기 때문에 이들 역할에 부여되는 과제에 대한 선호도는 없다. 모든 학생은 각자의 임무를 수행하고, 이를 통해 체육 수업에서 통합적인 환경을 증진할 수 있게 된다.

2. 학습과제

- 과제 제시와 과제 구조는 시즌이 시작되기 전 교사와 학생에 의해 결정되는 게임규칙의 변형에 크게 영향을 받는다.

(1) 과제 제시

　① 선수지도

　　㉠ 교사는 팀 선정과 시즌의 조직에 대한 전반적 감독을 담당하며, 각 팀들이 학습에 필요한 요구사항과 이를 성취할 수 있도록 한다.

　　㉡ 일단 팀이 선정되면 교사는 각 팀에서 1명 혹은 몇 명의 학생을 선발해 그들이 다른 학생을 위한 과제 제시를 계획하도록 훈련시킨다. 이것은 협동 학습과 동료교수 전략 활용의 첫 번째 단계가 된다.

　② 역할지도

　　㉠ 교사는 시즌 동안 학생에게 부여된 역할을 지도하기 위해 직접교수를 많이 사용할 수 있다.

　　㉡ 각 임무에 해당되는 기능, 지식, 책임감을 소집단 학생에게 지도하기에는 시간적 제한이 있다. 교사는 각 임무를 정확히 수행하기 위해서 직접적인 정보를 제공하고 시범적인 과제 제시를 학생에게 제공하는 '임상 전략'을 사용할 수 있다.

　　㉢ 이들은 기본적으로 '방법(how-to)'에 관한 미니분과(minisessions)에 해당 된다. 학교의 다른 교사 혹은 코치, 공인 심판, 통계학자, 학교의 트레이너 등을 동일한 목적을 위해 초빙 강사로 활용할 수 있다. 이 밖에도 수업용 비디오, 다른 시각적 교재도 사용될 수 있다.

(2) 과제 구조

　① 선수지도

　　㉠ <u>스포츠교육 모형에서 학습 과제의 구조는 게임 연습과 준비에서 스포츠 코치들이 팀을 지도하는 방법과 유사하다.</u>

　　㉡ 각 그룹의 학생은 한 팀이 되어 다른 경쟁 팀을 이기기 위해 연습하게 될 것이다.

　　㉢ 과제 구조의 범위는 준비 운동, 칠판에 쓰면서 하는 강연, 기술, 운동 조절, 공격과 수비, 작전, 전략 훈련 등을 포함하고, 이 모든 것은 팀의 리더에 의해 설계되고 협동 학습 또는 동료교수 전략을 사용한다.

　　㉣ <u>Jones와 Ward(1998)는 교사가 일반적인 연습 일정과 필요한 상규적 활동(루틴)을 계획한 다음 학생이 교사의 시간 틀 속에서 구체적인 계획을 수립해야 한다고 주장한다.</u>

　② 역할지도

　　㉠ <u>학생에게 다양한 임무를 지도할 수 있는 과제 구조는 사람들이 스포츠에서 선수 이외의 주요 역할을 학습하는 방법과 유사한 모습을 띤다.</u>

　　㉡ 심판은 먼저 경기 규칙을 알아야 하고, 교사, 비디오 테이프, CD롬 혹은 초청 강사로부터 정보를 얻을 수 있다. 심판은 경기규칙 시험을 치르고 통과해야 한다. 전형적으로 처음에는 간단한 것에서부터 복잡한 진도를 나갈 때 정확한 모델을 관찰함으로써 배운다.

　　㉢ 그런 다음 학생 심판은 팀들이 작전을 수립하는 동안 조언자와 교사의 지도감독 하에 심판 기술을 연습할 수 있다. 이어서 학생 심판들은 실제 게임에서 지도감독 없이 독립적으로 심판을 보게 되고, 이는 바로 실제적인 과제 구조가 된다.

　　㉣ 교사는 스포츠교육 모형의 시즌 동안 모든 역할 임무에 대해 유사한 과제 구조와 학습 진도를 계획할 수 있다.

(3) 내용 전개

① 스포츠 교육 단원은 경쟁적인 스포츠 리그의 형식으로 진행된다.

② 교사는 리그가 시작되기 전에 리그를 진행하는 데 필요한 과정들을 계획하고, 시즌을 진행하는 방법과 각각의 시기에 무슨 일들을 해야 할지 목록을 만들어야 한다.

③ 대부분의 내용 전개는 팀 수준에서 이루어지고, 코치 등과 선수들이 시즌을 위해 준비할 것이 무엇이고 시즌 동안 무엇을 해야하는지에 관해 결정하게 된다.

④ 교사들은 약간의 안내 지침을 제공할 수는 있지만 내용 전개에 대한 결정은 학생들이 결정하도록 하는 것이 좋다. 따라서 스포츠교육 모형에서 내용 전개에 대한 전형적인 형식은 존재하지 않는다.

3. 학습 참여 형태: 시덴탑이 제시한 학습 활동에 관한 세 가지 주요 참여 형태

(1) 직접교수

① 학생에게 역할에 대해 가르칠 때 주로 교사에 의해 사용된다.

② 이는 학생의 주어진 역할에 초점을 맞추어 이를 책임감 있게 수행하는데 필요한 기초 지식을 획득할 수 있게 하는 미니 워크숍 형태로 이루어질 수 있다.

③ 직접교수에 필요한 시간은 보통 매우 짧기 때문에 교사로부터 학생으로의 참여 전환은 매우 효과적인 것으로 볼 수 있다.

④ 일단 학생이 역할을 익히게 되면, 각 임무 시간 전, 중, 후 실제적인 역할 가정 학습에 참여하게 된다. 즉, 학생은 시합을 준비하고, 시합 중 직접적인 역할을 수행하며, 시합 후 어떠한 책임이 따르는지를 배우게 된다.

(2) 협동학습

① 협동학습은 각 팀 내에서 선수와 코치로서 팀의 목표를 위해 서로 도울 때 일어나게 된다.

② 이러한 과정은 권력자의 모습이 없기 때문에 매우 민주적으로 볼 수 있다. 갈등해소는 때때로 필요한데, 이러한 과정 또한 협동학습 과정의 부분이 된다.

(3) 동료교수

① 팀 내에서 기술이 뛰어난 학생이 낮은 학생을 도울 때 주로 사용되며, 이것은 전체 팀의 수준을 향상시켜 준다.

② 학생은 자신의 팀이 가장 약할 때 가장 강한 팀이 될 수 있고 그러기 위해서는 모든 팀원은 기능 수준이 낮은 팀원들을 도와야 하며 결국 이 방법이 가장 좋은 교수 자원임을 깨닫게 된다.

4. 교사-학생의 역할 `23 기출`

수업진행과 책임 (역할 및 책임)	스포츠교육 모형에서 누가 그 일을 하는가(책임 주제)
각 시즌의 스포츠 종목 선정	교사가 하거나, 학생에게 목록을 제공하여 학생이 선택하게 한다. `23 기출`
시즌의 조직	교사가 기본 구조를 제공하고 학생이 구체적인 규칙과 절차를 정한다. 전형적으로 학생은 스포츠 위원회를 선정하여 시즌에 대한 많은 규칙을 만든다.
주장과 팀의 선정	교사가 기본 규칙을 확립하고 학생(스포츠 위원회)이 절차를 결정한다.
규칙과 경기 변형의 결정	학생(스포츠 위원회)이 제안하면 교사가 승인한다.
팀 연습의 조직과 수행	학생 코치 또는 주장이 하며, 교사는 이들을 자원으로 이용할 수 있다.
경기 동안 팀 경쟁 준비와 코치	학생 코치 또는 주장이 하며, 교사는 이들을 자원으로 이용할 수 있다.
역할을 위한 학생 훈련	교사가 핵심 내용을 제공한다. 외부 인사(예 공식심판)를 이용할 수 있다.
용·기구 및 장소 준비와 정리	학생 운영자가 담당한다.
시즌 기록 작성 및 보관	학생 기록원이 수행한다.
경기 심판	학생 심판이 수행한다.
학습 평가	1. 학생 코치와 주장은 자신의 팀원을 평가한다. 2. 학생 기록원은 통계자료에 기초하여 선수들의 수행을 분석할 수 있다.

5. 평가 23 기출

- 스포츠교육 모형에서의 평가는 시즌 동안 두 가지 주요 역할(선수 역할과 다른 임무)에 대한 학생의 수행결과를 대상으로 이루어진다. 이 두 역할에 대한 평가는 스포츠교육 모형의 중요한 목적(유능하고, 박식하며, 열정적인 참여자)을 반영해야 한다. 이러한 목표를 적절히 평가하기 위해서 다양한 평가 방법의 이용과 실제 평가(authentic assessment)가 이루어진다.

5-1. 선수 평가(Assessing Players) 23 기출

- 선수로서 배워야 할 지식의 유형과 능력: 기본적인 기능, 경기규칙과 전략에 대한 지식, 게임 수행능력과 전술, 팀웍, 훌륭한 스포츠 행동

(1) 기본 기능: 학생 코치와 팀 동료에게 간단한 체크리스트를 활용하여 평가하는 방법

- 한 사람의 선수가 수행을 하면 다른 관찰자들이 이미 진술되어 있는 핵심 기능에 대한 단서를 토대로 수행을 관찰한다.

(2) 규칙과 전략에 대한 지식: 간단한 필답고사 혹은 퀴즈 형식의 평가와 실제 게임 상황에서 룰과 전략의 적용 정도를 평가한다.

(3) 게임 수행 능력과 전술: 실제 게임 상황에서 일어나는 평가

- 게임 전술은 기록원의 임무가 평가의 한 유형으로 사용되어질 수 있다.
- 이 기록원들이 선수들이 각 포지션에서의 요구를 잘 수행하는지를 정확하게 판단할 수 있어야 한다. 포지션에 따라 훌륭한 수행을 했는 지의 게임체크리스트가 만들어질 수 있다.
- 게임 수행 평가 도구: GPAI (Griffin, Mitchell & Oslin, 1997) 사용

(4) 팀워크 23 기출 : 시즌 전반에 걸쳐 학생 코치와 선수들 사이의 상호작용을 관찰함으로써 평가한다.

- 팀에 능동적으로 참여하는 것을 반영하는 행동, 즉 팀원들이 스스로나 혹은 다른 친구들에 대해 주기적으로 체크하면서 기록해 가는 방법으로 체크리스트를 만들 수 있다.

(5) 바람직한 스포츠 행동

- 시즌 전에 교사와 학생들에 의해 특정 스포츠에 대한 훌륭한 행동의 목록을 작성한다.
- 팀은 시즌 기간동안 팀원끼리 체크리스트를 완성할 수 있다.
- 팀들은 다른 팀들에 대해서도 시즌 동안 체크리스트를 작성할 수 있다.
- 훌륭한 스포츠 행동을 체크하는 일을 전담하는 학생을 선정한다.

5-2. 임무 학습에 대한 평가(Assessing Learning in Duty Job Roles)

(1) 임무 지식

- 시즌이 시작되기 전 학생들이 각자에게 부과된 일에 대한 기본적인 지식을 알고 있는지 평가되어야 한다(필답고사와 구술 테스트 형식).
  - 심판: 경기 규칙과 게임 진행에 대한 지식
  - 기록: 통계를 내는 핵심 기능에 대한 구분
  - 매니저: 경기장의 규격(라인, 치수 등)과 어떤 기구와 시설이 필요한지에 대한 지식
  - 학생코치: 선수들의 능력을 평가하는 방법, 포지션을 배분하는 방법, 연습을 수행하는 방법, 게임 전술, 전략에 관한 지식 등

(2) 기술 수행

- 특정 임무에서 요구하는 특정한 기술 수행을 평가한다(질문과 체크리스트 사용).
  - 심판: 신호를 보내는 방법
  - 코치: 타임아웃 신호를 보내는 방법, 선수를 불러들이는 방법
  - 기록원: 기록을 정확하게 하는 방법
  - 운영요원: 기구와 장비를 안전하고 효율적으로 사용하는 방법

(3) 게임 중 실제 평가

- 실제 게임 동안 할당된 의무 수행정도를 평가한다.
- 각각의 의무에 대한 간단한 체크리스트를 고안하여 학생들의 게임 동안의 실제 수행을 모니터 한다.
- 경기가 끝난 후 자기 평가 체크리스트를 각자 기록하게 하는 방법도 있다.

167 | 2023학년도

4. 다음은 스포츠교육 모형을 적용한 수업 설계의 일부이다. 〈작성 방법〉에 따라 순서대로 서술하시오. [4점]

□ 평가표

평가 요소		평가 준거	평가 도구
(㉡)	기본 기능	야구에 필요한 기본 기능을 갖추고 있다.	체크리스트
	규칙과 전략 지식	야구 경기에 필요한 경기 방법과 전략을 이해할 수 있다.	지필 검사
	게임 수행 능력과 전술	실제 야구 경기에서 경기 상황에 맞게 경기 기능과 전술을 발휘할 수 있다.	GPAI
	(㉢)	야구 경기에 참여하면서 자신의 역할에 책임을 다하고 팀의 공동 목표를 이루기 위해 노력한다.	체크리스트
	바람직한 스포츠 행동	야구 경기에 최선을 다하고 열정적으로 참여할 수 있다.	체크리스트
임무 학습에 대한 평가	임무 지식	자신의 임무에 관한 지식을 알고 있다.	구술 시험
	기술 수행	유연한 경기 운영을 위해 자신의 임무에 필요한 기술을 갖추고 있다.	체크리스트
	게임 중 실제 평가	실제 경기가 진행되는 동안 자신의 임무를 책임감 있게 수행할 수 있다.	체크리스트

─────────〈작성 방법〉─────────

O 괄호 안의 ㉡, ㉢에 해당하는 평가 요소를 순서대로 쓸 것.(단, ㉢은 2015 개정 체육과 교육과정의 '내용 요소'에 근거할 것.)

O 이 수업에서 종목(내용)을 선정할 때 교사가 선택할 수 있는 방법 2가지를 메츨러(M. Metzler)의 주장에 근거하여 서술할 것.

[정답] • ㉡ 선수평가 [1점](선수 학습에 대한 평가 등 선수평가라는 단어 들어가면 인정)
- ㉢ 팀워크 [1점]
- 종목선정을 교사가 선정하거나, 학생에게 목록을 제공하여 학생이 선정한다. (또는 직접 선택과 상호작용적 선택이 있다. 인정) [1점]

4 교사 전문성 및 상황적 요구 조건

1. 교사 전문성

학습자	학생은 세 가지 역할(선수, 팀원, 부여된 임무)을 학습해야 하며 각 역할은 학생에게 심동적·인지적·정의적 영역의 능력을 요구한다. 교사는 학생들이 각 역할을 얼마나 잘 학습할 수 있을지에 대해 알고 있어야 한다.
발달단계에 적합한 수업	교사는 수업에서 학습자의 발달단계에 적합한 스포츠 내용을 전개해나가는 능력이 필요하다. 교사는 긍정적이며 안전한 환경을 조성하고 학생이 수행해야 할 의무는 학생의 발달 정도에 맞추어 제공해야 한다. 모든 학생은 자신의 발달단계 수준에서 스포츠를 학습할 수 있어야 한다.
체육교육(스포츠) 내용	교사는 선수의 입장에서 스포츠를 알고 있어야 할 뿐 아니라 다양한 임무에 대해서도 알아야 하고 스포츠 조직 구조 및 전통에 대해서도 숙지하고 있어야 한다. 교사는 스포츠에 대한 풍부한 지식과 안목을 갖추고 있어야 한다.
평등	교사는 수업에서 평등을 보장해야 한다. 교사는 학생의 성, 민족, 능력 등에 의해 불평등한 상황이 발생하지 않게 해야 하며 모든 학생이 동등한 참여 기회를 통해 스포츠를 배울 수 있도록 해야 한다.
평가	평가는 시즌 동안의 학생의 수행, 지식, 행동에 대한 결과로 실제적인 평가가 이루어져야 한다. 교사는 실제 평가에 대한 전문성을 갖추어야 한다.
사회/정서적 풍토	이 모형의 특징 중의 하나는 시즌 동안 축제 분위기를 만들어가야 한다는 것이다. 교사는 시즌 동안 긍정적인 분위기를 만들고 부정적인 분위기는 예방할 수 있도록 사회적·정서적 분위기를 조성해나가는 방법을 알고 있어야 한다.

2. 핵심적인 교수 기술

- 스포츠교육 모형은 직접교수, 협력 교수 그리고 동료교수 등의 방법을 동원하여 광범위한 효과적인 교수 기능을 사용할 수 있다. 중요한 것은 교사가 시즌 동안 상황적 요구에 따라 각 기술을 즉흥적으로 적용하게 될 것이라는 점이다.

  (1) 수업계획(시즌계획)

  ① 대부분의 계획은 교사와 학생이 스포츠교육 모형의 시즌 동안 어떤 게임을 수행할지를 결정한 후 수립된다.

  ② 이는 교사로 하여금 확고한 공식적인 계획을 세우도록 하며, 이 계획은 시즌이 진행됨에 따라 수립될 장시간의 기간을 필요로 한다.

  ③ 계획의 초기에는 돌아올 시즌에 대한 전반적인 구조를 결정하게 되며, 다음의 사항들이 고려된다.

  → 스포츠 시즌의 기간, 필요한 기구, 장비 시설, 게임의 변형과 수정, 경쟁의 형태, 팀의 선정, 선수로서의 임무 외의 다른 임무의 종류와 임무의 배분, 임무 수행의 훈련방법, 스포츠 위원회의 구성 및 위원 선정 방법, 시즌 스케줄, 평가 방법, 수업/연습이 구성되는 방식, 시상 체계(팀운영과 관리, 경기를 진행하는 수준 등을 체계적으로 집계하여 팀의 우승 결정)

  (2) 수업시간 및 수업 관리

  ① 교사는 각각의 수업과 시합에 대한 전반적인 계획을 제공한다.

  ② 그러나 연습과 시즌이 시작되면 대부분의 수업 운영은 학생의 몫이 된다.

  ③ 교사의 주요 임무: 시즌 동안 원래의 계획대로 잘 진행되고 있는지를 확인하고 그대로 진행될 수 있도록 이끄는 역할이다.

(3) 발달 단계적으로 적합한 역할의 결정

    ① 대부분의 과제 제시와 구조: 시즌을 준비하는 각 팀의 학생에 의해 결정된다.

    ② 그러나 시즌이 원만하게 진행되도록 학생들이 맡은 바 임무를 잘 소화해낼 수 있도록 훈련시킬 책임은 교사의 몫이다.

    ③ 교사는 다양한 임무들을 학생들에게 잘 지도할 수 있도록 충분한 지식을 가져야 한다.

    ④ 학생들의 발달 수준에 맞는 임무 부여와 이를 잘 알아듣고 이해할 수 있는 수준으로 지도해야 한다.

(4) 의사소통

    ① 직접적인 방법: 시즌 조직에 대한 설명과 임무 수행에 대한 훈련 시에는 교사의 설명으로 지도된다.

    ② 간접적인 방법: 질문 형태의 대화를 통해 학생들의 문제 해결력(문제 해결 접근법)이 신장되도록 경우에 따라 간접적인 방법을 이용하기도 한다.

(5) 교수 정보

    ① 경기자로서의 학습: 협력학습과 동료교수를 통해 팀 내에서 이루어진다.

    ② 임무 수행의 학습: 교사가 대부분의 교수 정보를 학생들에게 제공한다.

(6) 수업정리 및 종료

    ① 시즌 전 기간: 진행에 대한 일반적인 언급과 개인 혹은 팀으로부터 나온 질문에 응답하는 형식으로 이루어진다.

    ② 시즌 기간: 그 날의 경기 결과, 칭찬 받을 만한 플레이와 선수 등 그 날 있었던 특징적인 사건에 대해서 정리한다.

3. 상황적 요구 조건

• 스포츠교육 모형을 효과적으로 적용하기 위해 고려되어야 할 상황적 요인들은 (1) 자원 (2) 학생 (3) 경기 방식 등 세 가지이다. 이 세 가지 요인들은 스포츠교육 모형을 수업에 적용하는 결정을 하기 전에 이미 갖추어야 할 요소들이다.

  (1) 자원

    ① 자원들을 고려할 때 교사는 모형 적용에 필요한 시간(수업 시수), 기구, 공간이 충분한지를 확인할 필요가 있다.

    ② Grant(1992)는 스포츠교육 모형의 시즌을 운영하는 데 최소 20시간 이상이 필요하다고 주장한다. 이는 체육 수업의 일반적인 단원 계획의 시간과 비교할 때 길다고 생각할지 모르나, 이 모형은 충분한 연습 시간, 많은 경기 일정, 오랜 기간의 팀 단합이 있어야 충분한 효과를 거둘 수 있기 때문이다.

    ③ 교사는 모든 팀들이 연습하고, 여러 팀들이 경기를 할 수 있는 충분한 기구와 공간을 마련해야 한다.

    ④ 이 두 가지 유형의 자원에 대한 요구 사항은 인원수 조정(예 3:3농구, 4:4축구)과 규칙 변형(예 4회 소프트볼 게임)으로 해결될 수 있다.

(2) 학생

① 스포츠교육 모형에서 학생들은 관리 측면, 수업 운영 측면, 평가 운영 측면에서 몇가지 임무를 수행해야 한다.

② 교사는 이 모형을 활용하기 전에 학생들이 시즌을 스스로 운영하고 시즌 운영에 따른 역할과 책임을 제대로 수행할 수 있을지에 대해 깊이 생각해보아야 한다.

③ 한 학급의 학생 인원수도 시즌 운영에 필요한 스포츠 내용 결정에 영향을 주는 요소이다.

④ 학급의 인원이 적을 경우, 많은 인원이 필요하지 않은 운동(예 테니스, 라켓볼, 3:3배구, 3:3농구)으로 시즌을 진행할 수 있고, 학급의 인원이 많은 경우, 많은 인원을 요하는 운동(예 5:5농구, 6:6배구, 축구 등)도 적용할 수 있다.

(3) 경기 방식: 스포츠교육 모형의 경기 방식은 시즌에 설계된 여러 가지 경기 방식에 따라 이루어진다. 이 경기 방식들은 전체 팀의 수와 경쟁 공간에 따라 결정된다.

① 단일 리그전: 모든 팀이 서로 1번씩 경기하는 방식

② 분과(division) 리그전: 플레이 오프까지 소속 분과 안에서 경기하는 방식

③ 토너먼트: 개인 또는 팀이 패배할 때까지 경기가 계속 진행되는 방식

④ 삼각전(triangles): 트랙이나 필드경기에서 3개 팀이 동시에 경기하는 방식

5 단원계획 사례

◈ 스포츠 종목 및 수준: 축구, 중 1, 2학년   ◈ 시즌의 구성: 10-12시간

◈ 팀원 구성 방식: 교사에 의해 팀 주장이 선발되고 각 팀의 주장들과 스포츠 위원회에 의해 팀 구성이 결정

◈ 경기 방식: 조별 리그전 및 결승전

◈ 학생 역할: 선수, 주장, 심판, 점수 기록원, 시간 기록원, 코치, 기구, 시설 배치 요원

◈ 수행에 대한 기록: 필기시험, 기술 기록지, 게임 능력 및 심판 능력에 대한 교사의 수행평가

1. 팀과 주장의 선발

• 학생들의 축구에 대한 사전 지식과 게임 경험, 협동 능력, 지도 능력 등을 토대로 균등한 팀 구성이 이루어지도록 해야 한다.

• 교사가 학생들의 축구 기술이 어느 정도 인지 모른다면, 장애물을 놓고 드리블을 하게 하는 간단한 기능 테스트를 통해 필요한 정보를 얻을 수 있다.

• 학급의 인원수에 따라 팀 조직은 달라지나 대체적으로 홀수로 팀을 나누는 것이 효과적이며(2팀 간 경쟁하는 동안 한 팀은 경기 운영 팀의 역할), 한 팀 내에서 두세 개의 작은 팀(예를 들어 2:2, 3:3, 4:4 … 경기를 할 수 있는)을 포함하는 형태의 팀 구성이 바람직하다.

2. 수업 과정과 지도

(1) 차시 지도 계획

차시	소단원	학습 내용 및 활동	지도 방법 및 주안점
1	축구란	축구에 대한 개관 및 역사 수업에 대한 전반적 진행 방식	축구에 대한 개관 및 수업에 대한 전반적인 진행방식이나 상규적 활동 설명
2	드리블 킥 트래핑	장애물 드리블, 목표지점 킥, 2인 1조 볼 트래핑 등 간단한 기능 테스트로 학생들의 기초 기능 수준 진단	학생들의 발달수준과 성취 가능수준 진단 기본 기능이 우수한 학생 3명(주장)을 파악해 놓는다.
3	팀 구성	학급의 인원수에 맞게 적정수의 팀으로 편성한다.	기본 기능과 리더십이 뛰어난 학생을 주장으로 드래프트제를 실시하여 팀으로 구성한다.
4~7	조별연습	게임에 필요한 기초기능 및 간이게임(1:1, 2:2, 3:3, 4:4... 등)을 통한 조별연습	게임에 필요한 기초기능 및 1:1, 2:2, 3:3... 팀 내 작은 팀을 단위로 한 간이게임을 통해 기본 기능 및 규칙과 전술을 익힐 수 있도록 지도한다.
8~10	조별 리그전 및 결승전	게임을 통해 경기 규칙을 이해하고 기본 기능과 복합기능을 익힌다.	경기 중에 평가가 이루어지기 때문에 모든 경기의 기록은 철저히 한다.

(2) 지도과정 및 유의점

① **수업의 시작**: 축구에 대한 개관 및 역사, 수업에 대한 전반적인 진행방식 및 상규적 활동을 설명하고 안전에 관한 내용도 미리 설명하는 것이 좋다.

② **기초기능 검사**: 학생들의 발달수준과 준비도를 정확하게 평가하고 팀 구성을 균등하게 할 수 있도록 다양한 종목을 객관적인 방법으로 측정하는 것이 바람직하다.

③ **팀 구성**: 팀 구성은 기초기능 검사에 의거하여 학생들의 능력이 균등하도록 편성하고 가급적이면 홀수로 팀 수를 편성하는 것이 좋다(만약 두 팀이 경기를 하게 되면 한 팀은 경기 운영 팀의 역할을 담당해야 한다).

④ **조별연습**: 가벼운 워밍업이나 스트레칭 후 기술 훈련을 실시한다(주장을 중심으로 팀별 자율에 의한 준비운동).
  • 조별연습 기간이라 할지라도 시즌의 초반에는 교사중심의 기초 기능 지도를 실시하다가 차츰 주장이나 팀 내 코치를 중심으로 팀별 자율 연습이 이루어지도록 유도한다.
  • 어느 정도 기본기능이 익숙해지면 팀 내 작은 팀을 단위로 한 간이게임(2:2, 3:3, 4:4...)을 통해 기본 기능 및 규칙과 전술을 익힐 수 있도록 지도한다.

(3) 평가에 이용될 경기 기록지의 예

팀명	선수		득점		도움주기		호수비		수비실책		반칙		훌륭한 스포츠행동		합계
	번호	이름	횟수	계	횟수	계	횟수	계	횟수	계	횟수	계	횟수	계	
드림팀	1	정아름													
	2	한 솔													
	3	박명환													
	4	김솔찬													
	5	유진아													
	6	김한별													
	7	한영완													
	8	박세진													
	9	최강희													
	10	고두심													
	11	유지태													
	12	양동근													
서울아이	13														
	14														
	15														
	16														
	17														
	18														
	19														
	20														
	21														
	22														
	23														
	24														

◆ 경기진행팀: A뿔팀

◇ 기록원(2명): 최진실, 한고은

◇ 주심, 부심, 선심(2명): 최불암, 김혜자, 박근형, 반효정

◇ 게시원(2명): 박준형, 김나래

◇ 볼보이(걸): 권상우, 이미연

다음은 최 교사와 박 교사가 작성한 농구의 단원 계획안이다.

〈최 교사의 단원 계획안〉

차시	학습 내용	준비 자료
1	• 농구의 역사, 경기 규칙 및 방법 이해	교과서, 시청각 자료
2	• 캐치와 패스 연습	
3	• 패스 연습	
4	• 이동 패스 연습	
5	• 드리블 연습	농구공, 고깔 장애물
6	• 패스와 드리블 연습	
7	• 세트 숏 연습	
8	• 점프 숏, 레이업 숏 연습	
9	• 자유투 연습	
10	• 종합 평가	농구공

〈박 교사의 단원 계획안〉

차시	학습 내용	준비 자료
1	• 농구의 역사, 경기 규칙 및 방법 이해	교과서, 시청각 자료
2	• 패스와 드리블 연습	농구공, 고깔 장애물
3	• 숏 연습	
4	• 공격 및 수비 전술 연습	
5	• 팀 편성과 역할 분담 (감독, 주장, 선수, 경기 기록원, 심판 등) • 경기 진행 방법 이해	농구공, 팀 조끼, 호각, 점수판, 초시계, 경기 기록지
6		
7	• 팀별 리그전	
8		
9		
10		

최 교사의 단원 계획안이 안고 있는 단점을 박 교사의 단원 계획안과 비교하여 1줄로 쓰고, 이 단점을 보완하기 위하여 박 교사가 도입한 수업 모형의 명칭과 그 특징을 5가지만 쓰시오.

• 최 교사가 작성한 단원 계획안의 단점: _____

• 박 교사가 도입한 수업 모형의 명칭: _____

• 박 교사가 도입한 수업 모형의 특징: ① _____ ② _____
　　　　　　　　　　　　　　　　　③ _____ ④ _____ ⑤ _____

[정답] • 최 교사가 작성한 단원 계획안의 단점: 다양한 역할경험을 하지 못하고 스포츠 기능 위주로 편성되어 있다.
　　　 • 박 교사가 도입한 수업 모형의 명칭: 스포츠교육 모형
　　　 • 박 교사가 도입한 수업 모형의 특징: 스포츠 시즌, 기록작성, 팀 소속, 역할분담, 축제화, 결승전 행사, 공식경기

다음은 시덴탑(Siedentop)의 스포츠교육 모형을 적용한 네트형 경쟁 활동의 차시별 계획안이다. 이 모형의 6가지 핵심 특성을 모두 반영하기 위해 7차시부터 포함해야 할 교수-학습 활동과 가장 거리가 먼 것은?

차시	교수-학습 활동	비고
1	배구의 역사 이해, 경기 감상	
2	배구 기초 기능 연습 및 팀 편성	기능 수준을 고려한 팀 편성
3	배구 기초 기능 연습	
4	팀별 기능 연습	주장, 심판, 홍보 등의 역할 분담
5	팀별 전술 연습	연습 기간, 시합 기간 선정
6	팀별 연습 및 경기진행법 연습	
7		
...		
15		

① 득점, 반칙 등의 개인 기록과 팀의 승패에 대한 기록을 남긴다.
② 토너먼트나 리그전 등의 경기를 계획하고 경기의 규칙을 제정한다.
③ 개인 및 팀 기능을 향상시키기 위해 운동기능검사를 실시한다.
④ 모든 학생이 참여하는 결승전 행사나 다양한 형태의 이벤트를 마련한다.
⑤ 팀의 정체성을 드러낼 수 있는 다양한 깃발, 푯말 등을 만들어 분위기를 조성한다.

[정답] ③
[해설] 기능에 목적을 둔 검사이다. 이는 게임에 대한 전략과 경기지식 등을 포함하는 유능하고 박식하고 열정적인 스포츠인이라는 목적을 반영한 실제적인 평가를 할 수 없다.

5. 다음의 (가)는 수업 계획에 관한 교사들의 대화 내용이고, (나)는 박 교사의 단원 계획서이다. 〈작성 방법〉에 따라 순서대로 서술하시오. [4점]

(가) 수업 계획에 관한 교사들의 대화 내용

> 김 교사: 새 학기에 배드민턴 수업을 하려고 해요. 이번 수업으로 학생들이 배드민턴 문화 전반을 잘 이해했으면 해요.
>
> 박 교사: 그러면 시덴탑(D. Siedentop)의 스포츠교육 모형을 적용한 수업을 해보면 어떨까요? 저도 이 모형으로 배드민턴 수업을 했었는데, 학생들의 반응이 참 좋았어요. 그런데 우선 스포츠교육 모형의 학습 선호도를 잘 파악해야 해요. 스포츠교육 모형에서 학습 선호도는 자기 팀 안에서는 협력적, 상대 팀에 대해서는 (㉠)인 성향의 학생들에게 적절해요. 수업 설계와 운영 시 이를 참고하면 도움이 될 거예요.
>
> 김 교사: 그렇군요. 제가 참고할 만한 자료가 있을까요?
>
> 박 교사: 제가 스포츠교육 모형을 적용하여 재구성한 배드민턴 단원 계획서를 드릴게요. ㉡학생들의 전인적 발달을 위한 통합적 수업을 운영하는 데에 도움이 될 거예요.

영역	네트형 경쟁	학년	3학년	총 시수	16 차시
단원 목표	1. 배드민턴의 역사와 특성을 이해할 수 있다. ··· (하략) ···				
모형의 특성	시즌, 팀 소속, 공식 경기, 결승전 행사, 기록 보존, 축제화				
차시	학습 과제		학습 활동		
			(㉢)	(㉣)	
1	• 배드민턴의 역사, 특성, 가치의 이해			• 역사 자료 읽기 • 경기 동영상 감상하기	
2~8	• 기초 기능 연습 및 평가, 팀 편성 • 팀별 기능 및 전술 연습 • 경기 규칙 및 운영 방법 습득 • 임무 역할(심판, 기록자 등)의 학습 • ㉤팀원으로서의 임무 수행 • 경기 일정 수립 • 예선 리그		• 클리어, 드라이브, 스매시, 푸시, 드롭, 헤어핀 연습하기 • 경기 전술 연습하기	• 경기 규칙 조사하기 • 시즌 운영에 대해 토론하기	
13~16	• 결승 리그 및 결승전 • 축제 운영		• 경기 기능 및 전술 보강 연습하기	• 깃발, 푯말 제작하기 • 소감문 쓰기	

─────────── 〈작성 방법〉 ───────────

○ 괄호 안의 ㉠에 들어갈 용어를 쓸 것(단, 라이크먼과 그레이샤 (S. Reichmann & A. Grasha)의 학습 선호 분류 차원에 근거할 것).

○ 스포츠교육 모형에서 밑줄 친 ㉤의 학습 활동이 목표로 하는 학습 영역 3가지를 우선 순위에 따라 중요한 것부터 순서대로 서술할 것.

[정답] • ㉠은 경쟁적이다.
    • ㉤은 정의적 영역, 인지적 영역, 심동적 영역이다.

8. 다음은 ○○중학교 학교 스포츠클럽운영과 관련한 교사 성찰일지의 일부이다. 〈작성 방법〉에 따라 순서대로 서술하시오. [4점]

2020. 05. △△.
학교스포츠클럽 축구 종목을 담당하게 되어 운영 방안에 대해 고민해 보았다. 스포츠교육 모형의 3가지 주요 목적 중에서 다양한 스포츠 문화를 보존, 보호, 증진할 수 있는 방향으로 스포츠에 참가하고, 그에 맞게 행동할 수 있으며, 스포츠 공동체의 일원으로 지역, 국가 또는 국제 스포츠 발전에 적극적으로 참여할 수 있는 (㉠) 스포츠인의 양성에 역점을 두려고 한다.

2020. 08. ××.
축구 클럽을 결성한 지 3개월이 지났다. 초기에 발생했던 구성원 간의 포지션 및 역할 갈등은 점차 해소되었다. 시간이 지나면서 팀원들은 자신의 실력에 맞는 포지션을 선택하기 시작했다. 또한 자신이 팀 내에서 어떠한 역할을 담당해야 하는지도 알게 되었다. 그러자 우리 팀에 대한 애착과 결속력이 점차 강해졌다. 〔(가)〕

2020. 09. ○○.
축구 클럽의 실력이 점차 향상되어 다른 클럽 팀과의 경기에서 승률이 점차 높아졌다. 반면, 의도치 않은 문제들이 발생하기 시작했다. 승리에 맛을 들이면서 일부 학생들은 점차 축구에 매달리는 경향이 강해졌다. ㉡심지어 공부나 자기 할 일은 등한시한 채 방과 후에 오로지 축구 연습에만 매달렸다. 일상생활에 지장을 줄 정도였고 해당 학부모들이 불만을 제기하기 시작했다.

2020. 09. □□.
일부 학생들의 부적절한 행동에 대해 심각성을 느껴 체육 교과 협의회를 개최하였다. 회의 결과 학부모와 상담을 통해 가정에서 칭찬 카드를 발급할 수 있도록 하였고, 일정 수 이상의 칭찬 카드를 제출한 학생에게 포지션 배정의 우선권을 주기로 했다. 이를 통해 학생들의 행동에 변화가 있었으면 한다. 〔(나)〕

〈작성 방법〉

○ 괄호 안의 ㉠에 해당하는 내용을 쓸 것.

[정답] ㉠은 열정적인이다.

3. 시즌에 따른 스포츠교육 모형의 적용

• 일반적으로 스포츠교육 모형에서의 시즌은 프리시즌, 경기시즌, 결승전 행사로 구성되는데 이를 학교체육수업에 알맞도록 시즌 전, 시즌 중, 시즌 마무리의 단계로 진행할 수 있다.

〈표 8-1〉 시즌 단계별 내용

단 계	내 용
시즌 전	시즌이 본격적으로 시작되기 전 준비 단계로 스포츠교육 수업을 조직화하기 위한 여러 가지 활동들이 교사주도로 진행된다. 팀을 구성하여 활동하도록 하고, 게임 상황에서의 연습 방법, 전략 활용, 규칙 준수, 페어 플레이와 같은 중요한 개념들을 명확하게 안내해 준다. 이러한 활동과 함께 수업을 위한 기구 준비, 점수 획득, 기록 유지 및 보관, 심판 등의 다양한 역할을 수행하는데 필요한 제반 환경을 마련한다.
시즌 중	학생들을 게임에 자발적이며 적극적으로 참여토록 하고, 페어플레이를 배우고, 진행 팀의 활발한 수행 등을 통해 시즌을 지속적인 축제의 장으로 만들어 나가도록 한다. 다양한 직·간접적 활동의 경험을 통해 게임의 확장은 물론 나 또는 다른 사람과 함께 당면한 문제해결을 위한 의사결정 능력을 습득한다.
시즌 마무리	시즌 마무리를 위한 다양한 토너먼트 또는 챔피언 또는 결정전 등과 같은 결승행사로 축제의 하이라이트를 볼 수 있다.

(1) 시즌 전

■ 시즌을 계획하고 설계하기

→ 스포츠교육 모형의 성패를 가르는 것 중 하나는 시즌 설계를 어떻게 하느냐이다. 시즌 설계는 한마디로 교사와 학생이 즐겁게 스포츠교육에 참여할 수 있는 열쇠에 해당된다. 시즌의 계획은 특정 스포츠의 선택, 학생들의 참여 수준, 시즌 진행에 필요한 자료, 학생들의 동기가 유발되도록 축제 분위기를 만들어 가는 전략 등을 고려해야 한다. 시즌 계획과 운영 시 고려해야 할 사항들을 정리해 보면 〈표 8-2〉와 같다.

〈표 8-2〉 시즌 계획과 운영 시 고려사항

고려 항목	준비 목록
스포츠 선정	학교 교육과정, 학년별 내용을 고려한 스포츠 내용 선정
시즌 길이	학기별 체육수업시수 / 학교행사를 제외한 실제 수업 가능한 시간 수
공간과 장비	활용 가능한 실내외 공간 크기, 경기장 수, 새로 설계할 장비 및 구입 장비 목록
팀 정하기	팀의 수, 선정 방법, 선정과정에 필요한 자료(투표 용지, 퀴즈 등)
역할	필수와 선택의 역할 결정 필수: 선수, 심판, 기록원, 코치, 주장 등 선택: 통계원, 트레이너, 스포츠위원, 사진기자, 방송위원 등
학습 지원 자료	서약서, 학습 및 역할별 시트지, 평가지 등
팀 정체성	이름, 색상, 마스코트, 노래, 깃발, 응원구호, 응원 춤, 뉴스 게시판 등
진행 팀 임무	장비 배치 및 경기장 준비, 경기장별 심판, 기록원 인원수
진행 팀 장비	기록지, 화이트 보드, 볼펜, 심판 유니폼(모자, 휘슬 등)
과제 개발	변형게임 고안 및 계열성, 기술과 전략 교수 방법, 역할별 교수(심판, 기록원 등), 학습활동의 연속성, 스포츠문화 경험을 위한 간접활동
차시별 계획	과제활동(여분의 과제 준비), 팀활동, 학생역할활동, 교사역할활동, 학습 준비물
주요 활동	한 시간 수업 목표를 분명하게 설정하라.
페어 플레이	페어 플레이를 강조하기 위한 시스템 고안, 평가방법

고려 항목	준비 목록
시즌마무리	행사범위 결정, 하루 또는 합동 결승행사, 상의 종류와 평가도구 고안
평가	역할별 수행 평가 방법, 기록원 자료 및 경기를 위한 평가도구 고안
결승행사 & 챔피언	유인물 또는 포스터 게시(페어플레이, 진행팀, 규칙, 승패 등 모든 활동에 공정한 점수가 부여된다는 것 등)

➔ 교사 재량 및 학교 여건에 따라 고려사항은 축소 또는 확대할 수 있다. 스포츠 교육은 학교체육 안에서 이루어지는 것이지 학교체육과 별개의 대체 프로그램이 아님을 이해하고 시즌 계획을 세워야 한다. 그렇게 되었을 때, 시즌의 설계는 융통성 있게 구성될 수 있다.

(2) 시즌 중

■ 게임을 변형하고 참가하기

① 스포츠 교육이 추구하는 '모든 학생들이 참여하는 프로그램'이라는 철학적 관점에서는 운동기능이 뛰어난 학생뿐만 아니라 운동을 잘 못하는 학생들까지 모두 경기나 시합에 참여해서 즐거움을 경험할 권리를 가지고 있다. 그러나 대부분의 스포츠 종목들은 발달단계상 아직 미성숙한 어린 학생들이 참여하여 만족과 즐거움을 느끼기에는 여러 면에서 어렵고 부적합한 측면들이 많다.

② 따라서 학생들의 적극적인 참여와 흥미를 유발하기 위해서는 학생들의 발달 단계에 적합하도록 스포츠를 변형할 필요가 있다. 변형된 게임은 그 종목의 특성을 잘 이해할 수 있고, 기능 발달이 단계적으로 연습될 수 있도록 계획되어야 한다. 또한 학생들의 신체적, 인지적, 정서적 능력에 충분히 반영될 수 있도록 변형되어야 한다.

③ 게임을 변형하는 데 있어 요구되는 전략은 게임의 용구와 시설 등을 학생들이 더욱 쉽고 흥미를 느낄 수 있는 방향으로 변형시키는 것이다. 예를 들어, 발달 초기에서 성공을 경험하도록 표적의 크기나 목표 영역을 증가시키는 것 등이 포함될 수 있다.

④ 게임을 변형하는 과정에는 학생들이 모두 참여할 수 있도록 하는 것이 중요하다. 학생들의 아이디어를 수렴하여 스포츠위원과 교사가 합의하여 게임의 규칙, 용구, 인원 등을 변형하게 되면 스포츠 교육이 추구하는 학생 주도적이며 창의적인 수업의 목표를 달성할 수 있을 뿐만 아니라 학생들의 자발적인 참여 유도에 도움이 된다.

■ 수업하면서 동시에 평가하기

① 스포츠교육 모형에서는 수업 중에 교수·학습에 대해 피드백을 주고 받으며, 수업 과정을 기록하고, 과정평가가 이루어지는 등 다양하고 풍부한 평가 기회가 제공된다. 스포츠교육에서 평가 환경은 다양하게 이루어져야 한다. 단지 학생들의 기술이나 전술을 연습하기 위해 주어지는 제한된 과제 상황의 평가는 별 의미가 없다.

② 교사는 경기, 행사, 팀 활동, 팀원의 역할 등을 관찰하고 평가해야 하며, 학생들에게는 수업의 모든 상황에 필요한 기술과 전술을 배우는 많은 기회가 제공된다. 그 결과, 평가는 학습수행의 현장성이 내재된 가치 있고 의미 있는 과제로 구성되며, 단지 운동기능만을 평가하는 것이 아니라 학습자가 참여하는 여러 학습 상황하에서 실제적이며 총체적인 평가가 이루어진다.

③ 스포츠교육에서 평가는 사전에 계획을 수립하고 잘 검토된 후에 실행해야 한다. 평가 계획에 포함되어야 할 사항으로는 규칙, 역사, 전통 등과 같은 게임과 관련된 지식, 경기에 필요한 심판, 기록원, 코치나 감독 등과 같은 역할 수행 능력, 경기를 즐길 수 있는 기술과 전술의 사용, 책임감, 협동심, 페어플레이를 지속적으로 이해하고 유지하는 태도 등이 있다.

④ 스포츠교육에서 평가는 단지 학생들에게 성적만을 부여하는 것이 아니라 수업에서 학습한 내용의 성취 정도와 아울러 피드백을 제공한다는 의미를 동시에 가지고 있어야 한다. 따라서 평가 계획은 수업에서 가르치고자 하는 목표가 충분히 달성될 수 있도록 수립되어야 한다.

(3) 시즌 마무리

■ 축제에 모두 참여하기

① 스포츠교육의 중요한 특징 가운데 하나인 축제는 청소년 시기의 학생들을 보다 가까이에서 이해할 수 있는 '문화의 장'으로 연결할 수 있는 장점이 있다. 예를 들면, 학교의 공식축제는 많은 학생의 참여 방법, 부담스러운 예산 등이 문제가 되지만 스포츠교육 모형에서의 축제는 축제를 게시판을 통해 알리고, 각종 상장 및 메달을 직접 만들면서 특별한 우리들만의 시간을 한자리에서 가질 수 있는 이점이 있다.

② 시즌을 마무리하는 축제는 스포츠교육의 하이라이트이다. 축제에서는 교사와 학생이 함께 참여하는 즐거운 장이 되도록 다양한 프로그램을 구성해야 한다. 시즌을 통해 체계적인 학습을 해온 학생들은 스포츠에 대한 기량을 마음껏 발휘하여 최고의 팀과 선수를 가려보는 축제행사에 많은 기대와 흥분을 가지고 기다린다. 또한, 마지막 결승 행사는 팀원 간의 즐거움을 나누기도 하지만 그동안의 활동을 정리하며 반성해 보는 기회를 가짐으로써 스포츠교육의 교육적 효과를 극대화할 수 있다.

③ 축제를 준비할 때 시간운영은 시즌 마지막 부분에 2시간 이상 확보하는 것이 좋고, 축제준비위원을 각 팀에서 배정하여 일정 및 프로그램 구성 등을 미리 협의할 수 있도록 한다. 특히, 결승 행사를 준비할 때 최종 결승에 올라간 소수의 학생, 또는 1~2팀만 참여하지 않도록 구성하고, 이를 위해 교사와 학생이 준비해야 할 목록을 미리 정해 최소한의 시간과 경비로 스포츠교육 모형의 목적과 특징을 포함한 축제가 되도록 해야 한다.

④ 결승 행사를 운영하는 방법은 다양하다. 실격되는 팀 없이 똑같은 횟수의 게임을 치르는 무실격 토너먼트로 팀순위가 결정되거나, 미리 리그전이나 토너먼트를 통해 경기 결과가 나왔으면 순위별로 결승전을 실시하면 된다. 이때의 결승경기는 모든 팀이 경기에 참여하는 것을 원칙으로 해야 한다. 결승전 방법은 종목에 따라서 달리 운영할 수 있다. 육상, 체조, 수영 등 개인 스포츠는 세부 종목별로 참가 선수를 정해 종목별로 경기를 치르는 '미니 올림픽'으로 운영하면 좋다. 그리고 배구, 축구, 소프트볼, 농구 등 팀 스포츠는 팀별 리그전이나 토너먼트를 통해 순위별로 동등한 경기 기회를 가지는 방식이 좋다.

⑤ 시상식은 축제 마지막 행사 중 하나로 시즌 동안 기록된 각종 기록지와 교사의 관찰 평가지, 개인 및 팀별 상호평가를 통해 시상의 내용이 결정되기 때문에 학생들이 관심갖는 부분이다. 시상식에 비디오 감상을 프로그램으로 넣어 그동안 스포츠교육을 진행하면서 촬영한 내용을 분석하여 즉석에서 개인 또는 팀에 대해 주제별로 상을 선정해도 좋다.

⑥ 이때는 반드시 교사가 미리 비디오 내용을 파악하고 난 후, 감상의 초점을 학생들에게 안내해 주어야 한다. 그리고 미리 시상의 종류와 내용을 각 팀이 스포츠위원 회의를 통해서 알려주고, 개인상과 팀상 등으로 분류하여 선정하면 좋다. 상장, 메달, 행운권 및 상품권 쿠폰 등은 축제의 규모에 따라 다양하게 활용하도록 한다.

제 9 장 개인적·사회적 책임감 지도(TPSR) 모형

1 개요

1. 주요 내용

참고자료 - 📖 스포츠 교육학 교과서(이규일, 류민정)

(1) 개인적·사회적 책임감 모형: TPSR 모형(Teaching for Personal and Social Responsibility)이란?

① 주제: 통합, 전이, 권한 부여 및 교사-학생의 관계

② 이 모형은 체육을 통해 자신과 타인에 대한 책임을 어떻게 져야 하는가에 대해 배우고 연습하는 것에 초점을 둔다. 이 모형은 원래 교육적으로 불평등한 계층의 청소년들을 대상으로 개발되었다. 불우한 계층의 청소년들은 폭행 문제, 약물 중독, 낮은 학업 성취, 건강의 악화 등의 어려움을 겪고 있었다. 이와 같은 문제를 학교에서 체육 활동을 통해 개인의 책임감을 발달시켜 학교 밖에서도 긍정적인 삶을 살아가도록 하는 것을 주된 목표로 삼는다. 이 모형에서 교사는 신체 활동에서 학생들의 책임감 수준을 정확하게 파악하고 책임감 수준을 향상시키기 위해 노력해야 한다.

[그림 9-1] 책임감 수준 단계별 학생의 모습

(2) 책임감 수준 0단계 - 5단계

(3) 책임감 수준에 따른 수업전략

---

(1) 체육이 학교 교과목으로 받아들여진 이래로 체육교육의 궁극적인 목적에 인성교육이나 전인교육은 항상 묵시적으로든지 명시적으로든지 포함되어 있었다.

① 1910년대로 거슬러 올라가 Clark Heatherington은 신체육 의 목표가 도덕적, 사회적, 개인적인 성품을 개발하는 것이라고 규정하였다. 최근에 미국체육교육협회에서 규정한 국가 수준의 체육 교육목표에도 자기 자신과 다른 사람을 존중하는 책임감 있는 행동을 보이는 것과 자기표현, 즐거움, 사회적인, 상호작용을 위해 신체활동을 가치롭게 받아들이는 것이 포함되어 있다.

② 이 같은 도덕적, 사회적, 개인적 성품의 계발에 대한 중요성과 강조에도 불구하고 실제 교육현장에서는 이 같은 자질들을 신체활동을 가르치면 당연히 따라오는 부수적인 목표들로 인식하는 경향이 있다. 하지만, 도덕적, 사회적, 개인적 성품의 계발은 운동기능의 향상과 마찬가지로 구조화된 수업모형과 발달단계에 적합한 내용, 수업 전략, 그리고 체계적이고 반복적인 연습을 필요로 하는 영역이다. 이런 측면에서, 개인적 사회적 성품 계발을 위한 구체적인 수업 모형을 살펴보는 것이 도움이 될 것이다.

2. 개인적·사회적 책임감 모형의 개발 배경

(1) 신체활동을 매개로 하여 개인 사회적 책임감을 가르칠 수 있다는 아이디어는 '불과 방망이를 넘어서'라는 Donald Hellison의 책이 출판되고 나서 비로소 시작되었다.

① 학부에서 역사학을 공부하고 석사 과정에서 사회학을 전공한 Hellison은 비교적 체육 분야에 뒤늦게 입문하였다. 체육에 대한 그의 관심은 문제학생들을 대상으로 하는 체육프로그램에서 일하면서 본격화되었고, 그는 자신이 가지고 있는 체육교육의 관점은 '인간중심 체육교육'이라는 최초의 저서에서 명시적으로 밝혔다.

② 헬리슨의 현장에 대한 관심은 그가 일리노이 대학 시카고 캠퍼스의 대학교수로 있을 때에도 계속되어, 문제학생들과 탈선의 가능성에 노출되어 있는 청소년들을 위한 체육 프로그램을 제공하는 것으로 지속되었다.

(2) 실제로 개인 사회적 책임감 모형은 체계적인 이론적 토대 위에서 시작되었다기보다는 문제학생들에게 신체 활동을 통하여 전인 교육을 해보겠다는 헬리슨의 열정과 아이디어의 산물이었다.

① 체육을 통해서 문제학생들의 인성교육을 하겠다는 열정 하나만으로 매달린 그는 곧 현실적인 이론과 전략의 부재에서 오는 한계에 직면하게 되었다. 그는 스스로에게 '우리 학생들이 직면하고 있는 가장 큰 문제는 무엇인가'와 '어떻게 하면 그들이 직면하고 있는 문제를 도울 수 있는가'의 두 가지 질문을 묻고 고민하게 되었다.

② 첫 번째 질문과 관련하여, 헬리슨은 오늘날 우리 학생들이 직면하고 있는 가장 큰 문제는 올바른 선택과 의사결정을 할 수 있는 능력을 키우는 일이라고 보았다. 특히 그는 오늘날의 청소년들이 직면하고 있는 문제를 '가이던스 갭'(guidance gap)이라는 말로 설명한다.

③ 우리 아이들도 변했고, 세상 또한 많이 변했다. 몰론, 학교도 변했다. 아이들은 예전과는 비교도 안될 정도로 텔레비전, 폭발적인 지식의 증가, 다원화된 사회가 쏟아 내는 각기 다양한 가치체계 등의 엄청난 선택의 폭에 노출되어있다. 그에 비하여 오늘날의 청소년들은 맞벌이 부부의 증가와 이혼가정의 증가 등으로 주변에서 그들의 올바른 의사결정과정을 제대로 가르치고 안내해 줄 사람이 없다. 한때 아이들의 교육에 도움을 주었던 지역사회와 이웃마저도 점점 더 유동적이 되어가고 있고, 게다가 익명성을 더해 가면서 우리 아이들을 제대로 안내하거나 도와 줄 수 없게 되었다. (Hellison, 1985, p.1)

(3) 가이던스 갭(guidance gap)에 직면하고 있는 청소년들을 돕기 위해서는, 그들이 합리적인 선택과 신중한 의사결정을 내릴 수 있는 과정을 거쳐야 한다. 헬리슨은 학생들이 배워야 할 중요한 가치로 자신과 타인에 대하여 책임을 질 줄 알도록 배우는 것이 중요하다고 생각하였다.

① 헬리슨은 정서적인 측면과 신체활동 측면을 두루 포함하면서 많은 상호작용을 요구하는 스포츠와 신체활동이 개인 사회적 책임감을 가르치는 데 좋은 매개체가 될 수 있다고 보았다.

② 실제로 스포츠와 체육활동 프로그램은 문제학생을 위한 프로그램이나 청소년들에게 삶의 기술(Life skill)을 가르치는 프로그램에 널리 이용되고 있다. 즉, 체육활동이나 스포츠 활동 중에는 인위적인 조작 없이도 팀웍이나 문제 해결, 목표 설정과 같은 삶의 기술을 실제 상황에서 가르칠 수 있는 가능성이 많이 내재 되어있다. 따라서, 개인 사회적 책임감이라는 가치는 체육활동 프로그램에 통합하여 가르치기에 용이한 장점이 있다.

(4) 이와 더불어 넘쳐 나는 사회병리학적 문제 또한 체육 교육의 변화를 요구하고 있다. 오늘날 청소년들은 그 어느 때보다도 심각한 빈부의 격차, 약물 중독, 폭력 등의 심각한 사회문제에 노출되어 있다. 이러한 사회 문제는 사회 문제로 그치지 않고, 학교 교육의 문제와 직결되어 있다.

① 학생들이 학교에 안고 오는 사회문제는 결국 학교 교육을 위협하게 되어 학교와 사회를 모두 위협하는 '도미노 현상'을 초래하게 된다. 이 같은 문제는 기존에 이용되던 학생 통제 방식을 이용해서는 해결될 수 없다.

② 이와 같은 사회 문제에 대처하는 방식에 대하여는 체육계 전체가 전문지식을 가지고 함께 나서는 것이 우리 학문 분야가 당면하고 있는 사회적 책임이라고 주장한다. 이제 체육은 학교라는 울타리를 벗어나서 청소년들의 건전한 발전을 도모할 수 있는 종합적인 프로그램의 개발에 주력해야 한다.

③ 특별히 과거의 청소년을 위한 프로그램들이 문제 행동의 수정이나 문제학생들을 위한 것이었다면, 앞으로는 긍정적 자질을 개발할 수 있는 보다 예방적이고, 학생들의 건전한 발달을 도울 수 있는 모두를 위한 프로그램이 되어야 한다는 것이다.

④ 개인 사회적 책임감 모형은 이 같은 사회문제에서 기인한 문제 행동이 있는 청소년들을 위한 프로그램으로 시작되었지만, 최근에는 보다 긍정적 자질을 계발하기 위한 프로그램으로 널리 받아 들여지고 있다.

3. 개인적·사회적 책임감 지도 모형의 개요

(1) 헬리슨(Hellison)은 처음 이 모형을 학교, 가정, 폭력 집단 및 범죄 집단 구성원과 같이 위험한 장소에 노출되어 각종 교육 혜택을 받을 수 없는 불우한 청소년들에게 체육을 가르치기 위하여 개발하였다.

(2) 이 모형의 중심 사상은 체육에서 가르쳐야 하는 내용으로 학생이 자신과 타인에 대한 책임을 어떻게 져야 하는지에 대한 방법을 연습하고 배울 수 있는 기회들을 제공해야 한다는 것이다.

(3) 핵심은 책임감과 신체활동(기능과 지식)이 별개의 학습 결과가 아니므로 이 모형에서 두 가지를 동시에 추구하며 성취해야 한다는 것이다.

(4) TPSR 모형(Teaching for Personal and Social Responsibility)에서는 신체활동과 스포츠 활동에서 개인이 책임감을 인식하고 수용하며 실천하는 것이 중요하면서도 유일한 학습 결과이다. 이 모형은 일반적인 체육 프로그램에도 적용할 수 있으며 다른 수업 모형과도 혼용하여 활용할 수 있다.

(5) 이 모형의 전략과 학습 활동은 개인적, 사회적 발달이 주된 학습 목표일 때 이용할 수 있다. TPSR모형은 학생들이 부적절한 행동과 서투른 의사결정을 보일 때만 사용하는 결핍 모형이 아니다.

(6) 이 모형의 전략은 모든 학생이 긍정적 행동을 배우며 바람직한 의사결정 습관을 형성하도록 안전한 학습 환경을 제공할 수 있다.

(7) TPSR 모형에는 통합, 전이, 권한 위임, 교사와 학생의 관계라는 네 가지 주제가 있다. 이 모형에서의 책임감 수준은 다음과 같다.

4. 개인적, 사회적 책임감 수준 `17 지도사` `20 지도사` `23 기출`

(1) TPSR 모형에서 교사는 항상 내용이 인지적·정의적 영역의 결과에 의해 규정되는 것이 아님을 명심해야 한다. 즉, 내용은 신체 활동 환경에서 개인적·사회적 책임감의 수준이 높아지는 모습이 나타나는 학생 학습에 의하여 결정된다. 이 모형에서 "보다 나아진다는 것"은 보다 나은 긍정적인 결정을 하고, 개별 학생들과 주변 사람들에게 긍정적인 영향을 미치는 행동을 하는 것이다.

(2) 교사들은 항상 학생들의 현재 수준보다 한 단계 높은 수준의 목표를 설정해야 함을 알아야 한다. 그래서 수준 3에서 의사결정하고 행동하는 학생들은 이미 수준 2의 의사결정과 행동들을 보여주고 있다.

〈표 9-1〉 학생의 준비도를 가리키는 책임감 수준

수준	특징	의사결정과 행동의 사례	
		3판 개정	2판 체육수업모형
5	일상생활로의 전이 (2판: 전이)	• 일상의 삶에서 적용하기 • 타인(특히, 어린이)에게 좋은 롤 모델 되기	• 지역 사회 환경에서 타인 가르치기 • 집에서 개인적 체력 프로그램 실행하기 • 청소년 스포츠 코치로 자원하기 • 학교 밖에서 훌륭한 역할 본보기 되기
4	돌봄과 리더십 (2판: 돌봄과 배려)	• 돌봄과 연민 • 민감성과 수용성 • 내면의 힘	• 먼저 단정하지 않고, 경청하고 대응하기 • 거드름 피우지 않고 돕기 • 타인의 요구와 감정을 인정
3	자기 방향 설정	• 과제의 독립적 수행 • 목표 설정의 진화 • 동료 집단의 압력에 저항할 수 있는 용기	• 교사 감독 없이 과제 완수 • 자기 평가 가능 • 자기 목표 설정 가능 • 부정적인 외부 영향에 대응 가능
2	참여와 노력	• **자기 동기 부여** • 새로운 과제에 대한 탐색 노력 • 어려움을 극복할 수 있는 용기	• 자기 동기 부여 있음 • 의무감이 없는 자발적 참여 • 열심히 시도하는 학습(실패하는 것도 좋음)
1	타인의 권리와 감정 존중	• 자기 통제 • 평화로운 갈등 해결 시도 • 협동적인 동료를 포용하고 함께 하기	• 다른 사람을 방해하지 않고 참여하기 • 타인을 고려하면서 안전하게 참여하기 • 자기 통제 보임(기질, 언어) • 평화로운 갈등 해결 시도
0	(3판에서 삭제) (2판 무책임감)		• 참여 의지 없음 • 어떠한 수준의 책임감도 수용할 의사 없음 • 자기 통제 능력 없음 • 다른 사람들을 방해하는 시도

(3판 개정에서는 수준 0은 삭제됨.) 수준 0은 일반적으로 학생들을 기술하는 데 사용되지 않는다. 그 이유는, 어떠한 긍정적 의사결정, 행동 및 책임감이라는 것이 부재한 상태이기 때문이다. 수준 0의 특징을 보이면서 수준 1에서 출발한 학생들은 그러한 특성을 발달시키기 시작한다.

2. 헬리슨(D. Hellison)의 개인적·사회적 책임감 모형 중 전이단계(transfer level)에 해당하는 것은?

① 다른 사람을 방해하지 않고 체육 프로그램에 참여하기

② 체육 프로그램에서 타인의 요구와 감정을 인정하고 경청하기

③ **체육 프로그램에서 학습한 배려를 일상생활에서 실천하기**

④ 자기 목표를 설정하고 지도자의 통제 없이 체육 프로그램 과제를 완수하기

172 | 2023학년도

5. 다음의 (가)는 두 교사가 나눈 대화 내용이다. 〈작성 방법〉에 따라 순서대로 서술하시오. [4점]

(가) 두 교사의 대화

> 김 교사: 성별, 흥미, 기능이나 체력, 신체적 장애 등과 같이 학습자의 다양한 특성을 수업에 고려하기 위해서는 다양한 교수 스타일의 적용이 필요하지만, 일부 학생들의 학습에 대한 책임감이 크지 않아 스타일 적용에 어려움이 많았어요.
>
> 정 교사: 제 경험상 다양한 스타일을 적용하기 위해서는 학생들 대부분의 책임감 수준(단계)이 최소한 (㉠) 수준 이상은 되어야 할 것 같아요. (㉠) 수준에서 나타나는 특징은 참여(노력)이고, 이 수준의 의사 결정과 행동 사례로는 자기 동기 부여 등이 있어요. 저는 학년 초에 학생들의 책임감 수준을 확인하고, 책임감이 부족한 학생들의 책임감 수준을 높이려고 해요.
>
> … (하략) …

─── 〈작성 방법〉 ───

○ 괄호 안의 ㉠에 해당하는 책임감 수준(단계)을 헬리슨(D. Hellison)의 개인적·사회적 책임감 모형에 근거하여 아라비아 숫자로 쓸 것.

[정답] ㉠ 2 [1점]

2 이론적 기초

1. 이론적 배경 및 근거

(1) TPSR 모형의 이론적 배경은 미약하지만 체육 프로그램에서의 필요성과 활용에 대한 탄탄한 근거를 가지고 있다. 즉, 체육 프로그램 내용(스포츠, 체력, 무용)은 "안전한" 수업 환경과 자격을 갖춘 교육 전문가의 지도 아래서, 학생 스스로나 타인에 대한 책임을 지고 긍정적인 개인적·사회적 선택을 하는 방법들을 배울 수 있는 기회를 제공한다.

(2) TPSR 모형을 지지하는 다른 근거는, 학교 프로그램에서 가르치는 대부분의 활동들의 내재적인 특성에서 알 수 있다. 스포츠에서 성공과 실패는 노력(effort), 준비(preparation), 지시(support), 공유(sharing)의 부분이 어떻게 조합되는지에 따라 달라진다. 팀 스포츠에서는 구성원들이 각 개인적 임무를 수행하고 팀 목표 달성을 위해 공동으로 일을 한다는 점이다. 개인 스포츠의 경우에도 주요 타자(코치, 트레이너, 후원자 등)에게 의존하게 된다. 결국, 팀의 모든 구성원들은 팀의 성공에 필요한 자신의 역할을 인지하고 책임을 진다. TPSR 모형은 이와 같은 학습 기회를 최적화할 수 있는 수업 계획을 제공할 수 있다.

(3) TPSR 모형은 총체적인 수업 접근을 도모한다. 정의적 학습을 운동 수행 및 인지적 지식과 함께 일괄적으로 통합함으로써 3가지 주된 학습 영역의 결과를 향상시키려고 한다. 즉, 정의적 영역이 다른 영역보다 우위에 있는 것은 아니다.

2. 교수·학습에 관한 가정

(1) 교수에 관한 가정

① 자신과 타인에 대한 책임감은 높은 수준의 교육적 의도를 가질 때 지도될 수 있다.

② 교사는 책임감과 의사결정 학습을 체육 프로그램의 내용 학습과 별개로 취급해서는 안 된다.

③ 최상의 수업은 학생들이 신체 활동 환경에서 긍정적으로 개인적, 사회적 의사결정을 할 수 있도록 권장하고 그러한 결정을 수행하도록 도와 주는 것이다.

(2) 학습에 관한 가정

① 학습은 학습자 중심으로 이루어져야 한다.

② 수업의 구조화는 책임감을 어느 정도 수준에서 지도할 수 있도록 계획될 수 있지만, 학습자들이 반드시 골고루 향상될 것이라는 예상은 하지 말아야 한다.

3. 모형의 주제 통합, 전이, 권한 위임, 교사-학생의 관계 [12 기출] [15 기출] [20 기출]

• 헬리슨은 개인 사회적 책임감 모형을 통합(integration), 전이(transfer), 의사결정권의 이양(empowerment), 교사-학생간의 관계(relationship)라는 네 가지 주제로 설명하고 있다. 따라서, 개인 사회적 모형에 기초한 수업을 구안하거나 프로그램을 개발 할 때에는, 네 가지 기본원칙을 프로그램과 수업에 일관성 있고 충실하게 적용해야 한다.

통합	신체 활동 내용의 학습과 개인적 사회적 책임감의 학습을 통합
전이	학교체육관 → 방과 후, 지역 사회 전이
권한 위임	학생이 삶에서 통제 가능한 많은 부분들을 광범위하게 자성적으로 인지하고 실천. 또한 학생들이 자신이 삶의 조난자가 아니라 삶에서 생겨나는 많은 것을 책임지는 주체적 입장임을 인지하고 실천
교사-학생의 관계	TPSR 모형에서 가장 기본적인 요소. 경험, 정직, 믿음 및 의사소통에 의해 형성되는 개인적 대인 관계에 기초. 교사들이 배우고 적용하기 가장 어려운 부분.

(1) 통합(integration)

① 교사가 신체 활동 내용의 학습과 개인적·사회적 책임감의 학습을 서로 분리하지 않는 것이다. TPSR 모형에서 교사는 책임감과 학습 기회를 제공하는 내용에 학생을 참여시킴으로써 이러한 학습 결과들 간의 연계성을 도모할 수 있다.

② 개인 사회적 책임감 모형을 대표하는 가치들은 신체활동과 스포츠에 통합되어 지도되어야 한다. 다시 말해서, 개인 사회적 모형은 신체 활동에 가치 체계를 첨가해서 가르치는 가법적 접근이 아니라, 신체 활동에 가치를 통합시켜서 가르치는 접근을 취한다.

③ 결국 교사는 신체 활동에 관한 지식, 또 신체 활동을 가르칠 수 있는 수업지식, 그리고, 개인 사회적 책임감 모형에 대한 지식에 모두 능통해야만 한다.

(2) 전이(transfer)

① 학생들이 체육관이라는 상대적으로 통제된 환경에서 책임감을 갖게 되다가, 학교 방과 후 및 지역 공동체와 같이 예측이 다소 힘든 환경에서 긍정적인 의사결정을 할 수 있게끔 교사가 학생들을 인도하는 것이다.

② 모든 교육이 마찬가지이듯이, 개인 사회적 책임감 모형의 최종적인 목표는 프로그램에서 배운 것을 실제 생활에 연계하여 적용할 수 있는 능력을 함양하는 것이다. 체육관이나 운동장에서 배운 가치 체계는 교실과 가정 등의 실제 생활에 적용될 수 있도록 교육되어야 한다.

(3) 권한 위임(empowerment)

① 학생이 삶에서 통제 가능한 많은 부분들을 광범위하게 자성적으로 인지하고 실천하도록 배우는 것이다. 이 관념은 학생들이 자신이 삶의 조난자가 아니라 삶에서 생겨나는 많은 것을 책임지는 주체적 입장이라는 것을 알도록 해준다.

② 책임감을 가르칠 수 있는 가장 좋은 방법은 학생들에게 책임감을 부여 하는 것이다. 학생들은 자신이 의사결정을 내릴 수 있는 기회를 수시로 가져야 하고, 자신이 내린 결정에 대하여 책임을 지는 연습을 통하여 책임감을 배양 할 수 있다.

③ 교사 중심의 수업방식에 익숙한 사람들은 학생들에게 의사결정권을 부여 하는 것에 대하여 불안감을 느끼게 되기도 하지만, 책임감 모형의 성패는 사실상 의사 결정권의 이양에 달려 있다고 해도 과언이 아니다.

④ 따라서, 학생들은 실제로 선택을 할 수 있는 기회를 많이 가져야 하고, 또한 선택에 대한 자기 성찰의 기회를 가져야 한다.

(4) 교사-학생의 관계(relationship)

① TPSR 모형에서 가장 기본적인 요소이며, 교사들이 배우고 적용하기 가장 어려운 부분이기도 하다. TPSR 모형에서 이뤄지는 상호작용의 대부분은 경험, 정직, 믿음 및 의사소통에 의해 형성되는 개인적 대인 관계에 기초한다.

② 관계 진척이 되려면 시간도 걸리고 교사와 학생 모두 감정적으로 상처 입을 수도 있지만, 교사와 학생의 관계가 일단 구축되고 나면 TPSR 모형의 상호학습 과정을 통하여 동등한 파트너 입장으로 옮겨지는 쌍방의 문이 열리게 된다.

③ 개인 사회적 책임감 모형은 정의적 영역의 개발에 초점을 둔 모형이다. 학생의 가치, 감성, 의지, 그리고 태도는 교사와 학생의 관계가 온전히 정립되었을 때만 가르칠 수 있다.

④ 학생을 한 인격체로서 존중하고, 학생의 부족한 점 대신에 장점을 개발할 수 있도록 하는 교사의 능력이 중요하다. 교사와 학생의 관계에 중요한 두 요소는 배려와 공감적인 능력이다.

4. 학습 영역의 우선순위와 영역 간 상호작용

학습 영역의 우선순위	정의적 학습 + 운동 수행 + 인지적 지식의 통합 지향
학습 영역간 상호작용	3가지 학습 영역이 역동적이고 예측 불가능한 방식으로 상호작용

(1) 학습 영역의 우선순위

① 정의적 영역의 부분이 다른 영역보다 우위에 있는 것은 아니다.

② 현재의 학습 활동을 어디에 중점을 두느냐에 따라 결정되며, 수업과 단원에서 여러 번 바뀔 수 있다. 초기의 학습 영역의 우선순위는 인지적 또는 심동적 영역에서 교사가 언급한 목표에 의하여 결정된다.

(2) 학습 영역 간 상호작용

① 3가지 영역이 역동적이고, 때로는 예측 불가능한 방식으로 상호작용하기 때문에, 학습 영역의 우선순위가 언제든지 전환될 수 있으며, 영역 간 상호작용도 언제든지 전환될 수 있다.

5. 학생의 발달 요구 사항

(1) 학습 준비도: 이 모형에서는 2가지 측면의 학습 준비도가 요구된다.

① 하나는 다른 수업 모형과 마찬가지로 단원 내용을 학습하려는 학생의 신체적·인지적 준비이며,

② 다른 하나는 신체 활동 내용뿐만 아니라 개인적·사회적 책임감도 배울 준비가 되어있어야 한다.

(2) 학습 선호도

① 이 모형에서 학습 선호도는 교사가 결정한다.

② 교사는 각 학생의 학습유형(회피적/참여적, 경쟁적/협력적, 의존적/독립적) 정도를 판단할 것이며, 학생들이 참여적, 협력적, 독립적인 방향으로 옮겨갈 수 있도록 내용과 특정 전략을 결정하는 출발점으로 삼을 것이다.

③ 개인적·사회적 책임감 지도 모형은 학생의 학습 준비도와 학습 선호도를 다양한 방식으로 변화시키려고 시도하는 유일한 모형이며, 그것이 이 모형의 주요 목적이기도 하다. 즉, 학생들로 하여금 내용과 책임감을 학습하려는 준비도를 변화시키고 그러한 변화 과정에 그들이 자발적으로 참여하도록 유도한다.

2. 다음은 학교스포츠클럽 농구반 지도교사인 박 교사와 선배 교사인 최 교사가 농구반 주장인 현우에 대해 나눈 대화 내용이다. 〈보기〉의 지시에 따라 서술하시오. [10점]

홍 교사: 최 선생님, 요즘에 현우가 연습할 때는 잘하다가 시합에 들어가면 결정적인 실수를 종종 하곤 하는데요, 특히 작년 결승전 경기에서 마지막 자유투 2개를 어이없이 실패해서 전 후, 경기가 잘 풀리지 않으면 소리를 지르고 팀원들에게 짜증을 내기도 합니다. 최근에는 연습 시간에도 늦고, 팀원들과도 싸우는 일이 많아졌습니다.

최 교사: 현우가 실전에서 제 실력을 잘 발휘할 수 있도록 먼저 상담을 해 보는 것은 어떨까요? 경기가 잘 풀릴 때를 상상해 보고, 자신의 모습을 머릿속에 잘 그려지는지 물어보세요. 가능하면 자세하게 그 순간의 상황과 기분 등을 설명해 보도록 하고요.

박 교사: 머릿속으로 자신의 성공 장면을 떠올린다고요? 그게 잘될까요?

최 교사: 처음부터 잘되기는 어렵죠. 자신에게 익숙한 장면부터 차근차근 그리는 연습을 하다 보면 점점 뚜렷한 상을 그릴 수 있게 될 겁니다. 머릿속에 자신이 원하는 상을 그릴 수 있는 기술을 심상(imagery)이라고 하죠. 예전에는 시각만을 강조했는데, 최근에는 ㉠운동감각, 청각, 촉각 등 다른 감각 영역까지 포괄하는 개념으로 발전했습니다.

박 교사: 그렇군요.

최 교사: 그리고 자유투와 같은 폐쇄 기능 기술은 ㉡프리샷 루틴(pre-shot routine)을 만들어 평소에 반복 연습을 시키면 결정적인 순간에 잘 흔들리지 않아요. 프리샷 루틴 안에 조금 전에 말씀드린 성공적인 수행을 떠올리는 심상을 연결하면 더 좋고요.

박 교사: 네, 아주 좋을 것 같습니다. 최 선생님께서 좀 더 구체적으로 가르쳐 주시면 감사하겠습니다. 그리고 현우가 연습 시간에 늦고, 다른 팀원들과 다투면서 주장으로서의 책임감도 많이 부족한데, 어떻게 지도하면 좋을까요?

최 교사: 농구반 연습을 할 때 현우가 책임감을 기를 수 있도록 헬리슨(D. Hellison)의 개인적·사회적 책임감 모형을 적용해 보면 어떨까요?

박 교사: 아! 네, 그렇군요. 이 모형의 주제인 ㉢통합, ㉣전이, ㉤권한 위임을 활용하면, 책임감을 기르는 구체적인 지도 방법을 계획할 수 있을 것 같습니다.

〈보 기〉

2) 밑줄 친 ㉢, ㉣, ㉤의 개념과 농구반 활동에서 이를 적용할 수 있는 구체적인 지도 방법을 순서대로 서술하시오. (단, 농구반 활동 중에 연습은 '직접 체험 활동' 상황으로 제한함.)

[정답] ⓒ 운동기술뿐만 아니라 책임감을 함께 지도해야 한다.

(개념) + 책임감 되어 있으면 사례를 쓰면 관대하게 해줌

> * 책임감 없고 정의적 영역: 전인을 육성한다. 인지, 정의 이런 것 인정 안 됨.
> 사례는 체육수업 시간에 농구 상황에서 페어플레이, 협동심, 규칙준수 인정
> [체육수업 이외의 상황은 틀림, 실제경기상황 배려와 존중 이런 것 안됨.
> 간접체험활동으로 읽기, 쓰기는 틀림]

ⓔ 체육수업에서 발휘한 책임감을 지역사회에서 책임감을 발휘하도록 지도한다.

(개념) + 농구수업 책임감이 다른 지역사회에서 가르치면서 ~

> * 사례에서 "학교에서 배웠던 농구기술을 다른 지역사회의 농구대회에서 운동기술을 발휘한다."는 인정 안 됨. 책임감이 없기 때문

ⓜ 조난자가 아니라 책임지는 주체적 입장이다.

(개념) + 학생이 교사의 권한을 이양하는 것이다.("위임한다"는 틀림)

> * 학생이 주체자가 되어 농구상황에서 농구팀 목표를 수립하게 한다.
> 전략을 스스로 짜게 한다. 규칙을 수립하게 한다 등 구체적으로 제시되어야 인정

5. 다음은 2019학년도 ○○중학교에서 작성한 체육 교과 협의회 회의록이다. 〈작성 방법〉에 따라 순서대로 서술하시오. [4점]

체육 교과 협의회 회의록

일시	2019년 ○○월 ○○일 16:00~	장소	체육 교과 협의실
참석 교사	김○○, 이○○, 박○○, 정○○, 송○○		
안건	자유학기제 지원을 위한 체육교사들의 의견 수렴		
협의 내용	○ 수업 활동 영역 지원 – 진로 탐색 활동, 주제 선택 활동, 동아리 활동, 예술·체육 활동 중 체육 교과에서 지원 가능한 영역을 선택함. ○ 수업 설계 – 블록타임제를 고려하여 체육교사와 외부강사의 팀티칭이 요구됨. – 중간·기말고사 등 일제식 평가를 실시하지 않고 (㉠) 중심의 평가를 실시함. ○ 수업에서 실시할 신체활동 선정 – 소프트 발리볼을 선택함. ○ 수업에서 활용할 교수·학습 방법 – 수업에서 학생들의 경기 기능 향상을 위해 ㉡언더 및 오버핸드 패스 과제를 통해 학습한 기능을 실제로 활용하거나 평가하기 위한 과제 (예를 들어, 기능이 숙달된 학생들을 대상으로 서브와 스파이크 없이 진행하는 3 대 3 게임 등)를 구성할 것. – 수업에서 학생들의 인성 함양을 위해 개인적·사회적 책임감 모형(TPSR) 적용이 요구됨.		
유의 사항	○ 개인적·사회적 책임감 모형 적용 시 유의점 – 수업 중에는 존중, 노력, 협동을 내면화하고, 수업 후에는 자신의 행동을 되돌아볼 수 있도록 지도가 요구됨. – ㉢학생들이 체육관에서 배운 책임감을 방과 후 학교나 지역사회에서 연계하여 적용할 수 있도록 지도가 요구됨. – 가치 실천과 더불어 ㉣신체활동의 생활 속 실천력 강화가 이루어지도록 지도가 요구됨.		

─〈작성 방법〉─

○ 괄호 안의 ㉠에 해당하는 용어를 2015 개정 교육과정 총론에 근거하여 쓸 것.
○ 밑줄 친 ㉡에 해당하는 과제 명칭을 링크(J. Rink)의 내용 발달에 근거하여 쓸 것.
○ 밑줄 친 ㉢과 관련된 헬리슨(D. Hellison)의 개인적·사회적 책임감 모형의 주제를 1가지 쓰고, 밑줄 친 ㉣을 위한 교수·학습 방향을 2015 개정 중학교 체육과 교육과정의 '교수·학습의 방향'에 근거하여 서술할 것.

[정답] • ㉠은 과정이다.
  • ㉡은 적용 = 응용이다.
  • ㉢은 전이(transfer)이다.
  • ㉣은 정과 외 체육 활동과 연계한 교수·학습이다.

3 교수 학습의 특성

1. 수업 통제(수업의 주도성)

- 책임감 모형에서 주도성 프로파일은 2개의 평행적인 모습으로 나타난다.

  ① 첫째, 한 가지 방식은 학생들이 인지적·심동적 영역에서 내용을 배우도록 어떻게 교사가 계획하느냐에 따라 결정된다. 즉 신체활동 수행을 향상시키기 위해 어떤 방향으로 지식과 기능을 학습하게 되는가 하는 것이다.

  예를 들면, 동료교수 모형이 TPSR 모형과 결합되어 활용되면, 과제 제시와 과제 구조에 대한 측면은 동료교수와 동일할 것이다.

  ② 둘째, 다른 한 가지 방식은 제시되는 신체 활동 내용 안에서 개인적·사회적 책임감의 발달을 향상시키기 위해 교사가 학생들과 어떻게 상호작용하는가에 따라 결정된다.(아래의 주도성 프로파일은 두 번째 방식에 해당한다.)

- 인지적/심동적 영역 및 정의적/사회적 영역이라는 학습의 2가지 측면이 수행된다.

  ① 만약 학생들이 긍정적인 개인적·사회적 의사결정을 할 수 있는 능력을 보여주면, TPSR 모형의 전략은 현재의 행동 양식들을 보강하는 데 활용될 수 있다.

  ② 그러나 학생들이 긍정적인 개인적·사회적 의사결정을 할 수 없다면 교사가 긍정적 패턴을 발달시키기 위하여 그 단원에서 TPSR 전략을 하나 이상 혼용할 수 있다.

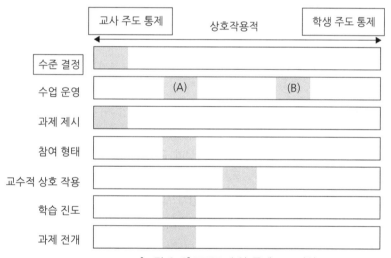

[그림 9-2] TPSR 수업 통제 프로파일

(1) 내용 선정: 교사가 학생들의 현재 책임감 수준을 확인하고 수업 내용을 결정한다.

  ① 교사는 학생들의 현재 수준(0~5단계)을 확인하고 각 수업에서 강조할 '수준'을 결정한 다음(수업 통제 프로파일) 적절한 학습 활동을 계획한다.

  ② 이 '수준'은 다른 수업모형처럼 전형적인 인지적 및 심동적 내용이 아니며, 개인적 사회적 책임감에 기초한 것임을 기억해야 한다.

(2) 수업 운영: 교사가 학생의 책임감 수준에 맞추어 직접적 및 간접적 통제를 하게 된다.

  ① 학생이 낮은 수준의 책임감을 가지고 있을 때 교사는 수업관리와 관련된 의사결정과 행동들에 대한 직접적인 통제를 하게 된다(A).

② 반대로 학생이 높은 수준의 책임감을 나타내면, 교사는 학생들에게 수업 관리 운영을 넘어선 투입과 통제를 위임한다(B).

(3) **과제 제시: 교사의 관찰과 학생의 현재 수준 평가를 토대로 교사가 과제 제시를 한다.**

① TPSR 모형에서 개인적·사회적 책임감을 언급하는 과제 제시는 전형적으로 교사의 관찰과 학생의 현재수준 평가에서 출발한다.

> 예 교사는 많은 학생들이 배구 경기에서 심판과 논쟁을 벌이는 것을 관찰한 후, 수업하는 학생들이 모두 주목할 수 있도록 경기를 중단시킬 수 있다. 그 교사는 그러한 행동이 수준 2(참여와 노력)의 직설적 표현이라고 언급하면서 지금쯤이면 학생들이 다음 수준(자기방향 설정)에 있어야 하지 않느냐고 이야기한다. 결국 그 교사는 현행 수준에 맞는 과제 제시로 학생들에게 계획을 설명하며 경기의 다음 15분 동안의 목표−설정 계획으로 이용하기로 결정한다.

(4) **참여 형태: 교사가 학생의 참여 형태를 결정한다.**

① TPSR 모형은 다양한 참여 유형을 이용하지만, 교사는 학생이 어떻게 언제 참여하게 될지 결정한다.

② 교사는 개인적·사회적 책임감을 증진시키기 위한 적절한 전략은 물론이고, 학생의 현행 수준도 알기 때문에 참여 유형을 결정하여 학생에게 알려준다.

③ 주도성 프로파일에 제시되어 있듯이, 교사는 학생에게 통제권을 위임하며, 학생들은 높은 수준의 책임감을 갖고 의사결정을 내린 후 실행할 수 있는 능력을 보여준다.

(5) **상호작용: 교사가 학생들과 항상 상호작용한다.**

① TPSR 모형의 특징 중 하나는 바로 교사가 학생들과 항상 상호작용한다는 점에 있다. 즉, <u>이 모형의 가장 중요한 주제 중 하나가 교사와 학생의 관계이다.</u> 이 관계는 교사와 학생 사이의 언어적 및 비언어적 상호작용의 일상적 형태에서 형성된다.

② 학생 안전이 즉각적으로 위협당하는 경우에만 TPSR 모형 교사가 직접적으로 학생들에게 일부 행동을 수정하도록 하거나 혹은 중단하도록 지시한다.

③ 모든 다른 상황에서 교사는 무엇을 위한 행동인지 학생이 알 수 있도록 하고, 그 결과를 이해하도록 하며 새로운 행동 양식들을 협의하도록 허용하는 방식으로 학생과 상호작용한다.

④ 교사의 역할은 상담자와 유사한데, 교사는 학생이 무엇을 하며 자신의 삶과 주위 사람들에게 어떠한 영향을 미치는지 스스로 이해하도록 도와주고 새로운 행동양식들을 시작할 수 있도록 격려한다.

(6) **학습 진도: 교사는 학생이 다음 수준으로 언제 옮겨갈지 시기를 결정한다.**

① 교사는 학생이 다음 수준으로 언제 옮겨갈지 그 시기를 결정한다.

② 학생이 현재의 수준에서 의사결정 및 행동 측면에서 일관성 있는 패턴을 보이면, 교사는 개인적·사회적 발달에 조금 더 향상될 수 있도록 다음 수준에 해당하는 전략을 활용하기 시작한다.

(7) **과제 전개: 교사가 학습 과제의 전환 시기를 결정한다.**

① 학습 과제는 각 수준에 맞게 계획한다.

② 교사는 그 방식에 따라 정의적 발달에서의 향상을 추구하는 동시에 각 수준의 수많은 과업들을 계획한다.

③ 한 과제에서 다음 과제로 전환하는 결정은 학생이 각 과제에 얼마나 잘 대응하고 언제 예상대로 과제를 잘 성취할 것인지 교사가 생각하는 바에 달려 있다.

<table>
<tr><th colspan="1">개인적·사회적 책임감 지도 모형의 포괄성</th></tr>
</table>

① TPSR 모형은 모든 학생들이 어느 수준이든 배치되어 현재의 개인적·사회적 발달에 따라 학습하기 때문에 포괄적이라고 볼 수 있다.

② TPSR 모형에서 포괄성은 학생들이 어느 수준에 도달하기를 궁극적으로 열망하며, 이를 위해 자기 책임감을 언제 이행해야 하는지 의사결정을 할 수 있도록 촉진한다.

③ 자신의 삶에 대한 결단력이 높은 수준에 있으면 보다 의미 있는 목표를 추구할 뿐 아니라, 타인으로부터 무엇이 목표이고 어떻게 도달해야 하는지 듣기만 하는 사람에 비하여 성공률이 훨씬 높다.

2. 학습 전략(과제)

이 모형에서 제공되는 내용은 다른 모형과 다르기 때문에 활용되는 학습 과제도 독특하다. 이에 대해 헬리슨은 학습 과제로 부르기보다는 전략이라고 부른다. 이는 교사가 학생들에게 다섯 가지의 각 수준 안에서 의사결정과 행동하는 것을 배울 기회를 제공하기 때문이다.

(출처: 체육교수이론, 박정준, 손천택)

학생들이 '수준 0(무책임)'이거나 '수준 1(존중)'일 때 책임감을 가르칠 수 있는 다양한 교수전략들이 있다(Hellion, 1996). 그 가운데 헬리슨이 제안한 가장 기본적인 전략은 '인식 대화(awareness talk)'와 '수준 행동 경험하기(experiencing the levels)'이다.

① '인식 대화'는 교사와 학생이 각 수준에 해당되는 긍정이거나 부정적인 행동의 예를 협의하는 것을 말한다. '인식 대화'는 수업을 시작할 때, 수업 중 책임감을 가르칠 기회가 생길 때마다 또는 자신의 행동을 반성하고 평가하는 수업 종료 시점에 할 수 있다.

② '수준 행동 경험하기'는 다양한 방법으로 할 수 있다. 어떤 과제를 파트너와 함께 수행하도록 하면 파트너를 존중하며 참여하는 행동을 개발할 수 있게 된다.

(1) LEVEL 1 전략 (교과서: 1단계 학생들을 위한 전략)

전략	목적	과제 제시
포괄	모든 사람이 참여하고, 그 과정에서 굴욕감을 받지 않을 권리가 있다는 것을 학생들이 이해하도록 하기	팀 선발의 안내 지침 설정: 1) 팀은 모두에 의해 공정하게 합의될 것 2) 팀 구성원이 선택됨에 따라 모두 다음 선택에 대한 결정권 있음("팀장 단독" 결정 아님) 3) 팀은 남학생과 여학생을 번갈아 선택할 것 4) 팀의 선택을 조롱하지 말 것 5) 모든 사람은 경기 동안 각 포지션에서 경기할 것
아코디언 법칙	학생들이 교사가 정한 안내 지침을 따르면, 선호하는 활동을 할 수 있다는 것을 이해시킴. 그렇지 않을 경우 선호 활동은 중단됨. 따라서 학생들의 규칙 준수 여부에 따라 선호(좋아하는) 활동을 5분간 지속할 수도 있고, 혹은 수업 내내 지속될 수 도 있음	다음 상황이 발생할 때까지 활동은 지속됨 1) 3가지 중대 반칙 발생 시 2) 6가지 경미 반칙 발생 시 3) 학생 안전이 위협받는 경우
불참 과정	개별 학생별로 이루어지는 것으로, 참여 여부에 대한 결정을 스스로 내리도록 함. 규칙은 사전에 수립되며, 학생이 결과를 예상할 수 있음. 부정 행동을 하게 되면, 결과는 교사에 의하여 통제될 것.	1 반칙: 교사로부터 신호를 받는 경우(경고) 2 반칙: "통제" 불가 혹은 현재 "불참" 3 반칙: 학생은 지정된 시간 이후에만 불참 및 복귀 4 반칙: 교사와 학생이 교정 계획을 협의할 때까지 불참 5 반칙: 학교 관리나 가정에 위탁
할머니 법칙	현재는 관심이 저조한 활동에 참여하도록 하다가 나중에 관심 많은 활동들을 할 수 있도록 함	교사: "나는 여러분이 에어로빅을 좋아하지 않는다는 것을 알아요. 그렇지만 만약 여러분이 불평 없이 15분간 에어로빅을 하면, 남은 시간에는 농구를 할 수 있어요." 핸드볼 수업을 지루해 하는 학생들에게 15분만 집중을 하면 축구를 할 수 있는 시간을 주겠다고 말 할 수 있다.
실수 없는 연속 5일	수준 1의 의사결정과 행동에서의 일관성 촉진. 현재의 수준에서 "0"수준으로 "퇴보"하는 것을 방지하기 위함	학생에게 수준 1에서의 긍정적 의사결정과 행동 목록을 제공. 이것은 그들의 개인적 계획임. 만약 학생이 연속 5일간 반칙 없이 계획을 잘 따라주면 수준 2로 진전 가능

(2) LEVEL 2 전략 (교과서: 참여. 2단계 학생들을 위한 전략)

전략	목적	과제 제시
과제 수정	학생들이 기능 및 체력 과제에 대해 상이한 난이도 수준을 이해하도록 함	기본 과제와 적절한 난이도 수준으로 시작하기(10m 떨어진 곳에서 축구 패스 수행 과제). 일단 학생들이 10분간 수행하고 나면, 다른 10분간 과제는 보다 쉽거나 어렵게 변형될 것. 매번 기본 과제가 바뀔 때마다 학생들 반응과 참여 수준에 주목
자기 진도에 맞는 도전	기능 또는 체력 과제에서 학생 능력을 이해하도록 함	학생에게 일련의 학습 과제(배구 서브, 범핑, 셋팅)를 주고, 각 과제를 성공적인 수행에 맞추어 10회 시도하도록 함. 그때부터 학생들은 배구에서 자신의 최적 포지션이 어디인지 이해하기 시작함
열심히 하는 정도	학생들 자신의 노력과 참여에 대한 등급을 매기도록 하기	학생들에게 학습 과제를 주며, 10분간 연습하도록 함. 10분이 끝날 무렵에 각 학생들에게 참여 수준의 등급을 매기도록 함. 1은 참여(노력)가 전혀 없음, 10은 참여(노력)가 최고 수준. 다음 활동은 이전 활동에 따른 학생 수준에 따라 팀을 구성
권유를 통한 교수법	권한 위임하여 학생 스스로 선택	축구 패스 기능에 대한 5가지 수준별 스테이션을 설치. 학생들이 성공에 맞는 도전 수준을 결정하게 한 후, 그들이 스스로 수준을 결정하는 방법을 논의하게 함

(3) LEVEL 3 전략 (교과서: 자기 방향 설정. 3단계 학생들을 위한 전략)

전략	목적	과제 제시
과제 수행의 독립성	교사의 직접적 감독 없는 수행으로 개별적 의사결정과 행동을 촉진	1) 테니스 서브 학습에 대하여 일련의 과제 카드를 읽고 따라함 2) 교사의 지시가 없어도 학생들이 본시 학습 전에 미리 준비운동과 스트레칭 완수 3) 각 학생들은 자신의 심장 활동이 15분간 목표 심박수를 유지하도록 함
목표 설정 계획	개인 목표 충족을 위하여 독립성을 충분히 상회할 것	1) 정해진 무게 감량을 위해 학생 스스로의 계획을 설계하고 수행함. 원하는 무게 감량은 학생에게 달려 있음 2) 학생들은 연속적으로 "반칙 없는 날"의 수를 설정하고 도달. 횟수는 학생에게 달려 있음
상담 시간	학생의 의사결정, 행동, 목표 사이의 관계를 이해하도록 함	1) 교사는 학생이 비합리적인 목표를 설정하는 것을 인지하고, 현실적인 목표 설정과 도달 과정을 명확히 하도록 학생들과 대화 2) 때때로 한 학생이 목표를 충족시키는데 실패한 다른 학생들을 잘못하여 비난함. 교사가 이를 인지하면, 실패 원인에 대한 학생 자신의 결정과 행동을 짚어주기 위해 학생들과 대화하고, 향후 통제력을 좀 더 갖도록 도움 (교과서: 상담하기는 학생과 대화를 통해 자기 통제력을 갖도록 하는 것을 말한다. 친구들과 함께 과제를 수행하다 보면 과제에 대한 목표를 달성하지 못하였을 때 친구를 비난하는 경우가 생기게 된다. 교사는 이와 같은 상황에서 비난한 학생과 상담하는 것이 필요하다.)

(4) LEVEL 4 전략 (교과서: 배려. 4단계 학생들을 위한 전략)

전략	목적	과제 제시
동료교수	학생들이 타인에 대한 감수성을 발달시키고 책임감을 수용할 수 있는 기회 제공	1) 교사는 학생의 짝을 결정하거나 모둠을 결정. 이 중 한 학생은 리더로 선정 2) 교사는 리더들에게 과제를 설명하고, 리더 학생은 자기의 해당 모둠에서 지도하도록 함 3) 교사는 훌륭한 리더의 자질에 대하여 리더와 토의함 4) 교사는 리더에게 모둠원들과 함께 수행하도록 지시함 5) 교사는 모범적인 훌륭한 리더십의 사례를 찾아 끝날 때쯤 이를 강조함
집단 목표 설정	집단의 목표를 달성하기 위해 독립	1) 교사는 4~6명의 모둠을 형성하되, 가능한 한 이질적 모둠으로 형성 2) 교사는 현행 체력 단원 목표를 모든 모둠에게 설명함. 모둠은 그 목표에 도달할 때까지 2주의 기간을 제공받음 3) 각 모둠은 논의 과정을 통하여 적절한 목표를 설정 4) 교사는 각 모둠에 도전적이면서 현실적인 목표를 설정하도록 돕기 위해 자문을 함

(5) LEVEL 5 전략 (교과서: 전이. 5단계 학생들을 위한 전략)

전략	목적	과제 제시
지역 사회의 자원 봉사자	교사의 직접적인 감독이 없는 환경에서 발달시킬 수 있는 기회 제공	1) 교사는 파트타임제의 자원봉사 코치들을 찾는 몇몇 공동체 조직을 확인 2) 학생들에게 한 단체를 선택하여 방과 후 1주 1일 2시간씩 자원봉사 하게 함 3) 교사는 봉사 기간에 대하여 체육 이수 증명을 제공
학급 리더	학생들에게 다른 학생들이 다음 수준에 도달할 수 있게 돕도록 허용	교사는 수준 5인 학생이 수준 2의 학생으로 구성된 모둠에게 학습 동기 유발 발언을 하도록 요구

3. 체육수업구조의 요소 15 기출

(1) TPSR 모형에서는 독특한 학습 과제뿐만 아니라, 체육수업구조의 요소도 독특하다. 각 수업은 5가지 요소를 포함하고 있다(Hellison).

관계 시간	교사와 개별학생 사이의 개인적 상호작용이 짤막하게 이루어진다. 수업 전 또는 수업 후에 가능하며, 학생들은 그 교사가 자신들의 개인적 수준을 파악하고 있다는 것을 인지하게 된다. 이 상호작용의 내용은 생일을 기억하거나, 외모(옷차림, 머리 손질 등)에 대한 칭찬이 포함된다.
인지 토크	인지 토크는 공식적으로 수업이 시작될 때 이루어진다. 교사는 학생들에게 그룹을 만들어, 함께 의사결정을 해야 하는 중요성에 대해 각인시킨다. 또한 각 수업에서 강조하는 수준이 무엇이며, 해당 수준이 의미하는 내용을 파악하도록 강조하게 된다.
신체활동	신체활동은 수업에서 매우 중요한 부분이며, 이 신체활동은 수업에서 학습해야 할 기술, 게임 및 다른 신체활동을 포함한다. 신체활동이 이루어지는 동안 학생들은 각 TPSR 수준에서 학습 및 연습 기회를 제공받고, 교사는 개별적 상호작용 및 그룹상호작용을 할 수 있는 '티칭 모멘트'를 갖게 된다.
그룹 미팅	그룹 미팅은 수업이 거의 끝날 즈음에 이루어진다. 그룹 미팅의 목적은 교사에게는 주요 학습 결과 및 TPSR 수준에 연관된 수업을 리뷰할 수 있는 시간을 제공한다. 예를 들면, 교사는 초기 플로어 하키경기 동안 학생들이 2수준에서 수업을 잘하고 있기 때문에 칭찬할 수 있다. 또한 학생들에게 다음 차시 수업에 대한 예고를 할 수 있는 시간으로 활용할 수 있다.
자기 반성 시간	그룹 미팅 후, 교사는 학생들에게 자신들의 의사결정과 행동에 대해 간단한 자기평가를 할 수 있는 기회를 제공할 수 있다. 이 자기 반성은 자신들의 의사결정과 행동이 어떻게 해당 TPSR 수준과 연결될 수 있는지에 대한 내용이 포함된다. 또한 이 시간은 학생들이 자신의 다음 목표 설정을 위한 시간으로 사용될 수도 있다.

3. 김 교사, 문 교사, 한 교사의 가치 정향과 주로 사용하는 체육 수업 모형을 나타낸 표이다. 교사들의 가치 정향과 수업 모형에 대한 설명 중 옳은 것만을 〈보기〉에서 있는 대로 고른 것은? [2.5점]

	가치 정향	수업 모형
김 교사	• '스포츠를 삶의 축소판'이라 생각하고 평등과 정의를 강조하는 교육 • 수업에서 공동의 목적을 위해 협력하고 자기 책임감 함양을 강조하는 교육	• 교사-학생의 관계, 의사결정권 부여, 통합, 전이를 적용하여 교육함. • 상담시간, 그룹미팅, 반성의 시간 등으로 수업을 구성함.
문 교사	• 학생이 운동 기능이나 과제수행의 방법을 스스로 알 수 있도록 도와줌. • 학생이 체육활동을 하며 당면한 문제를 스스로 탐색하고 이를 해결할 수 있는 기회를 제공하는 기법 활용	• 질문을 통해 사고력과 문제해결력을 증진하도록 함. • 학생이 활동 과제를 생각하고 움직이도록 하며 충분히 생각할 시간을 부여함.
한 교사	• 환경과 총체적인 조화를 이루는 개인을 강조함. • 체육교육의 목표와 학생 개인의 목표를 모두 중시하는 교육	• 4-6명으로 구성된 팀을 기초로 활동함. • 활동 과제를 달성하기 위해 팀 구성원들이 서로를 배려하고 함께 배울 수 있도록 수업을 운영함.

─────────〈보 기〉─────────

ㄱ. 김 교사는 사회 공동체를 위한 학생들의 책임과 협력을 강조하는 가치정향을 가지고 있다.
ㄴ. 문 교사는 자신감과 긍정적인 자기 개념을 강조하는 가치정향을 가지고 있다.
ㄷ. 한 교사는 기본 움직임과 스포츠 기능을 강조하는 가치정향을 가지고 있다.
ㄹ. 김 교사는 체계적인 절차에 따라 팀원이 서로 협력하여 학습과제를 수행하는 수업 모형을 주로 사용한다.
ㅁ. 문 교사는 문제해결자로서의 학습자 역할을 강조하는 수업 모형을 주로 사용한다.
ㅂ. 한 교사는 미리 계획된 학습과제의 계열성에 따라 학생이 수업진도를 결정하는 수업 모형을 주로 사용한다.

① ㄱ, ㅁ ② ㄱ, ㄴ, ㅁ ③ ㄱ, ㄹ, ㅂ ④ ㄱ, ㄴ, ㄹ, ㅁ ⑤ ㄴ, ㄷ, ㄹ, ㅂ

[정답] ①

	가치 정향	수업 모형
• 김 교사	사회적 책임감	개인적 사회적 책임감
• 문 교사	학습 과정	탐구수업 모형
• 한 교사	생태통합중심	협동학습 모형

4. 학습 참여 형태

(1) 이 모형에서 학생 참여 형태는 각 상황에 따라 매우 독특하다. 그러나 하나의 공통점은 교사와 1인 이상의 학생 간 또는 두 사람 이상의 학생 간의 대화에 있다.

(2) 대화를 통해 모든 참여자가 의사결정 과정에서 듣고 질문하며 공유할 수 있다.

5. 교사와 학생의 역할 및 책임감

운영 또는 책임감	TPSR에서 책임 있는 개인/사람
수업 시작	교사가 수업을 시작하고 학생들이 어느 수준에서 학습을 할 것인지 결정하여 수업의 개요를 설명한다.
과제 제시	교사는 수업 활동 내용에 대한 과제를 제시한다.
개인적·사회적 발달과 관련된 문제점 확인	교사는 활동 내용에 참여하는 학생들을 관찰하며 TPSR 전략이 요구되는 행동들을 확인한다.
TPSR 학습 활동 선택	교사는 확인된 문제점에 근거하여 어떠한 TPSR 학습 활동이 상황에 적합한지 결정한다. 교사는 관련 학생들에게 왜 TPSR 활동이 당장 필요한지 알려 준다.
TPSR 활동의 매개변수 설정	교사와 관련 학생들은 참여 기간, 참여 목적, 참여 성과를 결정하기 위해 TPSR 활동에 대해 논의한다.
문제 해결	학생들은 많은 노력, 열린 대화, 타인 존중의 자세로 TPSR 활동에 참여할 책임이 있다.
학습 결과 평가	교사는 학생들에게 문제 해결을 위해 그들에게 요구되는 것을 명확히 설명하며, 해결을 위한 수행 노력을 평가해야 한다.

6. 학습 평가

(1) TPSR 모형의 평가는 5가지 수준의 책임감에 기초한다.

① 학생들은 각 수준(특히 현재의 자기 수준)에서 어떠한 행동들이 나타나는지 알아야 하고, 자기 수준의 행동들을 일관성 있게 제시할 수 있어야 한다.

② 현행 수준에서 일관성을 보일 때 점차 다음 수준의 의사결정과 행동을 보여줄 기회가 주어질 수 있다.

(2) 이 모형에서 학생들이 책임감 수준 자체에 대해서만 아는 것으로 충분하지 않고 학생들은 적절한 의사결정과 행동을 통하여 책임감 수준의 향상도를 나타내야 한다. 그러므로, TPSR 모형에서 평가의 많은 부분은 학생 자신의 학습 활동 내에서 이루어지므로 실제평가가 되어야 한다.

6-1. 책임감 수준에 따르는 지식의 평가

(1) 책임감 수준은 TPSR 모형에서 학습진도의 기초를 형성하기 때문에 학생들은 각 수준이 무엇을 의미하고 각 수준에 어떠한 의사결정과 행동들이 포함되는지 알 필요가 있다.

(2) 교사는 학생에게 각 수준의 의사결정 사항이나 행동이 각 수준에 해당하는 문구와 잘 맞는지 묻는 간단한 지필검사를 할 수 있다.

(3) 교사는 학생들에게 특정 수준의 의사결정과 행동의 사례를 범주화하게 함으로써, 학생 이해에 대한 점검을 통하여 지식을 평가할 수 있다.

6-2. 학생의 의사결정과 행동의 평가

(1) 5가지의 책임감 수준들은 TPSR 모형에서 학생의 의사결정과 행동을 평가하기 위한 루브릭(rubrics)을 설계하는 데 활용될 수 있다.

(2) 책임감 수준 표를 참고하라. 학생들이 학급에서 어떻게 활동하고 이 활동이 각 수준의 특성에 따라 일치 또는 불일치하는 사례들을 찾아냄으로써, 학생들의 현재 수준을 규정짓는 적절한 의사결정과 행동 능력을 평가할 수 있다. 이 평가들은 교사, 학급 반 동료 및 자기 평가에 의하여 이루어 질 수 있다.

> 예) 자기 방향 설정의 수준 3단계에 있는 학생들은 테니스 수업에서 다음과 같은 의사결정과 행동들을 제시 해야 한다.
> ① 교사 감독 없이 과제를 완수
> ② 자기 평가 수행
> ③ 자기 목표 설정
> ④ 부정적인 외부 영향에 대응

(3) 각 수준에 해당하는 안내 지침이 준수된다면, 특정 사례를 '반성하고 상기시키기(reflect and recall)' 위하여 교사는 수업 종료 즈음 몇 분을 할애할 수 있다.

- 나는 교사의 도움 없이 일상적 스트레칭을 마쳤다.

- 스트레칭이 끝나고 나서, 즉시 나의 연습 과제를 실행하기 시작했다.

- 수업 종료 전에 다섯 개의 훌륭한 서브를 연속적으로 해내리라 결심하였다.

- 재인은 내가 연습을 멈추고 주형에게 농담을 하도록 시켰지만, 나는 그에게 '안 된다'고 말하고 계속 연습에 임하였다.

(4) 반성 시간에 대한 더 많은 정보를 얻기 위해서는 **수업 구조(형식)**를 이해할 필요가 있다. 유사한 평가 방식으로 **체크리스트(checklist)**를 활용하여 학생이 학급에서 수준에 맞는 의사결정 또는 행동을 하는지 알아볼 수 있다.

> 예) 축구 수업에서는 수준 1에 있는 한 학생이 수업 동안 동료 학생에게 목록에 나온 행동들이 관찰되는지 기록해 줄 것을 부탁할 수 있다.

이름:	수준:	날짜:
• 나는 다른 사람을 방해하지 않고 참여하였다. 예 ( ) 아니오( )		
• 나는 다른 사람들과 안전하게 참여하였다. 예 ( ) 아니오( )		
• 나는 경기가 순조롭게 진행되지 않을 때 자기통제력(self-control)을 이용하였다. 예 ( ) 아니오( )		
• 나는 다른 사람들과 의견이 다를 때 합리적이고 온화한 방법으로 갈등을 해결하였다. 예 ( ) 아니오( )		
관찰자: ( )		

(5) 행동 계약(behavioral contract)

① 교사와 학생에 의하여 협의된 계약서에서, 학생에게(자기 수준 내에서) 기대하는 것과 어떤 결과들이 성공적인지 아니면 실패인지를 매우 명확하게 진술하고 있다. 이것은 교사와 학생에 의해 단순히 구두상이 아닌, 서명을 받아 하는 실제 계약이다.

② 아래 표는 학생이 연속하여 5일 동안 "반칙 없는 날"을 보내는 데 활용되는 계약의 한 사례를 보여주고 있다. "반칙 없는 날"은 학생이 현재 수준에서 보다 낮은 수준에 해당하는 방식으로 의사결정을 하거나 행동하는 이른바 '퇴보'를 하지 않는 날을 의미한다.

> ■ **수준 2의 행동 계약 예시**
> 날짜: (   )
>
> 나(학생)는 수준 2에서 (날짜)부터 (날짜)까지 연속적으로 반칙 없는 날들을 닷새 이상 보낼 것이라는 것에 동의한다. 만약 그러한 날이 연속적으로 일어나면, (교사)은 그다음 주 동안 자기 선택 활동을 하도록 허용해 줄 것이다. 반칙 없는 날들은 (교사)에 의하여 수준 2의 안내 지침에 따라 평가받을 것이다.
>
> 서명: (학생) (교사)

(6) 평가를 위한 학생과 협의

① 교사들이 평가할 때 학생과 협의하는 것이 바람직하다. 그 과정에 참여함으로써 학생들은 체육에서 그들에게 직접적인 영향을 미치게 될 의사결정을 할 수 있다.

② 학생들은 TPSR 모형의 가장 핵심이라고 할 수 있는, 즉 책임감이 따르는 실제적인 의사결정을 내리는 방법도 배울 수 있다.

4 교사 전문성 및 상황적 요구 조건

1. 교사 전문성

- 개인적·사회적 책임감 지도 모형을 활용하는 교사들은 다음과 같은 지식 부문에서의 전문성이 요구된다.

    (1) 신체 활동 내용

    ① TPSR 모형을 활용하는 교사는 대부분의 다른 모형들보다 다양한 방식으로 신체 활동 내용에 대해 알아야 한다. 즉 어떻게 잠재적인 내용 영역이 책임감의 다섯 가지 수준에서 적합하게 활용될 수 있는지 알 필요가 있다.

    ② 학생 발달을 위하여 각 수준에 맞는 기회를 제공할 수 있는 내용은 무엇인지 알 필요가 있다.

    (2) 학생 발달

    ① 우수한 교사는 학생의 발달, 특히 정서적 성숙과 사회적 기술에 대한 지식을 갖고 있다.

    ② 학생들이 어떤 수준에서 자신의 의사결정과 행동을 통제할 만큼 성숙되지 않았다면, 교사는 학생들을 그 수준에 억지로 머무르도록 강요하지 말아야 한다.

    (3) 환경 요인

    ① 개인적·사회적 책임감과 관련하여 드러내는 학생들의 행동과 태도들은 학교에서 학습된 것이 아니라, 가정이나 지역 사회에서 학습된 것이 학교 환경으로 전이되는 것이다.

    ② TPSR 모형을 사용하는 교사는 학생들의 문제를 총체적으로 검토하기 위하여 학생 행동에 영향을 미칠 수 있는 환경 요인들에 대한 이해가 필요하다.

    (4) 의사소통

    ① TPSR 모형 실행의 핵심은 교사와 학생 간의 대화(dialogue)이다.

    ② 교사는 학생들에게 복합적인 신호를 보내거나 나중에 지킬 수 없는 사항에 대해 동의하는 것을 피하기 위해 명확하고, 직접적이고, 솔직하고, 일관성 있게 의사소통해야 한다.

    (5) 학생에 대한 권한 위임

    ① 개인적·사회적 책임감 지도 모형의 중요한 학습 결과 중 하나는 학생들에게 신체 활동 환경과 관련하여 스스로 의사를 결정하고 수행하도록 권한을 부여하는 것이다.

    ② 이는 교사가 학생들로 하여금 그러한 결정을 하도록 돕고, 그들이 긍정적·부정적 결과들을 모두 경험하도록 허용한다는 것을 의미한다.

2. 핵심적인 교수 기술

- 이 모형에서 요구되는 교수 기술은 2가지이다.

  (1) 첫 번째 교수 기술은 체육 수업에서 교사가 학생들에게 가르쳐야 하는 기술과 지식에 관련된 신체 활동의 내용과 관련된다.

  (2) 두 번째 교수 기술은 이 모형에서 학생들의 개인적·사회적 책임감을 발달시킬 때 요구되는 것으로 다음과 같은 5가지 내용이 포함된다.

  ① 상담하기

  ㉠ 개인적·사회적 책임감 지도 모형에서 교사는 일종의 상담자이다.

  ㉡ 교사는 관찰 대상 학생의 행동과 사회적으로 적합한 행동 사이의 차이를 이해하고, 학생이 그 부분의 문제점을 인식하고 의사결정을 향상시키도록 도와준다.

  ② 경청과 질문

  ㉠ 상담 과정의 핵심적인 요소는 듣는 것, 다시 말해서 학생들에게 의사결정과 행동을 설명할 기회를 제공하고 그들의 관점을 듣는 것이다.

  ㉡ TPSR 모형에서 교사는 학생의 관점을 명확히 이해하기 위해 질문하는 법을 숙달해야 한다.

  ㉢ 교사는 학생이 자신의 이야기를 명확히 하도록 고도로 숙련된 질문들을 사용해야 한다.

  ③ 진실성 보여주기

  ㉠ 진실성은 기술(skill)이 아닌 개인적 특성(personal characteristic)이다.

  ㉡ TPSR 모형에서 교사는 학생들의 신뢰를 얻는 방식으로 그들과의 상호작용에서 진실성을 보여 주어야 한다.

  ㉢ 학생들에게 진실성을 보여주고 신뢰를 얻는 또 다른 방법은 교사가 말이 아니라 실천으로 개인적·사회적 책임감의 귀감이 되는 것이다.

  ④ 농담과 유머 감각의 활용

  ㉠ 개인적 특성은 TPSR 모형에서 기술적으로 적용될 필요가 있다. 교사와 학생들은 다양한 TPSR 전략에서 높은 수준의 위험을 감수한다. 즉 그들은 스스로 "즉석에서(on the line)" 자신의 감정을 표현하고 가끔은 매우 공식적인 방법으로 결정을 내린다고 간주한다.

  ㉡ TPSR 모형을 사용하는 교사는 학생들의 감정 표현이나 의사결정 과정이 덜 위협적으로 받아들여지도록 하는 방법과 개인적·사회적 책임감 지도 전략을 재미있게, 때로는 익살스럽게 사용하는 방법을 알아야 한다.

  ⑤ 반성

  ㉠ 개인적·사회적 책임감 지도 모형을 사용하는 교사는 지속적으로 학생들에게 그들의 의사결정과 행동을 반성하도록 요구한다.

  ㉡ 예상치 못한 많은 의사결정과 행동이 요구되는 상황들이 있기 때문에 교사는 훌륭한 자기 반성 습관과 기술을 개발시켜야 한다.

3. 상황적 요구 조건

(1) 개인적·사회적 책임감 지도(TPSR) 모형은 어떠한 환경에서도 사용될 수 있고, 어떠한 신체 활동 내용과 도 결합될 수 있다.

(2) 개인적·사회적 책임감 지도 모형의 사용 여부를 고려할 때, 교사는 시설, 요구, 시간 등과 같은 많은 맥락적 요인들을 고려하지 않는다. 오히려 학생들의 현재 개인적·사회적 책임감 수준을 평가하여 추가적으로 책임감 발달이 필요한지를 판단하고, 그를 바탕으로 모형의 활용 여부를 결정한다.

(3) Hellison이 대도시 중심가의 우범 지역에서 개인적·사회적 책임감 지도 모형을 성립시켰기 때문에 많은 사람들은 이 모형이 오직 대도시에서만 유용한 것으로 오해하기도 한다. 그러나 이 모형은 개인적·사회적 책임감이 미숙한 모든 지역, 모든 학교의 학생들에게 적용할 수 있다.

4. 모형의 선정과 변형

(1) 교사가 학생의 개인적·사회적 발달에 초점을 두는 경우에 이 모형은 기초 요구 사항으로 활용될 수 있다.

① TPSR 모형을 선택하는 첫째 원칙은 모형에 대한 요구를 확인하는 것으로 이루어질 수 있다. 즉, 책임감 수준을 검토하고 학생들의 현행 수준을 관찰함으로써 이루어질 수 있다. (교사는 모든 학생들의 수준별 변화 정도를 조금씩 알 수 있을 것이라 예상된다.)

② 만약 이러한 관찰을 통하여 학생들이 자기 연령에 적합한 수준으로 발달되지 못하는 것으로 밝혀지면, 교사는 TPSR 모형 전략과 학습 활동들을 활용할 수 있다.

(2) (다른 교수 모형들과 달리) 학년 수준에 따른 모형의 변형에 대한 지침이 없다.

① 교사들은 그들이 선택한 어떤 수준에서든 모든 모형을 활용할 수 있다.
　㉠ 책임감이 낮은 학년과 수준에서는 학습 전략과 활동들을 단순한 형태로 적용하되
　㉡ 높은 수준의 책임감과 성숙의 단계에서는 학습 전략들과 활동들이 보다 복잡하고 어려워질 수 있다.

(3) 다양한 학습자 수용 전략

① 개인적·사회적 책임감 지도 모형은 교사가 학생의 현재 책임감 수준을 정확히 평가하고 특정 전략들의 적용 방법을 알며 긍정적 의사결정과 사회적 상호작용 발달을 위한 안전한 학습 환경을 설계할 수 있다면, 체육 교육에서 모든 학생들을 포괄할 수 있다.

② 청각, 시각, 지체, 언어, 행동 장애 학생들과 운동 기능이 낮은 학생들에게 모두 적용할 수 있다.

	다양한 학습자 수용 전략
운동 기능이 낮은 학생	1. 잠정적으로 난처한 상황에 학생들을 두지 말기 2. 신체 활동 환경에서 학생의 기능과 행동 사이의 관계를 이해하고 대처하기 3. 핵심이 되는 추가 사례들을 제공하기 4. 학습이 저조한 학생들을 각별히 격려하고 칭찬하기

5. 지도 계획 시 주안점 _{15 기출}

(1) TPSR 모형을 이용하려고 선택한 교사들은 다음 몇 가지 추가적인 계획 정보에 의하여 이점을 얻을 수 있다.

① 항상 각 학생의 현재 수준을 알고 학급 학생들의 가장 대표적인 수준에 맞춰서 수업활동들을 계획하라.

② TPSR 모형에서는 충분한 시간을 제공하는 것이 중요하다. 이 모형에서는 학습 과정이 학습 진도로 연결되므로, TPSR 전략이 효과를 발휘할 수 있을 만큼의 충분한 시간을 제공해야 한다.

③ 학생이 낮은 수준에서 행동하고 의사결정을 할 때는 "퇴보"를 예상하고 학습 계획을 세워야 한다.

④ 가능하면 서면 계약서를 활용하라. 서면 계약서는 교사와 학생이 함께 약속한 학습 활동에 대한 의문을 제거해주며 부정적 상호작용을 예방해 준다.

⑤ 이 모형에서는 개인적·사회적 학습이 다른 학습 결과들보다 우위에 있다. 만약 학생의 유형이 의사결정에 초점을 맞출 필요를 나타낼 때, 기술 발달과 같은 부분에 시간이 걸리는 것을 두려워할 필요가 없다.

⑥ 다른 학습 영역과 같은 방식으로 개인적·사회적 학습을 발달시켜라. 즉 학생의 현재 수준에서 시작하고 거기서부터 쌓아가라. 너무 많은 것을 급하게 기대하지 말라.

참고문헌

- 교육부 고시 제2015-74호
- 김대진(2012), 스포츠교육학총론, 교육과학사
- 손천택, 박정준(2017), 체육교수이론, 서울: 대한미디어
- 유정애(2016), 체육과 교육과정 총론 3판, 서울: 대한미디어
- 유정애(2003), 체육수업비평, 서울: 무지개사
- 이규일, 양태양, 정일진, 전용진, 류민정(2016), 고등학교 스포츠교육학, 울산광역시교육청
- 한국스포츠교육학(2015), 스포츠교육학 2급 스포츠지도사, 서울: 대한미디어
- Michael Metzler(2011), Instructional Models for Physical Education, 유정애, 김선희, 김원정, 김윤희, 김종환, 문도순, 신기철, 이충원, 조남용 역(2019), 체육수업모형, 서울: 대한미디어

해커스임용
이채문
전공체육
스포츠교육학 ②

초판 2쇄 발행 2024년 4월 8일
초판 1쇄 발행 2023년 3월 6일

지은이	이채문
펴낸곳	해커스패스
펴낸이	해커스임용 출판팀

주소	서울특별시 강남구 강남대로 428 해커스임용
고객센터	02-566-6860
교재 관련 문의	teacher@pass.com
	해커스임용 사이트(teacher.Hackers.com) 1:1 고객센터
학원 강의 및 동영상강의	teacher.Hackers.com

ISBN	979-11-6999-018-9 (13370)
Serial Number	01-02-01

교원임용 교육 1위,
해커스임용 teacher.Hackers.com

해커스임용

- 임용 합격을 앞당기는 해커스임용 스타 교수진들의 고퀄리티 강의
- 풍부한 무료강의·학습자료·최신 임용 시험정보 제공
- 모바일 강좌 및 1:1 학습 컨설팅 서비스 제공

해커스임용

이채문

전공체육

스포츠교육학 ②

해커스임용
이채문 전공체육 시리즈 교재

해커스임용
이채문 전공체육
체육측정평가

해커스임용
이채문 전공체육
스포츠교육학 2

정가 **42,000** 원

13370

9 791169 990189
ISBN 979-11-6999-018-9